Astrid Därr, Erika Därr

Marokko

ma16_108 ad

„Die Erde ist ein Pfau, sein Schweif ist Marokko."

Arabisches Sprichwort

Impressum

Astrid Därr, Erika Därr
Reise Know-How Marokko

erschienen im
Reise Know-How Verlag Peter Rump GmbH
Osnabrücker Str. 79, 33649 Bielefeld

**13., neu bearbeitete
und komplett aktualisierte Auflage 2016**

Gestaltung
Umschlag: G. Pawlak, P. Rump (Layout);
M. Luck (Realisierung)
Inhalt: G. Pawlak (Layout); M. Luck (Realisierung)
Fotonachweis: siehe S. 911
Titelfoto: E. Därr (Motiv: Eingangstüre
zu einem Wohnhaus in Chefchaouen)
Karten: B. Spachmüller, Kartographie Huber,
C. Raisin, der Verlag

Lektorat: M. Luck

Druck und Bindung: Media-Print, Paderborn

ISBN 978-3-8317-2420-8
Printed in Germany

Dieses Buch ist erhältlich in jeder Buchhandlung Deutschlands, der Schweiz, Österreichs, Belgiens und der Niederlande. Bitte informieren Sie Ihren Buchhändler über folgende Bezugsadressen:

Deutschland
Prolit GmbH, Postfach 9, D-35461 Fernwald (Annerod)
sowie alle Barsortimente
Schweiz
AVA Verlagsauslieferung AG
Postfach 27, CH-8910 Affoltern
Österreich
Mohr Morawa Buchvertrieb GmbH
Sulzengasse 2, A-1230 Wien
Niederlande, Belgien
Willems Adventure, www.willemsadventure.nl

Wer im Buchhandel trotzdem kein Glück hat, bekommt unsere Bücher auch über unseren
**Büchershop im Internet:
www.reise-know-how.de**

ma16_145 ad

Wir freuen uns über Kritik, Kommentare und Verbesserungsvorschläge, gern auch per E-Mail an info@reise-know-how.de.

Alle Informationen in diesem Buch sind von den Autorinnen mit größter Sorgfalt gesammelt und vom Lektorat des Verlages gewissenhaft bearbeitet und überprüft worden.

Da inhaltliche und sachliche Fehler nicht ausgeschlossen werden können, erklärt der Verlag, dass alle Angaben im Sinne der Produkthaftung ohne Garantie erfolgen und dass Verlag wie Autorinnen keinerlei Verantwortung und Haftung für inhaltliche und sachliche Fehler übernehmen.

Die Nennung von Firmen und ihren Produkten und ihre Reihenfolge sind als Beispiel ohne Wertung gegenüber anderen anzusehen. Qualitäts- und Quantitätsangaben sind rein subjektive Einschätzungen der Autorinnen und dienen keinesfalls der Bewerbung von Firmen oder Produkten.

Astrid Därr, Erika Därr

MAROKKO

Vorwort

Marokko ist wegen seiner Nähe zu Europa, seiner kulturellen Sehenswürdigkeiten von römischen Ruinen bis zu maurischen Monumenten, der orientalischen Traditionen und seiner Naturschönheiten **zum Urlaubsland prädestiniert.** Besonders die landschaftliche Vielfalt Marokkos mit Sand- und Kiesstränden, Wäldern und Seen, Bergen und Schluchten, Wüsten und Oasen ist unvergleichlich. „Maghreb el Aksa" – wie das Land bei den Arabern heißt – bietet Individual-, Pauschal- und Aktivurlaubern abwechslungsreiche Reisemöglichkeiten zu allen Jahreszeiten.

Dieses Buch wendet sich in erster Linie an **aktive Reisende,** die das Land individuell kennenlernen wollen, sei es mit dem eigenen Auto, im Mietwagen, als Motorrad-, Geländewagen-, Wohnmobilfahrer oder mit öffentlichen Verkehrsmitteln. Auch Wanderer, Radfahrer und Rucksackreisende sollen sich angesprochen fühlen. Mit diesem umfangreichen Reiseführer versuchen wir das nahezu Unmögliche: mit **zahllosen Detailinformationen** die Ansprüche aller Reisender erfüllen. Außerdem sollen vielfältige Hintergrundinformationen Wissen über Land und Leute vermitteln, um die Kultur, die Menschen und ihre Probleme besser zu verstehen.

Die vorliegende 13. Auflage wurde komplett neu konzipiert und gestaltet. Die frühere Gliederung in Routenteile wurde zur besseren Übersichtlichkeit aufgelöst. Stattdessen unterteilen wir das Land in elf Regionen mit allen relevanten Informationen zu den jeweiligen Destinationen: Sehenswürdigkeiten, Aktivitäten, Unterkünfte, Restaurants, Verkehrsmittel etc. Häufig befahrene bzw. besonders lohnenswerte Routen beschreiben wir weiterhin detailliert mit Kilometerangaben und vielen GPS-Koordinaten. Strecken, die nur mit dem Geländewagen befahrbar sind, werden im Buch als „4x4-Routen" ausgewiesen. In den letzten zehn Jahren wurden sehr viele Pisten asphaltiert, sodass viele schöne Routen inzwischen auch für Pkw ohne Allradantrieb problemlos befahrbar sind.

Marokko ist kein einfaches Reiseland. Viele touristische Einrichtungen auf dem Land – oft Familienbetriebe – erfüllen nach wie vor nicht die europäischen Ansprüche an Komfort und Sauberkeit. Obwohl Marokko so nah an Europa liegt und sich in den letzten Jahren enorm entwickelt hat, blieb das orientalische Flair weitgehend erhalten. Die für den orientalischen Kulturraum typischen Verhaltensweisen machen es dem Marokko-Einsteiger oft schwer, das Land und seine Menschen zu begreifen. **Marokko polarisiert** – nach der ersten Reise heißt es meistens „einmal und nie wieder" oder „einmal und immer wieder"! Deshalb geben wir neben praktischen Informationen zur Vorbereitung und Durchführung der Reise auch Verhaltenstipps, wie man sich im bisweilen „nervigen" Marokko am besten zurechtfindet – vom Umgang mit Schleppern bis zum Handeln auf dem Suq.

Islamistische Terroranschläge, 2015/16 u.a. in Frankreich, Belgien, Tunesien und der Türkei, sorgen für zunehmende Unsicherheit in Europa und Verunsicherung bei Touristen, die eine Urlaubsreise in ein islamisches Land planen. König *Mohamed VI.* und die marokkanische Bevölkerung reagieren ebenso entsetzt auf den Terror wie die Europäer und drücken ihre Solidarität aus. Die Terrorgefahr ist inzwischen auf der ganzen Welt allgegenwärtig. Sie sollte uns nicht davon abhalten, Reisen zu unternehmen. **Wachsamkeit und Unvoreingenommenheit** können dabei durchaus Hand in Hand gehen.

Wir hoffen, es gefällt Ihnen in Marokko ebenso gut wie uns, und wünschen Ihnen eine gute und erlebnisreiche Reise!

Ihre *Astrid* und *Erika Därr*

ma16_146 ad

Inhalt

Karten

7 Marrakesch 468

8 Der nördliche Hohe Atlas 524

9 Ouarzazate und Drâa-Tal 578

10 Straße der Kasbahs und südlicher Hoher Atlas 620

Exkurse

Steckbrief Marokko

■ **Lage:** Marokko erstreckt sich zwischen dem 23. und 36. Breitengrad und zwischen dem 1. und 16. Längengrad. Begrenzt wird das Land vom Mittelmeer im Norden, vom Atlantik im Westen, im Süden von Mauretanien.

■ **Größe:** 458.730 km², mit dem Gebiet der Westsahara ca. 710.850 km²; diese wird von Marokko als nationales Territorium beansprucht und verwaltet; Eingliederung des nördlichen Teils 1975 und des südlichen Teils 1979.

■ **Staatsform:** konstitutionelle Monarchie mit sehr weitreichenden Zuständigkeiten des Königs und Zweikammerparlament; staatliche Unabhängigkeit seit 1956; König ist seit 1999 *Mohamed VI.,* Premierminister seit 2011 *Abdelilah Benkirane* von der Partei für Gerechtigkeit und Entwicklung (PJD).

■ **Bevölkerung:** 32,9 Millionen, das Gebiet der Westsahara mitgerechnet (geschätzt 2013); Bevölkerungsdichte: 42 Einwohner/km² mit Westsahara; Bevölkerungswachstum: ca. 1,2%; Bevölkerungsverteilung: 41% Landbevölkerung, 59% Stadtbevölkerung; rund 27% der Bevölkerung ist unter 15 Jahre (in Deutschland: 14%).

■ **Lebenserwartung:** 74,8 Jahre

■ **Analphabetenrate:** insgesamt ca. 33%, bei Frauen ca. 58% (!).

■ **Arbeitslosigkeit:** landesweit rund 9%; in der Stadt sind 33,5% der 15- bis 24-Jährigen arbeitslos.

■ **Religion:** ca. 98% sunnitische Moslems (der Islam ist Staatsreligion); jüdische (ca. 3000) und christliche (ca. 23.000) Minderheiten.

■ **Sprachen:** offizielle Landessprachen sind Arabisch und die Berbersprachen (Tamzight); sehr verbreitet ist **Französisch** als Handels- und teilweise als Bildungs- und zweite Amtssprache; in den nördlichen Regionen zwischen Mittelmeer und Rif und in der Westsahara wird von der älteren Bevölkerung **Spanisch** gesprochen.

■ **Währung: Dirham;** Wechselkurs im Mai 2016:
1 DH = 0,09 Euro, 1 Euro = 10,83 DH,
1 DH = 0,10 SFr, 1 SFr = 9,71 DH

■ **Bruttoinlandsprodukt (BIP):** ca. 105 Mrd. US$ (2013); pro Einwohner: 5500 US$ (2013).

■ **Auslandsschulden:** 36,5 Mrd. US-$ (2013).

■ **Inflationsrate:** 2,5% (2013).

■ **Wichtigste Städte** (offizielle Einwohnerzahlen nach „Le Maroc en chiffres 2012"):
Agadir: 499.000, mit Inezgane/Aït Melloul 1 Mio.
Casablanca: 3,1 Mio.
Fès: 1,1 Mio.
Kénitra: 568.000
Marrakesch: 1 Mio.
Meknès: 669.000
Nador: 368.000
Oujda: 472.000
Rabat (mit Salé; Hauptstadt): 1,5 Mio.
Safi: 359.000
Tanger: 861.000
Tétouan: 431.000

■ **Mitgliedschaft in internationalen Organisationen:** UN (Vereinte Nationen), Marokko wurde 2013 für die Jahre 2014–2016 in den Menschenrechtsrat der UN gewählt; Union für den Mittelmeerraum; Union des Arabischen Maghreb; ECA (Economic Commission for Africa); FAO (Food and Agriculture Organization); IWF (Internationaler Währungsfond); Weltbank; GATT/ WTO (Welthandelsabkommen); Arabische Liga; Islamische Konferenz; OSZE-Partnerland. Marokko ist als einziges afrikanisches Land wegen des ungeklärten Status der Westsahara nicht Mitglied der Afrikanischen Union (AU).

■ **Maßsystem:** metrisch.

■ **Uhrzeit:** MEZ minus 1 Stunde (während der Zeit, in der sich marokk. und deutsche Sommerzeit nicht überschneiden, minus 2 Std.).

■ **Strom:** 220 V, kein Adapter notwendig.

Quellen für die Daten in der Landeskunde: *Haut-Commissariat au Plan du Royaume du Maroc,* www.hcp.ma; Auswärtiges Amt, www.auswaertiges-amt.de; CIA Worldfactbook, www.cia.gov.

Hinweise zur Benutzung

Eine Anmerkung zur Problematik der **Transkription:** In diesem Buch wird versucht, arabische Begriffe und historische Personen in der allgemein verbindlichen Übertragung (Transkription) der arabischen Sprache in die lateinische Schrift wiederzugeben. Diese weicht von den französischen Schreibweisen ab, die in Marokko – neben den offiziellen arabischen Schreibweisen – häufig benutzt werden. Ortsnamen wurden deshalb meist in der französischen Schreibweise beibehalten (z.B. „ou" statt „u"), außer die offizielle Transkription ist unmissverständlich. Bei Ortsbezeichnungen wurden meist die Namen aus der Michelin-Karte verwendet, es sei denn, eine abweichende Schreibweise ist in Marokko gebräuchlicher. Trotzdem ist es unvermeidlich, dass bei der Fülle von Namen eine konsequente Vereinheitlichung kaum durchführbar ist.

Vor allem bei dem Mischlaut „gh" bzw. „rh", der in unserem Alphabet nicht vorkommt, ist eine **gültige Übertragung nicht möglich.** Ein Ort wie „Tinerhir" wird häufig mit „Tinghir", der Berg „Irhil M'goun" als „Ighil M'goun", das „Oued Rheris" als „Oued Gheris" bezeichnet. Beide Varianten sind richtig. Auch Vokale wie a und e oder u und o werden für ein und denselben Ort verwendet, da es im Arabischen nur Anfangsvokale gibt und die Vokale als ein Art Zwischenlaut zwischen den beiden uns üblichen Ausspracheformen verwendet werden. Der Artikel „el" bzw. „al" oder „er" bzw. „ar" wird häufig Ortsnamen vorangestellt und in Marokko immer mehr mit der eigentlichen Ortsbezeichnung verbunden: So wird aus La Ayoun Laayoun und aus Er Rachidia Errachidia bzw. Arrachidia, aus Er Foud wird Erfoud bzw. Arfoud, aus der Straße La Attarine in Essaouira die Straße Lattarine. Sie werden selbst in Marokko kaum eine Karte finden, in der alle Straßennamen und Ortsbezeichnungen einheitlich geschrie-

Unterkünfte: Preiskategorien

⑤ **Luxushotel/-gästehaus:**
mehr als 1600 DH
④ **gehobene Mittel- bzw. Oberklasse:**
800–1600 DH
③ **Mittelklassehotel/-gästehaus:**
400–800 DH
② **einfaches Hotel/Gästehaus:**
200–400 DH
① **sehr einfaches Hotel/Billigunterkunft oder Bivouac/Nomadenzelt:**
50–200 DH

Saisoneinteilung

- **Hauptsaison:** Anfang Juli bis Anfang Sept., Ostern und Weihnachten; höchste Preise in den Hotels.
- **Zwischensaison:** Anfang April bis Ende Juni und Mitte September bis Ende Oktober; günstige Hotelpreise, wenig Betrieb.
- **Nebensaison:** November bis Mitte Dezember und Mitte Januar bis März; niedrigste Hotelpreise.

Nicht verpassen!

In jedem Kapitel sind einige (touristische) Highlights hervorgehoben – man erkennt sie an der **gelben Hinterlegung.**

UNSER TIPP: **Besonders empfehlenswerte Unterkünfte, Restaurants und sonstige Tipps der Autorinnen** sind entsprechend gekennzeichnet.

Der Schmetterling zeigt an, wo man **besonders gut Natur erleben** oder **Angebote im Bereich des nachhaltigen Tourismus** finden kann.

Hinweis

Die **Internet- und E-Mail-Adressen** in diesem Buch können – bedingt durch den Zeilenumbruch – so getrennt werden, dass ein Trennstrich erscheint, der nicht zur Adresse gehören muss!

ben sind. Wir bitten daher, mögliche unterschiedliche Schreibweisen innerhalb des Buches zu entschuldigen.

Manche „Nicht-Autofahrer" werden von den **Routenbeschreibungen** irritiert sein, da hier viel von Straßen(zuständen), Kilometern und GPS-Daten die Rede ist. Wir haben diese Form der Beschreibung gewählt, da viele Autofahrer und Busreisende nicht von einem Ort ausgehend kreisförmig (oder gar in alphabetischer Reihenfolge) das Umland bereisen, sondern sich meist von Zielpunkt zu Zielpunkt in bestimmten Richtungen bewegen und auch entlang der Strecken Interessantes zu sehen ist. Wer einen Ort nicht über das Inhaltsverzeichnis findet, sollte im Register nachsehen. Wer auf den beschriebenen Pisten mit öffentlichen Verkehrsmitteln reisen will, muss mit einem Sammeltaxi oder der Pritsche eines Lastwagens vorliebnehmen und viel Zeit und Geduld mitbringen. Nur mit Geländewagen befahrbare Routen sind als „4x4-Routen" ausgewiesen. GPS-Koordinaten sind nach dem Kartendatum WGS 84 aufgenommen und in Kommaminuten angegeben.

In diesem Reiseführer sind auch die Verbindungen für **öffentliche Verkehrsmittel** und **Unterkünfte aller Preisklassen** genannt, sodass kein Rucksackreisender fürchten muss, seine Belange wären nicht ausreichend repräsentiert. Jedoch haben wir vermieden, die arabischen Billigsthotels (meist in der Nähe der Busbahnhöfe) namentlich zu nennen, da hier die Besitzer und Namen laufend wechseln und auch die Qualität der Unterkunft selten den Bedürfnissen der Touristen entspricht.

Es ist unmöglich, alle Busverbindungen und Abfahrtszeiten aufzulisten, denn der Fahrplan der privaten Linien wechselt alle zwei Monate und der von CTM zweimal jährlich. Deshalb geben wir nur die Anzahl der Abfahrten pro Tag an, wobei jedoch nicht immer alle kleinen privaten Gesellschaften berücksichtigt werden konnten, sodass es evtl. mehr Verbindungen gibt als angegeben.

Die Regionen im Überblick

1 Tanger, Rif und Mittelmeerküste 18

Der Norden Marokkos mit der 500 km langen Mittelmeerküste und dem Rif-Gebirge ist im Vergleich zur Atlantikküste und dem Süden Marokkos touristisch wenig entwickelt. Abgesehen von den Badezentren um **Martil** (S. 68) zwischen Ceuta und Tétouan sind die herrlichen Buchten nur selten von ausländischen Touristen besucht. Die legendäre Stadt **Tanger** (S. 22), die Altstadt von **Tétouan** (UNESCO-Weltkulturerbe, S. 69) mit spanischer Kolonialarchitektur und maurischen Monumenten sowie **Chefchaouen** (S. 93) mit seinen weißblauen Gassen in grüner Bergkulisse lohnen unbedingt einen Besuch. Im **Al-Hoceima-Nationalpark** (S. 89) kann man schöne Wanderungen zwischen Bergen und dem Meer unternehmen.

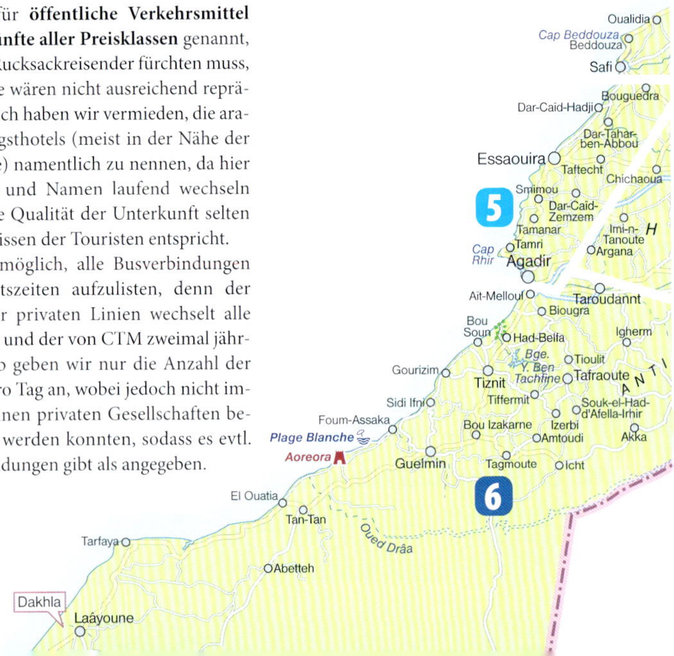

2 Der Nordosten 106

In den Landesteil östlich von Al Hoceima verirren sich ausländische Touristen nur selten. Neben Baden an den schönen Mittelmeerstränden kann man im ursprünglichen Hinterland, wie z.B. in den Beni-Snassen-Bergen, auf Entdeckungstour gehen. Die Städte **Nador** (S. 117) und **Saïdia** (S. 125) sind durch die Fährverbindungen von Alméria nach Melilla (span.) bzw. Nador und von Sète nach Nador gut an Europa angebunden. Die Sandstrände von Saïdia sind im Sommer beliebtes Ferienziel der Marokkaner.

3 Mittlerer Atlas, Fès und Meknès 140

Der Mittlere Atlas bildet das grüne Herz Marokkos: Zedern- und Steineichenwälder, Seen und Hochplateaus, Obstbäume und schneebedeckte Gipfel bieten eine abwechslungsreiche Kulisse für Ausflüge zu Fuß oder mit dem Auto. Kulturelle Highlights sind die Altstädte von **Fès** (S. 163) und **Meknès** (S. 144) sowie die gut erhaltenen römischen Ruinen von **Volubilis** (S. 159) – alle drei zählen zum UNESCO-Weltkulturerbe.

4 Die nördliche Atlantikküste 226

Lange, viel frequentierte Sandstrände und geschäftige Großstädte prägen die Atlantikküste zwischen Asilah und Safi. Während die Wirtschaftsmetropole **Casablanca** (S. 272) kaum einen Besuch lohnt, lädt die ruhige **Hauptstadt Rabat** (S. 247) zu einem Bummel durch die Kasbah Oudaia und die beschauliche Medina ein. Die Altstadt von **El Jadida** (S. 293) aus portugiesischer Zeit zählt zum Weltkulturerbe, auch die malerische Künstlerstadt **Asilah** (S. 230) mit vielen stilvollen Gästehäusern lohnt unbedingt einen Besuch.

5 Agadir und mittlere Atlantikküste 306

Agadir (S. 310), das Badezentrum des Landes, hat keine historischen Sehenswürdigkeiten zu bieten. Doch dank seiner guten Verkehrsanbindung eignet sich die moderne Stadt gut als Ausgangspunkt für Touren im Süden. Die schönen Atlantikstrände nördlich von Agadir, z.B. **Sidi Kaouki** (S. 348), sind ein Eldorado für Wind-, Body- und Kitesurfer. Das einzigartige Flair des Künstler-, Surfer- und Fischerstädtchens **Essaouira** (S. 351), das zum UNESCO-Weltkulturerbe zählt, genießt man am besten in einem der Gästehäuser in der Altstadt.

6 Sous, Anti-Atlas und südliche Atlantikküste 376

Das fruchtbare Sous-Tal trennt den Hohen Atlas vom Anti-Atlas, dem südlichsten Gebirgszug der Atlaskette, dessen Gipfel bis zu 2300 m hoch aufragen. Zwischen kargen Granitbergen, z.B. in der Umgebung von **Tafraoute** (S. 394), Palmenoasen und alten Lehmdörfern lässt es sich wunderbar wandern, biken und klettern. Vogelliebhaber finden im **Nationalpark Oued Massa** (S. 418) am Atlantik ein Paradies vor. An den Stränden um **Sidi Ifni** (S. 445) tummeln sich Surfer in den Wellen. Südlich von **Guelmim** (S. 435) beginnt die endlose Weite der Sahara.

7 Marrakesch 468

In Marrakesch, dem Zentrum Südmarokkos, locken quirlige Märkte, prachtvolle Paläste, Gaukler und Geschichtenerzähler, schicke Gästehäuser, Bars und Restaurants – wohl in kaum einer anderen Stadt kann man die Gegensätze zwischen orientalischer Tradition und modernem Lebensstil so hautnah erleben wie in dieser Metropole, die inzwischen rund eine Million Einwohner hat. Highlights sind u.a. der legendäre **Djamâa el-Fna** (S. 475) mit seinen Akrobaten, Schlangenbeschwörern und allabendlichen Essensständen, die **Souks** (S. 481) bzw. verwinkelten Gassen der Altstadt, wo es einfach alles zu kaufen gibt, und die **Medersa Ben Youssef** (S. 485), eine ehemalige Hochschule für islamische Theologie aus dem 14. Jh., ein Meisterwerk maurischer Architektur.

8 Der nördliche Hohe Atlas 524

Zwei Straßenpässe mit tollem Ausblick führen über das höchste Gebirge Nordafrikas in den wüstenhaften Süden. Ob zu Fuß, per Mountainbike oder mit Ski – im Hohen Atlas können sich Aktive austoben. Die Berge und Täler laden zu ausgedehnten Wanderungen und

Trekkingtouren ein, z.B. bei **Agouti** (S. 540) oder **Imlil** (S. 557). Auf den Gipfeln bis über 4000 m Höhe liegt von Dezember bis März Schnee, im Sommer herrschen angenehme Temperaturen. Die schroffe Bergwelt durchziehen fruchtbare Flusstäler, in denen Berberdörfer aus Stein und Lehm über grünen Terrassenfeldern an den Hängen kleben. Mit den **Ouzoud-Wasserfällen** (S. 530) finden sich in der Region die höchsten Wasserfälle ganz Marokkos. In den beeindruckenden Kasbahs von **Telouèt** (S. 570) und **Aït Benhaddou** (S. 573) lernt man authentische Berberarchitektur kennen. Die **Moschee Tin Mal** (S. 566) war die Geburtsstätte der Almohaden-Dynastie und ist mit der Moschee Hassan II. (in Casablanca) das einzige Gotteshaus in Marokko, das Nicht-Muslime betreten dürfen.

9 Ouarzazate und Drâa-Tal 578

Der sogenannte Große Süden (Le Grand Sud) ist das Land der mächtigen Ksour und Kasbahs aus Lehm, der Oasen und Wüstenlandschaften – hier sieht Marokko aus, wie man es aus Touristenprospekten kennt. **Ouarzazate** (S. 582) ist das Hollywood Marokkos und die Touristenmetropole des Südens. Hier starten Touren ins Drâa-Tal, z.B. nach **Agdz** (S. 593). In den wunderschönen Palmenoasen des Drâa-Tals streift man durch ursprüngliche Ksour (Lehmdörfer) und lernt traditionelle Bewässerungstechniken kennen. Die Sanddünen des Erg Chegaga erreicht man am gemütlichsten mit Kamelen: In drei Tagen geht es von **M'hamid** (S. 614) bis zu den Dünen. In der Region steht eine der ältesten Lehmburgen Marokkos, die teilweise renovierte **Kasbah Tamnougalte** (S. 597).

10 Straße der Kasbahs und südlicher Hoher Atlas 620

Zwischen der im Frühjahr schneebedeckten Gipfelkette des Hohen Atlas im Norden und der braunen Steinwüste des Djabal Saghro im Süden verläuft die „Straße der (1001) Kasbahs" nach Nordosten und durchquert dabei spektakuläre Landschaften, vorbei an zahlreichen festungsartigen Lehmburgen und -dörfern, z.B. **Boumalne du Dadès** (S. 635). Von Boumalne sollte man einen Ausflug in die Dadès-Schlucht mit ihren roten Felsformationen nicht verpassen. Von Tinerhir führt eine Teerstraße durch die Todrha-Schlucht bis nach **Imilchil** (S. 652) im zentralen Hohen Atlas; hier sind schöne Wanderungen in der Bergwelt und an den Seen möglich. Eine der schönsten Trekkingrouten in Marokko führt in fünf Tagen quer durch die eindrucksvolle Bergkulisse des **Djabal Saghro** (S. 640) bis nach Nekob. **Skoura** (S. 629) ist eine idyllische Palmenoase, die zur Entspannung einlädt. Der letzte, weniger besuchte Teil der Straße der Kasbahs führt von Tinerhir durch karge Wüstenlandschaft bis nach Errachidia.

11 Der Südosten und das Tafilalet 666

Im dünn besiedelten und infrastrukturell unzureichend entwickelten Südosten Marokkos zwischen Plateau du Rekkam, Aïn Beni Mathar und Figuig sind Touristen fast unbekannt. Nomaden ziehen mit ihren Tieren durch die kargen Wüstenlandschaften und Halfagrassteppen. In der Bilderbuchoase **Figuig** (S. 676) im äußersten Südosten des Landes lernt man das uralte Bewässerungssystem der Foggaras kennen. Das Tafilalet weiter südwestlich ist das größte zusammenhängende Oasengebiet Marokkos und Heimatregion der bis heute herrschenden Alaouiten-Dynastie. In der Wüstenoase **Erfoud** (S. 683) kann man sich in eine Werkstatt begeben und zusehen, wie über 300 Mio. Jahre alte Fossiliensteine zu Tischplatten und Schalen verarbeitet werden. Bei **Merzouga** (S. 697) befindet sich das größte und von Touristen viel besuchte Dünengebiet Marokkos, der Erg Chebbi: Bis zu 200 m hoch türmen sich die Sandmassen und heben sich golden schimmernd gegen die schwarze Steinwüste und den blauen Himmel ab.

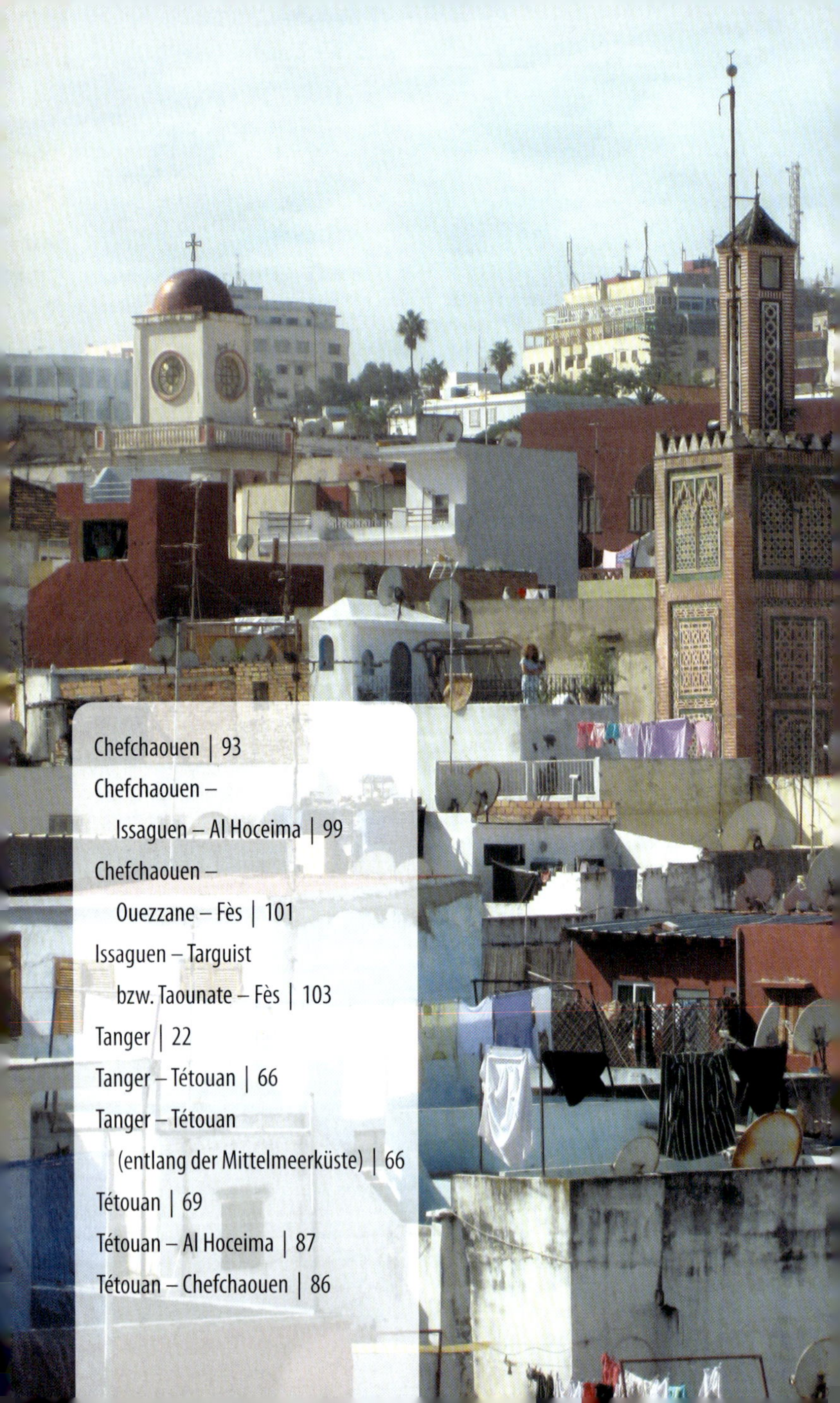

ma16_005 ad

Im touristisch wenig entwickelten Norden Marokkos lohnen neben den Badezentren um Martil vor allem die legendäre Stadt Tanger, die Altstadt von Tétouan und Chefchaouen mit seinen weiß-blauen Gassen vor grüner Bergkulisse einen Besuch.

1 Tanger, Rif und Mittelmeerküste

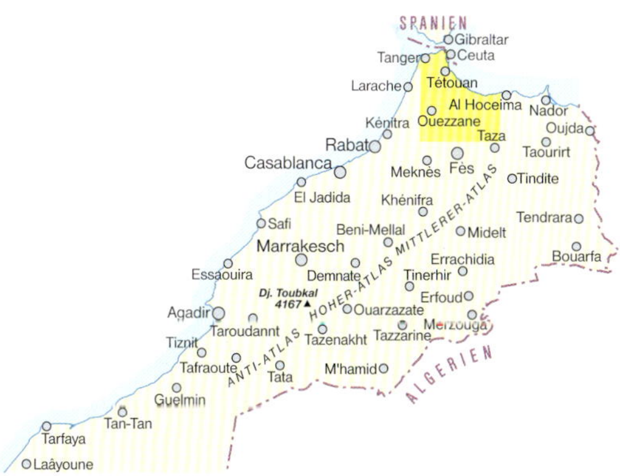

< Tanger, die marokkanische Metropole am Mittelmeer

Tanger, Rif und Mittelmeerküste

ÜBERBLICK

Tanger – einst schäbige und verfallene Hafenstadt voller Drogendealer und Aussteiger – erstrahlt seit einigen Jahren im neuen Glanz. In der Medina entstanden stilvolle Riads (Gästehäuser) in mediterran anmutenden weißen Häusern. Eine palmengesäumte Promenade zieht sich entlang des Sandstrandes, vorbei an zahlreichen Beachclubs mit Pools und nächtlichen Partys. Die Neustadt spiegelt noch immer die internationale Vergangenheit wieder, mit spanischen, italienischen und französischen Elementen. Der neue Fährhafen Tanger-Méd und direkte Flugverbindungen von Deutschland machen Tanger zum wichtigsten Touristenzentrum des Nordens und Ausgangspunkt zur Erkundung der Region.

Die Häfen von Tanger und Ceuta ermöglichen eine bequeme und schnelle Anreise (nur 35 Min. Überfahrt) per Fähre mit dem eigenen Fahrzeug von Südspanien nach Nordmarokko.

NICHT VERPASSEN!

- **Tanger** – ein Bummel durch die quirlige Altstadt | 36
- **Tétouan** – maurische und spanische Architektur in der Medina | 77
- **Am Mittelmeer** – Baden in einer der malerischen Buchten | 87
- **Nationalpark Al Hoceima** – wandern zwischen Klippen und Meer | 89
- **Chefchaouen** – malerische Gassen in der blau-weißen Stadt im Rif | 93

Diese Tipps erkennt man an der gelben Hinterlegung.

König Mohamed VI. ist im Gegensatz zu seinem Vater Hassan II. dem Norden des Landes zugetan, und so entwickelten sich in den letzten zehn Jahren die Verkehrs- (Hafen Tanger-Méd, Autobahnanschluss, Ausbau der N 16 bis zur algerischen Grenze) und die touristische Infrastruktur (Badezentren um Martil, Al Hoceima und Saidia) enorm. Lokale Tourismusprojekte bemühen sich um die Etablierung eines ökologisch und sozial verträglichen Tourismus in der Region Nador-Oujda-Al Hoceima.

Das grüne Rif-Gebirge mit z.T. steil zum Mittelmeer abfallenden Klippen, die eine malerische Kulisse für die Badebuchten bilden, sowie seinen kurven- und panoramareichen Straßen durchs Landesinnere besuchen nur wenige Touristen. Immer noch eilt dem Rif sein Ruf als Drogendestination voraus. Zahlreiche (international unterstützte) Entwicklungsprogramme bemühen sich darum, den Bauern eine Alternative zum Cannabisanbau zu bieten. Gendarmerieposten und Militär bewachen zwischen Tétouan und El Jebah die Küste, um Drogen- und Menschenschmuggel zu verhindern. Für Touristen hat sich die Lage dadurch deutlich entspannt – Verfolgungsjagden von Drogenhändlern o.Ä. gehören der Vergangenheit an. Nur in den größeren Orten des Rif wie Chefchaouen und Ketama bekommt man noch eindeutige Angebote zugezischt.

Im Rif kann man Wanderungen und Mountainbiketouren mit grandiosen Ausblicken unternehmen und in kleinen Herbergen (Gîtes) übernachten. In den wildromantischen Felsbuchten mit türkisblauem Wasser (besonders zwischen Tétouan und El Jebah) lässt es sich ungestört baden und relaxen und – nach Rückfrage bei den Kontrollposten! – auch am Strand übernachten.

Die Gegend um Kalah Iris und Al Hoceima – eine der schönsten Regionen an der nordafrikanischen Mittelmeerküste – wurde mit dem Nationalpark Al Hoceima für den Tourismus erschlossen. Hier gibt es noch seltene Robbenarten, eine intakte Unterwasserwelt und schöne Maccia-Vegetation zu entdecken.

Tanger

Tanger liegt **zwischen Atlantik und Mittelmeer** im äußersten Nordwesten Marokkos. An der schmalsten Stelle der **Straße von Gibraltar** trennen den afrikanischen Kontinent nur 14 km Luftlinie von Europa. Vom spanischen Tarifa düsen sechsmal täglich Schnellboote in nur 30 Minuten in die marokkanische Metropole am Meer hinüber. Die von Hügeln begrenzte Bucht von Tanger umgibt ein weißes Häusermeer mit rund 700.000 Einwohnern. Südwestlich der Stadt erstrecken sich Pinienwälder und endlose weiße Sand-

strände. Im Westen markiert das **Cap Spartel** den nordwestlichsten Punkt Afrikas und die Einfahrt in die Straße von Gibraltar. Tanger ist Hauptstadt der gleichnamigen Provinz, an die im Osten die Provinz Tétouan und im Süden die Provinz Larache anschließen.

„Tor zu Afrika“, „Die weiße Stadt“, „Stadt der Künstler“, „Die legendäre Stadt“ – Tanger trägt viele Titel. Für die meisten Touristen, die mit der Fähre ankommen, ist „Tanjah“ (sprich: „Tanscha“) die erste afrikanische Stadt, die sie zu Gesicht bekommen. Die Festungsanlagen der **Altstadt,** einst von den portugiesischen Eroberern errichtet, thronen seit mehr als 500 Jahren über den Meeresklippen von Tanger. Im 19. Jahrhundert entstanden **neue Wohn- und Verwaltungsviertel** außerhalb der Stadtmauern für die wachsende internationale Gesellschaft aus Diplomaten und Migranten. Tanger war zu dieser Zeit das diplomatische Zentrum des Landes. 1923 wurde Tanger zur **Internationalen Zone** erklärt und von acht Staaten verwaltet: Frankreich, Spanien, Großbritannien, Niederlande, Belgien, Portugal, Schweden und Italien. Dank der **Zollfreiheit** erlebte Tanger eine wirtschaftliche Blütezeit, zugleich boomte das Geschäft mit geschmuggelter Ware. Nach dem Zweiten Weltkrieg

Blick über Tanger und seinen Stadtstrand

ma16_001 ad

existierten 19 ausländische Konsulate in der Stadt. In den 1940er und -50er Jahren wurde Tanger von vielen Aussteigern als „freizügigste Stadt Europas" bezeichnet – die Metropole zwischen Europa und Afrika zeigte sich damals offener als die meisten europäischen Städte und galt als sicherer Hafen für **Exzentriker, Aussteiger und Homosexuelle** aus aller Welt. Mit der Unabhängigkeit Marokkos im Jahr 1956 endete die Zeit der Internationalen Zone und damit die große Freizügigkeit. Die Anziehungskraft Tangers auf Schriftsteller und Künstler blieb jedoch erhalten: *Paul* und *Jane Bowles, Tennessee Williams, William S. Burroughs, Jean Genet, Jack Kerouac, Truman Capote, Henri Matisse* u.v.m. fanden hier Inspiration und Ideen für ihre Werke.

Die international geprägte Vergangenheit Tangers lässt sich bis heute in der **Stadtstruktur** ablesen: Im Zentrum der Medina (Altstadt) befinden sich eine spanische Kirche (Iglesia de la Purísima) und die Amerikanische Gesandtschaft, das heutige Old American Legation Museum. Das San-Francisco-Viertel (in der Neustadt) umfasst verschiedene italienische und spanische Institutionen –

ma16_002 ad

das italienische Konsulat etwa ist im Palais Moulay Hafid untergebracht. Weitere europäische Einrichtungen sind die anglikanische St. Andrew's Church mit Gräbern bekannter Europäer in unmittelbarer Nähe zum alten Marktplatz, dem Grand Socco, der Deutsche Friedhof im Mendoubia-Park und der Jüdische Friedhof vor den Mauern der Altstadt. Bis heute gibt es in Tanger eine spanische und eine amerikanische Schule.

☐ Fischerboote im Hafen von Tanger

Geschichte

Der Legende nach hat *Antäus*, Sohn *Neptuns* und der Erdgöttin *Gäa*, die Stadt gegründet. Herkules spaltete an dieser Stelle die Erde und schuf so die Meerenge von Gibraltar, wo Mittelmeer und Atlantik ihre Gewässer vermischen. Tanger ist das wahre Eingangstor Marokkos. Täglich verbinden es mehrere Fähren mit Algeciras, Gibraltar und Tarifa. Zuerst war es eine schlichte **Berbersiedlung,** *Tinigi* oder *Tinigis* genannt. Der Name stammt aus der Berberspache Tamazight und wurde aus zwei Silben, *tin* und *igi,* zusammengesetzt. Tin bedeutet „die, diejenige", Igi „hoch, Höhe", eingedeutscht also „die Hohe" bzw. „die Hohe Stadt". Dieser Begriff wurde unter den Einheimischen beibehalten; auf Marokkanisch-Arabisch heißt die Stadt „Tanga al-alya", französisch Tanger. Unter den **Phöniziern** hieß sie auch „Stadt der Lagune" und war blühender **Handelsplatz** und reiche karthagische Kolonie. Zum ersten Mal in der Geschichtsschreibung erwähnt wurde Tanger erst im 4. Jh. vor Chr. von *Hekaitos von Milet,* unter anderem auch wegen seiner Tradition, Fische einzusalzen und daraus eine köstliche Fischpaste *(Garum)* zu bereiten.

Tanger *(Tinigis)* gehörte seit 146 v.Chr. (dem Jahr der Zerstörung Karthagos) zu **Mauretania,** einem von Rom unterstützten Berber-Königreich. Der Berberkönig **Juba II.,** in Rom erzogener und von Kaiser *Augustus* eingesetzter Herrscher von *Mauretania Tingitana,* pflegte rege Beziehungen zum Römischen Reich. Tanger wurde **wichtiger Handelsstützpunkt** und Roms Einfallstor zum Hinterland von *Mauretania Tingitana.* Nach der Ermordung von *Ptolemäus,* dem Sohn *Jubas II.,* durch *Caligula* gab es **Berberaufstände** im ganzen Land, so auch in Tanger. Die Stadt wurde 38 v.Chr. **unter römische Verwaltung gestellt** und in die römische Provinz *Hispania* eingegliedert. Sie war deshalb vom Rest des Berberreiches abgekapselt und selbst nach der Angliederung Mauretanias ans Römische Reich (40–45 n.Chr.) verhältnismäßig unabhängig. Damals war Volubilis die Hauptstadt, zu Ende des 3. Jh. wurde Tanger dann als wichtiges Handelszentrum **Hauptstadt** der römischen Provinz *Mauretania Tingitana.*

429 wurde Tanger vom Vandalenkönig **Geiserich** erobert, ihm aber von den Legionen *Justinians* wieder entrissen und innerhalb des Byzantinischen Reiches der Provinz *Mauretania Caesarea* zugeschlagen.

Zu Anfang des 8. Jh. fiel Tanger an den Bekehrer und arabischen Feldherren **Musa Ibn Nusair,** der die Islamisierung einleitete. In der Folge wurde es zum **Spielball arabischer Herrschergechlechter,** so der **Idrissiden** unter dem Führer *Idris Ben Abdallah,* der vor den Abassiden aus dem Orient flüchtete und zum ersten König Marokkos wurde, und den **Umayyaden.**

Ein Jahrhundert später, 958, gewannen die tunesischen **Fatimiden** die Oberhand. Die in den Bergen versteckten Idrissiden wurden endgültig von den Umayyaden verjagt, die die Macht über die Stadt erlangten. 1075 wurde die Stadt von den **Almoraviden,** 70 Jahre später von den **Almohaden** übernommen. Ein weiteres Zwischenspiel in der Eroberung der Stadt gaben die tunesischen Fatimiden, bevor die **Meriniden** 1274 Tanger in ihre Gewalt brachten.

Im 14. Jh. war die Stadt zu einem **wichtigen Handelsplatz** für die Seemächte im Mittelmeer geworden, und manche begehrlichen Herrscheraugen richteten sich auf Tanger. 1437 eroberten es die **Portugiesen,** und im Jahre 1578 ging es durch Erbfolge in den Besitz der **Spanier** und 1643 wieder auf die Portugiesen über. 1661 fiel Tanger durch die Eheschließung der portugiesischen Prinzessin *Catarina von Bragança* mit *Karl II.* **als Mitgift an England.** Unter den Briten konnte sich die Stadt gut entwickeln, nach Uneinigkeiten des englischen Königs *Karl II.* mit seinem Parlament kam es aber zum Rückzug der britischen Truppen.

Aufgrund der sechsjährigen **Belagerung durch Moulay Ismail,** der von den Spaniern unterstützt wurde, war Tanger ohnehin vom Hinterland abgeschnitten und konnte durch Belagerung der Spanier vom Meer her den Hafen nicht mehr nutzen, sodass der Handel seitdem an Bedeutung verloren hatte. 1684 konnte *Moulay Ismail* in Tanger einziehen, die Engländer rückten ab, zerstörten vorher aber die alten Befestigungsmauern und brannten die Innenstadt nieder.

1790 musste die Stadt spanischen Angriffen trotzen, 1844 versuchten die Franzosen die Stadt zu erobern. Da sich Ende des 19. Jh. Marokko immer mehr von Europa abkapselte, ja sogar ein Verbot für Ausländer aussprach, das Land zu bereisen, wurde Tanger der **einzige Platz, an dem sich ausländische Diplomaten niederlassen konnten.** Immer mehr Europäer siedelten sich an, die Engländer kümmerten sich um den Bau sanitärer Anlagen, und es gelang ihnen innerhalb kurzer Zeit, in der Stadtverwaltung wichtige Posten zu besetzen, bis der Sultan bald kaum mehr etwas zu sagen hatte. **Deutschland unterhielt** schon **seit 1870 Handelsbeziehungen zu Marokko** und war ebenfalls konsularisch in Tanger vertreten. Kaiser *Wilhelm II.* setzte sich bei seinem Besuch 1905 in Tanger für eine weitere Unabhängigkeit Marokkos ein. Trotzdem wurden Marokko und auch Tanger **1912 französisches Protektoratsgebiet.**

1923 erklärte man Tanger zur **internationalen Zone,** acht Staaten einschließlich Marokko verwalteten nun die Stadt. Wirtschaftlich und politisch wurde sie international, militärisch aber neutral. Durch diesen Schritt erlebte Tanger eine wirtschaftliche Blüte, avancierte zum **Freihandelsplatz** und beliebten Stützpunkt für internationale Geldmärkte und Firmen. Mit dem regen Warenhandel wurde Tanger aber auch zum Umschlagplatz für Rauschgift und Alkohol und erwarb sich dadurch einen zwielichtigen Ruf.

Von 1940–45 war Tanger spanisch besetzt. Mit Erlangung der **Unabhängigkeit** und der Vereinigung Marokkos kam die Stadt am 29. Oktober 1956 zum scherifischen Reich zurück, die Privilegien wurden aufgehoben, lediglich der Hafen war noch Freihandelszone mit zahlreichen internationalen Textilfabriken. Durch Industrialisierung und Förderung des Tourismus wollte sich Tanger einen bescheidenen Wohlstand erhalten, die Hoffnungen waren aber trügerisch: Die Textilbranche, die sich einige Zeit mit Aufträgen für die europäischen Anrainerstaaten über Wasser halten konnte, verlor viele Aufträge an Billiglohnländer. Der Tourismus verlor durch den schlechten Ruf der Stadt deutlich an Terrain. Außerdem wurde Tanger wegen der Nähe zum Rif Umschlagplatz für den **Hasch- und Kiffhandel** und für den Schwarzmarkt mit der spanischen Enklave Ceuta. In den letzten zehn Jahren entwickelte sich Tanger jedoch wirtschaftlich und touristisch enorm, sodass sich die Stadt inzwischen in einem neuen Licht präsentiert (vgl. Exkurs „Tanger – von shabby bis schick").

Orientierung

Die Orientierung in der Stadt fällt relativ leicht. Ganz im Norden erhebt sich die ummauerte **Altstadt (Medina)** mit dem **Kasbah-Viertel**. Im Vergleich zu Marrakesch oder Fès ist die Medina recht klein und man findet sich im Sackgassen-Labyrinth nach einer Weile ganz gut zurecht. Der **Grand Socco**, Verkehrsknotenpunkt und zentraler Platz, markiert den Eingang in die Medina. Die breite Gasse Rue as Siaghins führt vom Grand Socco Richtung Osten zum Petit Socco, dem Zentrum der Altstadt mit mehreren Cafés.

Östlich der Stadtmauern schließt sich der **alte Hafen** an. Dort wird seit 2011 an einem modernen Jachthafen gebaut; hier legen auch die Kreuzfahrtschiffe an.

Südlich der Altstadt erstreckt sich die **Neustadt (Ville Nouvelle)** mit ihren Hauptachsen Boulevard Pasteur, Avenue Mohamed V. und dem Strandboulevard Avenue Mohamed VI.

Westlich der Altstadt bzw. des Kasbah-Viertels liegt das **Marshan-Viertel** mit seinen prächtigen Kolonialvillen, den Phönizischen Gräbern und dem Marshan-Palast.

Noch weiter westlich Richtung Cap Spartel erhebt sich **Vieille Montagne**, ein nobles Villenviertel mit fantastischem Ausblick auf das weiße Häusermeer der Stadt.

Der **Flughafen** von Tanger liegt 12 km südwestlich der Stadt, der **Hauptbahnhof** Tanger-Ville befindet sich etwas südöstlich des Zentrums beim Place Maghreb Arabe. Eine Autobahn verbindet Tanger mit dem **neuen Hafen Tanger-Méd** und den südlichen Küstenstädten Larache, Rabat und Casablanca.

Ein Spaziergang durch Tanger

Der Stadtspaziergang startet am Place de France, einem Kreisverkehr zwischen Neustadt und Altstadt (Medina). Das französische Konsulat auf der Westseite ist in einer prachtvollen Kolonialvilla untergebracht. Im legendären **Gran Café de Paris** trafen sich in Tangers Zeit als Internationale Zone viele Schriftsteller und Künstler.

Entlang der **Rue de la Liberté** mit ihren vielen einfachen Restaurants und Kleiderläden spaziert man in wenigen Gehminuten weiter zum **Grand Socco,** dem zentralen Platz Tangers. Auf dem Weg sollte man auf der rechten Straßenseite einen Blick in den Arkadenhof des **Luxushotels El Minzah** (vgl. „Unterkunft") werfen.

Nur etwa 50 m weiter, direkt hinter der Galerie des **Centre Culturel Ibn Khaldoun,** führen rechts ausgetretene Treppenstufen (Escalier Waller) hinunter zum urigen **Fischrestaurant Populaire Saveur de Poisson** (vgl. „Essen und Trinken") – dort reserviert man am besten gleich den Tisch fürs Abendessen.

Am Grand Socco vor den Mauern der Medina sticht links das schmucke, kachelverzierte Minarett der **Moschee Sidi Bou Abid** ins Auge. Direkt dahinter liegt der **Mercado de la Yutia,** ein kleiner Markt mit Ton- und Korbwaren. Spaziert man dort hindurch auf die andere Seite, so steht man schon vor der Mauer der **St. Andrew's Church** an der Rue d'Angleterre. Auf dem wildromantischen Friedhof der englischen Kirche von 1880 liegt u.a. der Times-Korrespondent *Walter Harris* begraben.

Tanger

Übernachtung
- 2 Camping Miramonte
- 6 El Minzah Hotel
- 16 El Djenina
- 17 Marco Polo

Essen und Trinken
- 1 Café Hafa
- 3 Casa d'Italia
- 4 Relais de Paris
- 7 Grand Café de Paris
- 11 San Remo
- 13 Casa de España
- 15 Bar Tangerine
- 20 La Grande Poste
- 28 Carré Rouge
- 29 La Gelateria
- 30 Mona Lisa Ice
- 31 Valencia

Nachtleben
- 24 Club 555
- 25 Mondial Beach Club
- 26 Discothèque Snob
- 27 Chellah Beach Club

Einkaufen/ Sonstiges
- 5 Bazar Tindouf
- 8 Dialogpunkt Deutsch
- 9 Librairie Les Insolites
- 10 La Tribu des Ziri
- 12 Librairie des Colonnes
- 14 Hispamaroc Voyages
- 18 Acima
- 19 Galerie de Velasco
- 21 Pâtisserie al Moutamid Ibn Abbad
- 22 Hertz
- 23 Amine Car

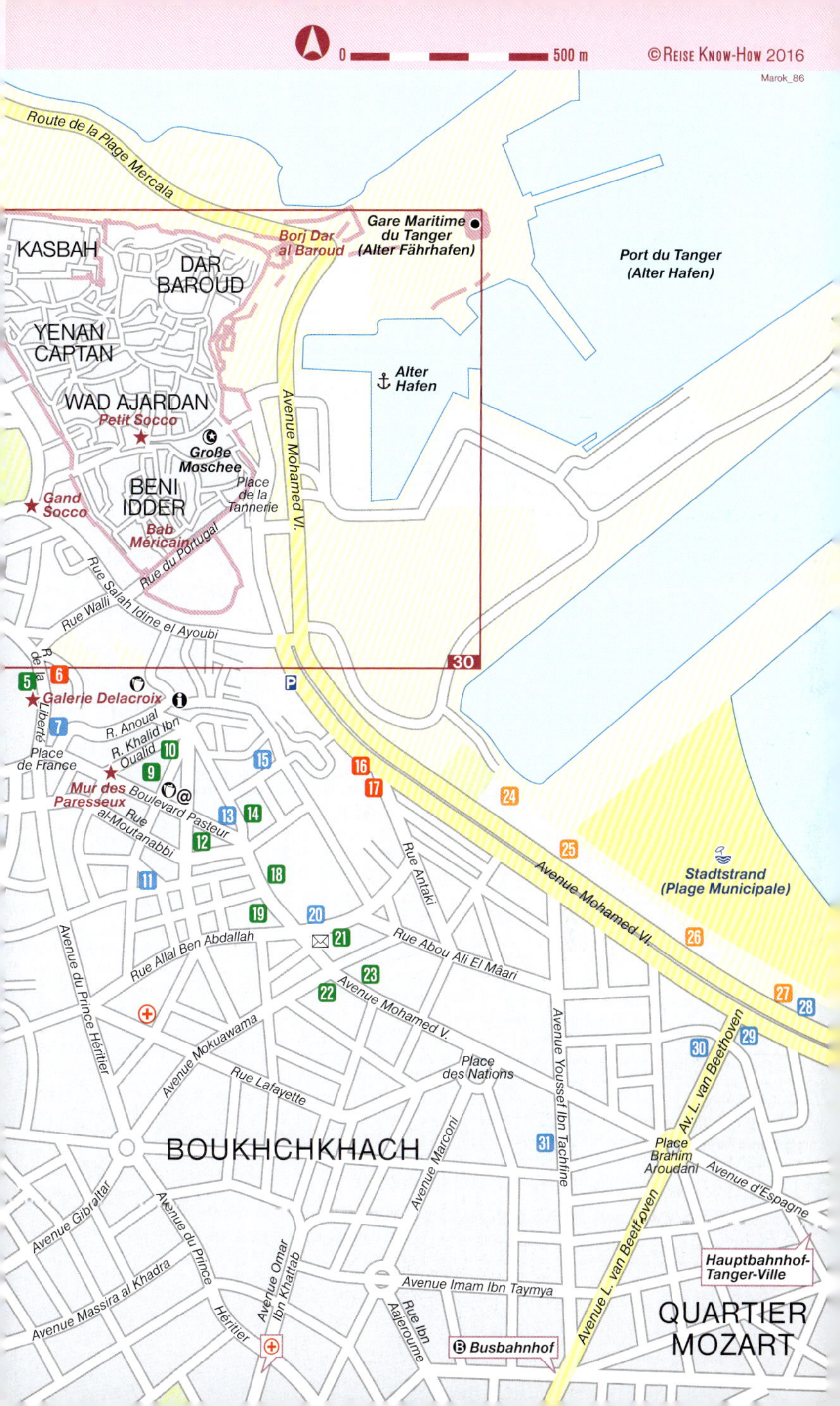

0
500 m
© Reise Know-How 2016
Marok_86
Route de la Plage Mercala
KASBAH
DAR BAROUD
Borj Dar al Baroud
Gare Maritime du Tanger (Alter Fährhafen)
Port du Tanger (Alter Hafen)
YENAN CAPTAN
Alter Hafen
WAD AJARDAN
Petit Socco
Große Moschee
BENI IDDER
Place de la Tannerie
Gand Socco
Bab Méricain
Rue du Portugal
Avenue Mohamed VI.
Rue Salah Idine el Ayoubi
Rue Walli
R. de la Liberté
30
Galerie Delacroix
R. Anoual
R. Khalid Ibn Oualid
Place de France
Mur des Paresseux
Boulevard Pasteur
Rue al-Moutanabbi
Rue Antaki
Avenue Mohamed VI.
Stadtstrand (Plage Municipale)
Rue Allal Ben Abdallah
Rue Abou Ali El Mâari
Avenue Mohamed V.
Avenue du Prince Héritier
Avenue Mokuawama
Rue Lafayette
Place des Nations
Avenue Youssef Ibn Tachfine
Av. L. van Beethoven
BOUKHCHKHACH
Avenue Marconi
Place Brahim Aroudani
Avenue d'Espagne
Avenue Gibraltar
Avenue du Prince Héritier
Avenue Omar Ibn Khattab
Avenue L. van Beethoven
Hauptbahnhof-Tanger-Ville
Avenue Massira al Khadra
Avenue Imam Ibn Taymya
Rue Ibn Aajeroume
Busbahnhof
QUARTIER MOZART
5 6 7 9 10 11 12 13 14 15 16 17 18 19 20 21 22 23 24 25 26 27 28 29 30 31

Tanger Medina

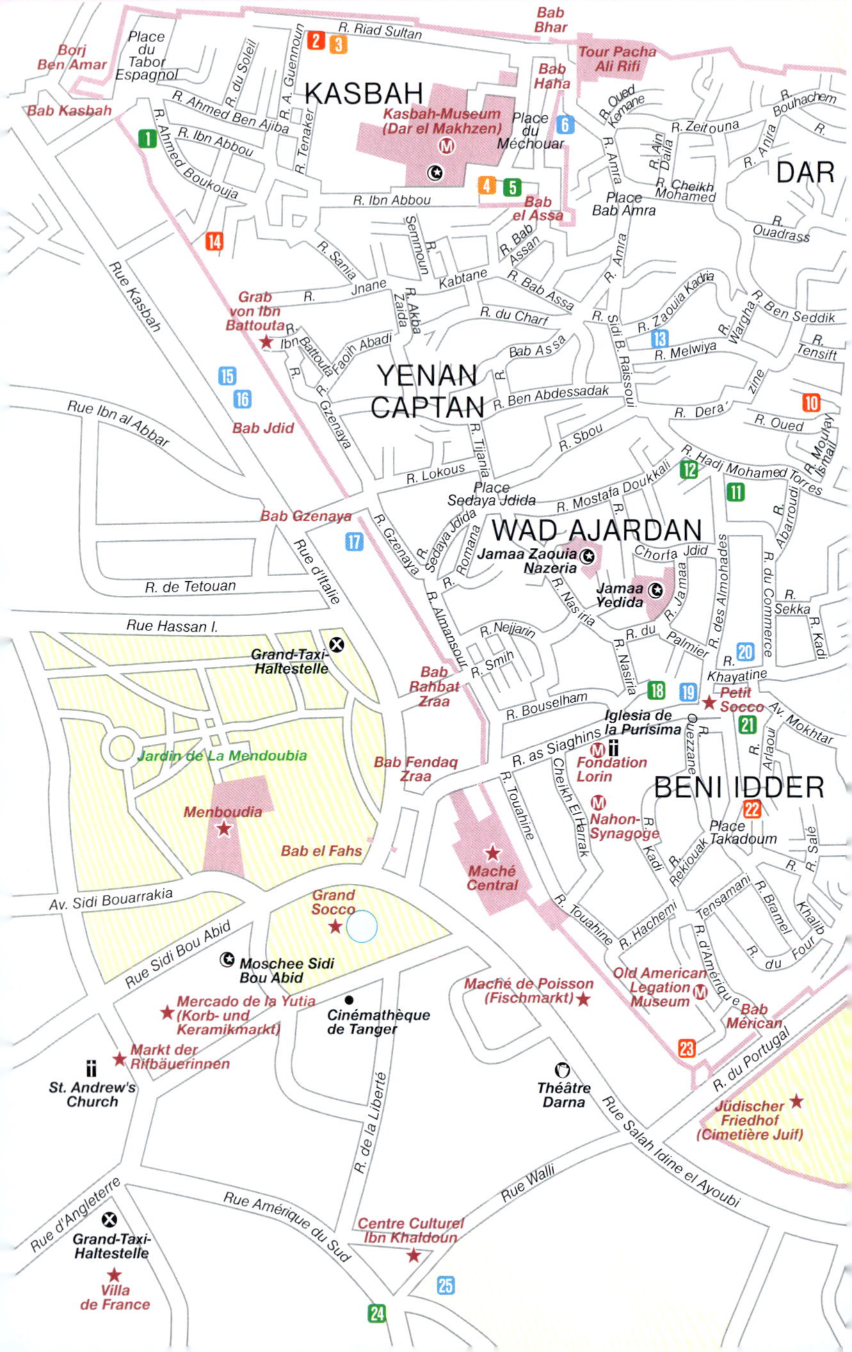

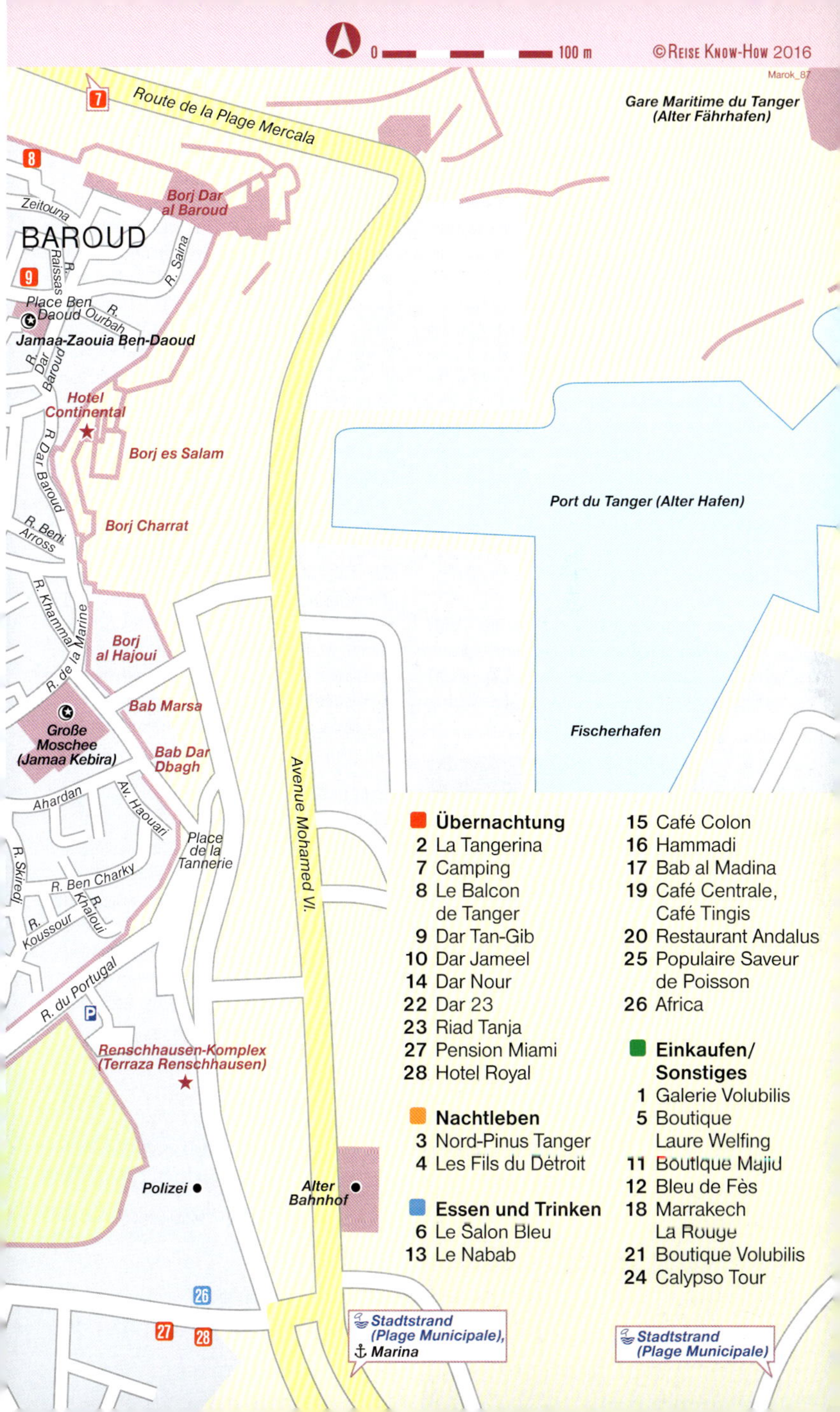

Übernachtung
- 2 La Tangerina
- 7 Camping
- 8 Le Balcon de Tanger
- 9 Dar Tan-Gib
- 10 Dar Jameel
- 14 Dar Nour
- 22 Dar 23
- 23 Riad Tanja
- 27 Pension Miami
- 28 Hotel Royal

Nachtleben
- 3 Nord-Pinus Tanger
- 4 Les Fils du Détroit

Essen und Trinken
- 6 Le Salon Bleu
- 13 Le Nabab
- 15 Café Colon
- 16 Hammadi
- 17 Bab al Madina
- 19 Café Centrale, Café Tingis
- 20 Restaurant Andalus
- 25 Populaire Saveur de Poisson
- 26 Africa

Einkaufen/ Sonstiges
- 1 Galerie Volubilis
- 5 Boutique Laure Welfing
- 11 Boutique Majid
- 12 Bleu de Fès
- 18 Marrakech La Rouge
- 21 Boutique Volubilis
- 24 Calypso Tour

Weiter geht es in nördliche Richtung zum **Mendoubia-Park,** wo man im Schatten einer Pinie kurz ausspannen oder einen Blick auf die deutschen Grabsteine werfen kann. Auf der Ostseite des Parks führt von der Rue d'Italie links ein Tor auf die Rue as Siaghin – von dort gelangt man in die Medina.

Wer sich für die internationale Vergangenheit der Stadt oder den amerikanischen Schriftsteller *Paul Bowles* (1910–1999) interessiert, sollte einen Abstecher zum **Old American Legation Museum** machen. Dazu läuft man gleich am ersten Abzweig nach dem Eingang in die Medina bei einem Springbrunnen rechts die Gasse Rue Touahine hinunter. Am Ende der Gasse biegt man links in die Rue Abdellah Ben Hachemi ein und geht die nächste wieder rechts in die Rue Kadi Tensamani. Von dieser Gasse führt rechts die Rue d'Amérique zum Museum ab.

Nach dem Besuch des Museums kann man, zurück auf der Rue as Siaghin, Richtung Norden zum **Petit Socco** marschieren. An diesem quirligen Platz inmitten der Medina angekommen, ist es Zeit für einen *thé à la menthe* (marokkanischen Minztee) im **Café Tingis** oder im **Café Centrale** (vgl. „Essen und Trinken"). Von hier lässt sich das Leben rund um den Petit Socco herrlich beobachten.

Direkt beim Café Tingis führt die **Rue des Almohades** Richtung Kasbah. Durch den Lederwaren- und Kleidungsmarkt (Souk) bummelt man in dieser Gasse gemütlich Richtung Norden, vorbei am Kunsthandwerksladen Bleu de Fès bis zum kleinen Platz Ouad Aherdane. Hier geht es rechts über Treppenstufen bergauf (nicht links in die Rue Sbou abbiegen). Bei dem von Bougainvilleen umrankten Eingangstor zum Grabmal des Heiligen Sidi Housni **(Tombeau Sidi Housni)** folgt man den Treppenstufen links bergauf bis zum Stadttor **Bab el Assa.** Das Tor führt ins **Kasbah-Viertel,** unmittelbar auf den **Place du Méchouar.** Hungrige können hier im **Café Le Salon Bleu** (vgl. „Essen und Trinken") einkehren und beim Essen die Aussicht von der Terrasse aufs Meer und die historischen Gebäude der Umgebung genießen.

Frisch gestärkt steht der Besuch des **Kasbah-Museums** auf dem Programm – die maurische Architektur des einstigen Sultanspalastes beeindruckt nicht nur Orient-Neulinge.

Vom Place du Méchouar folgt man anschließend der **Rue Riad Sultan** entlang der nördlichen Stadtmauer. Unter einem Häuserdurchgang befindet sich das Eingangsportal zu dem einst sehr bekannten Café Le Détroit. Heute sind die Palasträume im Obergeschoss zwar immer noch sehenswert, aber der lieblos mit Plastikstühlen vollgestellte Saal wirkt ziemlich ungemütlich.

ma16_004 ad

Café Tingis am Petit Socco

Weiter entlang der Stadtmauer geht man an den hübschen **Gästehäusern Nord-Pinus Tanger** (mit Bar) und **La Tangerina** (vgl. „Unterkunft") vorbei – wer hier nicht wohnt, kann einen Orangensaft auf der Dachterrasse trinken und den Blick aufs Meer genießen.

Am **Place du Tabor Espagnol** angekommen, spaziert man entweder weiter durch das Stadttor **Bab Kasbah** oder bummelt durch das Wohnviertel. Beim Gummibaum etwas unterhalb des Platzes vor dem Bab Kasbah geht es links hinab ins Gassengewirr und zum **Gästehaus Dar Nour** (vgl. „Unterkunft").

Durch das Bab Kasbah verlässt man die Altstadt. An der Außenseite des Tors gibt eine Infotafel einen guten Überblick über das Gassengewirr der Medina. Die gepflasterte, von Orangenbäumen gesäumte **Rue Kasbah** (erste Querstraße links) führt steil bergab zurück Richtung Grand Socco. Hier bieten diverse **Patisserien** bergeweise marokkanisches Gebäck an. Unbedingt probieren: die mit Mandeln gefüllten Gazellenhörner *(kaab ghzal)*.

Die Rue Kasbah geht in die **Rue d'Italie** über, in der man die prächtigen Fassaden alter **Kolonialhäuser** bewundern kann. Durch einen Torbogen am Südende der Straße erreicht man wieder den Grand Socco, wo man auf einen Drink in die Cinémathèque de Tanger (vgl. „Kultureinrichtungen") einkehren kann.

Zum Abschluss kann man links die **Rue Salah Idine el Ayoubi** hinunterspazieren, einen Blick in die Halle des **Marché Central** werfen und den **Jüdischen Friedhof** an der Ecke Rue du Portugal besichtigen.

Sehenswertes

Rund um den Grand Socco

Der Grand Socco bildet das **Herz der Stadt**: Er ist Verkehrsknotenpunkt, Treffpunkt der Einheimischen und Schnittpunkt zwischen Neustadt und Medina. Rund um den Platz befinden sich einige interessante Sehenswürdigkeiten, sodass es sich anbietet, einen Stadtbummel hier zu beginnen.

Grand Socco (Zoco Grande)

Der Grand Socco oder Zoco Grande heißt seit einigen Jahren **offiziell Place du 9 Avril 1949** – nach dem Tag, an dem König *Mohamed V.* die Unabhängigkeit Marokkos ausrief. Im allgemeinen Sprachgebrauch wird er jedoch immer der „Große Marktplatz" Tangers bleiben.

Bis zum Ende des 19. Jh. war der Grand Socco nichts anderes als ein leerer Platz vor den Stadtmauern, auf dem religiöse und weltliche Feste gefeiert wurden. Außerdem fand hier zweimal wöchentlich ein großer Markt statt, auf dem die Bauern der umliegenden Dörfer ihre Waren verkauften. In der französischen Kolonialzeit, **zu Beginn des 20. Jh.,** begannen die neuen Stadtviertel rund um den Grand Socco zu wachsen. Der Platz diente weiterhin als Marktplatz der Rifbauern. In den letzten Jahrzehnten war der Grand Socco in erster Linie ein lauter und hässlicher Verkehrsknotenpunkt an der Grenze zwischen Neustadt und Medina. **Erst vor wenigen Jahren** erhielt der Platz ein **neues, schönes Gesicht** mit hohen Palmen, Bänken, Rasenflächen und einem nachts beleuchteten Springbrunnen in der Mitte. Besonders auffällig ist die **Moschee Sidi Bou Abid** auf der Westseite des Platzes, die 1917 errichtet wurde. Das erdrote Minarett schmücken bunte Kacheln und Mosaike.

Von allen Seiten des Platzes führen **sternförmig Straßen** ab: Die Rue de la Liberté führt Richtung Süden zum Place de France und ins Zentrum der Neustadt; die Rue d'Angleterre und die Rue Sidi Bou Abid im Südwesten führen Richtung St. Andrew's Church und Place Koweit; die nach Westen abgehende Rue Sidi Bouarrakia führt zum Palais Moulay Hafid und weiteren italienischen Institutionen zwischen Av. Sidi Mohamed Ben Abdallah und Av. Hassan I.; auf der Rue d'Italie kann man nach Norden Richtung Kasbah-Viertel spazieren; die Rue Salah Idine el Ayoubi im Osten windet sich hinab zum alten Hafen und zur Strandpromenade an der Av. Mohamed I.

Das traditionsreiche **Cinéma du Rif** an der Südseite des Grand Socco wurde vor einigen Jahren renoviert und als **Kulturzentrum Ci-**

nématheque de Tanger wiedereröffnet. Hier kann man sich abends einen französischsprachigen Kinofilm ansehen oder im jugendlich-alternativ angehauchten Café einen Softdrink genießen.

Der Grand Socco hat auch nach der Neugestaltung seine **soziale Funktion** bewahren können: Abends trifft sich hier die halbe Stadt zum Flanieren, Plaudern und Einkaufen.

Rue d'Italie

Durch einen Torbogen im Norden des Grand Socco, das **Bab el Fahs,** erreicht man die Rue d'Italie, die Richtung Bab Kasbah und Marshan-Viertel führt. Wie ein Relikt europäischer Geschichte verläuft die Straße entlang der Stadtmauer zwischen der Altstadt und der Neustadt.

Zunächst spaziert man vorbei am **Mendoubia-Park** auf der linken und dem Stadttor **Bab Rahbat Zraa** auf der rechten Seite. Die prächtigen Fassaden der spanischen Häuser aus dem späten 19. Jh. machen die Rue d'Italie zur wohl schönsten Straße der Stadt. Im Gegensatz zu den Gebäuden in einer typischen arabischen Altstadt haben diese große Fenster und Balkone zur Außenseite hin. Hier lebten in der ersten Hälfte des 20. Jh. viele Italiener und Juden.

Am Tor **Bab Jdid** findet jeden Tag ein Gemüsemarkt statt – besonders auffällig sind die Rifbäuerinnen mit ihren Strohhüten und gestreiften Wolltüchern.

Im **Café Colon** (vgl. „Essen und Trinken") trafen sich einst Schriftsteller, Schmuggler und Drogenhändler. Heute ist das Café im Erdgeschoss eines schönen Kolonialgebäudes ein traditionelles Männercafé wie viele andere in Marokko und für alleinreisende Frauen nicht geeignet. Weiter steil aufwärts entlang der gepflasterten Rue Kasbah findet man in zahlreichen Patisserien leckeres marokkanisches Gebäck.

Mendoubia und Mendoubia-Park

An der Nordwestseite des Grand Socco liegt, angrenzend an die Rue de Bouarrakia, die **Mendoubia** – das Gebäude trägt diesen Namen, weil es während der Zeit der Internationalen Zone die Residenz des *Mendoub* war. Dieser fungierte als Vertreter des marokkanischen Sultans. In dem Haus war bis 1945 auch die deutsche Botschaft untergebracht. Die Mendoubia kann nicht besichtigt werden.

Der **Mendoubia-Park** mit Eukalyptusbäumen und Palmen erstreckt sich hinter der Mendoubia westlich von der Rue d'Italie über den Hügel aufwärts. Männer schlafen tagsüber im Schatten der Bäume, Familien flanieren abends durch den Park. Leider liegt an manchen Stellen viel Müll herum, dennoch findet man hier etwas Ruhe im Grünen.

Im Nordteil des Parks, Richtung Av. Hassan II., liegen die **Reste von über 100 Jahre alten deutschen Gräbern.** Ein Gedenkstein aus Marmor weist in deutscher Sprache darauf hin, dass hier, im ehemaligen „Garten der Gesandtschaft des Deutschen Kaiserreichs", die in Tanger verstorbenen Deutschen begraben sind. Die wenigen verbliebenen Grabsteine (z.B. der des Postdirektors *Paul Schmücker,* gest. 1906, oder der von *Otto Wilhelm Tiefen,* Kanzler der Kaiserlich-Deutschen Ministerresidentur, gest. 1884) dienen nun als Gedenkstätte. Ein weißer **Obelisk** am Nordende des Parks in Richtung Av. Hassan I. weist auf das Grab von Doktor *Severo Cenarro* (gest. 1898) hin: Der spanische Arzt war Berater des städtischen Gesundheitsamtes und Initiator der 1883 gegründeten Hygienekommission von Tanger.

Auf der Rückseite der Mendoubia kann man eine mit einer Krone geschmückte **Kanone aus dem Jahr 1722** bewundern. Im Südteil des Parks, zur Rue Sidi Bouarrakia hin, verbergen sich **muslimische Gräber** im Pinienhain.

> Früher eine Institution und seit 2014 wieder in Betrieb: Luxushotel Villa de France

St. Andrew's Church

Im **herrlich verwilderten Garten** der englischen Kirche fühlt man sich wie in einer Oase inmitten der Stadt. Unter Bougainvilleen, Feigenbäumen, Palmen und Pinien liegen die verwitterten Grabsteine des Friedhofs. Hier ruhen illustre Persönlichkeiten wie der Times-Korrespondent *Walter B. Harris* (1866–1933). Die 1880 erbaute St. Andrew's Church wirkt mit ihrem grünen Ziegeldach und dem maurischen Dekor von außen eher wie eine Moschee; sie dient aber noch heute als anglikanisches Gotteshaus.

Info: Rue d'Angleterre, Stadtbusse Nr. 4, 5, 6, 15, Gottesdienst jeden So 11–12 Uhr, dann keine Besichtigung möglich.

Grand Hôtel Villa de France

Die weiße Villa mit Palmengarten stand über 20 Jahre lang leer und verfiel. Im Jahr 2014 wurde sie als exklusives **Luxushotel** wiedereröffnet. Im ehrwürdigen Grand Hôtel Villa de France mietete sich einst *Henri Matisse* (1869–1954) ein. Hier malte er 1912 die Aussicht aus dem Fenster von seinem Zimmer Nr. 35. Zu Ehren des Malers wurde nun ein Matisse-Zimmer eingerichtet. Außerdem logierten in der Villa de France so berühmte Gäste wie *Paul* und *Jane Bowles*, *Gertrude Stein* und *Tennesse Williams*.

Info: Ecke Rue d'Angleterre/Rue de Hollande, Stadtbusse Nr. 4, 5, 6, 15, www.leroyal.com.

Jüdischer Friedhof (Cimetière Juif)

Der Jüdische Friedhof verbirgt sich hinter einer weißen Mauer direkt **gegenüber dem Bab Mérican** – dieses Stadttor markiert den Eingang zur Medina und den Zugang zum Old American Legation Museum. Ein schwarzes Metalltor führt auf den Friedhof. Das Tor ist nicht immer geöffnet; in diesem Fall sollte man anklopfen und der Wärterfamilie ein kleines Trinkgeld geben.

ma16_003 ad

Auf dem Friedhof genießt man nach dem Gedränge und Marktgeschrei in der Rue Salah Idine el Ayoubi **herrliche Ruhe.** Zwischen Palmen, Feigenbäumen und Zypressen liegen die Marmorsarkophage mit hebräischen Inschriften kreuz und quer verteilt. Die Grabsteine wurden teilweise recht plump „renoviert", einbetoniert und weiß angestrichen.

Auf dem großen verwilderten Gelände mit Blick aufs Meer herrscht eine verwunschene, **fast meditative Atmosphäre** – herrlich zum Durchatmen und Herumspazieren. Die meisten Gräber stammen aus dem 19. Jh. und vom Anfang des 20. Jh. Über ihre Geschichte ist bislang wenig bekannt.

Info: Ecke Rue Portugal/Rue Salah Idine el Ayoubi; Eintritt: frei (ca. 10 DH/Pers. Trinkgeld für den Wärter).

In der Medina (Altstadt)

Die Altstadt umgibt eine **Stadtmauer** mit mehreren Eingangstoren *(Bab)* und Bastionen *(Borj)*. Im Inneren besteht sie aus einem für Europäer nur schwer durchschaubaren Labyrinth aus Hauptgassen und davon abzweigenden Seiten- und Sackgassen.

Die **Sackgassen** mit den Hauseingängen zählen schon zum privaten Bereich der Bewohner des Viertels. Von außen wirken die Mauern und Gassen einer typischen arabischen Altstadt fensterlos und düster. Die traditionellen Hofhäuser orientieren sich nach innen zum Hof, in den von oben Tageslicht einfällt.

In den **Hauptgassen** herrscht Markttreiben – in den nach Branchen sortierten **Souks,** den Geschäfts- und Handwerksvierteln, kaufen die Einheimischen alles für den täglichen Gebrauch: von Lebensmitteln, *Dschellabas* und Schuhen bis zur Teekanne. In der im Vergleich zu Marrakesch und Fès recht kleinen Medina von Tanger findet man sich dank der zweisprachigen Schilder in den Gassen ganz gut zurecht. Die ummauerte Kasbah ist das älteste Viertel der Stadt und gehört zur Medina.

Rue as Siaghin

Das Stadttor **Bab el Fahs** am nordöstlichen Ende des Grand Socco führt auf die Rue as Siaghin, über die man in die Medina gelangt. Die gepflasterte Gasse verbindet den Grand Socco außerhalb der Stadtmauern mit dem Petit Socco im Inneren der Altstadt.

ma16_006 ad

Besonders abends herrscht hier **Hochbetrieb:** Familien flanieren die Gasse rauf und runter, trinken Tee oder kaufen in den vielen Läden Kleider, Uhren und allerlei Krimskrams ein. Touristen finden in der Rue as Siaghin Wechselstuben und Souvenirshops. Die geschäftige Hauptgasse der Medina geht bis auf römische Zeiten zurück – der **Decumanus Maximus** (die Hauptorientierungsachse) verlief von Westen nach Osten quer durch die römische Stadt Tingis, wie Tanger früher hieß. Der heutige Petit Socco befindet sich genau an der Stelle, wo sich damals das Forum befand. Die Bezeichnung „Siaghin" geht auf die Silberschmieden zurück, die früher in der Gasse angesiedelt waren. Entlang der gesamten Rue as Siaghin reihen sich **Häuser aus der Kolonialzeit** mit schmiedeeisernen Balkonen und großen Fenstern aneinander – völlig untypisch für marokkanische Altstädte, in denen sich die fensterlosen Häuser sonst nach innen zum Hof orientieren.

Etwa auf halber Höhe zwischen Grand und Petit Socco befindet sich die **Iglesia de la Purísima** mit weiß-rosafarbenem Anstrich. Der spanische Franziskanermönch *José Lerchundi* ließ die „Kirche der Unbefleckten Empfängnis" 1880 errichten. Das katholische Gotteshaus mitsamt Glockenturm ist das einzige seiner Art inmitten einer marokkanischen Altstadt. Heute leben Schwestern vom Orden der Mutter Teresa („Missionarinnen der Nächstenliebe") hier, die sich besonders für alleinstehende Mütter und Straßenkinder in Tanger engagieren. Tanger ist seit 1956 Sitz des Erzbistums, das heute nur noch rund 2500 Gläubige zählt.

■ **Info:** Iglesia de la Purísima, 51, Rue as Siaghin, geöffnet: Mo bis Fr 8–12 und 16–19 Uhr.

Petit Socco

Der Petit Socco (arab. **Souk Dahkel**) markiert das **Herz der Medina** – er war früher der zentrale Marktplatz der weißen Stadt. In Tangers Zeit als Internationale Zone befanden sich hier die wichtigsten Banken, das legendäre Hotel Fuentes und das spanische Telegrafenamt. Bis in die 1930er Jahre bildete der Petit Socco das Zentrum von Handel und Stadtleben in Tanger. Später verlagerte sich der Stadtkern in die neuen Viertel außerhalb der Stadtmauern.

Seit Anfang des 20. Jh. ist der „Kleine Platz", wie er übersetzt heißt, für seine **traditionellen Cafés** bekannt, in denen sich zur Blütezeit Tangers die illustre internationale Gesellschaft aus Diplomaten, Künstlern, Autoren, Schmugglern und Drogendealern traf. Heute sitzen hier Marokkaner auf den Terrassen, schlürfen *thé à la menthe,* rauchen und plaudern. Eines der Lokale ist das **Café Tingis** (vgl. „Essen und Trinken"), das im Erdgeschoss eines weiß-gelb gestrichenen Kolonialgebäudes mit europäischer Architektur untergebracht ist. Im **Café Centrale** (vgl. „Essen und Trinken") bleiben meist auch alleinreisende Frauen ungestört.

Gleich hinter dem Petit Socco links, an der Einmündung zur Rue de la Marine, befindet sich das **Gebäude der Alten Bank von Marokko** (Antiguo Banco de Marruecos) mit seinen großen Mashrabiya-Fenstern (Gitterfenster aus gedrechseltem Holz) und einem typisch maurischen Portal. Auch das einst luxuriöse **Hotel Fuentes** – in dem *Charles Camille Saint-Saëns* (1835–1921) den „Danse Macabre" komponierte – existiert noch. Es befindet sich auf der Südseite des Petit Socco, gegenüber dem Café Centrale. Die heute sehr einfache Pension ist aber nicht zu empfehlen.

Old American Legation Museum

Die American Legation war das **erste amerikanische Staatsmonument außerhalb der USA.** Heute ist in den sehenswerten Gebäuden der Amerikanischen Gesandtschaft ein Museum untergebracht, das Tangers Zeit als Internationale Zone und die Geschichte der amerikanisch-marokkanischen Beziehungen dokumentiert.

◁ Gemüsehändler in der Altstadt (Medina)

Marokko war 1777 das erste Land, das offiziell die Unabhängigkeit der Vereinigten Staaten von Amerika anerkannte. Sultan *Moulay Slimane* (um 1760–1822) schenkte das prächtige Hofhaus auf der Ostseite der Gasse im Jahr 1821 dem damaligen amerikanischen Präsidenten *James Monroe* als Zeichen der amerikanisch-marokkanischen Freundschaft. Das Gebäude auf der Westseite wurde 70 Jahre später angebaut. Bis zur marokkanischen Unabhängigkeit 1956, als die ausländischen Vertretungen in die neue Hauptstadt Rabat zogen, war hier die Amerikanische Gesandschaft untergebracht. Heute dient das **Tangier American Legation Institute for Moroccan Studies** als Museum, Kulturzentrum und Bibliothek.

Die **Tour durch das Museum** startet im Obergeschoss auf der Westseite der Rue d'Amérique. In originalgetreu mit Antiquitäten eingerichteten Salons sind historische Skizzen, Ölgemälde und alte Dokumente ausgestellt. Hier herrscht das ehrwürdige Ambiente einer Kolonialvilla.

Ganz anders sieht es aus, wenn man über den Balkon in das ältere Gebäude auf der anderen Gassenseite wechselt. Die Räume gruppieren sich um einen duftenden Hofgarten mit Springbrunnen. Im Inneren kann man **typische Elemente maurischer Palastarchitektur** bewundern: Mosaike, Stuck, Zedernholzdecken und gedrechselte Fenstergitter. Zwei Vitrinen zeigen einen Teil der Zinnsoldatensammlung, die früher im Musée Forbes (heute Palast Dar el Mendoubia) untergebracht war. Zwei Zimmer im Erdgeschoss widmen sich dem US-amerikanischen Schriftsteller *Paul Bowles* (1910–1999), der in Tanger lebte.

Zurück im Erdgeschoss des ersten Gebäudeteils geht es durch die **Bibliothek,** in der es englischsprachige Literatur über Tanger zu kaufen gibt. Außerdem findet man hier einen Austellungssaal mit marokkanischer Kunst des 20. h.

Am **Ausgang** wartet eine Spendenbox auf den Besucher – so kann man zum Erhalt dieses Denkmals der amerikanisch-marokkanischen Freundschaft beitragen.

■ **Info:** 8, Rue d'Amérique, www.legation.org, Tel. 0539 93 53 17, geöffnet: Mo bis Do 10–13 und 15–17 Uhr, Fr 10–12 und 15–17 Uhr, Sa/So nach Anmeldung (tel. oder per E-Mail), Eintritt: frei (Spende willkommen).

■ **Wegbeschreibung:** Das Old American Legation Museum erreicht man am besten von der Rue Portugal durch das Stadttor Bab Mérican. Oder man läuft vom Petit Socco durch die Gassen (Rue Ouezzane, Rue Kadi Tensamani) südwärts. Das Museum befindet sich in zwei Gebäuden beiderseits der Rue d'Amérique, die im Obergeschoss miteinander verbunden sind.

Große Moschee (Jamaa Kebira)

Marschiert man vom Petit Socco weiter geradeaus die Rue de la Marine hinunter, so fällt nach weniger als 100 m das **prächtige Eingangsportal** der Großen Moschee auf der rechten Seite ins Auge. Das rechteckige Minarett schmücken die für islamische Heiligtümer typischen grünen Kacheln. Sultan *Moulay Ismail* (um 1645–1727) ließ die Moschee im 17. Jh. errichten, später wurde sie mehrfach erweitert und renoviert.

Die Gasse endet wenige Meter weiter vor den Treppenstufen zur Bastion **Borj al Hajoui** neben dem Stadttor **Bab Marsa.** In der kleinen Festung stehen zwei massive, aufs Meer gerichtete Kanonen aus dem 19. Jh. Von der erhöhten Plattform blickt man auf den Fischerhafen und die Baustelle des Jachthafens. Geht man an der Großen Moschee rechts die Rue Dar Dbagh hinunter, so erreicht man das **Bab Dar Dbagh.** Von diesem kleinen Stadttor geht es hinab zum alten Hafen und zur Rue du Portugal.

Hotel Continental

Von der Bastion Borj al Hajoui in der Gasse Rue de la Marine (später Rue Dar Baroud) entlang der Stadtmauer nordwärts gehend, erreicht man nach wenigen Minuten das **1856 eröffnete einstige Luxushotel.** Die Zimmer im Inneren wirken inzwischen ziemlich angestaubt und renovierungsbedürftig – die Lage und die Aussicht über den alten Hafen und das Meer sind aber immer noch großartig. In der Lobby herrscht nostalgisches Ambiente; man entdeckt einige skurrile Antiquitäten. Sehenswert ist der Frühstückssalon im Stil eines maurischen Palastes mit Stuck und Mosaiken. Auf der Terrasse kann man bei einem Tee oder Orangensaft die Aussicht auf den Hafen und die Meeresbrise genießen. Im hoteleigenen Souvenirshop findet man hübsches marokkanisches Kunsthandwerk.

■ **Info:** 36, Rue Dar Baroud, www.continental-tanger.com, Tel. 0539 93 10 24.

Grab von Ibn Battouta

Ibn Battouta (oder *Battuta*, 1304 bis ca. 1368) war **einer der berühmtesten muslimischen Forschungsreisenden und Gelehrten der Welt.** Er brach 1325 auf eine Pilgerfahrt von Tanger nach Mekka auf; später erkundete *Battouta* fast die gesamte islamisch geprägte Welt – mehr als 120.000 km von Spanien über Indien und die Malediven bis in den Sudan legte er dabei zurück. Anschließend verfasste er eine Reisebeschreibung über seine Abenteuer.

Sein Grab liegt inmitten der Medina. An der Unterseite des **weißen Grabmals** mit grünem Ziegeldach befindet sich ein Brunnen. Von oben kann man durch ein Loch in der meist verschlossenen Tür ins Innere schauen. Nachmittags stehen die Chancen am besten, dass der Schlüsselhalter das Tor öffnet.

■ **Wegbeschreibung:** Das Grab von *Ibn Battouta* findet man am leichtesten, wenn man durch das Stadttor Bab Gzenaya in die Medina marschiert, dann links in die Rue Gzenaya abbiegt und schließlich die enge Rue Ibn Battouta über Treppenstufen bergauf geht; nach einigen Kurven ist man am Ziel angelangt.

Kasbah-Viertel

Die Kasbah ist ein von Mauern umgebenes **historisches Festungs- und Wohnviertel.** Sie thront im Nordwesten der Altstadt an höchster Stelle über den anderen Vierteln. Im alten Sultanspalast befindet sich eine der bedeutendsten Sehenswürdigkeiten der Stadt: das Kasbah-Museum.

An der Stelle der heutigen Kasbah (Zitadelle bzw. Festung) errichtete wahrscheinlich schon der Kalif von Córdoba, *Abd ar-Rahman II.* (um 889–961), eine Festung, um sich gegen die schiitischen Fatimiden zu schützen. Der Aufbau des Kasbah-Viertels geht auf die portugiesische Besatzung zwischen 1464 und 1661 zurück. Sultan *Moulay Ismail* (um 1645–1727) ließ die heutige Kasbah später wiederaufbauen, nachdem er Tanger 1684 von den Engländern zurückerobert hatte.

Drei Stadttore führen in das Kasbah-Viertel: das unschöne, grau betonierte **Bab Haha** im Osten, das kleine **Bab el Assa** mit einem hübschem Mosaik-Springbrunnen (Seqaya Bab el Assa) im Südosten und das große **Bab Kasbah** im Westen. Das Bab Kasbah erreicht man vom Grand Socco über die Rue d'Italie und die Rue Kasbah zu Fuß oder mit dem Taxi. Die anderen Stadttore führen von den Gassen der Medina ins Kasbah-Viertel und sind nicht mit dem Auto zugänglich.

Rund um das Bab Kasbah

Das Bab Kasbah („Festungstor"), auch bekannt als **Bab Marshan,** ist das **größte Eingangstor in das Kasbah-Viertel.** Vor dem Tor gibt eine Infotafel mit Karte einen guten Überblick über die gesamte Altstadt (Medina).

Die Kanonenplattformen der **Bastion Borj Ben Amar** auf beiden Seiten des Bab Kasbah zeugen von der einstigen militärischen Funktion der Kasbah. Die nördliche Plattform entstand mit großer Wahrscheinlichkeit zur Zeit der englischen Besatzung Tangers in den Jahren 1662 bis 1684.

Geht man durch das Tor, steht man auf dem **Place du Tabor Espagnol,** der hauptsächlich als Parkplatz dient, denn die abgehenden Gassen sind autofreie Zonen. Auf der Südseite des Platzes zweigen auf der Höhe eines imposanten Gummibaumes die Gassen zu den Wohnvierteln ab. Hier geht es auch zum **Gästehaus Dar Nour** (vgl. „Unterkunft").

Auf der Nordseite des Platzes erhebt sich das abgesperrte, verfallende Festungsgebäude **Borj Naam.** Die Festung entstand im 18. Jh. und diente zur Verteidigung der Stadt gegen

Tanger – von shabby bis schick

Nirgendwo liegt Afrika näher an Europa als in Tanger. Hier treffen zwei Welten aufeinander: **Orient und Okzident verschmelzen zu einer Mischung aus Moderne und Tradition.** Vielleicht macht genau dies die Inspiration von Tanger aus, die Schriftsteller, Künstler und Exzentriker hier fanden. Flüchtlinge aus Marokko und Afrika südlich der Sahara betrachten die Metropole dagegen als Sprungbrett nach Europa.

Sehnsüchtig blicken die jungen Burschen in den Cafés übers Meer nach Spanien. Der bekannte marokkanische Schriftsteller *Tahar Ben Jelloun* erzählt in seinem Roman „Verlassen" (2006) von einem jungen Mann aus Tanger, der in Spanien verzweifelt nach einem besseren Leben sucht. Im Zuge der Wirtschaftskrise in der Europäischen Union scheint sich der Trend seit 2013 umzukehren: Junge, qualifizierte Spanier wandern wegen der katastrophalen Arbeitsmarktsituation in Südeuropa nach Marokko aus. Der **Migrationsstrom** dreht sich also um. Auch einige Marokkaner, die den Sprung nach Spanien schon geschafft hatten, kehren wieder nach Tanger zurück, weil sie hier als Taxifahrer besser verdienen.

Tangers Ruf war schon immer geheimnisvoll-verrucht – mit der Stadt assoziiert man auch heute noch Drogenhändler, Schmuggler und Prostituierte. Zu Zeiten der Internationalen Zone war Tanger Aussteigerziel internationaler Künstler und Dichter, darunter viele Existentialisten. *Truman Capote, Gore Vidal, Christopher Isherwood* und *André Gide* ließen hier ihren Fantasien freien Lauf. *Tennessee Williams* sammelte in Tanger Stoff für seine Stücke „Die Katze auf dem heißen Blechdach" (1955) und „Camino Real" (1953). In den 1950er Jahren entdeckte die Generation der Beatnik-Schriftsteller – darunter *Jack Kerouac, Allen Ginsberg, William S. Burroughs* und *Gregory Corso* – die Stadt. Die Woolworth-Erbin *Barbara Hutton* feierte rauschende Feste in ihrer Villa im Kasbah-Viertel. Tanger war das Traumziel von Glückssuchern, Homosexuellen und Intellektuellen, die hier Raum und **Toleranz** für ihre Lebensart abseits des Üblichen fanden. Schriftsteller wie *Mohamed Choukri* und *Mohamed Mrabet* oder der Modeschöpfer *Jean-Louis Scherrer* lebten bzw. leben in Tanger. Die Schauspielerin *Christine Kaufmann* beschrieb in „Der Himmel über Tanger" ihre Auszeit in einer Villa in Vielle Montagne. Auch für Maler wie *Eugène Delacroix* und *Henri Matisse* diente Tanger als ein Ort der Inspiration. Der amerikanische Schriftsteller *Paul Bowles* (1910–1999) – liebevoll der „Titan von Tanger" genannt – war wohl einer der letzten Intellektuellen, die in Tanger strandeten. Er starb auch in der weißen Stadt.

Das besondere Flair Tangers machte sich zudem die **Filmindustrie** zunutze: So wurden u.a. viele Szenen von *Bertoluccis* „Himmel über der Wüste" (1990), der James-Bond-Film „Lizenz zum Töten" (1989), „Der Legionär" (1998) mit *Jean-Claude van Damme* und in neuerer Zeit „Inception" (2010) mit *Leonardo DiCaprio*, „Das Bourne Ultimatum" (2007) mit *Matt Damon* und „Only Lovers Left Alive" (2013) von *Jim Jarmusch* in der Stadt gedreht.

Dem verblichenen Charme der internationalen Ära und der wilden 1950er Jahre kann man noch ein wenig beim Besuch der **legendären Cafés** nachspüren: im Gran Café de Paris am Place de France, im Café Hafa im Marshan-Viertel oder im Café Colon in der Rue de la Kasbah, in dem schon *Paul Bowles* in den Anfangsszenen der Verfilmung seines Romans „Himmel über der Wüste" saß. Heute zeugen die verschiedenen Kunstgalerien davon, dass Tanger weiterhin als Stadt der Künstler gilt.

Noch **in den 1980er und 1990er Jahren** war Tanger eine **heruntergekommene Hafenstadt:** Von den Fassaden der einstmals schönen Kolonialhäuser blätterte der Putz, in den Gassen der Medina sammelte sich der Müll, an jeder Ecke bettelten Bedürftige um Almosen, Drogendealer und Prostituierte machten gute Geschäfte, Schlepper und Taschendiebe nervten die Touristen, Menschenschmuggler verfrachteten Flüchtlinge auf klapprigen Booten nach Europa.

ma16_008 ad

Probleme hat Tanger zweifellos immer noch, doch in den letzten Jahren wandelte sich zumindest das äußerliche Bild der Stadt in rasantem Tempo. Das liegt nicht zuletzt daran, dass König *Mohamed VI.* – im Gegensatz zu seinem verstorbenen Vater *Hassan II.* – Gefallen an Nordmarokko findet. Entlang der gesamten Nordküste wurde in den letzten zehn Jahren massiv in **Infrastruktur- und Tourismusprojekte** investiert. Heute erstrahlen viele Kolonialhäuser im Zentrum wieder in Weiß-Gelb, in der Medina haben Investoren alte Riads renoviert und in schmucke Gästehäuser verwandelt, die Strandpromenade wurde als neue Prachtmeile Avenue Mohamed VI. komplett aufpoliert: Hier locken Restaurants, Beachklubs, Cafés und Luxushotels mit Meerpanorama Touristen an. Der einst graue Verkehrsknotenpunkt Grand Socco wurde mit Blumen und Springbrunnen verschönert und als sozialer Treffpunkt wiederbelebt. In der ganzen Stadt entstehen immer mehr schicke Hotels – die lange verfallende Grand Villa de France eröffnete 2014 als Luxus-Boutiquehotel wieder. Zwischen Avenue Mohamed VI. und dem alten Hafen wird seit Jahren an einem modernen Jachthafen gebaut. Und immer mehr Kreuzfahrtschiffe legen für einen kurzen Landgang in Tanger an. Zur Förderung der Wirtschaft entstand eine Freihandelszone beim Flughafen. Der gigantische Container- und Fährhafen Tanger-Méd bei Ksar es Seghir hat 2007 den Betrieb aufgenommen. Heute ist Tanger nach Casablanca die zweitwichtigste Wirtschaftsmetropole des Landes.

Doch trotz der vielen positiven Veränderungen ist nicht alles gut und schön. Besonders beim ersten Besuch der Stadt spaltet Tanger die Gemüter. Noch immer liegt viel Müll und Schutt in den Nebengassen und -straßen. Das Gran Teatro Cervantes und viele andere historische Fassaden geben immer noch ein trauriges Bild ab.

⌃ In Tanger wurde und wird viel investiert

In der Medina sprechen dubiose Gestalten die Touristen an, um sich schnell ein paar Dirham dazuzuverdienen – sei es durch Schwarztausch, als selbst ernannter „Stadtführer" oder als Haschischverkäufer. Tanger ist eine **Stadt im Wandel,** deren schöne und dunkle Seiten sichtbar sind. Auf der luftigen Dachterrasse eines Gästehauses in der Medina – mit einem Minztee in der Hand und der Aussicht über das Meer und die Dächer – fühlt es sich an wie im Paradies. Wenig später wünscht man sich in einer schmutzigen Gasse der Medina, in der eine dürre Katze in einem Müllsack wühlt, wieder nach Hause. So kann man die Stadt mal inspirierend, mal abstoßend empfinden.

Die **Lebensweise und Mentalität** der Menschen in Tanger ähnelt der in Südeuropa – mit dem Unterschied, dass in Marokko der Islam das Leben der Menschen mitbestimmt. Ansonsten ist vieles ähnlich wie in Spanien oder Italien: Man lässt sich Zeit, trinkt gemeinsam Tee und plaudert. Besonders im Sommer beginnt das Leben auf den Straßen erst ab 10 oder 11 Uhr. Mittags hält man eine lange Siesta, die Läden öffnen erst wieder spätnachmittags. Abends trifft sich dann die halbe Stadt zum Flanieren zwischen Grand Socco, Petit Socco und Place de France. In den meisten Restaurants herrscht erst ab 20 Uhr Betrieb.

In Tanger treffen **viele soziale und ethnische Gruppen** aufeinander. Immer noch leben viele Ausländer in der Stadt: Nicht wenige Europäer kommen für begrenzte Zeit geschäftlich hierher; besonders Spanier und Franzosen investierten in Gästehäuser oder Restaurants. In den Straßen begegnen sich traditionell gekleidete Berber aus dem Rif-Gebirge, westlich orientierte Araber und Flüchtlinge aus Afrika südlich der Sahara. Wie gesagt: In Tanger treffen Welten aufeinander.

ma16_007 ad

Angriffe von der Seeseite. Zwei 20-Tonnen-Armstrong-Kanonen sind stets auf die Straße von Gibraltar gerichtet.

Von hier verläuft die **Rue Riad Sultan** direkt an der alten Stadtmauer, vorbei an den **Gästehäusern La Tangerina** (vgl. „Unterkunft") und **Nord-Pinus Tanger** (mit empfehlenswerter Bar; vgl. „Nachtleben").

Die Gasse führt direkt unter dem Obergeschoss des Sultanspalastes (dem heutigen Kasbah-Museum) hindurch. Eine Wandaufschrift neben einem maurischen Portal weist auf das einst legendäre **Café Le Détroit** hin: Der spärlich eingerichtete Saal im Obergeschoss wirkt heute jedoch wenig einladend. Ein paar Schritte weiter öffnet sich die Gasse zum Place du Méchouar.

Place du Méchouar

Um den großen gepflasterten Platz, der auch **Place de la Kasbah** genannt wird, gruppieren sich die historisch bedeutenden Gebäude der Kasbah. Von der Medina kommend, erreicht man den Place du Méchouar (weitere Schreibweise: Place du Mechoir) entweder durch das Bab Haha oder das Bab el Assa. Durch das **Bab el Assa** („Tor der Peitschen") wurden früher die Gefangenen mit Peitschen zum Gefängnis getrieben. Durch das Gittertor des 1920 erbauten **Bab Bhar** („Tor des Meeres") hat man – wie der Name schon sagt – einen tollen Blick aufs Meer.

Auf der Ostseite des Platzes fällt zunächst das große zinnenbewehrte **Gebäude des alten Gefängnisses** auf, das nicht besichtigt werden kann. Gleich daneben schließt sich die Schatzkammer (Bit el Mal) in einem von Palmen flankierten Haus mit Arkaden an. Auf der Südseite liegt der ehemalige Justizpalast mit schönen Marmorsäulen – hier ist heute die schicke **Boutique Laure Welfing** (vgl. „Einkaufen") untergebracht. Im kleinen Teesalon direkt daneben treffen sich abends häufig die andalusischen Musiker von *Les Fils du Détroit* (vgl. „Nachtleben").

Biegt man bei der Boutique rechts um die Ecke, so erreicht man den Eingang zum Kasbah-Museum. Links dahinter erhebt sich das achteckige, von bunten Kacheln geschmückte Backstein-Minarett der **Kasbah-Moschee (Jamaa Kasbah).** Die Moschee wurde wahrscheinlich im 17. Jh. errichtet und danach mehrfach restauriert.

Biegt man hier in die Rue Ibn Abbou ein, so gelangt man zur **Zaouia Sidi Ahmed Boukouja,** einem weiß-grünen Gebäude mit Kuppeldach. *Henri Matisse* verewigte die Zaouia, in der die sterblichen Überreste des Korangelehrten *Sidi Ahmed Boukouja* ruhen, auf einem Gemälde. Von hier kann man durch die Wohnviertel zurück zum Bab Kasbah gehen.

Musée de la Kasbah (Dar el Makhzen)

Die weißen, fensterlosen Außenmauern lassen die **Pracht im Inneren des alten Sultanspalastes** nicht erahnen. Doch ein Besuch des Museums im Dar el Makhzen („Haus des Herrschers" bzw. „Haus der Regierung") lohnt sich allein schon, um die aufwendige maurische Architektur zu bewundern: Bodenmosaike, Stuckverzierungen, Bogengänge, Zedernholzschnitzereien und Springbrunnen – die Sultane sparten an nichts.

An derselben Stelle stand bereits ein **Gouverneurspalast,** als die Portugiesen 1464–1661 und die Briten 1662–1684 in Tanger herrschten. Der bis heute erhaltene Palast wurde gemäß einer Inschrift in den Jahren 1737/38 von Pascha *Ahmed Ben Ali Rifi* erbaut. Die Sultane *Moulay Slimane* und *Moulay Hassan* ließen den Palast im 19. Jh. mehrmals umbauen. Zuletzt residierte hier Sultan *Moulay Hafid* im Jahr 1912.

Heute beherbergt der alte Palast das Musée de la Kasbah. Im Gegensatz zu vielen anderen Museen in Marokko ist das **Kasbah-Museum recht modern aufgemacht:** Tafeln in spanischer, französischer und arabischer Sprache erläutern die Exponate.

Im ersten Ausstellungsraum gleich rechts neben dem Eingang stehen schwere verschließbare Holztruhen, die einst als Tresore dienten. Hier sollte man unbedingt den Kopf in den Nacken legen und die kunstvoll bemalte und geschnitzte Kuppel aus Zedernholz bestaunen.

Als Nächstes betritt man den offenen **Arkadenhof** mit weißen Marmorsäulen, Springbrunnen und Flügeltüren aus Zedernholz, die in die umliegenden Salons führen. Die Ausstellungsräume in den Salons widmen sich der Geschichte der Region und handeln von der Steinzeit über die Römerzeit bis zur Islamisierung, von der portugiesischen Besatzung Tangers und der Befreiung durch die Alaouiten.

Im angrenzenden **Hofhaus (Dar Chorfa)** informieren große Schautafeln über die Handelsrouten und -güter der letzten Jahrhunderte. In der Mitte des Innenhofs liegt das beeindruckende **Bodenmosaik „Navigation de Vénus"** („Seefahrt der Venus") aus der Römerstadt Volubilis in der Nähe von Meknès. Das **Obergeschoss** widmet sich traditionellen Beerdigungsriten und -zeremonien.

Letzte Station der Besichtigung ist der herrliche, etwas verwilderte **Sultansgarten** (Riad) mit Mandarinen- und Feigenbäumen, Bougainvilleen, Palmen und Zypressen.

Info: Musée de la Kasbah, Pl. du Méchouar, geöffnet: tägl. außer Di 9–16 Uhr, Eintritt: 10 DH.

Die Neustadt (Ville Nouvelle, Boukhachkhach)

Die Neustadt mit ihren **Boulevards, Cafés, Hotels und Shops** wächst seit dem 19. Jh. rund um die Altstadt. In den Außenbezirken reichen die Wohn- und Gewerbegebiete immer weiter in die Peripherie. Die Hauptgeschäftsstraßen der Neustadt sind der Boulevard Pasteur und dessen Verlängerung, die Av. Mohamed V., sowie die Rue du Mexique, die parallel zur Rue de la Belgique in Richtung Place de France verläuft.

Rue de la Liberté und Place de France

Die **Rue de la Liberté** führt vom Place de France zum Grand Socco – sie ist also die Verbindung zwischen dem Zentrum der Neustadt und dem Eingang zur Medina. Besonders am Abend herrscht zwischen Grand Socco und Place de France Hochbetrieb, wenn die Stadtbewohner bummeln gehen oder sich einen Snack bei den vielen einfachen Restaurants holen.

ma16_009 ad

An der Rue de la Liberté liegen bekannte **Galerien** wie das Centre Culturel Ibn Khaldoun und die Galerie Delacroix (vgl. „Kultureinrichtungen") mit wechselnden Ausstellungen marokkanischer Künstler. Nicht verpassen sollte man einen Blick in den Innenhof des **Traditionshotels El Minzah** (vgl. „Unterkunft"). Bei einem abendlichen Drink in der zum Hotel gehörenden Caid's Piano Bar lässt sich etwas Nostalgie schnuppern.

Der **Place de France** geht auf die 1920er Jahre zurück und besteht heute aus einem kleinen Kreisverkehr mit Mini-Springbrunnen. Verantwortlich für den Namen ist das französische Konsulat, das auf der Westseite des Platzes in einer prächtigen Kolonialvilla von 1929 residiert.

Auf eine bewegte Geschichte kann das 1920 eröffnete **Gran Café de Paris** (vgl. „Essen und Trinken") zurückblicken, das sich am Place de France befindet: Hier tranken schon Literaturgrößen wie *Paul Bowles, William S. Burroughs, Truman Capote* und *Tennessee Williams* ihren Tee und ließen sich von der Stadt inspirieren.

Läuft man vom Place de France auf der Rue de Fès in Richtung Süden, so kreuzt man die **Rue du Mexique,** eine der wichtigsten Geschäftsstraßen der Neustadt. Abends lässt sich hier reges Treiben beobachten: Die Einheimischen gehen in den Bekleidungs- und Schuhläden shoppen und essen Schawarma oder Pizza an den unzähligen preiswerten Fast-Food-Buden.

Boulevard Pasteur und Mur des Paresseux

Der **Boulevard Pasteur** ist eine der Hauptgeschäftstraßen der Neustadt. Hier reihen sich Läden für jeglichen Bedarf aneinander; hier befindet sich auch die **Tourismusinformation** (Délégation du Tourisme). Die Buchhandlung **Librairie des Colonnes** (vgl. „Einkaufen") ist seit 1949 eine Institution in Marokko.

Die 1909 erbaute **Mur des Paresseux** („Faulenzermauer") am Boulevard Pasteur gehört zu den Lieblingsorten der Bewohner von Tanger. An dieser Aussichtsterrasse trifft sich spätnachmittags und abends Alt und Jung, um den Ausblick auf die Bucht und über den Ozean bis nach Spanien zu genießen. Kinder posieren auf den vier aufs Meer gerichteten Bronzekanonen für ein Foto, die Mütter sitzen auf der Mauer und plaudern. Unmittelbar darunter liegt ein kleiner, gepflegter Park mit Bänken.

Der Boulevard Pasteur geht im Osten in die **Av. Mohamed V.** über, an der einige Banken, die Hauptpost und der Supermarkt Acima (vgl. „Einkaufen") angesiedelt sind.

Gran Teatro Cervantes

Die **Jugendstilfassade** des Gran Teatro Cervantes war einmal eines der bekanntesten Motive von Tanger. Das **Opernhaus,** ein Geschenk des reichen Spaniers *Manuel Peña* an seine Frau *Esperanza Orellana,* wurde 1913 eröffnet und bot Platz für 1400 Zuschauer. Zu seiner Blütezeit traten hier berühmte Opernstars, etwa der Italiener *Enrico Caruso* (1873–1921), und spanische Sänger wie *Antonio Machín, Lola Flores* und *Imperio Argentia* auf.

Das Theater gehörte zunächst der spanischen Regierung und wurde 1974 dem marokkanischen Staat übergeben. Es soll seit Jahren renoviert werden – leider führt es jedoch bis heute ein trauriges Schattendasein zwischen Müll und Schutt.

Wegbeschreibung: Das Theater erreicht man entweder, indem man von der Rue Salah Idine el Ayoubi in die Rue Anoual abbiegt oder indem man vom Place de France auf der Rue Anoual abwärts spaziert.

Die Bucht von Tanger

Die **Av. Mohamed VI.** säumt die Bucht von Tanger vom alten Fähr- und Fischerhafen im Norden entlang des öffentlichen Sandstrands bis zu den Luxushotels südlich des Stadtzentrums.

In der Neustadt von Tanger

Fischerhafen

Blaue Kähne schaukeln dicht an dicht im Wasser, die Fischer sortieren und flicken ihre Netze, Möwen und Katzen suchen nach Fischresten, in den Werften klopfen Handwerker an den Schiffsplanken – für eine Großstadt gibt der Fischerhafen von Tanger ein erstaunlich **idyllisches Bild** ab. Der Besuch bietet eine unterhaltsame Abwechslung von der Stadtbesichtigung und nebenbei Gelegenheit für ein günstiges Mittagessen. Bereits kurz hinter dem blauen Tor zum Hafen warten einige **Garküchen** auf Gäste. Die meisten Garbuden liegen etwas nach hinten versetzt in der Gasse parallel zum Hafenbecken.

Die Budenbesitzer sind Touristen gegenüber leider etwas aufdringlich, aber hat man erst einmal einen Tisch unter einer der Markisen ausgesucht, geht alles wie von selbst. In wenigen Minuten steht bereits eine Platte mit **fangfrischem Fisch, Tintenfisch oder Garnelen** und Brot vor der Nase – für ca. 100 Dirham und bis zu vier Personen. Gegessen wird mit den Händen, es gibt Papierservietten und

ma16_010 ad

einen Wasserkanister zum Waschen. Ab 13 Uhr isst hier scheinbar die halbe Stadt zu Mittag. Die Preisverhandlungen führt man am besten schriftlich auf einer Serviette, denn die wenigsten Fischer sprechen französisch oder spanisch.

Lust auf fangfrischen Fisch?
Dann sind die Garbuden am Hafen eine gute Adresse

Wegbeschreibung: Von der Medina erreicht man den Fischerhafen durch das Bab Marsa abwärts gehend, dann über den Parkplatz unterhalb des Hotels Continental Richtung Hafentor. Direkt dahinter, an der nördlichen Av. Mohamed VI., biegt man rechts ab, vorbei an den Fischhallen mit Bank und Hafenbehörde. Vor dem Tor mit der Aufschrift „Zone franche" („Freihandelszone") geht es links durch ein blaues Tor zum Hafenbecken.

Renschhausen-Komplex (Terraza Renschhausen)

Der Platz mit dem hübschen **Häuserensemble im spanischen Kolonialstil** gehört zu den schönsten der Stadt. Er liegt direkt gegenüber der alten Bahnhofshalle an der nördlichen Av. Mohamed VI. Spanische Stadtplaner ließen den Komplex in den 1930er Jahren an der damaligen Av. d'Espagne errichten. Hier waren einst das spanische Konsulat und – in unmittelbarer Nähe zum Hafen – die Vertretungen aller großen Schifffahrtsunternehmen untergebracht. Heute liegen Cafés und Fährbüros im Untergeschoss. Die Palmen, die noch heute den Platz zieren, wurden vom Marquis von Casa-Riera gestiftet und damals eigens aus Alicante importiert.

Info: Av. Mohamed VI., zwischen Rue du Portugal und Rue Salah Idine el Ayoubi, unterhalb des Jüdischen Friedhofs.

Avenue Mohamed VI.

Tangers **Strandboulevard** verläuft vom alten Hafen im Norden entlang der Bucht in Richtung Cap Malabata. Die Avenue wurde in den letzten Jahren in einen schmucken Boulevard mit Palmen und Strandpromenade verwandelt und Richtung Norden um die Altstadt herum verlängert.

Unmittelbar südlich des alten Hafens entsteht ein mondäner **Jachthafen,** der 2016 eröffnet werden soll. Entlang der Av. Mohamed VI. reihen sich die Beachklubs (vgl. „Nachtleben") mit bunter Leuchtreklame und Sonnenterrassen aneinander. Hier herrscht im Sommer Hochbetrieb mit Partystimmung.

Auf der anderen Straßenseite erheben sich mehrstöckige Sterne-Hotels bekannter Ketten. Verschiedene **Eisdielen** laden an der Ecke Av.

Mohamed VI./Av. Beethoven in der Nähe des Hotels Atlas Almohades zum Eisschlemmen ein, z.B. La Gelateria und Mona Lisa Ice.

Weiter südöstlich **Richtung Cap Malabata** liegt am ersten Kreisverkehr eine auffällige Villa mit Türmchen – die alte Tabakfabrik von Tanger. Hinter dem zweiten Kreisverkehr folgen der obligatorische McDonald's und etwa 3 km außerhalb des Zentrums schließlich das **Casino de Tanger** (vgl. „Nachtleben") sowie das luxuriöse **Hotel Mövenpick** mit traumhafter Poollandschaft und SPA-Bereich.

Direkt gegenüber dem Kasino versteckt sich hinter einer weißen Mauer mit Hufeisenportal der verwilderte Palmengarten der **Villa Harris.** Der Zutritt ist offiziell nicht erlaubt. Manchmal jedoch erklärt sich der Parkwächter an der Straße dazu bereit, Touristen gegen ein kleines Trinkgeld durch das Gelände zu führen. Die Villa Harris war einst die Residenz des Times-Korrespondenten *Walter B. Harris* (1866–1933), der auf dem Friedhof der St. Andrew's Church begraben liegt. Nach seinem Tod wurde die schöne, im maurischen Stil erbaute Villa zunächst als Kasino genutzt und dann in eine Club-Med-Ferienanlage umfunktioniert. Seit deren Schließung erobert sich die Natur das Gelände zurück.

Hinter dem Hotel Mövenpick führt die Straße vorbei an neuen Apartmentblocks und dem Aquapark M'nar hinauf zum **Cap Malabata.**

■ **Anfahrt:** Stadtbus Nr. 13 fährt die gesamte Av. Mohamed VI. ab.

Stadtstrand (Plage Municipale)

Der **breite, weitgehend saubere Sandstrand** von Tanger erstreckt sich auf einer Länge von 6 km parallel zur Av. Mohamed VI. Im Jahr 2012 wurde eine palmengesäumte Promenade zwischen dem Strand und den Beachklubs fertiggestellt. Auf Höhe der Av. Beethoven und des Hotels Atlas Almohades steht ein kleiner Turm der Wasserwacht mit öffentlichen Toiletten und einem kleinen Park.

Im Winter und Frühjahr wirkt der Strand wie ausgestorben und die meisten Klubs haben tagsüber geschlossen. Doch **im Sommer tobt hier das Leben:** Die Beachklubs (vgl. „Nachtleben") werben mit Leuchtreklame und Videoclips für die nächste Party mit marokkanischen und international bekannten DJs. Am Strand spielen Jugendliche Fußball, voll bekleidete Mütter sitzen plaudernd im Sand, während ihre Kinder baden, fliegende Händler verkaufen Eis und billige Armbanduhren.

Der erste Beachklub eröffnete bereits 1938, die meisten anderen entstanden in den 1950er Jahren. Sie besaßen damals allesamt einen privaten Strandabschnitt. Heute ist der Strand öffentlich zugänglich, aber viele der **Beachklubs** locken mit einem eigenen Pool im ummauerten Außenbereich Gäste an. Hier ertönt den ganzen Tag Partymusik und junge, moderne Marokkaner amüsieren sich in Shorts und Bikini, während die meisten marokkanischen Frauen am öffentlichen Strand angezogen bleiben. Für einige Pools muss Eintritt gezahlt werden, als Ausländer wird man oft kostenlos eingelassen. Abends verwandeln sich die Klubs in Partyzonen, mit reichlich Alkoholkonsum. Den meisten Beachklubs ist ein Restaurant mit Terrasse getrennt vom Partyareal angeschlossen. Dort isst man mit Meerblick gut zu Mittag.

Männer können am öffentlichen Strand von Tanger recht ungestört **baden.** Touristinnen sollten besser in männlicher Begleitung kommen oder in einem der Klubs im Pool baden – es wird sonst nicht lange dauern, bis sich ein „Verehrer" einfindet.

■ **Anfahrt:** Stadtbus Nr. 13 fährt entlang der Av. Mohamed VI.

> Strandleben am Plage Municipal

Das San-Francisco-Viertel

Das San-Francisco-Viertel erstreckt sich **westlich des Grand Socco Richtung Place Koweit.** Die heutige Rue Sidi Bou Abid hieß früher Rue de San Francisco.

Galerie d'Art Contemporain

Die **Galerie für Zeitgenössische Kunst** ist in der großen Villa des ehemaligen britischen Konsulats untergebracht, die Anfang des 20. Jh. erbaut wurde. Sie zeigt in wechselnden Ausstellungen Werke marokkanischer Künstler der Gegenwart und Gemälde des 20. Jh.

Gegenüber der Galerie, auf der Südseite der Rue d'Angleterre, fällt ein **Pavillon mit Springbrunnen** ins Auge. Das Monument ist dem bevollmächtigten Gesandten Großbritanniens, *Sir Reginald Lister*, gewidmet, der hier 1911 starb.

■ **Info:** 52, Rue d'Angleterre, Stadtbusse Nr. 4, 5, 6, 15, geöffnet: Di bis So 9–13 und 15–18 Uhr, Eintritt: frei.

Catedral del Espíritu Santo

Die spanische Kathedrale des Heiligen Geistes beeindruckt nicht gerade durch ihre Schönheit: Die **schlichte, eckige Architektur aus Beton** galt in den 1950er Jahren – als das Gotteshaus gebaut wurde – als modern. Auffällig ist der 45 m hohe weiße Kirchturm, der heute allerdings vom Minarett der Moschee Mohamed V. überragt wird. Die hohen, bunten Glasfenster im Inneren der Kirche sind gotisch angehaucht.

■ **Info:** Ecke Rue Sidi Bou Abid/Av. Hassan II., Stadtbus Nr. 14, Gottesdienst: Mo bis Fr 19 Uhr, So 11 Uhr.

Moschee Mohamed V.

Bis 1961 war der Kirchturm der spanischen Catedral del Espíritu Santo der auffälligste Orientierungspunkt in der Neustadt. Dies änderte sich, als ein kuwaitischer Scheich beschloss, in unmittelbarer Nähe zur Kathedrale eine Moschee zu errichten und so die **moslemische Dominanz** zu demonstrieren. Nun thront die 1983 fertiggestellte Moschee vor einer beeindruckenden, von Palmen gesäumten Promenade am Ende der Rue de la Belgique (für Nicht-Moslems nicht zu besichtigen).

Die Moschee ist König *Mohamed V.* (1909–1961), dem Großvater des heute regierenden Monarchen *Mohamed VI.*, gewidmet. Das

ma16_011 ad

prächtig ornamentierte Eingangsportal, die Arkaden mit Hufeisenbögen und das grüne Ziegeldach sind typische Elemente der marokkanischen Sakralarchitektur.

Der zentrale Platz, an dem sich die Av. Sidi Bou Abid, die Rue de la Belgique, die Av. Sidi Mohamed Ben Abdallah und die Av. al Habib Bourguiba treffen, wurde zu Ehren des edlen Stifters in **Place Koweit** umbenannt.

■ **Info:** Ecke Rue de la Belgique/Pl. Koweit, Stadtbusse Nr. 2, 5 und 17.

Palais Moulay Hafid

Der Palast liegt etwas abseits der Av. Hassan II. hinter einer Freifläche an der Rue Benchimol. Er wurde **1912 für den Alaouitensultan Moulay Hafid** (1876–1937) **errichtet,** der sich nach seiner erzwungenen Abdankung in die Internationale Zone von Tanger zurückzog. *Moulay Hafid* flüchtete jedoch bald ins Exil nach Spanien, sodass er nie in seinem Palast lebte.

1927 ging der Moulay-Hafid-Palast in den Besitz der italienischen Regierung über. Er heißt seitdem Palast der italienischen Institutionen **(Palacio Instituciónes Italianas),** weil darin bis 1987 eine italienische Schule und eine Kulturstätte untergebracht waren und ein Teil des Gebäudes heute Sitz des italienischen Konsulats ist.

Von der prächtigen spanisch-maurischen Architektur mit Hofgärten, Springbrunnen, Arkaden, Mosaiken, Stuckverzierungen und Zedernholzarbeiten ist von außen leider nicht viel zu sehen. Die **Innenräume** des Palastes können eventuell zu den Öffnungszeiten des italienischen Konsulats besichtigt werden. Im Erdgeschoss auf der Südseite des Palastes kann man auf der hübschen Veranda des **Restaurants Casa d'Italia** (vgl. „Essen und Trinken") Pizza und Pasta genießen.

■ **Info:** Rue Benchimol, parallel zur Av. Hassan II. Das italienische Konsulat ist Mo bis Sa 9.30–13 Uhr geöffnet. Dort kann man um Erlaubnis für eine Besichtigung des Palastes bitten.

Das Marshan-Viertel

Das Marshan-Viertel grenzt westlich an die Kasbah und erstreckt sich **parallel zur nördlichen Küstenlinie.** Das Wohnviertel entstand Mitte des 19. Jh. außerhalb der Stadtmauern der Medina, als immer mehr europäische Migranten nach Tanger zogen. Noch heute findet man im Marshan-Viertel viele Prunkvillen mit prächtigen Palmengärten.

Phönizische Gräber (Tombeaux Phéniciens)

Im Jahr 1965 entdeckte man an den Klippen westlich der Kasbah eine punische Grabstätte. Archäologen legten rund **100 Gräber** mit punischen und römischen Gegenständen frei. Die jüngsten Gräber stammen aus dem 4. Jh.

Für Touristen sind die Phönizischen Gräber oder Gräber von Hafa wenig spektakulär: Am Felshang oberhalb der Av. Mohamed VI., die parallel zum Meer verläuft, erkennt man nicht viel mehr als ein paar rechteckige Löcher im Stein. Aber an diesem ruhigen Ort kann man schön auf Felsen in der Sonne sitzen und den **Blick über das Meer** und die Schiffe schweifen lassen. Auch Einheimische kommen gerne hierher, um das Panorama zu genießen.

■ **Wegbeschreibung:** Vom Bab Kasbah geht es bergab und an der nächsten Kreuzung entlang der Rue Assad Ibn Farrat bergauf durch die Wohnviertel. Einige hundert Meter weiter – die Straße heißt nun Rue du Marshan – folgt ein kleiner Park auf der linken Seite. Direkt gegenüber, auf der rechten Seite, zweigt eine gepflasterte, von Säulen flankierte Gasse ab, die bergab bis zu den Phönizischen Gräbern führt.

■ **Anfahrt:** Stadtbus Nr. 14 hält am Stadion an der Av. Haj Mohamed Tazi und an der Rue du Marshan.

Marshan-Palast (Palais Royal)

Vom Café Hafa (s.u.) hält man sich rechts. Entlang der Av. Haj Mohamed Tazi mit dem städtischen Stadion geht man westwärts und erreicht ein großes Parkgelände mit Wachposten. Hinter dem hohen Zaun verbirgt sich der Marshan-Palast, in dem der **König residiert,** wenn er die Stadt besucht. Er ist für die Öffentlichkeit nicht zugänglich. Durch den Zaun kann man einen Blick auf den schönen Garten und den Palast erhaschen. Die Wachposten sollte man besser nicht fotografieren.

■ **Anfahrt:** Stadtbus Nr. 14 (s. „Phönizische Gräber").

Palast Dar el Mendoub

Nur wenige Schritte vom Marshan-Palast entfernt liegt der von zwei hohen Palmen flankierte Palast Dar el Mendoub („Haus des Mendoub") auf der rechten Seite der Avenue Haj Mohamed Tazi.

Zu Zeiten der Internationalen Zone wurde der Sultan durch einen **Mendoub (Hochkommissar)** vertreten, der früher in der Mendoubia residierte und einen französischen Berater hatte. Der Mendoub Mohamed Tazi ließ diesen Palast 1929 errichten.

1970 kaufte der amerikanische Verleger und Millionär **Malcolm Forbes** (1919–1990) das Haus. Er ließ vier Nachbarhäuser abreißen, um den Park der Villa zu vergrößern. Bis zu seinem Tod konnten Touristen im Musée Forbes im Erdgeschoss der Villa seine Privatsammlung von rund 300.000 **Bleisoldaten** bewundern. Heute gehört der Palast wieder der marokkanischen Regierung und wird als Gästehaus für Besucher genutzt – er ist nicht öffentlich zugänglich. Ein Teil von Forbes Zinnsoldatensammlung ist nun im Old American Legation Museum untergebracht.

In der Umgebung reihen sich **viele prächtige Villen** mit wunderschönen Gärten aneinander – im Gegensatz zur Medina und manch anderer Ecke in Tanger ist hier alles top gepflegt, sauber und herrlich ruhig.

■ **Anfahrt:** Stadtbus Nr. 14 (s. „Phönizische Gräber").

Sehenswertes außerhalb des Zentrums

Christlicher Friedhof (Cimetière Chrétien)

Der Christliche Friedhof von Tanger liegt etwa 5 km außerhalb des Zentrums. Er geht auf Tangers Zeit als Internationale Zone in der ersten Hälfte des 20. Jh. zurück, als mehrere Tausend Europäer in der Stadt lebten. Bei einem Spaziergang über das **verwilderte Gelände** mit prachtvollen Marmorgruften im hohen Gras sowie von Efeu überwucherten Gräbern unter Palmen und Zypressen fühlt man sich wie in einer anderen Welt. In der Mitte thront eine alte Aussegnungshalle mit Arkaden. Der Friedhof wirkt, als wäre er schon vor Jahrzehnten in Vergessenheit geraten. Neuere Grabinschriften verraten aber, dass hier heute noch Bestattungen abgehalten werden.

■ **Anfahrt:** Vom Pl. Koweit auf der Av. al Habib Bourguiba (später Av. Sidi Amar und Rue Nador) gelangt man stadtauswärts bis zum Kreisverkehr gegenüber des Reitklubs (Royal Club Équestre). Der Friedhof befindet sich hinter einer maroden, weißen Mauer. Stadtbus Nr. 5 fährt auch hierher.

Vieille Montagne

Das **Nobelviertel** Vieille Montagne („Alter Berg") erhebt sich im Westen über Tanger. Elegante Villen mit herrlichen Gärten voller Bougainvilleen, Palmen und Pinien dehnen sich auf den Hängen von „La Montagne" aus. Es bietet sich eine fantastische Sicht über das Meer und die weißen Häuser der Stadt. Der Kontrast zur ärmlich wirkenden Medina könnte nicht größer sein.

Wer einmal Luxus schnuppern möchte, besucht das herrschaftliche **Hotel Villa Joséphine** im Kolonialstil. Die ehemalige Residenz von *Walter Harris* und des Paschas *Thami el Glaoui* liegt in einem paradiesischen Palmengarten mit Pool.

■ **Info:** Villa Joséphine, 231, Rue Sidi Mesmoudi, Vieille Montagne, www.villajosephine-tanger.com, Tel. 0539 33 45 35.

■ **Anfahrt:** Über die Route de la Montagne; entweder fährt man auf der Av. Mohamed VI. vom alten Hafen entlang der Nordküste Richtung Westen oder vom Pl. Koweit auf der Av. al Habib Bourguiba stadtauswärts und nach dem Kreisel mit dem Christlichen Friedhof vor dem Acima-Supermarkt rechts bergauf. Man kann auch Stadtbus Nr. 5 nehmen.

Praktische Informationen

Informationen für Touristen

- **Délégation du Tourisme**, 29, Bd. Pasteur, direkt gegenüber vom Hôtel de Paris, Tel. 0539 94 80 50. Bis auf einen Stadtplan und die Broschüre „Tanger-Tétouan Pocket" in französischer Sprache gibt es hier nicht viel zu holen.
- **www.visittanger.ma** – offizielle Website des Tourismusamtes mit Infos zu Hotels, Restaurants, Shopping, Sehenswürdigkeiten etc. (engl., franz., span.).
- **www.tangerpocket.com** – digitale Version der Broschüre „Tanger-Tétouan Pocket" mit Veranstaltungstipps und vielen Adressen (franz.).
- **http://tanger.madeinmedina.com** – zahllose Adressen von Restaurants, Hotels, Discos, Reisebüros und Shops, aber auch einige gute Infos zu Sehenswürdigkeiten und News rund um die Stadt (engl., franz.).
- **www.tanger-experience.com** – interessante Hintergrundinformationen, News und praktische Tipps zu Tanger (franz.).
- Am Zeitschriftenkiosk neben der Hauptpost an der Av. Mohamed V. gibt es marokkanische **Tageszeitungen** (arab. und franz.), einige deutsche Zeitungen sowie viele französischsprachige Zeitschriften zu kaufen.
- Einen sehr guten **Stadtplan** bekommt man in der Buchhandlung Librairie des Colonnes (vgl. „Einkaufen"). Die **Buchhandlung** verkauft auch das englische Buch „Tangier and its Surroundings, Assilah and Chefchaouen" von *Joan Ramón Roca* mit interessanten Hintergrundinfos, praktischen Tipps und detaillierten Kartenausschnitten.
- In den meisten Gästehäusern liegt die hilfreiche, monatlich erscheinende **Broschüre „Tanger-Tétouan Pocket"** aus. Das Magazin (französisch) enthält Veranstaltungstipps und viele Adressen (digitale Version s.o.).

Unterkunft

Man hat die Wahl zwischen Hotels, Gästehäusern *(Maisons d'Hôtes)* und Riads. Die Preise variieren häufig je nach Saison. Absolute Hauptsaison in Tanger sind die Monate Juli und August.

Oberklasse

- **El Minzah Hotel**④, 85, Rue de la Liberté, zwischen Pl. de France und Grand Socco, Neustadt, www.leroyal.com/morocco, Tel. 0539 33 34 44. Wunderschönes Luxushotel im Stil eines maurischen Palastes, mit Arkaden-Innenhof, Pool im Palmengarten mit Meerblick, marokkanischem und internationalem Restaurant, nostalgischem Flair in Caid's Piano Bar und modernem SPA-Bereich im Anbau. Seit der Eröffnung 1930 besuchten zahlreiche Prominente und Künstler aus aller Welt das berühmte Traditionshotel. Zimmer mit allem Komfort, WLAN verfügbar.

Mittelklasse

- **Dar 23**②-③, 23, Rue Curro las Once, vom Café Centrale am Petit Socco die Gasse gegenüber aufwärts gehen, dann auf der linken Seite (kein Türschild), Medina, www.dar23.com, Mobil 0672 46 48 47. *Peter Cheung* aus Hongkong hat die drei Suiten in seinem feinen Gästehaus mit handverlesenem Kunsthandwerk aus Marokko und dem südlichen Afrika eingerichtet. Er kümmert sich persönlich um die Gäste und bereitet ein tolles Frühstück zu.
- **Dar Jameel**②, 6, Rue Mohamed Bergach, hinter dem Hotel Continental links in die Quergasse, Medina, Tel. 0539 33 46 80, Mobil 0661 09 27 80. In diesem alten Stadtpalast mit Stuck an den Wänden und Decken leuchtet alles in Pastelltönen – kombiniert mit Abbildern von Hindugöttern schon etwas kitschig angehaucht. Die Dachterrasse und die Zimmer ganz oben bieten dafür einen tollen Ausblick. Schöne Tadelakt-Bäder. WLAN verfügbar.
- **Dar Nour**②-③, 20, Rue Gourna, Kabah-Viertel, www.darnour.com, Mobil 0662 11 27 24. Das älteste Gästehaus von Tanger im Kasbah-Viertel überzeugt mit künstlerischem Flair und individuell gestalteten Suiten. Neben reichlich Lesestoff in Form von Bildbänden und Romanen findet man hier Entspannung auf der herrlichen Dachterrasse, wo auch das üppige Frühstück serviert wird.

Unser Tipp: **La Tangerina**②-③, 19, Rue Riad Sultan, Kasbah-Viertel, www.latangerina.com, Tel. 0539 94 77 31. Alle (großen) Zimmer und Suiten in diesem wunderbaren Hofhaus, zum Teil mit Privatterrasse oder Balkon, sind unterschiedlich gestaltet und mit originellen Antiquitäten ausgestattet. Die oberen Zimmer gewähren einen einmaligen Ausblick über die Stadtmauer aufs Wasser. Die deutsch-marokkanischen Eigentümer *Jürgen* und *Farida* haben ein Händchen für schlichte, originelle Gestaltung mit kolonialem Touch. Paradiesisch ist die Dachterrasse mit Topfpflanzen, Meerblick, Polsterecke und Sonnenliegen. Der kleine, originalgetreu renovierte Hammam verspricht totale Entspannung und ist auch Nichtgästen für 250 DH zugänglich. WLAN, Alkohollizenz.

- **Le Balcon de Tanger**③, 28, Rue Bouhachem, Medina, www.lebalcondetanger.com, Tel. 0539 94 82 13. Edles

Gästehaus inmitten der Medina – hier ist alles perfekt gestylt, in einem Mix aus modernen und marokkanischen Elementen. Unter französischer Führung, augestattet mit großen Panoramafenstern Richtung Mittelmeer und toller Dachterrasse auf zwei Ebenen. Helle, sehr schön ausgestattete DZ mit Klimaanlage und Heizung, die meisten verfügen über Meerblick.

Günstig

■ **El Djenina**①, 8, Rue Antaki, neben dem Marco Polo Hotel, Neustadt, Tel. 0539 94 22 44. Zentrale Lage in unmittelbarer Nähe zur Medina, zur Av. Mohamed I. und zum Strand. Relativ neues Mittelklassehotel mit hellen, sauberen Zimmern, ausgestattet mit TV und guten Bädern. Aufzug vorhanden.

■ **Hotel Royal**①, 144, Rue Salah Idine el Ayoubi, außerhalb der Medina, Tel. 0539 93 89 68. Das marokkanisch gestaltete, mit 1 Stern ausgezeichnete Hotel wirkt moderner und ansprechender als die anderen, häufig sehr altmodischen Häuser dieser Klasse. Einfach ausgestattete, kleine, aber ordentliche und saubere Zimmer auf drei Etagen um den Innenhof mit Mosaiksäulen. DZ mit oder ohne eigenes Bad.

■ **Ibis Moussafir**①, Offshore Plaza, direkt gegenüber dem Hauptbahnhof Tanger-Ville, Neustadt, www.ibis.com, Tel. 0539 32 85 50. Angenehmes Mittelklassehotel der Ibis-Gruppe, komfortable DZ mit Klimaanlage. Pool, WLAN und bewachter Parkplatz. Sehr gutes Preis-Leistungs-Verhältnis. Auch fünf barrierefreie Zimmer.

■ **Marco Polo**①-②, 2, Rue Antaki, Neustadt, www.marco-polo.ma, Tel. 0539 94 11 24. Typisch marokkanisches Mitteklassehotel mit 33 Zimmern, etwas eingeklemmt zwischen höheren Häusern an der verkehrsreichen Av. Mohamed VI. Zentrale Lage in der Nähe des Strandes, einfache und ordentliche DZ mit Sat-TV und Klimaanlage, z.T. etwas verraucht. Mit Restaurant und Bar.

■ **Pension Miami**①, 126, Rue Salah Idine el Ayoubi, außerhalb der Medina, Tel. 0539 93 29 00. Sehr einfache Pension mit DZ und 3-Bett-Zimmern mit Waschbecken. Ziemlich abgewohnte Einrichtung, aber frischer Wandanstrich und ordentliche Laken. Sauberes WC auf dem Gang, Dusche im EG.

Camping

■ **Camping Miramonte,** Mobil 0672 20 70 55, Tel. 0534 42 33 22, www.campingmiramonte.com, **N 35°47,493', W 05°49,961',** im Norden der Stadt im Viertel Dradeb, erreichbar über die Route de la Plage (vom alten Hafen entlang der Küstenstraße/Av. Mohamed VI. in Richtung NW). Die Zufahrt zum Camping (Einfahrt = erstes Tor auf der linken Seite, das obere Tor führt zum Restaurant) ist sehr steil und nicht für alle Fahrzeuge zu schaffen. Der Platz liegt schön und ruhig am Hang in einem schattigen Garten mit Eukalyptusbäumen und Palmen. Die Sanitäranlagen sind nicht immer gepflegt. Restaurant mit Panoramaterrasse und Pool oberhalb des Areals (nicht immer geöffnet). Auch ordentliche Bungalows (1000 DH, 75 m² groß) und Motel-Zimmer (150 DH/Pers.).

■ **Camping Achakar,** in direkter Nähe der Herkulesgrotten, ggü. Hotel Le Mirage (vgl. „Ausflüge") am Kreisel, **N 35°45,554', W 05°56,247'.** Ummauertes Gelände mit schattigen Parzellen. Es gibt ein Restaurant, Café und Bungalows. Wegen der vielen Hotelneubauten muss man erst ca. 30 Min. den Mauern entlang laufen, bevor man einen Zugang zur schönen Plage Achakar findet.

Essen und Trinken

Restaurants

■ **Africa,** 83, Rue Salah Idine el Ayoubi, in der Nähe des alten Hafens, Neustadt, Tel. 0539 93 54 36, tägl. 10–23 Uhr. Einfaches, gepflegtes und sehr freundliches Restaurant mit nettem Interieur. Auf der Speisekarte stehen Fisch- und Fleischgerichte sowie Tajine.

■ **Art et Gourmet,** Place du 9 Avril (direkt am Grand Socco) im 1. OG, Tel. 0539 37 12 51. Gehobenes Restaurant mit raffinierter mediterraner Küche (Fisch u.a.), guten Weinen, freundlichem Service und tollem Ausblick von der Dachterrasse auf des Treiben am Platz.

■ **Casa d'Italia,** im Palais Moulay Hafid, Rue Benchimol, in der Nähe der Av. Hassan I., Neustadt, Tel. 0539 93 63 48, tägl. außer Di mittags und abends. Gutes italienisches Restaurant mit hübscher, schattiger Veranda, großer Pasta-Auswahl, Fleisch- und Fischgerichten. Der Pizzaofen wird erst abends eingeheizt. Alkohollizenz, Parkplatz vor der Tür.

■ **Casa de España,** Ecke Rue al Ouatania/Av. Mohamed V., etwas versteckt im OG, Neustadt, Tel. 0539 94 73 59, tägl. 12–24 Uhr. Gute spanische Gerichte, z.B. Gambas, Paella, Iberischer Schinken und Fisch. Angenehme Atmosphäre in modernem Ambiente. Spanische Musik, flotter Service und Alkoholausschank.

■ **Hammadi,** 2, Rue Kasbah, zwischen Grand Socco und Bab Kasbah außerhalb der Mauern der Medina, tägl. ab 12 Uhr. Altes Stadthaus mit Flair und Polsterkissen, in dem zu andalusischer Live-Musik allerlei marokkanische Speisen serviert werden, etwa Fisch, Tajine und Couscous.

■ **Le Nabab,** 4, Rue Zaouia al Kadiria, nahe der Kasbah, Kasbah-Viertel, Mobil 0661 14 82 15, nur abends geöffnet. Dieser alte Stadtpalast wurde in ein schickes Restaurant im modernen Orientstyle verwandelt. Hier treffen sich vor allem Ausländer zu einem Abendessen mit Jazzuntermalung. Typisch marokkanische Küche (Tajine, Couscous). Der englischsprachige Service lässt leider noch zu wünschen übrig. Alkohollizenz.

UNSER TIPP: **Populaire Saveur de Poisson,** Escalier Waller, Treppengasse neben der Rue de la Liberté, Neustadt, Tel. 0539 33 63 26, tägl. außer Mi 12–16 und 19–23 Uhr. Im kleinen, einfachen Gastraum direkt neben der Küche fühlt man sich wie ein einer Seemannskneipe. Hier kommt immer das gleiche Vier-Gänge-Menü auf den Tisch: Nüsse, Harissa (scharfe Würzpaste), Brot und Oliven als Vorspeise, Fischsuppe, Meeresfrüchte-Tajine, gegrillter Fisch und Brochettes (gegrillte Fleischspieße), eine Nachspeise, Tee und unbegrenzt frischer Saft. Alles wird in Tongefäßen gegart und mit Holzlöffel- und gabel serviert. Sowohl Touristen als auch Einheimische lieben die urige Atmosphäre, den schnellen Service und das gute Essen – deshalb unbedingt immer reservieren!

■ **Relais de Paris,** 42, Rue de Hollande, im OG des Complexe Dawliz, Neustadt, www.relaisdeparis.com, Tel. 0539 33 18 19. Hier gibt es französische Küche (Fisch- und Fleischgerichte) zu gehobenen Preisen; besonders empfehlenswert ist die Kräutersoße nach Hausrezept. Aufmerksamer Service, vornehmes Ambiente, Terrasse mit Meerblick, Alkoholausschank. Kreditkarte wird akzeptiert.

■ **Restaurant Andalus,** Petit Socco, Medina. Günstiges, gutes und schnelles Essen direkt am Petit Socco.

■ **San Remo,** 16, Rue Ahmed Choukri, Nebengasse von Bd. Pasteur, gegenüber vom Hotel Vienna, Neustadt, Tel. 0539 93 84 51, tägl. mittags und abends. In der etwas bieder im 1950er-Jahre-Stil gehaltenen Pizzeria gibt es gute, wenn auch recht kleine Pizzen, außerdem Fisch und Fleischgerichte. Das Restaurant hieß früher Chez Tony und ist auch noch unter diesem Namen bekannt.

■ **Valencia,** 6, Av. Youssef Ibn Tachfine, um die Ecke des Hotels Rif & SPA, Neustadt, Tel. 0539 94 51 46, tägl. außer Di 12–16 und 19–24 Uhr. Einfaches und sehr preiswertes Restaurant mit sehr freundlichem Service. Frischer Fisch und Meeresfrüchte, z.B. Calamari (Tintenfischringe), Gambas (Garnelen) und gegrillte Sardinen. Besonders bei Marokkanern sehr beliebt, klimatisiertes Obergeschoss und Alkoholausschank.

Cafés, Eiscafés und Patisserien

Auf der Rue Kasbah, nahe dem Bab Kasbah außerhalb der Medina, reihen sich mehrere kleine Patisserien aneinander, die leckeres marokkanisches Gebäck feilbieten.

■ **Bab al Madina,** 28, Rue d'Italie, beim Bab Gzenaya. Patisserie und Café mit köstlichem marokkanischen Gebäck, auch zum Mitnehmen. Bei einheimischen Familien sehr beliebt.

■ **Café Centrale,** Petit Socco, Medina. Auf der Terrasse dieses traditionsreichen und größten Teehauses im Herzen der Altstadt lässt sich bei einem *thé à la menthe* wunderbar das Treiben am Platz beobachten. Hier bleiben auch alleinreisende Frauen ungestört.

■ **Café Colon,** Rue d'Italie, zwischen Bab Kasbah und Grand Socco. Klassisches Männercafé (für alleinreisende Frauen ungeeignet) in einem Kolonialgebäude am Rande der Altstadt. Hier trafen sich einst die Beatnik-Schriftsteller. Heute ist vom alten Charme nicht mehr viel zu spüren, aber man kann gut das Straßentreiben beobachten.

■ **Café Hafa,** in einer Nebengasse der Av. Mohamed Tazi, Marshan-Viertel. Das 1921 eröffnete Café war einst der Lieblingsplatz von *Paul Bowles,* der dort Kif rauchte und seine Werke schrieb. Tolle Aussicht auf die Straße von Gibraltar von den Terrassen, sehr einfache Ausstattung mit Plastikstühlen, v.a. von Männern besucht.

■ **Café Tingis,** Petit Socco, Medina. Altehrwürdiges Café in der Altstadt, in dem schon die internationale Gesellschaft der 1930er Jahre einen *thé à la menthe* schlürfte.

■ **Gran Café de Paris,** Pl. de France, Neustadt. Das Straßencafé nach französischem Vorbild hat eine lange Geschichte und war schon zu Zeiten der Internationalen Zone beliebter Treffpunkt von Künstlern und Literaten.

An Cafés, Eisdielen und Restaurants herrscht in Tanger kein Mangel

■ **La Gelateria,** Ecke Av. Mohamed VI./Av. Beethoven, gegenüber vom Hotel Atlas Almohades, Neustadt, Tel. 0539 37 90 05. Schicke, moderne Eisdiele und Café mit Meerblick durch das Panoramafenster. Hier gibt es alles: eine exzellente Kuchen- und Tortenauswahl, Frühstücksvariationen ab 30 DH, Salate, Tajine, Pizza, Panini, Sandwiches (ab 40 DH), Smoothies und Eisbecher (ab 45 DH). Leider oft verraucht. Weitere Filiale am Pl. Koweit.

■ **La Grande Poste,** Ecke Av. Mohamed V./Av. Abou Alaa, gegenüber der Hauptpost, Neustadt. Moderne Patisserie mit großer Brot-, Kuchen- und Gebäckauswahl sowie marokkanischen Pfannkuchen. Café im OG.

Unser Tipp: Le Salon Bleu, 71, Rue Amra, vom Pl. du Méchouar durch das Tor Bab Haha in die erste Gasse rechts, Kasbah-Viertel, Mobil 0654 32 76 18, tägl. 10–23 Uhr. Dieses hübsche, liebevoll in Blau und Weiß gestaltete Café ist in einem alten Stadthaus direkt an der Kasbah-Mauer untergebracht. Schöne Aussicht vom kleinen Balkon. Kaffee, Tee, Säfte, Gebäck, kleine Salatgerichte, Tajine und süße Leckereien.

■ **Mona Lisa Ice,** 9, Av. Beethoven, abzweigend von der Av. Mohamed VI., Neustadt. Nette Terrasse mit Korbstühlen, modernes Interieur, verschiedene Eisbecher, Snacks, Crêpes und Frühstück ab 30 DH.

Nachtleben

Beachklubs

Tagsüber kostet der Eintritt ins Poolareal bei den meisten Beachklubs etwa 100 DH – Ausländer werden manchmal auch kostenlos eingelassen. Der abendliche Eintritt in die Disco liegt bei ca. 200 DH inklusive einem Getränk.

■ **Carré Rouge,** Av. Mohamed VI., Tel. 0539 94 40 30, tägl. 9–18 Uhr. Schon tagsüber schallt hier im Sommer laute Klubmusik um den Pool im Hof. Es planschen sowohl die hippe marokkanische Jugend als auch Familien mit Kindern. Snacks und Wasserpfeifen verschiedener Geschmacksrichtungen. Abends Pianomusik in der ganz in Rot gehaltenen Lounge.

■ **Chellah Beach Club,** Av. Mohamed VI., Tel. 0539 32 50 68, Mo bis Sa 12–15 und 19–1 Uhr. Eine der beliebtesten Bars in Tanger, jeden Abend Live-Musik von Jazz bis Gnaoua, angeschlossenes Restaurant mit internationaler Küche.

■ **Club 555,** Av. Mohamed VI., www.beachclub555.com, Mobil 0678 18 10 85, tägl. ab 10 Uhr. Im Sommer tagsüber viel Betrieb am Pool mit Liegen. Sicherheits- und Gesichtskontrolle am Eingang, chillige Atmosphäre in

ma16_013 ed

ma16_012 ad

der Bar Boca Chica im klimatisierten Glaspavillon zum Strand. Abends angesagte Disco mit wechselnden DJs.

■ **Mondial Beach Club,** 52, Av. Mohamed VI., Mobil 0661 75 80 69, Mo bis So 21–16 Uhr. In dem Klub legen täglich DJs zu wechselnden Musikrichtungen auf.

Kasino

■ **Casino de Tanger,** Route de Malabata, direkt neben dem Hotel Mövenpick, Av. Mohamed VI., www.casinotanger.ma, Tel. 0539 32 99 20, tägl. 20–8 Uhr. Modernes Kasino, am Eingang Ausweis- und Gesichtskontrolle, kein Dresscode.

Bars und Klubs

■ **Bar Tangerine,** 1, Rue Magellan, Neustadt, Tel. 0539 93 53 37, tägl. 22–1 Uhr. Hier treffen sich Marokkaner und Ausländer, um gemeinsam ein Gläschen zu trinken. Moderate Preise.

■ **Discothèque Snob,** Av. Mohamed VI., Tel. 0524 43 90 31, tägl. ab 22 Uhr. Der Name ist Programm: schicke Disco für das hippe, solvente Szenepublikum mit internationalen DJs an den Plattentellern.

■ **Nord-Pinus Tanger,** 11, Rue Riad Sultan, Kasbah-Viertel, www.nord-pinus-tanger.com, Mobil 0661 22 81 40, für Nicht-Hotelgäste tägl. 11–23 Uhr geöffnet. Der Blick schweift über das Meer bis nach Spanien, während man auf einer der chilligen Dachterrassen einen Sundowner genießt. Im Inneren der ehemaligen Pascharesidenz – heute Luxushotel, Restaurant und Bar – herrscht nostalgisches Palastambiente mit Stuck und Marmorsäulen. Vom vollverglasten Restaurant hat man ein ebenso grandioses Panorama.

■ **Piano Bar Nyx** im Mövenpick-Hotel, tägl. 18–1 Uhr. Das schwarz-weiße Design der Bar wirkt futuristisch. Zahlungskräftiges Publikum, alkoholische Getränke aller Art zum entsprechenden Preis, große Tapas-Auswahl und wechselnde Musik von Jazz und Funk bis Salsa.

Theater, Kino und Musik

■ **Cinémathèque de Tanger,** im ehemaligen Cinéma Rif am Grand Socco, www.cinemathequedetanger.com, Tel. 0539 93 46 83, Mo und im Ramadan geschlossen, Eintritt: 20 DH.

■ **Les Fils du Détroit,** Pl. du Méchouar, Kasbah-Viertel. In einer winzigen Teestube neben der Boutique Laure Welfing spielen fast jeden Abend die Musiker des *Cercle de Musique Arabo-Andalouse* andalusisch gefärbte Musik.

■ **Théâtre Darna,** 48, Rue Salah Idine el Ayoubi, Neustadt, nahe dem Grand Socco neben der alten spanischen Schule Escuelas Espanolas Alfonso XIII., www.theatredarna.com. Die Künstlergruppe „Dakirat al Mostakbal – Mémoires d'Avenir" wird von der Association Darna unterstützt, die sich für mittellose Frauen und Kinder in Tanger einsetzt. Die Gruppe setzt sich u. a. aus sozial benachteiligten Jugendlichen zusammen, die dort Theater und Akrobatik lernen. Die eingeübten Stücke werden im Théâtre Darna und bei Gastspielen in anderen marokkanischen Städten aufgeführt.

Einkaufen

Bücher

■ **Librairie des Colonnes,** 54, Bd. Pasteur, Neustadt, www.librairie-des-colonnes.com, Tel. 0539 93 69 55, Mo bis Sa 10–13 und 15–20 Uhr. Eine der traditionsreichsten und bestsortierten Buchhandlungen des Landes, die bereits seit 1949 besteht. Umfangreiches Angebot an Literatur über Tanger und ganz Marokko in arabischer, englischer und französischer Sprache. Hier gibt es auch einen guten Stadtplan von Tanger. Regelmäßige Literaturveranstaltungen.

■ **Librairie Les Insolites,** 28, Av. Khalid Ibn Oualid, Neustadt, www.lesinsolitestanger.com, Mi bis Sa 9.30–12.30 und 15–20 Uhr, So 10–13 Uhr. Bunt-verspieltes Café und Buchhandlung mit marokkanischer und französischer Literatur über Marokko und Tanger.

Mode, Souvenirs und Kunsthandwerk

Diverse Andenken und eine große Auswahl an Kunsthandwerk findet man in der Rue des Almohades inmitten der Medina – man geht einfach beim Café Tingis am Petit Socco nordwärts. Traditionelle Kaftans und Dschellabas in allen Größen und Farben verkaufen die Läden in der Rue Nasiria, einer Seitengasse der Rue as Siaghin zwischen Grand Socco und Petit Socco.

■ **Bazar Tindouf,** 64, Rue de la Liberté, gebenüber vom Hotel El Minzah, Neustadt, Tel. 0539 93 15 25, Mo bis Sa 10.30–20.30 Uhr. Der Laden ist bis zur Decke vollgestopft mit Lampen, Vasen, Keramik, Möbeln, Bildern, Schmuck, Skulpturen, Teppichen etc. aus Marokko und ganz Afrika. Hier lässt es sich stundenlang stöbern. Unaufdringliche Verkäufer, die Preise sind verhandelbar.

■ **Bleu de Fès,** 65, Rue des Almohades, Medina. Edle Berberteppiche und anderes hochwertiges Kunsthandwerk aus Marokko.

■ **Boutique Laure Welfing,** 3, Pl. du Méchouar, Kasbah-Viertel, Tel. 0539 94 97 89. Die mit Lüstern, schicken Kaftans, Wohnaccessoires, Keramik, Skulpturen und Kunstwerken vollgestopfte Boutique ist in einem großen Salon des ehemaligen Justizpalastes mit Marmorsäulen untergebracht und wirkt entsprechend imposant. Der Laden gehört einer Französin, das Verkaufpersonal gibt bereitwillig Tipps zum kulturellen Stadtleben.

■ **Boutique Majid,** 66, Rue des Almohades, Medina, www.boutiquemajid.com. Hier gibt es einige außergewöhnliche, z.T. antike Stücke zu entdecken.

■ **Boutique Volubilis,** 15, Petit Socco, Medina, Tel. 0539 93 13 62. Hochwertiges Kunsthandwerk, Keramik und Kleidung von Babuschen (Lederpantoffeln) bis zu Kaftans.

■ **La Tribu des Ziri,** 28, Av. Kahlid Ibn Oualid, 1. Stock, Neustadt, Tel. 0539 33 19 46, Di bis Sa 13–20 Uhr. Außergewöhnliches Kunsthandwerk, Design und Mode findet man in diesem schicken Concept Store.

■ **Marrakech La Rouge,** 50, Rue as Siaghin, in der Nähe des Petit Socco, Medina, Tel. 0539 93 11 17. In diesem alten Stadthaus gibt es jede Menge marokkanisches Kunsthandwerk: Lampen, Schmuck, Dolche, Keramik, Teekannen, Teppiche etc. Sehr unaufdringlicher Service und verhandelbare Preise.

Kunst

■ **Galerie Delacroix,** 86, Rue de la Liberté, Di bis So 11–13 und 16–20 Uhr, Eintritt: frei. Wechselausstellungen von Künstlern aus ganz Marokko. Je nach Ausstellung kann man hier auch Kunstwerke kaufen.

■ **Galerie de Velasco,** 26, Av. Mohamed V., Neustadt. Hier lassen sich exquisite Sammlerstücke wie alte Vasen, Möbel und andere Antiquitäten erstehen.

■ **Galerie Volubilis,** 6, Sidi Ahmed Boukouja, Kasbah-Viertel, Di bis So 10.30–13 und 15.30–19 Uhr. Schöne Postkarten und Poster mit historischen Motiven; wechselnde Ausstellungen marokkanischer Künstler.

Lebensmittel

Gewürze gibt es im Marché Central, in den Läden entlang der Rue Salah Idine el Ayoubi und bei den traditionellen Apotheken *(herboristeries)* an der Rue d'Italie zwischen Bab Rahbat Zraa und Bab Gzenaya.

■ **Acima,** Av. Mohamed V., im UG des Komplexes Tanger Boulevard, schräg gegenüber vom Hotel Tanjah Flandria, Neustadt. In diesem großen Supermarkt gibt es alles, was sich das Europäerherz wünscht, inkl. marokkanische Spezialitäten wie Oliven, Arganöl, Gewürze etc.

■ **Marjane,** Route de Larache. Riesiger Supermarkt nach französischem Vorbild. Neben Lebensmitteln gibt es auch sämtliche anderen Konsumgüter (u.a. Elektronik).

■ **Patisserie al Moutamid Ibn Abbad,** 19, Rue al Moutamid Ibn Abbad, Abzweig bei der Post an der Av. Mohamed V., Neustadt. Im palastartigen Verkaufsraum stapelt sich köstliches marokkanisches Gebäck.

Markte

■ **Marché Central** (Zentralmarkt), zwischen dem Eingang zur Medina an der Rue as Siaghin und der südlich abzweigenden Rue Salah Idine el Ayoubi. Am Westende des Grand Socco liegt der Zentralmarkt. Die Gerüche und Farben, das Gedrängel und Stimmengewirr wirken vor allem für Orientneulinge überwältigend. Hier gibt es alles, was man essen kann: Gewürze, Obst, Gemüse und Fleisch.

■ **Marché de Poisson** (Fischmarkt), Rue Salah Idine el Ayoubi, angrenzend an die Mauern der Medina. Folgt man der Hauptgasse durch den Zentralmarkt, so gelangt man direkt in die Fischmarkthalle. Besonders vormittags kann man hier begutachten, was die Fischer so aus dem Meer gezogen haben. Mit Sandalen bekommt man leicht etwas von der Fischsuppe auf dem Boden ab – also besser geschlossene Schuhe anziehen … Entlang der Rue Salah Idine el Ayoubi reihen sich diverse Gewürz- und Kaffeeläden aneinander und Händler verkaufen frisches Gemüse jeglicher Art.

■ **Markt der Rifbäuerinnen,** Ecke Rue Sidi Bou Abid/ Rue d'Angleterre, Neustadt. Entlang der Mauer der St. Andrew's Church herrscht jeden Sonntag und Donnerstag buntes Markttreiben. Dann verkaufen die Rifbäuerinnen der Umgebung allerlei Gemüse, Obst, Minze, Käse etc. Leider lassen sich die Frauen mit ihren schmucken Strohhüten und gestreiften Wickelröcken aus Wolle nur ungern fotografieren. Aber der Markt ist auf jeden Fall einen kurzen Besuch wert.

■ **Mercado de la Yutia** (Korb- und Keramikmarkt), Eingang von der Rue Sidi Bou Abid, Neustadt. Hinter der Moschee Sidi Bou Abid am Grand Socco liegt der Korb- und Keramikmarkt. In dem überdachten Gelände verkaufen Händler Pflanzen, Keramik- und Korbwaren sowie günstige Tajine-Tontöpfe. Früher war hier der Kohlemarkt.

■ **Casabarata-Markt,** Bd. Moulay Abdelhafid. Grands Taxis (Sammeltaxis) fahren zur Moschee Casabarata am Bd. Moulay Abdelhafid (ca. 50 DH); von dort erreicht man den Markt direkt hinter der Moschee in wenigen Schritten zu Fuß. Der Casabarata-Marktist für die Bevölkerung von Tanger so etwas wie für uns das Kaufhaus der Stadt. Im riesigen, ummauerten Marktgelände findet man Abteilungen für neue und gebrauchte Kleidung, Möbel, Lebensmittel, Elektronik, Sanitärbedarf, Fahrräder etc. Donnerstags und samstags findet rundum ein großer Flohmarkt statt – dann kann man hier auch skurille und wertvolle Antiquitäten finden.

Internet, Post und Banken

■ In den meisten Gästehäusern und Hotels steht den Gästen kostenloses **WLAN** (WiFi) zum kabellosen Surfen zur Verfügung. **Internetcafés** findet man z.B. am Bd. Pasteur oder in der Rue du Mexique. Eine Stunde surfen kostet 5–15 DH.

■ **Hauptpost,** 52, Bd. Mohamed V. Weitere Poststellen und **Banken mit Geldautomat** finden sich im gesamten Stadtgebiet. Auch im Hafen gibt es Banken zum Rücktausch von Dirham.

Kunst und Kultur

Museen

Vgl. auch „Sehenswertes".

■ **Kasbah-Museum** (Dar el Makhzen), das Museum im alten Sultanspalast ist vor allem wegen seiner maurischen Architektur sehenswert.

■ **Old American Legation Museum,** in diesem US-amerikanischen Kulturdenkmal erfährt man viel über Tangers Zeit als Internationale Zone und den amerikanischen Schriftsteller *Paul Bowles.*

Galerien

■ **Centre Culturel Ibn Khaldoun,** Rue de la Liberté, Neustadt, tägl. 10–13 und 16–20 Uhr, Eintritt: frei. In dem Betongebäude mit rotem Portal finden wechselnde Ausstellungen marokkanischer Künstler statt.

■ **Galerie d'Art Contemporain,** vgl. „Sehenswertes/San-Francisco-Viertel". Ausstellungen zeitgenössischer Künstler aus ganz Marokko.

■ **Galerie Delacroix,** 86, Rue de la Liberté, vgl. „Einkaufen/Kunst". In der Galerie des Institut Français werden in Wechselausstellungen Werke marokkanischer und internationaler Künstler präsentiert.

Kultureinrichtungen

■ **Cinémathèque de Tanger,** vgl. „Theater, Kino und Musik". Das renovierte Cinéma Rif am Grand Socco wirkt außen immer noch etwas abgewrackt, innen wurde es zum bunten Künstlercafé mit alternativem Publikum umgestaltet.

■ **Dialogpunkt Deutsch,** 11, Rue de la Belgique, Galerie Cervantes, 1. Stock, www.goethe.de/dialogpunkte, Tel. 0539 37 33 90, Mo bis Fr 10–13 und 16–19 Uhr. Im Dialogpunkt Deutsch des Goethe-Instituts *(Association germano-marocaine du Nord)* finden regelmäßig Kulturveranstaltungen wie Literatur- und Filmabende sowie Ausstellungen und Konzerte statt. In der Bibliothek findet man neben deutscher Literatur auch Bücher über die Geschichte Tangers und Marokkos sowie ein historisches Bildarchiv der Stadt.

Sport und Wellness

■ **M'nar Park,** Route de Malabata, außerhalb des Zentrums Richtung Cap Malabata, erreichbar mit Bus, Taxi oder Bus Nr. 6, www.mnarparktanger.com, tägl. 9–18 Uhr (nur im Sommer). Der große Vergnügungspark liegt auf einem Hügel mit tollem Ausblick auf die Bucht. Diverse Fahrgeschäfte inklusive Riesenrad und Achterbahn im Pinienhain; Wasserpark mit Rutschen und Pools.

■ **Mövenpick SPA,** im Hotel Mövenpick, Route de Malabata, auf der Av. Mohamed VI. stadtauswärts, Tel. 0539 32 93 00. Hammam mit getrenntem Männer- und Frauenbereich. Professionelle Gesichts- und Körperbehandlungen, Massagen, Maniküre und Make-up. 1 Std. Massage ca. 5 Euro. Auch Nichthotelgäste können die herrliche Poollandschaft des Hotels nutzen (250 DH pro Tag).

▷ Das Kasbah-Museum, eine der Hauptattraktionen in Tanger

■ **Serenity Day SPA,** Rue Adolfo Fessere, Quartier California, vom Pl. Koweit Richtung Royal Club Équestre, direkt neben dem Restaurant California, www.serenityday-spa.ma, Tel. 0539 37 43 47, Mo bis Sa 9.30–20 Uhr. Luxuriöse und moderne Wellnessoase in einer Villa. Kosmetikbehandlungen, Massagen, schönes Hammam, Fitness und Friseur. Tolle Sicht vom Ruheraum über die Stadt. Hammam mit *Gommage* (Peeling) ca. 50 DH, 1 Std. Massage ca. 300 DH.

Taxis

■ Die blauen **Petits Taxis** verkehren innerhalb der Stadt und nehmen bis zu drei Fahrgäste mit. Die meisten Taxifahrer in Tanger sind ehrlich und schalten ohne Murren das Taxameter *(compteur)* ein. Falls der Fahrer sich weigert, das Taxameter zu benutzen, muss man den Preis unbedingt vorher aushandeln. Eine Taxifahrt im Zentrum kostet normalerweise maximal 15 DH. Wenn schon Fahrgäste im Taxi sitzen, teilt man sich die Fahrkosten. Leider sprechen nur wenige Taxifahrer Französisch oder Englisch, am ehesten noch Spanisch. Häufig kennen sie nicht einmal die Straßennamen. So muss man sich manchmal mit Händen und Füßen verständigen oder den Fahrer dazu auffordern, das Hotel anzurufen, um sich die Anfahrt auf Arabisch erklären zu lassen.

■ Die beigefarbenen **Grands Taxis** (Mercedes-Limousinen) übernehmen weite Strecken und eignen sich besonders, um von Stadt zu Stadt zu reisen. Ein **Taxi zum Flughafen** kostet tagsüber 150 DH, nachts 200 DH (offizieller Festpreis). Die Fahrt vom Zentrum zum Flughafen dauert – je nach Verkehr – normalerweise nicht länger als 30 Minuten. Haltestellen befinden sich am Hauptbahnhof (Neustadt), an der Rue d'Italie, Ecke Rue Hassan und an der Rue de Hollande (vor der Grand Villa de France).

ma16_015 ad

Stadtbusse

Der öffentliche Nahverkehr ist in Tanger nur schlecht ausgebaut. Im Zentrum, im Marshan-Viertel und Richtung Cap Malabata verkehren innerstädtische Busse der Verkehrsgesellschaft ALSA – das System ist jedoch ohne Arabischkenntnisse praktisch undurchschaubar. Es gibt zwar Bushaltestellen, aber an diesen sind weder ein Fahrplan noch die Buslinien oder der Name der Haltestelle angeschrieben. Am besten man gibt dem Busfahrer beim Einsteigen Bescheid, wo man aussteigen möchte. Die meisten Busse fahren an der Rue d'Angleterre in der Nähe des Grand Socco ab (Einzelticket ca. 4 DH). Schneller, bequemer und mitunter auch günstiger geht es häufig mit dem Taxi.

- Busliniennetz von ALSA: **www.alsa.ma.**

Fernverkehrsbusse

Der **Busbahnhof** (franz. *gare routière*, CTM und andere Buslinien) von Tanger liegt etwas abseits südlich des Zentrums am Place de la Ligue Arabe (langer Fußmarsch ins Zentrum der Neustadt, besser Taxi nehmen). Nach Asilah und Casablanca fährt man schneller und bequemer mit dem Zug.

- **CTM-Busse:** www.ctm.ma, Tel. 0522 54 10 10.

Verbindungen und Preise

- **Casablanca:** 5x tägl. CTM-Bus, Fahrzeit 5½ Std., ca. 30 DH.
- **Asilah:** diverse Buslinien etwa alle 30 Min., 30 Min. bis 1 Std. Fahrzeit, ca. 20 DH.
- **Tétouan:** 4x tägl. CTM-Bus, andere Privatbusse alle 30 Min., etwa 1½ Std. Fahrzeit, ca. 20 DH.
- **Chefchaouen:** 1x tägl. mit CTM (mittags), 45 DH, 3 Std. Fahrzeit; mehrmals täglich mit anderen Buslinien.
- **Nador** (über Al Hoceima): 1x tägl. (Nachtbus) mit CTM, 190 DH, 10 Std. Fahrzeit.
- **Oujda:** 1x tägl. (Nachtbus) mit CTM, 210 DH, 11 Std.
- **Fès:** 5x tägl. mit CTM (drei Nachbtusse), 110 DH, ca. 7 Std.

Die meisten **Privatbuslinien** sind billiger als CTM, aber nicht so komfortabel und wesentlich unfall- und pannengefährdeter. Vom alten Hafen fährt stündlich in der Zeit zwischen 6 und 22 Uhr ein **Shuttlebus (Navette) zum neuen Hafen Tanger-Méd;** mit Fährticket ist der Transfer umsonst.

Bahn

In Tanger gibt es **zwei Bahnhöfe: Tanger-Morora** in der Vorstadt und den zentrumsnahen **Hauptbahnhof Tanger-Ville.** Für die meisten Reisenden ist nur Tanger-Ville interessant. Der Bahnhof Tanger-Ville liegt in der Neustadt (Ville Nouvelle) südlich der Av. Mohamed VI. am Place de la Ligue Arabe. In der Bahnhofshalle gibt es einen Postschalter und einen Geldautomaten. Vor dem Bahnhof halten Petits und Grands Taxis. Ein Petit Taxi zur Medina bzw. ins Zentrum kostet ca. 5 DH (Preis verhandeln oder Taxameter einschalten lassen). Wer spätabends ankommt und eine Unterkunft in unmittelbarer Umgebung des Bahnhofs sucht, kann im Hotel Ibis Moussafir (vgl. „Unterkunft") einchecken.

Von Tanger ist der Zug die schnellste und bequemste Art, nach **Rabat, Casablanca, Meknès, Fès, Oujda** und **Marrakesch** zu gelangen.

- Infos und Ticketkauf unter **www.oncf-voyages.ma** sowie unter der Hotline 0890 20 30 40.

Verbindungen und Preise (2. Klasse)

- **Asilah:** 11x tägl. (fast stündlich), 16 DH, ca. 40 Min.
- **Meknès – Fès:** 5x tägl. (Zug um 22 Uhr mit Umsteigen in Sidi Kacem), nach Meknès 85 DH, 3½ bis 4 Std., nach Fès 105 DH, 4½ Std.
- **Rabat – Casablanca:** 11x tägl. (z.T. mit Umsteigen in Sidi Kacem), nach Rabat 95 DH, ca. 4 Std., nach Casablanca 165 DH, ca. 4½ Std.
- **Oujda:** 2x tägl. (einmal mit Umsteigen in Sidi Kacem), 210 DH, ca. 11 Std.
- **Marrakesch:** 6x über Casablanca, 3x über Sidi Kacem und ein Nachtdirektzug (Abfahrt 22 Uhr), 205 DH, 8½ Std. (über Casa), mit dem Nachtzug 10½ Std. (350 DH im Liegewagen); von Marrakesch Busanschluss zu allen Zielen im Süden.
- **El Jadida:** 4x tägl. (mit Umsteigen in Casablanca), davon 2x tägl. weiter nach **Safi** (200 DH), bis El Jadida 160 DH, 6½ Std.
- **Port Tanger-Méd** (neuer Hafen): 2x tägl. morgens und nachmittags, 30 DH, ca. 1 Std.

Fähren

Von/nach Tanger verkehren Fähren von/nach Algeciras, Barcelona, Genua und Sète. Seit 2010 fahren alle Fähren vom **neuen Hafen Tanger-Méd (N 35°52,73', E 50° 30,50')** ab bzw. kommen dort an. Der Hafen liegt ca. 40 km nordöstlich bei Ksar es Seghir und ist mit dem Shuttlebus ab Tanger Ville oder mit dem Zug (ca. 1 Std. Fahrzeit, Haltestelle Port Tanger-Méd) erreichbar.

■ **Ankunft im Hafen:** Mit der Fähre angekommene Autoreisende folgen im Hafen der Beschilderung und fahren entweder auf der (mautpflichtigen) Autobahn A 4 oder auf der Schnellstraße entlang der Küste bis nach Tanger.
■ **Abreise vom Hafen:** Autofahrer folgen im Hafen der Beschilderung „Automobile Acces", kaufen beim Parkplatz ein Ticket bei den Fährgesellschaften und erhalten eine „carte d'embarquément". Anschließend wird der Pass bei der Polizei gestempelt und der Zoll kontrolliert das Fahrzeug. Kurz vor der Einfahrt in die Fähre muss noch einmal der Pass und die „carte d'embarquément" vorgezeigt werden. Zur rechtzeitigen Erledigung aller Formalitäten sollte man mind. 2 Std. vor Abfahrt im Hafen ankommen. Die Formalitäten sind normalerweise relativ schnell und unkompliziert zu erledigen.
■ **Fußgänger,** die mit dem Zug oder Bus anreisen, steigen direkt im Tanger-Méd Port Center (Gare Maritime) aus, wo sie am Ticketschalter der Fährgesellschaften ebenfalls eine „carte d'embarquement" erhalten. Anschließend wird der Pass von der Polizei gestempelt und der Zoll kontrolliert evtl. das Gepäck. Der Shuttlebus bringt die Passagiere dann direkt zum Abfahrtskai.
■ **Tickets** für die Fähren kauft man am besten direkt bei den Schaltern der Fährgesellschaften im Hafen. Dort sind sie billiger als z.B. in den Reisebüros im alten Hafen von Tanger.
■ Im Hafengelände gibt es mehrere **Banken und Restaurants.**
■ **Infos zum Hafen Tanger-Méd:** Hotline 0539 93 30 68, www.tangermed-passagers.com (Übersichtsplan, Abfahrtszeiten, Serviceangebot im Hafen)
■ **Fährverbindungen:** vgl. „Praktische Tipps A–Z" unter „Anreise".

Fährgesellschaften

■ **Balearia,** Tel. 0539 93 44 63, www.balearia.com.
■ **FRS,** Tel. 0539 94 26 12, 93 10 10, www.frs.ma.
■ **Grandi Navi Veloci,** Tel. 0539 93 12 07, www.gnv.it.
■ **Intershipping,** 18, Rue al Farabi und im Hafen, Tel. 0539 33 31 00.
■ **Trasmediterranea,** Av. Youssef Ibn Tachfine, Immeuble Côte d'Or N° 5, Tanger, Tel. 0539 34 39 80, www.trasmediterranea.es.

Flugverbindungen

Der sehr übersichtliche, moderne **Flughafen** von Tanger (Aéroport Tanger Ibn Battouta) liegt etwa 12 km außerhalb des Zentrums im Südwesten der Stadt. Hier gibt es Wechselbüros, eine Bank mit Geldautomat, einen Postschalter und Vertreter der großen Mietwagenfirmen.

Ryan Air steuert Tanger von Hahn bei Frankfurt, Weeze am Niederrhein und Brüssel direkt an. Auch **TUIfly** bietet günstige Direktflüge von Köln-Bonn nach Tanger an. **Royal Air Maroc** (RAM) fliegt täglich von Casablanca nach Tanger. Außerdem bietet RAM saisonal auch Direktflüge von Amsterdam nach Tanger an. **Germanwings** fliegt Tanger ab Köln-Bonn saisonal direkt an.

Grand Taxi vom/zum Flughafen vgl. „Taxis". Billiger geht es mit den **Stadtbuslinien 1 und 2** (ab Gare Routière/Busbahnhof) in ein Dorf in der Nähe des Flughafens (Boukhalef), man muss dann jedoch noch 4–5 km laufen, was mit Gepäck mehr als mühsam ist.

■ **Royal Air Maroc (RAM),** 1, Place de la France, Tel. 0539 37 95 03.

Notfall/Medizinische Versorgung

Apotheken

Die Adressen der **Bereitschaftsapotheken** *(pharmacie de garde)* sind unter http://pharmaciesdetanger.ma und in den Tageszeitungen zu finden.

■ **Pharmacie Pasteur,** 2, Pl. de France, Neustadt, Tel. 0539 93 24 22.

Krankenhäuser

■ **Rettungsdienst** (Notruf): Tel. 15 oder 150.
■ **Clinique Assalam,** 10, Av. de la Paix (Av. Assalam), Tel. 0539 32 25 58. Privatklinik mit Notaufnahme.
■ **Clinique Croissant Rouge,** 6, Rue al Mansour Eddahbi, Tel. 0539 94 69 76. Klinik des Roten Kreuzes.

■ **Hôpital Espagnol,** Rue de l'Hôpital Espagnol, zwischen Rue Haroun Er Rachid und Rue Mahatma Ghandi, Tel. 0539 93 10 18.
■ **Hôpital Italien,** 104, Rue Bouarrakia, Tel. 0539 93 12 88.
■ **Hôpital Mohamed V.,** Av. Moulay Rachid, südwestlich vom Pl. Koweit und vom spanischen Konsulat, Tel. 0539 93 44 22, 93 24 44.

Polizei

■ **Polizei-Notruf:** Tel. 190.
■ **Sûreté Nationale** (Polizei-Hauptquartier), Ecke Av. Mohamed I./Rue Salah Idine el Ayoubi, Tel. 0539 93 24 01.

Rund ums Auto

Autoverleih

Der Preis für einen Kleinwagen liegt bei ungefähr 500 DH pro Tag. Folgende Autovermieter in Tanger sind empfehlenswert:

■ **Amine Car,** 43, Av. Mohamed V., 1. Stock, Tanger, www.aminecar.pro.ma, Tel. 0539 94 40 50.
■ **Calypso Tour,** 71, Rue de la Liberté, Tanger, www.calypsotanger.com. Autovermietung, Buchung von Fährtickets, Stadttouren etc.
■ **Hertz,** 36, Av. Mohamed V., schräg gegenüber der Hauptpost, Tel. 0539 32 21 65; weitere Filiale am Flughafen.
■ **Hispamaroc Voyages,** 2, Av. al Jabha al Ouatani/Ecke Bd. Pasteur, direkt hinter dem Hotel Rembrandt, www.hispamarocvoyages.com, Tel. 0539 93 21 78, 93 31 13, Buchung von Fähr- und Flugtickets, lokale Sixt-Vertretung für Mietwagen.

Werkstätten

Mehrere Werkstätten liegen **an der Route de Tétouan** (Zone Industrielle).

■ **Lafayette,** 27, Rue Mohamed Abdou (Samuel Pepys) und Route de Rabat (5 km außerhalb), Tel. 0539 93 28 87, 93 86 31.

Parken

Für **bewachte Parkplätze** muss eine Tages- oder Stundengebühr an den Parkplatzwächter entrichtet werden (5–10 DH/Tag). Viele Parkplätze gibt es in der Umgebung des alten Hafens (nördlicher Teil der Av. Mohamed VI.). Ein bewachter Parkplatz befindet sich in einem Hinterhof der Rue du Portugal, unterhalb des Bab Méricain.

Konsulate

■ **Dänemark,** 3, Rue Ibn Rochd, Tel. 0539 93 87 27.
■ **Frankreich,** 2, Place de France (Av. Mohamed V.), Tel. 0539 33 96 00.
■ **Schweden,** Rue Mly. Idriss Hassouna, Imm. Mly. Idriss 3, Appt. 22, Tel. 0539 93 78 35.
■ **Spanien,** 85, Av. du Président Habib Bourguiba, Tel. 0539 93 41 90.
■ **Kein deutsches Konsulat.**

Veranstaltungen und Festivals

■ **Festival National du Film in Tanger,** Januar/Februar; Infos auf der Website des Centre Cinématographique Morocain: www.ccm.ma.
■ **Salon International des Livres et des Arts,** internationale Buch- und Kunstmesse im April.
■ **Tanger Tarab,** internationales Volksmusikfestival im Juni; weitere Infos unter www.tarabtanger.com.
■ **Les Nuits de la Méditerranée,** einwöchiges Musikfestival mit Konzerten im Mendoubia-Park im Juli.
■ **Festival Sans Frontières,** September, während des Kulturfestivals in Zusammenarbeit mit dem spanischen Instituto Cervantes und dem Kulturministerium finden u.a. Konzerte marokkanischer Musiker statt.
■ **Tanjazz,** fünftägiges Jazzfestival im September mit vielen Konzerten internationaler Musiker; weitere Infos unter www.tanjazz.org.
■ **Festival International du Théâtre Universitaire,** sechstägiges Theaterfestival im Oktober mit Aufführungen von Universitätstheatergruppen diverser Länder.
■ **Tanja Latina,** Festival lateinamerikanischer Musik von Samba bis Salsa im November.

> Das Cap Spartel mit seinem Leuchtturm ist der nordwestlichste Punkt Afrikas

Ausflüge

Wer dem städtischen Trubel entkommen und ein bisschen Natur genießen möchte, sollte unbedingt einen Ausflug in die schöne Umgebung von Tanger unternehmen.

Am **Cap Spartel** westlich der Stadt fließen Atlantik und Mittelmeer zusammen. Südlich davon erstrecken sich herrliche Sandstrände und duftender Pinienwald im Hinterland. Für einen Tagesausflug mietet man sich am besten ein Auto oder ein Grand Taxi (Preis für den gesamten Tag aushandeln). Für Asilah sollte man sich besser gleich zwei Tage Zeit nehmen.

Forêt Perdicaris

Der **Pinienwald** und der **Aussichtspunkt R'Milat** westlich von Vieille Montagne sind ein beliebtes Ausflugsziel der Städter. Ein gepflasterter Rundweg von 1,5 km Länge und mehrere Forstwege führen durch das naturbelassene Waldschutzgebiet mit Pinien, Korkeichen und Algerischen Eichen. Der Harzduft, das Vogelgezwitscher und die frische Luft wirken nach dem Aufenthalt in der Stadt wahre Wunder.

Leider werden die Mülleimer nicht regelmäßig geleert, sodass die Überbleibsel der Ausflugsgäste an den Picknickplätzen die Idylle etwas trüben. An einigen Stellen kann man den Ausblick aufs Meer genießen. Beim Parkplatz mit Reitkamelen und Polizeiposten, direkt neben dem Eingangstor in den Wald, liegt das **Café R'Milat** mit Gartenterrasse und Blick über die Stadt. Links neben dem Eingang zum Wald kann man eine Teerstraße hinunterspazieren und erreicht nach etwa 1 km den **Aussichtspunkt R'Milat.** Die Straße endet an einem Parkplatz mit Grillbuden. Die Pinien verstellen ein wenig die Sicht auf die Klippen in den türkisfarbenen Wogen des Atlantiks.

■ **Anfahrt:** Vom Pl. Koweit ca. 7 km auf der Av. al Habib Bourguiba Richtung Golfklub, dann weiter bergauf Richtung Cap Spartel, an der T-Kreuzung rechts. Anfahrt auch über Vieille Montagne möglich. Stadtbus Nr. 5 fährt ebenfalls hierher.

ma16_014 ad

Umgebung von Tanger

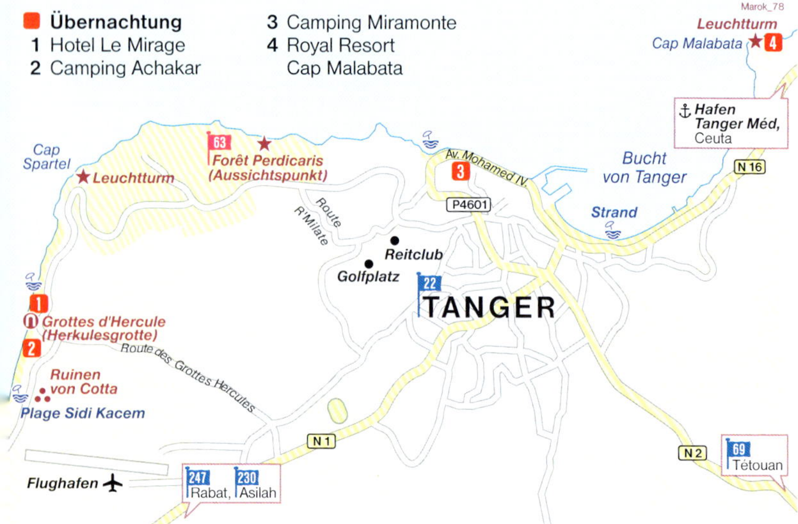

Cap Spartel

Das Kap mit seinem markanten Leuchtturm bildet den **nordwestlichsten Punkt Afrikas.** Hoch über den Klippen, am Zusammenfluss von Atlantik und Mittelmeer, genießt man ein herrliches Panorama.

Der gelbe **Leuchtturm,** der über den Klippen des Meeres thront, wurde 1864 errichtet, nachdem das brasilianische Marineschiff „Dona Isabel" 1860 vor dem Kap auf Grund gelaufen war. Der Leuchtturm ist immer noch in Betrieb – offiziell haben Besucher keinen Zutritt zum Gelände, aber gegen ein kleines Trinkgeld (ca. 20 DH/Pers.) öffnet der freundliche Wärter häufig doch das Tor. Von der **Aussichtsplattform** hinter dem Leuchtturm eröffnet sich ein fantastischer Ausblick auf die Felsküste. Angeblich saßen hier schon die *Beatles* und *Bob Marley* bei einem Minztee und genossen das Panorama.

Ein Spaziergang im Forêt Perdicaris lässt sich optimal mit einem Besuch des Cap Spartel verbinden. Dort gibt es einen bewachten Parkplatz, Souvenirhändler und das **Café-Restaurant Cap Spartel** mit leckeren Crêpes, Fruchtcocktails und Blick aufs Meer.

■ **Anfahrt:** Das Cap Spartel liegt ca. 16 km vom Zentrum Tangers (Pl. Koweit) entfernt. Vom Pl. Koweit ca. 7 km auf der Av. al Habib Bourguiba Richtung Golfklub, dann weiter bergauf, an der T-Kreuzung links abbiegen. Eine Teerstraße führt am Marshan-Palast vorbei durch den Pinienwald, nach ca. 9 km folgt rechts eine Abzweigung zum Cap Spartel. Es fährt kein Bus zum Cap Spartel (Bus Nr. 5 endet in R'Milat).

Grottes d'Hercule (Herkulesgrotte)

Gemäß griechischer und römischer Mythologie soll sich **Herkules** (griech. *Herakles*) zur Rast in die Kalksteinhöhle zurückgezogen haben, nachdem er seine „zwölf Arbeiten" erledigt hatte, darunter das Ausmisten der Rinderställe des *Augias.*

Der **Eingang zur Höhle** liegt links unterhalb eines Parkplatzes, der von vielen Terrassencafés umgeben ist. Im feuchten Inneren warten Souvenirhändler auf Kundschaft. In der Vorzeit wurde die Grotte zum Kalkabbau genutzt und so weiter ausgehöhlt. Eine Öffnung im Fels lässt den Blick auf die Brandung frei: Ihre Form erinnert mit etwas Fantasie an den Umriss von Afrika.

In der Nähe der Grotte befinden sich die Ruinen der **Römersiedlung Cotta,** die auf das 3. Jh. v.Chr. bis ins 3. Jh. n.Chr. zurückgehen. In Cotta wurden die Grundmauern eines Tempels, einer Therme und einer Garum-Fabrik freigelegt. Die beliebte salzige Fischsoße **Garum** wurde damals teuer gehandelt. Die Ruinenstätte ist nicht zugänglich.

Anfahrt: Die Herkulesgrotte liegt ca. 20 km vom Zentrum Tangers (Pl. Koweit) entfernt. Man fährt dieselbe Strecke wie zum Cap Spartel, dann die Straße weiter bergab an der Küste entlang. Beim Kreisverkehr vor dem Hotel Le Mirage (4,5 km nach Cap Spartel) geht es rechts zu den Grottes d'Hercule. Eintritt: 5 DH.

Plage Sidi Kacem

Der schöne, unverbaute und lange Sandstrand lädt zum Entspannen ein; man kann Liegen und Sonnenschirme mieten. Hier befindet sich ein beliebtes Wochenendziel vor allem für die in Tanger lebenden Ausländer: das mediterrane **Restaurant L'Océan** des Franzosen *Philippe Morin.* Die frei laufenden Tiere im Restaurantgarten, der lange Sandstrand und das nur etwa 50 m weiter an der Straße gelegene **Poolrestaurant La Piscine** machen Sidi Kacem zu einem idealen Ausflugsziel für Familien mit Kindern. Rund 3 km weiter südlich thront die **Zaouia Sidi Kacem** auf einem Hügel über der Küste. Anhänger der gleichnamigen muslimischen Bruderschaft pilgern regelmäßig zu diesem kleinen Heiligtum.

Anfahrt: Der Strand liegt ca. 25 km vom Zentrum Tangers (Pl. Koweit) entfernt. Man fährt dieselbe Strecke wie zur Herkulesgrotte. Beim Kreisel vor dem Hotel Le Mirage geht es links Richtung Rabat. Am nächsten unbeschilderten Abzweig biegt man rechts Richtung Meer ab. Nach ca. 5 km erstreckt sich der Plage Sidi Kacem rechts von der Straße.

Restaurant La Piscine, Plage Sidi Kacem, Tel. 0539 93 55 82, Di bis So 10–2 Uhr, Pool 10–19 Uhr. Restaurant und Pool am Strand, abends Barbetrieb.

Restaurant L'Océan, Plage Sidi Kacem, www.oceanplagetanger.com, Tel. 0539 33 81 37, tägl. 12–16 Uhr. Von der herrlichen Terrasse schweift der Blick übers Meer und den Strand. Im Garten laufen Kaninchen, ein Schafbock und eine Ente frei herum. Auf der Speisekarte stehen gute Salate und Vorspeisen sowie überteuerte Fisch- und Meeresfrüchtegerichte (ca. 200 DH). An kalten Wintertagen kann man sich an den Ofen im Innenraum zurückziehen.

Cap Malabata

Am Cap Malabata ca. 6 km nordöstlich von Tanger entstanden in den letzten Jahren moderne **Wohnviertel.** Eine Fahrt dorthin lohnt sich nur für den Ausblick vom **Leuchtturm** auf die Bucht von Tanger. Am Kap thront eine mittelalterlich anmutende Festungsruine auf einem Felsen, angeblich im 20. Jh. von einem reichen Marokkaner erbaut. Die kleine Stichstraße zum Kap endet bei einem Parkplatz vor dem (gesperrten) Leuchtturm. An der Landspitze entstand das luxuriöse **Royal Resort Cap Malabata** mit Geldern von Investoren aus Bahrain. Eine Weiterfahrt entlang der Küste nach Ksar es Seghir und Ceuta lohnt sich nicht, denn hier ist alles verbaut, und die Strände sind von der Schnellstraße zum Hafen Tanger-Méd kaum zugänglich.

Anfahrt: Die Av. Mohamed VI. führt stadtauswärts in Richtung Osten (Ksar es Seghir) durch Vororte mit vielen Neubauten. Kurz vor dem Abzweig links zum Kap liegt der Freizeitpark M'nar mit Schwimmbad an der Straße (vgl. Sport und Wellness). Stadtbus Nr. 16 fährt von der Av. Atlas und dem Gare Routière bis zum Freizeitpark M'nar.

Asilah

Nur 46 km südlich von Tanger fühlt man sich in den blau-weißen Gassen der Künstlerstadt Asilah weit weg vom Trubel der Metropole. In Asilah gibt es zwar nicht viel zu besichtigen, aber die **entspannte Atmosphäre,** der Sandstrand und das **andalusische Flair** verleiten dazu, sich länger als eine Nacht in einem der hübschen Gästehäuser in der Medina einzumieten. Stadtbeschreibung Asilah vgl. Kapitel „Die nördliche Atlantikküste".

- **Anfahrt:** Asilah ist von Tanger aus am schnellsten über die mautpflichtige Autobahn zu erreichen. Schöner und panoramareicher ist die Fahrt entlang der Küstenstraße N 1, die in Asilah selbst den Namen Av. Khalid Ibn Oualid trägt. Unmotorisierte Reisende können auch mit dem Zug anreisen. Der Bahnhof von Asilah liegt jedoch etwa 2 km nördlich der Stadt, sodass man einen längeren Fußmarsch oder eine Taxifahrt einkalkulieren muss.

Cromlech von M'Soura

Dieser **megalithische Steinkreis** liegt auf einem Hügel etwa 18 km südöstlich von Asilah bzw. ca. 70 km südlich von Tanger. Nähere Beschreibung vgl. bei Larache im Kapitel „Die nördliche Atlantikküste".

- **Anfahrt:** Man erreicht den Cromlech am einfachsten über die Autobahn Richtung Larache (Ausfahrt „Tétouan-Sebta", dann auf die R 417).

Von Tanger nach Tétouan

- **55 km, N 2.**
- Die gute Hauptverbindungsstrecke von Tanger nach Tétouan (N 2) führt durch hügelige Landschaft mit Kornfeldern, Agaven und Feigenkakteen. Ein Ausflug nach Tétouan (sehr sehenswerte Altstadt, schöne Lage in den Rifbergen) lohnt sich auf jeden Fall, auch wenn man eigentlich plant, weiter entlang der Atlantikküste oder nach Fès zu reisen.
- Ständig **Busse** (CTM und andere Privatbuslinien) ab Tanger (siehe dort).

Vom Place de la Ligue Arabe (Busbahnhof) geht es **auf der vierspurigen N 2 südwärts.** Vorbei am Bahnhof Tanger-Morora verlässt man die Stadt und kreuzt nach ca. 13 km (ab Place de la Ligue Arabe) die Autobahn Richtung Hafen Tanger-Méd. Nach ca. 27 km mündet bei einem Kreisverkehr die R 417 von Larache ein. Die Straße führt weiter bergauf durch sehr schöne Gebirgslandschaft mit Pinienwäldern. Nach einer Passhöhe weicht der Wald Feldern, dann geht es am Stausee Ajras vorbei. Nach ca. **55 km** ist **Tétouan** erreicht (zur Stadtbeschreibung siehe weiter unten).

Entlang der Mittelmeerküste nach Tétouan

- **Ca. 65 km** (über Cabo Negro, Martil), **N 16 und N 13.**
- Diese Route bietet sich für Reisende an, die im großen Fährhafen Tanger-Méd ankommen und weiter entlang der touristisch erschlossenen Mittelmeerstrände ins Rif fahren möchten. Von F'nideq führen eine Autobahn sowie die sehr gut ausgebaute N 13 bis nach Tétouan.
- An der Kreuzung von N 16 und N 13 Richtung Sebta (Ceuta) verkehren **Taxis** zur Grenze bzw. weiter nach Tétouan. Von F'nideq fahren stündlich **Busse** nach Tétouan.

Eine Autobahn verbindet Tanger bzw. die Atlantikküste mit dem neuen **Tiefseehafen Tanger-Méd.** Vom Hafen führt die Schnellstraße N 16 in Richtung Tétouan hinauf auf die Küstenkordillere. An den Hängen entstanden zahlreiche Windenergieanlagen.

Die N 16 entfernt sich von der Küste und schlängelt sich – mit tollem Blick aufs Mittelmeer und vorbei an zahlreichen Cafés – bis zur **Passhöhe des Djabal Musa** empor. Nach insgesamt **22 km** (vom Hafen) bzw. 24 km vom Gate 3 des Hafens (Fähren von/nach Algeciras) mündet die Straße an einem Kreisverkehr bei F'nideq in die Hauptverbindungsstrecke Tétouan – Sebta (Ceuta) N 13 ein.

Grenzübertritt nach Sebta (Ceuta): Außer für die Fährüberfahrt zum spanischen Festland (Algeciras) gibt es keinen Grund, hier die Grenze zu übertreten und die spanische Exklave zu besuchen. Die Grenze darf mit einem Mietwagen aus Marokko nicht überquert werden. Von der Grenze sind es noch ca. 2 km bis nach Sebta (Ceuta).

An der spanisch-marokkanischen Grenze warten **Schlepper,** die gegen (meist überhöhtes) Trinkgeld bei der Abfertigung helfen. Die **Formalitäten** sind aber einfach und schnell alleine zu schaffen! Reihen Sie sich mit dem Fahrzeug in einer der vier Reihen der Abfertigungshalle ein. Im ersten blauen Häuschen mit Fenstern werden die Passformalitäten erledigt, im zweiten Häuschen mit dem Schild „Enregistrement des véhicules" die Zollformalitäten fürs Fahrzeug. Hier erhält man auch jeweils die Ein-/Ausreisezettel *(fiches)* und das grüne Zollpapier fürs Kfz. Beide Papiere werden am jeweiligen Schalter gestempelt. Nach einer meist flüchtigen Fahrzeugkontrolle darf man auch schon weiterfahren.

Folgt man weiter der N 13, so erreicht man den expandierenden Ferienort F'nideq.

F'nideq

In F'nideq gibt es **alle Versorgungsmöglichkeiten** (Bank, Tankstelle, Restaurants etc.). An der Hauptstraße in Richtung Restinga-Smir und Tétouan reiht sich rechter Hand ein Souvenir- und Marktstand an den anderen. Auf der linken Seite säumt eine gepflegte Strandpromenade den Ort. Folgt man der Beschilderung nach Tétouan, erreicht man nach 2 km einen Kreisverkehr mit dem Hotel Corniche.

Die Grand-Taxi-Haltestelle liegt direkt an der Straße kurz vor F'nideq im Vorort Hay Bab Sebta. **Sammeltaxis** fahren in die ganze Umgebung (z.B. zur Grenze und nach Tétouan). Der Busbahnhof liegt von Ceuta kommend rechts kurz nach dem Kreisverkehr (s.o.) hinter mehreren Wohnblocks. Es fahren fast stündlich **Busse** nach Tétouan (15 DH, ca. 45 Min. Fahrzeit).

Unterkunft

Unterkunft findet man in den beiden komfortablen **Hotels Ibis**③ (am nördlichen Stadtrand, Route de Ceuta, Tel. 0531 06 05 66, www.ibis.com, Garten mit Pool, schöne Aussicht aufs Meer, Parkhaus in der Nähe, klimatisierte DZ) und **La Corniche**③ (Av. Mohamed V., Tel. 0539 97 61 63, klimatisierte Zimmer, z.T. mit Meerblick).

Weiterfahrt nach Tétouan

Von F'nideq führt eine Autobahn nach Tétouan, die wenige Kilometer von der Küste entfernt die Ortschaften M'diq und Martil umgeht. Die vierspurige, palmengesäumte Straße N 13 führt jedoch weiter am Meer entlang und erreicht nach 4 km den **Plage Riffyene.** Auf den nächsten Kilometern folgen viele schicke Neubauviertel und Oberklassehotels wie das Luxusresort Banyan Tree Resort (www.banyantree.com, 6 km von F'nideq). Die nördliche Mittelmeerküste bis Martil – auch bekannt als **Tamouda Bay** – wurde in den letzten 15 Jahren komplett touristisch erschlossen. Insgesamt erinnert der Küstenabschnitt mit den vielen Hotels und der touristischen Infrastruktur zum Surfen, Segeln, Baden etc. mehr an Spanien als an Marokko. Die meisten Hotels können günstig über entsprechende Portale im Internet gebucht werden.

11 km hinter F'nideq sind die **Residence Jawara Smir**③ (große Anlage mit Selbstversorger-Apartments, Pool, Tennis, WLAN) und das **Hotel Marina Smir Thalasso & SPA** erreicht. Die Marina des Ferienorts **Restinga Smir** (www.portmarinasmir.com) bietet mit einem Jachthafen, Hotels, Restaurants und einem Aquapark alle Annehmlichkeiten für Badeurlauber. Es folgen die **Kabila Plage** und der Jachthafen Kabila Marina. Wenige Kilometer weiter passiert man den Königspalast.

Am **Kreisverkehr** bei km 22 (ab F'nideq) bzw. **44 km** ab Tanger-Méd geht es geradeaus weiter auf der Landstraße nach Martil und Mdiq (rechts geht's auf die Autobahn). M'diq ist ca. 2 km weiter erreicht.

M'diq

Der **herausgeputzte Ferienort** expandiert zusehends – auch hier entstehen immer mehr (Fisch-)Restaurants und Hotels, vor allem für betuchte Marokkaner, die hier ihre Sommerferien verbringen. Neben dem schönen langen Sandstrand und der Promenade, die zum Flanieren einlädt, gibt es einen Fischer- und einen modernen Jachthafen. Der Royal Jachting Club organisiert jährlich im Juli die touristische *Semaine Nautique Internationale de M'diq* (SNIM) mit Regattas. König *Mohamed VI.* kommt im Sommer regelmäßig zu Besuch in seinen Palast bei M'diq.

Es fahren **Grands Taxis und Busse** nach Tétouan und zur Grenze bzw. nach F'nideq.

Unterkunft/Essen und Trinken

- Unterkunft findet man in vielen 4-Sterne-Hotels entlang der Küste (s.o.) oder im **Golden Beach Hotel**④ (Tel. 0539 97 50 77, www.golden-beachotel.com, mit Pool, direkt am Strand, klimatisierte Zimmer, WLAN).
- Für ein Mittagessen empfiehlt sich das **Blue Sky Restaurant** neben der Banque Populaire (u.a. Pizza). Außerdem gibt es zahlreiche **(Eis-)Cafés** im Zentrum mit Fußgängerzone direkt am Ende der Strandpromenade.

Abstecher zu einem Aussichtspunkt

Beim ersten Kreisverkehr hinter M'diq (ggü. Restaurant Dos Mares) führt eine kleine Straße hinauf zu einem Militärgelände mit Richtfunkantennen und einem kleinen Picknickplatz im *Secteur Forestière Kouidat*. Dort endet die Teerstraße. Auf einer etwas holprigen Piste kann man am ersten Militärgelände vorbei (links) und weiter in Richtung Radaranlagen fahren. Hier bietet sich ein **fantastischer Ausblick auf M'diq und das Rif** – bei klarem Wetter sogar bis hinüber nach Spanien. Bei einer Gabelung kurz nach dem ersten Militärgelände geht es rechts zu einer kleinen **Aussichtsplattform (N 35°40,461', W 05°18,776').** Man kann die Straße auch hinaufwandern (Zeitbedarf 1–2 Stunden, je nach Ausgangspunkt und Kondition).

Weiterfahrt nach Tétouan

Etwa 2 km hinter M'diq geht es **an einem Kreisverkehr links nach Cabo Negro und Martil** (geradeaus direkt weiter nach Tétouan). Auch entlang der kleineren Straße nach Martil entstehen überall Ferien- und Appartementanlagen. Kein Wunder, denn hier erstreckt sich ein schöner Sandstrand vor der Silhouette des grünen Rif-Gebirges.

Bei **km 47** (1 km nach dem Abzweig) liegt rechts der Straße das sehr hübsche **Hotel La Ferma**③ mit exzellentem Restaurant, Reiterhof und Wohnmobilstellplatz (ohne Strom, aber mit WC-Entsorgung, 60 DH/Nacht, Tel. 0539 97 80 75, N 35°39,985', W 05°18,419'). Der Besitzer *Frank*, ein sehr talentierter Zeichner, erfreut seine Gäste mit Rat und Tat sowie schnell skizzierten Karikaturen.

1 km weiter geht es in einem Kreisverkehr rechts nach Martil und geradeaus nach Cabo Negro. Eine Stichstraße führt zum **Club Med Yasmina** (Tel. 0539 97 82 02, www.clubmed.de, schöner Strand) und zum Mittelklasse-**Hotel Petit Merou**③ (Tel. 0539 68 88 88, mit Restaurant und Meerblick).

Bei **km 51** liegt der Royal Golf de Cabo Negro (18-Loch-Golfplatz) links der Straße, 2 km weiter ist **Martil** erreicht (**km 53** ab Tanger-Méd).

Martil

Auch Martil hat sich zu einem **schmucken Ferienort** entwickelt, mit Sandstrand und einer Promenade mit vielen Cafés und Restaurants (manche nur im Sommer geöffnet). In der Hochsaison im Sommer herrscht besonders abends reger Trubel, wenn sich Jung und Alt auf der **Corniche** (Küstenstraße) tummeln. Am Ende der Corniche gibt es bei einem großen Kreisel einen bewachten Parkplatz (24 Std. geöffnet).

Von der Küstenstraße führt rechts (von M'diq kommend) eine kleine Zufahrtspiste zum **Camping Al Boustane** (N 35°37,721', W 05°16,662'): Der recht große Platz mit vielen Schatten spendenden Bäumen und Stellplätzen mit Strom ist meistens recht gepflegt, die sanitären Anlagen sind in der Hochsaison (August) allerdings überlastet. Die (heißen) Duschen und WCs funktionieren weitgehend. Pluspunkte sind die Strandnähe (wenige Minuten zu Fuß) und das Restaurant Al Boustane mit hübscher Terrasse und gutem Essen (Salate, Tajine und Fisch 60–90 DH). WLAN an der Rezeption.

Von Martil besteht eine gute **Busverbindung** nach Tétouan, außerdem fahren **Sammeltaxis** (ca. 30 Min.).

Unterkunft

■ Wer nicht campt, kann im sehr gepflegten und freundlichen Hotel **Etoile de la Mer**① (Av. Moulay Hassan, Tel. 0539 97 90 58, manche Zimmer mit Balkon, Strandnähe) übernachten.

■ Am Ortsende direkt an der Corniche liegt das relativ neue **Hotel Omeya**④ (moderne, klimatisierte Zimmer mit Balkon, z.T. Meerblick, WLAN).

Weiterfahrt nach Tétouan

Folgt man in Martil der Beschilderung nach Tétouan, so mündet man nach 4 km an einem großen Kreisverkehr wieder in die vierspurige Schnellstraße (N 13) ein. Nach etwa fünf weiteren Kilometern ist schließlich das Zentrum von Tétouan erreicht.

Tétouan

Tétouan liegt, umgeben von grünen Hügeln, **nur etwa 11 km von der Mittelmeerküste** entfernt. Die Nähe zum spanischen Festland bemerkt der Reisende schon daran, dass die Bewohner des Nordens häufig besser spanisch als französisch sprechen.

Das ist auch historisch begründet. Nachdem Sultan *Moulay Ismail* (um 1645–1727) auf die Förderung der Handelsbeziehungen mit Europa setzte, strömten Anfang des 17. Jh. viele Kaufleute und Händler aus Spanien in die Siedlung nahe dem Meer. 1860 nahm Spanien das berüchtigte Piratennest ein. Von 1912 bis zur Unabhängigkeit im Jahr 1956 war Tétouan die **Residenzstadt der spanischen Protektoratszone in Nordmarokko.** Heute macht sich der **andalusische Einfluss** noch deutlich in Architektur und Musik bemerkbar. Tétouan pflegt außerdem intensive Handelsbeziehungen zur heutigen spanischen Exklave Ceuta, die etwa 40 km weiter nördlich an der Mittelmeerküste Nordafrikas liegt.

In Tétouan leben heute fast 440.000 Menschen – wegen ihrer Schönheit trägt die stetig wachsende Stadt den Beinamen **„Die weiße Taube“** *(la colombe blanche).* Die Hauptstadt der gleichnamigen Provinz liegt auf etwa 90 m Höhe am Fuße des Höhenzugs Djabal Dersa (541 m) und am Ufer des Flusses Oued Martil. Im Norden und Süden umschließen die Berge des Rif das weiße Häusermeer – vor allem an klaren Tagen im Frühjahr eine herrlich anzuschauende Kulisse.

Die **sehr gut erhaltene Medina** (Altstadt) mit ihren verwinkelten Gassen, quirligen Souks, prächtigen Stadthäusern/-palästen, der mächtigen Stadtmauer und den malerischen weißen Häusern zählt sicher zu den beeindruckendsten in Nordafrika. 1997 erklärte sie die UNESCO zum Weltkulturerbe.

Dreisprachige Hinweistafeln auf Arabisch, Spanisch und Englisch informieren über die historischen Bauwerke in der Medina und erleichtern die **Orientierung.** Im Gegensatz zu den meisten anderen Medinas in Marokko und anderswo sind in Tétouan sogar viele Gassen mit einem Straßenschild versehen.

Vor dem Eingang zur Medina, am **Place Hassan II.,** thront der **Königspalast** (Palais Royal, Dar el Makhzen), den der amtierende König *Mohamed VI.* mit seiner Gefolgschaft regelmäßig besucht. Wegen des angenehmen Klimas kommt der Monarch vor allem im Sommer hierher. Bei einem angekündigten Besuch des Königs werden der gesamte Platz Hassan II. und die Gassen in unmittelbarer Umgebung des Palastes abgesperrt und von Gendarmerie schwer bewacht. Auch die Av. Mohamed V. und einige Zufahrtsstraßen sind dann für den Verkehr gesperrt und mit zahllosen roten Marokko-Fähnchen geschmückt. Wer gerade zu dieser Zeit mit dem Mietwagen ankommt, kann sich auf ein Verkehrschaos einstellen.

Doch nicht nur die Altstadt Tétouans, auch das **spanische Ensanche-Viertel** westlich der Medina, zwischen Place Moulay el Mehdi und dem Königspalast, sticht hervor. Hier erwarten den Besucher prächtige Kolonialfassaden.

Die seit der Unabhängigkeit gewachsene **Neustadt (Ville Nouvelle)** östlich der Medina bietet dagegen keine Sehenswürdigkeiten.

Tétouan ist nicht nur für seine beeindruckende spanisch-maurische Architektur, sondern – ähnlich wie die Königsstadt Fès – auch als **Stadt der Künstler und Handwerker** bekannt. Der spanische Maler *Mariano Bertucci* gründete bereits 1945 die Hochschule für Schöne Künste, die seit 1994 Institut der Schönen Künste (Institut National des Beaux-Arts) heißt. Hier lernen Studenten u.a. die Kunst des Comiczeichnens. Seit 2004 ist Tétouan zudem Veranstaltungsort eines internationalen **Comicfestivals** (Festival International de la Bande Dessinée). Die Kunsthandwerksschule École des Métiers d'Arts im prachtvollen Palast Dar Sanaa zeigt in ihren Ausstellungsräumen die **Vielfalt des marokkanischen Kunsthandwerks:** Mosaikkunst (Zellij bzw. Zellige), Holzmalerei, Lederbearbeitung und Stickerei aus Tétouan zählen zu den besten und raffiniertesten des Landes.

Wer länger in Nordmarokko weilt, sollte auch die **Umgebung** von Tétouan erkunden: Der nächste Sandstrand liegt nur etwa 11 km entfernt in der Nähe des Ferienortes Martil. Entlang der gesamten Mittelmeerküste zwischen Martil und Ceuta, bekannt als Tamuda Bay, entstanden in den letzten Jahren zahlreiche Ferienresorts für den Strandtourismus.

Geschichte

3. Jh. v.Chr.: Die Phönizier gründen Tamuda Oppidum, den Vorläufer Tétouans. Die Römer zerstören die Siedlung und richten dort im 2. Jh. ein Militärlager ein. Die Ruinenstätte von Tamuda liegt 5 km südlich von Tétouan.

10. bis 12. Jh.: Verschiedene arabische Schriftsteller erwähnen eine Siedlung an der Stelle der heutigen Stadt.

1286: Sultan *Abu Youssouf Yacoub al Marini* errichtet erstmals eine Kasbah (Festung), die noch heute an gleicher Stelle besteht.

1307: Die Meriniden bauen oberhalb einer Berbersiedlung die befestigte Stadt Tétouan, um die Rebellen aus dem Rif-Gebirge zu kontrollieren. Wegen ihrer Nähe zum Meer entwickelt sich Tétouan zum Seeräuberstützpunkt.

1399: *Heinrich II. von Kastilien* (1379–1406) zerstört die inzwischen als Piratennest berüchtigte Stadt fast vollständig. Die Bewohner werden gefangen genommen, getötet oder vertrieben.

1492: Nach dem Fall von Granada verlassen viele Muslime und Juden Südspanien. Die andalusischen Flüchtlinge bauen unter Führung von *Sidi Ali al Mandri* die Stadt mit ihren Befestigungen (Kasbah, Stadtmauern) wieder auf. Es folgt ein wirtschaftlicher Aufschwung.

16./17. Jh.: Die Stadt erlebt eine Blütezeit als Handelszentrum. Aus Spanien vertriebene Morisken (zum Christentum konvertierte Mauren) kommen nach Tétouan. Die Medina wird erweitert – die heutigen Altstadtviertel gehen auf diese Zeit zurück.

1860–1862: Die Spanier besetzen Tétouan.

1913: Die Stadt fällt erneut unter spanische Administration. Bis zur Unabhängigkeit Marokkos im Jahr 1956 ist Tétouan Residenzstadt des spanischen Protektorats in Nordmarokko. Der Nationalist *Abdelkhalek Torres* (1910–1970) kämpft gegen die spanische Kolonialmacht.

1956: Ende des französischen Protektorats (seit 1912). Marokko wird unter König *Mohamed V.* unabhängig.

1997: Die Medina von Tétouan wird von der UNESCO zum Weltkulturerbe erklärt.

Tétouan zeigt viel andalusischen Einfluss

Ein Spaziergang durch Tétouan

Ausgangspunkt für einen Stadtbummel ist der **Place Moulay el Mehdi** im Ensanche-Viertel. Hier sticht die katholische **Kirche Notre Dame de la Victoire** hervor, die während der Kolonialzeit um 1926 entstand.

Richtung Osten führt die gepflasterte **Av. Mohamed V.,** vorbei an vielen Cafés und den schmucken Hausfassaden mit schmiedeeisernen Balkonen, zum kreisförmigen **Place al Jala,** der von Palmen bestanden ist. Historisch Interessierte können hier das **Musée d'Archéologie** besuchen. Die detaillierte Karte in einem Schaukasten im Garten des Museums gibt einen guten Überblick über die Sehenswürdigkeiten der Stadt und die Medina.

Vom Place al Jala spaziert man auf der Av. Mohamed V. weiter ostwärts und erreicht in wenigen Minuten den Mittelpunkt der historischen Stadt: den **Place Hassan II.** mit einem runden Paradeplatz vor dem prächtigen Königspalast (Palais Royal, Dar el Makhzen), der nicht besichtigt werden kann.

Vom Place Hassan II. spaziert man durch einen kleinen Torbogen rechts neben dem Königspalast – dem **Bab er Rouah** („Tor der Winde") – ins Herz der Altstadt. Die **Medina** von Tétouan ist eine der kleinsten und schönsten in Marokko. Sie ist umgeben von einer 5 km langen Stadtmauer mit sieben Toren. In den schmalen Gassen der Altstadt lässt man sich am besten einfach treiben – früher oder später verliert man ohnehin die Orientierung. Jetzt gilt es, das orientalische Leben, die bunten Märkte, das Stimmengewirr und die fremden Gerüche auf sich wirken zu lassen. In den Souks sind alle Handwerkszweige vertreten: Kupfer- und Silberschmiede, Tischler, Gerber, Töpfer, Babuschenmacher, Schneider etc. Die von Natursteinen umrahmten, weiß gekalkten Torbögen über den Gassen geben der Medina ein besonders malerisches Gesicht.

Gleich hinter dem Bab er Rouah passiert man die Läden der Goldjuweliere. An der nächsten Kreuzung geht es links in die Gasse **Derb el Kazdarin,** auf der man nach wenigen Schritten einen kleinen Platz erreicht, den **Souk el Hout al Kedim** mit dem Fisch- und Fleischmarkt. Spaziert man hier rechts ins

ma16_016 ad

Leben in Tétouan

Im Gegensatz zu vielen Ecken in Tanger wirkt Tétouan rundum **sauber und aufgeräumt** – die prächtigen Kolonialgebäude des spanisch geprägten Ensanche-Viertels erstrahlen in frischem Anstrich, die Kulturdenkmäler in der Medina wurden renoviert und mit mehrsprachigen Schildern versehen. Bis auf seltene Ausnahmen bleibt man in Tétouan **meistens unbelästigt** von aufdringlichen Händlern oder illegalen Stadtführern. Auch alleinreisende Frauen fühlen sich in Tétouan mit großer Wahrscheinlichkeit auf Anhieb wohl.

Verirrt man sich einmal im Gassengewirr der Medina – was Neuankömmlingen zwangsläufig passieren wird –, findet sich immer ein hilfsbereiter Stadtbewohner, der den richtigen Weg weist. Auf jeden Fall sollte man sich darauf einstellen, mit **Zeichensprache** zu kommunizieren, denn nur wenige Einheimische sprechen französisch oder gar englisch, vor allem in der Medina. Am besten kommt man mit Spanisch über die Runden – ansonsten nur mit Arabisch.

ma16_017 ad

Wegen der Nähe zum Rif-Gebirge (Cannabisanbau) kann es durchaus vorkommen, dass junge Touristen von **Haschischhändlern** angesprochen werden. Vorsicht ist vor allem bei vermeintlich freundschaftlich gemeinten Einladungen von selbst ernannten „Studenten" geboten.

Die meisten Touristen, die Tétouan besuchen, kommen aus dem eigenen Land, nur ca. 30% aus dem Ausland, vorwiegend aus Spanien und Frankreich. Tétouan ist bis heute nicht touristisch geprägt, und genau das macht – neben der spanisch-maurischen Architektur – den besonderen Reiz der Stadt aus.

In der **Medina** findet man, im Gegensatz zu beispielsweise Marrakesch, keine zu Souvenirmeilen umgewandelten Touristengassen. Hier kann man noch das **ursprüngliche Alltagsleben** einer arabischen Stadt beobachten: In den Souks verkaufen traditionell gekleidete Rifbäuerinnen Gemüse, um die Ecke drechseln Schreiner Fenstergitter, ein paar Schritte weiter in einer anderen Gasse kann man bergeweise Teekannen und Töpfe erstehen. Die Straße vor dem Centro Cultural Español und dem zugehörigen Cine Español verwandelt sich abends in einen riesigen Kleider- und Schuhmarkt. Und in den Cafés rund um den Place Hassan II. spielen die Männer Würfel- und Kartenspiele.

Tétouan profitiert zwar vom wachsenden Mittelmeertourismus in der Tamuda Bay zwischen den Städten Martil und Ceuta, aber seine Wirtschaft beruht hauptsächlich auf dem **Handel und** der **Industrie.** Vorwiegend werden Textilien, Steine und Ziegel sowie Zement gefertigt. Das Umland wird landwirtschaftlich genutzt, dort wachsen vor allem Olivenbäume für die Olivenölproduktion.

Kasbah-Viertel, gelangt man schnell zum großen **Place Ghersa Kebira** mit dem beeindruckenden Textiliensouk. Auf seiner Westseite liegt die **Medersa Loukach** (Musée du Patrimoine Religieux). Die ehemalige islamische Hochschule ist vor allem wegen ihrer maurischen Architektur sehenswert. Vom Place Ghersa Kebira arbeitet man sich durch das Gassenlabyrinth zur **Großen Moschee** (Jamaa Kebira) in Richtung Osten vor.

Südlich der Moschee liegt der einstige **Stadtpalast Dar Lebbadi,** heute ein Souvenirladen, in den man einen Blick werfen sollte (vgl. „Einkaufen"); hier kann man marokkanisches Kunsthandwerk erstehen.

Nun geht es auf der Gasse **Derb Jannoui** weiter südlich bis zu einem kleinen Platz mit Fischhändlern, dann rechts, Richtung Osten, bis zum Stadttor **Bab Oqla;** hier findet jeden Tag ein lebhafter Gemüsemarkt statt.

Durch das Bab Oqla verlässt man die Altstadt und besucht vielleicht die prächtige Kunsthandwerksschule **École des Métiers d'Arts** direkt gegenüber. Wer Lust auf weiteres Kulturprogramm hat, besichtigt noch das **Musée d'Ethnographie** direkt nebenan.

Entlang der Stadtmauer spaziert man nun zurück Richtung Bab Remouz und durch den blühenden Park **Jardin Moulay Rachid.** An der Kreuzung Av. Hassan I. und Av. Hassan II. angelangt, fällt das weiß-grüne Zinnengebäude des Alten Bahnhofs auf – hier entstand in den letzten Jahren ein Zentrum für Moderne Kunst **(Centre d'art moderne).** Von dort geht es auf der vierspurigen Av. Hassan I. weiter aufwärts und nach wenigen hundert Metern auf Treppenstufen rechts hinauf zur Halle des **Marché Central,** in der sich wunderbar das Markttreiben beobachten lässt.

Auf der Rückseite des Marktes geht es rechts weiter, vorbei am Backsteingebäude der **Cuarteles Gómez Jordana,** und dann links Richtung Norden bis zur Ecke Av. Mohamed Torres mit dem **Centro Cultural Español** (Instituto Cervantes). Hier kann man eine Pause in einem der Cafés einlegen oder im nahe gelegenen Restaurant La Union (vgl. „Essen und Trinken") Brochettes (gegrillte Fleischspieße) oder Fisch unter Einheimischen speisen. Der Place al Jala und die Av. Mohamed V. liegen nun nur noch wenige Schritte entfernt.

Wer vom orientalischen Leben nicht genug bekommen kann, der marschiert vom Place al Jala entlang der Av. Mohamed Ben Hesain, wiederum vorbei am Musée d'Archéologie, nach Norden zum Stadttor **Bab Tout.** Hier kann man noch einmal ins Gassengewirr der Medina eintauchen: In der **Rue Gourna** verkaufen die Rifbäuerinnen in ihren rot-weißen Wolltüchern und Bommel-Strohhüten jeden Tag frisches Gemüse.

Sehenswertes

Ensanche-Viertel (Spanisches Viertel)

Die **Kolonialarchitektur** im spanischen Viertel mit seinen Art-déco- und Barockelementen steht im starken Kontrast zur orientalischen Medina. Die Ensanche entstand in der ersten Hälfte des 20. Jh., als Tétouan die Hauptstadt des spanischen Protektorats in Nordmarokko war. „Ensanche" bedeutet auf Spanisch „Außenbezirk" oder **„Stadterweiterung"** – und in der Tat erweiterte die spanische Kolonialregierung die islamische Altstadt um ein europäisches Viertel mit Gärten, öffentlichen Plätzen und Boulevards.

Place Moulay el Mehdi

Der Place Moulay el Mehdi liegt im Zentrum des Spanischen Viertels. Den begrünten Kreisverkehr schmücken eine große Fontäne und hohe Palmen. Von hier führen die Hauptstraßen sternförmig ab – zu Stoßzeiten kommt es an diesem Verkehrsknotenpunkt schon mal zu Staus. An der Westseite fällt sofort die katholische **Kirche Notre Dame de la Victoire** mit ockerfarbenem Anstrich auf; sie wurde 1919 gebaut. Hier finden noch regelmäßig Gottesdienste für die christliche Gemeinde statt (Mo bis Fr 19 Uhr, So 11 Uhr). Meist sind die Pforten verschlossen, sodass die Kirche nur von außen zu betrachten ist.

Tétouan

Einkaufen/Sonstiges

2 Supermarché Maghreb Al Arabi
3 Grande Pharmacie du Nord
5 Cafés Carrion
6 Cafés Luna
16 Ensemble Artisanal
20 Hammam Amahli
21 Dar Lebbadi
24 Marjane

0 100 m
© Reise Know-How 2016
Marok_88
9 Panorama Vista
11 Dar Rehla
12 El Reducto
13 Blanco Riad
14 Africa
17 Ferma Jebala
23 El Yacouta
Essen und Trinken
4 Birjiss
6 Cafés Luna
7 Casa de España
10 Restinga
12 El Reducto
15 La Union
18 Café Riad Ouchal
19 Café La Tour Rouge
22 Palace Bouhlal
23 24 Ceuta
Abdesslam
Mausoleum Sidi Mandri
Islamischer Friedhof
Bab Jiaf
Derb Bab Ban Friha
BAB JIAF
Avenue Mohamed Ameziane
Derb Ben Halima
Rue Caid Abdesslam
Derb Safaha
Rue Zalaka Talaa
Bab Mkabar
Derb Soufli
Derb Ryad Chorfa
Derb Attarine
Zaouia el Harrakia
Derb Bain Fnadak
Derb Mtamar
Derb Madina
Bab Saida
Soukia de Sidi Saidi
Rue Lebadi
Jamaa Sidi Saida
Derb Aragon
Derb
Mellah Balii
Zaouia Sidi Ali Baraka
Niyarin
Souk el Foqui
TRANQAT
Derb Marstan
Rue Chmaa
Rue Chrichar
BAB SAIDA
Rue al Mechouar
Rue el Mkadem
22
Jamaa Kebira (Große Moschee)
Derb Chorfa Ouazan
Medersa Loukach (Musée du Patrimoine religieux)
Derb Metamar
Ameziane
Rue Caid Ahmed
Place Ghersa Kabira
ALMANDRI
JANNOUI
Kasbah Moschee
Derb Ahfir
21
Derb Kazdarin
Derb Neyyar
20
Derb Jannoui
Mohamed
14
Königspalast (Palais Royal)
Souk el Hout el Kedim
ZUKIA
Bab Oqla
Rue Sakia al Foukia
Derb Genoui
Avenue Lamfadal Afilal
Place Hassan II.
Rue Ahmed Torres
Fondak
Derb Toril
Rue Sidi Ali al Youssfi
École des Métiers d'Arts
Synagogue Isaac Bengualid
Derb al Hijar
Mesdaq
Musée d'Ethnographie
Derb Bait Lahm
El Ouds
Rue Ram Allah
Derb Branjia
RUD HAJAJ
Avenue
Derb Eicheira
MELLAH
Derb Suika
Rue Sekala
Avenue Hassan I.
Rue Naboules
Derb Draouich
Rue Aka
Derb Gaza
Rue Jamaa Jdida
Avenue M'salla Lakdima
Rue Haifa
Derb Hatim
Derb Madrid
Borj al Harfa
Avenue Ksar al Kebir
Avenue Sidi Talha
Tnana
M'SALLA
Rue Assamar
BAB REMOUZ
Derb Lalla Fiha
19
Rue Haute
Kaa al Hafa
Borj Sidi Mesbah
Avenue M'salla Lakdima
Bab Remouz
18
Avenue Hassan I.
Boulevard al Massira
Jardins Moulay Rachid
Avenue Hassan I.
17
16

An der Nordostseite – dort, wo die Avenue Mohamed V. abzweigt – liegen das **Hauptpostamt** und das **spanische Konsulat** (Consulado General de España) in einem prächtigen Kolonialgebäude.

Avenue Mohamed V.

Die wohl schönste Straße des Ensanche-Viertels ist die **gepflasterte Fußgängerzone** Av. Mohamed V., die vom Place Moulay el Mehdi ostwärts zum Place al Jala verläuft. Bis zu fünfstöckige weiße Kolonialhäuser mit geschmückten Fassaden, hübschen Erkern, grünen Fensterläden und schmiedeisernen Balkonen säumen die Prachtstraße.

Die meisten Häuser wurden renoviert und sind in einem guten Zustand. Im Erdgeschoss reihen sich Banken, Wechselstuben und gemütliche Straßencafés aneinander. An der Ecke zur Av. Youssef Ibn Tachfine befindet sich die **Touristeninformation (Office du Tourisme);** im Büro im Erdgeschoss ist jedoch mangels Besucherandrangs oft niemand anzutreffen. Parallel zur Av. Mohamed V. verläuft die Av. Mohamed Torres Richtung Place Hassan II. Am Ende der Straße thront das prachtvolle, reich verzierte Gebäude des **Centro Cultural Español** (vgl. „Unterhaltung und Kultur") mit dem Cine Español nebenan. Abends, wenn die Händler ihre Klapptische aufbauen, türmen sich Kleider- und Schuhberge vor dem Kulturzentrum.

Direkt gegenüber, an der Ecke Av. Mohamed Torres/Av. Mohamed el Khatib, steht ein mehrstöckiges Wohnhaus mit achteckigem Eckturm, das **Edificio de la Equitativa** („Gebäude der Gerechten"). Im Erdgeschoss dieses ehemaligen Versicherungsgebäudes aus den 1940er Jahren befindet sich ein einfaches Straßencafé. Blickt man nach oben, entdeckt man in einem Bogenfenster im Turm eine Frauenfigur aus Backstein. Vom Centro Cultural Español auf der Av. Mohamed el Khatib abwärts blickt man auf ein imposantes Backsteingebäude mit gekacheltem Turm, die **Cuarteles Gómez Jordana.**

Blick auf den Turm des Dar Tair

ma16_018 ad

Musée d'Archéologie

Das **Archäologische Museum** existiert seit 1939 und zeigt **Exponate aus der präislamischen Vergangenheit** der Region, als das westliche Nordafrika zur römischen Provinz Mauretania Tingitana zählte.

Im Garten vor dem Museum finden sich islamische Grabstelen sowie Bauteile und Amphoren aus römischen Ruinenstätten in Marokko. Im Vestibül befindet sich das eindrucksvolle **Mosaik „Drei Grazien"** aus der Ruinenstätte Lixus im Nordwesten Marokkos, das aus dem 2. Jh. v. Chr. stammt.

Im ersten Saal des Erdgeschosses sind Artefakte aus der Umgebung von Tétouan ausgestellt, z.T. Steinwerkzeug und alte Keramiken. Der **zweite Saal** dokumentiert die römischen Mosaike der Ruinenstätte Lixus, darunter figürliche Darstellungen von Venus und Adonis sowie Mars und Rhea Silvia. Die Vitrinen im **Obergeschoss** zeigen Fundstücke aus der römischen Siedlung Tamuda aus dem 4. Ch. v.Chr.: Schmuck, Keramik, Küchenutensilien, Bronzegegenstände etc. Tamuda liegt rund 5 km südlich von Tétouan.

Trotz der interessanten Ausstellungstücke wirkt das Museum **etwas vernachlässigt** und angestaubt. Nicht selten muss man erst einmal nach einer verantwortlichen Person suchen, die widerwillig die Räume öffnet und das Licht anschaltet.

Info: 2, Av. Mohamed Ben Hesain/Pl. al Jala, Mo bis Sa 10–18 Uhr, Eintritt: 10 DH.

Place Hassan II.

Nur wenige Schritte vom Place al Jala und dem Musée d'Archéologie entfernt liegt der **ovale Paradeplatz** Place Hassan II. am östlichen Ende der Av. Mohamed V. In manchen Stadtplänen heißt er auch Place el Feddane oder Place el Méchouar Said. **Vier Springbrunnen** und hohe Säulen zur Beflaggung umrahmen den großen Platz, der häufig mit Gitterzäunen abgesperrt ist, wenn Königsbesuch erwartet wird.

Das neben dem Königspalast auffälligste Gebäude ist sicher der zinnenbewehrte **Turm des Dar Tair.** Das „Haus des Vogels" steht auf der Südseite des Platzes, ganz oben im Turm thront eine Bronzestatue mit einem Mann, der mit einem Adler kämpft.

Der heutige **Königspalast** (Palais Royal, Dar el Makhzen) war einst Sitz des Kalifen, der hier zu Zeiten des spanischen Protektorats als Vertreter des Sultans residierte. Der Palast wurde im 17. Jh. unter Sultan *Moulay Ismail* erbaut und 1948 restauriert. Touristen dürfen das Palais Royal nur von außen bewundern. Der Zutritt ist verboten, die Tore werden von Palastgarden bewacht.

Der Königspalast markiert den **Übergang vom europäischen Viertel zur Medina** (Altstadt). Rechts daneben führt das kleine Tor Bab er Rouah in die Souks, die Geschäfts- und Handwerkerviertel der Stadt. Südöstlich des Platzes liegt die Mellah – das historische Judenviertel befindet sich in den marokkanischen Städten traditionell in unmittelbarer Nähe des Sultanspalastes.

Die Medina (Altstadt)

Die Medina von Tétouan steht seit 1997 auf der **Weltkulturerbe-Liste der UNESCO.** Der **andalusische Einfluss** auf Architektur und Kultur der Stadt begann bereits im 15. Jh., als Tausende Andalusier nach Nordmarokko flüchteten und Tétouan wiederaufbauten.

Die Medina von Tétouan ist zwar eine der kleinsten Marokkos, dafür aber – mit nur wenigen baulichen Veränderungen in den letzten Jahrhunderten – **eine der authentischsten und intaktesten Altstädte des Landes.** Sie ist umgeben von einer 5 km langen **Stadtmauer** mit sieben Stadttoren *(Bab)* und mehreren Wachtürmen *(Borj).*

Einige **Hauptgassen** führen als Querverbindungen von Bab zu Bab durch die Altstadt und bieten Zugang zu öffentlichen Plätzen sowie zu Medersas (islamischen Hochschulen), Moscheen, Hammams, Funduqs (Karawansereien) und Zaouias (islamischen Heiligtümern). Entlang der größeren Gassen spielen sich auch das Handwerk und der Handel ab.

Die **Souks** gliedern sich dabei traditionell nach Handwerkszünften und Handelssparten. **Nebengassen** führen in die Wohnviertel, kleine Sackgassen zu den Eingängen der Häuser.

Die typischen **arabischen Hofhäuser** mit fensterlosen, kahlen Außenmauern öffnen sich nach innen zum Hof, in dessen Mitte häufig ein Brunnen plätschert. In Tétouan gab es schon im 15. Jh. eine Kanalisation aus unterirdischen Rohrleitungen, die das Wasser von den Quellen am Höhenzug Djebel Dersa zu den öffentlichen Brunnen, Dampfbädern, Moscheen und Fontänen in den Hofhäusern leiteten. Noch heute werden einige Brunnen von diesen antiken Kanälen bewässert.

Ein Rundgang durch die Medina beginnt man am besten am kleinen Tor **Bab er Rouah** („Tor der Winde") südlich des Königspalastes, also am östlichen Ende des großen Paradeplatzes Place Hassan II.

Die Mellah

Biegt man noch vor dem Bab er Rouah rechts in die **Gasse el Quds** (später **Rue Haifa**) Richtung Süden ab, so erreicht man die Mellah, das **alte Judenviertel,** das sich in allen marokkanischen Städten in der Nähe des Sultanspalastes befindet.

Hier siedelten sich **ab 1492** die aus Andalusien vertriebenen Juden an. Die Mellah in ihrer jetzigen Form ließ Sultan *Moulay Slimane* (um 1760–1822) ab 1807 errichten. Im Gegensatz zu den Hofhäusern in den arabisch-islamischen Vierteln besitzen die Wohngebäude hier Balkone, Erker und Außenfenster.

In der Gasse el Quds verkaufen Händler jede Menge leckere **Datteln und Nüsse** – ein idealer Snack und eine optimale Stärkung für den Citybummel. Am Ende der Gasse, die nun Rue Haifa heißt, ragt das weiße Minarett der erst 1980 erbauten **Moschee Al-Andalus** in den Himmel.

In dem **ruhigen Wohnviertel** erinnern heutzutage nur noch wenige Straßennamen wie Gaza und Haifa sowie die Bauweise der Häuser an die Zeit, als noch vorwiegend Juden das Viertel besiedelten. Heute leben kaum noch Juden in der Mellah. Interessierte können sich die 1889 errichtete **Synagoge Isaac Bengualid** (7, Rue Isaac Bengualid) zeigen lassen. Am besten, man fragt sich in der Umgebung der Synagoge nach einer Person durch, die einem die Tür öffnen kann.

Die Souks

Die Souks sind das geschäftige **Handels- und Handwerkszentrum** Tétouans. Das kleine Tor Bab er Rouah mit seinem hübschen Backsteinbogen rechts neben dem Königspalast führt ins **Viertel der Goldjuweliere.** Direkt hinter dem Tor sollte man einen Blick in den schönen Innenhof der Gewerkschaft Union Marocaine du Travail auf der rechten Seite werfen. Hinter dem Bab er Rouah reihen sich unter dem schattigen Arkadendach der Gasse Ahmed Torres die Läden der Goldhändler aneinander.

An der nächsten Kreuzung geht es links in die **Gasse el Kazdarin,** auf der man nach wenigen Schritten einen kleinen Platz mit Bäumen erreicht, den **Souk el Hout al Kedim** mit dem Fisch- und Fleischmarkt. Hier verkaufen Händler neben Lebensmitteln auch die typischen rot-weiß und manchmal blau gestreiften Wolltücher der Rifbauern *(mendil).*

Vom Platz führt die kleine **Gasse Jamaa el Kasbah** durch einen Torbogen unter der mächtigen Mauer in die alte **Kasbah** von Tétouan. Dieses Festungsviertel, ursprünglich 1286 von der Berberdynastie der Meriniden errichtet, wurde im späten 15. Jh. von *Sidi Ali al Mandri,* der als Begründer Tétouans gilt und die Stadt lange regierte, umgebaut. Damals erhielt die Kasbah ihre heutige Form.

Folgt man der Gasse Yamaa el Kasbah einmal um die Ecke links, so läuft man direkt an der **Kasbah-Moschee** vorbei. Ihr Eingang befindet sich am **Souk el Hout;** Nicht-Muslime haben jedoch keinen Zutritt. Die Moschee wurde ebenfalls im 15. Jh. unter *Sidi Ali al Mandri* erbaut.

Einmal um die Moschee herumspaziert, durch einen Backsteinbogen, findet man in der nächsten Gasse auf der linken Seite den Backofen **Horno el Kasbah.** Er stammt aus dem 15. Jh. und war der erste der Stadt. Solch ein Backofen und die zugehörige Bäckerei sind Teil der typischen Quartierausstattung einer islamischen Altstadt. Denn jedes Wohnviertel verfügt über eine eigene Infrastruktur mit einer kleinen Moschee, einem Souk, einer Bäckerei, einem Trinkbrunnen und einem Hammam.

Durch einen überdachten Gang geht es links auf den **Place Ghersa Kebira;** hier befindet sich der große **Textiliensouk.** In den vielen Läden werden hauptsächlich westliche Shirts, Hosen und industriell gefertigte Teppiche angeboten. Auf der Westseite des Platzes befindet sich das auffällige Eingangsportal zur **Medersa Loukach** (s.u.).

Von dort geht es rechts weiter entlang der **Gasse el Kazdarin** nordwärts. Hier reihen sich Läden mit Babuschen (Lederpantoffeln), Ledertaschen und -gürteln aneinander. Es empfiehlt sich, einen Blick in die **Sackgasse Derb Chorfa Ouazan** auf der linken Seite zu werfen: Dort stehen mehrere historische Hofhäuser dicht nebeneinander, in denen im 18. Jh. wichtige Persönlichkeiten der Stadt lebten. Schilder an den Türen informieren über ihre Geschichte. Wer anklopft, darf vielleicht einen Blick ins Innere werfen.

Weiter entlang der Hauptgasse (die Fortsetzung der el Kazdarin heißt Rue el Mkadem) Richtung Norden erreicht man den **Souk el Foqui** – hier hängt der Duft von Gewürzen und traditionellen Heilmitteln in der Luft.

Rechts weiter gehend, passiert man das Eingangsportal des islamischen Heiligtums **Zaouia Sidi Ali Baraka** von 1708 und gelangt durch das Tischlerviertel schließlich zum nördlichen Stadttor **Bab Mkabar.** Gegenüber dem Tor fallen sofort die prachtvollen Steinmetzarbeiten am Eingangsportal der **Zaouia al Harrakia** auf. Das Heiligtum wurde 1828/29 von *Sidi Mohamed el Harrak* gegründet. Der Sufist und Poet starb 1845 in Tétouan und liegt in dieser Zaouia begraben.

Ein kleiner Durchgang gegenüber der Zaouia und rechts vom Bab Mkabar führt in einen **Gerberhof.** Hier gerben und färben die Männer seit dem 15. Jh. in fast unveränderter Technik Ziegen- und Schafsleder in großen Bottichen. Dieser mittelalterlich anmutende Anblick, verbunden mit Schmutz und Gestank, ist nichts für empfindliche Naturen.

☑ In den Souks

ma16_019 ad

Mit dem Bab Mkabar hat man das **nördliche Ende der Medina** erreicht. Jenseits des Stadttors, außerhalb der Stadtmauer, erstreckt sich ein riesiger islamischer Friedhof mit von Pflanzen überwucherten Grabsteinen den Hang hinauf.

Medersa Loukach (Musée du Patrimoine Religieux)

Die renovierte Medersa gilt als **Musterbeispiel einer alten islamischen Hochschule.** Das heutige Museum beeindruckt nicht nur mit seiner typisch maurischen Hofhausarchitektur, sondern zeigt auch interessante religiöse Exponate aus ganz Nordmarokko.

Die islamische **Medersa mit angeschlossener Moschee** wurde 1758 von Sultan *Sidi Mohamed Ibn Abdallah* (1710–1790) und Kaid *Omar Loukach* gegründet – ein Kaid ist im Maghreb ein Führer mit Herrscherbefugnissen. In den marokkanischen Medersen beschäftigten sich die Studenten aus der Region nicht nur mit islamischer Religionswissenschaft, sondern auch mit Recht und Literatur. Die Hochschulen dienten gleichzeitig als Studentenwohnheim.

Seit 2004 ist in der gekonnt renovierten prächtigen Medersa ein **Religionsmuseum** untergebracht. Hier kann man die typische Architektur eines traditionellen Hofhauses, des Riads, bewundern: Den zum Himmel offenen Innenhof mit Orangenbäumen und Springbrunnen umgibt ein Arkadengang. An den Seiten befinden sich die Eingänge zu den ehemaligen kleinen Studentenzimmern, die nun als Ausstellungsräume dienen.

Im Erdgeschoss findet man antike religiöse Gegenstände wie hölzerne Gebetstafeln, Minbars (Gebetskanzeln) und religiöse Schriften, etwa einen auf 1604 datierten Koran aus der Großen Moschee in Taza, einer Stadt im Rif-Gebirge. Die Ausstellungsräume im **Obergeschoss** widmen sich den Themen Zeit (mit antiken Uhren aus verschiedenen marokkanischen Städten) und Zaouias (islamische Heiligtümer). Fotos und alte Bauelemente dokumentieren den Zustand der Medersa vor ihrer Renovierung. Wegen der unmittelbaren Nachbarschaft zum Königspalast darf die Dachterrasse mit Ausblick nur betreten werden, wenn der König nicht in der Stadt weilt.

- **Info:** am Place Ghersa Kebira, Di bis So 10–17 Uhr, Eintritt: 10 DH.
- **Wegbeschreibung:** Vom Pl. Hassan II. gelangt man durch das Bab er Rouah in die Medina (Gasse Ahmed Torres); an der nächsten Kreuzung links in die Gasse el Kazdarin, am kleinen Platz Souk el Hout geradeaus weiter, nach ca. 50 m rechts zum Markt Ghersa Kebira, an dessen Westseite der Eingang zu dem Museum liegt.

Entlang der Stadtmauer

Die Häuser der Medina liegen **oberhalb eines Felsabbruchs** eng an der Stadtmauer. Unterhalb des Felsabbruchs führt ein Weg durch den Jardin Moulay Rachid. Mehrere kleine Stadttore führen ins Innere der Medina.

Vom Place Moulay el Mehdi abwärts gehend, erreicht man den Bd. Moulay Abass mit einer schönen Aussicht auf das weiße Häusermeer von Tétouan und die Berge im Süden. Eine breite Treppe führt hinunter bis zur palmengesäumten Av. Hassan II.

Läuft man weiter entlang des Bd. Moulay Abass, der in die Av. Hassan I. übergeht, fällt links oberhalb der Straße ein weißes Kuppelgebäude mit schönem Torbogen ins Auge: Es ist der **Marché Central,** auf dem vor allem am Vormittag reger Betrieb herrscht.

Unterhalb des Felsabbruchs, auf dem die Mauern der Medina thronen, führt eine hübsche Fußgängerpromenade durch den kleinen **Jardin Moulay Rachid,** der sich parallel zur verkehrsreichen Av. Hassan I. erstreckt. Im Volksmund heißt diese grüne Oase zwischen Neu- und Altstadt Riad al Ochak, „Garten der Verliebten". Hier kann man zwischen Blumenbeeten, alten Bäumen und Springbrunnen etwas Ruhe und Entspannung finden.

Nur wenige Schritte weiter liegt auf der gegenüberliegenden Seite der Av. Hassan I. ein auffälliges weiß-grünes Gebäude – mit seinen Türmchen wirkt der **Alte Bahnhof** eher wie eine kleine Burg. Hier entstand in den letzten Jahren ein **Zentrum für moderne Kunst** (Centro de Arte Moderno).

Vom Alten Bahnhof geht es wieder durch den Jardin Moulay Rachid. Direkt am Café Riad Ouchal vorbei führt eine Treppe aufwärts zum **Bab Remouz;** das verfallende Stadttor wurde Anfang des 16. Jh. errichtet. An der Mauer oberhalb reihen sich Kanonen aneinander. Vom Tor geht es erneut abwärts und entlang der Stadtmauer bis zu einem weiteren Eingang in die Medina. Im roten Wachturm erwartet das gleichnamige, alternativ angehauchte **Café La Tour Rouge** seine Besucher.

Weiter durch den Park unterhalb des Felshangs erreicht man schließlich den Eingang zum **Musée d'Ethnographie** (s.u.) kurz vor dem beeindruckenden **Bab Oqla.**

Bab Oqla

Das wohl schönste und beeindruckendste Stadttor der Medina ist das ockerfarbene, zu Beginn des 16. Jh. erbaute Bab Oqla (auch Bab Okla) an der Ecke Av. Mohamed Amezian/Av. Lamfadal Afilal. An dessen Innenseite liegt ein schöner, mit Mosaiken verzierter Trinkwasserbrunnen. Hier findet jeden Tag ein Obst- und Gemüsemarkt statt. In unmittelbarer Nachbarschaft des Tors liegen zwei wichtige Sehenswürdigkeiten der Stadt: das Musée d'Ethnographie und die École des Métiers d'Arts.

Musée d'Ethnographie

Das **Ethnografische Museum** unmittelbar südlich des Bab Oqla gibt es bereits seit 1948 an diesem Platz. Es ist **in einer historischen Festung untergebracht,** die der Alaouitensultan *Moulay Abderrahman* 1830/31 errichten ließ. Wie in den übrigen Museen der Stadt sind auch hier Touristen nicht alltäglich: Der Kassenwärter sperrt auf und knipst die Lichter in den Räumen an und nach dem Besuch wieder aus.

Das **Erdgeschoss** widmet sich dem Kunsthandwerk, das in der Region eine lange Tradition hat. Es werden Keramikarbeiten aus der Königsstadt Fès und der Oued-Laou-Region (Mittelmeerküste), Werkzeuge zur Lederverarbeitung sowie alte Eisen- und Bronzegegenstände aus Tétouan ausgestellt.

Im **Obergeschoss** fühlt man sich wie in einem orientalischen Palast mit seinen typischen Architekturmerkmalen: Zedernholzdecken, Mosaike und Rundbögen. Hier bewundert man wertvollen, in Tétouan gefertigten Schmuck aus dem 19. und 20. Jh. Geradezu glamourös wirken die bestickten Kaftane und klassische Hochzeitsgewänder des 19. Jh. Weitere Vitrinen stellen traditionelle Musikinstrumente vor. Der zentrale Raum im Obergeschoss zeigt die typische Ausstattung eines marokkanischen Salons: umlaufende Sitzpolster auf Teppichen, niedrige Tische, bemalte Holztruhen etc.

Der **Orangenbaumgarten** mit Blick auf die Kunsthandwerksschule École des Métiers d'Arts gegenüber wirkt etwas ungepflegt. Sehenswert sind die gusseisernen Kanonen auf der Mauer.

Info: 65, Bab Oqla, Eingang über die Stadtmauer an der Av. Mohamed Amezian, Tel. 0539 97 05 05, Di bis Sa 10–17.30 Uhr, im Ramadan Di bis Sa 9–15 Uhr, Eintritt: 10 DH.

École des Métiers d'Arts

An der **Kunsthandwerksschule** direkt gegenüber des Stadttors Bab Oqla lernen Studenten aus ganz Nordmarokko die marokkanischen Kunsthandwerkstechniken: von Kalligrafie und Kunstschmiedearbeiten über Intarsienkunst, Stickerei und Lederbearbeitung bis zum Teppichknüpfen. Die Schule, untergebracht **im Stadtpalast Dar Sanaa,** wurde 1925 gegründet, um das andalusisch-marokkanische Kunsthandwerk als kulturelles Erbe des Landes und der Stadt Tétouan zu bewahren.

Interessierte Touristen können die Schule besuchen und den Studenten bei der Arbeit zusehen. Im Ramadan herrscht kein Lehrbetrieb, aber allein die **Architektur** des prächtigen andalusisch-maurischen Palastes ist sehr sehenswert. Die Arkadensäulen im Innenhof schmücken prächtige Mosaike, die Decke zieren Zedernholzschnitzereien. Vitrinen um den Innenhof zeigen besonders filigran gearbeitetes **Kunsthandwerk:** Keramik, Silberschmuck, Dolche, Stickereien, Lederwaren und Intarsienarbeiten (Holzdekoration). Besonders bemerkenswert sind die kunstvoll bemalten Holztüren und -decken in diesem typisch gestalteten Stadtpalast.

In den **Ausstellungsräumen** im Obergeschoss findet man verschiedene Werke der Studenten: Kalligrafien, Holzmöbel, Lampen, Spiegel, Ziselierarbeiten (Metallbearbeitung) und Stickwaren wie Tücher, Dschellabas und Kissen. Man sollte unbedingt einen Blick in den herrlichen **Garten** mit Palmen, Orangenbäumen, Oleander, Bananen und einem Mosaikbrunnen werfen.

■ **Info:** Av. Mohamed Amezian, Mo bis Fr 9–16.30 Uhr, Eintritt: 10 DH.

Praktische Informationen

Informationen für Touristen

■ **Office du Tourisme,** 30, Av. Mohamed V., in der Nähe des Pl. Moulay el Mehdi, Ensanche-Viertel, Tel. 0539 96 19 15/16. Leider ist im Saal im EG häufig niemand anzutreffen, dann einfach die Treppe nach oben gehen und an einem der Büros klopfen.

■ **www.visitetanger.com/tetouan** – touristische Infos zu Tétouan und Umgebung, u.a. Mittelmeerküste und Rif (engl., franz. und span.).

■ In einigen touristischen Einrichtungen sowie Hotels und Gästehäusern liegt die hilfreiche, monatlich erscheinende französischsprachige Broschüre „**Tanger-Tétouan Pocket**" mit Veranstaltungstipps und vielen Adressen aus (digital unter **www.tangerpocket.com**).

Unterkunft

Zur Zimmerausstattung vieler Unterkünfte in Tétouan gehört zwar eine Heizung, aber keine Klimaanlage. Diese wird aber bei dem angenehmen Bergklima selbst im Hochsommer nur selten gebraucht.

Mittelklasse

■ **Blanco Riad**③, 25, Rue Zaouia Kadiria, Medina, www.blancoriad.com, Tel. 0539 70 42 02. Das wunderschöne Hofhaus mit weißen Arkadengängen, Stuckverzierungen, Springbrunnen und rotem Natursteinboden ist schon eine Sehenswürdigkeit für sich. Die in den traditionellen Salons untergebrachten Zimmer verbinden marokkanischen Stil mit zeitgemäßem Design: Es gibt moderne Bäder mit Fossilienwaschbecken, Satelliten-TV (deutsche Sender) und Klimaanlage. In der großen Suite „Aicha" fühlt man sich wie in 1001 Nacht. Dachterrasse mit Ausblick, Frühstücksterrasse im Hinterhof, feines Restaurant (Essen auf Bestellung), kleine Boutique. Günstige Lage am Rande der Medina in unmittelbarer Nähe des Pl. Hassan II. WLAN verfügbar.

■ **Dar Rehla**③, 3, Rue Habibi, Seitengasse der Rue Niyarin, Quartier Tranqat, Medina, Tel. 0539 70 11 50, www.darrehla.com. Fünf unterschiedlich gestaltete hübsche Zimmer mit Bad gruppieren sich um den Innenhof eines traditionellen Stadthauses mitten in den Souks. Dachterrasse mit Ausblick.

■ **El Yacouta**③, km 2, Route de Ceuta (außerhalb Richtung Ceuta), Tel. 0539 99 69 79, www.hotelyacouta.com. Ordentliches und freundliches Mittelklassehotel im altmodisch-marokkanischen Stil, mit Pool.

■ **El Reducto**③, 38, Rue Zaouia Kadiria, nur ca. 100 m vom Blanco Riad auf der rechten Seite, Medina, www.elreducto.com, Tel. 0539 96 81 20. Der ehemalige Palast eines spanischen Premierministers mit üppigen Stuck- und Zedernholzschnitzereien im Innenhof und den gold-grünen Fliesen wirkt beinahe etwas kitschig. Die originellen Zimmer sind im gleichen Stil eingerichtet und atmen arabische Palastatmosphäre. Dachterrasse mit schattigen Polsterecken. Sehr gute marokkanische Küche im gleichnamigen Restaurant (vgl. „Essen und Trinken").

■ **Panorama Vista**③, Av. Moulay el Abbas, Ensanche-Viertel, www.panoramavista.com, Tel. 0539 96 49 70/68. Das Hotel am Rande des spanischen Viertels wirkt etwas altmodisch und verstaubt, die gepflegten Zimmer mit Klimaanlage und TV in den oberen Etagen (6. und 7. Stock) bieten aber einen tollen Blick auf die Medina und die Berge. WLAN in der Lobby, Parken an der Straße möglich.

Günstig

In der Gasse Caid Ahmed (vom Platz beim Königspalast nördlich abzweigend) reihen sich mehrere sehr einfache Travellerhotels aneinander.

› Hoteleinrichtungen in Tétouan

■ **Africa**①, 17, Rue Caid Ahmed, Gasse nördlich des Königspalastes und des Pl. Hassan II., Medina, Mobil 0615 02 46 95. Sehr einfache Budget-Unterkunft mit sauberen Duschen und Toiletten auf dem Gang, Dachterrasse mit Blick auf den Königspalast und die Berge. Der freundliche Besitzer spricht ein bisschen deutsch und raucht gerne marokkanische Pfeife *(sebsi)*.

■ **Ferma Jebala**②, Halouma, Route Torreta, Douar Kitan, etwa 8 km südlich von Tétouan (von der N 16 Richtung Oued Laou rechts auf die Route Torreta abbiegen), Mobil 0631 53 92 52, http://fermajebalatetouan.com. Diese Ecolodge auf einem ruhigen Farmgelände hat hübsche Bungalows mit Bad und Terrasse sowie Ausblick auf die Berge des Rifs; außerdem gibt es drei Doppelzimmer und einen Schlafsaal (15 Euro/Nacht, Gemeinschaftsbad). Pool, Parkplatz, WLAN verfügbar.

■ **Oumaima**②, 17, Av. 10 Mai/Ecke Bd. Abdallah Ben Yassin, Ensanche-Viertel, Tel. 0539 96 34 73. Das typisch marokkanische Hotel mit angeschlossenem Straßencafé im EG bietet saubere, nicht ganz moderne Zimmer mit Heizung, älterem Bad und Fenster zur Straße. Parkgarage in der Nähe.

■ **Paris**②, 31, Av. Chakib Arsalan, Ensanche-Viertel, Tel. 0539 96 67 50. Einfache, ordentliche Zimmer mit Bad, großen Fenstern zur Straße und Heizung. Die Zimmer nach hinten sind ruhiger. Freundlicher Empfang.

Essen und Trinken

Restaurants

■ **Birjiss,** 36, Av. Mohamed V., Ensanche-Viertel, Tel. 0539 71 22 22. Stets gut besuchtes günstiges Schnellrestaurant, das farbenfroh und gemütlich eingerichtet ist. Auf der Karte stehen Pizza, Spaghetti, Sandwiches, Brochettes (gegrillte Fleischspieße) und Salate.

■ **Casa de España,** 4, Av. Chakib Arsalan, hinter der spanischen Kirche, Ensanche-Viertel, tägl. 11–16 und 19–24 Uhr. In diesem Privatklub der spanischen Gemeinschaft gibt es neben einem Veranstaltungssaal und den Klubräumen auch ein schickes, öffentlich zugängliches Restaurant im klimatisierten Salon. Modernes Interieur mit historischen Stadtansichten an der Wand, Kamin und manchmal etwas lauter Musik. Gute Fischgerichte, dazu Pommes, Oliven und Brot (mittleres Preisniveau).

■ **El Reducto,** 38, Rue Zaouia Kadiria, Medina (vgl. „Unterkunft"), tägl. 11–16 und 19–23 Uhr. Im Innenhof des Palastes, das auch als Gästehaus fungiert, genießt man hervorragendes Couscous und Tajine in plüschiger Atmosphäre. Kulinarischer Tipp: Fleisch-Tajine mit Mandeln und Pflaumen *(Tajine au Viande avec Pruneaux et Amandes)*. Mittleres Preisniveau, Alkoholausschank.

■ **La Union,** im Hinterhof an der Südseite des Pl. al Jala, Zugang durch die Arkaden oder über die Av. Mohamed

ma16_021 ad

ma16_020 ad

Torres gegenüber vom Centro Cultural Español (Instituto Cervantes). In diesem einfachen Restaurant unter roten Markisen herrscht abends ab 20 Uhr Hochbetrieb. Hier sitzen zwar nur Männer, aber Touristinnen bleiben unbelästigt. Simple, schmackhafte und schnelle Gerichte zum guten Preis: Fischsuppe für 15 DH, Couscous, Hühnchen oder Omelette ab 40 DH.

■ **Palace Bouhlal,** 48, Jamaa al Kebir, in der Nähe der Großen Moschee, Medina, Tel. 0359 99 87 97, tägl. ab 10 Uhr, Sa/So/Mi abends geschlossen. Restaurant in einem alten, mosaikgeschmückten Stadtpalast mit kitschig-marokkanischer Gestaltung, bestehend aus Lüstern, Plastikblumen und Nationalflaggen. Freundlicher Empfang und marokkanische Küche, z.B. Tajine und Couscous (Menü ca. 100 DH).

■ **Restinga,** 21, Av. Mohamed V./Ecke Sidi Mandri, Ensanche-Viertel, tägl. ab 12 Uhr. Die Plastikstühle des einfachen, aber ordentlichen Restaurants verstecken sich im Hinterhof unter einem Baum. Hier bekommt man große Portionen von leckerem Hühnchen, Couscous, Brochettes (gegrillte Fleischspieße) sowie Fisch mit Pommes oder Reis (ab 40 DH). Flotter Service und Bierausschank.

Cafés und Patisserien

In den Cafés rund um den Paradeplatz Place Hassan II. sitzen hauptsächlich einheimische Männer, rauchen, trinken Tee, sehen fern oder spielen Würfel- und Brettspiele. Alleinreisende Frauen sollten diese eher meiden, denn die arabischen Cafés sind traditionell den Männern vorbehalten. In den modernen Cafés an der Av. Mohamed V. sind Frauen hingegen besser aufgehoben.

■ **Café La Tour Rouge,** direkt an der Stadtmauer zwischen Bab Remouz und Borj el Hafa, tägl. ab 19 Uhr. Alternative Atmosphäre, Reggae und junges Publikum.

■ **Café Riad Ouchal,** im Jardin Moulay Rachid, angrenzend an die Av. Hassan I., direkt an der Felswand unterhalb der Medina. Einfaches Café mit Terrasse und originellem Interieur sowie vorwiegend männlichem Publikum (weniger geeignet für alleinreisende Frauen).

■ **Cafés Luna,** 1, Av. 10 Mai/Pl. Moulay el Mehdi. Kaffee-Laden und Straßencafé im Ensanche-Viertel.

Einkaufen

■ **Cafés Carrion,** 4, Av. Mohamed Torres, Ensanche-Viertel, www.cafescarrion.net. Nostalgischer, kleiner Laden der ältesten Kafeerösterei Marokkos, der verschiedene Kaffeesorten in Bohnenform oder gemahlen offeriert.

■ **Cafés Luna,** 1, Av. 10 Mai/Pl. Moulay el Mehdi, Ensanche-Viertel, Mo bis Sa 8–13 und 16.30–21.30 Uhr. Kombination aus Laden und Straßencafé mit verschiedenen Kaffeesorten der in Nordmarokko populären Marke Cafés Luna – ein tolles Mitbringsel für Kaffeeliebhaber.

■ **Dar Lebbadi,** 40, Derb Jannoui, nahe der Großen Moschee, Medina, Tel. 0539 97 38 56, tägl. 9–20 Uhr. Der prachtvolle Palast von 1903 wurde in einen Teppich- und Souvenirladen umfunktioniert. Es gibt Keramik, Teegläser, Babuschen (Lederpantoffeln), Teppiche etc. Die aufgeklebten Preise sind verhandelbar. Sehenswert, auch wenn man nichts kauft.

■ **Ensemble Artisanal,** Ecke Av. Hassan V./Av. Hassan I., Neustadt, Mo bis Sa 9.30–13 und 15.30–19 Uhr. In der großen Verkaufshalle gibt es eine riesige Auswahl an marokkanischem Kunsthandwerk zu Festpreisen.

■ **Marché Central,** zwischen Av. Oued el Makhzen (Hintereingang) und Av. Hassan I. (großes weißes Gebäude mit Bogentor). Im Zentralmarkt gibt es Obst, Gemüse, Fisch, Gewürze, kurz: alles, was das Herz begehrt. In den Gassen rundherum werden Datteln verkauft.

■ **Supermarché Maghreb Al Arabi,** Pl. al Adala, Neustadt, Mo bis Sa 9–23 Uhr, So 9–11 Uhr. In diesem kleinen Supermarkt gibt es neben Lebensmitteln auch attraktive Mitbringsel, etwa Kaffee aus Tétouan, Arganöl und Amlou (leckere Arganölpaste mit Honig und Mandeln).

■ **Marjane,** ca. 6 km außerhalb des Zentrums an der N 13 Richtung Ceuta/F'nideq, tägl. 9–22 Uhr. Großer Supermarkt, ideale Versorgungsstation für Camper.

Unterhaltung und Kultur

In den **Cafés am nördlichen Ende des Place Hassan II.,** unmittelbar vor dem Königspalast, herrscht jeden Abend lustiges Treiben: Männer sitzen zusammen, trinken Tee und amüsieren sich bei Domino, Brett- und Würfelspielen. Kontaktfreudige (männliche) Touristen dürfen sicher mal mitspielen.

In Tétouan gibt es – anders als in Tanger – kein ausgeprägtes Nachtleben und weder Bars noch Klubs. Für Reisende, die des Spanischen mächtig sind, empfiehlt sich ein Besuch im Kino des Instituto Cervantes:

■ **Cine Español** im Centro Cultural Español, hier laufen dreimal täglich spanischsprachige Filme, Eintritt: 35 DH.

- **Centro Cultural Español (Instituto Cervantes),** 3, Av. Mohamed Torres, www.tetuan.cervantes.es, Tel. 0539 96 70 56. Hier dreht sich alles um die spanische Sprache: Angeboten werden Spanischkurse und Kulturveranstaltungen, es gibt eine Bibliothek mit Lehrbüchern sowie spanischer und lateinamerikanischer Literatur.

Taxis

- Die **Petits Taxis** in Tétouan sind gelb. Die Taxifahrer schalten in der Regel von selbst das Taxameter ein, sodass eine Fahrt im Stadtgebiet meist nicht mehr als 30 DH kosten sollte. Haltestelle an der Ecke Bd. Moukaouama/Av. Sidi el Mendri.
- Die blauen **Grands Taxis** (Sammeltaxis) für Fahrten in die Umgebung oder nach Tanger nehmen bis zu fünf Personen mit. Sie halten z.B. im Ensanche-Viertel, an den beiden Busbahnhöfen (s.u.), in der Av. Maarakat Anoual und in der Av. Moulay Abbas.

Stadtbusse

In der Neustadt entlang der Av. Hassan I. und in den Vierteln östlich der Medina verkehren Stadtbusse. Die Sehenswürdigkeiten im Ensanche-Viertel und in der Medina kann man jedoch alle zu Fuß erreichen, sodass man eigentlich keinen Bus braucht.

Fernverkehrsbusse

Der zentrale **Busbahnhof** *(gare routière)* für die meisten Privatbuslinien liegt im Süden der Stadt an der Umgehungsstraße Richtung Tanger und Chefchaouen, Tel. 0539 99 30 41. Der **CTM-Busbahnhof** liegt an der Av. Hassan II. in einer großen Halle unterhalb der Medina (Altstadt) und des Ensanche-Viertels. Wer hier ankommt und zur Medina möchte, marschiert am besten gleich die breite Treppe auf der anderen Straßenseite hinauf zum großen Kuppelgebäude des Marktes und an diesem vorbei Richtung Königspalast (Place Hassan II.).

Verbindungen und Preise

- **Rabat – Casablanca:** 5x tägl. CTM-Busse, ca. 6 Std. bis Casablanca, 130 DH; vom Bahnhof Casa-Port fahren Züge weiter zum **Flughafen.**
- **Tanger:** 4x tägl. mit CTM, ca. 1½ Std., 20 DH.
- **Asilah:** Es gibt keine CTM-Busse, man muss also entweder über Tanger oder Larache reisen (Bus 4x tägl., 40 DH) oder den Supratours-Bus nehmen (4x tägl. vom CTM-Busbahnhof zum Bahnhof von Asilah, 40 DH).
- **Chefchaouen:** 6x tägl. mit CTM, ca. 30 Min., 20 DH.
- **Larache:** 4x tägl. mit CTM, 40 DH.
- **Al Hoceima – Nador:** 2x tägl. (frühmorgens und spätabends) mit CTM, nach Al Hoceima ca. 7 Std., ca. 100 DH, nach Nador ca. 11 Std., ca. 170 DH.
- **Tiznit:** 1x tägl. (nachmittags) mit CTM, 350 DH, Fahrzeit ca. 17 Std.
- **Fès:** 5x tägl. mit CTM, 100 DH, 10x tägl. mit anderen Privatbussen, Fahrzeit ca. 5 Std.

Viele weitere Verbindungen mit verschiedenen Privatbuslinien vom Gare Routière.

Sonstiges

Parken

Für bewachte Parkplätze muss eine **Tages- oder Stundengebühr** an den Parkplatzwächter entrichtet werden (5–10 DH/Tag). Der große Parkplatz beim Stadttor Bab Tout (Eingang zur Medina) war 2015 gesperrt und wird in Zukunft wohl nicht mehr als solcher genutzt.

Internetcafés

Internetcafés findet man **im Ensanche-Viertel** im Umkreis der Av. Mohamed V.; 1 Std. online kostet 5–15 DH.

Apotheke

- **Grande Pharmacie du Nord,** 11, Av. Mohamed V., Ensanche-Viertel, Tel. 0539 96 22 07.
- **Apothekendienst Tétouan:** Tel. 0539 96 62 39.

Krankenhäuser

- **Rettungsdienst (Notruf):** Tel. 15 oder 150.
- **Notfalldienst Tétouan:** Tel. 177.
- **Hôpital Civil,** Av. Abdelkhalek Torres, Route Martil, außerhalb des Zentrums, Tel. 0539 97 26 30.
- **Klinik des Roten Kreuzes,** Rue du Croissant Rouge, Neustadt, Tel. 0539 96 20 20.

Polizei

- **Sûreté Nationale** (Polizei-Hauptquartier), Av. Hassan II., Tel. 0539 70 29 62.

Post und Banken

- Die **Hauptpost** liegt am Place Moulay el Mehdi/Ecke Av. Prince Héritier.
- Mehrere **Banken** sind in der Av. Mohamed V. anzutreffen.

Feste/Veranstaltungen

- **Festival International du Cinéma Méditerranée,** internationales Filmfestival im März; Infos unter www.festivaltetouan.org.
- **Festival du Luth,** dreitägiges Musikfestival im Mai.
- **Festival International de la Bande Dessinée,** Comicfestival im Mai.
- **Salon du Livre,** einwöchige Buchmesse im Juni; im Centro Cultural Español finden Lesungen marokkanischer Autoren statt.
- **Festival du Court Métrage Méditerranée,** Kurzfilmfestival im Oktober; mehr Infos auf den Seiten des Centre Cinématographique Marocain, www.ccm.ma.

Ausflüge

Von Tétouan bieten sich Ausflüge zu den Stränden an der nördlichen Mittelmeerküste **(Tamouda Bay)** bei Martil, Cabo Negro, M'diq und F'nideq an (vgl. vorhergehende Route). Dafür mietet man sich entweder ein Grand Taxi für den ganzen Tag an oder nimmt ein Sammeltaxi ab Av. Moulay Abbas (ca. 5 DH bis Martil). Außerdem verkehren fast stündlich Busse nach F'nideq. Sehr lohnenswerte Ausflugsziele sind auch das weißblaue Städtchen **Chefchaouen** im Rif-Gebirge (siehe weiter unten) sowie **Asilah** an der Atlantikküste (vgl. „Die nördliche Atlantikküste"). Wer sich für Archäologie interessiert, kann auf dem Weg nach Asilah den **Cromlech von M'Soura** besichtigen – der Ring aus 167 Monolithen liegt ca. 18 km südöstlich von Asilah (vgl. bei Asilah „Ausflüge").

Von Tétouan nach Chefchaouen

- **60 km ab Tétouan, N 2.**
- Eine **gute Teerstraße** führt durch abwechslungsreiche Landschaft mit herrlichen Ausblicken auf die Berge, mit kleinen Dörfern, Olivenhainen und im Frühjahr sattgrünen Feldern. In den Ausläufern des Rif-Gebirges gibt es Nadel- und Eichenwälder, viele Vögel und Wildschweine. Es gibt keine Belästigungen durch Haschhändler. Alternativ kann auch die N 16 bis Oued Laou und von dort weiter nach Chefchaouen gewählt werden.
- Mehrmals täglich **Busverbindung** nach Chefchaouen (siehe bei Tétouan).

4 km hinter Tétouan zweigt links die Straße nach Chefchaouen, Ouezzane und Fès ab (N 2), geradeaus geht es nach Tanger.

52 km nach Tétouan führt links die **Teerstraße nach Oued Laou** (zur N 16, vgl. nächste Route) ab. 2 km weiter geht es **links nach Chefchaouen,** die Straße trifft bei Derdara wieder auf die N 2. Geradeaus gelangen Eilige direkt nach Ouezzane (N 13) bzw. nach Ketama (N 2) – ein Abstecher nach Chefchaouen lohnt sich aber auf jeden Fall.

Nach **60 km** ist das Städtchen **Chefchaouen** erreicht (siehe weiter unten). Hier beginnt der Hauptkamm des **Rif-Gebirges.** In seiner Gesamtheit reicht das Rif von Tanger bis zum Oued Moulouya, in den Karten und der Literatur wird jedoch deutlich zwischen dem Bergzug *Djabal Tanger*, der sich vom Atlantik bis nach Chefchaouen erstreckt, und dem Kerngebirge des Rif (Ar-Rif) ab Chefchaouen unterschieden.

Von Tétouan entlang der Küste nach Al Hoceima

- **236 km (ohne Abstecher), N 16.**
- Die Teerstraße nach Al Hoceima ist bis Nador breit ausgebaut. Die Strecke ist **landschaftlich grandios!** Über viele Kilometer bieten sich tolle Ausblicke von der Steilküste hinunter zum Meer, aber leider gibt es abseits der Orte kaum Möglichkeiten, ans Wasser zu kommen. Ab Tharga thront ab und zu ein **Gendarmerieposten** auf einem Felsen über dem Meer, auch in den Flussmündungen bei den Orten sind Gendarmen postiert – sie sollen den Menschen- und Drogenschmuggel nach Spanien verhindern. Belästigung durch Drogenhändler gibt es hier keine. Im Al-Hoceima-Nationalpark können Naturliebhaber Wanderungen unternehmen und Vögel beobachten.
- Von mancher Flussmündung gelangt man auf die der Steilküste vorgelagerten Strände. Manchmal verbietet das Militär **Camping am Strand,** an der Strandpromenade in größeren Orten werden Wohnmobile jedoch akzeptiert.
- Es verkehren **Busse und Sammeltaxis** (vgl. bei Tétouan) nach Oued Laou und Al Hoceima. Der Bus fährt nicht nach Kalah Iris.

Tétouan auf der Av. Abdelkhalek Torres (Verlängerung der Av. Hassan I.) in Richtung Osten (Martil, Cabo Negro) verlassen. **4 km** hinter dem Zentrum geht es an einem Kreisverkehr rechts nach Oued Laou/Tanger ab. Erst Richtung Westen fahren, dann bei **km 6** an einem weiteren Kreisel links nach Oued Laou abbiegen (beschildert „N 16/Al Hoceima“, nach Tanger weiter geradeaus, N 35°33,891', W 05°21,232').

Die Route führt durch Siedlungen und hügelige Landschaft mit Feigenkakteen und Getreidefeldern, im Frühjahr grünt und blüht es am Straßenrand.

Bei **km 18** ist der Ort **Azla** mit Markt und Cafés an einer malerischen Kiesbucht mit türkisfarbenem Wasser und Fischerbooten erreicht. Am Ortsanfang auf der rechten Seite liegt der **Camping Azla** (N 35°34,906', W 05°20,100', ummauertes Areal, viel Schatten unter Eukalyptusbäumen, eher schlechte sanitäre Anlagen, außerhalb der Saison okay, im August überlastet).

4 km darauf folgt **Oued Amsa,** ein expandierender Küstenort mit dem schönen Sandstrand Plage Amsa. Es reihen sich weitere kleine Ortschaften entlang der Straße. Im Bereich von Flussmündungen verläuft die Straße landeinwärts, um dann in einem weiten Bogen wieder bergauf in die Küstenkordillere zum **Cap Manzari** zu führen.

24 km hinter Tétouan zieht sich der Ort **Sidi Kacem** mit kleinen Läden und einer hübschen Bucht der Straße entlang. Danach geht es wieder bergauf durch Pinienwald. Bei **km 30** ist die Bucht von **Tamrabet** (kleines Dorf) erreicht. Hier sollen im Rahmen der touristischen Erschließung der Mittelmeerküste Luxusapartments, eine Marina und Hotels entstehen (Projekt „Playa Vista“).

Auf den folgenden Kilometern führt die Straße kurvig bergauf und wieder bergab zu Dörfern an Flussmündungen mit schönen Buchten. Immer wieder bieten sich herrliche Ausblicke auf die grünen Hügel, das Mittelmeer und die Steilküste.

Bei **km 42** führt eine Straße hinunter zum breiten **Sandstrand von Oued Laou,** auf den man bereits 1 km vorher von der Route hinunter blickt. Eine palmengesäumte Strandpromenade führt zum Ortszentrum.

Nach insgesamt **48 km** ist **Et Tleta de Oued Laou** erreicht.

Et Tleta des Oued Laou

Der **Ferien- und Fischerort** liegt an einem langen, schönen Sand- und Kiesstrand mit Strandpromenade, umgeben von Mais- und Getreidefeldern. Im Hinterland erheben sich die Berge des Rifs. Die idyllische Lage wissen reiche Marokkaner zu schätzen und so entstehen hier immer mehr Ferienapartments. Außerhalb der Saison (Juni bis Sept.) ist es hier sehr ruhig. In den Restaurants an der Promenade und beim Markt kann man günstige Tajine und Fischgerichte probieren. Im Zentrum des Orts (bei der Moschee) befinden sich der Grand-Taxi-Standplatz, der Souk, eine Bank und die Post. Im Sommer findet in Oued Laou das Festival Al Lama mit Folklore-Shows statt. Dienstag ist Markttag.

Unterkunft/Camping

- Unterkunft im einfachen **Hotel Oued Laou**②, Av. Al Massira, N 35°27,054', W 05°05,541', nur im Sommer geöffnet, Zimmer z.T. mit Meerblick.
- Der ummauerte **Campingplatz** (Camping Municipal) liegt im Zentrum und ist nur im Sommer geöffnet. Man kann aber problemlos mit dem Wohnmobil auf den Parkplätzen entlang der Strandpromenade (z.B. am nördlichen Ende) oder bei den Cafés ein Stück weiter unterhalb der Felsen über Nacht stehen bleiben.

Weiterfahrt nach Al Hoceima

In Oued Laou geht es beim Souk- und Campingplatz-Schild rechts ab landeinwärts. 4 km hinter Oued Laou **(km 53)** liegt eine Tankstelle an einer Kreuzung (N 35°26,103', W 05°06, 610'): Rechts geht es nach Tanger und Tétouan, links nach Al Hoceima und Chefchaouen.

1 km weiter biegt die Straße bei einem Kreisverkehr links nach Al Hoceima und El Jebah landeinwärts ab, geradeaus geht es nach Chefchaouen (vgl. folgende Variante).

Variante: Von Oued Laou nach Chefchaouen

Diese **landschaftlich sehr schöne Strecke** führt über eine Distanz von 42 km entlang des Oued Laou durch malerisches Bergland mit einer imposanten Schlucht und kleinen Bauernhöfen, Pinien, Korkeichen, Wacholder-, Feigen- und Lorbeerbäumen. Der Oued Laou ist ein richtiger Gebirgsfluss mit einigen Badegumpen. Ca. 11 km vor Chefchaouen mündet diese Route wieder in die Hauptverbindungsstrecke Tétouan – Chefchaouen ein (N 2, vgl. vorhergehende Route).

9 km nach der Kreuzung liegt links der einfache **Camping Le Coral** mit Café/Restaurant auf einem kleinen Farmgelände (N 35°22,748', W 05°10,360').

Die Straße führt entlang des Flusses (rechter Hand der Straße), dessen Tal sich bald zu einer Schlucht verengt. In den Eichenwäldern links der Route kann man gelegentlich Makakenaffen beobachten, die zum Trinken ans Wasser kommen.

21 km nach dem Abzweig bei Oued Laou liegt rechts der Straße idyllisch direkt am Fluss (kleine ungeteerte Zufahrt kurz nach km-Stein 22) ein **Picknickplatz.** Hier gibt es eine kleine **Gîte d'Etape** (einfache Herberge mit zwei Zimmern, N 35°17,951', W 05°12,927'), auch Camping ist möglich. In einem kleinen Staubecken am Fluss kann man herrlich baden. Der Besitzer *Ahmed* (Mobil 0676 74 26 41) spricht gut französisch, ist aber nur selten vor Ort. Der freundliche Verwalter *Fatoul* spricht nur arabisch.

Die Straße schlängelt sich weiter bergauf. Bei **km 26** liegt die nette **Refuge de Kailat** (Chailat) am Rande der Ortschaft Taghazoute auf der rechten Seite. Das Campinggelände besteht nur aus zwei Parkplätzen gegenüber der Herberge; die Auffahrt ist ziemlich steil und für Wohnmobile nicht geeignet.

Bei **km 36** erreicht man den **Stausee Thailat,** der oft trocken liegt. Nach etwa 40 km mündet diese Route in die Straße Tétouan – Ouezzane ein (N 13, beschildert, links abbiegen). Nach knappen 5 km erreicht man den Abzweig nach Chefchaouen auf die R 412.

Weiterfahrt nach Al Hoceima

Folgt man an der Kreuzung hinter Oued Laou (s.o., km 54) **weiter der N 16,** so überquert man kurz hinter dem Kreisverkehr auf einer Brücke den breiten Oued Laou.

Bei **(Gesamt-)km 58** liegt der Ort **Kaa Ashras** mit Tankstelle und vielen Straßencafés (Souk am Samstag) an der Route.

Bei **km 66** folgt der beschauliche Ort **Targha** in einer von Felsen umrahmten Bucht. Die Cafés und das Strandcenter mit Duschen/WC nutzen vor allem marokkanische Urlauber. Auf den weiteren Kilometern finden sich herrliche kleine Badeplätze – leider fehlt es an Parkplätzen. Auf einer Felskuppe thront eine vom Militär besetzte Festung.

Bei **km 78,** nach einem Abzweig zum Dorf **Stehat** und einer Ziz-Tankstelle, führt die Straße ein Stück landeinwärts entlang des breiten Tals des **Oued Bouchia.**

83 km hinter Tétouan liegt der Ort **Bou Ahmed** an der Mündung des Oued Bouchia ins Mittelmeer. Sehenswert ist der Dienstagsmarkt mit den Rifbäuerinnen in traditioneller Tracht (Strohhut und weiß-schwarz oder rot gestreifte Wollbekleidung). Das Mündungsgebiet mit Obstbäumen und Feldern ist selbst im Hochsommer tiefgrün.

Die Straße schlängelt sich in vielen Kehren ins Gebirge hinauf und wieder bergab zu Dörfern und Buchten.

Bei **km 129** führt rechts eine schmale Teerstraße nach **Bab Berred** ins Herz des Rif. Von hier kann man weiter über kleine Straßen in Richtung N 2, der Hauptverbindungsstrecke Tétouan – Al Hoceima, gelangen.

Weiter geht es über die Brücke nach **El Jebah,** das bei **km 132** erreicht ist. Der Fischerort liegt an einem langen, grauen Sandstrand mit ins Meer ragenden Steilklippen. Es gibt eine kleine Werkstatt, einen Fischerhafen, einen Markt, einfache Cafés und Restaurants, eine Tankstelle und das sehr einfache Hotel Elmamoun (beim Fischerhafen). Im August findet das Moussem Sidi Yahia Roudani statt.

Von El Jebah führt die gut ausgebaute Küstenstraße N 16 über Torres de Alcalá (Al Qala) bis nach Al Hoceima. Ab El Jebah schlängelt sich die Route zunächst durch ein zerklüftetes Kiesgelände und dann durch sehr schöne, einsame Berglandschaft mit wenigen Gehöften.

Bei **km 167** (27 km hinter El Jebah) liegt das Dorf **Oued Feltouh** an einem Flussbett. Weiter geht es durch ursprüngliche Dörfer wie Oued Taourirt und Oued Fedhel.

Bei **km 192** (60 km nach El Jebah) ist eine große Kreuzung erreicht. Links biegt man nach Torres de Alcalá (Al Qala, 4 km) und Kalah Iris ab, rechts nach Beni Boufrah (schöner Markt am Donnerstag) und weiter nach Targuist (N 2).

Nationalpark Al Hoceima

Am obigen Abzweig links führt die kleine Straße direkt in den Parc National d'Al Hoceima zum Ort Kalah Iris. Die gesamte **Küste zwischen Torres de Alcalá und Al Hoceima** mitsamt der Unterwasserwelt und des **Bokkoya-Massivs** (Kalksteinberge bis 747 m Höhe) im Hinterland wurde 2004 zum Nationalpark erklärt. Auf insgesamt 485 km^2 Fläche bietet der Park einen Schutzraum für zahlreiche Vogelarten und Meereslebewesen wie Fischadler, Steinadler, Habichtsadler, Rötelfalken, Korallenmöwen, Steppenmöwen, Pottwale, Gemeine Delfine, Große Tümmler und die sehr seltenen Mönchsrobben *(Monachus monachus).* In den Gewässern vor der Küste fanden Biologen mehr als 100 Fischarten und Edelkorallen-Kolonien *(Corallium rubrum).* Im hügeligen, semi-ariden Hinterland wachsen Thujen, Aleppokiefern, Oleaster (wild wachsender Ölbaum), Johannisbrotbäume, Kermes-Eichen, Steineichen, Zwergpalmen und Jujube (Chinesische Dattel).

Im Rahmen einer Zusammenarbeit der deutschen GIZ und der marokkanischen Regierung zur Entwicklung des ländlichen Tourismus wird vor allem der **Ökotourismus** in der Region gefördert. Die Einrichtung von **Gîtes** (einfache Herbergen) und **Wanderwegen** soll Touristen in die Region locken. Bis Aktivitäten wie Tauchen, Schnorcheln und Segeln für Touristen möglich sind, wird jedoch noch einige Zeit vergehen, da die Mittelmeerküste wegen der vorgelagerten spanischen Inseln (Militärhoheit der Spanier) und des Problems der illegalen Migration als besonders sensibles Gebiet gilt. Außer Kalah Iris und

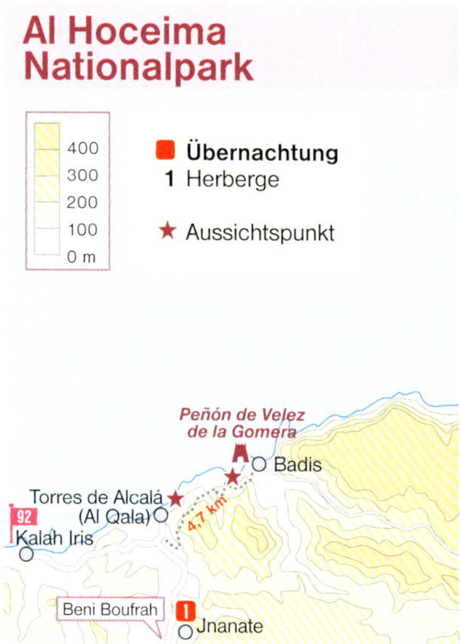

Torres de Alcalá ist ein Großteil des Nationalparks nur durch (4x4-) Pisten erschlossen. Auf den Pfaden erreicht man zu Fuß oder per Mountainbike einsame, von steilen Klippen gesäumte Buchten und Berberdörfer.

Praktische Informationen

- **Information:** Auf den Internetseiten der IUC (International Union for the Conservation of Nature) steht der gute, farbige **Pflanzen- und Tierführer** „Faune et Flore du Parc National d'Al Hoceima" als PDF zum Download bereit: www.iucn.org (Suchformular nutzen). Nicht ganz aktuelle Informationen zum Park, Wandermöglichkeiten und Unterkünften findet man auch auf den Seiten der Association Rif pour le Développement de Tourisme Rural (ARDTR), **www.riftourisme.com.** Infos zu den einfachen Unterkünften (Gîtes) und eine Broschüre mit Infos zu (Tages- und Mehrtages-)Wanderungen sowie zur Tier-/Pflanzenwelt im Park erhält man außerdem bei der Touristeninformation in Al Hoceima (siehe dort).
- Ein empfehlenswerter **(Wander-)Führer** für den Nationalpark ist der sehr freundliche und kompetente Biologe *Abdellah Messaoudi* (Mobil 0673 22 91 22, Azir-do-zoy @hotmail.com), ferner *Hakim Messaoudi* (Mobil 0661 86 95 97, hakim.messaoudi@gmail.com). Auch mehrtägige Trekkings können organisiert werden.
- Bisher steuern **keine öffentlichen Verkehrsmittel** den Nationalpark an. Unmotorisierte Reisende nehmen entweder in Al Hoceima den Bus nach El Jebah und steigen an der Kreuzung aus oder mieten ein Grand Taxi für sich allein. Evtl. kann man auch mit einer der Herbergen (Gîtes) einen Transfer oder eine geführte Tour in den Park arrangieren.

Der erste Ort, den man nach dem Abzweig Richtung Nationalpark erreicht, ist Torres de Alcalá (Al Qala, ca. 1 km).

Torres de Alcalá (Al Qala)

Oberhalb dieses kleinen Ortes an einer Flussmündung thronen die Ruinen zweier Türme (span. „torres") auf einem Felsvorsprung. Die Ursprünge des Ortes gehen auf das mittelalterliche **Badis** zurück, das weiter im Osten in einer malerischen Bucht mit der vorgelagerten spanischen Festung Peñón de Velez de la Gomera liegt. Badis war im 14. Jh. ein wichtiger Hafen für die Stadt Fès; Schiffe aus Genua, Venedig und Marseille landeten hier an, um Handel mit der damals wichtigsten Stadt in Nordafrika zu treiben. Von hier führten Karawanenstraßen weiter nach Fès. Die vorgelagerte, durch einen Sandstreifen mit dem Festland verbundene **Insel Peñón de Velez de la Gomera** wurde im 16. Jh. von den Türken besetzt und ein wichtiger Seeräuberstützpunkt. Von hier starteten sie zahlreiche Beutezüge nach Spanien und brachten viele tausend christliche Gefangene als Sklaven nach Algerien. Die Spanier stellten danach ein Söldnerheer aus 50.000 Mann zusammen und besiegten die Türken und auch die verbündeten Berber in Badis, das danach dem Erdboden gleichgemacht wurde. Von der einst blühenden Stadt Badis ist heute nur noch ein kleines Dorf übrig sowie diverse Ruinen von Wehrtürmen auf den Hängen vor dem Mittelmeer. Während der Protektoratszeit wurde die Insel

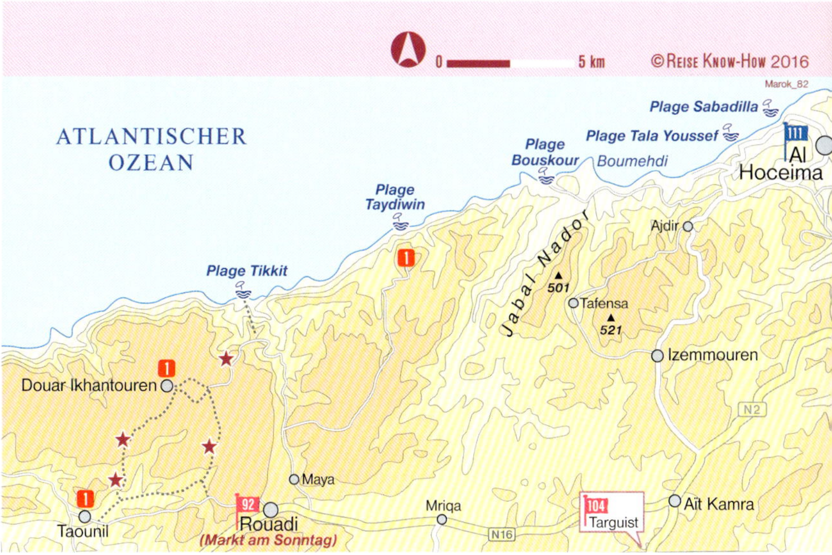

von den Spaniern als Strafgefangenenlager benutzt. Heute ist sie Stützpunkt einiger spanischer Soldaten, die von Melilla und Ceuta aus versorgt werden. Da die kleinen Inseln alle in spanischem Besitz sind, kann man weder zum Tauchen noch mit Ruder- oder Segelboot weite Ausflüge aufs Meer machen (außer mit eigener Jacht und internationaler Zulassung).

Wanderung

Man kann von Torres in etwa 3 Stunden (hin und zurück) **entlang der Küstenberge nach Badis** wandern oder es mit dem Geländewagen ansteuern. Die **4,7 km** lange Tour beginnt direkt im Ort. Eine Piste führt in Richtung Osten den Berghang hinauf zu einem Haus mit Richtfunkantennen. Von dort geht es immer ostwärts am Hang entlang. Im Frühjahr bzw. Frühsommer bilden die Farbtupfer der Blumen, die grüne Macchia und das türkisblaue Meer eine herrliche Kulisse. Nach etwa 1 Stunde Marsch sieht man bereits die imposante Festung Peñón de Velez de la Gomera auf einer kleinen Halbinsel liegen (vom spanischen Militär besetzt und nicht zu besichtigen). Auf der Wanderung begegnet man allenfalls ein paar Schaf- oder Ziegenhirten. Am Kiesstrand von Badis vor der Festung auf marokkanischem Hoheitsgebiet kann man(n) baden, frau wird jedoch von den Soldaten gleich durchs Fernrohr in Augenschein genommen. Ansonsten muss man sich den Strand nur mit ein paar marokkanischen Fischern teilen.

Praktische Informationen

An **Infrastruktur** gibt es in Torres nicht viel mehr als ein Café und einige kleine Läden. Unterkunft findet man in den geräumigen, aber etwas angestaubten **Ferienwohnungen von Jalil El Hayar** (sehr gut deutsch sprechender Stadtführer aus Fès, s. dort): Voranmeldung unter *Jalil El Hayar*, Tel. 0535 62 15 61, eljalil@menara.ma, oder im Lebensmittelladen fragen. Außerdem können Wanderer in den zu Fuß erreichbaren **Gîtes** in den Nachbarorten übernachten: z.B. Gîte Rural Taoussart bei Rouadi (gitetaoussart@yahoo.fr, Mobil 0677 28 82 72), Gîte d'Adouz in Douar Ikhantouren (ikanthouren@yahoo.fr, Mobil 0667 49 61 85) oder Gîte Tahounil im Dorf Taounil (Mobil 0667 65 90 47, picadetouanil@yahoo.com).

ma16_022 ed

Kalah Iris

Der **Fischerort** liegt 4 km von Torres entfernt im Gebiet des Al-Hoceima-Nationalparks. Die **dunkelsandigen Strände** um Kalah Iris sind reizvoller als der Kiesstrand von Torres. Jedoch hat auch der Strand von Kalah Iris durch die Erweiterung des Fischerhafens viel von seinem Charme eingebüßt. In der Nebensaison ist es hier ruhig und der Blick über den Hafen und die vorgelagerten Felsinselchen sehr schön. Guten Fisch und Salat gibt es im Restaurant du Port. Der Campingplatz wurde aufgelöst, Camper können aber evtl. nahe des Restaurants stehen bleiben oder auf dem großen, ebenen Gelände am Strand vor dem Ort. Nach den Plänen des Tourismusministeriums sollte der Fischerort bis 2015 zum Tourismuszentrum mit mehr als 1000 Betten ausgebaut werden. Bisher ist davon jedoch nichts zu sehen – wahrscheinlich fanden sich nicht genügend Investoren.

⌃ Blick auf die spanische Festung Torres de Alcalá im Nationalpark Al Hoceima

Weiterfahrt nach Al Hoceima

Von der Kreuzung bei km 192 weiter nach Al Hoceima (ohne Abstecher) verläuft die breite N 16 einige Kilometer von der Küste entfernt im Inland. Nur ab und zu hat man Ausblick aufs Meer oder kleine Stichstraßen bzw. Pisten führen zu den Küstendörfern.

Bei **km 202** (etwa 11 km hinter der Kreuzung) führt ein Abzweig rechts nach **Snada** mit Ruinen einer alten Festung, die auf *Moulay Ismail* (17. Jh.) zurückgehen soll. Knappe 9 km weiter, bei **km 211,** folgt das Straßendorf **Rouadi** (Apotheke, Sonntagsmarkt). Von hier führt eine Piste in den Al-Hoceima-Nationalpark und zu drei Gîtes (vgl. oben).

Bei **km 217** erreicht man einen Kreisverkehr; geradeaus weiter nach Al Hoceima. Nach einem weiteren Kilometer geht es links über **Izemmouren** in insgesamt 16 km nach Al Hoceima. Dies ist die landschaftlich schönere Strecke, die nahe des Meeres verläuft. Geradeaus sind es 18 km über **Ajdir** nach Al Hoceima. Vom Ort Ajdir führt eine vierspurige Straße nach **Al Hoceima,** das nach insgesamt **236 km** ab Tétouan erreicht ist (Stadtbeschreibung vgl. Kapitel „Der Nordosten").

Chefchaouen

Chefchaouen (sprich: Tschauen) ist nach dem **Djabal Ech Chaouen** benannt, der aus den Doppelgipfeln Djabal Kelaa oder Tissoukou (2050 m) und Djabal Meggou (1116 m) besteht. *Shuf* bedeutet im Arabischen „Schau", *Chaouen (Accawen)* im Berberischen „Hörner" – das bezieht sich darauf, dass die beiden Gipfel wie (Schafs-)Hörner wirken, Chefchaouen bedeutet also frei übersetzt „Schau Dir die Hörner an!" (bzw. die Bergspitzen).

Das Städtchen hat etwa 58.000 Einwohner und genießt den Ruf, Wasser im Überfluss zu haben – deshalb trägt es auch den Beinamen **„Brunnenstadt".** Chefchaouen gehörte über 30 Jahre zum spanischen Territorium, auch heute noch sprechen hier mehr Menschen Spanisch als Französisch. Mit seinen sechs Moscheen und der altertümlichen Festung in ihrer Mitte ist Chefchaouen eine fromme Stadt. Ihr Gründer *Moulay Ali Ben Rashid* war ein Nachfahre des Propheten, sein Mausoleum am Place El Aïn ist **Wallfahrtsziel** für die Bewohner der Umgebung.

Chefchaouen ist sowohl wegen seiner schönen Lage im Rif-Gebirge als auch wegen seiner malerischen Gassen mit den blau-weiß gekalkten Häusern **besonders sehenswert.** Sein besonderer Charme und die entspannte Atmosphäre locken vor allem **junge ausländische Touristen** in das Städtchen. Aus den Lautsprechern der vielen Cafés und Restaurants ertönt Reggae und Rai, die Souvenirshops und Kunsthandwerksläden haben ihr Angebot auf das internationale Publikum ausgerichtet, in den Gassen der Medina eröffnen immer mehr stilvolle Gästehäuser. Hier kann man ein paar schöne Tage mit Bummeln, Entspannen und Teetrinken oder Wanderungen in den umliegenden Bergen verbringen.

Geschichte

Die Stadt wurde 1471 von *Moulay ibn Rashid* für die aus Spanien und den spanisch besetzten Städten Tanger und Ceuta **geflüchteten Moslems** gegründet, war aber auch als Verteidigungsposten gegen die Portugiesen gedacht. Ein weiterer großer Ansturm maurischer Flüchtlinge ergoss sich 1492, nach der christlichen Eroberung Granadas, nach Chefchaouen und gab der Stadt das typisch andalusische Aussehen. Die zweite Flüchtlingswelle von ebenfalls aus Spanien vertriebenen Moslems und Juden erreichte die Stadt 1609.

1561 kam Chefchaouen unter **saaditische Herrschaft** und blieb bis 1912 unter scherifischer Herrschaft. Im 16./17. Jh. erlebte Chefchaouen eine geistige Blüte und wurde zu einem der größten Lehrzentren in Nordmarokko. Der große Sultan **Moulay Ismail** (1672–1727) baute die Stadt aus und errichtete hier seinen Sultanspalast (Dar el Makhzen) und die Kasbah.

ma16_038 ed

Blau ist einer der vorherrschenden Farbtöne in der Medina von Chefchaouen

Für Christen war die Stadt **bis 1920 verbotenes Territorium.** 1883 war es dem Saharaforscher und Pater *Charles de Foucauld* gelungen, als Moslem verkleidet bis zu dem abgeschlossenen Ort vorzudringen.

1912 wurde Chefchaouen dem **spanisch besetzten Gebiet** einverleibt, konnte aber erst 1920 von den Spaniern erobert werden. Es wurde bereits wenige Monate danach von dem legendären Rebellenführer der Rifis, *Abd el Krim el Khattabi,* zurückerobert. Jahrelang diente **Abd el Krim** die Stadt als strategischer **Stützpunkt** im Kampf gegen Spanien und Frankreich. Ein grausamer Krieg entbrannte, sogar Luftangriffe wurden auf die Stadt geflogen. Ohne die Hilfe der Franzosen, die deutsches Giftgas einsetzten, wären die Spanier wahrscheinlich aus dem nördlichen Teil Marokkos im Rifkrieg durch Abd el Krim vertrieben worden. 1926 gelang es den Spaniern und Franzosen, die Rif-Berber zu besiegen und die Stadt definitiv in das spanische Verwaltungsgebiet einzugliedern.

Erst im Jahr 1956 wurde mit der **Unabhängigkeit** das ganze Gebiet wieder marokkanisch. Heute, nach der Unabhängigkeit Marokkos, sind von den ehemals 90.000 Spaniern (einschließlich Soldaten und Beamten) nur noch etwa 3500 in Marokko zurückgeblieben.

Chefchaouen

Übernachtung
1 Camping Azilan, Jugendherberge
2 Atlas Chaouen
3 Hotel Goa
4 Dar Gabriel
5 Casa Perleta
6 Casa La Palma
7 Dar Echchaouen
8 Hotel Alkhalifa
9 Ksar Aladin
10 Hotel Casa Miguel
11 Lina Ryad & SPA
12 Dar Terrae
14 Dar Baibou
16 Casa Hassan
19 Parador
20 Aline Hostel
22 Mauritania
23 Bab El Aïn
25 Rif
26 Auberge Dardara
27 Casa Annasr

Einkaufen
18 Ensemble Artisanal

Sehenswertes

Der Umweg über die Stadt – die Hauptroute führt an Chefchaouen vorbei – lohnt, denn in der auf die Hügel gebauten **Medina** sind noch **viele arabische und andalusische Elemente** erhalten. Die Altstadt setzt sich aus einem arabischen und einem andalusischen Viertel zusammen. Die Häuser ziehen sich entlang enger Gassen den Berghang hinauf, die Türen der weiß und blau getünchten Häuser sind ebenfalls blau gestrichen – angeblich ist in der Farbe ein Mittel enthalten, das Mücken und Fliegen abhält. Dieser Kontrast aus Schneeweiß und Himmelblau verleiht dem Ort ein einzigartiges, andalusisches Flair.

Zentrum der Altstadt sind der schattige **Place Outa el Hammam** mit zahlreichen Cafés sowie der östlich anschließende **Place el Makhzen.** An den Platz Outa el Hammam grenzt die **Kasbah** bzw. **Alcazaba** aus dem 15. Jh. mit ihrem maurisch-andalusischen Garten (Eintritt 10 DH, tägl. außer Di 9–13 und 15–18.30 Uhr). Die Reste des **Dar el Makhzen,** des Sultanspalastes von *Moulay Ismail* aus der Merinidenzeit (17. Jh.), sind ebenfalls im Kasbahkomplex zu besichtigen. In den Gebäuden sind ein Volkskundemuseum und ein Archiv für andalusisch-arabische Geschichte untergebracht. Die Kasbah war um 1925 das Hauptquartier des Rebellenführers *Abd el Krim el Khattabi.*

Östlich des Place el Makhzen befindet sich die **Teppichweberei** (links vom Hotel Para-

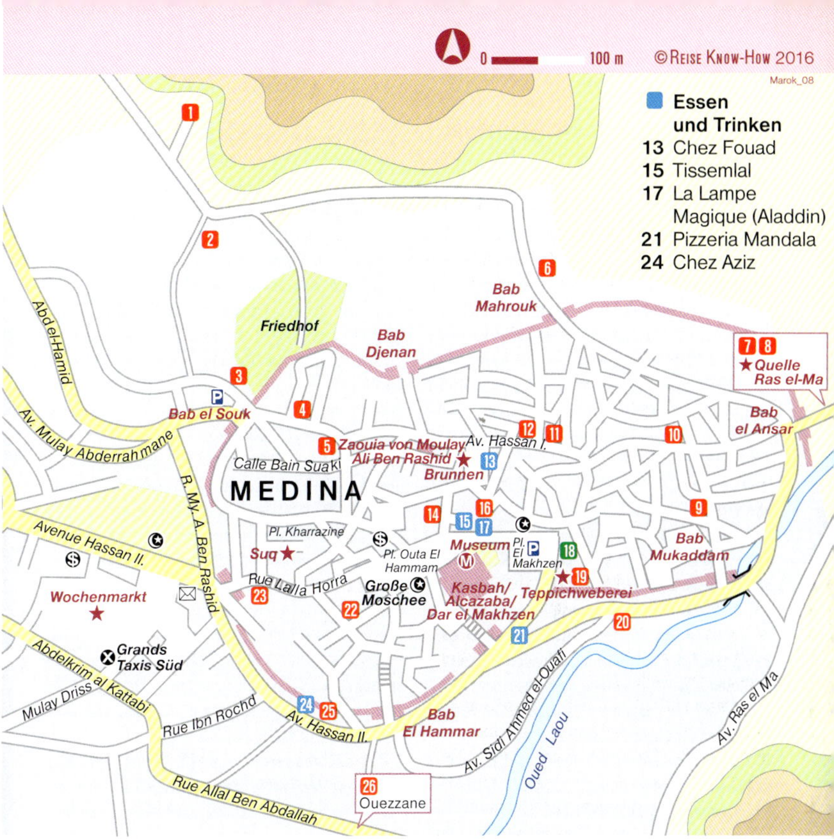

dor). Die Weber stellen Decken und braune Djellabas her, wie sie die Bergbewohner im Rif tragen. Chefchaouen ist eine Stadt des Kunsthandwerks und so werden überall in den Gassen kunsthandwerkliche Arbeiten angeboten. Die Lederverarbeitung ist hier ebenso wie in Tétouan stark vertreten, und aus dem Zedern- und Eichenholz aus dem Gebirge werden Möbel gefertigt.

Im Südosten des Place Outa el Hammam liegt die **Große Moschee (Grande Mosquée)** aus der Zeit des Stadtgründers *Ben Rashid* (15. Jh.); bemerkenswert ist das achteckige Minarett der Moschee.

Im **Souika-Viertel** südlich des Place Outa el Hammam befindet sich die **Zaouia** (Grabmoschee und Heiligtum) von **Moulay Ali Ben Rashid.**

Außerhalb der Stadtmauern nahe dem Bab el Ansar liegt die **Quelle des Oued Laou, Ras el-Ma,** mit mehreren gefassten Brunnen und einem Wasserfall am Fuß der Berge. Im Frühjahr stürzt das Wasser als reißender Gebirgsbach bergab, doch auch im Sommer fließt noch viel Wasser. Man kann nahe dem Bab el Ansar den Oued Laou auf einer Brücke überqueren und auf einem Pfad am östlichen Ufer den Fluss entlang abwärts wandern.

Montags und donnerstags findet auf dem Marktgelände am Rande der Neustadt, kurz vor dem Eingang zur Medina zwischen Av. Abd el Krim al Kattabi und Av. Hassan II., ein sehenswerter **Wochenmarkt** statt. Die Rifbäuerinnen mit ihren mit Wolltroddeln verzierten Strohhüten und gestreiften Tüchern sind besonders hübsch anzusehen.

Praktische Informationen

Unterkunft

Wie in den meisten marokkanischen Altstädten eröffnen auch in Chefchaouen ständig neue Gästehäuser in renovierten Riads. Je nach Jahreszeit und Auslastung sind die Preise evtl. verhandelbar. Im Winter kann es sehr kalt werden, sodass in den einfachen Unterkünften ein Schlafsack nützlich ist. Die meisten Hotels/Gästehäuser haben keine Heizung. Die Riads in der Medina sind nicht mit dem Auto zugänglich, daher sollten Autofahrer besser eine Unterkunft außerhalb der Medinamauern wählen.

Oberklasse

- **Lina Ryad & SPA**④, Av. Hassan I., Quartier Andalous, Medina, Mobil 0645 06 99 03, 0660 23 99 06, www.lina-riad.com. Sehr komfortabler Riad mit 17 Zimmern im modernen Orientstil, passend zur Stadt in blau-weiß gestaltet, mit TV, CD/DVD Player, z.T. mit Balkon und Bergblick. Sehr freundlicher Service, gutes Frühstück, Dachterrasse mit Ausblick, WLAN in der Lobby verfügbar. Toller SPA mit Indoor-Pool, Hammam und Massageangebot, auch romantische Candlelight-Duftbäder für Paare.
- **Parador**③, Place el Makhzen, Tel. 0539 98 63 24, 98 61 36, www.hotel-parador.com. Das zentral gelegene Hotel wirkt etwas altmodisch-verstaubt, die Zimmer im neuen Trakt sind jedoch modern ausgestattet (mit TV und AC). Einige Zimmer wurden in den letzten Jahren renoviert. Im Winter geheizter Pool, Panoramaterrasse mit toller Aussicht, bewachter Parkplatz, Alkoholausschank.

Mittelklasse

- **Atlas Chaouen**③, Rue Sidi Abdelhamid (oberhalb der Stadt), Tel. 0539 52 60 20. Das in die Jahre gekommene Mittelklassehotel (3 Sterne) ohne besonderes Ambiente verdient in erster Linie wegen der wunderbaren Aussicht und dem freundlichen Personal Erwähnung – in einem Gästehaus wohnt man ansonsten stilvoller. Klimatisierte Zimmer mit Sat-TV, Restaurant und Nachtclub (Alkoholausschank), große Panoramaterrasse mit Pool.
- **Auberge Dardara**④ (mit HP), Tel. 0539 70 70 07, Mobil 0661 15 05 03, www.dardara.ma, 10 km außerhalb an der Straße nach Al Hoceima. Schönes Landhaus mit gemütlichen Zimmern, Restaurant mit Zutaten ausCas eigener Produktion, Ausritte und Wanderungen in die schöne Umgebung möglich.

Unser Tipp: **Casa Perleta**③, nahe Bab el Souk, Medina, Tel. 0539 98 89 79, Mobil 0671 56 66 96, www.casaperleta.com. Sehr schöner Riad mit acht Zimmern unterschiedlicher Größe und kleinem, gemütlichen Innenhof. Von der Dachterrasse hat man einen herrlichen Blick auf die Altstadt. Die sehr freundliche, englisch sprechende Spanierin *Begonia* betreut die Gäste. Organisation von Wanderungen in die Umgebung möglich. Bewachtes Parken am Bab el Souk (3 Gehminuten entfernt).

- **Casa Hassan, Dar Baibou**④ (mit HP), 22, Rue Targui (nahe Outa el Hammam), Tel. 0539 98 61 53, www.casahassan.com. Die beiden empfehlenswerten Gästehäuser (unter gleicher Führung) liegen nebeneinander und sind sehr schön traditionell gestaltet. Im EG des kleineren Casa Hassan befindet sich das gute Restaurant Tissemlal. Geräumige DZ mit Bad (z.T. mit AC), mit Fenster zur Gasse manchmal laut. Casa Hassan ist mehr im künstlerisch-alternativen Stil gehalten, Dar Baibou eher rustikal.
- **Casa La Palma**③, 52, Hay Mtilaa, Quartier Andalous, Tel. 0539 98 83 56, www.casalapalma.eu. Sehr hübsches Gästehaus in der nördlichen Medina, bei Anruf Abholung vom Bab Mahrouk oder Hotel Atlas Chaouen. Farbenfrohe, liebevoll gestaltete Zimmer, sehr freundliche Gastgeber Carlos und Ana, Dachterrasse mit Aussicht, sehr gutes Frühstück. WLAN verfügbar.
- **Dar Echchaouen**③, Ras el Ma, östlich der Medina nahe Ras el Ma, Tel. 0539 98 78 24, www.darechchaouen.com. Gästehaus in ruhiger Lage mit Blick auf die Medina, stilvollen Zimmern (mit Klimaanlage/Heizung), gutem Essen, freundlichem Service und Parkplatz. Es gibt sogar einen Pool. WLAN verfügbar.
- **Dar Gabriel**③, nahe Bab el Souk, Medina, Tel. 0539 98 92 44, www.dargabriel.com. Kleines Hofhaus inmitten der Medina mit sieben Zimmern, freundlicher Empfang, toller Blick von der Dachterrasse. WLAN verfügbar, geführte Wanderungen in die Umgebung (z.B. Akchour, vgl. „Ausflüge").
- **Dar Terrae**③, Av. Hassan I., M'daka, Medina, Tel. 0539 98 75 98, Mobil 0670 46 53 70, www.darterrae.com. Kleines, einfaches und bunt-verspieltes Gästehaus des Italieners *Cosima*. Nette Frühstücksterrasse auf dem Dach. Sechs Zimmer mit Bad.
- **Hotel Alkhalifa**③, Av. Ras el Ma (östlich der Medina), Tel. 0539 88 26 64, www.hotel-alkhalifa.com. Das Gästehaus liegt ruhig etwas abseits der zentralen Medina (ca. 15 Min. Fußmarsch). Schöner Ausblick auf die Stadt und die Berge, Zimmer mit Heizung, TV und WLAN. Parkmöglichkeit. Guter Ausgangspunkt für Wanderungen.

■ **Hotel Casa Miguel**③, Av. Hassan I., Medina, Tel. 0539 88 26 45, www.hotelcasamiguel.com. Kleines Gästehaus in einem 1890 errichteten und mit marokkanischem Kunsthandwerk dekorierten Riad im Zentrum der Medina. Manche Zimmer sind etwas klein, aber hübsch und sauber.

Günstig

■ Direkt neben dem Campingplatz (Hay Ouatman, vgl. Camping Azilan) gibt es eine saubere **Jugendherberge,** in der man für rund 5 Euro/Pers. übernachten kann.

■ **Aline Hostel**①, Av. Sidi Ahmed el Uafi, Tel. 0539 98 74 21. Kleines, sauberes Hostel mit Mehrbettzimmern, sauberem Gemeinschaftsbad, Dachterrasse und einfachem Frühstück.

■ **Bab el Aïn**①, beim gleichnamigen Tor in der Medina, Tel. 0539 98 69 35. Einfaches, billiges Hotel in günstiger Lage. Die Zimmer mit Dusche sind nicht immer die saubersten. Schöner Blick von der Dachterrasse.

■ **Casa Annasr**②, Av. Maghreb Arabi, nahe dem Busbahnhof (N 35°10,083', W 05°16,549'), Tel. 0539 98 90 34. Sechs marokkanisch gestaltete Zimmer mit Klimaanlage und Bad, Dachterrasse mit Ausblick, Küchenbenutzung möglich, ruhig und freundlich. Bewachtes Parken und Stellmöglichkeit für Wohnmobile.

■ **Rif**①, 29, Bd. Hassan II., Tel. 0539 98 69 82. Beliebtes Budgethotel direkt an der Stadtmauer, die Zimmer sind sehr einfach ausgestattet (nicht alle mit eigenem Bad), das Personal ist freundlich. Restaurant mit Alkohollizenz, Parkplatz vor dem Hotel.

■ **Hotel Goa**①, 54, Place Msella Kdima, nahe Bab el Souk, Medina, Tel. 0539 98 68 12. Kleines, buntes Travellerhotel mit Mehrbett- und Doppelzimmern in der oberen Medina, Dachterrasse mit tollem Ausblick über die Altstadt, Waschmaschine nutzbar (50 DH).

■ **Mauritania**①, 44, Rue Qadi Alami, in der Medina, Tel. 0539 98 61 84. Einfaches, sauberes Gästehaus mit hübschem Innenhof und marokkanischem Salon. Internationales Travellerpublikum. Du/WC auf dem Flur, warm duschen kostet extra.

Chefchaouen, ein bezauberndes Städtchen

mst_004 ad

Camping

- **Camping Azilan,** Rue Sidi Abd el Hamed, Tel. 0539 98 69 79, Mobil 0661 62 74 20, vom Pl. Mohamed V. in Richtung Tétouan, dann dem Wegweiser zum Hotel Atlas bergauf folgen (N 35°10,531', W 05°15,990', z.T. beschildert mit „Camping Municipale"). Der Platz liegt sehr schön in einem Pinienhain (viel Schatten, Stellplätze mit Strom, WLAN verfügbar, Waschmaschine), die sanitären Anlagen sind nicht immer gepflegt. Ein gepflasterter Fußweg führt hinab in die Medina: Der Aufstieg mit Gepäck ist ziemlich mühselig (viele Treppen, 15 Min.). Taxi zum Camping ca. 10 DH.
- Stellplätze für Wohnmobile gibt es auch beim **Casa Annasr** (s.o.).
- **Wild campen** (auch mit dem Wohnmobil) ist in und um Chefchaouen nicht empfehlenswert. Wohnmobilisten können an dem großen Platz rechts oberhalb des Campingplatzes unbelästigt stehen bleiben.

Essen und Trinken

Am **Place Outa el Hammam** reihen sich **Cafés und Straßenrestaurants** mit hübschem Blick auf die Kasbah aneinander. Sie unterscheiden sich kaum in Preis und Angebot (Tajine ca. 40 DH).

- **Chez Aziz,** Av. Hassan II. In dieser empfehlenswerten Patisserie mit Café gibt es Pizza, feines Gebäck und Fruchtsäfte.
- **Chez Fouad,** unterhalb der Av. Hassan I. Das gute, günstige Essen (ca. 30 DH/Hauptgericht) ist auch bei Locals beliebt; eigene Bäckerei im Untergeschoss.
- **La Lampe Magique (Aladdin),** 17, Rue Targui (Place Outa el Hammam). Beliebtes, gemütliches Restaurant auf drei Etagen, von der Dachterrasse toller Ausblick auf den Platz (besonders schön bei Sonnenuntergang), freundlicher Service, Menü ca. 80 DH.
- **Pizzeria Mandala,** Av. Hassan II./Ecke Sebanin, Tel. 0539 88 28 08, www.pizzeriamandala.com. Wer genug hat von Tajine & Co., kehrt hier ein und genießt gute Pizza oder Pasta (ca. 50 DH, auch Fleischgerichte und Salate) bei Jazz-Musik.
- **Tissemlal,** 22, Rue Targui (Casa Hassan nahe Place Outa el Hammam). Im gemütlichen Innenhof eines alten Stadthauses (vgl. „Unterkunft/Casa Hassan") gibt es sehr gute marokkanische Küche zu vernünftigen Preisen.

Einkaufen

- In den Gassen der Medina rund um den Place Outa el Hammam bieten zahllose Souvenirgeschäfte marokkanisches **Kunsthandwerk** an – hier ist Handeln angesagt. Chefchaouen ist für seine Webteppiche und -stoffe bekannt. Auch im **Ensemble Artisanal** am Place el Makhzen gibt es schönes Kunsthandwerk zu kaufen.
- **Lebensmittel** kauft man am frischesten auf dem zentralen Markt an der Av. Hassan II. (Neustadt) ein. Montags und donnerstags ist Wochenmarkt, zu dem die Rifbauern der Umgebung kommen (vgl. „Sehenswertes").

Busse und Taxis

- Der **Busbahnhof** für alle Linien liegt im Süden der Stadt (Verlängerung der Av. Mohamed V., Taxis dorthin ab Place el Makhzen). Da die Busse meist aus anderen Städten kommen und nur einen Stopp in Chefchaouen einlegen, sollte man rechtzeitig seinen Sitzplatz reservieren.

Verbindungen und Preise

- **Casablanca:** 1x tägl. CTM (morgens), 130 DH, 6 Std. Fahrzeit, Privatbusse mehrmals tägl.
- **Rabat:** 1x tägl. mit CTM, 100 DH, Privatbusse ca. 5x tägl., Fahrzeit 4½–5 Std.
- **Tanger:** 2x tägl. CTM (aus Nador kommend), 45 DH, fast 3 Std. Fahrzeit, Privatbusse ca. 6x tägl.
- **Tétouan:** 4x tägl. CTM (Weiterfahrt nach Fès), ca. 20 DH, ca. 1 Std. Fahrzeit; Privatbusse fahren ständig.
- **Ouezzane:** 1x tägl. CTM (mittags), 110 DH, ca. 4 Std. Fahrzeit.
- **Nador:** 1x tägl. CTM (frühmorgens), 115 DH, Fahrzeit ca. 12 Std.
- **Al Hoceima:** 1x tägl. CTM (frühmorgens), 100 DH, ca. 6½ Std.
- **Targuist:** 1x tägl. CTM, 55 DH, ca. 4 Std.
- **Fès:** 4x tägl. CTM (aus Tétouan kommend), 75 DH, Fahrzeit ca. 4½ Std., Privatbusse mehrmals tägl.
- **Meknès:** Privatbusse 3- bis 4x tägl., ca. 70 DH, Fahrzeit ca. 6 Std.; bei manchen Linien muss man in Sidi Kacem umsteigen.

- Ein **Taxi** innerhalb des Stadtgebiets kostet max. 15 DH (zum Camping). **Petits Taxis** warten am Pl. el Makhzen. **Grands Taxis** Richtung Süden fahren beim Marktplatz in der Neustadt ab (Av. Abdelkrim al Kattabi), Grands Taxis nach Tétouan unterhalb des Pl. Mohamed V. (ca. 30 DH, 1 Std. Fahrzeit).

Sonstiges

- **Banken mit Geldautomat** gibt es an der Av. Hassan II. und am Place Outa el Hammam in der Medina.
- Die **Hauptpost** befindet sich an der Av. Hassan II. in der Neustadt.
- Ein **bewachter Parkplat**z liegt in der Av. Abd el Krim al Kattabi, Ecke Sidi Serifi (neben der Taxistation und dem überdachten Marktgelände). Parken ist außerdem am Place Makhzen und am Bab el Souk möglich.
- **Alegria Festival,** zweitägiges internationales Musikfestival im Mai; Infos unter www.festivalalegria.com.

Ausflüge

In der unmittelbaren Umgebung von Chefchaouen sind viele herrliche **(Berg-)Wanderungen im Talassemtane-Nationalpark und im Naturreservat Bouhachem** möglich. In beiden Naturschutzgebieten gibt es mehrere Gîtes (Herbergen), die sich als Ausgangspunkt für Touren anbieten. Es sind auch mehrtägige Trekkingtouren möglich, z.B. vom Talassemtane Park bis zur Mittelmeerküste. Die meisten Gästehäuser in Chefchaouen vermitteln Führer oder Touren. Ein umfangreiches Wanderprogramm bietet *Fatima* mit Familie, die auch eine Gîte im Dorf Zaouiya Habteene betreibt: Mobil 0672 74 33 47, www.gitetalassemtane.com.

Von Chefchaouen lohnt sich ein Ausflug zum **Akchour-Wasserfall** und zu einem „**Gottesbrücke**" genannten natürlichen Steinbogen am Oued Farda. Auf der etwa vierstündigen Wanderung läuft man vorbei an Feldern und Berberdörfern (Kalaa, Aghermane) mit schönen Ausblicken auf die grüne Landschaft der Rifberge. In den Gumpen am Wasserfall kann man baden und in einfachen Buden Tee trinken. Für die Rückfahrt bieten sich Grands Taxis an (ca. 30 km über die Straße von Oued Laou Richtung Chefchaouen; vgl. Variante der vorhergehenden Route).

Von Chefchaouen über Issaguen nach Al Hoceima

- **230 km, N 2.**
- Die **ältere, breite Straße** führt durch Eichen- und Zedernwälder sowie Nussbaum- und Olivenhaine bis auf 1600 m Höhe. Im Winter liegt hier Schnee, und auch im Mai kann bei schlechtem Wetter das Thermometer noch auf frostige 5°C sinken. An den Gehöften auf dem Weg kann man beobachten, wie traditionelle Ölmühlen noch von Eseln angetrieben werden.
- Gute **Busverbindungen** (mit CTM und Privatbuslinien mehrmals täglich, vgl. bei Chefchaouen).
- Gelegentlich gibt es noch **Anmache von Kiff-Händlern,** die am Straßenrand warten oder mit dem Auto unvermittelt vor einem stehen bleiben, um Drogen anzubieten. Kaufen Sie nichts! Es gab in der Vergangenheit immer wieder Fälle von Europäern, die wegen Rauschgiftbesitzes in marokkanischen Gefängnissen einsaßen.

Chefchaouen auf der R 412 (Av. Melilla) in Richtung Süden verlassen. **6 km** hinter der Stadt mündet die Straße in die Hauptverbindungsstrecke N 2 von Tétouan nach Ouezzane – links weiter in Richtung Fès. An der Kreuzung nur 700 m weiter führt die **N 2 links weiter** nach Ketama (rechts nach Fès, N 13).

Die Straße verläuft durch Zedern- und Eichenwälder und erreicht etwa bei **km 21 Bab Taza,** einen großen Ort mit allen Versorgungsmöglichkeiten. Rechts liegt nach etwa **82 km** der größere Ort **Bab Berret** unterhalb einer Passhöhe auf 1240 m Höhe.

Etwa 6 km weiter mündet die (schlechte) Strecke von El Jebha und El Had ein (Schild „El Jebah 55 km", **N 34°58,737', W 04°46,240'**). Bei **km 91** sind **Bab Besen** und eine weitere Passhöhe von 1600 m erreicht. Weiter geht es bergab durch sehr schönen Zedernwald.

21 km nach Bab Besen folgt **Issaguen (Ketama), km 112.** Hier zweigt die R 509 (Route de l'Unité) rechts nach Fès (156 km) ab.

Issaguen (ehem. Ketama)

Die **wichtigste Stadt des Rif-Gebirges** wurde auf Geheiß König *Mohameds VI.* umbenannt und trägt jetzt einen Berbernamen. Der Ort liegt auf 1200 m Höhe zwischen Quellen, Bächen, Feldern und Zedernwald. Ketama war in der französischen Protektoratszeit ein beliebter Luftkurort – einige Gebäude und Erholungszentren aus dieser Zeit zeugen davon. Heute ist Issaguen das Zentrum des Rifs und damit auch der Cannabis-Anbauregion. Abgesehen von der schönen Lage ist die Stadt für Touristen uninteressant und lohnt keinen Aufenthalt. Um etwaige Anmache von Kiffhändlern zu vermeiden, fährt man besser durch. Für Skitourengeher lohnt es sich, das 8 km entfernte Tleta-Ketama anzusteuern, um den **Djabal Tidiquin** (Tidighine, 2448 m) zu besteigen.

Unterkunft

■ **Hotel Tidghine**③, unattraktives 4-Sterne-Hotel mit großem Garten (Tel. 0539 81 31 32, www.hoteltidghine.com). Es ist auch möglich, **Ferienhäuser** von Privatpersonen zu mieten.

Weiterfahrt nach Al Hoceima

Die weitere (ausgefranste und löchrige) Strecke führt über karge Berghänge mit Steineichen, dann vorbei an Hanf- und Getreidefeldern, Aprikosen- und Feigenbäumen.

Etwa **37 km nach Issaguen (km 159)** führt links eine Straße nach Beni Boufrah, Torres de Alcalá und Kalah Iris (siehe vorhergehende Route), geradeaus geht es weiter nach Al Hoceima und Nador. Etwa 3 km unterhalb der Hauptstraße rechts (südlich) liegt **Targuist**, ein größerer Ort mit Tankstellen und mehreren Cafés/Restaurants. Die Stadt hat historische Bedeutung, denn hierher zog sich *Abd al-Krim Khattabi* (1882–1963) in der Schlussphase seines Widerstandes gegen die Kolonialmächte zurück und musste sich 1926 den Franzosen ergeben. Wenn man den Ort durchquert, trifft man etwas oberhalb des Marktes und des Krankenhauses bei einer Tankstelle wieder auf die N2.

Bei **km 151,** ca. 700 m hinter einer Shell-Tankstelle, zweigt rechts die RNB 850 in **Richtung Fès/Taounate** ab. Diese Strecke führt über Beni Bounsar, Khalfa, Zabarart durch Berge und Pinienwald bis zur Straße N 8 nach Taounate (94 km bis Taounate, 86 km bis zur Kreuzung). Dies ist aus der anderen Richtung die kürzere Verbindung von Fès nach Kalah Iris zum Mittelmeer.

In Richtung Al Hoceima führt die verkehrsreiche, breite Straße durch geschäftige Orte wie **Beni Hadifa (km 183,** mit Tankstelle und Geldautomat) und **Beni Abdellah (km 194).** Von hier gibt es eine direkte Verbindung zur N 2 nach Nador, die nicht über Al Hoceima führt.

17 km hinter Beni Abdellah geht es an einer **Kreuzung** links nach Beni Boufrah und Kalah Iris (N 16). Knappe 3 km weiter führt ein Abzweig links über Izemmouren nach Al Hoceima (geradeaus nach Nador, Melilla und Oujda oder über Ajdir nach Al Hoceima). Wir fahren links, bis bei **km 218 Izemmouren** erreicht ist. Wenige Kilometer danach bietet sich ein toller Blick auf die Bucht von Al Hoceima und die westlich gelegenen Strände Tala Youssef und Plage Sabadilla. Die Straße führt weitere 6 km durch Vororte bergab bis ins Zentrum von **Al Hoceima** (118 km nach Issaguen, **230 km** ab Chefchaouen). Beschreibung der Stadt vgl. Kapitel „Der Nordosten".

▷ Berglandschaft im Rif

Von Chefchaouen über Ouezzane nach Fès

- **198 bzw. 200 km, N 13.**
- Die landschaftlich schöne **Hauptverbindungsstrecke** (meist guter Teer, manchmal Schlaglöcher) führt vorbei an Olivenhainen, Korkeichen- und Nadelwäldern und bietet herrliche Ausblicke auf das Rif-Gebirge. Keinerlei Belästigung durch Kiffhändler.
- Mehrmals täglich **Busverbindung** nach Ouezzane bzw. Fès (siehe bei Chefchaouen).

Chefchaouen auf der R 412 (Av. Melilla) in Richtung Süden verlassen. **6 km** hinter der Stadt mündet die Straße wieder in die Hauptverbindungsstrecke **N 2** von Tétouan nach Ouezzane; links weiter nach Fès. An der Kreuzung nur 700 m weiter führt die N 2 links ins Rif-Gebirge in Richtung Ketama (vgl. vorhergehende Route), diese Route verläuft rechts weiter Richtung Ouezzane und Fès (N 13).

Nach **25 km** ist die **Pont de Loukkos** erreicht, hier verlief einst die Grenze des spanischen Protektorats zum französischen Territorium. Die Straße führt weiter durch teilweise dichten Wald und landwirtschaftlich genutztes Gebiet. Hungrige können sich an einem der Café-Restaurants an der Strecke den Magen füllen. An der **Kreuzung** bei **km 65** ist **Ouezzane** erreicht. Die R 408 führt rechts nach Rabat, die hier beschriebene Strecke links weiter in Richtung Fès – Meknès.

Ouezzane

Die expandierende Stadt (fast 60.000 Einwohner) in 320 m Höhe schmiegt sich an den Hang des **Djabal Bou Hellal** (609 m). Ouezzane ist Sitz des Oberhauptes der weit verbreiteten Sufi-Bruderschaft der Taiba und gilt deshalb als **heilige Stadt.** Sie ist nach Moulay Idriss zweitwichtigster Wallfahrtsort im Land. Ebenso war Ouezzane früher ein heiliger Ort für die marokkanischen Juden, die im Mai zu dem nördlich gelegenen Friedhof Azien zum Grab des *Rabbi Ben Amrane* pilgerten.

ma11-001 ad

Variante: Von Targuist nach Fès

An der N 2 von Issaguen in Richtung Al Hoceima liegt **Targuist** unterhalb der Hauptstraße. 1–2 km nach dem Ort erreicht man eine Shell-Tankstelle an der N 2 und biegt 500 m weiter rechts in Richtung Fès – Tahounate ab.

Kurz darauf folgt ein Kreisverkehr; man biegt bei den **Schildern „Beni Bounsar“** und **„Khalalfa“** nach Süden ab. Es geht bergauf durch Pinienwald; nach etwa 7 km folgt ein weiterer Wegweiser in Richtung Fès. Nach **27 km** ist **Beni Nasser** bzw. **Beni Bounsar** erreicht. Die nun sehr kurvige Strecke führt durch sehr schöne Berglandschaft mit Pinien und Zedern.

Der große Ort **Zabarart** liegt nach ca. **62 km** ab der Kreuzung an der Straße (Wegweiser nach Khalalfa, 17 km). Nach 9 km erreicht man den Abzweig nach Taharout (rechts bzw. Westen); weiter geradeaus, bis nach 5 km (ca. **km 76**) die Kreuzung mit der Hauptroute nach Issaguen folgt (beschildert „Ketama, Khalalfa“). Es geht links (nach Osten) weiter in Richtung Fès und Tahounate. Auf der weiteren Strecke müssen mit dieser Variante etwa 2 km auf die unten genannten Kilometer-Angaben addiert werden.

ma16_023 ed

Weiterfahrt nach Fès

Weiter auf der Strecke von Issaguen nach Fès kommt man nach **ca. 90 km** in der hübschen Kleinstadt **Taounate** an. Unterkunft bietet das preiswerte, ordentliche **Hotel Du Lac**② im Zentrum (Zimmer mit Bad und AC, bewachter Parkplatz in Seitenstraße oberhalb). Der alte Ortskern liegt malerisch an einer Bergkuppe. An der Ortsausfahrt etwa 5 km vom Zentrum trifft man auf das hübsche **Rose Hotel**② (Tel. 0535 62 79 12).

Bei Taounate endet das Rif-Gebirge, Polizeikontrollen nach Rauschgift sind möglich. Auf breiter Straße geht es durch eine sanfte Hügellandschaft mit Olivenbäumen und Getreidefeldern in Richtung Fès bergab.

Bei **ca. km 100** erreicht man **Aïn-Aïcha,** einen großen Ort in schöner Lage am Fluss Ouerrha (Werra). Nach rechts (Westen) führt ein Abzweig nach Ourzarh und zur **Barrage Al Wahda,** dem größten Stausee Marokkos (siehe vorhergehende Route). 2 km hinter Aïn-Aïcha führt eine Brücke über die Ouerrha.

Bei **km 125** zweigt links eine Straße nach **Tissa** ab, das für sein Pferdefest mit Reiterspielen bekannt ist (Festival traditionnel du Cheval, Oktober). Die Straße führt durch hügelige Landschaft am Fluss **Inaouen** bzw. später Sebou entlang (viele Vögel im Frühjahr).

Bei **km 159** kann man zwei eindrucksvolle **Norias (Holzwasserräder)** im Fluss Sebou entdecken, ein weiteres folgt 5 km darauf. Bei **km 165 bzw. 167** geht es an einer **Kreuzung** links nach Taza und Oujda, geradeaus weiter nach Fès. Nach 3 km ist die Stadtmauer im Norden bzw. nach 5 km das nördliche Stadttor **Bab Guissa** (Parkplatz) bei **km 170** erreicht. Stadtbeschreibung **Fès** vgl. Kapitel „Der Mittlere Atlas, Fès und Mèknes)".

◁ Im Rif zwischen Targuist und Fès

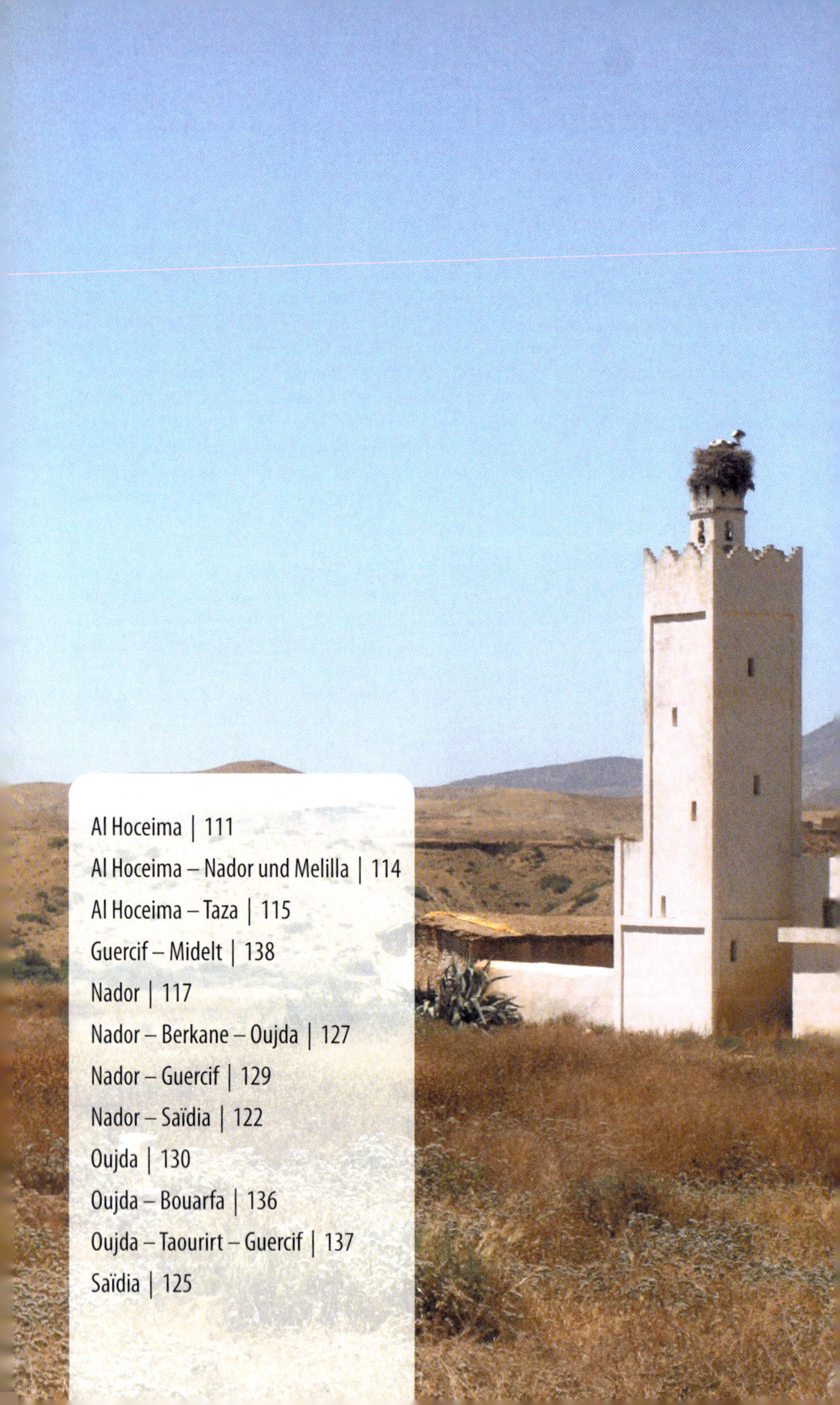

ma16_029ed

In den Landesteil östlich von Al Hoceima verirren sich ausländische Touristen nur selten. Neben Baden an den schönen Mittelmeerstränden kann man im ursprünglichen Hinterland – z.B. in den Beni-Snassen-Bergen – auf Entdeckungstour gehen.

2 Der Nordosten

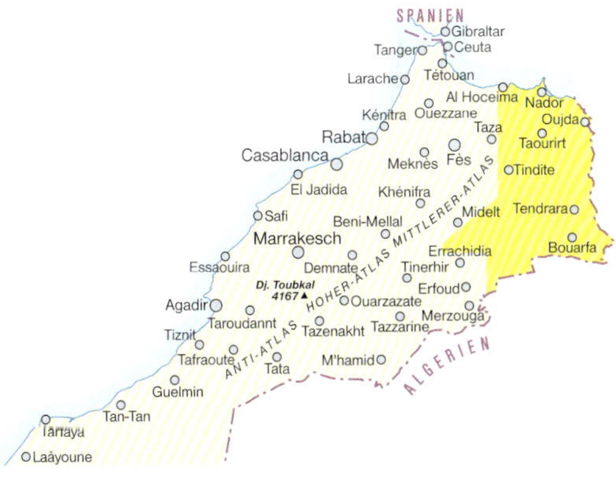

Karge Landschaft auf dem Weg nach Nador

2

Der Nordosten

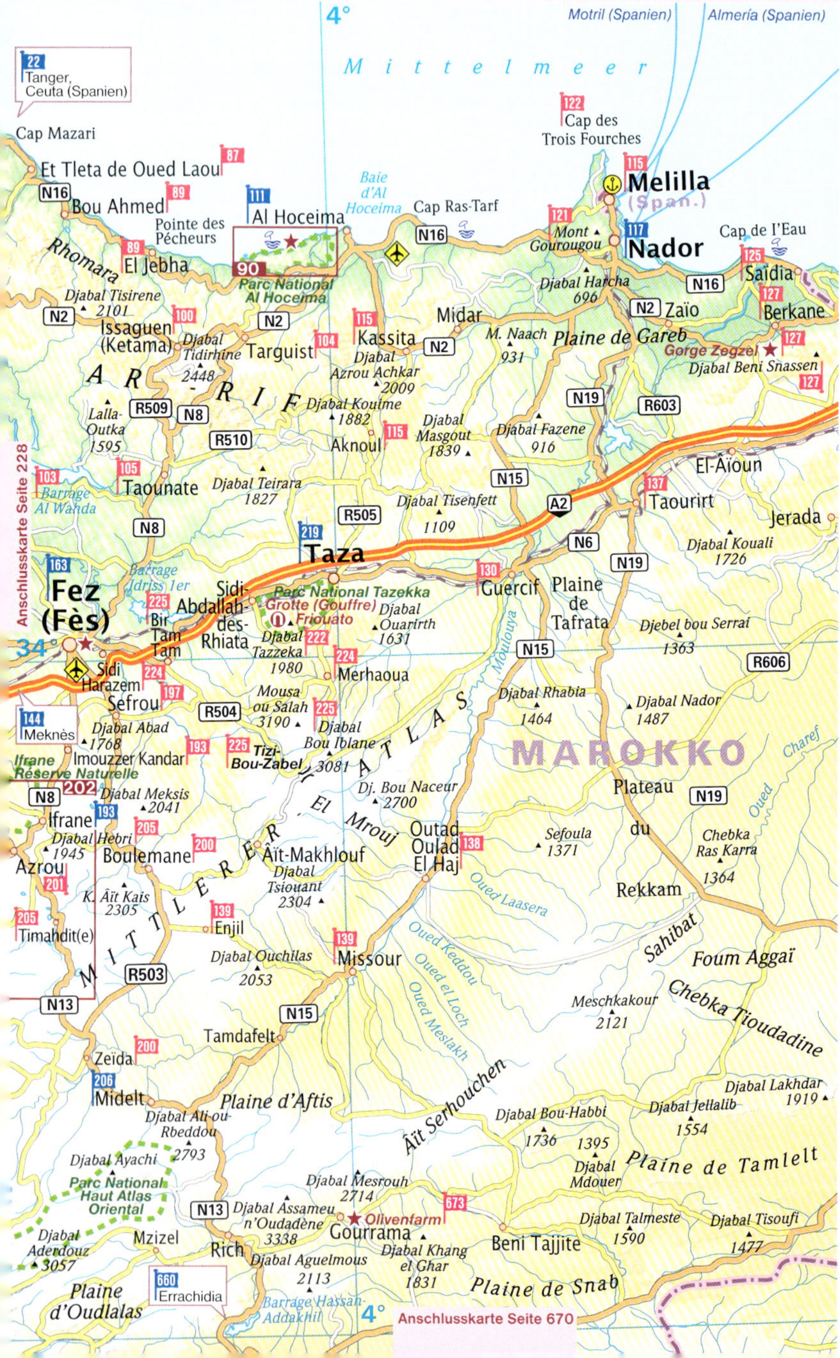

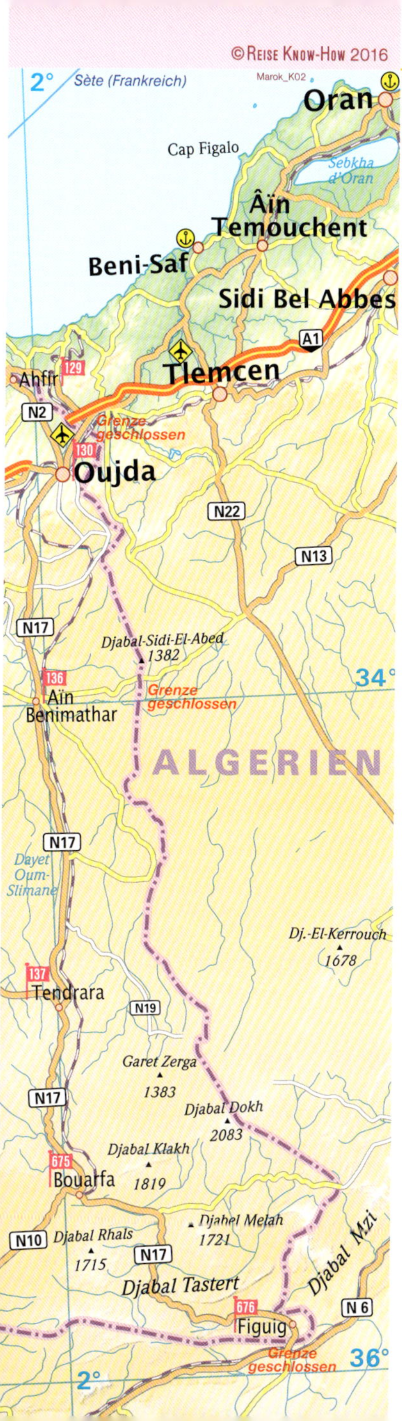

ÜBERBLICK

Die Gegend um Kalah Iris und Al Hoceima – eine der schönsten Regionen an der nordafrikanischen Mittelmeerküste – wurde in Form des Nationalparks Al Hoceima mit Gîtes und Wanderwegen für den Tourismus erschlossen (vgl. Rif und Mittelmeerküste). Die Stadt Al Hoceima ist im Sommer ein beliebter Badeort der Marokkaner und lohnt vor allem wegen ihrer Badebuchten in der Umgebung einen Besuch.

Die Region um Nador und Saidia ist durch die Fähranbindung von Almeria nach Melilla (span.) bzw. Nador und von Sète nach Nador gut an Europa angebunden. Auch eine Bahnlinie verbindet Tanger, Casablanca und Fès mit Nador, sodass man schnell und bequem in den Nordosten gelangen kann. Nador hat sich in den letzten Jahren, v.a. auch wegen der vielen marokkanischen Rückkehrer aus Europa, unglaublich entwickelt. Heute ist Nador eine moderne Küstenstadt mit guter Infrastruktur, die noch weitestgehend vom Tourismus unbe-

NICHT VERPASSEN!

- **Al Hoceima** – die Strände der Umgebung | 111
- **Mont Gourougou** – Picknickplätze mit Affenbesuch und Meerblick | 121
- **Mündung des Moulouya** – seltene Vögel beobachten | 123
- **Beni-Snassen-Berge und Zegzel-Schlucht** – blühende Berglandschaften mit Grotten und Wanderwegen abseits vom Touristenrummel | 127

Diese Tipps erkennt man an der gelben Hinterlegung.

Al Hoceima

0 — 200 m ©Reise Know-How 2016

Übernachtung
1 Chafarinas Beach Club
2 Mira Palace
3 La Perla
6 Suites Hotel Mohamed V.
9 Mercure Quemado Resort
10 Amir Plage
11 Al Khouzama
13 National
14 Populaire
15 Villa Florido
16 Camping Cala Bonita
17 Casa Paca, La Perla Bleu

Wassersport
4 Club Nautique

Essen und Trinken
8 Café Estrella, Café Nejma
12 Espace Miramar

Sonstiges
5 Ferry Maroc (Fährbüro)
7 Ketama Voyages (Reisebüro)

rührt blieb. In Saidia entstand ein riesiges Ferienresort mit luxuriösen Hotels und langen Sandstränden, die in den Sommermonaten v.a. einheimsche Badeurlauber bevölkern. Die nahe algerische Grenze ist geschlossen.

Von Berkane südlich von Saidia lohnt sich ein Ausflug in die Beni-Snassen-Berge und die Zegzel-Schlucht. Südlich von Ain Benimathar ist in der Wüste eines der größten Solarkraftwerke Marokkos entstanden. Von der modernen Großstadt Oujda im äußersten Nordosten Marokkos führt eine Teerstraße in die Wüste nach Figuig, wo man im Gegensatz zum Tafilalet und Drâa-Tal noch ursprüngliches Oasenleben abseits aller Touristenströme erleben kann.

Al Hoceima

Die moderne Stadt (ca. 132.000 Einwohner) liegt auf einem **Plateauberg** über dem Meer und zieht sich hinunter bis in die geschützte Bucht von Al Hoceima. Dort reihen sich hübsche, aber nicht ganz saubere – nur durch einige Felsen voneinander getrennte – Strände mit dunklem Sand aneinander. Nördlich des Stadtstrandes **Plage Quemado** schließt der Fischerhafen an. Die „Perle der marokkanischen Mittelmeerküste" sollte im Rahmen des touristischen Masterplans „Vision 2015" der Regierung komplett umgestaltet werden – so wurde die Hauptgeschäftsstraße **Bd. Mohamed V.** (mit Hotels, Banken, Restaurants) verschönert und der zentrale **Place Mohamed VI.** neu angelegt. Bis 2015 sollten 100.000 Hotelbetten zur Verfügung stehen und jährlich 300.000 Touristen kommen. Außer hässlichen Bettenburgen entlang des Strandes ist jedoch nicht viel entstanden, und so wurde die Stadt für europäische Touristen eher unattraktiver als anziehender. Eine neu eingerichtete Hotelfachschule soll dafür sorgen, dass gut ausgebildetes Personal den gewünschten Service für die Tourismusindustrie bietet.

Der Fährverkehr nach Almeria ist seit 2011 wieder eingestellt. Für Autofahrer sind die vielen Einbahnstraßen in Al Hoceima ziemlich verwirrend und führen manchmal nur mühsam zum Ziel – am besten man erkundet die Stadt zu Fuß.

Sehenswertes/Strände

Al Hoceima bzw. seine Umgebung ist vor allem für den Badetourismus interessant. Leider wurde die Bucht am kleinen Strand **Plage Quemado** (Zugang mit dem Kfz vom Hafen aus, dort Parkplatz) mit Apartmenthotels verbaut. Im Sommer drängeln sich marokkanische Urlauber am Strand. Einige Hotels bieten Aktivitäten wie Tennis, Reiten, Surfen und Bootsfahrten an.

Weniger besucht als die Plage Quemado sind die schönen, außerhalb gelegenen **Strände Tala Youssef** (langer schwarzer Sandstrand mit nur im Sommer geöffneten Cafés), **Sabadilla** (Strandpromenade und Cafés, Parkplätze) sowie die durch den Marineposten abgetrennte Felsbucht **Plage Almoud** (mit Sandstrand, N 35°14,669', W 03°57,934'), wo man auch schnorcheln kann. Die letztgenannten Strände kann man bequem mit dem Stadtbus vom Bd. Mohamed V. in Richtung Izemmouren erreichen, eine Haltestelle liegt direkt oberhalb der Bucht. An den Parkplätzen ist auch eine Übernachtung mit dem Wohnmobil möglich. Die Toiletten und Strandduschen sind jedoch nur im Sommer geöffnet. Am besten erreicht man diese Strände, wenn man der breit ausgebauten, palmengesäumten Küstenstraße nach Westen folgt. Weitere schöne Badestrände wenige Kilometer südlich sind **Cala Bonita, Isly, Sifiha** und **Espalmadero** sowie die **Bucht von Ajdir.** Diese Strände erreicht man am besten mit dem Grand Taxi. Auch ein Stadtbus fährt vom Bd. Mohamed V. in Richtung Ajdir.

An **historischen Bauwerken** hat Al Hoceima nichts zu bieten, da die Stadt erst im Jahr 1926 von spanischen Soldaten als Stützpunkt gegründet wurde. Aber in der Umgebung und im Al-Hoceima-Nationalpark gibt es einige bis zu 400 Jahre alte Ruinen, die durchaus einen Besuch lohnen. Auf der vorgelagerten Insel Peñón de Alhucemas konnten sich schon vor 250 Jahren die Spanier festsetzen und eine weiße Festung errichten (kein Zutritt).

Wer sich für den Fischfang interessiert, kann den **Fischerhafen** nördlich der Plage Quemado besuchen. Im **Club Nautique** gibt es den Fang des Tages zu essen.

Markttag in Al Hoceima ist der Dienstag.

Praktische Informationen

Informationen für Touristen

- **Délégation Régionale du Tourisme,** Rue Al Hamra, Cala Bonita, Tel. 0539 98 11 85, Mo bis Fr 9–13 und 15–18 Uhr, Sa 9–13 Uhr. Hier erhält man Infos zur Stadt und zum Nationalpark Al Hoceima.
- **Association Rif pour le Tourisme Rural** (ARDTR), 130, Bd. Abdelkrim el Khattabi, Hay el Manzah, Tel. 0539 98 43 11. In einem Schulgebäude mit der Aufschrift „Fondation Mohamed VI de Promotion des oeuvres sociales de l'éducation-formation" findet man den Schulleiter und Vorsitzenden der ARDTR. Er gibt gerne Informationen zum Al-Hoceima-Nationalpark und kann Ausflüge mit Übernachtung in einer Gîte organisieren.

Unterkunft

Oberklasse

- **Mercure Quemado Resort**④, direkt am Stadtstrand, Tel. 0539 84 22 00, www.accorhotels.com. Komfortables 4-Sterne-Hotel mit 121 modernen Zimmern mit AC, TV, Minibar, WLAN und z.T. Balkon mit Meerblick. Pool, Hammam und Massageangebot. Restaurant mit internationaler Küche.
- **Mira Palace**④, Espace Mirador, Tel. 0539 84 00 84, 84 12 86, www.mirapalace-hotel.com. Glitzerndes, modernes 4-Sterne-Hotel mit komfortablen Zimmern, tollem Meerblick, Pool und eigenem Parkplatz.
- **Suites Hotel Mohamed V.**④, Place Mohamed VI., am Stadtstrand Quemado, Tel. 0539 98 22 34, quemado @sogatour.ma. Der alte hässliche Betonklotz wurde 2010 komplett renoviert und mit vier Sternen versehen. Komfortable Zimmer mit Balkon und schönem Blick über die Bucht.

Mittelklasse

- **Amir Plage**③, Plage Matadero, Tel. 0539 98 32 90, www.hotelamirplage.com. Zweistöckiges Hotel direkt am Strand, Zimmer mit Balkon oder Terrasse mit Meerblick, WLAN verfügbar.
- **Casa Paca**③, Plage Sfiha (ca. 4 km östlich vom Zentrum, Richtung Ajdir, Wegweisung „Plage Sfiha" beachten), Tel. 0539 80 27 32, www.casapacamarruecos.com. Gästehaus in herrlicher Lage mit Strandblick, allseits gelobt für Essen, Frühstück, Zimmer und Personal.
- **Chafarinas Beach Club**③, 5 km westlich am Strand Tala Youssef (Richtung Izemmouren), Tel. 0539 84 16 05, chafarinasbeach@menara.ma. Die Bungalowanlage (mit AC, Restaurant/Bar, Pool, Sportangebot und bewachtem Parkplatz) entspricht nicht mehr 4-Sterne-Niveau, eignet sich aber dank ihrer Lage gut zur Erkundung der Stadt.
- **La Perla**③, Av. Tarik Ibnou Ziad (nahe des Zentrums, gegenüber dem Sportstadion), Tel. 0539 98 45 13, www.hotelperlamorocco.com. Mehrstöckiges Mittelklassehotel mit Glasfassade, gutes Preis-Leistungsverhältnis, 30 klimatisierte Zimmer und Suiten, Restaurant mit Pizza und Fischgerichten.

Günstig

Unser Tipp: **Villa Florido**②-③, 40, Place du Rif, Tel. 0539 84 08 47, www.florido.alhoceima.com. Das sehr empfehlenswerte Traditionshotel (seit 1929) in einem Art-déco-Haus direkt im Zentrum wurde vor einigen Jahren komplett renoviert. Zimmer mit Bad und TV, Cafeteria mit günstigem Frühstück, WLAN verfügbar, Organisation von Wander-, Schnorchel- und Bootstouren möglich. Rucksacktouristen willkommen – das Hotel wirbt mit „Backpacker Specials".

- **Al Khouzama**②, Ecke Rue Al Mouahidine/Rue Al-Andalous (Parallelstraße zur Av. Mohamed V., N 35°14,563', W 03°55,817'), Tel. 0539 98 56 69, hotelalkhouzama @hotmail.com. Beliebtes Travellerhotel, alle (nicht immer sauberen) Zimmer mit Bad. Billardraum, bewachter Parkplatz, WLAN verfügbar.
- **La Perla bleu**②, am Kreisverkehr nahe dem Busbahnhof, 3 km östlich vom Zentrum und 1 km östlich vom Strand Cala Bonita. Relativ neues, nettes kleines 2-Sterne-Hotel.
- Billige, **sehr einfache Hotels** finden Traveller zwischen dem Place du Rif und dem Markt (Souk).

Camping

- **Wildcamping-Möglichkeit** evtl. am Kiesstrand östlich der Stadt: Von der Hauptstraße nach Nador in Richtung Friedhof abbiegen und auf einer Piste entlang eines Bachbettes bis zum Strand fahren. Stellplätze für **Wohnmobile** auf den Parkplätzen an den Stränden Almou und Sabadilla.
- Eine **Gas-Abfüllstation,** an der man Gasflaschen erhalten oder auffüllen kann, gibt es bei **Salam Gaz** bei Izemmouren, N 35°10,741', W 03°39,633'.

Essen und Trinken

- **Café Estrella,** Bd. Mohamed V. Großes Café mit Süßspeisen und herrlichem Blick durch die Panoramafenster auf die Bucht.
- **Café Nejma,** Bd. Mohamed V. (direkt neben dem Estrella). Toller Ausblick auf die Bucht von der hübschen Terrasse, etwas gemütlicher als das Estrella.
- **Club Nautique,** im Fischerhafen, Tel. 0539 98 14 61. Schon etwas in die Jahre gekommenes, dennoch nettes Fischrestaurant mit Terrasse (leider ohne Blick), vielen Pflanzen, schnellem Service, Alkoholausschank, (frittiertem) Fisch und Calamari. Günstiger ist es an der Fischbude direkt nebenan.

UNSER TIPP: **Espace Miramar,** Rue Moulay Ismail, Tel. 0539 98 42 42. Großer Restaurantkomplex mit Terrassen über dem Meer und herrlichem Ausblick auf den Quemado-Strand und den Fährhafen. Zu essen gibt es Pizza, Eiskaffee, Fisch und marokkanische Spezialitäten. Abendunterhaltung mit Amazigh- (Berber-) und Gitarrenmusik.

Taxis/Sammeltaxis

Ein Standplatz für **Taxis** befindet sich am Pl. Mohamed V. Die **Grands Taxis** fahren am Busbahnhof (s.u.) ab. Ein Sammeltaxi zum Plage Sfiha kostet ca. 15 DH/Pers.

Busse

Der **Busbahnhof** liegt ca. 1,5 km außerhalb im Süden an der Straße in Richtung Ajdir, neben der Kaserne und nahe des Abzweigs zur Plage Cala Bonita (CTM, Supratours und weitere Privatlinien).

Verbindungen und Preise

- **Nador:** 2x tägl. mit CTM, 3 Std. Fahrzeit, 50 DH.
- **Taza – Casablanca:** 2x tägl. mit CTM (morgens und Nachtbus), 12 Std. Fahrzeit, 200 DH; nach Taza ca. 4 Std. Fahrzeit, 70 DH.
- **Fès – Meknès – Rabat:** 2x tägl. mit CTM (morgens und Nachtbus), 10 Std., ca. 170 DH. Nach Fès ca. 6 Std., 110 DH; nach Meknès ca. 7½ Std., 130 DH.
- **Chefchaouen – Tétouan:** 2x tägl. mit CTM (mittags und Nachtbus), 110 DH, 7–8 Std.; nach Chefchaouen ca. 6 Std., 85 DH; weitere Privatbusse mehrmals täglich (Weiterfahrt nach **Tanger**).
- **Tanger:** 1x tägl. mit CTM (Nachtbus), etwa 11 Std., 120 DH.
- **El Jebah:** mehrmals täglich mit Privatbuslinien.

Fähren

Vom Hafen nördlich der Plage Quemado verkehren einmal wöchentlich Fähren der Gesellschaft Naviera Armas **nach Motril (Granada).** Mehr Informationen vgl. „Praktische Tipps A–Z/Anreise/Fähren".

Sonstiges

- **Ketama Voyages,** 138, Bd. Mohamed V., Tel. 0539 98 51 20, www.ketamavoyages.com. Reisebüro, Flug- und Fährbuchungen etc.
- Mehrere **Banken** am Bd. Mohamed V.
- **Hauptpost** an der Av. Moulay Idriss Akhbar.

Al Hoceima blickt von einem Plateauberg aufs Meer

ma11-080 ad

Feste/Veranstaltungen

- **Festival méditerranéen d'Al Hoceima,** einwöchiges Musikfestival im August.
- **Moussem des Amandes (Mandelfest),** Cercle d'Ajdir, Anfang August.

Ausflüge

Von der Stadt lohnen sich Ausflüge in den **Nationalpark Al Hoceima** (vgl. „Von Tétouan entlang der Küste nach Al Hoceima") und zu den **Stränden** der Umgebung. Rucksackreisende haben es in Al Hoceima jedoch schwer: Um in den Nationalpark oder zu den Stränden außerhalb zu gelangen, bleibt meist nur die Möglichkeit, ein Grand Taxi zu mieten.

Von Al Hoceima nach Nador und Melilla

- **140 km, N 16 entlang der Küste.**
- Die breite, gut ausgebaute **N 16** (bis kurz hinter Ajdir vierspurig) ist landschaftlich schöner als die vierspurig ausgebaute Hauptverbindungsstrecke Richtung Osten (N 2). Sie führt meist küstennah bis Nador und von dort weiter nach Melilla – immer wieder bieten sich Badegelegenheiten in hübschen Buchten.
- Gute **Busverbindung** bis Nador und zur Grenze Beni Enzar. Ab Segangane bzw. Gare Sud führt eine Bahnlinie bis Beni Enzar (von Taourirt und Fès kommend).

Von Al Hoceima auf der vierspurigen Straße Richtung Nador geht es ca. 1 km nach dem Zentrum bei einem Kreisverkehr links ab zum hübschen kleinen Strand **Cala Bonita.** Wenig später folgt der Abzweig zur **Plage Isly** vor der Brücke über den Oued Isly. Wieder 2 km weiter (6 km hinter Al Hoceima) geht es links zur **Plage Sfiha** ab, einem schön gelegenen schwarzen Sandstrand (2,5 km).

Bei ca. **km 7** erreicht man den großen Ort **Ajdir** mit einer T-Kreuzung **(N 35°14,049', W 03°55,425'):** links weiter nach Nador, rechts nach Tétouan und Fès. Hinter Ajdir bietet sich ein schöner Ausblick auf die spanische Felsinsel **Peñón de Alhucemas** vor der Küste.

10 km hinter Al Hoceima geht es an einer **Kreuzung** links auf der Küstenstraße N 16 weiter Richtung Nador (rechts auf der N 2 Richtung Kassita/Taza). Bei **km 12** führt ein weiterer Abzweig zur **Plage Sfiha,** 4 km weiter zur **Plage Souani** mit Eukalyptus- und Pinienwald (evtl. Wildcampingmöglichkeit).

Durch relativ dicht besiedeltes Gebiet geht es vorbei an der Mündung des **Oued Nekor** mit kleinem Wäldchen bis **Oued Tighza,** das nach gut **34 km** erreicht ist (Kiesbucht).

Nach ca. **45 km** folgen einige sehr hübsche schwarzsandige Meeresbuchten entlang der Erosionsküstenlandschaft. Bei ca. **km 52** liegt ein langer schöner Sandstrand an der Mündung des **Oued Assekrane.**

Nach etwa **57 km** lädt die Raststätte **Aire de Repos de Taghazine** zu einer Pause ein. 1 km weiter folgt der Ort **Taghazine.** Hinter **Port Sidi Hussain** (kleiner Fischerhafen) und einer Brücke (km 63) führt die Straße etwa 16 km an der wenige hundert Meter entfernten Steilküste entlang (schöne Aussicht).

Etwa **94 km** hinter Al Hoceima liegt rechter Hand das nette **Motel Delta Kert**② (Tel. 0536 34 7171, www.motel-deltakert.com) mit schönem Ausblick auf die darunterliegende Bucht. Bei der Mündung des Oued Kert und einer schönen Bucht endet die Provinz Driouch und die Straße führt weg von der Küste in Richtung Segangane und Nador.

21 km nach dem Motel und knapp **115 km** von Al Hoceima entfernt erreicht man den **Abzweig zum Hotel Mont Vert** und nach Gourougou (vgl. Stadtbeschreibung Nador). 800 m weiter folgt ein **Kreisverkehr,** an dem es rechts nach Saïdia und links weiter nach Nador geht. Bei **km 118** ist **Segangane** erreicht, ein großer Ort, der fast nahtlos mit Nador verschmlizt; an der Kreuzung links halten.

Nach weiteren 6 km geht es auf vierspuriger Straße vorbei am Gare du Sud. Bis **Nador**

– etwa **125 km hinter Al Hoceima** – folgen diverse Abzweige Richtung Arkmane Plage, Saïdia etc. Stadtbeschreibung Nador s.u.

Kurz hinter Nador Richtung Melilla folgt ein Polizei-/Militärkontrollpunkt. 9 km hinter Nador (ca. km 135) ist die **Grenze bei Beni Enzar** erreicht. Dort befindet sich die Endstation der Eisenbahnlinie die Fès/Casablanca mit Nador und Beni Enzar verbindet. Auch ein Stadtbus verkehrt zwischen Nador und der Grenze. Der Sammeltaxistandplatz liegt in einem ummauerten Gelände hinter dem Café Miramar. Die Wartezeiten an der Grenze können v.a. zu Ferienzeiten lange dauern.

3 km hinter der Grenze, etwa bei **km 138** ab Al Hoceima, ist **Melilla** erreicht (Hotels und weitere touristische Infos unter www.melillaturismo.com). Acciona Trasmediterranea verkehrt von Melilla nach Almeria (vgl. „Praktische Tipps A–Z/Anreise").

Wichtig: Wer in Melilla die Fähre erreichen will, sollte unbedingt auf die **Zeitverschiebung** achten. Etwa zwischen April und Oktober (je nach marokkanischer Sommerzeit) ist es in Melilla schon zwei Stunden, im Winter eine Stunde später. Wenn der Ramadan in den Sommer fällt (im Ramadan ist die Sommerzeit außer Kraft gesetzt), dann gibt es nur eine Stunde Zeitunterschied.

Von Al Hoceima nach Taza

- **N 2, R 505, 141 km.**
- Diese reizvolle, nicht immer gute Straße führt kurvig durch die Berge und Wälder des Rif. Sie eignet sich gut als Verbindungsstrecke für eine Weiterfahrt in den Mittleren Atlas (Tazeka-Nationalpark) und nach Fès.

Wer **von Al Hoceima direkt Richtung Süden** nach **Taza** fahren möchte, wählt die N 2 Richtung **Kassita.** Die N 2 führt an Im-Zouren vorbei und erreicht nach einigen Kilometern die Staumauer des **Oued Nekor,** der zum Stausee Mohamed Abd el Krim aufgestaut wurde. Die kurvige, nicht immer gute Bergstrecke führt ca. 20 km nach dem Abzweig bergab und erreicht nach 2 km die Brücke über den Oued Nekor.

Danach geht es wieder bergauf und -ab durch eine schöne Schlucht und einen Pass mit Pinienwald, bis nach ca. **42 km Kassita,** ein ärmliches Dorf, erreicht ist. Von dort führt eine breite und gute Teerstraße (R 505) durch eine karge Bergregion auf **20 km** hinauf zum Dorf **Tizi Ouzli** auf der Passhöhe. Hier gibt es eine Tankstelle mit kleinen Läden, eine Bank und eine Autowerkstatt. Nach weiteren 9 km erreicht man wieder eine Passhöhe, wo Walnüsse, Mandeln und Honig verkauft werden.

37 km hinter Kassita folgt eine Kreuzung, an der es links weiter nach Taza geht (61 km), rechts nach Boured. Weiter auf ausgefranster Straße Richtung Taza. Nach 2 km ist **Aknoul** erreicht. Der große Ort mit Bank, Tankstelle und einem weitläufigen Marktgelände liegt in einem Flusstal mit vielen Olivenhainen und Pinienwäldern.

Hinter Aknoul führt die nun bessere Straße entlang eines schönen Flusstals mit Feldern und Olivenhainen. An der Kreuzung 16 km hinter Aknoul geht es links nach Saka und weiter geradeaus nach Taza. Nach weiteren 7 km führt ein Abzweig rechts nach **Taineste.** Wir fahren auf vierspuriger Strecke *(voie express)* geradeaus weiter entlang eines kargen Flusstals Richtung Taza. Die große **Kreuzung** zur **Autobahn Fès – Oujda (A 12)** ist bei **N 34°13,802', W 03°59,737'** erreicht; rechts weiter nach Taza und Fès. Nach einem weiteren Kilometer auf der A 12 biegt man bei einem **Kreisverkehr links** Richtung Bab Boudir, Jebel Tazekka und Haut Taza (Altstadt) ab. Vorbei am Supermarkt Marjane erreicht man 4 km weiter das Palais Municipal, das Rathaus von **Taza.** Stadtbeschreibung Taza vgl. Kapitel „Mittlerer Atlas, Fès und Meknès".

Nador

0 200 m

Marok_34

Übernachtung
1 Le Mont Vert
2 Azzaifun (Le Gites de Rif)
3 Annakhil
4 Ryad
8 Mercure Nador Rif
9 Méditerranée
10 Magrib
11 Mansour Eddahabi
12 Ismail
13 Geranio
14 Babel
16 Giralda
18 Barcelona
19 L'Aéroport

Essen und Trinken
7 Villa Napoli
9 Méditerranée
12 Ismail
15 Molen

Sonstiges
5 Ketama Voyages
6 Royal Air Maroc
17 Kabdani Voyages

Nador

Nador ist eine moderne Industrie- und Hafenstadt (Stahlproduktion) mit ca. 170.000 Einwohnern an der **Lagune des Sebhka Bou (Bu) Areg.** Die Bevölkerung ist vorwiegend berberischen Ursprungs (Tamazight). Im Hafen entstand eine 20 ha große **Freihandelszone,** und neuerdings ist die Stadt mit mehreren Bahnhöfen (Gare du Sud bei Segangane, Gare Nador Ville im Zentrum, Beni Enzar am Hafen bzw. nahe der Grenze) an das Eisenbahnnetz angeschlossen. Auch einige Fluglinien steuern diese wichtige Stadt an.

Mehr als 20% der marokkanischen **Migranten** in Europa stammen aus der Region Oriental, also aus Nador, Oujda und Umgebung – der deutsch sprechende Bevölkerungsanteil in Nador ist deshalb erstaunlich hoch.

Bislang war Nador für den europäischen **Touristen** fast nur als Versorgungsstation bei Ankunft in Marokko mit der Fähre interessant. Mit der Fluganbindung nach Europa bietet sich Nador aber auch als Ausgangspunkt für Touren ins schöne Hinterland, ins Rif und an die Mittlemeerküste an. Zur Steigerung der Attraktivität der Stadt für Touristen werden in die Erneuerung der Küstenzone und der Lagune von Nador im Rahmen des **Projekts Marchica** mehr als 1 Mrd. Euro investiert. Hier sollen ein Golfplatz, eine Marina, mehrere Luxushotels und Apartments entstehen, aber auch Naturzonen zum Vogelschutz und zur Erholung ausgewiesen werden (www.atalayoun.com).

Das in den letzten Jahren aufgepeppte **Zentrum der Stadt** befindet sich (von der Autobahn kommend) rechts der Schnellstraße und der Bahnlinie. Eine gepflegte Hauptstraße mit Palmenallee führt zum Nador-Strand. Hier und entlang der Strandpromenade reihen sich zahlreiche Cafés und Restaurants. Es gibt ein Vergnügungszentrum und einen Kai, von dem kleine Ausflugsboote in der Lagune kreuzen. Auch das bergige Hinterland, das **Kap Ferkhana** (Drei-Gabel-Kap) und der **Mont Gourougou** mit Picknickplätzen und einer kleinen Berberaffenpopulation sind für Touristen interessant. Von den Anhöhen hat man herrliche Ausblicke auf die Stadt und die benachbarte Enklave Melilla.

Praktische Informationen

Informationen für Touristen

- **Délégation régionale du Tourisme,** 57, Rue Segangane und 88, Bd. Ibn Rochd, Tel. 0536 33 03 48, nador@tourisme.gov.ma.
- Touristische Infos über die Region Oriental: **www.oriental-tourisme.com.**

Unterkunft

Oberklasse

- **Mercure Nador Rif**④, 1, Av. Ibn Tachfine, Tel. 0536 32 85 00, www.accorhotels.com. Modern durchgestyltes 4-Sterne-Haus mit dem zu erwartenden Luxus. Klimatisierte Zimmer mit Balkon (z.T. mit Meerblick), großer Pool, Restaurant, Bar und Nachtclub, WLAN verfügbar. Das freundliche Personal spricht auch englisch. Günstige Buchung über booking.com.
- **Ryad**③, Av. Mohamed V./Ecke Hassan I., Tel. 0536 60 77 17, hotel-ryad@menara.ma. Mehrstöckiges 4-Sterne-Hotel im Zentrum (nicht zu übersehen). Gute, aber zu teure Zimmer, freundlicher Service, von den oberen Etagen Blick auf die Lagune, verrauchte Bar mit Alkoholausschank.

Mittelklasse

Unser Tipp: **Le Mont Vert**③-④, Azrou Hamar Gourougou Zeghangane (an der Strecke zum Mont Gourougou, s. „Ausflüge"), Tel. 0536 34 74 29, 0536 34 72 96, www.lemontvert.com. Die schöne Hotelanlage mit gehobenem Mittelklasse-Standard in herrlicher Lage hat ansprechende Zimmer mit Meerblick, einen Pool im großen Garten und sehr freundliches Personal – eine ideale Basis zum Wandern und Entspannen. WLAN verfügbar.

- **Annakhil**③, 185, Bd. de Tanger, Tel. 0536 33 58 67. Typisch marokkanisch gestaltetes, angenehmes 3-Sterne-Hotel mit 39 Zimmern mit TV, AC und Kühlschrank. Parkplatz vorhanden, viel besuchte Bar. WLAN verfügbar.

■ **Azzaifun (Le Gîtes de Rif)**③, Azro Hamar Gourougou, Zeghanagane (auf dem Weg zum Mont Gourougou, nahe dem Hotel Mont Vert), Tel. 0536 35 30 23 oder 0661 46 91 67, www.azzaifun.com. Hübsche Holzbungalows (für bis zu 7 Pers.) in ruhiger Lage im Grünen, unter französischer Führung, gutes Restaurant, für den gebotenen Standard relativ teuer. Breites Aktivitätenangebot: Wandern, Klettern, Radfahren, Quadfahren u.a.

■ **Babel**③, 105, Av. Mohamed VI., Tel. 0536 60 69 01, www.hotelbabelnador.com. Empfehlenswertes 3-Sterne-Hotel mit klimatisierten und gepflegten Zimmern. Gutes Restaurant, bewachter Parkplatz, sehr freundliches Personal. WLAN verfügbar.

■ **L'Aéroport**③, Lotissement 40, N 22 Lot Al Matar, Tel. 0536 38 17 22. Kitschig-marokkanisch gestaltetes Mittelklassehotel einige Kilometer südlich des Zentrums (20 km zum Flughafen), komfortable Zimmer (AC und TV) und eigener Parkplatz. WLAN verfügbar.

■ **Mansour Eddahabi**③, 105, Rue de Marrakech, Tel. 0536 60 31 73. Angenehmes 3-Sterne-Haus im Zentrum, klimatisierte Zimmer mit TV, Parkplatz an der Straße.

Günstig

■ **Méditerranée**②-③, 2–4, Av. Youssef Ben Tachfine/My. Hassan I., Tel. 0536 60 64 15, hotel.mediterranee@gmail.com. Eines der besten (unteren) Mittelklasse-Hotels der Stadt: schöne Einrichtung und guter Service, gutes Restaurant, einige Zimmer mit Balkon und Meerblick. WLAN verfügbar.

■ **Ismail**②, 34, Av. Mohamed VI. (Bd. El Amir Mohamed), Tel. 0536 33 26 53. Ordentliches Hotel mit 21 Zimmern mit Bad, nette familiäre Leitung.

■ **Giralda**②, Av. des F.A.R., Tel. 0536 60 63 77, lagiralda2003@yahoo.fr. Freundliches, in die Jahre gekommenes Hotel mit einfachen Zimmern. Kein Parkplatz, aber Wächter an der Straße. WLAN an der Rezeption.

■ **Barcelona**①, Mont Aroui, Bd. Hassan II., Tel. 0536 36 15 74. Nur etwa 5 Taxi-Min. vom Flughafen entfernt (zu Fuß 30 Min.). Sauber, freundlich, preiswert.

■ **Geranio**①, 16, Rue No. 20, Quartier Khattabi, Tel. 0536 60 28 28. Preiswertes Hotel mit 30 sauberen, aber (zur Straße hin) lauten Zimmern mit Bad in der Nähe des Busbahnhofs.

ma16_024 ed

Camping

Der Campingplatz in Karriat Arkman(e) ca. 20 km von Nador am schönen Arkmane-Strand musste der Neugestaltung der Küstenzone weichen. **Wildcampen** ist evtl. an der neuen Strandpromenade in Arkmane Plage oder beim dortigen Hotel möglich.

Wohnmobilisten finden Stellplätze an den diversen Picknickplätzen am Mont Gourougou und am Gabelkap.

Essen und Trinken

Zahlreiche Restaurants und Cafés befinden sich an der Uferpromenade und in den Seitenstraßen.

- **Bella Italia,** 158, Av. des F.A.R., Tel. 0536 60 66 62. Zentrale Lage, leckere Pasta und Pizza, aber auch Fischgerichte.
- **Ismail,** beim gleichnamigen Hotel, Bd. Mohamed VI. Preiswertes Café mit guten Milchshakes.
- **Méditerranée** im gleichnamigen Hotel (s.o.). Gutes Essen ab 70 DH pro Gericht.
- **Molen,** Bd. 80, im südlichen Ortsteil Hay al Matar (vom Zentrum kommend in Richtung Selouane, Oujda und Flughafen links der Schnellstraße). Sehr hübsches, modernes Café-Restaurant mit Patisserie und Terrasse, gutes Angebot an Pizza, Meeresfrüchten und mediterraner Küche. Mittlere Preisklasse.
- **Romero,** 48/50, Av. Youssef Ben Tachfine, Tel. 0536 33 27 77. Sehr gute internationale und italienische Spezialitäten, aber nicht gerade preiswert.

Außenanlage des Hotels Le Mont Vert

Blick vom Mont Gourougou auf Nador

ma16_025 ed

■ **Victoria,** 392, Bd.. Hassan II. Eines der nettesten Café-Restaurants in Nador mit gutem Gebäck und Kuchen.

Einkaufen

■ **Marjane Supermarché** und **Centre Commercial** im Südwesten der Stadt, gut ausgeschildert von der Schnellstraße N19 nach Selouane im Viertel Taouima. Hier findet man fast alles, was das (europäische) Herz begehrt.
■ Eine gute Auswahl an Dingen des täglichen Bedarfs und landestypische Gebrauchsgegenstände gibt es auf dem **Markt** (Suq) im Complexe Commercial im Zentrum in der Av. Hassan II. (der Hauptverbindungsstraße zwischen Selouane und Nador, von Süden kommend rechts).

Taxis

Der **Gare Routière** für Sammeltaxis und Busse (beschildert) befindet sich rechts von der Haupteinfahrtsstraße nach Nador in der Av. des F.A.R. Ein Sammeltaxi zur Grenze bzw. zum Hafen kostet ca. 10 DH/Pers., nach Al Hoceima 65 DH, nach Oujda 60 DH. Ein **Taxi zum Flughafen** findet man ebenfalls am Busbahnhof für ca. 200 DH.

Busse

■ **Gare Routière** an der Av. des F.A.R. gegenüber der Polizei und nahe der Strandpromenade. Hier fahren die **Busse zur Grenze** ab (Linie 19, stündliche Abfahrt), auch Sammeltaxis (ca. 10 DH, 15 Min. Fahrzeit).
■ **Supratours (Bahnbus),** 28, Av. Mohamed VI., Tel. 0536 60 72 62.
■ Der **CTM-Busbahnhof** befindet sich an der Hauptstraße nach Beni Enzar (beim Hotel de la Marine).

CTM-Verbindungen und Preise

■ **Al Hoceima:** 2x tägl., 50 DH, 2½ Std. Fahrzeit
■ **Tanger:** Nachtbus, 12 Std. Fahrzeit, 160–190 DH.
■ **Fès – Rabat – Casablanca:** 1x tägl. (Nachtbus), bis Casablanca ca. 180 DH, bis Fès 110 DH, bis Rabat 150 DH, bis Fès ca. 5 Std. Fahrzeit, bis Rabat ca. 8 Std., bis Casablanca ca. 10 Std.
■ **Fès – Meknès – Tanger:** 1x tägl. (Nachtbus), ca. 190 DH, bis Fès 110 DH, bis Meknès 130 DH; bis Tanger ca. 12 Std. Fahrzeit, bis Fès ca. 5 Std., bis Meknès ca. 7 Std.
■ **Tétouan:** 1x tägl. spätnachmittags, 11 Std. Fahrzeit, 135 DH.
■ **Weitere Buslinien** nach Oujda, Saidia (ca. 35 DH), ins Rif und die kleineren Städte.

Bahn

Der **Hauptbahnhof Nador Ville** liegt an der Rue de Tanger gegenüber der Strandpromenade. Weitere Bahnhöfe (Nador Sud) nahe Zeghangane (Segangane) und im Norden beim Hafen Beni Enzar nahe der Grenze zu Melilla.

■ **Taza – Fès – Casablanca:** 3x tägl., meist Umsteigen in Fès bzw. Taourirt notwendig; bis Casablanca 185 DH 2. Kl., 10 Std., bis Fès 98 DH 2. Kl., 6 Std. Fahrzeit.
■ **Beni Nzar Port** (Beni Enzar nahe der Grenze): 4x tägl., 10 DH 2. Kl., 15 Min. Fahrzeit
■ **Taourirt:** 3x tägl., 20 DH 2. Kl., 1¾ Std. Fahrzeit; am Knotenpunkt Taourirt muss man in Richtung Casablanca (s.o.), **Oujda** (1x tägl., 70 DH, 4 Std. ab Nador) und **Guercif, Taza** umsteigen. Von dort auch Busverbindungen mit Supratours.

Fähren

Der **Hafen** von Nador liegt 10 km außerhalb in Beni Enzar kurz vor der Grenze.

■ **Trasmediterranea** (www.trasmediterranea.es) verkehrt zur Hauptsaison täglich von Beni Enzar nach Alméria: Abfahrt in Beni Enzar um 11 Uhr, Ankunft um 18 Uhr bzw. Abfahrt in Alméria um 11 Uhr, Ankunft in Beni Enzar um 16 Uhr; 6 Std. Fahrzeit.
■ **Naviera Armas** (www.navieraarmas.com) steuert mehrmals wöchentlich Motril (Granada) an.
■ Zu den Verbindungen vgl. auch „Praktische Tipps A–Z/Anreise/Fähren".

Flugverbindungen

Der **Flughafen** befindet sich in El Aroui 20 km außerhalb, Tel. 0536 36 10 75.

■ **Royal Air Maroc,** 45, Bd. Mohamed V., Tel. 0536 60 57 76.

■ **Inlandsflüge:** 3x wöchentlich nach **Casablanca.**
■ **Internationale Flüge:** Ryan Air fliegt ab Frankfurt/Hahn direkt nach Nador, Air Berlin bietet eine Flugverbindung nach Melilla an. Vueling hat Umsteigeverbindungen (über Barcelona) von vielen europäischen Flughäfen nach Nador im Angebot.

Rund ums Auto

Autoverleih

■ **Akloud Car,** 28, Nouvelle Route Beni Enzar (ggü. Café Siglo XXI), Mobil 0658 20 00 20 oder 0661 20 02 80, www.akloud-car.com.
■ **Hertz,** am Flughafen, Mobil 0694 70 04 14 *(Mohamed Ejdid).*

Werkstätten

■ Eine **Mercedes-Werkstatt** liegt an der Straße Richtung Oujda/Al Hoceima.
■ **Autoersatzteile** einiger deutscher Fahrzeuge (und Werkstattempfehlungen) sind über **Abdelaziz Azdoufal** (Mobil 0661 36 45 88, azdoufalinox@gmail.com) erhältlich. *Abdelaziz* ist in Frankfurt aufgewachsen und spricht sehr gut deutsch.

Reisebüros/-veranstalter

Buchung von Flug- und Fährtickets, Flughafentransfers etc. ist bei folgenden drei Anbietern möglich:

■ **Ketama Voyages,** 55, Bd. Mohamed V., Tel. 0536 60 61 91, 60 70 62, www.ketamavoyages.com.
■ **Europa Voyages,** 178, Bd. Hassan II., Tel. 0536 60 65 56 oder 0536 60 71 88.
■ **Kabdani Voyages,** 338, Bd. Al Massira, Tel. 0536 60 11 434, www.kabdani.ma.
■ **Soundouss Voyages/Nomade Escapade,** 21, Av. 3 Mars, Tel. 0536 60 66 02, Mobil 0618 18 49 42, m-kadaoui@hotmail.com, www.nomade-escapade.com. Der sehr gut deutsch sprechende, nette und kompetente Bergführer *Mohamed Kadaoui* organisiert u. a. Trekkings und Wanderungen im bislang nur wenig besuchten Nordosten, z.B. im Rif oder bei Saïdia, Oujda, Berkane, Beni-Snassen und Figuig.

Feste/Veranstaltungen

■ **Moussem Zaouia Sidi Benaissa,** in Hay Isabenène (Stadt Nador), 12. Rabia I.
■ **Moussem Alawia,** im Duar El Oumal bei Segangane, 19. Rabia I.
■ **Moussem Moulay Slimane,** in Ouled Haddou Rahar bei Selouane, im Oktober.

Ausflüge

Trekkings in der Umgebung und im Rif organisiert der sehr nette, gut deutsch sprechende Bergführer *Mohamed Kadaoui;* vgl. „Reisebüros/-veranstalter".

Zum Mont Gourougou und Drei-Gabel-Kap (Cap des Trois Fourches)

Dieser Ausflug führt zum Mont Gourougou, einem 900 m hohen **Bergzug vulkanischen Ursprungs,** und weiter ans Kap. Es bieten sich wunderbare Ausblicke aufs Meer und das Hinterland. Mit etwas Glück kann man Affen beobachten.

Am Kreisverkehr im Zentrum von Nador bei der Moschee in Richtung Westen (beschildert nach Zeghangane, Beni Boufrah und Nador Gare du Sud) abbiegen. Nach 7 km ist **Zeghangane** erreicht, ca. 500 m nach dem Zentrum führt rechts (Norden) ein beschildertet Abzweig Richtung Guirigou bzw. Gourougou.

2 km hinter Zeghangane und **9 km** von Nador entfernt mündet die Route in die Straße nach Al Hoceima ein; rechts weiter und gleich wieder rechts (Norden) in Richtung **Farkhana – Gourougou** den Berg hochfahren.

2 km nach dem Abzweig liegt links das **Hotel Le Mont Vert** (s.o.), kurz darauf rechts führt ein Pistenabzweig in Richtung des Hotels Azzaifun (vgl. „Nador/Unterkunft").

18 km hinter Nador (9 km vom Abzweig) erreicht man den Abzweig zum Picknickplatz und **Aussichtspunkt Tazrouda** (2 km, **20 km** von Nador). Die dortige **Maison Ecologique**

bzw. **Site d'Intérêt biologique de Gourougou** weihte der König im Jahr 2010 ein. Hier wurden 5400 ha Land – davon 1800 ha Wald mit Aleppo-Kiefern, Thuyen, Zypressen, Eukalyptus, Eichen, Pistazien und Duftkasuarinen – als **Bio-Reservat** ausgewiesen. Im Gebiet leben u.a. Wildschweine, Füchse, Makaken-Affen, Igel und Stachelschweine. Auf Tafeln werden Flora und Fauna der Region erklärt. Außerdem wurden ein Spielplatz, Picknickplätze sowie Aussichtsplattformen angelegt, von denen sich ein herrliches Panorama ins Umland, aufs Meer und Nador bietet.

2 km weiter gibt es einen weiteren Aussichtspunkt und 3 km weiter geht es links auf einem kurzen Abzweig zum **Kalaat Tazrouda,** dem Turm von *Abd el Kader,* dem bekannten Freiheitskämpfer des Rif-Gebirges.

Entlang der Strecke bieten sich immer wieder prachtvolle Ausblicke auf die beiden Städte Nador und Melilla und deren Häfen. Außerdem passiert man ein eingezäuntes Gelände mit vielen Affen – nicht füttern, die Affen können aggressiv werden! 33 km hinter dem Kreisverkehr (ca. 26 km vom Abzweig) gabelt sich die Straße und führt links weiter nach **Farkhana** (Cercle Guelaia); hier findet im August der Moussem Zaouia Kadiria statt.

In Richtung Beni Enzar rechts weiter fahren, nach einem weiteren Kilometer liegt links das **Restaurant El Balcon** mit gutem Essen und Alkoholausschank. Kurz darauf führt links (nach Norden) eine Straße zum Gabelkap, die hinter der Grenze zu Melilla bergauf durch eine hübsche Landschaft mit Feigenkakteen und riesigen Agaven in Richtung Kap und **Charrane** (mit Leuchtturm, schlechte Piste dorthin) führt. Auf dieser Straße ist nach ca. 30 km das **Drei-Gabel-Kap (Cap des Trois Fourches)** mit sehr schönen Badebuchten und Café erreicht. Ein weiterer Ausbau der Ausflugsdestination steht bevor. Nach Beni Enzar (bzw. Nzar) und zur Grenze nach Melilla geht es rechts (nach Osten) weiter, nach ca. 1 km mündet man kurz vor der Grenze in die Hauptstraße Nador – Beni Enzar ein.

Von Nador nach Saïdia

- **Ca. 80 km, N 16.**
- Die **gut ausgebaute Teerstraße N 16** durch hügeliges und dünn bewachsenes Gebiet bietet bis auf einige hübsche Strände wenig Höhepunkte. Die Route verläuft ohne Steigungen an der Küste entlang. Auffällig sind die runden, zum Teil mit Lehm oder Fischernetzen abgedeckten Getreidehaufen entlang der Straße. Vogelliebhaber finden im Naturschutzgebiet an der Moulouya-Mündung (im kleinen Delta nördlich der Brücke) Beobachtungsmöglichkeiten. Am letzten Küstenabschnitt vor Saïdia ist das **Touristenresort Mediterrania Saïdia** mit Marina, Golfplatz, Einkaufszentrum und Luxushotels größtenteils fertiggestellt.
- **Busverbindungen** von Nador und Oujda nach Saïdia.
- Die **Grenze nach Algerien** ist geschlossen.

Am Kreisverkehr im Zentrum von **Nador** in Richtung Selouane halten (vierspurige Ausfallstraße). Alternativ ist es möglich, in Richtung Hafen (links) und auf der Strandstraße entlang der Lagune bis Kariat Arkmane zu fahren.

Geradeaus in Richtung Selouane folgt nach **5 km** ein weiterer **Kreisverkehr,** links geht es nach **Saïdia und Oujda,** rechts nach Al Hoceima und geradeaus nach Selouane – links weiter. Bei **km 18** passiert man den Ort **Arkmane** links der Schnellstraße. 1 km weiter zweigt links eine Straße nach Arkmane Plage ab, das bei **km 20** erreicht ist.

Der **Strandort Arkmane Plage** besteht vorwiegend aus Ferien- und Wochenendhäusern reicher Marokkaner. Die Strandpromenade zieht sich am Rande eines kleinen Eukalyptushaines in Richtung Osten das Meer entlang. Es gibt einige Cafés, die meist nur im Sommer geöffnet haben. Der lange Sandstrand ist ziemlich vermüllt. Wohnmobilisten finden neben der Polizeistation auf einem schattigen Parkplatz einen sicheren Stellplatz.

Zurück am Abzweig bzw. Kreisverkehr 1 km weiter, geht es entlang der Schnellstraße ostwärts. Nach 26 km (insgesamt **km 46**) folgt eine Raststätte mit Tankstelle. Bei **km 52** ist wieder ein Kreisverkehr erreicht, wir fahren links nach Ras el-Ma, geradeaus geht es nach Saïdia.

Der kleine Strand- und Fischerort **Ras el-Ma (Ras Qebdana)** ist nach 1 km erreicht. Im Bereich des Fischerhafens gibt es einige Restaurants, in denen man den Fang des Tages probieren kann. In der Markthalle kann man sich mit Lebensmitteln versorgen. Auf einem großen Parkplatz bei der Strandpromenade können Wohnmobilisten mit Erlaubnis der „Force Auxiliaire" übernachten.

Bei **km 58** ist das **Cap de l'Eau** (bzw. **Ras Qebdane**) mit der gleichnamigen Auberge mit Restaurant erreicht. Die Küste ist sehr zerklüftet, hier soll es Korallenriffe geben. Vom Ort kann man wieder auf die Schnellstraße nach Saïdia oder Zaio gelangen bzw. nahe der Küste entlang weiter nach Osten fahren.

Bei **km 63** führt eine Brücke über die **Moulouya** (übersetzt „die Gewundene"), mit 550 km der längste Fluss Marokkos. Naturinteressierte haben im **Vogelschutzgebiet** an der Flussmündung (Site d'intérêt biologique et écologique de la Moulouya) die Möglichkeit, zahlreiche Vogelarten, wie z.B. Marmelenten, Korallenmöwen und Flamingos, zu beobachten. Auf den vorgelagerten **Islas Chafarinas** (spanisch, kein Zutritt) leben Mönchsrobben. Im Mündungsgebiet des Moulouya kann man Wanderungen am endlosen Sandstrand unternehmen und baden gehen.

1 km hinter der Brücke **(km 64)** erreicht man bei einem Kreisverkehr wieder die Schnellstraße, auf der es rechts nach Oujda und Saïdia Zentrum geht, links entlang der Küste zum **Resort Mediterrania Saïdia,** das man nach 4 km bei **Gesamt-km 68** erreicht. Entlang einer 6 km langen Strandpromenade entstanden hier eine Marina, ein Golfplatz, komfortable Ferienwohnungen, Hotels, Restaurants und ein Marjane-Supermarkt (vgl. bei Saïdia). Die Stadt **Saïdia** liegt etwa 10 km weiter im Osten.

Menschenleerer Strand bei Saïdia

ma16_026 ed

Saïdia

Saïdia, nur 15 km von der algerischen Grenze entfernt, war schon immer ein **beliebter marokkanischer Badeort.** Seit 2009 wurde die bisher kaum von ausländischen Touristen besuchte Kleinstadt im Rahmen des „Plan Azur" zur Tourismusentwicklung (vgl. Kapitel Land und Leute/Tourismus) und der großflächigen Erschließung der Mittelmeerküste rund um Saïdia zum **internationalen Tourismuszentrum** ausgebaut. Saïdia hat einen sehr schönen – im Bereich der Luxushotels auch sauberen – **Sandstrand,** der sich einige Kilometer in Richtung Westen hinzieht. Die spanischen Luxushotels (Barcelo und Iberostar), der Golfplatz und die neue Marina ziehen zur Zeit vor allem Touristen aus Spanien an. Es entstehen immer mehr noble Villen und Apartments – viele wohlhabende Marokkaner haben hier Ferienhäuser. Im Sommer (Hauptsaison ist August) finden zahlreiche Veranstaltungen, auch Rai-Konzerte, statt. Dann zieht der Ort auch viele junge Marokkaner an, die sich in den Ferien für mehrere Wochen auf den brechend vollen Campingplätzen einrichten.

Das **Resort Mediterrania Saïdia** ist weitgehend fertiggestellt. Hier entstanden ein Jachthafen, ein Golfplatz, Luxushotels, -wohnungen und -villen, Restaurants, Boutiquen und ein Marjane-Supermarkt. Regionalbusse verbinden das Umland mit dem Ferienresort. In den hochpreisigen Hotels lässt es sich mit traumhaftem Meerblick, tollen Gartenanlagen und feinem Sandstrand Urlaub machen. In der Altstadt von Saïdia hat sich noch nicht viel geändert, und es bedarf noch einiger Verschönerungen, bis Saïdia wirklich die Ausstrahlung einer pulsierenden Mittelmeer-Urlaubsstadt hat.

ma16_166 ed

‹ Außenanlage des Hotels Iberostar Saïdia

Praktische Informationen

Unterkunft

In der Stadt mangelt es an Mittelklasse-Hotels, in den letzten Jahren entstanden nur Hotels der Luxusklasse am Strand. Die Luxushotels bucht man am günstigsten im Internet (z.B. www.booking.com). Die Zimmerpreise sind stark saisonabhängig.

Oberklasse

- **Be Live Collection**④, Station Balnéaire Mediterrania Saïdia, Tel. 0536 63 33 66, www.belivehotels.com. 5-Sterne-All-inclusive-Resort mit langem Privatstrand und allem Komfort. Schicke Zimmer mit Sat-TV und Balkon mit Meerblick. Pool, Spa und Fitnesscenter. Restaurant mit guter mediterraner Küche. Tennisplätze, Golfplatz in unmittelbarer Umgebung.
- **Iberostar Saïdia**④, Station Balnéaire Mediterrania Saïdia, Tel. 0536 63 00 09/10, www.iberostar.com. Exzellentes 5-Sterne-Hotel in schöner Lage nicht weit vom Strand, 485 stilvoll und luxuriös ausgestattete Zimmer im marokkanischen Stil (mit Pool- oder Meerblick), große Poollandschaft, Fitnessraum und Animation.

Mittelklasse

- **Atlal**③, 44, Bd. Hassan II., Tel. 0536 62 50 21, atlalben@menara.ma. Nicht immer sauberes 2-Sterne-Hotel mit 40 Zimmern, manchmal laut wegen der Bar. WLAN verfügbar.

Günstig

- **Hanour**②, Place du 20 Août, Tel. 0536 62 51 15, 0536 62 50 05. Ordentliches Hotel in der Stadtmitte mit 18 Zimmern mit Bad, Bar und Disco (daher evtl. laut).
- **Paco**①, Bd. Hassan II. (an der Hauptstraße), Tel. 0536 62 51 10, 0536 62 55 55. Kleines, ordentliches Hotel.

Camping

- **Al Boustane,** am westlichen Ortsrand nahe beim Strand. Schattiger, gut ausgestatteter Platz mit warmen Duschen. Im Sommer überfüllt, dann läuft überall um die Sanitärbereiche das Wasser ins Gelände. Es gibt auch Bungalows zu mieten, die Preise sind aber zu hoch. Oktober bis Mai geschlossen.
- **L'Amazone,** Bd. Hassan II., direkt am Meer, ebenfalls im Westen nahe Al Boustane. Vom Strand nur durch die Straße getrenntes, ummauertes und schattiges Gelände mit Tor, auch im Winter offen. Chemietoilettenentsorgung möglich, Stromanschlüsse vorhanden. Man kann sich im Café nebenan anmelden, falls am Platz niemand ist. Camping für 2 Pers. mit WoMo ca. 100 DH inkl. Strom.
- **Wohnmobilfahrer** finden auf dem bewachten **Parkplatz des Marjane-Supermarkts** in der Station Balnéaire Mediterrania Saïdia einen sicheren Stellplatz.

Essen und Trinken

- **Boussif,** an der Hauptstraße, Place du 20 Août, schräg gegenüber vom Hotel Hanour. Ein gutes Essen mit Salat und Getränk kostet ca. 80 DH.
- **Said,** Bd. Hassan II. (bei der Polizei). Gute Fischgerichte ab 75 DH.

Verkehrsmittel

- **Busse** verschiedener Linien verkehren mehrmals täglich **nach Oujda** (CTM 1x tägl., 30 DH, 2 Std.), **Berkane** (½ Std., 20 DH) und **Nador** (35 DH, 2 Std.). Auch Sammeltaxis fahren mehrmals täglich.
- Die Hotels organsieren einen **Transfer zum Flughafen** Oujda oder Nador.
- **Bahnverbindung von Nador aus.**
- **Die Grenze zu Algerien ist geschlossen!**

Feste/Veranstaltungen

- **Moussem Sidi Ahmed,** in Berkane, im September.
- **Festival du Rai et des arts populaires,** Musikfestival im August.

Weiterfahrt nach Oujda

Von Saïdia geht es auf guter Straße **über Ahfir nach Oujda (40 km),** man kann aber auch direkt über Berkane fahren und die **Rundfahrt** über die Berge von Beni-Snassen in die Zegzel-Schlucht wählen (ca. 30 km Umweg, vgl. nächste Route). An der Straße entlang der algerischen Grenze wird Schmuggel-Sprit in Flaschen verkauft.

Von Nador über Berkane nach Oujda

- **140 km, N 16 und N 2.**
- **Gute Teerstraße.** Diese Route lohnt sich, wenn man einen Abstecher in die Berge von Beni-Snassen und die Zegzel-Schlucht unternimmt. Von Oujda bietet sich die Weiterfahrt nach Fès oder auf einsamer Wüstenstrecke nach Figuig in den Südosten an.
- **Busverbindung** von Nador über Berkane nach Oujda.

Ab dem Kreiseverkehr im Zentrum von Nador erreicht man nach **12 km** auf zweispuriger Straße **Selouane.** Dort zweigt die gut ausgebaute N 2 ab. An Industrie- und Wohnvierteln sowie der Universität von Selouane vorbei sind es **38 km** bis **Zaio,** einem lebhaften Ort. 2 km vor Zaio kann man rechts zum Stausee Mohamed V. und in Richtung Taourirt und Fès abbiegen. Bei **Saf-Saf** (9 km weiter) geht es über den Fluss Moulouya weiter durch intensiv landwirtschaftlich genutztes Gebiet bis nach **Berkane,** das bei **km 80** erreicht ist.

Berkane

Die **Provinzhauptstadt** hat etwa 94.000 Einwohner und ist ein Landwirtschaftszentrum mit Orangenanbau; die Stadt bietet alle Versorgungsmöglichkeiten, aber aus touristischer Sicht wenig. Interessant ist, dass in der Gegend über 1000 **Arganienbäume** wachsen – diese seltenen Eisenholzbäume sind eigentlich nur im wärmeren Süden Marokkos heimisch (vgl. entsprechenden Exkurs).

Von der N 2 zweigt in Berkane eine Straße nach Saïdia (s.o., 24 km) ab. Lohnend ist ein Ausflug in die **Zegzel-Schlucht** (s.u.); Auskünfte hierzu und eine Broschüre mit Karte gibt es bei der Association Homme et Environnement, 30, Rue de Tanger, Hay el Hassani, Berkane, Tel. 0536 61 02 89.

Praktische Informationen

- **Unterkunft** finden Touristen im **Hotel Zaki,** Route d'Oujda, Tel. 0536 61 34 52, oder in der hübschen **Gîte Karima** auf einer Orangenfarm 5 km außerhalb (Route Madagh, Mobil 0661 13 63 51, www.gitekarima.com, mit Pool, Hammam, WLAN).
- Es gibt viele **Cafés** im Ort, die auch Snacks oder Pizza servieren.
- Ein **Nachtbus** von CTM (Haltestelle westlich des Hauptplatzes) fährt über **Fès** (125 DH, 4½ Std.) nach **Rabat** (190 DH, 9 Std.) und **Casablanca** (220 DH, ca. 11 Std. Fahrzeit). Auch nach **Oujda** verkehrt 1x täglich ein CTM-Bus (20 DH, 75 Min.). Private Linien und **Sammeltaxis** fahren nahe der Tankstelle im Zentrum ab. **Taxis** und Busse nach Tafoghalt (Taforalt) in die Zegzel-Schlucht halten bei der Großen Moschee.

Ausflug in die Beni-Snassen-Berge und die Zegzel-Schlucht

Diese insgesamt **42 km lange Rundfahrt** führt über Taforalt, die Kamelgrotte (Grotte du Chameau) und die Zegzel-Schlucht zurück nach Berkane. Reisende ohne fahrbaren Untersatz können von Berkane ein Sammeltaxi nach Taforalt nehmen oder ein Grand Taxi für den Ausflug anmieten (ca. 300 DH). Die Berge von Beni-Snassen sind Ausläufer des Mittleren Atlas und als Nationalpark deklariert, sie erheben sich 20 km südlich von Berkane.

Das Gebiet mit **reicher Flora und Fauna** (Wildschweine, Schildkröten, Füchse, Schakale, Schlangen usw.) ist weltberühmt für die **prähistorischen Funde** in der „Grotte des Pigeons". Den Namen erhielt die Höhle wegen der vielen Tauben, die hier nisten (für Besucher geschlossen). Die meisten Funde aus dem **Paläolithikum** sind zwischen 40.000 und 100.000 Jahre alt und umfassen die weltweit ältesten Schmuckfunde (vgl. „Land und Leute/Geschichte"), Pfeilspitzen, Tonscherben, Tier- und menschliche Knochen. Seit 1932 fand man hier 180 menschliche Skelette.

Am bekanntesten ist der **„Homme de Tafoghalt"**, an dessen Schädel vor 12.000 Jahren eine Trapanation (eine Bohrung in die Schädeldecke) vorgenommen wurde – die erste bekannte Schädeloperation am Menschen.

Die Rundfahrt beginnt in Berkane: Von Saïdia kommend fährt man beim Kreisverkehr in Richtung Nador auf der N 2 10 km nach Westen. Die Schnellstraße wird gequert, der Wegweisung nach **Tafoghalt** (Taforalt) geradeaus folgend. Eine ausgefranste Teerstraße führt bergauf. 9 km nach dem Abzweig erreicht man einen **Parkplatz** mit schöner Aussicht, nach einem weiteren Kilometer durch schönen Aleppokieferwald (10 km ab Abzweig) zweigt links die Straße in die schöne Zegzel-Schlucht ab. Wir fahren jedoch zunächst geradeaus nach Tafoghalt.

1 km nach der Gabelung zur Zegzel-Schlucht in Richtung Tafoghalt erreicht man einen Parkplatz mit Rastplatz an einer Quelle. **Tafoghalt (Taforalt)** ist eine europäisch anmutende Stadt mit rosa Reihenhäuschen. Der **Taforalt Club** mit schönem Pool, Restaurant und Garten lädt zu einer Pause ein (Poolbenutzung 50 DH, Eintritt ins Gelände inkl. einem Getränk 20 DH). Zur Anlage gehört eine sehr gemütliche **Herberge** im marokkanischen Berberstil mit höhlenartigen Zimmern, Familienzimmern und Nomadenzelten auf Terrassen (Mobil 0662 04 51 19, www.taforalt-club.com). Daneben liegt die ebenfalls recht nette Herberge **Auberge de Taforalt,** die von der *Association les amis de Taforalt* betrieben wird (*M. Jamal Ramdani,* Mobil 0666 47 60 02, aat_taforalt@yahoo.fr). Kurz zuvor (ca. 500 m nördlich) weist ein Schild zur **Gîte de Tagma** in ruhiger Lage im Douar Lahmsar. Diese nette, einfache Herberge wurde zusammen mit der *Association Homme et Environnement* in Berkane (s.o.) errichtet. Man erreicht sie auf einer 3,5 km langen Wanderung oder auf schmaler Straße bzw. auf Wunsch auch auf dem Esel. Kontakt über *M. Najib Bachiri* oder *M. Yamani,* Mobil 0661 10 53 73, 0666 79 29 49, as.hee@menara.ma.

☑ Ökotourismus in der Zegzel-Schlucht: Ferme el Ahmadi

ma16_027 ed

Die Straße von Tafoghalt in Richtung Süden führt nach **Sidi Bouhria, El Ayoun** und auf schlechter Strecke nach Oujda (53 km). Besser ist die Strecke rechts 20 km nach Berkane (s.o.) und von dort nach Oujda (insgesamt 60 km).

Zunächst geht es von Tafoghalt 1 km zurück an die **Gabelung zur Zegzel-Schlucht.** Hier zweigt **rechts** (von Berkane kommend links nach Osten) die schmale Straße (beschildert mit „Zegzel") ab. In der fruchtbaren Region wachsen Bananen, Granatäpfel, Opuntien, Feigen- und Mispelbäume entlang des Flusses. Es liegen immer wieder **Rast- und Picknickplätze** an der Strecke, **Rund- und Wanderwege** sind ausgeschildert. 5 km hinter Tafoghalt geht links der **Circuit de Tizizemmour** (Wanderweg) ab, es folgen eine Moschee und ein paar Häuser.

Nach weiteren 3 km (8 km von Taforalt) führt rechts ein Abzweig nach Zegzel und links zur **Grotte du Chameau,** der **Kamelgrotte,** die man nach 200 m erreicht. Die beeindruckenden Trichterhöhlen und Grotten sind abgesperrt. Man kann nur in den vorderen Bereich der Höhle steigen, aus der ein kleiner Wasserfall aus einem Becken im Höhleneingang sprudelt und sich in den darunterliegenden Fluss ergießt. Der Fluss bildet immer wieder Gumpen, in denen man Wasserschildkröten beobachten kann. Die Höhle kann evtl. mit einem Führer besichtigt werden (über die *Association Homme et Environnement* in Berkane, s.o.). Da die Grotten von Flussläufen durchzogen und manchmal sehr eng sind, bleibt dieses Abenteuer aber Spaläologen vorbehalten.

Zurück zum letzten Abzweig folgt nun die eigentliche **Zegzel-Schlucht,** in der die steilen Felswände der Beni-Snassen-Berge nahe aneinander rücken. Ein Schild weist nach Berkane (12 km). Etwa 500 m dahinter liegt auf der linken (gegenüberliegenden) Flussseite ein sehr nettes **Ausflugsrestaurant** mit einfachen Zimmern (auch Camping möglich, allerdings ohne Auto) auf der **Ferme el Ahmadi** (Mobil 0653 85 28 89) – ein vorbildliches Beispiel für Ökotourismus. Das nur über eine Hängebrücke erreichbare Haus mit zwei Terrassen liegt oberhalb des Flusses und wurde von Herrn *Ahmadi* und seiner Familie aus Natursteinen gebaut. Im liebevoll gestalteten Garten gibt es ein Kinderschwimmbecken und viele schattige Sitzgelegenheiten zwischen Bäumen und Bananenstauden. Köstliche Tajine wird auf Bestellung frisch zubereitet.

12 km weiter **(Gesamt-km 42)** ist **Berkane** erreicht.

Von Berkane sind es noch 23 km auf der gut ausgebauten N 2 zum **Grenzort Ahfir** (Grenze zu Algerien geschlossen). Von dort geht es weiter nach Süden bis Oujda (37 km ab Ahfir, 60 km ab Berkane).

Von Nador nach Guercif

- **135 km, N 15, kurze Abschnitte auf N 2 und N 6.**
- Gute, **breit ausgebaute Hauptverbindungsstrecke.** Der Bus folgt nicht exakt dieser Strecke, sondern verkehrt über Nador – Taourirt und Taourirt – Fès bzw. bietet Anschluss an die Bahn Taourirt – Taza – Fès.

Von Nador geht es auf einer vierspurigen Schnellstraße durch dicht besiedelte Gegend mit vielen Industrieanlagen. Halten Sie sich **am Ortsende von Nador** beim Kreisverkehr **südlich** (Richtung Selouane), rechts geht es nach Segangane (auf der N 16).

Bei **km 11** gibt es einen Abzweig nach **Selouane.** Die Schnellstraße führt an dem großen Ort vorbei. Am Kreuzungspunkt zur Straße Oujda – Al Hoceima – Tétouan geht es rechts weiter auf der Schnellstraße (N 2) in Richtung Taza – Al Aroui und Flughafen, der nach ca. 1 km rechter Hand liegt. Der große Ort **El Arou(w)i** mit vielen Geschäften ist bei **km 19** erreicht. Bei **km 24** geht es **links auf die N 15** weiter in Richtung Guercif durch hügeliges, trockenes Bergland. Entlang der Täler und Orte zieht sich ein grüner Saum, die Weizenfelder begrenzen Kaktusfeigen.

42 km von Nador überquert man die **Passhöhe Col de Regada** (490 m). Wenige Kilometer danach führt rechts eine Straße zum **Stausee Guerrouaou.** Weiter auf der Hauptroute geht es durch eine hügelige, dünn besiedelte Landschaft mit baumhohen Agaven und Kakteen, dann durch eine Ebene mit Kornfeldern bis zu den östlichen Rif-Ausläufern beim kleinen Ort **Saka (km 85).**

134 km hinter Nador mündet die N 15 in die N 6 ein: rechts weiter nach Guercif, Taza, Fès. Links geht es nach Oujda.

Nur 1 km weiter folgt **Guercif.**

Guercif

Die **expandierende Kleinstadt** weist keine besonderen Sehenswürdigkeiten auf. Durchreisende können sich hier mit allen Lebensmitteln, Treibstoff etc. versorgen. Markttag ist der Dienstag.

Praktische Informationen

- Einige kleine unklassifizierte **Hotels** befinden sich im Zentrum. In Richtung Taza am Ortsende links (beschildert) gibt es einen einfachen **Campingplatz** (schlechte sanitäre Anlagen) mit wenig Schatten, nebenan Pool und Café-Restaurant.
- **Busse** fahren mehrmals täglich in Richtung Taza, Fès, Rabat und Oujda. **Züge** fahren nach Fès (über Taza) 5x täglich (3 Std., 60 DH, 2. Kl.), nach Oujda 4x am Tag (2½ Std., 54 DH, 2. Kl.).
- **Weiterfahrt:** Von Guercif führt eine gute Überlandstraße (N 6) durch leicht hügelige Erosionslandschaft bis **Taza** (ca. 160 km); schneller geht es auf der **Autobahn A 2** (mautpflichtig). Wer flott in den Süden gelangen möchte, wählt die **N 15 über Missour nach Midelt** (vgl. „Von Guercif nach Midelt" am Ende dieses Kapitels), die am südöstlichen Rand des Mittleren Atlas entlangführt.

Oujda

Die **Grenzstadt zu Algerien** (12 km) mit überwiegend arabischstämmiger Bevölkerung war im Laufe der Jahrhunderte von beiden Staaten stark umkämpft. Die ursprünglich von einer Stadtmauer aus dem 13. Jh. umgebene Medina ist nur noch sehr klein und wird von der Neustadt fast erdrückt. Oujda zählt rund 500.000 Einwohner und prosperiert erheblich dank der **Kohleminen von Jerarda.** Im Rahmen eines Wirtschaftsplans für die Region Oriental entsteht seit 2011 beim Flughafen ein *Technopole* (Technologiepark) – Investoren sollen steuerliche Anreize und staatliche Zuschüsse bekommen und so Arbeitsplätze schaffen. Für europäische Investoren sind die Nähe zu Europa und die Lage nur 50 km vom Mittelmeer vorteilhaft. Im Rahmen der **touristischen Erschließung** der Mittelmeerküste bei Saïdia ist auch die Infrastruktur rund um Oujda verbessert worden. 2010 eröffnete ein neuer Flughafen mit Inlands- sowie Direktverbindungen nach Paris und Brüssel. Oujda hat keine großartigen Sehenswürdigkeiten zu bieten und wird bislang nur sehr wenig von ausländischen Touristen besucht. Gerade deshalb ist es eine **sehr angenehme Stadt,** ideal für den Marokkoeinstieg!

Geschichte

Gegründet wurde die Stadt im Jahr 994 von den **Zeneten,** einem Nomadenstamm aus Maghroua, unter ihrem Führer *Ziri ibn Attia.* Auf die Zeneten folgten die **Almoraviden,** dann die **Almohaden** und **Meriniden.** Der Merinidenkönig *Abu Yussef* erneuerte die Stadt 1297 und ließ die Stadtmauern sowie die Kasbah und die große Moschee bauen.

Den Meriniden folgten die **Zyaniten** aus Algerien, später kämpften die **Saadier, Alawiden und Türken** um die Stadt. *Moulay Slimane* entriss sie den Türken, musste sie aber 1844 an die Franzosen abtreten. Anschließend wurde Oujda wieder mehrmals geräumt und erst **1907** endgültig **von Frankreich besetzt.** Während der französischen Protektoratszeit war Oujda eine wichtige Garnisonsstadt und Sitz der Fremdenlegion. Im Algerienkrieg ließen sich zahlreiche algerische Flüchtlinge in Oujda nieder. Auch jetzt leben in Oujda noch etwa 20.000 Algerier.

Sehenswertes

Von den Befestigungsmauern und alten Gebäuden ist außer drei Toren kaum etwas erhalten. Zwischen den Toren **Bab Sidi Abd al Wahab,** dem ältesten Tor Oujdas aus dem 13. Jh., auf dem früher die abgeschlagenen Köpfe der Feinde ausgestellt waren, und dem **Bab Gharbi** im **Park Lalla Mariem** (Heilige Maria) liegt ein kleines **Ethnografisches Museum.** In der Altstadt steht noch die **große Moschee** aus dem 13. Jh., zu besichtigen ist auch der **Wassermarkt (Suq al Ma),** auf dem in vergangenen Zeiten den Gärtnern zu horrenden Preisen Wasser verkauft wurde. An den Suq al Ma schließt sich die **Kissaria** an, der gedeckte Suq von Oujda mit einem vielfältigen Warenangebot und zahlreichen Handwerksbetrieben.

Der Besuch des von Christen, Juden und Moslems gleichermaßen verehrten **Grabmals des Sidi Yahia** und weiterer Marabuts sowie der **Brunnen des Sidi Yahia** (nach dem Volksglauben *Johannes der Täufer*), 6 km südöstlich der Stadt, ist lohnenswert (die Quellen sind angeblich trocken, lästige Kinder). In der Nähe befindet sich die **Houris-Höhle,** in der die guten Geister aus dem Jenseits leben, die jeden frommen Moslem behüten und dessen gute Taten rühmen. Hier findet Ende August/ Anfang September ein großer Moussem statt.

Wer länger in Oujda weilt, kann dem **Institute Français de L'Orient** (2, Rue Oum al Banine al Mahatta, Tel. 0536 68 23 79) einen Besuch abstatten. Das Institut bietet ein vielfältiges Kulturprogramm, z.B. Filme, Vorträge, Kunstausstellungen und Sprachkurse.

Praktische Informationen

Informationen für Touristen

- **Administration du Tourisme,** Place du 16 Août, Tel. 0536 68 56 31.
- **Alle wichtigen Stellen** der Stadt wie Flugbüros, Post, Banken und großen Läden liegen **am Bd. Mohamed V.**

Unterkunft

Oberklasse

- **Atlas Terminus & Spa**④, Bd. Zerktouni bzw. Place de la Gare, Tel. 0536 71 10 10, www.hotel-atlas-terminus-oujda.com. Modern ausgestattetes Luxushotel nahe des Bahnhofs und der Medina. Die Zimmer direkt am Pool sind die schönsten.
- **Atlas Orient Oujda**③, Place Syrte, Ecke Av. Idriss Al Akhbar, Tel. 0536 70 06 06, www.hotelsatlas.com. Das 4-Sterne-Haus mit Pool ist halb so teuer wie das Atlas Terminus, hat aber keinen schlechteren Standard.

Mittelklasse

- **Ibis Moussafir**③, Bd. Abdellah Chefchaouni, Place de la Gare, Tel. 0536 68 82 02, www.ibis.com. Schon etwas älteres Ibis-Hotel am Bahnhof (evtl. laut), nur 5 Min. von der Medina entfernt, mit Pool, die Zimmer (mit TV) sind etwas klein.
- **Relax Oujda**③, Tel. 0538 90 39 03, Parc d'activité Commerciale Marjane (N 2 stadtauswärts in Richtung Saïdia, nahe Marjane Supermarché), www.relaxmaroc.com. Neueres Mittelklassehotel mit sehr modern ausgestatteten Zimmern mit Flat-TV, WLAN, Klimaanlage. Freundlich, ruhig und sauber. Gutes Preis-Leistungsverhältnis.
- **Al Manar**②, 50, Bd. Zerktouni, Tel. 0536 68 88 55, hotelalmanara@menara.ma. 3-Sterne-Hotel mit klimatisierten, schlichten Zimmern mit Sat-TV, Café und Restaurant. Preis-Leistungsverhältnis okay.

Günstig

- **Des Lilas**②, Rue Jamal Al Afghani, Tel. 0536 68 08 40. Ordentliches Hotel mit Sat-TV.
- **Fajr**②, Bd. Mohamed Derfoufi/Rue Jamal Al Afghani, Tel. 0536 70 22 93. Große, ordentliche Zimmer.
- **La Concorde**②, 57, Bd. Mohamed V./Driss ben Bouchaib, Tel. 0536 68 23 28. Zentral gelegenes 2-Sterne-Ho-

tel, gutes Restaurant, Bar/Café mit Terrasse direkt am Bd. Mohamed V., bewachtes Parken möglich.

- **Royal**①, 13, Bd. Zerktouni, Tel. 0536 68 22 84. Kleines, freundliches und sehr zentral gelegenes Budgethotel mit sauberen Zimmern und bewachtem Parkplatz. Laut wegen der Straße. Beste Option unter den billigen Unterkünften.
- **Angad**①, 15, Rue Ramdan Al Gadi, Tel. 0536 69 14 51. 2-Sterne-Hotel mit sauberen Zimmern mit Bad und TV, zur Straße hin evtl. laut.

Essen und Trinken

- **Brasserie de France,** 87, Bd. Mohamed V., Tel. 0536 68 59 87. Internationale Küche zum gehobenen Preis, stilvolle Atmosphäre, Alkoholausschank, auch Night Club.
- **Comme Chez Soi,** 8, Rue Sijilmassa, Tel. 0536 68 60 79. Das beste Restaurant in der Stadt, die Fleisch- und Fischgerichte (auch Pizza) sind nicht ganz billig, aber ihren Preis wert. Alkoholausschank (französische Weine).
- **Le Dauphin,** 38, Rue de Berkane, Tel. 0536 68 61 45. Gediegenes Restaurant mit Alkoholausschank, sehr guten Fischgerichten und französischer Küche.
- **Times Square Café,** 62, Bd. Ahfir Mohammadi. Modernes Straßencafé mit Snacks, Eis und Gebäck.
- Günstig und gut isst man in den Restaurants **Al Hambra** und **Le Koutoubia** am Bd. Mohamed V. (Place Moulay El Hassan). Am Place du 3 Mars (Kreisverkehr zwischen Bahnhof und Gare Routière) gibt es einen **McDonald's.**

Einkaufen

- Es gibt in Oujda einen **Marjane-Supermarkt** (Bd. Prince Moulay el Hassan, im Norden in Richtung Flughafen/Saïdia, N 2) mit allen (europäischen) Lebensmitteln und Waren für den täglichen Bedarf.
- In Oujda ist es fast nicht möglich zu handeln, es gibt max. 10–15% Nachlass, dafür sind die Preise niedriger.

Taxis/Sammeltaxis

Von Oujda fahren **Sammeltaxis** (Haltestelle beim Gare Routière) in Richtung Berkane – Nador – Figuig und in alle wichtigen Orte der Umgebung. Die roten **Petits Taxis** fahren im Stadtbereich für ca. 20 DH (Taxameter).

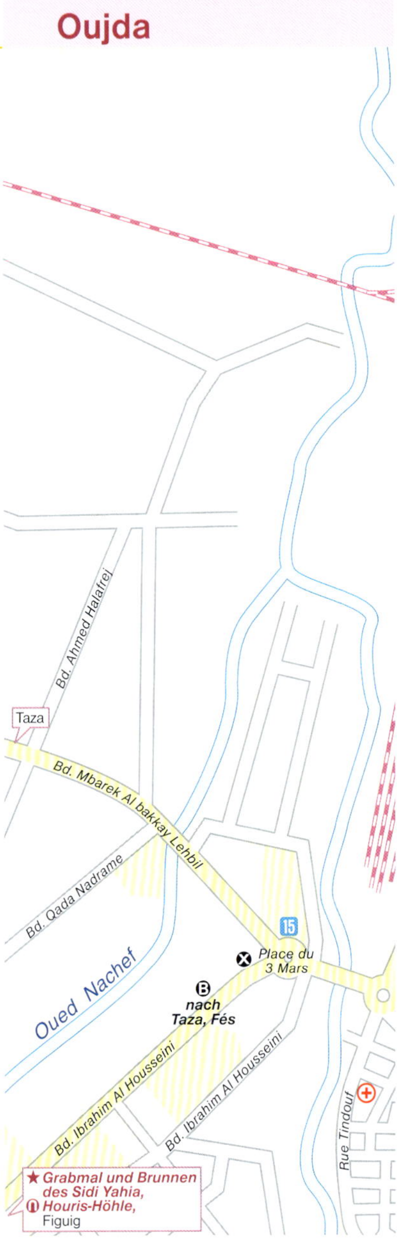

Übernachtung
1 Relax Oujda
3 Fajr
6 Ibis Moussafir
7 Atlas Terminus & Spa

8 Al Manar
9 Royal
11 La Concorde
12 Angad
13 Atlas Orient Oujda

Essen und Trinken
4 Le Dauphin
5 Brasserie de France
10 Comme Chez Soi
15 McDonald's

Einkaufen/Sonstiges
2 Marjane-Supermarkt
14 Institut Français

Eine Bahnstrecke mitten durch die Wüste – der „Oriental"

„La compagnie des chemin de fer Méditerrané - Niger" begann in der französischen Protektoratszeit, **in den 1920er Jahren,** mit dem Bau der Bahnlinie von Oujda nach Süden mitten durch die östlichen Saharagebiete Marokkos. Ganz Westafrika war zu dieser Zeit französisches Kolonialgebiet. Um das französische Kolonialreich erschließen und besser kontrollieren zu können, plante man den Bau der **Bahnlinie bis Niamey** im heutigen Staat Niger.

Gleich hinter Oujda sieht man bei einem Bahntunnel am Berg die Jahreszahl 1930. Nach 278 km liegen heute noch **Weichen,** welche die Bahnlinie aufspalten: Ein Zugstrang führt **nach Bouarfa** und ist noch immer in Betrieb; die nach Westen führenden Schienen verfallen und führten **weiter südlich bis Béchar** im heutigen Algerien. Durch den Unabhängigkeitskrieg in Algerien und den Verlust des französischen Kolonialreiches wurde die Bahnline nie fertiggestellt.

Seit der Unabhängigkeit von Marokko und Algerien und wegen der Differenzen beider Staaten bezüglich der Westsahara wurde die Bahnlinie nach Béchar aufgegeben und die Grenze geschlossen.

Die Aufspaltung der Bahnlinie und die verfallende Bahntrasse in Richtung Béchar kann man gut an der Einmündung der Strecke von Errachidia kurz vor Bouarfa an der Straße sehen.

Die **heute noch genutzte Bahnstrecke bis Bouarfa** ist 304,5 km lang und führt durch dünn besiedelte Wüstenlandschaft mit Trockenoueds und kleinen Sanddünen. Sie diente lange Zeit dem Transport von Erzen; der Güterverkehr wurde erst eingestellt, als die Ausbeutung der Lagerstätten unrentabel wurde.

2001 erkannte der schweizerische Unternehmer **Edi Kunz** das touristische Potenzial der Strecke. Seitdem organisiert er zweimal jährlich spezielle Rundreisen mit der Bahn, bei der auch ein Tag im Salonwagen des „Oriental" auf dem Programm steht.

■ **Infos:** www.train-maroc.com

ma16_028 ek

Busse

- Das **CTM-Büro** liegt nahe Place 16 Août, Rue Sidi Brahim, Tel. 0536 68 20 47. Gegenüber befindet sich auch das Büro von **Transport Ghazala,** wo man Fahrkarten für die Sat- und Trans-Ghazala-Busse bekommt.
- Der **Gare Routière** und der **CTM-Busbahnhof** liegen am Bd. Omar Errifi, im Westen der Stadt nahe Place 3 Mars und Bd. Mbarek el Bakkay Lehbi (an der Straße nach Taourirt, Guercif und Taza).

Verbindungen und Preise

- **Casablanca** (über Taza, Fès, Meknès, Rabat): 3x tägl. CTM (davon zwei Nachtbusse), 10 Std. Fahrzeit, 215–280 DH; bis nach Fès ca. 5 Std. Fahrzeit, 120 DH. Weitere Verbindungen mit Trans Ghazala.
- **Tanger** (über Taza, Fès, Rabat): 2x tägl. CTM (vormittags und Nachtbus), 12 Std. Fahrzeit, 210 DH.
- Privatbusse fahren u.a. mehrmals täglich nach **Figuig** (ca. 7 Std.), **Taza** (ca. 80 DH, 2½ Std.), **Nador** (ca. 50 DH, 3 Std.) und **Berkane** (20 DH, 1 Std.).

Bahn

Der **Bahnhof** (Tel. 0536 68 27 01) liegt im Westen der Stadt am Place de la Gare (links der Hauptstraße Mohamed V., erreichbar über Bd. Zerktouni, ausgeschildert).

Verbindungen und Preise

- **Taza – Fès – Rabat – Casablanca – Marrakesch:** 3x tägl. (Verbindung nach Marrakesch nur morgens und abends, mit Umsteigen in Fès bzw. Casablanca); nach Fès ca. 5.45 Std. Fahrzeit, 110 DH (2. Kl.); nach Rabat ca. 9 Std., 180 DH; nach Casablanca 10–11 Std., 205 DH; nach Marrakesch 280 DH.
- **Tanger:** 2x tägl., einmal mit Umsteigen in Sidi Kacem, 11 Std., 210 DH.

Wer eine besondere **Zugfahrt durch die Wüste** erleben möchte, sollte ein Ticket für den **Oriental Desert Express** bis Aïn Benimathar buchen. Diese Tour kann man mit einer Rundreise bis Fès oder durch den Süden verbinden. Veranstalter ist Suprateam Travel aus Tinerhir: Tel. 0524 83 29 89, www.supratravel.com.

Flugverbindungen

Der **Flughafen Oujda Les Angades** liegt etwa 12 km außerhalb in Richtung Nordwesten (Route de Rabat), Tel. 0536 68 32 61.

- **Royal Air Maroc,** am Flughafen, Tel. 0536 70 92 60.
- **Inlandsflüge:** täglich nach **Casablanca,** von dort Verbindungen nach Agadir, Ouarzazate, Marrakesch und Laâyoune.
- **Internationale Flüge:** JetAirFly und Air Méditeranée fliegen nach **Brüssel und Paris.** Verbindungen nach Europa sonst nur über Casablanca mit Royal Air Maroc.

Rund ums Auto

Autoverleih

- **Avis,** am Flughafen und am Bd. Moulay Ismail, Tel. 0536 70 16 16.
- **Budget,** am Bahnhof und am Flughafen, Mobil 0660 17 41 20, Tel. 0532 11 00 40.
- **Europcar,** 115, Al Boustane II, Quartier Industriel, Tel. 0536 70 44 16. Auch am Flughafen vertreten.
- **Hertz,** am Flughafen, Tel. 0536 68 38 02, www.hertz.ma.
- **Dinsky Car,** 30, Bd. Mohamed V., Imm. Excellence Etg. 6, Tel. 0536 71 20 57, www.oujda-voiture.com. Große Auswahl an Modellen, auch 4x4 (Dacia Duster).

Sonstiges

- **Werkstatt: Oriental Garage Assistance,** 46, Bd. El Alaouine, Hay Al Mohammadi, Tel. 0536 68 67 95.
- **Bewachter Parkplatz** (24 Std.) beim Bahnhof.

Notfall/Medizinische Versorgung

- **Polizei:** Tel. 190.
- **Hauptpolizeiwache:** Place de la Victoire.
- **Feuerwehr:** Tel. 150.
- **Klinik:** Polyclinique Hatim, 1, Rue Zegzel, Hay al Hassani, Tel. 0536 23 17 25.
- **Allgemeinmediziner:** Dr. *Kaouachi Samiya,* Bd. Zerktouni/Bab Al Gharbi, Imm. BCM, Tel. 0536 68 24 53.

Schwimmen

- Ein sehr großes **öffentliches Schwimmbad** befindet sich im Parc Lalla Aicha, auch der **Pool im Hotel Ibis** kann gegen Gebühr von Nichtgästen genutzt werden.

Reisebüros

- **Oujda Voyages,** Ecke Bd. Mohamed V./Av. Allal Ben Abdellah, Tel. 0536 68 93 33, www.oujdavoyages.com.
- **Wilaya Tours,** Bd. Mohamed V., Residence Safae, Tel. 0536 70 67 03, www.wilayatours.com. Bietet auch Wanderungen in der Region Zegzel, Tafoughalt an.

Feste/Veranstaltungen

- **Festival El Gharnati,** Musikfestival mit traditionell marokkanisch-andalusischer Musik, meist im Herbst.
- **Moussem Sidi Yahia,** im gleichnamigen Ort 6 km südlich von Oujda, verschiebt sich mit dem Mondkalender. Der wichtigste Moussem in der Gegend (und einer der bedeutendsten des Landes) ist Anziehungspunkt für Gläubige aus allen Regionen. Den Heiligen Sidi Yahia Ben Younes verehren nicht nur Moslems sondern auch Juden und Christen. Zum Moussem finden auch Reiterspiele (Fantasias) statt. Das Grab der Wallfahrtsstätte selbst ist für Moslems nicht zugänglich. Von außen kann man das Marabut jedoch besichtigen und auch am Moussem teilnehmen.
- **Moussem Sidi Driss,** in Oujda am gleichnamigen Marabut, im Oktober.
- **Moussem Sidi Ben Abdellah,** Ende August/Anfang September.
- **Weitere 40 Moussems** zu allen Jahreszeiten, vor allem im August und September in den Bezirken Taourirt, Berkane, Taforalt.

Weiterreise nach Algerien

Seit 1994 ist die Grenze geschlossen, um die Infiltration islamischer Fundamentalisten nach Marokko zu verhindern. Der Dauerstreit über die Westsahara und den Grenzverlauf zwischen beiden Ländern im Süden ist mit ein Grund, warum die Grenzen seit 1975 nur wenige Jahre geöffnet waren.

Von Oujda in den Süden nach Bouarfa

- **260 km, N 17.**
- **Gute Asphaltstraße.** Diese Route bietet sich an, wenn man schnell in die Wüste und zu den Oasen (Figuig) im Südosten gelangen möchte.
- **Busverbindung bzw. Zug** bis Bouarfa (siehe Oujda). Kontrollposten vor größeren Orten.

Die N 17 Richtung Bouarfa biegt am Kreisverkehr bei McDonald's (Place du 3 Mars) südlich des Zentrums ab. Nach Verlassen der Stadt geht es auf guter Straße durch karge Landschaften mit kleinen Dörfern, bis bei **km 26 Guenfouda** erreicht ist, ein kleiner Weiler mit zerfallenem Kohlebergwerk und Tankstellen. Bis 10 km nach Guenfouda führt die Straße durch hügeliges, oft karges Gebiet, dann geht es durch teils aufgeforstete und abwechslungsreichere Berglandschaft.

Bei **km 45** erreicht man den **Col de Jerada** (Jerada-Pass, 1100 m), 1 km danach zweigt rechts eine Teerstraße nach Jerada zu den bedeutendsten Kohlebergwerken in Marokko ab. Hier in den Bergen westlich von Jerada gibt es einige **Gîtes** (Herberge), die für Wanderer oder auch für eine Nacht auf der Durchreise geeignet sind (www.gafait.ma).

Bei **km 74** folgt landwirtschaftlich genutztes Gebiet mit kreiselförmigen Bewässerungssystemen. Rechts der Straße fließt der wasserreiche **Oued Za.**

Aïn Benimathar mit allen Versorgungsmöglichkeiten und Markt am Montag ist nach **ca. 80 km** erreicht. Im Westen des großen Ortes liegt die Quelle (franz. *Source*) **Ras-al-Aïn,** die den **Oued Za** speist. Nahe Aïn Benimathar liegt ein großes Solarkraftwerk, das zusammen mit der Planung für Desertec bereits fertiggestellt wurde und für Marokko umweltfreundliche Energie erzeugt.

Bei **Aïn Benimathar** führt ein Teerstraßenabzweig rechts (Westen, R 606) über das Plateau du Rekkam Richtung **Outat Oulad al Hadj** und **Missour.** Vor Outat Oulad al Hadj trifft man auf die Teerstraße Richtung Missour und Midelt (N 15). Links (Osten) führt ein Abzweig in **Richtung Algerien** und **El Arish** (34 km bis zur geschlossenen Grenze).

Weiter in Richtung Bouarfa (nach Süden) führt die Strecke über El Terarid durch öde Steppenlandschaft bis Tendrara.

Bei **km 192** führt rechts eine Teerstraße nach **Matarka** (103 km, **N 33°04,227', W 02° 00,197'**) und von dort weiter über das **Plateau du Rekkam** auf Piste nach Debdou und Taourirt (weitere 163 km durch ziemlich kahle, zerklüftete Halbwüstenlandschaft).

Nach etwa **195 km** ist **Tendrara** (1500 m Höhe) erreicht. Der Ort hat bereits Wüstencharakter, donnerstags ist Markt, es gibt eine Tankstelle und eine Bank mit Geldautomat. Von Tendrara kann man auf einsamer Teerstraße (N 19) Richtung Plateau du Rekkam, Outat Oulad al Hadj (über R 606, s.o.) und Debdou fahren.

Weiter führt die Straße durch leicht hügelige Wüsten-/Steppenlandschaft.

Bei **km 255** erreicht man die Bahnlinie und die ersten Gebäude (Tonnengewölbebauten aus der Kolonialzeit) von **Bouarfa,** einem Mangan-Minenort (1200 m) am Fuße des **Djabal Bouarfa.** Es folgen eine Tankstelle sowie ein Kontrollposten. Der Hauptort ist 5 km weiter bei **km 260** erreicht. Ortsbeschreibung und Weiterführung der Route nach Figuig siehe Kapitel zum Südosten.

men_002 ed

Berberkinder im Nordosten

Von Oujda über Taourirt nach Guercif

- **156 km, N 6.**
- **Gute Teerstraße.** Ab Guercif bietet sich die Weiterfahrt auf der verkehrsreichen N 15 nach Süden (Midelt) oder nach Taza und Fès an (vgl. Kapitel zum Mittleren Atlas). Die schnellste Route führt über die mautpflichtige Autobahn A 2 nach Fès.
- **Bus/Bahn** von Oujda (s. dort) nach Guercif.

Am Kreisverkehr mit der McDonald's-Filiale südlich des Zentrums (Place du 3 Mars) Richtung Taza abbiegen. Die gute Straße führt über eine Ebene nach **El Aioun (km 56).** Bei **Gesamt-km 106** folgt der große Ort **Taourirt** (Bank, Tankstellen, Hotel). Es gibt mehrmals täglich Zugverbindungen nach Oujda, Fès und Meknès (s. dort). Busverbindungen bestehen nach Nador, Taza, Guercif, Fès und Missour. Hier findet Mitte Mai der Moussem Sidi Boukhiar statt. Im Zentrum zweigt südwärts eine Straße Richtung **Debdou**, zum **Plateau von Rekkam** und auf einsamer Strecke weiter nach Tendrara ab (N 19, vgl. vorhergehende Route).

Weiter auf der Hauptstrecke Richtung Guercif zweigt bei **km 112** rechts vor einer Raststätte (mit Cafeteria und Picknickplatz) die N 19 nach Nador und zum Stausee Mohamed V. ab. Die Straße führt westlich des Stausees entlang.

Ohne Abstecher erreichen wir bei **km 152** den Abzweig zur N 15 nach Süden in Richtung Missour (vgl. nächste Route). Geradeaus geht es in 4 km nach **Guercif** (Ortsbeschreibung vgl. Route „Von Nador nach Guercif“).

Von Guercif nach Midelt

255 km, N 15.

Gute Teerstraße. Die Route ist als schnelle Strecke nach Süden oder im Winter zur Umgehung der großen Pässe geeignet, es herrscht jedoch viel Verkehr.

Bus von Guercif nach Missour, weiter dann ab Missour Richtung Midelt.

4 km östlich von Guercif (N 6 Richtung Oujda) zweigt die N 15 in Richtung Süden nach Missour ab. Rechts weiter, bis nach **32 km** (ab Abzweig) **Mahirija** erreicht ist. Links erstreckt sich das Bergland von **Debdou,** eine Straße nach Rchida zweigt ab. Hier entdeckt man immer wieder Überreste aus der französischen Kolonialzeit, z.B. Forts und Kasernen, Friedhöfe, Viadukte und Brücken. Die semiaride Landschaft (Tafelberge) wird ab und zu durch Trockenflussbette – Zuläufe zum Oued Moulouya – unterbrochen.

Etwa bei **km 85** liegt rechts das Dorf **Oulad Jerrar** bzw. **Fritissa** und Beni Ayadet auf der anderen Seite des **Moulouya** (sprich: Muluja) am Rande des Mittleren Atlas mit den Gipfeln des **Djabal Bou Naceur** (2700 m) und **Djabal Gaberaal.**

Bei **km 99** zweigt links die R 606 Richtung Plateau du Rekkam und Aïn Benimathar ab (vgl. Route „Von Oujda in den Süden nach Bouarfa“).

Rechts liegen in einigen Kilometern Entfernung die schönen Palmenoasen von **Oulad Rezzag** (Piste dorthin) am Fluss. Entlang des Moulouya gibt es im Kiesbett (etwas mühsam zu erreichen, einige Kilometer abseits der Straße) wunderschöne Plätze zum Campen.

Etwa 124 km nach der Kreuzung bei Guercif folgt das Oasendorf **Outad Oulad al Hadj.** Hier finden im September die **Moussems** Moulay Yaqub Ben Shel und Sidi Tissaf statt.

Weiter führt die Route durch flache, eintönige Steppe.

3 km weiter kann man bei einem kleinen Ort nach **Oulad Ali** abzweigen und mit Geländewagen einen abenteuerlichen Abstecher

ma11-097 ed

auf Pisten in das abgelegene Gebiet des Djabal Bou Naceur unternehmen. Die Berge sind von der Strecke Outad Oulad al Hadj – Missour nur schwach im Westen zu erkennen. Man ahnt auf dieser öden Strecke nicht, dass nur 20 km entfernt schroffe Gebirgslandschaften mit wunderschönen Berberdörfern und Zedernwäldern liegen.

Bei **km 165** ist die Kleinstadt **Missour** erreicht. Die Bevölkerung ist freundlich, es bieten sich alle Versorgungsmöglichkeiten. Ein Dach über dem Kopf findet man im etwas altmodisch-marokkanischen, aber angenehmen **Hotel Baroudi** (mit Pool und Restaurant, Bd. El Bassatine, am Ortseingang von Oulad Ali kommend). **Busse** fahren nach Boulemane, Fès, Midelt.

Variante: Missour – Enjil – Zeida

Auf dieser Strecke (P 5108) kann man relativ schnell nach Fès oder in den Mittleren Atlas gelangen (vgl. Kapitel zum Mittleren Atlas).

Von Missour zunächst auf der N15 weiter in Richtung Süden bis zu einer **Kreuzung nach 5 km:** rechts nach Enjil und Midelt abbiegen, links nach Talsinnt. Bei **km 8** folgt ein weiterer Abzweig, rechts geht's nach Boulemane, links nach Midelt (rechts weiter). Die weitere Strecke führt durch öde, kaum bewachsene Gegend mit Plateaubergen.

Nach **60 km** folgt der kleine Ort **Enjil.** Nach weiteren 10 km **(km 70)** trifft man auf eine Gabelung: rechts nach Fès, links nach Midelt auf der R 503; links weiterfahren.

Bei **km 100** liegt ein kleiner Ort rechts der Straße in einer Senke. Die Landschaft wird grüner, auch Ackerbau wird betrieben. Die Ausläufer des Mittleren Atlas erscheinen am Horizont.

Nach **118 km** mündet die Straße Ifrane – Midelt (N 13) ein, nach weiteren 2 km erreichen wir den Ort **Bouloujoul.**

Bei **Gesamt-km 127** folgt das Straßendorf **Zeida** (Abzweig rechts nach Khénifra, links nach Midelt, vgl. Kapitel zum Mittleren Atlas).

Weiterfahrt nach Midelt

Von Missour weiter auf der Hauptstrecke folgen vor Tamdafelt wunderschöne grüne Oasen zwischen vielfältig geformten rotbraunen Felsen. Das grüne Flusstal des Moulouya steht in starkem Kontrast zur reizvollen Wüstenlandschaft ringsum.

Der Ort **Tamdafelt** ist nach insgesamt 200 km erreicht. Auf den weiteren Kilometern folgen einige zerfallene Lehmdörfer und Reste von Festungen wie das **Bordj Saida** und das **Bordj Ksabi** rechter Hand.

Nach insgesamt **245 km** ist die **Hauptstraße N 13** (Azrou – Errachidia) erreicht, rechts weiter. Von hier sind es noch 10 km bis **Midelt** (vgl. Kapitel zum Mittleren Atlas).

☐ Storchennester bekommt man in Marokko oft zu Gesicht

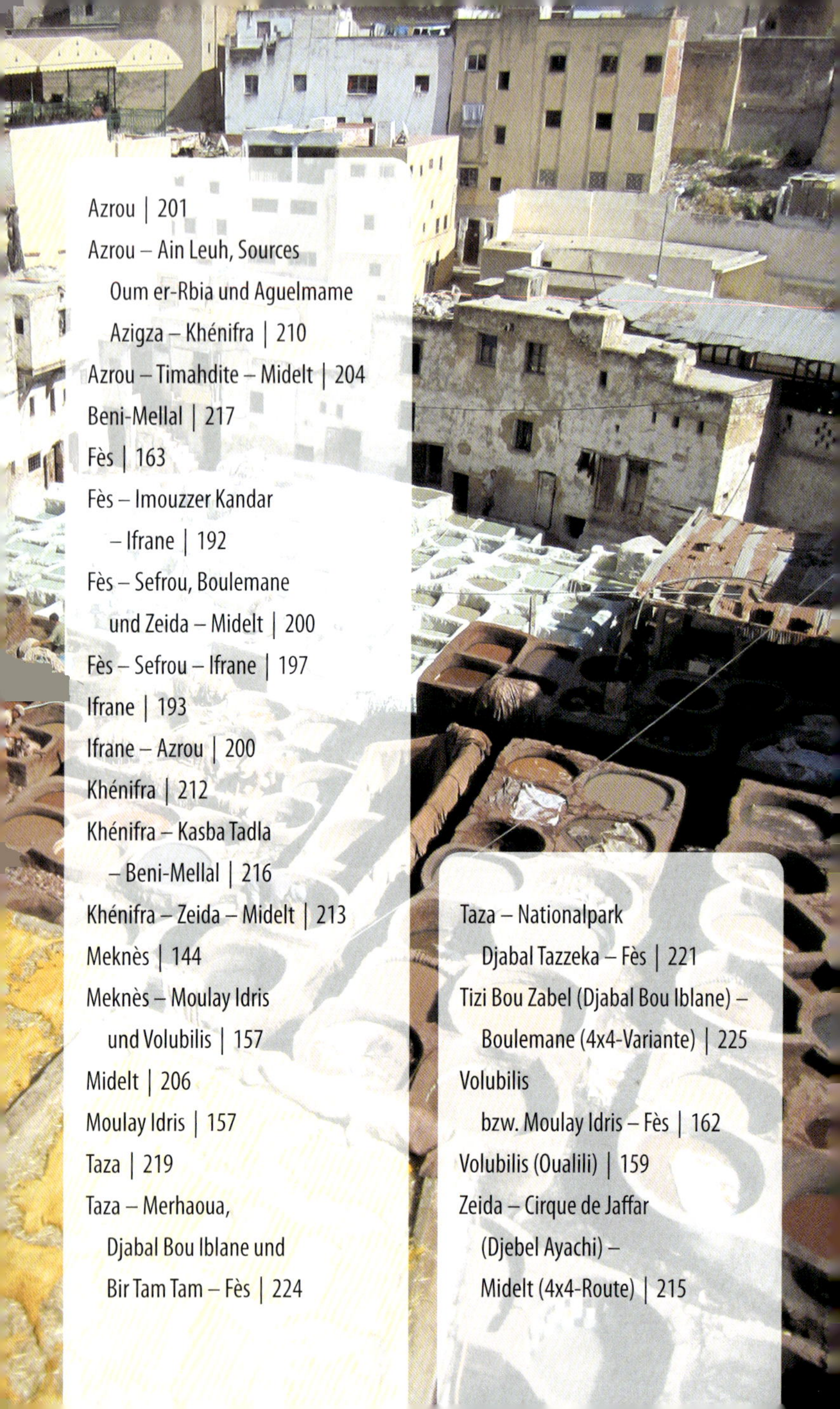

ma16_037 ad

Der Mittlere Atlas bildet das grüne Herz Marokkos und bietet eine abwechslungsreiche Kulisse für Entdeckungstouren zu Fuß oder mit dem Auto. Kulturelle Highlights sind die Altstädte von Fès und Meknès sowie die römischen Ruinen von Volubilis.

3 Mittlerer Atlas, Fès und Meknès

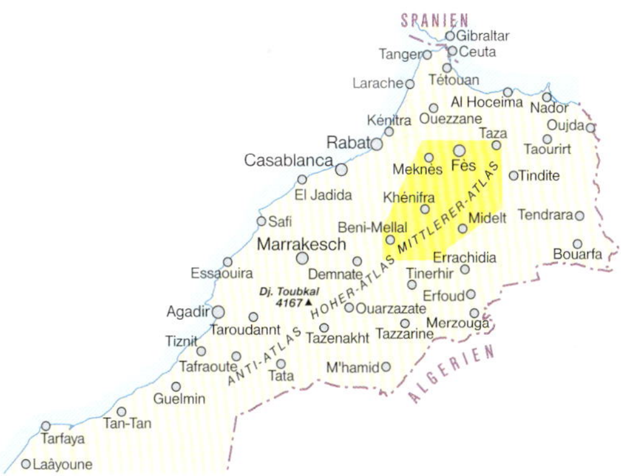

[<] Das Gerberviertel Chouwara in Fès

Mittlerer Atlas, Fès und Meknès

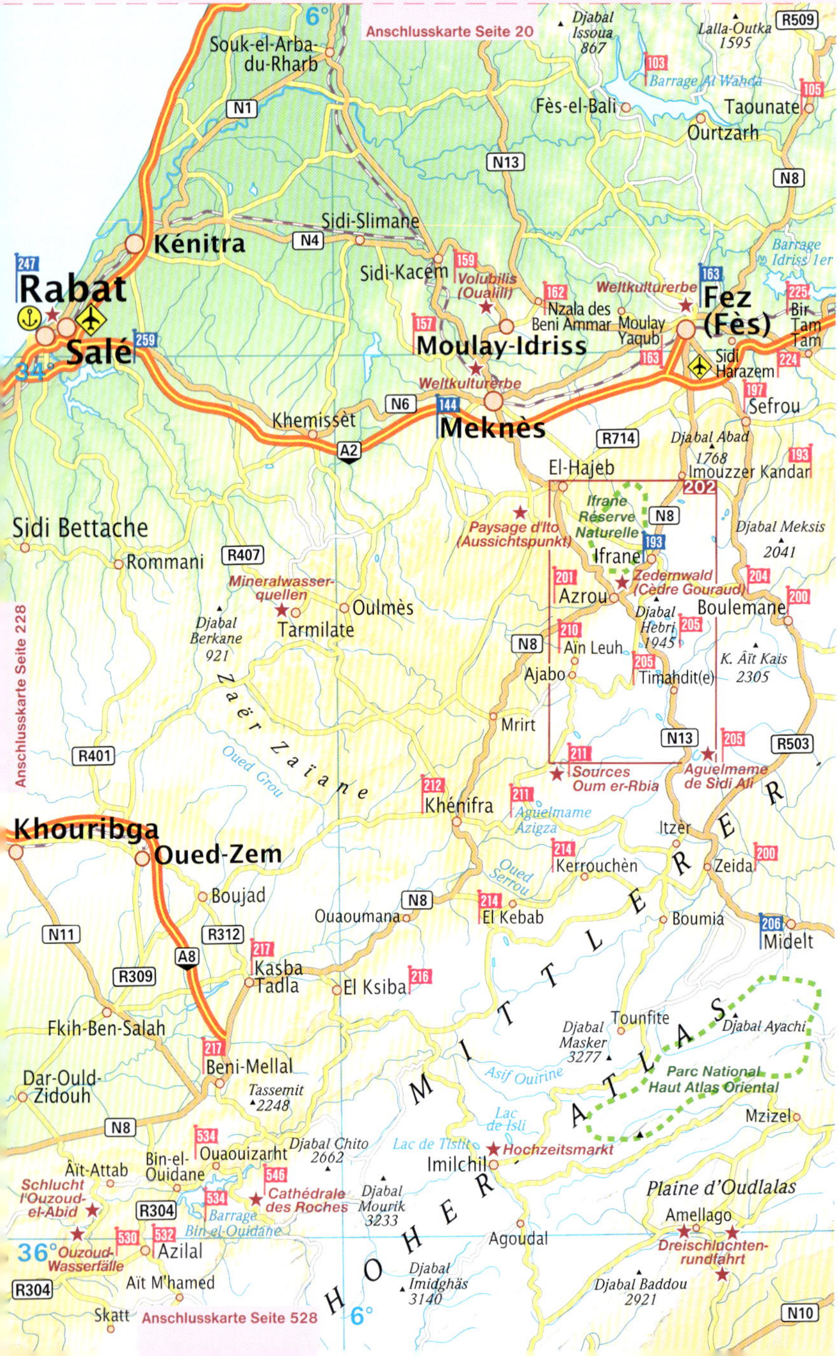

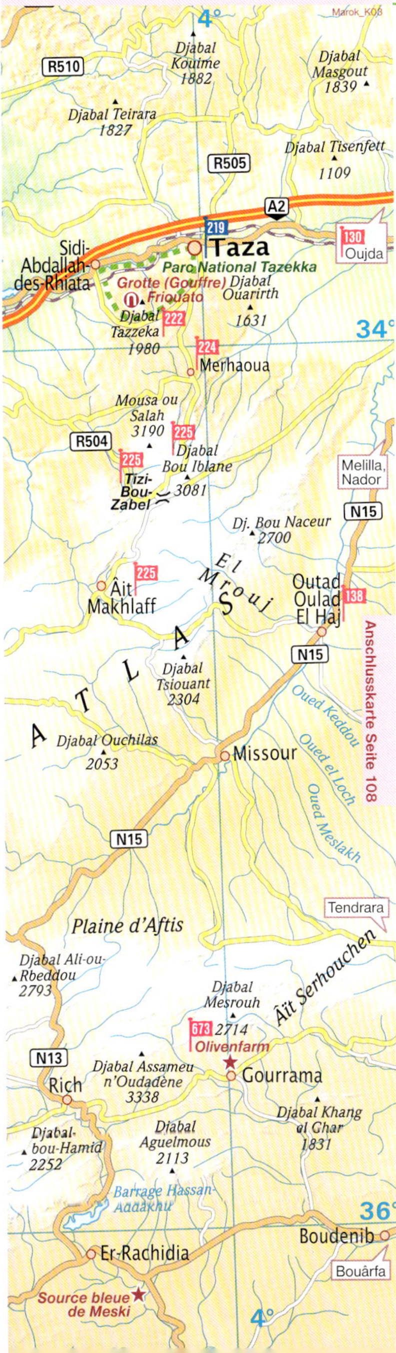

ÜBERBLICK

Der Mittlere Atlas wird im Vergleich zum Hohen Atlas relativ selten von Touristen besucht, fehlen doch spektakuläre Schluchten, Palmen und Kasbahs. Auch als Wandergebiet ist der Mittlere Atlas noch wenig bekannt. Schade, denn die Region ist nicht ohne Grund das bevorzugte Ausflugsgebiet der Stadtbevölkerung von Fès und Meknès und bietet für Wanderer abwechslungsreiche Eindrücke. Die Umgebung von Ifrane, Azrou, Imouzzer hat Mittelgebirgscharakter, dort plätschern Bäche zwischen grünen Wiesen und Obstbäumen, hausen Berberaffen in uralten Zedernwäldern, und grün-blaue Seen laden zum Baden ein. Diese Region sollten Sie auch abseits der Hauptwege gründlich bereisen, denn hier kommen Naturfreunde voll auf ihre Kosten, und zum Wildcampen gibt es zahlreiche romantische Stellplätze.

NICHT VERPASSEN!

- **Meknès** – auf den Spuren des prunksüchtigen Sultans in der Ville Impériale | 149
- **Moulay Idris** – Aussicht und Stimmung des heiligen Ortes genießen | 157
- **Volubilis** – ein Spaziergang durch die römische Ruinenstätte | 159
- **Fès** – Koranschulen, Stadtpaläste und uraltes Handwerk in Fès el-Bali | 174
- **Azrou** – durch Zedernwälder spazieren und Berberaffen beobachten | 201
- **Nationalpark Djabal Tazzeka** – einsame Wanderungen zwischen grünen Bergen | 222

Diese Tipps erkennt man an der gelben Hinterlegung.

Der Mittlere Atlas kann aber auch mit zerklüfteten Hochgebirgslandschaften im Osten (Djabal Bou Iblane, 3081 m) und Süden im Übergang zum Hohen Atlas (Djabal Ayachi, 3747 m) aufwarten. Nirgendwo im Land haben wir so ursprüngliche Dörfer entdeckt wie in den Hochgebirgsregionen des Mittleren Atlas. Hier finden nicht nur Mountainbiker und Offroader jede Menge einsamer Routen, sondern im Winter/Frühjahr können auch Skitourengeher ihrer Leidenschaft frönen.

Auf den kargen Hochplateaus des Mittleren Atlas schlagen Halbnomaden im Sommer ihre schwarzen Wollzelte auf. Sie betreiben Wanderweidewirtschaft, d.h. sie ziehen nur im Sommer mit ihrem Vieh über die Weideflächen in höheren Lagen, im Winter bleiben sie sesshaft an einem Ort.

Von Dezember bis März sind die Höhen des Mittleren Atlas schneebedeckt, manchmal liegt in den Hochgebirgszonen über 2300 m auch noch im Mai Schnee, was bei der Reiseplanung zu berücksichtigen ist.

Mit den Königsstädten Meknès und Fès (beide UNESCO-Weltkulturerbe), dem Wallfahrtsort Moulay Idris und den sehr gut erhaltenen römischen Ruinen von Volubilis kann dieses Gebiet zudem mit unvergleichlichen kulturellen Höhepunkten aufwarten.

Meknès

Meknès liegt auf einer Hochebene 550 m über dem Meer und **zählt zu den vier Königsstädten** Marokkos. Die Stadt mit rund 650.000 Einwohnern besteht aus zwei Teilen, die durch den Fluss Boufekrane voneinander getrennt sind. Meknès liegt in einem der landwirtschaftlich reichsten Gebiete mit einem gesunden, milden Klima über das ganze Jahr.

Meknès ist wichtiges **Handwerks- und Handelszentrum.** Die nationale Landwirtschaftsschule und zahlreiche Nahrungsmittelindustriebetriebe befinden sich hier. Meknès ist außerdem bekannt für seine **Weine,** die durchaus die Qualität guter französischer Landweine erreichen. Nach dem Abzug der französischen Winzer infolge der Unabhängigkeit wurden die Weingüter vom Staat übernommen und die Anbauflächen verkleinert – Hauptabnehmer ist nach wie vor Frankreich. Die bekanntesten Marken sind *Ksar, Guerrouane* und *Les Trois Domaines,* vorwiegend Rot- und Roséweine, die von *Meknès Vins* vertrieben werden und direkt im Zentrallager zu kaufen sind (siehe „Einkaufen/Wein").

Der **relative Wohlstand** der Region macht sich auch in der Stadt bemerkbar. Die Neustadt und ihre Bewohner wirken **modern** und dem Westen gegenüber sehr aufgeschlossen. In der Medina hingegen überwiegt wie in den meisten Altstädten Marokkos die traditionelle Kleidung und Lebenseinstellung.

Meknès wird von Touristen nicht so stark frequentiert wie Fès, hat aber eine Menge historischer Sehenswürdigkeiten zu bieten. Die Altstadt zählt zum **UNESCO-Weltkulturerbe.** In Meknès bleibt man im Gegensatz zu Fès meist unbehelligt von Schleppern – hier kann man in aller Ruhe auf Entdeckungstour gehen. Die Menschen sind sehr freundlich.

› Im Mausoleum von Moulay Ismail

Geschichte

Meknès verdankt seinen Namen dem **Stamm der Meknèssa,** die vom Osten her kommend Anfang des 10. Jh. an den Ufern des Flusses siedelten. Die **almoravidische Festung Tagrart,** die *Yussuf ibn Tashfin* 1063 erbauen ließ, bildet den Mittelpunkt der Stadt. Die **Almohaden** als Nachfolger der Almoraviden, richteten ein Wasserversorgungsnetz ein.

Unter den **Meriniden** wurde die Stadt beträchtlich vergrößert, aber erst unter dem **Alawidenherrscher Moulay Ismail** (1672–1727) erlebte Meknès seine **Blütezeit.** *Moulay Ismail* wurde wegen seiner Grausamkeit und Prunksucht, aber auch als Baumeister bekannt. Der „Ludwig XIV. Marokkos", wie er oft genannt wird, ließ mit Hilfe von 30.000 Sklaven Gärten, Stadtmauern von 40 km Länge und Paläste von gewaltigen Ausmaßen bauen. So fanden in den riesigen Stallungen 12.000 Pferde Platz, und die Getreidespeicher hatten die Dimensionen einer Kathedrale. Im ganzen Land ließ er 76 Festungen bauen und vertrieb mit seiner 150.000 Mann starken Armee die Engländer aus Tanger und die Spanier aus Larache und Mehdia. Selbst die Türken konnte er im Osten des Reiches aufhalten. *Moulay Ismail* hatte angeblich 500 Frauen und ca. 800 Söhne, die Mädchen wurden wie üblich nicht gezählt.

Nach dem Tod *Moulay Ismails* verlegten seine Nachfolger die **Königsresidenz nach Fès.** Während der Kämpfe um die Nachfolge wurden die Paläste von Meknès zerstört. Das **Erdbeben** von 1755 trug zur weiteren Verwüstung der Stadt bei.

Erst nach 1912 kam Meknès wieder entscheidende Bedeutung zu, als es zu einem der wichtigsten landwirtschaftlichen Zentren Marokkos wurde.

Sehenswertes

Meknès ist dreigeteilt: in die **Neustadt** *(Ville nouvelle),* die **Altstadt** (Medina) mit den Suqs und in die 4 ha große *Ville impérale,* die **Königsstadt,** deren Monumentalbauten von *Moulay Idris* errichtet wurden. Am besten

ma16_030 ad

Meknès

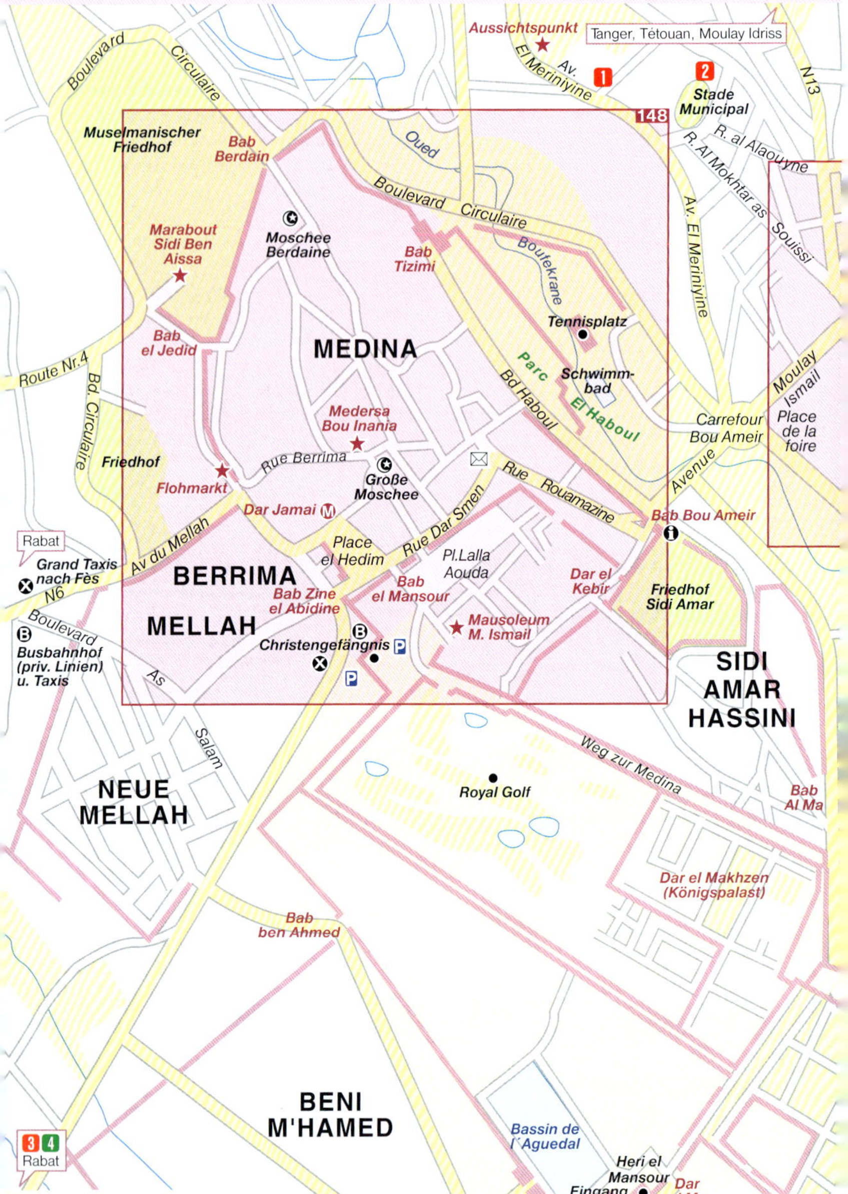

Übernachtung

1 Transatlantique
2 Jugendherberge (Auberge de Jeunesse)
3 Menzeh Dalia

Einkaufen

4 Marjane-Supermarkt
5 Les Celliers de Meknès

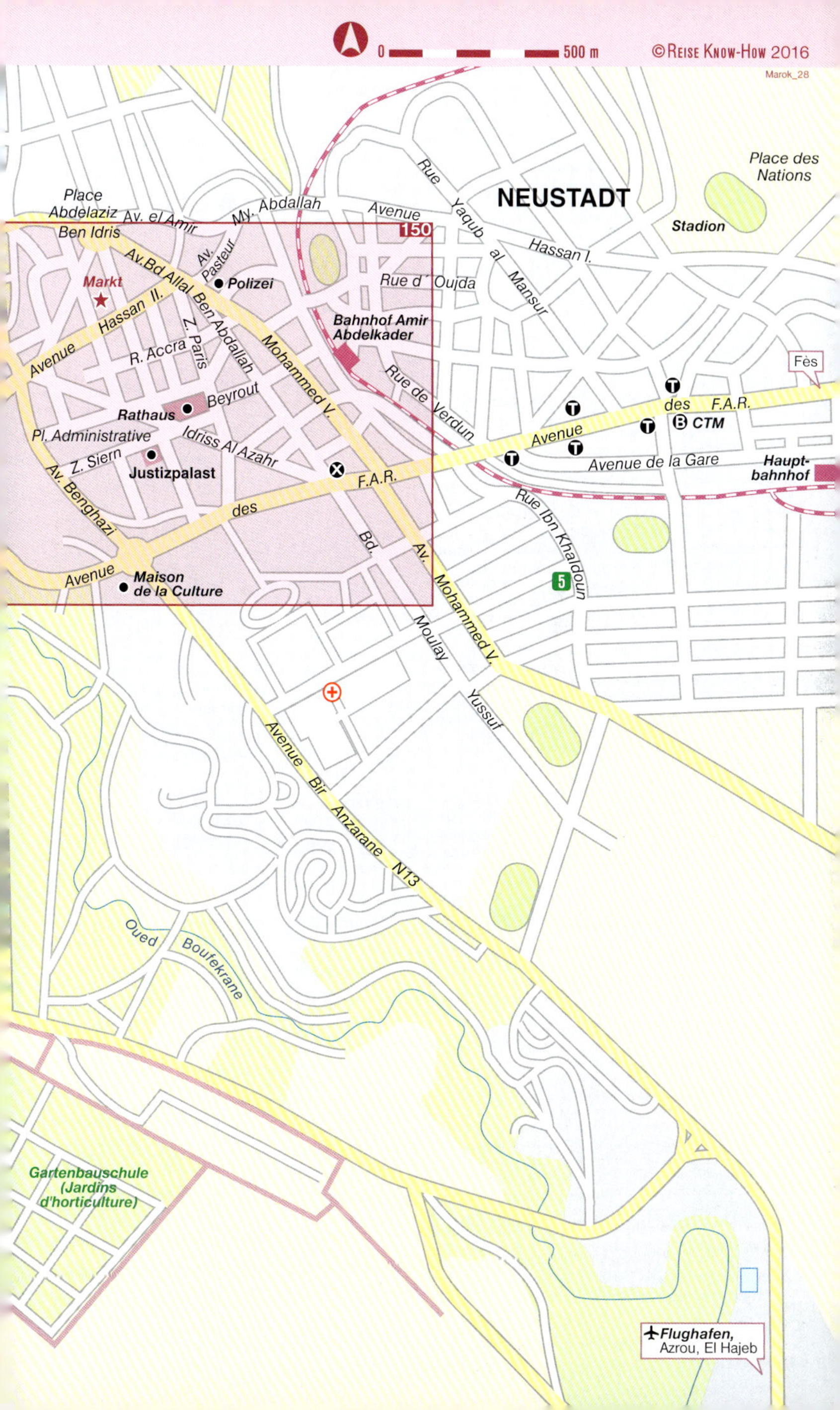

0 500 m
©Reise Know-How 2016
Marok_28
NEUSTADT
Place des Nations
Stadion
Place Abdelaziz Ben Idris
Av. el Amir
My. Abdallah
Avenue Hassan I.
Rue Yaqub al Mansur
150
Markt
Av. Pasteur
Polizei
Av. Bd Allal Ben Abdallah
Rue d´Oujda
Bahnhof Amir Abdelkader
Avenue Hassan II.
Z. Paris
R. Accra
Mohammed V.
Rue de Verdun
Fès
Beyrout
Rathaus
Pl. Administrative
Idriss Al Azahr
Avenue des F.A.R.
CTM
Avenue de la Gare
Haupt-bahnhof
Z. Siern
Justizpalast
Av. Benghazi
Rue Ibn Khaldoun
Bd. Moulay Yussuf
Av. Mohammed V.
Maison de la Culture
Avenue Bir Anzarane N13
Oued Boufekrane
Gartenbauschule (Jardins d'horticulture)
Flughafen, Azrou, El Hajeb

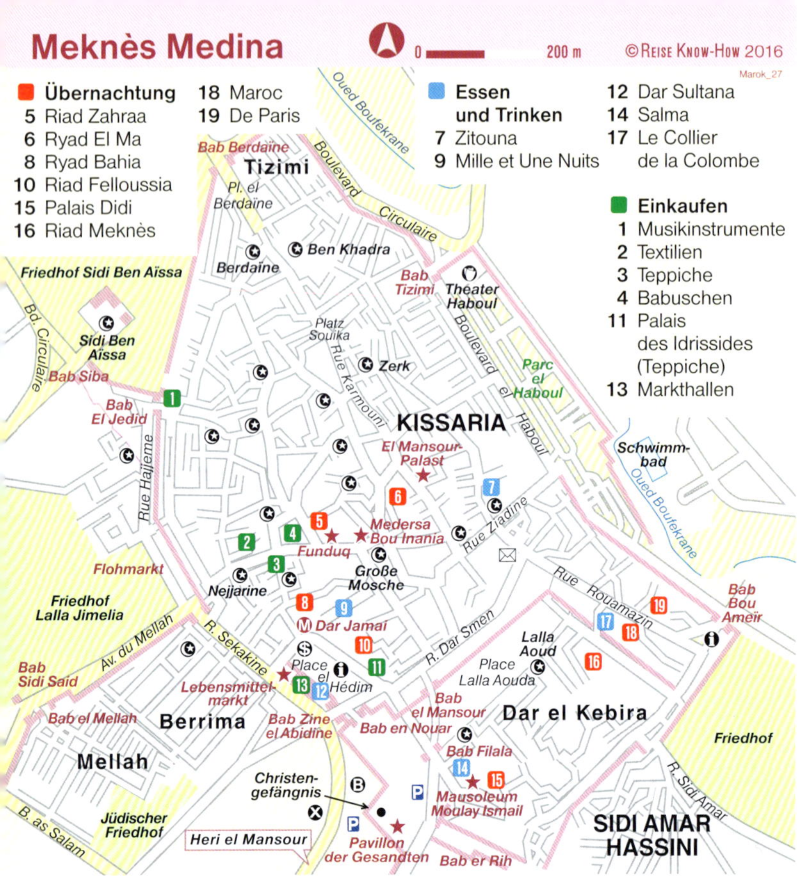

nimmt man sich zwei Tage Zeit, notfalls reicht auch je ein halber Tag für die Medina bzw. Ville impériale. Ein Stadtrundgang beginnt am **Place el Hedim** (**N 33°53,607', W 05°33,974'**, saubere öffentliche Toiletten am Platz).

Die Medina (Altstadt)

Der 200 x 100 m große Place El Hedim am Rande der Medina ist das lebhafte Zentrum der Straßenhändler, Treffpunkt der Einheimischen und wichtigster Orientierungspunkt in der Stadt. Dort erhebt sich auch das berühmteste Tor Marokkos, das **Bab El Mansour.** Das mit kostbaren Keramikfliesen und Reliefs ausgeschmückte dreibogige Tor wurde 1732 vollendet. Hier wurden früher Gerichtsverhandlungen abgehalten und die Köpfe der Hingerichteten ausgestellt.

Am nördlichen Ende des Place El Hedim befindet sich der 1882 erbaute **Dar Jamai,** in dem das **Museum für marokkanische Volkskunst** untergebracht ist (Eintritt 10 DH, tägl. außer Di 9–12 und 15–18 Uhr). Der sehr schön ausgestattete ehemalige Wesirspalast zeigt vorbildhaft die maurische Palastarchitektur. Auch die antiken Ausstellungsstücke (Kleidung, Waffen, Einrichtungsgegenstände, Schmuck und Dinge des täglichen Lebens) sind sehr sehenswert. Während der Zeit des französischen Protektorats diente der Dar Jamai als Hospital, seit 1920 ist dort das Museum eingerichtet.

Gleich an der Westseite des Place El Hedim, in dem Gebäude hinter den Imbissständen, lohnen die **Markthallen** einen Besuch. Hier türmen sich Obst und Gemüse, eingelegte Zitronen, verschiedenste Olivenvariationen, Gewürze und vieles mehr.

Nördlich des Platzes beginnt die Medina mit den **Suqs** (franz. *Souk*): der **Korbflechtersuq,** der **Schmuck- und Stoffmarkt,** im Nordwesten am Bab Djedid finden sich die **Musikinstrumentenhändler** und zahlreiche andere Geschäfte und Handwerksbetriebe. Die Suqs von Meknès sind noch recht **ursprünglich** und wenig auf Touristen ausgerichtet. In den Hallen **(Qissaria)** kaufen die Einheimischen Textilien, Haushaltswaren (wie günstige Teegläser und Kannen) und allen möglichen Krimskrams für den täglichen Bedarf. Die **Mosquée Nejjarine,** die älteste Moschee von Meknès, stammt aus dem 10. Jh. und liegt in der Nejjarine-Gasse, die zum **Suq Ed Dlala** führt, wo außer freitags jeden Nachmittag Teppiche und Decken verkauft werden.

Von dort gelangt man weiter zur **Medersa Bou Inania** (tägl. außer Di 9–12 und 15–18 Uhr, an Feiertagen geschlossen), einem der bedeutendsten islamischen Bauwerke der Stadt. Sie wurde unter dem Merinidensultan *Abu el Hassan* errichtet und von seinem Sohn *Fariz I. Abu Ainan (*1336–50/56*)* vollendet. Der Innenhof mit Reinigungsbrunnen ist mit sehr schönen Fliesen und Holzschnitzereien ausgestattet. Das obere Geschoss, das von einer zedernholzgeschnitzten Galerie zum Innenhof hin begrenzt wird, beherbergt die winzigen Zellen der Koranschüler. Die Medersa (Medrese) wurde im 16. Jh. um ein theologisches Institut erweitert. Von der Dachterrasse genießt man einen schönen Ausblick.

Nahebei (südlich) erhebt sich **Jemaa el Kebir (Grande Mosquée),** die große Moschee mit zwölf Eingängen (17. Jh.). Sie bildet den Mittelpunkt der Altstadt und ist ein guter Orientierungspunkt, falls man sich im Gassengewirr verläuft. Von dort kommt man wieder zurück zum Place el Hedim.

Wer sich nun vom Stadtbummel erholen will, kann sich im kleinen **Park El Haboul** im Osten der Medina unter großen Bäumen ausruhen. Die Wasserbecken im Park werden durch den vorbeifließenden Oued Boufekrane (sprich: Wed Bufkran) gespeist. Hier gibt es auch eine Freilichtbühne, wo jährlich Ende Juni/Anfang Juli im Rahmen des *Festival National du Théâtre* Aufführungen stattfinden. Auf der anderen Seite des Oued Boufekrane befinden sich das öffentliche Schwimmbad und ein kleiner Zoo. Über die lebhafte Av. Moulay Ismail gelangt man von hier in die Neustadt.

Ville Impériale

Die sogenannte Ville Impériale **(Königsstadt)** ließ der prunksüchtige Alaouiten-Herrscher *Moulay Ismail* im 17. Jh. von Tausenden Sklaven als neues Regierungsviertel mit Palästen, Gärten, Moscheen, Pferdeställen und dunklen Verliesen errichten (vgl. Geschichte).

Vom Place el Hedim gelangt man durch das **Bab El Mansour** zum Platz **Lalla Aouda** (mit Moschee), dem früheren Aufmarschplatz der schwarzen Garden, einem riesigen Heer von schwarzafrikanischen Sklaven, deren Loyalität sich *Moulay Ismail* sicherte, indem er sie heiraten ließ und dadurch für die natürliche Vermehrung seiner Truppen sorgte. Zum Ende seiner Herrschaft soll dieses Heer über 150.000 Mann umfasst haben. Rechts (südwestlich) an den Platz anschließend liegt der **Qubbet Khayattine bzw. as-Sufara,** ein Pavillon, in dem *Moulay Ismail* ausländische Botschafter empfing. Links vom Pavillon führt eine Treppe in die riesigen **unterirdischen Gefängnisse** (Eintritt 10 DH, tägl. 9–12 und 15–18 Uhr, an Feiertagen geschlossen). Die Verliese fassten einst ca. 50.000 Gefangene. Sowohl Christen, die bei Kämpfen mit Briten, Spaniern und Franzosen gefangen genommen wurden, als auch marokkanische Aufwiegler, Straftäter und Piraten der Bou-Reg-Reg-Republik warteten hier auf ihre Befreiung. Einige Gefangene wurden als Sklaven an die Diplomaten verkauft oder mussten Fronarbeit bei der Errichtung der Prunkbauten *Moulay Ismails* leisten. Mittlerweile wird jedoch ange-

Meknès Neustadt

0 ▬ 200 m ©Reise Know-How 2016

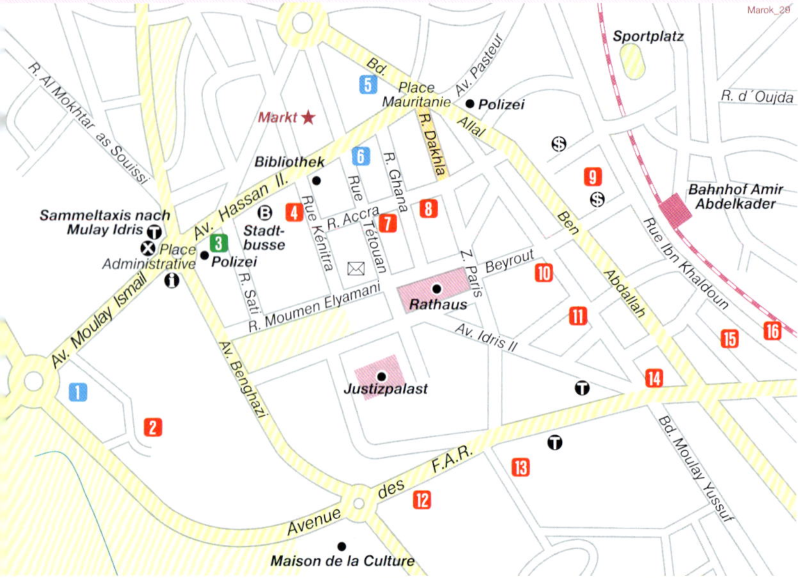

Übernachtung
2 Ibis Meknès
4 Rif
7 Palace
8 Malta
9 Majestic
10 Touring
11 Ouislane
12 Belle Vue
13 Panorama
14 Toubkal
15 Akouas
16 Excelsior

Essen und Trinken
1 McDonald's
5 Gambrinus
6 La Coupole

Sonstiges
3 Meknès Car

zweifelt, ob es sich bei den unterirdischen Hallen tatsächlich um Gefängnisse gehandelt hat – neuere Theorien sprechen von einem Lebensmittellager.

In der Nähe lag am **Bab Filala** das eigentliche Palastgelände. Dort befand sich der Palast **Dar el Kebira,** die Hauptresidenz *Moulay Ismails* aus 20 Gebäuden. Nun erhebt sich auf den Ruinen ein Wohnviertel, das noch den gleichen Namen trägt.

Südlich vom Place Lalla Aouda und dem Bab Mansour gelangt man zum **Bab er Rih** (Tor des Windes) und zum **Mausoleum und der Grabmoschee Moulay Ismails** aus dem 17. Jh. (tägl. 9–12 und 15–18 Uhr, freitags geschlossen, Trinkgeld für den Wächter). Durch die relativ schlichten Vorräume gelangt man zum kunstvoll in maurischem Stil ausgestatteten Mausoleum, von dessen Eingang man einen Blick in den Grabraum mit Sarkophag werfen kann.

Das Mausoleum liegt an einer 10 m breiten Straße von 1 km Länge, die von wuchtigen Mauern umgeben ist. Hinter diesen Mauern verbirgt sich der Königspalast **Dar El Makhzen,** erbaut Ende des 18. Jh. (keine Besichtigung möglich). Der Palast des ehemaligen Sultans *Mohamed Ben Abdallah,* **Dar el Beida** (18. Jh.), in dem heute eine Militärakademie untergebracht ist (keine Besichtigung möglich), schließt sich im Süden an. Nahebei liegen die Pferdeställe *Haras* der Militärakademie, die man besuchen kann (So geschlossen).

Zur **Vorderseite des Königspalastes** mit den Palastwachen und weiter zu den **Pferdeställen von Moulay Ismail** gelangt man, wenn man die Mauerstraße nach Südosten bis zum Gelände der Gartenbauschule *(Jardins d'Horticulture)* läuft und dort nach rechts durch ein Tor am Königspalast vorbei nach Westen geht (s. Beschilderung). Ca. 500 m der Mauer folgend, erreicht man die Überreste des **Heri el Mansour bzw. Heri Es Souani** (tägl. 9–12 und 15–18 Uhr, Eintritt 10 DH), ein riesiger Getreidespeicher aus dem 17. Jh. mit den Ausmaßen einer Kathedrale (12 m hoch, 23 Schiffe), und die ehemaligen **Pferdeställe des Moulay Ismail** (*Jemma Roua* = Stallmoschee). Die Ställe hatten eine Ausdehnung von 5 km und waren von Kanälen zur Tränkung der über 12.000 Pferde durchzogen. Aus riesigen Zisternen wurde über hölzerne Wasserräder *(Norias)* Wasser nach oben zu den Kanälen geschafft. Die Anlage trägt deshalb auch den Namen **Dar el Ma bzw. Borj el Ma** („Haus des Wassers" bzw. „Wasserburg"). Das riesige Wasserbecken **Aguedal bzw. Sihridjes-Souani** (400 m Länge, 100 m Breite und 4 m Tiefe) diente angeblich den 500 Konkubinen *Moulay Ismails* als Bade- und Vergnügungsbecken, wahrscheinlich aber eher zur Bewässerung bzw. Tränkung der Pferde.

Rund um die Mauern der Medina

Wer nach der Besichtigung der Ville Impériale und der Medina noch Ausdauer hat, kann vom Parc El Haboul (s.o.) entlang des Bd. Haboul und der Altstadtmauer bis zum **Bab Tizimi** (Mittelpunkt des Töpferviertels) und zum **Bab Berdain,** dem Tor der Sattler (Ende 17. Jh.), laufen. Vom Bab Berdain geht es vorbei am **Friedhof Sidi Ben Aissa** mit der Qubba (Grabmal) des Marabuts *Mohamed Ben Aissa.* Er war der Gründer der Aissaouna-Sekte (einer Sufi-Bruderschaft) und ist der Schutzpatron der Gaukler, Schlangenbeschwörer und Tänzer. Jedes Jahr zu seinem Moussem (siehe „Feste") finden sich hier Pilger aus dem ganzen Land ein.

Entlang der Mauern gelangt man zum Tor **Bab el Khemis** (17. Jh.) und durch die **Mellah** (Judenviertel) zum Stadtteil Beni M'hammed (im Süden der Mellah), wo man die **Medersa** (Koranschule) **Jamaa er Rouah** besichtigen kann. Von Süden her nähert man sich nun durch das Stadtviertel **Zitouine** wieder der Königsstadt (Ville Impériale) und gelangt am Heri Dar el Ma und Königspalast vorbei zur Medina.

Alternativ ist eine **Umfahrung der Altstadt** entlang der Mauern bis zur Ville Impériale mit dem Auto, der Kutsche (ca. 150 DH) oder dem Taxi möglich, um die Ausmaße der riesigen Königsstadt zu ermessen.

Praktische Informationen

Informationen für Touristen

- **O.N.M.T.,** 27, Place Administrative, Tel. 0535 51 60 22.
- Zahllose Adressen (Hotels, Restaurants, Bars, Shopping etc.) im Internet unter **https://meknes.madeinmedina.com.**
- **Offizielle Stadtführer:** Sehr empfehlenswert sind die deutschsprachigen Führer *Said Fares* (Mobil 0663 69 05 14), *Idriss Ben Makrane* (Mobil 0661 98 60 72) und Frau *Itimad Chbihi* (Mobil 0661 15 97 28).

Unterkunft

Oberklasse

- **Menzeh Dalia**④, Domaine Izmar, an der N 6 Richtung Rabat, Tel. 0535 46 85 95, www.hotelmenzehdalia.com. Sehr gepflegtes 4-Sterne-Hotel mit 145 klimatisierten, geräumigen Zimmern mit Sat-TV, Minibar, Safe etc. und Balkon zum Garten. Restaurant, Bar und Nightclub, Hammam, 300-m²-Pool im Garten. WLAN verfügbar. Sehr gutes Preis-Leistungsverhältnis bei Buchung im Internet.
- **Palais Didi**④, 7, Dar Lakbira (neben Mausoleum Moulay Ismail, Abholung der Gäste möglich), Medina, Tel. 0535 55 85 90, www.palaisdidi.com. In diesem prachtvollen Riad aus dem 17. Jh. sind acht komfortable Zimmer im OG (etwas dunkel) und fünf tolle Suiten (mit Jacuzzi) im EG untergebracht. Ruhige und angenehme Atmosphäre, WLAN verfügbar, bewachter Parkplatz.
- **Transatlantique**④, Rue Al Mariniyine, Tel. 0535 52 50 50, www.transatlantique-meknes.com. Traditionsreiches (seit 1927), inzwischen leider ziemlich angestaubtes 4-Sterne-Hotel mit großem Park, Tennisplatz, Pool und

toller Aussicht auf die Stadt. 120 klimatisierte, maurisch gestaltete Zimmer (kein 4-Sterne-Standard) mit TV in zwei Trakten. Bewachter Parkplatz.

Mittelklasse

■ **Akouas**③, 27, Rue Amir Abdelkader, Neustadt, Tel. 0535 51 59 67/68, www.hotelakouas.com. Gesichtsloses 3-Sterne-Hotel in Bahnhofsnähe mit 50 Zimmern (z.T. laut) mit Sat-TV und Klimaanlage/Heizung. Pool, Bar und Nachtclub, schöner Blick von der Dachterrasse. WLAN verfügbar.

■ **Belle Vue**③, 21, Av. des F.A.R., Neustadt, Tel. 0535 51 26 95, www.n.hotelbellevue.ma. Relativ neues 3-Sterne-Hotel in zentraler Lage mit sehr modern ausgestatteten Zimmern mit TV und AC. SPA mit Hammam, (europ.) Sauna, Massage und Kosmetikanwendungen. WLAN verfügbar. Bewachtes Parken vor dem Hotel möglich.

■ **De Nice**③, 10, Rue d'Accra, Neustadt, Tel. 0535 52 03 18. Älteres 3-Sterne-Hotel in zentraler Lage mit sauberen, ordentlichen (z.T. kleinen) Zimmern. Bar und Restaurant mit sehr gutem Frühstück. WLAN verfügbar.

■ **Ibis Meknès**③, Av. des F.A.R, Neustadt, Tel. 0532 11 02 81, www.ibis.com. Modern gestaltetes und ausgestattetes Mittelklassehotel mit Pool, zentral in Gehweite zwischen Neustadt und Medina gelegen. 104 klimatisierte DZ mit TV, eigener Parkplatz, sehr gutes Preis-Leistungsverhältnis, Frühstücksbuffet, WLAN verfügbar.

■ **Riad Meknès**③, 79, Ksar Chaacha, Dar Kebira, Medina, Tel. 0535 53 05 42. Hier wohnt man wie einst *Moulay Ismail* in einem Teil seines damaligen Palastes aus dem 17. Jh. Sechs romantische Suiten im maurischen Stil, schöner Innenhof, sehr gutes Restaurant, kleiner Pool und Garten. WLAN verfügbar.

■ **Riad El Ma**③, 4, Derb Sidi Besri, in der Nähe der Großen Moschee, Mobil 0661 51 48 24, www.riad-el-ma.com. Die hilfsbereite und charmante *Amina* kümmert sich um die Gäste. Sechs sehr hübsche Zimmer mit Bad, sehr gute Küche, kleiner Pool auf der Dachterrasse. Vorher anrufen und sich hinführen lassen.

■ **Malta**③-④, 3, Rue Charif El Idrissi, Neustadt (500 m vom Bahnhof Amir), Tel. 0535 51 50 20, www.hotel-malta.ma. Freundliches, konservativ eingerichtetes 3-Sterne-Hotel mit 58 sauberen, klimatisierten Zimmern mit TV. Nachtclub und Bar (Alkoholausschank), WLAN verfügbar.

■ **Riad Felloussia**④, 23, Derb Hammam Jdid, Bab Aissi, Medina, Tel. 0535 53 08 40 (bei Anruf Abholung vom Bab Mansour), www.riadfelloussia.com. Sehr hübscher Riad unter Leitung eines netten französischen Paares mit zwei Kindern. Vier unterschiedlich traditionell gestaltete Suiten zum Innenhof, angenehme Atmosphäre, Dachterrasse mit Ausblick.

■ **Riad Zahraa**③, 5, Derb Abdellah El Kasri, Medina, Tel. 0535 53 20 12, www.riad-zahraa.com. Hübscher Riad mit Innenhof und Dachterrasse nur wenige Gehminuten vom Place el Hedim, sechs (z.T. klimatisierte) Zimmer und drei Suiten im marokkanischen Stil. Die Betreiber stammen aus dem Viertel.

UNSER TIPP: **Ryad Bahia**③-④, Derb Sekkaya, Tiberbarine, Medina, Tel. 0535 55 45 41, Mobil 0662 08 28 64, www.ryad-bahia.com. Vom Place El Hedim in die Souk-Gasse (Torbogen) links neben dem Mosaikbrunnen einbiegen, an der V-Gabelung dann rechts (hinter dem Museum gelegen, beschildert). Hübsches Familienhaus des sehr netten Paares *Bouchra* und *Abdellatif*, die vorher als Stadtführer tätig waren und auf Anfrage gerne durch die Medina führen. Sieben Zimmer (davon zwei Mini-Suiten und eine Familiensuite), gemütliche Atmosphäre, wunderschöne Dachterrasse auf mehreren Ebenen, gutes Essen. Bewachtes Parken nahebei, Abholung möglich.

Günstig

Beim Place El Hedim, in der Av. Mohamed V. und nahe der Kreuzung zur Av. des F.A.R., in der Rue Dar Smen und in der Rue Rouamazin findet man Hotels aller Preisklassen. Bei den sehr einfachen Unterkünften ist der Preis manchmal verhandelbar.

■ **Jugendherberge (Auberge de Jeunesse),** Av. Okba Ben Nafi, beim *Stade municipale* (Sportstadion) in der Neustadt (etwas näher am Bahnhof Amir als am Hauptbahnhof), Tel. 0535 52 46 98, aubergejeune_meknes @hotmail.fr. Der Beschilderung „Hotel Transatlantique" bergauf folgen, an einem der vielen Kreisverkehre liegt die Jugendherberge gleich links. Saubere Mehrbettzimmer (ab 6 Euro/Pers., nach Geschlechtern getrennt) sowie Doppel- und Familienzimmer (15–26 Euro), Kochgelegenheit, Gepäckaufbewahrung möglich. Geöffnet wochentags 8–10, 13–16 und 19–22 Uhr, sonn- und feiertags 10–17 Uhr.

■ **De Paris**①, 58, Rue Rouamazine, Neustadt. Altes, sehr einfaches und entsprechend billiges Haus (unter 80 DH/Pers.) mit großen und hellen Zimmern, Stehtoiletten am Gang, keine Duschen (Hammam um die Ecke).

■ **Excelsior**①, 57, Av. des F.A.R., Neustadt, Tel. 0535 52 19 00. Einfache, saubere Zimmer mit oder ohne eigenes Bad (kalte Dusche), schlechte Betten.

■ **Majestic**②, 19, Bd. Mohamed V., Neustadt, günstige Lage nur ca. 100 m vom Bahnhof Amir Abdelkader, Tel. 0535 52 20 35, 0535 52 03 07, www.hotelmajesticmeknes.ma. Etwas besseres, freundliches Travellerhotel mit sauberen Zimmern mit und ohne Bad. Zur Straße hin laut, Zimmer zum Innenhof ruhiger. WLAN verfügbar, bewachter Parkplatz.

■ **Maroc**①, 7, Rue Rouamazine, Neustadt, Tel. 0535 53 00 75. Einfache Budgetunterkunft mit großen, sauberen Zimmern zum Innenhof, heiße Duschen und Toiletten auf dem Gang. Gepäckaufbewahrung möglich.

■ **Palace**②, 11, Rue de Ghana, Neustadt, Tel. 0535 52 04 07 oder 40 04 68, in Gehdistanz zum Bahnhof Amir Abdelkader. Das Hotel ist eine der besseren Optionen unter den Billigunterkünften: große, saubere Zimmer, recht gutes Preis-Leistungsverhältnis. WLAN verfügbar, sicheres Parken möglich.

■ **Panorama**①, 9, Av. des F.A.R., Neustadt, Tel. 0535 52 27 37. Sehr freundliches Hotel mit großen Zimmern mit Bad (und Handtüchern). Gutes Frühstück im Café gegenüber.

■ **Touring**①, 34, Av. Allal Ben Abdellah, Neustadt, Tel. 0535 52 23 51. Einfache Zimmer mit und ohne eigene Du/WC.

Camping

■ Etwa auf halber Strecke zwischen Meknès und Volubilis liegt der Campingplatz **Zerhoune Belle Vue** (Hinweisschild an der N 13); vgl. folgende Route.

Essen und Trinken

Preiswerte Restaurants und Cafés findet man v.a. um den Place El Hedim, in der Rue Dar es Smen und in der Rue Rouamazin. Sehr günstiges Essen gibt es rings um die Av. Hassan II. und in den Nebenstraßen (Av. Ghana in der Neustadt) in Grilllokalen *(rotisseries)*.

Ein **3-Gänge-Menü** in den hier genannten besseren Restaurants kostet zwischen 120 und 250 DH.

■ **Dar Sultana** (Sweet Sultana), 4, Derb Sekkaya, Tiberbarine/Medina, Tel. 0535 53 57 20. Gutes marokkanisches Essen in romantischer Atmosphäre im Innenhof eines renovierten Altstadthauses.

☐ Markthalle in der Medina

ma11-115 ad

■ **Gambrinus,** Rue Omar Ibn Aiss, gegenüber Marché Central, Tel. 0535 52 02 58. Nicht so vornehmes Lokal mit marokkanischer Küche zu günstigen Preisen (Menü um 80 DH), immer gut besucht von Einheimischen. Kein Alkoholausschank.

■ **La Case,** 8, Bd. Moulay Yussuf, Tel. 0535 52 40 19. Feine französische und internationale Küche, gute Auswahl an lokalen Weinen, gemütliches Interieur. So geschl.

■ **La Coupole,** Rue Ghana/Av. Hassan II., Tel. 0535 52 24 83. Traditionsreiches Restaurant und beliebte Bar mit marokkanischer und internationaler Küche, zentrale Lage, Alkoholausschank.

■ **Le Collier de la Colombe,** 67, Rue Driba, Medina (vom Place Lalla Aouda ausgeschildert, nahe Hotel Maroc), Tel. 0535 55 50 41, http://lecollierdelacolombe.com. In diesem hübschen Riad kommt exzellente marokkanische Küche im Restaurant auf der Dachterrasse (toller Ausblick) oder in einem der Patios auf den Tisch. Alkoholausschank.

■ **Le Relais de Paris,** 46, Rue Oqba Ibn Nafia, Tel. 0535 51 54 88, www.relaisdeparis.com. Sehr gute französische Küche (Fleisch- und Fischgerichte), Panoramaterrasse und Garten.

■ **Mille et Une Nuits,** Place el Hedim, Tel. 0535 55 90 02. Hier isst man in authentischer Atmosphäre in einem renovierten Riad einer freundlichen Familie, die sehr leckere marokkanische Gerichte frisch zubereitet (etwas Wartezeit).

■ **Salma,** Derb Hammam Moulay Ismail (direkt um die Ecke vom Mausoleum Moulay Ismail), Tel. 0535 55 67 08. Beliebtes Touristenrestaurant (viele Gruppen) mit schönem marokkanischen Salon im EG und Dachterrasse mit toller Aussicht, schneller Service (z.T. deutschsprachig), recht gutes Essen zu moderaten Preisen.

■ **Zitouna,** 44, Jamaa Zitouna, Medina (bei der Moschee Zitouna), Tel. 0535 53 02 81, www.restaurantzitouna.ma. Typisch marokkanische Atmosphäre und Küche in einem traditionellen Stadthaus der Medina.

Einkaufen

■ **Espace Berbere,** 32, Rue Tiberbarine, Medina. Eine Leserin empfahl den Laden von *Seghir Abdelkrim:* schöne Lampen, Spiegel und Schmuck zu fairen Preisen.

■ **Palais des Idrissides,** 11, Rue Kermouni, nahe der großen Moschee in der Medina. In diesem alten schönen Stadtpalast eines Koranschullehrers mit kunstvoll geschnitzten Holzdecken ist ein Teppichladen mit großer Auswahl untergebracht. Erklärungen auf Deutsch und Englisch, Besichtigung kostenlos (Trinkgeld).

Lebensmittel

■ Gut mit Lebensmitteln kann man sich in der Medina in den Markthallen am Place el Hedim und in der Neustadt am Zentralmarkt eindecken (Marché Central, Nebenstraße von Av. Hassan II.). Außerhalb befinden sich saubere öffentliche Toiletten und ein bewachter Parkplatz.

■ **Markttag** ist in Meknès der Mittwoch.

■ Die größte Auswahl an (auch europäischen) Lebensmitteln gibt es im riesigen **Marjane-Supermarkt** an der P 7017 (Route Agourai)/Kreuzung mit der N 6 im Süden der Stadt.

Wein

■ Für Weinliebhaber lohnt sich der Besuch von Château Roslane der **Weinkellerei Les Celliers de Meknès** (11, Rue Ibn Khaldoun, Voranmeldung 14 Tage im Voraus unter Tel. 0535 52 03 60, www.lescelliersdemeknes.net). Dort kann man die Weinberge besichtigen, sich die Herstellung des Weins erklären lassen und guten marokkanischen Wein einkaufen.

Campinggas

■ Gasflaschen-Füllung bei **Ismailia Gaz,** km 9 an der R.P. 21 in Richtung El Hajeb, Tel. 0535 55 09 68. Weitere Gaslieferanten (Metapole, Sogazi) sind im Industrieviertel Sidi Bouzekri zu finden.

Nachtleben

■ Die **Bars und Night Clubs** der großen Hotels (s.o.) sind immer gut besucht. Beliebt ist auch die Bar im Restaurant La Coupole.

■ In folgenden **Kinos** laufen internationale Filme in französischer Sprache: **Le Dawliz,** Av. Moulay Ismail, Tel. 0535 51 65 42; **Caméra,** Rue Paris, Tel. 0535 52 20 00.

Notfall/Medizinische Versorgung

■ **Ambulanz:** Tel. 150.

■ **Polizei:** Tel. 190, Esplanade de la Foire (auf dem Messegelände).

■ **Krankenhäuser:** Hôpital Mohamed V., Av. Zerktouni, Tel. 0535 52 11 34; Hôpital Militaire Moulay Ismail, Bd. El Hansali, Tel. 0535 51 73 95/97; Hôpital Sidi Said, Quartier Sidi Said, Tel. 0535 53 49 29.

Post und Banken

■ **Hauptpost** an der Place Administrative.
■ **Banken mit Geldautomat** finden sich im gesamten Stadtgebiet.

Taxis/Sammeltaxis

■ **Grands Taxis** stehen in der Neustadt vor dem CTM-Bahnhof und in der Altstadt neben dem Place el Hedim.
■ **Petits Taxis** fahren z.B. ab dem Place el Hedim und vom Marché Central in der Neustadt. Auf das Einschalten des Taxameters bestehen!
■ **Sammeltaxis:** in der Neustadt gegenüber der Polizei und nahe der Tankstelle an der Av. Hassan II., am Übergang zur Av. Moulay Ismail (Volubilis bzw. Moulay Idris, Moulay Yaqub); am Rande der Medina beim Bab el Khemis sowie beim Bab el Mahrouk.
■ **Pferdedroschken** warten am Place el Hedim beim Bab el Mansour.

Busse

■ **Stadtbusse** fahren ab Bab Znine el Abidine (beim Place El Hedim) und in der Av. Hassan II. nahe Hôtel Rif.
■ Der **CTM-Bahnhof** liegt an der Av. des F.A.R. Richtung Fès. Das **Gepäck für eine Nachtfahrt** kann am Bahnhof bis zum Abend aufbewahrt werden.
■ **CTM-Büro,** 43, Av. des F.A.R., Tel. 0535 51 46 18.
■ Der **Busbahnhof für Privatlinien** liegt am Bab el Khemis linker Hand (stadtauswärts) der Straße nach Rabat. Einige Privatlinien halten auch am Bab el Jedid im Nordwesten der Medina.

CTM-Verbindungen und Preise

■ **Agadir**: CTM 2x tägl. (Nachtbusse), 12 Std. Fahrzeit, 270 DH.
■ **Rabat – Casablanca:** CTM 5x tägl., bis Rabat 2.15 Std. Fahrzeit, 60 DH; bis Casablanca 3½ Std. Fahrzeit, 90 DH.
■ **Fès:** 9x tägl. (erster Bus um 1 Uhr nachts, letzter um 20 Uhr) mit CTM, weitere Busse stündlich mit anderen Privatbuslinien, Fahrzeit ca. 1 Std., 25 DH. Von Fès bestehen Verbindungen ins ganze Land (siehe dort).
■ **Moulay Idris:** stündlich Privatbusse (1 Std. Fahrzeit), aber auch mehrmals täglich in andere Städte.
■ **Erfoud:** 1x tägl. (Nachtbus), ca. 8½ Std., 140 DH.
■ **Andere Busgesellschaften** fahren noch diverse weitere Städte an.

Bahn

Eine Zugreise nach Rabat, Marrakesch, Oujda, Tanger etc. ist **bequemer und schneller als mit dem Bus.**

■ Der **Hauptbahnhof** liegt an der Av. de la Gare (Seitenstraße der Av. des F.A.R.).
■ Der zweite **Bahnhof Amir Abdelkader** befindet sich weiter nördlich und näher am Zentrum als der Hauptbahnhof
■ **Bahnauskunft:** Tel. 0890 20 30 40 (2,88 DH/ Min.).

Verbindungen und Preise

■ **Fès:** 16x tägl. (2 Uhr morgens bis 23.30 Uhr), 20 DH, ca. 35 Min. Fahrzeit.
■ **Oujda:** 2x tägl., ca. 7 Std. Fahrzeit, 2. Kl. 130 DH.
■ **Tanger:** 3x tägl., Fahrzeit ca. 4 Std., 2. Kl. 85 DH.
■ **Rabat – Casablanca:** stündlich, nach Rabat Fahrzeit ca. 2½ Std., 2. Kl. 65 DH; nach Casablanca Fahrzeit ca. 3 Std., 2. Kl. 90 DH.
■ **Marrakesch:** 7x tägl. (über Rabat und Casablanca, kein Umsteigen nötig), Fahrzeit ca. 7 Std., 2. Kl. 174 DH.

Flugverbindungen

■ **Royal Air Maroc (RAM),** 7, Av. Mohamed V./Av. Hassan II., Tel. 0535 52 09 63. Abflug vom **Flughafen Fès** (s. dort), die Flüge der RAM führen über Casablanca, daher fährt man zu den meisten Zielen besser mit dem Zug.

Rund ums Auto

Autoverleih

■ **Meknès Car,** Ecke Bd. Hassan II./Rue Safi, Imm. Lakhssas VN, Tel. 0535 51 20 74, www.meknescar.net.

■ **Rizana Car,** Av. Mohamed VI., Lot. Rizana Résidence Lahrach Appt N°6, Tel. 0535 46 67 28.

Werkstätten

■ **Auto Speedy,** N 6 Richtung Rabat, am Marjane-Parkplatz, Tel. 05 35 46 93 26.
■ **Centre Pièces Auto** (Ersatzteile), 1, Rue Nador, Tel. 0535 52 09 23.
■ **Mécanique Auto Boutiour,** 10, Rue Tunis, Tel. 0535 52 19 58.

Parken

Bewachte Parkplätze u.a. südwestlich vom Place el Hedim beim Bab Znine el Abidine, neben dem Busbahnhof für Privatlinien, am Bd. Haboul, am Bab Mansour und beim Hotel Transatlantique.

Sport/Aktivitäten

Schwimmen

■ **Piscine Municipale,** Eingang am Carrefour Amir Abdelkader am Parc el Haboul, Nähe Bd. Circulaire.
■ Die Pools in den **Hotels Transatlantique** und **Rif** stehen auch Nicht-Gästen (gegen Eintrittsgeld) offen.

Golf

■ **Royal Golf Club Meknès** (9-Loch-Platz), Jnane Bahraouia, Bab Belkari, Tel. 0535 53 07 53.

Reiten

■ **Club d'Equitation Farah,** *Renate* und *Driss Erroudani,* Sidi Mellah d'Khissa (an der Straße nach Fès, Abzweig beim Café Aldin), Tel. 0535 54 88 44, Mobil (*Renate,* deutschsprachig) 0661 53 98 13, www.clubfarah.com. Kurze Reitausflüge und mehrtägige Reiterreisen. Auf dem ökologischen Bauernhof kann man sich bei gutem Essen und Unterkunft in netten Zimmern verwöhnen lassen.

Feste/Veranstaltungen

■ Der **wichtigste Moussem des Landes** findet im September im Ort **Moulay Idris** zu Ehren *Moulay Idris' I.* statt (siehe Route B 1).
■ **Moussem Sidi Chbani, Moussem Sidi El Ghazi** und **Moussem Ouled Sidi Cheikh,** alle in der Umgebung von Meknès (verschieben sich mit dem islamischen Jahr).
■ **Moussem Sidi Ben Aissa (Cheikh el Kamel),** Commune el Ismailia, islamischer Monat 12 Rabia I. Bei diesem bekannten Fest, zu dem Pilger aus dem ganzen Land eintreffen, führen Mitglieder der Aissaouna-Sekte ekstatische Tänze (Tanz der Derwische) vor.
■ **Fantasia-Festspiele** (Reiterspiele) im Sept.
■ **Festival National du Théâtre** im Juli, Aufführungen u.a. im Parc El Haboul.
■ **Semaine de l'Artisanat (Kunstwoche),** den jährlich wechselnden Termin im Touristenbüro erfragen.

Ausflüge

Von Meknès fahren vormittags stündlich Busse vom Bab Khemis an der Straße nach Rabat bzw. Bab Znine el Abidine **nach Moulay Idris** (siehe nachfolgende Route); letzter Bus zurück um 18.45 Uhr. Etwas schneller sind Sammeltaxis.

Von Moulay Idris **nach Volubilis** (siehe nachfolgende Route) kann man zu Fuß gehen (2,5 km, schöner, aber schattenloser Weg), ein Taxi nehmen oder sich als Gruppe ein Sammeltaxi für ca. 200 DH mieten.

Weiterfahrt nach Rabat oder Azrou

Nach Rabat

Die schnellste Route von Meknès führt in etwa 140 km über die Autobahn **A 2** (mautpflichtig) nach Rabat. Die alternative Landstraße **N 6** verläuft durch flaches Landwirtschaftsgebiet mit großen Landgütern über die Stadt **Khemisset** (Zentrum der Khemisset-Teppiche) bis zur Küste. 92 km hinter Meknès passiert man das Waldgebiet Fôret de la Mamora, wo vor allem Korkeichen wachsen.

Nach Azrou bzw. Ifrane

Von Meknès führt die gut ausgebaute **N 13** in etwa 68 km nach Azrou. Bis zum großen Ort

Boufekrane verläuft die Route durch dicht besiedeltes Landwirtschaftsgebiet. Die gepflegte Kleinstadt **El Hajeb** mit allen Versorgungsmöglichkeiten ist etwa 33 km hinter Meknès erreicht. Die quirlige Altstadt liegt links der Hauptstraße. Markt ist am Montag. Von El Hajeb kann man auf guter Straße durch Eichen- und Zedernwald direkt nach Ifrane gelangen. Etwa 49 km südlich von Meknès führt die Straße über die Passhöhe **Passage d'Ito** (Mineralienverkäufer) und weiter über ein karstiges Hochplateau mit Wacholderbäumen.

Von Meknès nach Moulay Idris und Volubilis

- **28 km, N 13.**
- Die **Teerstraße** führt durch reizvolle Hügellandschaft mit Zedern, Olivenhainen und Steineichen. Mit etwas Glück entdeckt man in dieser Gegend Chamäleons und Schildkröten. Wer von Meknès auf dem schnellsten Weg nach Fès fahren möchte, sollte die Autobahn benutzen (mautpflichtig).
- **Busse und Sammeltaxis** ab Meknès (s.o.). Von Moulay Idris kann man zu Fuß (ca. 3 km) nach Volubilis laufen.

Auf der N 13 Richtung Sidi Kacem fahren. Nach etwa 16 km liegt der **Campingplatz Zerhoune Belle Vue** etwas abseits rechts der Straße (Hinweisschild, 9 km vor Volubilis/Moulay Idris, N 34°00,878', W 05°33,716', ca. 80 DH/2 Pers. mit WoMo). Der große, sehr angenehme Platz mit herrlicher Aussicht ist terrassenförmig in einem schönen Garten angelegt. Die Sanitäranlagen sind in gutem Zustand und meist sauber. Vor dem Platz gibt es eine Bushaltestelle (Bus nach Meknès).

Nach etwa **10 km ab Meknès** rechts abbiegen Richtung Moulay Idris/Volubilis. An der Kreuzung bei km 24 geht es **rechts nach Moulay Idris.**

Moulay Idris

Moulay Idris (auch **Moulay Idriss** geschrieben) liegt zwischen grünen Hügeln eingebettet und ist wohl die **älteste Stadt Marokkos.** *Moulay Idris (Idris Ben Abdellah)* gründete sie im Jahr **788;** er ist zugleich Gründer des marokkanischen Königreiches (s.a. „Land und Leute/Geschichte"). *Moulay Idris* war auf der Flucht vor dem Abassidenherrscher *Harun el Rashid,* der ihn später vergiften ließ. Die Stadt ist terrassenförmig auf einem Gebirgssattel am Fuße des Djabal Zerhoun angelegt und von weiten Ölbaumpflanzungen umgeben. Früher durfte kein Ungläubiger diese heilige Stadt betreten, vor allem Juden nicht.

Manche Marokkaner unternehmen **drei Pilgerfahrten nach Moulay Idris,** um damit eine Hadj nach Mekka zu ersetzen, da diese für die meisten Marokkaner zu teuer ist. Dennoch ist natürlich auch in Marokko Mekka das erstrangige Pilgerziel jedes gläubigen Moslems, denn eine Wallfahrt nach Moulay Idris zählt offiziell nicht als Hadj, ebenso ist Heiligenverehrung im wahabitischen Islam nicht zulässig.

Moulay Idris ruht in einem Grab aus weißen Steintafeln. Im Heiligtum befindet sich ein Replikat der Kaaba. Ende August findet vor den Toren der Stadt ein großes **Moussem** mit Fantasia zu Ehren des „Moulay" („Großer Heiliger") statt, verbunden mit der Opferung von Schafen und Ziegen vor dem Qaid.

Sehenswertes

Besonders bemerkenswert ist der **runde Moscheeturm der Jemaa Sidi-n-Tizi.** Er ist ringsum bedeckt mit Koransuren in weißer Kufischrift auf grün glasiertem Untergrund, die den Segen *Mohameds* erbeten. Diese Inschriften findet man auch am Minarett zum Heiligtum *Moulay Idris.* Das **zylindrische Minarett** der Sidi-n-Tizi-Moschee ist das **einzige dieser Art im Maghreb.** Am leichtesten kann man zur Moschee gelangen, wenn man auf der P7014 in Richtung Nzala des Beni Ammar bis ans obere Ende der Stadt läuft bzw. fährt und dort parkt. Bei der Post kann man den Moscheeturm bereits gut sehen und den Weg leicht finden. Hier im oberen Teil der Stadt, dem Khiber-Viertel, hat man von einer Terrasse nahe der Moschee einen sehr schönen Blick über den unteren Teil von Moulay Idris mit dem Heiligtum – die **Zaouia** des *Moulay Idris*. Im **Khiber-Viertel** befinden sich auch das **Mausoleum** und die **Moschee des Sidi Abdallah Hajjam,** dessen Grabmal der Zeit *Moulay Ismails* entstammt und aus Steinen des antiken Volubilis erbaut wurde.

Die **Grabmoschee des Moulay Idris** im unteren Teil der Stadt ist mit grün glasierten Dachziegeln gedeckt. Der heilige Bezirk beginnt am **Platz des Grünen Marsches, Sahat Massira el Khadra,** mit Cafés, Verkaufsständen und Läden mit Devotionalien. Durch Arkadengewölbe gelangt man zum Eingang des Heiligtums mit einer Reihe von Ständen, an denen bunte Kerzen verkauft werden. Dort liegen Amulette aus Messingblech, allerhand Spezereien und Räucherwerk (Weihrauch). Es werden *Helua* (Süßigkeiten) verkauft, flaches, rundes Berberbrot; außerdem gibt es Körbe voller Früchte mit Feigen, Datteln, Rosinen, Walnüssen und Bündeln frischer Minze.

Ein dreitoriges Mosaikportal mit grünglasierten Dachziegeln führt in das Heiligtum hinein. Hier vor der **Zaouia** mit der Koranschule, dem Grabmal, der Moschee und den Pilgerräumen beginnt der **Horm** – der Sperrbezirk, den Ungläubige nicht betreten dürfen. Die derzeitige Ausstattung und Architektur der Zaouia geht auf die Zeit *Moulay Ismails* (1672–1727) zurück.

Zur Weiterfahrt nach Fès vgl. die Routenbeschreibung im Anschluss zu Volubilis.

Praktische Informationen

Unterkunft

- **Dar Zerhoune**③, Mobil 0642 24 77 93, www.darzerhoune.com. Freundliche Herberge mit sehr hübsch marokkanisch gestalteten Zimmern mit eigenem Bad. Frühstücksterrasse mit Aussicht, gutes Essen auf Bestellung (auch Mittagessen für „Auswärtige"). WLAN verfügbar.
- **Diyar Timnay**②, 7, Rue L, Aïn Rjal (erreichbar über eine kleine Treppengasse neben dem Grand-Taxi-Stand), Tel. 0535 54 44 00, www.diyar-timnay.com. In diesem netten, sauberen und günstigen Hotel mit Restaurant wird man herzlich empfangen. DZ, Triple und Viererzimmer (z.T. klimatisiert) mit Bad.
- **Maison d'Hôtes El Kasaba**②, Bab Kasbah No. 32 (in der Kasbah über dem oberen Zugang zum Heiligtum), Tel. 0535 54 43 54, www.hotelelkasaba.com. Saubere und hübsche Pension der netten Familie *Senhaji,* bewachter Parkplatz unterhalb der Kasbah, acht marokkanisch gestaltete Zimmer mit Bad, WLAN verfügbar. *Assia* bereitet auf Bestellung exzellente Tajine (auch vegetarisch) zu oder gibt einen marokkanischen Kochkurs.
- Weiteres Hotel in Volubilis (s.u.).

Essen und Trinken

- **EL Baraka,** 22, Aïn Smen-Khiber, Tel. 0535 54 41 84. Schönes marokkanisches Restaurant im traditionellen Stil an der Straße nach Volubilis im Khiber-Viertel. Gericht ab etwa 60 DH.
- **Markttag** ist der Samstag.

Busse/Sammeltaxis

Busbahnhof, Parkplatz und Taxiabfahrtsplatz im Zentrum. Dort fahren stündlich **Busse nach Meknès** (der letzte um 18.45 Uhr), ein Sammeltaxi nach Meknès kostet ca. 20 DH. **Nach Volubilis** kann man sich ein Grand Taxi mieten, das dort ca. 1 Std. bis zum Ende der Besichtigung wartet, oder den Bus bzw. ein Sammeltaxi bis zur Kreuzung unterhalb von Volubilis nehmen.

> Blick von Volubilis auf Moulay Idris

Volubilis (Oualili)

Die **römischen Ruinen** von Volubilis (arabisch *Oualili,* sprich: Walili) liegen nur 2,5 km von Moulay Idris entfernt und zählen seit 1997 zum **UNESCO-Weltkulturerbe.** Die Ruinenstadt ist bekannt für ihre fantastischen **Mosaiken** (s.u.). Man kann das Ausgrabungsgelände ab Moulay Idris gut zu Fuß erreichen (ca. 45 Min.), wandert dann allerdings entlang der Hauptstraße (beschildert).

Am schönsten ist ein Besuch der (z.T. verwilderten) Ruinenstätte **im Frühjahr,** wenn rundum alles blüht und grünt. Die Anlage wird allerdings kaum gepflegt, sodass schon mal Müll zwischen den Steinen liegt.

Der **Eintritt** kostet 10 DH, wer möchte, kann einen Führer engagieren (ca. 150 DH für 1 Stunde). Das Gelände kann man aber auch problemlos auf eigene Faust erkunden, z.B. anhand der Nummerierung im Plan. Leider gibt es kaum Infotafeln an den einzelnen Orten. Am **Eingang** finden sich eine Touristen-Info und ein Café-Restaurant. An dem modernen Museumsgebäude wurde (mit europäischer Unterstützung) jahrelang gebaut – der Eröffnungstermin steht nach wie vor in den Sternen. Auf dem Weg durch die Ruinen Sonnenschutz, Wasser und Kopfbedeckung nicht vergessen!

Geschichte

Volubilis ist die **größte römische Ausgrabungsstätte in Marokko.** Bereits unter den Khartagern war diese Region besiedelt. Unter den Römern entstand eine blühende Stadt, nach der Teilung der römischen Provinz Mauretania wurde sie **Hauptstadt** der nordwestlichen Römerprovinz **Mauretania Tingitana.**

Volubilis **am Fuße des Djabal Zerhoun** (1118 m) war in seiner Blütezeit von 10.000 Menschen bewohnt und von 40 ha Ölbaumpflanzungen umgeben. Eine Straße verband die Stadt mit dem Hafen Tingis (Tanger).

ma16_031 ad

Volubilis

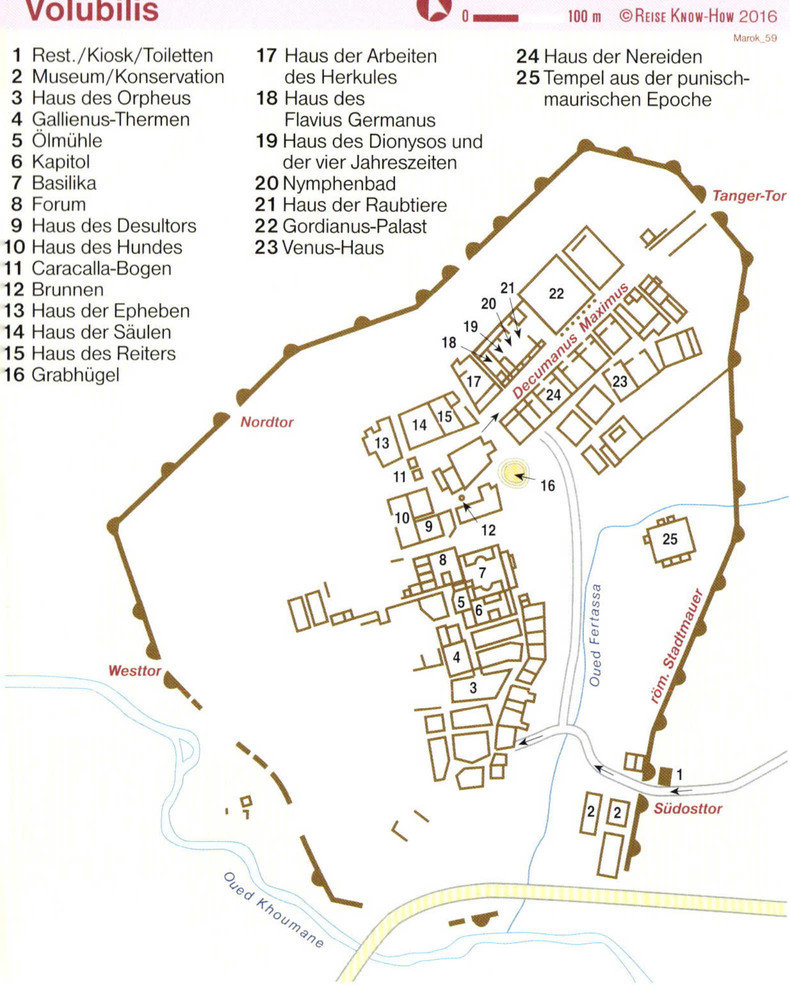

Volubilis, wahrscheinlich **unter Juba II. um das Jahr 25 gegründet,** erlebte seine Glanzzeit unter Kaiser **Septimus Severus** (193–211). Zu dieser Zeit entstanden auch die meisten Gebäude. Die 2350 m lange Stadtmauer wurde erneuert, für die Gottheiten wurden Tempel errichtet.

Zahlreiche Berberüberfälle auf die Stadt veranlassten die Herrscher Mitte des 3. Jh., die Residenz nach Tingis zu verlegen. Christliche Missionare erschienen in der Stadt, die kurz darauf von den Berbern eingenommen wurde. Als **Hauptort der Auraba-Berber** mit dem Namen **Oualili** (der sich von Oleander ableitet) blieb es ein bevorzugter Siedlungsplatz. Die Bevölkerung wurde christianisiert und erst nach der arabischen Eroberung muslimisch.

Idris ibn Abdallah, der spätere **Idris I.** und Nachkomme von *Fatima,* der Prophetentochter, bat 786 nach der Vertreibung der Schiiten unter dem mächtigen Kalifen *Harun el Rashid* hier um Asyl. Er wurde nach kurzer Zeit der Anführer der Auraba-Berber und vereinigte viele Berberstämme der Umgebung unter seiner Führung. Die Macht des Kalifen von Bagdad reichte aber bis nach Volubilis, sodass *Idris I.* 792 einer von *Harun el Rashid* angezettelten Vergiftung zum Opfer fiel und von seinen Anhängern an einem Felsausläufer des Zerhoun-Massivs unweit von Volubilis begraben wurde. Um ihrem Heiligen näher zu sein, verlegten die Berber ihre Wohnstätten zum Grab, und die Stadt Moulay Idris entstand. Volubilis verfiel und wurde zeitweise als Steinbruch benutzt.

Sehenswertes

Die in Volubilis gefundenen **Bronzefiguren** können im Archäologischen Museum in Rabat besichtigt werden.

Sehr gut erhalten sind das **Forum,** der **Caracalla-Triumphbogen, die Basilika** und eine **renovierte Ölmühle.** Vom **Tangertor** im Nordosten hat man einen besonders schönen Blick auf die Ruinen und die Umgebung.

Sehenswert sind auch das **Kapitol,** die **Basilika, Thermen,** zahlreiche Grabstelen, von Säulen umgebene Patios und besonders die **hervorragend erhaltenen Mosaikfußböden** „Dionysus entdeckt Ariadne am Strand von Naxos" im Haus des Reiters, „Diana im Bade" und „Die Entführung des Hylas" im Haus der Venus, sowie ein Meeresnymphen-Mosaik im „Haus der Nereiden". Das schönste Mosaik aus dem Haus der Venus, das die Göttin in einem Segelschiff zeigt, ist im Kasbah-Museum in Tanger zu besichtigen. Ebenfalls gut erhalten sind die Mosaiken im „Haus der Epheben", im „Haus des Orpheus" und im „Haus der Nymphen". Unter den großen Steinplatten der alten Hauptstraße führte die Wasserleitung entlang.

In Volubilis sind gut erhaltene Mosaiken zu sehen

ma11-082 ad

Praktische Informationen

Unterkunft

- **Hotel Volubilis Inn**③, 0,7 km von den Ruinen an der N 13 rechter Hand in Richtung Norden, Tel. 0535 54 44 05, hotelvolubilisinn@gmail.com. Das Hotel hat seine besten Zeiten hinter sich und keinen 4-Sterne-Standard mehr. Es gibt einen Pool und klimatisierte, etwas abgewohnte Zimmer mit TV und tollem Ausblick auf die Ruinen. Restaurant mit Alkoholausschank.
- **Gîte Caracala (Chez Hassan)**②, in Douar Fertassa gegenüber von Volubilis. Vom Inhaber *Hassan Aouad* sehr liebevoll gestaltete kleine Herberge mit nur drei Zimmern mit Bad und Aussicht auf Volubilis. *Hassan* bietet Wanderungen in die umliegenden Höhlen, Olivenhaine und nach Moulay Idris an. Gutes Frühstück und Abendessen im Preis enthalten.

Sonstiges

- Auf dem kostenpflichtigen Parkplatz vor den Ruinen dürfen **Wohnmobilisten** nicht mehr übernachten. Es gibt einen **Campingplatz** ca. 9 km hinter Volubilis Richtung Meknès (Hinweisschild an der N 13).
- Das **Festival de Volubilis** findet jährlich zu wechselnden Terminen bei den Ruinen statt.

Von Volubilis bzw. Moulay Idris nach Fès

- **Von Volubilis über N 13 und N 4 ca. 83 km; von Moulay Idris über P 7014 und N 4 ca. 70 km.**
- Es gibt **zwei Strecken nach Fès:** Entweder in Richtung Col du Zeggata über N 13 und N 4 oder direkt von Moulay Idris über eine hübsche Nebenstrecke (P 7014) über Nzala des Beni Ammar nach Fès (58,5 km).
- **Sammeltaxis** fahren von Moulay Idris über Meknès nach Fès, ebenso **Busse** von Meknès nach Moulay Idris; man kann an der Kreuzung nach Volubilis aussteigen.

Variante 1: Von Volubilis über Col du Zegatta nach Fès

Auf der ersten Strecke fährt man am Hotel Volubilis vorbei (0,7 km) und trifft nach **4 km** auf einen schönen **Picknickplatz** mit Quelle unter Ölbäumen. Nach 7,7 km, bei **km 11,7** mündet die Straße in die N4, die links über den Col du Zegatta nach Sidi Kacem und rechts nach Fès führt. Bei **km 24,7** ist **Nzala des Beni Ammar** erreicht, wo die Variante 2 von Moulay Idris kommend, einmündet.

Variante 2: Von Moulay Idris nach Fès

2 km hinter Moulay Idris gibt es einen Äquadukt zu bewundern, Oliven- und Feigenbäume säumen den Weg. Über **Beni Ammar Zerhoun** (hübsches altes Dorf auf einem Hügel) geht es auf kurviger Strecke weiter nach **Nzala des Beni Ammar** an der N 4 (km 20, viele Garküchen an der Straße). Wenn man von Fès kommt, darf man in Nzala den Abzweig nach links (gegenüber Café Ouali) nicht verpassen, da der Wegweiser fehlt. Weiter führt die Hauptstraße durch Landwirtschaftsgebiet, umgeben von im Herbst kahlen Hügeln.

Von Nzala des Beni Ammar führen Variante 1 und 2 weiter auf der N 4 Richtung Fès. 42 km hinter Nzala des Beni Ammar geht bei **km 62** links eine Straße zum **Thermalbad Moulay Yaqub** ab, rechts zur **Quelle Ras el Ma.**

Abstecher nach Moulay Yaqub

Etwa 15 km nach dem Abzweig liegt am Ortsanfang links das renovierungsbedürftige **Hotel Sogatour Moulay Yacoub**③ (Tel. 0535 69 40 35, klimatisierte Zimmer und Bungalows mit Balkon/Terrasse und Küche, großer Park mit Pool). Geradeaus geht es über Kehren bergab zum Ort sowie zum alten und (weiter bergab) zum neuen **Thermalbad Moulay Yaqub.** Das saubere, moderne Thermalbad ist innen sehr schön im maurischen Stil gehalten (Eintritt ins Bad ca. 100 DH, auch Massagen und diverse Behandlungen möglich, tägl. außer Mo 9–18 Uhr, Mi 9–13 Uhr nur für Männer, www. mulayyacoub.com). Das 54°C heiße Schwefelwasser soll bei gynäkologischen und rheumatischen Beschwerden sowie bei Hautproblemen helfen. Im Sommer ist es dort sehr ruhig. Das alte, bei weitem nicht so schöne Bad hat nach Geschlecht getrennte Becken, dort herrscht auch mehr Trubel. Der Ort selbst ist uninteressant, auf dem Markt kann man sich versorgen. Im Umkreis der Bäder gibt es viele Cafés und Restaurants. Gegenüber dem Ort liegt auf einem Hügel das **Grab des** als Heiliger verehrten **Moulay Yaqub.**

Von Fès fahren Sammeltaxis nach Moulay Yaqub.

Etwa bei **km 72** ist die **Stadtmauer von Fès** erreicht, von wo man gleich eine Stadtumfahrung antreten kann.

Fès

Die **älteste der vier Königsstädte** mit über 1 Mio. Einwohnern ist neben Marrakesch sicher die interessanteste Stadt Marokkos. Sie ist das **geistige Zentrum des Landes** und Sitz der neben der Azhar-Universität in Kairo ältesten islamischen Universität, der **Karaouyine.** Schon seit 1976 gehört die Medina von Fès aufgrund ihrer außergewöhnlichen Bedeutung als kulturelles und spirituelles Zentrum des Landes zum UNESCO-Weltkulturerbe.

Ähnlich wie in Marrakesch und in anderen marokkanischen Städten zogen nach der Unabhängigkeit die meisten wohlhabenden Fassis (Bewohner von Fès) aus ihren z.T. prachtvoll mit Mosaiken, Zedernholz und Stuckdekor ausgestatteten Wohnhäusern in der Medina in moderne Häuser der **Neustadt** *(Ville Nouvelle).* Arme Landbevölkerung strömte daraufhin in die Altstadt. Ehemals vornehme Häuser wurden von mehreren Familien bewohnt und in verschiedene Bereiche unterteilt – finanzielle Mittel zur Instandhaltung der Stadthäuser fehlten. Es kam zu einer **sozialen und baulichen Degradierung der** – inzwischen überbevölkerten – **Medina.** Immer noch sind die sanitären Anlagen in weiten Teilen der Medina sehr schlecht, Müll und Abwässer landen im Oued Fès.

Die Anstregungen der UNESCO zum **Erhalt der historischen Bausubstanz** seit den 1980er Jahren blieben weitgehend erfolglos. Seit den 1990er Jahren versuchte die Stadtplanungsbehörde ADER-Fès in Zusammenarbeit mit der Weltbank im **Fès Rehabilitation Project** (seit 1998) die Infrastruktur der Medina zu verbessern, die Armut zu reduzieren sowie historische Denkmäler zu konservieren und touristisch in Wert zu setzen. Erfolge sind inzwischen u.a. die Renovierung der Medersa Bou Inania, der Medersa Attarine und der Karayouine, die Instandsetzung vieler Fassaden in der Medina sowie die Einrichtung thematischer, beschilderter Rundwege (vgl. „Orientierung"). Aber immer noch fallen bei einem Bummel durch die Altstadt die vielen massiven Stützbalken zwischen den Häusern auf, die die maroden Gemäuer vor dem Zusammensturz bewahren sollen – es bleibt viel zu tun, um die Medina von Fès zu retten.

Schon in den 1990er Jahren wurden einige der **Stadtpaläste** in Teppichhäuser, Museen und Restaurants umgewandelt und somit vor dem Verfall bewahrt. Seit etwa zehn Jahren ist eine ähnliche Entwicklung wie in Marrakesch zu beobachten: Private Investoren kaufen alte Stadthäuser, renovieren sie mit traditionellen Materialien und Techniken und richten darin stilvolle Gästehäuser *(Maisons d'Hôtes)* ein. Im Unterschied zu Marrakesch sind an dieser Stadterneuerung in Fès jedoch viele Marokkaner beteiligt und nicht fast nur Ausländer.

Das **traditionelle Fèser Stadthaus** mit Innenhof (*Riad* oder *Dar*) zeichnet sich durch besonders aufwendiges Dekor und Kunsthandwerk aus. Böden, Wände und der Springbrunnen im Hof sind voller bunter kleinteiliger Mosaike *(Zelliges)*. Stuckornamente bedecken Säulen, Wände und Bogengänge. Filigrane Schnitzereien aus Zedernholz zieren Decken, Türen und Fenster. In keiner anderen marokkanischen Stadt verbergen sich hinter den kahlen, fensterlosen Mauern der Medina solche Paläste aus 1001 Nacht wie in Fès. Der Besuch eines solchen zum Gästehaus oder Restaurant umfunktionierten Palastes lohnt sich unbedingt!

Orientierung

Fès besteht aus drei Teilen: dem ältesten Stadtteil **Fès el-Bali** („das alte Fès"), aus dem von den Meriniden gegründeten **Fès el-Djedid** („das neue Fès") mit dem Königspalast, den Boujeloud-Gärten und der Mellah und schließlich aus der **Ville Nouvelle,** der von den Franzosen in der Protektoratszeit gegründeten Neustadt.

Das Gassenlabyrinth von **Fès el-Bali,** der **Altstadt** aus dem 9. Jh., beherbergt die Suqs. In der Altstadt sind fast alle historischen und kulturellen Sehenswürdigkeiten zu finden. Die **Medina** wird durch das (teilweise unterirdisch verlegte) stark verschmutzte Oued Fès in das westliche **Karaouyine-Viertel** (mit der Karaouyine-Moschee als Zentrum) und das

Blick über die Medina vom Palais de Fès

ma16_032 ad

östliche, touristisch weniger attraktive **Andalusier-Viertel** (mit der Andalusier-Moschee) geteilt.

Bis auf sehr wenige Straßen, die in die Medina führen (z.B. zum Bab Boujeloud im Westen bzw. zur R'sif-Moschee im Süden), ist es nicht möglich, mit dem Auto in die Altstadt zu fahren. Parken Sie Ihren Wagen am Rand von Fès el-Bali auf einem bewachten Parkplatz, z.B. am Place Batha (beim Dar Batha) oder in Aïn Azleten (vgl. „Parken" bei den praktischen Informationen).

Von der Neustadt nehmen Sie sich am besten ein Petit Taxi nach Batha (z.B. Hotel oder Museum Batha).

Wer ohne Auto unterwegs ist und in der Neustadt wohnt, kann von der Av. Mohamed V. (Haltestellen beim Bd. Abdellah und beim Grand Hotel) mit dem Bus Nr. 9 bis zur Endhaltestelle an der Av. de la Liberté, fahren. Wenn man diese Straße geradeaus weiterläuft, kommt man direkt am **Dar Batha,** dem Volkskunstmuseum vorbei (Eingang links in der Seitenstraße, s.u.).

Die Altstadt ist komplett von einer **Ringstraße** umgeben, die an Fès el-Djedid (Königspalast und Mellah) vorbei in die Neustadt führt. Im Norden geht die Ceinture Nord nördlich des Neustadt-Zentrums nach Meknès weiter, im Süden ins Zentrum der Neustadt in die Av. Hassan II. über. Bei Ankunft in der Stadt verschafft man sich einen **ersten Eindruck,** indem man auf der **Umgehungsstraße** (Ceinture Nord und Ceinture Sud) einmal um die Altstadt fährt und diese vom **Bordj Nord** und vom **Bordj Sud** (s.u.) von oben betrachtet.

Die Orientierung in der **Medina von Fès** mit ihren engen Gassen und historischen Bauten ist nicht einfach. Wichtige Orientierungspunkte sind das **Bab Boujeloud (N 34°03, 712', W 04°59,042')** nahe dem Dar Batha-Museum und die dort abgehenden beiden Hauptgassen **Talaa Seghira** und **Talaa Kebira.** Beide Gassen führen ins Herz der Medina, in die **Kissaria,** die überdachte Einkaufsmeile des Suqs. Direkt neben bzw. hinter der Kissaria und des Platzes **Joudia** liegen auch die wichtigsten Bauwerke wie beispielsweise die Karaouyine-Moschee. Von dort kann man dann über den **Place Seffarine** mit seinen Kesselflickern nach Süden zum **Place R'sif** gelangen, von wo Busse und Taxis zur Neustadt zurückfahren.

Dank mehrsprachiger Schilder an Kulturdenkmälern, Parks, Plätzen, Suqs, sehenswerten Gebäuden usw. und der **Beschilderung von thematischen Rundwegen** ist die Orientierung für Touristen wesentlich erleichtert worden. Der Circuit „Monuments et Souks" – ausgehend vom Bab Boujeloud, vorbei an den wichtigsten historischen Gebäuden und interessantesten Souks – ist z.B. mit dunkelblauen Sternen markiert. Am Place R'sif steht vor der Moschee eine große Infotafel mit einem **Stadtplan,** auf dem die Rundgänge einge-

ma16_033 ed

zeichnet sind. Mit Hilfe der Beschilderung kann man die Touren so gut nachvollziehen und selbst ablaufen. Einen Stadtplan mit den eingezeichneten „circuits touristiques" gibt es u.a. am Bahnhof zu kaufen.

Wer Fès gründlich kennen lernen möchte, der sollte sich den bebilderten Stadtführer **„Fès. Guide des circuits touristiques thématiques"** mit einem guten Plan der Medina besorgen (Edition ADER-Fès 2005). Darin sind die Stationen der sechs thematischen Rundwege in der Medina und in Fès el-Djedid ausführlich erklärt.

Für individuelle Rundgänge in und um die Medina ist zudem **„Fès de Bab en Bab. Promenades dans la Medina"** von *Hammad Berrada* sehr zu empfehlen. Das Buch enthält einen hervorragenden farbigen Stadtplan und beschreibt mit guten Skizzen sämtliche Sehenswürdigkeiten in der Medina.

Wer sich für das traditionelle Handwerk von Fès, die Stadtentwicklung und das Leben in der Medina interessiert, sollte sich das Buch von Prof. *Eugen Wirth* und Prof. *Anton Escher* **„Die Medina von Fès"** in einer Bibliothek ausleihen (Fränkische Geographische Gesellschaft 1992, leider vergriffen). Dem Buch ist ein Plan beigelegt, in dem jede einzelne Gasse von Fès el-Bali erfasst ist.

Schlepper, Nepper und Faux Guides

Viele Reisende empfinden einen Aufenthalt in Fès immer noch als anstrengend. Im Gegensatz zu Marrakesch, wo das Unwesen von Schleppern und Faux Guides (nicht-autorisierte Führer) weitgehend eingedämmt wurde, bleibt man in der Altstadt von Fès meist nicht lange allein. **Aufdringliche Kinder und Jugendliche** bieten sich als „Helfer" an und lassen sich nur schwer abschütteln. Leser berichteten sogar von Mopedfahrern, die Autoreisenden folgen, um sie z.B. zu einem Hotel zu leiten. Behalten Sie die Nerven, lassen Sie sich nicht auf derartige Angebote ein und drohen Sie notfalls mit der Touristenpolizei – das wirkt immer, denn Fremde ohne Lizenz zu führen, ist bei Strafe verboten. Den ersten **Bummel** in der Medina von Fès unternimmt man am besten **mit einem autorisierten Führer** (s.u.), der nicht nur einen interessanten Einblick in diese kulturell so reiche Stadt bietet, sondern auch unwillkommene Begleiter vom Leib hält. Ansonsten bleibt nur Gleichmut und Geduld. Es versucht eben jeder, ein bisschen Profit aus dem Tourismus zu schlagen. Als kleine Verschnaufpause vom Trubel in der Altstadt empfiehlt sich ein Spaziergang im Jardin Jnane Sbil (vgl. „Sehenswertes").

Eingang zur Moschee Sidi Ahmed Tijani

Stadtführer

Wir empfehlen auf jeden Fall, für den ersten Tag einen **offiziellen Führer** zu konsultieren (s.u.). Danach fällt dann die Orientierung in den unzähligen Gassen etwas leichter – verirren werden Sie sich trotzdem. Stadtführer warten vor den großen Hotels, am Bab Boujeloud bzw. beim Hotel Batha am Rande der Altstadt und werden vom Fremdenverkehrsamt und der *Association des guides de Fès* (s.u.) vermittelt. Bei jeder Führung steht unvermeidlich die **„Tour des magasins"**, der Besuch großer Geschäfte und Teppichläden, auf dem Programm – in der Stadt des Kunsthandwerks gehört das einfach dazu! Selbst wenn man nicht kaufen will, ist eine Teppichvorführung oder eine Einführung in Messing-, Kupfer- und Silberziselierungen sehr interessant. Viele Teppichhäuser oder Restaurants sind darüber hinaus in sehenswerten alten Häusern untergebracht. Lassen Sie sich jedoch nie zum Kauf zwingen oder vom Führer unter Druck setzen.

Eine Auswahl

Folgende sehr gut **deutsch sprechende Führer** sollten frühzeitig kontaktiert werden. Sie verlangen aufgrund ihrer hohen Qualifikation 300–500 DH (pro Gruppe) für eine halbtägige Stadtführung:

- **Jalil El Hayar** (Mobil 0661 17 39 97, eljalil@menara.ma) ist einer der renommiertesten Stadtführer in Fès, sehr freundlich und häufig ausgebucht.
- **Abdelaziz Benjelloun** (Mobil 0660 86 53 84) ist nett, führt kompetent durch die Stadt und hilft bei allen Wünschen weiter (z.B. Werkstattsuche, Versand von Souvenirs o.Ä.).
- Der junge, modern auftretende **Mohamed Laasri** (Mobil 0675 33 06 55) ist promovierter Germanist.
- Leser empfahlen die sehr freundliche studierte Germanistin **Karima Lakraa** (Mobil 0665 61 79 58, Noha.Nett@hotmail.com).
- Weitere Führer für Fès und Umgebung vermittelt die **Association des guides de Fès,** 17, Bd. Mohamed V, Rue Mohamed El Hayani, Tel. 0528 65 15 23.

Geschichte

Fès wurde bereits im Jahr **789** von **Idris I.** *(Ibn Abdellah)* kurz vor seinem Tod gegründet. Sein Sohn **Idris II.** errichtete 809 eine „Zwillingsstadt", **El-Aliya,** auf der anderen Flussseite. In El-Aliya siedelten sich mehr und mehr arabische Händler aus Kairouan an, der Ort wurde zum blühendsten Handelszentrum Nordmarokkos. Beide Städte standen in ständiger Rivalität miteinander, bis sie 1069 durch die Eroberung von *Yussuf ibn Tashfin* zu Fès vereinigt wurden.

Im kulturellen Umfeld der Freitagsmoschee Karaouyine, die von *Fatima bint Mohamed el Feheri* 857 gestiftet, von den Fatimiden ausgebaut und unter den weiteren Dynastien prunkvoll ausgestattet wurde, entstand ein **religiöses und geistiges Zentrum** und nach Kairo die zweite Universität der Welt.

Ursprünglich aus zwei Ortschaften bestehend, wurde Fès im 11. Jh. unter der Dynastie der **Almoraviden zu einer Stadt vereinigt** (s.o.). Die Hauptereignisse der Geschichte Marokkos haben sich dort abgespielt. Die Almoraviden vergrößerten die Stadt unablässig und unter den **Almohaden,** den größten Bauherren, wurde Fès eine der modernsten Städte ihrer Zeit, in der sich das geistige, religiöse, politische und künstlerische Leben besonders reich entfaltete.

Den Almohaden folgten 1248 mit der Besetzung von Fès die **Meriniden** (13./14. Jh.). Unter den Merinidenherrschern entstanden die schönsten Bauwerke der Stadt, es war der Höhepunkt der Medresen-Baukunst (Koranschulen).

Unter **Abu Yussuf Yaqub** (1258–86) wurde Fès el-Djedid 1276 als **Residenz und Verwaltungszentrum** errichtet und zur militärischen Sicherung das Bordj Nord und das Bordj Est. Bald erreichte das künstlerische und geistige Leben der Stadt seinen Höhepunkt. Die letzten Merinidenkönige sind auf dem **Hügel von El Kolla** im Norden der Stadt begraben.

Fès verlor seinen Rang als Hauptstadt während der Herrschaft der Saadier im 16. Jh. Erst unter den auch heute noch regierenden **Ala-**

widen erlangte sie wieder ihren alten Rang, als *Moulay Rashid* 1667 die Stadt eroberte.

Da Fès wie ganz Marokko von aufständischen Berberstämmen bedroht wurde, rief **Sultan Moulay Abd el-Hafizh 1911** die **Franzosen zu Hilfe,** die dann unter General *Moinier* in die Stadt einmarschierten. 1912 wurde die **„Konvention von Fès"** unterschrieben, die den Franzosen den größten Teil Marokkos als **Protektorat** übertrug. Der Königssitz wurde nach Rabat verlegt, Fès entwickelte sich zu einem **Zentrum der Widerstandsbewegung.**

Fès war bis ins 20. Jh. die geistige Hauptstadt des Königreiches. Auch wenn der Glanz etwas verblasst ist: Die **Fassis,** wie sich die Bewohner von Fès nennen, begreifen sich immer noch als Elite des Landes.

Sehenswertes

Rund um die Mauern von Fès

Zur optimalen Orientierung beginnt man die Besichtigung am besten mit der **„Tour de Fès"** auf der 16 km langen Ringstraße um die alten Stadtmauern (vgl. „Orientierung"). Die Medina ist, außer über Stichstraßen an den Rand nach R'sif, Batha und Aïn Azleten, nicht mit dem Auto befahrbar.

Beginnend in der Neustadt geht es über den Prachtboulevard **Hassan II.** und weiter über den Boulevard Moulay Yussuf nach **Fès el-Djedid.** Vorbei an der **Kasbah Cherarda** (jetzt Universitätsgelände) und am Stadttor **Bab Segma** führt die Ringstraße *(Route Principale No. 1)* weiter zum **Bordj Nord** aus dem 16. Jh. (Musée des Armes mit historischen marokkanischen Waffen, tägl. außer Di 8.30–17 Uhr, **N 34°04,013', W 04°59,088'**). Dort bzw. von der **Aussichtsplattform des Hotels Les Merinides** hat man besonders in den Abendstunden (z.B. zum Sonnenuntergang) eine herrliche Aussicht auf die Stadt und das Sebou-Tal. Nicht weit entfernt befinden sich die spärlichen Ruinen der **Merinidengräber** auf dem Hügel El Kolla. Neben den Merinidengräbern stehen die **Mauerreste des Fort Chardonnet;** hier legen die Gerber und die Schlächter ihre Häute zum Trocknen aus.

Die kurvige Straße führt nun bergab, vorbei am **Bab Guissa** (unter den Almohaden im 13. Jh. erbaut), dem Nordtor der Medina. Durch Hügelland führt die Umgehungsstraße weiter stadtauswärts, an Olivenhainen und Gärten entlang zum **Bab Choukha** und zum **Bab Ftouh.** Hier stößt man auf die Straße nach Taza.

Entlang dieser Straße 1 km in Richtung Taza liegt das **Töpferviertel Aïn Nokhbi,** wo man den Töpfern, Keramikmalern und Mosaikkünstlern bei der Arbeit zusehen und in großer Auswahl direkt beim Hersteller Keramik kaufen kann (vgl. Einkaufen). Fès ist neben Safi das Töpferzentrum des Landes, die Fès-Keramik ist jedoch qualitativ hochwertiger. Die typische Fèser Keramik wird aus dem sehr robusten grauen Fèser Ton doppelt gebrannt und filigran in Blau-Weiß bemalt.

Weiter entlang der Stadtmauern befindet sich gegenüber dem Bab Ftouh der große Friedhof mit der **Qubba** (Heiligengrab und Gedenkstätte) **des Sidi Harazem.**

Kurz nach Bab Ftouh zweigt eine Straße links zum **Bordj Sud** (mit Parkplatz) ab, das 1582 der saadische Sultan *Ahmed El Mansour* errichten ließ. Von hier hat man eine besonders schöne Aussicht über die Altstadt und auf die von den Gerbern zum Trocknen ausgelegten bunten Häute unterhalb.

Am Südrand von Fès el-Djedid entlang gelangt man wieder zum Ausgangspunkt.

Fès el-Djedid

An der Grenze zwischen Fès el-Djedid und Fès el-Bali befindet sich das **Dar Batha** (am Place l'Istiqlal), ein Wesirspalast vom Ende des 19. Jh. In dem 4400 m² großen Hofhaus mit herrlichem Garten (Palmen, Zypressen, Rosen etc.) sind seit 1906 eine archäologische Sammlung und ein sehr interessantes, umfangreiches **Museum marokkanischer Kunst** untergebracht. Hier findet man Teppiche aus dem Atlas, eine Waffensammlung, Trachten und Schmuck der verschiedenen Stämme, Stickereien, Stoffe, Keramik, Holzschnitzereien u.v.m. (Eintritt 10 DH, tägl. außer Di 8.30–12 und 14–18 Uhr, N 34°03,608', W 04°58,981'). Vom Place l'Istiqlal beim Museum kann man entweder durch das Bab Boujeloud einen Medinabummel beginnen oder vorher Fès el-Djedid besichtigen.

Um Fès el-Djedid zu besuchen, folgt man vom Dar Batha den grünen Wegweisern zum Jardin Jnane Sbil. Vorbei am renovierten **Dar el Baida,** einem Gartenpalast und im 19. Jh.

Fès Neustadt

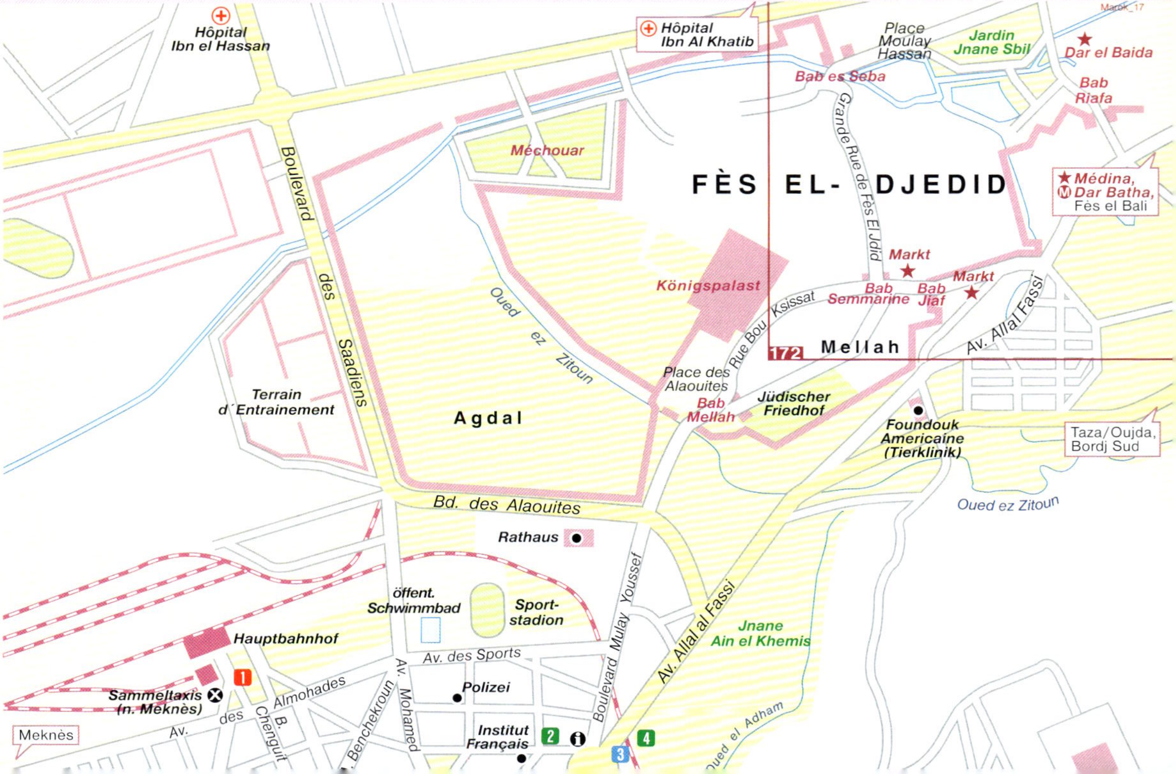

- Übernachtung
- 1 Ibis Moussafir
- 5 Barceló Fès Medina
- 10 Royal
- 11 Amor
- 13 Olympic
- 15 Grand Hôtel
- 16 Jugendherberge (Auberge de Jeunesse)
- 17 Zalagh Parc Palace
- 19 Mounia
- 21 Splendid
- 22 Royal Mirage
- 23 Dar Zyriab
- 27 Nausikaa SPA
- 28 Jnane Palace
- 29 Camping Diamant Vert
- 30 Errabie
- 31 Camping International

Essen und Trinken

3 McDonald's
9 Pizzeria Mamia
20 Pizzzeria Chez Vittorio
23 Dar Zyriab
24 Zen Garden
25 Café Assouan

Einkaufen/ Sonstiges

2 Budget
4 Borj Fès Mall
6 Royal Air Maroc
7 Europcar
8 Hertz
12 Tourvilles Euro Maroc
14 Avis
18 King's Holidays
26 Ensemble Artisanal

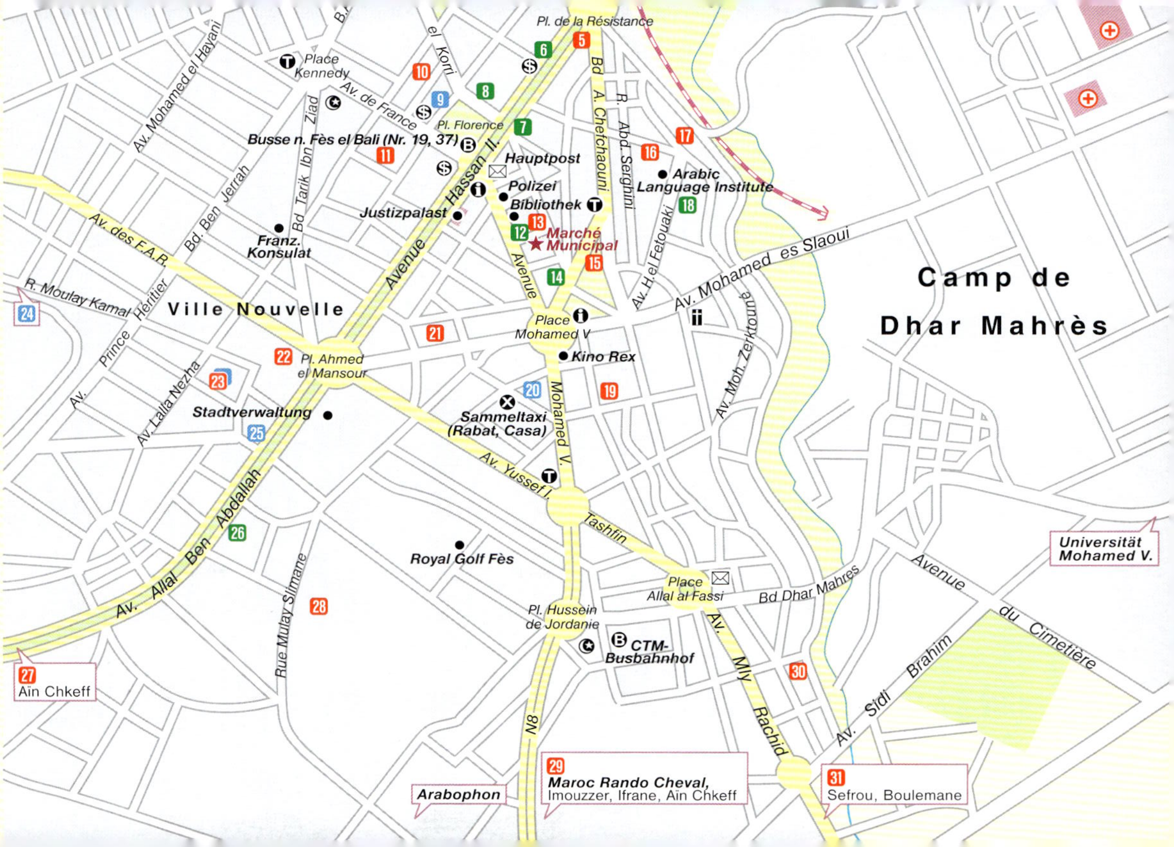

Fès el-Bali (Medina)

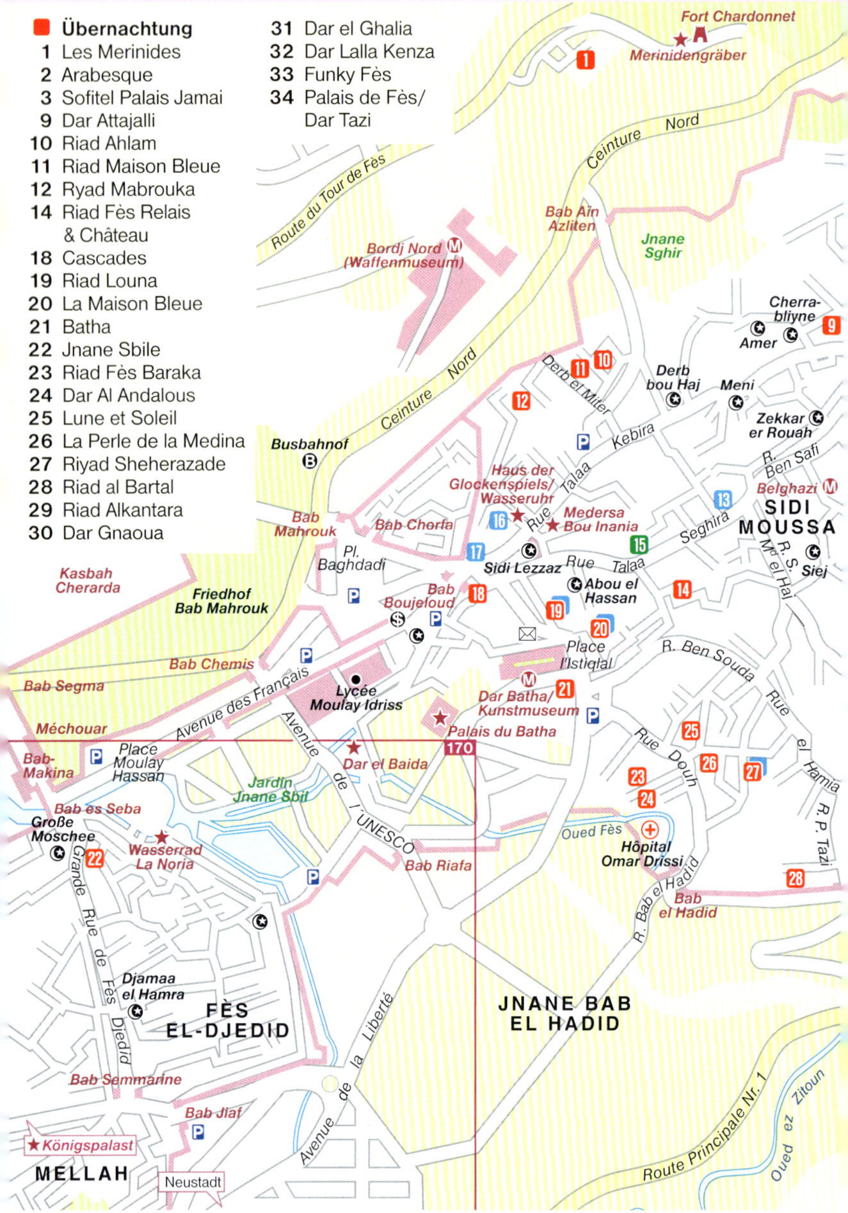

Übernachtung
1 Les Merinides
2 Arabesque
3 Sofitel Palais Jamai
9 Dar Attajalli
10 Riad Ahlam
11 Riad Maison Bleue
12 Ryad Mabrouka
14 Riad Fès Relais & Château
18 Cascades
19 Riad Louna
20 La Maison Bleue
21 Batha
22 Jnane Sbile
23 Riad Fès Baraka
24 Dar Al Andalous
25 Lune et Soleil
26 La Perle de la Medina
27 Riyad Sheherazade
28 Riad al Bartal
29 Riad Alkantara
30 Dar Gnaoua
31 Dar el Ghalia
32 Dar Lalla Kenza
33 Funky Fès
34 Palais de Fès/ Dar Tazi

Einkaufen/Sonstiges
4 Palais Ibn Khaldoun
6 Dar el Mansour
7 Töpferviertel Aïn Nokhbi
8 La Maison Bleue
15 L'Art du Bronze
34 Palais de Fès/Dar Tazi (Teppiche)
35 Palais de Fès/Dar Tazi

Essen und Trinken
5 Palais Vizir
13 Palais M'Nebni
16 Café Clock

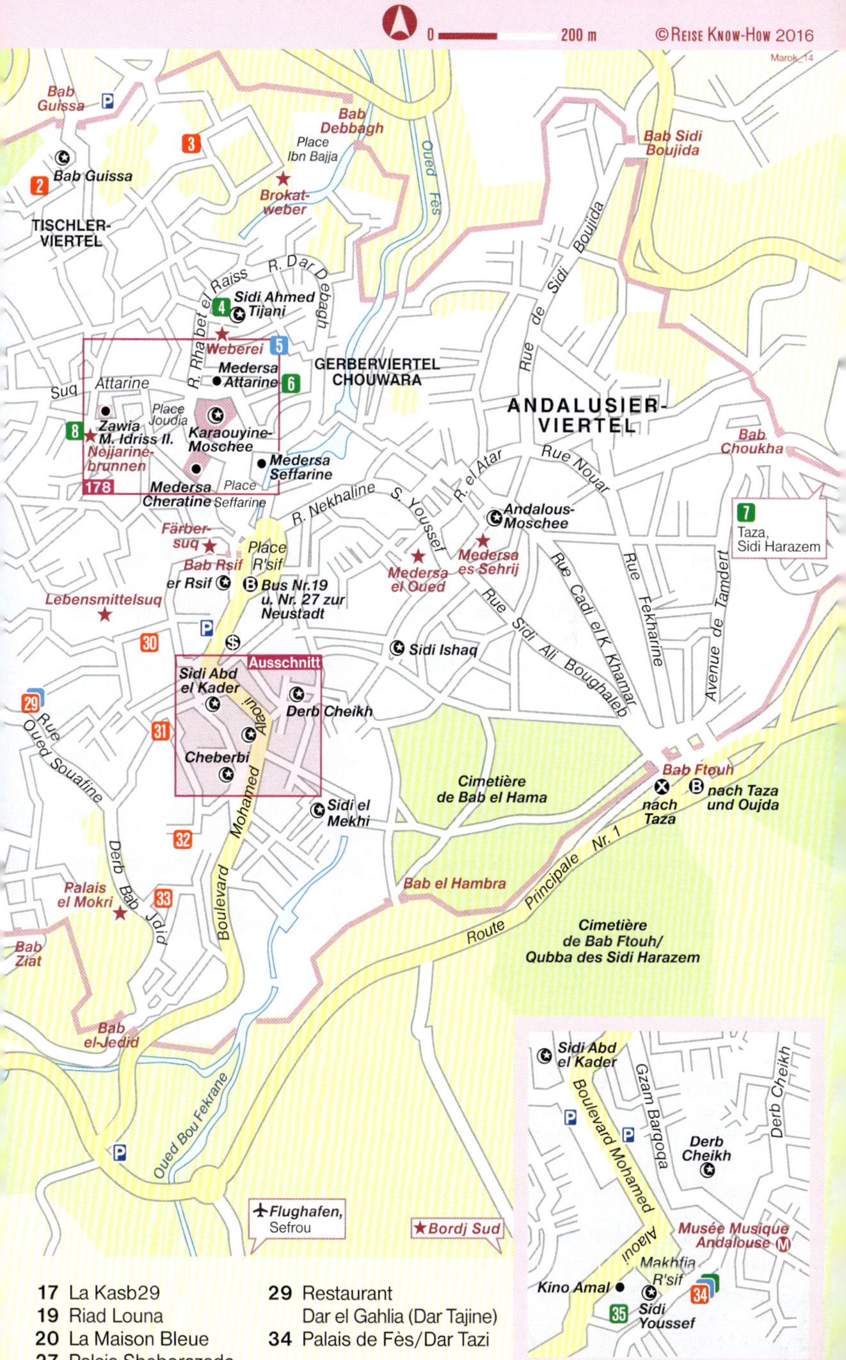

17 La Kasb29
19 Riad Louna
20 La Maison Bleue
27 Palais Sheherazade
29 Restaurant Dar el Gahlia (Dar Tajine)
34 Palais de Fès/Dar Tazi

Sitz des französischen Generalkonsuls (nicht zugänglich), geht es zur Avenue de l'Unesco am Bab Riafa. Etwas nach rechts versetzt befindet sich dort der Eingang in den herrlich ruhigen **Jardin Jnane Sbil** mit Springbrunnen, großen Bäumen, Palmen und Bambushainen. Kanäle des Oued Fès sind zu einem See mit einer von Palmen bestandenen Insel aufgestaut. Der See und die Palmen stehen im Kontrast zu der dahinter aufragenden Altstadtkulisse von Fès el-Djedid und der Befestigungsanlage Borj Cheikh Ahmed. Der Park wurde in den letzten Jahren umfassend rekonstruiert, und so findet sich auch ein altes Wasserrad (La Noria) wieder in gutem Zustand, wie auch das prächtige Gartenparterre am Haupteingang zur Av. Moulay Hassan.

Links weiter gelangt man durch ein Stadttor zu dem von gewaltigen Mauern umgebenen **Place Moulay Hassan.** Vom Platz kommt man durch weitere Tore zum **Vieux Mechouar** (**Bab es Seba**, nicht immer zugänglich, Veranstaltungsplatz beim *Festival des Musiques Sacrées du Monde*), in den Bezirk des Königspalasts (Bab Dekaken, nicht zugänglich), in das Viertel Moulay Abdallah und links nach Fès el-Djedid, wo die quirlige Hauptstraße des Viertels beginnt, die zum prächtigen **Bab Semmarine** mit einer kleinen Markthalle und zur Mellah führt.

Die **Mellah,** das alte **Judenviertel,** war in der Kolonialzeit Wohnort vieler Franzosen. Es liegt in der Nähe des Königspalastes Dar el Makhzen, da die Juden als Gold- und Geldhändler unter dem Schutz des Sultans standen. Dieser verlangte dafür hohe Steuern, häufig waren aber auch Juden Finanzberater des Königs. In der Mellah befinden sich noch einige Silber- und Goldschmiedeläden und zwei Synagogen. Die Häuser der Mellah sind etwas höher als die arabischen Häuser und haben Fenster und Balkone, die der Straße zugewandt sind. Die Mellah verfiel lange Zeit, da kaum mehr Juden in Fès wohnen und die reiche Bevölkerung in die Neustadt abwanderte. Inzwischen sind viele Häuser wieder sehr schön renoviert. Es gibt einen **jüdischen Friedhof,** den man von der Ville Nouvelle kommend am Eingang von Fès el-Djedid rechter Hand durch eine schwarze Metalltür betreten kann. Interessierte können auch einen Blick in die renovierte **Synagoge Ibn Danan** (17. Jh.) werfen. Für den Friedhof und die Synagoge erwartet der Wächter jeweils ein Trinkgeld von ca. 50 DH p.P.

Der prächtige **Dar el Makhzen (Königspalast)** ist von Häusern und Mauern umgeben – innen kann der Palast nicht besichtigt werden. Mit 80 ha bedeckt er den größten Teil von Fès el-Djedid. Vom grünen Place du Commerce kann man jedoch die sieben goldenen Eingangsportale des Palastes bewundern.

Nach dem Besuch der Mellah kann man sich durch die Gassen wieder zur Befestigungsanlage am Jardin Jnane Sbil durcharbeiten und dann zurück zum Dar Batha spazieren. Ansonsten setzt man die Besichtigung am Bab es Seba fort. Von dort sind es nur wenige Schritte zum **Bab Segma** mit einem weiteren Eingang zum Vieux Mechouar (s.o.). Vom Bab Seghma kann man der Stadtmauer bis zum **Bab Mahrouk** und zum **Bab Chorfa** folgen. Auf dem innerhalb der Stadtmauer gelegenen Platz gastieren gelegentlich Glücksspieler, Geschichtenerzähler und ein Flohmarkt. Von hier sind es nur noch wenige Schritte zurück zum Dar Batha, wo die Erkundung der Medina beginnen kann.

Fès el-Djedid ist für den Touristen insgesamt nicht so interessant wie Fès el-Bali. Hier liegen, außer den oben genannten Sehenswürdigkeiten, viele große Moscheen, wie die **Djamaa el Hamra** und die **Moschee el Azhar** mit einem schön verzierten Tor (kein Zutritt für Nicht-Muslime).

Die Medina (Fès el-Bali)

Im **ältesten Teil von Fès** heißt es Bummeln, Staunen und sich verzaubern lassen von einer der schönsten Altstädte der islamischen Welt. Hier sind die Gassen so schmal, dass **kein Auto** hindurch passt, einige Seitengassen sind kaum einen Meter breit. In der Medina übernehmen deshalb Esel, Mulis und Handkarren den gesamten Warentransport in die Suqs und zu den Häusern. Nähert sich ein mit Coca-Cola-Trägern oder Zementsäcken beladenes Maultier von hinten, heißt es rechtzeitig ausweichen – die Treiber machen durch lautes Rufen („Balak, balak" – Vorsicht) auf sich aufmerksam.

Startpunkt des hier beschriebenen Medina-Rundgangs ist der **Place de l'Istiqlal** mit dem Dar-Batha-Museum (vgl. Fès el-Djedid). Nahe des Platzes gibt es einen Parkplatz. Man kann den Stadtrundgang aber auch am Place R'sif beginnen, wo eine Tafel über die markierten Touristenrundgänge informiert (siehe Ende dieser Beschreibung; Parkmöglichkeit bzw. erreichbar mit dem Bus von der Neustadt). Ein weiterer günstiger Ausgangspunkt zur Besichtigung von Fès el-Bali ist das Bab Guissa im Norden der Medina. Vom Guissa-Tor erreicht man am direktesten die Handwerker-Suqs und die Kissaria sowie die wichtigsten Kulturdenkmäler rund um die Karaouyine.

Über den Place de l'Istiqlal (beim Hotel Batha) geht es geradeaus, vorbei an der Post und durch eine Gasse mit vielen billigen Straßenrestaurants in Richtung Medina. Hier marschiert man weiter rechts durch ein kleines Tor in die **Talaa Seghira.** Läuft man links weiter (nicht in die Talaa Seghira), folgt das 1912 errichtete **Bab Boujeloud,** eines der beliebtesten Fotomotive der Stadt. Es ist auf der der Medina abgewandten Seite mit blauen (Farbe von Fès) und auf der der Medina zugewandten Seite mit grünen (die Farbe des Islam) Fayencen verziert. Am Tor lädt das **Restaurant La Kasbah** (vgl. „Essen und Trinken") mit herrlichem Blick von den Terrassen zu einer Teepause ein. Beim Restaurant La Kasbah/ Bab Boujeloud rechts in eine kleine Gasse geht es durch den Lebensmittelsuq weiter zur **Talaa Kebira.** Talaa Seghira und Talaa Kebira sind die beiden Hauptachsen der Medina, sie führen beide durch die Suqs und zur Karaouyine-Moschee.

Nur wenige Meter entlang der Talaa Kebira folgt das **Haus des Glockenspiels** auf der linken Seite. An seinen 13 Fenstern schlugen einst 13 Bronzeklöppel auf 13 Bronzeschalen die Stunden. Die Wasseruhr der 1357 erbauten Anlage sollte die Studenten der gegenüberliegenden Medersa Bou Inania wecken. Im **Café Clock** (vgl. „Essen und Trinken") in einer winzigen Gasse neben dem Gebäude kann man einen Tee auf der Dachterrasse trinken oder an einem Workshop teilnehmen.

Direkt gegenüber auf der rechten Seite liegt die in den letzten Jahren renovierte **Medersa Bou Inania** (**N 34°03,737', W 04°58,963',** tägl. 8–17.30 Uhr). Die 1350–57 erbaute theologische Hochschule des *Abu Inan* hat einen quadratischen Innenhof mit Waschbrunnen, der von zwei Betsälen umgeben ist. Im ersten und zweiten Stock liegen die kleinen Wohnzellen der Studenten. Wie bei allen Koranschulen im Maghreb, sind auch bei der Bou Inania die Ziegelmauern im Sockelbereich mit Kacheln verkleidet, der Hof ist mit Marmor- und Onyxfliesen ausgelegt, die Wände sind mit Mosaiken und Stuckarabesken verziert, das Vordach und die Holztragebalken aus reich verziertem Zedernholz gearbeitet. Das Dach ist wie bei allen sakralen Bauten mit grünen Ziegeln gedeckt.

An der **Talaa Kebira** liegt linker Hand ein alter Funduq (Karawanserei) und kurz darauf rechts das **Palais des Merinides.** Das herrliche alte Stadthaus mit Zedernholzschnitzereien, Zelliges- und Stuckarbeiten beherbergt ein marokkanisches Restaurant (vgl. Essen und Trinken). Das Haus kann aber auch ohne Einkehr besichtigt werden.

Weiter gelangt man zum **Nejjarine-Platz** mit den Tischler-Suqs und dem **Nejjarine-Brunnen** (19. Jh.). Der mit filigranen Mosaiken und einem Vordach aus geschnitztem Zedernholz ausgestattete öffentliche Brunnen ist sicherlich der schönste in Fès. Am Nejjarine-Platz befindet sich auch der Eingang zum **Funduq Nejjarine** aus dem 18. Jh. Nach der aufwendigen Renovierung mit UNESCO-Geldern beherbergt das ehemalige Waren- und Handelshaus heute das **Holzmuseum Nejjarine,** das verschiedene Baumarten, kunstvolle Holzschnitzereien, Musikinstrumente, Möbel und Gebrauchsgegenstände, eine Bibliothek und alles Mögliche rund ums Holz zeigt (Ein-

Heilige Klänge aus aller Welt – das Festival des Musiques Sacrées du Monde

von Stefan Franzen

Mitten in einem der wichtigsten Zentren des Islam, im religiösen Herzen Marokkos, treffen sich Klänge aus den heiligen Traditionen der ganzen Welt. Mit dieser besonderen Ausrichtung zählen die Musiques Sacrées du Monde zu den bekanntesten Festivals des arabischen Kulturraums. Als das Musikfestival Mitte der 1990er Jahre startete, hatte es **Signalwirkung** vor allem für die arabischen Länder. „Bis tief in den Nahen Osten hinein, der damals nicht viele Veranstaltungen dieser Art hatte, hat man verstanden, dass man das Heilige auch auf die Bühne holen kann", so der künstlerische Leiter *Alain Weber*. „So lässt sich Spiritualität in einem anderen Licht darstellen – und wir hatten anfangs die Rolle, diesen spirituellen Dialog zu öffnen."

In zwei Jahrzehnten haben die Musiques Sacrées diese Klänge, vom Islam ausgehend, global zugänglich gemacht. Aus den arabischen Ländern mit ihren verschiedensten Ausprägungen von Sufi-Musik ging der Brückenschlag über alle Erdteile. Der Begriff **„heilige Musik"** wird dann auch schon mal weit ausgelegt, wenn etwa westliche Popstars wie *Björk, Patti Smith* oder die *Temptations* auftreten. Genauso vielfältig wie die Stile sind auch die Bühnen, und mit ihnen die Hörertypen.

In der mächtigen **Arena zwischen den Türmen der Bab-Makina-Festung** mischt sich das eher betuchte einheimische Publikum mit den Touristen: Hier präsentieren sich nicht nur nationale und internationale Stars, hier beginnt das Festival auch mit einem künstlerisch ehrgeizigen Themenabend. In einem farbenprächtigen Spektakel konnte man etwa schon erleben, wie die Reiseroute von *Leo Africanus*, dem berühmten Händler und Botschafter aus dem 15. Jh., musikalisch von Fès bis nach Schwarzafrika nachgezeichnet wurde. Oder wie sich die Geschichte der Stadt Konstantinopel und ihre Verwandlung hin zum heutigen Istanbul in Töne und Szenen fassen lässt. Zur Eröffnung des Festivals kommen traditionsgemäß Mitglieder des Königshauses aus dem benachbarten Palast herüber. Schließlich stehen – wie auch das Gnawa-Festival in Essaouira – die Musiques Sacrées unter der Schirmherrschaft von *Mohamed VI*.

Auf dem Place Boujeloud vor dem berühmten gleichnamigen blauen Tor feiert dagegen bei freiem Eintritt die Jugend von Fès die neuen Stars der marokkanischen Popmusik, vom mitreißenden Chaâbi bis zum hartkantigen Hip-Hop. In die Gärten und prächtigen Innenhöfe der Medina, wo sich Weltmusikstars von Bhutan bis Ägypten, von Portugal bis Indien treffen, zieht es französische und amerikanische Akademiker gesetzteren Alters. Man sollte hier schon ein wenig Geduld und Orientierungsvermögen mitbringen: Gerade während dieser **„Nuits de la Medina"** muss man schon mal tief ins Labyrinth der Altstadt eintauchen, bis unvermutet ein wunderschöner Patio mit Springbrunnen und tiefblauer Beleuchtung als Konzertschauplatz seine schweren Türen öffnet.

Auffällig in der Weltmusik ist in den letzten Jahren ein merklich **gestiegener Anteil von schwarzafrikanischen Künstlern.** Ohne Zweifel berücksichtigen die Kuratoren dabei auch Marokkos neue politische Ausrichtung. „Das Land versucht seit einiger Zeit, innerhalb des afrikanischen Kontinents einen stärkeren Einfluss auszuüben, die ökonomischen Beziehungen zum Westen sieht es als limitiert an", so die Einschätzung von *Alain Weber*. „Dabei knüpft Marokko an die Rolle an, die es schon in früheren Jahrhunderten spielte, als Marrakesch und

ma16_34 sf

Fès ihre historische Blütezeit hatten. Schon damals gab es andere geopolitische Pole als Orient versus Okzident. Und über die Handelswege verbreiteten und begegneten sich auch stets die spirituellen Traditionen."

Doch es gibt auch die ganz lokal verankerte Seite des Festivals, die nur kleingedruckt im Programmheft erwähnt wird: Es sind die **„Nuits Soufies"** im magischen Garten des Dar Tazi, bei denen zu mitternächtlicher Stunde Zeremonien der lokalen Bruderschaften wie die des Tajaniyya-Ordens gezeigt werden. Hier, wo der Besucher unter lokalen Zuhörern auf Teppichen sitzt, lässt sich Spiritualität am unmittelbarsten erfahren. Es herrscht eine fast volkstümliche Stimmung: Die Frauen lachen und klatschen beseelt, und junge Männer, ausgestattet mit allen Insignien der westlichen MTV-Kultur, hüpfen fast wie in Trance zu den Lobgesängen auf und ab.

Nicht zuletzt sind die Musiques Sacrées auch ein **Ort des kulturwissenschaftlichen Dialogs:** Umrahmt von der prächtigen Vegetation des Musée Batha treffen sich Philosophen, Buchautoren, Musiker und Politiker zum Gedankenaustausch vor interessiertem Publikum.

„Ich will mir nicht anmaßen, dass ein Festival wie dieses spürbare Auswirkungen auf die ganze muslimische Welt haben kann. Dazu ist sie viel zu groß und unüberschaubar", sagt *Alain Weber* in aller Bescheidenheit. Doch ohne Zweifel senden die Musiques Sacrées eine wichtige **Botschaft der Toleranz** aus einem Kulturraum der Umwälzungen und Unsicherheiten.

Musiker aus der ganzen Welt treten beim „Festival der heiligen Musik" auf

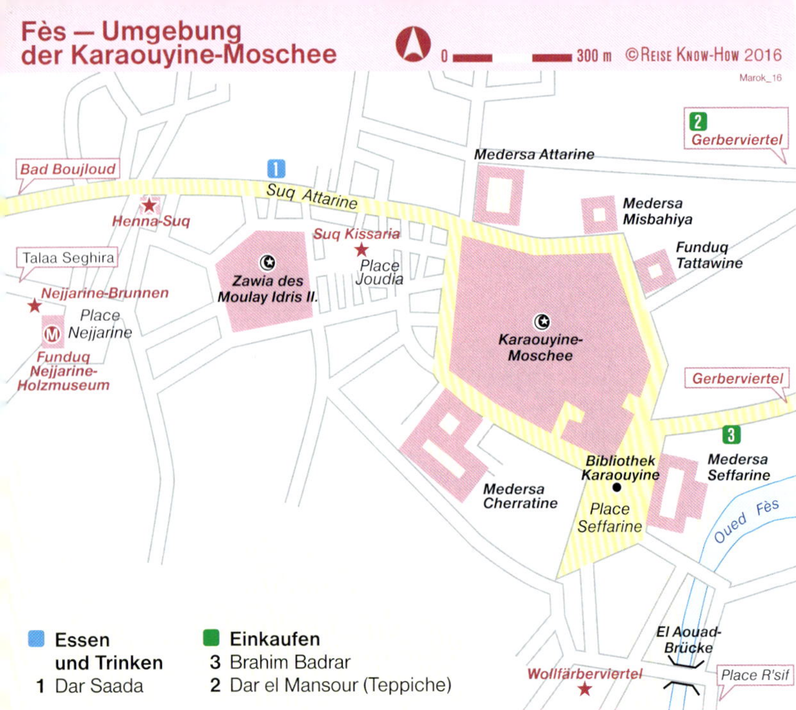

tritt 20 DH, tägl. außer Di 10–17 Uhr, www.nejjarine.co.ma). Im Museumscafé auf der Dachterrasse kann man herrlich sitzen und den Ausblick genießen. Beim Nejjarine-Platz verkauft das **Maison Bleue** (vgl. „Einkaufen") schöne blau-weiße Fès-Keramik. Direkt links des Eingangs zum Museum darf man auf die Dachterrasse eines Ladens steigen, um einen Blick hinunter in den Hof der **Gerbereien Sidi Moussa** (s.u.) zu werfen.

Die darauf folgenden **Suqs Attarine** (Gewürze) und **Kissaria** (gedeckter Markt) bilden den Mittelpunkt des Handwerks und des Handels. Die Straßen und Viertel sind, wie in allen Suqs, nach Handwerkszweigen unterteilt. Vorbei an den Kupfer- und Messingschmieden, Goldschmieden, lederverarbeitenden Handwerkern und Basaren mit goldbestickten Lederkissen, Taschen und Gürteln, an den Waffenschmieden, Teppichhändlern und Manufakturen, Kleiderläden, den Schneidern, den Garnhändlern, Tischlern, Drechslern, Gewürzhändlern, Fisch- und Gemüsehändlern geht es durch die Gassen bis zur Attarine-Moschee und Medersa.

Neben dem Attarine-Suq und östlich der Kissaria liegt das größte Heiligtum der Stadt, die **Zaouia des Moulay Idris II.,** das Mausoleum des Stadtgründers. Die Zaouia ist Grabmal und Wallfahrtsort und zugleich Zufluchtsstätte für verfolgte Gesetzesbrecher. Nichtgläubige haben keinen Zutritt, man kann aber durch den Eingang einen kurzen Blick nach Innen werfen. Das grüne Dach der Zaouia erkennt bei einem Blick über die Stadt (z.B. vom Borj Sud) schon von Weitem. Hinter dem Fraueneingang befindet sich in einer kachelverzierten Wand eine sternförmige Kupferplatte mit einem Loch, in das die Gläubigen im Vorbeigehen die Finger stecken, um dadurch *baraka* (Lebenskraft und göttlichen Segen) zu erlangen. Im September findet hier ein großer Moussem (Mausim) statt. Alle Handwerkerzünfte kommen zusammen, um kostbare Spenden und Opfer zu bringen und ein Fest zu Ehren des Heiligen zu feiern. Rund um die Zaouia werden bunte lange Kerzen, alle möglichen anderen Devotionalien und leckerer Nougat, Datteln und Nüsse verkauft.

Das **wichtigste Bauwerk in Fès,** auf der Ostseite der Kissaria gelegen, ist die **Karaouyine-Moschee,** die inzwischen nur noch zwei Fakultäten der im 9. Jh. gegründeten Universität beherbergt und bis zum Bau der Moschee Hassan II. in Casablanca die größte Moschee im Maghreb war. Sie fasst 20.000 Gläubige auf einer Fläche von 16.000 m^2. Die Gebetshalle wird von 270 Säulen getragen, 14 Tore führen in ihr Inneres. Sie ist in der typisch maurischen Architektur mit Hufeisenbögen, schlanken Stützsäulen, Stalaktiten-Deckengewölben, geschnitzten Ornamenten, Majolikaböden und kunstvoller Ausstattung gebaut. Dem Hochschulstudium an der Karaouyine (Theologie und islamisches Recht), das oft 10 bis 15 Jahre dauert, geht ein mehrjähriger Besuch der Koranschule voraus, in der die Jungen Lesen, Schreiben und Rechnen und natürlich die Lehren des Koran beigebracht bekommen. Der Universitätsbetrieb findet aber heute hauptsächlich in neuen Gebäuden außerhalb von Fès statt. Der berühmteste hiesige Gelehrte war **Ibn Khaldoun** (1332–1406) mit seinem Hauptwerk „Muqqaddima" – er gilt als der größte Historiker des Islam. Die Karaouyine-Moschee wurde in den letzten Jahren innen und außen aufwendig renoviert. Man kann sie einmal umrunden und einen Blick durch das Eingangsportal ins prachtvolle Innere werfen (Zutritt nur für Muslime).

Die benachbarte **Medersa Attarine** (1323–1325 von den Meriniden erbaut) kann nach langer Renovierung seit einigen Jahren wieder von Touristen besichtigt werden. Die Koranschule ist sehr schön mit almohadischen Motiven (Mosaiken) ausgestattet und unbedingt sehenswert (tägl. außer Fr 10–18.30 Uhr, Eintritt 10 DH).

Weiter von der Medersa Attarine erreicht man die **Medersa Misbahiya,** eine Koranschule, die 1331 unter der Regentschaft von Sultan *Abu el Hassan el Merini* erbaut wurde und teilweise zerstört ist. Kurz nach der Medersa bietet sich ein Blick in den schönen alten **Funduq Tattawine** nahe der Karaouyine-Moschee.

Südlich der Karaouyine liegt eine weitere bedeutende Koranschule, die **Medersa Cherratine,** die größte der Koranschulen, die von der Zaouia des *Moulay Idris* in Richtung Karaouyine über die rechte Seitenstraße in Richtung Messingschmiede erreichbar ist. Vorher quert man den turbulenten **Place Joudia** (sprich: Schudia), an dem kleine Schnecken (mit gestreiftem Schneckenhaus) zum Verkauf angeboten werden.

Hinter der Karaouyine in Richtung Gerberviertel liegt die **Medersa Seffarine** aus der Merinidenzeit (gegründet von *Abou Youssef Yakoub* Ende des 13. Jh.). Die Medersa wird immer noch von über 100 Theologiestudenten bewohnt, die hier kostenlos Unterkunft finden. Ein Wächter (10 DH Trinkgeld p.P.) führt durch die leider verfallende Anlage, in der die jungen Männer unter einfachsten Verhältnissen in winzigen Kammern leben. Von der Dachterrasse bietet sich ein schöner Ausblick. Auf dem **Place Seffarine (N 34°03,857', W 04°58,355')** fertigen die **Kesselmacher und -flicker** mit lautem Gehämmer riesige Bottiche und Kupferkessel, die in erster Linie bei großen Festen und Hochzeiten Verwendung finden. Nahe des Seffarine-Platzes kann man im kleinen Souvenirladen von *Brahim Badra* (vgl. Einkaufen) nach allerlei Schätzen stöbern. Am Platz weist eine kleine Tafel auf das Eingangsportal zur **Bibliothek Karaouyine** (gegründet im 14. Jh.) hin: Dort lagern 30.000 jahrhundertealte Schriften, darunter auch Manuskripte von *Ibn Khaldoun.*

Das **Wollfärberviertel** nahe dem Seffarine-Platz ist etwas kleiner als dasjenige in Marrakesch, aber trotzdem einen Besuch wert. Gefärbte Tücher und bunte Wollbündel hängen dekorativ über den Gassen und neben den Verkaufsläden.

Im Viertel Sidi Moussa, nahe der Gerberei Moussa (s.u.), versteckt sich das Privatmuseum **Musée Belghazi** in einem alten Stadtpalais (Riad) mit prachtvollem Innenhof. Der

ma16_035 ed

Weg durch mehrere enge Gassen ist von der Talaa Seghira bzw. Kebira und vom Place Seffarine ausgeschildert, aber trotzdem nicht einfach zu finden. Hier werden Kunsthandwerk und kostbare marokkanische Antiquitäten ausgestellt (Eintritt 40 DH, tägl. 9–17.30 Uhr, Tel. 0535 74 11 78). Von der Dachterrasse bietet sich ein herrlicher Blick, auf Vorbestellung gibt es auch Essen.

Höhepunkt der Fès-Stadtführungen ist ein **Besuch bei den Gerbern.** Hier werden in schwerer Handarbeit Leder und Felle gegerbt und gefärbt. Zuerst müssen die Felle enthaart, gereinigt und dann gekalkt werden. Danach folgt das Beizen und eine erneute Reinigung.

Ein Besuch bei den Gerbern gehört zu einer Stadtführung dazu

Es gibt Betonbottiche, die zum Kalken verwendet werden und andere, in denen die Felle gefärbt werden. Anschließend legen die Gerber die Felle auf den angrenzenden Freiflächen zum Trocknen aus. Lederwaren aus Fès wurden wegen ihrer guten Qualität schon im 12. Jh. bis nach Bagdad transportiert. Das Gerberhandwerk hat uralte Tradition in Marokko. Wegen des Gestanks der Gerb- und Beiztröge und des hohen Wasserbedarfs liegen die noch bestehenden Viertel alle an der Westseite des Oued Fès.

Sidi Moussa im Viertel **Guerniz** ist das **älteste Gerberviertel** von Fès – hier arbeiteten die Gerber schon im Mittelalter, und an der Arbeitstechnik scheint sich nicht viel geändert zu haben. Ausblick auf den Gerberhof hat man z.B. von der Terrasse eines Shops direkt links neben dem Eingang zum Nejjarine-Museum (vgl. oben). Das größte und **bekannteste Gerberviertel** ist **Chouwara** (sprich: Schuwara, **N 34°03,955', W 04°58,277'**) direkt am Oued Fès nördlich des Medina-Zentrums zwischen Karaouyine und dem Oued Fès. Einen Besuch sollten Sie möglichst am Vormittag einplanen. Das Gerberviertel wurde in den letzten Jahren komplett renoviert. Gegen Eintrittsgebühr erhält man eine Führung. Wer dem stinkenden Geschehen nicht zu nahekommen will, der hat auch von den Terrassen der benachbarten Lederwarenläden eine gute Sicht auf die Gerber. Besucher mit empfindlicher Nase bekommen ein Minzblatt gereicht … Für den Service wird ein Trinkgeld erwartet, bzw. man freut sich, wenn mal jemand etwas kauft.

Auf dem Weg zu den Gerbern bzw. zurück liegt in Richtung Attarine-Moschee rechter Hand das **Teppichhaus Dar el Mansour** in einem alten Stadtpalast (vgl. „Einkaufen"). Wie der Besuch eines Teppichpalastes gehört zum Medina-Rundgang auch die Besichtigung eines alten **Dräz,** d.h. eines traditionellen Weberhauses, in dem man den Handwerkern an den Webstühlen zuschauen und direkt einkaufen kann. Einer der schönsten noch erhaltenen Dräz liegt zwei Gassen nördlich der Karaouyine in derselben Gasse (Derb Touil) wie das **Palais Vizir.** Das Teppichhaus und Restaurant besteht aus zwei miteinander verbundenen alten Stadthäusern (siehe „Essen und Trinken"). Seit einigen Jahren stellen die Weber von Fès nicht nur bunte Stoffe aus Seide und Baumwolle, sondern auch sehr schöne **Tücher aus Agavenseide** her.

Lohnend ist auch ein Besuch bei den **Brokatwebern** am Place Ibn Baja (an der nordwestlichen Stadtmauer). Die Brokatweber, die es nur noch in Fès gibt, erreicht man am einfachsten, indem man sich mit dem Taxi zum obigen Platz fahren lässt und dort die Stadtbesichtigung beginnt bzw. von den Webern in Richtung Gerberei fortsetzt. Dieser Ausgangspunkt hat den Vorteil, dass man ohne Touristenrummel anfängt und sich nach und nach ins turbulente Herz der Medina vorarbeitet.

Wenn man im Zentrum der Medina von der Karaouyine zurück zum Seffarine- und Nejjarine-Platz bummelt, erreicht man über die **Talaa Seghira** wieder den Ausgangspunkt am Bab Boujeloud. An der Talaa Seghira in Richtung Bab Boujeloud auf der rechten Seite lohnt das renommierte Haus **L'Art du Bronze** (vgl. „Einkaufen") von *Ahmed Guernani* einen Besuch. Der alte Herr ist wohl der bekannteste marokkanische Ziseliermeister und hat inzwischen das Geschäft an seinen Sohn *Mohamed* übergeben. Hier kann man den Kunsthandwerkern dabei zusehen, wie sie hämmern, meißeln und feine Muster ins Metall (Silber, Bronze, Messing) stechen.

Statt über die Talaa Seghira zum Bab Boujeloud zurückzukehren, kann man den Rundgang auch im östlichen Andalusier-Viertel auf der anderen Seite des Oued Fès fortsetzen. Dazu überquert man den **Oued Fès** über die El-Aoud-Brücke, läuft die Straße eine Weile nach Süden und erreicht so den **Place R'sif.** Kurz danach macht die R'sif-Straße einen Knick und linker Hand liegt ein begrünter Platz mit Treppe nach oben. Gleich hier, im etwas nach hinten versetzten großen Gebäude, sollte man dem **Palais de Fès/Dar Tazi** einen Besuch abstatten. Der sehr gut deutsch sprechende Besitzer *Azzedine Tazi* hat ein altes Stadthaus aus dem 17. Jh. wunderschön restauriert und zum Teppichpalast, Restaurant und Gästehaus umgestaltet (vgl. Unterkunft und Restaurants). Hier kann man sich unverbindlich bei einem Gläschen Tee von deutschsprachigen, sachkundigen Verkäufern Teppiche erklären und präsentieren lassen. Die marokkanischen Vorspeisen-Variationen im Restaurant auf der Dachterrasse zählen zum Besten, was die marokkanische Küche zu bieten hat! Außerdem genießt man von hier einen tollen Blick über die Dächer der Altstadt.

Vom Place R'sif gelangt man ins **Andalusier-Viertel.** In Richtung Bab Ftouh liegt die **Andalous-Moschee** mit einem sehr schönen Tor; sie ist nach der Karaouyine die älteste der Stadt. Im Andalusier-Viertel gibt es weniger Sehenswürdigkeiten und noch viel weniger Touristen – ein Bummel ist durchaus zu empfehlen. Vom Place R'sif bzw. am Bab Ftouh nimmt man entweder einen Bus zurück zum Bab Boujeloud oder ein Taxi zum Place de l'Istiqlal (Batha) oder in die Neustadt.

Wer die üblichen Sehenswürdigkeiten in Fès besichtigt hat und noch ein bisschen mehr sehen will, dem sei der Besuch einer **Ölmühle,** eines Handwerksbetriebs oder eines **Hammams** zu empfehlen.

Auch die Besichtigung des **Palais el Mokri** in einer Gasse nahe dem Bab el-Djedid am Südende der Medina (Ziat) lohnt sich. Der Palast von 1906 befindet sich auf einem etwa 1 ha großen Grundstück und ist nach Voranmeldung bei der ehrwürdigen Fassi-Familie *Mokri,* die z.T. noch dort wohnt, zu besichtigen (30 DH p.P., Anmeldung bei *Mohamed El Mokri,* Tel. 0535 63 71 12, www.palaiselmokri.com). Von den Gärten hat man einen tollen Ausblick auf die Medina.

Die Neustadt (Ville Nouvelle)

Die Neustadt, 1916 von den Franzosen auf einem riesigen brachliegenden Gelände gebaut, besteht vorwiegend aus **breit angelegten Boulevards, modernen Wohnvierteln und ausgelagerten Industriezonen.** In der Neustadt findet man alles, was das heutige Leben angenehm macht: komfortable Hotels, gute Restaurants, Supermärkte, Boutiquen, Reisebüros und alle wichtigen Behörden und Verwaltungsgebäude. Außer einigen architektonisch interessanten Gebäuden mit Bauhaus- und Jugendstilelementen gibt es hier keine Sehenswürdigkeiten.

Die vierspurige **Av. Hassan II.** ist die **Prachtmeile** der Stadt – Marokkaner nennen sie gerne den „schönsten Boulevard Marokkos". Die von Palmen flankierte Promenade mit Blumenrabatten und Springbrunnen füllt sich abends mit Einheimischen, die sich hier treffen und flanieren. Entlang der Av. Hassan II. liegen die meisten Verwaltungsgebäude, große Hotels sowie Restaurants und Cafés. Am Place Florence, bei der Post, zweigt die **Av. Mohamed V.** nach Süden ab. Am **Place Ahmed el Mansour** am Südende der Av. Hassan II. dreht sich eine Weltkugel auf einer Säule inmitten des prächtigen Springbrunnens.

Wem der Einkauf in der Medina zu stressig ist, kann sich im **Ensemble Artisanal** weiter südlich über Preise und Angebot informieren (vgl. „Einkaufen") – hier wird Kunsthandwerk zu Festpreisen verkauft.

Praktische Informationen

Informationen für Touristen

- **Syndicat d'Initiative (Touristinfo),** Pl. Mohamed V., Tel. 0535 62 34 60, 0535 62 62 97. Freundlich, jedoch wenig Infomaterial.
- **Délégation régionale du Tourisme,** Place Mohamed V., Tel. 0535 62 34 60
- Die offizielle Website von Fès ist **www.fes-city.com.**

Unterkunft

Wie mittlerweile in allen Medinas des Landes, eröffnen auch in Fès stetig neue Unterkünfte in renovierten Altstadtpalästen – leider vorwiegend im oberen Preissegment. Die meisten Maisons d'Hôtes liegen mitten im Gassengewirr und sind nicht leicht zu finden, am besten vorher anrufen und eine Abholung (z.B. vom Bab Boujeloud oder Place de l'Istiqlal) vereinbaren. Wer mit dem Auto anreist, sucht sich ein Hotel mit Parkplatz in der Neustadt bzw. ein Gästehaus in der Nähe des Place de l'Istiqlal (Batha) oder Place R'sif. Viele Riads sind über booking.com günstiger online buchbar.

Oberklasse

- **Arabesque**④, 20, Derb el Miter, am Nordrand der Medina (Fès el-Bali), nahe Hotel Dar Jamai und Bab Guissa, Tel. 0535 63 53 21, www.riadarabesque.com. Renovierter Palast von 1925 mit Dachterrasse, zehn marokkanisch gestalteten Suiten unterschiedlicher Größe, Hammam, beheiztem Pool und zwei Restaurants (herrlicher Blick über die Altstadt vom Restaurant Al Manzah auf der Dachterrasse). Die Dekoration wirkt etwas zu überladen nostalgisch-orientalisch.
- **Dar Al Andalous**⑤, 14, Derb Bennani (nahe Batha, Zufahrt mit Auto möglich), Fès el-Bali, neben Riad el Baraka, Tel. 0535 74 10 82, www.dar-alandalous.com. Wunderschönes Luxus-Gästehaus aus zwei miteinander verbundenen Riads (ein Balkon verbindet beide Innenhöfe). Suiten mit Jaccuzzi, Hammam und marokkanisches Restaurant.
- **Dar el Ghalia**④, 13/15, Ross Rhi, R'sif, Fès el-Bali, Tel. 0535 63 41 67, 74 15 74, www.riadelghalia.com. Im Palais Haj Omar Lebbar, einem Stadtpalast aus dem 17. Jh. im Andalusier-Viertel, entstand dieses exklusive Gästehaus mit 16 Zimmern bzw. Suiten (mit Kamin) und allem Komfort eines Luxushotels. Das Haus ist noch immer im Besitz der ehrwürdigen Fassi-Familie *Lebbar*. Dachterrasse mit Aussicht, Hammam, ausgezeichnetes Restaurant.
- **La Maison Bleue**⑤, 2, Place de l'Istiqlal (gegenüber Hotel Batha), Fès el-Bali, Tel. 0535 74 18 43, www.maisonbleue.com. Eine der besten und teuersten Unterkünfte in Fès: sehr vornehmer Stadtpalast einer alten Fèser Intellektuellenfamilie in idealer Lage am Eingang zur Medina, sechs individuell gestaltete Suiten mit allen Annehmlichkeiten eines Luxushotels, perfekter Service, Zufahrt mit Auto und sicheres Parken möglich.
- **Les Merinides**④, Av. Bordj du Nord, Tel. 0535 64 62 18, 64 52 26, www.lesmerinides.com. Das in die Jahre gekommene Oberklassehotel punktet mit seinem grandiosen Panorama auf die Altstadt, der traditionellen Palastarchitektur im Inneren und dem aufmerksamen Service. Nicht-Gäste können den Pool nutzen, wenn sie das Mittagsmenü buchen. Außerdem lohnt sich der Besuch für einen Sundowner auf der Terrasse. WLAN und sicherer Parkplatz vorhanden.

■ **Riad Alkantara**⑤, 24, Oued Souaffine (Abzweig von der Talaa Seghira, abholen lassen), Fès el-Bali, Tel. 0535 74 02 92, www.riadalkantara.com. Das ehemalige Kulturcafé des Stuck-Künstlers *Abdelfettah Seffar* hat sich in ein schickes Gästehaus verwandelt: Das wunderschöne Areal mit tropischem Garten und Pool liegt mitten in der Medina, hat mehrere Terrassen, zwei Restaurants und fünf luxuriöse Suiten im renovierten Stadtpalast.

■ **Riad Fès Relais & Chateau**⑤, 5, Derb Ben Slimane, Zerbtana, Fès el-Bali, Tel. 0535 74 12 06, www.riadfes.com. Dieser authentisch renovierte, prachtvolle Stadtpalast (Ende des 19. Jh.) der angesehenen Fèser Familie *Sefraoui* hat 13 Suiten und vier Zimmer unterschiedlicher Größe – besonders schön sind die Zimmer auf dem Dach. Hier herrscht eine vornehme Palastatmosphäre, es gibt drei Restaurants, einen schönen Garten mit kleinem Pool, Hammam, Whirlpool und Fitnessbereich auf der Dachterrasse. Aufzug, sehr gutes Essen.

■ **Riad Maison Bleue**⑤, 33, Derb el Miter (günstige Lage nahe Parkplatz Aïn Azleten und Talaa Kebira), Fès el-Bali, Tel. 0535 74 18 73, www.maisonbleue.com. Dieser schicke Ableger des eher konservativen Maison Bleue (s.o.) überzeugt mit seinem herrlichen grünen Innenhof mit Pool, großem SPA-Bereich und der Dachterrasse mit Blick auf die Medina. Es gibt zwölf luxuriös ausgestattete Zimmer in drei Häusern, die miteinander verbunden sind.

■ **Riyad Sheherazade**④, 23, Arsat Bennis, Douh (von Ville Nouvelle kommend am Batha-Parkplatz rechts ab, dann dritte Straße links), Fès el-Bali, Tel. 0535 74 16 42, www.sheheraz.com. Die Suiten und Deluxe-Zimmer in diesem sehr aufwendig renovierten Palast mit SPA sind sehr stilvoll nur mit edelsten Materialien und Möbeln eingerichtet. Im großen Hofgarten mit Palmen gibt es ein Feinschmecker-Restaurant im verglasten Pavillon und einen Pool. Wer sich kein Zimmer leisten kann, darf zumindest einen Drink nehmen und die Atmosphäre genießen.

■ **Sofitel Palais Jamai**④, Bab el Guissa, Fès el-Bali, Tel. 0535 63 43 31, www.accor-hotels.com. Das in Fès legendäre Luxushotel ist in einem maurischen Palast oberhalb der Medina untergebracht: Suiten mit Stuckarbeiten, alten Möbeln und Mosaiken, üppiges Frühstücks- und Mittagsbuffet, Pool im herrlichen Garten, bewachter Parkplatz, toller Blick über die Medina. Die Zimmer benötigen z.T. eine Renovierung.

Mittelklasse

■ **Batha**③, Rue de l'Unesco (Ecke Place de l'Istiqlal), Fès el-Bali, Tel. 0535 63 48 60, 74 10 77, bathahotel@menara.ma. Das ideal am Eingang zur Medina (nahe Bab Boujeloud und Batha-Museum) gelegene Traditionshotel hätte eine Renovierung nötig. Die ordentlichen, klimatisierten Zimmer zum Garten sind ruhig, zur Straße hin jedoch laut. Pool, Restaurant/Bar (mit Alkoholausschank), bewachter Parkplatz nahebei.

■ **Dar Attajalli**③-④, 2, Derb Quattana, Zqaq Rommane, Fès el-Bali, Tel. 0535 63 77 28, Mobil 0677 08 11 92, www.attajalli.com. Liebevoll renoviertes Stadthaus unter deutscher Leitung, fünf individuell gestaltete Zimmer bzw. Suiten, Dachterrasse mit Aussicht, bewachter Parkplatz nahebei.

■ **Dar Gnaoua**③, 24, Derb Lamzerdeb (nahe Bab R'sif, schwer zu finden, abholen lassen), Fès el-Bali, Mobil 0618 62 76 73, www.dargnaoua.com. Sehr hübsches, günstigeres und von Lesern gelobtes Gästehaus inmitten der Medina unter Führung des netten bretonischen Ehepaars *Didier* und *Laurence Lefoulgoc*. Exzellenter Service, Dachterrasse mit traumhaftem Ausblick.

■ **Dar Lalla Kenza**③, 5, Derb Sidi Hssayenne, Elkalklyenne R'sif, Fès el-Bali, zwischen Bab Djedid und Place R'sif, Mobil 0613 50 47 32, www.lallakenza-house.com. Leser lobten die schöne Gestaltung des Riads sowie das sehr freundliche und hilfsbereite Personal. Vier Zimmer mit AC, Mosaik-Bad und großen Betten. Dachterrasse mit Ausblick.

■ **Dar Zyriab**④, 2, Rue Ibn Badis, Ecke Rue Lalla Nezha (in der Neustadt, hinter Hotel Royal Mirage, **N 34°03,942', W 04°58,439'**), Tel. 0535 62 15 61, www.darzyriab.com. Das Dar Zyriab ist zwar nicht ganz so alt wie die Häuser in der Medina, der sehr gut deutsch sprechende Stadtführer *Jalil el Hayar* hat es aber in jahrelanger Arbeit in einen maurischen Palast verwandelt. Die klimatisierten/beheizten Suiten (mit Sat-TV, WLAN, Kamin, Balkon/Terrasse zum Garten) sind liebevoll mit Tadelakt, Mosaiken und handbestickten Bettdecken ausgestattet. Wer hier nicht residiert, sollte im Restaurant die hervorragende Fèser Küche probieren!

■ **Ibis Moussafir**③, Av. des Almohades/ Place de la Gare (neben dem Bahnhof), Neustadt, Tel. 0535 65 19 02, www.ibishotel.com. In diesem Hotel der Ibis-Kette verbindet sich maurischer Stil gut mit modernen Elementen. Schöner Garten mit Pool, gutes Frühstücksbuffet, WLAN, gutes Preis-Leistungsverhältnis.

■ **La Perle de la Medina**④, 15, Derb Bennis, Douh (günstige Lage in Batha mit Autozugang), Fès el-Bali, Tel. 0535 63 61 12, www.perledelamedina.com. Die klimatisierten/beheizten Suiten in diesem sehr schönen alten

Stadthaus mit üppigem Mosaik- und Stuckdekor sind geräumig und z.T. mit Antiquitäten eingerichtet. Tolle Dachterrasse, reichhaltiges Frühstück, WLAN.

■ **Lune et Soleil**③, 3, Derb Skallia, Douh/Batha, Fès el-Bali, Tel. 0535 63 45 23, www.luneetsoleil.com. Anfahrt: von Ville Nouvelle kommend beim Batha-Parkplatz rechts runter, dann zweite Gasse links (kleines Schild an der Tür), Zufahrt mit Auto möglich, bewachter Parkplatz nahebei. In diesem kleinen Riad mit Orangenbäumen und Springbrunnen im herrlichen offenen Innenhof kümmert sich das sehr nette deutsch-französische Paar *Jürgen* und *Pauline Möller* um die Gäste. Ihre antiken Sammelstücke sind im ganzen Haus zu bewundern und geben jedem der sechs Zimmer ein eigenes Motto. Sehr gutes Candlelight-Dinner (mit Alkoholausschank) auf Bestellung.

■ **Palais de Fès/Dar Tazi**③, 15, Makhfia R'sif (südlich des Place R'sif ggü. Amal-Kino, Zufahrt mit Auto möglich, Abholung bei Anruf), Fès el-Bali, Tel. 0535 76 15 90, Mobil 0661 14 72 68, www.palaisdefes.com. Im prachtvollen Palast des sehr gut deutsch sprechenden Fassi *Azzedine Tazi* sind neben einem Teppichladen mit riesiger Auswahl ein Restaurant sowie acht individuell und stilvoll gestaltete Zimmer/Suiten untergebracht (alle mit Heizung/AC). Vom Restaurant und den Zimmern auf der Dachterrasse bietet sich ein überwältigender Blick auf die Medina. Familienfreundliche Atmosphäre, hervorragende marokkanische Küche (vgl. „Essen und Trinken"), bewachtes Parken und Abholung vom Flughafen möglich.

■ **Mounia**③, 60, Bd. Zerktouni, Neustadt, Tel. 0535 62 48 38, www.hotelmouniafes.ma. Älteres 3-Sterne-Hotel (mit AC und TV) mit Restaurant und Nightclub im Keller (besser ein Zimmer in den oberen Etagen nehmen), gutes Frühstück. Bewachter Parkplatz, WLAN, Hammam und Massage.

■ **Reda Aïn Chkeff**②, Aïn Chkeff, 7 km außerhalb der Stadt, Tel. 0535 60 09 78, 60 19 91, www.hotelreda.com. Das 2-Sterne-Hotel mit klimatisierten/beheizten Zimmern liegt in ruhiger Waldlage (nahe Camping Diamant Vert): Reitstall, großer (von einer Quelle gespeister) Pool, Night Club, Terrassenbar, Kaminzimmer, Quad-Ausflüge. Das Restaurant ist bei Wochenendausflüglern beliebt.

■ **Riad al Bartal**④, 21, Rue Sournas, Ziat (mit dem Auto vom Bab Ziat zugänglich), Fès el-Bali, Tel. 0535 63 70 53, Mobil 0655 32 40 41, www.riadalbartal.com. Dieser Riad hebt sich durch seine extravagante, originelle Gestaltung mit schwarzafrikanischen Elementen von den übrigen Gästehäusern ab. Herzliche Betreuung, sehr gutes Essen auf Bestellung (Sonderwünsche werden berücksichtigt), Bibliothek, Dachterrasse mit Blick auf die Medina, WLAN. Abholung vom Bahnhof/Flughafen möglich.

■ **Riad Fès Baraka**③-④, 16, Derb Bennani, Mobil 0642 88 72 44, Batha, Fès el-Bali, www.riad-fes-baraka.com. Angenehmer, hübscher Riad in einer ruhigen Gasse, vier Suiten und zwei Zimmer, schöne Dachterrasse mit Liegen und Schattenlaube, Pool im Innenhof. WLAN, bewachtes Parken nahebei möglich (Zahlung bei Abfahrt), gut mit Auto zugänglich.

■ **Riad Ahlam**④, 24, Derb El Miter (gut zu finden), Aïn Azliten, Medina, Tel. 0535 63 87 14, www.riad-ahlam.com. Von Lesern sehr gelobter, schöner Stadtpalast mit gutem Service und persönlicher Betreuung durch *Kacem Chelkha*, der sehr gut englisch spricht. Zimmer/Suiten für bis zu 4 Pers., leckeres Frühstück, angemessener Preis.

■ **Riad Louna**③-④, 21, Derb Serraj, nahe Bab Boujeloud, Fès el-Bali, Tel. 0535 74 19 85, www.riadlouna.com. Kleiner, familiärer Riad mit gemütlicher Atmosphäre, betrieben von den Belgiern *Janine* und *Jean-Pierre Parent*. Schöne Dachterrasse mit Restaurant, viele Pflanzen, ruhig, fünf klimatisierte/beheizte Zimmer mit Tadelakt-Bad.

■ **Ryad Mabrouka**④, 25, Deb el Miter (vom Parkplatz Aïn Azleten den Schildern nach oben folgen, günstige Lage nahe Talaa Kebira), Fès el-Bali, Tel. 0535 63 63 45, www.ryadmabrouka.com. Herrlich grüner, stilvoll eingerichteter Riad mit Wohlfühlatmosphäre, kleinem Garten und Terrasse, kleinem Pool, Hammam, sechs Suiten und zwei Zimmern.

■ **Splendid**②, 9, Rue Abdelkrim el Khattabi, Neustadt, Tel. 0535 62 21 48, http://splendid.fes-hotels.net. In die Jahre gekommenes, etwas gesichtsloses, aber angenehmes und ruhig gelegenes 3-Sterne-Hotel mit Pool und freundlichem Personal. Gutes Preis-Leistungsverhältnis.

Günstig

Sehr einfache (meist nicht besonders saubere) Hotels findet man in der Medina rund um das Bab Boujeloud, am Bab Ftouh und in der Neustadt um den Bd. Chefchaouni. Unseriöse Schlepper (z.B. am Bahnhof) versuchen, Touristen unter einem Vorwand zu einem bestimmten Hotel zu führen, weil sie dort Provision kassieren – nicht beirren lassen!

■ **Auberge de Jeunesse** (Jugendherberge), 18, Rue Abdeslam Serghini, Neustadt (Parallelstraße des Bd. Chefchaouni, der vom Place de la Résistance abzweigt), Tel. 0535 62 40 85, www.hihostels.com. Nettes Team, hilfsbereiter Herbergsleiter, angenehme Atmosphäre, hübscher

Innenhof und Garten, sehr saubere Zimmer und Duschen, gutes Frühstück. 10 Min. Fußmarsch zum CTM-Busbahnhof. Buchung von Stadtführungen, Ausflügen und Bergtouren möglich. Übernachtung im Mehrbettzimmer ab 7 Euro/Pers., im Privatzimmer (2–4 Pers.) ab 16 Euro mit Bettwäsche und Frühstück. Einchecken zwischen 9 und 21 Uhr möglich.

■ **Amor**①, 31, Rue Arabie Saoudite, Neustadt, Tel. 0535 62 27 24. Einfaches Hotel zentral am Bahnhof gelegen, heißes Wasser nur zu bestimmten Uhrzeiten verfügbar, Frühstück im angeschlossenen Café.

■ **Cascades**①, 26, Rue Serrajine, am Bab Boujeloud, Fès el-Bali, Tel. 0535 63 84 42. Altbekannter Traveller-Treffpunkt in guter Lage am Eingang zur Medina, sehr einfach, sauber, warme Etagenduschen, günstiges und gutes Essen im Restaurant. Es gibt eine Dachterrasse mit Blick auf die Stadt. Die Zimmer nach hinten sind ruhig.

■ **Errabie**②, 1, Rue de Tanger, Tel. 0535 64 01 00, 64 10 75. 2-Sterne-Hotel in ruhiger Lage am Rand der Neustadt, saubere und geräumige Zimmer mit Bad, sehr freundlich.

■ **Funky Fès**①, 60, Arset Lamdelssi, Bab el Jdid, Fès el-Bali, Tel. 0535 63 31 96, www.funkyfes.com. Viel gelobtes, sehr empfehlenswertes Backpackerhostel in guter Lage nahe Place R'sif. Saubere, angenehme Zimmer für bis zu 12 Pers. mit oder ohne eigenes Bad.

■ **Jnane Sbile**②, 22, Kasbat Shems, Bab Boujeloud, Tel. 0535 63 86 35, www.hoteljnanesbile.com. Günstig am Eingang zur Medina gelegenes 2-Sterne-Hotel (beim Garten Jnane Sbile, wenige Gehminuten zum Batha-Museum). Bunte Zimmer mit Klimaanlage und Bad, Dachterrasse mit Ausblick. Manche Zimmer laut von der Straße her. WLAN verfügbar.

■ **Olympic**②, Bd. Mohamed V., Neustadt, Tel. 0535 93 26 82, 62 24 03. Günstiges, freundliches Travellerhotel im Zentrum der Neustadt mit sauberen (z.T. kleinen) Zimmern mit Bad, zur Straße hin laut.

■ **Royal**①, 36, Rue de Soudan, Tel. 0535 62 46 56. Sehr einfaches, aber entsprechend günstiges Billighotel mit großen, hellhörigen DZ mit Bad (heißes Wasser nur vormittags, nicht immer sauber), nicht weit vom Bahnhof in der Neustadt.

Camping

■ **Camping Diamant Vert,** 6 km südlich an der Route de Aïn Chkeff, Tel. 0535 60 83 67, www.diamantvert.ma, **N 33°59,28', W 05°01,26'.** Bus Nr. 17 vom Place de Florence. Der grüne Platz mit angeschlossenem Freizeitbad liegt schön **im Forêt Aïn Chkeff.** Es gibt Rasenplätze (mit Strom) unter schattigen Eukalyptusbäumen direkt am Oued Fès. Etwa von Ende Mai bis Ende Sept. kann das moderne **Freizeitbad** nebenan kostenlos mitbenutzt werden (Riesenrutschen, Restaurant, Disco und Laden). Bei Hochbetrieb im Schwimmbad ist es laut. Große Bungalows, gute Sanitäranlagen, WLAN im Café. Der vom Camping vermittelte Stadtführer ist überteuert!

Anfahrt ab Fès Innenstadt: Vom Place Mohamed V. südwärts zum Place Hussein de Jordanie, dort weiter südlich halten auf die Route de Aïn Chkeff (Av. St. Louis). Beim nächsten Kreisverkehr (links Imouzzer, rechts Autobahn/Meknès) geradeaus, ca. 500 m weiter befindet sich das Eingangstor unterhalb auf der rechten Seite.

Anfahrt von der Autobahn: Nach der Ausfahrt Fès 4 km geradeaus, dann am Kreisverkehr rechts zum Schwimmbad und Camping (wenige hundert Meter weiter auf der rechten Seite, Complexe touristique).

■ **Camping International,** von der Neustadt ca. 5 km in Richtung Sefrou (R503, neben dem Sportstadion, in Fès beschildert, Bus Nr. 23), Tel. 0535 61 80 61, **N 34°00,000', W 04°58,167'.** Die sanitären Anlagen auf diesem riesigen, ruhigen Campingplatz auf einem Gartengelände mit Eukalyptusbäumen sind in einem desolaten Zustand. Es gibt einen Pool (nicht immer gefüllt).

Beide Campingplätze liefern sich einen erbitterten Konkurrenzkampf und sind relativ teuer (ca. 140 DH WoMo mit 2 Pers.). Hinweisschilder werden abmontiert, Mopedguides versuchen, Wohnmobilisten auf den Camping International zu locken etc.

Essen und Trinken

Marokkanische Küche

Zum Marokko-Erlebnis gehört es dazu, in einem der vielen **Palastrestaurants** in einem mit Mosaiken, Stuck und Springbrunnen ausgestatteten Riad in der Medina zu speisen. Die Féser Küche zählt zu den besten in Marokko. Das Menü kostet in den genannten Restaurants 200–500 DH (inkl. Tee/Kaffee und Gebäck).

■ **Al Fassia,** 21, Derb Salaj, Batha (Gasse, die gegenüber vom Hotel Batha in die Medina führt), Tel. 0535 63 73 14. Das Restaurant in einem alten Stadtpalast ist für seine abendlichen Folklore-Shows (Bauchtanz, Musik) bekannt, viel besucht und teuer.

■ **Asmae,** 4, Derb Jeniara, nahe der Zaouia Sidi Ahmed Tijani (nördlich der Karaouyine-Moschee), Medina. Tel. 0535 74 12 10, www.restaurantasmae.ma. Sehr großes Restaurant in einem schönen Stadtpalast, gutes Essen, mittlere Preisklasse, kein Alkohol. Der Besitzer betreibt gegenüber einen Teppichpalast und ist einer der großen Basaristen in der Stadt.

■ **Dar el Gahlia (Dar Tajine),** 13/15, Ross Rhi, R'sif, Tel. 0535 63 41 67, www.riadelghalia.com. Traditionsreiches Restaurant in einem Stadtpalast im Andalusier-Viertel. Sehr gute und teure marokkanische Küche (nur abends), Folklorevorführungen, Dachterrasse mit Ausblick, nur mit Reservierung.

■ **Dar Saada,** 21, Rue Attarine (bei der Medersa Attarine), Tel. 0550 05 33 53, http://restaurantsaada.com. Großes Restaurant mit marokkanischer Küche und Fèser Spezialitäten in etwas überladener Palastatmosphäre, Folkloreveranstaltungen.

■ **Dar Zyriab,** Rue Ibn Badis, Ecke Rue Lalla Nezha, in der Neustadt, Tel. 0535 62 15 61, 94 14 90. Hervorragendes Essen in einem maurisch gestalteten Haus mit Zedernholzdecken, Mosaik- und Stuckdekor. Die Familie des deutsch sprechenden Gastgebers *Jalil el Hayar* kocht selbst – und zwar nicht nur die Standard-Tajine. Alkoholausschank, Reservierung notwendig!

■ **La Maison Bleue,** 2, Pl. de l'Istiqlal, Batha. Vornehmes Ambiente in einem alten Palast, vorbildlicher Service und dezente Musikuntermalung. Das sehr teure Menü entspricht nicht immer den Erwartungen. Nur abends geöffnet.

■ **Palais La Médina,** 8, Derb Chami, R'sif, Tel. 0535 71 14 37. Von R'sif in einer Seitengasse, die zwischen Kino Amal und Apotheke nach Osten führt. Der prachtvoll dekorierte Stadtpalast ist schon alleine einen Besuch wert – hervorragende marokkanische Küche (üppige Portionen), Dachterrasse mit Ausblick, edles Ambiente, Unterhaltungsprogramm (Musik und Tanz etc.).

UNSER TIPP: **Palais de Fès/Dar Tazi,** 15, Makhfia R'sif, in der Medina, Tel. 0535 76 15 90. Auf der Dachterrasse des Palais de Fès mit Blick auf die Altstadt gibt es unserer Meinung nach die beste Küche in Fès – vor allem die Vorspeisen- und Salatvariationen schmecken himmlisch. Hier arbeiten ausschließlich Frauen in der Küche und im Service, gekocht wird mit Zutaten aus ökologischem Anbau. Am Abend andalusisch-arabische Musikuntermalung, Alkoholausschank.

■ **Palais Sheherazade,** 23, Arsat Bennis, Douh (nahe Dar Batha/Place de l'Istiqlal), Tel. 0535 74 16 42, www.sheheraz.com. In diesem herrschaftlichen Palast sitzt man im Hofgarten am Pool oder im verglasten Pavillon. Romantische Atmosphäre, sehr gute Küche, Alkoholausschank.

■ **Palais Vizir,** 39, Zankat Hajjama, Ecke Rahbet El Kais (Derb Touil), Tel. 0535 63 55 46. Gutes Restaurant in einem nicht ganz stilecht renovierten Stadtpalast nahe der Medersa Attarine, angeschlossenes Teppichhaus. Menü günstiger als in den anderen Adressen.

■ **Riad Fès (L'Ambre),** 5, Derb Ben Slimane, Zerbtana, Tel. 0535 74 12 06, www.riadfes.com. Schick und modern gestaltetes Restaurant im Riad Fès, sehr gutes Essen zu hohen Preisen, Bar/Lounge mit Alkoholausschank.

Internationale Küche

Bei den genannten, empfehlenswerten Restaurants kostet ein Gericht 100–150 DH.

■ **Pizzeria Chez Vittorio,** 21, Rue Brahim Roudani (Ecke Place Mohamed V.), Tel. 0535 62 47 30. Sehr beliebte, freundliche Pizzeria mit etwas dunkler Atmosphäre ohne Tageslicht. Sehr gute Salate und Alkoholausschank.

■ **Zen Garden,** 26, Av. Omar Ibnou Khatab, Tel. 0535 93 29 29. Schickes Restaurant und Lounge (mittags und abends geöffnet), gute Weinkarte, internationale Speisekarte (franz. und asiatisch) mit Steak, Fisch und Wok. Sonntags geschlossen.

Günstige Lokale und Cafés

Günstige Restaurants (Menü mit zwei Gängen und Tee/Kaffee für ca. 70 DH), v.a. viele Garküchen, befinden sich am Bab Boujeloud, am Bab Ftouh, in der Talaa Kebira in der Medina und in der Grand Rue de Fès el-Djedid. In der Neustadt gibt es viele Cafés und Restaurants an der Av. Hassan II., in der Nähe des Place Florence und in der Av. Mohamed V. In den Straßencafés in der Neustadt fühlen sich auch allein reisende Frauen wohl, die vielen traditionellen Cafés der Medina suchen dagegen nur einheimische Männer auf.

■ **Barcelona Café,** Talaa Kebira, Medina. Freundliches, günstiges Terrassencafé mit Snacks und gutem marokkanischen Gebäck. Treffpunkt der einheimischen Jugend.

In der Medina von Fès (Fès el-Bali)

- **Bab Allah,** hinter dem Bab Boujeloud (Medina), erste Gasse nach links, gleich zu Beginn der Rue Sellaline. Ein Leser lobte das auf dem Gaskocher zubereitete, himmlisch luftige Couscous.
- **Café Assouan,** Av. Allal Ben Abdallah, in der Neustadt. Großes modernes Kaffeehaus, stets gut besucht, Kuchen, Eisbecher usw.

Unser Tipp: **Café Clock,** 7, Derb el Magana, Talaa Kebira (direkt gegenüber Medersa Bou Inania), Medina, Tel. 0535 63 78 55, www.cafeclock.com, tägl. 9–22 Uhr. Sehr nettes Kulturcafé in einem kleinen Hofhaus mit regelmäßigen Veranstaltungen und Workshops (z.B. Arabischkurse, Kalligrafie, Konzerte). Junges marokkanisches und internationales Publikum, Sitzgelegenheit auf mehreren Etagen, Dachterrasse mit Ausblick, WLAN. Gutes Frühstück, Mittag- und Abendessen (auch Sandwiches und Kuchen).

- **Chez Rachid,** hinter dem Bab Boujeloud am ersten Platz rechts (Abzweig zur Talaa Seghira), Medina. Netter, einfacher und preiswerter Familienbetrieb mit leckeren Tajines.
- **La Kasbah,** 18, Bab Boujeloud (Medina), Tel. 0535 74 15 33. Von den zwei Terrassen hat man einen herrlichen Blick auf die Medina und das Bab Boujeloud. Das Essen ist günstig und okay, beliebter Treffpunkt, freundlich, hin und wieder lange Wartezeiten.
- **Pizzeria Mamia,** 53, Place Florence, an der Av. Hassan II. in der Neustadt, Tel. 0535 62 31 64. Schnell und günstig, gute Pizza, frisch gepresste Fruchtsäfte, auch Burger und Salate.
- Guten Kuchen, Gebäck und Café gibt es bei **Plaza** im neuen Bahnhof und in der **Patisserie La Villa** (117, Bd. Bahnini, Hay Riad und in der Borj Fès Mall, Neustadt, www.patisserielavilla.com).

Einkaufen

An der Avenue Allal al Fassi, der Hauptstraße zwischen Neu- und Altstadt (nahe Place de la Résistance), eröffnete 2013 die ultramoderne **Borj Fès Mall** (www.borjfez.com, tägl. 9–21 Uhr) mit Boutiquen, Carrefour-Supermarkt, Restaurants, Kinder-Funpark etc. auf drei Etagen. Parkplätze sind vorhanden.

Souvenirs/Kunsthandwerk

Fès ist DIE Stadt des Kunsthandwerks: Teppiche, Keramik, ziselierte Bronzewaren, gewebte Stoffe, Lederwaren etc. haben hier die beste Qualität. Wer nur ein einziges Mal im Land zum Shopping gehen will, sollte es in Fès tun! Die Preise sind allerdings hoch und müssen entspre-

ma11-006 ed

chend verhandelt werden. Nicht versäumen sollte man den Besuch eines in einem Stadtpalast untergebrachten Teppichladens in der Medina. Freitags haben die meisten Läden und viele Handwerksbetriebe in der Altstadt geschlossen.

■ **Brahim Badra,** 27, Rue Seffarine (nahe der Medersa Seffarine in Richtung Gerber), Medina, Mobil 0662 21 49 64. Wer Schmuck, Decken, Trödel und diversen Kleinkram sucht und große Touristenläden nicht mag, ist hier goldrichtig. *Brahim* ist unglaublich nett, spricht gut deutsch und hat in seinem kleinen Laden eine Menge zu bieten.

■ **Centre Artisanal,** Av. Allal ben Abdallah. Marokkanisches Kunsthandwerk in guter Qualität zu festen Preisen.

■ **Dar el Mansour,** 17, Derb Sidi Bouazza Blida, Medina, Tel. 0535 63 48 52. Gute Teppichauswahl in einem alten Stadthaus, der Besitzer *Haj Zine Taieb* spricht hervorragend deutsch.

■ **Palais Ibn Khaldoun,** 53, Derb Ben Chekroune Lablida, Medina, Tel. 05 35 63 33 35. Professionelle Teppichkunde in einem alten Stadtpalast, angeschlossenes Restaurant.

■ **Dar Zaouia,** 91, Derb Jeniara Blida, Medina, Tel. 0535 63 55 12. Teppichhaus mit großer Auswahl und guter Qualität.

■ **L'Art du Bronze,** 35, Talaa Seghira, Medina. Im Haus des bekanntesten Ziseliermeisters der Stadt gibt es neben Messing- und Silbertellern, verzierten Kästchen, Lampen und Waffen alles, was man aus Metall bearbeiten kann.

■ **La Maison Bleue,** 68, Talaa Seghira, Medina. Etablierter Laden mit guter Auswahl an Fès-Keramik, verschickt aber nicht nach Europa.

■ **La Maison du Bronze,** 3, Derb el Hora (Seitengasse der Talaa Kebira, nahe Aïn-Azliten-Parkplatz), Tel. 0535 63 85 88. Eine der größten Bronzewerkstätten mit qualitativ hochwertigem Schmuck und Kunsthandwerk. Man kann dem Meister beim Ziselieren zusehen. Hohe Preise (verhandeln!), Kreditkarte wird akzeptiert.

■ **Neqbronze,** 6, Derb Serage, eine Nebengasse der Talaa Seghira, Tel. 0535 63 64 69. Große Verkaufsausstellung an (ziseliertem) Bronze-Kunsthandwerk (Kannen, Spiegel, Tabletts etc.).

■ **Palais de Fès/Dar Tazi,** 15, Makhfia R'sif, Medina, Tel. 0535 76 15 90. Sehenswerter Teppichpalast mit exzellentem Restaurant auf der Dachterrasse (s. Restaurants), große Auswahl an Teppichen, deutsche Verkaufsberatung bzw. unverbindliche Teppichshow. Gut zugänglich am R'sif-Platz (Parkmöglichkeit).

■ Das **Töpferviertel** liegt in Aïn Nokhbi *(Quartier Industriel)* etwas außerhalb der Stadtmauern Richtung Taza/Sidi Harazem (ca. 1 km ab Bab Ftouh, **N 34°03,660', W 04°56,804'**). Dort bietet z.B. **Art Naji** (Tel. 0535 66 91 66, www.artnaji.com) eine große Auswahl an Keramik (Vasen, Schalen, Geschirr etc.) und Mosaik-Tischen an. Hier kann man sich zeigen und erklären lassen, wie aus dem grauen Fèser Ton die filigranen Mosaiksteine *(Zelliges)* gebrannt, bemalt und geklopft werden. Das Unternehmen verschickt die Ware zuverlässig und gut verpackt nach Europa. **Hinweis:** Keramik kann gesundheitsschädliche Schwermetalle enthalten. Erkundigen Sie sich beim Kauf über das Herstellungsverfahren (*sans métals lourds* = ohne Schwermetalle).

Lebensmittel

Frisches Gemüse, Obst und Fleisch findet man bergeweise auf dem **Marché Municipal** an der Av. Mohamed V., im kleinen **Lebensmittelsuq** beim Bab Boujeloud oder im riesigen **Marjane-Supermarkt** (ca. 3 km auf der Verlängerung der Av. des F.A.R. stadtauswärts Richtung Westen, mit bewachtem Parkplatz, Bus ab Place R'sif, N 34°02,921', W 05°02,154') sowie im **Carrefour-Supermarkt** im Einkaufszentrum Borj Fès Mall (s.o.) an der Av. Allal al Fassi. Auch der **ACIMA-Supermarkt** etwa 3 km außerhalb an der Straße nach Sefrou (mit Parkgarage) bzw. Autobahn hat ein großes (europäisches) Sortiment.

Nachtleben

In den großen Hotels, z.B. Royal Mirage, Jnane Palace, Royal Mirage, Palais Jamai, Les Merinides, gibt es Bars und Night Clubs. Momentan angesagte, schicke Adressen sind die Innenhof-Bar im **Riad Fès** (s.o.), die orientalische Lounge im **Restaurant Mezzanine** (17, Kasbat Chams, nahe Jnane Sbil Park in der Medina, Cocktails, mediterrane Tapas und Terrasse mit Ausblick) und der **Ô Club** (2,5 km außerhalb an der Route d'Immouzer im Reitclub, mit Sushi, Tapas und Cocktails).

Kultur

■ **Galerie Mohamed Kacimi,** 26, Bd. Moulay Youssef. Seit 2005 wechselnde Ausstellungen moderner Werke (Malerei, Skulpturen, Fotografien) zeitgenössischer marokkanischer und internationaler Künstler.

- Das Kulturzentrum **Institut Français** (in der Neustadt: 33, Reu Loukili, Tel. 0535 62 39 21, in der Medina: 15, Derb Salaj, Dar Batha, Tel. 0535 63 67 13, www.institutfrancaisfes.com) veranstaltet regelmäßig kulturelle Events.
- In der Medina ist außerdem ein Besuch des **Café Clock** zu empfehlen (Talaa Kebira, s.o.): Hier gibt es diverse kulturelle Workshops und Veranstaltungen.

Notfall/Medizinische Versorgung

- **Polizei:** Tel. 190.
- **Feuerwehr:** Tel. 150.
- **Ambulanz:** Tel. 0535 60 68 68, 62 52 00.

Krankenhäuser

Zum **Centre Hospitalier Hassan II.** (Unikliniken) gehören drei Krankenhäuser:

- **Hôpital Omar Drissi,** Av. Allal al Fassi, Batha (Medina), Tel. 0535 74 01 03, 74 01 07. Notfall-Ambulanz und Augenklinik.
- **Hôpital Ibn el Hassan,** Aïn Kaddous, Zouagha Moulay Yaacoub, Tel. 0535 64 57 57/58. Psychologie.
- **Hôpital Ibn Al Khatib** (Augenklinik), Zouagha Moulay Yaacoub, Tel. 0535 64 51 92/93.

- **Foundouk Americaine (Tierklinik),** Route de Taza, Tel. 0535 94 31 66, 93 19 53.
- **Dr. Benmoussa Mustafa,** 149, Av. St. Louis, Lot. 290, Route Aïn Chkeff, Tel. 0535 60 30 07. Guter Allgemeinarzt, der englisch spricht.

Apotheken

- Die aktuell diensthabenden **Nachtapotheken** stehen auf www.pharmaciefes.com und in Tageszeitungen.

Post und Banken

- **Hauptpost** in der Av. Hassan II./Mohamed V., am Place de l'Istiqlal, beim Dar Batha Museum und Bab Boujeloud.
- **Banken mit Geldautomaten** finden sich überall in der Neustadt und am Rand der Medina. Der Automat direkt am Bab Boujeloud wechselt sogar Euro und Dollar in Dirham.

Taxis/Sammeltaxis

Die meisten Fahrer in Fès schalten das **Taxameter** ein – falls nicht, unbedingt Preis aushandeln bzw. auf Einschalten des Gerätes bestehen! Darauf achten, dass der Fahrer nicht tagsüber auf Nachttarif (+50%) umstellt!

Grands Taxis (bis fünf Fahrgäste) fahren in der Stadt und zu Zielen außerhalb.

Die **Sammeltaxis** nach **Meknès** und **Sidi Kacem** fahren beim Bahnhof ab, die Sammeltaxis nach **Rabat, Casablanca, Kénitra, Moulay Yaqub** beim Bab Mahrouk (Busbahnhof), die Taxis nach **Taza** und **Oujda** beim Bab Ftouh und die Taxis nach **Ifrane und Azrou** beim CTM-Busbahnhof. Nach Meknès und Ifrane kostet eine Fahrt mit dem Sammeltaxi ca. 25 DH p.P., nach Moulay Yaqub (Thermalbäder) ca. 15 DH, nach Azrou ca. 35 DH, nach Ifrane ca. 30 DH.

Stadtbusse

Die Busse halten beim **Place el Baghdadi,** nahe dem Bab el Mahrouk und Bab Boujeloud. Der Tarif innerhalb der Stadt beträgt 4 DH.

- **Bus Nr. 2** und **23:** Av. Hassan II. – Fès el-Djedid (23 zum Camping International).
- **Bus Nr. 3:** Pl. Résistance – Bab Ftouh.
- **Bus Nr. 7** und **20:** vom Bahnhof in Richtung Avenue Hassan II. und Bab Segma zwischen Fès el-Djedid und Medina.
- **Bus Nr. 9:** Batha – Route de Sefrou.
- **Bus Nr. 10:** Bahnhof – Bab Boujeloud.
- **Bus Nr. 12:** Bab Ftouh – Bab Boujeloud.
- **Bus Nr. 16:** Bahnhof – Flughafen.
- **Bus Nr. 17:** Pl. Florence – Aïn Chkeff (zum Camping Diamant Vert).
- **Bus Nr. 19:** Bahnhof – Pl. R'sif (Medina).
- **Bus Nr. 27:** Batha – Pl. R'sif (Medina).
- **Bus Nr. 29:** Place R'sif (Medina) – CTM-Busbahnhof.

Fernverkehrsbusse

- **CTM-Busbahnhof** an der Rue Tétouan (beim Bd. Dhar Mares, Quartier Atlas), Tel. 0535 73 29 92.
- **Bahnhof der Privatbuslinien** beim Bab Mahrouk an der Ceinture Nord (Route Nr. 1) oberhalb des Friedhofs.

CTM-Verbindungen und Preise

- **Nador:** 2x tägl. (nachts), ca. 120 DH, ca. 5 Std.
- **Tétouan** (über Ouazzane und Chefchaouen): 4x tägl., 105 DH, 5 Std.
- **Chefchaouen:** 4x tägl., 85 DH, 5 Std.
- **Tanger:** 7x tägl., 115 DH, 6 Std.
- **Agadir:** 4x tägl. (1x vormittags, sonst Nachtbusse), 280 DH, 13 Std.
- **Laâyoune:** 2x tägl., 520 DH, 22 Std. (!).
- **Marrakesch** (über Azrou, Khénifra, Beni-Mellal): 3x tägl. (frühmorgens und abends), 180 DH, ca. 9 Std.
- **Errachidia** (über Sefrou, Midelt) – **Rissani:** 1x tägl. (Nachtbus), bis Errachidia ca. 8½ Std., 130 DH; bis Rissani ca. 10 Std. Fahrzeit, 175 DH.
- **Rabat – Casablanca:** 10x tägl., nach Rabat ca. 3 Std., 75 DH; nach Casablanca 4 Std. Fahrzeit, 100 DH.
- Nach **Meknès** verkehren ständig CTM- und Privatbusse (1 Std., ca. 25 DH), aber der Zug ist komfortabler.

Weitere Buslinien

- Der **Busbahnhof** *(gare routière)* liegt beim Bab Mahrouk an der Ceinture Nord. Hier kann man auch Gepäck lagern. Die **Privatbusse** fahren zwar öfter, sind billiger und haben ein größeres Streckennetz, sie sind aber auch in einem schlechteren Zustand und oft unpünktlich …
- Vom Busbahnhof beim Bab Mahrouk verkehren die Linien in Richtung **Casablanca, Rabat, Tanger** und **Meknès** ab, die Busse nach **Séfrou** und **Ifrane, Errachidia** fahren ab dem Busbahnhof beim **Place Atlas.** Ab dem **Bab Ftouh** fahren die Linien nach **Ketama, Al Hoceima, Nador, Taza** und **Oujda.**

Bahn

Außer für die Strecke nach Marrakesch (der Zug fährt über Casablanca, die Busse auf schöner Strecke direkt nach Süden) ist die Bahn schneller und komfortabler.

Der Bahnhof (mit Möglichkeit zur Gepäckaufbewahrung) liegt am Place de la Gare, Tel. 0535 93 03 33. Hier ist auch das Büro von **Supratours,** Tel. 0535 65 26 22 (Busse der Bahngesellschaft).

Verbindungen und Preise

- **Oujda** (über Taza): 2x tägl., Fahrzeit 5¼ Std., 2. Kl. 110 DH.
- **Meknès:** stündlich (3.10 bis 20.40 Uhr), ca. 35 Min., 2. Kl. 20 DH.
- **Rabat – Casablanca – Marrakesch:** bis Casablanca stündlich, weiter nach Marrakesch 7x tägl.; nach Rabat ca. 3 Std. (2. Kl. 80 DH), nach Casablanca ca. 4 Std. (2. Kl. 110 DH), nach Marrakesch 7½ Std. (2. Kl. 195 DH).
- **Tanger:** 3x tägl., Fahrzeit ca. 5 Std., 2. Kl. 105 DH.

Flugverbindungen

- Der **Flughafen Fès-Saiss** liegt 15 km außerhalb, Tel. 0535 62 48 00. Alle 35 Minuten fährt der **Bus Nr. 16 vom Airport** in die Neustadt. Ein **Grand Taxi zum Flughafen** kostet 120 DH (Festpreis).
- **Royal Air Maroc (RAM),** 54, Av. Hassan II., Tel. 0535 94 85 50.

Verbindungen

- **Royal Air Maroc** (RAM) fliegt ausschließlich über Casablanca nach Europa und zu diversen Flughäfen im marokkanischen Inland.
- **Ryan Air** fliegt Fès ca. 2x wöchentlich von Frankfurt-Hahn direkt an.

Rund ums Auto

Autoverleih

- **Avis,** 50, Bd. de Chefchaouni (nahe Grand Hotel) und am Flughafen, Tel. 0535 62 69 69.
- **Borjman Car,** 33, Rue de Palestine, Résidence Al Houria, Tel. 0535 65 34 35, www.borjmancar.com.
- **Budget** (vertreten durch Imperial Drive), 6, Av. Lalla Asma, Tel. 0535 94 00 91, auch am Flughafen und im Hotel Palais Jamai.
- **Europcar,** 45, Av. Hassan II., Imm. Watania, Tel. 0535 62 65 45, auch am Flughafen.
- **Hertz,** Bd. Lalla Meryem und am Flughafen, Tel. 0535 94 32 62, fes@hertz.ma.
- **Touring Car,** 36, Av. Mohamed VI., Tel. 0535 94 26 74. Mehrsprachiges Personal, Fahrzeuge in gutem Zustand, Reparaturservice in ganz Marokko.
- **Tourvilles Euro Maroc,** Bd. Mohamed V., Rue Mokhtar Soussi, Passage du marché, Tel. 0535 62 66 35, Mobil 0661 18 62 78 *(Said),* www.tourvilles.net. Mehrsprachiges und sehr freundliches Personal, gut gewartete Fahrzeuge.

Parken

- Nördlicher **Place de l'Istiqlal** (Bab Boujeloud) und südlich beim **Dar-Batha-Museum** (bewacht).
- Großer Parkplatz **beim Bab Mahrouk** (guter Ausgangspunkt Richtung Bab Boujeloud und Medina).
- **Parkplatz Aïn Azleten,** erreichbar über die Ceinture Nord vom Bab Mahrouk kommend, idealer Ausgangspunkt für die Medina mit direktem Zugang zur Talaa Kebira.
- **Am Bab Guissa,** bewachter Parkplatz.
- **Am Bab Ftouh,** bewachter Parkplatz.
- **Am Bab el Jedid,** wenige schattige Stellplätze.
- Nahe beim **Place R'sif** finden sich diverse kleine bewachte Parkplätze.
- **An der Nordumgehung** (Ceinture Nord) bei den diversen Aussichtsbuchten und Parkplätzen, u.a. beim **Place Ibn Baja** nahe dem Bab Debagh im Norden.
- **Am Place Mohamed V.** in der Neustadt beim Grand Hotel (gut zum Einkaufen, da Marché Municipal um die Ecke).

Sport/Aktivitäten

Schwimmen

- **Diamant Vert,** großes Freizeitbad beim gleichnamigen Campingplatz (s.o.) mit verschiedenen Becken, Rutschen, Restaurants usw. Geöffnet von Ende Mai bis Ende September.
- **Hotel Reda Aïn Chkeff,** 7 km südlich der Stadt in Richtung Sefrou. Das im Wald von Aïn Chkeff gelegene Hotel (vgl. „Unterkunft") hat eine natürliche Quelle sehr schön in mehrere Becken gefasst. Buslinie Nr. 17 von der Av. Mohamed V. bis Endstation.
- Manche großen **Hotels** erlauben auch Nicht-Gästen gegen Gebühr oder Verzehr eines Mittagessens den Besuch des Pools.

Reiten

- **Maroc Rando Cheval** (Centre Equestre Aïn Amyer), Tel. 0535 94 21 18, 2 km in Richtung Imouzzer, dann ca. 500 m Piste rechts der Straße. *Azzedine Msafer* bietet auf seinem schönen Reiterhof mit edlen Vollblütern Tagesausritte, Reitkurse und Pferdetrekkings an.

Golf

- **Royal Golf Fès** (18-Loch-Platz), km 17, Route d'Immouzer/Ifrane, Tel. 0535 66 52 10.

Wellness

- **Nausikaa SPA,** Av. Bahnini, Route Aïn Smen, Tel. 0535 61 00 06, www.nausikaaspa.com. Modernes Wellness- und Beautyzentrum mit Hammam, Fitnesscenter, Massage, Friseur etc.
- **SPA Laaroussa,** im Riad Laaroussa, 3, Derb Bechara, Talaa Seghira, Medina, Mobil 0674 18 76 39, www.spalaaroussafes.com. Dampfbad und Massage in schöner, intimer Atmosphäre in einem renovierten Hammam aus dem 18. Jh., Anmeldung notwendig.
- Außerdem sind die Wellnessoasen des **Riad Maison Bleue** und des **Palais Jamai** nach Anmeldung auch für Nicht-Gäste zugänglich.

Sprachkurse

- **Arabophon,** 80, Rue Jaafar Ibn Atia, Aït Skato, Neustadt, Tel. 0535 60 34 75, www.arabophon.com. Im Angebot sind Schnupperkurse (1 Tag), ein- bis mehrwöchige Intensivkurse sowie mehrmonatige Fortgeschrittenenkurse für internationale Studenten (Unterrichtssprache ist Englisch). Unterstützung bei der Suche nach einer Unterkunft. Es wird Marokkanisch-Arabisch *(Darija)* und Hocharabisch gelehrt. Weitere Büros in Casablanca und Rabat.
- **Arabic Language Institute (ALIF),** 2, Rue Ahmed Hiba, nahe Hotel Zalagh Park Palace in der Neustadt, Tel. 0535 62 48 50, www.alif-fes.com. Am ALIF studieren sehr viele internationale Studenten (v.a. Amerikaner) Arabisch. Hier werden auch Englisch-Sprachkurse für Marokkaner angeboten. Es gibt ein eigenes Wohnhaus für Studenten in der Nähe, ansonsten ist die Unterbringung im Hotel und bei marokkanischen Familien möglich.

Reisebüros

- **Morocco Overland,** 9, Derb Guebbas, Batha, Medina, Mobil 0661 98 79 77, www.moroccooverland.com. Die Agentur von *Brahim Karaoui* organisiert individuell angepasste Tagestouren und Rundreisen in ganz Marokko. *Brahim* spricht sehr gut deutsch, hat jahrzehntelange Erfahrung im Tourismus und ist absolut zuverlässig und sehr kompetent.
- **Atlas Voyages,** 15, Rue Bouchaïb Doukkali, Bd. Prince Héritier, Tel. 0535 94 12 12, www.atlasvoyages.com. Großer Veranstalter (u.a. für Gruppenreisen): Rundreisen, Ausflüge, Autovermietung usw.

- **Badrane Tours,** 32 bis, Oued Zhoun, Medina, Mobil 0678 37 35 91, www.badrane-tours.com. U.a. Tagesausflüge nach Meknès und Volubilis, in den Mittleren Atlas und den Nationalpark Djabal Tazzeka.
- **King's Holidays,** Rue Ahmed Chbihi, Imm. 3, Appt. 4, Av. des F.A.R., Tel. 0535 93 04 99, kingsholidays@menara.ma, kingadventure@menara.ma. Tagesausflüge, Mountainbike- und Trekkingtouren, Vermittlung von deutschsprachigen Reise- und Bergführern.
- **Nature Voyages,** 14, Av. Ahmed Loukili, Place Florence, Tel. 0535 62 52 51. Wanderungen im Mittleren Atlas, Reitexkursionen, auch kulturelle Tagesexkursionen (Zelliges, andalusische Musik).
- **Objectif Maroc,** 9, Rue de Lybie, Tel. 0535 65 28 16/17/18. Hier werden Tickets für das *Festival des Musiques Sacrées du Monde* verkauft.

Feste/Veranstaltungen

- Wichtigstes kulturelles Ereignis ist das **Festival des Musiques Sacrées du Monde** Ende Juni (9 Tage, www.fesfestival.com, s.a. entsprechenden Exkurs). Zu dieser Zeit ist die Stadt voll mit Touristen und Journalisten aus aller Welt. Veranstaltungsorte sind das Batha-Museum und das Bab Makina.
- Populär ist außerdem das **Andalusische Musikfestival** Ende Februar.
- Wichtige Feste sind der **Moussem Moulay Idris** zu Ehren des Stadtgründers im Sept. und im Frühjahr das Fest **Sultan des Tolba.**
- **Kunsthandwerksmesse,** im April.
- **Semaine de Tapis,** Teppichwoche im Dez.
- **Moussem Ahmad El Bernoussi,** im Okt.

Im **islamischen Monat Rabia I.** *(Maulad)* finden folgende Feste statt (zum islamischen Kalender siehe das entsprechende Kapitel in „Land und Leute"):

- **Moussem Bounafae,** Fès el-Djedid.
- **Moussem Sidi Ali Boughaleb,** Bab Ftouh.
- **Moussem Zaouia Tahtania,** in der Medina im Derb Seffarine.
- **Moussem Uled Tijani und Sidi Frej,** im Viertel Lamtaine in Fès.
- **Moussem Moulay Abdessalam ben Lamchich,** Fès el-Djedid.

Ausflüge

Fès eignet sich hervorragend als Ausgangspunkt für **Unternehmungen im Mittleren Atlas.** Viele vermögende Fassis flüchten im Hochsommer vor der Hitze in ihre Ferienhäuser in Ifrane und Azrou. Die beste Reisezeit für die Region ist der Mai.

- **Thermalquellen von Sidi Harazem,** 15 km südöstlich, vgl. Route „Von Taza über den Tazzeka-Nationalpark nach Fès". Vom Bab Ftouh fährt ein Bus nach Sidi Harazem. Schöner sind die **Thermalquellen von Moulay Yaqub** (siehe vorhergehende Routenbeschreibung).
- **Tazzeka-Nationalpark** und **Gouffre de Friouato,** siehe „Von Taza über den Tazzeka-Nationalpark nach Fès".
- **Volubilis und Moulay Idris,** siehe vor Fès.
- Zum **Fünf-Seen-Plateau bei Sefrou:** Dayet Aoua, Dayet Ifrah, Dayet Iffer etc.; vgl. Route „Von Fès über Sefrou nach Ifrane".
- **Nördlicher Mittlerer Atlas** mit den Orten Imouzzer Kandar, Azrou (Zedern und Affen) und Ifrane; siehe nachfolgende Routen.

Von Fès über Imouzzer Kandar nach Ifrane

- **63 km, N 8.**
- **Teerstraße. Busverbindung** in Richtung Khénifra – Beni-Mellal (siehe bei Fès).

Fès über die vierspurige N 8 (am Place Mohamed V. Richtung Süden/Flughafen abbiegen) verlassen. Etwa **5 km** außerhalb des Zentrums liegt das schöne Gartenlokal **Les 3 Sources** rechts der Straße. 6 km weiter folgt der Golfplatz (Golf Royale de Fès) und kurz darauf die Auffahrt auf die Autobahn A 2 von Rabat nach Oujda. Weiter auf der N 8 geht es ab **km 32** durch Pinienwald bergauf Richtung Imouzzer. Bei **km 38** ist **Imouzzer Kandar** erreicht.

Imouzzer Kandar

Der hübsche Ausflugsort mit Platanenallee und vielen Straßencafés liegt 1345 m hoch auf einer Berghöhe des Kandar-Massivs. Imouzzer ist **Sommerfrische der Fèser Bürger,** viele Fassis unterhalten hier wegen der angenehmen Temperaturen Sommerhäuser, die mit ihren spitzgiebeligen roten Ziegeldächern wenig marokkanisch aussehen. Im Juli und August herrscht lebhafter Trubel, die Hotels und Restaurants sind dann gut gefüllt. Es gibt alle Versorgungsmöglichkeiten (auch Bank mit Geldautomat), aber keine touristischen Attraktionen außer der hübschen Umgebung. Markttag ist am Montag. Im August findet der **Moussem des Pommes et Poires (Apfel- und Birnenfest)** statt.

Unterkunft/Essen und Trinken

- **Gîte Dayet Aoua**③ (mit HP), etwa 8 km südlich von Imouzzer am See Dayet Aoua (vgl. folgende Route, **N 33° 39, 200′, W 05°00,653′**), Tel. 0535 60 48, www.gitedayetaoua.com. In diesem sehr hübsch im traditionellen Berberstil gestalteten Landhaus kann man ein paar ruhige Tage verbringen, Wanderungen oder Reit- und Mountainbikeausflüge unternehmen (Infos und Vermittlung von Wanderführern). Die fünf großen Zimmer (für bis zu 4 Pers.) mit Bad und Kamin sind liebevoll dekoriert, im Garten gibt es einen Spielplatz. Die Herberge stand 2016 zum Verkauf (geschlossen).
- **Charazed** (Scharazad)②, 2, Av. Mohamed V., Place du Marché (im Zentrum), Tel. 0535 66 36 70. Ordentliches Hotel mit sauberen Zimmern, zur Straße hin allerdings laut.
- **Royal**②,, Av. Mohamed V., Tel. 0535 66 30 80. Hotel mit einfachen Zimmern und Restaurant (gegrillte Atlas-Forelle).
- **Les Truites**②, Av. Mohamed V., Tel. 0535 66 30 02/03, www.lestruites.com. Günstige Zimmer mit oder ohne eigenes Bad, mit Heizung. Im Restaurant gibt's frische Atlas-Forellen.
- **Porte Atlas**②, Av. Mohamed V., Tel. 0535 66 49 27. Neueres Mittelklasse-Hotel mit klimatisierten Zimmern mit TV. WLAN verfügbar.

Weiterfahrt nach Ifrane

Weiter in Richtung Ifrane geht es durch Steineichenwald und karstige Landschaft mit Obstbäumen. Bei **km 46,5** kann man zu den **Dayets** (Seen) und zur **Gîte Dayet Aoua** in ruhiger Lage abbiegen (0,5 km bis zum Dayet Aoua). **63 km** hinter Fès ist **Ifrane** erreicht.

Ifrane

Dieser **blitzsaubere Kurort** liegt auf 1650 m Höhe und hat etwa 83.000 Einwohner. Die **spitzgiebeligen Häuser,** auf deren Ziegeldächern die Störche nisten, lassen Ifrane wie einen Ort im europäischen Mittelgebirge wirken. Die Stadt wurde genauso wie Azrou wegen ihres im Sommer gemäßigten Klimas von den Franzosen als Erholungsstätte für ihre Familien angelegt. In den Gärten gedeihen Äpfel-, Birnen- und Kirschbäume, Erd- und Johannisbeeren. Die breiten Alleen säumen akkurat gestutzte und gepflegte Blumenrabatte, Platanen und Kastanienbäume. Nette Cafés am Hauptplatz laden zu einer kleinen Pause ein, um das europäische Flair zu genießen. Attraktion und beliebtes Fotomotiv für die marokkanischen Ausflugstouristen ist der liegende **Atlaslöwe** aus Stein am Straßenrand im Zentrum. Die Statue erinnert an den einst in der Region heimischen Atlaslöwen (Berberlöwen), dessen letzter Vertreter 1922 geschossen wurde.

Saison ist von Juni bis September und im Winter, wenn die reichen Marokkaner zum Skifahren kommen. Im Vergleich zu anderen marokkanischen Orten herrscht in Ifrane im Sommer (ab Juli) – vor allem am Wochenende – **großer Trubel.** Schulkinder fahren hierher ins Ferienlager. Verglichen mit der Ruhe, die sonst im Mittleren Atlas herrscht, glaubt man sich hier in einer anderen Welt.

In Ifrane befindet sich der **Sommerpalast des früheren Königs Hassan II.** König *Mohamed VI.* nutzt die Schlösser seines Vaters je-

Ifrane

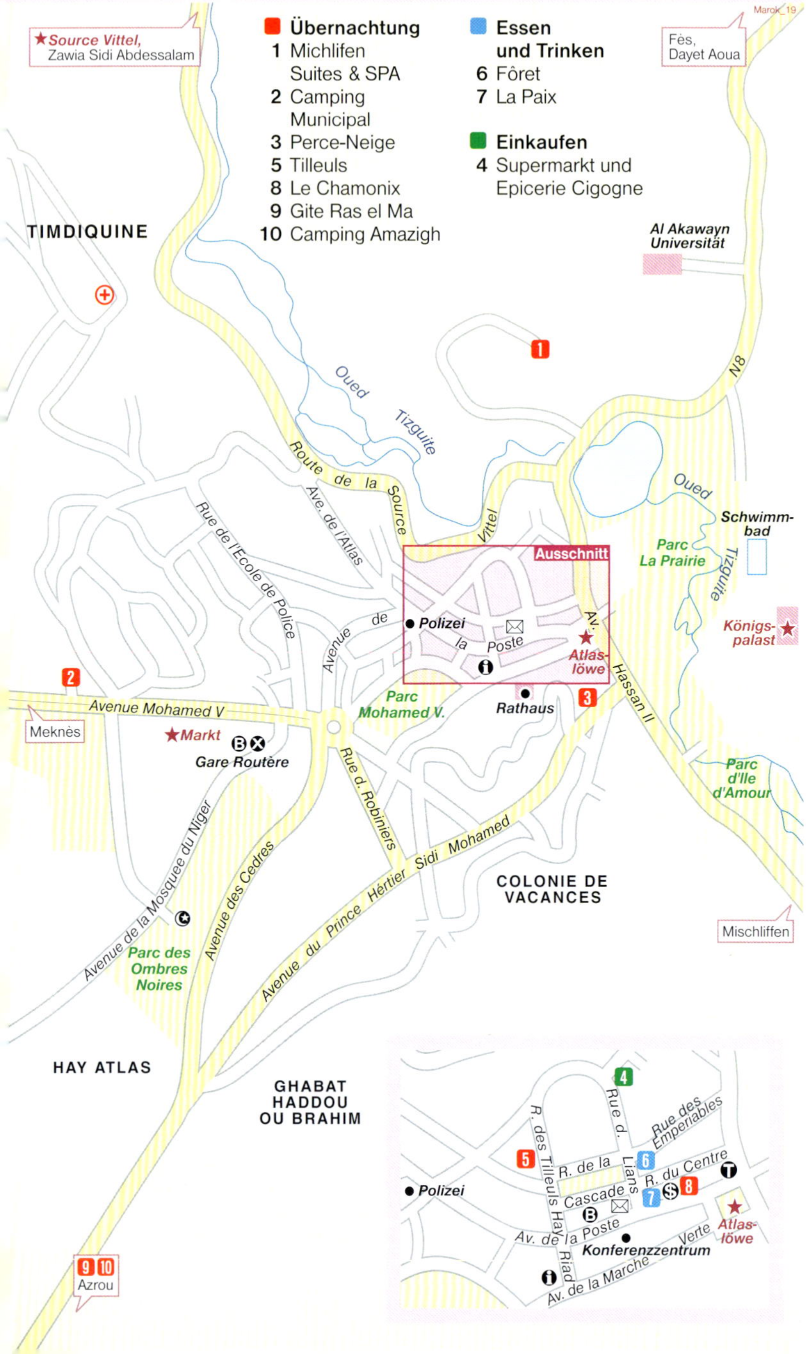

0
300 m
©Reise Know-How 2016
Marok_19
Übernachtung
1 Michlifen Suites & SPA
2 Camping Municipal
3 Perce-Neige
5 Tilleuls
8 Le Chamonix
9 Gite Ras el Ma
10 Camping Amazigh
Essen und Trinken
6 Fôret
7 La Paix
Einkaufen
4 Supermarkt und Epicerie Cigogne
★Source Vittel, Zawia Sidi Abdessalam
Fès, Dayet Aoua
TIMDIQUINE
Al Akawayn Universität
Oued Tizguite
N8
Route de la Source
Ave. de l'Atlas
Rue de l'Ecole de Police
Vittel
Oued Tizguite
Schwimm-bad
Parc La Prairie
Ausschnitt
Polizei
Avenue de la Poste
Av. Hassan II
Atlas-löwe
Königs-palast
Rathaus
Parc Mohamed V.
Avenue Mohamed V
Meknès
★Markt
Gare Routère
Rue d. Robiniers
Parc d'Ile d'Amour
Avenue de la Mosquee du Niger
Avenue des Cedres
Avenue du Prince Hértier Sidi Mohamed
COLONIE DE VACANCES
Mischliffen
Parc des Ombres Noires
HAY ATLAS
GHABAT HADDOU OU BRAHIM
Azrou
R. des Tilleuls
Rue d. Lians
Rue des Emperiables
R. de la Cascade
R. du Centre
Polizei
Av. de la Poste
Hay Riad
Konferenzzentrum
Verte
Av. de la Marche
Atlas-löwe

doch kaum. Dafür ließ er sein Hotel Michlifen (s.u.) zu einer wahren Luxusresidenz umgestalten.

Ifrane ist international bekannt für seine zweisprachige (englisch und französisch) **Elite-Universität Al Akawayn** (www.aui.ma).

Praktische Informationen

Informationen für Touristen

- **Delegation de Tourisme,** Place du Syndicat, im Zentrum, Tel. 0535 56 68 21.

Unterkunft

- **Gîte Ras el Ma**②, in Ras el Ma, 8 km in Richtung Azrou, www.rasalma.ma. Empfehlenswerte kleine Herberge in ruhiger Lage abseits der N 8; vgl. Route „Von Ifrane nach Azrou".
- **Michlifen Suites & SPA**⑤, Av. Hassan II. (nördlich des Zentrums), Tel. 0535 86 40 00, www.michlifenifrane.com. Das vor einigen Jahren im Auftrag des Königs komplett umgestaltete Michlifen in schöner Waldlage verspricht puren Luxus im marokkanisch inspirierten, modernen Design. Elegante und sehr geräumige Suiten mit Kamin, mehrere Restaurants und Bars, SPA-Bereich, Pool und beheiztes Innenschwimmbad, Heliport (!).
- **Perce-Neige**③, Rue des Asphodelles, Hay Riad, Tel. 0535 56 64 04. Das in die Jahre gekommene 3-Sterne-Hotel hätte eine Renovierung nötig, ist aber okay. Restaurant mit Alkoholausschank, WLAN verfügbar.
- **Le Chamonix**③, Rue de la Marche Verte, Tel. 0535 56 60 28, www.lechamonix.com. Empfehlenswertes 3-Sterne-Haus im Zentrum. 1935 errichtet, wurde das Skihotel 2014 komplett renoviert: 64 moderne, komfortable Zimmer mit Heizung und Flat-TV. Restaurant, Café und Bar.
- **Tilleuls**②, 2, Av. des Tilleuls, Tel. 0535 56 66 58. Einfaches Hotel im Zentrum, an das man keine großen Erwartungen stellen sollte. Zimmer ohne Heizung.

Camping

- **Camping Amazigh,** 5 km vor Azrou, empfehlenswert; vgl. Route „Von Ifrane nach Azrou".

Essen und Trinken/Einkaufen

- **Fôret,** Av. de la Poste, im Zentrum. Modernes Schnellrestaurant/Café mit diversen westlichen Gerichten wie Pizza, Pommes, Hamburger sowie marokkanischem Gebäck zu moderaten Preisen. WLAN verfügbar.
- **La Paix,** Rue de la Marche Verte, Tel. 0535 56 66 75. Großes und gepflegtes Terrassenrestaurant und Café im Zentrum gegenüber der Post. Hier gibt's Frühstück, Gebäck, diverse Snacks, Brochette, Pizza und Eisbecher.
- **Cookie Craque,** Av. des Tilleuls. Beliebtes Lokal mit diversen Snacks, Crêpes und Pizza.
- Im Ortszentrum gibt es einen kleinen **Supermarkt. Markttag** ist der Sonntag. Im **Ensemble Artisanal** kann man Kunsthandwerk zu Festpreisen kaufen kann.

Busse/Sammeltaxis

- **CTM-Busbahnhof (und Taxis)** an der Av. Mohamed V., etwas westlich vom Zentrum.

Verbindungen und Preise

- **Azrou:** ständig Busverkehr und Sammeltaxis, CTM 3x tägl., 15 DH, Fahrzeit ½ Std.
- **Fès:** stündl. mit verschiedenen Buslinien, CTM 2x tägl., 25 DH, Fahrzeit 40 Min.
- **Meknès:** stündl. mit verschiedenen Buslinien, CTM 1x tägl., 30 DH, Fahrzeit 1½ Std.
- **Marrakesch** (über Beni-Mellal): 2x tägl. mit CTM, weitere Verbindungen mit anderen Buslinien, 150 DH und 8½ Std. Fahrzeit.

- **Sammeltaxis nach Azrou, Midelt, Meknès, Sefrou und Dayet Aoua.**

Fest

- **Moussem (Mausim) Sidi Abdesslam** im August; siehe „Ausflüge".

Ausflüge

Hübsch ist ein Ausflug ins **Tal des Oued Ifrane.** Das gesamte Wiesental ist durch Wanderwege erschlossen und beliebtes Ausflugsziel sowie Picknickplatz der Bevölkerung (deshalb nicht gerade sauber). Für verwöhnte Mitteleuropäer bietet der Ausflug eher wenig, außer man will schattig in Bachnähe eine Cola schlürfen. Bei km 3,4 zweigt rechts eine Straße ab, die auf einer Holzbrücke den Oued Ifrane überquert. Man hält sich rechts und erreicht ein Freizeitgelände. Wenn man geradeaus weiterläuft, folgen die gefasste **Heilquelle Vittel** und die gleichnamigen **Wasserfälle,** auch Jungfrauenwasserfälle *(Cascades de Vierges)* genannt. Das Vittel-Wasser wird im ganzen Land in Flaschen verkauft.

5 km von Ifrane entfernt, unterhalb des Oued Ifrane, liegt die **Zaouia d'Ifrane** bzw. **Zaouia Sidi Abessalam** mit dem Marabut des Heiligen *Sidi Abdessalam* unterhalb des Ortes Tizguit (Tisgit). Hier findet zu Ehren des Heiligen ein jährlicher **Moussem** statt. Die Ortsbewohner bezeichnen sich alle als „Schorfas", also Abkömmlinge des großen Propheten. Es gibt beim Ort **Höhlenwohnungen,** wo sich Angehörige der religösen Bruderschaft als Eremiten zurückgezogen haben (eine Besichtigung ist möglich).

Weitere mögliche Ausflüge gehen zum **Djabal Hebri** (Skigebiet), zum See **Aguelmame Affnourire,** zu den **Quellen Oum er-Rbia** und zum **Aguelmame Azigza** (vgl. „Von Azrou über Aïn Leuh, Sources Oum er-Rbia und Aguelmame Azigza nach Khénifra").

Das **Skigebiet** um den Djabal Hebri und Mischliffen (ca. 16 km außerhalb) ist eher etwas für Anfänger. Zur Saison im Winter kann man dort Ski ausleihen.

Parc National d'Ifrane

Das gesamte **Seen- und Zedernwaldgebiet zwischen Ifrane, Azrou und Aïn Leuh** wurde 2004 zum Parc National d'Ifrane erklärt. Das Schutzgebiet umfasst insgesamt 125.000 ha. Neben der Erhaltung der Biodiversität in diesem Naturraum soll auch der Ökotourismus gefördert werden. In den grünen Wäldern und Bergen sind herrliche Wanderungen möglich. Ein sehr kompetenter und kundiger **Bergführer** ist **Saleh Boudaoud** (Mobil 0663 76 08 25 oder 0643 03 18 67, sa-

ma16_036 ad

lehboudaoud@gmail.com), der neben französisch gut englisch und ein bisschen deutsch spricht. Er kann Tagesausflüge (mit Besuch von Berberaffen) bis zu mehrtägige Trekkings mit Übernachtung bei Einheimischen in Gästehäusern organisieren (Abholung ab Fès möglich). Außerdem setzt er sich im Rahmen des „Barbary Macacque Project" (www.monkeywatch.org) für den Schutz der bedrohten **Berberaffen** ein.

Von Fès über Sefrou nach Ifrane

- **90 km (ohne Abstecher), R 503, P 5016, P 7237, P 7231, R 707.**
- **Gut ausgebaute Straße bis Sefrou, dann kleine, z.T. ausgefranste Teerstraße.** Diese schöne, ruhige Alternativstrecke zur Hauptverbindung N 8 führt durch hügelige, grüne Landschaft mit mehreren Seen, Zedern- und Steineichenwäldern.
- **Busverbindung** von Fès nach Sefrou und Boulemane oder Fès – Immouzer – Ifrane – Azrou. **Taxis** von Ifrane zum Dayet Aoua. Zu den anderen Seen und ins Felsental verkehren keine öffentlichen Verkehrsmittel.

In Fès am Place Allal al Fassi (Neustadt) nach Sefrou Richtung Süden abbiegen (R 503). Die Route passiert den ACIMA-Supermarkt, das Sportstadion und den Camping International, dann geht es vorbei an Getreidefeldern und Olivenbäumen. 25 km hinter Fès zweigt rechts eine Straße nach **Bhalil** ab. Von diesem malerischen, hoch am Berg gelegenen Dorf hat man einen herrlichen Blick aufs Umland. Wieder zurück auf der Straße erreicht man bei **km 28 Sefrou** (ohne Abstecher nach Bhalil).

☐ Landschaft im Ifrane-Nationalpark

Sefrou

Der **hübsche Ort** (ca. 70.000 Einwohner) auf 850 m Höhe am Fuße des Mittleren Atlas wurde von dem jüdischen Berberstamm Ahel Sefrou im 7. Jh. gegründet. *Idris II.* bekehrte die Bewohner im 9. Jh. zum Islam. Im 13. Jh. wurde Sefrou Zufluchtsstätte von Juden, die aus Algerien und dem Tafilalet zuwanderten. Sefrou hat eine von Mauern umgebene sehenswerte Medina aus dem 18./19. Jh. In der Altstadt befindet sich auch die **Qubba** (Grabmal) **des Sidi Lahcen Lyoussi,** zu dessen Gedenken jährlich ein Moussem abgehalten wird.

Sefrou ist für seine süßen Kirschen bekannt, seit 1920 findet hier jährlich Anfang Juni das große **Kirschenfest (Moussem des Cerises)** mit Volkstänzen und Fantasias statt. Außerdem ist der Ort ein günstiger Ausgangspunkt für Ausflüge in die landschaftlich schöne Umgebung.

In einer scharfen Linkskurve (hinter einem kleinen Park) kurz vor dem Zentrum zweigt eine kleine Straße rechts zum **Ksar El Kelaa** und zu den **Wasserfällen des Oued Aggai** sowie zum **Marabut Sidi Bou Serghin** ab (beschildert „Camping"). Der Oued Aggai beschert zwar der Umgebung Fruchtbarkeit, sorgt aber immer wieder für gefährliche Überschwemmungen. Auf einer kleinen Teerstraße bergauf liegt nach 500 m linker Hand ein Campingplatz, geradeaus geht es weiter zu den kleinen Wasserfällen. In der Nähe befinden sich die **Grotten Kef el Moumen** (oder Kef el Ihoudi – Judengrotte); nach Ansicht der Juden wurde der Prophet *Daniel* in der Höhle begraben, nachdem er von König *Nebukadnezar II.* den Löwen zum Fraß vorgeworfen worden war. Die Grotten werden sowohl von Muslims als auch von Juden als heiliger Ort verehrt. Für die Muslims steht der Ort im Zusammenhang mit der Siebenschläferlegende, die es auch im Christentum gibt: Sieben fromme Männer waren auf der Flucht vor ungläubigen Herrschern, versteckten sich in der Höhle, fielen in einen 300-jährigen Schlaf und erwachten erst, als die Herrscher zum wahren Glauben zurückfanden.

Wenn man von den Wasserfällen links weiterfährt, erreicht man nach ca. 2 km die **Quelle Lalla Rekia** und die Grabstätte des **Marabut Sidi Bou Serghin.** Die Quelle ist ummauert und soll gegen Schwachsinn, Auszehrung und Sterilität der Frauen helfen. Jedes Jahr opfern hier Pilger einen schwarzen Ziegenbock, einen weißen Hahn und ein schwarzes Huhn. Das Blut wird in die Quelle geschüttet, um deren Heilkraft zu erhalten.

Praktische Informationen

Informationen für Touristen

- **Syndicat de Tourisme (O.N.M.T.),** Route Boulemane, Tel. 0535 56 68 21.

Unterkunft

- **Sidi Lahcen Lyoussi**②, Rue Sidi Ali Boussarghine (Bussarin), vor dem Zentrum in der scharfen Linkskurve rechts ab (s.o.), Tel. 0535 68 34 28, hotel-lyoussi@menara.ma. Ruhige Lage, hübscher Garten, die Zimmer mit Bad (einige mit Balkon) sind einfach ausgestattet, aber sauber und sehr gepflegt. Sicheres Parken im Hof.
- **Dar Attamani**③, 414, Bastna, Medina, Tel. 0535 96 91 74, www.darattamani.com. Charmantes Gästehaus in der Altstadt mit Dachterrasse und geräumigen, individuell gestalteten Zimmern mit Bad. Auch günstige Übernachtung auf der Dachterrasse möglich. Gutes Essen auf Bestellung, WLAN verfügbar.

Camping

- **Wohnmobilisten** finden auf dem schönen, ruhigen Farmgelände der **Auberge/Ferme d'hôte Laanocer** (Mobil 0667 17 72 53) 25 km außerhalb in Richtung Boulemane (R 503) einen Stellplatz mit Strom- und Wasseranschluss. Gute sanitäre Anlagen mit heißer Dusche, es gibt auch Zimmer und einen Pool. Von hier kann man die Seenrundfahrt starten (vgl. nachfolgende Route).

Sonstiges

- Es verkehren ganztags **Busse nach Fès,** zweimal tägl. nach **Meknès** und einmal tägl. nach **Casablanca/Rabat, Marrakesch, Nador, Oujda** und **Taza.**
- **Grands Taxis** halten an der Hauptstraße kurz nach dem Zentrum.
- Eine **Post** und eine **Bank** mit Geldautomat gibt es an der Av. Mohamed V.
- **Moussem des Cerises** im Juni (s.o.).
- **Moussem Sidi Lahcen Lyoussi**

Weiterfahrt nach Ifrane

Weiter führt die Strecke durch eine hübsche hügelige Landschaft mit Pinien, im Mai blüht der Mohn.

Bei **km 54** (25 km ab Sefrou) zweigt rechts eine Straße zum Dayet Hachlaf und zum Dayet Aoua ab (**N 33°38,67', W 04°51,98'**, beschildert). Die **Dayets** des Mittleren Atlas sind Moränenseen, die sich in ehemaligen Vulkankratern gebildet haben. Sie liegen in ausgesprochen hübscher Umgebung und sind sehr fischreich. Bei anhaltender Trockenheit liegen die Seen manchmal trocken oder haben nur einen sehr niedrigen Wasserstand.

Rechts weiter auf der schmalen, ausgefransten Teerstraße ist nach 6 km **(Gesamt-km 60)** eine V-Kreuzung erreicht: Rechts geht es Richtung Imouzzer Kandar und Dayet Aoua, links zum Dayet Ifrah und zum Dayet Hachlaf (nur arabisch beschildert, **N 33°39, 78', W 05°02,59'**).

Abstecher zum Dayet Aoua

An der V-Kreuzung rechts zum Dayet Aoua gelangt man nach weiteren 5 km wieder an eine Kreuzung: Links geht es nach Ifrane und zum Dayet Hachlaf, geradeaus weiter zum Dayet Aoua. Die Strecke führt vorbei an ursprünglichen Siedlungen und Feldern mit Obstbau. 11 km nach der V-Kreuzung geht es links zum Dayet Aoua mit einigen Häusern, Läden, Apfelfarmen und der **Gîte Dayet Aoua** (vgl. bei Imouzzer „Unterkunft"). In diesem sehr hübsch im traditionellen Berberstil gestalteten Landhaus kann man ein paar ruhige Tage in idyllischer Umgebung verbringen.

Der flache Dayet Aoua führt nur in regenreichen Jahren Wasser und ist umgeben von Pappeln, Apfelbäumen und Steineichen.

Die Straße mündet kurz hinter Dayet Aoua in die N 8 Richtung Ifrane (ca. 7 km südlich von Imouzzer Kandar).

Weiterfahrt nach Ifrane

Ohne Abstecher fährt man an der obigen V-Kreuzung links weiter. Der Abzweig zum **Dayet Iffer** kurz darauf ist durch eine Schranke versperrt. Normalerweise ist der 3 ha große, im Wald gelegene Kratersee auf einer 2 km langen Piste auch mit Pkw zu erreichen. Im Sommer siedeln dort Nomaden mit ihren schwarzen Wollzelten *(Khaimas)*, die sie – welch trostloser Anblick! – mit Plastikplanen flicken.

Das Sträßchen mit rudimentärem Teerbelag führt weiter durch Steineichenwald.

Bei **km 66** (6 km nach der V-Kreuzung) bietet sich ein schöner Ausblick auf den **Dayet Ifrah** etwas unterhalb der Straße mit zwei Dörfern **(N 33°34,14', W 04°55,98')**. Die Menschen leben hier auf 1700 m Höhe in sehr armen Verhältnissen in einfachen Steinhäusern. Der Dayet Ifrah wird von kleinen Rinnsalen und unterirdischen Quellen gespeist. Alle möglichen Wasservögel sind ständige Gäste, und manchmal werden dort bis zu zwanzigpfündige Hechte geangelt.

Wieder auf besserem Straßenbelag führt die Strecke über eine weite Hochebene mit Obstbäumen und Getreidefeldern.

Nach 5 km (Gesamt-km 71) zeigen an einer Kreuzung **(N 33°33,02', W 04°58,69')** rechts Wegweiser zum Dayet Aoua (16 km) und Imouzzer (24 km), geradeaus geht es zum Dayet Hachlaf und weiter Richtung Ifrane. 2 km weiter, bei **km 73,** ist der **Dayet Hachlaf** erreicht **(N 33°32,56', W 04°59,71')**. An dem lang gezogenen flachen See (manchmal trocken) mit Seerosen und Pappeln kann man einen schönen Spaziergang unternehmen.

Abstecher zum Dayet Jerane

Vom Dayet Hachlaf führt eine recht **brauchbare Piste** (nur mit 4x4 oder MTB) rechts durch das **Vallée des Roches** (Grotten, viele Affen) zum Dayet Jerane und Dayet Aoua.

5,6 km hinter dem Dayet Hachlaf ist der (evtl. ausgetrocknete) **Dayet Jerane** erreicht. Dort siedeln Nomaden.

2,2 km nach dem Dayet Jerane zweigt **links** (W) eine Piste nach Ifrane ab, geradeaus (bzw. rechts) führt die Hauptstraße zum Dayet Aoua weiter. Wir fahren links über die Piste weiter, die am Berghang entlang führt. Sie schlängelt sich schmal durch romantische Eichen- und Zedernwälder mit bizarren Felsen. In diesem Märchenwald gibt es traumhaft schöne, ruhige Übernachtungsplätze.

7 km hinter dem Dayet Jerane führt rechts ein Abzweig zum **Königlichen Reitclub.**

3 km nach dem Reitclub erreicht man den Abzweig zum Dayet Aoua (links weiter) und 2 km weiter die Teerstraße und Dayet Aoua.

Nach weiteren ca. 3 km mündet die Teerstraße in die Hauptverbindungsstrecke N8 Fès – Ifrane (16 km).

Weiterfahrt nach Ifrane

Ohne Abstecher geht es vom Dayet Hachlaf geradeaus weiter nach Südwesten (Wegweisung nach Ifrane) durch schöne Zedern- und Steineichenwälder. 8 km weiter, bei **km 81 (N33°29,67', W 05°02,79'),** führt eine kleine schlechte Piste rechts zu einem Brunnen und zu seltsamen Karstformationen in Sichtweite (1–2 km) nordwestlich der Straße. Die sogenannten **Roches ruiniformes** am Rande des Waldes auf eine Anhöhe sind zu bizarren Pilzfelsen verwittert.

Bei **km 83** geht es links nach Mischliffen und Boulemane **(N 33°29,16', W 05°04,10')**. Rechts weiter führt die breite R 707 nach **Ifrane,** das bei **km 90** erreicht ist. Stadtbeschreibung vgl. vorhergehende Route.

Von Fès über Sefrou, Boulemane und Zeida nach Midelt

- **217 km, R 503 und N 13.**
- **Gute Asphaltstraße,** bis Sefrou vgl. vorhergehende Route.
- **Bus** nach Zeida, Midelt und Boulemane.

Am Place Allal al Fassi im Zentrum von Fès Richtung Sefrou abbiegen. **28 km** hinter Fès ist die Kirschenstadt **Sefrou** erreicht (vgl. vorhergehende Route).

Von Sefrou führt die Straße weiter durch eine hübsche Gegend mit viel Obst- und Gemüseanbau. Bei **km 51** liegt die kleine Siedlung und zerfallene **Kasbah Annoceur** an der Strecke. Die Kasbah wurde errichtet, um die Karawanenwege von Fès ins Tafilalet zu kontrollieren. Nach 1 km trifft man auf den Abzweig zum Circuit des Lacs.

Etwa bei **km 55,** 27 km hinter Sefrou, kann man rechts zum 1380 m hoch gelegenen **Dayet Afourgah (N 33°36,75', W 04°52,82')** abbiegen. Es gibt einen Park- und Picknickplatz oberhalb des Sees. Der Dayet Afourgah ist zwölf bis 15 ha groß und mit 80 m (Normalstand) ziemlich tief. Legenden sprechen davon, dass hier Geister hausen, die Mensch und Tier anlocken und ins Wasser ziehen …

Es geht weiter bergauf durch eine schöne Berglandschaft mit Steineichen- und Zedernwäldern bis zur Passhöhe **Tizi Abekhnanes** (1769 m).

Bei **km 87** zweigt rechts eine Straße nach **Almis de Guigou** und **Timahdite** an der N 13 ab. Bei **km 91** liegt ein gefasster **Brunnen (N 33°25,29', W 04°46,42')** mit gutem Bergwasser an der Straße.

Der große Ort **Boulemane** (bei **km 106**) mit Spitzgiebelhäusern liegt umgeben von Bergen auf 1700 m am **Oued Recifa** inmitten von Obstgärten. Sammeltaxis im Zentrum.

Bei **km 112,** 6 km hinter Boulemane, zweigt links die **Straße R 502 (N 33°19,73', W 04°41,82') nach Ifkern** und **Imouzzer des Marmoucha** in den östlichen Mittleren Atlas zum Skigebiet des **Djabal Bou Iblane** (Bu Iblan) bei Tafferte ab. Hier gibt es sehr ursprüngliche und landschaftlich großartige Strecken (Pisten) zu entdecken.

Bei **km 187** mündet diese Route in die N 13 von Meknès/Azrou (rechts) nach Midelt ein. Ohne große Attraktionen geht es auf den nächsten 10 km nach **Zeida (Zaida).** Der lebhafte Ort liegt am Zusammenfluss von Oued Bouhaf und Oued Moulouya (sprich: Muluja), die Umgebung ist vom Bergbau geprägt (Zinn, Blei, Kupfer). Zeida ist Kreuzungspunkt der Strecke nach Boumia und Khénifra. Es gibt u.a. eine Ziz-Tankstelle (Aire de Repos de la Pomme, mit Raststätte und Hotel hinter dem Ort Richtung Midelt) und viele Tajine-Garküchen an der Straße.

Auf der gut ausgebauten N 13 geht es über weitere 30 km nach **Midelt;** vgl. Route „Von Azrou über Timahdite nach Midelt".

Von Ifrane nach Azrou

- **17 km, N 8.**
- Die **schöne Strecke** verläuft mit weitem Ausblick über das Hügelland.
- **Sammeltaxi- und Busverbindungen** ab Ifrane.

Etwa **8 km** hinter Ifrane zweigt links eine Straße nach **Ras el Ma** (Gîte und Campingplatz, beschildert) ab. Zur Herberge fährt man an der nächsten Gabelung talabwärts Richtung Forellenzuchtanlage, kurz danach folgt die **Gîte Ras el Ma**② (Mobil 0671 65 71 71 oder 0664 16 36 98, www.rasalma.ma) auf dem Hügel linker Hand. In dieser sauberen, familiären

Pension kann man ruhige Tage auf dem Land verbringen. Zum Frühstück gibt es hausgemachte Pflaumenkonfitüre, abends serviert die Dame des Hauses ausgezeichnete Forellen. In der Umgebung können herrliche Wanderungen unternommen werden.

Weiter auf der N 8 liegt **12 km hinter Ifrane** linker Hand der **Campingplatz Amazigh** (Tel. 0535 56 07 25, www.camping-amazigh.com). Der hübsche Platz in einem Obstgarten mit sehr sauberen einfachen Sanitäranlagen gehört dem netten *Hassan Aba,* der fließend deutsch spricht. Es gibt auch einfache Gästezimmer und Essen (rechtzeitig vorbestellen!).

1 km weiter **(km 13)** zweigt links eine Straße **(N 33°26,76', W 05°10,99')** zur **Cèdre Gouraud** und zum Zedernwald mit vielen Makaken-/Berberaffen ab (4 km, vgl. folgende Route „Von Azrou über Timahdite nach Midelt"). Man kann von hier an der Zeder vorbei (ca. 1 km nach dem Baum rechts halten) auf schmaler, geteerter Straße eine Rundfahrt zur Straße Azrou – Midelt unternehmen und gelangt so wenige Kilometer südlich von Azrou auf die Teerstraße.

An der Kreuzung bei **km 15** geht es geradeaus weiter (rechts nach Meknès), bei **km 16** weiter rechts nach Azrou und Khénifra (links nach Errachidia/N 13).

Azrou

Azrou auf 1250 m Höhe ist **Zentrum der Beni-M'Guild-Berber** und nach einem markanten Felsen *(azrou)* benannt, in dessen Höhlen sich früher die Berber vor Fremden versteckten. *Moulay Ismail* ließ hier 1684 eine Kasbah errichten, um die Berberstämme zu kontrollieren. Von dem ehemals mächtigen Bauwerk stehen nur noch Ruinen.

Azrou ist wie Ifrane **Höhenkurort;** die Franzosen legten die Neustadt zur Erholung während der heißen Sommermonate an. Die städtischen Marokkaner ziehen aber Ifrane oder Imouzzer dem Berberzentrum Azrou vor. In der Protektoratszeit, als die Franzosen das „Dahir" – das Berberdekret, das die Spaltung der Berber und Araber beschleunigen sollte – erließen, wurde hier die **erste Berberhochschule** eingeweiht, in der die **Berbersprache Chleuh** unterrichtet wurde.

Sehr verkehrsgünstig am Kreuzungspunkt der N 13 von Meknès nach Erfoud und der N 8 von Fès nach Marrakesch gelegen, entwickelte sich Azrou zu einem **wichtigen Handelsplatz im Mittleren Atlas.** Jeden Dienstag kommen Händler aus der Region zum **Wochenmarkt** aufs Suqgelände nordöstlich des Zentrums.

Das gesamte Seen- und Zedernwaldgebiet des westlichen Mittleren Altas zwischen Ifrane, Azrou und Aïn Leuh wurde 2004 zum **Parc National d'Ifrane** erklärt. Ein sehr kundiger Führer für Wanderungen und auch mehrtätige Touren im Park ist **Saleh Boudaoud** (vgl. „Ausflüge" bei Ifrane).

Sehenswertes

Die **Häuser** Azrous sind zwar ohne besondere architektonische Bedeutung, bemerkenswerterweise aber vorwiegend **aus Holz** gebaut. Azrou hat einen sehr schönen **Suq,** an den sich die Lehmhäuser der alten Berbersiedlung anschließen. Eine prächtige **Moschee** mit einem kleinen Park dominiert das Zentrum.

Im **Ensemble Artisanal** (Kunsthandwerkskooperative) am Bd. Mohamed V. kann man Kunsthandwerksprodukte der Region kaufen, v.a. Schnitzereien aus Zedern- und Nussbaumholz und Berberteppiche. In der angeschlossenen Schule für Teppichknüpfer kann man den Mädchen bei der Arbeit zusehen.

Am westlichen Ende der Stadt, etwas oberhalb, liegen die spärlichen Überreste der Kasbah. Lohnenswert sind Ausflüge in die nahen **Zedernwälder** und ein Blick vom *azrou,* dem namensgebenden Felsen, auf die Stadt und die Umgebung.

Region Ifrane - Azrou

Karte S. 142

Praktische Informationen

Unterkunft

Oberklasse

■ **Le Palais des Cerisiers**④, Route du Cèdre Gouraud, 4 km außerhalb Richtung Ifrane, Tel. 0535 56 38 30, www.lepalaisdescerisiers.com. Sehr schönes, mit viel Holz gestaltetes Landhaus mit einem umfangreichen Freizeitangebot (Pool, Fitness, Tennis, Wanderungen, Ausritte, SPA). 14 elegante Zimmer, die meisten mit Balkon/Terrasse, einige mit Kamin, mit Blick auf die Berge des Mittleren Atlas; auch zwei Familien-Apartments. Sehr gutes Frühstück, Bar mit Alkoholausschank.

Mittelklasse

■ **La Perle d'Azrou**③, 7 km außerhalb an der N 8 Richtung Khénifra, am Ortsausgang von Aït Ameur ou Ali links ab (beschildert), Mobil 0610 13 59 15, www.laperledazrou.com. Viel gelobtes Gästehaus unter schweizerischer Führung, unterschiedlich gestaltete Zimmer mit Bad, separatem WC, Klimaanlage/Heizung. Die auf dem 6000 m² großen Farmgelände angebauten Pfirsiche, Feigen, Granatäpfel und das Bio-Gemüse werden in der Küche verwendet. Organisation von Ausflügen und Wanderungen möglich. Massageangebot.

■ **Panorama**②, Tel. 0535 56 22 42, 56 22 42. Das freundliche Hotel mit gemütlicher Landhausatmosphäre liegt auf einem Hügel oberhalb der Stadt. Die einfachen Zimmer mit Balkon hätten eine Renovierung nötig, sind aber sauber (keine funktionierende Heizung im Winter). Im Salon brennt im Winter der Kamin, das Restaurant punktet mit guter Atlas-Forelle und Alkoholausschank.

Günstig

■ **Azrou**①, Route de Khénifra, Tel. 0535 56 21 16. Gemütlich und sauber, gutes Essen (z.B. Atlas-Forelle), Alkoholausschank.

■ **Beau-Sejour**①, Pl. Soukia, Tel. 0535 56 06 92. Sehr einfache, freundliche Budgetunterkunft, warme Duschen auf dem Gang, 3-Bett-Zimmer.

■ **Dernier Lion d'Atlas**②, Villa No. 16, Route de Meknès, Tel. 0535 56 18 68, www.dernierlionatlas.ma. Einfache Herberge etwas nördlich des Zentrums. Saubere Zimmer mit Bad und Restaurant.

■ **Des Cèdres**①, Place Mohamed V., Tel. 0535 56 23 26. Saubere, einfache, aber geräumige Zimmer mit Bad oder Waschbecken (Du/WC auf dem Gang), z.T. mit Balkon zum Hauptplatz. Restaurant mit umfangreicher Speisekarte, gegenüber am Platz auch Tajine-Stände.

■ **Diamant d'Atlas**①, Rue Tit Hsan, Quartier Kachia, nahe Ensemble Artisanal und Museum, Tel. 0535 56 43 54, www.hotel-diamant-atlas.com. Einfaches, sauberes und sehr günstiges Budgethotel; Zimmer mit und ohne eigene Dusche. Frühstück im Terrassencafé im EG.

■ **École Hôtelière**①, unweit des Pl. Mohamed V. (den blauen Schildern „EPAIG – École Hôtelière" folgen), Mobil 0661 06 42 42. Günstige, gepflegte Unterkunft in einem hübschen alten Haus, Service durch die Hotelfachschüler, bewachtes Parken am Platz. Zimmer mit/ohne Dusche.

Camping

■ **Camping Amazigh,** 5 km in Richtung Ifrane. Der empfehlenswerte Platz ist sauber, der Betreiber sehr freundlich; vgl. vorhergehende Routenbeschreibung.

■ **Euro Camping Azrou,** einige Kilometer vor Azrou (von Ifrane kommend) an der N 8. Camping auf dem Gelände einer burgartigen, kitschigen Luxushotelanlage (Emirates Tourist Centre) mit Restaurant und Centre Commercial. Ca. 80 DH/2 Pers. inkl. Fahrzeug.

Essen und Trinken

Jede Menge **preisgünstige Restaurants** mit Tajine, Brochettes etc. liegen rund um die Moschee am Place Hassan II. Gute Atlas-Forellen gibt es u.a. im Hotel des Cedrès und im Hotel Panorama.

Busse

Der **Busbahnhof** liegt im Zentrum nördlich der Moschee, Tel. 0535 56 20 02.

Verbindungen und Preise

■ **Casablanca:** 2x tägl. mit CTM, 5½ Std. Fahrzeit, 130 DH.

■ **Meknès:** 3x tägl. mit CTM, andere Buslinien mehrmals täglich, 35 DH, 1½ Std.

■ **Fès:** 2x tägl. mit CTM, andere Buslinien mehrmals täglich, ca. 75 Min., 35 DH.

■ **Errachidia:** 2x tägl. mit CTM und anderen Buslinien, 6½ Std., 105 DH.

- **Beni-Mellal:** 1x tägl. mit CTM (von Fès kommend), 80 DH, ca. 4½ Std.
- **Rissani:** 1x tägl. mit CTM (von Fès kommend), 140 DH, 7 Std.

- **Grands Taxis** fahren u.a. **nach Khénifra, Meknès, Fès und Midelt. Taxis zur großen Zeder** sind nur als Grand Taxi für 5–6 Personen komplett zu mieten, oder man muss bei den Sammeltaxis nach Midelt den vollen Preis bis zur nächsten Stadt zahlen und dann am Abzweig zur Zeder aussteigen!

Sonstiges

- Es gibt ein **Schwimmbad im Parc du Sport** (Schild „Piscine"), Banken und Souvenirläden.
- Sehr freundlich und unaufdringlich ist Driss Irroufi vom **Bazar el Assala (Teppichladen),** der direkt am Hauptplatz Hassan II. liegt.
- **Wanderungen im Mittleren Atlas:** Als lizensierter Berg- und Wanderführer ist der englisch und ein bisschen deutsch sprechende **Moulay Abdellah Lahrizi** (Mobil 0663 77 26 87, 0662 19 08 89, lahrizima@gmail.com oder lesjardinsdazrou@gmail.com) empfehlenswert. Er betreibt eine Gîte bei Ifrane und stellt individuelle Wandertouren, Trips mit Kamel, Muli oder MTB zusammen. Auch die Unterkünfte Le Palais des Cerisiers und La Perle d'Azrou geben Tipps zu Wanderungen in der Region und vermitteln einen Führer.
- **Fest: großer Moussem** im August.

Ausflüge

Azrou umgibt ein **großer Zedernwald (Forêt des Cèdres),** in dem Berberaffen *(Macaca sylvanus)* leben. Jede Menge recht zutrauliche und um Essen bettelnde Affen tummeln sich rund um die abgestorbene **Cèdre Gouraud;** diese 40 m hohe Zeder ist angeblich die größte im Land. Man sollte das Erlebnis nicht verpassen, durch die märchenhaften Zedernwälder zu spazieren oder eine kleine Rundtour entlang der Pisten zu wählen (vgl. nachfolgende Routenbeschreibung). Leider sind keine Wandertouren ausgeschildert.

Im Winter kann man in der Umgebung von Azrou beim **Djabal Hebri** (2104 m, vgl. nachfolgende Route) Skitouren unternehmen. Südlich der **Oum-er-Rbia-Quellen** in Richtung Kissariat (76 km von Azrou) liegen **Höhlen** und der **Dayet von Affnourire** (vgl. dazu die Route „Von Azrou über Ain Leuh, Sources Oum er-Rbia und Aguelmame Azigza nach Khénifra").

Von Azrou über Timahdite nach Midelt

- **123 km, N 13.**
- **Schöne, gut ausgebaute Strecke** durch die Wälder des Mittleren Atlas. Vor allem im Sommer, wenn es in Meknès oder Fès heiß ist, kann man hier in Höhen um 2000 m Abkühlung finden.
- **Busse** von Meknès über Azrou nach Midelt – Rissani und nach Boulemane – Talsinnt.

Azrou in Richtung Osten (Midelt) verlassen. Es geht durch Steineichenwald bergauf, nach einigen Kilometern beginnen Zedernwälder. Nach **2 km** zweigt rechts eine Teerstraße nach Aïn Leuh ab. Knapp **5 km weiter** zeigt ein Wegweiser nach rechts zum **Circuit touristique des Cèdres** und zum Lac Affnourire bzw. weiter Richtung Aïn Leuh und zu den Oum-er-Rbia-Wasserfällen **(N 33°25,17', W 05°10,69').** Links führt bei einem Picknickplatz, einem Infozentrum und vielen Fossilienständen eine 4 km lange Straße zur **Cèdre Gouraud (N 33°25,595', W 05°09,318'),** der mit über 40 m angeblich größten, inzwischen abgestorbenen Zeder Marokkos. Hier – aber auch beim Abzweig zum Lac Affnourire – tummeln sich neben einigen Mineralienhändlern massenweise halbzahme **Berberaffen** (Makaken) im Wald, die in größter Ruhe dasitzen und darauf warten, dass ein Tourist ihnen etwas zu fressen gibt. Die Tiere trinken sogar direkt aus der Wasserflasche. Die bessere Zufahrt zur Zeder bietet sich von der Strecke Ifrane – Azrou (vgl. vorhergehende Route).

Bei km 12 liegt links der stillgelegte Skilift am **Djabal Hebri** (2104 m). Bei **km 15** zweigt links eine Teerstraße nach Mischliffen und Ifrane ab. Diese 27 km lange Strecke durch eine reizvolle Steinhügellandschaft mit Zedernwäldern.

Weiter entlang der Straße in Richtung Midelt lässt der Bewuchs deutlich nach.

16 km hinter Azrou führt eine Piste rechts nach Aïn Khala und Aïn Leuh.

Der Ort **Timahdit(e)** mit Tankstelle, Geschäften, Cafés und einer kleinen Auberge liegt recht hübsch an einem von Pappeln gesäumten Fluss und Picknickplatz bei **km 33.** Markttag ist der Donnerstag.

Eine gute Straße zweigt nach **Almis de Guigou** (27 km, an der R 503) und weiter nach Sefrou ab. Diese Strecke führt durch ein Zwiebelanbaugebiet auf einer roterdigen Hochebene. Im Winter werden die Zwiebeln in einer Art Steinhochbeet aufgeschichtet und mit Stroh abgedeckt, damit sie länger frisch bleiben.

Bei **Foum Kheneg (km 42)** geht es geradeaus weiter auf der N13 oder auf einem Abstecher rechts zum **Aguelmame Tiffounassine** (nach ca. 2 km Piste links abzweigen) oder auf der gleichen Piste, ohne links zum See abzuzweigen, geradeaus ca. 20 km weiter bis zum Ort **Bekrite.** Hier werden Teppiche mit schwarz-weißen und bunten geometrischen Mustern gewebt. Bei **km 51** führt rechts ebenfalls ein Straßenabzweig (Hauptroute) nach Bekrite (23 km).

Bei **km 54, N 33°04,734', W 05°01,127',** zweigt links ein Sträßchen mit rudimentärem Teerbelag zum **Aguelmame Sidi Ali** (1 km) ab. Dieser glasklare Kratersee liegt auf etwa 2000 m Höhe in karger und bei schlechtem Wetter etwas gespenstischer Umgebung zwischen schwarzem Lavagestein. Die Teerstraße verläuft am linken kahlen Seeufer entlang und dann als Piste weiter. Da auf dieser Höhe selbst im Sommer manchmal ein empfindlich kalter Wind weht, kann man nicht immer baden. Herrlich ruhig wohnen Wanderer, Mountainbiker, Fischer und Naturfreunde in der einfachen Herberge **Atlas Lake Inn**② (Tel. 0535 60 88 53, Mobil 0669 34 51 53, www.gite-au-maroc.com) mit Wohnmobilstellplatz (ohne Einrichtungen) am Seeufer. Man kann auch zelten, im Winter ist es allerdings eiskalt. Am See wurde ein Vogelschutzgebiet mit kleiner Aussichtsplattform eingerichtet.

Bei **km 62** kann man an einem Parkplatz mit Brunnen frisches Bergwasser auffüllen. 2 km weiter, bei **km 64,** ist die Passhöhe **Col Ouzad (du Zad,** 2178 m) erreicht. Kurz vorher zweigt eine Piste nach **Bekrite,** einem Bergbauort (37 km), ab. Hinter dem Pass ist es vorübergehend wieder etwas mehr bewaldet (Eichen und große Zedern); die Straße führt kurvig bergab.

Die kleinen Orte **Aït Oufella** und **Ouanegh** (sprich: Waneer) liegen bei **km 73** und **77.** Hier befindet sich auch eine Barriere de neige – bei viel Schnee wird die Strecke hier im Winter gesperrt. Von beiden Orten führt eine Teerstraße (nach Regenfällen z.T. zerstört und nur mit 4x4 befahrbar, beschildert „Itzer") durchs Gebirge mit herrlichen Zedernwäldern und kleinen Seen **über Ajdir (N 32° 56,88', W 05°23,28') nach Khénifra (N 32°56, 499', W 05°38,738')** bzw. zum **Aguelmame Azigza** (vgl. nächste Route). Von Aït Oufella sind es 57 km bis zur Einmündung in die Strecke Ain Leuh – Aguelmame Azigza – Khénifra und weitere 21 km bis Khénifra.

Weiter auf der Hauptroute N 13 mündet bei **km 83,5** die R 503 Boulemane – Fès von links ein. Kurz danach (1 km) trifft man auf den Weiler **Bouloujoul** mit einer Tankstelle und **Raststätte.** Zwischen Bouloujoul und Midelt führt die Straße durch eine kahle, zerklüftete Berg- und Hügellandschaft – der Übergang von den grünen Hochebenen des Mittleren Atlas zu den trockenen, zerklüfteten Bergen des Hohen Atlas. Es liegen immer wieder Apfelplantagen am Weg.

Bei **km 92** liegt der lebhafte Ort **Zeida (Zaida)** am Zusammenfluss von Oued Bouhaf und Oued Moulouya; vgl. zum Ort die Route

„Von Fès über Sefrou, Boulemane und Zeida nach Midelt".

Ab Zeida führt die R 503 in Richtung Westen zur Route Khénifra – Kasba Tadla und weiter nach Marrakesch. Ein Abzweig an dieser Strecke führt in Richtung Imilchil und auf das Hochplateau der Seen Lac Iseli und Tislit sowie des Assif Melloul im Hohen Atlas (über die Strecken Zeida – Boumia – Tizi Taka – Tounfite – Imilchil oder El Kebab – Tizi-n-Isly – Imilchil; vgl. Kapitel zum Hohen Atlas).

Weiter führt die Route durch Wüstenplateau-Landschaft mit Blick auf das **Djabal-Ayachi-Massiv,** von dessen grünen Zedernwäldern man hier noch nichts ahnt.

101 km von Azrou entfernt kann man im **Hotel/Camping Ksar Timnay** übernachten (vgl. bei Midelt „Unterkunft").

31 km hinter Zeida ist **Midelt** erreicht.

Midelt

Die Stadt auf 1488 m Höhe hat etwa 45.000 Einwohner. Midelt ist **Bergwerksort** (Kupfer, Zinn, Blei) und Handelszentrum für **Mineralien,** die in großer Zahl in der Umgebung gefunden werden. In der ganzen Region werden **Äpfel** angebaut.

Midelt hat keine besonderen touristischen Attraktionen, ist aber ein **günstiger Ausgangspunkt für Touren in den Mittleren Atlas** (Cirque de Jaffar, Djabal Ayachi) und Tor zum Süden in Richtung Errachidia und Erfoud bzw. zum touristisch wenig erschlossenen Osten und Nordosten entlang der Mouluya nach Nador und Melilla. Die Händler vor Ort sind verhältnismäßig aufdringlich.

In Midelt wurde 1917 unter den Franzosen ein **Franziskanerinnenkloster** in der **Kasbah Myriem** (ca. 1,5 km außerhalb) gegründet, in dem sich jetzt eine **Teppichwebschule** *(Atelier de Tissage)* befindet. Die von den Frauen gewebten Teppiche mit schönen Mustern (auch Wandteppiche mit Stickereien) kann man direkt hier zu fairen Preisen einkaufen (Fr geschlossen).

Der **Markt** liegt gegenüber des Abzweigs zum Hotel Atlas (von Zeida kommend auf der rechten Seite).

Praktische Informationen

Unterkunft

Oberklasse

■ **Taddart**④, ca. 6 km nördlich von Midelt (Richtung Zeida), Tel. 0535 58 02 28, www.hotel-taddart.ma. Großes, klotziges 4-Sterne-Hotel im Kasbahstil mit 75 klimatisierten, marokkanisch gestalteten Zimmern, Pool und Hammam. Bewachter Parkplatz, WLAN verfügbar.

Mittelklasse

■ **Kasbah Asmaa**③, 3 km außerhalb der Stadt in Richtung Errachidia, Tel. 0535 58 04 08/05. Häufig mit Reisegruppen besetztes 3-Sterne-Hotel im Kasbahstil, mit schönem Garten und Pool. Große, marokkanisch gestaltete Zimmer mit TV und AC/Heizung und z.T. mit Balkon, von den oberen Zimmern schöner Ausblick auf die Umgebung. Restaurant mit Alkoholausschank, bewachter Parkplatz.

Unser Tipp: **Ksar Timnay/Riad Mimoun**③, an der N 13 Richtung Azrou **(N 32°45,107', W 04°55,147')**, ca. 21 km außerhalb der Stadt, vgl. vorhergehende Routenbeschreibung, Tel. 0535 36 01 88, www.ksar-timnay.com. Das **Camping- und Hotelareal** liegt ruhig zwischen Apfelplantagen mit schönem Blick auf den Djabal Ayachi. Der Traveller-Treffpunkt mit parzellierten Stellplätzen für Wohnmobile unter Bäumen ist schön und sauber mit warmen Duschen, Stromanschluss und Pool. Das Hotel bietet saubere, schöne Zimmer für einfache und höhere Ansprüche sowie Bungalows mit Bad. Neben dem netten Restaurant im Kasbahstil (gutes Essen, Alkoholausschank, abends evtl. Lärm von der Bar!) gibt es auch Lebensmittel, einen Metzger und Souvenirs. Der Manager *Youssef Aït Lemkadem* betreibt außerdem das **Reisebüro Timnay Interculture:** Er organisiert interessante Tagesausflüge und mehrtägige Trekking-, Muli- und Geländewagentouren. Im Winter und Frühjahr ist der Platz voll mit Wohnmobilisten.

Günstig

■ **Auberge Jaafar**②, Berrem Aït Izdeg, 6,5 km von Midelt Richtung Franziskanerkloster, N 32°38,70', W 04°46,33', Tel. 0535 36 02 02, http://aubergejaafar.free.fr. Die Herberge liegt sehr hübsch auf einer Anhöhe vor dem Djabal-Ayachi-Massiv inmitten einer Apfelplantage. Leider sind nicht alle der rund 30 Zimmer in gutem Zustand. Die Herberge mit Wohnmobilstandplätzen ist eine gute Basis für Aktivitäten wie Mountainbiken, Ausritte und einen Ausflug zum Cirque de Jaffar. Alkoholausschank an der Bar. Anfahrt (beschildert): Von Zeida kommend am Ortsanfang hinab in die Senke, vor der Brücke vor dem freien Platz nach rechts weg, an der verfallenen Kasbah vorbei, etwas den Berg hinauf nach bzw. durch Berrem. Hier ist die Webschule der Franziskanerinnen. Nach 2 km auf einer Schotterpiste geht es rechts hinab zur Auberge.

■ **Ayachi**②, Rue d'Agadir, Tel. 0535 58 21 61, hotelayachi@yahoo.fr. Das Interieur verbreitet noch den Charme der französischen Kolonialzeit, entsprechend alt ist auch die Zimmerausstattung (DZ mit Bad). WLAN verfügbar, eigener Parkplatz, Restaurant/Bar mit Alkoholausschank.

■ **Safari Atlas**①, 118, Bd. Palestine, Tel. 0535 58 00 69, safariatlashotel@yahoo.fr. Sauberes, sehr freundliches einfaches Hotel mit Restaurant. DZ mit Bad und Heizung.

Camping

■ **Camping Municipale,** links der Straße nach Errachidia, neben dem Hotel Ayachi **(N 32°40,684', W 04°44,252').** Das Campingareal mit einigen Bäumen (kaum Schatten) ist vernachlässigt (Schwimmbad nebenan).

■ **Aire de Repos Fils Hmidou,** 11 km nördlich von Midelt in Richtung Meknès, Tel. 0699 37 07 47, fils.hmidou@gmail.com. Die Raststätte bietet ein Campinggelände, ein gutes Restaurant/Café, Zimmer im Motel und einen großen Pool. *M. Lahcen* spricht hervorragend deutsch.

■ Camping ist auch bei der **Auberge Jaafar** und auf dem Gelände von **Ksar Timnay** möglich (s.o.).

Vorsicht beim Fossilienkauf – falsch oder echt?

von Dr. Frank Becker

Marokko ist eine Hauptquelle für den internationalen Fossilienmarkt und man kann im Land günstig einkaufen – vorausgesetzt man weiß, was man erwirbt. Denn Menge und Qualität der Fälschungen haben erheblich zugenommen, während gute Originale seltener und teurer wurden. Die folgende Kurzeinführung soll eine kleine Orientierungshilfe bieten.

Beim Verkauf in Marokko handelt es sich hauptsächlich um Fossilien des etwa 385 Millionen Jahre zurückliegenden **mittleren Devonzeitalters,** die aus der Gegend südlich von Erfoud stammen (zum Vergleich: Die Dinosaurier räumten vor etwa 65 Millionen Jahren das Feld). Das heutige Nordafrika war von einem Meer bedeckt, dessen Bewohner nach ihrem Ableben im Schlamm versanken. Dieser verfestigte sich im Laufe der Jahrmillionen zu einem teilweise fast schwarzen Kalkstein, Hohlräume in den Gehäusen füllten sich oft mit hellerem, kristallinen Material, das den für Marokko typischen Farbkontrast bildet. Voraussetzung für ein schönes Fossil ist allerdings seine geeignete Präparation (z.B. Schliff), sodass sich im Normalfall der Aufwand für eine eigene Suche nicht lohnt. „Geeignet" bedeutet aber auch, dass die Bearbeitung weder völlig unsachgemäß an der ursprünglichen Form des Tieres vorbeigeht noch gar fantasievoll

ma11-117 ad

Stücke zusammensetzt! Die häufigsten Versteinerungen sind dabei Kopffüßler und Urkrebse:

Die **Kopffüßler** gehören zu den Mollusken, sind aber nur entfernt mit Muscheln und Schnecken verwandt. Vom Aussehen her dürften sie heutigen Tintenfischen geähnelt haben, sie schwammen auch durch Rückstoß, der Körper steckte aber in einer Schale. Diese wurde bei Wachstum nach vorne verlängert, hintere Teile in regelmäßigen Abständen durch Kammerwände abgeschlossen. Diese Kammern waren mit Luft gefüllt und durch eine Röhre (Siphon) verbunden, mit deren Hilfe das Tier den Luftgehalt und damit den Auftrieb regeln konnte. Die Belemniten hatten eine längliche, einer Schultüte ähnelnden Schale, die **Goniatiten** (eine frühe Ammonitenform) ein geringeltes Gehäuse.

Vorsicht: Bei **Belemniten** sind die Steine oft so geschliffen, dass das Fossil willkürlich abgeschnitten ist oder zumindest nicht richtig zur Geltung kommt. Bei Steinplatten, die beide Fossilienarten erhaben nebeneinander aufweisen, sind diese fast immer aus Stücken aufgeklebt (beim Belemnit leichter zu sehen) und damit wertlos.

Eine Art **Urkrebse** stellen die **Trilobiten** (Dreilapptiere) dar, von denen der bis zu 10 cm lange *Phacops* besonders eindrucksvoll ist. Er hatte zwei kegelförmige Augen, die – ähnlich heutigen Insektenaugen – aus zahllosen kleinen Linsen aufgebaut sind. Bei guten Stücken ist zumindest eines davon erhalten! Da Trilobiten sich beim Wachstum immer wieder häuten mussten, stammen die gefundenen Versteinerungen oft von diesen abgelegten Panzern und zeigen meist ein irgendwie gekrümmtes Tier.

Vorsicht: Phacops-Exemplare, vor allem die flach ausgetreckt auf kleinen Platten angebotenen, sind oft mit einer Form hergestellt und aufgeklebt. Man erkennt dies an den etwas verwaschen wirkenden Strukturen und den nie fein ausgebildeten Augen. Häufig werden aber auch Stücke mit täuschend echt gemachtem, glatt-schwarzem Mörtel (wieder) zusammengeklebt, sodass zumindest Teile der Augen vorhanden sind. Für gute Exemplare muss man leicht 25 Euro und mehr hinlegen.

Große **Ammoniten** in hellem Kalkstein aus geologisch jüngeren Formationen finden sich z.B. im Hohen Atlas. Ihrer mit Höckern versehenen Gehäuseform verdankt diese Tierart ihren Namen, da der ägyptische Gott Ammon (= Amun) mit Ziegenhörnern dargestellt wurde. Da in dem weichen Stein die feinen inneren Windungen oft nicht gut erhalten (oder schwer zu präparieren) sind, werden sie gerne einfach frei nachgemeisselt.

Geologisch ganz jung, nämlich in unserer Gegenwart dem Fleiß der Einheimischen entsprungen, sind die schwarz glänzenden **Spinnen oder Skorpione,** die in grau wirkendem Stein leicht eingetieft schön zur Geltung kommen. Mit Fossilien haben sie allerdings nichts zu tun …

Eine Beschreibung der gefälschten Mineralien und Kristalle ist an dieser Stelle unmöglich, da jede Übersicht im Wettlauf gegen marokkanische Findigkeit beim Umgang mit Farbe und Klebstoff den Kürzeren ziehen würde. Ich kann nur empfehlen, sich **vor jedem Kauf** in mehreren Geschäften umzusehen und auf die allzu schönen Angebote zumindest nicht in dem Glauben hereinzufallen, dass es sich hier um etwas Natürliches handele …

■ **Tipp von Erika Därr:** Eine sehr zuverlässige Kaufadresse ist der Laden des Geologen *Mohand Ihamdi* in Alnif (vgl. im Kapitel zum Hohen Atlas).

Essen und Trinken

■ **Complexe Touristique Le Pin,** Bd. Hassan II., Tel. 0535 58 35 50, am Abzweig Richtung Camping Municipale. Hübsches Gartenrestaurant, das viele Reisegruppen aufsuchen. Mittagsbuffet oder Gerichte à la carte zum fairen Preis.

■ **Taroukout,** 395, Av. Moulay Idriss, www.taroukout.com. In diesem sehr gepflegten kleinen Restaurant werden frisch zubereitete Tajines, Sandwiches und Frühstück serviert. Montags geschlossen.

Einkaufen

■ **Alle Versorgungsmöglichkeiten, Markt** am Sonntag, Werkstätten (am Stadtanfang, von Azrou kommend), Banken mit Geldautomat. Lebensmittel findet man vor allem auf dem **Marché Municipal** (hinter dem CTM-Bahnhof an der Hauptstraße links, mit einem unscheinbaren Seiteneingang).

■ Zahlreiche **Steinverkäufer** im Ort – Preise unbedingt vergleichen, denn die Spanne reicht von günstig bis unverschämt!

Busse

Der **Busbahnhof** befindet sich am südlichen Ende der Av. Mohamed V. unter dem zentralen Markt. Mehrmals tägl. Busse in Richtung **Meknès** (3x tägl. mit CTM, 80 DH), **Fès** (CTM-Nachtbus, 90 DH), **Casablanca** (2x tägl. mit CTM, 170 DH) und **Errachidia** (3x tägl. mit CTM, 55 DH).

Ausflüge

Mineraliensammler sollten einen Ausflug nach **Mibladen** und zu den Minen von **Ayouli** machen. Bei diesen Orten mit Geisterstadtatmosphäre liegen **zwei stillgelegte Minen,** wo man schöne Azurite und Malachite finden kann.

Von Azrou über Ain Leuh, Sources Oum er-Rbia und Aguelmame Azigza nach Khénifra

- **112 km**
- **Sehr kleine, häufig beschädigte Teerstraße** (4–5 Std. Fahrt mit Stopps an den Quellen und am Aguelmame Azigza). Diese Route ist der direkten und kürzeren Strecke Azrou – Mrirt – Khénifra (N 8, 82 km) vorzuziehen, da sie durch schöne Landschaften mit Hochebenen, Wäldern und Seen führt.
- **Sammeltaxiverkehr** (keine Busverbindung).

Azrou ostwärts verlassen (N 8). Nach 2 km zweigt links eine winzige Teerstraße (Belag z.T. rudimentär) Richtung Aïn Leuh und Tagounit ab (beschildert, **N 33°25,649', W 05° 11,942'**). Die Strecke führt schön einsam durch Steineichenwald bis zum offenen **Hochplateau von Tagounit** (ca. 1500 m) mit ärmlichen Berbergehöften, Getreidefeldern und Schafweiden bei **km 11.**

An der **T-Kreuzung** bei **km 24** geht es links nach Aïn Leuh, rechts zur N 8 (9,5 km). Links weiter nach **Aïn Leuh,** das nach 2 km **(km 26)** erreicht ist. Der große Ort mit Tankstelle liegt rechts unterhalb der Straße. Aïn Leuh ist Siedlungsgebiet der Beni Mguild-Berber sowie Markt- und Erholungsort (Wochenmarkt am Mittwoch). In der beliebten Sommerfrische stehen zahlreiche hübsche Ferienhäuser wohlhabender Marokkaner. Empfehlenswert ist die **Auberge Le Magot de l'Atlas②** (Mobil 0661 84 10 84) mit schöner Terrasse, Gemeinschaftsküche und sauberen Zimmern mit oder ohne eigenes Bad. Im Garten ist Camping① und Übernachtung im Berberzelt① möglich.

Kurz hinter Aïn Leuh geht es links weiter bergauf. Bei **km 29** liegen das nette Landhaus **Complexe touristique Ajaabou②** (komfortable Selbstversorger-Apartments, ruhige Lage, Tel. 0535 56 95 04) und weitere Ferienhäuser mit roten Ziegeldächern rechts an der Straße.

Bei **km 31** zweigt **links** eine Straße **in Richtung Djabal Hebri** und **Aguelmame Affnourire** ab (Schild „Parc National Ifrane", **N 33° 15,685', W 05°20,839'.** Rechts weiter in Richtung Sources de l'Oum er-Rbia.

4x4-Route/-Variante: Über den Aguelmame Affnourire zur N 13

Diese **reizvolle Pistenvariante** (Michelin-Karte, Ausschnitt Moyen Atlas) eignet sich für diejenigen, die weiter in Richtung Midelt fahren wollen, da sie im Süden bei Foum el Kheneg in die N 13 mündet.

Km 0: Von der Hauptstraße links abbiegen (s.o. bei km 31).

Km 18,5: Abzweig rechts mit Wegmarkierung (weißer Steinhaufen), **N 33°15,216', W 05°14,430'.** Rechts weiter durch dichten Zedernwald erreicht man nach knapp 3 km das **Forsthaus Aïn Khala.** Danach geht es durch Zedernwald mit riesigen Felsblöcken in ein Hochtal **(km 7,5 nach Abzweig),** wo Nomaden in ihren Zelten siedeln.

Die Piste führt weiter bergauf bis zu einer Passhöhe von ca. 2050 m mit alten Thujen und Zypressen. Nach unten hat man eine schöne Aussicht auf einen Quellfluss des Oum er-Rbia.

Nach **12,5 km** folgt ein Abzweig nach links (schmale Abkürzung); weiter Richtung O/SO, rechts führt die breite Piste zur Teerstraße nach Oum er-Rbia, **N 33°12,817', W 05°10, 497'.** Nach 2,5 km mündet die Piste in die Teerstraße. Fahren Sie links weiter nach Foum el Kheneg, rechts geht es zu den Quellen des Oum er-Rbia. Die Straße verläuft durch kahles Hochland (Nomaden und Kleinbauern).

Nach 20 km (seit Pistenbeginn) Einmündung in die Teerstraße nach **Bekrite** (nach rechts); **links weiter** in Richtung Foum el Kheneg und Midelt. Die Straße führt ins Flusstal des Oued Guigui (Häuser) auf den Taleinschnitt Foum el Kheneg zu.

Nach ca. 2 km zweigt rechts eine Piste zum **Aguelmame Tiffounassine,** einem weiteren Kratersee, ab und mündet dann (bei **km 24,1** seit Pistenbeginn) in die **Straße nach Midelt** (N 3, 80 km). Wegweiser links nach „Azrou 42 km" und „Timahdite 9 km", einem kleinen Ort am Oued Guigui.

Bei der **Weiterfahrt auf der Teerstraße an der Kreuzung bei km 18,5** führt die Strecke ab km 19 über eine große steinige Ebene, die von ca. 2 km entfernten Zedernwäldern eingerahmt ist.

Km 25,5: Abzweig links **(N 33°18,286', W 05°13,611')** zum **Aguelmame Affnourire** (arabisches Schild), der nach 3,7 km erreicht ist. An dem flachen aufgestauten See, der in einer Hochebene in ca. 1900 m Höhe liegt, tummeln sich viele Vögel. Das Gebiet wurde als **Nationalpark** ausgewiesen.

Die Piste führt über eine Hochebene (Weiden) mit ärmlichen Hirtenhütten. Bei **km 28** beginnt wieder der schöne Zedernwald.

Km 39,2: Abzweig nach links (Teer), **N 33° 24,404', W 05°12,115',** Schild rechts „El Kissarite" (Teer). Die Straßen führen später wieder zusammen.

Km 44: Die Straße mündet in die N13 (siehe Route B 7). Rechts geht es nach Timahdite und Midelt, links nach Azrou und Meknès, **N 33°25,187', W 05°10,687',** Schild „Circuit Touristique des Cèdres – Lac Affenourir, Fôret Aïn Khala (…)".

Weiterfahrt nach Khénifra

Die weitere Strecke führt auf ca. 1700 m Höhe durch eine schöne Landschaft mit erodierten Karstfelsen, Zedern und Steineichen. Hier kann man ruhige Übernachtungsplätze finden. Sehr arme Nomaden lagern in notdürftig geflickten Verschlägen auf den Hochweiden (bettelnde Kinder). Bei **km 48** liegt der schöne, von Pappeln umgebene **Lac Ouiouane** (sprich: Wiwan) zur Linken. Es gibt ein Forsthaus und eine kleine Siedlung am See. 2 km weiter folgt ein zweiter kleiner Kratersee (Aguelmam ou Haouli) rechts.

Es geht durch das Hochtal das Ouiouane mit Getreidefeldern und Steinhütten bergab.

Bei **km 56** kann man bei einem gefassten **Brunnen** mit Becken seine Trinkwasservorräte auffüllen. 5 km weiter, bei **km 61,** zweigt rechts eine recht gute Schotterpiste nach Mrirt und Khénifra ab (Schild, ca. 30 km bis zur Einmündung in die N8), **N 33°03,56', W 05° 25,02'.**

Links weiter folgt ein Dorf mit Forellenzucht und 1 km weiter die Brücke über den Oum er-Rbia sowie links in der Kurve der Parkplatz an den **Quellen des Oum er-Rbia (N 33°03,215', W 05°24,88').** Die Quellen des Flusses Oum er-Rbia (der größte Fluss Marokkos mündet bei Azzemour in den Atlantik) entspringen etwas oberhalb an zwei Stellen. Die rechte Quelle ist **salzhaltig,** sprudelt in einem kleinen Bach den Berg herunter und sammelt sich zusammen mit dem linken Quellfluss in einem glasklaren See. Die linke Quelle rauscht als Wasserfall den Berg hinab (hier ist er noch salzhaltig, erst ca. 200 m unterhalb fließen dann bis hinauf in Richtung Wasserfall zahlreiche Süßwasserquellen zu). Man erreicht den in regenarmen Jahren oft ausgetrockneten Wasserfall nach ca. 5 Min. Fußmarsch. Viele provisorische Cafés bieten Tajine, Café und Tee an. Die Cafébesitzer und Führer sind leider etwas aufdringlich. Im Sommer besuchen viele marokkanische Ausflügler die Quellen und den See Aguelmame Azigza.

Bei **km 80,** 18 km hinter den Quellen, geht es bei einer Gabelung **(N 32°59,02', W 05° 28,46')** links in knapp 2 km zum **Aguelmame Azigza** (masirisch „Der blaue See"). Der tatsächlich türkisblaue Azigza-See liegt umgeben von rotbraunen Berghängen zwischen Steineichen- und Zedernwäldern. Am Ufer gibt es einen Ziehbrunnen, viele Hirten kommen mit ihren Schafen hierher. Am Nordufer verfällt

ma11-084 ad

ein chaletartiges Gebäude, das wohl einmal als Restaurant dienen sollte. Man kann auf einer Straße mit rudimentärem Teerbelag am rechten Ufer entlangfahren. Mit Glück sieht man in den Wäldern scheue Berberaffenherden. Insgesamt lohnt sich der (leider schon ziemlich von Müll gesäumte) See gerade noch für ein Picknick unter Zedern oder für ein kurzes Bad, sofern es nicht zu kalt ist.

Bei **km 86** zurück an der Gabelung geht es weiter in Richtung Khénifra. 5 km weiter folgt ein **Abzweig (N 32°56,55', W 05°28,33')** einer Teerstraße links nach Ajdir, Aït Oufella (Schild) und zur N13 Richtung Midelt; rechts weiter. Die Straße ist ab hier besser ausgebaut und führt bald wieder durch zunehmend besiedeltes Gebiet mit Agaven, Feldern und Olivenhainen. Im Frühjahr bieten sich entlang der Strecke fantastische Ausblicke auf die verschneiten Berge des Hohen Atlas.

Bei **km 112** ist die Stadteinfahrt von **Khénifra** erreicht.

An den Quellen des Oum er-Rbia

Khénifra

Die Stadt (ca. 85.000 Einwohner) am Westrand des Mittleren Atlas liegt auf 830 m Höhe am Fluss Oum er-Rbia. Ihre Gründung geht auf **Sultan Moulay Ismail** zurück, der hier im 17. Jh. die erste Brücke über den Oum er-Rbia errichten ließ; *Moulay Ismail* wollte das Siedlungsgebiet der Zaiane-Berber unter Kontrolle bringen. Vorher war der Platz am Fluss ein Winterlagerplatz für die Viehnomaden der Region. Gegen Ende des 19. Jh. wurde der Ort Sitz des Kaid der Zaiane-Berber und zum wichtigen **Marktort.** Lange wurde von hier aus der Karawanenhandel kontrolliert, und auch der Widerstand gegen das französische Protektorat hielt bis zum Jahr 1914 an. Erst zu diesem Zeitpunkt gelang es den Franzosen, den Ort einzunehmen. Das Bild der Stadt ist durch die neueren Häuser, die erst nach 1914 entstanden, geprägt.

Entlang der palmengesäumten Hauptstraße (Bd. Zerktouni) im **Zentrum** mit Banken und Restaurants wirkt die Stadt mit ihren rot gestrichenen Häusern modern und aufgeräumt, an den Rändern hingegen wächst sie relativ unkontrolliert mit vielen Neubausiedlungen.

Khénifra hat keine besonderen **Sehenswürdigkeiten** zu bieten. Aus dem 17. Jh. stammen die Kasbah in der Medina und eine dreibogige Steinbrücke *(Pont Portugais)*. Der **Wochenmarkt** findet am Sonntag statt.

Praktische Informationen

Unterkunft

Das Hotelangebot in Khénifra ist nicht besonders gut. Die meisten Touristen reisen durch – deshalb hier nur die zwei empfehlenswertesten Adressen.

- **Atlas Riad Zayane**③, Cité el Amal, Tel. 0535 58 60 20. Bestes (Mittelklasse-)Hotel am Platz mit ordentlichen klimatisierten Zimmer mit Bad. Es gibt einen Pool, ein Restaurant und einen Nightclub.
- **Maison d'Hôtes Ighrem**③, 2 Rue Amhrouk, Mobil 0618 31 99 85. Sauberes, authentisches Gästehaus einer freundlichen Berberfamilie mit nur drei Zimmern. Gutes Essen auf Bestellung.
- Außerdem gibt es mehrere **sehr einfache Hotels im Zentrum.**

Busse/Sammeltaxis

- Der **Busbahnhof** *(gare routière)* liegt an der Stadtausfahrt Richtung Beni-Mellal auf der rechten Seite.
- Gute **Busverbindungen nach Marrakesch, Fès, Meknès** und **Azrou** 2x tägl. mit CTM; nach Marrakesch 135 DH, 6 Std. Fahrzeit, nach Fès 60 DH, 2½ Std., nach Azrou 40 DH, 75 Min.
- **Sammeltaxis** (beim Busbahnhof) fahren auch **in Richtung Aguelmame Azigza.**

Sonstiges

- Das eigentliche Einkaufszentrum mit dem **Marché Central** liegt rechts der Hauptstraße (von Norden kommend) über der Oum er-Rbia-Brücke.
- Der **Teppichsuq** (mit Teppichauktionen) befindet sich in der Nähe der alten Steinbrücke (Pont Portugais).
- **Fest: Moussem (Mausim) Moulay Bouazza,** im März (wechselt mit dem islamischen Jahr).

Von Khénifra über Zeida nach Midelt

- **160 km, R 503.**
- Für diese Strecke bieten sich **zwei Alternativen:** die Hauptroute entlang der R 503 (relativ viel Verkehr) und eine schöne Variante durch das Serrou-Tal und über den Tizi-n'Rechou (s.u.). Sammeltaxis.
- Ein **CTM-Bus** fährt von Beni-Mellal kommend nach Midelt.

29 km hinter Khénifra zweigt von der N 8 links die R 503 nach Midelt ab. Die N8 führt weiter nach Beni-Mellal und Marrakesch. Weiter auf der R 503 folgt bei **km 38** links der Abzweig einer kleinen Teerstraße nach El Kebab und Khénifra. Es geht rechts bzw. geradeaus weiter durch hügelige Landschaft mit roter, erodierter Erde. Die Straße führt bergauf – oben wachsen Eichen und Koniferenwälder – bis zur Passhöhe bei **km 49.** Der kleine Ort **Timdghast** ist bei **km 55** erreicht. 1 km weiter zweigt eine Piste zum **Aguelmame Baghane** ab. Nach 2 km erreicht man diesen hübschen Bergsee mit steinigem Ufer. In der Nähe siedeln vereinzelt Menschen, auch Viehhirten mit Kühen und Ziegen sind hier unterwegs. Auf den umliegenden Gipfeln dehnen sich Zedern- und Eichenwälder aus. Man kann dort gut campen, aber wegen der hohen Lage ist es selbst im Hochsommer ziemlich kühl.

Weiter geht's durch Steineichen- und (vereinzelt) Zedernwälder bis zum **Pass Tanoutou-Fillali** (2070 m) bei **km 61.** Auf der östlichen Seite des Passes gibt es kaum Bewuchs, auf der Westseite wird vor allem Weizen angebaut. Die Strecke führt durch eine dünn besiedelte Gegend bergab bis Midelt. Bis hinauf auf die Hügel wird Weizen- und Obstanbau betrieben. Es folgen die kleinen Ortschaften **Azerzoun (km 70), Tamkadout (km 72)** und **Aïn Aicha (km 74).**

Im Ort **Aghbalou (Arbalu) Issardane** bei **km 78 (N 32°45,44', W 05°05,89')** gibt es Cafés und eine Tankstelle.

111 km nach Khénifra zweigt rechts die Straße nach Boumia und Tounfite ab (zum Cirque de Jaffar, Djabal-Ayachi-Massiv). Geradeaus, nach 6 km, folgt ein weiterer Abzweig zu diesen Orten.

Bei **km 134** mündet diese Route vor **Zeida (Zaida)** in die N 13 von Azrou nach Midelt ein. Hier gibt es die **Aire de Repos de la Pomme** (Rastplatz) und im anschließenden Ort alle Versorgungsmöglichkeiten (Hotel, Tankstelle). Rechts weiter nach Midelt – Errachidia, links nach Azrou – Meknès. Im Zentrum von Zeida 3 km weiter bei einem Kreisverkehr finden sich viele Restaurants, Cafés und auch ein großer raststättenähnlicher Parkplatz mit Café und Tankstelle.

Bei **km 144** (8 km hinter Zeida) liegt das **Camping-Hotel Ksar Timnay/Riad Mimoun (N 32°45,107', W 004°55,147')** auf 1490 m Höhe; vgl. bei Midelt „Unterkunft".

Kurz nach dem Hotel führt ein Abzweig (links) zum **Stausee Hausa** (2 km) und bald darauf rechter Hand ein beschilderter Abzweig zum **Maison culturell & Parc National de Haut Atlas** (6 km). Das Kulturhaus ist nicht immer besetzt, und ein Ausflug in den Nationalpark lohnt sich nur mit sachkundiger Führung, z.B. vom Ksar Timulaye aus.

Bei **km 151** liegt links der Straße das große und komfortable **Kasbahhotel Taddert;** vgl. bei Midelt „Unterkunft".

Bei **km 152** geht es rechts nach **Aït Oumghar** und **Tounfite** (und weiter zum Djabal Ayachi und Cirque de Jaafar). Die Straße nach Tounfite ist asphaltiert. Auch die Asphaltierung weiter entlang des Djabal Masker bis zum Lac Isly und Imilchil (vgl. im Kapitel zum Hohen Atlas) sollte inzwischen abgeschlossen sein.

Es folgen der Ort **Taddert** und unmittelbar vor Midelt ein kleiner Park sowie kurz danach der beschilderte Abzweig nach **Aouli** und **Mibladen** (vgl. bei Midelt „Ausflüge") links bzw. nach Osten.

Nach insgesamt ca. **160 km** ist **Midelt** erreicht.

Variante über Kerrouchèn und Tizi-n'Rechou

Landschaftlich sehr schöne, ruhige Strecke auf (z.T. löchriger) Teerstraße. 79 km von Khénifra bis zur Einmündung in die Hauptroute R 503.

Khénifra in Richtung Süden verlassen (Kasba Tadla). **14 km** hinter der Stadt biegt man links von der N 8 (beschildert) in Richtung El Kebab und Kerrouchèn ab **(N 32°49, 42', W 05°37,12').** Die Teerstraße schlängelt sich durch hügelige Landschaft mit roter Erde.

An der Gabelung bei **km 23** geht es rechts nach Errachidia, Midelt – links weiter in Richtung **El Kebab.** Der Ort am Berg mit Läden und Cafés ist bei **km 31** erreicht. An der **Verzweigung** geht's links weiter mit schönem Ausblick nach Kerrouchèn.

Bei **km 41** führt eine **Brücke** über den Fluss **Serrou;** weiter entlang des Flusses mit Feldern und Olivenbäumen.

Bei **km 50** beginnt eine schöne **Schlucht,** an der die Straße oberhalb entlang und bei **km 54** über eine Brücke führt.

59 km hinter Khénifra geht es links zum kleinen Ort **Kerrouchèn** (2 km) und rechts weiter bergauf zum Pass **Tizi-n'Rechou** (1800 m) bei **km 68.** Kurz darauf bietet sich ein atemberaubender Blick auf die verschneiten Gipfel des Hohen Atlas!

Bei **km 79** mündet diese Straße in die **R 503:** rechts in Richtung Khénifra, links weiter in Richtung Boumia bzw. Midelt.

Der **Abzweig nach Boumia** und Tounfite rechts sowie **nach Itzer** links folgt bei **km 88** (km 111 auf der Hauptstrecke oben) – geradeaus weiter nach Zeida und Midelt. **Zeida** (s.o.) an der N 13 ist **105 km** hinter Khénifra erreicht.

4x4-Route: Von Zeida über Cirque de Jaffar (Djabal Ayachi) nach Midelt

■ **Ca. 67 km bis zur Kreuzung Boumia – Tounfite – Imilchil, als Rundtour ca. 130 km.**

■ **Anfangs Teerstraße, dann z.T. schlechte, ausgewaschene Piste** (je nach Schnee-/Wasserlage frühestens ab Mitte Mai). Die anspruchsvolle Piste hat einige Engstellen und ist nur für geübte Fahrer und geländegängige Fahrzeuge mit max. 2,30 m Breite und großer Bodenfreiheit geeignet. Keine Versorgungsmöglichkeiten, Selbstfahrer müssen Treibstoff, Verpflegung und Reparaturmaterial mitführen. Erkundigen Sie sich am Camping Ksar Timnay zwischen Zeida und Midelt über den aktuellen Zustand der Strecke! Statt einer Rundtour kann man diese Route ab Tounfite auch nach Imilchil fortsetzen (Teer). Von Tounfite führt über Boumia eine Teerstraße nach Zeida (R 503).

Für „Fahrzeuglose" besteht die Möglichkeit, am **Camping Ksar Timnay** oder über das **Hotel Kasbah Asmaa** (vgl. Midelt) ein Tagesausflug zu buchen, oder mit dem Sammeltaxi bis Tounfite zu fahren.

Die Piste führt entlang der Gebirgsscheide zwischen Mittlerem und Hohem Atlas über den 2250 m hohen Pass am Cirque de Jaffar (Bergkessel), vorbei am Djabal Ayachi (3737 m), durch eine bizarre und wildromantische Hochgebirgslandschaft mit Zedernwäldern. Die reizvolle Region ist eine der ärmsten in Marokko – hier leben bettelarme Berber in abgelegenen Bergdörfern oder Nomadenzelten.

■ **Weitere schöne Off-Road-Strecken:** „GPS Off-Road Reiseführer Marokko" von *Sabine* und *Burkhard Koch*, www.pistenkuh.de.

14,5 km hinter Zeida (in Richtung Midelt) biegt man rechts von der N 13 auf eine kleine Teerstraße nach Westen ab (Schild „Aït Orrhar"), **N 32°42,539', W 04°52,124'**. Die Teerstraße sollte inzwischen bis zum Lac Isly und Imilchil fertiggestellt sein; der Verlauf der Strecke entlang des **Djabal Ayachi** kann sich dadurch etwas verändert haben. Nach einer Ortschaft geht es etwa bei **km 27** links auf eine Schotterpiste ab, **N 32°38,738', W 04°58,356'**, und weiter entlang einer Plantage. Bei **Gesamt-km 38** ist der obere Rand des Oueds erreicht. Die Piste führt steil hinab zum Eingang einer wunderschönen Schlucht. Die Strecke verläuft weiter im Trockenflussbett des Oued Jaffar (problematisch nach starken Regenfällen!). Nun wird es sehr holprig und felsig. Der Ausgang der Schlucht ist bei **N 32°32,960', W 04°54,845'** erreicht, die Piste biegt nach links ab und man gelangt bei **km 41** in den **Cirque de Jaffar,** einen Bergkessel mit im Frühjahr saftig grünen Wiesen und Feldern. Hier leben freundliche Nomaden unter sehr einfachen Bedingungen in den Bergen. Sie laden gerne zum Tee ein, erwarten dafür aber den Kauf eines Teppichs bzw. Geschenke – Kleider, v.a. warme Sachen sind sehr erwünscht.

Etwa bei **Gesamt-km 41,8 (N 32°32,439', W 04°53,854')** geht links die Piste nach Midelt ab. Nach 150 m führt der Weg rechts aus dem Flussbett hinaus und in Serpentinen bergauf, **N 32°32,315', W 04°53,804'**. Von hier bietet sich ein toller Ausblick in den Talkessel. Auf der weiteren, kurvigen Strecke folgen mehrere Engstellen, meistens in Kehren, wenn Teile der Piste weggerutscht sind. Etwa bei **km 50** ist eine T-Kreuzung erreicht: links weiter Richtung Tounfite bzw. Imilchil, **N 32°31,777', W 04°59,479'**. Die Teerstraße führt über den Tizi-n-Zou und endet bei einem Stausee (nach 7,7 km). Nach Imilchil muss man ca. 100 m vorher in einer Rechtskurve geradeaus auf eine Piste abbiegen. Auf dieser geht es durch einen Ort und dahinter über eine Brücke. Bei **km 67, N 32°29,899', W 05°10,528'**, ist die Teerstraße Boumia – Tounfite – Imilchil erreicht: rechts nach Tounfite, links nach Imilchil. Über Tounfite und Boumia gelangt man auf dieser Teerstraße zurück nach Zeida (ca. 62 km).

Von Khénifra über Kasba Tadla nach Beni-Mellal

- **130 km, N 8.**
- Die **verkehrsreiche Straße** führt durch eine unspektakuläre Landschaft mit Feldern und Olivenbäumen.
- **Gute Busverbindungen.**

Khénifra auf der N 8 Richtung Süden verlassen. **15 km** hinter Khénifra zweigt eine Straße **nach El Kebab** (El Kbab) **und Kérrouchen** ab (Abkürzung nach Midelt).

Bei **km 21** liegt der große Ort **Tighssaline** (Tirsalin) mit Tankstelle und vielen Tajine-Restaurants an der Strecke. 4 km weiter zweigt die R 503 nach Midelt und Errachidia ab; geradeaus weiter.

Bei **km 40** folgt der große Ort **Ouaoumana** (mit Tankstelle). Bei **km 45** führt rechts eine Piste ans Ufer (3 km) des **Stausees Ahmed Hansali,** der das Wasser des Oum er-Rbia staut. Hier kann man evtl. wild campen oder picknicken (ohne Schatten). 5 km weiter geht rechts noch einmal ein Abzweig zur Barrage Ahmed Hansali ab.

Bei **km 58** ist **Zaouiat es Cheïkh,** ein großer Ort mit Tankstellen, einfachen Hotels und Grill-/Tajine-Restaurants, erreicht.

9 km weiter folgt eine Tankstelle mit Raststätte, links sieht man die Ausläufer des Mittleren Atlas am Horizont. Im weiteren Verlauf bis Beni-Mellal kann man gutes Olivenöl direkt von den **Ölmühlen** *(huilerie)* kaufen.

Bei **km 76** geht es **rechts nach El Ksiba** (7 km abseits der Straße) und weiter nach Imilchil (vgl. Kapitel zum Hohen Atlas).

El Ksiba

Das Städtchen liegt 7 km abseits der N 8 in einer schönen Gegend auf 1400 m Höhe. In der Protektoratszeit war El Ksiba wegen seines **angenehmen Sommerklimas** und der reizvollen Umgebung Luftkurort, später Erholungsgebiet für Jugendgruppen und Familien. Im Winter kann es sehr kalt werden. Die berberische Bevölkerung gehört vorwiegend zum Aït-Ouirra-Stamm. Ein (ziemlich heruntergekommenes) Erholungszentrum mit Campingplatz liegt am Fluss an der Strecke von Aghbala. In der Region gibt es viel(e) Wild(schweine), auf die auch Jagd gemacht wird.

Gute Einkaufsmöglichkeiten findet man im alten Stadtteil von El Kisba. Wochenmarkt ist am Sonntag.

Unterkunft

- **Les Artistes**②, in Richtung Aghbala und Imilchil, ca. 2 km außerhalb von El Ksiba links der Straße, Mobil 0662 11 94 05, gattano-ksiba@outlook.com. Bei **N 32°33, 984', W 06°01,047'** nach links abbiegen (von Aghbala aus rechts), dann geradeaus über eine kleine Brücke und an einer kleinen Moschee vorbei bis zu einer weißen Mauer mit Turm, dort an der Tür klopfen. Die Herberge des freundlichen französischen Ehepaars *François* und *Patricia Gattano* liegt auf einem großen, sehr gepflegten Gelände mit Bäumen (Schatten) und Blumenrabatten in grüner Umgebung. Saubere Sanitäranlagen, heiße Duschen, sehr gutes Essen, Alkoholausschank. Übernachtung in Nomadenzelten oder Bungalows mit oder ohne Bad möglich.
- **Gîte Chez Saaidia et Mustapha**②, Douar Imhiwach, 4 km von El Ksiba, Tel. 0523 51 52 77, Mobil 0662 24 05 55. Hübsche, sehr familiäre kleine Herberge des freundlichen *Mustapha Lannouch*.

Weiterfahrt nach Beni-Mellal

Die N 8 mit viel Bus- und Lkw-Verkehr führt weiter durch ein Landwirtschaftsgebiet. Bei **km 94** geht es an einem großen **Kreisverkehr** rechts ins Zentrum von Kasba Tadla, geradeaus nach Casablanca und links weiter nach Beni-Mellal.

Kasba Tadla

Die Stadt mit etwa 45.000 Einwohnern liegt am Fluss Oum er-Rbia auf 725 m Höhe und ist ein **wichtiger Verkehrsknotenpunkt** zwischen Fès, Casablanca und Marrakesch. Die große, ockerfarbene Kasbah wurde von *Moulay Ismail* 1677 erbaut und enthält eine Moschee. Die Neustadt liegt etwas westlich der Altstadt – dort gibt es Geschäfte, zahlreiche Restaurants, aber bis auf das einfache **Hotel des Alliés**② (Bd. Mohamed V., Tel. 0523 41 85 87) keine touristische Infrastruktur.

Kasba Tadla ist ein **Schafzuchtzentrum,** zudem beginnt hier ein riesiges landwirtschaftliches Gebiet mit Obstplantagen und Kornfeldern. Auch die Hauptphosphatabbaugebiete Marokkos bei Oued Zem und Khourigba sind nicht weit entfernt. Das Gebiet zwischen Kasba Tadla und Casablanca ist somit die „Schatzkammer" Marokkos, da die **Phosphatvorkommen** den größten Reichtum des Landes darstellen. Touristisch ist das Gebiet jedoch vollkommen uninteressant.

Der **Busbahnhof** liegt an der Straße nach Casablanca. Es verkehren mehrmals täglich Busse in Richtung Fès, Marrakesch, Beni-Mellal sowie Casablanca.

Weiterfahrt nach Beni-Mellal

Weiter Richtung Beni-Mellal geht es durch die landwirtschaftlich intensiv genutzte **Tadla-Ebene.** Viele Tankstellen und Raststätten säumen die Strecke.

Bei **km 123** ist **Beni-Mellal** erreicht.

Beni-Mellal

Die Provinzhauptstadt mit etwa 185.000 Einwohnern liegt auf 625 m Höhe in landschaftlich reizvoller Umgebung auf dem Plateau Dir, **am Fuße des Djabal Tassemit** (2248 m). Die Kasbah des Ortes ließ *Moulay Ismail* 1688 errichten. Die Stadt umgeben Olivenhaine und Obstplantagen, die vom nahe gelegenen Stausee Bin el-Ouidane bewässert werden. Dank des Zitrusfrüchte- und Zuckerrübenanbaus expandierte die Stadt in den letzten Jahrzehnten enorm.

Beni-Mellal selbst bietet nicht viel für Touristen, aber die Stadt (und Azilal) ist ein **günstiger Ausgangspunkt** für Fahrten zum Stausee Bin el-Ouidane, zu den Ouzoud-Wasserfällen (vgl. Kapitel zum Hoher Atlas) und für Wanderungen im Hohen Atlas.

Beni-Mellal hat nur noch wenige alte Viertel vorzuweisen, **Neubauten** bestimmen das Stadtbild. In den Suqs (Markt am Dienstag und Sonntag) kann man die bekannten traditionellen **Hanbel-Decken,** aus Schafswolle in bunten Farben gewebt, erwerben.

Im Osten der Stadt (3,5 km, über eine kleine Nebenstrecke zu erreichen, den Schildern „Circuit de Touristique" folgen) befinden sich die wenig lohnenswerten **Quellen von Aïn Asserdoun** mit einer kleinen Parkanlage. Oberhalb der Anlage liegt die **Ruine der Kasbah Ras el Aïn,** von der man einen schönen Blick auf den nördlichen Mittleren Atlas genießt.

Praktische Informationen

Informationen für Touristen

■ **Délégation provinciale du Tourisme,** Av. Hassan II., Imm. Chichaoua, 1. Stock, Tel. 0523 48 78 29. Hier gibt es eine hervorragende (teure) Karte der Region Tadla-Azilal, die das Gebiet bis einschließlich Mgoun-Region im Hohen Atlas und den Stausee Bin el-Ouidane-Azilal sowie die Region Zaouiat Ahansal umfasst.

Unterkunft

Mittelklasse

■ **Al Bassatine**③, Quartier Ouled Hamdane, Route nach Fkih Ben Salah, Tel. 0523 48 14 06, 48 68 05. Ältere Hotelanlage (3 Sterne) in ruhiger Lage mit schönem Garten und Pool, einfach ausgestattete Zimmer.

■ **Chems**③, ca. 2 km außerhalb an der Straße nach Marrakesch, Tel. 0523 48 34 60, www.hotelchems.com. Wenig attraktiver älterer Bau mit großen Zimmern mit AC (keine Heizung) und TV – zu teuer für das Gebotene.

■ **Les Belles Terrasses**③, 26, Rue Essaouira, Tel. 0523 48 10 10, www.lesbellesterrasses.com. Das empfehlenswerte kleine Gästehaus liegt in einer ruhigen Seitenstraße. Es hat einen schönen Garten, großen Pool und stilvoll eingerichtete, geräumige Zimmer. WLAN verfügbar.

■ **Ouzoud**④, ca. 3 km außerhalb an der Straße nach Marrakesch, Tel. 0523 48 37 52, www.hotel-benimellal-ouzoud.com. Das Hotel entspricht nicht dem ausgewiesenen 4-Sterne-Standard, liegt aber ruhig und hat einen hübschen Pool und Garten sowie saubere Zimmer mit TV und AC.

Günstig

■ **Achokre**②, ca. 13 km außerhalb in Oulad Yaich (N 8 Richtung Kasba Tadla), westlich am Ortsausgang, Lotissement Achokre, Tel. 0523 51 63 63, www.hotelachokre.com. Neueres, typisch marokkanisches Hotel mit sauberen Zimmern.

■ **Aïn Asserdoun**①, 75, Bd. des F.A.R., Tel. 0523 48 34 93. Die Zimmer zur Straße sind laut und stickig, im Bad ist nicht immer alles funktionsfähig, aber das Personal ist sehr nett und das Essen reichlich und gut (sehr gutes Frühstück).

■ **Saada**①, 129, Rue Tarik Ibn Zaid, vom Busbahnhof kommend auf dem Hügel linker Hand, Tel. 0523 48 29 91. Empfehlenswertes, einfaches (unklassifiziertes) Hotel, einige Zimmer ohne Fenster.

■ **Zidania**①, Bd. des F.A.R., Tel. 0523 48 18 98, hotelzidania@yahoo.fr. Saubere Zimmer mit Bad, direkt im Getümmel um den Busbahnhof.

Camping

Wohnmobilisten können evtl. auf dem Parkplatz des Marjane-Supermarkts (Bd. Mohamed VI.) übernachten.

Essen und Trinken

Imbissstände und Cafés befinden sich am Bd. Mohamed V. sowie in den Hotels.

Busse

■ Der **Busbahnhof** *(gare routière)* liegt am Bd. Mohamed VI.

■ **CTM-Busse** verkehren **in Richtung Marrakesch** (von Fès kommend) 2x tägl. (ca. 3½ Std. Fahrzeit, 65 DH) und nach **Casablanca,** 3x tägl. (3.15 Std., 80 DH). Weitere Busse anderer Linien fahren nach **Azilal** (ca. 30 DH) und **Midelt** (ca. 60 DH).

Taxis/Sammeltaxis

Die Taxis und Sammeltaxis fahren **an der Straße nach Marrakesch** ab. Ein Sammeltaxi nach Oueld Ayad kostet etwa 25 DH und von dort nach Aït Attab (El Abid-Schlucht und Ouzoud-Wasserfälle) nochmals etwa 20 DH.

Sonstiges

■ Ein **Ensemble Artisanal** (staatlicher Kunsthandwerksladen mit Festpreisen) liegt im Zentrum an der Straße nach Marrakesch.

■ Viele **Banken** (mit Geldautomat) finden sich am Bd. Mohamed V.

■ Im **Acima-Supermarkt** an der Ausfahrtsstraße Richtung Marrakesch auf der linken Seite kann man sich mit allen (auch europäischen) Lebensmitteln eindecken. Im Zentrum, am Bd. Mohamed VI., gibt es auch einen riesigen **Marjane-Supermarkt** (tägl. 9–22 Uhr).

Taza

Die Garnisonsstadt mit etwa 150.000 Einwohnern liegt landschaftlich recht reizvoll an einem Hügel – nur selten verirren sich Touristen hierher. Auf dem Weg in den sehr schönen **Nationalpark Djabal Tazzeka** (vgl. folgende Route) und zum Gebiet des Djabal Bou Iblane lohnt es sich durchaus, hier kurz Halt zu machen. Man kann Taza auch gut als Basis für Ausflüge in den Tazzeka-Nationalpark nutzen (dort keine Unterkünfte).

Die Stadt unterteilt sich in **Unter- und Obertaza** (die alte Medina) und ist von einer Stadtmauer aus der Zeit der Almohaden (12. Jh.) umgeben. Das Bordj (Festung) aus der Zeit der Saaditen (16. Jh.) überragt mit einem 26 m hohen Turm die Stadt.

Geschichte

Die **Ursprünge** Tazas reichen bis in die Steinzeit zurück. 1916 wurden in einer Höhle nördlich der Festung von Taza 25.000 Jahre alte menschliche Skelette gefunden. Den Grundstein für die Stadt legten die **Meknassa-Berber** im 8. Jh. um ein Ribat (befestigtes Kloster). Die Klosterfestung war ein wichtiges Bollwerk gegen Osten. Trotzdem wurde Taza von dem **Almoraviden-Eroberer** *Yussuf Ben Taschfin* 1074 und auch später immer wieder von den wechselnden Dynastien wie den **Almohaden** (12. Jh.), **Meriniden** (13. Jh.) und **Alawiden** (17. Jh.) erobert. Taza durchlitt eine wechselvolle Geschichte mit Kriegen und Seuchen, erlebte aber aufgrund seiner Lage im fruchtbaren Gebiet zwischen Rif und Mittelmeer immer wieder Blütezeiten. Bereits *Leo Africanus* beschrieb Taza als blühende und fruchtbare Stadt mit vielen Weinstöcken.

1912 wurde Taza ins **französische Protektoratsgebiet** einbezogen und mit der Unabhängigkeit 1956 ins marokkanische Reich eingegliedert.

Sehenswertes

Alle Sehenswürdigkeiten liegen in der **Altstadt Taza Haute** (Obertaza).

Wer zu einem Bummel in der Stadt verweilen will, kann die **Große Moschee (Grande Mosquée),** die der Sultan *Abd al Mum'in* im 12. Jh. errichten ließ und die von den Meriniden innen prachtvoll ausgestattet wurde, sowie das Minarett der **Grabmoschee des Stadtpatrons Sidi Azouz** besichtigen (beide nur von außen, kein Zutritt für „Ungläubige"). Die **Medersa** (Koranschule aus der Merinidenzeit, 1323) mit ihren schönen Räumen, in denen im Sommer gelegentlich Kunsthandwerk ausgestellt wird, kann besucht werden.

Beim Suq bzw. Bab Jamaa steht auch die etwas außergewöhnliche **Suq-Moschee (Jamaa es Suq),** deren Minarett sich von oben nach unten verjüngt.

Die **Suqs** von Taza sind durchaus lohnenswert, denn hier gibt es keine Touristenprodukte, sondern ausschließlich Waren für die einheimische Bevölkerung. Der **Wochenmarkt** findet montags auf dem Suqgelände an der Stadtausfahrt nach Norden statt. Das **Handwerk** rund um Taza ist reich an Traditionen. Man findet auch hier im Suq die verschiedensten Handwerksbereiche, natürlich nicht so groß und vielfältig wie in Meknès oder Fès. Man kann die handwerklichen Produkte auch zu günstigen Festpreisen im **Ensemble Artisanal** (Neustadt) erwerben.

Von der **alten Stadtmauer** aus der Almohadenzeit sind nur noch die Stadttore und Bruchstücke erhalten.

Praktische Informationen

- Infos zur Stadt unter **www.ville-taza.com.**

Unterkunft

- **La Tour Eiffel②**, Route de Fès, Tel. 0537 67 15 62. Das einstmals beste Hotel am Platz ist in die Jahre gekommen, die meisten Zimmer sind jedoch okay und von den

Taza

Übernachtung
1 La Tour Eiffel
2 De la Gare
4 Dauphiné
7 L'Étoile

Essen und Trinken
3 Imbissbuden
5 Paradise Moumou

Einkaufen
6 Ensemble Artisanal

oberen Etagen blickt man über die Stadt. Mit Aufzug und Restaurant.

■ **Dauphiné**①, Av. Mohamed VI. (beim Place de l'Indépendance), Tel. 0535 67 35 67. Älteres Hotel mit einfachen, sauberen Zimmern mit Bad, TV und Fenster zum Platz. Die Einrichtung ist schon etwas angeschlagen, aber die Zimmer sind ordentlich und z.T. recht groß mit Balkon.

■ **De la Gare**①, in der Nähe des Bahnhofs an der Route de Fès, Tel. 0535 67 24 48. Einfaches, ordentliches Hotel, Zimmer (mit/ohne Dusche) um einen schönen Innenhof. Gutes Frühstück im Café im EG.

■ **L'Étoile**①, 39, Av. Moulay al Hassan (in der Medina), Tel. 0535 27 01 79. Einfach, aber sauber, Du/WC auf dem Gang, Waschbecken im Zimmer.

Camping

Wohnmobilisten können **beim Café an den Ras-el-Ma-Wasserfällen** übernachten (siehe nächste Route).

Essen und Trinken

■ **Paradise Moumou,** Bd. Moulay Youssef. Freundliches Schnellrestaurant mit Pizza, Paninis und Sandwiches. Nebenan gibt es Gebäck und Tee im netten Innenhof der **Boulangerie Amsterdam.**

Busse

■ Der **CTM-Busbahnhof** und Büros diverser Busunternehmen liegen am Place de l'Indépendance, Tel. 0535 67 30 37.

CTM-Verbindungen

■ **Fès:** 3x tägl., ca. 2½ Std., 50 DH.

■ **Rabat, Casablanca:** 1x tägl. (Nachtbus), nach Rabat ca. 5½ Std., 125 DH; nach Casablanca 7 Std., 155 DH.

■ **Tanger:** Nachtbus, 8 Std., 155 DH.

■ **Larache:** Nachtbus, 7 Std., 140 DH.

■ **Nador:** 2x frühmorgens, 70 DH, ca. 2½ Std.

■ **Al Hoceima:** 1x nachts, 65 DH, ca. 3½ Std.

■ **Andere Buslinien** fahren ab der Route de Fès bzw. Route Bir Anzarane nahe des Bahnhofs ab (Hauptstraße nach Fès). Bequemer und schneller ist der Zug.

■ Die **Sammeltaxis** halten beim großen Suqgelände an der Stadtausfahrt Richtung Norden. Sie fahren u.a. nach Fès, Oujda und Al Hoceima.

Bahn

Der **Bahnhof** liegt an der Av. de la Gare im Norden der Neustadt, Tel. 0535 67 26 62. Der Zug ist von Taza das schnellste und bequemste Verkehrsmittel.

■ **Fès – Meknès – Casablanca:** 6x tägl. (z.T. mit Umsteigen in Fès); nach Fès 2 Std., 2. Kl. 40 DH; nach Meknès 3 Std., 56 DH; nach Casablanca 6¼ Std., 2. Kl. 136 DH.

■ **Oujda:** 3x tägl., 3½ Std. Fahrzeit, 2. Kl. 74 DH.

Sonstiges

■ **Post** am Place de l'Indépendance.

■ **Banken** liegen an der Av. Mohamed V. und am Place de l'Indépendance

■ **Festival de Bab Boudir,** mehrtägiges Festival im Juli oder August in Bab Boudir (vgl. nächste Route, ca. 30 km von Taza entfernt) mit Folkloredarbietungen sowie Fantasias (Pferdespiele).

Von Taza über den Nationalpark Djabal Tazzeka nach Fès

■ **168 km, R 507, P 5420.**

■ **Schmale Teerstraße,** z.T. ausgefranst. Auf dieser Strecke verkehren keine Busse, nur Taxis oder Sammeltaxis. Die Busse fahren nur entlang der Hauptstrecke N 6.

Die Neustadt in Taza (km 0) Richtung Medina verlassen und an den nächsten beiden Kreiseln links halten. Weiter bergauf Richtung Süd/Südost auf der R 507. Im Frühjahr wirkt die hügelige Landschaft sehr idyllisch, mit Getreidefeldern, Olivenbäumen und blühendem Mohn. **6 km** hinter Taza enden die Häuser, die schmale Straße schlängelt sich den mit Pinien bewachsenen Hang entlang.

Bei **km 9** plätschert der kleine **Wasserfall Ras el Ma** unterhalb der Straße in der grünen Landschaft mit Oliven, Feigen, Feldern und Bewässerungskanälen. 1 km weiter lädt das nette **Café/Restaurant Ras el Ma** unter einer Weinlaube und mit Aussichtsterrasse in einem üppigen Garten zu einer Rast ein. Wohnmobile können auf dem Parkplatz gegenüber des Cafés übernachten.

Es geht weiter bergauf entlang Olivenhainen durch karstige Landschaft.

13 km hinter Taza ist die Passhöhe **Col de Sidi Meibeur** (1200 m) mit kleinem Berberdorf erreicht. 1 km weiter befindet sich der Eingang in den **Nationalpark Djabal Tazzeka, N 34°08,127' W 04°01,520'.**

Nationalpark Djabal Tazzeka

Der bereits 1950 gegründete und heute 13.700 ha umfassende Park (www.tazekka.com) wird kaum von Touristen besucht und ist daher herrlich ruhig. Im Bergland rund um den **Djabal Tazzeka (1980 m)** findet man noch unberührte Natur mit schroffen Karstfelsen, märchenhaften Steineichen-, Korkeichen- und Zedernwäldern und der sehenswerten Tropfsteinhöhle Friouato. In der Nähe von **Bab Boudir** bemüht man sich in einem Reservat um die Wiedereinführung der bedrohten Mufflons und Atlashirsche *(Cerf de Barbarie, Cervus elaphus barbarus)*, die 200 Jahre lang in der Region ausgerottet waren. In den Wäldern leben viele Wildschweine. Direkt am Eingang zum Park ist eine einstündige Wanderung ausgeschildert (*Sentier L'Aigle*, ca. 3 km). Auf der weiteren Strecke durch den Park gibt es (beschilderte) **Wanderwege** unterschiedlicher Länge und Schwierigkeit. Der längste Weg (Nr. 7, *La Cédraie*) ist 17,3 km lang und führt rund um den Djabal Tazzeka. Einen Überlick über alle Wanderungen findet man auf einer Tafel beim Infozentrum in Bab Boudir. Auch einige Picknickplätze liegen an der Strecke. Außerhalb der Saison gibt es keine Versorgungsmöglichkeiten, im Sommer haben ein einfaches Café und ein Laden in Bab Boudir geöffnet. Im Winter wird es hier sehr kalt und es liegt z.T. Schnee. Unterkunft findet man in der einfachen Herberge Dayet Chiker (s.u.). Es gibt einen Campingplatz in Bab Boudir, der jedoch nur im Juli/August geöffnet hat. Wohnmobile können auch auf dem geschotterten Parkplatz vor der Grotte Friouato campen.

Weiterfahrt nach Fès

Bei **km 17** zweigt links die Straße nach Mehraoua (34 km) ab, rechts weiter nach Bab Boudir. Die Strecke führt über ein schönes Hochplateau mit Getreidefeldern, die Menschen leben hier mit ihren Ziegen und Kühen in ärmlichen Hütten.

4 km **(km 21)** weiter geht es **rechts zur Grotte Friouato** (1 km). **Links** der Straße befinden sich die **Grottes de Chiker.** Die Tropfsteinhöhlen mit 5 km Ausdehnung liegen in einer Hochtalmulde mit dem kleinen See Dayet Chiker. Die Höhlen sind schwer zu finden und nur für geübte Höhlengänger mit Führer im Sommer begehbar. Hier bietet die einfache Herberge **Gîte Dayet Chiker** von *Mustapha Lachab* (Mobil 0667 64 06 26) Unterkunft.

Grotte (Gouffre) Friouato

Am Eingang zur Höhle befinden sich ein Park- und Picknickplatz, ein kleines Café sowie ein Kiosk mit Postkarten und einem Plan und Prospekt zur Höhle, **N 34°06,26', W 04° 04,36'.** Die beeindruckenden, unbedingt sehenswerten Höhlen dürfen **nur mit Führer** besichtigt werden. Ohne Führer darf man lediglich (gegen 5 DH Eintritt am Kiosk) in den tiefen Trichter am Eingang zur Höhle hinuntersteigen (steile Betontreppe mit mehr als 500 Stufen). Eine dreistündige, sehr abenteuerliche Führung kostet 200 DH für 2 bis 5 Personen. Nach dem Abstieg in den Trichter geht es durch ein enges Loch in die stockfinstere Höhle. Innen braucht man unbedingt eine Stirnlampe und am besten auch noch eine größere Taschenlampe zum Ausleuchten der vielen **Tropfsteinsäle.** Notfalls kann man sich am Eingang eine Lampe ausleihen. Außerdem sollte man nicht die beste Kleidung und feste Schuhe anziehen, denn der Weg führt über Betonstufen, Holzleitern, glitschige Holzbretter über kleine Wasserläufe und schlammige Felsen. Die Besichtigung endet an einem 70 m tiefen Brunnen, den man nicht überqueren kann. Für die Tour sind eine gewisse Fitness, Beweglichkeit und Trittsicherheit unbedingt notwendig.

Die sehr beeindruckende Grotte Friouato ist die **siebtgrößte Höhle Marokkos** (3,5 km lang, 30 m Durchmesser, 271 m tief). Im Inneren herrscht eine konstante Temperatur von 13°C. Leider wurden einige schönen Stalakmiten von ignoranten Touristen abgebrochen und die Wände der Höhle teilweise mit Graffiti verunstaltet.

Weiterfahrt nach Fès

Bei km 23 geht es zurück an der Hauptstrecke rechts Richtung **Bab Boudir** (1540 m Höhe), das bei **km 30** erreicht ist. Im Frühjahr und Winter herrscht hier eine Geisterstadtatmosphäre mit neuen und verfallenden Ferienhäusern, einem geschlossenen Café, einem Sportplatz mit leerem Schwimmbad und dem ummauerten Areal des Camping Lalloujir (Rasen und große Bäume, im Sommer evtl. geöffnet).

Am Kreisverkehr im Ort geht es rechts weiter nach Bab Azhar (25 km) und Sidi Abdellah (42 km), **N 34°04,132', W 04°07,307'.** Gleich nach dem Abzweig liegt links das **Informationszentrum** des Nationalparks Djabal Tazzeka *(Direction Régionale des Eaux et Forets du Nord-Est)* mit einer Übersichtstafel zu den Wanderwegen. In der Nebensaison hat das Büro geschlossen.

Die Strecke führt weiter bergab durch Pinien- und Steineichenwald, bei schönem Wetter mit tollem Ausblick. Bei **km 51** zweigt links eine Straße nach Tazarine-des-Zerarda ab, rechts weiter. 2 km weiter führt rechts eine Piste zum **Djabal Tazzeka** (9 km Geländewagenpiste), **N 34°03,099', W 04°10,046'.** Von hier kann man schöne Wanderungen zum Gipfel (1980 m, 4–5 Std.) und in die umliegenden Berge mit Zedern und (z.T. abgeschälten) Korkeichen unternehmen.

Bei **km 72** ist das lang gezogene Berberdorf **Bab Azhar** (mit Läden, Café) erreicht. Ab hier ist es vorbei mit der Einsamkeit, es folgen Felder mit Getreide und Oliven. Wer ein paar ruhige Tage in der Region verbringen möchte, checkt in der von Lesern gelobten **Auberge Ain Salah** (Mobil 0661 89 35 87, www.ainsahla.com, N 34°06,264', W 04°19,040') in der Nähe des Dorfes Bouchfaa ein (beschildert). Auf dem Farmgelände stehen 17 marokkanisch gestaltete DZ mit Bad und Terrasse zur Verfügung, ferner ein Pool, ein Hammam sowie ein Restaurant mit sehr gutem Essen. Auch Übernachtung im Nomadenzelt ist möglich. Gute Ausgangsbasis für Wanderungen im Park.

Auf den letzten Kilometern vor Erreichen der N 6 führt die Straße durch eine schöne **Schlucht** mit steilen roten Felswänden und vielen Höhlen *(Gorges de l'Oued Zireg).*

87 km hinter Taza mündet diese Route in die Hauptstraße N 6 Fès – Guercif ein (rechts weiter). Aus der anderen Richtung kommend muss man hier links (!) abbiegen (unter Unterführung der N 6 und Bahngleis), **N 34°10,263', W 04°19,255'.**

Weiter geht es auf guter, breiter Straße ohne landschaftliche Höhepunkte, vorbei am Stausee Idris I. **Vorsicht:** Viele Verkehrs- und Radarkontrollen im Umkreis von Fès! Bei **km 157** zweigt links die Route nach Rabat, Ifrane und Sefrou ab. 2 km weiter geht es links nach Sidi Harazem (2 km) und auf die Autobahn nach Rabat.

Sidi Harazem

In Sidi Harazem befindet sich eine **Thermalquelle** mit heißem, stark kohlensäurehaltigem Wasser. Das dort abgefüllte **Mineralwasser** wird überall im Land verkauft. Man kann auch selbst Wasser in Flaschen füllen und mitnehmen. Hier herrscht vor allem am Wochenende ein ziemlicher Trubel – es ist interessant zu sehen, wie wichtig den Marokkanern diese Quelle ist. Leider sind die Grünanlagen von den vielen Picknickausflüglern oft ziemlich verschmutzt. Das Wasser wirkt angeblich heilsam bei Leber- und Nierenkrankheiten. Sidi Harazem ist ein Wallfahrtsort; im August findet ein Moussem zu Ehren des Heiligen *Sidi Mohamed Ben Ali Ben Ismail Harazem* statt.

- **Unterkunft** im **Hotel Sidi Harazem**③, Tel. 0535 69 01 35/41, www.hrm.ma. 60 komfortable und klimatisierte Zimmer mit Balkon bzw. Terrasse. Garten, Pool und Restaurant.

Weiterfahrt nach Fès

Nach etwa **168 km** Fahrt ab Taza ist die Stadtmauer von **Fès** beim Bab Ftouh erreicht.

Von Taza über Merhaoua, Djabal Bou Iblane und Bir Tam Tam nach Fès

- **Etwa 220 km, R 507 und R 504.**
- Die Strecke ist mittlerweile **komplett geteert.** Es gibt keine öffentlichen Verkehrsmittel. Die Route führt durch landschaftlich sehr schöne, einsame Hochgebirgslandschaft mit Zedernwäldern gen Süden. Nordöstlich des Tizi Bou Zabel (vgl. 4x4-Variante) zieht sich die Bergkette des Djabal Bou Iblane entlang. Die R 504 führt weiter nach Nordwesten Richtung Bir Tam Tam und zurück auf die Hauptstraße N 6 nach Fès. Wer weiter nach Süden fahren möchte, wählt die **4x4-Variante** über den Tizi Bou Zabel nach Immouzer des Marmoucha und Boulemane. Die sehr schmale Straße mit rudimentärem Asphaltbelag ist im Winter oder nach heftigen Regenfällen nur mit Geländewagen befahrbar.

Anfahrt zum Nationalpark Djabal Tazzeka vgl. vorherige Route. 20 km von Taza (Haute Taza) entfernt zweigt im Nationalpark links die Straße nach Merhaoua ab (**N 34°07,328', W 04°02,306'**, beschildert „Taza 22, Merhoua 34"; rechts zur Grotte Friouato, vgl. vorherige Route). Die landschaftlich reizvolle Strecke führt nach Süden an ärmlichen Gehöften vorbei. Die Menschen betreiben Substistenzwirtschaft mit etwas Ackerbau und Viehzucht.

Bei **km 34** beginnt der Ort **Bab Laarba (al Arba).** 1 km weiter liegen das Forsthaus von Bab Laarba und ein Gendarmerieposten. Die mittlerweile einspurige, ausgefranste Teerstraße führt durch dünn besiedelte Landschaft mit Steineichen, Stechpalmen und Wacholder.

Bei **km 42** an einer Gabelung mit arabischer Wegweisung rechts in Richtung „Mahroua" halten (R 507). 4 km weiter folgen einige Sendemasten und Pinienhänge.

50 km hinter Taza ist der kleine Ort **Merhaoua** mit Café und Verwaltungsgebäude des Qaidat Maghroua erreicht. Montags ist Markt. Die Straße führt weiter geradeaus (beschildert „Bou Iblane 50 km") und schlängelt sich hinter dem Ort steil bergab entlang eines Flusstales. Im Sommer ist das Flusstal trocken, aber zur Schneeschmelze oder nach Regenfällen strömt hier das Wasser bergab ins **Oued Melloulou** (Brücke bei km 54). Bei **km 56** findet man schöne Picknickplätze am Fluss.

Weiter führt die kleine Straße bergauf durch ein fruchtbares, sehr ursprüngliches Tal mit kleinen Lehmgehöften, Feldern und Olivenhainen. Nach einigen Kilometern verläuft die mittlerweile schlechte Strecke (rudimentärer Asphalt) bergauf durch Eichen-/Pinienwälder und Macchia. Kurz vor der Passhöhe finden sich noch ein paar alte Zedern und Zypressen an schroffen Berghängen – es bietet sich eine grandiose Aussicht ins umliegende Bergland, bis die **Passhöhe Tizi Oulmou (1972 m,** Richtfunkantenne) erreicht ist. Auf der Südseite geht es bergab durch dichte Zedernwälder und dünn besiedelte Gegend.

Nach insgesamt **81 km** liegt das **Maison Forestière Tamtrouchte** links. 5 km weiter folgt der Ort **Tamtrouchte** rechts. Ab hier gibt es kaum mehr Wald, dafür zahlreiche Felder in karger Landschaft.

Bei **km 92** geht es über eine Furt ins (evtl. trockene) Flusstal **parallel zur Kette des Djabal Bou Iblane** (höchster Berg: Moussa ou Salah, 3190 m). Die Strecke verläuft zwischen zwei Bergzügen auf einer Hochebene durch ein Tal mit vielen Nomadenzelten.

Etwa 8 km weiter **(km 100)** bei einem kleinen Haus mit Antenne liegt linker Hand die ehemalige Skistation Aman Imlalh bzw. Bou Iblane **(N 33°41,378', W 04°06,557').** Zwei große gelbe Zweckbauten – nie in Betrieb genommene Hotels – stehen hier zwischen weiteren einfachen Häusern.

Nach knapp 5 km **(km 105, N 33°40,115', W 04°07,651')** geht es Richtung Bir Tam Tam und Rhibat El Kheir auf der Hauptroute rechts weiter. Geradeaus (südwärts) führt die **4x4-Variante** (s.u.) steil bergauf zum Pass Tizi Bou Zabel (mit Richtfunkstation, auf dem Berg in der Entfernung zu sehen).

Die R 504 in Richtung Bir Tam Tam führt weiter durch einen märchenhaften Zedernwald (Forsthaus) und dünn besiedeltes Gebiet stetig bergab bis zur Barrière de Neige und **Refuge de Tainzert** (Berghütte) bei **km 128.** Mit herrlichen Ausblicken ins Tal windet sich die Straße zum **Tizi Tiskine (1700 m)** bergauf und dann in Serpentinen bergab.

Bei **km 152** liegt linker Hand der größere Ort **Ribat-el-Kheir** (Tankstelle) am Berghang – weiter geht es durch fruchtbares Gebiet mit großen landwirtschaftlichen Betrieben.

Insgesamt rund **182 km hinter Taza** mündet diese Route bei Bir Tam Tam in die **N 6** Richtung Fès (nach links) und Taza (nach rechts) ein. Bis Fès sind es noch ca. 40 km auf guter Straße (viele Verkehrskontrollen!).

4x4-Variante: Über den Tizi Bou Zabel (Djabal Bou Iblane) nach Boulemane

Bei **km 105** (s.o.) führt eine breite, schlechte Straße mit sehr rudimentärem Asphaltbelag über kahle Berghänge schräg hinauf zum **Tizi Bou Zabel** auf **2277 m** Höhe. Hier **(km 108)** liegen ein Häuschen und eine Antennenstation **(N 33°38,709', W 04°09,324').** Bergab führt die Straße zu einer Hochebene mit Nomadenzelten auf 2078 m. Bei einer Weggabelung **(N 33°38,480', W 04°09,037')** führt links bzw. nordostwärts eine Teerstraße entlang des über 300 m hohen Massivs **Moussa ou Salah** durch wildromantische Landschaft in Richtung Tarjijte und Berkine in eine der einsamsten Gebirgsregionen Marokkos. Wir fahren geradeaus. An den Hängen wachsen Zedern, Zypressen und Wacholder. Winzige Lehmhäuser kleben an den Berghängen. Die sehr löchrige Teerstraße führt eineinhalbspurig weiter und nach 5 km oberhalb eines Baches entlang. Ab hier verbreitert sich das Flusstal.

10 km nach der Passhöhe **(km 118)** führt ein Abzweig rechts nach Ait Lahsen, wir fahren geradeaus im Flusstal weiter. Nach weiteren 3 km geht es über eine Brücke. Die Straße wird nun deutlich besser und verläuft im weiten Tal bis **Imouzzer des Marmoucha.** Der große Ort (mit Apotheke und Bank) ist bei **km 138,** 30 km hinter dem Pass, erreicht. Hier stehen noch alte Häuser mit Spitzgiebeln und Ziegeln aus der französischen Protektoratszeit. Auch das Forsthaus ist in einem der alten Häuser untergebracht.

1 km hinter dem Ort hält man sich beim Kreisverkehr links, es geht weiter bergab durch Halbwüste, bis nach 6 km **(km 145)** eine **Kreuzung** mit Wegweiser folgt: Beschilderung links „Missour 66 Outat el Haj 78", rechts „Sarghna 18 Boulemane 51" **(N 33°25,667', W 04°19,262').** Hier liegt bereits der Ortsanfang von **Aït Makhlaff.** Es geht rechts auf eineinhalbspuriger guter Straße weiter. Nach 18 km mündet die Route in die R 503 von Midelt nach Boulemane.

Lange, viel frequentierte Sandstrände und geschäftige Großstädte wie Casablanca und Rabat prägen die nördliche Atlantikküste. Die historische Altstadt von El Jadida zählt zum Weltkulturerbe, auch die malerische Künstlerstadt Asilah ist sehenswert.

4 Die nördliche Atlantikküste

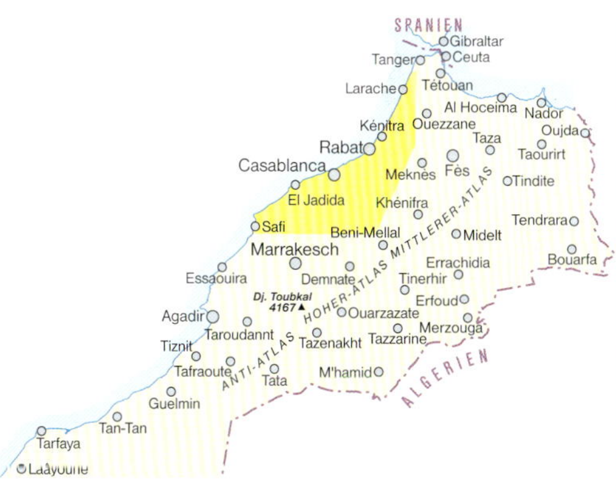

◁ Ruhiges Stadtleben in Asilah

Die nördliche Atlantikküste

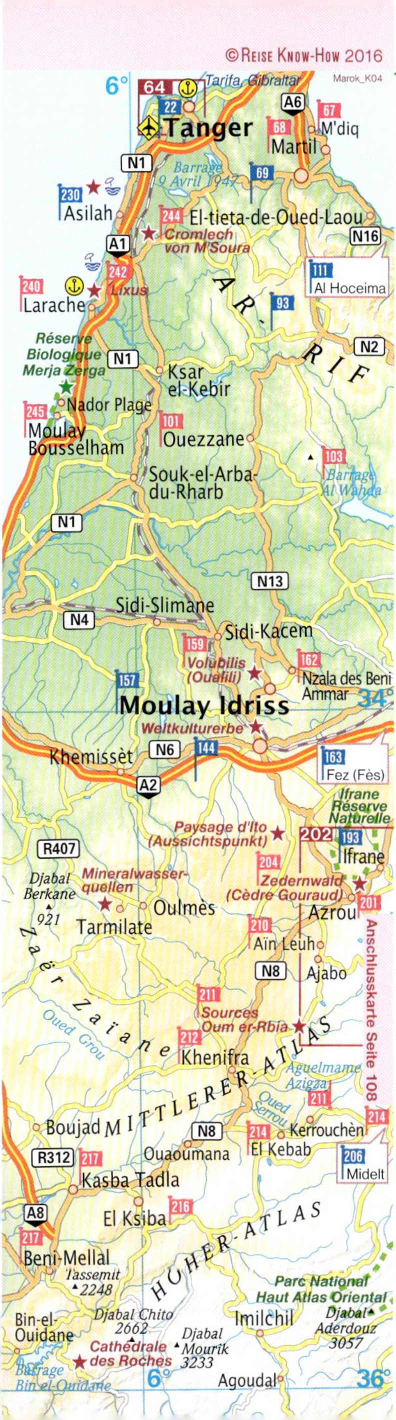

ÜBERBLICK

Die nördliche Atlantikküste ist von großer wirtschaftlicher Bedeutung. Hier lebt der größte Teil der marokkanischen Bevölkerung, hier liegen die größten Industriestädte und Handelszentren (Casablanca, Rabat, Kénitra), die wichtigsten Phosphatabbaugebiete (Khouribga, Youssoufia) und die fruchtbarsten Agrarzentren wie der Rharb (Gharb), die Loukos-Ebene und die Doukkala.

Touristisch bieten die Industriezentren und Landwirtschaftsgebiete im Atlantischen Becken und in der Zentralmeseta wenig. Deshalb konzentriert sich dieser Routenteil, was das Hinterland betrifft, auf einige wichtige Hauptverbindungsstrecken oder Sehenswürdigkeiten, wie die Kasbah Boulâouane oder das landschaftlich reizvolle Gebiet um die Heilquellen von Oulmès im Pais du Zaer und um Rommani.

NICHT VERPASSEN!

- **Asilah** – weiß-blaue Künstlerstadt mit Charme | 230
- **Rabat** – die malerischen Gassen der Kasbah des Oudaïas | 252
- **Casablanca** – die gigantische Moschee Hassan II. | 279
- **El Jadida** – portugiesische Festungsstadt | 293

Diese Tipps erkennt man an der gelben Hinterlegung.

An der Atlantikküste mit ihren schönen Badeorten, wie z.B. Oualidia, Mohammedia oder Asilah, kann man in Ruhe faulenzen, windsurfen (nicht für Anfänger) oder wellenreiten. Badezeit ist für normal abgehärtete Mitteleuropäer von Juni bis Mitte Oktober: Die Wassertemperaturen steigen wegen des kalten Kanarenstroms im Sommer auf nicht mehr als 20°C, im Winter liegen sie um die 16–17°C. Bei Lufttemperaturen im südlichen Küstenabschnitt zwischen Essaouira und Agadir von 22–25°C und im nördlichen Bereich der Küste von 8–12°C im Winter ist ein Bad im 17°C kalten Wasser meist wenig einladend.

Besonders geschichtsträchtig sind die ehemaligen portugiesischen Festungsstädte El Jadida (UNESCO-Weltkulturerbe), Safi und Asilah, aber auch die Königsstadt Rabat. Jede Stadt hat ein ganz eigenes Flair – und obwohl sie wohlhabender und häufig auch moderner sind als die Städte im Atlasgebirge, gehen hier viele Frauen verschleiert oder tragen den weißen „Haik" als Verhüllung.

Wer Strandurlaub mit andalusisch-marokkanischem Flair verbinden will, ist in Asilah goldrichtig. Anziehungspunkte der kleinen Stadt sind ihr schöner Sandstrand und die beschauliche Medina, an deren portugiesische Festungsmauern die Wellen des Atlantiks schlagen. Hier kann man in Apartments und Riads stilvoll wohnen und abseits der ganz großen Touristenströme bummeln, Galerien besuchen und die Seele baumeln lassen.

Casablanca mit seinen Villen, Hochhäusern, Boutiquen, Restaurants und einer der größten und prachtvollsten Moscheen der Welt (Moschee Hassan II.) zeigt sich nicht nur als moderne Metropole. Die größte Stadt Marokkos setzt sich auch aus riesigen Bidonvilles (Elendsviertel/Slums) zusammen, in denen die zugezogene Landbevölkerung unter prekären Bedingungen lebt. Auch deswegen entwickelte sich Casablanca zum Zentrum der Islamisten in Marokko. Übertriebene Ängstlichkeit ist hier zwar nicht angesagt, doch vorsichtige Touristen sollten die Armenviertel meiden und Casablanca evtl. nur auf der Durchreise besuchen.

Negative Begleiterscheinung der rasanten Infrastruktur- und Bauentwicklung entlang der nördlichen Küste sind der Müll und Bauschutt rund um die Städte. Manche Küstenabschnitte, etwa nördlich und südlich von Casablanca, gleichen seit Jahren einer einzigen Riesenbaustelle.

Einsame Naturlandschaften sucht man in diesem Landesteil Marokkos vergeblich – am ehesten findet man noch ein ruhiges Plätzchen im Hinterland im Pais du Zaer, im Mamorawald und in den Bergen östlich von Essaouira.

Asilah

Asilah hat keine bedeutenden historischen Sehenswürdigkeiten, keine Museen und keine großen Hotels zu bieten. Dennoch sollte man die kleine Küstenstadt **46 km südlich von Tanger** auf keinen Fall verpassen. Hier steht kein Besichtigungsmarathon auf dem Programm, hier geht es darum, das **besondere andalusische Flair** einzuatmen, durch die blau-weiß getünchten Gassen der Medina (Altstadt) zu schlendern, auf einer Dachterrasse mit Blick auf den Atlantik einen Tee zu schlürfen und frisch gegrillten Fisch auf der Terrasse eines Restaurants am Strandboulevard zu genießen.

Asilah ist **von Tanger aus** am schnellsten über die mautpflichtige Autobahn **zu erreichen.** Schöner und panoramareicher ist die Fahrt entlang der Küstenstraße N 1, die in Asilah selbst den Namen Avenue Khalid Ibn Oualid trägt. Unmotorisierte Reisende können auch mit dem Zug anreisen, der Bahnhof liegt jedoch etwa 2 km nördlich der Stadt, sodass man einen längeren Fußmarsch oder eine Taxifahrt einkalkulieren muss.

Asilah hat eine bewegte **Geschichte** und wurde bereits unter den Phöniziern als Silis bekannt. Später, nach dem Fall von Karthago, wurde es dem Römerreich zugeschlagen, nach dessen Untergang brannten es die Normannen 843 nieder. Mit der Islamisierung wurde Asilah arabisch. 1471 von den Portugiesen erobert, kam es 1553 für kurze Zeit unter marokkanische Herrschaft, dann wurde es spanisch. 1692, unter *Moulay Ismail*, bekamen die Marokkaner wieder das Sagen. Von 1911 bis zur Unabhängigkeit im Jahre 1956 herrschten die Spanier.

Sanierung der Medina

Der spätere marokkanische Kultur- und Außenminister *Mohamed Benaïssa*, selbst gebürtig aus Asilah, und der Künstler *Mohamed Melehi* waren die ersten, die sich Anfang der 1970er Jahre für die Sanierung der Medina engagierten. Damals war die Altstadt von Asilah in einem erbärmlichen Zustand: Die Häuser verfielen, in den Gassen stapelte sich der Müll. *Benaïssa* und *Melehi* organisierten eine **Initiative zur Straßenreinigung** und animierten 1978 erstmals Künstler dazu, die Hausfassaden mit Kunstwerken zu verzieren. Im gleichen Jahr riefen die beiden Männer das **Kulturfestival Moussem Culturel International d'Asilah** ins Leben. Die Gassen wurden gepflastert und wichtige Monumente wie der El-Khamra-Turm auf dem Place Sidi Abdellah Guennoun und das Palais Raisouli renoviert. Für Asilah begann eine **neue Ära:** Es verwandelte sich vom schmutzigen Fischerort zur Künstlerstadt.

In den letzten 25 Jahren erlagen zahlreiche Marokkaner und Europäer, v.a. viele Spanier, dem besonderen Charme Asilahs. Sie renovierten Altstadthäuser und gestalteten sie zu stilvollen **Ferienwohnungen und Gästehäusern** *(Maisons d'Hôtes)* um. Für die erfolgreiche Wiederbelebung der alten Bausubstanz in der Medina erhielt Asilah 1989 den begehrten Architekturpreis „Aga Khan Award for Architecture".

Die bauliche Sanierung der Medina brachte – ähnlich wie in Marrakesch – nicht nur einen rapiden Anstieg der Immobilienpreise, sondern auch eine **touristische Wiederbelebung** mit sich. Der ruhige, blitzsaubere Fischerort entwickelte sich zu einer beliebten Destination für Touristen auf der Suche nach einem alternativ angehauchten Reiseziel. Das künstlerische Flair der Altstadt mit ihren bemalten Hausfassaden und den vielen Galerien lokaler Maler verlieh Asilah eine Reputation als **Künstlerstadt**. Dazu trägt natürlich in großem Maße das erwähnte Kulturfestival bei, das jedes Jahr im Juli und August Touristen und Künstler aus aller Welt in das Küstenstädtchen lockt.

Tourismus in Asilah

Zur Hochsaison im Sommer strömen bis zu 150.000 vorwiegend **marokkanische Badetouristen** an die Küste von Asilah und zu den Stränden der Umgebung. Besonders beliebt ist die kleine Badebucht in der Nähe des Fischerhafens. Von der Aussichtsplattform am südwestlichen Ende der Medina springen Jugendliche halsbrecherisch in die Brandung. Je weiter man den Strand Richtung Norden geht, desto schöner und weniger besucht werden die Sandstrände.

Im Hochsommer bleiben ausländische Touristen leider nicht ganz so unbehelligt wie zur Nebensaison: **Schlepper** versuchen, Ferienhäuser zu vermitteln oder Kif (Haschisch) an den Mann oder die Frau zu bringen. Bevorzugt warten diese Schlitzohren am Bahnhof oder Busbahnhof auf die Ankunft von Rucksacktouristen. Im Herbst und Winter wirken die Medina und der Strand hingegen wie ausgestorben. Zu dieser Zeit schlendert man meist allein durch die leeren Gassen. Dennoch verbringen einige französische, deutsche und spanische **Rentner** auf der Flucht vor dem europäischen Winter die kalten Monate vor den Mauern der Altstadt in ihren Wohnmobilen.

Im Rahmen der staatlichen Tourismusförderung „Plan Azur" entstand etwa 4 km südlich von Asilah das Großprojekt **Asilah Marina Golf** (www.asilah-marina-golf.com). Hier thronen seit 2012 moderne Wohnblocks mit Spielplätzen und Grünanlagen in der typisch

Asilah

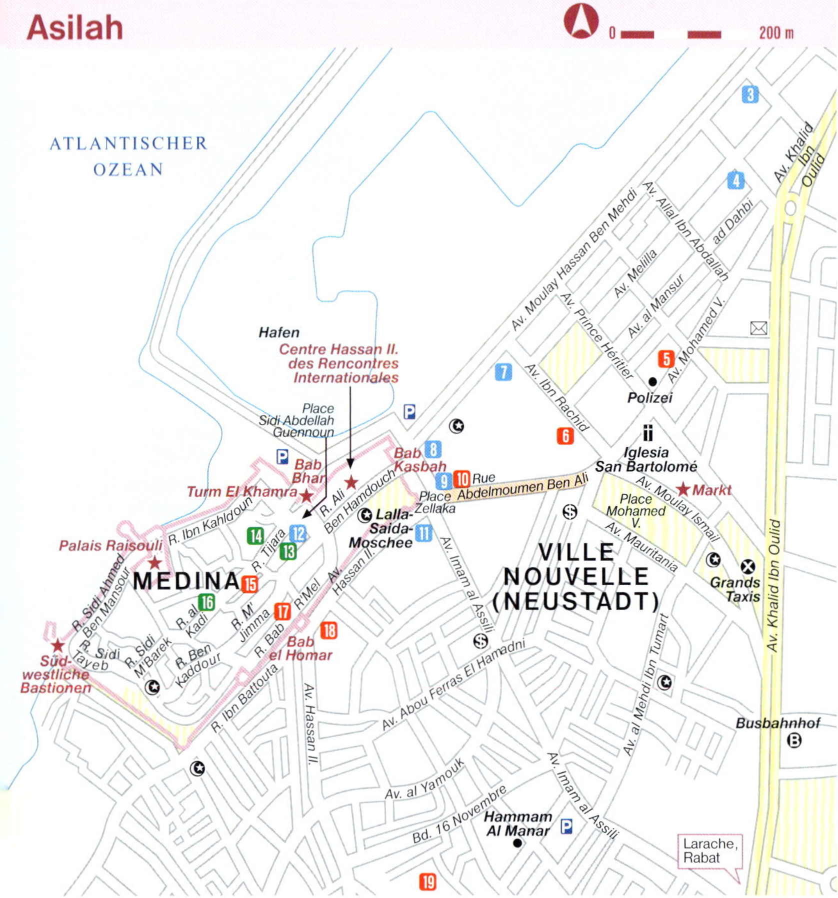

mediterranen Vegetation, der Küstenmacchia. Außerdem eröffnete ein nagelneuer 9-Loch-Golfplatz. Sonstige touristische Infrastruktur gibt es jedoch bislang nicht.

Sehenswertes

Medina

Wie die meisten marokkanischen Städte teilt sich auch Asilah in eine historische Altstadt (Medina), die während der Herrschaft des portugiesischen Königs *Alfons* (1432–1481) entstand, und eine Neustadt *(Ville Nouvelle)*, die sich seit Beginn des französischen Protektorats im Jahr 1912 außerhalb der Stadtmauern ausbreitete. Die kleine Altstadt von Asilah mit ihren weiß-blauen andalusischen Hofhäusern, Bastionen und der direkt an die Klippen des Atlantiks gebauten Stadtmauer **gehört zu den malerischsten Medinas in Marokko.** Im Vergleich zur Medina von Fès und anderen großen Altstädten in Marokko wirkt die Medina von Asilah nicht düster, laut und eng – ganz im Gegenteil: Die Gassen von Asilah sind **ruhig, hell, sauber und lichtdurchflutet.** Topfpflanzen und Bougainvilleen schmücken die blauen Hausportale und Dachterrassen.

Drei **Stadttore** führen durch die Stadtmauer in die Medina: Durch das kleine **Bab Bhar** („Tor des Meeres") gelangt man vom Parkplatz am Meer unterhalb der Stadtmauer direkt zum Place Sidi Abdellah Guennoun und dem dort sichtbaren Turm El Khamra. Durch das **Bab Kasbah** („Festungstor") erreicht man vom Place Zellaka, vorbei an der Großen Moschee und dem Kulturzentrum Hassan II., ebenfalls den Place Sidi Abdellah Guennoun. Das **Bab el Homar** („Tor der Erde") im Süden öffnet sich zu einer der Hauptgeschäftsstraßen der Neustadt, der Avenue Hassan II. Oben auf dem Tor ist ein Wappenschild mit Waffen des Königs von Portugal zu sehen.

In der Medina verstecken sich mehrere **Moscheen, Grabstätten und Zaouias** (islamische Heiligtümer). Die islamischen Monumente sind an ihren grünen Eingangsportalen zu erkennen, stehen aber nur Muslimen offen. An der Rue Sidi Mohamed Ben Merzouk kann man aber vielleicht einen Blick durch das Eingangsportal in den Hof der Grabstätte von *Sidi Mohamed Ben Merzouk* werfen.

Centre Hassan II. des Rencontres Internationales

Das **Kulturzentrum** liegt in unmittelbarer Nähe des Bab Kasbah in einem alten spanischen Kasernengebäude (Rue Kasbah, zwischen Place Sidi Abdellah Guennoun und Bab Kasbah, Tel. 0539 41 70 65, 41 68 01). Direkt gegenüber erhebt sich das Minarett der Großen Moschee (Jamaa Kebira).

Das Zentrum stellt in seinen sehenswerten Räumlichkeiten regelmäßig **Werke marokkanischer Künstler und Bildhauer** aus.

Die **Öffnungszeiten** sind leider etwas undurchschaubar, da sie unregelmäßig und nicht offiziell angekündigt sind – man geht einfach hin und sieht nach, ob die Türen geöffnet sind. Im Ramadan ist das Kulturzentrum meistens geschlossen.

Place Sidi Abdellah Guennoun

Sowohl vom Stadttor Bab Bhar als auch vom Bab Kasbah erreicht man unweigerlich diesen zentralen Platz, der auch als **Place Ibn Khaldoun** bekannt ist und von dem die Hauptgassen in die Medina abzweigen.

Auffälligster Orientierungspunkt ist der zinnenbewehrte **Turm El Khamra** aus portugiesischer Zeit, in dem gelegentlich Ausstellungen stattfinden. Auf der Nordseite des Platzes, unmittelbar neben dem Bab Bhar, befindet sich die **Lalla-Saida-Moschee,** die den Portugiesen einst als Kirche diente.

Das **Café Al Madina** am Platz bietet leckeren, frisch gepressten Orangensaft und Frühstück an.

Vom Place Sidi Abdellah Guennoun geht man entweder auf der **Rue Tijara** vorbei an zahlreichen Kunsthandwerksläden und Galerien ins Herz der Medina, oder man hält sich nördlich und spaziert entlang der Stadtmauer durch die **Rue Ibn Khaldoun** zum Palais Raisouli.

Palais Raisouli

Schlendert man vom Bab Bhar oder vom El-Khamra-Turm die breite Gasse an der dem Meer zugewandten **Stadtmauer** entlang, gelangt man direkt zum großen Palais Raisouli, zu erkennen am strahlend weißen Anstrich und den grün gestrichenen Portalen und Fensterläden. Die Gasse führt als Passage unter dem Obergeschoss hindurch. Am kleinen Platz dahinter befindet sich der Eingang.

Der renovierte Palast **im andalusischen Stil** mit prachtvollen, maurisch dekorierten Salons und Innenhöfen entstand Anfang des 20. Jh. Er ist leider die meiste Zeit des Jahres für die Öffentlichkeit geschlossen, nur während des Internationalen Kulturfestivals öffnet er manchmal für geführte Touren seine Pforten. Dann werden einige der Räume für temporäre Kunstausstellungen genutzt.

Der Palast gehörte einst dem Berberanführer und Banditen **Moulay Ahmed el Raisouli** (oder *Raisuni,* 1871–1925), der durch seine Eskapaden, Überfälle auf Karawanen und die Entführung westlicher Ausländer zweifelhafte Bekanntheit erlangte. 1903 kidnappte er den Times-Korrespondenten *Walter B. Harris* (1866–1933), 1904 den griechisch-amerikanischen Milliardär *Ion Perdicaris* (1840–1925) und erpresste ein hohes Lösegeld. Die Entführung von *Perdicaris* führte zu einer diplomatischen Krise zwischen den USA und Marokko – der damalige marokkanische Sultan *Abd al Aziz* (1880–1943) erfüllte schließlich die Lösegeldforderungen *Raisoulis,* und *Perdicaris* kam frei.

1905 wurde *Raisouli* vom nachfolgenden Sultan *Moulay Hafid* (1876–1937) kurzzeitig zum Gouverneur von Asilah ernannt. Weil er den Spaniern die Herrschaft über Larache, Asilah und Ksar el Kebir überließ, bekam er das spanische Verdienstabzeichen der Marine verliehen – und handelte sich Ärger mit den Rifrebellen ein. *Raisouli* starb 1925, nachdem ihn der Rebellenführer des Berberstammes der Rifkabylen, *Abd el Krim* (1882–1963), gefangen genommen hatte.

Südwestliche Bastionen

Entlang der nördlichen Stadtmauer, vorbei am Palais Raisouli, gelangt man zum **südwestlichen Ende der Altstadt.** Dort reichen die Mauern der Bastion bis unmittelbar vor die Atlantikklippen.

Von der Plattform auf der Bastion bietet sich ein **einmaliger Ausblick** auf die Stadtmauer, die weißen Häuser und die darunter liegende Grabstätte *(Mausolée)* von *Sidi Ahmed al Mansour* (um 1549–1603) mit ihren gekachelten Grabsteinen. Der Saadiersultan befreite Asilah 1589 von der portugiesischen Besatzung.

Im Sommer springen einheimische Jugendliche wagemutig von der Festungsmauer ins Meer. Eine besonders romantische Stimmung genießt man hier bei **Sonnenuntergang,** wenn der rote Feuerball langsam im Atlantik versinkt.

ma16_041 ad

In den malerischen Gassen der Altstadt

Die Neustadt (Ville Nouvelle)

Die touristisch eher uninteressante Neustadt erstreckt sich südlich und nordöstlich der Medina (Altstadt). Am **Place Zellaka** vor dem Eingang zur Medina reihen sich Fischrestaurants aneinander.

Entlang der südlichen Stadtmauer an der Geschäftsstraße **Avenue Hassan II.** bieten sich günstige Open-Air-Restaurants für ein Mittagessen an. Gegenüber des Stadttors Bab el Homar biegt die Straße Richtung Süden ab. Hier herrscht buntes Markttreiben mit Grillbuden und allerlei Läden für Haushaltswaren, Gewürze, Datteln und andere Lebensmittel. Auch **Rifbäuerinnen** in ihrer traditionellen Tracht – gestreifte Tücher und Strohhut – kommen aus der Umgebung zum Einkaufen.

Die **Rue Abdelmoumen Ben Ali** führt als Fußgängerzone vom Place Zellaka Richtung Place Mohamed V., links und rechts flankiert von einem gepflegten Park mit einem modernen Kinderspielplatz.

Der **Place Mohamed V.** markiert das moderne **Zentrum der Neustadt.** Hier findet man Petits Taxis und Banken mit Geldautomaten. Ganz in der Nähe, an der Avenue Prince Héritier, liegt die katholische Kirche San Bartolomé.

Iglesia San Bartolomé

Ein ungewöhnlicher Anblick in Marokko: Inmitten der Neustadt ragen die zwei weißen Kirchtürme einer **katholischen Kirche** in den Himmel. Und die Kirche (24, Av. Prince Héritier) steht nicht etwa leer – hier leben und arbeiten noch drei spanische und eine irische Schwester.

Klopft man am Haus der Mission nebenan an die grüne Tür, stehen die Chancen gut, dass eine der freundlichen Schwestern die Pforten der Kirche öffnet und das schlichte Kircheninnere mit goldenem Altar sowie die Seminarräume zeigt.

Zum **sozialen Engagement** der Kirche gehört der Fremdsprachenunterricht für marokkanische Frauen. Angeblich wandelten die Portugiesen bereits im 16. Jh. eine Moschee in Asilah in eine Kirche um. Die heutige Kirche entstand Anfang des 20. Jh., Gottesdienst ist jeden Sonntag um 19 Uhr.

Praktische Informationen

Informationen für Touristen

■ Es gibt **keine offizielle Touristeninformation** in Asilah. In den Gästehäusern liegen in der Regel Flyer und Broschüren mit Informationen über Hotels, Restaurants und Ausflugsziele in der Umgebung zum Mitnehmen bereit.

■ Eine besonders große Auswahl an Informations- und Kartenmaterial findet man im **Hotel Al Alba.** Falls man nicht im Hotel übernachtet, sollte man eventuell im Restaurant essen oder einen kleinen Unkostenbeitrag für das Infomaterial bezahlen.

■ **www.tangerpocket.com,** digitale Version der Broschüre „Tanger-Tétouan Pocket" mit Veranstaltungstipps und Adressen, auch zu Asilah (auf Französisch).

Unterkunft

Mittelklasse

UNSER TIPP: **Al Alba**③, in einer Seitenstraße der Av. Mohamed V., neben dem Justizpalast bzw. hinter dem Restaurant Annakhil (kleines Schild), Neustadt, www.hotelalalba.com, Mobil 0613 42 91 90. Das liebevoll ganz in Blau-Weiß gestaltete Boutiquehotel ist die perfekte Adresse für Traveller: Die sehr freundlichen spanischen Besitzer geben unzählige Tipps für Touren in der Umgebung, inkl. Karten und Routeninfos. WLAN verfügbar, sehr hübsches Restaurant mit Terrasse, das auch Nicht-Hotelgästen offen steht, gemütlicher Salon zum Relaxen, Internetecke, Hammam. Helle, originell mit Kunsthandwerk gestaltete Zimmer und Suiten mit Klimaanlage, auf der Dachterrasse mit Meerblick. Abholung vom Bahnhof oder Flughafen Tanger möglich.

■ **Al Khaima**③, Route de Tanger, km 2, nahe dem Bahnhof von Asilah, Tel. 0539 41 74 28. Die in zweigeschossigen Blocks untergebrachten Zimmer gruppieren sich um den großen Pool im schönen Hofgarten. Man wählt zwischen klimatisierten und beheizten DZ sowie geräumigen Studios für Familien mit Kühlschrank, Küchenzeile und Balkon. Das Hotel ist nicht mehr das neueste, aber die 91 Zimmer sind ordentlich und sauber. Nur wenige Schritte zum Strand, bewachter Parkplatz vor der Tür. Günstige Buchung über www.booking.com.

■ **Dar Manara**③, 23, Rue M'Jimma, in der Nähe des Bab el Homar, Ecke Rue Ben Hachemi auf der linken Seite, Medina, www.asilah-darmanara.com, Tel. 0539 41 69 64, Mobil 0667 39 82 67. Die spanische Besitzerin legt Wert auf eine ruhige und persönliche Atmosphäre. Die fünf klimatisierten Zimmer mit Bad sind nach Blumen benannt und farblich unterschiedlich gestaltet. Im hellen Innenhof plätschert der Springbrunnen, dazu läuft meditative Musik. Gemütlicher Frühstückssalon mit Kamin, sehr schöne Dachterrasse mit schattigen Polsterecken, Sonnenliegen und Topfpflanzen.

■ **Riad Assilah**③, 64, Rue Bab R'Mel, durch das Bab el Homar links, dann in die erste Sackgasse auf der rechten Seite, Medina, www.riad-assilah.com, Tel. 0539 41 79 79. Mit modernen Kunstwerken individuell und farbenfroh gestaltetes Gästehaus mit großen, klimatisierten Zimmern (TV und WLAN). Vom Restaurant auf der Dachterrasse genießt man eine schöne Sicht über die Medina.

Günstig

■ **Azayla**②, 20, Av. Ibn Rachid, Tel. 0539 41 67 17. Preiswertes Budget-Hotel in zentraler Lage. Schöne Dachterrasse, klimatisierte DZ mit TV, teilweise mit Meerblick.

Unser Tipp: **Christina's House**②, 26, Rue Ibn Khatib, Neustadt, Tel. 0539 41 77 88, Mobil 0677 27 64 63, www.christinashouseasilah.com. Das Gästehaus liegt nur 5 Min. zu Fuß von der Medina entfernt. Parkmöglichkeit in der Nähe des Hammams Al Manar, in die Gasse links neben dem Hammam einbiegen, dann zweite Gasse links bis zum letzten Haus auf der linken Seite gehen. Die Amerikanerin Christina heißt Budget-Reisende und Backpacker in ihrem marokkanisch gestalteten Haus mit vollendetem Service willkommen: 4 hübsche, saubere Zimmer mit Gemeinschaftsbad, Dachterrasse mit Sonnenliegen und Sitzpolstern, gemütliches Wohnzimmer mit Kamin und TV, WLAN, Waschmaschine, gemeinsames Frühstück. Kleines DZ ab 28 Euro.

■ **Patio de la Luna**①, 12, Pl. Zellaka, Neustadt, www.patiodelaluna.com, Tel. 0539 41 60 74. Hübsches, kleines Gästehaus in zentraler Lage direkt vor der Altstadt. Schlichte, sehr saubere Zimmer mit Bad und Heizung. Kleiner Hofgarten mit Bananen und riesigem Gummibaum, tolle Dachterrasse mit Ausblick, kleine Lobby mit Kamin und Lesestoff.

Camping

In Asilah gibt es keinen ausgewiesenen Campingplatz. **Wohnmobile** können **am Anfang der Promenade** vor dem Hotel Al Khaima stehen bleiben (N 35°28,417', W 06°01,650', 30 DH pro Nacht). Dieser Platz liegt an einem schönen, von Palmen gesäumten Strandabschnitt, aber ca. 10 Minuten Fußweg von der Medina entfernt. Der Platz ist im Winter komplett voll, sodass die Caravans Tür an Tür stehen. Außerdem können Wohnmobilisten unmittelbar **am Rand der Medina** auf einer riesigen Parkfläche zwischen Straße und Hafen übernachten (ca. 50 DH/Nacht). Dieser Platz ist jedoch weiter vom Strand entfernt. Kassetten werden gegen Trinkgeld entleert.

Essen und Trinken

In den zahllosen **einfachen Straßenrestaurants** Asilahs werden vorwiegend Fisch und Pizza angeboten. Vor allem entlang der Stadtmauer an der Avenue Hassan II. reihen sich die Tische der **Imbissbuden** auf dem Gehsteig aneinander. Hier kann man sehr günstige Pizza, Tajine oder Omelettes essen und dabei das geschäftige Treiben rundherum beobachten.

■ **Al Kasaba,** 2, Pl. Zellaka, Neustadt, Mobil 0661 97 19 93. Das Restaurant liegt mitten im Zentrum des Geschehens zwischen Strand und Altstadt. Sitzgelegenheit auf der Terrasse oder im Obergeschoss mit Blick auf den Hafen und die Stadtmauer. Gute marokkanische Küche (Tajine, Pastilla) und Fischgerichte zum fairen Preis.

■ **Al Madina,** Pl. Sidi Abdellah Guennoun, Medina. Nettes, kleines Café mit Blick auf den El-Kharma-Turm – ideal für eine Pause vom Stadtbummel bei Tee, Kaffee oder frisch gepresstem Orangensaft. Auch günstiges Frühstück.

■ **Casa García,** Av. Moulay Hassan Ben Mehdi, Neustadt, Tel. 0539 41 74 65. Seit Jahrzehnten eine gute Adresse für frisch gegrillten Fisch und Meeresfrüchte. Schattige Terrasse mit Sicht auf die Strandpromenade und seemännisch ausgestattete Innenräume.

> Travellerhotel mit Stil: Al Alba

■ **Casa Pepe,** Pl. Zellaka, Neustadt. In diesem alteingesessenen Restaurant direkt vor dem Eingang zur Medina, das es bereits seit 1914 gibt, werden frischer Fisch, Meeresfrüchte und Tajine serviert. Weinausschank.

■ **El Espigón,** Av. Moulay Hassan Ben Mehdi, Neustadt, Tel. 0539 41 71 57. Lokal an der Strandpromenade, in dem leckere und frisch zubereitete Fischgerichte zum günstigen Preis auf den Tisch kommen – draußen wie drinnen.

UNSER TIPP: **La Perle d'Assilah,** Ecke Rue Allal Ben Abdallah/Rue Melilla, Neustadt, Tel. 0539 41 87 58, Mobil 0618 55 69 80, geöffnet: im Sommer 12–15 und 19–24 Uhr, im Winter 19–22 Uhr. Exzellente französisch-marokkanische Küche vom marokkanischen Chefkoch, der 25 Jahre ein Restaurant im irischen Dublin führte. Hier passt einfach alles: flotter und aufmerksamer Service, qualitativ hochwertige Gerichte, große Portionen, angenehmes Ambiente und angemessenes Preis-Leistungs-Verhältnis. Mittags sitzt man auf der schattigen Terrasse, abends im großen Innenraum mit Bistro-Atmosphäre. Gute Auswahl marokkanischer Weine, exzellente Vor- und Nachspeisen, auch vegetarische Gerichte.

Einkaufen

Diverse **Kunsthandwerksläden** sowie **Galerien** und **Ateliers** findet man an der Rue al Kadi und der Rue Tijara (ehemals Rue du Commerce) sowie beim Bab el Homar in der Medina. Man beachte, dass die Geschäfte nach der Mittagspause erst am späten Nachmittag wieder öffnen.

■ **Au Hasard d'un Voyage,** 6, Rue al Kadi, Medina. Hier gibt es schicke marokkanische Kleidung, Accessoires und Dekorationsgegenstände.

■ **Boutique Youssef Gharmout,** 6, Rue Sidi Ali Ben Hamdouch, Medina. Hochwertige, geschmackvolle Einrichtungsgegenstände im modernen orientalischen Stil (Lampen, Keramik, Teekannen etc.) bietet dieser Laden mit großen Schaufenstern an einer Straßenecke.

■ **Galerie Rabie el Mesnani,** 79, Rue Tijara, Medina, tägl. 11.30–14 und 17–20 Uhr. Farbenfrohe, moderne Ölgemälde des renommierten marokkanischen Künstlers *Rabie El Mesnani.*

ma16_042 ad

■ **L'Art de la Céramique,** 9, Rue Tijara, Medina. Der freundliche Ladenbesitzer *Mohamed* handelt seit 25 ahren mit Teppichen und Keramik aus Fès, die für ihre hohe Bruch- und Kratzfestigkeit sowie die filigrane, blaue Bemalung bekannt ist.

Das internationale Kulturfestival von Asilah

Die weißen Mauern der Altstadt erhalten während des internationalen Kulturfestivals jedes Jahr ein neues Gesicht. Künstler bemalen viele Hausfassaden mit **bunten Wandgemälden,** sogenannten Murals. So kann man bei einem Spaziergang durch die Medina, auch ohne eine Galerie zu betreten, originelle Kunstwerke bewundern. Das **Moussem Culturel International d'Asilah** wurde 1978 vom späteren Kultur- und Außenminister *Mohamed Benaïssa* ins Leben gerufen, um den bis dahin wenig beachteten Künstlern und Intellektuellen im arabisch-muslimischen Raum eine Stimme zu verleihen. Seitdem kommen jährlich Politiker, Literaten, Filmemacher, Schriftsteller und Philosophen aus aller Welt zum Festival nach Asilah, um sich ungezwungen und frei auszutauschen. **Jedes Jahr ist ein anderes Land Ehrengast.** Während des Festivals präsentiert dieses Land den Besuchern seine Bräuche und Traditionen und trägt damit zur interkulturellen Bereicherung bei. In der Zeit des Moussems können die Bewohner und Besucher Asilahs zahlreiche Diskussionsveranstaltungen, Ausstellungen (Malerei, Fotografie und Skulpturen), Kunstworkshops (auch für Kinder), Konzerte, Lesungen und Filmaufführungen besuchen. Das Moussem findet im Sommer 2016 zum 38. Mal statt.

■ **Infos:** www.c-assilah.com

Taxis

■ Die **Petits Taxis** sind in Asilah an ihrer grünen Farbe erkennbar. Eine Fahrt in der Stadt sollte nicht mehr als 15 DH kosten (Taxameter einschalten lassen), zum Bahnhof zahlt man etwas mehr. Petits Taxis findet man z.B. am Kreisverkehr Ecke Boulevard 16 Novembre/Av. Hassan II.

■ Die hellblauen **Grands Taxis** eignen sich für Touren ins Umland oder nach Tanger. Die Taxis warten an der Av. Moulay Ismail gegenüber der Moschee.

Busse

Der **Busbahnhof** von Asilah liegt an der Hauptdurchgangsstraße, der Küstenstraße N 1 (Av. Khalid Ibn Oualid/ Ecke Av. Prince Héritier), Tel. 0539 41 63 33.

Verbindungen und Preise

■ **Casablanca:** Es empfiehlt sich die Bahn, s.u.

■ **Tanger:** Privatbusse fahren etwa alle 30 Min., Fahrzeit 30 Min. bis 1 Std., ca. 20 DH.

■ **Tétouan:** 4x tägl. Supratours-Bus direkt vom Bahnhof Asilah, ca. 2 Std., 35 DH.

■ **Rabat:** mehrmals tägl. mit verschiedenen Buslinien, ca. 70 DH, ca. 3½ Std.

Bahn

Der **Bahnhof** liegt ca. 2 km außerhalb an der Straße in Richtung Tanger. Es verkehren Züge nach **Tanger** (alle 2 Std., 16 DH in der 2. Kl., 45 Min. Fahrzeit), nach **Casablanca** (9x tägl., 109 DH in der 2. Kl., ca. 4 Std.), nach **Rabat** (9x tägl., 83 DH in der 2. Kl., ca. 3 Std.) und nach **Marrakesch** (Nachtzug, 186 DH, 9½ Std.). Die blauen Busse von Unionbus zum/vom Bahnhof (5 DH) fahren ab bzw. halten an der Av. Moulay Ismail bei der Moschee.

Notfall/Medizinische Versorgung

■ **Notruf:** Polizei, Tel. 19; Rettungsdienst, Tel. 15, 150.

■ **Polizei:** Protection Civile, Av. Mansour Eddahabi, Neustadt, Tel. 0539 41 70 40.

■ **Apotheken:** Pharmacie l'Hôpital, 12, Av. Hansali, Neustadt, Tel. 0539 41 76 40; Pharmacie Océan, 19, Pl. Zellaka, Neustadt, Tel. 0539 41 70 35.

Asilahs Strände

Die palmengesäumte **Strandpromenade Avenue Moulay Hassan Ben Mehdi** zieht sich von der Medina nach Norden bis auf die Höhe des Hotels Al Khaima. Im Sommer herrscht hier Hochbetrieb: Die Cafébetreiber stellen ihre Tische auf die Gehsteige, ein kleiner Rummelplatz zwischen Promenade und Fischerhafen lockt Kinder an. Die marokkanischen Familien verbringen den ganzen Tag am Wasser; sie picknicken, baden und spielen Fußball. Sogar in der winzigen Sandbucht beim Hafenbecken, in dem die Fischerboote schaukeln, haben die Urlauber ihre Schirme aufgespannt. Dem Andrang entsprechend, lässt die Sauberkeit an den stadtnahen Strandabschnitten oft zu wünschen übrig – neben Müll liegt hier z.T. auch Baustellenschutt herum.

Nur etwa 1 km weiter nördlich, in Richtung Tanger und Hotel Al Khaima, erstreckt sich dagegen ein **schöner Sandstrand,** an dem man außerhalb der Ferienzeit lange und ruhige Spaziergänge unternehmen kann. Kinder können einen schaukeligen Kamelritt unternehmen (Preis vorher aushandeln). Alleinreisende Frauen baden an den Stadtstränden besser etwas züchtiger mit T-Shirt über dem Bikini, um männlichen Anmachversuchen vorzubeugen.

Motorisierte Touristen sollten unbedingt die Strände **in der Umgebung von Asilah** erkunden. Etwa 4 km nördlich der Stadt liegt der wunderschöne, wenig frequentierte Sandstrand **Plage R'milat.** Noch etwas weiter nördlich, rund 6 km von Asilah, lockt die **Plage de Briech** in der Nähe des Hotels und Campingplatzes Village Touristique Briech ebenfalls mit goldenem Sand. Südlich von Asilah erstrecken sich der von Felsen umrahmte **Plage de las Cuevas** (ca. 5 km) und der **Plage Sidi Mugait** (ca. 10 km). Hier befindet sich die Surfschule Surfiti, die Surfunterricht sowie einen Ausrüstungsverleih für Wind-, Kite- und Bodysurfer sowie Stand-up-Paddler anbietet.

Die Strände erreicht man am besten mit dem Auto oder per Grand Taxi. Im Hotel Al Alba erhält man – auch wenn man nicht dort wohnt – eine Karte mit Kilometerangaben und Anfahrtsbeschreibung zu den Stränden.

ma16_040 ad

- **Krankenhaus:** Hôpital Civile, Av. 2 Mars, Abzweig von der Av. Khalid Ibn Oulaid beim Stadion, Neustadt, Tel. 0539 41 72 17, 41 73 18.

Sonstiges

- Für bewachte **Parkplätze** muss eine Tages- oder Stundengebühr an den Parkplatzwächter entrichtet werden (5–10 DH/Tag). In Asilah gibt es einen großen Parkplatz unterhalb des Stadttores Bab Bhar, zwischen Hafenbecken und Medina.
- **Hammam Al Manar,** Bd. 16 Novembre, Seitenstraße der Av. Hassan II., Neustadt, tägl. 6–23 Uhr. In diesem recht modernen Hammam (auch bekannt als Hammam Jdid) mit getrennten Bereichen für Männer und Frauen (dampf-)badet man ausschließlich unter Einheimischen. Nicht vergessen: Schrubbhandschuh fürs Peeling, Handtuch, Shampoo und Wechselunterwäsche mitnehmen.
- **Post,** Av. Khalid Ibn Oualid (N 1 Richtung Tanger), Neustadt, Mo bis Fr 8–16 Uhr.

Von Asilah nach Larache

Weiter nach Süden in Richtung Larache (ca. 45 km) kann man entweder die mautpflichtige **Autobahn oder die N 1** wählen, die immer wieder durch Eukalyptus- und Korkeichenwäldchen führt. Entlang der Strecke werden Melonen und Tonwaren verkauft. Es bieten sich Abstecher zum Cromlech von M'Soura (megalithischer Steinkreis) und/oder zu den Ruinen von Lixus an (vgl. bei Larache).

Von der N 1 zweigt etwa 16 km hinter Tanger die **R 417 ins Landesinnere** ab, die durch hügeliges Landwirtschaftsgebiet und dann auf kurviger, schöner Strecke hinauf ins Rif-Gebirge nach Tétouan führt.

Larache

In der Hauptstadt der gleichnamigen Provinz unmittelbar **südlich der Mündung des Oued Loukos** in den Atlantik leben etwa 120.000 Einwohner. Das **Landwirtschaftszentrum** ist von schönen Küstenabschnitten, Wäldern und Obstplantagen umgeben. Viele der weiß-blauen kolonialspanischen Gebäude in der beschaulichen, von wenigen Touristen besuchten Medina wurden renoviert. Außerdem gibt es eine kleine Fußgängerzone, sodass sich ein Stopp zu einem Bummel in dieser hübschen Stadt durchaus lohnt. Auch die **Ruinen von Lixus** oder die **Sandstrände** nördlich von Larache am anderen Ufer des Loukos sind bei einem längeren Aufenthalt in der Gegend einen Besuch wert. Es ist möglich, sich mit Booten vom Fischerhafen auf die andere Seite des Ufers bringen zu lassen – an dem kilometerlangen Sandstrand, der auch in der Hochsaison nicht überfüllt ist, kann man einen Tee in einem der Cafés schlürfen.

7 km nördlich von Larache an einem schönen Sandstrand entstand in den letzten Jahren das riesige Touristenresort **Port Lixus** mit Hotels, Apartments, Golfplatz und Marina.

Geschichte

4 km nördlich von Larache liegt **Lixus,** eine phönizische Siedlung (Liks) aus dem 11. Jh. v.Chr. Später von den Römern übernommen, war der Ort bis ins 5. Jh. n.Chr. besiedelt. Lixus ist vor allem in der griechisch-römischen Mythologie wichtig. Hier soll *Herkules (Herakles)* die letzten seiner zwölf Arbeiten erledigt haben, um in den Olymp einzukehren: Er erwürgte den Riesen *Antäus* in der Luft und stahl drei goldene Äpfel aus dem Garten der Hesperiden.

Bis ins 15. Jh. war Larache unbedeutend. Dann errichteten die **Portugiesen** eine Festung, die aber bereits kurze Zeit später von den Truppen des Sultans *ash Shaykh* aus Fès eingenommen wurde. 1610 wurde die Stadt unter dem Saaditensultan Al Mum'in an Spaniens Krone zum Dank für militärische Hilfe übergeben.

Moulay Ismail eroberte die Stadt 1869 zurück und baute sie prunkvoll aus. Larache war während dieser Zeit der größte Naturhafen der Atlantikküste und wurde vor allem als **Piratenstützpunkt** bekannt. Deshalb folgten viele Auseinandersetzungen mit den Europäern, so der Beschuss der Stadt durch Franzosen und Österreicher. Von 1911 bis 1956 gehörte Larache zum **spanischen Protektoratsgebiet.** Der Hafen büßte damals an Bedeutung ein, weil er vom Hinterland und Süden abgeschnitten war, da diese Gebiete unter französischer Verwaltung standen.

Heute ist Larache **Fischerei- und Ausfuhrhafen** für Lebensmittel und Agrarprodukte aus der Loukos-Ebene.

Sehenswertes

Das Zentrum der **spanisch geprägten Neustadt** markiert der von schmucken Kolonialhäusern gesäumte **Place de la Libération** mit Palmen und Springbrunnen in der Mitte. Von diesem Platz führen die Straßen sternförmig in alle Richtungen. In unmittelbarer Nähe des Platzes, an der Av. Mohamed V. gegenüber der Post und des Hôtel de Ville (Rathaus), befindet sich der eckige Bau der **Iglesia de Nuestra Señora del Pilar,** errichtet Ende der 1920er Jahre von den Spaniern. Von der Place de la Libération runter zm Meer und dann rechts entlang der Küstenstraße nach Norden erreicht man den **Fischerhafen und Fischmarkt** mit Garbuden, wo man günstig zu Mittag essen kann.

Interessant in der **Medina** ist das **Bab al Khemis** (Donnerstagstor), dahinter der **Socco de la Alcaçeba,** ein arkadengesäumter Markt. Die Reste der **Kasbah** *(Alcaçeba)* aus dem 17. Jh. stammen aus der spanischen Zeit. Zu erwähnen sind noch die schönen alten **Funduqs** (Herbergen) aus dem 14. Jh. bei der Moschee Souika.

ma16_043 ad

☑ Schlechtes Wetter in Larache

Ein kleines **Archäologisches Museum** im ehemaligen Palast des Sultans *Yussuf Abdelhak al-Marini* (1258–1281) gibt eine guten Überblick über die Geschichte der Stadt (Eintritt 10 DH, tägl. außer Mo geöffnet). Das schöne Gebäude mit Innenhof beherbergt eine Waffensammlung, Ausstellungsstücke zum Unabhängigkeitskampf, Münzen, Statuen, Bronze-Schmuck, Musikinstrumente usw.

Auf dem **spanischen Friedhof** im Westen der Stadt befindet sich das **Grab von Jean Genet,** der als Autor und Dramatiker im französischsprachigen Raum eine ähnliche Rolle spielte wie *Paul Bowles* in Tanger. Zum Friedhof führt ein eigener Fußweg – von dort hat man einen herrlichen Blick zum Atlantik.

Lixus

Sehenswert ist auch Lixus, das im 19. Jh. von dem deutschen Afrikaforscher *Heinrich Barth* entdeckt wurde. Das ummauerte Gelände der **Ruinen** liegt etwa 4 km nördlich von Larache in Richtung Asilah auf einem Hügel direkt neben der Straße. 2015 war ein Museum/Besucherzentrum im Bau, sodass die Stätte wohl bald Eintritt kosten wird. Lixus ist nach Volubilis die größte **phönizische bzw. römische Ausgrabungsstätte** in Marokko, jedoch mit wesentlich weniger erhaltenen Gebäuden. Die von Mauern umgebene Stadt teilt sich in eine Ober- und Unterstadt. Vor allem die antike Fischverarbeitungsanlage ist zu erwähnen, in der die beliebte Fischpaste Garum hergestellt wurde, ebenso das einzige Amphitheater in Marokko; es liegt in der Oberstadt und ist von unten nicht zu sehen.

Wenn man ca. 15 Min. bergauf in nördliche Richtung geht, erreicht man die Ruinen, von denen man einen herrlichen Blick auf die Windungen des Oued Loukos hat.

Praktische Informationen

Unterkunft

Mittelklasse

■ **España**②-③, 6, Av. Hassan II., Tel. 0539 91 31 95, www.hotelespanalarache.com. Unter den Spaniern 1921 errichtetes Traditionshotel (2 Sterne) mit plüschigem, kolonial geprägten Ambiente. Saubere, einfach ausgestattete Zimmer mit AC, Bäder okay, kleiner TV, Zimmer z.T. mit Balkon zum Place de la Libération. Die Suiten sind etwas moderner, mit bessern Bädern und Flat-TV. WLAN im Salon verfügbar.

■ **La Maison Haute**②, 6, Derb ben Thami (in der Medina), Mobil 0668 34 00 72, www.lamaisonhaute.com. Kleines, freundliches und sehr familiäres Gästehaus mit sechs unterschiedlich traditionell marokkanisch gestalteten Zimmern auf zwei Etagen und einem Apartment. Dachterrasse mit tollem Ausblick.

Günstig

■ Diverse **sehr einfache Pensionen** liegen in der Av. Mohamed Abdellah nahe der Place de la Libération.

■ **Hay Essalam**①, 9, Bd. Hassan II., in der Fußgängerzone nahe der Place de la Libération, Tel. 0539 91 68 22. Saubere, geräumige Zimmer mit Bad, gutes Preis-Leistungsverhältnis.

■ **Nour**①-②, 19, Av. Malik Ibn Morhil (Eingang in einer Seitengasse von der Place de la Libération). Einfache Unterkunft mit acht Zimmern, recht ordentlich und sauber, Du/WC auf dem Gang.

Camping

3,5 km südlich der Stadt, nahe der Autobahnausfahrt Larache, gibt es einen großen **Rastplatz** *(Centre d'accueil)* mit Tankstelle, mehreren Restaurants und dem **Hotel Ksar el-Baraka**② (großer Garten, sicherer Parkplatz). Hier kann man auch mit dem **Wohnmobil** problemlos stehen (ca. 40 DH/Nacht für den Wächter).

Essen und Trinken

■ Im Fischerhafen kann man an **Garbuden** den Fang des Tages probieren.

■ Nur die **Restaurants im Hotel Somaryan** (68, Av. Mohamed Zerktouni) und im **Hotel España** schenken Alkohol aus.

■ **Balcón Atlántico,** Rue Tarik Ibnou Ziad. Hübsches Café mit großer Terrasse zum Meer direkt an der Corniche unterhalb der Place de la Libération. Gutes Frühstück und Mittagessen.

■ **Pizzeria Iris,** 4, Av. Mohamed Abdellah, wenige Schritte vom Place de la Libération. Guter und günstiger Schnellimbiss, u.a. Pizza für ca. 40 DH.

■ **Loukos,** außerhalb des Fischerhafens. Leser empfahlen dieses Restaurant unter französischer Führung: sehr gute Fischgerichte zum fairen Preis.

Busse und Taxis

Busse verkehren ab der Neustadt (südlich der Place de la Libération) vom Busbahnhof an der Rue Mohamed Ben Abdallah in **Richtung Tanger** (35 DH, 2½ Std.), **Rabat** (3 Std., 80 DH), **Casablanca** (120 DH, 4½ Std.), nach **Agadir** (Nachtbus, 12 Std., 310 DH) und nach **Fès** (spätabends, 5½ Std., 90 DH) bzw. **Meknès** (3x tägl., 3–4 Std., 65 DH). **CTM** am Busbahnhof: Tel. 0539 91 32 22.

Zu Zielen in die Region (z.B. Asilah oder zum Bahnhof in Ksar el-Kebir) kann man am Busbahnhof auch ein **Grand Taxi** nehmen.

Ausflüge

Strand von Larache

4 km nördlich, bei Lixus, zweigt eine Straße am Loukos entlang zum Strand von Larache ab (10 km). Leider ist das Ende der Straße an der Flussmündung direkt am Strand mit Häusern zugebaut, sodass man mit dem Auto nicht dorthin vordringen kann. Man findet

hier einige Kilometer nördlich der Mündung einen riesigen Sandstrand, umgeben von **Dünen, Pinienwäldern und Steilküste.** Auf den vielen Pisten, die in den Wald abzweigen, besteht keinerlei Chance, bis zur Küste vorzudringen. Man kommt lediglich auf den Rand der Steilküste und hat einen tollen Blick aufs Meer und die Stadt. Bislang war es am Strand von Larache ruhig, aber auch hier geht die touristische Entwicklung weiter: In den letzten Jahren entstand das **Ferienresort Port Lixus** mit Golfplatz und Luxushotels.

Cromlech von M'Soura

Der **megalithische Steinkreis** von M'Soura liegt etwa 42 km nördlich der Stadt zwischen Larache und Asilah. Auf der N 1 geht es Richtung Norden, vorbei an Melonenfeldern und durch Eukalyptus- und Korkeichenwälder. Nach **25 km** ist die Kreuzung Larache – Tanger – Tétouan (Kreisverkehr) erreicht, wo man auf die **R 417** ins Landesinnere Richtung Tétouan abbiegt. Nach 4,2 km geht es hinter einer Tankstelle links auf eine kleine Straße zum Ort **Suq-Tnine-de-Sidi-al-Yamani** (3 km, Montagsmarkt). Nach etwa **12 km ab der Kreuzung** zweigt links **(N 35°23,346', W 05° 54,964')** ein Feldweg zum Cromlech-Hügel ab. Nach weiteren 8 km auf der schönen, hügeligen Strecke links abbiegen und den Hinweisschildern „Site Historique Msoura" folgen. Bei **N 35°23,358', W 05°54,950'** auf eine kleine Teerstraße abbiegen; 4 km nach dem ersten Abzweig mit Schild (km 8) steht man vor einem ummauerten Gelände und einem kleinen Gebäude, in dem der Wärter bzw. Führer residiert. Innerhalb des ummauerten Areals liegt der **Cromlech-Hügel (N 35°24, 264', W 05°56,659').**

Der Hügel ist teilweise abgetragen und ausgegraben. Vor dem Eingang standen anscheinend fünf hohe **Steinsäulen.** Zwei davon sind noch erhalten, die westliche misst an der Basis 3 m Umfang, ist 5 m hoch und wird „El Uted" genannt; die andere misst 4,20 m. Zwei sind umgefallen, eine weitere liegt in einem Gehöft (Umfang 213 cm, Höhe 140 cm).

Der Erdhügel ist umgeben von einem **Ring von 167 Monolithen,** von Menschenhand poliert. Er ist fast kreisrund und misst im Durchmesser N/S 54 m, O/W 58 m. Innerhalb des Rings existierte eine mehrtreppige Mauer rechteckiger Steinblöcke, gut abgekantet und ohne Mörtel aufeinandergesetzt, Höhe 6 m. In

ma16_044 ed

der Mitte des Hügels befand sich eine **Grabstätte.** Man fand nur ein paar Knochen, keine Grabbeigaben.

Dieser Cromlech ist **einzigartig in ganz Nordafrika.** Die ersten Ausgrabungen wurden 1935/36 von *L. de Montalban* geleitet; er hinterließ keine Publikationen darüber. Dagegen hat der spanische Archäologe *M. Tarradell* eine genauere Beschreibung gegeben („Lixus: 1959", Instituto Moulay El Hassan, Tetouan. Editorial Cremades M. Torres 17). *Tarradell* glaubt, dass dieses „sepulcro legendario" vielleicht das Grab des Riesen *Anteo (Antaios)* aus der griechischen Mythologie darstellt, der in der Nähe von Tingis (Tanger) lebte.

Zurück kann man nach 4 km wieder die Hauptstraße erreichen und stößt nach einem weiteren Kilometer auf ein Dorf und den Stausee (Barrage) Dar Khrofa. An der V-Kreuzung bei einer Tankstelle mit Laden geht es rechts nach Moulay Abdallah (57 km, beschildert) bzw. zurück Richtung Larache, links nach Tétouan.

Von Larache nach Kénitra

Die Straße P 4214 führt **an der Küste** entlang bis Kénitra (153 km). Es ist aber auch möglich, auf der Autobahn südwärts bis zur Ausfahrt Moulay Bousselham zu fahren – dann ist es noch 1 km bis zum Ort. Sammeltaxis fahren von Larache oder Kénitra. Auf dem Weg lohnt sich ein Stopp im Naturreservat Moulay Bousselham (55 km von Larache). 108 km hinter Larache liegt ein Küstenabschnitt mit Dünen. Die Strände sind z.T. auf Pisten erreichbar. Am **Nador Plage** bei **km 110** führt ein Fußweg die Steilküste hinunter zum Sandstrand mit einem gestrandeten Schiff.

◁ Cromlech von M'Soura

Alternativ zur Küstenstraße und zur Autobahn kann man auch die **N 1** wählen. Sie führt über **Ksar el-Kebir** (Landwirtschaftszentrum mit gut erhaltener Medina, Markt am Sonntag, Bahn- und Busverbindungen nach Tanger bzw. Rabat) und **Souk el-Arba du Rharb** (Markt am Mittwoch) durch die Landwirtschaftsgebiete der Loukos-Ebene.

Moulay Bousselham

Der Fischerort liegt an einer riesigen **Lagune mit Natur- und Vogelreservat.** Er wurde nach dem Heiligen *Moulay Bousselham* benannt, der aus Ägypten nach Marokko gelangte und im 10. Jh. lebte. Zu seinem **Marabut** auf der anderen Seite der Lagune pilgern zahlreiche Menschen, vor allem zu dem in der ersten Augustwoche stattfindenden Moussem. Dorthin kann man sich mit Booten bringen lassen, oder man muss südlich der Lagune entlang der Landstraße nach Kénitra rechts abbiegen (18 km) und dann auf der Lagunenwestseite wieder nach Norden fahren (z.T. tiefe Schlaglöcher, nach Regenfällen evtl. nur mit 4x4 bzw. viel Bodenfreiheit befahrbar). Auf dem Parkplatz beim Marabut dürfen Wohnmobile nicht mehr über Nacht bleiben.

Der **Strand** auf der nördlichen Ortsseite und vor allem auf der gegenüber dem Dorf liegenden Seite ist sehr schön und im Winter und Herbst fast menschenleer. Man kann sich auch von Schiffern zum geschützten Sandstrand der Lagune bringen lassen.

Die Wasser- und Sumpfflächen der Lagune mit ihrer vielfältigen Vogelwelt wurden als **Réserve Biologique Merja Zerga** unter Schutz gestellt (Merja Zerga bedeutet „Blaue Lagune"). In der **Lagune,** die vom Süßwasser des Oued Drader und dem bei Flut einlaufenden Wasser des Atlantiks gespeist wird, leben u.a. Tausende Flamingos, Reiher, Kiebitze, Enten, Stelzenläufer. Hier stehen auch seltene, gefährdete Arten wie die Marmelente und die Kapohreule unter Schutz. Die europäischen Zugvögel kann man am besten im Dezember und Januar beobachten. Um in die Lagune zu kommen, muss man ein Fischerboot anmieten (2 Std. Fahrt, etwa 200 DH). Ein empfehlenswerter Führer für den Nationalpark ist *Hassan Dalil*, der etwas englisch und deutsch, aber besser französisch spricht (Mobil 0668 43 41 10).

Nach Moulay Bousselham fahren **Grands Taxis** ab Souk el-Arba du Rharb (ca. 20 DH, 45 Min.).

Praktische Informationen

Unterkunft

- Übernachten kann man in **Privatunterkünften** (an der Lagune die Bootsleute fragen oder den Besitzer des Restaurants Ocean). Das **Hotel Le Lagon**② (an der Ortseinfahrt links vor dem Zentrum, Tel. 0537 432 06 50) hat große saubere Zimmer mit Terrasse und toller Aussicht aufs Meer, hätte aber eine Sanierung nötig. Das schöne Gästehaus **La Maison des Oiseaux**② wurde seit dem Tod der englischen Eigentümerin angeblich etwas vernachlässigt (Tel. 0537 43 25 43, http://mulay.bousselham.free.fr).
- Die wohl beste Unterkunft in Moulay Bousselham ist das Design-Gästehaus **Vila Bea**④ (41, Front de Mer, Tel. 0537 43 20 87) direkt am Meer. Die Villa (mit einem „L") beeindruckt mit ihrem durchgestylten Interieur, einer Mischung aus marokkanischem Design und Pop Art („Marocain Pop"). Hier genießt man Luxus in völliger Ruhe: Dachterrasse mit Ausblick, SPA, beheizter Pool zum Meer, Privatzugang zum Strand. Anfahrt: Am Ortseingang die erste Straße hinter der Gendarmerie rechts ab, nach 700 m folgt eine Moschee auf der linken Seite, wieder die erste Straße rechts bis zu ihrem Ende, dann links abbiegen und die zweite wieder links abbiegen zum Meer; die Villa liegt auf der rechten Seite (blauer Eingang).

Camping

Es gibt in Moulay Bousselham zwei Campingplätze. Der empfehlenswerte **Camping Atlantis Gate** direkt an der Lagune hat ein schönes schattiges Gartengelände und ist vor allem im August ziemlich voll (Stellplatz 80 DH inkl. Strom, Abwasserentsorgung möglich); morgens gibt es frisches Brot am Platz. Ebenfalls empfehlenswert ist der **Camping Flamants Loisirs** kurz vor dem Ortseingang links (Tel. 0537 43 25 39, www.campingmaroc1.com, N 34°52,918', W 06°16,490') mit guten sanitären Anlagen und Pool (Eintritt 60 DH, für Camper 45 DH), Stellplatz mit Strom 60 DH plus 15 DH/Pers., Caravan 60 DH. In der Nebensaison sind die Plätze evtl. etwas vernachlässigt.

Essen und Trinken

Im **Restaurant Ocean** im Ort kann man gut und billig essen. Hinter den Restaurants auf der rechten Seite gibt es einen **Markt,** wo man Obst und frischen Fisch kaufen kann. Den selbst gekauften Fisch kann man sich auch im Restaurant zubereiten lassen.

Weiterfahrt nach Kénitra

Die Fahrt (P 4214 und P 4201 oder Autobahn, ca. 85 km) nach Kénitra führt durch **landwirtschaftlich genutztes Gebiet,** das immer wieder durch Wald unterbrochen wird.

Kénitra

Die **Hafen- und Industriestadt** am Oued Sebou wurde 1913 von den Franzosen gegründet und bietet für Touristen wenig. Kénitra lebt von der Lebensmittelindustrie, von der Holzverarbeitung und dem Abbau von Kork aus dem Mamora-Wald. Hinzu kommen zahlreiche weitere Industrie- und weiterverarbeitende Betriebe.

Nicht weit von Kénitra befindet sich der **Mamora-Wald,** das größte Waldgebiet Marokkos mit ca. 1300 m^2 Fläche (s.a. bei Rabat und Salé „Ausflüge").

Praktische Informationen

Unterkunft

- **Ambassy**③, 20, Av. Hassan II., Tel. 0537 37 99 78, www.ambassyhotel.com. Klimatisierte Zimmer mit Bad, z.T. zum Innenhof. WLAN verfügbar, Restaurant und Bar mit Alkoholausschank.
- **Assam**③, km 4, Route de Tanger, Tel. 0537 37 86 28/21, www.hotelassam.com. Älteres 3-Sterne-Hotel mit

klimatisierten Zimmern im Bungalowstil, die sich um den Garten mit Pool gruppieren. Restaurant, Bar (Alkoholausschank) und Nightclub.

■ **Mamora**③, Av. Hassan II., Tel. 0537 37 13 10, www.hotelkenitra.com. Traditionshotel (seit 1952) mitten im Zentrum, das erst 2014 komplett renoviert wurde. Ordentliche, saubere Zimmer mit TV, freundliches Personal, WLAN z.T. verfügbar, Bar und Nightclub.

■ **Relax Hotel**③, Parc d'activité commerciale Marjane (beim Marjane-Supermarkt), Tel. 0537 36 59 59, www.relaxmaroc.com. Relativ neues, modernes Hotel mit Pool, Restaurant und Bar (Alkoholausschank). Saubere Zimmer mit Flat-TV. Die beste Option für eine Nacht auf der Durchreise.

■ **Billige Hotels** finden sich **im Zentrum** der Stadt.

Bahn

■ **Casablanca:** Alle 20 Min. fahren Schnellzüge nach Rabat und Casablanca, Fahrzeit 1.45 Std., 48 DH in der 2. Kl. bis Casablanca, 10 DH bis Rabat.

■ **Tanger:** 8x tägl., 2. Kl. 85 DH, Fahrzeit 3.30 Std.

Feste/Veranstaltungen

Das ganze Jahr über, vor allem aber zur Erntezeit, finden in Kénitra und Umgebung **zahlreiche Moussems** statt.

Weiterfahrt nach Rabat

Wer auf dem Weg zur Hauptstadt den **Jardin exotique Bouknadel** (s. bei Rabat und Salé „Ausflüge"), das **Musée Belghazi** und die **Strände** (z.B. Mehdiya, s. bei Rabat und Salé „Ausflüge") besuchen möchte, wählt statt der Autobahn die Landstraße **N 1.** Diese führt durch wenig interessantes, flaches Landwirtschaftsgebiet mit einigen Eukalyptushainen.

Rabat und Salé

Rabat, die **Hauptstadt des Landes** und eine der vier Königsstädte, liegt an der Mündung des Flusses Bou Regreg und zählt zusammen mit Salé etwa 1,5 Mio. Einwohner. Die lange im Schatten von Casablanca stehende, fast beschaulich wirkende Hauptstadt erhielt in den letzten Jahren ein neues Gesicht. An der Bou-Regreg-Mündung entstand die **Bouregreg Marina** (www.bouregregmarina.com) mit einer 2 km langen Promenade, Cafés, Restaurants und Jachthafen. Auch Wassersport wird dort angeboten. Eine **Trambahn** verbindet alle wichtigen Punkte in der Stadt. In Rabat kann man (im Gegensatz zu Fès oder Marrakesch) völlig unbehelligt von Händlern oder Schleppern durch die **ruhige, kleine Altstadt** schlendern oder prachtvolle **Kolonialgebäude** in der Neustadt bewundern. Besonders die **Kasbah des Oudaïas** lohnt einen Besuch: In den weißen Gassen herrscht andalusisches Flair, und immer wieder bietet sich ein schöner Ausblick auf die Flussmündung. Mit dem **Hassan-Turm und dem Mausoleum** der Könige *Hassan II.* und *Mohamed V.* hat Rabat außerdem Kunstwerke der maurischen Architektur zu bieten. Wer Stress vermeiden will, gerade am Anfang der Reise, sollte seine Besichtigungstour in Rabat/Salé beginnen.

Rabat ist nicht nur Verwaltungshauptstadt, sondern auch die **Kulturmetropole** des Landes. Es gibt hier Theater, Bibliotheken (Nationalbibliothek in der Av. Ibn Batouta), ausländische Kulturzentren und Kinos.

Geschichte

Prähistorische Funde in der Gegend von Salé weisen auf eine frühe Besiedlung hin. Die **Phönizier und Karthager** benutzten die Mündungsbucht des Bou-Regreg-Flusses als Ankerplatz, das Gebiet des heutigen Chellah war ein wichtiger römischer Handelsplatz. Im 8. Jh. siedelten die kriegerischen **Barghwata-**

G. Rohlfs und Leo Africanus berichten über Rabat

„Rbat, so wie es jetzt steht, eine Stadt von ca. 30.000 Einwohnern, hat ein fast modernes südeuropäisches Aussehen, namentlich von der Westseite her. Hier haben sich hauptsächlich **Christen und Juden** Häuser gebaut, und besonders letztere sind in Rbat zahlreich vertreten, da sie, wie auch die Christen, in Sla nicht wohnen dürfen. In der Mündung des Flusses könnten Rbat und Sla einen guten Hafen haben, wenn nicht eine gefährliche Barre auf der Rhede wäre und wenn für eine gehörige Ausbaggerung gesorgt würde. Man exportiert hier vorzugsweise **Öl, Häute und Kork.** Als eigene Fabrikation betreibt man in Rbat hauptsächlich die Verfertigung wollener **Teppiche,** an Güte und Dauerhaftigkeit kommen sie den syrischen gleich, im Muster und in den Farben stehen sie allerdings zurück. Ferner sind Schuhe, Burnusse und Matten gerühmt.

Rbat, auf dem bedeutend höher gelegenen linken Ufer des Flusses gelegen, hat ein **Castel** auf seiner äussersten nach dem Meere gerichteten Seite, mit sogen. bombenfesten Gewölben, und dicht dabei eine große **Djemma** (Moschee) mit einem sehr hübschen Smah (Minaret). Dieser Sma-Hassan ist wie die Moschee selbst von Sultan *Mansor* erbaut. *Leo Africanus* sagt von ihm: ‚Vor dem Süderthor liess er auch einen Thurm, dem zu Marokko ähnlich, errichten, er hat aber viel breitere Treppen, worauf drei Pferde nebeneinander hinaufkommen können.'

Der **Palast des Sultans** ausserhalb der Stadt Rbat im Süden und fast hart am Meer gelegen, ein vollkommen neues Gebäude, und irre ich nicht, erst vom jetzigen Sultan erbaut, zeichnet sich nur durch Kasernenhaftigkeit aus. Es ist ein ziemlich unbedeutendes Gebäude, mit einer Beletage, hat viele Fenster, die aber nicht Glasscheiben besitzen, sondern durch hölzerne Jalousien verschlagen sind. Vor dem Schlosse nach dem Strande zu befinden sich Erdschanzen auf europäische Weise errichtet; einige Kanonen sind ebenfalls darin. *Leo Africanus* schrieb weiterhin: ‚Weil in der Nähe der Stadt kein sonderlich gutes Wasser war, so liess Sultan *Mansor* eine **Wasserleitung** von einer Quelle, die ungefähr 12 Meilen von der Stadt entfernt ist, hier anlegen; sie besteht aus schönen Mauern, welche auf Bogen ruhen, gleich denen, die man hier und da in Italien, vornehmlich um Rom sieht. Diese Wasserleitung theilet sich in viele Theile: einige führen Wasser in die Moscheen, andere in die Schulen, andere in die Paläste des Königs, andere in die öffentlichen Brunnen, dergleichen für alle Districte der Stadt gemacht wurden. Nach *Mansor's* Tode nahm die Stadt allmälig so ab, dass nicht ein Zehntel mehr übrig ist. Die schöne Wasserleitung ist in den Kriegen der Mereniden gegen *Mansor's* Nachfolger zerbrochen worden.' So *Leo.*

Heutzutage entbehrt Rbat sehr dieser Wasserleitung, die Einwohner behelfen sich zum Theil mit dem Wasser ihrer Cisternen, zum Theil holen sie weither ihr **Trinkwasser** in Schläuchen. Nirgends ist das Trinkwasser teurer als in Rbat. In allen grösseren marokkanischen Städten durchziehen mit einem grossen Schlauch auf dem Rücken, in der einen Hand eine Glocke, in der anderen einen Becher haltend, Wasserverkäufer die Strassen und verkaufen dem Durstigen den Labetrunk, der dann so bemessen ist, dass der Käufer so viel trinken kann, wie er Durst hat. In Rbat aber muss genau das Mass inne gehalten werden. Im Übrigen hat die Stadt nichts Merkwürdiges, nur will ich nicht unterlassen, auf die unvergleichlich schönen Gärten aufmerksam zu machen, die sich längs des linken Flussufers hinziehen. Was nur das glückliche Klima des Mittelmeeres hervorbringt, findet man hier blühen und grünen."

Aus *G. Rohlfs* „Reisen in Marokko", entnommen aus *W. Gartung*, „Oasen sind überall", Westermann-Verlag, Braunschweig.

Berber in der Nähe von Rabat. Sie schrieben ein neues Religionsgesetzbuch, das zwar den Koran als Grundlage nahm, aber sich mehr an berberische Traditionen anlehnte. **Zenata-Berber** und spanische **Umayyaden,** die diese Religionsspaltung heftig bekämpften, gründeten wahrscheinlich im 10. Jh. ein Ribat – eine Klosterburg – auf dem Oudaia-Felsen. Dieses Ribat (daher der Name Rabat) war Stützpunkt für Feldzüge gegen die Barghwata. Am gegenüberliegenden Ufer des Bou Regreg entstand in Salé die Hauptstadt des Königreiches der **Beni Ifren,** die ebenfalls gegen die Barghwata kämpften.

Eine Zeit lang geriet das Kloster in Vergessenheit und gewann erst wieder an Bedeutung, als die **Almohaden** unter *Abd al-Mu'min* die Barghwata besiegten. Sie benutzten die günstige Lage der Flussmündung als Feldlager für Eroberungszüge nach Spanien. Salé wurde zerstört. Auf dem Oudaia-Felsen wurde das ehemalige Kloster zu einer Festung ausgebaut und mit einem Palast und einer Moschee versehen.

Der Enkel *Abd al-Mu'mins,* **Abu Yussuf Yakub al Mansur** (1184–1199), gründete dann die Stadt **Ribat al Fath** (Siegeskloster), wählte sie zur Hauptstadt des Reiches und ließ eine große Stadtmauer und eine Moschee bauen, die allerdings unvollendet blieb. Reste der Moschee und das nicht vollendete Minarett – der Hassan-Turm – kann man heute noch sehen. Nach dem Tode des Sultans *Abu Yussuf Yakub* verlor die Stadt an Bedeutung, der Regierungssitz wurde nach Marrakesch verlegt, Salé jedoch entwickelte sich zum wichtigsten Atlantikhafen der damaligen Zeit. Anfang des 17. Jh. waren die beiden Nachbarstädte Zufluchtsort **andalusischer Flüchtlinge;** beide Städte erlebten einen zweiten Aufschwung.

Die Flüchtlinge gründeten die unabhängige **Republik Bou Regreg** mit der Kasbah Oudaia als Mittelpunkt. Diese Republik erreichte Berühmtheit als **Piratenstützpunkt** und als

An der Mündung des Bou Regreg

ma11-144 ad

Umschlagplatz für den Sklavenhandel. Die Angriffe der Piraten richteten sich vor allem gegen europäische Schiffe. Es kam zu vielen Kämpfen mit französischen und auch englischen Schiffen. Waffenstillstandsabkommen wurden unterzeichnet und wieder gebrochen. Selbst nach der Eingliederung ins Alawitenreich Mitte des 17. Jh. hielten die Überfälle an, die Seeräubergeschäfte liefen nun auf Rechnung des Alawitenherrschers.

Nach dem Tode des Sultans *Moulay Ismail* kam es zu heftigen Thronfolgekämpfen, wobei sich Alt-Salé und Neu-Salé bekriegten und so selbst zum Niedergang beitrugen.

Durch das **Erdbeben 1755** wurden der Stadt abermals viele Schäden zugefügt. 1765 kam es zu **französischen Angriffen,** Frankreich schloss einen Vertrag mit Neu-Salé (Rabat) und setzte einen Konsul ein.

Da sämtliche neuerlichen Piratenangriffe von den Europäern mit Vergeltungsaktionen gesühnt wurden, kam es unter *Moulay Abd er-Rahman* langsam zu einem Ende der Seeräuberei. 1829 wurde das letzte Schiff aufgebracht. Unter den **Aliden** und ihrem Sultan *Sidi Muhamad ibn Abdallah* war die Stadt Ende des 18. Jh. wieder Makhzen-Stadt (Königsstadt), aber die Versuche, in den Überresten des Almohaden-Mauerrings eine neue Stadt zu bauen, schlugen fehl. Fünf Jahre nach der Grundsteinlegung war die Stadt 1781 schon wieder ein Trümmerhaufen.

Die **Franzosen** unter General *Lyautey* wählten Rabat 1912 als Verwaltungshauptstadt und Generalresidenz aus. **Sultan Moulay Yussuf** übersiedelte ebenfalls nach Rabat und ließ an dem bereits von *Sidi Muhamad ibn Abdallah* ausgewählten Platz seinen Palast bauen. In der französischen Protektoratszeit wurde die Stadt großzügig ausgebaut und bot das Bild einer beschaulichen modernen Stadt mit Villenvierteln und Verwaltungsbauten. Erst in der zweiten Hälfte des 19. Jh. gewann Rabat durch rege Handelstätigkeit mit Europa an Bedeutung. Die Stadt will und kann aber in keiner Weise Casablanca als Wirtschaftszentrum Konkurrenz machen.

0 500 m
© Reise Know-How 2016
Marok_40
OZEAN
MEDINA SALÉ
Strand
Strand
OUDAYA
Kasbah des Oudaïas
Marina Ouest
MELLAH
Bd. Al J. Al Malaki
Bd. Fès
Bouregreg Marina
N1
Kénitra/Bouknadel (über Landstraße)
1
Av. Al Marsa
Av. Al Marsa
Bd. Laalou
Place Achouhada
MEDINA
MELLAH
Place Sidi Makhlouf
Av. Hassan II
Av. Bou Regreg
Grand Théâtre de Rabat
Moukawama
Av. Mohamed V
Bab El Mellah
Hassan-Turm
Bab Chellah
260
Meknès, Fès und Kénitra (über Autobahn), Casablanca
3
Place Anglatira
Bab Bouiba
HASSAN
Bd. Ar Rahba
OCÉAN
Av. Hassan II
Place Melilya
Av. Moulay Ismail
Av. Alaouyine
Mausoleum Mohamed V.
Av. Misr
Bab al-Had
Maghrib Al Arabi
Av. Allal Ben Abdellah
Av. Mohamed V
Av. Abderrahman Aneggay
2
Av. Hassan II
Av. Ibn Toumert
NEUSTADT
Place Al Juolane
Route Ain Houalla
Place A. Lincoln
Bd. Tank Ibn Ziyad
Bahnhof
Place Mohamed V
Place Miy Ali Chérif
Bd. de Meknès
LES ORANGES
Av. Moulay Hassan
Es-Sounna
LAMLALAH
Place An Nasr
Bab er Rouah
Place des Flandres
Av. Mohamed V
Av. Yacoub El Mansour
QUARTIER ADMINISTRATIF
TOUARGA
254
Oued Bou Regreg
Av. Ibn Khaldoun
Av. Ibn Hazm
Av. Ibn Batouta
Universität Mohamed V.
Bd. Moussa Ibn Noussaïr
Chellah
Bab Zaer
Méchouar (Versammlungsplatz)
El Faeh
Place Al Mamoun
Av. Al Abtal
Königspalast
Bd. Ad Doustour
Av. Omar Khattab
Mouttahida
Bd. Mohamed VI.
Place Al Mansour
Av. Al Oumam Al
Av. Omar Khattab
YOUSSOUFIA
8 9 10
SOUISSI (Stadtviertel), Club Equestre Dar Essalam, Royal Golf Dar Essalam, Umgehungsstraße
Av. du Tadla
CITE MABELLA
7

Sehenswertes

Medina und Kasbah des Oudaïas

Ausgangspunkt für einen Rundgang ist die Medina: Im Norden vom Meer, im Osten des Flusses Bou Regreg, auf den beiden anderen Seiten durch die 1197 vollendete Almohaden-Stadtmauer begrenzt, bildet sie den eigentlichen Kern der Stadt. An sie schließen sich im Süden die Neustadt und im Südwesten der Königspalast an. Die Rue Soukia, die aus der Altstadt führende Av. Mohamed V., der parallel zur Rue Soukia laufende Bd. Laaloul und die von diesem wieder zurück zur Rue Soukia laufende Rue des Consuls umkränzen quadratisch die Medina.

Die kleine Altstadt bekam ihr heutiges Aussehen erst durch die Andalusien-Flüchtlinge im 17. Jh. Sie ist gut erhalten, kann aber **nur wenige Bauwerke von historischer Bedeutung** vorweisen. Die Souks sind bei Weitem nicht so orientalisch geprägt wie in Fès, Marrakesch oder Tétouan, aber sehr gepflegt und einen Streifzug wert.

Die überdachte Hauptstraße des Marktes ist die **Rue des Consuls.** In ihr sind große Läden mit Souvenirs sowie in den Nebengassen Gemüse und Nahrungsmittel zu finden. Die Rue des Consuls hat ihren Namen aus der Zeit *Moulay Ismails,* der hier seine zahlreichen ausländischen Gäste wohnen ließ. Auch Salé-Stickereien, Kupfer- und Lederarbeiten findet man in den Läden – für den Besucher bieten sich zahlreiche Gelegenheiten zum günstigen Souvenireinkauf. In der Rue des Consuls befindet sich auch der **Teppichmarkt,** das Verkaufszentrum für Rabat- und Atlasteppiche, die dienstags und donnerstags von den Berbern der umliegenden Gegenden in die Stadt gebracht werden.

Am Anfang der **Rue Suq es-Sebbat** liegt die **Große Moschee,** erbaut im 14. Jh., Ende des 19. Jh. vollkommen renoviert und erst 1939 fertiggestellt. Textilien, Lederwaren und Schmuck werden hier im Suq verkauft. Am Ende der Rue Suq es-Sebbat stößt man auf das Tor **Bab al Bahar,** das zum Fluss führt.

Rechter Hand liegt die **Mellah,** in der nur noch wenige Juden leben und wo sich der

ma11-132 ed

Flohmarkt etabliert hat. Hier gibt es von alten Ersatzteilen für Küchengeräte, Autos bis zu Wohninventar und holzgeschnitzten Türen ein großes Sammelsurium zu kaufen.

Über die parallel zum Fluss verlaufende Rampe Sidi Makhlouf kommt man zum **Suq al-Ghezel,** dem früheren Handelszentrum und Sklavenmarkt, wo jetzt die Färber anzutreffen sind. Die Schneider befinden sich am **Suq al-Merzouk** unweit davon.

Im Süden begrenzt die im 17. Jh. erbaute **Andalusiermauer** die Altstadt. Durch das **Bab al-Had** im Südwesten der Stadt erreicht man die Medina und kommt zum **Marché Municipal.** An der Kreuzung zur Rue Sidi Fatah liegt auf der gegenüberliegenden rechten Seite die **Moschee Moulay Sulayman.**

In der **Rue Sidi Fatah** gibt es verschiedene wichtige **islamische Heiligtümer,** so die Zaouia de Sidi Moussa, die Moschee Moulay Mekki mit achteckigem Minarett, die Qubba des Marabut *Sidi Fatah* und die Moschee Moulay al-Rashid.

Gegenüber vom ehemaligen Sklavenmarkt und der Rue des Consuls liegt die **Kasbah des Oudaïas,** auf dem Felsen, wo ehemals das alte Ribat stand. Das **Oudaïa-Tor (Bab Oudaïa)** mit Reliefverzierungen, Haupteingang der Kasbah, ist eines der wichtigsten Bauwerke der Almohadenzeit. Im Inneren des Stadttors befinden sich mehrere Räume, die früher für Versammlungen genutzt wurden. Es gibt eine schöne **Aussichtsplattform** mit Blick zum Meer und nach Salé. Nebenan in der ehemaligen Residenz von *Moulay Ismail* sind das Museum für marokkanische Kunst, das Volkskunstmuseum und das Musikinstrumentemuseum (**Musée des Oudaïas,** Tel. 0537 73 15 37, 2016 geschlossen) untergebracht: Umfangreiche Sammlungen von Schmuck, Musikinstrumenten, Teppichen, Koranschriften und Trachten sind zu sehen.

Im Innenhof der ehemaligen Residenz liegt der von den Franzosen angelegte, schöne **Andalusische Garten (Jardin Andalou)** mit Bougainvilleen, Pomeranzen, Palmen und Papyrus. Nahebei befindet sich das gemütliche **Café Maure,** in dem man mit schönem Blick auf die Bou-Regreg-Mündung und Salé einen Tee trinken kann. Das Kasbahviertel lohnt unbedingt einen Spaziergang, die Gassen mit den andalusisch anmutenden, weiß getünchten Häusern sind wirklich hübsch.

Entlang der Rue Jamaa, der Hauptstraße durchs Kasbahviertel vom Bab Oudaïa nach Nordosten, gelangt man zur **Moschee Jamaa el-Atiq.**

Bouregreg Marina

Der gesamte alte Hafenbereich am Bou Regreg von der Kasbah des Oudaïas bis zur Brücke nach Salé (Pont Moulay Al Hassan) wurde in eine prachtvolle **Uferpromenade** verwandelt. Außerdem entstanden am Fluss schicke Geschäfte sowie Hotel- und Wohnanlagen in einem parkartigen Areal. Auf der rechten Flussseite in Salé befindet sich eine **Marina.** Entlang der Uferzone von der Marina bis zur Flussmündung wuchsen auch hier vornehme Wohnhäuser, Geschäfte und Hotels aus dem Boden. Der neue Jachthafen, die Palmenallee, die Tramway (Trambahn) und die bereits fertiggestellten Bauten verleihen der Bucht ein mondänes Flair, vergleichbar mit europäischen Touristenzentren am Mittelmeer. Segler finden in der Marina einen großartigen Anlegeplatz direkt vor den Toren der Altstadt.

Hassan-Turm und Mausoleum Mohamed V.

Der **Hassan-Turm,** das **Wahrzeichen Rabats,** liegt außerhalb der Medina flussaufwärts (N 34°01,445', W 06°49,295'). Er ist gut zu erreichen über den großen Boulevard, der nach Salé führt. Links in einer Seitenstraße kann man bewacht parken. Die Besichtigung der Moscheeanlage und des Mausoleums ist kostenlos.

◁ Der Friedhof der Kasbah des Oudaïas

Rabat Zentrum und Medina

Übernachtung

5 Riad Kalaa
6 Dar Aida
9 Riad Oudaya
10 Dar Yanis
11 Jugendheberge (Auberge de Jeunesse)
12 Alger
13 Du Centre
16 Golden Tulip Farah
19 La Tour Hassan
21 Royal
24 Capitol
25 Splendid
27 Central
28 Balima
33 Le Pietri
35 Majliss
38 Bélère

Essen und Trinken

3 Café Maure
4 Dinarjat
7 Le Mandarin
8 Dar Rbatia
14 Pâtisserie Bouiba
15 Le Ziryab
17 Lago di Garda
18 La Menora
23 Boulangerie Pâtisserie Majestic
29 Le Petit Beur

30 La Mamma
31 Dar Tajine
32 McDonald's
33 Le Bistrot du Pietri
36 Cosmopolitan
37 Le Clef
39 Chez Ouazzani
42 Le Goéland
43 Les deux Palais

Einkaufen/ Sonstiges

20 Europcar
22 Cinéma Le 7ième Art
26 Cinéma Renaissance
34 Hertz
40 Marjane
41 ACIMA

Wassersport

1 Club Nautique de la Plage de Rabat
2 Oudyas Surf Club

Tramway Linie 1
Tramway Linie 2

Der **Name des Turms** stammt nicht vom verstorbenen König *Hassan II.*, sondern vom **Stadtteil Hassan** (Quartier Hassan). Die Moschee und der dazugehörige Turm wurden Ende des 12. Jh. von *Yaqub al-Mansur* in Auftrag gegeben, der aber noch während der Bauarbeiten verstarb. Es sollte die größte islamische Moschee entstehen, nach dem Vorbild der Giralda in Sevilla. *Yaqubs* Nachfolger aber zogen nach Marrakesch, und das Projekt wurde **nie vollendet.** Die zum großen Teil fertigen Bauten wurden 1755 durch ein Erdbeben weitgehend zerstört, sodass man jetzt nur noch Teile der Mauern, einige Säulen und den Turm sehen kann, der 80 m hoch werden sollte, aber nur eine Höhe von 44 m erreichte. Jede der vier Mauern ist mit Reliefs ausgeschmückt. Der Turm kann nicht mehr bestiegen werden. Trotzdem ist die Anlage mit dem benachbarten Mausoleum sehr eindrucksvoll und unbedingt sehenswert.

Am Rande der Moscheeruinen entstand zwischen 1961 und 1967 das **Mausoleum von Mohamed V.**, dem Begründer des neuen Reiches und Großvater des jetzigen Königs. Auch der Vater des aktuell herrschenden Königs, *Hassan II.*, liegt hier begraben. Die Grabanlage besteht aus einer Moschee, dem Mausoleum und einer kleinen Gedenkstätte mit Bildern aus dem Leben des Königs. Das Mausoleum kann besichtigt werden (tägl. außer Freitagmittag 9–17 Uhr, kein Eintritt) und ist prunkvoll in typisch maurischer Architektur ausgestattet. Zahlreiche Schnitzornamente, Mosaiken und Fliesen schmücken die Grabstätte. Die Mauern und der Sarkophag sind aus Carrara-Marmor gefertigt. Die Wächter im Mausoleumsbereich sind in herrlicher Tracht mit Pluderhosen und Schärpen geschmückt – ein beliebtes Fotomotiv.

Hassan-Turm (links) und Mausoleum Mohamed V.

ma11-092 ad

ma11-093 ad

Die Neustadt, der Königspalast und Agdal

Die **Neustadt** Rabats mit ihren modernen und kolonial geprägten Bauten, großzügigen Gartenanlagen, dem Regierungs- und Universitätsviertel ist wahrscheinlich die sauberste in ganz Marokko. An der **Hauptgeschäftsstraße Av. Mohamed V.** mit Palmen und Blumenrabatten liegen die Hauptpost, der Bahnhof, Flugbüros, Hotels und Banken.

Am Ende der Av. Mohamed V., am Place Djamaa Assouna, steht im Regierungsviertel die **Moschee Es-Sounna,** im 18. Jh. nach dem Vorbild der Kutubiya-Moschee in Marrakesch erbaut.

In der nahe gelegenen Rue al Brihi Nr. 23 befindet sich das **Archäologische Museum** (tägl. außer Di 9–17 Uhr), am besten zu erreichen, wenn man ab der Moschee die Av. Mohamed V. überquert und links von einem großen Verwaltungsgebäude in die Seitenstraße und dann in die erste Straße rechts einbiegt. Man parkt am besten in der Nähe des Hotels Chellah, da es von dort nur wenige Schritte sind. Das Museum präsentiert die reichhaltigste Sammlung dieser Art in Marokko.

Das Energie- und Bergbauministerium (Quartier Administratif, Rabat-Agdal) beherbergt das **Museum der Wissenschaft der Erde** mit einem 1979 bei Azilal gefundenen, 150 Mio. Jahre alten Dinosaurierskelett.

Ein Museum, das vor allem Philatelisten interessieren dürfte und das über die Entwicklung der Post in Marokko (an der auch Deutschland maßgeblich beteiligt war) berichtet, befindet sich im Postministerium: **Musée National des PTT,** Av. Mohamed V. Neben einer exzellenten Sammlung marokkanischer Briefmarken findet man hier Telegrafenmaschinen, Telefone, Beliongrafen, Briefumschläge etc.

Das neue **Museum Moderner und Zeitgenössischer Kunst Mohamed VI.** (MMVI, Ecke Av. Moulay Hassan und Av. Allal Ben Abdellah, 40 DH Eintritt, tägl. außer Di 10–18 Uhr, www.museemohammed6.ma) wurde im Oktober 2014 mit der von *Mohamed Rachdi* kuratierten Ausstellung „100 Jahre Schaffen“ eröffnet. Es zeigt zeitgenössische Kunst von 1914 bis zur Gegenwart: die Anfänge von Malerei und Fotografie, Installationen und Skulpturen des 21. Jahrhunderts. Mehr als 400 Arbeiten von 200 Künstlern zeichnen ein ziemlich vollständiges Bild von der Entwicklung der bildenden Kunst im Land.

Den Abschluss der almohadischen Stadtmauer bildet das **Bab er Rouah,** das „Tor der Winde“, neben dem Oudaia-Tor das schönste der Stadt. Es ist zu beiden Seiten von Türmen begrenzt und hat mehrere Innenräume, in denen Ausstellungen stattfinden. Südlich des Tores liegt die **Universität Mohamed V.,** die größte des Landes.

Gegenüber der Universität befindet sich der dem **Königspalast** (Palais Royal, Dar al-Makhzen) vorgelagerte **Méchouar,** ein großer Versammlungsplatz, von dem man alle zwei Stunden bei der Ablösung der Palastwachen zuschauen kann. Eine Besichtigung des Palastbereiches ist nur von außen möglich. Eine Attraktion ist der **Gang des Königs zum Freitagsgebet** in die zum Palastbezirk gehörende **Moschee El Faeh.** Gegen 13 Uhr begibt er sich zum Gebet, eskortiert von seiner berittenen, in Schwarz und Weiß gekleideten Leibwache. Der Königspalast wurde vom Großvater des aktuellen Königs *Mohamed V.* erbaut und vom Königsvater *Hassan II.* erweitert.

An die Neustadt schließt sich im Südwesten das **wohlhabende Viertel Agdal** an, in dem gleich oberhalb des Palais Royal alle Ministerien liegen. Westlich und südlich des Bahnhofs Agdal befindet sich die Zentrale des Fremdenverkehrsamtes. In Agdal gibt es viele Geschäfte und Restaurants, in denen hauptsächlich die Rabater der Mittelschicht der umliegenden Wohnviertel verkehren.

Die Villen der reichen Marokkaner und Ausländer liegen im Süden von Rabat im **Stadtteil Souissi,** zwischen dem ehemaligen Zoo und Temara. Hier kann man nach einem Medinabummel die eklatanten Wohnunterschiede in Marokko kennenlernen.

Die Ruinen von Chellah

Chellah

Am Ende der Av. Yaqub el-Mansur liegt gleich außerhalb der Stadtmauern Chellah, die **Grabstätte der Meriniden-Sultane** (N 34°00, 392', W 06°49,409'). Das Areal auf einem Hügel wird von einer Mauer aus dem 14. Jahrhundert umschlossen. Die Ursprünge des Ortes gehen auf die Karthager zurück, neuerliche Ausgrabungen weisen auch auf eine römische Siedlung namens *Sala Colonia* hin. Spärliche Überreste sind noch zu sehen.

Heutzutage wird Chellah als **heiliger Ort** verehrt, weil sich früher an den Quellen des Bezirks Marabuts reinigten. Außerdem ist es eine wichtige merinidische Nekropole aus dem 13. und 14. Jahrhundert. Fast alles, was heute zu sehen ist, stammt von **Abu al-Hassan,** dem „schwarzen Sultan". Die Totenstadt wurde 1339 auf den Überresten eines islamischen Friedhofs errichtet. Am besten erhalten und am schönsten ist das Grab des Sultans *Abu al-Hassan.* Daneben stehen eine Moschee, deren Minarett sehr schön mit Ornamentik verziert ist, und eine Zaouia, die ebenfalls noch recht gut erhalten ist.

Chellah ist nicht nur wegen seiner Gräber sehenswert, sondern auch wegen der Pflanzenvielfalt und der unzähligen auf den Ruinen brütenden Störche und Kuhreiher (natürlich nur im Frühjahr) – eine **Oase der Ruhe** im Vergleich zur Großstadthektik.

Die Nekropole ist täglich von 9–17 Uhr geöffnet, auch an Feiertagen; Eintritt 10 DH. Ein Führer ist nicht obligatorisch. Es gibt einen bewachten Parkplatz.

Salé und Töpferviertel in Oulja

Von Rabat kann man entweder über die Brücke Pont Moulay Al Hassan oder mit der Tramway (s.u.) auf einer Hochbahn nach Salé **auf der anderen Flusseite** gelangen.

Durch das **Bab Lamrissa,** das älteste Tor von Salé (13. Jh.), betritt man die Altstadt und kommt direkt in die **Mellah,** das Judenviertel. Für die Juden Marokkos ist Salé nach Ouezzane der bedeutendste Wallfahrtsort im Land.

Dahinter dehnt sich ab dem **Bab al Khebaz** und der gleichnamigen Straße die Medina mit dem **Suq al Kebir** aus, wo früher der Sklavenmarkt war. Der Suq ist auf jeden Fall sehenswert und ursprünglicher als der in Rabat.

Salé ist ein bedeutendes Zentrum für **Kunsthandwerk;** so genießen die **Salé-Stickereien** einen guten Ruf. Aber auch keramische Produkte, Teppiche und Holzarbeiten werden kunstvoll gefertigt. Das bekannte Töpferviertel von Salé liegt außerhalb der Altstadt im Süden an der zweiten Bou-Regreg-Brücke (s.u.).

In der Medina thronen die große **Moschee aus der Almohadenzeit** (12. Jh.) und das schönste Bauwerk aus der Merinidenzeit, die um 1340 erbaute **Medersa Abu al Hassan** mit prachtvollen Zedernholzschnitzereien (Eintritt: 10 DH plus Trinkgeld für den Führer). Von der Dachterrasse hat man einen tollen Blick über die Stadt und auf das Meer.

Neben der Moschee liegen die **Zaouia Sidi Ahmad Tijani** und in der Nähe die **Qubba des Marabut Sidi Abdallah ibn Hassun,** des Schutzheiligen von Salé. Hier findet am Abend vor dem Maulad das berühmte Wachslaternenfest statt.

Am Ende der Medina, nahe der Stadtmauer zum Meer, liegen der Friedhof und ein weiteres Heiligtum, der **Marabut des Sidi Ahmad Ben Achir.** Hier wird am Maulad-Tag ebenfalls gefeiert.

Etwa 3 km südöstlich von Salé im Dorf **Oulja** lohnt der **Complexe des Potiers (Töpferviertel)** einen Besuch. Die Kooperative beherbergt nicht nur die Werkstätten der Töpfer, sondern auch Korbflechter mit hochwertigen Produkten – Körbe in allen Größen, Tischsets, Stühle, Schaukeln etc. –, Zelliges-Werkstätten (Keramikfliesen), in denen die schönen Mosaiktische gefertigt werden, sowie Teppichläden. Es gibt außerdem ein Café. Reisende ohne Auto nehmen die Stadtbuslinie 35 ab Bab al Khebaz oder ein Petit Taxi.

Die Ruinen von Chellah

ma11-131 ad

Salé

0 — 200 m

Marok_44
Übernachtung
1 Riad Marlinea
2 Dar al Batoul
Essen und Trinken
3 La Péniche
Kénitra/Bouknadel (über Landstraße)
Meknès, Fès
3 (300 m) Complexe des Potiers (Töpferviertel)
MEDINA SALÉ
SALÉ
MELLAH
RABAT
Marabut des Sidi Ahmad Ben Achir
Marabut Sidi Abdallah ibn Hassun
Große Moschee
Medersa Abu al Hassan
Suq al Kebir
Bab Sebta
Bab Jedid
Bab Khebaz
Bab Lamrissa
Gare de Salé
Pont Hassan II
Place du 16 Novembre
Place Sidi Makhlouf
Friedhof
Fischer-hafen
Plage de Salé
Marina Ouest
Bouregreg Marina
Oued Bou Regreg
Av. Annassr
Av. Port Said
Av. Oujada
Av. Sidi Moussa
Av. Trablousi
Av. Assoumboula
Av. Abderrahman Al Kadiri
El Ayoubi
Av. Salah Eddine
Av. Sidi Ben Achir
Av. Hassan II
R. Zanata
Av. Lalla Hasna
R. Boutwile
Av. Abdelkader Al Harrati
R. Moul Goumri
R. Bab Sebta
R. Sidi Ali El Ghamati
Av. Mohamed Said Al Alaoui
R. Jdid
R. Sidi Yder
R. Talâa
R. Ras Chajra
R. Houatine
R. Boukaâ
R. Essaf
R. Hammam Chlih
R. Makteb teal
R. Bourmada
Av. 2 Mars
Av. Moulay Ali Cherif
R. Saniat Sabouriji
Av. 11 Janvier
Av. Said Hajji
Av. Ahmed Ben Aboud
Av. Bani Marine
Av. de la Résistance
Bd. Al J. Al Malaki
R. Sbihi
Av. Madarisse
Av. de Fès
Av. Ouali Al Aahd Sidi Mohamed
N1
254
Pont Moulay Al Hassan
Av. Al Marsa
Av. Hassan II
Av. Al Alaouiyne
R. Casablanca

Praktische Informationen

Informationen für Touristen

■ **Office National Marocain du Tourisme,** Ecke Rue Oued Al Makhazine/Rue Zalaga, Agdal, Tel. 0537 27 83 00, contact@onmt.org.ma. In der Hauptzentrale des Tourismusamts gibt es bis auf ein paar Broschüren nicht viel zu holen.

■ **Délégation Régionale du Tourisme,** 22, Av. d'Alger, Tel. 0537 66 06 63, rabat@tourisme.gov.ma. Touristische Infos zu Rabat.

■ Infos zu Sehenswürdigkeiten, Aktivitäten und Kultur: **www.rabat-tourisme.org.**

■ Zahllose Adressen zu Unterkünften, Restaurants, Nachtleben, Shopping etc.: **https://rabat.madeinmedina.com.**

Unterkunft

Oberklasse

■ **Dawliz**④, Av. Bou Regreg, Salé (nach der Brücke über den Oued Bou Regreg rechts, am Flussufer), Tel. 0537 88 32 77/78. Schickes Oberklassehotel mit großzügigen, komfortablen Zimmern, Pool, Hammam und SPA, auch behindertengerechte Zimmer, eigener Parkplatz, ruhige Lage. Etwas günstiger als die anderen Luxushotels.

■ **Golden Tulip Farah**④, Place Sidi Makhlouf, Tel. 0537 23 74 00, www.goldentulipfarahrabat.com. Das Hotel mit 192 Zimmern, Fitnesscenter, Hammam und Business Center liegt nahe des Hassan-Turms. Die Lage zwischen Medina, Salé und Richtung Flughafen ist ideal. Vom 5. Stock (kleiner Pool) hat man einen herrlichen Panoramablick auf Rabat, Salé, den Hassan-Turm und die Flussmündung.

■ **La Tour Hassan**④-⑤, 25, Rue Chellah, Tel. 0537 23 90 00, www.latourhassan.com. Luxushotel in orientalischer Palastarchitektur mit sehr schönen, modernen Zimmern und Suiten. Zentrale Lage, Hofgarten mit Palmen, SPA, Fitness, Pool.

■ **Riad Oudaya**④, 46, Rue Sidi Fateh, in der Medina, Tel. 0537 70 23 92, www.riadrabat.com. Sehr schöner kleiner Riad mit nur zwei Suiten und zwei Zimmern mit herrlich grünem Innenhof, kleiner Terrasse, gemütlichen Teesalons und geschmackvollen Zimmern im traditionellen Stil. Der Besitzer *Pierre Duclos* betreibt auch den Riad Kasbah (49, Rue Zirara, in der Kasbah des Oudaïas).

■ **Sofitel Rabat Jardin des Roses**④-⑤, Tel. 0537 67 56 56, www.sofitel.com. Luxushotel gegenüber des Königspalastes, das keine Wünsche offen lässt: komfortable Zimmer, beheizter Pool, zuvorkommender Service, riesiger Garten, toller SPA.

Mittelklasse

■ **Balima**③, Av. Mohamed V., Tel. 0537 70 79 67, 70 77 55. Von den geräumigen Zimmern in den oberen Stockwerken dieses Traditionshotels bietet sich ein fantastischer Blick auf das Parlament und die Neustadt. Die Ausstattung ist jedoch schon etwas abgewohnt. Parken ist in einer Nebenstraße (Wächter) hinter dem Hotel oder in der hoteleigenen Garage möglich. Im EG befindet sich ein lebhaftes Café/Restaurant (Alkoholausschank) mit Terrasse zur Av. Mohamed V., wo man unter Bäumen den Stadttrubel beobachten kann.

■ **Bélère**③-④, 33, Av. Moulay Yussuf, Tel. 0537 20 33 01/2, www.belerehotels.com. Mittelklassehotel in zentraler Lage nahe des Bahnhofs mit Bar (Alkoholausschank) und drei Restaurants. Klimatisierte Zimmer mit TV und Balkon, gutes Frühstücksbüffet, WLAN verfügbar, Parkplatz vorhanden.

■ **Dar Yanis**③, 20, Rue Lalla Hannou Legza, in einer Nebengasse der Av. Mohamed V. am Rande der Medina, 5 Min. zur Tramway-Haltestelle Bab el Had. Sehr freundliches, familiäres Gästehaus mit hübsch traditionell eingerichteten Zimmern. Dachterrasse mit Ausblick, gutes Frühstück, WLAN, bewachter Parkplatz in der Nähe.

■ **Ibis**③, 32–34, Rue Abderrahmane Ghafiki/Place de la Gare, Tel. 0530 20 03 93, www.ibishotel.com. Empfehlenswertes Hotel beim Bahnhof Agdal (weit weg vom Zentrum), klimatisierte Zimmer, WLAN verfügbar, sicheres Parken im Hof möglich, bestes Preis-Leistungsverhältnis in der Mittelklasse.

■ **Le Pietri**③, 4, Rue Tobrouk (in Bahnhofsnähe), Tel. 0537 70 78 20, www.lepietri.com. Modernes, sauberes und freundliches 3-Sterne-Hotel mit Restaurant Le Bistro, dort finden jeden Dienstag-, Freitag- und Samstagabend Live-Musiksessions statt. Wer schlafen will, sollte ein Zimmer in den oberen Etagen buchen … Parkmöglichkeit vor dem Hotel oder in der Parkgarage.

■ **Majliss**④, 6, Rue Zahla, direkt hinter dem Bahnhof im Zentrum, Tel. 0537 73 37 26, www.majlisshotel.ma. Freundliches Hotel der oberen Mittelklasse im marokkanischen Stil. Klimatisierte Zimmer mit TV, üppiges Frühstücks- und Abendbüfett, die Zimmer zu den Gleisen hin sind laut. WLAN verfügbar.

Unser Tipp: Riad Kalaa④, 3–5, Rue Zebdi, Medina, Tel. 0537 20 20 28, www.riadkalaa.com. Die traditionelle Architektur eines maurischen Palasts (erbaut 1815) mit Stuck und Zedernholzdecken vermischt sich hier perfekt mit modernem Design und Lichtinstallationen – traumhaft romantisch! Der Riad liegt mitten in der Medina, alle elf Zimmer (mit Sat-TV und WLAN) gehen zum wunderschönen Innenhof mit Arkadengang und Palmen. Hammam und Massageangebot, leckeres Essen auf Bestellung. Sicheres Parken am Bd. Laalou möglich, von dort wird man bei Anruf abgeholt; auch Abholung vom Flughafen in Casablanca möglich. Suite 95–200 Euro.

■ **Dar Aida**③, 7, Rue al Ghazali (Derb Frej), Medina, Tel. 05 37 76 82 33. Netter kleiner Riad mit individuell eingerichteten Zimmern mit TV. WLAN verfügbar. Nicht mit Auto erreichbar, aber bewachter Parkplatz in der Nähe.

■ **Riad Marlinea**③, 27, Derb Hrarta, in der Medina von Salé (nahe der Großen Moschee), Tel. 0537 88 37 34, www.riad-marlinea.com, WLAN. Hübscher kleiner Riad mit grünem Innenhof – günstigste Tarife über www.hostelworld.com!

■ **Royal**③, Ecke Av. Allal Ben Abdellah/Rue Amman, Tel. 0537 72 11 71/72, www.royalhotelrabat.net. Ordentliches 2-Sterne-Hotel mit Restaurant in guter Lage mit sehr sauberen Zimmern (mit TV), deren Einrichtung noch gut in Schuss ist. Preis inkl. reichhaltigem Frühstück.

Günstig

Preiswerte, meist sehr einfache Hotels mit Gemeinschaftsduschen findet man beim Medina-Eingang in der Nähe der Kasbah des Oudaïas, am Suq el Ghezel, am Ende der Av. Mohamed V. und bei den Busbahnhöfen.

■ **Alger**①, 34, Rue Semmarine, Tel. 0537 72 48 29, in der Altstadt. Große Zimmer mit oder ohne eigenem Bad gruppieren sich um einen Innenhof.

■ **Capitol**①, 34, Av. Allal Ben Abdellah, Tel. 0537 73 12 36. Ordentliches Billighotel in günstiger Lage zwischen Bahnhof und Medina. Die Zimmer sind einfach und nicht immer sauber.

■ **Central**①, 2, Rue (Zankat) Al Basra, nahe der Ecke zur Mohamed V., ggü. Hotel Balima, Tel. 0537 70 73 56. Das einfache Hotel in (wie der Name sagt) sehr zentraler Lage hat helle Zimmer mit Waschbecken (Du/WC auf dem Gang) und einige Zimmer mit Bad. Keine Handtücher, Laken nicht immer sauber.

■ **Du Centre**①, 1, Rue Nouail, am Medina-Eingang, Seitengasse der Av. Mohamed V., Tel. 0537 70 87 32. Zimmer sauber und gut in Schuss, Du/WC auf dem Gang, auch Dreierzimmer mit Waschbecken, die sanitären Anlagen sind okay. Kalte und heiße Dusche kosten extra.

■ **Jugendherberge (Auberge de Jeunesse),** 43, Rue Marassa, nahe der Tramway-Stationen Bab el Had und Medina Rabat, Tel. 0537 72 57 69, auberge.jeunes.rbt@hotmail.fr, www.hihostels.com. Von der Av. Misr zwischen Bab al Had und Bab al Alou zweigt gegenüber der Stadtmauer die Rue Marassa ab (Buslinien 5 und 30). Die Jugendherberge ist sauber und hat warme Duschen. 70 DH p.P. im Schlafsaal (nach Geschlechtern getrennt) inkl. einfachem Frühstück. WLAN verfügbar. Geöffnet 8–24 Uhr.

■ **Splendid**①, 24, Rue Ghazza, in der Medina, Tel. 0537 72 32 83. Einfaches Hotel in einem Kolonialgebäude mit Innenhof und Parkplatz, helle Zimmer mit/ohne Dusche (WC auf dem Gang, Handtuch nur auf Nachfrage). Günstige Lage zwischen Bahnhof und Medina. WLAN.

Essen und Trinken

Marokkanische/französische Küche

■ **Al Warda,** im Hotel Sofitel Rabat Jardin des Roses, Quartier Souissi, gegenüber dem Königspalast, Tel. 0537 67 56 56. Marokkanisch-französisch inspirierte Küche im edlen Ambiente eines Luxushotels. Gehobene Preisklasse.

■ **Chez Ouazzani,** 1, Place Ibn Yassin, Agdal, Tel. 0537 77 92 97. Sehr schönes Restaurant im traditionellen Stil mit gutem Service und Essen. Menü 250–300 DH.

■ **Cosmopolitan,** Av. Ibn Toumert (nahe Bab Rouah), Tel. 0537 20 09 45, 20 00 28. Französische Küche in einer renovierten Art-déco-Villa, man sitzt auf der Terrasse oder im schicken Interieur. Mittlere Preisklasse.

■ **Dar Rbatia,** 16, Rue Ferrane Khachane (Seitengasse der Rue Sidi Fateh in der Medina, Hinweisschild), Tel. 0537 70 13 17, Mobil 0661 37 11 84, www.darrbatia.ma. Hier isst man Tajine oder Couscous im Innenhof eines traditionellen Stadtpalasts, abends mit andalusischer Musik oder Bauchtanz. Das Menü à la carte kostet 300–500 DH (mit Pastilla, Mechoui). Mittags viele Gruppen.

■ **Dinarjat,** 6, Rue Belgnaoui, Tel. 0537 70 42 39, in der Medina (schwer zu finden, evtl. abholen lassen). Exzellente marokkanische Küche in einem prachtvollen Palast aus dem 17. Jh., auch Weinausschank. Oft von Gruppen belegt, daher besser reservieren. Gehobene Preisklasse.

■ **La Menora,** 5, Rue de Ryiad, Quartier Hassan, Tel. 0537 26 01 03, Mobil 0661 40 53 82, www.lamenora.com. Gute marokkanisch-mediterrane Küche sowie Grill- und

Fischgerichte, französische Bistroatmosphäre. Mittlere bis gehobene Preisklasse.

■ **Le Bistrot du Pietri,** im Hotel Le Pietri, 4, Rue Tobrouk (nahe Bahnhof Rabat-Ville), Tel. 0537 70 78 20, www.lepietri.com. Sehr gute französische und marokkanische Küche, mittags kostet das Tagesgericht ca. 95 DH inkl. Mineralwasser und Kaffee. Dienstag-, Freitag- und Samstagabend gibt's Live-Musiksessions.

■ **La Péniche,** Salé, am rechten Ufer des Bou Regreg, Tel. 0537 78 56 61. Mittelpreisiges Restaurant auf einem Schaufelraddampfer mit Jazzband bzw. Chansonsänger am Abend (Tische an der Bühne laut).

■ **L'Entrecôte,** 76, Av. Al Amir Fal Ould Oumeir, Agdal, Tel. 0537 67 11 08, www.lentrecote.ma. Sehr gute französische Küche, Grillspezialitäten und Fisch, Alkoholausschank, Hauptgericht ca. 170 DH.

■ **Le Petit Beur,** 8, Rue Dimachk (Damas), hinter dem Hotel Balima, nahe Ecke Av. M. Abdallah, Tel. 0537 73 13 22, www.lepetitbeur.ma. Verträumtes, hübsches Restaurant mit ausgezeichneter marokkanischer Küche, Alkoholausschank und jeden Abend Live-Musik. Sonntag Ruhetag. Mittagsmenü 90 DH, Weinflasche ca. 130 DH.

■ **Les deux Palais,** 14, Rue Ouarzazate, Tel. 0537 66 02 66. Marokkanisches Edelrestaurant in einem Stadtpalast.

■ **Le Ziryab,** 10, Zankat Ennajar (Seitengasse der Rue des Consuls), Medina, Tel. 0537 73 36 36, www.restaurantleziryab.com. Exzellente marokkanische Küche in einem traditionellen Stadtpalast mit Terrasse. Menü ab 320 DH, abends mit Musikuntermalung.

Asiatische Küche

■ **Kiotori,** Bd. Mohamed VI., im Einkaufszentrum Mega Mall im Süden der Stadt (Souissi), Tel. 0537 63 64 67/97. Japanisches Restaurant.

■ **Le Mandarin,** 100, Av. Abdelkrim Al Khattabi (am nördlichen Stadtende), Tel. 0537 72 46 99, 70 07 39. Das alteingesessene Restaurant serviert seit Jahrzehnten gute chinesische und vietnamesische Küche.

■ **Maï Thai,** Bd. Mohamed VI., im Einkaufszentrum Mega Mall im Süden der Stadt (Souissi), Tel. 0537 75 41 41. Thailändische Küche, Fr/Sa abends Lounge-Atmosphäre mit DJ, Sonntagabend und Montagmittag geschlossen. Mittlere Preisklasse.

Fisch und Meeresfrüchte

Sehr guten und preiswerten Fisch gibt es **im Hafen von Salé.** Hier sind mittags einfache Grillbuden mit Tischen und Bänken aufgestellt, wo man sich die Gerichte aussuchen kann. Man sollte aber unbedingt vorher nach dem Preis fragen und die gewünschten Fische direkt beim Grilleur in Auftrag geben.

■ **Al Marsa,** Marina Bou Regreg, Tel. 0537 88 21 55. Sehr gutes spanisches Fischrestaurant in der Marina am Fluss. Gehobene Preise.

■ **De la Plage,** Plage des Oudaïas (bei der Kasbah), Complexe touristique, Tel. 0537 20 29 28, 72 31 48. Das Restaurant (Alkoholausschank) liegt unterhalb der Aussichtsplattform der Kasbah (von dort über eine Treppe erreichbar oder mit dem Fahrzeug ausgeschildert hinter der Kasbah). Hier sitzt man herrlich in der alten Festung mit schönem Blick auf Salé und den Strand.

■ **Golden Fish,** im Hotel Sofitel Rabat Jardin des Roses, Quartier Souissi, gegenüber dem Königspalast, Tel. 0537 67 56 56. Am Pool des Luxushotels speist man hervorragend: Fischgerichte, Meeresfrüchte, himmlische Desserts.

■ **Le Goéland,** 9, Rue Moulay Ali Cherif, Tel. 0537 76 88 85, www.restaurantlegoeland.com. Dieses Restaurant serviert seit 25 Jahren hervorragende Fischgerichte und gute Salate. Hauptgericht 140–170 DH.

Italienische Küche

■ **First Pizza,** Av. Al Atlas/Rue Oum Rbia, Agdal, Tel. 0537 77 37 77. Gut und günstig.

■ **Lago di Garda,** 34, Av. Al Alaouyine, Quartier Hassan (250 m westlich des Hassan-Turmes), Tel. 0537 20 20 37. In diesem guten italienischen Lokal kommt alles frisch auf den Tisch.

■ **La Mamma,** 6, Rue de Tanta (hinter dem Hotel Balima), Tel. 0537 70 73 29. Sehr gut besuchte Pizzeria (auch Pasta und Grillfleisch), Alkoholausschank, mittlere Preisklasse.

■ **Pizza Hut,** Rue Azilal, im Marjane-Supermarkt an der Schnellstraße (Umgehung) zwischen den Autobahnen Casablanca nach Meknès und in der Rue Sebou, Ecke Bd. de France in Agdal.

Billige Restaurants, Cafés und Patisserien

Viele günstige Garbuden finden sich am südlichen Eingang zur Rue Sidi Fateh (Bab Bouiba), dort auch die **Patisserie Bouiba** mit riesiger Gebäckauswahl. Die meisten kleinen Restaurants liegen am Rande der Altstadt beim Bab al Had und am Medina-Eingang, Av. Mohamed V./Rue Souika.

Ein **McDonald's** liegt in der Av. Moulay Abdallah (Nr. 3) nahe der Ecke zum Place Mohamed V. Von den **Pa-**

tisserien mit angeschlossenem Café seien vor allem **Au Delice** (285, Av. Mohamed V.) und **Lina** (45, Av. Allal Ben Abdellah) empfohlen, die beide eine riesige Auswahl an Kuchen und Gebäck führen. In der **Boulangerie Patisserie Majestic** (14, Bd. Ben Abdallah) kann man hervorragend frühstücken.

Von der Terrasse des **Café Maure** in der Kasbah des Oudaïas bietet sich ein toller Ausblick auf die Mündung des Bou Regreg und die Altstadtmauern. Hier sitzt man ruhig bei einer Tasse Tee und gutem Gebäck unter Holzpergolas und kann die jungen Leute beobachten, die sich hier treffen.

Einkaufen

Lebensmittel

- **Frisches Obst und Gemüse** kauft man am besten in der **Medina** und am **Marché Municipal.**
- Am Rand der Neustadt, südwestlich des Hassan-Turms, befindet sich ein **Marjane-Supermarkt** mit europäischen Waren aller Art (Marjane Bouregreg, Av. Azilal). Ein zweiter Marjane (Marjane Hay Riad) liegt direkt an der Schnellstraße/Umgehung im Süden der Stadt (von Meknès kommend Ausfahrt in Richtung Stadtzentrum nehmen, mit Pizza Hut und McDonald's, N 33°57,185', W 06°51,06'). Ein dritter Marjane findet sich 2 km nach der Ausfahrt Kénitra (Marjane Kénitra, Route Sidi Allal El Bahraoui) mit Pizza Hut, Kinderspielplatz und Ponyreiten. Auch die **Supermärkte ACIMA** in der Av. Al Moukaouama (Quartier Océan) und **Asswak Assalam** am Bd. Mehdi Benbarka haben ein großes Sortiment.
- Am Bd. Mohamed VI. (km 4,5) steht das mit einer Fläche von 27.000 m^2 größte Einkaufszentrum Marokkos: **Mega Mall** (www.megamall.ma, tägl. 10.30–20.30 Uhr) mit Läden, Restaurants, Kinderbetreuung etc.

Kunsthandwerk

Kunsthandwerk kauft man außer in der **Medina** am besten im **Complexe des Potiers** (siehe „Sehenswertes"), dort gibt es ein sehr reichhaltiges Angebot, gute Qualität der Waren und vernünftige Preise.

Bücher/Landkarten

- **Bücher** findet man in der Neustadt (Zentrum), z.B. bei Livre Service Français, 46, Av. Allal Ben Abdellah, oder Librairie le 3ème Millénaire, 285, Av. Mohamed V, Tel. 0537 26 32 38, www.lib3m.com (große Buchhandlung mit arabisch- und französischsprachigen Büchern, kleine Abteilung für englische Literatur in der 2. Etage).
- **Stadtpläne und topografische Landkarten** in den Maßstäben 1:250.000, 1:100.000 und 1:50.000 bei der **Division de la Cartographique** an der Route de Casablanca, nahe dem Busbahnhof und der Kreuzung zur Av. Ibn Rochd (im Ministerium Eaux et Forêts). Siehe auch im Anhang den Abschnitt Landkarten!

Kino, Theater und Kultur

- Im **Kino Renaissance** (Av. Mohamed V. 266, Tel. 0537 73 80 49, Ticket 50 DH) laufen internationale Filme in französischer Sprache. Ein eher alternatives Programm zeigt das **Cinéma du 7ème Art** (Bd. Allal Ben Andellah, Tel. 0537 73 38 87, Ticket 20 DH) mit nettem Café im Garten. Das Kinoprogramm kann man unter www.yallacine.com online abrufen.
- Das **Théâtre National Mohamed V.** (Av. Al Mansour Eddahbi, Tel. 0537 70 7300, www.tnm5.ma) zeigt klassische Konzerte, Opern, Komödien, Ballett und Folklore.
- **Goethe-Institut,** 7, Rue Sana'a, Tel. 0537 73 26 50, info@rabat.goethe.org. Hier kann man zweimal wöchentlich deutschsprachige Filme sehen, außerdem gibt es Theatervorführungen und Konzerte, eine deutsche Bibliothek mit Zeitungen, Sprachkurse, Ausstellungen und eine Fülle an Kulturangeboten.
- **Marokkanisch-Deutsche Gesellschaft e.V.** *(Association Maroco-Allemande)*, 45, Rue Oukaïmeden, 2. Stock, Rabat-Agdal, Tel. 0537 65 40 76, 75 40 76, mdg@marokko.net. Arabisch-Sprachkurse, Treffen und Verbindungen zwischen Deutschen und Marokkanern, Kontakte zu deutschen Firmen usw.

Notfall/Medizinische Versorgung

- **Polizei:** Tel. 0537 75 18 18 (Sureté Nationale), Tel. 019 (Notruf).
- **Ambulanz/Feuerwehr:** Tel. 015 (Notruf), SAMU Ambulance, Tel. 0537 73 73 73.
- **Apotheken:** Nachtapotheke in der Rue Moulay Slimane, 20–8 Uhr; weitere Apotheken im Stadtgebiet.

> Schönes Gästehaus in einem alten Stadtpalast: Riad Kalaa

Ärzte (deutschsprachig)

- **Dr. Alain Guidon,** 4, Rue Jean Jaurès, Tel. 0522 26 71 53.
- **Dr. Mouna Afquir** (Zahnarzt), 68, Rue Patrice Lumumba, App. 2, Tel. 0537 76 56 55, Sprechzeiten: 9–12 und 15–18.30 Uhr.
- **Dr. Ghita Kabbage** (Zahnarzt), 3, Rue Honaïn N°5, Agdal, Tel. 0537 67 04 24.
- **Dr. Ahmed Rabbata** (Allgemeinmediziner), 33 bis, Bd. Said Hajji, Salé, Tel. 0537 78 24 86, Sprechzeiten: 9–13 und 15–19 Uhr.
- **Dr. Boubker Alioua** (Gynäkologe), 29, Rue Patrice Lumumba, Clinique La Tour Hassan, Tel. 0537 73 01 49, Sprechzeiten: 9.30–12.30 und 15–18.30 Uhr.
- **Dr. Dalinger-Alioua** (Kinderarzt), 10, Zankat Youssef Ben Tachfine, Tel. 0776 07 40.
- **Dr. Seffar Madani** (Praktischer Arzt), 3, Av. Lalla Amina, Tabriquet-Salé, Tel. 0786 15 25.

Taxis

Die blauen **Petits Taxis** kosten für eine Stadtfahrt zwischen 10 und 20 DH. Die Fahrt mit dem **Grand Taxi** von Salé zurück nach Rabat-Bahnhof kostet ca. 30 DH. Grands Taxis warten beispielsweise gegenüber des Bab Chellah am nördlichen Ende des Parks.

Tramway

Seit 2011 verbindet die moderne Tramway (Trambahn) auf zwei Linien **Rabat mit Salé. Linie 1** fährt vom Stadtteil Salé-Hay Karima durch das Zentrum von Salé (Stationen Av. Mohamed V., La Poste, Gare de Salé) und das Zentrum von Rabat (Stationen Place du 16 Novembre, Tour Hassan, Av. Mohamed V./Gare de Rabat) nach Rabat-Agdal (Cité Universitaire) im Westen der Stadt.

Linie 2 führt vom Busbahnhof in Salé (Station Hassan II.) durch das Stadtzentrum von Rabat und dann am südlichen Medina-Rand entlang (Stationen Bab Chellah, Médina Rabat, Bab el Had) in Richtung Nordwesten zum Krankenhaus My Youssef.

Die Trambahn fährt **wochentags** bis 21 Uhr alle 8 Min. ab, nach 21 Uhr und sonntags alle 20 Min. Das **Ticket** kostet 6 DH. Sie ist damit das einfachste, billigste und schnellste Verkehrsmittel, um z.B. vom Bahnhof oder der Medina nach Salé zu fahren. Weitere Infos unter www.tram-way.ma.

Stadtbusse

Der Hauptkreuzungspunkt der Stadtbusse liegt beim **Bab El Had** (Av. Hassan II.). Von hier fahren Busse in alle Richtungen der Stadt. Viele Stadtbusse starten auch von der

ma16_167 ad

Rue As Saadiyine beim Hassan-Turm. Vom Bahnhof Rabat-Ville fährt ein **Pendelbus (Navette) zum Flughafen** von Rabat.

Fernverkehrsbusse

- Der **Busbahnhof von Rabat** liegt ca. 2 km vom Zentrum entfernt an der Straße nach Casablanca am Place Kamra/Av. Hassan II., Tel. 0537 79 51 24; die nächste Tramway-Station ist Av. Ibn Rochd (Linie 2, bei der Universität). Der **Busbahnhof von Salé** liegt an der Route de Meknès (N 6)/Av. Hassan II., Endstation der Tramway Linie 1.
- **CTM-Büro** am Busbahnhof (Tel. 0537 79 58 16) und in Rabat Océan, 25, Al Moukaouama (Tel. 0537 26 05 62).
- **Supratours-Büro,** 16, Rue Abderrahmane El Ghafiki, Tel. 0537 77 65 20.

CTM-Verbindungen und Preise

- **Casablanca:** stündlich, 1–1½ Std., 35 DH. Nach Casablanca reist man schneller und bequemer mit dem Zug.
- **Tanger:** 4x tägl., ca. 4 Std., 110 DH.
- **Meknès – Fès:** mind. 8x tägl., nach Meknès, 3½ Std., 55 DH, nach Fès ca. 3.45 Std., 75 DH.
- **Oujda:** 2x tägl. (Nachtbus), 9½ Std., 175 DH.
- **Marrakesch – Agadir:** 6x tägl., 10 Std. nach Agadir (250 DH), ca. 6 Std. nach Marrakesch (145 DH).
- **Nador:** 1x tägl., ca. 9 Std., 155 DH.
- **Tanger:** 4x tägl., 4½ Std., 110 DH. Nach Kénitra – Asilah – Tanger reist man schneller und bequemer mit dem Zug.

Nach **Essaouira** geht es schneller, wenn man mit dem Zug nach Marrakesch fährt und dort in einen Bus steigt.

Alle Verbindungen von Rabat nach Süden gehen **über Casablanca** bzw. von Casablanca nach Norden über Rabat (Abfahrtszeiten 1–1½ Std. früher bzw. später).

Bahn

Der **Hauptbahnhof Rabat-Ville** liegt an der Av. Mohamed V., Tel. 0537 76 73 53, direkt im Zentrum der Neustadt. Es gibt einen weiteren Bahnhof außerhalb im **Stadtteil Agdal,** 8 bis, Rue Abderrahmane el Ghafiki, Tel. 0537 77 23 85.

Verbindungen und Preise

- **Casablanca – Casablanca Airport** (Aéroport Mohamed V.): von 5.10–20 Uhr halbstündliche Abfahrten, ca. 2 Std. mit Umsteigen am Bahnhof Casa Port oder Casa Voyageurs; Preis 2. Kl. 75 DH. Sa/So verkehren einige Züge nicht.
- **Marrakesch:** von 3–20 Uhr alle 2 Std., ca. 4¼ Std. Fahrzeit, Preis 2. Kl. 120 DH.
- **Meknès – Fès:** von 6–23.30 Uhr stündlich; nach Meknès ca. 2 Std., 2. Kl. 65 DH; nach Fès 3 Std., 2. Kl. 80 DH.
- **Oujda:** 4x tägl., davon 2x mit Umsteigen in Sidi Kacem; ca. 9 Std. Fahrt, 2. Kl. 180 DH.
- **Tanger** (über Asilah): 10x tägl., 4 Std. Fahrzeit, 2. Kl. 95 DH.

Flugverbindungen

Der **Flughafen Rabat-Salé** (Tel. 0537 80 80 90) befindet sich 10 km nordöstlich an der Straße nach Meknès. Er wird neuerdings auch direkt von Billigfluglinien wie Ryanair (z.B. aus Brüssel) sowie Jetairfly aus Europa angeflogen. Royal Air Maroc bietet Inlandsflüge nach Agadir, Casablanca und Marrakesch an. Da der Flughafen Casablanca sämtliche internationalen Flüge bedient und mit der Bahn in ca. 1½ Stunden zu erreichen ist, macht ein Flug ab Rabat wenig Sinn.

Rund ums Auto

Autoverleih

- **Avis,** 7, Rue Abu Faris el-Marini, und am Flughafen, Tel. 0537 72 18 18.
- **Europcar,** Hotel Hilton, 25, Rue Patrice Lumumba, Tel. 0537 72 41 41.
- **Hertz,** 467, Av. Mohamed V., Tel. 0537 70 73 66, rabat@hertz.ma; am Flughafen.
- **Lokale Vermieter** z.B. unter https://rabat.madeinmedina.com („location de voitures").

Autohändler/Werkstätten

Die Hauptniederlassungen der Autofirmen befinden sich in Casablanca.

- **Garage Monte Carlo,** 1, Bd. Mokthar Gazoulit/Ecke Rue Roma, Quartier Océan, Tel. 0537 72 84 29. *Mohamed* hat in Deutschland bei Mercedes gelernt.

■ **Auto Speedy,** Rue d'Azilal, beim Marjane-Supermarkt, Quartier Hassan, Tel. 0537 20 71 53.

■ **Auto Hall,** 2, Av. Jean Jaurès, Les Orangers, Tel. 0537 72 58 46. Mercedes.

■ **Ets Hakam Frères,** Av. Hassan II./Route de Casablanca, Tel. 0537 69 09 41. Renault, Nissan.

■ **Garage Georges Marciano,** 29, Av. Abdelmoumen, Quartier Hassan, Tel. 0537 72 03 77. Toyota.

■ **Société Générale d'Automobiles,** 25, Av. Hassan II., Route de Casablanca, Tel. 0537 23 74 60. Peugeot, Citroën u.a.

■ **Super Auto,** 38, Zone industrielle Vita Ryad, an der Ausfallstraße Richtung Meknès und Autobahn, Tel. 0537 29 33 65. Mercedes, auch VW und Nissan.

Parken

Öffentliche Parkplätze gibt es gegenüber der Kasbah des Oudaïas oder nahebei entlang der ganzen Av. Laalou.

Sport/Aktivitäten

Schwimmen

In einigen der genannten **Luxushotels** können „Auswärtige" gegen Zahlung eines Eintritts den Pool benutzen. Außerdem kann man an den **Stränden** südlich und nördlich der Stadt baden (s.u.).

Reiten

■ **Club Equestre Dar Essalam,** km 10, Bd. Mohamed VI. (ex Av. Imam Malik), Tel. 0537 75 44 24.

Golf

■ **Royal Golf Dar Essalam,** km 9, Bd. Mohamed VI. (ex Av. Imam Malik), Tel. 0537 75 56 36, 75 58 64.

Wassersport

Die moderne **Bouregreg Marina** hat 250 Liegeplätze für Boote (www.bouregregmarina.com). An der Marina und am Strand werden diverse Wasseraktivitäten von Jet Ski über (Wind-/Body-)Surfen bis Segeln angeboten.

■ **Club Nautique de la Plage de Rabat,** Plage des Oudaïas, Tel. 0537 26 16 09, www.cnprabat.com. Surfen, Segeln und Kanufahren.

■ **Rip Curl Maroc,** 5, Av. Al Atlas, Tel. 0537 77 78 63.

■ **Oudyas Surf Club,** 3, Kasbah des Oudaïas, Tel. 0537 26 06 83, www.oudayassurfclub.com.

Geldwechsel

■ **Wechselstuben** in den großen Hotels und im Bahnhof Rabat-Ville.

■ Zahlreiche große **Banken** mit Geldautomaten im Zentrum und an der Av. Allal Ben Abdallah.

Post

■ **Hauptpost** an der Av. Mohamed V., geöffnet 8.30–12.15 und 14.30–18 Uhr, im Sommer 9–15 Uhr.

■ **DHL Express,** 40, Av. de France, Tel. 0537 77 99 34. Schneller Versand von/nach Deutschland.

Botschaften

■ **Deutschland,** 7, Rue Madnine, Tel. 0537 21 86 00, www.rabat.diplo.de, Mo bis Fr 9–12 Uhr.

■ **Österreich,** 2, Rue Tiddas, Tel. 0537 76 16 98, www.bmeia.gv.at/botschaft/rabat.html, Mo bis Fr 9–12 Uhr.

■ **Niederlande,** 40, Rue de Tunis, Tel. 0537 21 96 00, http://maroc.nlambassade.org.

■ **Schweiz,** Place Berkane, Tel. 0537 26 80 30/31/32, rab.vertretung@eda.admin.ch, Mo bis Fr 8–11 Uhr.

Feste/Veranstaltungen

■ **Jazz au Chellah,** 5 Tage im September, www.jazzauchellah.com. Konzerte mit der wunderbaren Kulisse der Chellah.

■ **Mawazine Festival,** Ende Mai/Anfang Juni, www.festivalmawazine.ma. Großes Musikfestival mit internationalen Sängern und Tanzshows, Veranstaltungsorte sind u.a. die Chellah und das Nationaltheater.

■ **Moussem Sidi Khlifa,** Rabat, zwischen August und Oktober.

■ **Moussem Sidi Abdelaziz,** Salé, Marabut des Sidi Abdelaziz, Oktober.

■ **Moussem Sidi Larbi Ben Sayeh,** Rabat, am 7. Tag von Aid al Maulad (Mouloud).

■ **Fête de Cires (Wachslaternenfest),** am Vorabend des Maulad (Mouloud) in Salé. Dieses traditionelle Fest von Salé ist besonders sehenswert.

■ **Moussem Sidi Ben Acheur,** in Salé am 7. Tag von Aid al Maulad (Mouloud).

Rabat Umgebung

0 10 km

Ausflüge

Jardin exotique de Bouknadel

Dieser **private botanische Garten** liegt 9 km nördlich von Salé an der Straße nach Kénitra bei dem Dorf **Sidi Bouknadel** und ist vor der Autobahnausfahrt Kénitra und an der N 1 beschildert: „Site Historique Sidia Boughaba, Jardin Exotique Bouknadel". Die Anlage wurde in den letzten Jahren sehr schön instand gesetzt und ist nun eine echte Oase. Der Garten hat täglich von 9 bis 18.30 Uhr geöffnet (www.les-jardins-exotiques.com). Es steht ein bewachter Parkplatz mit Schattendächern zur Verfügung.

Der 1952 von dem Franzosen *Marcel Francois* gegründete Jardin exotique umfasst eine Sammlung von **Pflanzen aus der ganzen Welt.** Man fühlt sich inmitten dieser üppigen Pflanzenwelt in die Tropen versetzt. Das Klima ist heiß und feucht, es tropft von den Bäumen. An den Stämmen der Bäume kriechen fingerblättrige Philodendren empor. Dicke Lianen hängen an den Ästen herab, auf denen Ächmäas und Bromeliaceen schmarotzen. Es wachsen Gummibäume, Palmen und Musa-Arten. Man wandelt durch ein Labyrinth aus schmalen Wegen, Treppenstufen und Grotten. Schwankende Bambusbrücken führen über hohe Bäume mit immer neuem Ausblick. Große Teiche sind überwuchert von einem Teppich violett blühender Elchhornias. Blaue, gelbe und weiße Wasserrosen blühen zwischen den riesigen Tellerblättern der *Victoria regia*. Alles in allem ein wunderbarer Paradiesgarten zum Entspannen nach dem Trubel in der Stadt.

Musée Belghazi

Das Museum liegt an der Landstraße nach Kénitra, 17 km von Rabat entfernt, gleich gegenüber der Kreuzung zum Plage des Nations Unies (Tel. 0537 82 21 78, www.museumbelghazi.com, tägl. 9–17.30 Uhr, 50 DH Eintritt). Das Privatmuseum der Belghazi-Familie aus Fès, die seit Generationen **wertvolles Kunsthandwerk** etc. sammelt, birgt unglaubliche Schätze. Die Sammlung umfasst kostbaren Schmuck, Stickereien, Teppiche, Kutschen, messingziselierte Pferdegeschirre, Keramik, Türen, Schnitzereien usw. Es gibt zwei weitere Belghazi-Museen in Fès.

Strände der Umgebung

Der beliebteste Strand der Rabater Bevölkerung ist der **Plage des Nations Unies** 18 km nördlich von Salé. Er ist sehr schön, an Wochenenden jedoch stark frequentiert und gelegentlich auch verschmutzt.

Der Ort **Mehdiya** 32 km nördlich von Rabat mit Cafés, Restaurants und einer Kasbah hat einen schönen, aber nicht immer sauberen Strand (s.u.).

Die **Strände von El Harhoua, Temara, Sable d'Or, Tahiti** und **Skhirat** liegen **südlich von Rabat** und sind vorwiegend Zweitdomizile vermögender Marokkaner mit zahlreichen Sommerhäusern. Von Temara Plage kann man auf einer Strandpromenade bis Sable d'Or laufen. In Skhirat liegt die Sommerresidenz des Königs. 40 km südlich von Rabat liegt **Bouznika Plage** mit dem gleichnamigen Strand, Jachthafen, Golfplatz und Beach Club.

Naturschutzgebiet Lac Sidi Boughaba

Etwa 30 km nördlich von Rabat dehnt sich das **Réserve Biologique de Sidi Boughaba** abseits der Küstenstraße N 1 in Richtung Kénitra aus (Abzweig auf P 4266 zum Plage Sidi Boughaba). Versteckt in einer Buschlandschaft mit Wacholder, Farnen und Lavendel liegt der gleichnamige **See.** Das Reservat ist ein wichtiges Rückzugsgebiet für Wasservögel, wie z.B. der sehr seltenen Marmelente. Es gibt ein Informationszentrum an der Ostseite des Sees mit einer Ausstellung und Videovorführungen. Auf den ausgewiesenen **Rundwegen** kann man den See in ca. 30 Min. umrunden.

Mehdiya Plage

Mehdiya Plage liegt nur etwa 6 km nördlich von Sidi Boughaba. An der **Mündung des Oued Sebou** lag bereits eine unter den Karthagern gegründete Kolonie. Hier thront die **Kasbah** von Mehdiya, eine sehenswerte Festung. 1515 von den Portugiesen errichtet, wurde sie 100 Jahre später von den Spaniern übernommen und im 18. Jh. von den Truppen *Moulay Ismails* erobert.

Heute ist der 2 km vor dem alten Ort gelegene **schöne Strand** die Attraktion und vor allem bei der Jugend beliebt. Neben Ferienhäusern gibt es Cafés, Restaurants und Hotels, im Sommer ist auch ein Rummelplatz aufgebaut.

Von Mehdiya Plage führt am kleinen Fischerhafen und an der Kasbah entlang ein Sträßchen weiter nach Kénitra (10 km).

Mâamora-Wald

Das mit 1300 m² Fläche **größte geschlossene Waldgebiet Marokkos** liegt östlich von Salé und südlich von Kénitra. Es wachsen vor allem Korkeichen, Akazien und geringe Bestände an Steineichen.

Barrage Sidi Mohamed Ben Abdellah – Tal des Oued Korifla

Der Oued Korifla wurde südlich von Rabat zu einem großen **Stausee** aufgestaut. Weiter südlich in Richtung Rommani hat man im Tal des Oued **Wandermöglichkeiten** durch kleine Schluchten und schöne Korkeichenwälder. Wer die Augen offenhält, kann Schildkröten und Chamäleons beobachten.

Kasbah Boulâouane

Die von *Moulay Ismail* errichtete Kasbah auf einer Anhöhe in der Windung des **Flusses Oum R'bia** ist sehr sehenswert (vgl. nach Casablanca „Weiterfahrt nach Marrakesch").

Von Rabat nach Casablanca

- **Ca. 95 km, R 322.**
- Landschaftlich hat die **verkehrsreiche Küstenstraße** nicht viel zu bieten, sie ist aber immer noch interessanter als die Autobahn. Wer sich einen Eindruck vom Strandleben und den reichen Vororten der Großstädte machen will, wählt diesen Weg. Eilige fahren auf der mautpflichtigen Autobahn Richtung Süden. Die Badeorte, Strände und Campingplätze entlang der Küste sind im August meist hoffnungslos überfüllt.
- Gute **Busverbindung** mit Vorortbussen der Städte Casablanca und Rabat, der **Zug** hält im Außenbereich diverser Strandorte.

Rabat von der Kasbah des Oudaïas auf der **R 322** Richtung Süden verlassen. Die Straße führt zunächst direkt an der Felsküste entlang, dann vorbei an Bidonvilles (Elendsviertel), die die Regierung hinter Mauern zu verstecken versucht.

Etwa 14 km hinter Rabat erreicht man **Temara** mit vielen Ferienanlagen, (Club-)Hotels, Cafés und Restaurants. Der beliebte Ausflugsort hat einen schönen Sandstrand, der sich mit felsiger Küste abwechselt.

Etwa 22 km südlich von Rabat geht es rechts zur **Plage Rose Marie** (Skhirat, Echiana Plage) und links zur Autobahn. Hier findet man Unterkunft im sehr freundlichen 4-Sterne-Hotel **Kasbah Club Skhirat**④ (Tel. 0537 74 91 16, www.hotelkasbahclub.com) mit Pool und schöner Gartenanlage. Die Zimmer haben z.T. direkten Zugang zum Meer und Meeresblick. Wohnmobilisten dürfen evtl. auf dem bewachten Parkplatz stehen bleiben und die Toiletten des Hotels benutzen.

Etwa 29 km hinter Rabat liegt rechts der Ferienort **Skhirat Plage** (ca. 500 m). In Strandnähe kann man parken und zum hübschen kleinen Sandstrand hinunterlaufen – im Sommer ist hier am Wochenende die Hölle los. Der König hat in der Nähe einen Sommerpalast.

12 km weiter ist **Bouznika Plage** auf einer Halbinsel erreicht. Auch in diesem Ferienort mit Golfplatz und Marina tobt im Sommer das Strandleben und es wird viel gebaut. Hinter Bouznika kann man auf die Autobahn fahren oder weiter der R 322 folgen.

Weiter entlang der Küste geht es vorbei an Feriensiedlungen und durch kleine Pinien- und Eukalyptuswälder. Die Zufahrt zu den Stränden ist nur gelegentlich möglich.

Ca. 60 km hinter Rabat liegt die kleine, schöne Sandbucht **Plage Tilal** an der Mündung des Oued Nfifikh. Eine Brücke führt über den Fluss und die R 322 weiter ins Zentrum von Mohammedia.

Mohammedia

Das entlang der Straßen recht schön begrünte Städtchen mit Raffinerie- und Industrieanlagen, Strandpromenade und Ferienhäusern für Badeurlauber wirkt in der Nebensaison eher ruhig. Die Stadt ist voll auf die wohlhabenden **einheimischen Touristen aus dem Großraum Casablanca** eingerichtet. Es gibt in der Umgebung die nötige Infrastruktur: Luxushotels, Golfplatz, Jachthafen. Am Strand und beim alten Hafen (Vieux Port) finden sich viele Restaurants und Cafés. Die Wasserqualität des Meeres im Umkreis von Casablanca ist wegen der vielen Industrieanlagen an der Küste eher zweifelhaft.

Am nördlichen Strandabschnitt (ca. 2 km) erstreckt sich das **Villenviertel Santa Monica Plage,** wo es auch einen sehr schönen Strand mit Dünen, aber nur wenig Infrastruktur gibt.

Praktische Informationen

Unterkunft

- **Avanti Beach Hotel**④, Bd. Moulay Yussuf, La Corniche, Tel. 0523 30 68 00, www.avantimohammedia.com. Oberklassehotel mit europäischem Standard direkt an der Strandpromenade, geräumige Zimmer mit Balkon und z.T. mit Meerblick, großer Pool, SPA, Restaurant, bewachter Parkplatz.
- **Jnane Fedala**③, 6, Rue Abderrahmane Serghini, nahe Place de la Kasbah, Tel. 0523 32 69 00, www.jnane-fedala.com. Typisch marokkanisch gestaltetes Mittelklassehotel mit klimatisierten Zimmern und Restaurant.
- **Hager**②, Av. Ferhat Hachad (in Richtung Hafen), Tel. 0523 32 59 21. Einfaches Mittelklassehotel mit wenig Charme in zentraler Lage. Terrassen-Restaurant.

Camping

- **Camping Said,** Tel. 0523 32 34 51, nahe Plage Tilal ca. 8 km nördlich (R 322 Richtung Rabat), **N 33°43,517′, W 07°20,233′.** Kleiner, gepflegter Platz mit Laden nebenan (frisches Brot), auf Bestellung kocht die Familie Tajine oder Couscous.
- **Océan Bleu,** ca. 8 km nördl. Richtung Rabat (R 322), Zufahrt wg. Baustellen nur von Süden, dann am Strand nordwärts, **N 33°44,251′, W 07°19,462′.** Schattiger, ummauerter Platz direkt am Meer (Sandstrand zu Fuß erreichbar), Stellplätze mit Strom, Bungalows, Restaurant, Waschmaschine und guten Sanitäranlagen mit heißer Dusche. Caravan mit 2 Pers. ca. 80 DH.

Sport/Aktivitäten

- **Royal Golf Mohammedia,** Tel. 0523 32 46 56, www.rgam.ma, 18-Loch-Platz.
- **Yacht Club du Maroc,** Port de Plaisance de Mohammedia, Tel. 0523 32 23 31, www.yachtclubdumaroc.com.

Weiterfahrt nach Casablanca

Hinter Mohammedia führt eine vierspurige Straße (**N 9,** dann **N 1**) über eine Entfernung von 30 km nach Casablanca. Vor Casablanca durchquert die verkehrsreiche Route unansehnliche Industrie- und Gewerbegebiete bis ins Zentrum.

Casablanca

Casablanca ist das **wichtigste Handels- und Industriezentrum Marokkos, größter Hafen Nordafrikas** und mit über 3 Mio. Einwohnern die **größte Stadt Marokkos.** Der Stadtname stammt aus dem Spanischen und bedeutet **„Weißes Haus“**, der arabische Name lautet „Dar al Baida“ (*Dar* = Haus = *casa, Baida* = weiß = *branca* bzw. *blanca*) – angeblich diente ein weißes Haus früher als Landmarke für die Schiffe.

Der dicht besiedelte Großraum Casablanca beherbergt über 4 Mio. Menschen und ist wegen des unkontrollierten Zuzugs armer Landbevölkerung und der wuchernden Elendsviertel am Stadtrand *(bidonvilles)* der **soziale Brennpunkt des Landes.** Die eleganten, blitzsauberen Stadtviertel Maarif, California (!), Anfa, Aïn Diab und die Ferienorte an der Küste mit schicken Neubauten und Strandanlagen stehen im krassen Gegensatz zu den vermüllten ärmeren Stadtvierteln und den aus Blech und Plastikplanen zusammengezimmerten Hütten in den **Bidonvilles.** Nirgendwo in Marokko prallen die **Gegensätze zwischen Arm und Reich** so aufeinander wie hier. In den Außenbezirken entlang der Autobahn versucht man die Armut zu verstecken, indem die Elendsviertel mit Mauern vor den Blicken Fremder abgeschirmt werden. Einige der Bidonvilles wurden auch abgerissen und Neubauten für sozial Schwache errichtet, aber viele Projekte blieben und bleiben in Ansätzen stecken. Wer wirksam helfen will, sollte (anstatt bettelnden Kindern Geld zu geben) an eine wohltätige Organisation spenden, z.B. an die *Association Bayti* (Tel. 0522 75 69 65, www.association-bayti.ma). Sie hilft Straßenkindern und ehemaligen *Petites Bonnes* (Kindersklaven bzw. Hausmädchen).

Casablanca bietet, abgesehen von der sehr imposanten Moschee Hassan II., **kaum touristische Attraktionen.** Die Medina ist sehr klein und wirkt im Gegensatz zu Fès, Marrakesch oder anderen Städten wenig orientalisch. Kinos, Cafés, Restaurants, Nachtclubs, Galerien und Einkaufszentren wie die riesige Morocco Mall – alles, was wir aus europäischen Großstädten kennen, ist in der **modernsten Stadt Marokkos** zu finden. Casablanca entwickelte sich deshalb gewissermaßen zur „Traumstadt“ aller westlich orientierten Marokkaner. Für Europäer lohnt „Casa“ jedoch keinen längeren Aufenthalt.

Geschichte

Die Funde einer Altsteinzeitsiedlung im Steinbruch „Sidi Ahmad er Rahman“, 11 km von Casablanca entfernt, und Funde fossiler Schädelfragmente im Steinbruch „Thomas“, aus denen der erste **Homo sapiens** elektronisch rekonstruiert werden konnte, lassen auf eine frühe Besiedlung der Gegend schließen.

Geschichtlich nachweisbar ist die **Berbersiedlung Anfa** aus dem 8. Jh., auf deren Grundmauern die heutige Stadt entstand. Eine zweifelhafte Bekanntheit erreichte der Ort im 14. Jh. unter dem Berberstamm der Hilal als **Seeräuberrepublik.**

Die zahlreichen Übergriffe der **Portugiesen** auf die Atlantikküste im 15. und 16. Jh. beeinflussten stark die Entwicklung der Stadt. Im Jahre 1496 wurde sie von der Armee *Don Ferdinands* verwüstet. Ein weiterer Überfall portugiesischer Truppen fand im Jahr 1515 statt. 1575 wurde die Stadt von den Portugiesen besetzt und erhielt den Namen *Casabranca.* Die Besetzung dauerte bis zum Jahre 1755, als ein Erdbeben die Stadt zerstörte und die Portugiesen vertrieb. Die Stadt wurde im 18. Jh. von dem alawidischen **Sultan Mohamed ibn Abdallah** wieder aufgebaut und gewann unter ihm auch an Bedeutung. Er versah sie mit einer Medersa, öffentlichen Bädern und einer Moschee, die seinen Namen trägt. Auch **spanische Kaufleute** ließen sich nieder und nannten die Stadt *Casablanca.*

Unter der Herrschaft von *Moulay Hassan* (1873–1894) zählte die Stadt 20.000 Einwohner. Mitte des 19. Jh. siedelten sich zahlreiche Europäer in Casablanca an. 1857 bereits wurde der erste europäische Vize-Konsul dort eingesetzt. 1906 sollte der **Hafen** ausgebaut werden. Bei den Arbeiten kam es zu Überfällen auf französische Bauarbeiter, da eine Straße über das Gebiet einer Qubba gebaut wurde. Die folgenden Unruhen wurden von den Franzosen niedergeschlagen, die Stadt wurde besetzt. Wieder siedelten viele Europäer in Casablanca. Der Ausbau des Hafens nach dem Ersten Weltkrieg unter dem französischen General *Lyautey* legte den Grundstein zur wirtschaftlichen Entwicklung der Stadt. Die nahen Phosphatlager machten sie zur wichtigsten Handelsmetropole. Casablanca wurde zum **Wirtschaftszentrum** ausgebaut, zahlreiche schöne Kolonialbauten und Villen wurden errichtet. Ihre Stellung als Wirtschaftsmetropole konnte sie auch nach der Kolonialzeit halten und ist jetzt die bedeutendste Stadt des Landes. Die Fischkonservenindustrie und fast die Hälfte der übrigen marokkanischen Industrie haben sich in Casablanca angesiedelt.

Sehenswertes

Zentrum

Casablanca ist eine moderne Großstadt mit wenigen alten Bauwerken und marokkanischen Kulturelementen, dafür **geprägt vom französischen Kolonialismus** – mit breiten Boulevards und französisch inspirierten Stadthäusern aus den 1930er und 1940er Jahren, ergänzt durch moderne Hochhäuser und Gebäude in neo-orientalischem Stil. Einige schöne Art-déco-Gebäude sieht man noch in der Av. Mohamed V. und der Av. Mohamed Slaoui. Als gelungene moderne Architekturbeispiele sind das Glasturmgebäude der neuen Börse von Casablanca zu nennen sowie die Twin Towers des spanischen Architekten *Ricardo Bovill Levi* mit 28 Stockwerken im Stadtteil Maarif. Die 1998 errichteten Türme sind mit 115 m die höchsten Bauwerke des Maghreb und beherbergen ein Luxus-Hotel (Turm B), schicke Restaurants, Büros und eine große Mall. Wer also so etwas wie Großstadtfeeling in Casablanca sucht, muss dort gewesen sein.

ma11-130 ed

Französisches Erbe: das Hotel Excelsior in der Innenstadt

Casablanca

Übernachtung
3 Val d'Anfa
9 Dar Itrit
11 Dar Diafa
13 Gîtes Nadia
14 Casablanca Appart'hotel
15 Atlas Sky Airport

Essen und Trinken
2 A Ma Bretagne
3 Basmane
4 McDonald's
5 Le Relais de Paris
6 La Mer, Cabestan - Ocean View
7 Chez Pepe

Wassersport
17 Yacht Club du Maroc

Einkaufen
1 Morocco Mall (mit IMAX-Kino)
8 Label Vie / Carrefour
10 Libre Service Beausejour
12 Marjane
16 Marjane

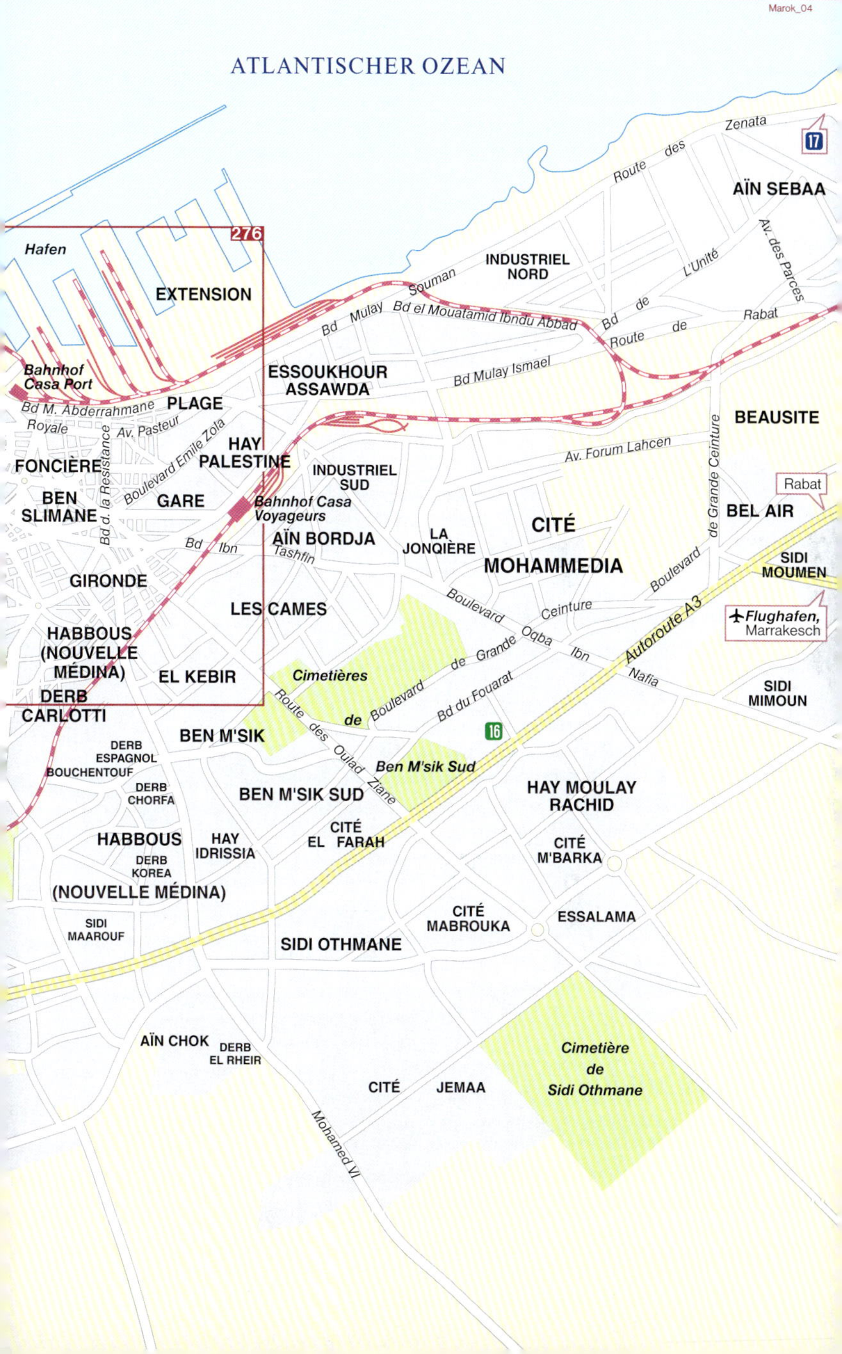
ATLANTISCHER OZEAN
276
Hafen
EXTENSION
Bahnhof Casa Port
Bd M. Abderrahmane
Royale
PLAGE
Av. Pasteur
Boulevard Emile Zola
HAY PALESTINE
FONCIÈRE
Bd d. la Résistance
BEN SLIMANE
GARE
Bahnhof Casa Voyageurs
Bd Ibn Tashfin
GIRONDE
HABBOUS (NOUVELLE MÉDINA)
DERB CARLOTTI
EL KEBIR
LES CAMES
AÏN BORDJA
INDUSTRIEL SUD
ESSOUKHOUR ASSAWDA
Bd Mulay Souman
Bd el Mouatamid Ibndu Abbad
INDUSTRIEL NORD
Bd Mulay Ismael
Route des Zenata
17
AÏN SEBAA
Av. des Parces
Bd de L'Unité
Route de Rabat
BEAUSITE
Boulevard de Grande Ceinture
Av. Forum Lahcen
Rabat
BEL AIR
SIDI MOUMEN
LA JONQUIÈRE
CITÉ MOHAMMEDIA
Boulevard Oqba Ibn Nafia
Ceinture
Flughafen, Marrakesch
Autoroute A3
SIDI MIMOUN
Cimetières de Ben M'sik Sud
Boulevard de Grande
Bd du Fouarat
16
Route des Oulad Ziane
BEN M'SIK
DERB ESPAGNOL
BOUCHENTOUF
DERB CHORFA
BEN M'SIK SUD
HAY MOULAY RACHID
CITÉ EL FARAH
CITÉ M'BARKA
HABBOUS
HAY IDRISSIA
DERB KOREA
(NOUVELLE MÉDINA)
SIDI MAAROUF
SIDI OTHMANE
CITÉ MABROUKA
ESSALAMA
AÏN CHOK
DERB EL RHEIR
CITÉ JEMAA
Cimetière de Sidi Othmane
Mohamed VI

Casablanca Zentrum

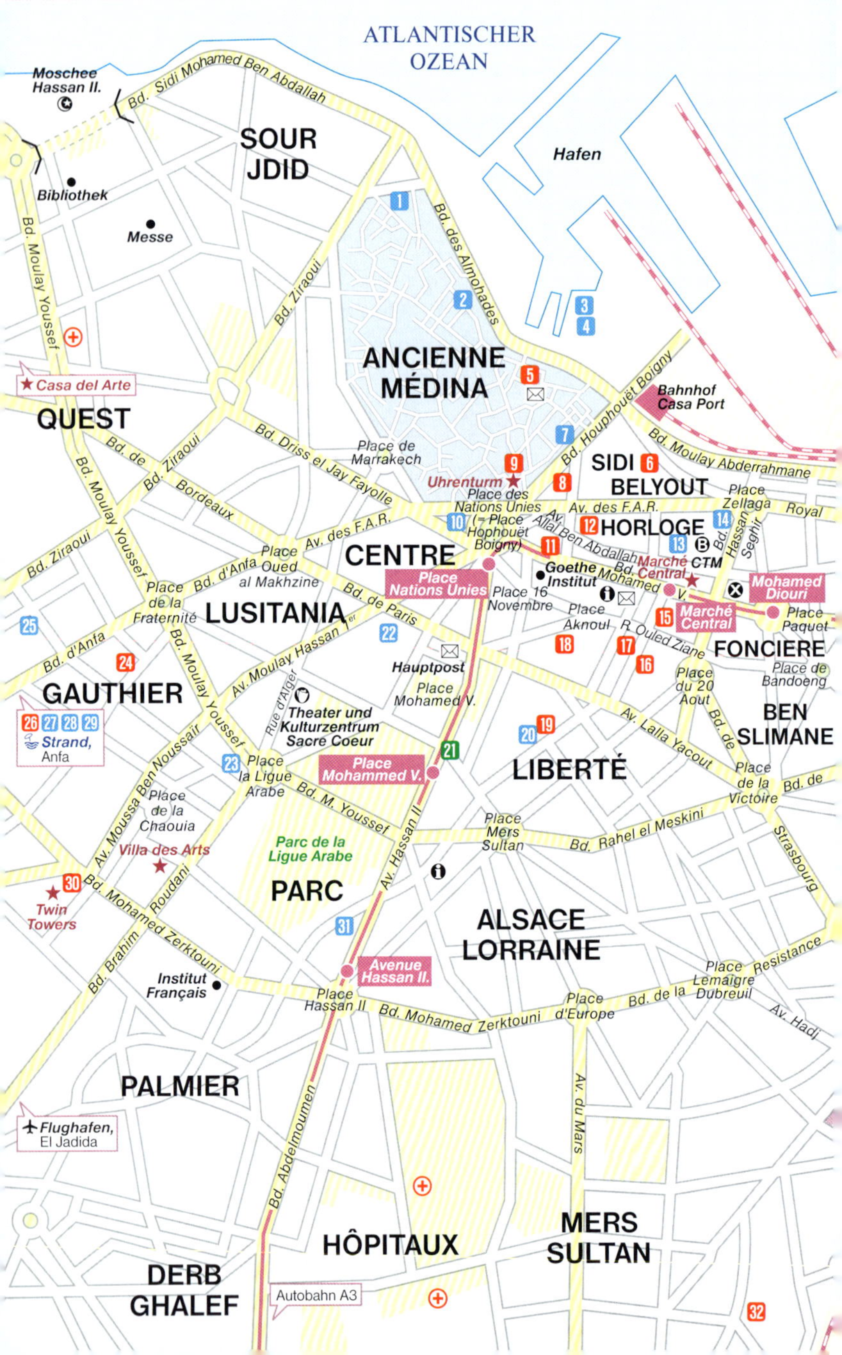

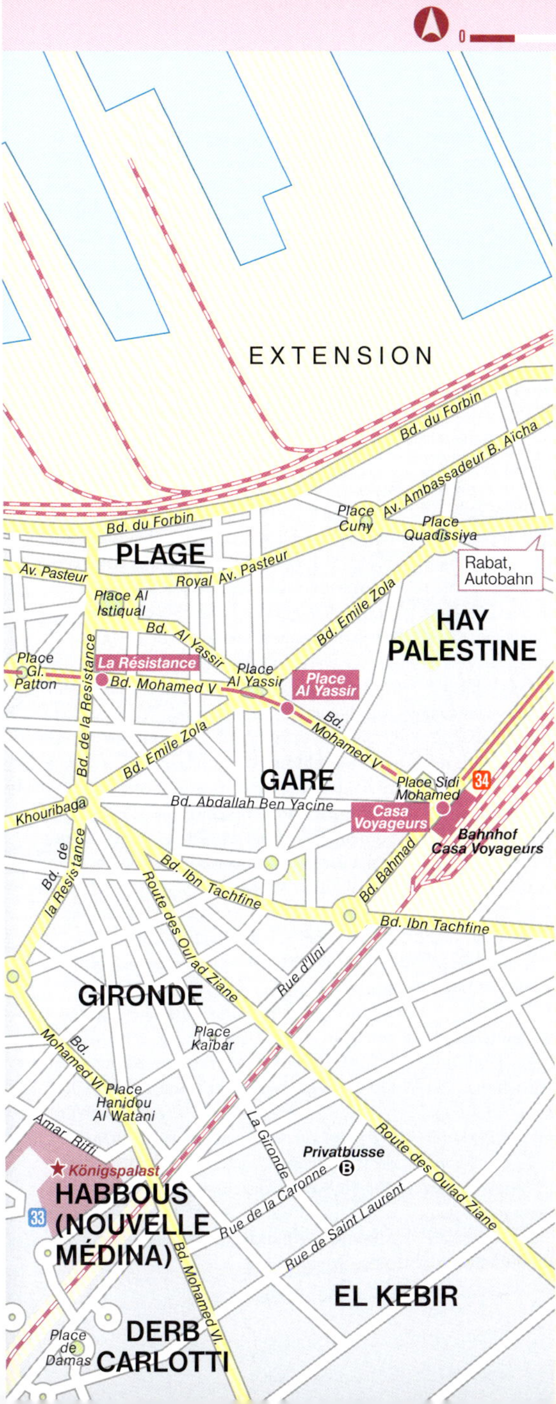

Übernachtung
5 Jugendherberge (Auberge de Jeunesse)
6 Ibis City Center
8 Toubkal (Best Western)
9 La Victoire
11 Les Saisons
12 De Foucauld
15 Galia
16 Maamoura
17 Mon Rêve
18 Guynemer
19 Astrid
24 East West
26 Barcelo
30 Kenzi Tower
32 Rialto
34 Ibis Casa Voyageurs

Essen und Trinken
1 Rick's Café
2 Sqala, Café Maure
3 Port de Pêche
4 Ostrea
7 Taverne du Dauphin
10 Dar Beida, Café M
13 La Bavaroise, La Bodega
14 Al Firdaous
20 Al Mounia
22 Le Rouget de l'Isle
23 Au Four à Bois
25 Aladdin
27 Millenium Viet, Chez Paul
28 Asia Garden
29 G-Ice
31 Oliveri Glacier
33 Pâtisserie Bennis Habous

Einkaufen
21 Exposition Nationale des Artisanats

Tramway Linie T1

Die meisten Gebäude im Zentrum wurden in der französischen Kolonialzeit im Stil des **Art déco** errichtet; einige dieser Häuser wurden renoviert (zumindest die Fassaden), sodass sich ein Bummel lohnt.

Sinnvollerweise beginnt man einen Stadtbummel am verkehrsreichsten und zentral gelegenen **Place des Nations Unies** bzw. Bd. Houphouët Boigny (am Eingang zur Medina mit Stadtmauer und Uhrturm). Der Platz – in vielen Karten und Büchern fälschlicherweise als Place Mohamed V. bezeichnet – ist Kreuzungspunkt der wichtigsten Verkehrsachsen der Stadt. Er ist leicht auszumachen dank des weißen Hyatt-Regency-Betonbaus und eines modernen runden Stahlgewölbes in der Mitte des Platzes. Hier hält auch die Tramway.

Der **Bd. Houphouët Boigny** mit zahlreichen Souvenirgeschäften führt vom Platz zum Hafen und zu einer Mall direkt am modernen verglasten Gebäude des Bahnhofs Casa Port, der nach fünfjähriger Renovierung 2014 neu eröffnet wurde.

Die **Av. des F.A.R.** *(Forces Armée Royale)* mit den wichtigsten Hochhäusern der Stadt und vielen Hotels beginnt ebenfalls am Place des Nations Unies. Sie bildet den Anfang der Straße nach Rabat.

Die **Av. Hassan II.** läuft von der entgegengesetzten Seite des Platzes weg und durchquert den **Place Mohamed V.**, den wichtigsten Platz, mit einem Springbrunnen, dessen Fontäne 30 m hoch spritzt und nachts beleuchtet wird. Hier trifft sich abends und an Feiertagen die Bevölkerung, um zu flanieren. Vor allem an Festtagen gibt es kein Durchkommen mehr.

Am Platz liegen die **wichtigsten Gebäude der Stadt:** das Rathaus mit einem Uhrenturm, von dem man eine schöne Aussicht hat, der Justizpalast, das Stadttheater, die Staatsbank und, etwas südwestlich davon, der **Park der Arabischen Liga** (Parc de la Ligue Arabe). Dieser Park mit Wasserbecken, Spazierwegen und einem Stadion wurde 1918 geschaffen, ein kleiner Vergnügungspark für Kinder kam dazu. Der Park ist beliebter Treffpunkt der Schüler und Studenten der Stadt, die hier oft bis in die Nacht hinein büffeln. In vielen Familien ist der Raum in den kleinen Wohnungen sehr begrenzt, sodass die Schüler hierher ausweichen müssen. An der Nordwestecke der Anlage befindet sich die ehemalige **Kathedrale Sacre Cœur** aus dem Jahr 1930, in der heute Kulturveranstaltungen und Ausstellungen stattfinden. Besucher können den Turm von Sacre Cœur besteigen (Eintritt 20 DH): Von oben bietet sich ein toller Ausblick auf die Stadt bis zum Atlantik. Wer sich für moderne Kunst interessiert, geht vom Park weiter zur Villa des Arts (s. „Kulturleben“ weiter unten).

Wer die Stadtbesichtigung fortsetzen will, sollte auf der Av. Hassan II. in Richtung Norden zurück zur Place des Nations Unies laufen und dort rechts abbiegen. Am **Bd. Mohamed V.** liegen einige renovierte, hübsche **Art-déco-Häuser** und die Touristeninformation. Hier und in den umliegenden Straßen ist vor allem an den Abenden und am Wochenende viel los. Es warten zahlreiche Restaurants, Cafés und Geschäfte mit durchaus interessantem Angebot auf Gäste. Allerdings liegt in unmittelbarer Nachbarschaft (beim Zentralmarkt) der **Rotlichtdistrikt** Casablancas, den allein reisende Frauen unbedingt meiden sollten.

Elegant und unbeschwert lässt es sich im vornehmen **Viertel Aïn Diab** am Meer bummeln, ebenso im modernsten Teil der Stadt, in den Vierteln **Maarif** und **Gauthier** mit den **Twin Towers** (s.o.) und einem vielfältigen Kulturangebot, Restaurants und Cafés.

Empfehlenswert ist tagsüber auch ein Besuch des **Marché Central** (Bd. Mohamed V.). Am Vormittag kann man hier die angebotenen Fische und Meeresfrüchte noch lebend besichtigen (und kaufen). Austern können an Ort und Stelle mit einem Tropfen Zitrone probiert werden – sie gelten in Marokko als Wundermittel zur Auffrischung der Manneskraft. Sie werden direkt frisch aus Oualidia geliefert und stoßen im Gegensatz zu Miesmuscheln den Schmutz des Meereswassers von sich. Die Miesmuscheln dagegen gedeihen gut in verschmutztem Wasser.

Karte S. 228, Stadtpläne S. 274, 276

Die Alte Medina (Ancienne Médina)

In die Alte Medina gelangt man am besten vom **Ausgangspunkt,** dem **Place Houphouët Boigny.** An der Westseite des Platzes dehnt sich der alte Stadtteil mit seinem Gassengewirr aus. Die Medina von Casablanca kann an Vielfalt und Größe nicht mit den Altstädten der anderen Großstädte konkurrieren. Dafür erlebt man hier marokkanisches Alltagsleben pur – quirlig, lebendig, bunt, eine Art Flohmarkt, wo jeder alles verkauft, und das fast ohne Touristen bei relativ wenig Belästigung.

Die wichtigsten Bauwerke in der Medina sind die **Jamaa al Kebir** (die Moschee des *Sidi Mohamed ibn Abdalla,* keine Besichtigung möglich), die große Moschee **Jamaa ech Chleuh** und die **Qubba des Sidi al Kairuani,** des ersten Schutzheiligen der Stadt, der Mitte des 14. Jh. aus Kairouan hierher kam.

Wer einigermaßen gut zu Fuß ist, kann durch die alte Medina bummeln und an deren Nordseite zum **Bd. Mohamed Ben Abdallah** gelangen und erreicht über diesen, immer am Meer entlang, in ca. 30 Minuten die Moschee Hassan II.

Moschee Hassan II.

Die **größte Attraktion der Stadt** ist diese Moschee (N 33°36,400', W 07°37,979'), die 1993 nach sieben Jahren Bauzeit am Geburtstag des Propheten *Mohamed* eröffnet wurde. Finanziert wurde die Moschee aus Staatsmitteln und Spenden, zu denen jeder Moslem mehr oder minder beitragen musste. Die drittgrößte Moschee der Welt bietet insgesamt 100.000 Gläubigen Platz (davon 20.000 im Inneren). Sie ist **auf den Klippen ins Meer hinein gebaut,** dort wo sich ehemals das Meerwasserschwimmbecken befand, am Bd. Sidi Mohamed Ben Abdallah bzw. an der Corniche, dem Küstenboulevard. Es heißt, dass das Fundament im Meer für das kolossale Bauwerk nicht stabil genug gebaut wurde und die Moschee deshalb gefährdet wäre. „Ich habe", so der verstorbene König *Hassan II.,* „mit dieser Großen Moschee die Idee verbunden, Casablanca zu einer einzigartigen Stadt zu machen. Ich wollte die Moschee auf dem Wasser bauen."

Der **gesamte Moscheebereich** umfasst eine Fläche von **9 ha,** zum Komplex gehören eine islamische Schule, Hammams, Reinigungsbecken, Konferenzräume und ein **Islamisches Medienzentrum mit Bibliothek** (Eintritt frei, Di bis Sa 10–18 Uhr).

Die Spitze des 200 m hohen **Minaretts** krönen drei Goldkugeln – zusammen 3700 kg schwer –, deren größte einen Durchmesser von 3,80 m hat. Jede Seite des quadratischen Minaretts ist 25 m breit und kunstvoll mit arabischer Ornamentik dekoriert. Ein Aufzug (geschlossen) führt nach oben und erschließt eine **prachtvolle Aussicht** auf die Stadt und

ma11-145 ad

Auf dem Gelände der Moschee Hassan II.

den Atlantik. Ein Laserstrahl auf dem Minarett zeigt nachts die Gebetsrichtung nach Mekka an. Das Areal der Moschee zählt insgesamt 25.000 Säulen und 124 Brunnen.

Der Moscheekomplex kann als einziger des Landes von Touristen besichtigt werden (angemessene Kleidung vorausgesetzt). Die Führungen (auch in Deutsch) dauern etwa eine Stunde und finden tägl. außer Fr um 9, 10, 11 und 14 Uhr statt, freitags nur um 9 und 14 Uhr. Der Eintritt kostet 120 DH, Schüler und Studenten zahlen 60 DH, Kinder 30 DH. Die Führung umfasst die Besichtigung des Inneren der Moschee (großer Gebetsraum) mit seinen gigantischen kunsthandwerklichen Verzierungen, die per Hand in ganz Marokko gefertigt wurden, ferner das Untergeschoss mit seinen unzähligen Marmorbrunnen (Waschraum für die Gläubigen vor dem Gebet) und die luxuriösen Bäder im Keller (eines für Frauen, eines für Männer). In der Moschee befinden sich Wasserkanäle mit Glasböden, durch die man zu den Brunnen im Untergeschoss sehen kann. Das gesamte Dach kann über dem Gebetsraum geöffnet werden, sodass die Sommersonne hereinscheint und man sich unter freiem Himmel befindet. Dies soll die Elemente Wasser, Erde und Himmel symbolisieren. Trotz des Gigantismus ist die Moschee unbedingt sehenswert und die Besichtigung ein beeindruckendes Erlebnis!

Weitere Infos unter http://fmh2.ma. Die Moschee erreicht man mit dem Taxi ab dem Zentrum oder mit dem Bus (s. „Stadtbusse").

Habbous (Nouvelle Médina)

Über die Av. Hadj Amar Riffi, mit dem Schnellzug (Haltestelle Gare Mers Sultan) oder mit dem Bus Nr. 81 in Richtung Süden, erreicht man die Neue Medina, die arabische Neustadt und das an den Königspalast (keine Besichtung) angrenzende Suq-Viertel Habbous. Die **Nouvelle Médina** wurde 1923 von den Franzosen **als Viertel für die Arbeiterklasse gebaut** und ist eine gelungene Verbindung traditioneller arabischer Baukunst mit moderner Architektur. Über die vielen Gassen spannen sich Bögen, die mit Natursteinen eingefasst wurden und sich schön von den weiß gekalkten Mauern abheben.

Im **Viertel Habbous** (bzw. Quartier Hrabous, gesprochen „Khröbus") gibt es einen schönen **Kunsthandwerksmarkt,** in dem Kupferarbeiten, Lampen und Schmuck hergestellt und auch Teppiche, Lederwaren und andere kunsthandwerkliche Arbeiten verkauft werden. Im **Auktionsmarkt Youtiya** werden täglich Teppiche aus Rabat und dem Atlas versteigert. Für bibliophile Orientalisten ist das Habbous eine Fundgrube. Die interessantesten **Buchhandlungen** liegen in der Sharia al-Malaki und deren Umgebung; das ist die Straße, die von der Sidi-Mohamed-Moschee in Richtung Bd. Victor Hugo und Königspalast führt.

Im Norden des Habbous-Viertels, nahe beim Königspalast, liegt der **Place Moulay Yussuf** mit der gleichnamigen Moschee und gut sortierten Antiquitätenläden. Hier gibt es zudem recht hübsche, mit Henna verzierte Lampen aus Kamelhaut zu kaufen.

In dieses Viertel verirren sich **nur wenige Touristen,** obwohl das Angebot preiswert und vielfältig ist. Es gibt einen sehr schönen **Olivenmarkt,** wo man eingelegte Oliven in verschiedensten Variationen erhält.

Das Habbous-Viertel und die Neue Medina (Derb Sultan) sind der **Suq für die Einheimischen.** Hier gibt es neben Gemüse, Fisch und Kunsthandwerk alles für den täglichen Bedarf. Besonders interessant in der Nouvelle Médina sind der **Errahba-Kornmarkt** an der Route de Mediouna, der **Flohmarkt Suq al Korea** und der **Kräutermarkt Suq el Gharb** im Derb el Baladia, wo auch die Kissaryia El Haffine, die gedeckte Einkaufsstraße mit Boutiquen, Juwelieren und Kleiderläden, zu finden ist.

Wichtigstes und interessantestes Gebäude dieses Viertels ist die **Makhama,** ein Gerichtsgebäude, 1941–1956 im spanisch-maurischen Stil erbaut und mit grünen Dachziegeln gedeckt. Darin sind 64 Räume prachtvoll geschmückt. Der Bau diente früher dem Pascha von Casablanca als Residenz.

Kulturleben

Casablanca hat sich wie viele Städte in Marokko in den letzten 15 Jahren bezüglich des Kulturangebots **enorm entwickelt.** Dennoch ist die Stadt keineswegs vergleichbar mit Paris, London oder Berlin.

Die **ehemalige Kathedrale Sacre Cœur** (s.o.) dient heute als Kulturzentrum mit Theatervorstellungen und Ausstellungen. Nahe des Place Mohamed V. ist das **Grand Théâtre de Casablanca** mit 1800 Plätzen im Bau, das noch 2016 eröffnet werden soll. Kleine **Konzerte, Theatergastspiele oder Tanzveranstaltungen** finden auch im **Institut Française** (121, Bd. Mohamed Zerktouni, Tel. 0522 77 98 70, http://if-maroc.org/casablanca) bzw. im hauseigenen **Théâtre 121** statt, ferner im **Complex culturel Sidi Belyout** (28, Rue Léo Africain, Mobil 0661 05 32 38, Tel. 0522 30 34 72) bzw. im **Complex culturel Maarif** (Rue Osama Bnou Zaid, Tel. 0522 25 10 07) sowie im **Goethe Institut** (11, Place du 16. Novembre, Tel. 0522 20 77 35, Filme, Ausstellungen, Bibliothek). Auch das spanische **Instituto Cervantes** (31, Rue d'Alger, Tel. 0522 26 73 37) bietet ein gutes Kulturangebot in spanischer Sprache.

Empfehlenswert ist ein Besuch von **La Casa del Arte** (7, Rue de Franceville, im Viertel Oasis, Tel. 0522 99 09 36, www.casadelarte.ma, Tramway-Haltestelle Gare Bachko). Dieses Haus veranstaltet verschiedenste kulturelle Events und will eine Verbindung zwischen Amateuren und professionellen Künstlern schaffen. Es bietet Musikunterricht und Tanzkurse (klassisch, modern, Oriental, Salsa) sowie Malkurse an. Eine Galerie zeigt die Werke marokkanischer Künstler.

Künstler-Treffpunkt ist auch die **Chorfi-Galerie** (*Abdelmalek Chorfi,* 20, Rue Daraa, Quartier Parc, Tel. 0522 27 76 76, http://chorfi.fr.gd). Hier kann man schöne Aquarelle und Ölgemälde junger marokkanischer Künstler kaufen, ebenso in der Galerie direkt hinter dem Marché Central.

Wer sich für **moderne Kunst** interessiert, sollte die **Villa des Arts** (30, Bd. Brahim Roudani, etwas südwestlich des Parc de la Ligue Arabe) besuchen. Das Museum in einer sehenswerten Art-déco-Villa aus dem Jahr 1934 beherbergt eine umfangreiche Sammlung marokkanischer und internationaler Künstler (geöffnet tägl. außer Mo 9.30–19 Uhr, www.fondationona.ma). Ein Café und eine Galerie sind angeschlossen.

Im Viertel Oasis im Südwesten der Stadt gibt es ein interessantes **Jüdisches Museum** in einer 1948 errichteten Villa (81, Rue Chasseur Jules Gros, Tel. 0522 99 49 40, www.casajewishmuseum.com, geöffnet Mo bis Fr 10–17 Uhr, Eintritt 40 DH). In Casablanca lebte die größte jüdische Gemeinde des Landes, bevor die meisten Bewohner nach Israel ausgewandert sind.

Eine gute Adresse für kulturelle Informationen mit einer hervorragenden Auswahl an Bildbänden über Marokko ist die **Buchhandlung Les Carrefours des Livres** im Stadtteil Maarif, Rue Assourkosti. Aber auch im Zentrum finden sich zahlreiche gute Buchhandlungen mit einem umfangreichen Sortiment an Literatur zu Marokko.

In der neuen riesigen Morocco Mall ist ein modernes **IMAX-Kino** untergebracht, in dem auch 3D-Filme gezeigt werden (s.u.).

Weitere Unternehmungen

Der **Fischereihafen (Port de Pêche)** neben dem großen Industriehafen lohnt einen Besuch. Dort findet man auch Restaurants, in denen der Fang des Tages auf den Tisch kommt. Östlich der Moschee Hassan II. entsteht die **Casablanca Marina** mit Jachthafen, Aquarium, Einkaufszentrum, Hotels und Luxuswohnungen.

Die palmengesäumte Corniche mit Meeres- und Süßwasserbadebecken führt zu den **Villenvierteln Aïn Diab und Anfa** (auch per Tramway erreichbar, s.u.). Wer genug vom Stadttrubel hat, kann an den dortigen **Badestränden** relaxen, wo sich auch zahlreiche Cafés und Restaurants finden; nachts wird in den Nachtclubs gefeiert. Die **Corniche von Aïn**

Diab ist das beliebteste Ausflugsziel der Bevölkerung von Casablanca – jeden Abend verwandelt sich die Promenade in ein wahres Volksfest. Der Kontrast zwischen Arm und Reich fällt im Villenviertel Anfa mit seinen üppigen Gartenanlagen besonders ins Auge. Anfa liegt erhöht über der Stadt, sodass sich von dort ein herrliches Panorama auf den Atlantik bietet.

Am Ende des Strandes von Aïn Diab liegt auf einer kleinen Felseninsel das **Marabut Sidi Abd-er Rahman,** ein Wallfahrtsort für viele Marokkaner. Den Frauen dieser Insel werden magische Kräfte nachgesagt: Sie helfen jungen Ehepaaren bei der Erfüllung eines Kinderwunsches und bei anderen Fürbitten an Allah. Staunend kann man den Zeremonien und dem Hokuspokus folgen, von dem sich die Einheimischen so viel versprechen. Es gibt einen Marabut und eine kleine Moschee, in der Opferkerzen brennen, auch Opferhühner werden verkauft. Unfruchtbare Frauen baden an einer bestimmten Stelle in einer Felsennische. Rosenwasser, getrocknete Pflanzen und getrocknete Tiere wie Chamäleons sollen helfen, böse Geister zu vertreiben. „Weise Frauen" fungieren als Kartenlegerinnen oder lesen die Zukunft aus der Hand. Die Felseninsel ist nur bei Ebbe zu Fuß zu erreichen.

Praktische Informationen

Informationen für Touristen

- **Délégation Regionale du Tourisme,** 55, Rue Omar Slaoui, Tel. 0522 27 95 33, helhamdouni@tourisme.gov.ma.
- Zahllose Adressen zu Restaurants, Shopping, Nachtleben, Freizeitaktivitäten etc. unter **https://casablanca.madeinmedina.com.**
- Die offizielle Seite des Tourismusamtes mit Infos zu Unterkünften und Sehenswürdigkeiten ist **www.visitcasablanca.ma.**

> Auf dem Souk in der Alten Medina

Unterkunft

Da es in Casablanca jede Menge Hotels gibt, die meisten Touristen die Stadt aber nur durchfahren, nennen wir nur eine kleine Auswahl an empfehlenswerten Hotels. Auf Internetportalen wie tripadvisor.de und booking.com erhält man einen guten Überblick über das Angebot und meist auch günstigere Preise als die „walk-in rate" vor Ort.

Oberklasse

- **Atlas Sky Airport**④, Aeroport Mohamed V. (ca. 3 km vom Flughafen entfernt), Tel. 0522 53 62 00, www.hotels-atlas.com. Zentral gelegenes, modernes Hotel mit Konferenzsaal und Fitnessraum, SPA, Garten, Pool und allen Annehmlichkeiten. Ideal für Reisende, deren Weiterflug am nächsten Tag geht oder die sehr spät abends ankommen.
- **Barcelo**④, 139, Bd. d'Anfa, Rue Hammou, Tel. 0522 20 80 00, www.barcelo.com. Modernes, schickes 4-Sterne-Hotel der spanischen Hotelgruppe im Geschäftszentrum, nahe der Bahnhöfe und dem alten Zentrum. Großzügige Zimmer mit AC und Sat-TV, manche mit Blick auf die Moschee Hassan II. WLAN verfügbar, eigener Parkplatz, Flughafentransfer möglich.
- **Kenzi Tower**④, Twin Center, Bld. Zerktouni, Tel. 0522 97 80 00, www.kenzi-hotels.com. 28-stöckiges Luxus-, Design- und Businesshotel in der bekanntesten Landmarke der Stadt: den Twin Towers. Große, mit moderner Technik ausgestattete Suiten (ab 38 m^2), fantastischer Ausblick, SPA.
- **Les Saisons**④, 19, Rue Oraibi Jilali, im Zentrum nahe der Medina, Tel. 0522 49 09 01, www.hotellessaisonsmaroc.ma. Angenehmes Hotel mit nostalgischem, stilvollem Chic, 36 geräumigen Zimmern, 9 Junior-Suiten und gutem Restaurant Les Cities.
- **Val d'Anfa**④, Bd. de la Corniche, Tel. 0522 79 70 70, ww.valdanfahotel.com. Schöne Hotelanlage mit vielen traditionellen Elementen, mit Pool, eigenem Hotelstrand, Meeresblick, gutem Service sowie geräumigen Zimmern.

Mittelklasse

- **Dar Diafa**③, 45 Lot. Lina, Sidi Maarouf (im Süden der Stadt, recht weit vom Zentrum), Tel. 0522 58 46 58. Hübsches, freundliches Gästehaus mit nur vier Zimmern und kleinem Pool in ruhiger Lage. Schwierig zu finden, besser anrufen und Treffpunkt/Abholung vereinbaren.
- **Dar Itrit**③, 9, Rue de Restinga, im südwestlichen Stadtteil Cil nahe Stadion Mohamed V. und Bd. Ghandi, Tel. 0522 36 02 58. Ein sehr schönes, freundliches Gäste-

haus mit nur drei individuell marokkanisch gestalteten Zimmern, WLAN, Parkplätze.

■ **East West**③, 10, Av. Hassan Souktani, Ecke Rue Kamal Mohamed und Fakir Mohamed, Tel. 0522 20 02 10, www.eastwest-hotel.com. 3-Sterne-Hotel im Viertel Gauthier (nahe der Twin Towers) mit 48 klimatisierten, zweckmäßig eingerichteten Zimmern mit Bad und TV. Angesagtes Irish Pub mit Live Musik im EG.

■ **Gites Nadia**③, an der N 1 bei km 13,5 (in Richtung El Jadida), Tel. 0522 65 03 42, Mobil 0661 18 76 48, www.gitenadia.com. Dieses Boutique-Hotel (ehemals Farmgelände) liegt außerhalb von Casablanca ca. 6 km vom Strand von Dar Bouazza entfernt. Es hat hübsche Zimmer im marokkanischen Stil, einen Pool, eine Minigolfanlage und einen Tennisplatz – ideal für alle, die lieber in ländlicher Umgebung wohnen oder auch für Autoreisende auf der Durchreise. Flughafentransfer möglich.

■ **Guynemer**③, 2, Rue Mohamed Belloui, Tel. 0522 27 57 64, http://guynemerhotel.net. Ruhiges, freundliches Traveller-Hotel nahe der Medina in einem Jugendstil-Haus. Die Zimmer (mit WLAN und Flat-TV) haben allerdings sehr unterschiedliche Größen und Standards trotz gleichem Preis. Flughafentransfer möglich.

■ **Ibis Casa Voyageurs**③, Bd. Bahmad, Place de la Gare (direkt am Bahnhof Casa Voyageurs), Tel. 0522 40 19 84, www.ibis.com. Die Zimmer sind klein und schon etwas abgewohnt, die Einrichtung ist zweckmäßig und schnörkellos wie bei allen Ibis-Hotels. Die Gesamtanlage und der Garten mit Pool sind aber schön. Gutes Preis-Leistungsverhältnis, bei später Ankunft Vorbuchung empfehlenswert. WLAN verfügbar, eigener Parkplatz.

■ **Ibis City Center**③, Ecke Bd. Zaïd Ouhmad Sidi Belyout (nahe Bahnhof Casa Port), Tel. 0522 46 65 60, www.ibis.com. Zweckmäßig und modern eingerichtete Zimmer mit Klimaanlage. WLAN verfügbar, eigener Parkplatz. Gutes Preis-Leistungsverhältnis.

■ **Toubkal (Best Western)**③, 9, Rue Sidi Belyout, Tel. 0522 31 14 14, www.hoteltoubkal.com. Das zentral nahe der Medina und dem Bahnhof Port gelegene 4-Sterne-Hotel bietet komfortable klimatisierte Zimmer zu Mittelklasse-Standard und -Preis.

Günstig

Einfache Hotels befinden sich nahe der Place Houphouët Boigny, beim Eingang zur alten Medina und beim Hauptbahnhof.

■ **Astrid**②, 12, Rue 6. November, in einer ruhigen Seitenstraße südlich vom Zentrum. Tel. 0522 27 78 03, www.hotelastridcasablanca.com. Einfaches 2-Sterne-Hotel mit großen Zimmern, ziemlich altmodischer Dekor und alte Bäder, aber angenehm und ruhig trotz zentraler Lage.

ma11-088 ad

■ **De Foucauld**①, 52, Rue Oraibi Jilali, Tel. 0522 22 26 66. Einfache, altmodische DZ mit/ohne Dusche, dafür geräumig und günstig.

■ **Galia**②, 19, Rue Ibn Batouta, Tel. 0522 48 16 94, galia_19@hotmail.fr. Geräumige, saubere, etwas plüschige Zimmer mit und ohne Bad in einem hübschen Kolonialgebäude im Zentrum, WLAN in der Lobby. Gutes Preis-Leistungsverhältnis.

■ **Jugendherberge (Auberge de Jeunesse),** am Pl. Ahmed El Bidaoui, nahe Bd. des Almohades in der nördlichen alten Medina, Tel. 0522 22 05 51, www.hihostels.com. Die Zimmer (2–5 Pers.) und ein Schlafsaal sind etwas laut, da sie nicht vollständig vom Gemeinschaftsraum getrennt sind. Die Herberge ist sauber, es gibt warme Duschen. DZ inkl. Frühstück ab 16 €/Pers., im Schlafsaal ca. 7 €/Pers. Geöffnet 8–23 Uhr.

■ **La Victoire**①, 48, Rue d'Anfa, Mobil 0679 60 06 89, in der Medina, etwa 200 m vom Haupteingang an der Rue Houphouët Boigny. Freundliches Hotel mit einfachen und sauberen Zimmern, Du/WC auf dem Gang.

■ **Maamoura**②, 59, Rue Ibn Batouta, Tel. 0522 45 29 67, www.hotelmaamoura.com. Angenehmes, zentrales und freundliches Hotel mit sauberen und großzügigen Zimmern mit Bad. Abholung vom Flughafen möglich, WLAN verfügbar. Sehr gutes Preis-Leistungsverhältnis.

■ **Mon Rêve**①, 7, Rue Chaouia (von Süden kommend eine Querstraße rechts vor dem CTM-Busbahnhof), Tel. 0522 41 14 39. Angenehmes einfaches Hotel (Schild „Hotel-Funduq"), große und saubere Zimmer mit und ohne Bad (Waschbecken im Zimmer), gute Lage nahe dem Busbahnhof.

■ **Rialto**①, 9, Rue Salah Ben Bouchaïb, Tel. 0522 27 51 22. Freundliches, angenehmes und recht ruhiges Budget-Hotel mit kleiner Terrasse und sauberen Zimmern (Dusche und Waschbecken im Zimmer, WC auf dem Gang).

Apartments

■ **Casablanca Appart'hotel,** 120, Quartier Florida, im Viertel Maarouf (nahe Route de Nouasseur und Route El Jadida N1 sowie Gare de Faculté im Südwesten der Stadt nahe dem alten Flugplatz Casa Anfa), Tel. 0522 97 20 52, 97 39 01, www.ca.ma, N 33°32,430', W 07°38,468'. Sehr schöne, modern eingerichtete Zimmer, Studios und Apartments mit TV und Klimaanlage. Restaurant und Room Service, günstiges Frühstück und Pool. Apartment für 108–171 Euro am Tag, Zimmer 90 Euro. Eigener Parkplatz – für Autofahrer eine gute Alternative zu den Hotels im Zentrum.

Camping

Die Campingplätze **an der Küste zwischen Mohammedia und Rabat** (vgl. vorhergehende Route) sind im Sommer überfüllt mit marokkanischen Campern.

Essen und Trinken

Die **Restaurants** öffnen selten vor 19 Uhr, und viele schließen bereits um 22 Uhr wieder. Ein Menü der mittleren bis teureren Preisklasse kostet 90–300 DH. Zahlreiche Restaurants gibt es im Zentrum, in Maarif und Habbous sowie in Aïn Diab.

Marokkanische Küche

■ **Al Firdaous,** Hotel Golden Tulip Farah, 160, Av. des Forces Armées Royales, Tel. 0522 27 36 36, 27 60 73. Marokkanische Spezialitäten in edler Palastatmosphäre, gehobene Preise.

■ **Al Mounia,** 95, Rue Prince My Abdellah, Tel. 0522 22 26 69. Schönes Restaurant im maurischen Stil mit marokkanischen Spezialitäten und großer Salatauswahl, man kann auch im Garten sitzen. Menü ab 150 DH.

■ **Basmane,** Bd. de l'Ocean Atlantique/Bd. de la Corniche, im Hotel Val d'Anfa, Tel. 0522 79 70 70, www.basmane-restaurant.com. Marokkanisches Spezialitäten-Restaurant (Brochettes, Tajine) mit Palastatmosphäre. Hauptgericht 120–160 DH.

■ **Dar Beida,** im Hotel Hyatt Regency, Place de Nations Unies, Tel. 0522 43 12 78. Luxuriöses Restaurant im marokkanischem Stil mit Bauchtanz und orientalischer Musik. Täglich von 19–2 Uhr nachts offen.

■ **Sqala,** 5, Bd. des Almohades, in der Sqala an der nördlichen Stadtmauer der Medina, Tel. 0522 26 09 60, www.sqala.ma. Sehr beliebtes Restaurant mit guter marokkanischer Küche in toller Atmosphäre oberhalb des Hafens zwischen alten Mauern. Fisch- und Fleischgerichte sowie Tajine ab 120 DH. Täglich bis Mitternacht geöffnet. Angeschlossen ist das nette **Café Maure** mit kleinen Gerichten.

Internationale Küche/Fischrestaurants

■ **A Ma Bretagne,** Sidi Abderrahmane, Bd. de l'Ocean Atlantique, Tel. 0522 39 79 79. Ältestes Edel-Restaurant Casablancas (wenn nicht gar Marokkos), So geschlossen, (franz.) Menü ab 350 DH.

Asia Garden, 26, Rue Ahmed El Mokri, Tel. 0522 36 55 44, Mo geschlossen. Günstige Preise für das hohe Niveau, asiatisches Hauptgericht um 90 DH.

Au Four a Bois, 20, Rue Jean Jaurès, Quartier Gauthier, Tel. 0522 22 17 18, www.fourabois.ma. Sehr beliebter Italiener mit Pizza, Pasta, Antipasti, Salaten, Grill- und Fischspezialitäten zu moderaten Preisen (Hauptgericht ab 90 DH). Täglich geöffnet.

Cabestan – Ocean View, 90, Bd. de la Corniche, Tel. 0522 39 11 90, www.le-cabestan.com. Das moderne Nobelrestaurant mit Lounge direkt am El-Hank-Leuchtturm serviert hervorragende mediterrane Küche und Fischspezialitäten auf der großen Terrasse zum Meer. Zahlreiche Prominente und Politiker waren in den letzten 40 Jahren hier zu Gast. Hauptgerichte ab 190 DH.

Café M, im Hotel Hyatt Regency, Place des Nations Unies, Tel. 0522 43 12 78, 12–15 Uhr und 19 Uhr bis Mitternacht geöffnet. Dieses edle First-Class-Restaurant in Chrom, Leder und Holz bietet exzellente Küche und Weine zu gehobenen Preisen, auch auf der Terrasse.

La Bavaroise, 131/139, Rue Allal Ben Abdallah, Tel. 0522 31 17 60, www.restopro.ma/bavaroise. Französische Küche mit Bier vom Fass. Schlachtplatte und Wildbret zur Jagdsaison, Steak oder Fischgericht ab 190 DH, auch günstigere Tagesgerichte. Sowohl bei Einheimischen als auch bei Expats sehr beliebt.

La Bodega, 129, Rue Allal Ben Abdellah, Tel. 0522 54 18 42, www.restopro.ma/bodega. Spanische Küche, erstes Tapas-Restaurant Casablancas, auch Bierkneipe, Cocktailbar und Flamenco-Vorführungen. Es wird von denselben Besitzern betrieben wie La Bavaroise gleich daneben (s.u.). Tapas 60 DH, Fisch- und Fleischgerichte ab 120 DH.

La Mer, Bd. de la Corniche am El-Hank-Leuchtturm, Tel. 0522 36 33 15. Sehr gutes und teures Fischrestaurant, Menü ab 250 DH.

Le Relais de Paris, Bd. de la Corniche, Tel. 0522 39 25 10. Elegantes Restaurant mit Terrasse und Meerblick, Fisch und Fleischgerichte (ca. 190 DH), französische Spezialitäten, guter Service.

Le Rouget de l'Isle, 16, Rue Rouget de l'Isle, Tel. 0522 29 47 40. In einer alten Villa mit nostalgischem Interieur gemixt mit modernen Elementen kann man hier hervorragend Pizza, Grillgerichte und leichte französische Küche essen. Die Preise bewegen sich zwischen 100 und 180 DH. Geöffnet mittags Di bis Fr, Sa auch abends.

Loubnane, Bd. de la Corniche, direkt am Meer, Tel. 0522 36 93 70. Sehr gute libanesische Küche, abends Unterhaltungsprogramm.

Millenium Viet, 8, Rue Molière, im Viertel Racine, nahe Bd. d'Anfa, Tel. 0522 39 22 44. Sehr gute asiatische Küche in schönem Ambiente, moderate Preise (Hauptgericht ca. 100 DH).

UNSER TIPP: **Port de Pêche,** im Fischereihafen, Tel. 0522 31 85 61. Hier kommt der Fang des Tages frisch gegrillt und zu moderaten Preisen auf den Tisch. Das Lokal ist bei Einheimischen zum Mittagessen sehr beliebt und oft voll.

Ostrea, im Fischerhafen (Richtung Oualidia am Parc à huitres), Tel. 0522 44 13 90. Sehr gute Meeresspezialitäten (u.a. Austern), täglich geöffnet (auch im Ramadan), Alkoholausschank.

Taverne du Dauphin, 115, Bd. Houphouët Boigny, Tel. 0522 22 12 00, www.taverne-du-dauphin.com. Das Lokal ist seit 1950 in der Hand der Familie *Kerinec* und bekannt für seine gute Qualität (Fischspezialitäten) zu fairen Preisen (70–150 DH).

Snacks, Fastfood und Cafés

Billige Restaurants gibt es in der Medina und beim Busbahnhof.

Aladdin, 39, Rue Mohamed Sediki (zwischen Bd. Ziraoui und Bd. d'Anfa), Tel. 0522 29 86 45. Leckere libanesische Snacks (z.B. *Chawarma,* libanesischer Fleischspieß), geöffnet 12–24 Uhr.

Chez Paul, Ecke Bd. Anfa und Moulay Rachid, Anfa, Tel. 0522 36 60 00. Die weltbekannte französische Konditoreikette erfreut sich auch in Marokko steigender Beliebtheit: Hier gibt es hervorragende Crèpes, Kuchen, kleine Gerichte und Salate, alles serviert in einer alten Villa oder auf der Gartenterrasse.

Epsom, Ecke Rue Tata und Mouftakar, im Zentrum bei der Fußgängerzone. Grillgerichte, Brochettes und Sandwiches zu günstigen Preisen, allerdings oft voll – man kann sich sein Essen aber auch mitnehmen.

G-Ice, 35, Rue Kadi Ilas in Maarif, Tel. 0522 25 11 30. Moderne Eisdiele und Café mit großer Auswahl.

McDonald's, Bd. de la Corniche bzw. in der Innenstadt 53, Rond Point Mers Sultan und Bd. Ziraoui (N 33° 35,682', W 07°38,0522') sowie in der Morocco Mall (Bd. de l'Océan Atlantique, Aïn Diab). Der Fast-Food-Tempel am Bd. de la Corniche liegt sehr schön mit Blick aufs Meer, die Filiale in der Innenstadt verfügt über gute Parkmöglichkeiten.

Oliveri Glacier, 132, Av. Hassan II., Tel. 0522 27 60 75. Eine der besten Eisdielen der Stadt.

■ **Patisserie Bennis Habous,** 2, Rue Fkih el Gabbas, im Viertel Habous (Nouvelle Medina), Tel. 0522 30 30 25. Die Traditionskonditorei Bennis (mit Hauptsitz in Rabat) ist „die" Konditorei Marokkos und beliefert auch das Königshaus. Herrliche Bastillas und traditionelles Gebäck wie Gazellenhörnchen, vielerlei Kuchen und Torten.

■ **Venezia Ice,** Bd. Massira al Khadra (Casablanca Twin Center), Maarif, Tel. 0522 99 23 46. Eisdiele mit großer Auswahl an hervorragenden Eiscremes, Crêpes und Leckereien.

Einkaufen

Buchhandlungen

■ **Livre Service,** 11, Rue Tata – Casablanca, Tel. 0522 26 20 72. Sehr gute Auswahl an Büchern über Marokko.

■ **Les Carrefours des Livres,** im Stadtteil Maarif, Rue Assourkosti, Tel. 0522 98 24 30.

Supermärkte/Lebensmittel

■ **Label Vie,** Bd. Abdellatif Ben Kadir/Ecke Rue Ahmed; 305, Bd. Bir Anzarane/Ecke Rue Gharb. Die Supermarktkette (Ableger von Carrefour) mit einem großen Angebot an europäischen Waren ist im ganzen Stadtgebiet vertreten.

■ **Marjane,** mehrere Supermärkte in der Stadt, z.B. 18, Bd. Aïn Sebaa, Quartier Beausite, und Bd. Mohamed VI./Ecke Bd. Bouchaib Doukkali oder weiter außerhalb am Bd. Oued Abour Raqraq in Hay Oulfa. Umfangreiches Sortiment: französische und marokkanische Produkte, von Frischware bis zu Konserven.

■ Obst, Gemüse und Frischwaren kauft man am besten im **Marché Central** in der Innenstadt (zwischen Av. des F.A.R. und Av. Mohamed V.) oder in der Medina.

Souvenirs

Souvenirs findet man in der **Medina** und in der **Neustadt** um den Bd. Mohamed V. und Bd. de Paris bzw. in der neuen Medina im Quartier Habbous. Hier liegt auch die königliche Patisserie Bennis (vgl. „Essen und Trinken/Cafés"), wo man alle Köstlichkeiten marokkanischen Backwerks findet.

Der staatliche Laden **Exposition Nationale d'Artisanal** mit großer Souvenirauswahl und Festpreisen liegt im Zentrum an der Av. Hassan II. (Nr. 3, Tel. 0522 26 70 64, tägl. 8.30–12.30 und 14.30–20 Uhr).

Die 2011 eröffnete **Morocco Mall** in Aïn Diab (Ecke Bd. de la Corniche und Bd. de l'Océan Atlantique) ist das größte und modernste Einkaufszentrum Marokkos. Hier findet man marokkanisches Kunsthandwerk im „Souk", aber auch zahllose Boutiquen internationaler Modeketten, Fast Food (Pizza Hut, McDonald's), ein Aquarium und ein IMAX-Kino.

Nachtleben

Die meisten Discos/Nachtclubs liegen **in Aïn Diab,** außerdem verfügen alle großen **Hotels** über Diskotheken (Eintritt 150–200 DH). Einige Bars bzw. Lounge-Bars haben auch über Mittag geöffnet und servieren Essen oder kleine Gerichte. Auf der Seite http://casablanca.madeinmedina.com sind die meisten angesagten Lounges, Nachtclubs und Discos zu finden. In Casablanca sollte frau besser nicht alleine ausgehen.

■ **Jet Set,** 160, Av. des F.A.R. Angesagter Nightclub im Hotel Tulip Farah in den Twin Towers, Gauthier-Viertel.

■ **La Bodega,** siehe „Essen und Trinken".

■ **Le Jazz Bar,** im Hotel Tulip Farah in den Twin Towers.

■ **Le Trica,** 5, Rue El Moutanabi, nahe Bd. d'Anfa und Bd. Moulay Youssef in Richtung Gauthier, Tel. 0522 22 07 06. Lounge-Bar und italienisches Restaurant (auch mittags 12–15 Uhr) in modernem Ambiente, abends gefragte Mojito-Bar, in der sich die Jugend Casablancas trifft. So und Samstagmittag geschlossen.

■ **Rick's Café,** 248, Bd. Sour Jdid, Place du Jardin public, am Rande der alten Medina, Tel. 0522 27 42 07, www.rickscafe.ma. Das Original aus dem legendären Film „Casablanca" gab's nur in Hollywood, diese Bar und das Restaurant mit internationalem Publikum sind eine Nachempfindung und gute Geschäftsidee einer ehemaligen US-Diplomatin. WLAN, Jazz-Sessions, Mittag- und Abendessen 12–15.30 und 18–24 Uhr, 130–180 DH.

■ **Sky 28,** Kenzi Tower Hotel, Twin Center, 28, Bd. Zerktouni. Lounge und spanisches Restaurant (gut und teuer) mit herrlichem Blick aus dem 28. Stock der Twin Towers – ideal für einen Aperitif.

Kinos

Das **Programm** der großen Kinos findet sich online unter **www.yallacine.com.**

■ **IMAX-Kino** im Einkaufszentrum Morocco Mall, Bd. de l'Océan Atlantique, www.imax.com.

■ **Megarama,** Bd. de la Corniche in Aïn Dïab, Tel. 0890 10 20 20, www.megarama.ma. Dieser riesige Kinokomplex (mit Parkplatz) relativ weit außerhalb des Zentrums ist die erste Wahl, um die neuesten Hollywood-Streifen zu sehen. Tickets 45–65 DH (Mo Kinotag).

■ **Lynx,** 150, Av. Mers Sultan, Tel. 0522 22 02 29, zentrumsnah, Ticket 30–60 DH.

■ Das **Institut Français** (121, Bd. Mohamed Zerktouni, Tel. 0522 77 98 70, http://if-maroc.org/casablanca) zeigt französische Filme.

Notfall/Medizinische Versorgung

■ **Polizei:** Route de l'Oasis, Tel. 0522 23 39 56.

■ **Ambulanz:** Safa, Tel. 0522 22 77 77; Samu, Tel. 0522 25 25 25.

■ **Apotheken:** In allen Stadtvierteln gibt es zahlreiche Apotheken *(pharmacie)*.

Krankenhäuser/Ärzte

■ **Hôpital du 20 Août 1953,** 4, Rue Lahcen El Arjoune, Tel. 0522 48 10 10.

■ **Hôpital Ibn Rochd,** 1, Rue des Hôpitaux, Casablanca-Anfa, Tel. 0522 48 20 20.

■ **Hôpital Moulay Youssef,** 112, Bd. Moulay Youssef, Casablanca-Anfa, Tel. 0522 26 54 38, 26 54 51.

■ **Hôpital Universitaire d'Enfants (Kinderklinik),** Rue Mohamed El Fidouzi, Tel. 0522 48 40 40.

■ **Centre Dentaire Tajmouati (Zahnärzte),** 7, Rue Kadi Lass, Place du Marché, Maarif, Tel. 0522 25 84 84.

■ **Dr. Alain Guidon,** 4, Rue Mohamed Ben Ali, Quartier Gauthier, Tel. 0522 26 71 53. Deutschsprachiger Allgemeinmediziner.

Tramway

Die Trambahn ist das **modernste und bequemste Verkehrsmittel in der Stadt.** Sie verkehrt von 5.30 bis 22.30 Uhr etwa alle 15 Minuten. Man kann ein einfaches Ticket (7 DH) lösen oder eine Magnetkarte für mehrere Fahrten mit Guthaben aufladen. Die **Linie T1** fährt vom **Strand in Aïn Diab** (Bd. de l'Océan Atlantique) Richtung Süden nach Beauséjour, Av. Ghandi und weiter über den Bd. Abdelmoumen und die Av. Hassan II. **durch die Innenstadt** (Place Mohamed V., Place Nations Unies, Marché Central) **zum Bahnhof Casa Voyageurs.** Vom Bahnhof führt die Linie weiter nach Osten bis zur Endstation Sidi Moumen. Fahrplan unter www.casatramway.ma.

Taxis

■ Haltepunkt der **Grands Taxis** ist beim Busbahnhof, **Petits Taxis** (rot) halten am Bd. d'Anfa und an allen wichtigen Plätzen (eine Stadtfahrt kostet 10–20 DH, je nach Entfernung). Eine Fahrt von der Innenstadt zum Bd. de la Corniche kostet um die 35 DH. Wie in vielen Städten Marokkos muss auf das Einschalten des Taxameters bestanden bzw. der Preis unbedingt vor der Fahrt vereinbart werden!

■ Ein **Taxi Vert** kann man bequem zum Hotel bestellen, Tel. 0522 48 48 01; sie sind etwas teurer als die normalen Petits Taxis.

Stadtbusse

Im Großraum Casablanca verkehren die grün-weißen **M'dina-Busse** (Linien und Fahrplan unter www.mdinabus.ma). Wichtigster Ausgangspunkt (Haltestelle und Kreuzungspunkt einiger Linien) ist der **Place Houphouët Boigny** (bzw. Etats Unies) bzw. Av. Mohamed V. Hauptabfahrtsplatz ist der **Place Oued al Makhzine.** Der Stadttarif beträgt 4 DH.

■ **Gare Routière Ouled Ziane (Busbahnhof):** Linien L 20, L 109.

■ **Bahnhof Casa Port:** Linie L 23, L 10.

■ **Bahnhof Casa Voyageurs:** mit der Tramway (s.u.).

■ **Mohammedia:** Die Busse der Linie 900 fahren von der Av. des F.A.R. ins Zentrum von Mohammedia; die Linie M 05 verkehrt vom Busbahnhof in Mohammedia ins Zentrum der Stadt.

■ **Moschee Hassan II.:** Linie L 11.

■ **Aïn Diab:** mit der Tramway (s.u.).

Fernverkehrsbusse

■ **CTM Bahnhof,** 24, Av. Mohamed Kamal, parallel zur Av. des F.A.R. Die **CTM-Zentrale** ist im angrenzenden Gebäude untergebracht: 23, Rue Léon l'Africain, Tel. 0522 54 10 10. Hier gibt es eine Gepäckaufbewahrung und ein Café. Unter www.ctm.ma findet man Fahrpläne, Preise und Fahrzeiten.

- **Busbahnhof anderer Buslinien** (nicht CTM): Gare Routière Ouled Zinane, Derb Manjra, Tel. 0522 85 35 45, im Südosten des Zentrums. Hier fahren die Busse in den Nordosten ab, z.B. ins Rif (Chefchaouen), Ouezzane und Tétouan.

CTM-Verbindungen und Preise

- **Agadir:** 9x tägl., 210 DH, 7½ Std. Fahrzeit.
- **Al Hoceima**: 2x tägl. (frühmorgens und Nachtbus), 200 DH, ca. 12 Std.
- **Azrou:** 4x tägl., 130 DH, 6 Std.
- **Beni Mellal:** 3x tägl., 80 DH, 4 Std.
- **Berkane:** 1x tägl. (Nachtbus), 210 DH, 10 Std.
- **Chefchaouen:** 1x tägl., 135 DH, 6 Std.
- **El Jadida:** 7x tägl., 45 DH, ca. 2 Std.; wer nach **Oualidia** will, kann in El Jadida in den lokalen Bus umsteigen.
- **Errachidia:** 2x tägl., 200 DH, ca. 10½ Std.
- **Essaouira:** 4x tägl., 145 DH, 6 Std.
- **Fès:** 10x tägl., 90 DH, 4–5 Std.
- **Guelmim:** 6x tägl., 290 DH, 12 Std.
- **Laâyoune:** 5x tägl., 445 DH, 22 Std.
- **Marrakesch:** stündlich, späteste Abfahrt 23 Uhr, 85 DH, 3½ Std.
- **Meknès:** 10x tägl., 85 DH, 3½ Std.
- **M'hamid:** 1x tägl., 255 DH, 14 Std.
- **Nador:** 2x tägl., 185 DH, 10 Std.
- **Oujda:** 3x tägl., 200 DH, 12 Std.
- **Ouarzazate – Zagora:** 2x tägl., ca. 150 DH, etwa 8 Std., nach Zagora 230 DH, 12 Std.
- **Rabat:** alle 1–2 Std., schneller geht's mit der Bahn; 35–60 DH, 1½ Std., Abfahrt u.a. wie Busse nach Tanger.
- **Safi:** 6x tägl., 100 DH, ca. 4 Std.
- **Tanger:** 5x tägl., 145 DH, ca. 5½ Std.
- **Tafraoute:** 1x tägl., 250 DH, ca. 11 Std.
- **Taroudannt:** 1x tägl., 190 DH, ca. 9 Std.
- **Taza:** 3x tägl., 155 DH, ca. 7 Std.
- **Tétouan:** 4x tägl., 150 DH, 5½ Std.
- **Tiznit:** 6x tägl. (frühmorgens und Nachtbusse), 235 DH, ca. 10 Std.

Supratours

Supratours, die große **Busgesellschaft der marokkanischen Bahn,** verfügt über **moderne klimatisierte Busse** und unterhält in Kombination mit der Bahn mittlerweile Verbindungen im ganzen Land, vorwiegend zu Zielen, zu denen kein Zug verkehrt. Hauptausgangsorte

ma11-039 ed

der Supratours-Busse sind Asilah, Marrakesch und Fès. Infos unter www.supratours.ma, **Büro** in Casablanca am Place de la Marche Verte, Tel. 0539 33 60 50.

Supratours fährt 2x wöchentlich von Casablanca nach **Paris, Tours, Bordeaux, Toulouse, Strasbourg, Perpignan, Toulon, Nizza** und 1x wöchentlich nach **Italien** (Genua, Pisa, Rom) sowie in die großen **spanischen Städte.**

Bahn

- **Auskunft, Fahrplan und Preise:** Hotline 0890 20 30 40, www.oncf.ma.
- **Gare Casa Port,** am Hafeneingang, weniger Verbindungen als vom Hauptbahnhof.
- **Gare Casa Voyageurs (Hauptbahnhof),** am Place du Gare/Bd. Ba Hamad. Der Bahnhof ist von der Innenstadt ca. 30 Min. zu Fuß entfernt und liegt östlich vom Zentrum; stadtnäher liegt der Hafen-Bahnhof (s.o.).
- **Gare l'Oasis,** im Südwesten Casablancas; günstiger für die Verbindung nach Marrakesch beim Umsteigen.

Verbindungen und Preise

- **Aéroport Mohamed V. – Casablanca Voyageurs:** Fahrzeit vom Flughafen nach Casablanca Voyageurs 35 Min., nach Casablanca Port 40 Min.; 19 Züge täglich, ab 6 Uhr morgens stündlich bis 22 Uhr, letzte Abfahrt vom Flughafen um 23.45 Uhr, 40 DH.
- **Casablanca Voyageurs – Rabat – Kénitra:** halbstündlich, frühmorgens und abends stündlich, letzter Zug um 0.30 Uhr, erster Zug um 6.30 Uhr, ca. 1½ Std. Fahrzeit; nach Rabat 2. Kl. 35–45 DH; nach Kénitra 48 DH.
- **Casablanca Port – Rabat:** ab 6.50 Uhr stündlich bis 21.50 Uhr, 48 DH in der 2. Kl. Die Züge nach Rabat fahren über Bouznika, Skhirat und Temara. In Richtung Rabat sind auf jeden Fall die Züge (meist ab Gare du Port) dem Bus vorzuziehen, da sie schneller und komfortabler sind.
- **Casablanca Voyageurs – Tanger Morora:** 8x tägl., 5½–6 Std., 2. Kl. 125 DH.
- **Casablanca Voyageurs – Marrakesch:** 9x tägl. (alle 2 Std. von 4.50–20.50 Uhr), 3½ Std. Fahrzeit, manche mit Busanschluss nach Agadir, 2. Kl. 90 DH. Wer vom Flughafen nach Marrakesch weiterreisen will, sollte den Zug vom Flughafen in Richtung Stadtzentrum nehmen und bereits in Oasis aussteigen! Dort erwischt man den Gegenzug nach Marrakesch. Fährt man bis ins Stadtzentrum, so verpasst man den Anschlusszug nach Marrakesch um 10 Min.
- **Casablanca Voyageurs – Meknès – Fès – (Oujda):** 19x tägl., stündlich (von 5.10–22.10 Uhr und zusätzlich 22.35 Uhr), ca. 4½ Std. Fahrzeit; Preise: nach Meknès 2. Kl. 90 DH, nach Fès 2. Kl. 110 DH, nach Oujda 4x tägl. 2. Kl. 205 DH.
- **Casablanca Voyageurs – Nador Ville:** 5x tägl. (Umsteigen in Fès oder Taourirt), nur der Zug um 19.35 Uhr fährt durch, 2. Kl. 185 DH.

Flugverbindungen

Fluggesellschaften

- **Royal Air Maroc (RAM),** 44, Av. des F.A.R., Tel. 0522 46 41 20 (Hauptbüro); Bd. 97, Bd. Al Massira el Khadra, Maarif, Tel. 0522 77 87 00; am Flughafen, Tel. 0522 91 20 00.
- **Lufthansa,** 50, Av. des F.A.R., Tour Habous, Tel. 0520 42 12 00.
- **Air France,** 11, Av. des F.A.R., Sidi Belyout, Tel. 0890 20 18 18.
- **Weitere Flugbüros in der Av. des F.A.R.**

Flughafen

- **Aéroport Mohamed V.,** Tel. 0522 53 90 40, 53 84 40, N 33°23,411', W 07°33, 970', etwa 30 km außerhalb in Nouasseur, über die Stadtautobahn bzw. sehr gut **mit dem Zug** erreichbar (stündliche Abfahrten am Bahnhof unter Terminal 1); der letzte Zug geht um 22 Uhr. Die letzten 5 km **auf der Stadtautobahn** zum Flughafen kosten Maut.
- **Navette.ma** bietet **private Transfers** im Kleinbus vom/zum Flughafen an: Tel. 0522 27 59 49/50, 380 DH für 3 Pers., 680 DH für bis zu 7 Pers. Außerdem können die meisten Hotels eine Abholung arrangieren. Ein **Grand Taxi** kostet ca. 300 DH in die Stadt.

Inlandsflüge

Alle Inlandsflüge werden von Casablanca aus bedient. **Alle großen Städte des Landes** werden von hier (mehrmals) täglich angeflogen.

☐ Der Hauptbahnhof von Casablanca

Internationale Flüge

■ Nach **Italien, Frankreich und Spanien** mehrmals täglich Flüge.

■ **Frankfurt, Genf, Zürich, Amsterdam** und **Brüssel,** täglich Flüge (u.a. mit Royal Air Maroc).

■ Anschlussflüge gibt es günstig mit Royal Air Maroc **in andere afrikanische Länder,** v.a. nach Westafrika.

Rund ums Auto

■ **Automobilclub: Touring Club Maroc,** 3, Av. des F.A.R., Tel. 0522 20 30 64.

Ersatzteile/Autohändler

■ **Auto Assistance et Service Maintenance,** Bd. Oujda, Quartier Belvedere, Tel. 0522 40 48 94. Service, Wartung und Reparaturen.

■ **Auto-Hall,** 44, Av. Lalla Yacout, Tel. 0522 46 03 00. Fiat und Ford.

■ **Auto Nejma Maroc,** Auto Nejma Building, 10 km in Richtung El Jadida (N 1), Tel. 0522 65 09 90. Mercedes-Vertretung und Werkstatt.

■ **Centrale Automobile Chérifienne,** 13, Bd. Rahal El Meskini, Quartier Benjdia, Tel. 0522 54 09 30. VW-/Audi-Händler und Werkstatt.

■ **Mercedes Service Center,** an der Route El Jadida (N 1), N 33°31,504', W 07°41,003'. Herr *Adil Zerrat,* der Werkstattleiter, spricht perfekt deutsch.

■ **Renault Maroc,** 44, Khalid Ibnou Loulalid, Aïn Sebaa, Tel. 0522 34 97 00 (Hauptniederlassung).

■ **Toyota du Maroc,** Route Zenata km 11,5, Tel. 0522 34 52 00, Bd. Moulay Ismail; Quartier Roches Noires, Tel. 0522 40 09 00; www.toyota.co.ma.

Autoverleih

■ **Alliance Tours/Pratique Maroc,** 177, Av. Hassan I., Tel. 0522 27 59 49/50, Mobil 0661 15 87 96, auch am Flughafen, www.alliancetours.ma. Günstige Autovermietung für ganz Marokko.

■ **Avis,** 19, Av. des F.A.R., Tel. 0522 31 24 24, und am Flughafen, Tel. 0522 97 40 00, tägl. 7–23 Uhr, www.avis.ma.

■ **Budget,** 50, Av. des F.A.R., Tel. 0522 31 31 24, und am Flughafen, Tel. 0522 53 91 57, tägl. 7–22.30 Uhr, www.budget.de.

■ **Ennasr Car,** am Flughafen, Tel. 0522 22 08 13. Vermietet auch Geländewagen.

■ **Europcar,** 44, Av. des F.A.R., Complexe des Habbous, Tel. 0522 31 37 37 (Mo bis Sa 8.30–19 Uhr, So bis 12 Uhr), und am Flughafen, Tel. 0522 53 91 61 (tägl. 7–21 Uhr), www.europcar.ma.

■ **Hertz,** 25, Rue Jilalj el-Oraibi, Tel. 0522 48 47 10; am Flughafen, Tel. 0522 33 91 81; www.hertz.ma.

■ **Jet-Car,** 159, Bd. Moukaouama (ex. Résistance), Mers Sultan, Tel. 0522 30 44 42, und am Flughafen, Tel. 0522 53 83 67, jetcar@menara.ma.

■ **Oasis Travel Agency,** 22, Rue Léon l'Africain (bei C.T.M.), Sidi Belyout, Tel. 0522 30 14 15, www.oasis-car.com. Auch Touristentransport und Abholung.

■ **Renaissance Car,** 81, Bd. d'Anfa, Tel. 0522 29 61 00; 3, Rue El Bakri, Tel. 0522 30 03 01, grcloc@menara.ma. Leser machten sehr gute Erfahrungen (neue, gut gepflegte Fahrzeuge).

■ **Sixt/France Car,** 3, Rue Assaad Ibnou (Ben) Zararra, Quartier Maarif, Tel. 0522 23 23 20, www.sixt.com. Empfehlenswert und zuverlässig.

■ **Week end Car,** Zentrale mit Filialen in Agadir und Ouarzazate, 39, Rue Omar el Slaoui, 2. Stock, Büro Nr. 5, Tel. 0522 47 25 58.

Post/Geldwechsel

■ Die **Hauptpost** befindet sich am Place Mohamed V.

■ **Geldautomaten,** an denen man mit Karte abheben kann, findet man überall in der Stadt. **Wechselstuben** gibt es am Hafen, am Flughafen und am Touristenbüro, Bd. Mohamed V.

Konsulate/Botschaften

■ **Deutsches Honorarkonsulat,** 310, Rue Haj Omar Riffi, Tel. 0522 45 05 45, casablanca@hk-diplo.de

■ **Österreich,** 45, Av. Hassan II., Tel. 0522 22 32 82.

■ **Niederlande,** 57, Rue Salim Cherkaoui, Tel. 0522 26 28 28.

Sport/Aktivitäten

Baden/Schwimmen

■ **Badestrände** gibt es an den Küsten vor Casablanca: Zwischen dem Leuchtturm El Hank bis Aïn Diab, Anfa, Tamaris Plage, Dar Bou Azza oder in Mohammedia (siehe dort). Die Strände sind ganz schön, aber es herrscht viel Rummel, besonders in Aïn Diab, dem stadtnächsten Strand. Je weiter die Strände von Casablanca entfernt sind (in Richtung Süden), umso verschmutzter. In Richtung Rabat gibt es recht schöne Strandabschnitte nördlich von Mohammedia. In Mohammedia ist (im südlichen Bereich) Vorsicht wegen Industrieabwässern geboten.

- Die **Pools** mancher Luxushotels sind gegen Gebühr auch für auswärtige Gäste zugänglich.
- An der R 320, etwa 15 km außerhalb Richtung Azzemmour, liegt der **Tamaris Aquaparc,** ein riesiges Freizeitbad mit Rutschen für Kinder (vgl. nachfolgende Route).

Hammams

Modern ausgestattete, saubere und auf Touristen eingerichtete Bäder sind die **Hammams Ziani** (59, Rue Abou Rakrak, Benjdia, nahe Cinéma Libérté, Tel. 0522 31 96 95, www.hammamziani.ma) und **Zaki** (25, Rue Abou Assalt El Andaloussi, Maarif, Tel. 0522 25 48 48).

Ski und Bergsteigen

- **Club Alpin Français (CAF),** 50, Bd. Moulay Abderrahmane, Hay Erraha, Beausejour, Tel. 0522 99 01 41, http:// cafmaroc2011.ffcam.fr. Informationen über Hütten und Routen im Hohen und Mittleren Atlas, Organisation von Wander-, Trekking-, Kajak- und Skitouren. Der Ableger des französichen Alpenvereins unterhält vier Hütten im Hohen Atlas.
- **Fédération Royale Marocaine de Ski et Montagne,** Bd. Moulay Youssef, Parc de la Ligue Arabe, Tel. 0522 47 49 79, www.frmsm.ma. Der Verein organisiert u.a. Skirennen in Oukaïmeden.

Reiten

- **Royal Club Equestre,** Bd. de la Grande Ceinture, Aïn Diab, Mobil 0664 72 18 35.
- **La Ferme Equestre Ouled Jmel,** 36 bis, Bd. Sidi Abderrahman, Aïn Diab, Tel. 0522 36 08 34.

Wassersport

- **Yacht Club du Maroc,** im Hafen (Port de Pêche) von Mohammedia, Tel. 0523 32 23 31. Segeln, Windsurfen, Tauchen, Wasserski und Sportfischen.

Golf

- **Royal Golf Club d'Anfa,** Hippodrome d'Anfa, 18-Loch-Platz, Tel. 0522 36 10 26, und in Mohammedia (siehe dort).

Feste/Veranstaltungen

Im Großraum Casablanca werden zahlreiche Kulturveranstaltungen abgehalten. Informationen dazu findet man in den Zeitungen oder in den Hotels bzw. beim Touristenbüro. Auch im Institut Français und im Goethe Institut finden regelmäßig verschiedene Veranstaltungen statt (s.a. Abschnitt „Kulturleben").

- Bekannt ist das **Jazzfestival Jazzablanca,** Mobil 0663 00 05 65, 00 05 66, www.jazzablanca.com. Es findet jedes Jahr im April (5 Tage) im Kinokomplex Megarama statt und ist mittlerweile im In- und Ausland sehr populär. Jazz- und Bluesgrößen wie *Al Jarreau, John Lee Hooker* und *Diane Reeves* sind dort bereits aufgetreten.
- Ein weiteres erwähnenswertes Festival ist das **Amazigh (Berber) Theater Festival,** das ein weites Spektrum an Musiktheater, Drama, Comedy, Rockoper und musikuntermaltem Sprechtheater (alle Vorführungen in Berbersprachen) zeigt.
- Das **L'Boulevard Festival** (www.boulevard.ma) dauert vier Tage und findet jährlich im September statt. Die jungen Musiker aus Marokko und Europa konkurrieren in verschiedensten Musikrichtungen in einem Wettbewerb. Der Eintritt ist frei.
- **Moussems** gibt es zwischen El Jadida und Casablanca das ganze Jahr hindurch (v.a. im August und September) an den Wallfahrtsstätten.

Ausflüge

Zu **Mohammedia** siehe vorhergehende Route.

Rommani

Man verlässt Casablanca in Richtung Mohammedia und zweigt dort ab in Richtung Ben Slimane. Die Straße führt durch eine **landschaftlich sehr reizvolle Gegend,** vorbei an vielen Schluchten und Wandergebieten. Ca. 12 km nach Ben Slimane führt links ein Weg zu einem Aussichtspunkt. Ca. 15 km nach Sidi-Bettache überquert man das **Oued Korifla,** wo sich linker Hand schöne Schluchten befinden. Nach **124 km** erreicht man den Ort **Rommani.**

Weiterfahrt nach Marrakesch

Die bis zum Flughafen sehr verkehrsreiche Landstraße N 9 führt über **Settat** nach Marrakesch. Schneller und bequemer geht es auf der mautpflichtigen Autobahn A 7 (ca. 240 km von Casablanca bis Marrakesch). Weder die gepflegte Universitätsstadt Settat noch die Landschaft bieten besondere Attraktionen.

Von Settat lohnt sich ein ca. 30 km langer Abstecher über die R 316 nach Westen zur **Kasbah Boulâouane** (12 km vom Ort Boulâouane entfernt).

Kasbah Boulâouane

Diese Burg (sprich: Balawan) – der Name bedeutet **„Festung des Beistands"** – wurde 1710 von dem **Alawidensultan Moulay Ismail** mitten in der Flussschleife errichtet und war eine wichtige Verteidigungsbastion an der Handelsstraße von El Jadida nach Agadir. Die Kasbah umgeben **mächtige Mauern**, früher mit sieben Bastionen versehen. Durch das **riesige Südtor** mit Spitzbogen und Seitenarkaden gelangt man zu einer Wächternische, wo ein betagter und sehr netter Führer wartet. Der Eintritt kostet 10 DH plus Trinkgeld für den Führer. Man kann an den zinnengekrönten Mauern entlanglaufen und genießt dabei immer wieder herrliche Ausblicke auf das Flusstal. Auf dem Wehrturm nisten im Frühjahr Störche. Es gibt auch noch eine recht gut erhaltene Moschee im Innern und eine Qubba, das **Grabmal des Sidi Mansur.** Die Kasbah umfasste einen Wohntrakt, die Moschee, unterirdische Getreidesilos, Pferdeställe und einen unterirdischen Kerker. Da die Kasbah abseits aller Touristenpfade liegt, ist man hier mit dem freundlichen Führer so gut wie allein.

Anfahrt: 5 km nach dem Ort Boulâouane (von Settat kommend auf der R 202 Richtung Süden) den Abzweig links Richtung „Barrage d'Imf'ut" nehmen; nach ca. 3 km wieder links abbiegen (beschildert).

Von Casablanca nach El Jadida

- **ca. 100 km, R 320.**
- Die hier beschriebene küstennahe Straße R 320 bietet keine besonderen Attraktionen, ist aber immer noch interessanter als die noch verkehrsreichere **Schnellstraße N 1** oder die mautpflichtige **Autobahn** im Hinterland, die durch dicht besiedeltes Landwirtschaftsgebiet führt.
- **Stadtbusse** fahren von Casablanca nach Aïn Diab und Dar Bouazza bzw. von El Jadida nach Azemmour. Gute **Zugverbindung** (vgl. El Jadida und Casablanca).

Casablanca auf der vierspurigen R 320 (Boulevard d'Anfa) verlassen. Nach etwa **15 km** folgt der **Tamaris Aquaparc** mit riesigen Rutschen gegenüber einer Afriquia-Tankstelle nahe dem Kreisverkehr École George Washington (Erwachsene 170 DH, Kinder unter 11 Jahren 100 DH, Mai bis Sept. 10–18.30 Uhr, www.tamaris-aquaparc.com).

Nach etwa **20 km** liegt der große Ort **Dar Bouazza** rechts an der Küste. An der Jack Beach in Dar Bouazza kann man im komfortablen **Golden Tulip des Arts**③ übernachten oder im dazugehörigen Restaurant sehr gut speisen (Tel. 0522 96 54 50, mit SPA und Hammam, klimatisierte Zimmer, z.T. mit Balkon und Meerblick) .

Etwa 37 km hinter Casablanca geht es rechts ab zum **Sidi Rahal Plage** (schöner Strand mit Dünen). An der gesamten Küstenlinie werden neue Ferienanlagen gebaut. Der Blick zum Meer ist häufig durch die bewachsenen Küstendünen versperrt.

17 km vor Azemmour, bei **km 65,** zweigt rechts eine Zufahrt zum **Plage Sidi Bounnaim** ab. Hier finden Wohnmobilisten einen schönen **Stell- und Schlafplatz** direkt am Meer. Der Wärter erwartet ein kleines Trinkgeld. Fährt man 1 oder 2 km die Piste, die unterhalb des Postens weggeht, entlang, folgen weitere wunderschöne Stellplätze. Leser berichteten jedoch von einem Autoeinbruch an diesem unbewachten Ort.

Vor Azemmour führt die Route durch ein dicht besiedeltes Landwirtschaftsgebiet, vom Meer ist nichts zu sehen. Dann geht es über die **Brücke des Oum er-Rbia** weiter ins Zentrum der Stadt (km 82). In umgekehrter Richtung folgt man von Azemmour der Beschilderung „Casa par la route côtière".

Azemmour

Die kleine Stadt liegt auf einem Felsen an der westlichen Seite der **Flussmündung des Oum er-Rbia** („Mutter des Frühlings"), des größten Flusses Marokkos. Zum Meer hin fällt die Felswand steil ab und von den Mauern der Festung hat man einen schönen Blick auf die Küste. Azemmour wurde bereits im Mittelalter erwähnt. Die Portugiesen errichteten dort 1486 eine Handelsniederlassung und erbauten zu Beginn des 16. Jh. die Festung. Die beschauliche **Medina** mit ihrem Festungsring, den Bronzekanonen sowie dem ehemaligen Pulvermagazin (Dar el Baroud) und den weißen Altstadthäusern ist auf jeden Fall sehenswert. Sie hatte früher einen hohen jüdischen Bevölkerungsanteil. Im Kasbahbereich kann man noch eine Synagoge besichtigen. Azemmour wird von den Bewohnern auch „Moulay Bou Chaïb", nach dem Ortsheiligen, genannt. Dessen **Mausoleum und Moschee** liegen in der Oberstadt (keine Besichtigung von innen). Zu Ehren des Heiligen findet in der vierten Juliwoche ein Moussem statt. Angrenzend liegt ein **Suqviertel,** in dessen Hauptgasse vor allem Wundermittel und Heilkräuter wie getrocknete Chamäleons, Wurzeln, Felle, Henna und diverse wundersame Tinkturen verkauft werden. In vielen Häusern kann frau sich die Hände oder Füße mit Henna bemalen lassen, die traditionell besonders kunstvoll zur Hochzeit eines Mädchens bemalt werden (siehe Kapitel „Land und Leute/Bevölkerung"). Die Bemalung dient auch zum Schutz gegen den „bösen Blick" und zur Verschönerung.

Dienstags findet in Azemmour ein großer **Wochenmarkt** (Suq) statt.

Unterkunft

- **L'Oum Errebia**④, 25, Derb Chtouka, in der Medina, Tel. 0523 34 70 71, www.azemmour-hotel.com. Sehr komfortables Gästehaus direkt am Fluss, toller Blick von den Terrassen, mit Hammam und Ausstellung moderner Gemälde. Organisation von Ausflügen möglich.
- **Dar Wabi**③, Derb Daïra, Mobil 0661 15 10 26, in der Medina, http://darwabi.over-blog.com. Leser empfehlen dieses hübsche, freundliche Gästehaus mit Dachterrasse (toller Blick über die Medina) und gutem Essen.

Weiterfahrt nach El Jadida

Verlässt man Azemmour auf der Hauptstraße Richtung Osten, kommt man auf die **N 1.** Diese führt am neuen Luxus-Strandresort Mazagan Beach mit Golfplatz und Hotel vorbei. Nach etwa 11 km folgt die Autobahnauffahrt (Richtung Casablanca). Weiter auf der vierspurigen N 1 geht es ins Zentrum von El Jadida (Av. Mohamed V. und VI.), das nach insgesamt etwa 15 km ab Azemmour erreicht ist.

El Jadida

In der sehr angenehmen und gepflegten **Provinzhauptstadt** – dem historischen Mazagan – leben etwa 260.000 Einwohner (ca. 720.000 sind es in der gesamten Provinz). Die Stadt ist **wichtiger Industriestandort** und Phosphathafen (Jorf Lasfar). Auch als Handelszentrum von **landwirtschaftlichen Produkten aus der Doukkala** ist El Jadida von Bedeutung (Weizen, Trauben, Zuckerrüben, Gemüse). Eine Promenade führt entlang des (nicht immer sauberen) **Sandstrands** bis an den südlichen Strand beim Ibis Hotel. An der **Plage Haouzia** 3 km außerhalb in Richtung Azemmour entstand das **Luxusresort Mazagan Beach** (www.mazaganbeachresort.com) mit dem Luxushotel Pullman Mazagan Royal Golf & SPA, Golfplatz, Casino, Nightclub und Restaurants. Stilvoller und authentischer wohnt man in ei-

El Jadida
0 400 m
© Reise Know-How 2016
Marok_11
Übernachtung
1 Dar del Mare
2 L'Iglesia
3 Riad Le Mazagao
5 Suisse
7 Moderne
9 Provence
10 Bruxelles
11 Royal
14 El Morabitine
15 Dar Al Manar
16 Ibis Budget
18 Camping International
Essen und Trinken
2 Café do Mar
4 Tchikito
6 einfache Fischrestaurants
12 Borj Mazagane
13 Au Petit Paris
17 Ali Baba
Einkaufen
8 ACIMA und Marjane
12 Centre Commercial Marhaba
19 Label Vie/Carrefour
Oualidia, Safi
Bd. Annasr
Av. Moulay Abdelhafid
Av. Annasr
Place Moulay Hassan I.
Jüd. Friedhof
Bastion St. Sebastian
Av. 20 Août
CITÉ PORTUGAISE
Porta do Mar
Place el Khattabi
Bastion St. Antoine
Hafen
Eglise Assomption
Citerne Portugaise
Bastion de l'Ange
Große Moschee
Markt
Bastion du St. Esprit
Place Moh. Ibn Abdallah
Rue Zerktouni
Bd. de Suez
Place el Hansali
Hafeneingang
ATLANTISCHER OZEAN
Av. Pasteur
Place Mohamed V.
Av. Nabeuil
R. Jules Verne
Av. Mohamed VI.
Av. Mohamed V.
Hassan II
Av. Mohamed Errafii
Strand
Av.
Av. Nabeuil
Av. Hourmane
Av. des Forces Armées Royales
R. Demenorval
Park Mohammed V.
Av. Mohamed VI.
Park
Av. al Fatouaki
Province d'El Jadida
Av. Mohamed V.
Casablanca, Azemmour
Av. Al Moukaouama
Bl. Annakhil
Av. Al Kahira
Schwimmbad
Polizei
Av. Baghdad
Polizei
Place de France
Fußballstadion
Av. Varennes
Av. Varennes
Bahnhof

nem der Gästehäuser in der **Cité Portugaise,** der alten portugiesischen Festungsstadt direkt am Meer. Wegen seiner ruhigen und bislang wenig touristischen Atmosphäre ist ein Zwischenstopp in El Jadida auf jeden Fall empfehlenswert.

Geschichte

El Jadida heißt übersetzt **„Die Neue".** Die Stadt liegt wahrscheinlich auf den Ruinen der **karthagischen Siedlung Rusibis.** Frühe arabische Quellen berichten bereits im 11. und 12. Jh. über einen Hafen Mazagan bzw. Mazighan an der bzw. nahe der Stelle, an der sich das heutige El-Jadida befindet.

1502 wurde eine **portugiesische Festung** errichtet, aus der die Hauptniederlassung der Portugiesen in Marokko entstand (Mazagan), und die deshalb auch heute noch „Portugiesenstadt" genannt wird. Bis Mitte des 18. Jh. konnten die Portugiesen Mazagan halten. 1769 zogen sie ab und sprengten nach dem Rückzug die Stadt. Bis 1821 lag sie verlassen und wurde dann von Juden aus Azemmour besiedelt, sie erhielt den Namen El Jadida. Weiterhin blieb die Stadt unbedeutend und stieg erst in der Protektoratszeit Anfang des 20. Jh. zur Hafen- und Handelsstadt auf.

Sehenswertes

Cité Portugaise

Das von mächtigen Festungsmauern umgebene **Gassenlabyrinth** der Cité Portugaise (Stadtteil aus der Portugiesenzeit) wird von vier Bastionen aus dem 16. Jh. flankiert. Die Cité gehört seit 2004 zum **UNESCO-Weltkulturerbe** und wird seit einigen Jahren mit großem Aufwand renoviert. Das Eingangstor zur Festungsstadt befindet sich gegenüber dem Markt am Bd. de Suez. Zum Meer hin endet die Portugiesenstadt an der **Porta do Mar,** dem alten Hafen. Von hier wurden die Waren ein- und ausgeladen, die über den Atlantik nach Portugal gebracht wurden. Bei einem Spaziergang bis ans Ende der **Mole,** die parallel zur nördlichen Mauer der Cité Portugaise verläuft, genießt man schöne Ausblicke aufs Meer und den Hafen. Im Hafen finden frühmorgendlich Fischauktionen statt.

Ein Besichtigungs-Muss ist die 1541 erbaute **Citerne Portugaise** linker Hand etwa auf halber Höhe der Hauptstraße in der Portugiesenstadt (geöffnet 9–13 und 15–18 Uhr, Eintritt 10 DH, an der Kasse nach dem deutschsprachigen Führer fragen). Das gotische Kreuzrippengewölbe, von 25 Säulen gestützt, spiegelt sich stimmungsvoll im Wasser.

Praktische Informationen

Informationen für Touristen

- **Délégation du Tourisme,** 33, Place Mohamed V., Tel. 0523 34 47 88, eljadida@tourisme.gov.ma.
- Touristische Informationen über die Region Doukkala: **www.visitdoukkala-abda.com.**

Unterkunft

Oberklasse

- **L'Iglesia**④, Eglise Espagnole, Cité Portugaise, Tel. 0523 37 34 00, www.liglesia.com. Das Hotel in einer ehem. Kirche und einem Hofhaus verbindet den Charme alter Zeiten mit modernem Chic. 14 große, helle Zimmer mit antiken Möbeln und Parkett. Dazugehöriges Restaurant La Capitainerie (in Seitengasse) mit täglich wechselnden Fischgerichten (Menü ab 200 DH, Wein) und nettes **Café do Mar** (Spezialität: Galettes, 70 DH) direkt an der Porta do Mar.

Mittelklasse

- **Dar Al Manar**④, Tel. 0523 35 16 45, www.dar-al-manar.com, ca. 7 km außerhalb Richtung Azemmour, beim Leuchtturm Sidi Msbah (abseits der Hauptstraße, beschildert). Die ruhig gelegene Landvilla ist sehr hübsch im modern-orientalischen Stil gestaltet. Schöne DZ mit Bad, gepflegter Garten, osteopathische Massagen möglich, gutes Essen auf Bestellung.

■ **Dar del Mare**③, 18, Rue Joseph Amiel, in der Cité Portugaise, Tel. 0523 37 28 07, www.dar-del-mare.com. Kleines Gästehaus mit ruhiger familiärer Atmosphäre in der historischen Altstadt. Vier individuell gestaltete Zimmer, Dachterrasse, WLAN.

■ **El Morabitine**③, Av. Mohamed VI./Av. Ennakhil, Tel. 0523 37 94 30. Älteres und in den letzten Jahren vernachlässigtes Mittelklassehotel im marokkanischen Stil mit Pool, ca. 100 m zum Strand.

■ **Ibis Budget**③, Place Nour El Kamar, Route de Casablanca, Tel. 0520 48 49 75, www.ibis.com. Angenehmes Hotel der Ibis-Kette am südlichen Sandstrand (Straße zwischen Strand und Hotel) mit klimatisierten Zimmern, Pool und bewachtem Parkplatz. Sehr gutes Preis-Leistungsverhältnis.

■ **Le Mazagao**③, 6, Derb el Hajjar, in der Medina, Tel. 0523 35 01 37, www.lemazagao.com. Farbenfrohes, von der netten Französin *Chantal Carriou* betriebenes Gästehaus in der Medina mit toller Dachterrasse (mit Ausblick) und sehr gutem Essen. WLAN verfügbar.

■ Ein modern ausgestattetes **Apartment** (Küche mit Kühlschrank und Ofen, Wohnzimmer mit Sat-TV, Terrasse mit Ausblick) nahe der Strandpromenade und der Cité Portugaise vermietet der vertrauenswürdige *Morad Quaisse,* Mobil 0155 90 84 34, mquaisse@free.fr. Von Lesern sehr gelobt.

Günstig

■ **Bruxelles**②, 40, Rue Ibn Khaldoun, Tel. 0523 34 20 72. Sehr einfaches Budget-Hotel, kein heißes Wasser, Zimmer mit und ohne eigenes Bad, WLAN verfügbar, Parkgarage.

■ **Royal**①, 108, Av. Mohamed V., Tel. 0523 34 11 00. Angenehmes Budget-Hotel, Zimmer z.T. mit Bad.

■ **Moderne**①, 21, Av. Hassan II., Tel. 0523 34 31 33. Einfach und freundlich.

■ **Suisse**①, 145, Bd. Zerktouni, Mobil 0612 24 99 38. Einfach und okay.

Camping

■ **International,** 1, Av. de Nations Unies, Tel. 0523 34 27 55. Anfahrt: Von der Küstenstraße Richtung Azemmour bzw. Route de Casablanca hinter dem Hotel Ibis rechts ab in eine Nebenstraße bzw. von Süden kommend beim Kreisverkehr an der Total-Tankstelle in Richtung Institut Francais abbiegen, am Stadion vorbei geradeaus und dann an der nächsten breiten Straße links abbiegen, N 33°14,4817', W 08°29,199'. Großes Gelände mit viel Schatten unter Eukalyptusbäumen nur 5 Min. vom Strand entfernt. Leider ist der Platz wenig gepflegt und die sanitären Anlagen sind total heruntergekommen (zur Hochsaison im Sommer unzumutbar, nur kalte Dusche). Im vorderen Bereich gibt es Reihenbungalows und eine von Marokkanern viel besuchte Bar, die hinteren Stellplätze sind daher ruhiger.

Essen und Trinken

Diverse **einfache Fischrestaurants** finden sich am Bd. Suez am Hafeneingang.

■ **Ali Baba,** Route de Casablanca, nahe Ibis Hotel, Tel. 0523 34 16 22. In diesem feinen Restaurant mit nostalgischem Interieur genießt man ausgezeichnete Küche mit Blick in Richtung Meer.

■ **Au Petit Paris,** Av. Mohamed VI., Résidence Les Grands Palmiers, Tel. 0523 39 24 64, www.aupetitparis.ma. Feine französische Küche (mit Fisch und Fleisch) in Pariser Ambiente, unter französischer Führung, Alkoholausschank. Mittagesmenü 85 DH (Mo bis Fr).

■ **Borj Mazagane,** Centre Commercial Marhaba (4. Stock), Av. Mohamed VI., Tel. 0523 34 34 35. Schickes Café (mit Kuchen) und gutes Restaurant (italienische Küche) mit tollem Blick auf die Stadt, v.a. bei der Jugend beliebt.

■ **Tchikito,** Rue Mohamed Smiha, nahe Place Moh. Ben Abdallah. Hier gibt es guten und sehr günstigen Fisch: großer Teller mit Sol, Loup, Crevetten für ca. 60 DH.

Einkaufen/Banken/Post

■ Eine große Auswahl an (europäischen) Lebensmitteln gibt es im **ACIMA-Supermarkt** (Bd. Roudani, Ecke Bd. Bnou Badis), im **Label Vie** (vom Place de France südwärts) und im **Marjane** (Hay El Matar, Route de Sidi Bouzid) im Süden der Stadt.

■ Die besten **Einkaufsmöglichkeiten** bestehen am Place Hansali und entlang der Av. Mohamed VI., z.B. im **Centre Commercial Marhaba.** Boutiquen (und gute Restaurants) findet man in der **Résidence Les Grand Palmiers** in der Av. Mohamed VI.

- Diverse **Banken mit Geldautomat** gibt es an der Av. Mohamed V.
- Eine **Post** befindet sich am Place Mohamed V.

Notfall/Medizinische Versorgung

- **Polizei:** Tel. 0523 34 27 94.
- **Centre hospitalier provincial Mohamed V.,** Rue Docteur Roux, Tel. 0523 34 20 04. Modernes Provinzkrankenhaus neueren Datums.

Taxis

Die **Petits Taxis** fahren in El Jadida zum Festpreis von 7 DH (nachts 10 DH).

Busse

- **Busse** und **Sammeltaxis** fahren vom **Gare routière** an der Av. Mohamed V., Ecke Rue Abdel-Moumin Mouahidi (Tel. 0523 35 28 24). Der Bahnhof ist verhältnismäßig weit weg vom Zentrum (ca. 15 Min. Fußmarsch). Ein Sammeltaxi nach Casablanca kostet 45 DH/Pers.
- **CTM-Büro,** Tel. 0523 39 20 11.

CTM-Verbindungen und Preise

- **Oualidia:** 3x tägl., ca. 30 DH, 1½ Std.
- **Azemmour:** mehrmals tägl., ca. 15 DH.
- **Casablanca:** 4x tägl., 40 DH, 1½–2 Std.
- **Essaouira:** 1x tägl., 90 DH, 4½ Std.
- **Safi:** 6x tägl., 65 DH, 2½ Std.

Bahn

- Der **Bahnhof** liegt 4 km südlich der Stadt (Taxi nehmen, zu Fuß ca. 1 Std.).
- **Casablanca:** 8x tägl., 1.40 Std., 35 DH (2. Kl.).

Sport/Aktivitäten

- Ausritte sind von den **königlichen Reitställen** (Haras royal, Route de Casablanca, Tel. 0523 34 21 27) aus möglich.
- **Golfen** ist auf dem Golfplatz des Mazagan Beach Resort (8 km nördlich von El Jadida, s.o.) möglich.
- Verschiedene Wassersportaktivitäten bietet der **Club de Sport Nautique** im Hafen an.
- Leser liehen sich in einem **Fahrradladen** an der R 301 auf Höhe des Leuchtturms (Phare Sidi Bouafi) Räder aus. Der Besitzer spricht deutsch.

Feste/Veranstaltungen

Diverse Moussems im Juli und August. Im Oktober Pferdefestival **Le Salon du Cheval.** Im November **Célébration de la Marche Verte** und **Célébration de la Fête de l'Indépendance** (18. Nov.). Besonders bekannt ist das **Moussem von Moulay Abdallah** südlich von El Jadida im August (mit Reiterspielen).

Von El Jadida nach Safi

- **143 km, R 301.**
- Die **Küstenstraße** führt bis Oualidia durch das wenig attraktive **Landwirtschaftsgebiet der Doukkala** (Gemüseanbau in Gewächshäusern). Hinter Oualidia bieten sich schöne Ausblicke aufs Meer.
- Gute **Busverbindung** (vgl. bei El Jadida und Safi).

Etwa **7 km** hinter El Jadida (ab Zentrum) kann man rechts zum **Ferienort Sidi Bouzid** mit vornehmen Ferienwohnungen, Hotels, Restaurants/Cafés, Vergnügungspark und einer hübschen Sandbucht abbiegen (3 km). Von Sidi Bouzid ist es auch möglich, direkt entlang der Felsküste einer kleinen Straße nach El Jadida zu folgen. Hier finden Wohnmobilisten zwischen den Neubauten und Fischern evtl. Stellplätze.

Etwa 4 km weiter, bei **km 11,** führt ein Abzweig rechts nach Moulay Abdallah. In der Nähe liegen die **Ruinen von Tit** mit Toren, zwei Minaretten und Mauerresten der alten Hauptstadt der Doukkala und des Berghaouta-Reiches aus dem 11. Jh. Im **Wallfahrtsort**

Moulay Abdallah (große Zaouia) findet im August ein Moussem mit Fantasias statt.

An der **Kreuzung** bei **km 18** geht es geradeaus nach Safi weiter und links nach Marrakesch (R 316). Rechts liegt das **Industriegebiet Jorf Lasfar** mit Kraftwerk, Hochspannungsmasten und Phosphatförderbändern.

Bei **km 28** folgt **Sidi Abed** mit Tankstelle und einladendem Sandstrand (Abzweig nach rechts). **Sandstrände** mit Buschwald und Pinien ziehen sich auf der gegenüberliegenden Seite der Lagune einige Kilometer in Richtung Süden. Die Zufahrtspiste zur Küste zweigt in Sidi Abed ab. Hier finden sich für Wohnmobile schöne Stellplätze.

Bei **km 56** liegt der unattraktive Ort **Ouled Ghanem** an der Straße (Tankstelle, Kürbis-, Obst- und Gemüseverkauf).

Vor Oualidia erstreckt sich zwischen Meer und Straße eine riesige **Lagune** mit Salinen und Austernzucht. **Oualidia** ist nach insgesamt ca. **75 km** erreicht.

Oualidia

Die palmengesäumte Av. Hassan II. führt als Hauptstraße durch das **hübsche Bade- und Fischerstädtchen,** dessen weiße Häuser sich die Hänge hinab bis zur Lagune ausbreiten. Eine mit Pinien bewachsene Halbinsel zieht sich vor Oualidia kilometerlang parallel zum Meer und bildet eine **Lagune,** in der manchmal Flamingos zu beobachten sind. Die Lagune säumen von den Wellen geschützte **schöne Sandstrände.**

Oualidia ist bekannt für die **Austernzucht,** die in der Lagune in Richtung El Jadida betrieben wird. Oualidia ist ein **beliebter Badeort reicher Marokkaner** und daher im Sommer stark frequentiert. Außerhalb der Saison ist es aber herrlich ruhig und ideal zum Baden. Es lohnt sich ein Bootsausflug in der Lagune.

Im Ort befinden sich eine Kasbah aus dem Jahr 1634 und ein **Sommerpalast des Königs.** Die Straße hinunter zur Lagune zweigt bei der Post an der Av. Hassan II. ab. Hier liegen die meisten Restaurants und Hotels.

Praktische Informationen

Unterkunft (Oberklasse)

■ **California Meditation Center**④, Mobil 0661 10 33 03, www.californiameditationcenter.com. Das ehemalige Beach View Hotel mit Poolterrasse und tollem Blick übers Meer und die Lagune soll Ende 2016 nach komplettem Umbau wieder eröffnet werden.

Unser Tipp: **La Sultana**⑤, Tel. 0524 38 80 08, www.lasultanahotels.com. Wunderschönes, aus Naturstein gebautes Boutique-Hotel direkt an der türkisblauen Lagune. Wer sich etwas Besonderes (zum entsprechenden Preis) gönnen möchte, genießt hier Luxus und Ruhe in romantischem Ambiente. Mit Privatstrand, Pool, SPA und parkähnlichem Garten. Jede der 12 eleganten Suiten hat eine Privatterrasse mit Meerwasser-Jaccuzzi.

Ein Boutique-Hotel vom Feinsten: La Sultana

ma16_168 las

Unterkunft (Mittelklasse)

■ **Araignée Gourmande**②, an der Lagune (Oualidia Plage), Tel. 0523 36 64 47. Sehr freundliches, preiswertes Hotel mit hübschen, gepflegten Zimmern mit Bad, Sat-TV und WLAN. Im sehr guten Restaurant gibt es alles, was das Meer bietet (Fisch, Hummer, Austern, Muscheln etc.).

■ **L'Hippocampe**③, Rue du Palais, Tel. 0523 36 61 08, http://hippocampeoualidia.com. Das ältere Hotel wurde 2016 renoviert, die Bungalowzimmer und Suiten sind sauber und haben z.T. Blick auf die Lagune. Surfschule nebenan, gutes Restaurant (v.a. Meeresspezialitäten) und schöner Garten mit Pool.

■ **L'Initiale**②, Oualidia Plage, Tel. 0523 36 62 46, initialehotel@gmail.com. Das familiär geführte, freundliche Hotel mit nur sechs sauberen Zimmern (mit Bad) liegt direkt am Strand. Sehr gutes und beliebtes Restaurant (auch vegetarisch) mit Alkoholausschank.

■ **Oualidia Dream**③, Av. Hassan II. (an der Ortsausfahrt Richtung El Jadida auf der linken Seite), Tel. 0523 36 66 97, www.aubergeoualidia.com. Ordentliches Mittelklassehotel oberhalb der Lagune mit 12 modern gestalteten Zimmern mit Bad und TV, z.T. mit schönem Blick. Es gibt einen Pool und ein Restaurant.

Camping

Wildcampen ist evtl. auf der Halbinsel, die sich parallel zur Küstenstraße und Lagune hinzieht, möglich (Zufahrt zur Lagune nur nördlich von Oualidia). Außerdem können **Wohnmobile** auf dem großen Parkplatz vor dem ehemaligen Campinggelände (beim Park an der Straße Richtung Lagune) über Nacht stehen bleiben (ca. 25 DH/Nacht für den Wächter).

Essen und Trinken

■ Fast alle Restaurants in Oualidia sind **Fischrestaurants,** einige bieten auch Austern an. Mehrere Restos und Cafés findet man hinter dem Beach View Hotel. Besonders empfehlenswert sind die **Restaurants der Hotels L'Hippocampe** und **Araignée Gourmande.**

■ Im **Restaurant de la Jeunesse** an der Av. Hassan II. gibt es Lavazza-Café, Pizza, frittierten Fisch und Tajine zum günstigen Preis.

ma16_169 las

Busse/Sammeltaxis

- Gute **Busverbindung nach Nord und Süd** (nach Safi 3x tägl.). Man sollte aber nicht samstags fahren, da dann Markttag ist und zahlreiche zusätzliche Busse in allen Nachbarorten halten und es ziemlich nervig ist, den richtigen Bus zu finden.
- Will man nach **Essaouira,** kann man mit dem Bus oder Sammeltaxi bis nach Safi fahren und dort in einen Bus nach Essaouira umsteigen.
- **Sammeltaxis** fahren alle 15 Min. **nach Safi** und **El Jadida** (jeweils ca. 25 DH/Pers.).

Sonstiges

- **Post** an der Hauptdurchgangsstraße auf der rechten Seite (von El Jadida kommend).
- **Bank** mit Geldautomat an der Av. Hassan II.
- Am **Markt** gegenüber vom Beach View Hotel (Av. Hassan II.) kann man sich mit Fleisch, Gemüse und Obst eindecken.

Weiterfahrt nach Safi

Auf der vierspurigen Av. Hassan II. geht es stadtauswärts Richtung Safi (mehrere Kreisverkehre). Nach etwa **4 km** folgt der Ort **El Kasbat Ayir** mit einer Tankstelle und einem Abzweig zum **Plage Sidi Karram.** 5 km weiter liegt **El Akarta** (mit Tankstelle).

Es bieten sich immer wieder sehr schöne Ausblicke über die Steilküste, die zum Teil terrassenartig nach unten zum Sandstrand abfällt. Das Hinterland ist sehr karstig, es wird Mais und Gemüse angebaut.

Bei **km 32** führt ein Abzweig nach rechts zum schönen **Plage Cap Bedouzza** (1 km) mit Sandstrand und einer kleinen Auberge. Am Abzweig thront ein imposanter **Leuchtturm** an der Steilkante. In der Umgebung wird mehr und mehr gebaut, sodass hier nur noch wenige Wohnmobilisten über Nacht stehen bleiben.

Etwa **36 km** hinter Oualidia befindet sich der **Marabut Sidi Bouchta,** ein wichtiger Wallfahrtsort; hier finden zahlreiche Moussems statt.

Bei **km 50** zweigt rechts eine kleine Straße zum **Plage Lalla Fatma** ab (N 32°24,06', W 09°15,049' und Schild „Oualidia 49, El Bouazza 19"). Der rote Sandstrand in einer Felsenbucht mit starker Brandung ist vor allem bei Surfern beliebt. Es ist der schönste Strand der Stadt, da die Chemieanlagen weit genug weg liegen. Die enge Serpentinenstraße endet bei einem kleinen Café, Toiletten und einem Surfshop (nur im Sommer offen). Der Parkplatz ist kostenpflichtig. Von Juni bis September überwacht die *Protection civile* den Strand und hilft bei Badeunfällen. Die Leute sind sehr nett und haben nichts gegen Camper, jedoch gibt es kaum ein gerades Plätzchen, daher stehen viele Camper ca. 1 km südlich oberhalb der Steilküste.

14 km weiter, bei **km 64,** ist bei einem Kreisverkehr die Stadteinfahrt von **Safi** erreicht. Weiter geht es auf der Av. Hassan II. Richtung Stadtzentrum.

Safi

Die moderne **Hafen- und Industriestadt** Safi hat etwa 355.000 Einwohner. Das Stadtbild prägen die Industrieanlagen an der südlichen Stadtausfahrt und die große Neustadt mit dem zentralen Place Mohamed V. Die von Mauern umgebene Medina wirkt dazwischen winzig, ist aber durchaus einen Bummel wert. Safi ist ein bedeutender **Exporthafen für Phosphat,** vor allem der Phosphate aus der Gegend um Youssoufia, und Standort vieler Phosphat verarbeitender und chemischer Industrien. Auch Textil- und Nahrungsmittel verarbeitende Fabriken sorgen für Arbeitsplätze in der stark expandierenden Stadt. Für Touristen ist Safi vor allem wegen seines **Töpferviertels,** dem größten des Landes, und der **gut erhaltenen Medina** mit seiner Festung, der Kechla, interessant. Wären da nicht die Abwässer der Industriebetriebe und die starke Brandung, würden die schönen Strände nördlich von Safi zum Baden einladen …

Markt ist am Montag (Suq im Industriegebiet am Stadtausgang in Richtung Süden).

Geschichte

Zum ersten Mal wurde die Stadt mit dem Namen „Asfi" von dem arabischen Geografen *Al Bakri* erwähnt. Im 12. Jh. berichtet der arabische Historiker, dass Asfi ein lebendiger Hafen gewesen sei. Im 13. Jh. gab es ein Ribat (befestigtes Kloster) in Safi, welches unter den Portugiesen zur Zitadelle wurde. Die eigentliche Gündung als **portugiesische Handelsniederlassung** geht auf das Jahr 1480 zurück. In erster Linie war der Ort Umschlagplatz für Tauschwaren aus dem Karawanenhandel (Sklaven, Gold, Elfenbein.) 1511 ließen die Portugiesen mächtige Wehrmauern um die Stadt bauen. Da es aber immer wieder zu Kämpfen mit den umliegenden Berberstämmen kam, wurde sie 1541 nach der Belagerung durch **Sultan Mohamed ash-Shaykh** von den Portugiesen wieder aufgegeben und vollkommen zerstört.

Unter den Arabern entwickelte sie sich zu einer wichtigen **Handelsstadt für den Europahandel.** Der Sultan gestattete europäischen Firmen, Niederlassungen zu gründen, und ließ sich dieses Recht teuer bezahlen. Ende des 17. Jh., Anfang des 18. Jh. war Safi die wichtigste Hafenstadt Marokkos. Die Stadt verlor aber ihre Bedeutung im 18. Jh. durch die Konkurrenz anderer marokkanischer Häfen. Erst unter den Franzosen erlebte Safi Anfang des 20. Jh. einen neuen Aufschwung durch die Einrichtung einer Fischkonservenindustrie (vorwiegend Sardinen) und galt bis 1976 als „Sardinen-Hauptstadt" Marokkos.

Sehenswertes

Dar al Bahr

Gegenüber des Eingangs zur Medina, direkt am Meer, liegt die **portugiesische Festung** Dar al Bahr (Burg am Meer) aus dem 16. Jh. Die 60 x 60 m große Anlage diente den Portugiesen zum Schutz des Hafens vor Angreifern. Auch hier gibt es Bronzekanonen wie auf der Festung in Essaouira und eine gut erhaltene Kapelle. Von den Mauern hat man einen schönen Blick aufs Meer und die Stadt. Bewacht parken kann man direkt vor der Medina am Place de l'Indépendance.

Südlich der Meeresfestung Dar el Bahr liegt das **Mausoleum** des *Shayk Muhamed Sidi Ala,* des Schutzheiligen der Stadt, im alten Ribat-Viertel, das auf die Ursprünge der Stadt als Klosterfestung zurückgeht.

Medina

In der völlig untouristischen Medina erhebt sich die **Cathédrale Portugaise** mit sehenswerten Sternengewölben. Ein Schild an der Hauptgasse durch die Souks (Rue du Souks, vom Place Sidi Bouhab) weist in eine kleine, rechts abzweigende Gasse. Die portugiesische Kathedrale wurde 1519 im manuelischen Stil (der zwischen Gotik und Renaissance einzuordnen ist) errichtet (Eintritt 10 DH, i.d.R. geöffnet 8–12 und 14.30–18 Uhr).

Portugiesische Festung

Im Osten thront die **Kechla** über der Medina. Diese portugiesische Festung aus dem 18. Jh. ist über die Rue Moulay Youssef an der Südseite der Medina oder vom Töpferviertel von der Nordseite her zu erreichen. Man kann gut vor der Festung parken. Die Kechla weist einige sehr schöne Räume im maurischen Stil auf, der Innenhof ist von einer mächtigen Würgefeige begrünt, auf den Mauern stehen alte Kanonen. Von den Mauern und Wehrtürmen hat man einen schönen Blick auf die Stadt. In der Kechla zeigt ein kleines **Keramikmuseum** schöne Exponate aus allen Regionen des Landes (Eintritt 10 DH, 2016 wegen Renovierung geschlossen).

Töpferviertel

La Colline des Potiers, das Töpferviertel Safis, liegt auf einem Hügel nahe des Bab Chaba

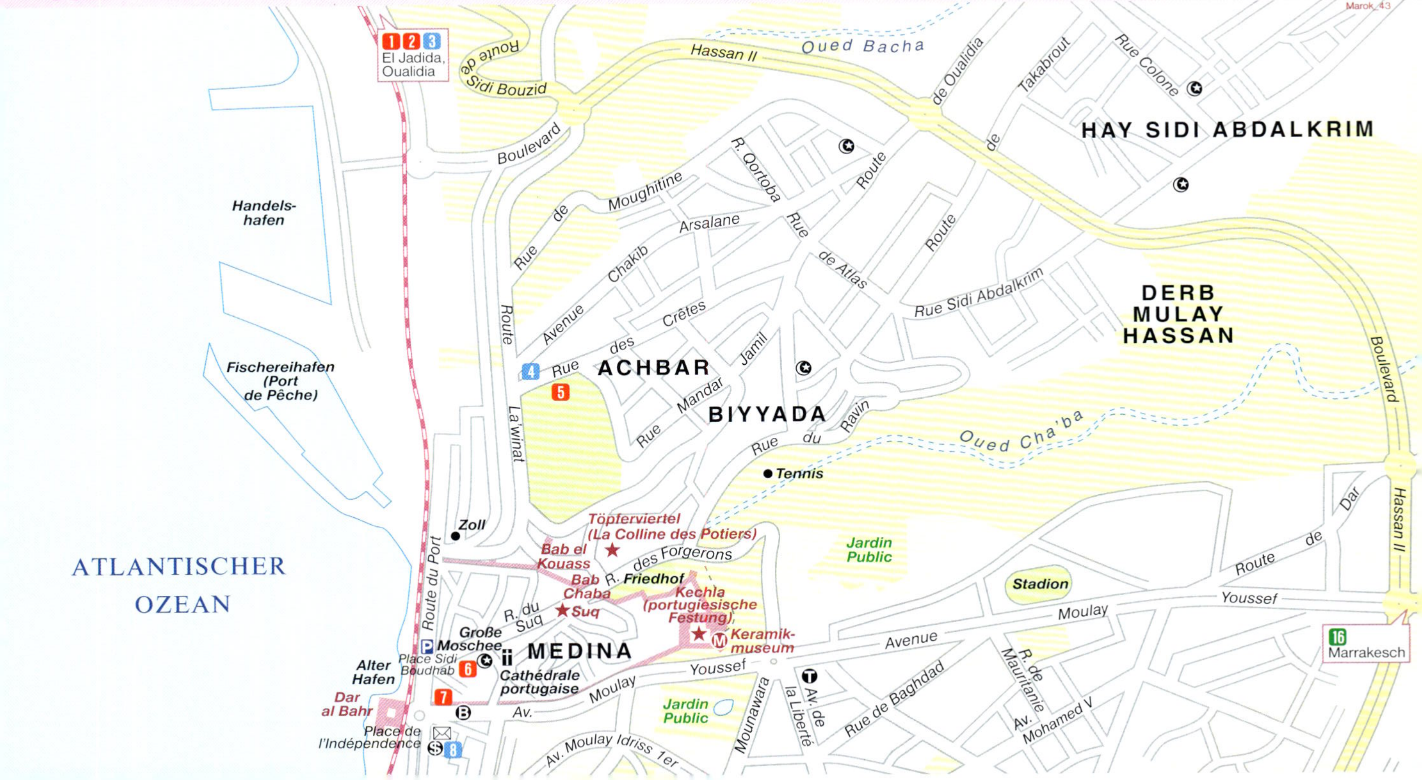

0
300 m
Marok_43
1 2 3 El Jadida, Oualidia
Route de Sidi Bouzid
Hassan II
Oued Bacha
de Oualidia
Takabrout
Rue Colone
HAY SIDI ABDALKRIM
Boulevard
R. Qortoba
Route
de
Rue de Moughitine
Arsalane
Rue de Atlas
Route
Handels-hafen
Avenue Chakib
Rue Sidi Abdalkrim
DERB MULAY HASSAN
Route La'winat
Rue des Crêtes
Jamil
Fischereihafen (Port de Pêche)
4
5
ACHBAR
Rue Mandar
BIYYADA
Rue du Ravin
Oued Cha'ba
Boulevard
Tennis
Zoll
Töpferviertel (La Colline des Potiers)
Bab el Kouass
des Forgerons
Jardin Public
Dar
Route de
ATLANTISCHER OZEAN
Route du Port
Bab Chaba
R. Friedhof
Kechla (portugiesische Festung)
Stadion
Youssef
Hassan II
R. du Suq
Suq
Moulay
Große Moschee
Keramik-museum
Avenue
16 Marrakesch
MEDINA
Alter Hafen
Place Sidi Boudhab
6
Cathédrale portugaise
Youssef
Moulay
7
Dar al Bahr
Av.
Jardin Public
Mounawara
Av. de la Liberté
Rue de Baghdad
R. de Mauritanie
Av. Mohamed V
Place de l'Indépendence
8
Av. Moulay Idriss 1er

Übernachtung
1 Atlantique Panorama
2 Camping Municipal – Sidi Bouzid
5 Ryad du Pêcheur
6 Riad Le Cheval Blanc
7 Majestic
10 Anis
11 Golden Tulip Farah Safi
13 Assif
14 Abda

Essen und Trinken
3 Refuge
4 La Tratttoria
8 Gégène
9 einfache Fischrestaurants

Einkaufen
12 Carrefour
15 ACIMA
16 Marjane

und ist das größte in Marokko. Hier kann man beim Töpfern und Brennen der Waren in den kugelförmigen Brennöfen zuschauen und schöne Töpferwaren in großer Auswahl kaufen. Auch wenn die Töpferwaren hier wesentlich günstiger sind als z.B. in Fès, sollte der Preis unbedingt verhandelt werden. Die Safi-Tonwaren sind jedoch nicht so robust wie die aus grauem Ton gefertigte Fèser Keramik und auch nicht so filigran bemalt. Die Motive auf den bunten Töpfereien sind inzwischen sehr dem touristischen Geschmack angepasst: Sonnen, Sternchen, Kamele etc.

Port de Pêche

Im **Fischereihafen** herrscht vor allem frühmorgens lebhaftes Treiben. Dort finden auch Fischauktionen statt.

Praktische Informationen

Informationen für Touristen

- **Délégation du Tourisme,** 26, Rue Imam Malik, Tel. 0524 62 24 96, safi@tourisme.gov.ma.
- Touristische Informationen über die Region Safi und El Jadida: **www.visitdoukkala-abda.com.**

Unterkunft

Oberklasse

- **Golden Tulip Farah Safi**④, Av. Zerktouni, Tel. 0524 46 42 99, www.goldentulipfarahsafi.com. Bestes Hotel am Platz mit komfortablen, klimatisierten Zimmern (z.T. Meerblick). Garten mit Pool, Restaurants, Nachtclub.
- **Atlantique Panorama**③, Sidi Bouzid, in der Bucht nördlich des Hafens, Tel. 0524 66 84 90/91. Das Hotel in ruhiger Lage mit Pool und 157 Zimmern verdient seine 4-Sterne-Klassifizierung nicht, sondern bietet ordentlichen Mittelklasse-Standard.

Mittelklasse

- **Assif**②, Av. de la Liberté, Tel. 0524 62 23 11, 62 29 40, www.hotel-assif.ma. Ordentliches, im Zentrum gelegenes 3-Sterne-Hotel mit sauberen Zimmern mit alten Bädern, z.T. mit Sat-TV. Bewachter Parkplatz.
- **Riad Le Cheval Blanc**②-③, 26, Derb El Kaouss, Bab Sidi Boudhab, Medina, Tel. 0524 46 45 27, Mobil 0619 41 90 70, www.riad-cheval-blanc.com. *Olivier Dupertuis* und *Ibrahim Mili* haben ein altes Hafenhaus der Medina (zwischen dem Stadttor Sidi Boudhab und dem Dar al Bahr) in ein hübsches Gästehaus mit komfortablen Zimmern (mit AC und Bad) verwandelt. Toller Ausblick von der Dachterrasse, Essen auf Bestellung, bewachter Parkplatz in der Nähe.
- **Ryad du Pêcheur**③, 1, Rue de la Créte, Tel. 0524 61 02 91, www.ryaddupecheur.com. Das empfehlenswerte, sehr freundliche Gästehaus in einer alten Diplomatenvilla bietet neben hübschen Zimmern auch ein sehr gutes Restaurant (Hauptgerichte ab 70 DH), von dem man einen tollen Blick auf die Bucht von Safi hat.

Günstig

Preiswerte Hotels gibt es in der Medina, beim und in der Nähe des Busbahnhofs und im Zentrum der Neustadt, z.B. in der Rue de R'bat.

- **Abda**②, Av. Kennedy, Tel. 0524 61 02 02, www.hotel-abda.com. Angenehmes Stadthotel mit sauberen Zimmern mit TV (zur Straße hin evtl. laut), Restaurant und Café. WLAN verfügbar, ca. 10 Min. Fußmarsch zum Gare Routière.
- **Majestic**①, Place de l'Indépendance, gegenüber Dar al Bahr, Kreuzung Av. Moulay Youssef. Budgethotel mit sauberen Zimmern, z.T. mit Meeresblick, Duschen/WC am Gang, manchmal laut vom Straßenlärm, kein Frühstück.

Camping

- **Camping Municipal – Sidi Bouzid,** am Rande der Stadt, 2 km nördlich vom Zentrum in Richtung Oualidia. Schön angelegter schattiger Platz mit Pool, der aber erst im Juni/Juli in Betrieb genommen wird. Entsorgungsstation für Wohnmobile, Strom vorhanden, recht gute sanitäre Anlagen.
- Über dem **Hafen** kann man beim öffentlichen Schwimmbad in einem schattigen Gelände mit hohen Bäumen auf einem sauberen Platz kostenlos mit dem **Wohnmobil** stehen.

Essen und Trinken

Preiswerte Cafés und Restaurants findet man entlang der Rue de R'bat (Neustadt), Rue de Suq (Hauptstraße in der Medina) und Place de l'Indépendance am Eingang zur Medina.

- **La Trattoria,** 2, Route de Laouinat, in der Nähe von Ryad du Pêcheur, Tel. 0524 62 09 59. Sehr gutes, feineres Restaurant mit Fischgerichten und italienischer Küche (Fisch 100–160 DH, Pizza ab 50 DH).
- **Refuge,** Sidi Bouzid, nördlich des Hafens Richtung El Jadida, Tel. 0524 66 80 86. Sehr gutes, teureres Restaurant mit Fischgerichten und Meeresfrüchten.
- **Gégène,** 11, Rue de la Marne, Rue de R'bat. Sehr gute marokkanische und mediterrane Gerichte in gemütlichem Ambiente und mit freundlicher Bedienung, auch Austern und Fisch, Alkoholausschank.

Einkaufen

- Im **Marjane-Supermarkt** an der Route de Marrakesch kann man sich mit allen Vorräten eindecken. Auch im **ACIMA-Supermarkt** an der vierspurigen Umfahrungsstraße Bd. Hassan II. und im **Carrefour-Supermarkt** beim Hotel Assif gibt es ein breites Angebot.

Taxis

- **Petits Taxis** kosten im Stadtgebiet 7–12 DH.
- Die **Grands Taxis** verkehren ab dem Busbahnhof in alle größeren Städte, z.B. nach Marrakesch 75 DH/Pers. und nach Essaouira 60 DH/Pers.

Busse

- **Busbahnhof** *(gare routière)* an der Ecke Av. Kennedy/ Rue Madina Mounawara, gegenüber dem Hôpital Mohamed V. Es fahren ständig Busse verschiedener Linien in alle Richtungen. Nach Essaouira mit den einfachen Bussen ca. 35 DH, mit Supratours (Komfort wie CTM) ca. 55 DH.
- **Stadtbusse** (in die Umgebung, z.B. nach Souira Kédima) ab Bd. Hassan II.
- **CTM-Büro** am Gare Routière Tel. 0524 62 63 64.

CTM-Verbindungen und Preise

- **Casablanca:** 7x tägl., 95 DH, Fahrzeit 4 Std.
- **El Jadida:** 4x tägl., 60 DH, 2 Std.
- **Essaouira:** 9x tägl., 50 DH, 2 Std.

Bahn

- Der **Bahnhof** liegt in der Rue de R'bat, Tel. 0524 46 33 75.
- **Verbindungen nach El Jadida** (1x tägl., Umsteigen in Ben Guerir, 6.15 Std., 110 DH in der 2. Kl.) und **Casablanca** über Ben Guerir (2x tägl., 4.30 Std., 75 DH in der 2. Kl.).

Feste/Veranstaltungen

- **Rencontres culturelles de Safi,** Safi, im Mai.
- **Salon International de Céramique,** Safi, im Juni.
- **Semaine Culturelle et Touristique,** Safi, im Juli.
- **Moussem Sidi Bouchta,** Ouled Sidi Bouchta, am 13. Chaoual.
- **Moussem Sidi Bouzid,** Safi (nördlich beim Campingplatz), im August.

Die beiden Moussems sind die bekanntesten. Es gibt zwischen Juli und September weitere in der Provinz Safi.

Weiterfahrt nach Essaouira

Diese recht einsame Route auf der guten Teerstraße **R 301** (122 km bis Essaouira) führt entlang herrlicher Strände mit Buschwald, Sanddünen und Feldern. Busverbindung und Grand-Taxi-Verkehr zu den einzelnen Orten und bis Essaouira. Detaillierte Beschreibung der Route vgl. Kapitel „Agadir und mittlere Atlantikküste".

TWALA

ma16_170 ed

Agadir ist das Badezentrum des Landes. Dank seiner guten Verkehrsanbindung eignet sich die Stadt als Ausgangspunkt für Touren im Süden. Die Atlantikstrände nördlich sind ein Eldorado für Surfer, der Charme des Fischerortes Essaouira ist einzigartig.

5 Agadir und mittlere Atlantikküste

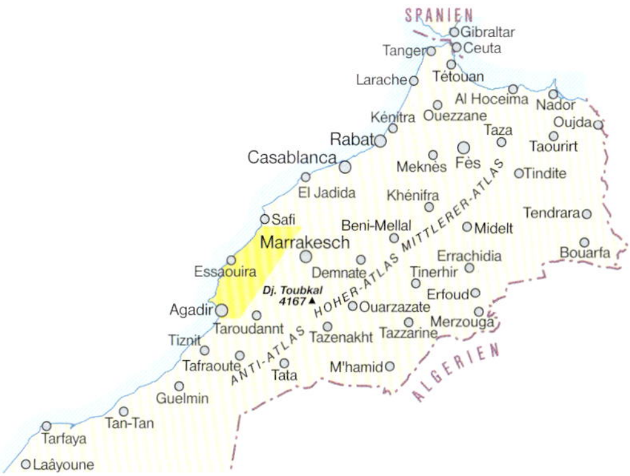

Am Strand von Taghazoute

Agadir und mittlere Atlantikküste

Marokko_K05

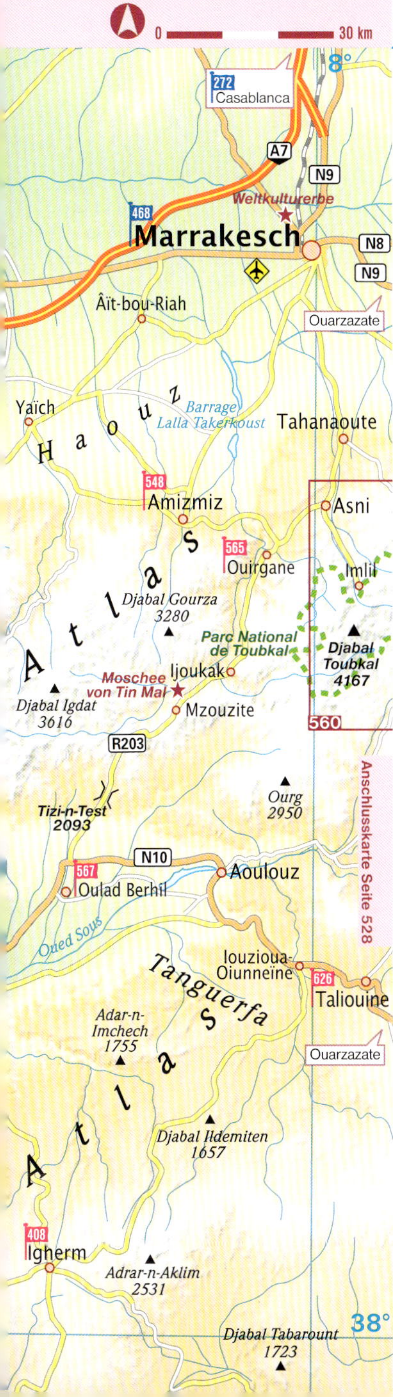

ÜBERBLICK

Agadir liegt zwischen Hohem Atlas, Sous und Anti-Atlas. Der Hohe Atlas setzt sich im Süden nach dem Djabal Siroua mit dem Anti-Atlas fort. Die Ebene zwischen Anti-Atlas und Hohem Atlas nennt man Sous, begrenzt vom Oued Sous, der bei Agadir in den Atlantik mündet.

Der Sous gilt als eines der fruchtbarsten Gebiete des Landes. Die Flüsse des Hohen Atlas und Anti-Atlas, vor allem der Oued Sous, speisen das Becken mit Wasser. Hier gedeihen Zitrusfrüchte, Bananen, Oliven, Artischocken, Tomaten und viele weitere Obst- und Gemüsesorten. Im Sous fällt unter 300 mm Regen im Jahr, vor allem in den Monaten November/Dezember und Februar/März. Die Jahresdurchschnittstemperatur liegt bei 19,5°C. Der Sommer ist heiß, wobei der Chergui (warmer Fallwind) die Temperatur noch erhöht.

NICHT VERPASSEN!

- **Agadir** – ein Spaziergang über die Strandpromenade | 318
- **Ben Sergao** – Kunst in der Medina d'Agadir | 322
- **Paradise Valley** – ein Ausflug ins grüne Flusstal | 341
- **Sidi Kaouki** – Surfen und Baden an langen Sandstränden | 348
- **Essaouira** – Flanieren, Genießen und Einkaufen in der weißen Altstadt | 351

Diese Tipps erkennt man an der gelben Hinterlegung.

Die mittlere Atlantikküste bis Essaouira prägen Aleppokiefern und dichte Macchia, die vor allem zwischen Tamri und Tamanar Euphorbien- und Sukkulentenpolstern weichen. Dann folgt wieder die typische Macchiavegetation, wie sie auch in anderen Mittelmeerländern zu finden ist. Hier wachsen vorwiegend Pinien, Lorbeer, Thujen und andere Koniferenarten, dazwischen niedrige verholzte Stauden und Sukkulenten.

Die schönen Buchten und Strände zwischen Agadir und Essaouira sind in den Wintermonaten ein beliebtes Surfrevier. Zwischen Tamrakht und Tamri ermöglicht das milde Klima den Anbau von Bananen. Die Küste wird begrenzt von niedrigen Ausläufern des Hohen Atlas mit dem Djabal Amsittene (905 m) als höchster Erhebung.

Die Landschaft um Agadir und Essaouira ist zudem durch knorrige Arganien gekennzeichnet. Die nur in Marokko heimischen Eisenholzbäume sind streng geschützt (Biosphärenreservat der UNESCO); sie liefern das kostbare goldene Arganienöl. Aus den gerösteten Samenkernen der olivenähnlichen Früchte wird in aufwendiger Handarbeit das nussige und ausgesprochen gesunde Speiseöl extrahiert. Kosmetisches Arganienöl verspricht ewige Schönheit und findet Anwendung in Anti-Aging-Cremes und Shampoos. Immer mehr Frauenkooperativen verkaufen ihre Arganienöl-Produkte direkt an Touristen.

▷ Agadir von seiner modernsten Seite: Apartmenthäuser in der Marina Agadir

Agadir

Agadir ist eine moderne **Touristen-, Hafen- und Industriestadt mit dem drittgrößten Fischereihafen Marokkos** (nach Lâayoune und Tan-Tan) sowie der **beliebteste Badeort des Landes.** Orientalisches Flair und großartige historische Sehenswürdigkeiten sucht man hier vergebens. Agadir ähnelt eher einer europäischen Badedestination als einer typischen Stadt Marokkos. Agadir hat mittlerweile um die 500.000 Einwohner, darunter Araber und Berber. Mit den angrenzenden Gemeinden Ben Sergao, Inezgane, Aourir, Tamrakht, Taghazoute und Aït Melloul ist die Millionengrenze bereits überschritten.

Der vorbeifließende (kalte) Kanarenstrom sorgt in Agadir für ein **gleichmäßiges, angenehmes Klima** sowohl im Sommer als auch im Winter. Die mittleren durchschnittlichen Temperaturen liegen nicht unter 16°C und nicht über 28°C, die Wassertemperaturen fallen nicht unter 16°C, steigen aber auch nicht über 20°C, sodass für abgehärtete Naturen das Baden auch im Winter möglich ist. Wer's lieber warm mag, fröstelt selbst im Juli und August bei Wassertemperaturen um die 19°C und nicht zu heißen Lufttemperaturen von 25 bis 28°C. Der Himmel ist wegen des feuchten Kanarenstroms im Frühsommer oft bedeckt und lockert manchmal erst nachmittags auf. Im Winter ist es dagegen meist klar und bei Temperaturen zwischen 18 und 23°C auch recht warm, nachts kühlt es jedoch bis auf 10°C ab (Jacke und lange Hosen nicht vergessen!). Regen ist selten – die Stadt zählt **300 Sonnentage im Jahr.** Bei diesem Klima kann man sich im Winter wie im Sommer wohlfühlen, ohne seinen Kreislauf zu strapazieren. Ähnlich wie die Kanaren entwickelte sich Agadir deshalb vor allem für Rentner zu einem Überwinterungsparadies. Gerade im Winter strahlt der Himmel in leuchtendem Blau, die Luft ist klar, und von den wenigen Bergen der Umgebung hat man eine fantastische Fernsicht.

Die Stadt am Atlantik fehlt in keinem deutschen Reiseprospekt und gefällt nicht nur Sonnenanbetern: Aktivurlauber spielen hier Tennis und Golf, Surfer gleiten über die Wellen. Gerade Touristen mit wenig Zeit und **europäischen Komfort- und Konsumbedürfnissen** sind hier gut aufgehoben. Ebenso beliebt ist die Stadt unter Marokkanern: Sie gilt als Vorzeigeobjekt des modernen Marokko und als Urlaubswunschziel Nummer Eins.

Agadir hat nach Marrakesch jährlich die meisten Übernachtungen und die **zweithöchste Bettenkapazität des Landes.** Der Tourismusplan „Agadir 2020" sieht u.a. vor, die Kapazität von derzeit rund 31.300 Betten bis 2020 auf 60.000 fast zu verdoppeln. Dafür entstehen weitere 4- und 5-Sterne-Hotels, außerdem sollen der Flugverkehr und die Erholungsinfrastruktur ausgebaut werden.

Die **Stadtentwicklung** geht entsprechend rasch voran: In **Founty** am Südrand Agadirs wuchs ein neuer Stadtteil mit touristischer Infrastruktur und Villen für die reichere Bevölkerungsschicht heran. Im alten Hafenbereich wurde 2007 das Großprojekt **Marina Agadir** mit Jachthafen, modernen Apartmentanlagen und einer Flaniermeile mit Restaurants, Eisdielen und schicken Boutiquen eingeweiht. Auch die 7 km lange **Strandpromenade** wird weiter ausgebaut: Sie erstreckt sich über mehrere Kilometer von der Marina am Nordende der Bucht bis zum Sofitel Agadir im Founty-Viertel im Süden der Stadt. Auch die Strände nördlich von Agadir um Taghazoute werden seit Jahren touristisch erschlossen: Überall wird an Straßen, Hotels und sonstiger Infrastruktur gebaut.

Nirgends ist der **Kontrast zwischen Tradition, Religion und modernem Leben** größer als in Agadir. Was man sich hier als Tourist erlauben darf, ist in keiner anderen marokkanischen Stadt möglich. Selbst noch so leicht bekleidete Damen und Herren auf der Strandpromenade werden kaum beachtet oder angesprochen. Auch der sonst streng untersagte Alkoholgenuss in der Öffentlichkeit wird geduldet, fast jedes Touristenrestaurant ist im Besitz einer Alkohollizenz.

ma16_046 ad

Die **Folgen** bleiben nicht aus: So mancher Familienvater investiert sein Geld in das überall käufliche Bier, und die Nachtclubs und Casinos verführen nicht bloß Touristen dazu, ihr Geld loszuwerden. Auch das horizontale Gewerbe hat seine Hauptniedelassung in Agadir gefunden, nirgendwo sonst im Land bieten sich so viele weibliche und männliche Prostituierte an. Zu den negativen Erscheinungen des Massentourismus gehören auch **Schlepper und Nepper.** Die fliegenden Händler am Strand können lästig werden, und das Wechselgeld wird manchmal großzügig zugunsten des Verkäufers berechnet … Im Souk versuchen Händler manchmal allzu aufdringlich in den eigenen Laden oder denjenigen der Verwandtschaft zu führen. Jenseits der sehr gepflegten Touristenviertel entlang der Strandpromenade, der Av. Mohamed und des Bd. du 20 Août findet man in den Wohnvierteln um den Souk noch marokkanisches Alltagsleben mit all seinen Begleiterscheinungen: Müll am Straßenrand, löchrige Gehwege und baufällige Häuser gehören in Marokko noch häufig zum Stadtbild.

Auch ohne prägnante Sehenswürdigkeiten muss ein Aufenthalt in Agadir kein reiner Strandurlaub sein. Dank der günstigen Lage und sehr guter Versorgungsmöglichkeiten eignet sich die Stadt hervorragend als **Ausgangspunkt für Rundreisen.** Von Agadir kann man bequem und preiswert mit Mietwagen oder organisiert Tages- und Wochendausflüge unternehmen und marokkanische Eindrücke par excellence mit nach Hause nehmen. Denn Städte wie Marrakesch oder Essaouira, auch der Anti-Atlas und die Umgebung von Tafraoute oder der südliche Atlantik sind auf guten Straßen leicht und schnell erreichbar. Auch als Anlandungsstelle für Kreuzfahrten (Oktober bis April) gewinnt Agadir an Attraktivität.

Agadir ist der beliebteste Bade- und Strandurlaubsort des Landes

ma16_048 ad

Geschichte

Die **Ursprünge der Stadt** sind unklar, einige Chronisten bringen sie mit dem antiken Hafen Rusadir in Verbindung, an dem auch *Hanno*, der bekannte phönizische Seefahrer, gelandet sein soll. Die eigentliche Stadtgründung geht auf das Jahr 1505 zurück, als der portugiesische Edelmann *Joaõ Lopes de Sequeira* um eine Quelle in der Nähe des Meeres die Festung Santa Cruz de Cap de Gue gründete. Später wurden daraus die Namen Santa Cruz de Narba und Santa Cruz de Aguer. *Don Francisco des Castro*, der Statthalter der Festung (1513–1521), ließ auf Wunsch des neuen Besitzers, des portugiesischen Königshauses, die Festung ausbauen und lieferte sich im Laufe der Jahre heftige Kämpfe gegen die benachbarten Berberstämme.

Muhamad ash-Shaykh errichtete 1531 in der Nähe eine Festung, um Santa Cruz einzunehmen, was ihm 1541 auch gelang. Dieser Berberwiderstand führte zur Etablierung der Saaditen-Dynastie, da die Sous-Berber *Al-Qa'im*, den Vater *Muhamad ash-Shaykhs*, um Hilfe gegen die Portugiesen gebeten hatten.

Unter der Herrschaft der **Saadier** wurde der Hafen ein **bedeutender Handelsplatz.** Ausgeführt wurden Zuckerrohr, Datteln, Wachs, Häute und Gold; Stoffe kamen ins Land. Durch die verstärkten Einfuhren von Rohrzucker aus Südamerika nach Europa verlor der Hafen jedoch an Bedeutung.

1751 wurde Dänemark das Handelsmonopol über Agadir übertragen. Der Sultan *Sidi Muhamad ibn Abdallah* verhinderte 1756 eine weitere Entwicklung des Hafens zugunsten der Stadt Mogador (Essaouira). 1819 sollen nach Berichten des Reiseschriftstellers *Cochelet* nur noch zwölf bewohnte Häuser in Agadir gestanden haben.

Anfang des 20. Jahrhunderts gründeten einige **deutsche Firmen** Niederlassungen in Agadir (Mannesmann, Marx & Co., Atlasgesellschaft, Gondafi-Gesellschaft). Dadurch gab es einen neuen Aufschwung. Der deutsche Wirtschaftsstützpunkt, der den einzigen sicheren und damit strategisch wichtigen Hafen zwischen Casablanca und Dakar bot, störte die französische Kolonialpolitik erheblich. Als Reaktion auf den **französischen Einmarsch in Marokko** kam es beinahe 1911 schon zum Ersten Weltkrieg, als das deutsche Kanonenboot „Panther" vor der Küste aufkreuzte, um den deutschen Bewohnern und Firmen „Schutz zu gewähren". Diese Episode ging als **„Panthersprung von Agadir"** in die Geschichte ein. Mit dem Beginn der Protektoratsherrschaft wurden diese Rivalitäten beendet, die deutschen Firmen mussten das Land verlassen. Deutschland bekam als Gegenleistung Teile von Französisch-Westafrika zur Kolonie Kamerun zugeschlagen.

Unter den Franzosen entwickelte sich die Stadt zu einem **Badeort.** 1936 wohnten erst 6000 Menschen in Agadir, 1960 waren es schon 50.000.

Durch das **Erdbeben** am 29. Februar **1960,** das nur 15 Sekunden dauerte, wurde die Stadt fast vollkommen zerstört und 15.000 Bewohner getötet. 1962 begann der Wiederaufbau, die Häuser wurden erdbebensicher errichtet. Aber es entstanden keineswegs gesichtslose Einheitsbaracken, sondern ein Musterbeispiel architektonischer Stadtplanung der 1960er Jahre mit nur ein- bis zweistöckigen modernen Betonhäusern, die nach wie vor ziemlich fremdartig in Marokko wirken. Die Entwicklung zum Touristenort und zu einer wichtigen Hafenstadt begann mit diesem Neuanfang.

Sehenswertes

Kasbah

Außer der Kasbah, die von *Moulay Abdallah al-Ghalib* (1557–74) auf dem Hügel bei Agadir erbaut wurde, gibt es in der Stadt nichts Historisches zu besichtigen. Ein Ausflug auf die Kasbah, auf einem Felsen in 236 m Höhe liegend, lohnt sich weniger wegen der Ruinen als wegen des **prachtvollen Ausblicks** auf die Stadt und den Hafen.

Großraum Agadir

0
2 km
©Reise Know-How 2016
Marok_81
P1006
Azrarag
P1006
Igui Ou Madel
Imounsiss
Tighanimine El Baz
Agadir
Marrakesch, Autobahn
EL HOUDA
N1
N8
Tagadirt
Tikiouine
Drarga
N8
DCHEÏRA-EL JIHADIA
Taroudannt
Azrou
INEZGANE
N10
334
N10
N1
1714
Oued Sous
Aït Melloul
KASBAH EL TAHER
KAKABART
Guelmin
N1
A105

Agadir

Übernachtung
7 Hotels im Founty-Viertel
10 Ibis

Essen und Trinken
1 Fischbuden
2 Le Quai
3 Aquarium
4 Les Blancs
6 Au Parasol Bleu

Nachtleben
5 Dreams Nightclub

Einkaufen
8 Marjane
9 Al Medina Center
11 Metro

0 200 m
© Reise Know-How 2016
Marok_01
Krankenhaus Hassan II.
LOTISSEMENT CHARAF
ADAC-Geschäftsstelle
Cheikh
Umgehungsstraße
LES AMICALES
Marrakesch
LOTISSEMENT MARINS PÊCHEURS
Polyclinique
F.A.R.
Avenue
Moulay
Youssef
Ismail
EXTENSION X
LOTISSEMENT AN-NAJAH
Pl. Lahcen Tamri
Avenue
Moulay
Stadion
CITÉ DU PRINCE SIDI MOHAMED
Mohamed
Saadi
LOTISSEMENT KHIAM
b. Abdallah
TALBORJT
du 29 Fevriers
Mohamed V.
Markt
Stadtteil Dakhla, Al Massira
18 Novembre
du
Zankat
Jardin Ibn Zaïdon
Presid. Beqal
QUARTIER INDUSTRIEL
Zankat
Cadi
Ayyad
EDDAKHLA
Polizei
Moulay
Feuerwehr + med. Notfall
Abdallah
du
Z. Moussa Ibn Noussaire
Zankat
Zankat du Marrakech
Zankat
Flughafen, Autobahn-Ring (Umfahrung des Zentrums), Taroudannt, Tiznit, Inezgane
Bd Hassan II.
Zankat d'Oujda
Zankat de Fès
Zankat de Meknès
Zankat
Zankat des Souks
du
Mars
11
Avenue
el
Mouqaouama
Z. Oued Ziz
Stadion
Großer Suq
Place Salam
Rue d'Essaouira
Z. Oued n'Fiss
Avenue Abderrahim Bouabid à Rabat
10
Mohamed V.
EL MASSIRA
Königspalast
Oued
Lahwar
9
Flughafen, Inezgane, Ben Sergao
8

Touristenviertel und Strand

Die **Hauptadern Agadirs** sind die Av. Hassan II., die Av. Mohamed VI. und die Av. Mohamed V., die als Durchgangsstraße die Wohn- und Verwaltungsviertel von den Hotelvierteln trennt. An der Av. Mohamed V. liegt die **Fußgängerpassage Aït Souss,** begrenzt von Grünanlagen, Sportplätzen und den beiden Museen sowie Pizza Hut, McDonald's und anderen Restaurants und Geschäften. Sie verbindet das Touristenviertel mit dem Zentrum und Talborjt. Vor der breiten und verkehrsreichen Av. Mohamed V. liegt der Strand mit seinen Hotelbauten, Strandanlagen, Geschäften und Restaurants – eine **Touristenstadt** für sich entlang des Bd. du 20 Août und der Rue Oued Souss. Dieses touristische Retortenviertel unterscheidet sich exorbitant vom Rest Marokkos. In ihm liegen schicke Hotels, deren Stil vom Betonbau der 1970er Jahre bis zu der an maurische Stilelemente anknüpfenden Architektur der 1990er Jahre reicht. Für die wenig beschauliche Atmosphäre dieser Hochhaushotels entschädigt ein bisschen der herrliche Blick aus den oberen Stockwerken. Zwischen den Hotelanlagen liegen Fußgängerstraßen mit Boutiquen, Eisdielen, Cafés und (mittelmäßigen) internationalen Spezialitätenlokalen.

Entlang des insgesamt 10 km langen **Sandstrandes,** besonders am Nordende der Promenade, finden Touristen zahlreiche Restaurants und Cafés, öffentliche Strandabschnitte mit Liegen und Sonnenschirmen (zu mieten), aber auch private Strandbereiche der Club- und Luxushotels mit Beachvolleyballplätzen. Zur Hochsaison in den Sommermonaten beaufsichtigen Rettungsschwimmer den Strand – ist die schwarze Flagge gehisst, sollte man nicht baden. Jet-Skis und Fußball spielende Jugendliche sorgen dafür, dass es am Strand nicht allzu ruhig wird …

Die breite, zum Teil palmengesäumte **Strandpromenade,** auf der Touristen wie Marokkaner gerne flanieren und die Touristenpolizei patroulliert, erstreckt sich mittlerweile von der Marina bis nach Founty. Vor dem Ta-

Agadir Zentrum

Übernachtung
2 Al Moggar Garden Beach
3 Camping International
7 Suite Hotel Tilila
8 Petite Suède
11 Aferni
15 Best Western Odysee Park Hotel
16 Kenzi Europa
17 Royal Mirage
22 Royal Decamaron Tafoukt Beach
24 Royal Atlas
25 Ryad Mogador Al Medina Palace
26 Tagadirt
27 Anezi Tower
28 Sacha
29 Résidence Tislit
31 Kamal
33 Yasmina
35 Atlantic
37 Tiznine
39 Talborjt
40 La Tour Eiffel
41 La Tour du Sud
42 Tamri
43 El Bahia
44 Sindibad
45 Canaria
48 Résidence Azour
49 Fleurie
56 Argana
57 Adrar
58 Mabrouk
60 Solman
61 Cinq Parties du Monde
62 Shems
63 Agador
64 Les Omayades
65 Tivoli
73 Atlantic Palace Dorint
74 RIU Tikida Beach
75 RIU Tikida Dunas
76 Aparthotel Golden Beach
77 Hotels im Founty-Viertel

Essen und Trinken
4 Mimi La Brochette
10 La Tour de Paris
12 Via Veneto
13 Le Dôme, Pizzeria Toscana
14 Little Italy
18 Jean Cocteau
19 La Cote d'Or
20 McDonald's
21 Le Vendôme

0 100 m
© Reise Know-How 2016
Marok_02
Hôpital Hassan II.
Deutsches Konsulat
R. de Madrid
R. de Paris
Hassan II.
Av. du Général Kettani
Avenue des F.A.R.
Av. d. Prés. Kennedy
Jardin Olhao
Boulevard Mohamed Cheikh Sâadi
Place Lahcen Tamri
Ensemble Artisanal
Polizei
Abdallah
Mohamed V.
Marché Municipal
Av. du Prince Sidi Mohamed
Stadtverwaltung
Vallée des Oiseaux (Vogelpark)
Place Al Amal
Clinique Al Massira
Av. 29 Février
TALBORJT
Rathaus
Jardin Ibn Zaïdon
Strandpromenade
Bimmelbahn
R. de la Jeunesse
Rue du 18 Novembre
Polizei
Royal Tennis Club of Agadir
Feuerwehr
Prince Mulay Abdallah
Rue de la Foire
Handelskammer
Justizpalast
Musée Municipal du Patrimoine Amazighe
Rue du Marrakech
Boulevard du 20 Août
Passage Ait Souss
Bd. Hassan II.
Stadion
Avenue Mohamed V.
Rue d'Oujda
Rue de Fès
Rue de Meknès
Rue de Oued Souss
Place Assalam
Grands Taxis
Av. Mouquwana
WC
Komplex Caribbean Village
ATLANTISCHER OZEAN
Königspalast
Flughafen, Clinique La Résidence, Inezgane, Ben Sergao, Taroudannt, Tiznit, Marjane
Polizei
Fontäne
Palais des Congrès
Founty
23 Miso Thai Wok + Café del Mar
30 Louban
32 Scampi
34 Veranda
38 Pâtisserie El Yacout
50 Pâtisserie Tafarnout
51 La Tour de Babel
52 Mezzo-Mezzo
53 Pizza Hut
54 Le Pétit Dôme
55 Le Jardin d'Eau
59 McDonald's
68 La Scala
70 Le Tapis Rouge
72 Le Mauresque
Einkaufen/ Sonstiges
1 DHL
6 Autovermieter
9 Royal Air Maroc
18 Shomo Casino
36 Anaprix
46 Label Vie / Carrefour
47 Aswak Assalam
66 Tamlelt Manador
67 Zeitungen
69 Einkaufspassage
71 Casino Le Mirage
Nachtleben
5 Dreams Nightclub
22 The Factory
24 Actor's
74 Papagayo
Fußgängerzone

Founty-Viertel

Übernachtung

1 Dunes d'Or
2 Atlantic Palace Dorint
3 Amadil Beach, Mojito Lounge
4 Riu Tikida Beach
5 Golden Beach Appart-Hotel
6 RIU Tikida Dunas
7 Résidence Flathotel
8 Iberostar Founty Beach
9 Timoulay
10 Bo Appart-Hotel
11 Palais des Roses
12 Sofitel Agadir Royal Bay Resort, So Nice, So Good, So Night Lounge
13 Sofitel Agadir Thalasso Sea & Spa
14 Riad Villa Blanche
15 Club Robinson

Einkaufen

16 Supermarkt Marjane (mit Campingmöglichkeit)

foukt-Komplex befindet sich ein kleiner **Vergnügungsplatz.** An Festtagen und in der Hauptsaison im Sommer werden dort Spektakel aufgeführt. Es gibt Verkaufsstände, Karussells und Autoscooter zur Unterhaltung der Kinder und Jugendlichen.

Eine kleine **Bimmelbahn,** mit der eine 12 km lange Stadtrundfahrt unternommen werden kann, hat am Bd. du 20 Août (gegenüber dem Eingang zum Vogelpark, s.u.) ihre Haltestelle. Im Sommer ist sie immer voll besetzt, an Feiertagen vor allem von Einheimischen. Im Juli und August, zur Urlaubszeit der Marokkaner, ist auch der Strand von Agadir vorwiegend von Einheimischen belegt.

☒ Am Strand von Agadir

Vallée des Oiseaux

In der Verlängerung des großen Platzes nach Nordosten, zwischen Bd. du 20 Août und Av. Hassan II., liegt dieser **kleine Park mit zoologischem Garten** (Di bis So 9.30–12.30 und 14.30–18 Uhr), der Vogelarten aus allen Kontinenten (u.a. Flamingos, Papageien, Pfaue), Affen und einige wenige Mufflons beherbergt. Der gepflegte Vogelpark lohnt vor allem für Familien einen Besuch und ist bei den Einheimischen sehr beliebt.

Musée Municipal du Patrimoine Amazighe

An der Fußgängerpassage Aït Souss befindet sich dieses **Museum zur Berberkultur,** das täglich (außer So und an Feiertagen) von 9.30–17.30 Uhr geöffnet hat (Eintritt 20 DH). Das Museum zeigt ein schöne Sammlung an Schmuck und Alltagsgegenständen der marokkanischen Berber (Masiren/Amaziren) wie alte Töpfereien, Hausrat, Kleidung und Teppiche. Außerdem finden temporäre Ausstellungen zu kulturellen Themen statt.

Founty

Marschiert man entlang der Rue Oued Souss vom Tikida Dunas Hotel weiter südlich, gelangt man zum bislang noch am wenigsten bebauten Strandabschnitt Agadirs. Leider wurde den ehemals hohen Dünen der Garaus gemacht, indem man die Flussmündung ausbaggerte. Inzwischen entstanden im Founty-Viertel große **Luxushotels** mit eigener Infrastruktur und direktem Strandzugang (z.B. Sofitel Thalasso Sea & SPA, Robinson Club). Insgesamt wirkt Founty in manchen Teilen noch etwas unfertig, mit Baustellen und Bauzäunen. In den fertiggestellten Teilen ist das Viertel jedoch sehr gepflegt: mit großzügigen Privatvillen in üppigen Gärten und modernen Luxushotels in Strandnähe. Zwischen den Strandhotels und der Hauptstraße Richtung Inezgane (südliche Av. Mohamed V.) liegt der Marjane-Supermarkt.

ma16_057 ad

Nördlich ans Founty-Viertel grenzt der **Königspalast** an. Der riesige Palast (keine Besichtigung möglich) liegt inmitten eines Parks (ein weiterer Palast befindet sich weiter nördlich in Stadtnähe) zwischen der Straße nach Inezgane und dem Meer. Achtung: Es ist nicht erlaubt, vom letzten Strandhotel (Robinson Club) weiter in Richtung des Königspalastes zu laufen. Touristen werden von der Polizei aufgehalten.

Ben Sergao

Vom Marjane-Supermarkt weiter entlang der Av. Mohamed V. in Richtung Inezgane und Flughafen erreicht man das **Wohnviertel Ben Sergao.** Hier residiert vorwiegend die Verwaltungs- und Militärelite der Stadt. Auch der Reitclub, der Königliche Golfplatz sowie die **Golfplätze** Le Soleil und Océan liegen in diesem Viertel; viele Oberklassehotels bieten einen Shuttle-Service zu den Golfplätzen an.

Eine Attraktion in Ben Sergao ist **La Medina d'Agadir,** eine mit großem Aufwand vom Italiener *Coco Polizzi* erschaffene **Kunsthandwerksstadt** (www.medina-agadir.com, tägl. 9–18 Uhr, Eintritt 40 DH). Mangels einer echten Altstadt in Agadir entstand hier eine gelungene architektonische Nachbildung einer traditionellen, von Mauern umgebenen Medina aus Lehm und Stein, mit verwinkelten Gassen, Torbögen und kunstvollen Verzierungen aus Schieferstein. Kunsthandwerker bieten in kleinen Läden exzellente Qualitätsware zu fairen (verhandelbaren) Preisen an (u.a. Lampen, Stoffe, Schmuck, Lederwaren, Mosaiktische). Außerdem gibt es ein hübsches Terrassencafé und einen riesigen Spielplatz mit Hüpfburg. Jeden Montag um 19.30 Uhr findet ein marokkanischer Abend mit Dinner und Folklore statt (300 DH/Pers.).

Abzweig zur Medina d'Agadir von der Hauptstraße Richtung Inezgane ca. 1 km hinter dem Königspalast rechts, beim Schild „Hotel Jacaranda".

Einen Besuch wert ist auch der Komplex **Kasbat Souss** in Ben Sergao, wo Kunsthandwerker Keramik, Schmuck, Lampen und Bilder anbieten (vgl. „Einkaufen").

Talborjt

Das **Wohnviertel** Talborjt nordöstlich des Touristenviertels zwischen Av. Mohamed V. und der Av. Moulay Abdellah war in den 1980er und -90er Jahren das moderne Wohnviertel der Mittelschicht. Inzwischen ziehen diejenigen, die sich eine Neubauvilla leisten können, nach Founty/Ben Sergao südlich des Hotelviertels oder ins extrem teure Wohnviertel an der modernen Marina. In Talborjt finden Touristen **günstige Unterkünfte** und Mittelklassehotels, Banken, das Ensemble Artisanat sowie viele preisgünstige Restaurants und Cafés. Diese sind häufig auf europäischen Geschmack und Geldbeutel zugeschnitten, aber preiswerter als im Touristenviertel.

Am Rand von Talborjt laden zwei gepflegte Stadtparks zur Erholung ein: der **Jardin Olhao** und der **Jardin Ibn Zaidon** am südlichen Rand.

Fischereihafen und Marina

In den Fischereihafen werden Sie nach **Vorlage Ihres Passes** eingelassen. Die günstigste Zeit ist morgens vor 8 Uhr. Gehen Sie bis zum Ende des Hafens, wo sich die kleinen Kutter drängen. Hier kann man das Treiben der Fischer beim Löschen der Ware und beim Verkauf beobachten. In der großen Auktionshalle wird der Fisch verkauft und mit Lkws abgeholt. Auch im Einzelverkauf ist die Ware zu haben. Außerhalb des Hafentores bieten nummerierte Imbissbuden mit langen Tischen gegrillten Fisch an. Der Preis ist unbedingt vorher auszuhandeln, bei Ankunft an den Buden wird man von den Händlern regelrecht überfallen … Werden Sie sich nicht einig – der Nepp ist auch hier allgegenwärtig –, besuchen Sie besser eines der Restaurants an der Promenade. Sehenswert ist im Hafen der Bau traditioneller Holzfischerboote – erstaunlich, mit welcher Geschicklichkeit aus den halb fertigen Gerippe Boote entstehen.

2007 wurde in der Bucht neben dem Fischerhafen Richtung Stadt nach langer Bauzeit das prestigeträchtige Projekt **Marina Agadir** eröffnet, das im krassen Kontrast zum Treiben im Fischereihafen steht und von diesem durch eine Mauer getrennt ist. Das neue Vergnügungsviertel (**„Port de Plaisance"**) beherbergt einen Jachthafen, teure Läden internationaler Ketten, Banken, Immobilienbüros, Parfümerien, teure Restaurants und Cafés sowie noble Apartmentanlagen und ein Hotel. Besonders an Wochenenden flaniert hier die halbe Stadt die Promenade entlang, bummelt durch die schicken Boutiquen oder sitzt in einem Café und genießt den Sonnenuntergang mit Blick auf den Strand.

Großer Suq (Souk)

Lohnenswert ist ein Besuch des großen Suq (südöstlich des Zentrums an der Rue Chaib Al Kamra Mohamed Ben Brahim), vor allem am Samstag oder Sonntag. **Hier gibt es alles, was das Herz begehrt:** frisches Gemüse, Obst und Gewürze, Töpferei- und Metallwaren, Lederwaren, Lampen, Kleidung, Schuhe, Teppiche, Schmuck, Elektrogeräte sowie allerlei Kitsch und Spielzeug aus asiatischer Fertigung. Man kann vielen Handwerkern bei der Arbeit zusehen. Ein Preisvergleich mit den Geschäften in der Stadt lohnt sich, um keinem Touristennepp zum Opfer zu fallen. Aber auch hier verlangen die Händler z.T. schon überzogene Touristenpreise (verhandeln!). Lassen Sie sich nicht von Schleppern verwirren, die gegen Provision in den Laden der Verwandtschaft führen!

Sehr günstig und mit einer gut sortierten Auswahl präsentiert sich der **Suq von Inezgane** 12 km südlich der Stadt. Große Markttage sind Dienstag und Freitag, dann ist das Treiben besonders bunt und das Angebot noch vielfältiger.

Praktische Informationen

Informationen für Touristen

- **Conseil régional du Tourisme (CRT) Agadir,** Av. Hassan II., Tel. 0528 84 26 29, afetouak@tourisme.gov.ma. Meist wenig hilfreich und kaum Material.
- Die offizielle Stadt-Homepage **www.visitagadir.com** gibt touristische Informationen zu Sehenswürdigkeiten, Hotels, Aktivitäten etc.
- Auf **http://agadir.madeinmedina.com** findet man alle angesagten Adressen von Restaurants bis Nightlife.

Stadtführungen/Ausflugsfahrten

- Als Stadtführer und Reiseleiter für Ausflüge in alle möglichen Städte und in die nähere Umgebung ist der nette, sehr gut Deutsch sprechende **Hassan Aferiad** zu empfehlen. Er ist staatlich anerkannter Reiseleiter und Deutschlehrer (Mobil 0661 18 88 52, hafpost@hotmail.com). Er organisiert auch schöne Ausflüge in die Umgebung, z.B. zur Farm Villate Limoune (vgl. „Ausflüge").
- Ein weiterer empfehlenswerter Anbieter für individuelle Ausflüge in Kleingruppen (Minibusse) ist **Mustapha Ben Radi** (Mobil 0661 16 63 19, mustapha@erlebnis-tours-maroc.com, www.erlebnis-tours-maroc.com).
- Der staatlich anerkannte Reiseleiter und Deutschlehrer **Hassan Moukhsil** organisiert Touren in Agadir und Umgebung (Mobil 0661 70 12 19, moukhsilov@yahoo.fr).
- Weitere offizielle deutschsprachige Führer für Agadir und Marokko vermittelt die **Association régionale des Guides et Accompagnateurs de Tourisme** (ARGAT), Tel. 0528 82 47 28, www.argatagadir.com.
- Auch diverse kompetente, deutsch sprechende **Fahrer von Grands Taxis** bieten Stadt- und Ausflugsfahrten an (siehe „Taxis").

Unterkunft

Im Founty-Viertel südlich des Hotels Tikida Dunas haben in den letzten Jahren diverse Luxushotels und -clubs eröffnet. Von hier sind es etwa 15 Min. Fußmarsch ins Zentrum, aber nur wenige Meter zum Strand. Die Hotels an der Hauptdurchgangsstraße Av. Mohamed V. liegen zentral, sind aber stark vom Straßenlärm betroffen. Die Unterkünfte im lebhaften Viertel **Talborjt** liegen relativ weit vom Strand entfernt. Bei den meisten 4- und 5-Sterne-Hotels ist eine Vorausbuchung übers Internet (z.B. www.booking.com) oder einen Veranstalter (z.B. TUI, Neckermann) wesentlich preiswerter.

Wer nur eine Nacht in Agadir bleibt oder die Stadt als Durchgangsstation betrachtet, findet **in Inezgane** (7 km südlich von Agadir) in der Nähe des Busbahnhofs (Av. Mokhtar Souissi) viele günstige Hotels.

Oberklasse

■ **Atlantic Palace Dorint**⑤, Bd. du 20 Août, Secteur touristique, Tel. 0528 82 41 46, www.atlanticpalaceresort.com. Riesiges 5-Sterne-Luxushotel mit mehreren Restaurants, Bars und Casino, Poollandschaft, SPA-Bereich, eigenem Strand (ca. 300 m entfernt), Tennisplätzen, Shuttle zum Golfplatz. Überdimensionale Eingangshalle mit kunstvollen Holzdecken im marokkanischen Stil (etwas plüschig und barock). Die gepflegten Zimmer (mit Balkon/Terrasse) haben mit den um die Pools und im Garten gruppierten Wohnbezirken individuellen Charakter.

■ **Kenzi Europa**④, Bd. du 20 Août, Tel. 0528 82 12 12, www.kenzi-hotels.com. 2012 umfassend renoviertes, familienfreundliches, achtstöckiges Hotel mit toller Aussicht auf den Strandbereich (von den oberen Zimmern). Nicht direkt am Meer, aber mit eigenem Privatstrand. Modern ausgestattete Zimmer mit Flat-TV etc. Gutes Essen in den Restaurants, Fitnesscenter, Pool mit Kinderbecken und Rutsche, Tennis/Squash und alle Annehmlichkeiten eines Luxushotels. Sehr gutes Preis-Leistungsverhältnis.

■ **Palais des Roses**④ (bei Online-Buchung), Rue Oued Souss, im Founty-Viertel, Tel. 0528 82 82 01, www.palaisdesroses.com. Das große, in die Jahre gekommene Hotel im maurischen Stil entspricht keinem 5-Sterne-Standard mehr, die riesige Poollandschaft und der Garten mit Palmen, Kakteen etc. sind jedoch sehr schön. 405 Zimmer und 25 Suiten, Thalasso-/SPA-Center, mehrere Nightclubs, Privatstrand mit Wassersport, Tennisplatz, Kinderbetreuung/-animation, Fitnessraum etc. Schöne Terrassen mit Meerblick.

Unser Tipp: **Riad Villa Blanche**④, Baie de Palmiers, Secteur N° 50, im Founty-Viertel, Tel. 0528 21 13 13, www.riadvillablanche.com. Wunderschönes Haus im Stil eines traditionellen Riads. Die 28 großen, modern und sehr elegant in Beige-Brauntönen gestalteten Zimmer und Suiten (mit Terrasse oder Balkon, Tadelakt-Bad, Klimaanlage, Flat-TV, WLAN) gruppieren sich um den Innenhof mit Palmen und Springbrunnen. Pool im Garten, SPA (Besuch auch für Nicht-Gäste möglich), Parkplatz vor der Tür. Wenige Gehminuten zum Strand, ca. 15 Min. ins Zentrum. Sehr gutes Restaurant (auch für Nicht-Gäste).

■ **RIU Tikida Beach**④, Chemin des Dunes, Tel. 0528 84 54 00, www.riu.com. Sehr schönes und komfortables All-Inclusive-Resort direkt am (privaten) Strand mit der richtigen Mischung aus marokkanischen und modernen Stilelementen. Große klimatisierte Zimmer mit Sat-TV, Balkon oder Terrasse (Meer- oder Poolblick). Großer Pool im traumhaften Garten, breites Sport-, Wellnessangebot und Animationsprogramm (vom Arabischkurs bis Yoga), Thalassotherapiezentrum mit Hammam. Shuttlebus zum Golfplatz Golf du Soleil. Nightclub Papagayo angeschlossen. Buchbar über TUI oder Thomas Cook, 1 Woche all inclusive ab ca. 600 Euro.

■ **RIU Tikida Dunas**④, Chemin des Dunes, im Founty-Viertel, Tel. 0528 84 90 90, www.riu.com. Empfehlenswertes 4-Sterne-Hotel direkt am Strand mit großer Gartenanlage, mehreren Pools, Wellnesszentrum und allem Komfort.

■ **Royal Atlas**⑤, Bd. 20 Août, Tel. 0528 29 40 40, www.hotelsatlas.com. Supermodernes 5-Sterne-Luxushotel direkt an der Strandpromenade. Das dreistöckige Gebäude mit klaren Formen umgibt eine schöne Poollandschaft mit Palmen. Über 300 schicke Zimmer mit Balkon (Meer- oder Poolblick). Wellnesszentrum, Internet, marokkanische und italienische Küche, angesagter Actor's Nightclub.

■ **Royal Mirage**④, Bd. Mohamed V., Tel. 0528 84 27 41, www.royalmiragehotels.com. Sechsstöckiges Hotel mit allen Schikanen eines 5-Sterne-Hotels, 148 klimatisierte Zimme, 4 Suiten und 32 Bungalows. Leider laut wegen des Straßenverkehrs, dafür sehr zentral. Pool, SPA mit Hammam, eigenes Casino nebenan.

■ **Royal Decamaron Tafoukt Beach**④ (je nach Saison), Bd. du 20 Août, Tel. 0528 84 01 23, www.decameron.com. All-inclusive-Resort mit direktem Strandzugang, schöner Lobby (Funduq-Architektur) und modernen Zimmern mit maurischen Elementen. Hübscher Garten und Pool, um den sich die weißen Bungalows gruppieren. Gutes Essen, freundliches Personal, abwechslungsreiches Animationsprogramm. Angeschlossener (öffentlich zugänglicher) Tafoukt-Komplex mit Läden und Restaurants.

■ **Ryad Mogador Al Medina Palace**④ (bei Online-Buchung), Bd. du 20 Août, Tel. 0528 33 93 90, www.ryadmogadoragadir.com. Etwas in die Jahre gekommenes, verschachteltes 4-Sterne-Hotel im maurischen Stil mit Swimmingpool und schöner Gartenanlage, wenige Gehminuten zum Strand (in 2. Reihe gelegen), mit SPA und Fitnesscenter, Zimmer z.T. mit Balkon oder Terrasse zum

Innenhof. Das übersichtliche Abendbuffet offeriert europäische und (nicht immer) marokkanische Speisen. Freundliches Personal.

Sofitel Agadir Royal Bay Resort④ (bei Internetbuchung günstiger), Baie des Palmiers, im Founty-Viertel neben Palais des Roses, Tel. 0528 84 92 00, www.sofitel.com. Die Luxusanlage gleicht von außen einer riesigen Burg in Ocker, Zedernholztüren, Torbögen, Brunnen und Kuppeln imitieren gelungen die Architektur der Mauren und Berber. 273 Zimmer, Suiten und Villen (mit eigenem Pool) mit jeder erdenklichen Ausstattung. Vier Restaurants (internationale und mediterrane Gourmet-Küche) mit hohen Preisen, großer beheizter Pool, Privatstrand, Fitnesscenter, Hammam und SPA. WLAN.

Sofitel Agadir Thalasso Sea & SPA⑤, Baie des Palmiers, im Founty-Viertel, direkt neben Royal Bay Resort (ruhige Lage am Ende der Strandpromenade), Tel. 0528 38 80 00, www.sofitel.com. Das durchgestylte 5-Sterne-Hotel spricht mit seinen Schwarz-Weiß-Tönen Freunde des kühlen, modernen Designs an. Die etwas kleinen Standard-Suiten haben das (leider wenig funktionelle) Bad in der Mitte des Raums (mit Lichteffekt-Dusche), BOSE-Soundanlage und Flat-TV, Terrasse/Balkon zum Garten mit herrlicher Poollandschaft. Sehr schöner SPA mit beheiztem Innenpool, Hammam und Kosmetik- und Thalassoanwendungen (sehr teuer), großes Fitnessstudio mit Kursangebot, direkter Zugang zum Privatstrand. Täglich wechselnde Aktivitäten (u.a. marokkanischer Kochkurs). Drei Restaurants mit franz./marokk. Küche, fantastisches Frühstücksbüffet (Arganienölprodukte, marokkanisches Gebäck, frisches Obst, Käse, Müsli, Vollkornbrot etc.). Exzellenter, persönlicher Service, WLAN.

Mittelklasse

Aferni③, Av. Général Kéttani, Tel. 0528 84 07 30, www.aferni.com. Sauberes Mittelklassehotel mit Pool, europäischer Küche und freundlichem Personal. Zimmer mit Bad, TV und z.T. Balkon. WLAN. 10 Gehmin. zum Strand.

Anezi Tower④, Av. Mohamed V., Tel. 0528 84 09 40, www.hotelanezi.com. Etwas unpersönliches, strandnahes Hochhaus mit großer, sehr schöner Gartenanlage und Pool. Fantastischer Blick vom obersten (10.) Stock, z.B. von der Roof Garden Bar. Die altmodischen Zimmer entsprechen nicht dem neuesten Standard, sind aber sauber. WLAN in der Lobby, internat., marokk. und ital. Restaurant, Nightclub, Hammam. Klimatisierte DZ und Apartments (mit Küche).

Argana④ (bei Buchung von Pauschalangeboten billiger), Av. Mohamed V., Tel. 0528 84 83 04, www.hotel-argana.com. 238 Zimmer auf vier Etagen mit Bad/WC, Klimaanlage/Heizung, WLAN, Sat-TV und Balkon/Terrasse, von den oberen Etagen mit Meerblick. Gutes und reichhaltiges Büffet, Hammam, großer Pool im Palmengarten, Bar, Geldautomat und Wechselstube im Haus, kleiner Shop nebenan. Bis zum Strand sind es ca. 10 Gehminuten. Das etwas altmodisch-marokkanisch gestaltete Hotel hat keinen 4-Sterne-Standard, ist aber gepflegt, freundlich und sauber. Man spricht deutsch.

Atlas Kasbah Ecolodge④, im Dorf Tighanimine El Baz, Route d'Azrarag, Drarga, Mobil 0661 48 85 04, www.atlaskasbah.com. Am Kreisverkehr vor dem Metro-Supermarkt nach links abbiegen, von dort 5 km außerhalb der Stadt. Dieses gepflegte Ökohotel im Kasbahstil in ruhiger Lage auf einem Hügel erhielt bereits Preise für nachhaltigen Tourismus (achtsamer Umgang mit Wasser und Energie, Abfallvermeidung). 12 sehr schöne Zimmer/Suiten im Berberstil (mit Bad), Restaurant mit Panoramaterrasse, großer Pool. Es sind diverse Aktivitäten in der ländlichen Umgebung möglich, auch kurze Koch- und Sprachkurse (Arabisch, Berberisch).

Best Western Odyssee Park Hotel③, Bd. Mohamed V., Tel. 0528 84 33 26, www.bestwestern.de. Das zentrale Hotel (ca. 250 m zum Strand) hat vier Sterne, entspricht aber Mittelklassestandard. 140 klimatiserte und geräumige Zimmer mit Balkon/Terrasse und Blick auf den hübschen Garten mit Pool (im Winter beheizt) oder auf den Vogelpark. Zimmer zum Garten wählen (zur Straße hin laut). Zwei Restaurants und Cocktail-Bar, Hammam und Massageangebot, WLAN, freundliches Personal.

Iberostar Founty Beach④, Rue Oued Souss, im Founty-Viertel, Tel. 0528 84 44 44, www.iberostar.com. All-Inclusive-Anlage (4 Sterne) direkt am Strand, ca. 1 km vom Zentrum. Schöner Mix aus traditionellen und modernen Elementen. Die Zimmer im Bungalowstil gruppieren sich um den weitläufigen Garten, der eine hübsche Poollandschaft umfasst. Liegen und Sonnenschirme sind gebührenfrei, am Strand gegen Gebühr. 470 Zimmer mit Sat-TV, AC, Safe usw. Restaurants (gute Pizzeria), Bar, Internet, Autoverleih, Sauna/Hammam, Fitness und SPA, Tennis und andere Aktivitäten. Freundliches Personal und sehr guter Service.

Ibis③, Rue Abderrahim Bouabid (beim Souk), Tel. 0528 07 25 34, www.ibishotel.com. Gepfleqtes Hotel im modern-maurischen Stil, mit Restaurant, Pool, WLAN und 104 Zimmern mit Sat-TV und Klimaanlage. Bewachter

Parkplatz (kostenpflichtig). Wie bei allen Ibis-Hotels ist das Preis-Leistungsverhältnis sehr gut, eine Reservierung mithin empfehlenswert.

■ **Kamal**③, Av. Hassan II., Tel. 0528 84 28 17, www.hotelkamal.ma. Angenehmes, sauberes und sehr freundliches 3-Sterne-Hotel ohne besonderes Ambiente in zentraler Lage, ca. 15 Gehminuten zum Strand. Die 128 Zimmer mit Bad/WC und TV, z.T. mit Balkon, sind auf drei Etagen verteilt. Es gibt einen Pool, eine schöne Terrasse mit Blick auf den großen Platz und ein Restaurant mit marokkanischer und internationaler Küche. WLAN. Gutes Preis-Leistungsverhältnis.

■ **Les Omayades**③, Bd. du 20 Août, Tel. 0528 84 00 05, www.hrm.ma. Vergleichsweise kleines, älteres 4-Sterne-Hotel (3-Sterne-Standard) im altmodisch-marokkanischen Stil. 144 klimatisierte, saubere Zimmer mit TV in terrassenartig angelegten Bungalows. Zwei Restaurants mit marokkanischer und japanischer Küche. 800 m (ca. 10 Min.) zum Strand, ruhig gelegen, netter Service und schöne Poolanlage, WLAN. Günstige Internetangebote.

■ **Paradis Nomade**③, Douar Azrarag, 15 km von Agadir entfernt, Mobil 0671 12 15 35, www.paradis-nomade.com. 8 hübsche, traditionell eingerichtete Zimmer mit eigener Terrasse und Klimaanlage, 3 Suiten und günstige Berberzelte. Sehr schöne Anlage mit Pool in ruhiger Lage, siehe „Camping- und Stellplätze".

■ **Tagadirt**③, Bd. du 20 Août, Complexe Agador, Tel. 0528 84 71 02, www.groupesahara.com. Große, in die Jahre gekommene Anlage (3-Sterne-Standard) im maurischen Stil: altmodisch ausgestattete, aber saubere Zimmer mit Heizung sowie Studios und Apartments (für bis zu 4 Pers.) mit Kochnische. Freundliches Personal, Pool, Privatstrand (5 Min. Gehzeit), familienfreundlich.

■ **Timoulay**④, Baie des Palmiers, im Founty-Viertel, Tel. 0528 23 42 20, www.timoulayhotel.com. Schönes 4-Sterne-Hotel im modernen Orientstil unweit des Strandes, nicht so riesig wie viele andere Anlagen. 58 große, gut ausgestattete Zimmer und Suiten mit Terrasse oder Balkon zum (Salzwasser-)Pool und Garten. Restaurant und Bar mit Live-Musik. Ca. 500 m zum Strand und 15 Min. Gehzeit ins Zentrum. WLAN.

■ **Suite Hotel Tilila**③, Av. Géneral Kettani, Tel. 0528 84 06 66, www.suitehoteltilila.com. Hübsches, modernes Mittelklassehotel mit Pool, ca. 10 Gehminuten zum Strand. Geräumige, makellose Studios mit Flat-TV, Kochnische und Balkon, freundliches Personal. WLAN (in Zimmern nahe Rezeption), Restaurant und Bar. Sehr gutes Preis-Leistungsverhältnis.

■ **Atlantic**③ (je nach Saison, bei Internetbuchung häufig günstiger), Av. Hassan II., Tel. 0528 84 36 61/62, http://atlantichotelagadir.com. Gutes 2-Sterne-Hotel mit kleinem Garten, Pool, Sonnenterrasse, marokkanischem Restaurant und bewachtem Parkplatz. Saubere, hübsche DZ mit Bad und TV. Mit Privatstrand (ca. 10 Gehmin. entfernt). WLAN.

Günstig

■ **Canaria**① (mit Dusche im Zimmer), 2, Place Lahcen Tamri, Talborjt, Tel. 0528 84 67 27. Budget-Unterkunft mit 21 Zimmern (mit oder ohne Dusche) um den Innenhof. Saubere Sanitäranlagen, angenehme Travelleratmosphäre, keine Handtücher. Auch 3er-Zimmer.

■ **Cinq Parties du Monde**②, Av. Hassan II., Tel. 0528 84 55 41. Beliebtes, günstiges Travellerhotel. 46 Zimmer mit Bad.

■ **El Bahia**② (mit Dusche im Zimmer), Rue El Mehdi Ibn Toumert, nahe Place Lahcen Tamri, Talborjt, Tel. 0528 82 27 24. Nettes und sauberes, besonders für Rucksackreisende empfehlenswertes Hotel.

■ **La Tour Eiffel**① (3er-Zimmer), Rue du 29 Février, Tel. 0528 82 37 12, direkt gegenüber der Moschee Mohamed V. in Talborjt. Sehr einfach, aber sauber und okay, Dusche/WC auf dem Gang, Straßencafé/Restaurant mit preiswertem Essen im EG.

■ **La Tour du Sud**②, 75, Av. Kennedy, in Talborjt nahe der Moschee Mohamed V., Tel. 0528 82 26 96. Empfehlenswertes 2-Sterne-Hotel mit typisch marokkanischem Ambiente. Hübsche, sehr gepflegte Zimmer mit Bad, TV und (meistens) Balkon. Nettes Straßencafé im EG.

■ **Petite Suède**②, Av. Hassan II./Général Kettani, Tel. 0528 84 07 79, www.petitesuede.com. Das kleine Hotel liegt etwas laut an einer verkehrsreichen Ecke, dafür ist das Personal sehr freundlich. Es gibt eine Autovermietung im Haus, die Zimmer mit Bad sind einfach und sauber. Von der netten Frühstücks-Dachterrasse hat man Meerblick. Kein eigener Parkplatz, ca. 10 Min. zu Fuß zum Strand.

■ **Sindibad**②, Place Lahcen Tamri, Talborjt, Tel. 0528 82 23 23. Budget-Hotel mitten im lebhaften Viertel Talborjt mit relativ großen, sauberen Zimmern (mit Klimaanlage und TV), freundlichem Personal und Pool. Die Räume zum Hoteleingang/zur Straße sind nicht so ruhig. 20 Gehmin. zum Strand.

■ **Solman**② (ohne Frühstück), Av. Hassan II., im Zentrum, Tel. 0528 84 45 65. Sehr sauberes 2-Sterne-Hotel mit kleinem Pool, Bar/Restaurant, 10 Gehminuten vom Strand entfernt.

Talborjt② (Zimmer mit Bad), Rue de l'Entraide, Talborjt, Tel. 0528 84 03 86. Sehr sauberes 3-Sterne-Hotel im Zentrum der Stadt (jedoch weit zum Strand). Frühstück zu teuer.

Tamri①, 1, Av. President Kennedy, Tel. 0528 82 18 80. Sauberes Hotel in ruhiger Lage, grüner Innenhof, Warmwasserduschen auf dem Flur (Benutzung nur zu bestimmten Zeiten).

Tiznine①, 3, Rue Drarga, in Talborjt, hinter dem Hotel Ayour (Rue de l'Entraide), Tel. 0528 84 39 25, www.hoteltiznine.com. Einfaches Travellerhotel mit sauberen Zimmern auf zwei Etagen um den Innenhof, Dusche/WC am Gang.

Ferienwohnungen

Bei den „Résidence touristique" oder „Appart-Hotels" genannten Unterkünften handelt es sich um **1- bis 2-Zimmer-Selbstversorger-Apartments** mit Kochnische und Kühlschrank. Auch die Ferienwohnungen bucht man günstiger im Internet, z.B. bei www.booking.com.

Anezi Tower, s. Hotels der Mittelklasse.

Bo Appart-Hotel, Founty Sonaba, im Founty-Viertel, Tel. 0528 29 24 01, www.bohotelspa.com. Moderne und ansprechend gestaltete Apartmentanlage mit 45 Wohnungen (alle mit Küche und Balkon mit Meerblick, Studios 55 m², Apartments 75 m², Suiten 100 m²) auf drei Etagen, gute Pizzeria Luigi angeschlossen. Nahe des Strandes, ins Zentrum ca. 15 Min. zu Fuß. Mit Pool, SPA-Bereich, Parkplatz vor der Tür, WLAN in der Lobby. Günstige Internetpreise (ab 45 Euro pro Tag).

Golden Beach Appart-Hotel, Founty Sonaba, Secteur C, im Founty-Viertel, Tel. 0528 21 12 43, www.goldenbeach.ma. Moderne Apartmentanlage mit gepflegten klimatisierten Wohnungen inkl. Kochnische, TV, Safe und Balkon. Schöner Pool mit Palmen, wenige Minuten zum Strand, ca. 15 Min. Gehzeit ins Zentrum. Kleiner Supermarkt und Pizzeria angeschlossen, Parkplatz vor der Tür, WLAN. Ab ca. 50 Euro/Tag.

Résidence Tislit, Av. Prince Héritier Sidi Mohamed, Place Al Amal, Tel. 0528 82 02 39. 37 klimatisierte, saubere Zimmer und Studios in zentraler Lage mit Küchenzeile, Kühlschrank, TV. Balkon oder Terrasse. Pool mit Kinderbecken im Garten, freundlicher Service. Ca. 10 Min. zum Strand. Sehr günstige Tarife (ab 30 Euro/Tag für 2 Pers.)

Résidence Yasmina, Rue de la Jeunesse, Tel. 0528 84 30 84, www.residence-yasmina.com. 108 komfortable und (im Neubau) sehr geräumige klimatisierte Apartments (für bis zu 5 Pers.) mit Balkon (Meerblick von der obersten Etage), gut ausgestatteter Küche und Flat-TV. Die schöne Anlage mit Pool und Gartenrestaurant liegt ziemlich zentral, aber weit vom Strand entfernt. Freundlicher Service.

Suite Hotel Tilila, s. Hotels der Mittelklasse.

Camping- und Stellplätze

Camping International, Bd. Mohamed V., Tel. 0528 84 66 83, 84 09 21. Die ursprünglich schön konzipierte Anlage ist mittlerweile so abgewirtschaftet, dass man sich wundert, dass überhaupt noch Gäste den Platz besuchen – wohl mangels Alternativen in Stadtnähe. Im Winter ist der Platz voller Wohnmobil-Rentner, die Agadir als Überwinterungsquartier nutzen, im Sommer ist er ganz in der Hand marokkanischer Familien. Sanitäre Anlagen in sehr schlechtem Zustand.

Paradis Nomade, Douar Azrarag, 15 km von Agadir entfernt, Mobil 0671 12 15 35, www.paradis-nomade.com. An der Kreuzung nach Marrakesch direkt gegenüber des Metro-Markts in kleine Teerstraße nach links abbiegen, durch Vororte, dann ausgeschildert (N 30°28,509', W 09°27,961'). Idyllischer und beliebter Traveller-Treffpunkt **mit Gästehaus** des französischen Paares *Jacqueline* und *Robby Derue*. Pool, Restaurant mit Alkoholausschank (Menü 180 DH), 8 DZ und 3 Junior Suiten mit Bad und Terrasse (③), auch Übernachtung im Nomadenzelt möglich (②), gute sanitäre Anlagen mit heißer Dusche. Camping für 2 Pers. mit Auto/Caravan/Zelt (inkl. heißer Dusche und Poolbenutzung) 80 DH, Strom 20 DH. Ausflüge mit 4x4 und Quad möglich.

Atlantica Parc, komfortabler und sehr gepflegter Platz am Meer, 25 km nördlich in Aghroud.

Atlantica d'Imourane, Tel. 0528 31 55 92, www.atlanticaparc.com. Bei Aourir, 7 km von Agadir entfernt, N 30°30,660', W 09°40,883'. Sehr großer, gepflegter Platz mit 450 Stellplätzen für Wohnmobile und Zelte direkt am Meer oberhalb des beliebten Surfstrands von Imourane (mit Surfschule), direkt beim Teufelsfelsen. Der Platz hat europäischen Standard, Restaurant und Pool, Friseur, deutsche Zeitungen (Regenbogenpresse) und einen kleinen Laden. Derzeit wahrscheinlich der beste Platz in der Umgebung von Agadir. Man kann frischen Fisch direkt von den Fischern kaufen. 100 DH für 2 Pers. mit Fahrzeug (inkl. Pool und heißer Dusche), plus 25 DH Strom.

ma16_049 ad

■ **Camping Aourir,** 17 km von Agadir entfernt, 5 km vom Abzweig in Aourir Richtung Immouzzer, Tel. 0528 31 55 61, Mobil 0648 97 76 61, N 30°29,691', W 09°37,384', www.campingaourir.fr. Sehr schöner, großer Platz in ruhiger Umgebung mit Arganienbäumen, sauberen Sanitäranlagen, großem Pool und Minimarket. Der Besitzer hat lange in Deutschland gelebt, und auch der Verwalter spricht gut deutsch. Die Sanitäranlagen sind sehr gepflegt und auch in ausreichender Zahl vorhanden. Wem der Trubel in Agadir auf den Geist geht, ist hier gut aufgehoben. Schöne Gegend zum Wandern und Radfahren. 80–120 DH für 2 Pers. mit Camper.

■ **Marjane-Supermarkt:** Auf den betonierten Parkplätzen des Supermarkts im südlichen Founty-Viertel reiht sich im Winter Wohnmobil an Wohnmobil – sogar offiziell als „Caravane parking" ausgewiesen. Öffentliche Toiletten im Supermarkt.

■ **Im Strandbereich:** An den öffentlichen Parkplätzen, besonders beim **Hotel Adrar,** scheint in Absprache mit den Parkwärtern auch ein Parken über Nacht erlaubt zu sein. Sanitäranlagen und Duschen befinden sich unweit der Strandpromenade (nicht immer offen). Auch am Parkplatz zwischen dem Musée Municipal (Passage Aït Souss) und der Chambre de Commerce (Handelskammer), neben den Tennisplätzen, können Wohnmobile über Nacht stehen bleiben. Wohnmobile dürfen sich außerdem am Parkplatz beim Bab Marrakech „niederlassen" (30 DH/ Nacht, ruhiger als an der Promenade).

⌃ Das Riad Villa Blanche ist im Stil eines maurischen Stadtpalastes gehalten

Essen und Trinken

Im Gegensatz zu anderen Städten verfügen in Agadir die meisten größeren Restaurants über eine **Alkohollizenz.** Ein Hauptgericht in einem durchschnittlichen Touristenrestaurant kostet zwischen 70 und 130 DH.

Im Zentrum und nördlich (Talborjt)

■ **La Tour de Paris,** Av. Hassan II., Immeuble Bahia, Tel. 0660 47 59 40. Italienische Küche und leckerer gegrillter Fisch, mit Terrasse, auch gut zum Frühstücken.

■ **Le Dôme,** Av. Hassan II., Place de l'Espérance, Tel. 0528 84 45 03, www.complexeledomeagadir.com. Moderner, auffälliger Glaskomplex mit **Pizzeria Toscana** (Holzofenpizza und andere ital. Gerichte, mittlere bis hohe Preise), guter Eisdiele und Nightclub in exponierter Lage an der Av. Hassan II.

Little Italy, Av. Hassan II., Tel. 0528 82 00 39. Kleine, aber sehr gute Pizzeria, gutes Preis-Leistungsverhältnis (mittlere Preise).

Mezzo-Mezzo, 19, Av. Hassan II., Höhe Passage Aït Souss, Tel. 0528 84 88 19, tägl. ab 19 Uhr. Gemütliches italienisches Restaurant mit sehr guter Küche (Pasta, Pizza) und Wein, kleine Terrasse zur Straße. Freundlicher Service, mittlere Preislage.

Scampi, 11, Av. Hassan II., Tel. 0528 84 40 54. Gute internationale Küche mit Fisch und Meeresfrüchten in hübschem Ambiente.

Via Veneto, 89, Av. Hassan II., Tel. 0528 84 14 67. Sehr gute italienische Küche (Holzofenpizza u.a.), gutes Preis-Leistungsverhältnis, freundlicher Service, mittlere Preislage.

Im Touristenviertel

Zwischen Av. Mohamed V. und Strand, Rue Oued Souss, Bd. du 20 Août und an der Strandpromenade. Service und Qualität der Restaurants an der Promenade lassen mitunter zu wünschen übrig. Die **einfachen Lokale,** in die auch die einheimische Bevölkerung geht, sind vor allem nördlich der Av. Moulay Abdellah und um den Platz Lahcen Tamri zu finden, aber auch im Bereich des Busbahnhofes der städtischen Busse (Place Salam) und des Souks.

Bollywood Oceana, Bd. Tawada, an der Strandpromenade (im Norden), Tel. 0524 82 74 53. Gutes indisch-pakistanisches Restaurant der gehobenen Preisklasse.

Café del Mar, an der Strandpromenade nahe Hotel Royal Atlas, Mobil 0668 36 77 90. Auf der Terrasse mit gemütlichen Polstergarnituren werden Spaghetti, Fleischgerichte oder Sandwiches serviert. Mittlere Preislage.

Camels, direkt an der Strandpromenade im mittleren Bereich, Mobil 0673 17 79 09. Hübsch aufgemachtes Restaurant mit freundlichem Personal, abends Live-Musik, internationale Küche zu moderaten Preisen.

Jean Cocteau (Shems Casino), Bd. Mohamed V., Tel. 0528 82 11 11, im 1. Stock von Shem's Casino. Eines der besten Restaurants der Stadt mit französischer Küche der gehobenen Preisklasse.

La Cote d'Or, an der Strandpromenade, Tel. 0528 45 567. Hübsch gestaltetes Restaurant mit schönem Palmen- und Strandblick von der Terrasse. Gutes Essen zu moderaten Preisen, freundliches Personal.

La Scala, Rue Oued Souss, nahe Club Valtur/Ecke Bd. 20 Août, Tel. 0528 84 67 73. Hervorragendes Restaurant mit französischer und marokkanischer Küche, frischem Fisch, schönem Interieur und Gartenterrasse, evtl. längere Wartezeit. Gehobene Preisklasse.

Le Jardin d'Eau, Bd. du 20 Août (ggü. Hotel Atlas Almohades), Tel. 0528 84 01 95, www.jardindeau.com. Altbekanntes Restaurant mit romantischem Ambiente und großer Auswahl an Fischgerichten (sehr gut) und Salaten, aber auch marokk. Gerichte. Freundlicher Service, jeden Abend Live-Musik. Gehobene Preisklasse.

Le Mauresque, Complexe Valtur (Ecke Bd. du 20 Août/Rue Oued Souss), Tel. 0528 82 04 44. Marokkanisches Restaurant (gute Tajine, Couscous, aber auch internat. Gerichte) mit verspielter Orientatmosphäre, schöner Gartenterrasse und lobenswertem Service. Mittlere Preislage.

Le Pétit Dôme, Bd. du 20 Août, Complexe Tagadirt, direkt am Eingang zum Zoo, Tel. 0528 84 08 05. Viel besuchtes günstiges Restaurant mit Garten und Terrasse, abends Musik, marokk. Küche und Pizza, auch Wein.

Le Tapis rouge (Little Norway), Bd. du 20 Août/Ecke Rue Oued Souss, Complexe Tamlelt (ggü. Casino Le Mirage), Tel. 0528 84 08 48. Sehr gute, frisch zubereitete Fisch-, Fleisch- und Pastagerichte auf der gemütlichen Terrasse unter einem großen Sonnensegel. Der kleine, bunte Innenraum hat eher Barambiente (Alkoholausschank). Die günstigeren Gerichte auf der Snackkarte (z.B. Chicken Fajitas) reichen auch als ganze Mahlzeit. 80–160 DH/Hauptgericht.

Le Vendôme, an der Strandpromenade, Tel. 0528 82 48 16, www.agadir-levendome.com. In diesem alteingesessenen, vor einigen Jahren modernisierten Café/Restaurant mit Veranda gibt es marokk. und internat. Gerichte sowie günstiges Frühstück, Säfte und Alkoholika.

Miso Thai Wok, an der Strandpromenade zwischen Hotel Royal Atlas und Café del Mar, Mobil 0661 37 35 10. Stylisches, aber teures Asia-Restaurant mit begrünter, von der Strandpromenade etwas zurückgesetzter Terrasse. Sushi, Sashimi, thailändische Küche.

Mimi la Brochette, an der Strandpromenade, Complexe Al Moggar, Tel. 0528 84 03 87. Beliebtes, alteingesessenes Terrassenrestaurant mit guter marokkanischer Küche (u.a. Brochettes) und Fischgerichten. Mittlere Preislage.

In der Marina

Im Bereich des neuen Jachthafens am nördlichen Ende der Strandpromenade findet man vor allem hochpreisige, noble Restaurants sowie moderne Cafés und Eisdielen.

■ **Aquarium,** in der Marina, Quai Ouest (direkt am Jachthafenbecken), Tel. 0528 84 58 87. Kleine Pizzeria mit netter Terrasse und kleinem Innenraum (mit Aquarium), große Auswahl an Salaten (ab 30 DH), Snacks (Hamburger, Crêpes) und Frühstück. Gute Pizza (ab 50 DH) und täglich wechselndes Fischgericht. Netter Service, günstiger als die meisten anderen Restaurants in dieser Lage.

■ **Au Parasol Bleu,** 7, Complexe Tawada, in der Marina, Tel. 0528 84 87 44, tägl. 12–15 und 19.30–22.30 Uhr. Kleines Restaurant mit hoch gelobter französischer Küche, u.a. gute Fischgerichte. Mittlere Preislage.

■ **Les Blancs,** am Nordende der Bucht/Promenade in der Marina, Tel. 0528 28 368, 82 83 68. Auf der schicken, mit Sonnensegel beschatteten Terrasse der Strandbar kann man bei einem Cocktail herrlich den Sonnenuntergang genießen. Im Restaurant mit edlem Ambiente in einem Glaspavillon werden in hervorragender Qualität mediterrane Gerichte und Pizzas zu gehobenen Preisen serviert.

■ **Le Quai,** in der Marina, Quai Ouest, Mobil 0661 60 58 22. Elegantes, modernes Restaurant mit Terrasse direkt am Jachthafenbecken, gute Auswahl an feinen Fischgerichten (ab 160 DH, auch Austern), auch Pasta und mediterrane Fleischgerichte.

Cafés/Imbiss/Fastfood

Zahlreiche Cafés (auch mit deutschem Kuchen) reihen sich entlang der Strandpromenade. In den modernen Cafés und Eisdielen in der Marina sitzt man schön mit Blick auf die Jachten im Hafenbecken. Diverse Fastfood-Restos wie etwa Pizza Hut findet man außerdem am kleinen Platz zu Beginn der Passage Aït Souss/Ecke Av. Mohamed V.

■ **Café Louban,** Av. Prince Moulay Abdallah. Unter Einheimischen sehr beliebtes Café mit Gebäck und üppigem Frühstück.

■ **La Tour de Babel,** Av. Hassan II., Passage Aït Souss (Durchgang in Richtung Av. Mohamed V., beim Museum). Nettes Café und Eisdiele in einem modernen Rundbau mit hübscher Dachterrasse.

■ **Patisserie El Yacout,** Av. 29 Février, Talborjt. Neben der Pâtisserie mit einer riesigen Auswahl an Gebäck befindet sich das hübsche Café im maurischen Stil mit schattiger Laubenterrasse. Hier kann man frische Säfte, Eisbecher, Crêpes, Couscous oder Tajine, aber auch Pizza und Sandwiches bestellen. WLAN.

■ **Patisserie Tafarnout,** Av. Hassan II., in Talborjt. Sehr beliebtes Terrassencafé und Konditorei mit hervorragendem Gebäck, auch Frühstück, WLAN. Es gibt eine Zweigstelle am Anfang des Jachthafens im Norden.

■ **Veranda,** Av. Hassan II., Tel. 0528 82 84 71. Angenehmes Café und Patisserie mit Eis, marokkanischem Gebäck und leckeren kleinen Gerichten. WLAN.

■ **McDonald's** darf in Agadir natürlich nicht fehlen: Die Restaurants an der Av. Mohamed V. (Drive In) und am Strand an der Promenade (neben dem zweiten **Pizza Hut**) werden vor allem von Jugendlichen frequentiert.

■ Am **Bd. Hassan II.** kann man zwischen **mehreren Pizzerien** auswählen.

Einkaufen

Der **Suq (Souk)** im Südosten der Stadt hat dem Marché Municipal den Rang abgelaufen. Ob Souvenirs, Gewürze, Arganienöl, handwerkliche Produkte oder allerlei Plastik- und Spielwarenramsch aus Fernost – hier ist alles einigermaßen preisgünstig zu haben. Seit es zahlreiche Beschwerden über Touristennepp gab, kontrolliert die Polizei, ob Touristen fair behandelt werden. Am Montag ist der Souk geschlossen! Lohnenswert – auch wenn man nicht einkaufen möchte – ist der Besuch des riesigen **Markts in Inezgane.** Hier gibt es von Lebensmitteln bis zu Möbeln alles Erdenkliche zu kaufen – zudem ist es günstiger und viel weniger touristisch als in Agadir.

Kaufen Sie Lebensmittel und Spirituosen nicht im Touristenviertel ein. Dort sind die Preise um 10–20% höher. Das Einkaufen gestaltet sich in Agadir ansonsten recht einfach, da die allermeisten Händler zumindest ein bisschen deutsch sprechen. Sprüche wie „Wie geht's? Alles klar?", „Nur gucken, nix kaufen, gucken kostet nichts!" gehören zum Standardrepertoire jedes Händlers. Auch in den Hotels und Restaurants wird in mehreren Sprachen bedient.

Wollen Sie **in Ruhe einkaufen,** ohne zu feilschen, dann am besten in Talborjt (nordöstlich der Av. Moulay Abdellah in Richtung Place Lahcen Tamri). Hier ist das Einkaufszentrum der Einheimischen, Preisverhandlungen glücken nur in den wenigsten Fällen, da die Preise angemessen sind.

Bei einem längeren Aufenthalt in Agadir macht es sich bezahlt, **immer im gleichen Geschäft einzukaufen.**

Zeitungen

In den Läden am Strand und im Hotelviertel (z.B. Résidence Tafoukt oder am Bd. du 20 Août) gibt es deutsche

Zeitungen und Landkarten von Marokko zu kaufen, ebenfalls in dem Buch- und Zeitschriftenladen an der Av. Hassan II.

Souvenirs

In Agadir sind Souvenirs relativ teuer, dafür sind der Standard hoch und die Auswahl groß. Wer gut handelt, kann vor allem in touristenarmen Monaten durchaus faire Preise erzielen.

■ **Kunsthandwerk** gibt es im Souk oder im Touristenviertel, in Ständen um den Marché Municipal und im (etwas verwaisten) **Ensemble Artisanal** in Talborjt (Av. 29 Février, So geschlossen). Dort werden hübsche Holz- und Keramikwaren, Lampen, Teppiche etc. in guter Qualität zu Festpreisen angeboten.

■ Diverse Läden mit schönen Souvenirs findet man auch im **Tafoukt-Komplex** beim Tafoukt Hotel.

■ Günstig und in großer Auswahl kauft man Kunsthandwerk in Werkstätten an der Straße Agadir – Inezgane, bei den Händlern in der **Medina d'Agadir** (vgl. „Sehenswertes") oder in der **Kasbat Souss** in Ben Sergao ein. In diesem Komplex mit idyllischem Innenhof und Café bieten Handwerker Keramikwaren, Silberschmuck, Spiegel, Bilder, Lampen u.a. an (km 5 Route Principale d'Agadir, Ben Sergao, von Agadir kommend auf der rechten Seite, Tel. 0528 28 19 34, tägl. 9–18 Uhr).

Lebensmittel

■ Für Lebensmittel und Konsumwaren bietet sich der **Marjane-Supermarkt** an der Straße nach Inezgane im Founty-Viertel an. Im selben Viertel gibt es einen Drinkstore, in dem man Alkoholika einkaufen kann (N 30°23, 998', W 09°35,579').

■ Ein großer **ACIMA-Supermarkt** findet sich an der Umgehungsstraße Richtung Marrakesch im Westen der Stadt. N 30°23,359', W 009°30,702'. Hier gibt es keinen Alkohol zu kaufen.

■ Die **Einkaufsmeile für Lebensmittel** und anderen Tagesbedarf (Zeitungen, Postkarten) ist die **Av. Hassan II.** in ihrem zentralen Bereich. In Höhe von Post und Rathaus liegt der **Supermarkt Anaprix:** klein, aber gut sortiert, mit gutem Gemüse. Auch der **Marché Municipal** liegt in Gehweite. Hier gibt es Gewürze, Gemüse, Obst, Blumen, Fisch und Fleisch im Untergeschoss sowie Lebensmittelläden im Obergeschoss. In Talborjt haben außerdem die gut sortierten **Supermärkte Aswak Assalam** (zwischen Bd. Mohamed Cheikh Saadi und Rue Yacoub el Mansour) und **Carrefour** (Rue Yacoub el Mansour) Filialen eröffnet. Carrefour ist der einzige Supermarkt, der noch Alkohol verkauft.

■ Diverse Lebensmittel und Utensilien für den touristischen Bedarf (Sonnencreme u.a.) sowie Alkohol und Arganienöl hat der **Supermarché im Complexe Tamlelt** gegenüber dem Hotel Tivoli in seinem Sortiment.

■ **Fisch und Schalentiere** sind auch im Hafen erhältlich. Dort sollte man möglichst forsch direkt die Fischverkaufsstellen ansteuern, da man sonst umweigerlich von „hilfreichen" Leuten zu den Händlern gelotst wird und Aufpreis zahlt.

■ **Arganienölprodukte** (Kosmetik und Speiseöl) gibt es zum Beispiel in der **Boutique Diar Argan,** 16, Bd. du 20 Août, Hotel Mabrouk. Am günstigsten kauft man (hochwertiges) Arganienöl jedoch inzwischen im Supermarkt (z.B. im Marjane, s.o.).

Nachtleben

Die **großen Hotels** bieten ein buntes Abendprogramm: von Show-Veranstaltungen à la Las Vegas bis zu Zaubervorstellungen, Bauchtanz und klassisch marokkanisch-andalusischer Musik, natürlich auch Discos und Bars.

Die meisten **Discos** kosten um die 20 Euro Eintritt inkl. eines Getränks.

■ **Actor's,** im Hotel Royal Atlas, Bd. du 20 Août. Schicker Club mit gehobenen Preisen. Hier legen international bekannte DJs House auf.

■ **Papagayo,** im Tikida Beach Hotel, Chemin des Dunes. Die größte und von der Jugend meistbesuchte Disco.

■ **Dreams Night Club,** an der Strandpromenade hinter dem Restaurant Tawada. Eine der modernsten und größten Discos der Stadt mit Restaurant, Pub, Bar. Abendessen mit Live-Musik ab 18 Uhr, Disco ab 22 Uhr.

■ **The Factory,** im Hotel Tafoukt. Orientalisches Flair und Wasserpfeifen-Sitzecken locken in dieser Lounge und Disco vorwiegend Ü-30-Publikum an. Tägl. 23–4 Uhr.

■ **Mojito Lounge,** im Hotel Amadil, Chemin des Dunes, ggü. Atlantic Palace Dorint. Arabisch-orientalische Live-Musik, Attraktion sind die Bauchtänzerinnen. Es gibt auch ein Restaurant für hungrige Nachtschwärmer.

■ **So Night Lounge,** im Sofitel Royal Bay Resort. Im Sofitel sind gleich drei schicke Locations für Nachtschwärmer untergebracht: So Nice, So Good und So Night Lounge (23–4 Uhr) mit Live-Konzerten und DJ Sessions.

Notfall/Notrufe

- **Polizei:** Route de Taroudannt, Tel. 0528 24 00 47.
- **Notruf** (landesweit): Tel. 190.
- **Feuerwehr:** Tel. 150.
- **Ambulanz:** Tel. 0528 23 23 23.

Medizinische Versorgung

Apotheken

Apotheken gibt es **im gesamten Stadtgebiet** (dort Aushänge zu den Nachtdiensten).

Krankenhäuser

- **Hôpital Hassan II.,** Route de Marrakech, Tel. 0528 84 14 77.
- **Clinique Al Massira/Coramed,** Av. du 29 Février, Tel. 0528 84 32 38, 84 64 72.
- **Clinique La Résidence,** 34, Rue Mehdi ben Toumert, Talborjt, Tel. 0528 82 36 82. Kleine moderne Privatklinik des französischen Chirurgen *Dr. Paul Hemelin,* der englisch und etwas deutsch spricht.

Allgemeinärzte (deutschsprachig)

- **Dr. M. Akerbib,** 314a, Al Wifaq, Ben Sergao, Tel. 0528 28 13 73, Mobil 0662 28 48 52.
- **Dr. Mouhid,** 19, Rue de Marrakech, Bloc 11 N°14, Tel. 0528 82 64 04. Kinderarzt, wird von NUR empfohlen.

Zahnärzte

- **Dr. Touhami,** Av. Moulay Abdellah, Immeuble M 2, App. 4, Tel. 0528 84 63 20. Spricht englisch und hat in Frankreich studiert. Er arbeitet sauber und gut und hat eine moderne Praxis.
- **Dr. Berradea Nadia,** Av. Hassan II., Immeuble Oumlil, 2. Stock, Tel. 0528 84 42 43. Die freundliche Ärztin arbeitet sehr kompetent.

Tierärzte

- **Dr. Krzystof Albert,** Rue 210, Appt. 9, Quartier Industriel (östl. Seitenstraße des Bd. Hassan II., zwischen den Kliniken Assoulil und Argana), Tel. 0528 84 31 20.
- **Dr. Ali Ramich,** in Talborjt nahe Jardin Olhao und dem französischen Institut IFA, Mobil 0661 21 47 24.

Taxis

Petits Taxis *(taxis rouges)* verkehren innerhalb des Stadtgebiets. Um einen überteuerten Fahrpreis zu verhindern, sollte man auf Einschalten des Taxameters bestehen! Der Normalpreis innerhalb der Stadt beträgt 15 DH. Die Petits Taxis fahren wie die Grands Taxis auch kollektiv zu bestimmten Destinationen (preiswert)– Abfahrtsplatz ist El Battoire (zentraler Grand Taxi Stand) am Place Salam.

Vom/zum Flughafen fahren **Grands Taxis** (weiße Mercedes, Festpreis: 150 DH) und die deutlich billigeren blauen **Grands Taxis** (50–60 DH inkl. Gepäck bis nach Agadir, Haltestelle direkt ggü. der Einfahrt zum Flughafen neben zwei Restaurants). Am preiswertesten ist der Bus, der an der Straße startet (siehe „Stadt- und Vorortbusse"). Teilt man sich ein Grand Taxi mit marokkanischen Fahrgästen als Sammeltaxi, kostet es offiziell nur 9 DH/Pers.

Der **zentrale Abfahrtsplatz der Sammeltaxis** (Grand Taxi mit insgesamt 6 Fahrgästen) befindet sich in Inezgane neben dem Hotel Hagounia und Busbahnhof (u.a. Sammeltaxis nach Marrakesch) und in Agadir am Place Salam (El Battoire) in Talborjt. Grands Taxis warten aber auch gegenüber des Souk, gegenüber des Atlantic Palace oder vor anderen großen Hotels.

Preise Sammeltaxis: ca. 60 DH p.P. nach Marrakesch und Essaouira, 30 DH nach Taroudannt (25 DH ab Inzegane), ab/nach Inezgane ca. 5 DH p.P., über Tiznit (1 Std., 25 DH p.P.) nach Tafraoute (3 Std., 35 DH p.P.).

Ausflugsfahrten mit dem Grand Taxi

- Von vielen Lesern sehr empfohlen wurde Herr **Adi Ouali** (Mobil 0668 80 55 86, Adi-tours@live.fr), der individuelle Touren mit dem Taxi oder klimatisierten Mini-Van anbietet. Herr *Ouali* spricht sehr gut deutsch, ist sehr freundlich und bringt seinen Gästen auf angenehme Art die marokkanische Kultur näher. Er bietet Tagesausflüge (z.B. nach Taroudannt), aber auch Mehrtagestouren (z.B. in den Anti-Atlas oder Hohen Atlas) an. Wer ihn über mehrere Tage engagieren will, sollte 2–3 Tage vorher Kontakt mit ihm aufnehmen.
- Auch der sehr freundliche und sehr gut deutsch sprechende **Abdellah Abaidat** (Mobil 0661 57 56 37, abaidat.abdellah@hotmail.com) bietet ein- oder mehrtägige Ausflugsfahrten an.
- Ein sehr angenehmer Taxifahrer ist auch **Ahmed Zaky** (Taxi Nr. 96, Tel. 0528 20 46 42, Mobil 0661 70 98 75), der ebenfalls deutsch spricht.

Deutschsprachige Taxifahrer verlangen für individuelle Ausflugsfahrten zu verschiedenen Destinationen 120–180 Euro pro Tag (Verhandlungssache).

Am Flughafen sind für verschiedene Ausflugsziele **Festpreise für Grands Taxis** ausgeschrieben: nach Taroudannt – Tiznit – Aït Baha 450 DH, Tafraoute 900 DH, Taghazoute – Aourir 300 DH, Mirleft 700 DH, Essaouira oder Guelmim 1000 DH, Ouarzazate 1800 DH, Tan-Tan oder Marrakesch 1200 DH. Mehr als 20 kg Gepäck kosten extra.

Stadt- und Vorortbusse

Im Stadtgebiet und im näheren Umland verkehren die lokalen **ALSA-Busse** (siehe Kasten unten). Innerstädtische Busfahrten (bis inkl. Inzegane) kosten **3–4 DH,** Fahrten nach außerhalb **8 DH.** Informationen zu allen Linien unter **www.alsa.ma** oder über die Hotline 0528 82 47 99.

Die meisten Busse fahren entlang der zentralen Achse **Av. Mohamed V.** und halten z.B. **vor dem Royal Mirage Hotel.** Mehrere Linien starten auch am Hafen, am

ALSA-Buslinien Agadir

Stadt- und Vorortbusse

Bus / Strecke	Distanz	Dauer
1 / Pl. Salam – Av. Pr. Moulay Abdallah –Anza (über den Hafen)	9 km	30 Min.
2 / Pl. Salam – Hôpital Hassan. II. (über Amicale)	10 km	40 Min.
3 / Pl. Salam – Hôpital Hassan II. (über Bouargane)	8 km	30 Min.
4 / Pl. Salam – Facultes (Uni – über Bouargane)	7 km	30 Min.
5 / Pl. Salam – Pl. Massira (Inezgane, Umsteigen zum Flughafen)	10 km	30 Min.
6 / Pl. Salam – Pl. Massira (Inezgane)	10 km	30 Min.
7 / Pl. Massira (Inezgane) – Tarrast	3 km	26 Min.
8 / Pl. Massira (Inezgane) – Koleaa (über Aït Melloul)	11 km	35 Min.
9 / Pl. Massira (Inezgane) – Tikiouine (über Aït Melloul)	7 km	30 Min.
10 / Pl. Massira (Inezgane) – Lamzar (über Aït Melloul)	7 km	35 Min.
11 / Pl. Massira (Inezgane) – Temsia (über Aït Melloul)	12 km	35 Min.
12 / Pl. Salam – Taghazout (über Hafen, Tamrakht)	21 km	50 Min.
13 / Pl. Salam – Imiki (über Hafen, Tamrakht)	18 km	45 Min.
14 / Pl. Salam – Tamri (über Hafen-Taghazout)	55 km	2 Std.
19 / Pl. Massira – Drarga (über Aït Melloul – Tikiouine)	10 km	30 Min.
21 / Pl. Salam – Aït Melloul (über Faculte – Tikikouine)	15 km	40 Min.
22 / Pl. Massira (Inezgane) – Flughafen El Massira (Aït Melloul)	8 km	30 Min.
60 / Pl. Salam – Taghazout (über Hafen)	18 km	45 Min.
61 / Pl. Salam – Tamri (über Hafen und Taghazout)	55 km	2 Std.

Regionalbusse

31 / Hafen – Imimiki, alle 20 Min.
32 / Place Salam – Taghazout, alle 30 Min.
33 / Place Salam – Taghazout – Tamri, stündlich
36 / Place Inezgane – Ouled Teima, alle 20 Min.
37 / Place Inezgane – Flughafen, stündlich
40/41 / Place Inezgane – Biougra, alle 20 Min., Weiterfahrt nach Aït Baha mit Bus Nr. 43
42 / Place Inezgane – Belfaa – Massa, alle 20 Min.

Inezgane

Place Salam und in Inezgane bei der dortigen Grand-Taxi-Haltestelle (Platz bei Hotel Hagounia). Die Busse können außerdem per Handzeichen (mit deutlichem Schritt auf die Straße) angehalten werden. Zu den Stoßzeiten sollte man die Busse besser vermeiden – (nicht nur) dann treiben Taschendiebe ihr Unwesen.

ALSA-Buslinien

- **Nach Inezgane** (zum zentralen Busbahnhof mit Verbindungen in alle Landesteile) fahren die Busse Nr. 11, 21 und 23 (ab Hafen und Av. Mohamed V. über Ben Sergao) und Nr. 6 (ab Place Salam).
- **Nach Founty** fährt die Linie Nr. 2 (Hay Mohammadi – Founty).
- **Von/zum Flughafen:** Nr. 37 und 371 von/nach Inezgane (Weiterfahrt ins Zentrum s.o.), Fahrzeit 30 Min., ab 6.30 Uhr morgens stündlich (bis 20.30 Uhr, sonntags nur bis 19.15 Uhr). Der Bus hält ca. 500 m vom Flughafenausgang entfernt direkt am Kreisel vor dem Gelände. Die Taxifahrer erzählen gelegentlich, dass es keinen Bus gäbe und verlangen unverschämte Preise.
- **Nach Taghazoute:** Nr. 32, 33 ab Place Salam.
- **Nach Tamri:** Nr. 33 ab Place Salam.
- **Nach Belfaa/Massa:** Nr. 42 ab Inezgane.
- **Nach Imimiki** (Paradise Valley, vgl. „Ausflüge"): Nr. 31 ab Place Salam.

Fernverkehrsbusse ab Agadir

- Der **Busbahnhof** ist von Talborjt an die südliche Umgehungsstraße Av. Mohamed Ben Brahim (östlich vom Souk) umgezogen.
- Der **zentrale Hauptbusbahnhof,** von dem die meisten Busse in alle Gegenden des Landes starten, befindet sich in Inezgane!
- Busse der **Privatlinien** verkehren ständig in alle Richtungen (an den Schaltern am Busbahnhof in Agadir oder Inezgane erkundigen).

CTM

- **CTM-Büro** im Busbahnhof: Tel. 0528 22 55 96. Büro in Talborjt: 1, Yacoub El Mansour, Tel. 0528 82 53 41.

Verbindungen ab Talborjt (andere Verbindungen vgl. ab Inezgane unten):

- **Casablanca:** 1x tägl., 7–9 Std., 260 DH.
- **Marrakesch:** vgl. Inezgane.
- **Rabat – Meknès:** vgl. Inezgane.
- **Rabat – Larache – Tanger:** vgl. Inezgane.

Supratours

- **Supratours-Büro** am Busbahnhof: Tel. 0528 23 73 05. Abfahrt ab Inezgane (s.u.) oder ab Innenstadt (Supratours-Büro in Talborjt, 35, Rue Yacoub el Mansour, Tel. 0528 82 72 46).

Verbindungen und Preise:

- **Marrakesch:** 9x tägl. (z.T. ab Inezgane, s. dort), 100 DH, Fahrzeit ca. 4 Std.
- **Essaouira – Safi:** tägl. morgens, bis Essaouira 3–4 Std., 65 DH, nach Safi 90 DH, 6 Std.
- **Guelmim:** 6x tägl., 80 DH, 4–5 Std.

Fernverkehrsbusse ab Inezgane

CTM

- **CTM-Büro** und Abfahrtsplatz in Inezgane: 94, Av. Mokhtar Souissi (ggü. Hotel Hagounia), Tel. 0528 83 22 20. Infos unter www.ctm.ma.

Verbindungen und Preise:

- **Beni Mellal – Khénifra – Azrou – Ifrane – Fès – Oujda:** 1x tägl. Nachtbus, nach Beni-Mellal 165 DH (8 Std.), nach Khénifra/Azrou 220 DH, nach Ifrane 225 DH, nach Fès 240 DH, nach Oujda 340 DH. Nach Fès insgesamt 4x tägl.
- **Laâyoune – Dakhla:** 3x tägl., 230 DH/11 Std. bis Laâyoune, 370 DH/22 Std. bis Dakhla.
- **Taroudannt:** 2x tägl. morgens., 35 DH, ca. 3 Std.
- **Marrakesch:** 9x tägl., 100 DH, ca. 4 Std.
- **Casablanca:** 6x tägl. und 3 Nachtbusse, 190 DH, 7–9 Std.
- **Taroudannt – Tazenakht – Ouarzazate:** 2x tägl. morgens und abends, Ouarzazate 135 DH (6 Std.), Taroudannt 35 DH (3 Std.), Tazenakht 100 DH.
- **Essaouira – Safi – El Jadida:** 2x tägl., nach Essaouira 50 DH (3–4 Std.), nach Safi 115 DH (6 Std.), nach El Jadida 165 DH (8 Std.).
- **Tafraoute:** 1x tägl., 4 Std., 70 DH.
- **Rabat – Larache – Tanger:** 2x tägl., nach Rabat 230 DH, ca. 8 Std. (Nachtbus), nach Tanger 325 DH, ca. 18 Std.
- **Guelmim:** 5x tägl. und Nachtbusse, 85 DH, 4–5 Std.

Supratours

- Die Supratours-Busse starten direkt vor dem Hotel Hagounia beim dortigen **Supratours-Büro** (geöffnet Mo bis Sa 8.30–12.30 und 15–18.30 Uhr). Infos unter www.oncf.ma.

Verbindungen und Preise:

- **Marrakesch:** 10x tägl., 100 DH.
- **Meknès, Fès:** 1x tägl. (Nachtbus), nach Fès 282 DH, nach Meknès 262 DH.
- **Essaouira – Safi:** tägl. morgens, bis Essaouira 60 DH, 4 Std., bis Safi 90 DH, 6 Std.
- **Tiznit – Guelmim – Tan-Tan – Laâyoune:** 7x tägl. (davon 3x bis Laâyoune), nach Tiznit 40 DH, 2½ Std., Guelmim 75 DH, 3–4 Std., Tan-Tan 100 DH, 5 Std., Laâyoune 195 DH, 10–12 Std.

Flugverbindungen

- **Flughafen Al Massira** (Aït Melloul, 25 km von Agadir entfernt), Tel. 0528 83 91 12, www.onda.ma.
- **Busverbindung von und zum Flughafen** s.o., „Stadt- und Vorortbusse".
- **Royal Air Maroc (RAM)** in der Rue Général Kettani, Tel. 0528 82 91 20, landesweites Call Center: Tel. 0900 00 800, am Flughafen: 0528 83 90 21/20.

Inzwischen wird Agadir außer von RAM auch günstig von TUIfly, Condor, Air Berlin und Ryanair aus Deutschland direkt angeflogen (siehe „Praktische Tipps A–Z").

Die **Kofferträger** (mit braunem Anzug) am Flughafen erwarten ein Trinkgeld (10 DH sind okay).

Rund ums Auto

Autovermietung

Die meisten Autovermietungen liegen am Bd. Mohamed V. fast nebeneinander oder rund um die Av. Hassan II. Sie sollten die Preise und Konditionen verschiedener Anbieter vergleichen, bei einigen Agenturen kann man den Preis auch verhandeln. Häufig sind die Tarife der in den Hotels untergebrachten Agenturen höher. Am Flughafen sind folgende Vermieter mit einem Schalter vertreten: Avis, Sixt, Europcar, Budget, Hertz, Thrifty Car, Genial-Car, Liege Tour, First Car, Aircar.

- **Auto-Cascade,** Av. Hassan II., Tel. 0528 84 45 04, 84 37 61, www.auto-cascade.com. Kompetenter Service.
- **Avis,** Bungalow Marhaba, Av. Mohamed V., Tel. 0528 82 14 14; Flughafen Al Massira, Tel. 0528 83 92 44; Reservierungsbüro in Deutschland: Tel. 01805 21 77 02.
- **Budget,** Av. Mohamed V., Bungalow Marhaba, Tel. 0528 84 82 22; am Flughafen. Preiswerter ab Deutschland.
- **BS Cars,** Mobil 0661 09 53 15, 0679 22 26 66. Günstige Kleinwagen-Angebote.
- **Europcar,** Bd. Mohamed V./Rue Hubert Giraud, Tel. 0528 84 02 03; am Flughafen, Tel. 0528 84 03 37; Mittagspause ca. 12–14.30 Uhr, sonntags nur vormittags. Reservierungszentrale in Casablanca: Tel. 0522 31 37 37.
- **First Car,** am Flughafen, Tel. 0528 83 92 97 oder 0522 30 00 07, www.firstcar.ma. Großer Vermieter mit mehreren Vertretungen in Marokko, kooperiert mit Sixt in Deutschland.
- **Hertz Maroc,** Av. Mohamed V., Bungalow Marhaba, Tel. 0528 84 09 39; am Flughafen, Tel. 0528 83 90 71.
- **Rhazali Cars,** 123, Rue de Fès, Tel. 0528 82 54 39, www.rhazalicars.com. Miete ab Flughafen oder Innenstadt möglich.
- **Thrifty Car,** am Flughafen, Tel. 0528 83 90 54, www.thrifty.com. Günstige Tarife in Deutschland.

Werkstätten

- **Pannen-/Straßendienst,** Tel. 0177.
- **Auto-Hall,** Rue de la Foire, Tel. 0528 84 29 95, 84 39 73, www.autohall.ma. Große Werkstatt für alle möglichen Modelle.

Automobilclub

- **Auslandsdienst ADAC, Sigrid Graetz,** 24, Rue Mokthar Souissi/Ecke Rue Nations Unies, Cité Suisse, Tel. 0528 84 37 52, adacsigi@gmx.net. Die ADAC-Filiale hilft Mitgliedern bei den nötigen Papieren (Zollbefreiungserklärung), falls ein Ersatzteil aus Deutschland eingeflogen werden muss, und bei sonstigen Problemen rund ums Auto (Auslandsschutzbrief).

Fahrrad-/Motorrad-/Vespaverleih

Die **Preise variieren** leicht im Laufe des Jahres (Sommer und Festtage sind am teuersten). Eine Vespa oder ein Motorrad kostet etwa: 1 Tag 250 DH, ½ Tag 150 DH, 1 Woche 1000 DH, 1 Std. 50 DH (jeweils inkl. Versicherung); ein Fahrrad ca. 100 DH/Tag. Motorrad-/Fahrradverleihe finden sich vor dem Hotel Les Almohades, nahe des Club Méditerranée und neben dem Hotel Salam. Auch Sud Aventures Tours verleiht Fahrräder: Tel. 0656 07 75 68, www.sud-aventures-tours.com.

Honorarkonsul

- **6, Rue de Madrid,** Sec. Résidentiel, Tel. 0528 84 10 25, agadir@hk-diplo.de, **Konsul Hamza Choufani.**

Banken/Wechselstellen

Bankautomaten (Abhebung mit Maestro-/Kreditkarte) im gesamten Stadtgebiet. Viele Banken mit Geldautomat liegen z.B. am Bd. Hassan II., in Höhe der Fußgängerzone Passage Aït Souss. In fast allen größeren Hotels besteht Tauschmöglichkeit zum offiziellen Kurs. Die Wechselstube am Flughafen tauscht übrige Dirham in Euro zurück. Im Touristenviertel (Bd. du 20 Août, Complexe Tivoli und Agador) gibt es mehrere Wechselstuben, die auch am Wochenende geöffnet haben.

Post und Telefonieren

- **Hauptpost** an der Av. Prince Sidi Mohamed (Ecke Av. Prince Moulay Abdallah), geöffnet Mo bis Fr 8.30–12 und 14–18.30 Uhr.
- **DHL-Annahmestelle** am nördlichen Ende der Av. Mohamed V., Tel. 0528 84 06 56, Mo bis Fr 8.30–18.30 Uhr, Sa bis 12.30 Uhr. Teurer, aber zuverlässiger und schneller Versand nach Deutschland.
- Öffentliche Kartentelefone sind im gesamten Stadtgebiet zu finden. **Telefonkarten** gibt es am Kiosk und in vielen Läden. Lokale **SIM-Karten** von Méditel, Jawal etc. gibt es in den entsprechenden Telefonshops und im Marjane-Supermarkt.

Reiseagenturen

Es können zahlreiche Reisebüros aufgesucht werden, die ein **umfassendes Ausflugsprogramm** anbieten (Preisbeispiele s.u., Ausflüge). Hier nur eine kleine Auswahl an empfehlenswerten Tourenanbietern:

Bovoyages, Av. Général Kettani, Tel. 0528 82 92 30, www.bovoyages.net. Kompetente, zuverlässige Agentur, die mit vielen deutschen Veranstaltern zusammenarbeitet. Es können auch komplette Rundreisen für Selbstfahrer (inkl. Fahrzeug) im Voraus arrangiert werden. Ausflüge, Rundreisen, Mietwagen etc.

Erlebnis Tours Maroc, Bd. du 20 Août, Complexe Tivoli N°2, Mobil 0661 16 63 17/19, www.erlebnis-tours-maroc.com. Britisch-marokkanisches Reiseunternehmen mit breitem Ausflugsangebot, vgl. auch „Stadtführungen/Ausflugsfahrten" *(Hassan Moukhsil)*.

Maroc Horizon Aventure, 3, Av. Khalid Ibn El Walid, Tel. 0528 21 34 26, www.trekking-au-maroc.com. Die Agentur von drei Bergführern ist spezialisiert auf Trekking-, Wüsten- und Ökotourismus.

Sahara Tours International, Bd. du 20 Août, ggü. Hotel Agador (27–29 Complexe Agador), Tel. 0528 84 04 21, 84 06 11, www.saharatoursinternational.com. Breites Ausflugsprogramm ab Agadir.

Swift Travel, 30, Av. Mohamed V., Fondation Hassan II., Complexe Transatlantique, Tel. 0528 84 22 40, www.swift-travel.com. Deutschsprachige Agentur mit breitem Ausflugsprogramm und Autovermietung.

TigerTrip Marokko, Bloc E, N°11, Hay Massira, Mobil 0652 91 57 01, www.tigertrip.cc. Der Österreicher *Hannes Zeller* organisiert Wüstentouren mit 4x4 und KTM Enduros (z.B. eintägige Offroad-Tour entlang der Küste südlich von Agadir inkl. KTM und Ausrüstung). Seine Partnerin *Marion Bachinger* ist Yogalehrerin und veranstaltet mit ihrer Agentur **Yogitrip** (www.yogitrip.com) Yogarundreisen in Marokko.

Trek Morocco Desert, Mobil 0613 40 54 39, www.trek-morocco-desert.co.uk. *Nourddine* spricht deutsch und bietet u.a. Zwei- bis Fünftagestouren ab Agadir in die Wüste an, aber auch Tagesausflüge.

Univers Holidays (Group Destination Management), Bd. du 20 Août, im 1. Stock neben Hotel Tivoli, Tel. 0528 84 24 85, Morocco.AgadirTeamManager@thomascook.com. Deutschsprachige Vertretung von Thomas Cook und Neckermann. Großes Ausflugsangebot, auch Bootsfahrten, Quad-Ausflüge und Kamel-/Pferdereiten für Kinder.

Sport/Aktivitäten

Agadir eignet sich perfekt für sportlich Aktive – jedes bessere **Hotel** hat Aktivitäten wie Tennis, Golf, Surfen, Jet Ski, Segeln, Bootsausflüge u.v.m. im Programm.

Agadir ist nach Essaouira der wichtigste marokkanische **Surfer-Treffpunkt;** vor allem die Spots an der nördlichen Küste bei Taghazoute haben einen guten Ruf.

Wer lieber aufs Meer hinaus will, um zu fischen, kann einen Tagesausflug mit modernen Jachten buchen. **Segler** können in der Marina einen Katamaran chartern.

Flieger können im Aéro-Club d'Agadir in Inezgane ihrem Hobby nachgehen. **Gleitschirmflieger** starten von der Kasbah auf dem Hügel über Agadir oder an anderen schönen Plätzen an den südlichen Stränden.

Fahrräder zur Stadterkundung kann man sich bei vielen Hotels ausleihen.

Und das Angebot der **Clubhotels** lässt natürlich auch keine Langeweile aufkommen: Bogenschießen, Tischtennis, Mini-Golf, Beach-Volleyball – die Liste ist endlos.

Surfen

Viele bekannte Surfspots (Kite-, Body- und Windsurfen) befinden sich an der nördlichen Küste zwischen Taghazoute und Tamri (z.B. Killer Point, Anchor Point, Banana Beach, Devils Rock etc.). Der Strand von Imourane ist wesentlich schöner und sauberer als derjenige von Taghazoute und zahlreiche Surfer tummeln sich hier in den Wintermonaten. Die eher ruhige Bucht von Agadir eignet sich besonders für Anfänger bzw. Windsurfer. Die höchsten Wellen (bis 4,50 m) gibt es zwischen Oktober und Mai, die Monate Juni bis September eignen sich eher für Anfänger. Das Tourismusamt (vgl. „Information") informiert in der Broschüre „Agadir Lifestyle Watersports" über die Surfspots. Infos auch unter www.quick-surf-maroc.com. Neben den unten genannten Stellen bieten auch zahlreiche Hotels Leihgeräte sowie Kurse an.

Cap Morocco Surf, Baie des Palmiers, angeschlossen an das Sofitel Royal Bay Resort, Mobil 0662 08 16 56, www.capmoroccosurf.com. Surfkurse für Kinder und Erwachsene.

Aloha Surf Camp, in Tamrakht, Mobil 0661 15 23 36, www.surfcampmaroc.com. Pauschalangebote für Surfer mit Kursen inkl. Unterkunft und Ausrüstung. Man kann das Equipment aber auch tageweise mieten.

Adventurekeys, in Taghazoute, Tel. 0528 20 05 17, Mobil 0666 66 98 91, www.adventurekeys.com. Surfkurse inkl. Unterkunft und Materialverleih.

Imrouane Surf Island, Mobil 0660 40 27 53, www.imouranesurfisland.com. Surfschule und Shop am schönen Strand von Imrouane (nördlich von Agadir) beim Atlantica Camping.

■ Der **Almugar Surfshop** und viele weitere Läden im Surferzentrum Taghazoute bieten Ausrüstung und Surfkurse an.

■ **Surf House Morocco,** in Tamrakht, Tel. 0034 639 97 01 37 (Buchungen laufen über Spanien), www.surfcamp-maroc.com. Der spanische Betreiber *Juan Castro* bietet Komplettpakete für Surfer an: Kurse für Anfänger und Könner, Unterkunft in einer Beachvilla, Transfer vom/zum Flughafen Agadir.

Jachtcharter, Segeln, Fischen

In der Marina Agadir (Port de Plaisance) gibt es 320 Plätze für **Jachten.** Hier können auch Boote/Katamarane gemietet werden, und es steht jegliche sonstige Infrastruktur zur Verfügung. Infos zu Jachtcharter und Segelkursen beim Jachtclub Agadir, Tel. 0528 82 41 98, 82 86 86, www.portmarinaagadir.com.

In den großen **Hotels** können Segeltörns verschiedener Veranstalter gebucht werden.

In der **Marina** werben verschiedene Anbieter für Bootsausflüge zum Fischen, Baden und Relaxen (2 Stunden bis 1 Tag inkl. Mittagessen). Must Cat bietet zum Beispiel Ausflüge auf einem modernen Katamaran an, Mobil 0671 20 64 20.

Jet Ski, Quad

■ **Agadiradventure,** am Strand von Imrouane (14 km nördlich von Agadir), beim Atlantica Camping Imrouane, Tel. 0540 02 25 61, www.agadiradventure.com. Die deutschsprachige Agentur bietet Quadfahrstunden (auch für Kinder) und geführte Touren.

■ Der **Jet Ski Club Agadir** verleiht Jet Ski und bietet Kurse an, Mobil 0661 63 75 21, Tel. 0528 23 32 72.

■ Ausflüge mit Boot, Jet Ski, Kayak und Quad stehen bei **Amine Jet** auf dem Programm: Base Nautique am Strand ggü. Sofitel Hotel, Mobil 0661 21 74 31, www.aminejet.com.

TWIKE

Das TWIKE ist ein zweisitziges Elektrofahrzeug mit einer max. Geschwindigkeit von 85 km/h und einer max. Reichweite von 500 km. Zusätzlich ist es mit Pedalen ausgerüstet, also eine Art **Mischung aus E-Bike und Motorrad.** Mit dem TWIKE lässt sich emissions- und lärmfrei die Umgebung erkunden – wegen der großen Scheiben und dem offenen Dach kommt Cabrio-Feeling auf. In Agadir stehen drei TWIKES zur Verfügung (Pkw-Führerschein erforderlich). Die Freiburgerin *Silvia Brutschin* trainiert mit Ihnen das Pilotieren: **TWIKE Maroc,** Mobil 0603 75 16 38, www.twikemaroc.de, www.maroc.twike.com, Treffpunkt am Parkplatz des Robinson Club.

■ **2 Std. Pilotentraining** (inkl. Pilotenschein): Mit Pilotenschein kann man auch bei anderen T2Fly-Partnern in Deutschland ein TWIKE ausleihen. 25 Euro/Pers.

■ **Halbtagesausflüge** (als Fahrer mit Pilotenschein oder als Co-Pilot) in die nahe Umgebung von Agadir (z.B. Paradise Valley, Immouzzer, Strandtour, Massa-Nationalpark): 25 Euro/Pers.

■ **Tagesausflüge,** z.B. nach Tiznit, Taroudannt: 50 Euro/Pers.

■ **Mehrtagesausflüge,** z.B. nach Tarfaya, Dakhla, Essaouira, mit Unterkunft in ökologisch arbeitenden Hotels.

Tennis

■ Beim **Royal Tennis Club d'Agadir** (Av. Hassan II., Tel. 0528 84 77 54, www.rtcaagadir.com) stehen sieben Courts zur Verfügung. Außerdem haben fast alle großen Hotels und Clubs eigene Tennisplätze.

■ **Atlantic Tennis,** Bd. du 20 Août nahe Königspalast, www.tennis-agadir.com. Fünf Plätze.

Golfen

Golfer buchen ihren Golfurlaub am günstigsten direkt pauschal beim Veranstalter.

In Agadir stehen **vier Golfplätze** zur Verfügung. Die Greenfee beträgt für neun Löcher etwa 40 Euro, für 18 Löcher fallen etwa 60 Euro an. Gäste des Hotels Tikida Beach erhalten am Golf du Soleil Sonderkonditionen, Gäste des Club Med am Golf des Dunes.

■ Der **Golf des Dunes** liegt rechter Hand der Straße in Richtung Ben Sergao (beschildert, Tel. 0528 83 46 48). Auf dem 80 ha großen Platz mit drei Parcours à 9 Löchern, Eukalyptusbäumen, Palmen und Wasserlöchern spielen vor allem Club-Med-Urlauber (Pendelbusse von dort). Auch Kursangebot.

■ Der sehr schöne 36-Loch-Platz **Golf du Soleil** gehört zum Tikida Beach Hotel (Tel. 0528 33 73 29, www.golfdusoleil.com) und liegt ebenfalls in Ben Sergao in der Nähe des Golf des Dunes. Es verkehrt ein kostenloser Shuttleservice zum Club Valtur bzw. Tikida Beach, auch für andere Hotelgäste. Auch mehrtägige Kurse möglich (Golfakademie).

■ Der 18-Loch-Platz **Royal Golf** mit Zypressen, Palmen und Eukalyptus ist einer der ältesten Marokkos (1955) und liegt 12 km südlich von Agadir Richtung Aït Melloul (Tel. 0528 24 85 51).

■ Der 27-Loch-Platz **Golf de l'Océan** (Tel. 0528 27 35 42, www.golfdelocean.com) liegt zwischen Königspalast und Golf des Dunes (Richtung Ben Sergao). Modernes Clubhouse mit Restaurant. Kostenloser Shuttle-Bus vom Hotel Atlantic Palace.

Reiten

Reiten oder nur mal auf dem Pferd bzw. Kamel rumhoppeln ist am Strand von Agadir möglich. Auch im Ausflugsprogramm der großen Hotels sind Kamel-/Pferdeausritte enthalten (siehe Aushänge in den Hotels). Zwei Stunden kosten etwa 250 DH. Auch vor La Medina d'Agadir in Ben Sergao (vgl. „Sehenswertes") warten Kameltreiber mit ihren Tieren auf Kundschaft.

■ In Ben Sergao an der Route Richtung Inezgane, ca. 6 km von Agadir (gegenüber der Kaserne), liegt der **Royal Club Equestre d'Agadir,** Tel. 0528 33 30 93. Eine Reitstunde kostet etwa 150 DH.

Hammam, Massage

Ein Besuch im Hammam (traditionelles orientalisches Dampfbad) mit Massage gehört zum Pflichtprogramm eines Marokkourlaubs und ist herrlich erholsam. Inzwischen haben **fast alle größeren Hotels und Clubs** ein eigenes Hammam, wenn nicht sogar ein komplettes Wellnesszentrum (SPA).

Wesentlich günstiger (ca. 10 DH) sind die **Hammams der Einheimischen.** Hier gibt es nach Geschlechtern getrennte Bereiche oder Besuchszeiten. Zu jedem Quartier gehört ein Hammam – das Badeerlebnis dort ist natürlich wesentlich authentischer als in der Hotelanlage, wenn auch nichts für Berührungsängstliche.

Feste/Veranstaltungen

■ **Semaine commerciale,** Handelswoche im Nov.

■ **Touristen- und Kulturwoche,** im Dezember.

■ **Kunsthandwerkswoche,** im Dezember.

■ **Festival du théâtre amazigh (Berbertheater),** im Juni.

■ **Kino-Festival,** im Dezember.

■ **Timitar Festival,** vier Tage im Juni, Konzerte afrikanischer Gruppen mit Schwerpunkt auf der Musik der Berber, www.festivaltimitar.ma.

■ **Concert pour la Tolérance,** an einem Tag im Oktober oder November wird der Strand zu einer Freiluftbühne: Internationale Musiker werben mit ihren Konzerten für Toleranz und Menschenrechte (www.m6.fr).

■ **Moussem Sidi Bousta,** Ende Mai.

■ **Moussem Sidi Boushab,** im gleichnamigen Ort bei Inezgane, 1. Juniwoche.

■ **Moussem M'Hamed ben Amer,** in Aïn Nakhla bei Inezgane, 2. Junihälfte.

■ **Moussem Sidi Abderrahmane,** in Aït Youssef bei Inezgane, Ende Juli.

■ **Moussem Sidi Lhaj M'Barek,** in Inezgane, im Aug.

■ **Moussem Tikki,** im Suq Jemaa Tikki, bei Inezgane, Mitte September.

■ **Moussem Lallal Aicha,** Abdellah in Immouzzer Cercle Inezgane, September.

■ **Manifestations Religieuses des Pecheurs,** in Agadir, im Oktober.

■ **Moussem Sidi M'Hamed ou Amer,** in Zaouit Assif, bei Inezgane, 1. Oktoberwoche.

■ **Moussem Sidi Yakoub,** im Douar Aferni bei Inezgane, im Dezember.

■ **Moussem Immi Ouassif,** im gleichnamigen Dorf bei Inezgane, Dezember.

Ausflüge

Alle oben genannten Reisebüros bieten Ausflugsprogramme von ein bis mehreren Tagen Dauer an. Auch mit Grands Taxis (Tagesmiete) sind individuelle Ausflüge möglich (vgl. oben „Taxis").

Beliebte Ausflugsziele, die viele Reisebüros anbieten, sind **Tiout** (Palmenoase) und **Taroudannt** (schöne Altstadt, ca. 40 Euro/Pers.). Auch **Tafraoute, Marrakesch** und **Essaouira** (40–70 Euro/Pers.) werden jeweils als Tagesausflug angeboten – wegen der Fahrtdauer von mehreren Stunden lohnen sich diese Ausflüge jedoch nicht; für diese Städte sollte man sich besser mehrere Tage Zeit nehmen. Lohnende Ausflugsziele für einen Tag sind der **Massa-Nationalpark** und das **Paradise Valley** (s.u.).

Die **Küste nördlich von Agadir** zwischen Tamrakht, Taghazoute und Tamri hat schöne Sandstrände mit ruhigen Buchten zu bieten.

Die Gegend um **Taghazoute** ist zudem ein Surferparadies.

Ein empfehlenswerter Ausflug führt von Agadir über etwa 60 km zu den **Wasserfällen von Immouzzer** (vgl. das nächste Kapitel).

Wer einen Einblick in die Landwirtschaft im Sous-Tal bekommen möchte und etwas Ruhe auf dem Land sucht, sollte die **Farm Domaine Villate Limoune** (in Ouled Teima, 40 km in Richtung Taroudannt) ansteuern: Auf der 400 Hektar großen Plantage werden Bananen, Paprika, Zitrusfrüchte, Oliven und allerlei anderes Gemüse biologisch angebaut. Es gibt einen Swimmingpool, einen Mini-Golfplatz, Tennisplätze und Pferde für Ausritte. *Hassan Aferiad* (siehe bei Agadir „Stadtführungen") organisiert Ausflüge dorthin, seine Frau *Cecile Hugon-Aferiad* (Mobil 0661 33 08 43, 0664 58 67 82) managt die Farm.

Individuelle Ausflüge

Grundsätzlich ist es **viel angenehmer,** sich ein Auto zu mieten und den Tag nach Belieben einzuteilen, als mit zig Touristen in einem Bus zu sitzen. Alle genannten Ausflüge lassen sich problemlos individuell durchführen, alle Ziele sind auch mit öffentlichen Verkehrsmitteln erreichbar. Wer Wartezeiten oder volle Busse scheut, sollte sich einen Mietwagen nehmen. Nachfolgend einige Vorschläge für individuell geplante Tages- und Mehrtagesausflüge.

Tagesausflüge

- Taghazoute – Tamri – Immouzzer
- Tiznit
- Sous-Massa-Nationalpark mit Massatal
- Taroudannt und Tiout
- Speicherburg Id Aissa, Amtoudi
- Speicherburg Tizourgane

Zwei- bis Dreitagestouren

- Essaouira (notfalls auch an einem Tag)
- Tafraoute (mit Agadir Tasguent 3 Tage)
- Marrakesch
- Tata – Akka (3 Tage)

Krokodilpark

Die neueste, besonders für Kinder interessante Attraktion in der Umgebung Agadirs ist ein Krokodilpark etwa **16 km außerhalb der Stadt** an der N 8 Richtung Marrakesch (Commune de Drarga, Tel. 0528 29 79 31, www.crocoparc.com, Eintritt Erw. 70 DH, Kinder 40 DH, im Winter 10–19 Uhr, im Sommer 10–23 Uhr geöffnet). Auf dem großen Gartengelände kann man viel über die Reptilien erfahren und sie beobachten. Im Drâa-Tal lebten angeblich bis Anfang des 20. Jahrhunderts noch Nilkrokodile, bevor sie in Marokko ausgerottet wurden. Es gibt ein Restaurant und zwei Spielplätze. Das Gelände ist behindertengerecht gestaltet.

Von Agadir nach Immouzzer

- **61 km**
- Die Anfahrt zum nordöstlich von Agadir gelegenen Ort Immouzzer des Ida Outanane führt durch das hübsche **Paradise Valley** (s.u.) und reizvolle Berggegend. Endpunkt sind die Wasserfälle beim Ort Immouzzer, der durch das **Honigfest,** das im Mai zur Honigernte gefeiert wird, Bekanntheit erlangte. Die Wasserfälle waren in den letzten Jahren regelmäßig ausgetrocknet. Dieser Ausflug ist bequem an einem Tag (evtl. mit Wanderung) machbar. Nach heftigen Unwettern war die Straße in der Vergangenheit oft stark beschädigt und unterspült.
- **Nach Tamrakht** verkehren die **Stadtbusse Nr. 12, 13, 60 und 61,** von dort fährt man mit dem Taxi weiter. Grands Taxis nach Immouzzer starten in Aourir nahe des Kreisverkehrs.

Von Agadir geht es nach Norden am Hafen vorbei in Richtung Essaouira und Taghazoute. Nach 6 km durchfährt man den stetig wachsenden Ort **Anza** mit vielen neuen Wohnquartieren und Industrieanlagen, der im Norden durch ein riesiges Palastareal eines saudischen Prinzen begrenzt wird.

12 km hinter Agadir ist **Aourir** erreicht. Hier **zweigt rechts** (beschildert) die Straße nach Immouzer des Ida Outanane ab. Viele Geschäfte und eine Werkstatt für Reparatur und Bemalung von Wohnmobilen („reparature, peinture") folgen. An der nächsten Kreuzung geht es rechts (Schild „Route de Miel" und „Immouzzer" bzw. „Camping Aourir"). Links geht es nach **Imimiki,** von wo man eine schöne **Wanderung** am Oued Tamrakht unternehmen kann (Stadtbus Nr. 31 fährt von Agadir nach Imimiki). Blaue Kastenwagen-Kleintransporter bedienen die Strecke nach Immouzzer als Sammeltaxi ab Aourir.

Die schmale, ausgefranste Teerstraße führt erst durch Neubauviertel und danach durch karge Hügellandschaft mit Arganienbäumen entlang des **Oued Tamrakht.** 5 km von Aourir entfernt liegt linker Hand der Straße der sehr schöne **Camping Aourir (N 30°29,691', W 09°37,384',** siehe bei Agadir). Auch Nicht-Campinggäste können gegen eine kleine Gebühr den Pool nutzen.

Hinter Aourir fallen immer wieder die vielen Bienenkästen auf – im ganzen Tal wird leckerer **Honig** (u.a. Thymian- und Lavendelhonig) produziert.

Vom Abzweig in Aourir sind es 10 km **(Gesamt-km 22)** bis zum kleinen Dorf **Alma** (Oulma). In einer **Herboristerie** mit kleinem botanischen Garten gibt es Kräuter, Naturmedizin und Arganienöl zu kaufen. Leser empfahlen *Lahoucine* (Mobil 0677 71 23 20), der zu Fuß zu einem Fossiliensteinbruch führt, an dem man selbst Steine klopfen kann (Hammer wird gestellt, gute Ausbeute).

Nach 1 km zweigt eine Straße übers Inland rechts nach Agadir ab (16 km). 3 km hinter Alma bieten Steinhändler Fossilien und Mineralien, Töpfer ihre handgefertigte Keramik an. Nun geht es durch bewaldete Gegend, erst mit Arganienbäumen und mit zunehmender Höhe auch mit Wacholder, Thujen und mediterraner Strauchmacchia. 7 km hinter Alma (Gesamt-km 29) führt rechts ein Abzweig zur „Gîte rural Ecolodge". 8 km hinter Alma **(Gesamt-km 30)** erreicht man das kleine Dorf **Tamzargout** (zwei kleine Läden) und überquert dann den **malerischen Oued Tamrakht** auf einer Brücke. In dieser reizvollen Landschaft sind auch Bananenanpflanzungen angelegt. Danach schlängelt sich die schmale Straße durch eine schöne Schlucht mit vielen Wassergumpen und Stromschnellen, die von großen Felsen und Oleandern sowie Palmen gesäumt sind und führt wieder auf einer Brücke über den Fluss. In den 1970er Jahren wurde das Tal von den Hippies **„Paradise Valley"** genannt – durchaus treffend. Es folgt das Restaurant Chez Brahim mit Fischspezialitäten, danach wieder eine Brücke. Hier war die Straße Ende 2012 weggewaschen, 2014 aber bereits neu angelegt.

6 km nach Tamzargout **(Gesamt-km 36)** folgt das **Café de Paradis** (WoMo-Stellplatz an der Straße, Toilette). Omars Shop an der rechten Straßenseite bietet frisch gepressten Orangensaft.

Die Schlucht verbreitert sich, und die Straße führt nun bergauf, und man erreicht bei **Gesamt-km 37** einen **Wanderweg** *(Sentier Pédestre)* mit Schautafeln und Parkplatz. Auch 3 km weiter ist ein Wanderweg beschildert (Parkplatz). Von hier aus hat man einen weiten Blick hinunter ins Tal.

30 km vom Abzweig bei Aourir **(Gesamt-km 42)** erreicht man das hübsche **Café-Restaurant Tanout** mit herrlichem Ausblick und die **Auberge Bab Immouzzer** mit Café und Restaurant und ebenfalls traumhafter Aussicht ins Tal.

Bei km 31 **(Gesamt-km 43)** liegen das Dorf **Tifrit** und das einfache **Hotel Tifrit**③ mit herrlicher Aussichtsterrasse, sehr gutem Essen und (nicht immer gereinigtem) Pool (Tel. 0528 21 67 08, Mobil 0661 65 42 31, www.hotel-tifrit.net, DZ mit HP). Gegenüber befindet sich das **Café-Restaurant La belle Vallée,** 1 km darauf folgt das **Café-Restaurant Panoramic** mit Honigverkauf.

3 km hinter Tifrit **(Gesamt-km 46),** beim Ort **Aksri** (Aqasri), findet man im **Riad de l'Olivier**③ (Tel. 0528 21 81 66, www.riadolivier.eb2a.com) mitten im Olivenhain eine ruhige Unterkunft mit herrlichem Ausblick von der Terrasse. Das französisch-marokkanische

Eigentümerpaar *Marc* und *Fairouz* kümmert sich sehr um das Wohl ihrer Gäste. Organisation von Wanderungen möglich, es gibt vier Zimmer mit Bad und einen Pool.

1 km weiter folgt der Ort **Tifaouine** auf einer Hochebene mit Feldern, Feigen- und Olivenbäumen. Nach 2 km geht ein Abzweig nach Aussrir, Tilguit. Hier liegt das **Restaurant Amadier** mit Honigverkauf. Weiter bergauf folgt **Timoulay** bei **km 39 (Gesamt-km 51)** in waldreicher Gegend mit Steineichen. 6 km hinter dem Ort ist eine Passhöhe erreicht und nach einem Kilometer kommt man an eine **Kreuzung:** rechts geht es zur **Grotte Wintoumeden** (der größten Höhle Marokkos, zugänglich nur für Wissenschaftler), links geht's weiter nach **Immouzzer (Gesamt-km 57, N 30°39,416', W 09°28,679').**

Auf dem Weg nach Essaouira kann man einen Abstecher ins „Paradise Valley" unternehmen

49 km hinter Aourir und **61 km von Agadir** ist das 1240 m hoch gelegene **Immouzzer des Ida Outanane** mit dem **Café Restaurant des Palmiers** am Ortsanfang erreicht. Unterkunft und Erholung in dieser ruhigen Umgebung finden Touristen im komfortablen **Hotel des Cascades**③ (Tel. 0528 21 88 08, www.cascades-hotel.com, saubere DZ mit HP) mit sehr guter Küche, schönem Garten und herrlichem Ausblick von der Terrasse. Eine Tennisanlage und ein Pool stehen zur Verfügung, Jagden und Ausflüge werden organisiert.

Im Zentrum zweigt links (rechts geht es weiter nach Arhbalou) die steil abfallende Straße zu den **Wasserfällen** ab, die man nach 4 km erreicht. Man parkt ca. 1 km vorher bei einem ausgewiesenen Parkplatz oder bei einem der Cafés und geht zu Fuß bzw. mit Führer zu den 400 m weiter oben rechts liegenden Wasserfällen, die in den letzten Jahren im Sommer meist trocken lagen. Nach der Führung zu den Wasserfällen wird ein Sprung vom Felsen in ein Wasserloch unterhalb der Fälle vorgeführt, den sich die „Kunstspringer"

ma16_050 ed

natürlich bezahlen lassen (wollen) – selbst nicht in Auftrag gegebene Vorführungen werden abkassiert … Die Möglichkeit, im Becken ein Bad zu nehmen, ist eher theoretischer Natur, vor allem als Frau wird man hier verhältnismäßig ungeniert angestarrt.

Von der Panoramaterrasse der **Auberge Amalou** (Mobil 0661 53 09 35, badra.badra@caramail.com) hat man einen schönen Ausblick auf die Wasserfälle. In der Auberge gibt es ein Restaurant sowie zehn gepflegte und sehr saubere Zimmer, z.T. mit Bad und TV (DZ mit HP③). Wer sich länger hier aufhalten will und Interesse an der Bevölkerung und deren Traditionen hat, kann sich an *Abdellah Abidar* wenden, dessen Frau im Restaurant frisches Brot für die Besucher bäckt. *Abdellah* führt auf Wunsch auch Wanderungen in die Umgebung durch. Nebenan liegt das ebenfalls sehr ordentliche **Café/Restaurant Le Miel.**

Wenn man an der Kreuzung in Immouzzer rechts weiterfährt, kann man auf einer geteerten Straße zur Route Marrakesch – Agadir (N 8) weiterfahren und den Ausflug als Rundfahrt planen. 29 km vor Amskroud mündet das Sträßchen bei **N 30°42,708', W 09°12,973'** in die Hauptroute ein.

Von Agadir nach Essaouira

- **172 km, N 1.**
- **Gute Asphaltstraße** durch hügelige Küstenlandschaft, bis Tamrakht vierspurig. Gute Busverbindung ab beiden Städten (siehe dort, Fahrzeit ca. 4 Std., mit Ausflugsbussen der Reiseveranstalter ca. 3 Std.). Zu den Stränden bei Taghazoute kann man mit den **ALSA-Stadtbussen** Nr. 32 stündlich von Agadir aus gelangen. Die Linie 33 geht bis Tamri.
- Bisher sind die **wunderschönen Strände** um und nördlich von Taghazoute noch relativ ruhig. Nur am Wochenende baden hier viele Marokkaner. Zwischen Dezember und März sind die Campingplätze mit Wohnmobilisten gefüllt, die hier überwintern. Der Strandabschnitt von Agadir bis Tamri wird immer mehr touristisch erschlossen – große Hotelprojekte sind seit Jahren geplant, bisher wurden aber nur kleine private Ferienanlagen realisiert.
- Essaouira ist als Ziel für einen **Tagesausflug** anstrengend, aber durchführbar. Um die unvergleichliche Atmosphäre Essaouiras kennenzulernen, ist aber ein zweitägiger Aufenthalt zu empfehlen.

Von Agadir fährt man auf der vierspurigen, von Palmen gesäumten Av. Mohamed V. am Hafen vorbei, durchquert den Industrieort Anza und erreicht nach 12 km den Ort **Aourir.** An der ersten Kreuzung biegt eine ausgeschilderte Straße ins „Paradise Valley" und nach Immouzzer ab. 5 km entfernt auf der Strecke nach Immouzzer liegt der schöne Campingplatz Aourir (vgl. bei Agadir). Kurz darauf folgt der große Ort **Tamrakht;** bis hierher ist die Straße vierspurig ausgebaut. Erfrischungen bieten mehrere nette Cafés bzw. Restaurants. Der Ort ist bekannt für seine schmackhaften Tajines – Agadirer Familien fahren am Wochenende hierher zum Essen. Es werden kleine, sehr leckere süße **Bananen** verkauft, die im Mündungsgebiet des Oued Tamrakht wachsen, daher wird der Ort auch „Banana Village" genannt. Markt ist am Mittwoch.

Unterkunft bietet der sehr schöne **Riad Dar Haven**④ (Hay Aït Soual, Tel. 0528 31 54 34, www.riad-dar-haven.com) im modern-stylishen Orientstil – sehr komfortable Zimmer mit Flat-TV, DVD-Player und mit toller Dachterrasse inkl. Meerblick, etwas versteckt im Gassengewirr nahe des Strandes. Eine weitere Übernachtungsmöglichkeit besteht in der hübschen **Auberge Littoral**② (Tel. 0528 31 47 26, www.hotellittoral.com, Restaurant mit Alkoholausschank, DZ mit Bad und Frühstück, mit Bad, sehr sauber und freundlich). Oberhalb der Brücke über das Oued Tamrakht kann man in der empfehlenswerten **Villa Solaria** von *Margrit* (Schweizerin) und *Mohamed Addi* übernachten (Tel. 0528 31 47 68, Mobil 0661 40 19 75, www.villa-solaria.com). Es gibt komfortable DZ (②), eine Ferienwohnung und Studios mit Meeresblick, Küche und Salon (③), kostenloses Internet sowie eine

ma16_051 ed

sehr schöne Dachterrasse. Zum Essen geht man in eines der Restaurants im Ort. Zum Strand sind es 15 Minuten zu Fuß.

Kurz hinter Tamrakht liegt am Strand linker Hand der Straße der sehr große und gepflegte **Campingplatz Atlantica Imourane** (s. Campingplätze bei Agadir, **N 30°30,660', W 009°40,883'**). Vor dem Campingplatz führt ein Feldweg direkt auf einen im Atlantik liegenden Felsen zu, der auch **Teufelsfelsen** genannt wird. Unbeschadet kann dieser aber nur bei Ebbe erreicht werden. Man spürt hier die Kraft des Atlantiks, denn riesige Brecher branden an die Felsen, und aus vielen kleinen Kratern spritzt das Wasser fontänengleich heraus. Alljährlich im Oktober findet hier die zweitägige **Fête Imouran** statt. Junge Mädchen versammeln sich in traditioneller Berbertracht, setzen sich bei Ebbe rund um den Felsen auf die Steine und warten bis das Wasser kommt und sie nass spritzt. Das ist ein Zeichen für eine baldige Hochzeit. Da auch viele junge Männer dem Fest beiwohnen, ist eine nachhaltige Begegnung nicht auszuschließen.

Unterhalb des Campingplatzes liegt ein wunderschöner langer, und im Gegensatz zu Taghazoute, **sauberer Sandstrand Imourane Plage.** Wegen der guten Bedingungen für Surfer finden Wassersportler hier auch die entsprechende Infrastruktur mit Ausrüstungsverleih vor. In der Nachbarschaft des Campingplatzes gibt es alle notwendigen Versorgungsmöglichkeiten (Läden, Restaurants, Autowaschanlage etc.).

Etwa 4 km hinter Tamrakht folgt noch ein kurzer freier Strandabschnitt mit Wildcampingmöglichkeit.

22 km nördlich von Agadir liegt der bei jungen Aussteigern, aber auch bei Surfern beliebte Ort **Taghazoute,** der bereits in der Hippiezeit unter Kiffern und Bob-Marley-Anhängern angesagt war. Allerdings ist die Umgebung total vermüllt. Am Strandabschnitt vor **Taghazoute Plage,** wo die Zufahrtsstraße endet, gibt es einen Parkplatz mit Cafés.

In der Ortsmitte von Taghazoute

Taghazoute

Trotz der (nur teilweise umgesetzten) touristischen Erschließung der Region, hat sich in diesem etwas gammeligen Fischerdorf nicht viel geändert. Bislang treffen sich hier vor allem Alternative und Surfer, die Zimmer in Privathäusern (B&Bs) oder Ferienwohnungen mieten. Anziehungspunkt sind die schönen Strände und bekannten Surfspots der Umgebung. Am Parkplatz beim **Almuyar-Surfshop** und **Café La Paix** rechts neben der Hauptstraße weht dem Besucher jedoch der Gestank des Abfalls entgegen, der im Fluss entsorgt wird. Dazu kommen unangenehme **Schlepper,** die recht aufdringlich Quartiere, Kiff u.a. anbieten. Der alte Ortskern mit engen Gassen, die hinunter zum **kleinen Fischerhafen** und der gemütlichen Herberge **L'Auberge** (s.u.) führen, liegt links der Durchgangsstraße. Die Kulisse am Strand mit den Fischerbooten und rosafarbenen Häusern oberhalb ist zwar malerisch, aber auch hier sammelt sich leider viel Müll an.

Neben diversen **Geschäften** und einer Apotheke gibt es mehrere Reparaturwerkstätten für Surfbretter und einen Waschsalon. Entlang der Hauptstraße reihen sich einige **Restaurants** unterschiedlicher Qualität, am Ortsende bietet ein Tex-Mex-Restaurant etwas Abwechslung zu Fast Food und marokkanischer Küche. ALSA-Stadtbusse fahren regelmäßig nach Agadir.

Unterkunft

Bei einer strandnahen Übernachtung ist zu bedenken, dass die Fischer um 4 Uhr morgens ihre Boote starten und die Zweitakt-Motoren ganz sicher jeden Toten aufwecken. Bis alle Boote ausgelaufen sind, dauert es mindestens 30 Minuten …

■ **La Source**②, am Ortsende links, Mobil 0661 26 07 21, www.taghazoutsource.com. Komfortable Apartments ein wenig abseits des Trubels mit sehr schönem Ausblick. Kurz davor befindet sich eine Agentur für Miethäuser, Apartments und Zimmer.

■ **L'Auberge**①-②, direkt am Fischerhafen, Tel. 0528 20 02 72, www.surfmaroc.co.uk. Gemütlicher Traveller-/Surfertreffpunkt unter britischer Führung mit 13 Zimmern (2 DZ mit eigenem Bad, sonst saubere Duschen/WC auf dem Gang), mit Restaurant und Terrasse. Sportaktivitäten und Autovermietung über Surf Maroc, s.u.

■ **Taghazoute Villa B&B**②, am Hash Point (nicht direkt im Ort), Tel. 0528 20 03 68, www.surfmaroc. co.uk. Unter derselben Führung wie L'Auberge, große Villa mit schönem Interieur, Terrasse mit Ausblick auf die Anchor Beach, neun Doppel-/Dreier- und Viererzimmer (Gemeinschaftsdusche/WC), WLAN, Surf- und Yogaangebot.

■ **Villa Mandala**②, an der Banana Beach, Tel. 0528 31 47 73, www.surfmaroc.co.uk. Komfortabler als die vorigen Unterkünfte mit großer Terrasse (Meerblick), Pool und Yogaraum. Gemütliches Wohnzimmer mit WLAN, TV, DVD-Player, Büchern, Spielen etc., Hammam im Haus, neun großzügige Zimmer (davon sieben mit Bad).

Surfen

Die beste Zeit zum Surfen ist von Oktober bis April, die besten Wellen gibt es von Dezember bis Februar. Für die Zeit um Weihnachten, Ostern und Neujahr sollte man die Unterkunft rechtzeitig reservieren.

■ Die britische Agentur **Surf Maroc** (Mobil 0675 46 06 37, www.surfmaroc.co.uk) erfüllt alle Surferwünsche: Unterkunft (s.o.), Surfkurse, Ausrüstungsverleih, Reparaturservice, Transport zu den Surfspots, Autovermietung etc. Am besten online im Paket buchen.

■ **Endosurf** (www.endosurf.com) ist in deutscher Hand und bietet zwischen August und Mitte Mai Urlaubspakete für Surfer an (inkl. Unterkunft in einem gemütlichen Landhaus bei Taghazoute, Ausrüstung, Transport zu den Surfspots etc.).

Weiterfahrt nach Essaouira

Nördlich von Taghazoute reihen sich zahlreiche schöne **Strände** aneinander (u.a. Paradis Plage, Miami Beach und Surfer's Point).

4 km hinter Taghazoute liegt etwas erhöht rechts der Straße der **Campingplatz Terre d'Océan** (Mobil 0675 58 54 07, Tel. 0528 20 05 15, www.terredocean.com, N 30°33,730', W

09°44,420', freundliche französische Besitzerin) in sehr schöner Lage mit Traumblick über das Meer. Zu Fuß sind es von hier etwa 15 Minuten nach unten zum Strand. Es gibt ordentliche sanitäre Anlagen, einen Pool, einen Laden, ein Restaurant, WLAN, Abwasserentsorgung für Wohnmobile, aber leider wenig Schatten (die angepflanzten Bäumchen müssen erst noch wachsen). Man kann auch in eingerichteten Berberzelten, kleinen Bungalows oder einem Gästehaus③ (für 4 Pers.) übernachten. Camping ca. 85 DH für 2 Pers. mit Fahrzeug, 20 DH Strom. Ermäßigung bei längeren Aufenthalten.

30 km nördlich von Agadir erstreckt sich über mehrere Kilometer eine lange Bucht mit schönen, sauberen Sandstränden (Restaurant, Jet-Ski, Quadverleih). Bei **km 32** sind der Ort **Immi Oudar** (Immouader) sowie **Paradis Plage** erreicht. Rechts der Hauptstraße befindet sich das **Restaurant Atlantica Parc** und der riesengroße, viel gelobte **Camping Atlantica Parc** (Tel. 0528 82 08 05, www. atlanticaparc.com, nicht unmittelbar am Strand). Dieser Platz mit europäischem Standard ist sicherlich einer der besten und saubersten des Landes, allerdings in den Wintermonaten von Dutzenden europäischer Wohnmobilisten besetzt. Die modernen Einrichtungen wie der saubere Sanitärblock mit Waschmaschine und heißen Duschen, der schöne Pool mit Liegen, das Restaurant, das Internetcafé und der Laden mit täglich frischem Brot lassen kaum Wünsche offen. Leider sind die Bäume an den parzellierten Stellplätzen noch klein und spenden wenig Schatten. Langzeitcamper können auch Chalets, Bungalows, Wohnzelte und Caravans mieten. Gebühr 110 DH/Tag für 2 Pers. inkl. warmer Dusche und Strom, ab dem vierten Tag günstiger.

Surfer und Yoga-Liebhaber können im sehr komfortablen **Paradis Plage Surf Yoga & SPA Resort** (Tel. 0528 20 03 82, www.paradisplage.com) einen entspannten Urlaub am Meer verbringen: große, modern eingerichtete Suiten (rund 50 m²) mit Balkon, TV, DVD-Player, WLAN, Klimaanlage und Küche, auch größere (70 m²) Suiten und Bungalows für bis zu 6 Personen. Es gibt vier Restaurants, einen Pool, eine Surfschule mit Rip-Curl-Leihausrüstung, ein SPA und Yogastunden am Meer.

Nach 1 km folgt der sehr schön gelegene Ort **Aghroud** mit einer herrlichen **Sandbucht.** Auch hier und die nächsten 10 km entstehen immer mehr Ferienapartments und Villen mit Meerblick. In kleinen Läden und Cafés kann man sich versorgen, die Résidence Dana vermietet Apartments.

Etwa 10 km hinter Aghroud wird es ruhiger, die Straße führt kurvig die karstige, von Höhlen durchzogene Felsküste entlang, die gelegentlich von sehr schönen Sandbuchten unterbrochen wird. Das hügelige Hinterland wirkt wüstenhaft, nur Euphorbien und Dornensträucher wachsen.

48 km nördlich von Agadir liegt das **Cap Rhir** mit Leuchtturm und einigen Häusern. Den Leuchtturm kann man gegen Trinkgeld an den Wärter (verhandeln!) besichtigen. Eine Piste führt kurz darauf zu einem großen Parkplatz für Fischer und **Standplatz für Wohnmobile** an der Felsküste.

10 km weiter gelangt man zur **Plage Imi Ouassif,** einer tollen Bucht mit Sandstrand und ein beliebter Surfspot. Eine Piste führt links ab (verwittertes Schild) zu einem Standplatz an der Mündung des **Oued Aït-Ameur.**

Die Hauptstraße führt landeinwärts, und nach weiteren 4 km, bei **Gesamt-km 60,** ist **Tamri** erreicht. In dem kleinen Fischerort ist am **Montag Markttag.** Das Gebiet war bereits in der Steinzeit bewohnt, man fand in den Höhlen von Ifrane Oughoua zahlreiche Steinwerkzeuge. Im Mündungsgebiet des **Oued Aït-Ameur** und an dessen Ufer gedeihen **Bananen,** die zwar klein sind, aber umso besser schmecken, deshalb wird das Tal auch **„Banana Valley"** genannt.

2 km hinter Tamri oberhalb das Ortes liegt das kleine **Hotel Imazighine.** Ab hier verläuft die Strecke wieder in ca. 500 m Entfernung von der Küste.

9 km hinter Tamri ziehen sich große Sanddünen bis zum Meer und man sieht immer wieder Kamelherden. Hier gibt es **einsame Sandbuchten** die man zu Fuß erkunden kann

und traumhafte Ausblicke aufs Meer, denn die Straße schlängelt sich bergauf und führt dann oberhalb der Küste weiter.

Ab **km 72** entfernt sich die Straße vom Meer und führt durch das hügelige karge Hinterland mit Arganienbäumen.

Nachdem man mehrere Siedlungen passiert hat, zweigt rechts (ca. bei km 85) eine Straße zur Barrage Sidi Moulay Abdallah (Stausee) ab. Kurz darauf quert man das **Oued Tamkouirint** auf einer Furt. Hier kann man sein Auto parken und das Oued hinunterlaufen. Nach etwa 10 Min. erreicht man die **Gouffre d'Agadir Imoucha,** wo das Flüsschen früher aus einer Schlucht über mehrere Terrassen in Kaskaden nach unten zur Mündung fiel; jetzt liegt sie wegen des Stausees trocken. Am Ende der Schlucht folgt das Dorf Tildi.

Bei **km 89** zweigt links ein Teersträßchen nach **Immesouane Plage** ab.

Abstecher nach Immesouane Plage

5 km nach Verlassen der Hauptstraße erreicht man Immesouane Plage. An der Kreuzung am Ortseingang geht es geradeaus durch eine hässliche Neubausiedlung; unterhalb liegt der alte Ortskern mit einer schönen kleinen Sandbucht. Der Strand ist ein **beliebtes Surferziel,** es gibt Surfshops, Läden und einfache Fischrestaurants. Der kleine Fischerhafen voller blauer Boote und mit Leuchtturm ist recht malerisch. In der Markthalle finden frühmorgens Fischauktionen statt.

Die Surfschule **Planet Surf Morocco** bietet Kurse und Leihausrüstung an (Tel. 0528 21 87 83, Mobil 0673 70 67 78, www.planetsurfmorocco.com). Unterkunft für Ferien abseits des Touristentrubels bietet die saubere und stilvoll eingerichtete **Auberge Kahina**① (Tel. 0528 21 87 84, www.kahinasurfschool.com) mit Terrassenrestaurant.

Biegt man an der Kreuzung am Ortseingang rechts ab, erreicht man nach ca. 400 m die **Auberge Tasra** (Tel. 0528 21 68 79, Mobil 0608 99 31 57, www.tasra.info). Die hübsche Herberge mit Restaurant im Innenhof (Alkoholausschank) liegt zwar nicht direkt am Strand, ist aber dennoch ideal für Surfer. Die einfachen Zimmer sind in zwei Trakten um den Hofgarten untergebracht, die neueren Zimmer haben ein Bad (nur durch Duschvorhang abgetrennt, DZ②), bei den älteren Zimmern befinden sich Dusche/WC auf dem Gang (DZ①). Traveller mit kleinem Geldbeutel können auch im Schlafsaal übernachten. Der Betreiber der Herberge lebt in Köln. Zur Surfsaison sollte man unbedingt reservieren.

Von der Auberge führt die kleine Teerstraße weiter entlang der Küste mit schönen Ausblicken aufs Meer.

7 km nach Immesouane Plage liegt **Immesouane** am Felshang oberhalb der Straße. Der größere Ort mit einer schönen gelb-blauen Moschee hat gepflegte Oliven- und Obstgärten, die durch Trockenmauern und Feigenkakteen abgetrennt sind.

Der terrassierte **Cathedral Point Camping** (www.cathedralpointmaroc.com) in schöner Lage mit Meerblick wird von einem Engländer betrieben. Es gibt Strom, eine Entsorgungsstation für Wohnmobile sowie ein Café. Leider werden die sanitären Anlagen vernachlässigt. Die vielen angepflanzten Bäume spenden erst wenig Schatten. Übernachtung in einfachen Hütten und originell ausgebauten Fischerbooten möglich (①) – ideal für Surfer mit schmalem Geldbeutel: Camping 80 DH für 2 Pers. mit Wohnmobil, Strom 20 DH. Ein steiler Weg führt über die Felsen hinunter zum Strand.

Hinter Immesouane führt die Straße wieder ins Landesinnere und mündet bei km 18 (7 km hinter Immesouane) wieder in die Hauptstraße Richtung Tamanar (16 km).

Weiterfahrt nach Essaouira

Folgt man an der Kreuzung bei **km 89** weiter der Hauptstraße, hat man 7 km weiter noch einmal die Möglichkeit, Richtung Immesouane (Plage) abzubiegen. Hier mündet der obige

Abstecher 16 km vor Tamanar wieder in die Hauptroute.

Hübsche Dörfer liegen auf den mit Arganien bewachsenen rötlichen Steinhügeln verstreut. Entlang der weiteren Strecke bis Essaouira kann man bei Frauenkooperativen **Arganienölprodukte** direkt kaufen (ca. 150 DH für 250 ml Arganienöl), z.B. Seifen, Cremes und Amlou, die „Berbernutella", eine leckere Mischung aus Arganienöl, Mandeln und Honig. Die freundlichen Frauen der Kooperativen erklären und demonstrieren die aufwendigen Arbeitsschritte zur Produktion des Öls.

Bei **km 109** erreicht man den Ort **Tamanar,** das Zentrum der **Haha-Nomaden,** die vor allem für ihre Tänze bekannt sind. Es gibt eine Tankstelle, Geschäfte, Apotheke und einfache Straßenrestaurants. Für eine Mittagspause empfiehlt sich das **Café/Restaurant Argana** nach der Ortsausfahrt auf der linken Seite mit netter Terrasse und Souvenirshop.

12 km nach Tamanar führt rechts ein Abzweig zu einem weiteren Stausee. Hinter dem Dorf **Oued Tassaraset** (**124 km** von Agadir) wird es wieder gebirgiger, viele Thujen-, Wacholder-, Oliven- und Arganienbäume wachsen in der dünn besiedelten Gegend. Am Straßenrand wird Arganienöl verkauft.

128 km hinter Agadir (knappe 20 km nach Tamanar) geht es bei einem kleinen Dorf links nach **Tafedni** und zum **Cap Tafelney** (Beschilderung aus der Gegenrichtung: „Plage Tafedni"). Diese schmale Teerstraße schlängelt sich durch Pinien-, Wacholder- und Loorbeerwald, bis nach 13 km ein Abzweig links in den neuen Ort Tafedni (einige Lebensmittelläden) führt. Geradeaus geht es nach unten zu einer traumhaften Bucht, die sich südlich des Kaps erstreckt (insgesamt 14 km). Am Strand liegen mit verschiedenen Motiven bemalte Fischerboote, die nach dem Fang mit Hilfe von Pferden wieder an Land gezogen werden. Der schöne Sandstrand ist im Umkreis des Ortes verschmutzt, weiter weg aber sauber. Bei den Fischern kann man preiswert Fisch und Schalentiere kaufen. In mehreren Fischbuden bzw. kleinen Restaurants gibt es gegrillten Fisch (Leserempfehlung: Restaurant La Vague). Kurz vor dem Ende der Straße liegt rechts der Bucht am Hang ein neues Fischereizentrum in einer Halle, die hier wie ein Fremdkörper wirkt. **Mountainbiker** können von hier auf einem Weg durch den Pinienwald einen Großteil der Strecke in Richtung Norden abseits der Hauptstraße zurücklegen.

3 km nach dem Abzweig zum Cap Tafelney führt rechts eine Straße (beschildert) zum **Djabal Amsittene** (herrliche Aussicht). 1 km weiter verläuft eine Piste rechts in ein kleines Tal mit Bächlein zu einer Saline.

138 km nördlich von Agadir liegt **Smimou,** ein stark wachsender Ort mit Läden, Straßenrestaurants und Tankstellen. Markt ist am Sonntag.

2 km hinter Smimou führt ein Abzweig links zum **Turm Had-Smimou** (10 km) und zu sehr ursprünglichen Bauerndörfern. Die Häuser sind durch Natursteinmauern und Kakteen abgetrennt, die Hügellandschaft entlang der Küste ist sehr idyllisch und auch für Wanderungen oder Reitausflüge geeignet. Mit dem Auto kann man jedoch nicht entlang der Küste weiterfahren.

12 km hinter Smimou (**150 km** nördlich von Agadir) folgt der kleine Ort **Tidzi.** Es folgen mehrere Arganienölkooperativen entlang der Strecke. Bei **km 155** von Agadir bietet **Dar Ch'tis** (Mobil 0672 67 58 66, www.darchtis.com, 16 km von Essaouira kommend, Camping 60 DH für 2 Pers. mit Kfz) eine Übernachtungsmöglichkeit auf dem Campingplatz. Die Straße führt weiter durch eine flache Landschaft mit Arganienbäumen, die Strecke ist nun weniger abwechslungsreich.

Bei **km 163** zweigt links vor der Brücke eine Straße zu den fantastischen Dünenstränden von **Sidi Kaouki** ab. Geradeaus geht es nach Essaouira weiter.

Sidi Kaouki

7 km nach dem Abzweig von der Hauptstraße folgt eine Kreuzung bei einem großen Windpark. Rechts geht es zum **Cap Sim** (2 km, Dorf mit Marabut und einem einfachen Café/Res-

taurant). Geradeaus führt die kleine Teerstraße am hübschen Gästehaus Dar Tarnamou (Mobil 0661 964 77) vorbei und weiter nach Sidi Kaouki, das nach insgesamt 12 km erreicht ist. Am Parkplatz am Strand (mit Gendarmerieposten) warten Fischbuden auf hungrige Kundschaft.

Der kleine Ort mit einem **herrlichen langen Sandstrand,** kleinen Dünen und stetigem starken Wind ist stark touristisch geprägt. Der große **Marabut des Heiligen Sidi Kaouki** liegt direkt am Meer und wird vor allem von Frauen besucht, die auf Erfüllung ihres Kinderwunsches hoffen. Das Grab befindet sich neben dem eigentlichen Marabut.

Sidi Kaouki gilt neben Moulay Bouzerktoun (nördlich von Essaouira) als **eines der besten Kite- und Windsurfreviere Marokkos,** allerdings nur für geübte Surfer, da die Wellen ziemlich hoch sind. Am Strand kann man Sonnenschirme, -liegen und Quads mieten sowie Kamelritte unternehmen. Die einsame Küstenlandschaft nördlich und südlich von Sidi Kaouki prägen Arganien, Ginster und Pinien. Vom Parkplatz im Ort führt die kleine Teerstraße weiter südwärts. Hinter Sidi Kaouki folgen erst einige unschöne, unvollendete Baustellen, dann führt die Straße durch die karge Landschaft entlang der Küste nach **Sidi Mbarek,** von wo man z.B. eine schöne Strandwanderung zurück nach Sidi Kaouki unternehmen kann (ca. 3 Std.).

Vorsicht: An den Stränden rund um Sidi Kaouki (nördlich und südlich) kam es in den vergangenen Jahren immer wieder zu Diebstählen, aufgeschnittenen Zelten und Autoaufbrüchen! Wild campen ist daher nicht empfehlenswert bzw. wird z.T. von der Polizei verboten.

Praktische Informationen

Unterkunft

Es gibt diverse im Ort verstreute Herbergen und Apartments für Surfer und Traveller. Infos zum Surfen und zu Unterkünften in Sidi Kaouki findet man im Internet unter www.sidi-kaouki.com und www.planetekaouki.com.

■ **Auberge de la Plage**③, Tel. 0524 47 66 00, www.kaouki.com. Das hübsche Gästehaus hat ein gemütliches Restaurant, zwei Terrassen, einen kleinen Garten, einen Lagerraum für Surfausrüstung und zehn saubere Zimmer mit Bad und Meerblick. Das Personal ist sehr nett. WLAN.

■ **Auberge du Marabut**②, links der Strandstraße am Rand des Wäldchens, Mobil 0661 46 57 61, www.auberge-marabout-kaouki.com. Einfaches, sauberes Hotel mit geräumigen Zimmern mit Bad und Balkon (Meerblick oder Richtung Inland). WLAN.

Douar des Arganiers④, Mobil 0613 20 60 42 oder 0610 41 03 88, www.douardesarganiers. com. Das Gästehaus „Weiler der Arganien" liegt inmitten von Arganbäumen (vgl. Kapiteleinleitung). *Tania* und *Ali* vereinen hier schweizerische und marokkanische Gastfreundschaft. Das aus Naturstein, mit traditionellen Techniken und Materialien erbaute Haus passt sich perfekt in die schöne Umgebung ein. Der Strom wird durch Solarenergie gewonnen. Es gibt vier Suiten (30 m²) mit Bad, Schlafzimmer, Wohnzimmer mit Kamin und privater Terrasse – alles in einem raffinierten, natürlichen Stil mit marokkanischem Touch. Ideal zum Entspannen und Erholen. Organisation von Touren und Taxi-Transfer möglich, 10 Min. Fußmarsch zum Strand, WLAN.

■ **La Pergola**②-③ (je nach Saison und Zimmer), Tel. 0524 78 58 31, Mobil 0671 49 24 49, www.pergola-maroc.com. Der französische Besitzer kümmert sich liebevoll um seine Gäste. Es gibt neun farbenfrohe Zimmer (mit Bad) unterschiedlicher Preislage, zwei Suiten für Familien, eine Sonnenterrasse und ein Restaurant mit leckerem Essen.

Unser Tipp: Résidence Le Kaouki②, Tel. 0524 78 32 06, Mobil 0668 05 16 27, www.sidikaouki.com. Die Freiburgerin *RoRo Viallon-Kallinich* betreibt dieses ganz in blau-weiß gestaltete, kleine Haus – sie verbringt mehrere Monate im Jahr vor Ort und betreut liebevoll ihre Gäste. Das Haus wird durch einen eigenen Brunnen versorgt, nur an der Rezeption gibt es einen Generator, sonst keinen Strom. 10 sehr einfache, aber gemütliche und saubere Zimmer (warme Etagenduschen) für alle, die abseits jeglichen Trubels und ohne moderne Technik in persönlicher Atmosphäre entspannen möchten. Abends romantisches Ambiente bei Kerzenlicht im offenen Restaurant (sehr gutes Essen), mittags Salat und frischer Fisch auf Vorbestellung. Organisation von Ausflügen und Mietwagenvermittlung möglich. Dinner 110 DH.

■ **Villa Soleil**③, Mobil 0670 23 30 97, www.hotelvilla-soleil.com. Nettes Gästehaus unter belgischer Führung mit geräumigen Bungalows für bis zu vier Personen mit Bad und eigenen kleinen Innenhöfen. Es gibt ein kleines Restaurant und einen Salon mit offenem Kamin.

■ **Windy Kaouki**③, Tel. 0524 47 22 79, Mobil 0661 25 63 66, www.windy-kaouki.com. Die schicken, geräumigen Apartments für bis zu vier Personen mit Küche und einem Kamin für kalte Tage sind modern marokkanisch eingerichtet. Es gibt eine Garage zur Lagerung der Surfausrüstung, einen Pool und ein Restaurant. Apartment für zwei Personen.

Camping

■ An der Straße Richtung Süden führt ein beschilderter Abzweig links zum ummauerten Platz **Camping Kaouki Beach** (www.camping-kaouki-beach.com, N 31°21,008', W 09°47.698') mit sehr guten sanitären Anlagen (heiße Duschen), bepflanzten Stellplätzen mit Stromanschluss und Abwasserentsorgung für Wohnmobile. Kleine Bibliothek und Büchertausch, morgens wird frisches Brot geliefert, nachmittags Gebäck. 2 Pers. inkl. Kfz 85 DH, ab 2. Nacht 70 DH, Strom 15 DH.

■ Weitere Stellplätze bietet der **Camping Dar Ch'tis** (Abzweig von der N 1 ca. 1 km vor dem Abzweig nach Sidi Kaouki, s.o. und bei Essaouira).

Essen und Trinken

■ An den **Fischbuden** am Parkplatz kommt der Fang des Tages frisch gegrillt auf den Tisch.

■ Auf der (Dach-)Terrasse des Surfcenters **Sidi Kaouki** (s.u.) gibt es leckere Burger und Thai-Gerichte mit Ausblick auf die Wellen.

■ Ein echter Tipp ist **Chez Abdellah (Cailloux Bleus)** im winzigen Fischerdorf Taguenza (ca. 2 km nördlich von Sidi Kaouki direkt am Strand, Pistenzufahrt von der Hauptstraße): In der originellen Steinhütte des Althippies *Abdellah*, der hier ohne Strom lebt und Geschichten aus alten Zeiten erzählt, kann man guten Fisch essen und herrlich relaxen.

Surfen

■ Auf der Dachterrasse des bunt bemalten Holzhauses des **Surfcenters Sidi Kaouki** (Mobil 0672 04 40 16, www.sidi-kaouki.com, unter Führung des Münchners *Felix Gerl*) genießt man einen Tee und die Aussicht auf den Strand. Das Surfcenter bietet Kurse, verleiht komplettes Equipment und bietet Lagerräume für die eigene Ausrüstung. Auch Taxi-Transfers können organisiert werden.

Busse/Sammeltaxis

■ Die **Regionalbusse der Linie 2** verkehren bis 18.30 Uhr etwa alle 1½ Stunden zwischen Essaouira und Sidi Kaouki. Außerdem fahren Sammeltaxis von Sidi Kaouki nach Essaouira.

■ Ein **Grand Taxi** (Privatmiete) ab Essaouira kostet ca. 150 DH.

Weiterfahrt nach Essaouira

Wieder **zurück auf der Hauptstraße** folgt nach 1 km (bei **Gesamt-km 164**) der Abzweig zum **Flughafen Essaouira-Mogador.**

Bei **km 167** zweigt rechts die Straße nach Casablanca und Marrakesch ab. Ein Schild weist auf den **Camping Le Calme** hin (9 km, vgl. „Essaouira/Campingplätze"). An der Kreuzung befindet sich die Universität Cadi Ayyad. Hier entstand die neue Vorstadt **Essaouira Aljadida,** im Volksmund **Douar El Ghazoua** genannt.

Weiter links in Richtung Essaouira passiert man bei **Gesamt-km 169** den alten Ortsteil von El Ghazoua („km 8, El Ghazoua"). Hinter dem **Restaurant Le K-Rouge** (Tel. 0524 79 23 65, feine französische Küche, Mo und Di geschlossen, gehobene Preiseklasse) liegt rechts die **Solarwerkstatt Afrisol** von **Peter Kiefer.** Der Solar-Pionier hat 20 Jahre lang professionelle Anwendungen für Land-Elektrifizierung, Wasserpumpen und Insel-Systeme für Häuser und Wohnmobile geplant und installiert. Heute übernimmt er Planung und Beratung für Projekte im Bereich Energie, Landentwicklung und Bau. Besucher sind willkommen. *Peter Kiefer* vermietet Apartments am Strand von Essaouira und hilft bei Notfällen.

2 km weiter (**171 km** hinter Agadir) zweigt links eine kleine Teerstraße nach **Diabat** ab (vgl. „Ausflüge" bei Essaouira). Hier biegt man zum **Sofitel Mogador Golf & SPA** (vgl. bei Essaouira) mit 18-Loch-Golfplatz und zur Auberge Tangaro ab. 1 km weiter bei einem Kreisverkehr und kurz vor der Brücke über den Oued Ksab kann man ebenfalls nach Diabat abbiegen. Hier traf sich in den 1970ern die Hippieszene. Kurz nach dem Abzweig liegen

rechts das Restaurant Jimi und die Pferderanch Diabat (vgl. bei Essaouira). Eine Brücke führt über den Fluss.

3 km weiter steht rechter Hand der kleine **Leuchtturm Sidi Magdoul.** Kurz davor liegt etwas versteckt rechts der Straße (kein Schild) der **Campingplatz Sidi Magdoul.**

Nun beginnt die vierspurige Einfahrtsstraße nach **Essaouira,** das nach 1 km bei **Gesamt-km 173** erreicht ist.

Essaouira

unter Mitarbeit von Gabriele Rau

Kein Tourist sollte es versäumen, dieses auf die Felsen des Atlantiks gebaute **charmante Fischerstädtchen** zu besuchen. Das **frühere Mogador** zählt inzwischen 101.000 Einwohner. Die einstmals portugiesische Stadt verliert als Fischereistandort immer mehr an Bedeutung, dafür verläuft die touristische Entwicklung in rasantem Tempo.

Attraktionen sind der Fischerhafen mit Werft, die alten Festungsanlagen, die rote Stadtmauer und vor allem die beeindruckende, **andalusisch geprägte Altstadt.** Bei einem Bummel durch die Gassen mit den malerischen weißen Häusern fallen die schönen, gelb umrahmten Eingangsportale, Torbögen und blau getünchten Fenster und Türen ins Auge. Die Medina von Essaouira zählt seit 2001 zum **UNESCO-Weltkulturerbe.** Wie in vielen anderen Altstädten Marokkos wurden auch in Essaouira viele alte Gebäude von Privatinvestoren renoviert und zu Gästehäusern oder Restaurants umfunktioniert.

Bei einem Altstadtbummel entdeckt man immer wieder neue Dinge, die der Stadt ihr **unverwechselbares Flair** verleihen: gemütliche Restaurants und Cafés, in denen man in Ruhe einen *Thé à la menthe* schlürfen kann, Galerien lokaler Künstler, Boutiquen mit Skulpturen und Kästchen aus Thujenholz, mit Musikinstrumenten der Gnaoua, bunten Lampen aus Kamelhaut u.v.m.

Die lebhafte **Künstler- und Musikszene** Essaouiras lockte schon in den 1970er Jahren Hippies, Beatniks und Künstler wie *Bob Marley, Jimi Hendrix, Jim Morrison* und die *Rolling Stones* an. Heute ist vor allem das jedes Jahr im Juni stattfindende **Gnaoua-Musikfestival** international bekannt – dann sind alle Gästehäuser ausgebucht, und die ganze Stadt ist voller junger Alternativer und Musikfreunde.

Die „windy city", wie sie oft genannt wird, ist außerdem ein beliebter **Surfer-Treffpunkt:** In den kühlen Wellen des Atlantiks tummeln sich Wind- und Kite-Surfer aus aller Welt.

Bis Anfang der 1990er Jahre war Essaouira fast nur von Individualtouristen besucht, doch heute hält auch hier der Massentourismus Einzug. Immer mehr große Luxushotels und stilvolle Riads eröffnen in und am Rande der Stadt. Im einst verschlafenen Diabat südlich von Essaouira entstand das riesige **Tourismusprojekt Mogador Essaouira,** eine Parkanlage mit 18-Loch-Golfplatz und Luxushotels wie dem durchgestylten Sofitel Mogador Golf & SPA.

So trifft auch in Essaouira Moderne auf Tradition. Viele Frauen tragen noch den traditionellen **Haik,** einen weißen Umhang mit schwarzem Gesichtsschleier, während europäische Touristinnen im Trägertop oder Bikini den Strand entlang flanieren. Kaum eine Stadt hat in den letzten 15 Jahren so vom Tourismus profitiert wie Essaouira und trotzdem ihren Charme bewahrt.

Geschichte

Das **frühere Mogador** ist wahrscheinlich nach dem Heiligen und berberischen Schutzpatron *Sidi Magdoul* (Grab am Eingang zur Stadt) benannt. Der Name könnte aber auch vom Wort *Amegdoul,* „die Wohlbehütete", abstammen. Die Ursprünge des Hafens und Handelsplatzes gehen auf den karthagischen Admiral **Hanno** (um 465 v.Chr.) zurück, der hier einen Stützpunkt anlegte. Der Nubierkönig **Juba II.** unterhielt im 1. Jahrhundert n.Chr. Purpurmanufakturen. Der rötliche, von der **Purpurschnecke** gewonnene Farbstoff gab den vorgelagerten Inseln ihren Namen (Purpurinseln) und wurde zu hohen Preisen an die Römer geliefert.

Zu Beginn des 16. Jahrhunderts errichteten die **Portugiesen** unter König *Manuel I.* ein erstes Fort am Atlantik (1506). Sie tauften die Stadt Mogadouro. Zeitweise diente die Stadt auch Piraten als Unterschlupf.

Ihre heutige Form erhielt die Stadt erst Mitte des 18. Jahrhunderts. 1765 wurde Essaouira im Auftrag von Alaouiten-Sultan *Sidi Mohamed Ben Abdallah* und unter Mitwirkung des französischen Festungsarchitekten *Théodore Cornut* als **Konkurrenzhafen zu Agadir und Salé** erbaut. *Cornut* war ein Schüler von *Vauban,* der wiederum (u.a.) La Rochelle befestigte, die am Atlantik gelegene Partnerstadt von Essaouira. Im Gegensatz zu den anderen marokkanischen (Alt-) Städten verlaufen die Straßen schnurgerade.

Mogador wurde nach der Schließung des Hafens von Agadir (1765) wichtiger **Hafen und Handelsplatz.** Jüdische Händler ließen sich in der Stadt nieder. Im 19. Jahrhundert beherrschte Mogador 40% des überseeischen Handels des Landes. **Karawanen** aus Timbuktu brachten Gold und Elfenbein aus dem Süden und tauschten es gegen Lederwaren, Salz und Zucker aus Marokko.

Erst im 20. Jahrhundert nahm die Bedeutung als Handelsstadt ab, als durch die französische Besetzung von Timbuktu der Saharahandel unterbrochen wurde und andere große Häfen wie Casablanca und Agadir immer mehr Konkurrenz machten.

⌄ › Stadtansichten:
Hafen und Sqala de la Kasbah

ma16_052 ed

Sehenswertes

Wichtigste Straßen sind die **Av. Oqba Ibn Nafi** (bzw. Okba Ben Nafi) und deren Verlängerungen Av. de Istiqlal sowie Rue Mohamed Zerktouni.

Bemerkenswert ist der **Uhrenturm** in der Stadtmauer an der Av. Oqba Ibn Nafi. Am nördlichen Ende der Rue Mohamed Zerktouni liegt das Stadttor **Bab Doukkala.** Durch das Bab Doukkala oder von Südwesten entlang der Av. de Istiqlal erreicht man am leichtesten den lebhaften **Souk** an der Rue Mohamed Zerktouni. Hier kann man allerlei Alltagsgegenstände, Kleidung (am Souk Djedid) und Lebensmittel erstehen. Sehenswert ist der Innenhof des **Marché aux grains** (alter Getreidemarkt) mit netten Cafés für einen Tee oder ein kleines Mittagessen. Händler verkaufen Schmuck, Kleidung und Kunsthandwerk im Hof. Essaouira ist neben seinen Holzeinlegearbeiten (s.u.) auch für hübschen **Silberschmuck** bekannt, den Juweliere im **Souk des Bijoutiers** (nahe Rue Mohamed el Gorry) anbieten.

Am Südende der Altstadt liegt der ummauerte und von Festungstürmen flankierte **Fischereihafen,** den man durch die Port de la Marine betritt. Im Juni beginnt hier die Sardinenfischerei. Sehenswert sind der Trubel am Hafen (u.a. die Fischauktion, meist vormittags) und das Einbringen der Netze sowie die traditionellen Bootswerften, die nach wie vor die blauen Holzfischerboote herstellen.

Vom Fischereihafen gelangt man über den Place Moulay Hassan und die Rue de la Sqala zur **Sq(k)ala de la Kasbah.** Die alte Festungsanlage ist von Türmen flankiert und besitzt schöne, in Spanien gefertigte Bronzekanonen (Sevilla, 1743). Die Westbastion kann man besteigen und über die Mauer einen Blick hinunter auf die Klippen des Atlantiks werfen.

ma16_053 ed

Essaouira

Übernachtung
- 3 Le Medina Essaouira Hotel Thalassa Sea & Spa
- 5 Camping Sidi Magdoul
- 6 Sofitel Mogador Golf & Spa
- 9 Atlas Essaouira & Spa
- 10 Riad Zahra
- 11 La Vague
- 12 Vent de Dunes
- 14 Villa Quieta

Essen und Trinken
- 2 Chez Sam
- 4 Le Fanatic
- 7 Beach and Friends
- 8 Ocean Vagabond + Club Mistral

Einkaufen
- 1 Supermarkt Aswak Assalam
- 13 Carrefour Supermarkt

Wassersport
- 8 Ocean Vagabond

Unterhalb der Sqala-Mauer verkaufen Maler ihre Werke und Händler **Holzeinlegearbeiten** aus Thujen- und Zitronenbaumholz, für die Essaouria bekannt ist. Die Preisvorstellungen der Händler sind häufig überhöht.

An der Rue Laâlouj, die ebenfalls zur alten Festung führt, liegt das kleine **Museum Sidi Mohamed Ben Abdallah,** Tel. 0524 47 23 00, tgl. außer Di 8.30–17.30 Uhr. In diesem Riad aus dem 19. Jahrhundert finden wechselnde Ausstellungen zu volkskulturellen Themen statt, seit Ende 2013 zum Beispiel über die Geschichte des Tees als Nationalgetränk in Marokko. Das Kulturministerium beschloss im Jahr 2012 die Einrichtung eines Tee-Museums in Essaouira – wann dies eröffnet wird, steht allerdings in den Sternen. Im Museum erfährt man auch viel über die **Gnaoua** (Gnawa). Die Musiker westafrikanischer Herkunft sind für ihre ekstatischen Tänze und Rhythmen bekannt. Mit ihren spirituellen Ritualen beschwören die Maâlems die Geister. Die Gnaoua-Musik hat im volkstümlichen Glauben die Kraft, Krankheiten zu heilen und „baraka" zu übertragen. Das **Al-Qacha-Viertel** zwischen Sqala und Rue d'Oujda ist das Zentrum der Gnaoua-Musiker. Wer Glück hat, kann sie beim Musizieren und Tanzen beobachten (Vorsicht beim Fotografieren, vorher fragen!). Wer will, kann in Essaouira auch lernen, eines der traditionellen Instrumente zu spielen.

Am Nordrand der Medina (nördlich der Av. Mohamed Zerktouni) befindet sich die **Mellah,** das alte Judenviertel. Beim Bummel durch die Gassen zeigt sich die Stadt ganz anders als im touristischen Bereich um den Place Moulay Hassan: Die alten Häuser und schönen Steinbögen verfallen, in den Ruinen sammelt sich der Müll.

In der ganzen Medina haben sich zahllose Galerien angesiedelt. Am bekanntesten ist die **Galerie Van Damgaard** in der Rue Oqba Ibn Nafi, in der bekannte Künstler aus der Stadt und aus ganz Marokko ihre Bilder und Skulpturen ausstellen.

Eine kleine Galerie mit ansprechenden und günstigen Bildern, auch von nicht so bekannten Künstlern, ist die **Galerie Kasbah** von *At-*

Essaouira Medina

Übernachtung
1 Dar Al Bahar
3 Dar Adul
8 Maison des Artistes
9 Riad Baladin
10 Riad Malaika
11 Ryad Watier
12 La Casa del Mar
13 Riad Perle d'Eau
14 Riad Dar Maya
15 Thais
18 Darsal
19 Essaouira Hostel
20 Dar Nafoura
21 Atlantic Hostel
22 Riad Jade Mogador
27 Riad Amana
28 Dar Latigeo
29 Riad Le Grand Large
30 Maison du Sud
31 Chakib
32 Résidence El Mehdi
35 Riad Chakir Mogador
38 Les Matins Bleus, Dar el Paco
39 Souiri
40 Riad Al Madina
46 Cap Sim
48 Jack's Apartments
55 Villa Maroc
63 Hotel des Iles
64 Ocean Medina
66 Riad Imik Imik
67 Riad Chbanate
68 Emeraude
69 Heure Bleue Palais

Einkaufen/Sonstiges
17 Alkohol-Laden
42 Galerie La Kasbah
52 Karimo Immobilier / Jack's Apartments
53 Librairie La Fibule
56 Galerie Damgaard
60 Espace Othello
62 Complexe Commercial

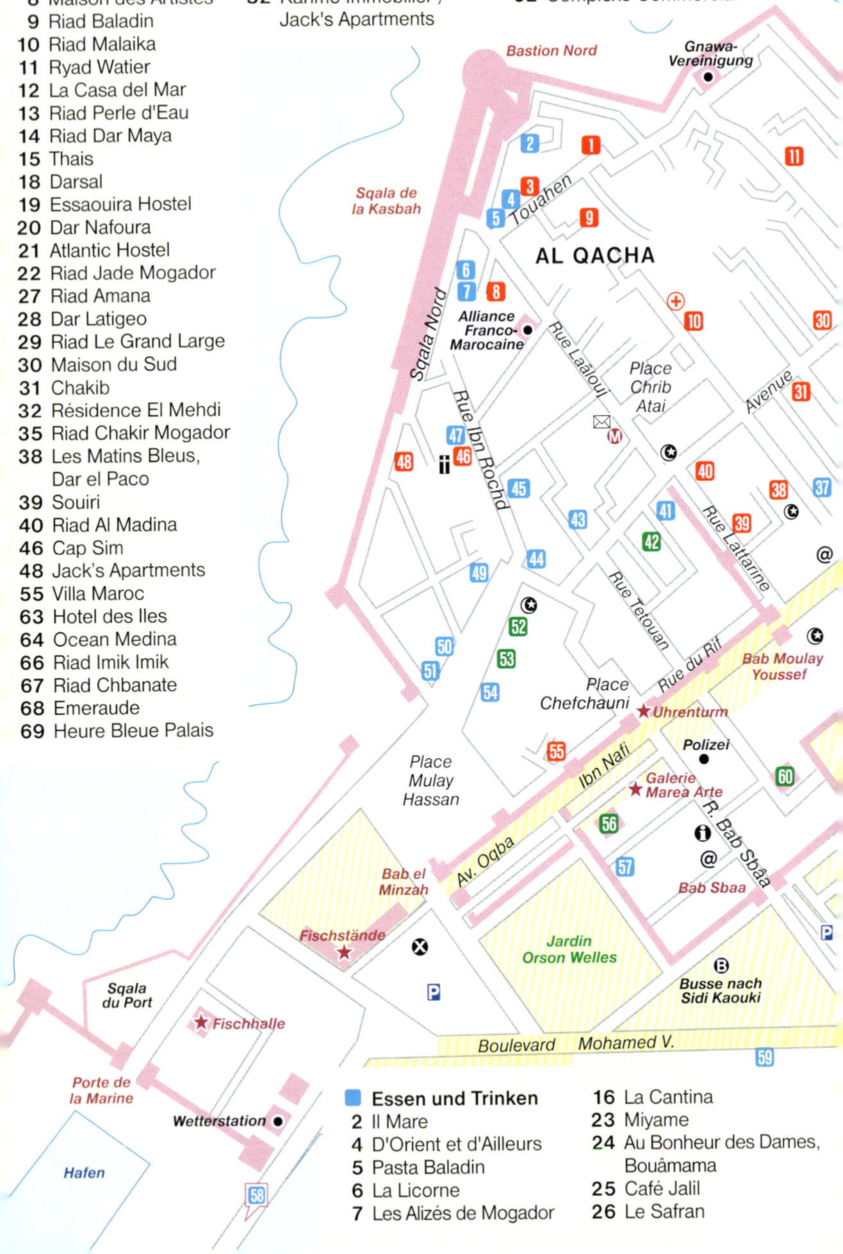

Essen und Trinken
2 Il Mare
4 D'Orient et d'Ailleurs
5 Pasta Baladin
6 La Licorne
7 Les Alizés de Mogador
16 La Cantina
23 Miyame
24 Au Bonheur des Dames, Bouâmama
25 Café Jalil
26 Le Safran

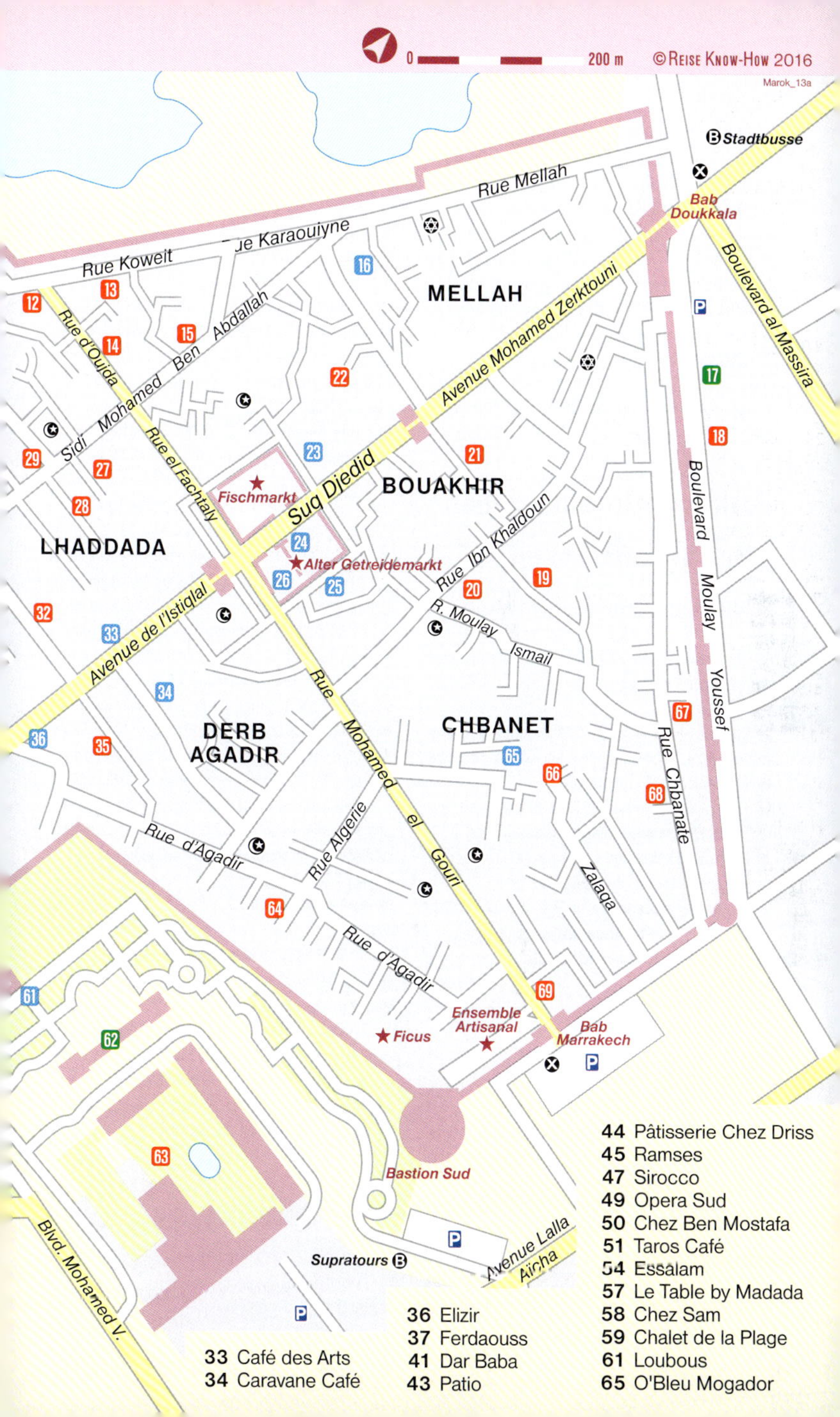
0
200 m
©Reise Know-How 2016
Marok_13a
Stadtbusse
Bab Doukkala
Rue Mellah
Rue Karaouiyne
Rue Koweit
MELLAH
Avenue Mohamed Zerktouni
Boulevard al Massira
Rue d'Oujda
Sidi Mohamed Ben Abdallah
Rue el Fachtaly
Suq Djedid
Fischmarkt
BOUAKHIR
Alter Getreidemarkt
Rue Ibn Khaldoun
Boulevard Moulay Youssef
LHADDADA
Avenue de l'Istiqlal
R. Moulay Ismail
Rue Mohamed el Gouri
DERB AGADIR
CHBANET
Rue Chbanate
Rue d'Agadir
Rue Algerie
Zalaqa
Ensemble Artisanal
Ficus
Bab Marrakech
Bastion Sud
Supratours
Avenue Lalla Aïcha
Blvd. Mohamed V.
33 Café des Arts
34 Caravane Café
36 Elizir
37 Ferdaouss
41 Dar Baba
43 Patio
44 Pâtisserie Chez Driss
45 Ramses
47 Sirocco
49 Opera Sud
50 Chez Ben Mostafa
51 Taros Café
54 Essalam
57 Le Table by Madada
58 Chez Sam
59 Chalet de la Plage
61 Loubous
65 O'Bleu Mogador

tar Kabir in der Rue Tétouan (vgl. „Einkaufen/Galerien"). In den Seitenräumen befinden sich die Künstlerwerkstatt und Verkaufsausstellungen von Bildern, Holzskulpturen, Keramik, Teppichen, Messing.

Außerhalb der Altstadt führt der **Bd. Mohamed V.** als breite Avenue am langen Strand entlang. An der **Strandpromenade** laden Cafés und Restaurants zum Verweilen ein. Badeurlauber können Liegen und Sonnenschirme mieten. Oft weht eine **starke** (und kühle) **Brise,** sodass der Strand mehr zum Surfen als zum Baden geeignet ist.

Praktische Informationen

Informationen für Touristen

- **Délégation du Tourisme,** 10, Rue du Caire, beim Bab Sbaa und in der Nähe des Uhrenturms, Tel. 0524 78 35 32. Nützliche Infos an der Pinnwand: Sportangebot, Adressen, Bus- und Zugfahrplan. Mittags 2–3 Std. geschlossen.
- Offizielle Homepage der Stadt mit Infos zu Sehenswürdigkeiten, Veranstaltungen, Hotels usw. ist **www.tourismessaouiramogador.com.**
- Tipps zu Hotels, Restaurants, Bars etc. findet man auch unter **http://essaouira.madeinmedina.com.**
- Umfassende Fakten zur Geschichte der Stadt und aktuelle Tipps gibt **www.essaouira.nu.**
- Das **Magazin „Le Guido"** enthält diverse nützliche touristische Infos zu Essaouira (www.leguido.com).
- Gute Restaurantempfehlungen (inkl. Karteneintrag) und Infos zu Galerien, Sehenswürdigkeiten bietet **www.chezrebecca.com.**

Unterkunft

Wie in Marrakesch schießen in Essaouira die privaten **Gästehäuser** (Maisons d'Hôtes/Riads und Dars) geradezu aus dem Boden. Auch die klassifizierten Hotels, vor allem im Luxussegment, nehmen stetig zu. Wie in den meisten Städten ist auch die Medina von Essaouira nicht mit dem Fahrzeug zugänglich. Am unbeschwerlichsten ist es, bei Ankunft kurz beim Hotel anzurufen, um sich mit dem Gepäck (Transport mit Karrenwagen) abholen und zum Haus führen zu lassen. Karrenwagenfahrer *(chariots)* für das Gepäck warten am Bab Marrakech und Bab Doukkala – sie bekommen 10–30 DH Trinkgeld (je nach Entfernung).

Oberklasse

- **Atlas Essaouira & SPA**④ (mit Frühstücksbuffet), Bd. Mohamed V., Tel. 0524 47 99 00, www.hotelsatlas.com. Sehr modernes 5-Sterne-Luxushotel der Atlas-Kette mit allen Finessen, etwas weiter entfernt von der Medina, dafür direkt am Strand. Schöner Pool, großer SPA-Bereich, mehrere Restaurants, 156 Zimmer mit Blick zum Garten oder aufs Meer.
- **Heure Bleue Palais**⑤, 2, Rue Ibn Battouta, neben Bab Marrakech in der Medina, Tel. 0524 78 34 34, www.heure-bleue.com. Eines der besten Hotels (5 Sterne) am Platz in einem aufwendig renovierten, stilvoll gestalteten Stadtpalast aus dem 19. Jh. Das Gästehaus hat 33 auf drei Stockwerke verteilte Zimmer und Suiten mit DVD-Player und WLAN (z.T. mit Kamin), ein Hammam, Wellnessprogramm und ein marokkanisches Gourmet-Restaurant (teuer). Im Restaurant und Patio brennt im Winter ein Kaminfeuer. Letzter Schrei ist der beheizte Pool auf dem Dach (mit 360°-Panorama). DZ ab 170 Euro mit hervorragendem Frühstücksbuffet – teuer, aber seinen Preis wert.
- **Le Medina Essaouira Hotel Thalassa Sea & SPA**④-⑤, Bd. Mohamed V., Tel. 0524 47 90 00, www.accorhotels.com. Direkt an der Strandpromenade gelegenes 5-Sterne-Luxushotel, das keine Wünsche offenlässt: 117 Zimmer/Suiten mit AC, Balkon und Meerblick, Garten, beheizter Pool, Thalassotherapie- und Wellness-Zentrum. WLAN.
- **Riad Chbanate**④-⑤, 179, Rue Chbanate, Mobil 0668 03 47 57, www.riadchbanate.com. Das luxuriöse, charmante Riad liegt im gleichnamigen Viertel Chbanate etwas abseits der Touristenströme, nicht weit vom Parkplatz Bab Marrakech. Die ehemalige Residenz des Caid von Essaouira aus dem 18. Jh. wurde authentisch renoviert: wunderschöne, unterschiedlich gestaltete Suiten mit traditionell-marokkanischem Ambiente und modernem Komfort (TV, WLAN, Minibar, Klimaanlage etc.). Dachterrasse mit Ausblick und Jacuzzi.

☐ Bummel in der Medina

■ **Riad Dar Maya**④-⑤, 33, Rue Oujda, Tel. 0524 78 56 87, www.riaddarmaya.com. Schicker Riad mit fünf Zimmern im modernen Orientstil: Tadelaktwände, Marmorbäder, Klimaanlage in jedem Zimmer, Fußbodenheizung, WLAN, eigener Hammam mit Wellnessangebot, Kaminzimmer mit Bibliothek und PC. Meer- und Medinablick von der Dachterrasse mit Planschpool. Hier findet man jeglichen Komfort eines modernen Hotels, mit dem persönlichen Service eines kleinen Riads.

■ **Ryad Watier**④ (Preise schwanken saisonal), 16, Rue Ceuta, Tel. 0524 47 62 04, www.ryad-watier-maroc.com. Ein wundervolles, neu aufgebautes Haus in bester, ruhiger Lage im Herzen der Medina: lichtdurchflutete, großzügige Suiten (ab 30 m²) mit unterschiedlicher marokkanischer Gestaltung, Tadelakt-Bädern und sehr hochwertiger Ausstattung. Der herzliche Gastgeber *Jean Gabriel Nucci* managt das Haus mit größter Sorgfalt, gibt Tipps und organisiert Ausflüge. Zwei Dachterrassen, privates Hammam, Hofgarten, Kaminzimmer und Bibliothek.

■ **Sofitel Mogador Golf & SPA**⑤, 6 km außerhalb in Diabat, Domaine Mogador, Tel. 0524 47 94 00, www.sofitel.com. Superschickes Luxus-/Designhotel direkt neben dem Golfplatz: modernes Orientdesign vom Feinsten – Besichtigung oder Besuch zu einem Drink auf der Terrasse lohnenswert! 175 Zimmer verschiedener Kategorien und 28 Bungalows, fünf Restaurants, Innen- und Außenpool, luxuriöser SPA mit orientalischen Anwendungen. WLAN.

■ **Villa Maroc**④-⑤ (mit üppigem Frühstück auf dem Dach), 10, Rue Abdellah Ben Yassine, Tel. 0524 47 31 47, www.villa-maroc.com. Ältestes und bekanntestes Gästehaus der Stadt, wunderschön in drei Medinahäusern aus dem 18. Jh. untergebracht. Die sehr schön traditionell gestalteten Zimmer (21 von Single bis zur Suite mit Meerblick) verteilen sich um den Innenhof mit Pflanzen und Vögeln auf verschiedenen Stockwerken. Mehrere Salons mit Kamin, Abendessen bei Kerzenlicht (sehr gut, kein Lunch). Wunderbare Dachterrasse mit Blick aufs Meer und den Hafen. Besitzer sind *Cornelia Hendry* (Schweizerin) und *Abderrahim Ezzaher*, die auch das Landhaus Jardins de Villa Maroc (www.lesjardinsdevillamaroc.com) mit nur drei Zimmern und Pool etwa 15 Fahrmin. außerhalb Richtung Marrakesch betreiben. Parken am bewachten Parkplatz vor dem Hafen möglich.

■ **Villa Quieta**④ (inkl. üppigem Frühstück mit Gebäck und frischem Obst) 86, Bd. Mohamed V., Tel. 0524 78 50 04/5, an der Stadteinfahrt gleich nach dem ersten Kreisverkehr rechts in eine kleine Straße abbiegen, dort ca. 100 m linker Hand. Das palastartige Gebäude mit einem

ma16_056 ed

stuckverzierten Salon mit Springbrunnen hat neben den zwölf DZ und zwei Suiten gemütliche Salons, manche mit Kamin, und eine Dachterrasse mit Liegestühlen und Meeresblick und einen schönen Pool. Vom Haus sind es nur wenige Gehminuten zum Strand und ca. 20 Min. zur Altstadt. Sehr nette Betreuung der Gäste, WLAN, Parkplätze vor dem Haus. Individuell gestaltete, geräumige, aber schon etwas angestaubte DZ.

■ **Riad Perle D'Eau**③-⑤, 64, Rue du Koweit, Tel. 0524 78 54 00, www.riad-essaouira-perledeau. com. Der luxuriöse Riad unter Führung des Schweizer Ehepaars *Ernest* und *Gisèle* bietet jeglichen Komfort eines guten Hotels kombiniert mit dem Charme eines Riads: acht geräumige, hochwertig (teils mit Antiquitäten) ausgestattete Zimmer und Suiten Richtung Meer oder zur Medina. Kaminzimmer und Bibliothek, eigener Hammam und SPA, Jaccuzzi auf einer der Terrassen. Organisation vieler Aktivitäten (Ausritte per Pferd oder Kamel, Golf, Wanderungen etc.) möglich. WLAN.

Mittelklasse

■ **Dar Adul**③, 63, Rue Touahen, Tel. 0524 47 39 10, www.dar-adul.com. Das gemütliche, originell gestaltete Künstlerhotel des Malers *Didier Spindler* (s.a. Café Caravane) hat neben zwei Zimmern und zwei Juniorsuiten (z.T. mit Kamin oder Terrasse) auch eine kleine Galerie.

■ **Dar al Bahar**③-④, 1, Rue de Touahen, in der Medina an der Stadtmauer zum Atlantik, Tel. 0524 47 68 31, www.daralbahar.com. Kleines, blitzsauberes, stilvoll renoviertes Altstadthaus mit schöner Dachterrasse und freundlichem Personal. Das „Haus am Meer" wird vom niederländisch-französischen Ehepaar *Lise* und *Jean-Claude* betrieben. Die steilen Stufen sind für ältere Gäste evtl. beschwerlich. Etwas kleine DZ teilweise mit Meerblick, gutes Frühstück inkl.

■ **Dar Nafoura**③, 30, Rue Ibn Khaldoun, zwischen Bouakhir und Chbanet-Viertel, gleich hinterm Souk, Tel. 0524 47 28 55, www.darnafoura-essaouira.com. Die Bretonen *Sylvie* und *Jackie Renan* haben stets das Wohl der Gäste im Auge und sorgen für eine familiäre Atmosphäre in diesem empfehlenswerten Haus mit nur acht Zimmern unterschiedlicher Größe und schöner Panoramaterrasse. Marokkanisches oder französisches Diner auf Anfrage. *Jackie* fuhr früher zur See und war dafür verantwortlich, dass bis zu 400 Gäste nicht einfach nur satt wurden …

■ **La Casa del Mar**③ (saisonal teurer), 35, Rue d'Oujda, Tel. 0524 47 50 91, Mobil 0668 94 38 39, www.lacasa-delmar.com. Mitten in der Medina überragt das schöne Haus die alte Stadtmauer. Es wurde liebevoll im mediterranen Ambiente von einem jungen Paar aus Mallorca ausgestattet. Von der Sonnenterrasse bietet sich ein wunderschöner Blick aufs Meer. Essen auf der Terrasse oder im Salon am gemütlichen Kaminfeuer. Organisation von diversen Aktivitäten möglich: Quad-, KTM- und 4x4-Ausflüge, Fahrradverleih, Kamelreiten, geführte Wanderungen, Surf-Ausrüstung zu mieten.

■ **La Maison des Artistes**③-④, 19, Rue Laâlouj, an der Sqala, Tel. 0524 47 57 99, www.lamaisondesartistes. com. Sehr schön gestaltete Zimmer zu unterschiedlichen Preisen mit Blick zur Terrasse, zum Patio oder zum Meer. Es herrscht eine angenehme und einladende Atmosphäre, WLAN im ganzen Haus.

■ **Maison du Sud**③, 29, Av. Sidi Mohamed Ben Abdellah, Tel. 0524 47 41 41, www.riad-maisondusud.com. Stilvolles Gästehaus mit vielen Topfpflanzen in zwei miteinander verbundenen Riads aus dem 18. Jh. Die unterschiedlich gestalteten, geräumigen Zimmer mit kleinem Salon und Tadelakt-Bad gruppieren sich auf mehreren Etagen um den hellen Innenhof (auch Familienzimmer für 4 Pers.). Auf der Dachterrasse kann man gemütlich im Nomadenzelt sitzen. Abendessen im Restaurant nach Vorbestellung, kein Alkohol. Das Haus ist größer und etwas unpersönlicher als andere Riads, aber sehr zentral, freundlich und empfehlenswert.

■ **Riad Al Madina**③, 9, Rue Attarine (vom Uhrenturm Richtung Medina, dann rechter Hand), Tel. 0524 47 59 07, www.riadalmadina.com. Sehr stilvolles Hotel in einer ehemaligen Pascharesidenz aus dem 18. Jh. mit hübschen, jedoch relativ kleinen Zimmern. Im Innenhof mit Pflanzen und Springbrunnen befindet sich das Restaurant. Im ehemaligen Hotel Pascha haben schon die Rock- und Popgrößen *Janis Joplin, Mick Jagger, Jimi Hendrix* und *Leonard Cohen* residiert. Manche Gäste bemängeln den Service und dass manche Zimmer nicht mehr optimal in Schuss sind.

UNSER TIPP: **Riad Baladin**④, 9, Rue Sidi Magdoul, Mobil 0642 44 81 36, www.riadbaladin.com. Sehr schön, hochwertig und individuell marokkanisch-modern gestalteter Riad in guter Lage im Viertel La Sqala. 10 Zimmer mit Bad, drei Salons (mit Kamin) und drei Terrassen mit Sonnenliegen. Die Schweizerin *Nicole Pavlin* kümmert sich um ihre Gäste, gibt viele Infos und Tipps. Ausflüge möglich, Massageangebot und Jaccuzzi im Patio. WLAN.

■ **Riad Imik Imik**③ (je nach Größe und Saison inkl. reichhaltigem Frühstück), 25, Rue Zalaqa, in einer Sackgasse hinter L'Heure Bleue, Tel. 0524 47 69 47 oder Mobil

0672 04 61 67, www.riadimikimik.com. Die deutsche Eigentümerin *Britta Lüders* kümmert sich persönlich um die Gäste und gibt viele nützliche Tipps. Der kleine, stilvolle Riad liegt ruhig und zentral nahe des Bab Marrakech (Haltestelle der Supratours-Busse). Die unterschiedlich gestalteten, großen Zimmer mit Bad, kleiner Sitzecke und Tadelakt-Wänden verteilen sich auf zwei Etagen um den Innenhof (Fenster zum Hof oder zur Gasse). Auf der Dachterrasse kann man in der Hängematte relaxen.

■ **Riad Malaika**③, 17, Derb Zayan, Tel. 0524 78 49 08, www.riad-essaouira-malaika.com. Authentisch renovierter, charmanter und zentral in der Medina gelegener Riad mit ausgezeichnetem Preis-Leistungsverhältnis und gutem Service. Verschieden gestaltete Zimmer unterschiedlicher Kategorien (Standard, Superieur, Terrassensuite), drei Salons (mit Kamin für die kalte Jahreszeit), Frühstück auf der Dachterrasse mit herrlichem Panoramablick. Restaurant und Bar, vielfältiges Ausflugsprogramm, WLAN.

■ **Riad Zahra**③, 90, Quartier des Dunes, Tel. 0524 47 48 22, www.riadzahra.com. Gästehaus nahe der Dünen am Strand mit 23 sehr hübsch eingerichteten, sauberen Zimmern mit Bad und TV, teilweise mit Balkon oder Meerblick. Dachterrasse mit Blick über die Dünen, Pool, zwei Restaurants (marokkanische Gerichte, Fisch, Tapas und spanische Spezialitäten). Parkplatz vorhanden, WLAN.

■ **Thais**③, 181, Av. Sidi Mohamed Ben Abdellah, Mobil 0610 99 64 60, www.riadthais.com. Recht neuer, modern marokkanisch gestalteter Riad unter französisch-spanischer Führung, fünf kleine Zimmer (10 bis 15 m^2) mit französischen Betten und schönen Tadelakt-Bädern ohne Türen. Patio mit Küche, Kaminzimmer, Dachterrasse und eigener Hammam. WLAN in jedem Zimmer.

■ **Emeraude**③ (mit Frühstück), 228, Rue Chbanate (beim kleinen Tor am Bab Marrakech), Tel. 0524 47 34 94, www.essaouirahotel.com. Sehr schönes Hotel unter französischer Leitung in einem Stadthaus aus dem 18. Jh. (5 Min. vom Strand, 50 m vom Bab Marrakech). Die acht DZ und zwei Dreibettzimmer (alle mit eigenem Bad) gruppieren sich auf drei Etagen um den Innenhof, von der Dachterrasse bietet sich eine herrliche Aussicht. Im Restaurant wird original Souiri-Essen serviert.

■ **Les Matins Bleus**③ (DZ mit Bad und Frühstück, Suite für 2 Personen④), 22, Rue du Drâa, Tel. 0524 78 53 63, www.les-matins-bleus.com. Etwas versteckt und ruhig mitten in der Medina gelegenes Familienhaus, das von (u.a.) deutsch und englisch sprechenden Brüdern betrieben wird. Offener Innenhof mit zwei Stockwerken, auch Zimmer auf der Dachterrasse. Ausgesprochen positive Leserresonanz: sehr freundlich, hilfsbereit und sauber, gutes Essen. WLAN im Hof und auf der Terrasse.

■ **Riad Amana**③ (je nach Saison und Zimmergröße), 14, Rue Khader Ghailane (Nebengasse der Rue Sidi Mohamed Ben Abdellah), Mobil 0661 49 54 48, www.riad-amana-essaouira.com. Sieben landestypisch und geschmackvoll eingerichtete Suiten von 20 bis 50 m^2 Größe mit Bad. Dachterrasse mit Liegen, sauber und gepflegt, freundliches Personal.

■ **Riad Chakir Mogador**③, 13, Rue Malek Ben Morhal (Nebengasse der Avenue de Ilstiqlal), Tel. 0524 47 33 09, www.riadchakir.com. Beliebtes, größeres Traditionsriad mitten in der Medina, die meisten Zimmer mit Fenster zum Patio; Dachterrasse, Frühstücksraum und Salon. Freundliches, englisch sprechendes Personal. WLAN in den Gemeinschaftsräumen.

■ **Riad Le Grand Large**③ (oft sehr günstige Last-Minute-Preise bei Online-Buchung), 2, Rue Oum Errabia (die erste große Gasse vom Platz Moulay el Hassan durch die Altstadt), Tel. 0524 47 28 66, www.riadlegrandlarge.com. Altes Stadthaus mit zehn (etwas dunklen) Zimmern mit Bad auf drei Etagen, Dachterrasse mit Blick, traditionell und stilvoll gestaltet, Restaurant mit Pizza/marokkanischer/französischer Küche, sauber und freundlich. Hammam nebenan.

■ **Vent des Dunes**③, Villa 20, Quartier des Dunes (etwas außerhalb, nahe Hotel Al Jasira), Tel. 0524 47 53 91, www.ventdesdunes.com. In einer schönen alten Privatvilla, jedes Zimmer im marokkanischen Stil mit Bad und TV, Garten, Frühstück und Abendessen im Berberzelt, sehr ruhige Lage. Meerblick von der Dachterrasse. Bewachter Parkplatz und Garage für Sportgeräte (Windsurfer). Es gibt auch Familienzimmer und ein Apartment.

Günstig

Eine Auswahl billiger Unterkünfte für Rucksackreisende findet man unter www.medinahostels.net. Die Hostels in der Medina liegen zwar zentral, aber nicht ruhig – empfehlenswert für Traveller, die lockere Atmosphäre und Gesellschaft suchen. Sehr billige, extrem einfache und meist dreckige Hotels gibt es rund um das Bab Doukkala. Am Busbahnhof warten Schlepper, die gegen Provision Unterkünfte vermitteln – lassen Sie sich nicht verwirren. In vielen der kleinen Riads sind die Besitzer nicht immer anwesend und die Rezeption ist nicht immer besetzt. Bei der Buchung wird man i.d.R. nach der Ankunftszeit gefragt und entsprechend abgeholt bzw. empfangen.

Atlantic Hostel① (ab 5 Euro im Schlafsaal oder auf der Dachterrasse), 34, Rue El Abbana, Medina, Mobil 0629 65 22 68, atlantichostel@hotmail.fr. Bei internationalen Backpackern sehr beliebtes Hostel mit gemischt-geschlechtlichen Schlafsälen und Doppel-/Dreierzimmern verschiedener Größe auf drei Etagen. Saubere Bäder/WCs am Gang (heiße Duschen), voll ausgestattete Küche für Selbstversorger, Mahlzeiten auf Anfrage. Sehr freundliches, hilfsbereites Personal, der Betreiber *Chalek* spricht sehr gut deutsch.

Cap Sim①-② (inkl. Frühstück), 11, Rue Ibn Rochd, Tel. 0524 78 58 34, www.hotelcapsim.com. Empfehlenswertes, sehr sauberes und bei Travellern beliebtes Hotel mit netter Einrichtung und Panoramaterrasse, WLAN. (Etwas kleine) DZ ohne und mit Bad. Kreditkarten werden akzeptiert.

Chakib①, 2, Rue Abdesmih, Tel. 0524 47 52 91. Beliebte Budget-Unterkunft mit einfachen Zimmern (die besten in der obersten Etage), direkt vor der Haustür liegt ein Frauen-Hammam.

Dar El Paco②, 10, Rue du Drâa, Mobil 0669 93 02 51, zentrale Lage ganz in der Nähe der Place Moulay Hassan, nur 5 kleine (ca. 10 m^2), gemütliche Zimmer im marokkanischen Stil und mit Außenfenstern. Kleine Dachterrasse, zuvorkommender Service und gutes Preis- Leistungsverhältnis. WLAN in den Gemeinschaftsräumen.

Dar Latigeo②, 12, Rue Youssef Ben Tachfine, Mobil 0618 26 76 07, www.darlatigeohotelessaouira.com. Einfaches, günstiges Riad im Zentrum der Medina mit gemütlicher Dachterrasse. Die hilfsbereiten, freundlichen Gastgeber *George* und *Latifa* haben allerlei Tipps parat. Sechs unterschiedlich gestaltete Zimmer (9–18 m^2), die meisten mit Gemeinschaftsbad/WC, auch zwei Zimmer mit eigenem Bad. V.a. während des Gnaoua-Festivals sehr beliebt.

Essaouira Hostel② (ab 7 Euro im Schlafsaal), 17, Rue Laghrissi, Medina, Tel. 0524 47 64 81, buchbar unter www.booking.com. Beliebte Backpacker-Unterkunft mit 17 Einzelbetten in Schlafsälen (einige getrennt nach Männern und Frauen), Gemeinschaftsbad und WC auf der jeweiligen Etage. TV und DVD-Player, WLAN, Nutzung der Küche möglich, Grillmöglichkeit auf der Terrasse, Spielzimmer und Bibliothek.

Ocean Medina② (ehem. Azzouz 7), Rue d'Agadir, in der Sackgasse Moulay Azzouz 7, Mobil 0658 52 15 02, www.riadoceanmedina.puzl.com. Der von dem netten französischen Paar *Christel* und *Guillaume* (sprechen englisch) betriebene Riad liegt nicht weit vom Bab Marrakech und der Supratours-Busstation. Sieben sehr gepflegte, hübsche Zimmer, zwei Dachterrassen mit Meerblick und Liegen, sehr gutes Frühstück, freundliches Personal. Besonders schön ist die Suite „Essaouira" auf der unteren Dachterrasse. Gutes Preis-Leistungsverhältnis!

Résidence El Mehdi②, 15, Rue Sidi Abdessamih, Tel. 0524 47 59 43, www.residenceelmehdi.com. Unterschiedlich gestaltete, z.T. schon etwas abgewohnte Zimmer in einem Stadthaus aus dem 19. Jh.; Restaurant im Innenhof. Beliebte Travellerunterkunft (v.a. während des Gnaoua-Festivals).

Riad Jade Mogador②-③, 16, Rue Ennaser, Tel. 0662 33 71 09, www.riadjademogador.com. Gemütliches, einfaches Gästehaus, das mit seiner Höhe (viele Treppen) die umliegenden Gebäude überragt. Herzliche Atmosphäre, gutes Frühstück auf der Dachterrasse mit tollem Ausblick. Saubere und gepflegte Zimmer mit Bad.

Souiri②, 37, Rue Lattarine, Tel. 0524 47 53 39, www.hotelsouiri.com. Freundliches, ruhiges und empfehlenswertes Hotel mit 36 auf drei Etagen verteilten, sauberen Zimmern und Panoramaterrasse. DZ mit und ohne Bad (Etagendusche), auch 3er-Zimmer mit/ohne Bad und ein Apartment mit zwei Zimmern und Küche.

Unterkünfte im Umland

Die Unterkünfte einige Kilometer außerhalb von Essaouira bieten Entspannung und Erholung abseits des Stadttrubels und lohnen sich für einen mehrtägigen Aufenthalt. Um zwischen Strand, Stadt und den Hotels zu pendeln, empfiehlt sich ein Mietauto.

Auberge Tangaro④, 7 km in Richtung Agadir, neben dem Golfplatz und Sofitel Mogador Golf & SPA, Tel. 0524 78 47 84, www.aubergetangaro.com. Das blau-weiße Hotel mit gemütlichem Innenhof, Terrasse und 18 Zimmern (mit Kamin) gibt es seit 1920 – am Wochenende ist es ein beliebtes Ausflugsziel. ½ Std. Fußmarsch zum Meer.

Baoussala④, El Ghazoua, 10 km von Essaouira, Mobil 0666 30 87 46, www.baoussala.com. In dieser „Ecolodge" im traditionellen Kasbahstil sind sechs sehr hübsche, unterschiedlich gestaltete Suiten und Zimmer mit Bad untergebracht. Das 5000-m^2-Gelände mit Eukalyptusbäumen eignet sich gut für einen ruhigen Urlaub abseits des Stadttrubels. Marokk. Essen im Berberzelt.

Casa Naima③, 18 km außerhalb, bis Ausfahrt El Ghazoua in Richtung Agadir, dann Richtung Marrakesch und nach Ida Ougourd rechts abbiegen. Mobil 0678 96 18 80, www.casa-naima.com. Die beiden Bretonen *Séverine* und *Jacques* errichteten hier auf 30.000 m² Land mit Quellwasser ein Wohn- und Gästehaus im Kasbahstil. Es gibt fünf hübsche Zimmer (mit Bad und Terrasse) und einen Pool, mehrfach täglich verkehrt ein Bus von der nahen Straße in die Stadt.

■ **Villa Amaryllis**③, Douar El Ghazoua (ca. 10 Min. Fahrzeit von Essaouira), Tel. 0524 79 28 29, www.villa-amaryllis.com. Das Haus von *Myriam* und *Bernard* liegt in einem 5000 m² großen, blühenden Park mit Eukalyptusbäumen. Acht stilvolle, große und komfortable Zimmer/Suiten unterschiedlicher Preislage, Pool und Terrasse, Hammam und Wellnessangebot, Ausflugsprogramm. Marokkanische und französische Küche auf Vorbestellung. Besondere Aktivität: Bernard nimmt Sie zu einer (Angel-)Tour auf seinem eigenen Boot mit.

■ **Villa Daba**④, km 8, Route d'Agadir, Douar El Ghazoua (ca. 10 Min. Fahrzeit von Essaouira, 3 km vom Golfplatz), Tel. 0524 79 29 56, Mobil 0650 02 20 05, www.villadaba.com. In der schön gelegenen Villa von *Bernadette* und *Didier* findet man Entspannung und Erholung zwischen Dünen und Meer. Die sechs hellen, geräumigen Zimmer und Suiten (alle mit Balkon oder Terrasse und Blick zum Pool oder Garten) sind individuell und liebevoll eingerichtet. Der ganzjährig geöffnete Pool ist beheizt. Essen auf Bestellung im Restaurant (marokkanische Gerichte und Fisch). WLAN, Parkplätze vor dem Haus, breites Ausflugsprogramm. Nur Barzahlung möglich!

■ **Riad Dar Maris**③, km 16, Route d'Agadir, Douar Bouzemour (ca. 10 Min. Fahrzeit von Sidi Kaouki), Mobil 0650 92 61 34, 0619 56 77 69, www.darmaris.com. *Françoise, Jean-Pierre* und ihr freundliches Personal sorgen in ihrem friedvollen, ruhigen Refugium für das Wohl der Gäste. Das Haus liegt in freier Natur in einem Arganienwald und bietet geräumige, preisgünstige Zimmer im Berberstil, alle mit eigener Terrasse. Pool, Bar, Restaurant (gutes Essen auf Vorbestellung), WLAN, Massageangebot.

■ **Ryad des Vignes**④, Domaine du Val d'Argan, Ounara (ca. 30 km in Richtung Marrakesch), Mobil 0660 24 18 93/92, www.riaddesvignes.com. In diesem gemütlichen Landhaus auf einem 30 ha großen Weingut gruppieren sich fünf farbenfrohe Zimmer mit Bad, AC/Heizung um den Pool im blühenden Garten. Panoramarestaurant mit feiner marokkanischer Küche, Arganien- und Olivenöl aus eigener Produktion und Weinverkostung nach Voranmeldung – hier wird der bekannte „Gazelle de Mogador" gekeltert.

ma16_055 ed

Auf der Terrasse von Jack's Apartments

Apartments/Ferienhäuser

In Essaouira werden inzwischen zahllose Apartments, Ferienwohnungen und ganze Häuser von Privateigentümern zur Miete angeboten. Günstige Angebote findet man online zum Beispiel auf diesen Seiten: www.homelidays.de, www.fewo-direkt.de oder www.airbnb.de.

■ **Casa Guapa de Tamazuiga,** Lotissement Azlef 404, gegenüber Hammam Ghita, Neustadt (15 Min. Fußmarsch in die Medina), Mobil 0662 83 94 34, www.casaguapa.info. Die charmante süddeutsche Besitzerin *Nadine* hat in ihrem „schönen Haus" zwei Apartments und ein Studio auf der Dachterrasse kreativ im marokkanischen Stil eingerichtet. Die geräumigen 2-Zimmer-Apartments (100 m², mit Zugang zur Terrasse) für bis zu 5 Pers. sind mit Küche, Wohnzimmer, Tadelakt-Bad, TV und WLAN ausgestattet. Leckeres Frühstück oder Abendessen, Flughafentransfer, Massagen etc. auf Bestellung. Parken vor dem Haus möglich. Nadine hat allerlei „Geheimtipps" parat, ihr freundliches Team kümmert sich um die Gäste. Apartment ab 64 Euro mit Frühstück für 2 Pers., Studio 50 Euro/2 Pers./Tag.

■ **Darsal,** buchbar über www.fewo-direkt.de, sallyecartwright@googlemail.com, frühzeitige Reservierung empfohlen. Der sehr schön gestaltete Riad (180 m²) der Engländerin *Sally Cartwright* in der Medina punktet mit einem unschlagbaren Preis-Leistungsverhältnis: ab 45 Euro/Tag (je nach Saison, ab drei Tagen) für den ganzen Riad! Das Haus hat zwei Dachterrassen und (auf insgesamt drei Etagen) drei Zimmer mit Bad für bis zu 8 Pers., zwei Küchen mit Esszimmer und ein Wohnzimmer. Das Hausmädchen *Aieda* bereitet Frühstück und Essen auf Bestellung, der Hausmeister *Fouad* kümmert sich um die Gäste – ideal für Familien oder Gruppen, aber auch für einen ruhigen Pärchenurlaub!

■ **Jack's Apartments,** Infos im Karimo-Real-Estate-Büro am Place Moulay Hassan hinten rechts (Durchgang Rue Ibn Rochd), Tel. 0524 47 45 00, www.jackapartments.com. Der deutschsprachige Schweizer *Jack Oswald* lebt in Essaouira, renovierte zahlreiche Häuser und vermietet darin schöne, traditionell eingerichtete Apartments direkt an der Stadtmauer (Rue de la Sqala) mit herrlichem Blick aufs Meer. Jedes Apartment hat Wohnzimmer, Schlafzimmer, Küche und Bad. Im Angebot stehen auch ein Landhaus außerhalb und eine wunderschöne Wohnung im ehemaligen britischen Konsulat. Die Preise variieren je nach Saison und Mietdauer zwischen 50 und 120 Euro pro Nacht.

Camping

■ **Sidi Magdoul,** Tel. 0524 47 21 96, von Agadir kommend kurz vor der Stadt rechts (hinter dem Leuchtturm), N 31°29,499', W 09°45,739'. Der Platz mit Schatten spendenden Bäumen hat wenig gepflegte Sanitäranlagen mit warmen Duschen. Zur Hauptsaison ist der enge Platz häufig mit Wohnmobilen überfüllt. Morgens kann man frisches Gebäck einkaufen.

■ **Stellplätze für Wohnmobile** befinden sich gegenüber des Leuchtturms Sidi Magdoul, beim Parkplatz am Hafen und an der Promenade am Bd. Mohamed V.

■ **Des Oliviers** *(chez Alain),* in Ounara, ca. 23 km Richtung Marrakesch, Mobil 0613 95 43 82, www.campingdesoliviers.com, N 31°31,97', W 09°32,80'. Sehr schöner, schattiger Platz mit Kinderspielplatz, Restaurant (im Sommer Disco), sauberen Sanitäranlagen (heiße Dusche), Strom und Pool (keine extra Gebühr). Übernachtung auch in Bungalows (bis 5 Pers.) möglich (①). Der marokkanische Künstler *Noureddine Binak* (Tel. 0610 51 69 12) bemalt auf Wunsch Wohnmobile mit Wüstenmotiven.

■ **Esprit Nature,** ca. 15 km von Essaouira Richtung Marrakesch (1,5 km vor Ounara) in ruhiger Lage, Mobil 0653 05 17 55, www.espritnature-essaouira.com, N 31° 33,204', W 09°37,490'. Sehr empfehlenswerter, gepflegter Platz des freundlichen französischen Ehepaars *Patrice* und *Séverine* (auch englischsprachig) in einem Forstgebiet mit guten Sanitäranlagen, Abwasserentsorgung für Wohnmobile, Waschmaschine, Pool (50 DH/Pers.), Minigolf und Abenteuerspielplatz (30 DH/Kind), Restaurant, Stellplätze mit Strom. 150 DH für 2 Pers. mit Fahrzeug.

■ **Le Calme,** in Idaougourd, ca. 10 km Richtung Marrakesch, Mobil 0661 53 04 13, www.campinglecalme.populus.org, N 31°25,95', W 09°39,41'. Gut ausgestatteter Platz mit Pool, Restaurant, Waschmaschine, schattigen Standplätzen und angeschlossenem Riad (DZ mit/ohne Bad). WLAN. 70 DH für 2 Pers. inkl. Poolnutzung und heißer Dusche.

■ **De la Plage,** 45 km hinter Essaouira Richtung Safi beim Plage Baibah.

■ **Dar Ch'tis,** Pistenabzweig (beschildert) ca. 16 km von Essaouira in Richtung Agadir, Tel. 0672 67 58 66, www.darchtis.com, N 31°24,71', W 09°42,55'. Der von Franzosen geführte Platz hat gepflegte, parzellierte Stellplätze, saubere sanitäre Anlagen mit heißer Dusche und einen Pool. 80 DH für 2 Pers. mit Wohnmobil inkl. Strom.

Essen und Trinken

In Essaouira existieren mittlerweile unzählige Restaurants und Cafés, eine Auswahl fällt schwer. Eine umfangreiche Liste guter Lokale mit Preisklasse und Speisenangebot findet man unter **www.chezrebecca.com.** Empfehlenswerte Adressen sind u.a.:

■ **Au Bonheur des Dames,** Marché aux Grains im Souk, Tel. 0524 47 59 68, tägl. bis 18 Uhr. In diesem kleinen, feinen Terrassencafé halten die sympathischen Gastleute eine große Auswahl an Teesorten, Kaffee und frischen Saftcocktails (je nach Saison) bereit. Auch leckere Tagesmenüs (ca. 75 DH) mit frischen Waren aus dem Umland. Man sitzt sehr gemütlich im Hof des alten Getreidemarkts und kann mit dem Laptop seine Mails checken

(WLAN). Alle Zutaten (inkl. Eiswürfel) sind mit Mineralwasser zubereitet oder gewaschen.

■ **Beach and Friends,** Bd. Mohamed V., an der südlichen Promenade direkt am Strand, Tel. 0524 47 45 58, www.beachandfriends.com. Ideal zum Chillen auf den Sofas drinnen und draußen, oft Konzerte und andere Events. Alkoholausschank, Pizza, Snacks und Salate zu moderaten Preisen.

■ **Bouâmama,** Marché aux Grains. In diesem netten, recht günstigen Café am Getreidemarkt gibt es dem Namen entsprechend Snacks und Mittagessen „wie bei Muttern", auch Frühstück.

■ **Café des Arts,** 57, Av. d'Istiqlal, Mobil 0612 20 48 70. Günstiges Restaurant mit marokkanischer Küche, man sitzt an kleinen Tischen auf zwei Stockwerken verteilt. Regelmäßig Konzerte lokaler Talente (Gnaoua u.a.). Kein Alkoholausschank, Mitnahme von eigenem Wein erlaubt. Freundlicher Service und entspannte Atmosphäre.

■ **Café Jalil,** 42, Rue Siyaghine, etwas versteckt hinter dem Marché aux Grains (alter Getreidemarkt), Mobil 0658 37 69 56. In diesem einfachen, aber sehr authentischen und preisgünstigen Restaurant kommen alle Zutaten für Suppen, Tajine, Couscous und Omelette frisch vom Markt. Es stehen nur zwei Tischchen vor dem Lokal. Wer möchte, kann beim freundlichen *Jalil* eine Tajine mit Wunschzutaten mittags für das Abendessen vorbestellen (auch mit selbst mitgebrachten Zutaten)!

■ **Caravane Café,** 2 bis, Rue Cadi Ayad, Tel. 0524 78 31 11, tägl. ab 14 Uhr außer So/Mo. Angesagtes Künstlercafé von *Didier Spindler* in einem originellen Riad voller Bilder und Skulpturen. Internationale Gerichte zu gehobenen Preisen.

■ **Chalet de la Plage,** 1, Bd. Mohamed V., Tel. 0524 47 59 72, direkt am Strand. Wirkt mit der dunklen Einrichtung im Schiffsambiente im Interieur nostalgisch-verstaubt, auf der windgeschützten Freiluftterrasse mit Blick auf den Strand und den Hafen sitzt man jedoch sehr schön. Gutes Essen und sehr guter Service, Alkoholausschank.

■ **Chez Ben Mostafa,** am Pl. Moulay Hassan neben dem alten Justizpalast. Beliebter Treffpunkt von Touristen und Einheimischen, um auf der Terrasse zu sitzen, einen Tee zu trinken und das Treiben am Platz zu beobachten. Auch günstiges Frühstück.

■ **Chez Sam,** Tel. 0524 47 65 13, ganz am Ende des Hafens, tägl. 12–15.30 und 19.30–22.30 Uhr. Fast schon legendäres Restaurant am Platz mit maritimer Küche und Alkoholausschank (vorzüglicher Mogador-Wein aus der Region!). Urige Seemanns-Atmosphäre mit Blick aufs Hafenbecken, ein Fensterplatz zum Wasser sollte reserviert werden. Bei gutem Wetter kann man auf der Terrasse draußen am Meer sitzen. Menü ab ca. 100 DH, Fischgerichte (z.B. Fischtajine) und Meeresfrüchte.

■ **Dar Baba,** 2, Rue Marrakech, Tel. 0524 47 68 09. Sehr gutes italienisches Restaurant in einem Riad mit schönem Ambiente: hausgemachte Nudeln, Käse, Kuchen, Crème Caramel, italienischer Cappuccino, Wein, Bier.

■ **D'Orient et d'Ailleurs,** 67 bis, Rue Touahen, nahe der Sqala, Tel. 0524 47 59 77, www.dorientetdailleurs.com. *Liliana* und *Lawrence* servieren marokkanische und französische Spezialitäten (auch Fischgerichte) aus saisonal wechselnden frischen Zutaten, besonders lecker sind die Desserts. Angenehmes, romantisches Ambiente für einen entspannten Abend. Freundlicher und unaufdringlicher Service. Gute Auswahl an marokkanischen Weinen. Gehobene Preisklasse.

■ **Elizir,** 1, Rue Agadir/Ecke Av. d'Istiqlal, Tel. 0524 47 21 03, www.elizir.com. Dieses kleine Restaurant ist eines der angesagtesten der Stadt – eingerichtet wie ein Pop-Art-Museum, eine Junge-Leute-Heimatstube der 1960er und -70er Jahre. Sehr viel Atmosphäre, Küche mit französischen, italienischen und spanischen Einflüssen, Menü ab 170 DH.

■ **Essalam,** Place Moulay Hassan (ggü. Taros und Café Ben Mostafa). Schon lange eines der günstigsten und populärsten Restos am Platz, 3-Gänge-Menü für rund 60 DH, ideal für ein Mittagessen. Sitzgelegenheit auf der überdachten Terrasse.

■ **Ferdaouss,** 27, Rue Abdesslam Lebadi (Nebengasse der Av. Ben Abdallah), Tel. 0524 47 36 55 (Reservierung nötig), tägl. 12–14.30 und 18.30–22.30 Uhr. Sehr gute marokkanische Küche im 2. Stock eines alten Stadthauses. Wein darf man selbst mitbringen.

■ **Il Mare,** 43, Rue de la Sqala, direkt an der Sqala-Mauer, Tel. 0524 47 64 17, www.ilmaressaouira. com. Von der obersten Terrasse hat man einen wundervollen Blick auf die Bastion und übers Meer – besonders schön bei Sonnenuntergang. Abends häufig Live-Musik und Treffpunkt für Nachtschwärmer, z.B. während des Gnaoua-Festivals. Fischgerichte (ab 125 DH), Tajine, Holzofenpizza (ca. 90 DH) und Pasta (ab 85 DH) zu gehobenen Preisen. Alkoholausschank.

■ **La Cantina,** 66, Rue Boutouil (am kleinen Platz in der Nähe der Mellah), Tel. 0524 47 45 15, tägl. außer sonntags. In diesem Lokal unter englischer Führung werden hervorragende, selbst zubereitete Desserts wie Käsekuchen und Tiramisu serviert! Außerdem gibt es mexikanische und britische Küche mit viel Chili und nicht zuletzt eine große Auswahl für Vegetarier.

■ **La Licorne,** 26, Rue de la Sqala, Tel. 0524 47 36 26, www.lalicorne-essaouira.com, tägl. ab 19 Uhr. Stilvolles, gut besuchtes Restaurant in einem Altstadthaus direkt an der Sqala. Sehr gute, z.T. vegetarische Gerichte (Tajine ab 85 DH, Fisch ab 100 DH, Menü 160 DH), gute Weinkarte.

■ **Le Fanatic,** Bd. Mohamed V., direkt an der Strandpromenade auf halber Strecke zum Ocean Vagabond und Club Mistral, Tel. 0524 47 50 08. Hier kann man schön draußen auf der Terrasse sitzen und einen Drink genießen (auch Alkoholausschank), v.a. bei schönem Wetter sehr beliebt. Sehr freundliches Personal, auch für allein reisende Frauen angenehm.

■ **Le Safran,** im Marché aux Grains (alter Getreidemarkt), Mobil 0600 60 50 31, tägl. 9–21 Uhr. Leckere marokkanische Küche, frisch zubereitete Spezialität: Fisch und Pastilla, schön für ein Mittagessen auf der Terrasse im alten Getreidemarkt.

■ **Le Table by Madada** (ehem. After 5), 7, Rue Youssef El Fassi, nahe Bab Sbaa, Tel. 0524 47 33 49, www.latable-madada.com. Schickes Restaurant mit Lounge in einem sehenswerten Gewölbe – ideal für einen „Apéro" am frühen Abend. Hervorragende Bistroküche mit Fisch und Meeresfrüchten, auch Tapas und Cocktails an der Bar. Gute Weinauswahl, freitags und samstags Live-Musik. Wechselnde Kunstausstellungen und Kochkurse, auch als Location für Privatfeiern buchbar. Gehobene Preisklasse.

■ **Les Alizés de Mogador,** 26, Rue de la Sqala, Tel. 0524 47 68 19. In diesem sehr beliebten Lokal in Gewölberäumen direkt am Fuße der Stadtmauer gibt es sehr gute marokkanische Küche und Weine (sowie andere Alkoholika). Eine Reservierung ist sinnvoll.

■ **Loubous,** 32, Lot. Bin al Aswar, direkt hinter der Stadtmauer am Bab Sbaa (außerhalb der Medina), Mobil 0661 35 11 70, www.loubouslounge.com. Lounge und Restaurant mit regelmäßigen Live-Auftritten (Disco, Tanz, Kabarett, DJs), auch während des Gnaoua-Festivals. Französische Küche mit marokkanischem Einfluss zu gehobenen Preisen.

■ **Miyame,** 19, Rue Jbala, Mobil 0655 58 79 61/0**.** Winziges, preiswertes Lokal in einer ehemaligen Koranschule mit sehr guter marokkanischer Küche, geführt von einer sehr herzlichen, gastfreundlichen Familie. Pastilla und andere Gerichte nach Wunsch auf Vorbestellung. Prima Preis-Leistungsverhältnis, Reservierung am Abend dringend empfohlen. Kein Alkoholausschank.

■ **O'Bleu Mogador,** 28, Rue Bouchentouf, wenige Gehminunten vom Bab Marrakech, Tel. 0524 78 31 33, tägl. ab 19 Uhr, mittags nur nach Reservierung. Die hervorragende „Cuisine Fusion" des Franzosen *Serge Peuzin,* der bereits Restaurants in Luberon und Aix-en-Provence betrieb, ist inspiriert durch mediterrane und marokkanische Einflüsse. Kreative Menüs mit Fleisch- und Fischgerichten, Meeresfrüchten und Zutaten frisch vom Markt. Freundliches, stimmungsvolles Ambiente im Erdgeschoss eines kleinen Riads. Gehobene Preisklasse.

■ **Ocean Vagabond,** am südlichen Ende des Bd. Mohamed V. (auf Höhe der Villa Quieta), tägl. 9–18 Uhr, www.oceanvagabond.com. Chill-Restaurant und Wohlfühl-Café der Surferszene mit abwechslungsreicher Tageskarte (Putensteak, Pizza, diverse Baguettes, Salate). Nette Terrasse zum Meer und angeschlossenes Surfcenter (s.u.). Alkoholausschank, Strandliegen für Gäste gratis.

■ **Pasta Baladin,** 48, Rue Laalouj, Mobil 0661 60 45 04, www.riadbaladin.com, montags Ruhetag. Keine Lust auf Tajine & Co.? Hier gibt es eine kleine Speisekarte mit günstigen Nudelgerichten (50–60 DH, auch zum Mitnehmen) und Salaten.

■ **Patisserie Chez Driss,** 10, Rue El Hajjali, direkt am Place Moulay Hassan. Führendes Kaffeehaus am Platz mit reicher Geschichte, wovon die zahllosen Fotos von prominenten Gästen an den Wänden Zeugnis ablegen. Sehr gutes Gebäck und günstiges Frühstück, mit Dachterrasse.

■ **Ramses,** Rue Ibn Rochd, Tel. 0524 47 21 39. Grundsolide marokkanische Küche, auch Fischgerichte zu moderaten Preisen.

■ **Sirocco,** 15, Rue Ibn Rochd, Tel. 0524 47 23 96. *Anni Garnier,* die Hausherrin, führt das Restaurant mit Herzenswärme. Sie oder ihr Sohn *Gregory* kümmern sich persönlich um das Wohl der Gäste. Mittlerweile hat sich das Restaurant in einem tollen Gewölbe vom Tipp für Insider zur festen Größe in Essaouira gemausert. Sehr gutes Essen (marokkanische Küche mit internationalem Touch) zu mittleren bis leicht gehobenen Preisen, exzellente Pastilla und zum Dessert *Fondant au chocolat!* Häufig gibt es Live-Musik zu hören.

■ **Taros Café,** 2, Rue de la Sqala/Ecke Place Moulay Hassan, Tel. 0524 47 64 07, www.taroscafe.com. Das Taros Café ist Restaurant, Roof-Garden, Boutique und Kunstgalerie in einem. Das stilvolle Haus von *Alain Fillaud* wird vor allem von internationalem Publikum besucht, daher entsprechende Preise. Diniert wird im Salon, einen Digestiv, Cocktail oder Espresso genießt man auf der sehr schönen Dachterrasse mit Blick auf den Platz. Der Service ist vorbildlich, die Küche einfallsreich (Salate, Fisch, Fleisch, Gericht um 130 DH, kleine Portionen). Regelmäßig gute Live-Musik, auch Zaubershows.

- Bei den **Fischbuden vor dem Hafen** am kleinen Platz zwischen Bab El Minzah, Pl. Moulay Hassan und Fischmarkt kann man unkompliziert frisch gegrillten Fisch (z.B. Sardinen und Seezungen) oder Meeresfrüchte essen. Man sitzt direkt an den Buden an einfachen Tischen und Bänken. Die angeschriebenen Preise gelten für alle Stände, Salat und andere Beilagen kosten extra. Vorsicht: Die Kellner versuchen gelegentlich, höhere Preise zu verlangen (z.B. den Preis für Langusten statt für Garnelen).

Einkaufen

Die **ganze Altstadt** von Essaouira ist ein Einkaufsparadies für Liebhaber orientalischer Wohnkultur und Kunsthandwerk sowie für Bilder und Skulpturen. Essaouira ist besonders für seine qualitativ hochwertigen Thujenholzarbeiten und bunten Webereien bekannt. Im Gegensatz zu den Souks in Marrakesch wird man beim Bummeln in Essaouira kaum von Händlern bedrängt. Die Preise sind nicht niedrig, aber mit etwas Verhandlungsgeschick kann man noch Schnäppchen ergattern.

Zeitungen/Bücher

- Zeitungen, Bücher, Postkarten etc. gibt's in der **Kasbah Boutique** zu Beginn der Rue Sidi Mohamed Ben Abdallah, kurz vor der Abzweigung zur Galerie La Kasbah.
- Eine gut sortierte Buchhandlung mit englischen und französischen Reiseführern, Postkarten usw. ist die **Librairie La Fibule** am Place Moulay Hassan.

Galerien/Kunst(handwerk)/Souvenirs

- **Infos** zu den Galerien in der Stadt finden sich online unter https://essaouira.madeinmedina.com.
- **Galerie Damgaard,** Rue Oqba Ibn Nafi, Tel. 0524 78 44 46, www.galeriedamgaard.com, tägl. 9–13 und 15–19 Uhr. 1988 gründete der Skandinavier *Frédéric Damgaard* eine Galerie mit Werken lokaler Künstler – ein Haus, das immer noch weit nach Europa hinein wirkt, auch wenn *Damgaard* 2006 die Räumlichkeit an *Alain Graffe* und *Claude Jadot* abgab. Die ganze Fülle lokaler Kunst ist dort zu sehen – und zu erwerben.
- **Galerie La Kasbah,** Attar Kabir, 4, Rue Tétouan, Tel. 0524 47 56 05. Das alte Gebäude (ein Funduq) ist ein Gesamtkunstwerk: Hier gibt es Antiquitäten, Kunsthandwerk, alte Türen, Keramik etc. zu kaufen. Ein Besuch lohnt sich auch ohne Kaufinteresse!
- **Marea Arte,** 7, Rue Youssef El Fassi, Tel. 0524 75 50 70. „Gott wollte, dass die bescheidene Arbeit, die meine Schöpfung zu schaffen vermag, das Bild von Essaouira hat und genauso nützlich ist wie der Zement, mit dem man Wandlampen an die Mauern heftet." So steht es auf dem Votivbild, das 2006 zur Beisetzung von *Ruggero Giangiacomi* ausgegeben wurde. 76 Jahre war der Italiener aus Ancona alt, als er am katholischen Friedhof hinter dem Doukkala-Tor seine letzte Ruhe fand. Unbedingt sehenswerte Galerie.
- Haupteinkaufsmeile für Kunsthandwerk ist die **Rue Sidi Mohamed Ben Abdellah** mit den abgehenden Gassen.
- Im **Ensemble Artisanal** in einem Hofkomplex direkt beim Bab Marrakech kann man Kunsthandwerk zu fairen Festpreisen einkaufen. Die große Silberwerkstatt verkauft hübschen Schmuck.

Lebensmittel/Alkohol

- **Carrefour-Supermarkt** (Alkoholverkauf) am Kreisverkehr Richtung Ounara, **Aswak Assalam** am nördlichen Ende der Av. Al Aqaba (östlich der Medina).
- Am Bd. Moulay Youssef, vom Bab Doukkala kommend der Mauer entlang, nach ca. 100 m auf der linken Seite, gibt es einen **Alkohol-Laden** (Bier und große Weinauswahl, am Freitag erst spätnachmittags geöffnet).

Vorsicht bei **Gewürzen und Duftstoffen:** Oft werden Touristen unechter Moschus oder falscher Safran angedreht. Die Gewürzpreise sind völlig überhöht! Empfehlenswert ist der Gewürzladen (Herboristerie) **Chez Makki** der Brüder *Makki* im Marché aux Grains (alter Getreidemarkt): seriöse und gute Beratung, es gibt auch gutes Arganienöl, Kosmetik und Töpferwaren.

Auch bei **Arganölprodukten** sollte man vorsichtig sein und nur direkt bei Frauenkooperativen im Herstellungsgebiet kaufen (z.B. ArganEssaouira der Kooperative Tidzi, www.arganessaouira.com).

Notfall/Medizinische Versorgung

- **Polizei:** Tel. 190 oder 0524 78 48 80.
- **Gendarmarie Royale:** Tel. 177.
- **Protection Civile** (Lebensrettung): Tel. 150.
- **Notarzt** (tagsüber): Tel. 0522 44 21 50.

Rhani Krija – Weltmusik-Percussionist mit Wurzeln in Mogador

von Norbert Schmidt

Wer sind sie und wo, die einem breiteren Publikum bekannten Bewohner Essaouiras? Die Stadt am Atlantik ist – anders als die angesagten Marrakesch-Locations – kein schillernder Laufsteg. Die Präsenz der *Jimi Hendrix, Brian Jones* & Co. ist Legende. *Frederic Damgaard* hat seine Galerie abgegeben. Die international geachtete und gleichwohl scheue Malerin *Regraguia Benhila* nahm im November 2009 still und leise Abschied von dieser Welt. Unbedingter Essaouira-Promi der Gegenwart ist der französische Aristokrat *Philippe Pozzo di Borgo* („Pommery"), dessen Lebensgeschichte den Stoff gab für den Erfolgsfilm „Ziemlich beste Freunde". Er lebt mit seiner zweiten Frau *Khadija* im Hinterland. Aber da gibt es auch den in Essaouira wurzelnden und im Kölner Agnesviertel lebenden „Musique du Monde"-Percussionisten *Abdelrhani Krija,* der in seinem Metier in der Champions League spielt. Einer seiner „Brötchengeber" ist der britische Rock-Musiker, Sänger und Bassist *Sting* (Ex-Police), zu dem er 2002 auf Empfehlung des Drummers *Manu Kathé* stieß.

Wir gehen mit Rhani Krija auf **Spurensuche** in Essaouira, zwischen Arabern und den Berbern aus dem Hinterland, zwischem internationalem Publikum und Residenten. Dem unkonventionell Reisenden erscheint die Stadt wie der Gegenentwurf zu Agadir. Dort kam Rhani am 21. Dezember 1971 zur Welt, wuchs mit drei Geschwistern auf, erzogen von Vater *Mohamed* und Mutter *Zahra,* eingebettet in eine weit verzweigte Verwandtschaft. Alles andere als typisch für Marokko, aber die Eltern und deren Weitsicht auszeichnend: 1977 verlegten sie ihren Wohnsitz nach Casablanca – der Schulbildung ihrer Kinder wegen. So konnte Rhani in Deutschland studieren, und seit 1999 besitzt er einen deutschen Pass.

Der **„Spielplatz"** des kleinen Rhani war die **Medina:** Moulay Azziz Nummer 12, in Verlängerung der Rue d'Algerie. Der Musiker erzählt von den Brunnen, an denen er morgens und abends Wasser holte; am Ensemble Artisanal und an der Moschee Tripoli in der Rue de l'Iraque. Erzählt vom Backhaus in der Rue de l'Algerie und von den Épicerien, den Läden fürs Alltägliche in der schmalen Avenue El Qouri. Vom Handwerker, bei dem sich der Vater für ein Schwätzchen aufhielt, von *Moulay Ali,* dem Schlüsselhändler. Von den Souks mit dem überreichen Angebot an Fisch, Gewürzen, Gemüse, Fleisch. Erzählt von klaren Regeln in einem transparenten Alltag. Rhani lobt das Bewusstsein der Kaufleute früherer Jahre: alles blitzblank sauber. Vieles sei nicht mehr so wie damals. „Wenn einer faul ist, verbreitet sich das schneller als der Fleiß."

Später lag das Abenteuer auf dem Platz jenseits des Bab Marrakech, **am Strand,** bei den Fischgrills am Hafen. „Sardinen im Überfluss, Zitrone, Brot, Salat – und eine Cola." „Damals haben wir im Meer gebadet. Das würde ich heute dort nicht mehr tun."

Der Strand war fast immer leer. Es gab weiland nur das Hotel des Îles, zu Protektoratszeiten eine Kaserne. Und gegenüber das Chalet de la Plage, das (Fisch-)Restaurant Chez Jeannot. Das ist Rhani eine Art Heimstatt geblieben. Unlängst war er mit Kollegin *Annie Lennox* da, die ihrerseits im L'heure bleue wohnte, einem Nobelhotel. Lieblingsspeise des Percussionisten: Rührei mit Seeigel, zubereitet mit Arganöl – und dazu *Thé à la menthe.* Mit Annie war Rhani aber auch Chez Sam, vorn im Hafen, jenem Restaurant, das in *Wolfgang Niedeckens* (BAP) Augen „weltweit der beste Fischladen" ist.

Essaouira ist die Heimstatt der **Gnawa-Musik** – und mittelbar waren es deren Einflüsse, die Rhani Krijas Weg lenkten, die ihn das Technikstudium bleiben ließen, um sich nur noch Klängen und Rhythmen zu widmen, um damit und davon zu leben. Hinsichtlich des Einflusses meint

ma16_171 ns

er vor allem die Einstellung der Musiker, ihren Geist, ihre Emotion. „Gnawa basiert auf Trance. Ein guter Musiker kann seine Audience in Trance versetzen, kann seine Zuhörer loslösen." Musik sei zunächst als Heilmittel zu betrachten gewesen – „das mit der Unterhaltung kam später". Musik ein Heilmittel? „Gnawa sagen: Die Definition von Krankheit ist die Entfernung des Geistes vom Körper; mit Musik bringst du beides wieder in Einklang."

Wie war das für ihn als Kind? „Wenn die Musiker durch die Straßen zogen, war ich überwältigt von deren Macht, deren Einfluss. Es war weniger der Sound. Man wusste, es ist etwas Heiliges, aber auch etwas Selbstverständliches und Mystisches." Angst? Nein. „Als Kind bist du mit diesen Klängen und Rhythmen eingeschlafen. Und sofort aufgewacht, wenn sie aufhörten."

Gnawa – auch Gnaoua geschrieben – ist für Rhani Identität. Auch wenn er ganz andere, viel weitere Klangteppiche zu knüpfen pflegt mit Derbouka, Riqq, Frame drums, Congas, Bongos, Djembe, Carribbean Timbales. Seine **Einflüsse** reichen von traditionellen arabischen, nordafrikanischen und andalusischen Rhythmen, von lateinamerikanischen Stilrichtungen über Blues und Reggae zu Rock und Pop. Rhanis Musik ist mit *Michael Buthes* Kunst vergleichbar: geprägt von opulenter Farbigkeit, ornamentalen Mustern, bizarren Momenten, rätselhaften Zeichen. Und man meint, auch immer die Sonne zu sehen, die Palmen. Bald jede Klangfolge eine Auseinandersetzung mit der westlichen und der östlichen Mystik.

Zurück in die Altstadt, auf die Place aux Graines, den Kornmarkt am Souk. Zu *Abdelatif* und *Driss*, zu *Abderachim* und *Zaccharia*, zu Rhanis **Onkeln und Cousins,** die dort als Schuster arbeiten, als *Cordonniers* – Abdelatif in jenem Verschlag, in dem Rhanis Opa aus Tieta-El Henchane Schuster war. Nur Zaccharia beendete unlängst die Tradition, machte aus seiner Werkstatt das Café-Restaurant Bouâmama, folgte dem steten Wandel an dieser Stelle der Stadt. Die fingerfertigen Handwerker bewundern den von Rhani beschrittenen Pfad, die Courage des Kleinen, bekommen leuchtende Augen, wenn man sie als Fremder auf ihn anspricht.

Der **Geist der Stadt** sei immer gleich geblieben, sagt Rhani, trotz der Entwicklung, der äußerlichen Veränderungen. „Saouiris sind immer dem Fremden gegenüber offen. Sie hatten ja auch immer mit Fremden zu tun, allein des Meeres wegen." Saouiris seien Künstler und sie seien Künstlern zugeneigt. Wenn er zu Hause sei, sagt Rhani, sitze er oft auf der Skala und höre das Echo der Stadt. Sehe unendlich Bilder in sich aufsteigen. „Diese Mauern strahlen etwas ab: Wenn man bei sich ist, kann man unheimlich viel mitbekommen von dem, was vor der eigenen Zeit war." Sie künden von einer Kultur, die es zum Teil nur noch in der Erinnerung gibt.

Übrigens gilt Rhani Krija in Essaouira nicht als populärer Sohn der Stadt: „Nur Freunde und Weggefährten kennen mich. Die Leute aber nicht. Das finde ich gut! Man nimmt mich, wie ich bin." Er werde nicht umgarnt und hofiert, (nur) weil er ein international anerkannter Musiker sei. Rhani liebt das Gespräch mit den Alteingesessenen, die ihm die Stadt spiegeln in den Farben, Formen und Gewohnheiten, wie sie vor 20, 30 und mehr Jahren waren. Mit Leuten, die dann auch seine Familie kennen.

An einem der Juni-Wochenenden hängt Rhani draußen in der Welt den Klängen aus der Heimat nach, ist in Gedanken in Essaouira – oder selbst vor Ort: beim **Gnawa-Festival.** 2003 trat er dort selbst erstmals vor zehntausenden Besuchern auf, darunter seine Eltern. Ein andermal hat er mit *Keziah Jones* gespielt, dem kosmopolitischen Musik-Philosophen aus Nigeria. 2009 vor großer Menschenmenge am Bab Marrakech mit der WDR-Bigband („Jazz l'Arab"). Deren Manager und Produzent *Lukas Schmid* habe sich damals die Zeit genommen, sei allein durch die Medina geschlendert, habe dann gesagt: „Jetzt weiß ich, was Du für einen Weg gemacht hast, jetzt wo ich gesehen habe, woher du kommst. – Das hat mich geehrt!"

Rhani Krija bleibt der Heimat auch in der Fremde treu: Für sich und seine Familie, die Ehefrau aus Köln und die beiden Kinder, baut er 25 Kilometer landeinwärts in Ounara ein Haus.

■ **www.rhanikrija.com**

■ **Notfallapotheke** im Rathaus.

■ **Krankenhaus:** Hôpital Sidi Mohamed ben Abdellah, am Bd. de l'Hôpital, Tel. 0524 47 57 16.

■ **Tierarzt:** Cabinet Veterinaire La Lagune, *Dr. Adnane El Ajl*, 504, Av. Allal Al Fassi, Lot. 5, Tel. 0524 47 28 87, Mobil (Notfall) 0661 56 16 10.

Taxis/Sammeltaxis

■ **Petits Taxis** am Bab Doukkala und am Bab Sbaa, 7 DH im Stadtbereich. Ein Taxi zum Flughafen kostet ca. 100 DH.

■ **Sammeltaxis** hinter dem Busbahnhof, z.B. nach Agadir ca. 75 DH p.P. (3 Std. Fahrzeit, zum Flughafen muss man in Inezgane in ein anderes Grand Taxi umsteigen), nach Marrakesch ca. 90 DH p.P.

■ **Grands Taxis** warten ebenfalls am Bab Doukkala. Preise für ein komplettes Taxi: nach Agadir (auch zum Flughafen) ca. 800 DH, nach Marrakesch ca. 700 DH, nach Sidi Kaouki ca. 150 DH.

■ **Nawras Mogador Tours** organisiert zuverlässig alle erdenklichen Transfers mit Taxis und Minibussen (Tag und Nacht), z.B. Abholung vom Flughafen Marrakesch oder Agadir, Tel. 0524 47 30 42 oder Mobil 0661 20 70 45, www.transport-nawrasmogador.com. Ansprechpartner sind *Hamid* oder *Aziz el Kouchi*.

Stadt-/Regionalbusse

■ **Linie 1:** bis Diabat.
■ **Linie 2:** etwa alle 1½ Std. nach Sidi Kaouki.
■ **Linie 3:** alle 2 Std. in den Süden nach Smimou.
■ **Linie 4:** nach Hrarta.
■ **Linien 5 und 6:** Richtung Osten nach Had Drâa, El Hanchane.
■ **Linie 7:** nach Sidi Ishak.

■ Die **Linien 1** und **4** (in der Stadt) fahren auch am Strand entlang.

Eine Übersicht über die Stadtbuslinien mit Fahrplan findet man an der Anschlagtafel im Touristenbüro. Die meisten Busse der Gesellschaft Lima Bus verkehren bis etwa 18 Uhr; Start am Bab Doukkala.

Fernverkehrsbusse

Der **zentrale Busbahnhof** (Tel. 0524 78 52 41) befindet sich ca. 500 m nordöstlich der Medina in der Neustadt (10 Min. zum Bab Doukkala), Rue Ghazouat Badr, Quartier Industriel. Vorsicht vor Schleppern, die Hotels empfehlen und Provision kassieren!

CTM-Busse

■ **CTM-Büro,** Tel. 0524 78 47 64. Infos unter www.ctm.ma. Die CTM-Busse fahren am Place 11 Janvier, Lotissement Azlef, ab.

Die „windy city“ ist beliebt bei Surfern

ma16_054 ed

Verbindungen und Preise:

- **Agadir:** 2x tägl. nachmittags, 60 DH, Fahrzeit 3–4 Std. Wenn man einen Anschlussflug nach Deutschland bekommen will, dann ist es besser, ein Sammeltaxi zu nehmen. Es fahren auch Privatbusse mehrmals täglich.
- **Safi:** 3x tägl. vormittags, 50 DH, 2 Std.
- **Casablanca:** 3x tägl., 130 DH, 6 Std.
- **El Jadida:** 3x tägl., ca. 90 DH, 4 Std.
- **Guelmim (über Tiznit):** Nachtbus, 140 DH, 7 Std., Ankunft um 1 Uhr nachts.
- **Marrakesch:** 2x tägl., 70 DH, 3 Std.

Supratours-Busse

- **Büro und Abfahrtsplatz** gegenüber des Borj Sud (nahe Bab Marrakech, Av. Lalla Aicha, Tel. 0524 47 53 17) – am besten zwei Tage im Voraus reservieren! Infos unter www.oncf.ma.

Verbindungen und Preise:

- **Agadir:** 1x tägl. nachmittags, 3½ Std. Fahrzeit bis Agadir, 65 DH.
- **Marrakesch:** 6x tägl., Fahrzeit ca. 3 Std., 70 DH, Komfortbus 100 DH. Der Mittagsbus hat Anschluss nach Tinerhir, Umsteigen in Marrakesch, 11 Std. Fahrzeit.
- **Safi:** 1x tägl., 40 DH, 2.15 Std. Fahrzeit.

Privatbusse

Private Busse diverser Gesellschaften fahren mehrmals täglich nach Marrakesch, Agadir und zu anderen Zielen (Casablanca, Rabat, Fès, Taroudannt etc.). Eine Reservierung ist nicht möglich, die Abfahrtszeiten wechseln ständig. Die privaten Busse sind zwar billiger, aber wesentlich schlechter in Schuss (Unfallgefahr!).

Flugverbindungen

- **Flughafen:** Tel. 0524 47 67 04/05. Essaouira wird 2x die Woche von Casablanca von der Royal Air Maroc angeflogen. Außerdem fliegen Transavia (ab Paris) und Ryanair (ab Brüssel, Marseille) saisonal nach Essaouira.

Rund ums Auto

Autoverleih

- **Chemins de l'Atlas,** Annassim 244, El Ghazoua, Mobil 0619 67 74 37, www.chemins-atlas.com. Vermietung von voll ausgerüsteten (Dachzelt, Campingausrüstung, Kühlbox etc.) Geländewagen ohne Fahrer.
- **Essaouira Travel Car,** 4, Rue Wad el Makhazin (Neustadt), Tel. 0524 78 31 66, www.essaouiratravelcar.net.

Parken

Mehrere bewachte Parkplätze befinden sich rund um den Hafen und am Bab Marrakech. Auch an der Strandpromenade (Bd. Mohamed V.) gibt es Parkbuchten. Offizielle Parkgebühr: 20 DH am Tag plus 10 DH nachts.

Geldwechsel/Post/Internet

- Mehrere **Banken mit Geldautomat** verteilen sich rund um den Place Moulay el Hassan.
- Eine **Post mit Wechselbüro** befindet sich direkt neben dem Museum in der Av. Laâlouj. Die **Hauptpost** ist in der Neustadt in der Av. Lalla Aicha.
- Es gibt diverse **Internetcafés,** z.B. beim Bab el Minzah nahe des Pl. Moulay Hassan, beim Parkplatz am Hafen und in der Rue de Caire beim Touristenbüro. Immer mehr Hotels und Cafés verfügen über drahtlosen Internetzugang (WLAN).

Surfen/Wassersport

- Das Wassersportzentrum **Club Mistral/Ocean Vagabond** (Bd. Mohamed V., Tel. 0524 78 39 34, www.ocean-vagabond.com) mit Privatstrand (Liegestühle) und angeschlossenem Café/Restaurant (s.o.) befindet sich am südlichen Ende der Promenade (Höhe Villa Quieta, beim Denkmal in der Kreuzung) und bietet Kurse sowie Leihausrüstung für Wellenreiter, Wind- und Kitesurfer an. Ein dazugehöriges Gästehaus liegt in der Querstraße Lalla Aicha. Die Anfängerkurse finden vormittags statt, wenn der Wind noch nicht so stark ist. Ein Rettungsboot sorgt für ein gutes Sicherheitsgefühl.
- Auch **Kitemorocco** bietet Kitekurse an: 90, Quariter des Dunes, Mobil 0671 08 46 86, www.kitemorocco.com.
- **Navette des Îles** (Tel. 0524 47 46 18, Kiosk im Hafen nahe Restaurant Chez Sam) unternimmt zweimal täglich **Bootsausflüge** für Touristen. Für dreistündige Ausfahrten mit dem Fischerboot (wetterabhängig) sind 200 DH/Pers. zu bezahlen.

Wandern und Reiten

■ Geführte **Wanderungen** in der Umgebung bieten *Frédérique* und *Edouard* an, Mobil 0615 76 21 31 (franz.) oder 0650 23 22 47 (engl.). Infos unter www.essaouira-randonnees.com oder nachmittags im Restaurant La Découverte, 8, Rue Houmman el Fatouaki.

■ Die **Ranch de Diabat** hat **Kamel- und Pferdetouren** entlang der Atlantikküste im Angebot: Tel. 0524 47 63 82, Mobil 0662 29 72 03, www.ranchdediabat.com. Ein zweistündiger Ausritt mit Kamel oder Pferd kostet 250 DH, ein Tagesausflug mit Picknick 600 DH. Es können auch mehrtägige Trekks organisiert werden: Die Reitstrecke mit dem Kamel beträgt dabei 15–20 km täglich, die mit dem Pferd bis zu 40 km.

■ Leser empfahlen **Equi Evasion,** Mobil 0666 78 05 61, www.equievasion.com. Ein zweistündiger Ausritt kostet etwa 25 Euro inkl. Abholung vom Hotel und Reithelm. Sehr freundlich, deutsch- und englischsprachig, auch mehrtägige Pferdetreks möglich.

Sonstige Aktivitäten

■ Nahe Diabat, ca. 3 km von Essaouira entfernt, liegen zwei 18-Loch-Parcours auf dem Platz **Golf de Mogador** (Tel. 0524 47 43 46).

■ **Quad-Ausflüge** organisiert Sahara Quad, 335 Lotissement Eraounak, Mobil 0668 58 73 97 oder 0673 44 95 41, www.saharaquad.net. Ein zweistündiger Ausflug kostet 40 Euro/Pers., ein Tag (z.B. in Sidi Kaouki) 95 Euro inkl. Mittagessen.

Hammam/Wellness

Viele Riads haben ein Hammam für ihre Gäste. Die traditionellen Hammams für die Einheimischen sind zwar sehr günstig, aber nicht immer sauber.

■ Ein kleiner, feiner **Hammam** ist **Lalla Mira** neben dem gleichnamigen Gästehaus: 14, Rue d'Algérie, tägl. 9.30–19 Uhr für Frauen, dann für Männer.

■ Ein umfangreiches Verwöhnprogramm mit Massage, Hammam etc. bietet das **Heure Bleue Palais** an (vgl. Hotels, tägl. 14–21 Uhr, Reservierung für Nicht-Gäste unter Tel. 0524 78 34 34).

■ Eine empfehlenswerte Wellness-Adresse ist das schicke **Azur Art & SPA** (15, Rue Khalid Ben Walid, kleine Gasse neben dem Café de France am Place Moulay Hassan, Tel. 0524 78 57 94, www.azur-essaouira.com). Im Erdgeschoss dieses alten Stadthauses stellen lokale Künstler ihre Werke aus, im 1. und 2. Stock befinden sich ein großer Hammam, Massage- und Kosmetikräume sowie ein Ruheraum mit Kamin und kleiner Bar. 1 Std. Massage 350 DH, Hammam inkl. Gommage (Peeling mit schwarzer Olivenseife) 200 DH.

Feste/Veranstaltungen

■ **Le Printemps des Alizés,** seit 2001 jedes Jahr vier Tage im April. Festival der klassischen Kammermusik, kostenlose Konzerte (Orchester und Solisten) im Kulturzentrum Dar Souiri, Rue du Caire. Infos bei der Association Essaouira-Mogador, Rue du Caire, Tel. 0524 47 52 68.

■ **Gnaoua Festival,** seit 1998 jedes Jahr vier Tage im Juni. Bei diesem international renommierten Weltmusikfestival treffen sich die bekanntesten Gnaoua-Maalems mit eingeladenen Künstlern aus Marokko und aller Welt, um zusammen zu musizieren. Auf verschiedenen Bühnen in der Stadt erleben die Besucher traditionelle Gnaoua-Musik, Jazz, Blues, Reggae, schwarzafrikanische Rhythmen, spirituelle Lilas und Trancemusik – ein einzigartiges Musikerlebnis und DAS Event des Jahres. Festivalpass und Infos unter www.festival-gnaoua.net.

■ **Festival des Andalousies Atlantiques,** drei Tage Ende Oktober/Anfang November. Dieses Festival ruft zum Dialog der Religionen und Kulturen auf. Erstklassiger Musikgenuss mit jüdisch-arabischen, muslimisch-andalusischen und mediterranen Klängen. Kostenlose Konzerte im Kulturzentrum Dar Souiri (s.o.).

■ Folgende **Moussems** (Mausims) werden in Essaouira gefeiert: im April **Regraga,** im August **Moussem El Hmadcha,** Mitte September **Moussem Derkaouia** und (meist) Anfang November **Moussem Ghazia** und **Moussem Aissaouia.**

Sonstiges

■ **Alliance Franco-Marocaine d'Essaouira,** Rue Lâalouj, 9, Rue Mohamed Diouri, Tel. 0524 47 61 97, http://if-maroc.org/essaouira. Hier werden Französisch-Sprachkurse für Einheimische und Arabisch-Kurse für Ausländer gegeben. Darüber hinaus finden in der Einrichtung Kunstausstellungen, Musikveranstaltungen, Lesungen und Theateraufführungen statt.

■ **Coeur de l'Amitié,** 52, Rue Laâyoune, www.aucoeurdelamitie.org. Eine Reihe engagierter Bürger nimmt sich der (Straßen-)Kinder von Essaouira an: warmes Essen, medizinische Versorgung, schulische Begleitung und Stringenz, Freizeitaktivitäten, Sozialisierung. Präsidentin ist *Francoise Belhaoui*, Mobil 0668 16 40 87. Wer möchte, kann der Einrichtung einen Besuch abstatten.

Ausflüge

Wandert man den schönen Dünenstrand südwärts bzw. biegt man am Kreisverkehr südlich der Promenade rechts auf eine Piste ab, so gelangt man nach **Diabat.** In dem Küstenort mit kleinen Cafés befindet sich die Sultanspalast-Ruine von *Muhammed Ben Abdellah*. Diabat erlangte in den 1970er Jahren eine gewisse Bekanntheit als Hippie-Aussteigerziel, nachdem sich hier der Rockstar *Jimi Hendrix* mit Anhängern für einige Zeit niedergelassen hatte. In Diabat entstand im Zuge des „Plan Azur" der Regierung ein touristisches Großprojekt mit Luxushotels, Villen, Golfplatz etc. – das von Stardesignern aus aller Welt gestaltete Luxushotel Sofitel Golf & SPA lohnt einen Besuch.

Vor der Küste Essaouiras kann man zwei **Inseln** (**Îles de Mogador** bzw. Purpurinseln) besuchen, auf denen unter *Juba II.* Purpur gewonnen und nach Rom exportiert wurde. Die Inseln wurden als Naturreservat ausgewiesen, da auf ihnen der seltene **Eleonora-Falke** brütet. Nur von Mai bis Oktober ist er anzutreffen, sonst lebt er auf Madagaskar. Auch von Essaouira kann man ihn am frühen Abend mit dem Fernglas von einem guten Aussichtsplatz beim Insektenfang beobachten. Die Überfahrt zu den Inseln verhandelt man mit den Fischern im Hafen (150–500 DH). Bevor man ablegt, benötigt man jedoch eine (kostenlose) Genehmigung der Hafenbehörde. Die Inseln sind unbewohnt, nur zwei alte Festungen, eine Moschee und ein Gefängnis blieben aus vergangen Zeiten erhalten.

Zum Marabut und den Stränden von **Sidi Kaouki** vgl. weiter oben.

Im Süden liegt ca. 58 km entfernt der **Djabal Amsittene** (905 m), auf den man hinaufwandern und die Aussicht genießen kann. Auch eine schlechte Piste führt nach oben.

Von Essaouira nach Safi

■ **ca. 120 km, R 301.**

■ Von Essaouira nach Safi kann man entweder die Hauptverbindungsstrecke **N 1** (wenig abwechslungsreich) oder die hier beschriebene **R 301 an der Küste** wählen. Diese schöne einsame Strecke führt entlang herrlicher Strände mit Buschwald, Sanddünen und Feldern.

■ **Busverbindung** und **Grand-Taxi-Verkehr** zu den einzelnen Orten und bis Safi.

In Essaouira am südlichen Bd. Mohamed V. an der Kreuzung mit Denkmal (von der Medina kommend) geradeaus Richtung Safi/Casablanca fahren (**km 0**); rechts geht's nach Agadir. Die zunächst viel befahrene Straße führt durch eine mit Thujen bewachsene niedrige Küstendünenlandschaft. Bei **km 8** biegt man bei einem Kreisverkehr von der Hauptverbindungsstrecke nach Casablanca ab (beschildert „Safi par route cotière"). Nach ca. 5 km säumen Villen und Einfamilienhäuser zwischen Thujenwäldern die Straße.

Bei **km 22** eröffnet sich ein schöner Blick aufs Meer, Felder und die Dünenlandschaft.

3 km weiter, bei **km 25**, zweigt links eine Straße zum Dorf **Moulay Bouzerktoun** (2 km kleine Teerstraße) und zum gleichnamigen Marabout ab. Hier findet im Frühjahr ein großer Moussem zu Ehren der Heiligen des Regragra-Stammes statt. Der Strand hier ist ein **Windsurfrevier** für Könner: Wellen und Wind sind besser als in Sidi Kaouki, außerdem ist es viel weniger touristisch und sehr ruhig. Im Dorf gibt es Surfshops. Das Wa-

schen am Dorfbrunnen ist verboten, dafür gibt es Süßwasserquellen am felsigen Strand (bei Ebbe). Wohnmobile finden einen Stellplatz am Südende des Dorfes oberhalb des felsigen Strandes. Surfer kommen im gemütlichen **Gästehaus La Wama**③ unter (Mobil 0661 70 41 11, www.lawama.net, mit Panoramaterrasse, relaxter Atmosphäre und Fischrestaurant) oder im Gästehaus **El Mouja** (mit Terrasse, Küche und Garage für Surfausrüstung, Mobil 0678 30 36 70, http://moulaybouzerktoun.info, ca. 15 Euro/Pers.).

Weiter auf der Straße Richtung Safi ziehen sich Felder, kleine Dörfer und einzelne Gehöfte entlang der Straße. Nach etwa 5 km rückt die Küste mit kleinen Dünen wieder etwas näher. Bei den Abzweigen zu den Häusern kann man zumindest mit Geländewagen bis an den Fuß der Dünen gelangen, einen Strandspaziergang unternehmen und die Vögel beobachten. Die Straße entfernt sich später wieder 1–2 km von der Küste.

Bei **km 46** liegt unterhalb der Straße die schöne Sandbucht **Plage Bibah (Bibaye).** Eine 2 km lange Teerstraße zweigt links zum Fischerdorf ab (Café, Bungalows und Strand). 1 km vor dem Ort führt links eine Piste zum **Camping de la Plage** direkt am Strand (Mobil 0662 35 37 47, Abzweig zum Camping vor dem Ortseingang, dann rechts halten, N 31° 47,267', W 09°35,017', Stellplatz bis 100 DH, Ermäßigung im Winter). Die Anlage besteht aus schönen Bungalows mit zwei Zimmern und Küche (②) sowie einigen einfachen Zimmern (①). Die sanitären Anlagen mit heißer Dusche sind gut und sauber. Es gibt auch einen Pool.

Auf der weiteren Strecke dehnen sich immer wieder **traumhafte Dünenstrände** unterhalb der Straße aus, die allerdings nicht mit dem Fahrzeug erreichbar sind.

Ab **km 52** beginnt die Steilküste; 4 km weiter liegt bei einer Flussmündung eine von Sanddünen gesäumte (noch) einsame Bucht.

Die gute Straße folgt der Steilküste, bis man nach weiteren 5 km auf ein großes Dorf stößt. Die Gegend wird intensiv landwirtschaftlich genutzt.

Bei **km 80** hinter Essaouira führt die Straße bergab ins breite **Tal des Oued Tensift.** Eine Brücke überquert den Fluss. Im Marktort **(Khemis Oulad) Dar Caid Hadj** halten vor allem Trucks zum Mittagessen (Grillstände). Ein paar Kilometer darauf bietet sich ein herrlicher Ausblick auf die dünengesäumte Mündung des Oued Tensift.

Bei **km 87** ist die Retorten-Ferienstadt **Souiria Kédima (Qdima)** erreicht. Hier liegen das Restaurant Crepuscule und diverse Cafés bei einem Kreisverkehr am Anfang des Strandes. Eine Strandpromenade und viele Ferienhäuser ziehen sich entlang des langen Sandstrandes. Am Strand gibt es (nicht besonders saubere) öffentliche Toiletten und Entsorgungsmöglichkeit für Caravans. Wohnmobilisten dürfen auf den Parkplätzen über Nacht bleiben. Es wird eine Parkgebühr (mit Quittung) von 20 DH erhoben.

Weiter in Richtung Safi verläuft die Straße mit schönen Ausblicken oberhalb der Steilküste entlang.

Bei **km 102** zweigt rechts die Straße nach Agadir (zur N 1) ab; links weiter nach Safi.

Bei **km 111** beginnen die ziemlich stinkigen **Industrie-/Chemieanlagen** und **Fischfabriken** von Safi. Hinter einer Mauer links der Straße erstrecken sich Bidonvilles (Slums) und nach einem weiteren Kilometer erreicht man einen Kreisverkehr bei den Phosphatfabriken von Safi.

Bei **km 118** gelangt man an eine Kreuzung mit Tankstelle. Rechts führt ein palmengesäumter Boulevard ins Zentrum von **Safi,** das etwa 2,5 km weiter erreicht ist.

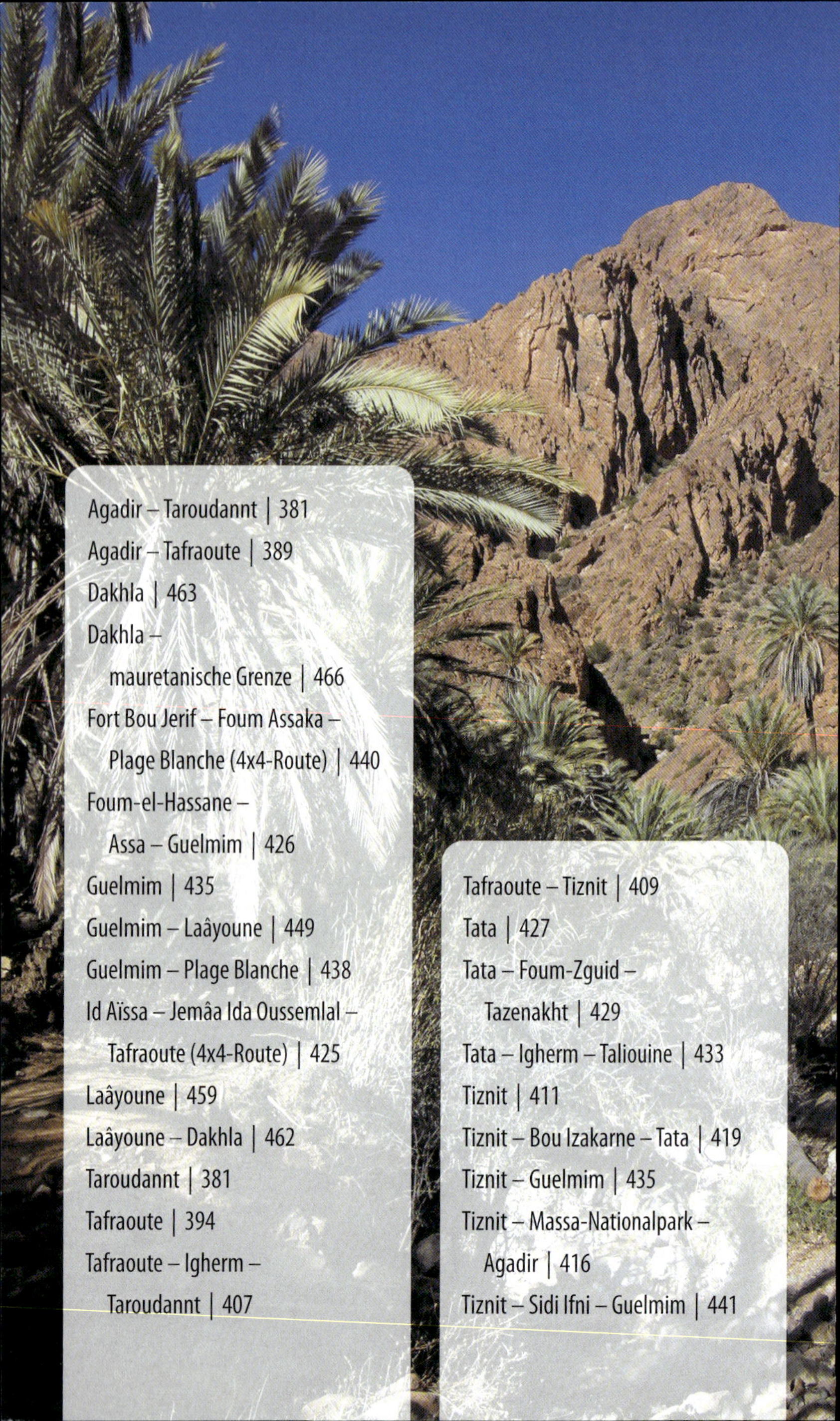

ma16_062 ad

Im Anti-Atlas lässt es sich wunderbar wandern. An den Stränden um Sidi Ifni tummeln sich Surfer, südlich von Guelmim beginnt die Sahara.

6 Sous, Anti-Atlas und südliche Atlantikküste

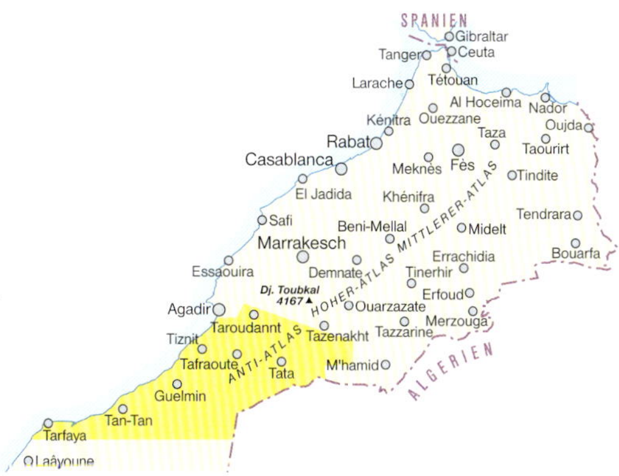

< Unterwegs im Ammelntal

ÜBERBLICK

Die vom Hohen und Anti-Atlas eingeschlossene Ebene heißt Sous und ist eines der fruchtbarsten Gebiete des Landes. Die Flüsse des Hohen und Anti-Atlas, vor allem der Oued Sous, speisen das Becken mit Wasser. Groß angelegte Bewässerungssysteme ober- und unterhalb der Erde leiten zudem Wasser von Staudämmen auf die Felder. Die Bewässerung ist für den Ernteerfolg unabdingbar, denn im Sous fallen unter 250 mm Regen im Jahr. Die Jahresdurchschnittstemperatur liegt bei 19,5°C. Der Sommer ist heiß, wobei der vom Anti-Atlas wehende Chergui, ein warmer Fallwind, die Temperatur auf 30 bis 35°C erhöht.

Vom 16. bis 18. Jahrhundert wurden im Sous Zuckerrohr und Baumwolle angebaut, es war die reichste Provinz Marokkos. Taroudannt, die Hauptstadt des Sous, war nach den Königsstädten die viertgrößte Stadt des Lan-

des. Ihre landwirtschaftliche Bedeutung hat die Sous-Ebene bis heute behalten: Hier wachsen Zitrusfrüchte, Bananen, Oliven, Artischocken, Tomaten und weitere Obst- und Gemüsesorten, teils in riesigen Gewächshäusern.

In den trockenen Flusstälern des Anti-Atlas kontrastieren die Kronen der Dattelpalmen, die Euphorbienpolster und die Blüten der Mandelbäumchen mit dem rot-braunen Granit. Eine Reise in dieses uralte Gebirge entführt in eine abgelegene Welt, deren Bewohner noch an ihren Traditionen festhalten. Malerisch kleben die aus Lehm und Stein errichteten Häuser an den schroffen Hängen der rosa schimmernden Granitberge. Wind, Wetter und Wasser formten bei Tafraoute eine wilde Felslandschaft aus Fingern, Türmen und Kugeln. Der Anti-Atlas ist das älteste Gebirge der Atlaskette mit Gipfeln bis zu 2300 m Höhe. Die Vegetation ist wüstenähnlich, nur am Küstenabhang gedeiht eine artenreiche Pflanzenwelt mit Dattelpalmen, Oliven, Mandeln und Feigen. Der Anti-Atlas ist ein Paradies für Wanderungen und Touren mit dem Mountainbike oder Geländewagen in grandiosen Granitfelsenlandschaften mit idyllischen Palmentälern.

Bewohnt werden der Sous und Anti-Atlas von den Chleuh-(Schlöh-)Berbern, die ihre Traditionen und ihre Sprache (Tachelheit) bis in die Gegenwart bewahrt haben. Ihr Handelsgeschick, die Viehzucht und der Verkauf des kostbaren Arganienöls verhalfen ihnen zu Wohlstand. Viele wanderten in die Küstenstädte ab und finanzierten ihren zurückgebliebenen Familien große Familienhäuser. Die traditionellen Berberhäuser im Anti-Atlas sind – im Gegensatz zu den Lehmbauten weiter nördlich und östlich – aus Bruchstein gebaut, mit Dachbalken aus Palmholz und z.T. Lehmverputz. Die alten Häuser weichen allerdings mehr und mehr modernen Zweckbauten aus Beton, die den Bewohnern mehr Komfort bieten. Die Chleuhs unterhielten traditionell zahlreiche Gemeinschaftsspeicher, die – anders als Kasbahs – nur selten ganzen Stämmen Unterkunft boten. Diese Agadire (Speicher für die Ernte und Wertgegenstände) liegen in unwegsamem Gebiet, meist auf einer Bergkuppe, und hatten bis zu 300 Wohn-/Vorratsräume. Die meisten Agadire befinden sich zwischen Aït Baha und Tafraoute. Der größte Speicher ist der Agadir Id Aïssa nahe Tarkjijt, der interessanteste der Agadir Tasguent zwischen Igherm und Tafraoute.

Ausgangspunkt für Reisen in den Anti-Atlas sind Agadir, Tiznit oder Taroudannt. Die Gegenden im südlichen Anti-Atlas, am südlichen Atlantik und in der marokkanischen Sahara sind noch sehr ursprünglich und weniger von Touristen besucht als die Region um Agadir und Essaouira.

Neue Arbeitsplätze und einen Gegenpol zur Landflucht im Anti-Atlas schuf der sukzessive Ausbau der Häfen entlang der südlichen Atlantikküste. Inzwischen ist Laâyoune mit Abstand der größte Fischereihafen des Landes, es folgen Tan-Tan, Agadir und Dakhla. Auch touristisch entwickelt sich die südliche Atlantikküste bis Dakhla immer mehr: Ihr Potenzial sind die endlosen weißen Sand-(dünen)strände und vogelreiche Lagunen im Bereich von Flussmündungen. Hier haben Surfer und Angler ein riesiges Terrain für sich allein. Im Hinterland erstreckt sich meist eine öde, weite Wüstenlandschaft.

Im Übergang zur Westsahara und im Grenzgebiet zu Algerien fällt die starke Präsenz des Militärs auf. In den Städten der Westsahara wird seit Jahren vom marokkanischen Staat intensiv investiert, wohl auch um eine ideologische Bindung an Marokko zu fördern. Die Straßen sind gut ausgebaut, die Städte blitzsauber, die Märkte gefüllt, und es wird viel gebaut.

NICHT VERPASSEN!

- **Agadir Tizourgane** – uralte Berberarchitektur | 390
- **Das kostbare Arganienöl** | 392
- **Die Umgebung von Tafraoute** – Rundfahrten durchs Ammelntal und das Aït-Mansour-Tal | 401, 405
- **Agadir Id Aïssa in Amtoudi** – von der Speicherburg öffnet sich ein wundervolles Panorama auf die Oase und die Wüste im Süden | 421
- **Am Strand von Legzira** | 444
- **Sidi Ifni** – im blau-weißen Städtchen herrscht relaxte Surfer-Atmosphäre – ideal für ein paar Tage am Meer | 445

Diese Tipps erkennt man an der gelben Hinterlegung.

Buchtipp

Eine ganz neue Perspektive auf die Bergwelt, Dörfer und Speicherburgen im Anti-Atlas bietet der **Bildband „Anti-Atlas (Marokko). Eine eindrucksvolle Kulturlandschaft von oben betrachtet"** von *André Humbert* und *Herbert Popp* (Michael Imhof Verlag). Er zeigt nicht nur beeindruckende Luftaufnahmen, sondern bietet zudem interessante Hintergrundinformationen zu Geografie, Landschaftsformen, Landwirtschaft, Bevölkerung, Bergbau und Industrie in der Region.

Von Agadir nach Taroudannt

- **81 km, N 10.**
- Es existieren **zwei Routen** nach Taroudannt: die autobahnähnliche Schnellstraße, die hinter Aït Meloull beginnt (Richtung Flughafen) oder die hier beschriebene, langsamere Landstraße N 10.
- Mehrmals täglich fährt ein **Bus von Inezgane** (Agadir) nach Taroudannt.

Eine breite (zum Teil vierspurige), gut ausgebaute und sehr verkehrsreiche Hauptverbindungsstrecke über Aït Melloul (12 km) Temsia, Jorf, Ouled Teima (km 35), Oulad Tahou, Lakhnafif verbindet Agadir und Taroudannt. In der gesamten Sous-Ebene werden in riesigen **Gewächshauszelten** vor allem Bananen, Tomaten und Paprika angebaut – ein Bananenzelt umfasst eine Fläche von zwölf Hektar. Auf großen **Plantagen** beiderseits der Straße wachsen Zitrusfrüchte. Die Fahrt nach Taroudannt verläuft ohne besondere landschaftliche Attraktionen, außer wenn man im Winter bei klarem Wetter die schneebedeckten Gipfel des Hohen Atlas bewundern kann. Viele Cafés säumen die Straße, ab und zu werden Korbwaren und Früchte verkauft. Von Aït Melloul bis Oulad Tahou (weiter bis Taroudannt in Planung) wurde eine extra Fahrradspur am Rand der Straße gekennzeichnet.

Etwa bei **km 43** ist die Kleinstadt **Ouled Teima** erreicht. Wer eine ruhige Unterkunft auf dem Land sucht oder einen Einblick in die Landwirtschaft im Souss-Tal bekommen möchte, sollte die **Farm Domaine Villate Limoune** (km 40, Route d'Agadir – Taroudannt, Tel. 0528 52 69 64 oder Mobil 0661 33 08 43, *Cecile Hugon-Aferiad,* www.fermelimoune.ma) ansteuern: Auf der 400 Hektar großen Plantage werden Bananen, Zitrusfrüchte, Oliven und allerlei Gemüse biologisch angebaut. Es gibt einen Stellplatz für Wohnmobilisten und hübsche Doppelzimmer. In einem Laden kann man frische Bio-Produkte einkaufen.

Bei **km 52** liegt linker Hand das sehr schöne Farmgelände **Jardin de la Koudya:** zwei Zimmer und Campinggelände mit Schattenbäumen und abgetrennten Stellplätzen, saubere (aber bei starker Frequentierung zu wenige) Sanitäranlagen, sehr freundliche französische Besitzer (vgl. bei Taroudannt).

6 km vor Taroudannt (ca. km 75) führt diese Strecke bei einem Kreisverkehr mit der Schnellstraße zusammen (in der Gegenrichtung beschildert „Agadir par R.N. 10" rechts und „Agadir" geradeaus über Schnellstraße). Die Straße führt kurz darauf über eine Brücke und erreicht nach 6 km die Stadtmauer von Taroudannt.

Taroudannt

Die von einer mächtigen Mauer umgebene **Hauptstadt des Sous** (210.000 Einwohner) ist ein wichtiges landwirtschaftliches Zentrum und liegt inmitten von Olivenhainen, Obst- und Weingärten. Eine nette Berberlegende erzählt die **Herkunft des Stadtnamens:** Eines Tages verschwand der Oued Sous aus seinem Bett und nahm die Kinder einer Berberfrau mit sich, die an dessen Ufer lebte. Die Mutter rief daraufhin verzweifelt in der ganzen Umgebung „Taroua dante!" – „Meine Kinder wurden weggetragen!"

Geschichte

Taroudannt, eine **Stadt berberischen Ursprungs,** wurde 1030 von den Almoraviden besetzt. Anfang des 14. Jahrhunderts von den Meriniden zerstört, gewann sie bald wieder ihre Bedeutung als wichtigste Stadt des Sous zurück. Sie war Operationsbasis für die Angriffe gegen Agadir, das bis 1541 von den Portugiesen besetzt war. Die Saadier bauten die Stadt aus und machten sie in den Jahren zwischen 1520 und 1540 unter *Mohamed ash-*

Taroudannt

Essen und Trinken
2 Riad Maryam
16 L'Agence
19 Bab El Kasbah
20 Chez Nada

Einkaufen
5 La Maison Nomade
17 Apotheke

Shaykh zu ihrer Hauptstadt, bevor sie diese nach Marrakesch verlegten.

Taroudannt erlebte seine Blütezeit unter *Ahmad al-Mansur* (1576–1603) als **Handelszentrum für Karawanen** nach dem Sudan (die Regionen südlich der Sahara); gehandelt wurden vor allem Gold, Silber und Sklaven. Die Region wurde dank der Sklavenarbeit zum landwirtschaftlichen Zentrum des damaligen Marokko. Hauptsächlich Zuckerrohr, Baumwolle, Indigo und Früchte für den Export wurden angebaut. Die Abschaffung des Sklavenhandels, der Niedergang des Zuckerhandels und die Schließung des Hauptausfuhrhafens Agadir im Jahr 1765 durch den Sultan *Moulay ar-Rashid* ließen Taroudannt

Übernachtung

- 1 Gazelle d'Or
- 3 Taroudannt
- 4 La Place
- 6 El Warda
- 7 Riad Taroudant
- 8 Atlas
- 9 Le Jardin de la Koudya
- 10 Dar Zitoune
- 11 Riad El-Aissi
- 12 Dar Abdelkarim
- 13 Riad Ain Khadra
- 14 Riad Jnane Ines
- 15 Tiout
- 18 Riad Taroudant Palmiers
- 21 Riad Tafilag
- 22 Palais Salam
- 23 L'Arganier d'Or

an Bedeutung verlieren. Im 20. Jahrhundert wurde die Stadt **Sitz des Rebellen El Hiba,** der gegen die Franzosen kämpfte und 1912 auch Marrakesch eroberte. 1913 schlugen die Stämme der Glaoui, Goundafa und Mtougui aus dem Hohen Atlas zurück und nahmen Taroudannt ein. 1917 wurde die Stadt von den Franzosen besetzt.

Der Aufstieg Agadirs hat der Stadt viel von ihrer früheren Bedeutung genommen. Sie ist jedoch nach wie vor wichtiger Handelsort für landwirtschaftliche Produkte.

Sehenswertes

Taroudannt ist fast vollständig von einer ca. 8 m hohen, **mächtigen Lehmmauer** mit Türmen und fünf Toren aus dem 16. Jahrhundert umgeben. Die Stadtmauer kann man bereits bei der Einfahrt in die Altstadt bewundern.

Taroudannt hat zwar keine großartigen Sehenswürdigkeiten zu bieten, besitzt aber viel Flair. Ein Bummel durch die **Medina und die Souks** ist auf jeden Fall lohnenswert, vor allem für Ausflugsgäste aus Agadir, die noch keine erhaltene Medina besucht haben. Hier lernt man noch ein Stück unverfälschtes Marokko kennen.

Das Herz der Medina bilden die belebten **Plätze El Alouine (Assaragh)** und **Talmoklate** mit ihren hübschen Cafés und den nahe gelegenen Souks, die zu den schönsten und lebendigsten in Marokko zählen.

Auch der **Markt am Sonntag** (Suq el Hed), der vormittags rund um das Bab el Khemis abgehalten wird und zu dem die Bevölkerung aus dem ganzen Sous-Gebiet zusammentrifft, ist interessant und malerisch.

Taroudannt ist traditionell für seine **handwerklichen Arbeiten** bekannt, vor allem für Silberschmuck und die Gerbereien. In den Souks kann man Kunsthandwerk in guter Qualität und zu entsprechenden Preisen einkaufen. Da jedoch das Silberhandwerk früher fest in der Hand jüdischer Handwerker war, hat die Qualität sehr nachgelassen. Nur mit Glück sind noch alte Stücke zu finden.

Trotz berberischen Ursprungs ist die Stadt im Gegensatz zu ihrer Umgebung **stark arabisch geprägt.** Nur in wenigen Städten Marokkos begegnet man so vielen verschleierten Frauen, Indiz für einen hohen arabischen und konservativ-islamischen Bevölkerungsanteil. Ein dezentes Auftreten europäischer Reisender ist deshalb unbedingt angebracht.

Praktische Informationen

Unterkunft

Oberklasse

■ **Gazelle d'Or**⑤ (mit HP), Route d'Amezgrou, Tel. 0528 85 20 39, www.gazelledor.com. Eines der exklusivsten und schönsten (5-Sterne-)Hotels in ganz Marokko, ehemals Wohnsitz des französischen Barons *Pellenc*, auf einem ca. 10 ha großen Grundstück. Es diente u.a. als Drehort für „Ali Baba und die 40 Räuber". Sehr aufmerksamer und freundlicher Service, täglich frische Blumen, das Frühstück wird auf der Zimmerterrasse serviert. Das Hotel kann besichtigt werden (außer zur Mittagspause). Pool, Tennis und Reitstall, SPA-, Wellness-, Fitness- und Yoga-Angebot.

■ **Dar Zitoune**④ (DZ, Zelt oder Suite), 2 km außerhalb des Zentrums an der Straße Richtung Agadir, Tel. 0528 55 11 41/42, www.darzitoune.com. Sehr schönes Kasbahhotel (4 Sterne) unter schweizerischer Führung: 14 Bungalows im tollen tropischen Garten mit Pool, Terrasse, Hammam. Originell: In der Village Berbère kann man in luxuriös eingerichteten traditionellen Festzelten (mit Bad, AC, Sat-TV und Safe) wohnen, die sich um einen Pool gruppieren. WLAN.

Mittelklasse

■ **Dar Abdelkarim**③, 2 km außerhalb des Zentrums an der Straße nach Agadir (direkt vor der Brücke über den Fluss rechts ab, in Ouled Ighzel), Tel. 0528 85 31 50. Von Lesern sehr gelobtes Gästehaus mit vier Zimmern und einer Suite in ruhiger Lage. Großer Garten mit zwei Pools, Hammam und mehreren Terrassen, sehr gute Küche, Fahrradverleih. Gutes Preis-Leistungsverhältnis.

■ **L'Arganier d'Or**③, 19 km Richtung Ouarzazate (N 10) in Zaouiat Ifergane Aït Igasse, Tel. 0528 55 02 11, www.riadhotellarganierdor.com. Schöner Riad zum Relaxen in ruhiger ländlicher Umgebung auf einer 3 ha großen Orangenfarm mit Pool und Hammam. Die klimatisierten Zimmer mit Bad gruppieren sich um einen kleinen Innenhof. Frühstück auf der Panoramaterrasse.

■ **Palais Salam**③, Bd. Moulay Ismail, in der Kasbah an der Stadtmauer, Tel. 0528 85 09 98, www.palaissalam-taroudant.com. Innerhalb der alten Kasbah, angrenzend an die Stadtmauern, hat dieses traditionsreiche Palasthotel mit riesigem Palmengarten und zwei uralten Feigenbäumen im Patio eine einmalige Lage. Leider wurde das Hotel in den letzten Jahren wenig instand gehalten, und die Zimmer haben eine Renovierung nötig – kein 4-Sterne-Standard mehr, aber sauber.

■ **Riad Ain Khadra**③, am Stadtausgang Richtung Agadir (Abzweig von der Schnellstraße P1714), Tel. 0528 85 41 42, Mobil 0615 49 77 71, www.riad-ain-khadra.com. Schöner Riad etwas außerhalb in ruhiger Lage, Salon mit Kamin, Dachterrasse, grüner Innenhof mit Pool, beheizter Jaccuzzi, gemütliche Zimmer.

■ **Riad El-Aissi**③-④, Mobil 0661 17 30 89 oder 0666 66 35 13, www.riadelaissi.com. 3 km außerhalb (Village Talaa) an der Route Richtung Agadir über Ameskroud, direkt an einem schönen, ruhigen Orangenhain. Hübsches, kleines Gästehaus im traditionellen Stil mit Restaurant und Pool. Die Besitzerin hat in Europa gelebt und kocht selbst für ihre Gäste. Klimatisierte, unterschiedlich gestaltete Zimmer für 2 oder 3 Personen, großes Zimmer oder Suite für bis zu 6 Personen.

■ **Riad Jnane Ines**④, ca. 8 km außerhalb, Route de l'Aéroport d'Agadir, Machraa Al Ain (vom Zentrum erst auf der N10 Richtung Agadir, dann P1417 Richtung Flughafen), Tel. 0528 85 25 45, www.jnaneines.com. Sehr komfortabler Riad mit hübschen, unterschiedlich gestalteten Zimmern, Pool und Hammam. WLAN, gutes Essen, freundliches Personal, kein Alkoholausschank.

■ **Riad Tafilag**③, 31, Derb Taffelagth, Tel. 0528 85 06 07, www.riad-tafilag.com. Hübscher, sauberer und freundlicher Riad mit fünf individuell eingerichteten Zimmern und zwei Suiten. Kleiner Pool, Hammam, Salon mit TV, freundliches Personal und guter Service, Wohlfühlatmosphäre. Zimmer mit Bad, Klimaanlage/Heizung, z.T. mit Terrasse.

■ **Riad Taroudant**③, 243, Av. Al Qods, Derb Jdid, Tel. 0528 85 25 72, www.riadtaroudant.com. Riad mit 16 klimatisierten Zimmern in guter Lage mitten in der Medina, Frühstück auf der tollen Dachterrasse mit vielen Pflanzen, freundliches und hilfsbereites Personal.

■ **Tiout**③, Av. Prince Heritier Sidi Mohamed, Ecke Rue Masgib el Kebir (gut ausgeschildert), Tel. 0528 85 03 41, www.hoteltiout.com. Ordentliches und freundliches Mittelklassehotel mit bewachtem Parkplatz im Innenhof, saubere, aber nicht mehr zeitgemäß eingerichtete Zimmer mit Bad, Balkon und AC, Internet für die Gäste, Hammam, kein Alkoholausschank. Das Preis-Leistungsverhältnis ist okay.

> Alter Mühlstein
vor der Stadtmauer von Taroudannt

Günstig

- **Atlas**①, Bd. El-Mansour Eddahbi, Tel. 0528 55 18 80. Einfaches, ordentliches Hotel, Zimmer zur Straße evtl. laut.
- **Dar Fatima**②, in einer Seitengasse der Av. Prince Héritier Sidi Mohamed, nahe Großer Moschee, Mobil 0661 60 66 22, www.darfatima.com. Gästehaus mit sechs schönen Zimmern um den liebevoll gestalteten Innenhof, Salon mit Kamin, Bibliothek und TV, sehr freundliche Familie, Dachterrasse mit toller Aussicht.
- **El Warda**①, Place Talmoklate, Tel. 0528 85 27 63. Sehr einfaches, freundliches Billighotel über einem (männerdominierten) Café im 1. Stock. Helle DZ mit Du/WC auf dem Gang.
- **La Place**①, direkt am Place El Alouine, Tel. 0528 85 26 23. Wie El Warda eine sehr einfache Billigunterkunft mit Dachterrasse (Blick über den Platz) und ordentlichen Zimmern. Café im EG.
- **Riad Taroudant Palmiers**①-②, Av. Prince Héritier (neben Centre d'Éducation), Tel. 0528 85 45 07, www.riadtaroudantpalmiers.com. Nettes kleines Gästehaus mit schlichten, aber sauberen und geschmackvoll eingerichteten Zimmern (mit und ohne Bad), die sich um einen schönen Innenhof gruppieren.
- **Taroudannt**② (Preise saisonabhängig), Place el Alouine (Assaragh), Tel. 0528 85 24 16. Einfaches, nostalgisch-verstaubtes Hotel mit Palmengarten im Innenhof. Die Zimmer sind relativ sauber, zur Straße hin laut, sonst ruhig. Zwei Parkplätze vor dem Hotel, sonst bewachter Parkplatz am Hauptplatz. Alkoholverkauf (auch an Auswärtige) an der Bar.

Camping

- **Wohnmobile** können auf einem Stellplatz an der Stadtmauer vor dem Hotel Palais Salam campen (20 DH).
- Mehrere schöne ruhige Stellplätze mit Wasser und Strom findet man auf dem großen Farmgelände von **Le Jardin de la Koudya** (Domaine Roussel, Lakhnafif/El Guerdane, an der N10 Richtung Agadir, N 30°025,094', W 09°02,465', Mobil 0665 79 87 21/22, meteores@menara.ma). Es gibt ein sauberes Toilettenhäuschen (bei vollem Platz zu wenige Toiletten), heiße Duschen im Gästehaus (DZ②, Ferienhaus mit Küche und Dachterrasse), Strom gegen Aufpreis, Waschmaschine vorhanden. Pool und Restaurant im Garten. 4x4-Vermietung (auch ohne Chauffeur) und Ausflüge können organisiert werden.

ma16_058 ed

Afrikaforscher Gerhard Rohlfs über Taroudannt

„... Die Stadt ist ein einziger großer Garten, nur nach dem Zentrum drängen sich die Häuser, welche meist nur aus einem Erdgeschoss bestehen, mehr zusammen und hier befinden sich auch die Buden und Gewölbe, wo man arbeitet und verkauft, hier sind auch die Funduks. Moscheen gibt es eine große Anzahl, größere jedoch, die ein Minarett haben, nur fünf ...

Einen eigentlichen besonderen Handelszweig hat die Stadt nicht, man lobt die Lederarbeiten und Färbereien. Hauptgewerk ist die Kupferschlägerei, indess beschränkt sich das bloß auf Kessel, auf kleine Geschirre und Sachen, wie sie von den Eingeborenen hergestellt werden können. Aber wie ausgedehnt diese Manufaktur ist, geht am besten daraus hervor, wenn ich anführe, dass diese kupfernen Geschirre bis Kuka, Kano und Timbuktu ausgeführt werden. Und wie ergiebig müssen erst die Kupferminen in der Nähe von Tarudant sein, wenn man bedenkt, auf wie primitive Art die Eingeborenen dort eine solche Mine ausbeuten. Nach der Aussage der Eingeborenen soll nicht nur dies Metall, sondern auch Gold, Silber, Eisen und Magneteisenstein in großen Mengen vorkommen. Alle übrigen Landesprodukte sind wie in Agadir und im ganzen Sus-Lande sehr billig. Das Pfund Fleisch wird mit 2 Mosonen bezahlt, für eine Mosona erhält man 6–10 Eier und im Frühjahr noch mehrere.

ma16_059 ed

Bei der Beschreibung von Tarudant kann ich nicht unerwähnt lassen, dass die einst so berühmten Zuckerplantagen heute nicht mehr existieren ...

Als im 16. Jahrhundert die Dynastie der Schürfa Marokko neu umgestaltete, suchten sie vor allen Dingen sich in Tarudant festzusetzen. Es wurde Zucker um Tarudant gepflanzt und um einen Ausgangshafen für das Produkt zu gewinnen, unternahm der Scherif Mohammend die Belagerung von Santa Croce, damals den Portugiesen gehörend. 1536 war dieser Hafen in den Händen der Gläubigen. Ein Slami oder übergetretener Jude hatte unter der Zeit Mühlen in Tarudant errichtet und von dem Augenblick an war der Handel mit Zucker ... der ergiebigste von allen marokkanischen Handelszweigen.

Auch christliche Sklaven wurden nun zur Fabrikation von **Zucker** verwandt, und nicht nur aus Marokko oder aus den Sudanländern kamen Leute nach Tarudant, um Zucker zu kaufen, auch Europäer stellten sich ein, sobald sie erfuhren, dass man sie gut behandle. Der Ertrag ergab für den Sultan jährlich 7500 Metkal, eine für damalige Zeit große Summe.

In welcher Zeit der Verfall des Zuckerbaues vor sich ging, habe ich nicht ergründen können, vielleicht wurden bei einer der so häufig in Marokko stattfindenden Revolten die Zuckergärten zerstört und nachdem nicht wieder angebaut. Aber die Erinnerung vom einstigen Zuckerreichthum in der Provinz existiert in Marokko heute noch."

(Bericht aus dem Jahr 1861,
Gerhard Rohlfs, „Reisen in Marokko")

Essen und Trinken

■ **Bab El Kasbah,** am Stadttor Bab El Kasbah nahe der Olivenpresse. Nettes Restaurant mit marokkanischer Küche, mittlere Preislage.

■ **Chez Nada,** 15, Av. Moulay Rachid, ca. 100 m vom Hospital in Richtung Innenstadt, Tel. 0528 85 17 26. Marokkanische und internationale Spezialitäten werden auf der schönen Dachterrasse serviert. Die Qualität der Speisen ist wechselhaft.

■ **Riad Maryam,** 140, Derb Maalem Mohamed, in der Medina nahe Bab Taghount/Av. Mohamed V., Mobil 0666 12 72 85, www.riadmaryam.com. Sehr gute marokkanische Küche in einem Riad aus dem 19. Jh., Weinausschank, mittlere Preislage.

■ **L'Agence,** Av. Prince Héritier Sidi Mohamed, Tel. 0528 55 02 70. Große Auswahl an sehr guten marokkanischen Gerichten, lobenswerter Service, schönes Ambiente, faire Preise (Menü ca. 110 DH).

■ Günstiges, einfaches **Frühstück** gibt es in den Cafés am Place El Alouine (Assaragh) oder etwas gepflegter in den Cafés beim Stadttor.

Einkaufen

■ **Alkoholische Getränke** (Bier und Wein) werden im Hotel Taroudannt verkauft.

■ Eine schöne Auswahl an **Teppichen** hat der gut deutsch sprechende *Brahim Bihi* im **La Maison Nomade** (Tel. 0528 85 46 20) nahe dem Place El Alouine in einer Gasse hinter der BMCE-Bank (Schild).

■ Gute **Arganienölprodukte** gibt es in der Frauenkooperative in Tiout (vgl. „Ausflug zur Oase Tiout").

Taxis/Sammeltaxis

■ Ähnlich wie in Marrakesch verkehren in Taroudannt **Pferdedroschken** *(calèches)* als romantische Alternative zum Taxi. Mit den Kutschen kann man sich günstig z.B. von den Souks (Place El Alouine) zurück zum Hotel befördern lassen.

■ **Sammeltaxis** in alle Richtungen ab Place El Alouine und Bab Zorgan. Ein Sammeltaxi nach **Inezgane** (Agadir) kostet ca. 30 DH, ein Grand Taxi nach **Moulay Brahim** über den Tizi-n-Test 600 DH. Preiswerter fährt man über den Tizi-n-Test nach Marrakesch, wenn man erst mit dem Sammeltaxi nach **Ouled Berhil** (45 Min., 30 DH) fährt und von dort mit dem Bus oder mit dem Sammeltaxi oder Bus nach **Asni** (4 Std., 40 DH); von dort geht es weiter nach **Marrakesch.**

Busse

■ **CTM-Büro,** Bd. El Mansour Eddahbi, Bab Zorgane (nahe Busbahnhof), Tel. 0528 85 38 58.

■ **CTM- und Privatbusse** fahren vom **Busbahnhof beim Bab Zorgan** außerhalb der Stadtmauern los.

Verbindungen und Preise

■ **Agadir:** mehrmals täglich, u.a. mit CTM um 17 Uhr, 35 DH, ca. 1.45 Std. Fahrzeit.

■ **Marrakesch** (CTM-Bus): 1x tägl. um 22 Uhr (Bus nach Casablanca), Ankunft gegen 2 Uhr nachts, 110 DH.

■ **Ouarzazate:** Um 11.15 Uhr fährt ein CTM-Bus über Taliouine, 115 DH, ca. 5 Std. Fahrzeit.

■ **Casablanca:** CTM-Bus 1x tägl. um 23 Uhr, 200 DH (über Agadir, Safi etc.), Fahrzeit ca. 9 Std., auch Privatbusse über Marrakesch mehrmals täglich.

Feste/Veranstaltungen

■ Zahlreiche **Moussems** finden in den Dörfern der Umgebung zwischen Juli und Oktober statt. Vor allem im August und September zur Erntezeit häufen sich die Moussems.

■ **Moussem Rkeb Moulay Brahim,** in Taroudannt am zweiten Tag von Aid Mouloud.

■ Weitere **drei Moussems in Ouled Teima** während des Mouloud.

■ Im April findet eine **Handwerksmesse** mit Kunsthandwerksausstellung statt.

Sonstiges

■ In der Stadt stehen mehrere **bewachte Parkplätze** zur Verfügung.

■ Die **Post** liegt außerhalb der Medina an der Straße nach Ouarzazate.

Ausflug zur Oase Tiout

Anfahrt: Von Taroudannt 38 km Teerstraße bis Tiout, es fahren Sammeltaxis (ca. 15 DH). Fahren Sie zurück Richtung Agadir, nach 3 km über den Oued Sous, bis zum Kreisverkehr 6 km hinter Taroudannt. Hier Richtung Ouarzazate und Tata abbiegen. Die Straße führt an Orangenhainen, Oliven- und Arganienbäumen sowie Mais- und Getreidefeldern entlang. 16 km nach dem Kreisverkehr (22 km ab Taroudannt) an der Kreuzung nach einer Tankstelle rechts auf eine schmale Teerstraße abbiegen Richtung Tiout (Schild)/Igherm, links geht es nach Aït Yazza, geradeaus nach Taliouine. 11 km weiter (33 km ab Taroudannt) rechts nach Tiout abzweigen (geradeaus weiter nach Igherm), das nach 5 km erreicht ist.

An der Ortseinfahrt auf der linken Seite befindet sich das Gebäude der **Arganienölkooperative Taitmatine** (Tel. 0528 85 25 51, www.targanine.com). Hier kann man den Frauen beim Klopfen der Arganienkerne, beim Rösten der Samenkerne und Extrahieren des Arganienöls zusehen. Außerdem wird gutes Arganienöl und die „Berbernutella" Amlou, eine köstliche Mischung aus Honig, Mandeln und Arganienöl, zum Verkauf angeboten. Machen Sie nur Fotos, wenn die Damen damit einverstanden sind!

Am Ortsanfang rechts geht es auf einer Piste (300 m) zur hübschen **Auberge Tigmmi** (Tel. 0528 85 05 55). Die Herberge in einem alten Haus des Dorfes ist eine Oase der Ruhe mit schönen großen Zimmern (Bad/WC). Leser klagten allerdings, sie würde in letzter Zeit nicht mehr gut instand gehalten. Es gibt mehrere Salons, eine Dachterrasse mit Ausblick und einen Innenhof mit Orangenbäumen und Springbrunnen. DZ mit HP③.

Die hübsche **Palmenoase Tiout,** die vom 16. bis 19. Jahrhundert, zur Zeit des Zuckerhandels, recht bekannt war, wird im Südwesten überragt von einer mächtigen **Kasbah.** Zur ihr gelangt man ab der Kreuzung am Ende der Teerstraße links auf einer ausgefahrenen Piste (2 km). Auf dem Parkplatz am Ende der Piste **(N 30°23,137', W 08°41,578')** werden Busladungen an Touristen abgesetzt, die in die zum **Restaurant** (Tel. 0528 55 05 75) umfunktionierte Kasbah zum Mittagessen pilgern. Die Säle auf mehreren Etagen mit schönem Blick auf die Oase bieten Platz für 400 Personen. Die eigentliche Kasbah kann nicht mehr besichtigt werden, das Restaurant wurde als Betonbau oben draufgesetzt. Individualtouristen fühlen sich hier nicht besonders wohl. Der Ausflug lohnt sich nur wegen des Dorfs mit einem hübschen **Marabut,** zu dem die Einheimischen pilgern. Man kann Spaziergänge unternehmen oder in Begleitung eines Führers mit dem Esel durch die Oasengärten reiten.

Bei der **Rückfahrt** ist es möglich, an der Kreuzung von km 22 geradeaus weiter Richtung Aït Yazza zu fahren und von dort nach 3 km zum Dorf Freija zu gelangen.

Links der Straße liegt die ursprünglich sehr schöne Lehmburg **Kasbah Freija,** errichtet Ende des 19. Jahrhunderts. Inzwischen wurde sie wenig authentisch zum **Hotel/Restaurant Riad Freija**③ (www.riadfreija.ma, Tel. 0528 85 10 03/04/05) umgebaut. Vorzüge sind die ruhige Lage, der schöne Pool, die Dachterrasse mit Blick auf die Umgebung und der große Innenhof mit Palmen, in dem auch das Essen serviert wird (kein Alkoholausschank).

1 km weiter endet der Teer, eine steinige Piste führt über das Oued Sous (ohne Wasser auch mit Pkw befahrbar). Dahinter geht es weiter auf Teerstraße nach **Aït Yazza** (2 km ab Freija), wo die Route schließlich in die Straße Marrakesch – Taroudannt (bei **N 30°30,204', W 08°48,008'**) einmündet. Von Taroudannt kommend biegt man hier rechts Richtung Kasbah Freija bzw. Tiout ab. Von hier sind es noch 7 km bis Taroudannt.

Von Agadir nach Tafraoute

- **155 km bis Tafraoute, R 105.**
- **275 km bis Tiznit, R 104.**
- **Ca. 370 km als Rundfahrt bis Agadir, N 1.**
- Für diese **schöne und sehr lohnenswerte Rundstrecke** sollte man mindestens zwei, besser aber **drei Tage** einplanen. Eine landschaftlich großartige Alternative (mit Terrassenfeldern) ist die ungefähr ähnlich weite Strecke von Aït Baha nach Tanalt und von dort über Taguenza ins Ammelntal bzw. direkt von Tanalt nach Tiznit.
- **Mit öffentlichen Verkehrsmitteln:** Es fahren mehrmals täglich Busse von Agadir bzw. Inezgane über Aït Baha nach Tafraoute (und umgekehrt).

Agadir über die Straße nach Ben Sergao und Inezgane (Av. Mohamed V. südwärts in Richtung Founty, vorbei am Königspalast) verlassen. Inezgane ist etwa 7 km nach Agadir erreicht (Busbahnhof und großer Markt). Weiter geht es auf palmengesäumter, vierspuriger Schnellstraße nach **Aït Melloul** (ca. **10 km** hinter Agadir). Die geschäftige und stark expandierende Stadt am Oued Sous ist sozusagen Vorort von Agadir und Wohnstadt vieler in Agadir arbeitender Marokkaner. Im Gegensatz zu Agadir herrscht hier typisches marokkanisches Kleinstadtleben. In Aït Melloul werden die schwarz-weißen Makhzenzelte *(tentes caïdales)* hergestellt, außerdem gibt es zahlreiche Produzenten von Keramikfliesen.

Am Kreisverkehr hinter der Brücke über den Oued Sous in Aït Melloul geht es links nach Ouarzazate, rechts nach Tiznit und geradeaus nach Tafraoute. 4 km weiter zweigt an einem weiteren Kreisverkehr die Straße zum **Flughafen Al Massira** ab. Die nun nicht mehr vierspurig ausgebaute Straße nach Tafraoute führt geradeaus (rechts nach Tiznit) durch flache Steppenlandschaft mit Arganienbäumen, Feigenkakteen und Gewächshäusern. Es herrscht viel Verkehr, also Vorsicht!

Bei **km 28** erreicht man **Biougra,** einen geschäftigen und hübsch begrünten Ort mit vielen Neubauten und allen Versorgungsmöglichkeiten. In Biougra findet Mitte August ein schöner Moussem statt. An der Ortsausfahrt bietet das **Hotel Targante** (Av. Hassan II., Tel. 0528 81 01 27, sotayour@menara.ma, DZ mit Bad②) Unterkunft.

Hinter dem Ort **Imi-Mqorn** (km 43) wird die karge, steinige Landschaft hügeliger, auf den knorrigen **Arganienbäumen** klettern Ziegen auf der Futtersuche. Aus dem nussartigen Samenkern der Arganienfrüchte wird Speiseöl gewonnen (vgl. Exkurs „Der Arganbaum und das Arganienöl").

4 km hinter Imi-Mqorn geht es auf der schmalen Teerstraße kurvig bergauf bis **Aït Baha** (**km 60,** Abzweig rechts in den Ort). Am Sonntag findet hier ein Wochenmarkt statt, es gibt eine Tankstelle, Cafés und einen Grand-Taxi-Stand. Übernachtung ist im freundlichen **Hotel Al Adarissa**② möglich (Av. Mohamed V., Tel. 0528 25 44 61/62): abgeschlossener Parkplatz, sehr saubere und ordentliche Zimmer mit TV und Bad, von der Terrasse des Cafés/Restaurants blickt man auf die Berge.

3 km hinter dem Ort **(km 63)** zweigt links eine kurze Piste zur **Coopérative Agricole Féminine Maoriga** (Schild) ab. Die Frauen der Kooperative stellen hier **Arganienöl** her. Man kann sich die verschiedenen Arbeitsschritte erklären lassen und gutes Arganienöl direkt bei den Produzentinnen kaufen.

Die kleine Bergstraße windet sich am Tal des **Oued Aït Baha** entlang bis auf 1300 m hinauf. Der Fluss wurde in den letzten Jahren zu einem See gestaut, an seinem Ufer liegt der kleine Ort **Had Aït M'Zal.** Es geht weiter durch wildromantisches Bergland mit Arganien, Mandelbäumen, Kakteen und schönen Ausblicken hinunter ins Tal des Oued Aït Baha (ab ca. **km 76**). Steinhäuser kleben an den terrassierten Hängen, auf denen Getreide und Mais angebaut werden.

Nachdem man einige kleine Dörfer passiert hat, führt die Straße ab ca. **km 101** wieder bergab ins Tal. Kurz darauf eröffnet sich ein toller Blick auf die auf einem Hügel thronende kreisförmige Dorfanlage von Tizourga-

aga10_006 ad

ne. An der V-Kreuzung bei **km 105** geht es links nach Tafraoute und zum Parkplatz für den (unbedingt lohnenswerten) Besuch von Tizourgane, rechts ins Dorf **Ida Ougnidif/ Tioulit** unterhalb der Anlage. Hier ist das **Gebiet der Illalen,** einer Konföderation von 18 Berberstämmen.

Tizourgane

Die Kasbah von Tizourgane (auch Agadir Tizourgane genannt) ist ein **Dorf,** das **auf der Kuppel eines inselartig isolierten Berges** liegt. Tizourgane besticht schon von Weitem durch seine fotogene, die Umgebung überragende Lage. Es ist jedoch weder eine Kasbah (= Burg) noch ein Agadir (= kollektiver Getreidespeicher), wie oft behauptet wird: Eine Burg deshalb nicht, weil es dort nie einen Herrschaftssitz gab, ein Agadir nicht, weil kein separater Baukörper mit Ummauerung, mit Wächter *(amin)* und einem entsprechenden Gebäudegrundriss und -aufriss vorhanden ist. Tizourgane wurde im Zuge der kriegerischen Auseinandersetzungen zwischen den Berberstämmen als **Zufluchtsstätte** für die Dorfbewohner genutzt. Der heutige, von einer Ringmauer umgebene Komplex mit Lagerräumen, Moschee und 30 Steinhäusern wurde bis zur Unabhängigkeit Marokkos von 35 Familien bewohnt. Nach Dürreperioden wanderten sie in moderne Häuser oder auf der Suche nach Arbeit in die größeren Städte des Landes ab. Heute wohnen nur noch drei Familien in Tizourgane. Bei einem Spaziergang durch die schmalen Gassen (Eintritt 10 DH) kann man die **alte Architektur** bewundern: Die Flachdächer der Häuser aus grauem Bruchstein sind mit Erde beschwert und werden von Deckenbalken aus Arganienholz getragen. Holztüren führen ins Innere, in das nur wenig Licht durch die Fensterchen fällt.

Seit 2005 wurde der Agadir mit Unterstützung des Kulturministeriums **teilweise renoviert,** einige Häuser von Familien aus dem Dorf in Privatinitiative wieder instand gesetzt. Zur Bewahrung der einzigartigen Atmosphäre wurden die Stromleitungen für die wenigen bewohnten Häuser – im Gegensatz zu allen anderen Orten Marokkos – unterirdisch verlegt!

Die nette Familie *Mussali* engagiert sich besonders für den Erhalt des Agadirs und betreibt ein **Maison d'Hôtes②** in einem der alten Steinhäuser. *Jamal* und *Malika Mussali* (Mobil 0661 94 13 50, www.tizourgane-kasbah.com) führen die saubere, authentische Herberge, die sie sehr schön und mit Liebe zum Detail hergerichtet haben. Es gibt fließend Wasser und Strom, einen kühlen Bersalon, eine schattige und gemütliche Dachterrasse mit Blick auf die Berge und 15 hübsche Zimmer mit Dusche und WC auf dem Gang. Ein großes Familienzimmer hat ein eigenes Bad. Die Mutter backt fantastisches Brot in der Pfanne, das zum Frühstück auf der Terrasse serviert wird. *Jamal* führt gerne durch die Anlage und unternimmt bei Interesse **Wanderungen** in der Umgebung, z.B. zu ei-

⌃ Agadir bzw. Kasbah Tizourgane

nem anderen Agadir oder zur Palmenoase Targa'n'Touchka (Markt am Sonntag). Wer möchte, kann auch mehrtägige Touren unternehmen oder an einem Tag den Djabal Lekst (2359 m) nach Tafraoute überschreiten. Neben der Herberge befindet sich ein Hammam. Dieser Ort eignet sich perfekt für ein paar geruhsame (Wander-)Tage auf dem Land!

Weiterfahrt nach Tafraoute

Weiter auf der Hauptstraße erreicht man bei **km 112 Madao,** eine große Siedlung im Tal des von unzähligen Mandelbäumen gesäumten Oued Aït Baha, dahinter die Kulisse der im Nachmittagslicht rot schimmernden Berge. Hier kann man in einem Café oder Restaurant einkehren.

Danach führt die schmale Straße wieder bergauf nach **Sidi M'Zal (km 122),** einem großen Ort mit vielen neuen Häusern. Es gibt einen Marabut und eine hübsche alte Zaouia.

Bei **km 134** zweigt links eine Teerstraße (15 km) nach **Aït Abdallah** und Igherm ab, beides sehr schön gelegene Anti-Atlas-Dörfer. Rechts führt die Hauptstraße weiter nach Tafraoute. Nach 1 km **(km 135)** ist die **Passhöhe Tizi Mlil** (1650 m) erreicht. Die Straße führt in Serpentinen und mit grandiosem Ausblick ins Tal.

Bei **km 143** liegt die **Zaouia Sidi Abd el Jabar** unterhalb der Straße, umrahmt von hohen, rötlichen Granitbergen der Djabal-Lekst-Kette. Das Dach der Zaouia ist wie bei allen marokkanischen Heiligtümern mit grün lasierten Ziegeln gedeckt. Jedes Jahr im Sommer findet ein Moussem zu Ehren des Heiligen statt.

Es folgen viele malerische Dörfer mit rosafarbenen Häusern vor grandioser Bergkulisse, Arganien und Palmen gedeihen im Tal.

Nach gut **149 km** (hinter Agadir) zweigt eine Teerstraße rechts nach **Oumesnat** (beschildert) und ins **Ammelntal** ab (vgl. bei Tafraoute „Ausflüge").

Auch bei der Kreuzung 2 km weiter (**151 km** hinter Agadir) führt eine Teerstraße rechts ins Ammelntal und weiter nach **Tahala** und über Tanalte nach Anezi und Tiznit (eingangs erwähnte Variante). Eine **Rundfahrt** (vgl. bei Tafraoute „Ausflüge") durch das Tal bis Tahala und zurück über Afella Adaï lohnt sich auf jeden Fall – die alten Häuser der Dörfer kleben an den Berghängen des **Djabal Lekst (2359 m)** oder sind imposant auf Hügeln gebaut.

Abstecher nach Oumesnat

UNSER TIPP: Zweigt man bei km 149 oder 151 rechts ab, gelangt man **über ein schmales Betonsträßchen** (später Piste, 8 km, gut ausgeschildert) zum Parkplatz im Dorf Oumesnat mit dem **Maison traditionelle.** Dort renovierte die Familie *Ahrass* ein 400 Jahre altes traditionelles Haus und gab es für Touristen zur Besichtigung frei – der Besuch ist unbedingt lohnenswert! Der blinde, liebenswerte alte Herr *Abdessalam* oder (meistens) sein Sohn *Mustapha* führen sachkundig durch das Haus (Eintritt 10 DH plus Trinkgeld für die Führung und den Tee). Sie erzählen über Traditionen und Architektur und erklären die alten Gerätschaften und deren Funktionsweise. Mittlerweile ist dieses kleine Museum ziemlich bekannt bei internationalen und marokkanischen Touristen. Die alten, mehrstöckigen Häuser der Region sind aus Bruchstein gebaut und mit Lehm verputzt. Das Dach tragen Balken aus Palm- und Arganienholz. Im Erdgeschoss des *Maison traditionelle* waren ursprünglich die Tiere untergebracht, im Obergeschoss befinden sich die Küche, ein Getreidespeicher und der Salon, auf der Terrasse und im Obergeschoss liegen die Schlafräume und ein Webstuhlzimmer. Am Ende der Führung erhält man einen erfrischenden Tee im liebevoll dekorierten Salon und kann (bei Interesse) Arganienöl kaufen.

Rachid, ein Bruder von *Mustapha,* betreibt direkt neben dem Maison traditionelle ein **Maison d'Hôtes②** (pro Pers. inkl. HP, Mobil

Der Arganbaum und das Arganienöl

von Prof. Herbert Popp, Geographisches Institut der Universität Bayreuth

Im Südwesten Marokkos findet man das Verbreitungsgebiet des **endemischen Arganbaumes** (lat. *Argania spinosa*). Die lichten Wälder in einem Band entlang der Atlantikküste reichen von Safi im Norden bis zum Drâa-Tal im Süden, von der Atlantikküste im Westen bis an den Westrand des Djabal Siroua im Osten. Die wichtigsten Arganareale sind der westliche Hohe Atlas, das Sous-Tal und der Anti-Atlas. Der **tertiärzeitliche Reliktbaum** wies vermutlich früher ein durchgehendes Verbreitungsareal bis in den Senegal auf, das mit der zunehmenden Trockenheit abgetrennt wurde – man spricht hierbei von einem „disjunkten Areal". Bei Niederschlägen von weniger als 300 mm im Jahr ist es ungewöhnlich, dass überhaupt eine Baumart natürlich vorkommt. In unseren Lehrbüchern können wir schließlich lesen, dass sich am Nordrand der Sahara eine baumlose Steppe anschließe. Die Ausnahme der Arganwälder, die sog. **Arganeraies,** sind gut an Trockenperioden angepasst, doch sicherlich sind sie auch dadurch möglich, dass die Küstennebel des kalten Kanarenstroms zusätzliche Feuchtigkeit liefern, die dem Wachstum der Bäume förderlich ist.

Der Baum, der optisch eine gewisse Ähnlichkeit mit dem Ölbaum hat, diente in der Vergangenheit der Bevölkerung für mehrere Zwecke. Im Einzelnen waren die Bäume im Rahmen einer Waldweide für Ziegen-, Schaf- und Kamelherden nicht nur Schattenspender, sondern auch Tierfutter in Form ihrer Blätter und Früchte. Das Holz des Baumes fand Verwendung als Brennholz, Bauholz und zur Holzkohlegewinnung. Die Früchte des Arganbaumes, die wie Oliven aussehen, ergeben außerdem ein **hochwertiges Speiseöl,** das man aus den Samen ihrer Kerne recht aufwendig gewinnt. Zunächst müssen die Kerne geknackt werden; die entnommenen Samen werden über dem Feuer geröstet, gemahlen und unter Zugabe von Wasser so lange geknetet, bis das Öl austritt. Zur Gewinnung von 1 Liter Arganöl arbeitet eine Frau 1½ Tage. In den vergangenen Jahrzehnten ging die Wertschätzung des Baumes bei der einheimischen Bevölkerung stark zurück. Entsprechend wurden auch die lichten Wälder der Arganeraies stark dezimiert. Auch der Flughafen von Agadir-Al Massira kam nur durch Rodungen im größten Arganwald Südmarokkos zustande.

Der einmalige Waldbestand der Arganeraie ist somit objektiv gefährdet. Im Rahmen eines deutsch-marokkanischen Entwicklungsprojektes mit der Gesellschaft für Technische Zusammenarbeit (GTZ) wurde deshalb 1995 das Projekt „Conservation et Développement de l'Arganeraie" initiiert. Im Rahmen eines zu schaffenden (und mittlerweile in der Tat ausgewiesenen) **Biosphärenreservats der UNESCO** sollten der Schutz der Bäume und ihre nachhaltige Nutzung erreicht werden. Dabei sollte der Schwerpunkt auf der Gewinnung und Vermarktung des Arganöls liegen. **Frauengenossenschaften** in vielen Dörfern wurden initiiert, die mit den Einnahmen aus der Ölgewinnung die ökonomische Abhängigkeit der Frauen von ihren Männern verringern sollte; Marketingstudien und Werbekampagnen in Europa versuchten, das Produkt auf dem Exportmarkt zu platzieren.

Diese Zielsetzungen konnten, wie wir inzwischen wissen, zu einem Großteil erfolgreich umgesetzt werden. Das Arganöl gilt heute wegen seines hohen Anteils ungesättigter Fettsäuren und seines nussigen Geschmacks als ein zugleich cholesterinsenkendes wie auch wohlschmackhaftes und höchstwertiges Speiseöl. Es ist geradezu zu einem **„Mode-Speiseöl"** in Europa avanciert, für das man pro Liter deutlich mehr Geld investieren muss als für eine Flasche besten schottischen Whiskys (2014: 1 l ab 80 Euro)! Infolge der hohen Nachfrage sind die meisten Frauenkooperativen erfolgreich, auch wenn der Anteil am Verkaufspreis für sie relativ gering ist. Doch selbst ein original bei einer Kooperati-

ma16_060 ed

ve erworbenes Arganöl erhält der Käufer heute nicht für unter 25 Euro/l.

Dementsprechend gibt es auf dem Markt inzwischen auch Strategien, das Arganöl zu **strecken und** zu **vermischen,** sodass das Prinzip des Vertrauens zum Produzenten immer wichtiger wird. Selbst im Antiatlas wird das Arganöl für den „Hausgebrauch" mittlerweile zu teuer. Das ist einer der Gründe, weshalb die Gastronomen die „Paste des Amalou" ihren Gästen nur zum Teil anbieten: Diese Speise ist einfach in der Herstellung sehr teuer.

Die Nachfrage nach Arganöl ist noch keineswegs gesättigt, sondern erreicht ein noch höheres Niveau dadurch, dass inzwischen auch die **Kosmetikindustrie** das Produkt entdeckt hat und erfolgreich vermarket. Es gibt mittlerweile in den Ländern Europas Arganölprodukte zur „Bewahrung der Schönheit der Frau". Dazu gehören z.B. Argan-Gesichtstagescrème, Argan-Hand- und -Fußcreme, Argan-Haarwasser, Arganseife. Das Arganöl wird auch angepriesen als wirksames Mittel gegen Akne. Und in Marokko entstehen zunehmend Gästehäuser, die zugleich als eine Art Schönheitsfarm auf der Basis von Arganöl bezeichet werden können.

Die Früchte des Arganbaumes ähneln großen Oliven

0666 91 77 68, 91 81 45, masiondhote@gmail.com). Das nette Gästehaus besteht aus zwei Teilen: Im alten Trakt in einem traditionellen Haus gibt es vier einfache Zimmer, die sich zwei Bäder teilen. Die sechs Zimmer im neuen Trakt sind komfortabler, mit Klimaanlage und eigenem Bad, aber weniger authentisch. Alle Zimmer sind sehr sauber und hübsch im Berberstil gehalten. Von der Dachterrasse hat man einen schönen Ausblick. Wenn man mit dem Taxi von Tafraoute kommt, reicht ein Anruf, und man wird mit einem Gepäckesel am Parkplatz abgeholt.

Ein Mitglied der Familie führt auch gerne durch den alten Dorfkern oberhalb der (weitgehend verwilderten) Oasengärten. Die vielen schönen, zwischen Arganien, Palmen und Feigenkakteen am Hang gelegenen Häuser verfallen leider großteils. Die Fassaden vieler Ruinen mit Lokba-Verzierungen sind immer noch sehenswert. Es existieren auch noch zwei alte Olivenölmühlen im Ort, die jedoch nicht mehr in Betrieb sind.

Fährt man von Tafraoute in Richtung Oumesnat, sollte man seine Augen auf die große runde Gipfelformation richten, die hinter Oumesnat aufragt. Mit etwas Fantasie erkennt man schlitzförmige Katzenaugen und eine Schnauze – den **„Tête de Lion“** (Löwenkopf).

Weiterfahrt nach Tafraoute

Weiter entlang der Hauptroute ist nach gut **155 km Tafraoute** erreicht.

Tafraoute

Diese auf 1000 m Höhe gelegene **Dattelpalmen-Oase** mit rund 5000 Einwohnern ist das **Zentrum der Chleuh-Berber.** Der wild gewachsene Marktort selbst ist nicht besonders sehenswert, doch die Umgebung mit ihrer **fantastischen Bergwelt** aus bizarren Granitfelsformationen zählt zu den schönsten Regionen des Landes. Auf einem Hügel oberhalb des Dorfes liegt das Hotel Les Amandiers; es bietet sich ein schöner Ausblick auf den Ort und die im Abendlicht rosafarben schimmernden Granitberge. Besonders malerisch sind die alten, an die Felshänge gebauten Wohnhäuser im Ammelntal und in der 6 km entfernten Oase Adaï. Die Fassaden der mehrstöckigen, mit Lehm verputzten Steinhäuser sind teilweise mit sog. **Lokbas** dekoriert, drei- und viereckige, aus Schieferstein gesetzte Löcher, die mit Pferde- oder Maultierschwanzhaaren verstopft werden. Auch die heute vorherrschenden mehrstöckigen Betonhäuser passen sich in ihren Rosatönen, mit farblich abgesetzten Fenstern und Türen und den Zinnen auf dem Dach gut in die Landschaft ein.

Die **Bevölkerung** von Tafraoute ist Touristen gegenüber sehr freundlich. Die Frauen tragen traditionell lange schwarze, am Saum bunt bestickte Gewänder. Im Gegensatz zu anderen Orten sind keine bettelnden Kinder und selten aufdringliche Jugendliche anzutreffen. Die Bewohner gelten als geschickte Kaufleute mit langer Handelstradition. Viele arbeiten in den Städten im Norden oder sammeln Berufserfahrung im Ausland. Jede Familie besitzt ihren eigenen kleinen Oasengarten mit Obstbäumen, Gemüse und Gewürzpflanzen, die heute jedoch oft brachliegen. In der Region gedeihen viele **Mandelbäume,** die Ende Februar prächtig blühen; dann findet auch das bekannte **Mandelfest** statt.

Tafraoute bietet **alle Versorgungsmöglichkeiten** mit Hotels, Restaurants, Markt, Tankstelle, Post, Bank etc. Der Wochenmarkt (Souk) findet immer mittwochs statt.

Praktische Informationen

Informationen für Touristen

■ Interessante touristische Informationen zu Tafraoute und Umgebung bietet die französischsprachige Internetseite **www.tafraout.info.**

■ Die **„Touristische Karte des Westlichen Anti-Atlas"** von *Herbert Popp, Brahim El Fasskaoui* und *Mohamed Aït Hamza* (Verlag Naturwissenschaftliche Gesellschaft Bayreuth e.V.) gibt interessante Hintergrundinformationen zur Region und ihren Bewohnern. Außerdem sind alle touristischen Attraktionen, Unterkünfte und Agadire eingezeichnet. Beziehbar beim Geographischen Institut der Uni Bayreuth (www.stadtgeo.uni-bayreuth.de/de/publications/maghreb-karten/) oder vor Ort im Hotel Chez Amaliya.

■ Interessante Informationen über **Kletter- und Wanderrouten** stehen auf **www.climb-tafraout.com.**

Unterkunft in Tafraoute

Oberklasse

■ **Les Amandiers**③, Tel. 0528 80 00 88, www.hotel-lesamandiers.com. Das beste Hotel (staatlich) am Platz thront seit 40 Jahren wie eine Kasbah über dem Ort. Größter Pluspunkt: der tolle Ausblick (v.a. bei Sonnenuntergang) auf Tafraoute und die Berge. 60 große, vor einigen Jahren renovierte Zimmer mit Balkon, Bad und TV (kein 4-Sterne-Standard), freundliches Personal, schöner Pool zwischen Granitfelsen und Terrasse mit Aussicht. Gute Speisenauswahl im Restaurant.

Mittelklasse

■ **Saint Antoine**③ (mit Frühstück), Av. Mokhtar Soussi, Tel. 0528 80 14 97, www.hotelsaintantoine-tafraout.com. Etwas gesichtsloser Neubau mit gefliesten Wänden, aber großer Pool im hübschen Hofgarten sowie komfortable, große Zimmer mit Bad, TV und Klimaanlage. WLAN, Alkoholausschank im Restaurant, Parken vor dem Haus möglich.

■ **Salama**②, im Zentrum beim Markt, Tel. 0528 80 00 26, www.hotelsalama.com. Das Hotel existiert seit 1966 und wurde 2006 komplett saniert: sehr hübsche, klimatisierte Zimmer im marokkanischen Stil mit TV und Bad (manche mit Balkon und Bergblick), gemütliche Kaminecke in der Lobby, schöne Panorama-Dachterrasse, Parkplatz vor dem Haus, gutes Essen im Restaurant/Café im EG. Gutes Preis-Leistungsverhältnis.

■ **Les Rochers Peints**③ (mit Frühstück), an der Straße zum Hotel Les Amandiers, Tel. 0528 80 00 32, www.hotel-rocherspeints-tafraout.com. Das Interieur des ansonsten hübschen Gästehauses wirkt etwas kitschig-orientalisch. Alle acht Zimmer (mit Bad, TV) sind sauber, ordentlich und klimatisiert. Beeindruckend: die massiven Holztüren aus Mali.

■ **Maison de Vacances,** an der Straße Richtung Aguard Ouadad/Tiznit, neben CTM-Büro, Tel. 0528 80 01 97, Mobil 0662 87 96 57, www.maisondevacances-tafraout.com. *Laila* und *Hicham* empfangen die Gäste in diesem einfachen Ferienhaus mit voll ausgestatteten Apartments mit Küche, Salon und Schlafzimmer (②) sowie mit klimatisierten Zimmern mit TV und Bad (③). Dachterrasse mit Ausblick, WLAN, Mountainbikeverleih (80 DH/Tag).

Günstig

■ **Argana**①-②, an der Straße nach Aguard Oudad (400 m vom Kreisel im Zentrum), Tel. 0528 80 14 96, www.argana-tafraout.com, N 29°42,991', W 08°58,210'. Kleines Hotel mit ordentlichen, netten Zimmern ohne Bad und WC. Auf jeder Etage gibt es ein sauberes Badezimmer mit warmen Duschen. Schöner Rundumblick von der Dachterrasse. Frühstück 25 DH/Pers.

■ **Auberge les Amis**①-② (inkl. Frühstück), Place Moulay Rachid, Tel. 0528 80 19 21, auberge.lesamis@yahoo.fr. Sehr ordentliches und freundliches Budgethotel, einfache Zimmer mit oder ohne eigenes Bad (sauber, heiße Dusche), z.T. mit Heizung/AC, netter Balkon mit Blick auf den kleinen Place Moulay Rachid, Parkplatz vor der Tür, WLAN. Übernachtung auf Matratzen (50 DH/Pers.) im Nomadenzelt auf der Dachterrasse möglich. Waschmaschine vorhanden.

■ **Maison d'Hôtes Arganino**①, Rue de la Marche Verte, in der Gasse neben Café/Restaurant Atlas, Mobil 0615 11 65 21, arganino@hotmail.fr. Kleine, schlichte und saubere Zimmer mit oder ohne Bad in einem Familienhaus, netter Empfang, einfaches Hammam, Fahrradverleih (60–80 DH/Tag), eigene Arganienölherstellung.

■ **Safa**①-②, an der Straße Richtung Ammelntal, zweites Haus rechts vom Krankenhaus, Mobil 0619 70 83 84, hotelsafatafraout@gmail.com. Schlichtes, sauberes Maison d'Hôtes im oberen Stockwerk eines Neubaus, 12 Zimmer zur Straße oder nach hinten. DZ mit Bad auf dem Gang oder eigenem Bad.

Tafraoute

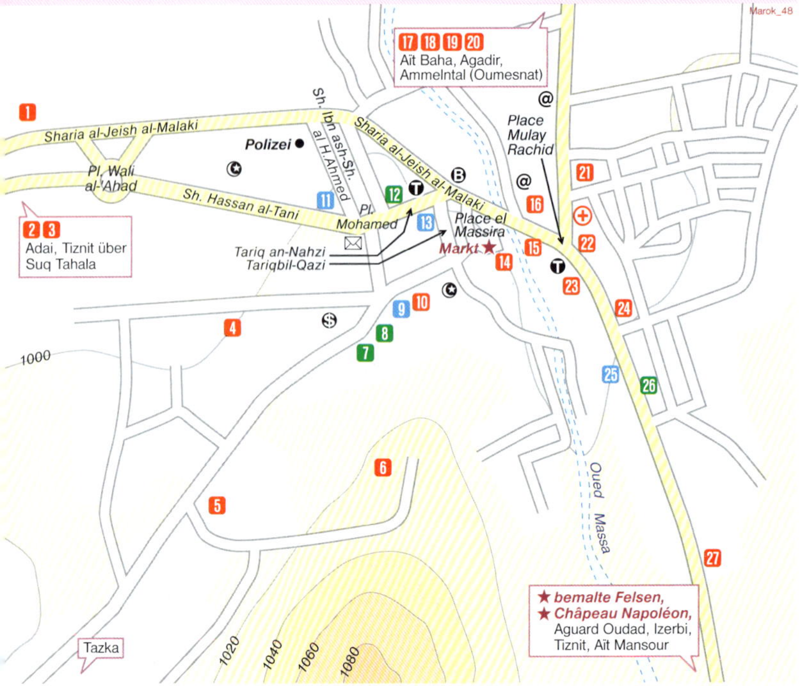

Übernachtung
1 Camping 3 Palmiers
2 Camping Tazka
3 Camping Granite Rose
4 Saint Antoine
5 Les Rochers Peints
6 Les Amandiers
10 Arganino
14 Salama
15 Redouane
16 Tanger
17 Chez Amaliya,
18 Auberge Tililia,
19 Yamina,
20 L'Arganier d'Ammelne
21 Safa
22 Auberge les Amis
23 Tafraoute
24 Maison de Vacances
27 Argana

Essen und Trinken
9 Atlas
11 Etoile du Sud
13 Café de la Jeunesse
25 La Kasbah

Einkaufen/Sonstiges
7 La Maison Tuareg
8 Babouche Tafraoute
12 Tafraout Aventure
26 Maison du Troc

■ **Tafraoute**①, Place Moulay Rachid (bei der Afriquia-Tankstelle), Tel. 0528 80 00 60. Einfache Zimmer mit Waschbecken, WC/Dusche auf dem Gang, ordentlich und okay. Unterstellmöglichkeit für Fahrräder und Motorräder.

■ Die sehr einfachen Einheimischenhotels **Tanger**① (freundlich, gutes Essen) und **Redouane**① am Oued im Zentrum sind nur für Low-Budget-Traveller mit sehr niedrigen Ansprüchen geeignet.

Unterkunft im Ammelntal

■ **Chez Amaliya**③, ca. 5 km außerhalb Richtung Agadir, gleich nach dem Abzweig ins Ammelntal, Tel. 0528 80 00 65, www.chezamaliya.com. Dieses große Kasbahhotel unter holländischer Führung liegt vor der fantastischen Bergkulisse des Djabal Lekst und bietet den höchsten Komfort am Platz. Es hat 14 stilvoll marokkanisch gestaltete und klimatisierte/beheizte Zimmer mit Bad, die sich um den Hofgarten mit schönem Pool gruppieren. Auf dem Dach bietet ein Apartment mit zwei Zimmern und Küche genug Platz für eine Familie. Im gemütlichen Salon mit Bücherregal (zum Tausch) und Gesellschaftsspielen sorgt an kalten Tagen ein Heizstrahler für Wärme. Restaurant mit großer Speisenauswahl (Gerichte wenig würzig, aber okay) und Alkoholausschank. Boutique mit Verkauf von Arganienöl, hübschen Lederaccessoires einer lokalen Frauenkooperative und der sehr guten „Touristischen Karte des Westlichen Antiatlas" (vgl. „Information").

■ **La Tête du Lion**③ (mit Frühstück), 5 km außerhalb Richtung Agadir (1 km nach dem Abzweig ins Ammelntal auf der rechten Seite), Tel. 0528 80 11 65 oder Mobil 0661 49 22 03, www.latetedulion. com. Die acht klimatisierten, sehr gepflegten Zimmer mit Bad und Telefon gruppieren sich um den Hofgarten. Es gibt ein kleines Restaurant auf der Dachterrasse (Alkoholausschank). Verschiedene Aktivitäten können organisiert werden (Wanderungen, 4x4-Ausflüge).

■ **L'Arganier d'Ammelne**②, ca. 5 km außerhalb Richtung Agadir (1 km nach dem Abzweig ins Ammelntal auf der linken Seite, direkt ggü. Tête du Lion), Mobil 0661 92 60 64, www.arganierammelne. com. Das freundliche Gästehaus in schöner Lage bietet einfache, ordentliche Zimmer und zwei Familiensuiten zum kleinen Hofgarten. Im sehr gemütlichen Restaurant im Berberstil gibt es Frühstück (mit Arganienölprodukten) und gutes Essen, auch für auswärtige Gäste. Im Salon mit Fernseher oder auf der Dachterrasse mit toller Aussicht lässt es sich gut aushalten (manchmal abends Disco auf dem Dach, dann laut). Das angeschlossene Campingareal ist sehr gepflegt (s.u.).

■ **Yamina**③ (mit HP – sehr gutes Essen), ca. 6 km außerhalb Richtung Agadir (Pistenabzweig nach Tandilt bei L'Arganier d'Ammelne), Mobil 0670 52 38 83, www.yamina-tafraout.com. Ein französisch-marokkanisches Paar betreibt diese sehr schöne, authentische Unterkunft mit nur vier (klimatisierten) Gästezimmern in einem traditionellen Lehmhaus in ruhiger Lage.

■ **Auberge Tililia**②, ca. 7 km außerhalb beim Dorf Azgaour, N 29°45,850', W 08°58,229', Mobil 0668 58 56 29, abraz70@hotmail.com. Links hinter L'Arganier d'Ammeln (von Tafraoute kommend) auf holpriger Piste Richtung „Tandilt –ila, Chez Abdallah, Yamina" bzw. den Pfeilen folgen. Einfache Herberge in einem Neubau mit recht großen, netten Zimmern, Bad auf dem Gang, kleiner Salon, grandiose Aussicht von der Dachterrasse. Das Haus liegt zwar etwas ab vom Schuss, aber dafür sehr ruhig – ideal für Wanderungen oder Mountainbiketouren. Der Gastgeber *Abdellah* ist sehr nett, sein Cousin *Mohamed* (Mobil 0613 29 60 33) führt Wanderungen in der Umgebung.

Camping

Alle Plätze sind im Winter hoffnungslos überfüllt mit Wohnmobilen, die hier z.T. mehrere Wochen stehen.

■ **Tazka,** Tel. 0528 80 14 28, www.campingtazka.com. Gepflegter Platz mit Palmen etwa 600 m außerhalb an der Straße Richtung Tiznit (Aday). Die Sanitäranlagen sind sauber, Abwasserentsorgungsmöglichkeit für Wohnmobile, leider wenig Schatten, WLAN, Wäscheservice, Fahrradverleih. Preise: 10 DH pro Pers., Motorrad und Auto, 20 DH Caravan, 25 DH Lkw oder großer Caravan, 25 DH Strom, Zelt 15 DH, heiße Dusche 10 DH.

■ **Granite Rose,** an der Straße Richtung Tiznit, neben Tazka. Etwas karger, aber gepflegter ummauerter Platz. Jeder Stellplatz hat Stromanschluss und Wasserhahn, die Sanitäranlagen sind gepflegt (warme Duschen). Es gibt eine Waschmaschine und WLAN. Der Besitzer *Omar* spricht deutsch und ist sehr hilfsbereit.

■ **3 Palmiers,** nur etwa 400 m außerhalb an der Straße Richtung Tiznit, Tel. 0528 80 00 38, N 29°43,30', W 08°58,77'. Ummauerter Platz mit wenig Schatten, im benachbarten Palmenhain stehen bei großem Andrang ebenfalls Wohnmobile. Sehr einfache, nicht immer saubere Sanitäranlagen. WLAN bei der Rezeption. Maximale Durchfahrtshöhe 3,40 m. Es gibt auch Bungalows zur Miete (sauber).

■ **La Vallée d'Ammelne,** 5 km Richtung Agadir auf der rechten Seite, Mobil 0667 59 92 80 *(Mr. Salmi)*. Recht gepflegter Platz in schöner Bergkulisse mit Pool (evtl. ohne Wasser) und Restaurant, nur wenig Schatten. Die Sanitäranlagen sind okay, aber schon etwas angeschlagen. 70 DH für 2 Pers. mit Caravan und heißer Dusche, Strom 20 DH.

■ **L'Arganier d'Ammelne,** 5 km Richtung Agadir, vgl. „Unterkunft im Ammelntal". Der an das Gästehaus angeschlossene Sandplatz ist sehr gepflegt und sauber, allerdings bieten die Olivenbäume und Palmen am Rand nur wenig Schatten. Gemütliches Restaurant. 10 DH/ Pers., Auto und Zelt, 15 DH Caravan, heiße Dusche 6 DH, Strom 15 DH, Motorrad 7 DH, Lkw 25 DH.

■ Sehr schöne **Wildcampingplätze** findet man in der gesamten Umgebung unter den hohen Dattelpalmen. Auch in der Nähe der bemalten Felsen (vgl. „Ausflüge") gibt es schöne Stellplätze. Lassen Sie keinen Müll liegen!

■ Der **Camping Communale Ammelne,** ein baumloser ummauerter Platz am Eingang zum Ammelntal (4 km von Tafraoute, neben Chez Amaliya), hatte im Herbst 2014 geschlossen.

Essen und Trinken

Alkoholausschank nur in den Hotels Les Amandiers und Saint Antoine sowie im Restaurant La Kasbah.

■ **Atlas,** am Place de La Marche Verte im Zentrum, Mobil 0667 12 02 93. Gutes, unter den Einheimischen beliebtes Terrassencafé/-restaurant mit kostenlosem WLAN, günstige Salate, Sandwiches und Omelette (ca. 16 DH), auch Brochettes und Tajine (35–50 DH).

■ Im **Café de la Jeunesse** gibt es gutes und günstiges Frühstück.

■ **Étoile du Sud,** im Zentrum, Tel. 0528 80 00 38. Inzwischen ist das Gartenrestaurant so stark von Touristengruppen frequentiert, dass die Qualität von Speisen und Service schwankt (Menü ca. 90 DH). Folkloredarbietungen im Original-Hochzeitszelt – ein Besuch lohnt sich, wenn gerade keine Gruppen da sind.

■ **La Kasbah,** an der Straße Richtung Aguard Oudad (ggü. Maison de Troc), Mobil 0672 30 39 09. Sehr gutes, frisch zubereitetes Essen (evtl. längere Wartezeit) in gemütlicher Atmosphäre (Menü 90 DH, Tajine ab 60 DH, exzellente Brochettes), Alkoholausschank.

■ **L'Arganier d'Ammelne,** 5 km Richtung Agadir, vgl. „Unterkunft im Ammelntal". Zum Gästehaus und Campingareal gehört ein sehr hübsches Restaurant im Berberstil – gutes Essen.

Einkaufen

Tafraoute gehört zum Ausflugsprogramm der Agadir-Pauschaltouristen, entsprechend groß ist das Angebot an Souvenirs. Die Läden am kleinen Marktplatz vor dem Hotel Salama und im Souk bieten u.a. lokalen Honig und die für die Region typischen, vorne abgerundeten **Babuschen** (Sandalen) aus Ziegenleder an.

■ **Argan Tafraout** am Place El Masira (Marktplatz). Teure Arganienölprodukte wie Speise- und Kosmetiköl, Seifen, Cremes und Amlou.

■ **Maison du Troc,** an der Straße nach Aguard Oudad. Wer Teppiche, Lampen oder Fossilien kaufen will, ist bei *Lahcen* und *Mohamed* richtig – beide sprechen sehr gut deutsch. Kelimkissen können nach individuellen Vorgaben bis zum nächsten Tag genäht werden.

■ **Maison Touareg,** Av. Mohamed V., Richtung Hotel Les Amandiers, Tel. 0528 80 02 10, www.maisontouareg.com. Auch in diesem Souvenir- und Teppichladen wird man gut beraten – die Verkäufer erläutern ohne Kaufzwang Traditionen und Muster. Die Clan-Mitglieder der Familie *Aït Sidi Brahim* in ihren Tuareggewändern sprechen allerdings im ganzen Ort Touristen an, was zuweilen nervig sein kann. Zahlung mit Kreditkarte und zuverlässiger Versand nach Deutschland möglich. Fahrradverleih (s. „Sport/Aktivitäten").

Sport/Aktivitäten

Man sollte unbedingt eine Tagestour oder sogar mehrtägige **Wanderung** in der tollen Gebirgswelt aus Granit unternehmen. Konditionsstarke und trittsichere Wanderer können zwei der höchsten Berge des Anti-Atlas, den **Djabal Lekst** (2359 m) oder den **Adrar Mqorn** (2344 m), besteigen. Vgl. „Ausflüge".

Es bieten sich viele junge Männer als (Wander-)Führer an – die meisten haben nur mangelhafte Sprachkenntnissen und wenig Motivation für eine interessante Führung.

■ **Zaidtours,** Mobil 0666 91 81 61 oder 0661 05 05 10 (Maison Tuareg), zaidtours@yahoo.com. *Zaid* bzw. *Mohamed* vom Maison Tuareg (s.o.) organisieren Ausflüge aller Art, z.B. Tagesrundfahrten und Ausflüge in die Umgebung mit 4x4. Vermittlung von Bergführern und Fahrradverleih.

■ Der freundliche **Brahim Bahou** (Mobil 0661 82 26 77 oder 0615 72 82 79, brahim-izanzaren@hotmail.com, Agentur Tawada, Büro oberhalb des Hotels Salama in der Gasse hinter Babouches Aït Boussa) ist der einzige staatlich geprüfte **Bergführer** in der Region. Er spricht englisch und französisch.

■ **iTours Morocco,** im Hotel Argana, Tel. 0528 80 14 96, Mobil 0660 33 24 45, www.itoursmorocco.com. *Mustapha* und *Zaid* organisieren Touren in der Umgebung von Tafraoute und in ganz Marokko.

■ **Coin des Nomades,** direkt am Marktplatz (rechts neben Hotel Salama), Mobil 0661 62 79 21, tägl. 8.30–21 Uhr. Der freundliche *Houcine Laroussi* verkauft Kopien **topografischer Karten** und gibt allerlei nützliche **Infos**

zu Wander- und Kletterrouten (Topos) in der Region – ein Besuch in seinem kleinen, chaotischen Souvenirladen lohnt sich.

■ Das **Maison Touareg** (Av. Mohamed V. Richtung Hotel Les Amandiers, s. bei „Einkaufen") verleiht moderne **Mountainbikes,** Kinderräder und Räder mit Kindersitz für 50–100 DH/Tag. Leider wirbt *Said* ziemlich offensiv für sein Geschäft und nervt bisweilen ankommende Touristen. Auch das **Maison de Vacances** und das **Gästehaus Arganino** (s.o.) vermieten Fahrräder. Man sollte unbedingt die Qualität der Reifen überprüfen und ein Reparaturset mit Flickzeug mitnehmen.

Busse

■ Das Büro des privaten Busunternehmens **S.T.C.R.** befindet sich nahe des Hotels Redouane (Mobil 0670 68 73 53). Fahrplan: Aït Baha – Inezgane – Marrakesch – Kénitra: 1x tägl. gegen 19 Uhr (S.T.C.R.-Nachtbus), bis Aït Baha ca. 2½ Std. Fahrzeit, bis Inezgane ca. 3½ Std., bis Marrakesch 9 Std., bis Kénitra (Rabat) 14 Std.

■ **CTM** (Tel. 0528 80 17 89) startet einmal tägl. morgens um 8 Uhr **über Tiznit und Agadir nach Casablanca.** Nach Tiznit ca. 2½ Std., 50 DH; nach Agadir ca. 5 Std., 75 DH; nach Casablanca ca. 13 Std., 250 DH.

■ Weitere Privatbusse fahren täglich **über Tiznit nach Agadir, Marrakesch und Casablanca** (z.B. Sahara Voyages tägl. 8.30 Uhr). Transport El Hilal steuert auch **Essaouira** an.

■ In der Umgebung fahren **Regionalbusse,** z.B. Bus Nr. 20 ab/bis Tiznit (über Adai und Tahala, Abfahrt neben der Post, Rue Hassan el Tani). An der Afriquia-Tankstelle startet der Bus nach Tarsouat (Richtung Tiznit über Aguard Oudad). Am Krankenhaus fährt etwa im Stundentakt ein Bus ins Ammelntal nach Südwesten über Taguenza nach Amarkhsine und nordöstlich bis zum Pass Tizi Mlili.

Tafraoute liegt in reizvoller Umgebung

ma11-086 ad

Tafraoute und Ammelntal

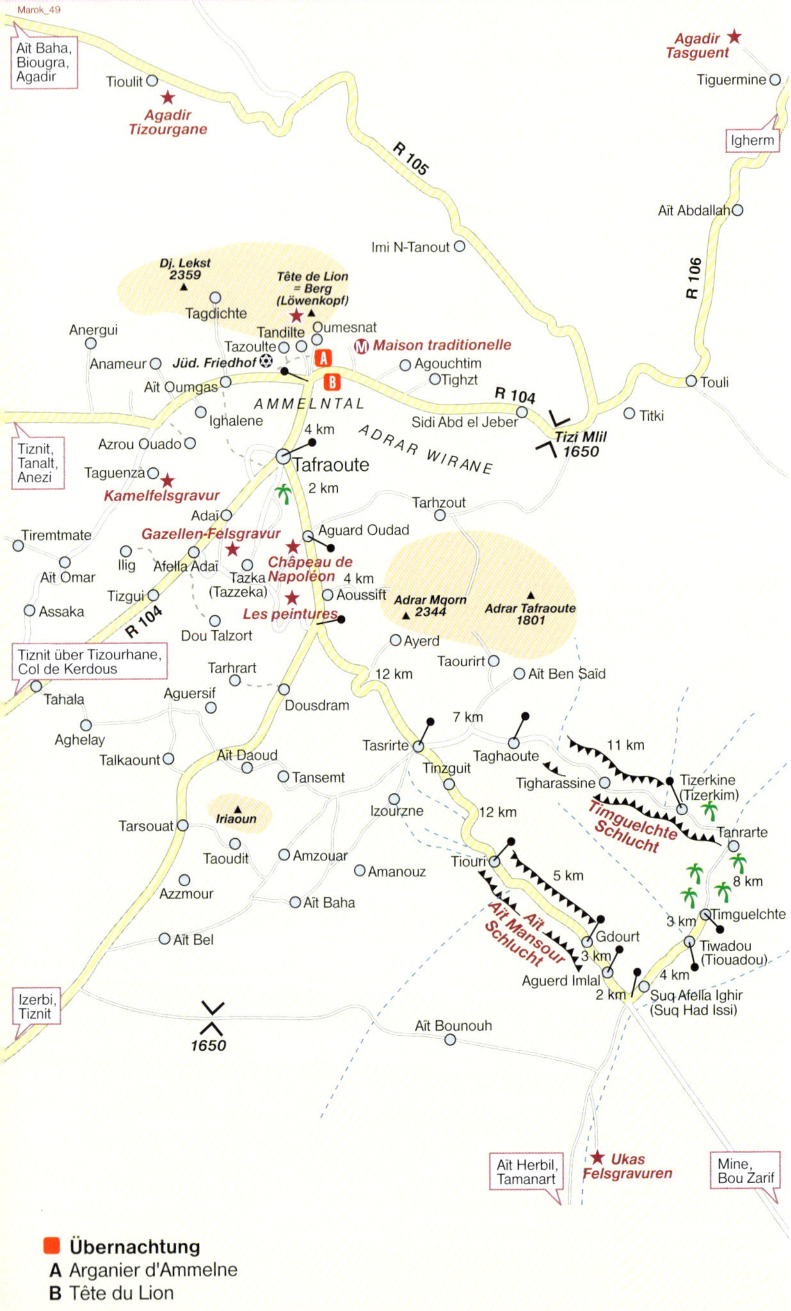

Sonstiges

- Die **Post** liegt am Place de La Marche Verte (mit Wechselbüro).
- **Internetcafé** an der Straße Richtung Hotel Les Amandiers.
- Eine **Bank mit Geldautomat** (BMCE) befindet sich neben dem Hotel Saint Antoine.
- **Apotheke:** Die Pharmacie Al Massira liegt am Place de La Marche Verte gegenüber dem Artisanat du Coin.
- An der Ausfallstraße Richtung Aït Baha gibt es mehrere **Autowerkstätten.**
- Die **Sammeltaxis** nach Tiznit (ca. 30 DH, 1 Std.) starten täglich frühmorgens zwischen 6 und 7 Uhr. Auch nach Tanalte und Aït Baha verkehren Sammeltaxis. Grands Taxis können für Ausflugsfahrten in der Umgebung angemietet werden.

Feste/Veranstaltungen

- **Mandelfest** *(Festival des Amandiers),* dreitägiges Musikfestival zur Mandelblüte, www.festivalamandiers.ma, Ende Februar.
- **Moussem Sidi Ahmed ou Said,** in Adaï, Mitte Aug.
- In Anameur findet dreimal im Jahr, im Januar, März und Mai, ein **Fest zu Ehren des Marabut Chezelhamiz,** mit großem Essen im Freien, statt.

Ausflüge

Nicht motorisierte Touristen können die beschriebenen Ausflüge entweder bei Tafraout Aventure als **Tagesausflug** buchen oder ein **Grand Taxi** anmieten.

In der Umgebung von Tafraoute kann man tagelang wandern, Rad fahren oder klettern und die malerischen Dörfer im Ammelntal besuchen, z.B. ausgehend von Oumesnat (vgl. „Abstecher nach Oumesnat").

Nur wenige Kilometer von Tafraoute entfernt liegen großartige, von der Winderosion geschaffene Felsformationen aus Granit. Besonders bekannt sind der **Chapeau Napoléon** bei Aguard Oudad, der **Tête de Lion** bei Oumesnat und der **Clownsfelsen** nahe Tazzeka (Tazka).

Neben den bizarren Formen der Granitberge sind **Les Peintures** – vom belgischen Künstler *Jean Vérame* blau, violett, rot und schwarz bemalte Felsen bei Aguard Oudad – eine der touristischen Attraktionen (s.u.).

In der Umgebung Tafraoutes gibt es außerdem **Felsgravuren** zu entdecken. Am leichtesten erreichbar ist die **Gazellengravur** zwischen den Dörfern Adaï und Tazzeka (s.u.). Ihre Authentizität wird allerdings bezweifelt.

Nicht versäumen sollte man den Besuch des *Maison traditionelle* in **Oumesnat,** den man mit einem Spaziergang durch den alten Ortskern und die Oasengärten verbinden kann (siehe vorherige Routenbeschreibung).

Rundfahrt durchs Ammelntal

Eine Tour ins wunderschöne Ammelntal mit seinen ursprünglichen Dörfern und der grandiosen Granitfelsenkulisse sollte man auf keinen Fall verpassen. Eine gute **Übersichtskarte** zu dieser Strecke erhält man im Büro von Zaidtours (vgl. bei Tafraoute „Sport/Aktivitäten"). Der Ausflug führt als Rundfahrt von Tafraoute über das Ammelntal nach Tahala und von dort wieder zurück über Afella Adaï nach Tafraoute (R 104). Die Route ist durchgehend asphaltiert und ohne Abstecher etwa 41 km lang.

Verlassen Sie Tafraoute auf der Teerstraße Richtung Agadir/Aït Baha (vom Place Moulay Rachid Richtung Norden, beschildert). Nach knapp **5 km** folgt eine **V-Kreuzung,** links geht es ins westliche Ammelntal, rechts kann man einen lohnenswerten Abstecher nach **Oumesnat** und zum *Maison traditionelle* (vgl. „Von Agadir nach Tafraoute") unternehmen.

Die **Ammeln** – ein Berbervolk, das zur Hauptgruppe der Chleuh gehört – haben in ganz Marokko einen Ruf als gute Händler. Es gibt im Ammelntal **vier Berberstämme:** Afella Wassif, Aït Smaybun (Anameur), Aguns Wassif und Tahala, die in 46 Dörfern *(Douars)* leben. Die meisten der für die Region typischen zinnenbewehrten Häuser aus Bruchstein, mit weißer Ornamentikbemalung und

Lokba-Verzierungen auf dem Lehmverputz, verfallen. Viele Ammeln haben die Region verlassen und arbeiten die meiste Zeit des Jahres im Ausland oder in großen Städten wie Casablanca – das Ersparte fließt häufig in Form eines modernen Familienhauses wieder zurück in die alte Heimat. Die neuen, mehrstöckigen und rosa getünchten Gebäude mit weiß umrahmten Fenstern prägen inzwischen das Landschaftsbild rund um Tafraoute.

Gleich hinter dem Abzweig ins Ammelntal liegt das komfortable **Kasbahhotel Chez Amaliya** auf der rechten Seite (s. „Unterkunft" bei Tafraoute). Die schmale Teerstraße führt durch im Sommer sehr trockene Felslandschaft mit Arganien und Palmen. Auf der rechten Seite ragen die imposanten Granitberge des **Djabal Lekst (2359 m)** auf. Kleine Stichstraßen oder Pisten führen zu den Dörfern, die an den Berghängen kleben.

Etwa 2 km nach dem Abzweig (km 6 ab Tafraoute) führt rechts eine kleine Teerstraße zum Dorf **Tazoulte** am Fuße der Berge. Zwischen Tazoulte und dem Nachbardorf Dimialen liegt ein von einer hohen Betonmauer geschützter, alter **jüdischer Friedhof** mitten in der Landschaft (bei N 29°45,742', W 08°59, 079'). Man kann von Tazoulte in etwa 30 Min. zum Friedhof marschieren, indem man kurz vor dem Ortseingang auf eine kleine Piste abbiegt und gleich nach dem Überqueren des Bachbetts links auf einem Pfad südwärts spaziert. Das Eingangstor ist meistens verschlossen. Interessierte sollten sich vorher nach dem Schlüsselhalter erkundigen.

4 km nach dem Abzweig (**km 8** ab Tafraoute), unmittelbar vor dem Dorf **Aït Ougmass,** zweigt bei einem gemauerten Wegweiser am Ortseingang rechts eine steile, teilweise betonierte Straße nach **Tagdichte** (1422 m) ab. Das Dorf ist Ausgangspunkt für die Besteigung oder Überschreitung des Djabal Lekst (vgl. Ausflug weiter unten).

Bei km 11 ab Tafraoute folgt ein Abzweig zum Dorf Tidli.

Etwa 1,5 km weiter (**km 12** ab Tafraoute) führt eine schmale Teerstraße rechts ab Richtung **Tanalt** und **Anezi.** Von Tanalt kann man auf einer westlichen Alternativroute nach Aït Baha fahren (vgl. Route Agadir – Tafraoute).

Folgt man der Teerstraße nur etwa 2 km Richtung Tanalt, kann man bei einem kleinen Wegweiser rechts auf eine Piste nach **Anergui** (1469 m) abbiegen. Die 7 km lange Piste führt sehr kurvig und steil (ohne Seitenbegrenzung) bergauf. Die größten Steigungen sind betoniert. Es bietet sich ein grandioser Ausblick nach unten! Anergui thront wie ein Adlerhorst auf einer Bergkuppe, darunter fallen die rot-braunen Felshänge steil ab. Vom oberen Ortsrand kann man auf einem Pfad bis zum Talschluss wandern oder in einer Tagestour den Djabal Lekst nach Tagedichte überschreiten (vgl. Ausflug weiter unten).

Folgt man weiter der teilweise löchrigen Hauptstraße (ohne Abstecher nach Anergui), ist bei **km 13** (1 km weiter) das Dorf **Taguenza** erreicht. Bei **km 16** führt eine Furt über den **Assif Almouloud.** Die Straße entfernt sich vom Ammelntal und führt kurvig durch ein Tal mit Arganien und Palmen.

3 km weiter **(km 19)** zweigt eine kleine Piste rechts nach Tiremtmate (Steinwegweiser) ab. Biegt man hier ab und hält sich nach ca. 200 m links, bieten sich schöne Wildcampingmöglichkeiten entlang eines kleinen Oueds. Nach 3 km auf holpriger Piste (mit Vorsicht auch mit Pkw möglich) erreicht man das Dorf **Tiremtmate.** Dort kann man einen schönen Spaziergang entlang des Flüsschens mit Oleander und Froschteichen unternehmen und mit Hilfe eines einheimischen Führers evtl. auch die dortigen **Felsgravuren,** die Gazellen darstellen, entdecken.

Bei **km 24** ist der Ort **Assaka** erreicht. 4 km weiter (km 28 ab Tafraoute) mündet diese Route beim großen Ort (Oued) **Tahala** in die Teerstraße R 104 ein. Links geht es zurück nach Tafraoute (17 km), rechts nach Tiznit (90 km). Von Tafraoute kommend, ist dieser Abzweig ins Ammelntal nur arabisch beschildert (N 29°38,166', W 09°05,754').

[>] Wohnen mit Blick auf die Felsformationen des Djabal Lekst: Hotel Chez Amaliya im Ammelntal

7 km hinter Tahala passiert man das Dorf **Boutabi.** 3 km danach (**km 37** ab Tafraoute) zweigt unmittelbar vor Afella Adaï rechts eine Piste (arabisches Schild) zu den **bemalten Felsen** ab (siehe nächsten Ausflug). Das Dorf **Afella Adaï** liegt in wunderschöner Kullerfelsenlandschaft.

Nur 1 km weiter folgt **Adaï.** Dort befinden sich links der Straße an den Felshängen und auf einem Hügel besonders schöne Häuser.

2 km hinter Adaï (**km 40** ab Tafraoute) führt eine kleine Piste rechts ab (N 29°42,705', W 08°59,455') in den Palmenhain zu den **Gravuren von Tazzeka** (Tazka, 1 km). Rechts oberhalb der Piste kann man an einem Felsen eine ca. 3 m große Gazelle und eine Kuh erkennen (N 29°42,685', W 08°59,311'). Über das Alter der (nachgeritzten) Gravuren lässt sich streiten … Die Piste durchquert das Dorf Tazzeka und mündet 2 km nach dem Abzweig von der Hauptroute (bei N 29°42,574', W 08° 59,174') in die Teerstraße zwischen Tazzeka und Tafraoute (1 km) ein.

Fährt man nicht über die Gravuren und Tazzeka, sondern die Teerstraße weiter, folgt nur etwa 1 km nach dem Abzweig (Gesamt-km 41) Tafraoute.

Rundfahrt zu den bemalten Felsen

Diese etwa **22 km lange Rundfahrt** führt von Tafraoute über Aguard Oudad zu den bemalten Felsen *(Les Peintures)* und über Afella Adaï zurück nach Tafraoute. Die breite, geschobene Piste (evtl. Vorbereitung zur Asphaltierung) mit betonierten Furten ist problemlos mit Pkw und Wohnmobil befahrbar.

Von Tafraoute geht es südwärts (am Platz Moulay Rachid rechts) in Richtung Izerbi/Tiznit durch malerische Landschaft mit Palmen, mächtigen Granitfelsen und den typischen rosaroten Häusern des Anti-Atlas. Nach etwa 3 km erreicht man **Aguard Oudad.** Das hübsche Dorf liegt rechter Hand in einem Palmenhain am Fuße des sogenannten **Chapeau**

ma16_063 ad

ma16_061 ad

Napoléon (dt.: Napoleonshut), einem eigenartigen Turmfelsen, der dem berühmten Hut des Kaisers ähnlich sehen soll. Etwa 6 km hinter Tafraoute zweigt bei einer V-Kreuzung links die Straße ins Aït-Mansour-Tal nach Afella Ighir ab (vgl. folgenden Ausflug). Rechts geht es nach Tiznit und nach nur 400 m (km 6,4 ab Tafraoute) auf eine breite Piste rechts ab zu den **bemalten Felsen (franz. Les Peintures, engl. Painted Rocks).** Ein gemauerter Wegweiser (mit der Aufschrift „painted rocks") beim Abzweig (N 29°39,623', W 08°57,718') ist leicht zu übersehen. Etwa 2 km nach dem Abzweig (ca. km 9 ab Tafraoute) führt rechts eine holprige Piste zu einem Aussichtspunkt und von dort hinab in den Kessel. Pkw folgen besser der breiten Schotterpiste geradeaus, die nach weiteren 2 km zu einem **Parkplatz** führt (km 11 ab Tafraoute, N 29°40,216', W 08°58,466'). Dieser schöne Platz im Kessel zwischen den bemalten Felsen ist ein beliebter Übernachtungsort für Wohnmobile. Leider liegt Müll herum, und einige Felsen wurden mit Graffiti verunstaltet. Auf diversen Pisten kann man die Gegend mit 4x4 erkunden – schöner ist es jedoch zu Fuß! Die alte Zufahrtspiste führt vom Parkplatz Richtung Nordosten nach Aguard Oudad.

Der belgische **Künstler Jean Vérame** bemalte hier die bis zu 30 m hohen Granitfelsen in den Farben Blau, Rot, Schwarz und Violett ganzflächig oder in geometrischen Mustern. So entstand hier 1984 eine „Phantasmagorie" von 2 km Länge und 800 m Breite. 20.000 Kilo Farbe, nach altägyptischen Rezepten hergestellt, wurden in zwei Monaten vermalt – nachdem der Künstler bereits ähnliche Projekte auf Korsika, in den Cevennen, im Tibestigebirge und im Sinai verwirklicht hatte. Inzwischen sind die Farben auf den Felsen schon ziemlich verblasst und abgebröselt, sodass das Kunstwerk an Mystik verloren hat. Die Umgebung ist jedoch immer noch sehr reizvoll für kleine Wanderungen zwischen den bizarren Kullerfelsen.

Farbkleckse in der Landschaft: Les Peintures (Painted Rocks)

Die breite Pistentrasse führt von den bemalten Felsen weiter westwärts (später Richtung Norden) durch **schöne Granitfelsenlandschaft** mit vielen Wildcampingmöglichkeiten zwischen Palmen und Arganien. 6 km hinter dem Parkplatz (ca. km 17 ab Tafraoute) mündet diese Route in die Teerstraße zwischen Tahala und Tafraoute ein. Am Abzweig steht ein arabischer Wegweiser mit großem Ziegeldach (N 29°40,080', W 08°58,748') – rechts weiter nach Afella Adaï, Adaï und Tafraoute (ca. 5 km).

Rundfahrt durchs Aït-Mansour-Tal

Dieser **Tagesausflug** führt in einer Rundfahrt von Tasrirte durch die schöne Aït-Mansour-Schlucht nach Souk d'Afella Ighir und durch die Schlucht von Timguelchte zurück nach Tasrirt. Bedauerlicherweise werden die Oasendörfer und -gärten im Tal infolge der Abwanderung der jungen Bevölkerung Richtung Casablanca und Rabat immer weniger gepflegt.

Die gesamte Route ab/bis Tafraoute ist 91 km lang. Die schmale Teerstraße durchs Aït-Mansour-Tal ist meist gut. In Timguelchte endet der Asphalt, die weitere Piste bis zurück zur Kreuzung bei Tasrirte sollte man besser nur mit 4x4 oder mit einem robustem Fahrzeug mit viel Bodenfreiheit befahren (bzw. mit dem Mountainbike, holprige Flussfurten). Auf der gesamten Strecke muss der Fluss häufig auf Betonfurten gequert werden – nach starken Regenfällen kann die Straße daher überschwemmt oder beschädigt sein. Auch Fahrzeugen über 2,50 m Höhe kann die Rundfahrt wegen der tief hängenden Vegetation evtl. Probleme bereiten.

Von Tafraoute geht es über Aguard Oudad (2 km) nach Süden. Bei **km 6** zweigt diese Route links ab nach Afella Ighir (beschildert), geradeaus geht es nach Tarsouate/Izerbi/Tiznit und zu den bemalten Felsen (vgl. vorigen Ausflug). Die Straße schlängelt sich mit herrlichem Ausblick hinauf auf den **Adrar Mqorn (2344 m).**

18 km hinter Tafraoute führt beim Dorf **Tasrirte** in einer Rechtskurve eine Piste links ab nach Timguelchte (arabischer Wegweiser, N 29°36,800', W 08°55,144'). Hier mündet diese Rundfahrt am Ende wieder ein – mit 4x4 kann man sie natürlich auch umgekehrt befahren. Mit Pkw geht es auf der Teerstraße weiter geradeaus nach Aït Mansour.

Schon 7 km weiter (**km 25** ab Tafraoute) eröffnet sich eine **spektakuläre Bergkulisse** – die Straße folgt dem von Palmen und Oleander gesäumten Flusstal in der Aït-Mansour-Schlucht.

Bei **km 30** sind der zwischen hohen rotbraunen Felswänden eingeschlossene Palmenhain von **Aït Mansour** und der Ort **Tiouri** erreicht. Die gesamte Region mit ihren vielen Oasen nennt sich **Afella Ighir.** In den Oasen entlang des Flusstals gedeihen Dattelpalmen, Oleander, Oliven und Feigen. Es folgen das Dorf **Gdourt (km 35)** und der schöne, leider verfallene **Ksar Aguerd Imlal (km 38).**

Die Strecke hat nun mehr Pistencharakter (gut befahrbar), bevor sie **40 km** hinter Tafraoute in eine größere Teerstraße einmündet (N 29°29,885', W 08°49,333'): Unsere Rundfahrt führt links weiter zum Ort **Souk d'Afella Ighir** (1 km, Sonntagsmarkt), wo die Arbeiter der nahen Goldmine von Akka wohnen.

1 km nach dem Ort folgt man weiter der Straße nach Timguelchte geradeaus und verlässt die Teerstraße, die zur Mine führt (keine Besichtigung möglich). 3 km weiter (**km 45** ab Tafraoute) ist **Tiwadou** in einem Palmenhain erreicht. Bei einer Téléboutique am Ortseingang geht es rechts zu einer **Herberge der Familie Sahnoun** (kein Schild, Tel. 0528 21 83 65, maisonsahnoun@gmail.com). Der frühere Betreiber *Mohamed Sahnoun* kam leider ums Leben, nun betreibt sein Cousin *Hicham* die Gîte. Die überaus gastfreundliche Familie bietet Unterkunft in drei sehr einfachen, aber netten Zimmern in ihrem Lehmhaus (inkl. HP②). Die sanitären Anlagen sind sauber. Besonders idyllisch ist der schattige Oasengarten, in dem man Tee oder hervorragende Tajine serviert bekommt. Wer möchte, kann hier auch sein Zelt aufschlagen.

Beim hübschen Dorf **Timguelchte** (Timguichte, **km 47)** beginnt die **Schlucht von Timguelchte.** Im Dorf befindet sich eine historisch bedeutsame Zaouia mit Koranschule und außergewöhnlichem Minarett aus Steinquadern. Hier endet die Teerstraße. In Timguelchte hält man sich links und folgt der trassierten Schotterpiste entlang des Flusstals mit Arganien, Oleander, Palmen, Oliven und Granatäpfeln zwischen hohen rot-braunen Felswänden. Die Dörfer **Imi Ouazal (km 53)** und **Tizerkine (km 55)** umgeben herrliche Oasengärten. Alte Teerreste auf der folgenden Strecke verschlechtern die Piste eher. Bis zu den Ruinen des **Ksar Taghaoute (km 66),** die rechts auf einer Kuppe thronen (neuer Ort etwas später), durchfährt man eine einsame Gegend, die sich auch gut als Terrain für Mountainbiker eignet.

Bei **km 73** sind wieder das Dorf **Tasrirte** und die Teerstraße zurück nach Tafraoute erreicht (vgl. km 18).

Variante mit 4x4

Biegt man an der Kreuzung bei km 40 nach rechts ab, gelangt man auf die Teerstraße nach Izerbi. Mit einem Geländewagen kann man zunächst dieser Straße folgen und 4 km nach der Kreuzung auf eine Piste links abzweigen (kein Wegweiser, N 29°28,031', W 08°50,977'). Die steinige, sehr holprige Piste (8 km) folgt dem Oued Tazougart zu den mehrere tausend Jahre alten **Felsgravuren von Ukas** am **Guelta Imtkan** (N 29°24,693', W 08°51,513'), die leider von Vandalen mutwillig zerkratzt wurden.

Besteigung des Djabal Lekst

Der Djabal Lekst, **mit 2359 m höchster Berg der Region,** kann von den Dörfern Tagedichte (1422 m) oder Anergui (1469 m) im Ammelntal bestiegen werden (Anfahrt zu den Orten vgl. Ausflug „Rundfahrt durchs Ammelntal"). Der kürzere Weg führt vom oberen Ortsrand in Tagedichte über gerölliges Gelände steil bergauf bis zum Gipfel mit grandiosem Ausblick auf die karge Landschaft des Anti-Atlas und die Dörfer rundum. Für den **Aufstieg** biegt man in Tagedichte 300 m hinter der Moschee und dem Laden in einer Linkskurve auf einen Pfad nach rechts ab (vorbei an Zisternen). 200 m vor dem Wasserfall steigt man links auf einen terrassierten Schuttkegel auf und nach etwa 10 Minuten rechts auf einem deutlichen Pfad hinauf zu einer Wasserleitung. Nun geht es bis zu deren Ende in einem Talkessel über dem Wasserfall, dann weglos links auf Schutthalden bis zum Gipfel. Aus dem Ammelntal wandert man etwa 1½ Std. bis Tagedichte (falls man keine Mitfahrgelegenheit findet), von dort bis zum Gipfel sind es 4–5 Std., für den Abstieg 3–4 Std. (Gesamtgehzeit 10–12 Std.), rund 1000 Höhenmeter sind zu überwinden.

Von **Anergui** auf der Westseite der lang gezogenen Djabal-Lekst-Kette kann man den Berg auch nach Tagedichte überschreiten. Diese anstrengende Tour dauert einen ganzen Tag (ca. 7 Std. Gehzeit). Der Weg startet am Parkplatz am obersten Ende des neuen Ortsteils von Anergui. Treppenstufen führen bergauf zu einem steinigen Pfad, der einem kleinen, herrlich ruhigen Tal bis zum Talschluss folgt und dann in Serpentinen zum Plateau Azarah und weiter nach Tagdichte führt.

Für beide Touren sind Trittsicherheit, Bergschuhe und **gute Kondition** unbedingte Voraussetzung. Es gibt kaum Schatten, daher gehören eine Kopfbedeckung, genug Wasser und Proviant ins Gepäck. Der Weg ist schwer zu erkennen und nur gelegentlich mit Steinmännchen markiert, daher empfiehlt es sich sehr, einen Bergführer anzuheuern. In der Gegend gibt es Wildschweine und Gazellen.

Wanderungen

Überall um Tafraoute, im Ammelntal, in der Aït-Mansour-Schlucht und bei den bemalten Felsen kann man schöne Wanderungen unternehmen. Ausgangspunkte sind z.B. Oumesnat oder Azgaour unterhalb der Bergformation Tête du Lion. Zweigt man hinter dem **L'Arganier d'Ammelne** von Tafraoute kommend links Richtung Tandilt ab und parkt in den Oasengärten von **Azgaour** (2 km ab L'Arganier d'Ammelne), kann man eine schöne Tour zum alten Ksar unternehmen. Zunächst geht es Richtung Westen (vorbei an einem Bewässerungsbecken) durch die Gärten und dann auf einem Pfad bergauf zum alten Dorf. An den verfallenen Lehmburgen ist noch die typische Steinarchitektur mit Lehmverputz, Schmuckornamenten, Rundbögen und Stützbalken aus Palmholz zu erkennen. Von hier oben bietet sich ein fantastischer Blick auf das Ammelntal. Vom alten Ksar spaziert man nun Richtung Osten auf einen Einschnitt mit Palmen unterhalb des Tête du Lion zu und steigt zum Flussbett ab, dem man zurück zu den Oasengärten folgt (insgesamt ca. 1 Std.). Die Wanderung lässt sich beliebig verlängern: Pisten und Wege verbinden die an den Berghängen klebenden Dörfer im Ammelntal.

Von Tafraoute über Igherm nach Taroudannt

- **Ca. 185 km (ohne Abstecher), R 106 und R 109.**
- Die Strecke nach Igherm (107 km) und weiter nach Taroudannt ist geteert. **Das landschaftlich schönste Stück reicht bis 6 km hinter Aït Abdallah.** Der Höhepunkt dieser Route, nur wenige Kilometer abseits der Hauptstrecke, ist der beeindruckende Agadir Tasguent.

Ab Tafraoute Richtung Aït Baha fahren und nach 4 km rechts Richtung Agadir/Oumesnat (vgl. „Von Agadir nach Tafraoute") abbiegen. Links geht es ins Ammelntal (s.o.).

Etwa **7 km** hinter Tafraoute geht es links nach **Oumesnat** zum *Maison traditionelle* (vgl. „Von Agadir nach Tafraoute").

Bei **km 10** kann man links einen Abstecher zum Dorf **Imi'n'Tizghrt** (Wegweiser) mit vielen schönen alten Steinhäusern am Hang und zur **Arganienölkooperative Al Baraka** unternehmen. Die Kooperative liegt ca. 1 km nach dem Abzweig; man kann vor dem Gebäude mit der Aufschrift „Association Jaideco" parken und durch die Oasengärten zur Kooperative spazieren, wo die Frauen wertvolles Speiseöl, Cremes und Seifen produzieren. Man kann direkt bei ihnen einkaufen.

Etwa **11 km** hinter Tafraoute liegt links die Zaouia des *Sidi Abd el Jebar* (vgl. „Von Agadir nach Tafraoute"). Nun geht es bergauf, bis bei **km 20** die Passhöhe **Tizi Mlil** (1650 m) erreicht ist.

1 km weiter führt die Hauptstraße links weiter nach Aït Baha und Agadir, **hier rechts abbiegen** nach Igherm und Aït Abdallah (beschildert). Die kurvige Straße führt durch karge Berglandschaft entlang eines Flusstals mit vielen Mandelbäumchen (Blüte im Februar).

Der große Ort **Aït Abdallah** auf ca. 1500 m Höhe ist bei **km 36** erreicht (Wochenmarkt am Samstag). Die nun etwas bessere Straße führt bergauf zum Pass **Tizi'n'Tarakatine** (ca. 1690 m).

50 km hinter Tafraoute erreicht man das Dorf **Tiguermine,** nach Igherm geht es geradeaus weiter. Inzwischen verbindet eine Asphaltstraße Tiguermine mit Taroudannt.

Abstecher zum Agadir Tasguent

In Tiguermine angekommen, sollte man sich unbedingt etwas Zeit zur Besichtigung der **imposanten Speicherburg** Agadir Tasguent nehmen. Entweder man fährt sie direkt an (z.T. steinige Piste) oder nimmt sich im Dorf einen Führer und läuft zu Fuß. Zu empfehlen ist M'hamed Aït Omar, der in einem der ersten Häuser von Tiguermine wohnt.

Zum Agadir direkt am Ortsanfang links auf eine gute Piste (bergauf) abbiegen (N 29°55, 247', W 08°44,115', Schild von der Straße aus nicht zu sehen). Etwa 6 km nach dem Abzweig biegt man an der Dorfeinfahrt von **Alma** mit hübschen alten Steinhäusern links ab. Pkw sollten besser hier parken, denn die folgende Piste (2 km) bis zum Agadir ist holprig und steinig. Der Parkplatz beim Dorf unterhalb des Agadir Tasguent ist 8 km nach dem Abzweig von der Hauptstraße erreicht (N 29° 54,935', W 08°44,788'). Sofort ist man von Dorfkindern umringt, die nach Kugelschreibern und Bonbons betteln. Ein mit Steinen gepflasterter Weg führt bergauf zum Eingang in den Agadir. Es gibt zwei Schlüsselhalter, die beide den Agadir öffnen müssen, damit man hineingelangt: Einer lebt in Alma, der andere im nächsten Dorf Amsrou (*El Houssein Said*, Mobil 0673 16 20 80). Die Wärterfamilie erwartet ein Trinkgeld (ca. 20 DH/Pers.).

Im renovierungsbedürftigen, aber dennoch sehr sehenswerten **Agadir Tasguent,** der keine Ecktürme oder Zinnen hat, befinden sich 200 Speicherkammern mit sehr schön geschnitzten und bemalten Türen. Die Räume, in denen das Hab und Gut der Dorfbewohner lagerte, sind über enge Gänge, die oberen Zellen nur über in die Mauer integrierte Trittstufen aus Steinen erreichbar. Der ganze Speicher ist **aus Schiefersteinen ohne Mörtel** errichtet und hat sieben, mit Arganienholzbalken gestützte Stockwerke, fünf Innenhöfe, Stallungen, eine Zisterne und eine Moschee – alles in einem Bau, falls im Kriegsfalle die Bevölkerung des Dorfes hier Zuflucht suchen müsste. Der größte Schatz ist jedoch eine schriftliche **Aufzeichnung des Gewohnheitsrechtes der Berber** („droit coutumier") auf Holztafeln, die fast 1000 Jahre alt sein soll. Dieses Gewohnheitsrecht, das Regeln über die Schlichtung von Streitigkeiten und die Aburteilung von Vergehen vorsieht, wurde jahrhundertelang in mündlicher Form weitergegeben, angeblich von Frauen auf Schiefertafeln und erst später auf die Holztafeln eingeritzt. Die Tafeln gelten als Heiligtum und lagern in einem Turm, der mit zwölf Schlössern verschlossen ist. Die zwölf Schlüssel sind auf zwölf vertrauenswürdige Schlüsselhalter verteilt. Auch wenn das Gewohnheitsrecht mittlerweile in Buchform vorliegt, gelten die Tafeln doch als Sensation, denn bis auf wenige Ausnahmen – z.B. in Form der Tuaregschrift Tifinagh – wird den Berbern keine eigene Schrift zugestanden.

Weiterfahrt nach Taroudannt

Weiter in Richtung Igherm durchfährt man eine karge Hügellandschaft mit Getreidefeldern. Bei **km 71** kleben die Lehmhäuser des Dorfes **Illigh** unterhalb einer auffälligen Felskuppe malerisch links der Straße am Hang. Auch der alte Ortskern von **Azoura (km 74)** am terrassierten Hang rechts unterhalb der Straße bietet ein schönes Fotomotiv. Hinter **Tagadirt Nait Ali (km 76),** das rechts auf einem Hügel thront, führt die Straße durch eine Felsenge mit markanten Spitzen. An der T-Kreuzung bei **km 95** geht es links weiter nach Taroudannt und rechts nach Igherm und Tata.

Der große Ort **Igherm** auf 1706 m Höhe liegt nur etwa 500 m südlich der Kreuzung. Es gibt einige einfache Cafés/Restaurants, eine Tankstelle und diverse Läden. Der Wochenmarkt findet am Mittwoch statt.

Variante nach Tata

Folgt man von Igherm weiter der guten Teerstraße R 109 nach Süden, gelangt man nach Tata. Diese schöne Alternativroute führt durch eine **wüstenhafte Landschaft:** Die kargen, bizarr in Schichten gefalteten Berge durchziehen palmengesäumte Wadis, an der Strecke liegen malerische Dörfer mit rosaroten Häusern wie Issafèn (sehenswerter Souk am Donnerstag) und Tizgui Ida Oubaloul. Bei Tata mündet die Route in die N 12 Richtung Akka/Bou Izakarne bzw. Foum-Zguid ein. Von Igherm fahren auch Busse nach Tata.

Weiterfahrt nach Taroudannt

An der Kreuzung von **km 95** weiter Richtung Norden (Taroudannt) führt die Straße **in vielen Windungen bergauf und -ab** durch eine karge Gebirgsgegend mit Arganien und Getreidefeldern. Es sind zwei Pässe zu überwinden, dann geht es kurvig bergab.

65 km hinter Igherm (**km 160** ab Tafraoute) ist die Sous-Ebene erreicht, links zweigt eine kleine Straße nach **Tiout** ab, wo man eine Arganienölkooperative besuchen kann. Dahinter ist die Teerstraße nur noch einspurig.

80 km hinter Igherm (**km 175** ab Tafraoute) mündet bei **Aït Yazza** die R 109 in die Hauptstraße N 10 ein (aus der Gegenrichtung an dieser unbeschilderten Kreuzung rechts abbiegen nach Igherm, N 30°30,204', W 08°48, 008'). Kurz zuvor passiert man die zum Hotel umgebaute **Kasbah Freija** am Oued Sous (vgl. „Von Agadir nach Taroudannt").

Auf der N 10 links weiter sind es nur noch 7 km nach **Taroudannt,** das etwa **182 km** nach Tafraoute erreicht ist (Stadtbeschreibung weiter oben).

Von Tafraoute nach Tiznit

- **117 km, R 104 u.a.**
- Es gibt **nach Tiznit zwei bzw. drei Strecken,** die bei Ida Oussemlal wieder zusammenführen. Die erstbeschriebene Hauptroute ist kürzer, die nachfolgend beschriebene Variante die landschaftlich reizvollere, die durch einsame Landschaft über Izerbi bzw. noch kürzer an dem Ort vorbei nach Jemaa Ida Oussemlal führt. 10 km kürzer als die Hauptroute ist der direkte Weg von Tafraoute Ortsmitte in Richtung Westen nach Adaï und Afella Adaï sowie Tahala. Eine zusätzliche **Alternativstrecke** führt über das **Ammelntal** nach **Tamlat** und **Anezi** (siehe Variante) und von dort auf kürzerem Weg nach Tiznit.
- Zu den **Busverbindungen** nach bzw. von Tiznit siehe bei Tafraoute bzw. Tiznit.

Route 1

Folgen Sie ab Tafraoute der Wegweisung nach Tiznit und Agadir, bis nach ca. 4½ km die Abzweigung nach Oumesnat und ins östliche Ammelntal erreicht ist. Biegen Sie hier links ins westliche Ammelntal ab. Etwa **12 km** hinter Tafraoute führt eine schmale Teerstraße rechts ab Richtung Tanalt. Diese Route verläuft über Anezi nach Tiznit (vgl. Variante) bzw. über Tanalt nach Aït Baha.

Variante Tafraoute – Anezi – Tiznit (bzw. Tanalte – Aït Baha)

Biegen Sie bei dem Abzweig bei der GPS-Pos. N 29°44,25', W 09°02,12' rechts ab. Kurz darauf führt eine sehr schöne **Serpentinenstrecke** bis auf 1400 m Höhe. Immer wieder bieten sich tolle Ausblicke auf Dörfer und Terrassenfelder, die mit Arganien, Oliven- und Mandelbäumen bepflanzt sind. Feigenkakteen (Opuntien) begrenzen die Felder. Nach knapp 15 km passiert man ein Dorf. Schöne Häuser liegen überall verstreut an den Hängen.

Wiederum ein Wegweiser und **Abzweig** folgen **nach 22 km** (N 29°44,32', W 09°08,82'). Rechts geht es nach Tanalt (10 km) und Aït Baha (83 km). Diese Strecke führt über **Tanalt,** das bei **km 34** erreicht ist (Militärfort, Tankstelle), durch das **Oued Takoucht.** Bei **km 51** erreicht man die **Passhöhe** bei Tlata Aounouenz mit Cafés und Läden, durchquert den Ort (nicht auf die rechts abzweigende Straße nach Souk el-Had de Targa abbiegen) und stößt auf ein Oued mit Oleander, Palmen und einem kleinen Staubecken. **6 km weiter** liegt ein Platz mit Zisterne. Bei **km 67** ist eine Palmenoase am Oued Anguerif erreicht, den man auf einer ausgebauten Furt durchquert. **69 km** nach dem Abzweig hält man sich im Ort Kehmis Aït Moussa rechts und fährt bergauf durch ein mit Arganien und Euphorbien bewachsenes Hügelland. Bei **km 86** erreicht man **Sidi Abdallah,** ein Straßendorf, bei **km 114 bzw. 124 Aït Baha.**

Fährt man jedoch in **Richtung Tiznit,** weist der Wegweiser **geradeaus nach Anezi (30 km).** Zurück zeigt der Wegweiser „Tafraoute 34 km". Immer wieder passiert man schöne Siedlungen, darunter auch den größeren Ort **Amaghouz.**

Einen **weiteren Abzweig** mit Wegweiser erreicht man bei **km 31,5:** links nach Tafraoute (über Suq Tahala und ins Ammelntal, zurück Tanalt), rechts weiter Richtung Anezi (N 29°43,03', W 09°11,90'). Die Straße schlängelt sich weiter durch das Bergland, bis man bei **km 40,3** wiederum auf einen **Wegweiser** trifft: Amaghouz zurück, links Souk el-Khemis, **rechts weiter** (N 29°41,61', W 09°15,83') und 2½ km (Gesamt-km 42,8) wieder ein **Abzweig** rechts nach Aït Baha – wir fahren **geradeaus weiter** und stoßen bei **km 54,5** auf den großen Ort **Anezi** (Tankstellen, Markt etc.). Hier links weiter und bei **km 58,5** geradeaus weiter (Teerabzweig nach links). Nach 2 km liegt unterhalb der Straße ein schönes Dorf mit bemalten Häusern und **Lokba-Verzierungen.** Unsere Straße mündet hier auf die Straße in Richtung Tiznit; links weiter (N 29° 41,42', W 09°30,82'), bis wir bei **ca. km 113** beim Kreisverkehr am südlichen Stadtrand **Tiznit** erreichen.

Weiterfahrt nach Tiznit

Die **Hauptstrecke** in Richtung (Souk el-Had) Tahala und Tiznit windet sich durch Bergland mit Arganien und Mandelbaumbestand. Nach **25 km** erreicht man **(Souk el-Had) Tahala,** das früher ein Zentrum der Juden war. Ab hier führt ebenfalls eine Straße ins (westliche) Ammelntal und nach Tafraoute.

Über **Souk Tnine de Tarsouale (km 39),** einem Ort in karger Gebirgslandschaft, zieht sich die Straße bergauf bis **Jemâa Ida Oussemlal** (bzw. Tizourhane) bei **km 52,** einem großen Marktort mit Tankstelle.

Links zweigt die Straße nach Foum-el-Hassane (110 km) und zur nachfolgend beschriebenen **Route 2** (Asphaltstraße Tafraoute – Izerbi, 60 km) ab. Weiter geht es durch Hügelland mit Kornfeldern im Sommer. Im Frühjahr ist die Hochebene mit einem grünen Flaum bewachsen und von blühenden Obstbäumen gesäumt.

7 km **(km 59)** hinter Jemâa Ida Oussemlal führt ein Teersträßchen (C 7076) links nach **Ifrane de l'Antiatlas** (Ida-Oumarkt) ab, einst die größte jüdische Ortschaft in Marokko.

61 km hinter Tafraoute ist die Passhöhe **Col de Kerdous** erklommen. Von hier eröffnet sich eine herrliche Aussicht auf die bizarren Granitberge.

1 km weiter thront das **Hotel Kerdous**③ (mit Frühstück) auf 1200 m Höhe (Tel. 0528 86 20 63, www.hotel-kerdous.com). Das ehemalige Bordj Tiffermit ist heute ein 4-Sterne-Hotel, das allerdings eine Runderneuerung dringend nötig hätte. Die Abgeschiedenheit und schöne Lage in den Bergen lädt zwar immer noch zum Verweilen ein, doch die Zimmer (mit Bad, AC und TV) und der Pool entsprechen nicht mehr europäischen Ansprüchen. Im Restaurant mit Weinausschank gibt es gutes Essen. Leider hängen an der Bar manchmal ungepflegte Gestalten ab … In den Wintermonaten kann es sehr kalt werden und starken Morgennebel geben, der sich im Laufe des Vormittags auflöst. Keine Zahlung mit Kreditkarte möglich!

Auf der weiteren Strecke passiert man einen kleinen Ort mit schönen roten Häusern, vielen Feigenkakteen und Terrassenfeldbau. Nach **74 km** ist **Tirhmi,** ein größerer Ort mit Verkauf von bemalten Töpfereiwaren, erreicht.

80,5 km hinter Tafraoute besteht die Möglichkeit, zum Marabut und **Wallfahrtsort Sidi-Ahmed-ou-Moussa** abzuzweigen. Hier liegen der gleichnamige Idrissiden-Scherif, der im Jahr 1563 verstorben ist, und seine vier Söhne begraben. Die Marabut-Cherifen beherrschten dieses Gebiet (Tazeroualt) bis 1882. Das Grabmal (Marabut) und die Wallfahrstätte bzw. Sitz der religösen Bruderschaft (Zaouia) erreicht man über eine breite Treppe, die zum großen, mit grünen Tonziegeln gedeckten Gebäude führt (kein Zutritt für „Ungläubige"). Dreimal im Jahr (März, April, August) pilgern Wallfahrer hierher zum Grabmal. Die Anhänger der Bruderschaft haben als **Akrobaten** im 19. Jahrhundert in der Zirkuswelt, vor allem wegen ihrer Spring- und Pyramidenbaukunst, international Bekanntheit erlangt.

Die schlechte Straße nach Sidi-Ahmed-ou-Moussa führt 10 km durch eine landschaftlich sehr schöne Gegend, der Ort liegt hübsch an einem Fluss und hat noch einen sehr ursprünglichen Charakter.

4 km weiter folgt der von einer alten Kasbah gekrönte Ort **Iligh,** der eine ruhmreiche Vergangenheit als Zentrum des Zuckerhandels im Sous hat.

Die Straße nach Tiznit durchquert hügeliges, nur dünn bewachsenes Gebiet. Entlang eines Palmentals geht es bis **km 88** zu einem malerischen Dorf mit Moschee am Hang.

Die weitere Strecke bis **Sidi Assaka** folgt dem Verlauf des fruchtbaren **Oued Assaka,** an dem Palmen, Feigenbäume und Arganien gedeihen.

117 km von Tafraoute ist **Tiznit** erreicht.

Route 2

Diese Route verläuft von Tafraoute **über Izerbi nach Ida Oussemlal.** Es gibt noch eine kürzere Variante, die Izerbi umgeht und im Dorf nach der Passhöhe direkt nach Souk Khèmis des Aït Oufka führt.

Verlassen Sie Tafraoute in Richtung **Aguard Oudad,** das nach knapp **3 km** erreicht ist (siehe „Ausflüge" bei Tafraoute). Die weitere Strecke säumen riesige Granitfelsen.

Etwa **19 km** hinter Tafraoute stößt man auf den Ort **Tnine Tarzoual** mit einer schönen Moschee. Die Beschilderung ist nur auf Arabisch. Nach einigen Kilometern wachsen wieder viele Arganienbäume.

Weiter auf schmaler, kurviger Straße bis **Izerbi (ca. 33,5 km).** Der Ort imponiert durch ein bereits von Weitem sichtbares, palastartiges Gebäude eines Ministers und andere eindrucksvolle neue Häuser. Es gibt auch eine alte Kasbah.

Nach einem Straßenknick nach Westen ziehen sich eigenartige kammartige Felsspitzen wie Bänder die Straße entlang.

Beim Ort **Aït Oufka (km 49,5,** N 29°30, 098', W 09°08,496') zweigt eine kleine Teerstraße links ab. Die Straße geht 4 km vor Souk Anefg (19 km ab der Kreuzung, bei N 29°24, 359', W 09°15,272') in eine steinige Piste über, auf der man mit Geländewagen bis zur **Speicherburg von Id Aïssa (Amtoudi)** in Richtung Süden fahren kann (insgesamt 50 km).

Bei **Ida Oussemlal (km 60)** biegt die Straße rechts nach Tanalt/Tafraoute ab, geradeaus geht es weiter auf der vorher beschriebenen Hauptroute nach **Tiffermit (km 66)** und über den **Col de Kerdous (km 69)** nach Tiznit.

Tiznit

Die stark expandierende Stadt hat 61.000 Einwohner und liegt in einer von Kakteen und Euphorbien bewachsenen Ebene. Tiznit hat typischen **Wüstenstadtcharakter** und ist von einer 6 km langen Mauer mit sechs Toren umgeben. Die Altstadt mit den lebhaften Souks hat wegen der vielen Neubauten leider etwas an Charme verloren. Markttag ist der Donnerstag. Tiznit war vor allem wegen seines kunstvoll gefertigten Silberschmucks, seiner ziselierten Waffen und Kupferarbeiten bekannt. Mittlerweile sind sie hier allerdings teurer als anderswo. In der Medina von Tiznit herrscht eine vergleichsweise ruhige und angenehme Atmosphäre – hier lässt es sich völlig unbelästigt flanieren.

Die Stadt wurde 1882 von Sultan *Moulay Hassan* gegründet, wenn auch Legenden behaupten, dass *Lalla Fatima Tiznit* hier vor 1500 Jahren bereits eine Siedlung gegründet haben soll. Ende des 19. Jahrhunderts wurde Tiznit zum **Handelszentrum** und Ausgangspunkt vieler **Karawanen** in den Süden. 1912 ging die Stadt in die Geschichte ein, als sich der Rebell und Thronanwärter *El Hiba* dort zum Sultan ausrufen ließ. 1917 wurde der Ort von den französischen Truppen unterworfen. Die Franzosen unterhielten hier bis 1956 eine Garnison, und auch heute noch ist Tiznit ein wichtiger Militärstützpunkt.

Übernachtung
3 Bad el Maader
4 Riad Janoub
5 Al Mourabitine
8 Camping Municipal International
10 Idou Tiznit
11 De Paris
12 Mauritania
13 Tiznit
14 Assakal
15 Camping Riad Asllaf

Einkaufen/Sonstiges
1 Trésor du Sud
2 Perle du Sud
9 Supermarkt

Essen und Trinken
6 Asaraya
7 La Nouvelle Ville

Sehenswertes

Sehenswert sind die **alten Stadtmauern,** das **Minarett der großen Moschee** mit ihren hervorstehenden Querstangen, die beim Lehmbau als Abstützungen dienten und typisch sind für die Lehmbauweise südlich der Sahara (Sahel). Weniger interessant ist die Source bleue, eine in einem reizlosen Betonbecken gefasste (fast trockene) Quelle, die auf die als Heilige verehrte *Lalla Fatima Tiznit* zurückreichen soll.

Einen Besuch wert (aber nicht spektakulär) ist das große **Souvenirgeschäft La Perle du Sud** (Rue Ramiki, von der Rue Sidi Abderrahmane im Zentrum der Medina gegenüber der

Polizei links abbiegen, Tel. 0528 60 01 01, tägl. 8.30–18.30 Uhr) mit einer schönen Auswahl an Kunsthandwerk und Schmuck. Hier kann man zusehen, wie die Handwerker filigranen Silberschmuck fertigen. Der freundliche Verkäufer *Boujemaa* berät gerne auf Deutsch.

Der **Souk der Schmuckhändler** (Bijouterie) liegt in der Kissaria (gedeckter Marktbereich unter den Arkaden) am Rande des Place el Méchouar. Hier findet man eine große Auswahl an Gold- und Silberschmuck zu fairen Preisen.

Praktische Informationen

Unterkunft

Oberklasse

■ **Idou Tiznit**③-④ (inkl. Frühstück, Preise saisonabhängig), Av. Hassan II. (gegenüber des Hotels Tiznit am Kreisverkehr), Tel. 0528 60 03 33, 60 04 44, www.idoutiznit.com. Das beste Hotel am Platz ist ordentlich und sauber, entspricht aber nicht dem angegebenen 4-Sterne-Standard. Es gibt einen Pool und klimatisierte DZ mit TV. Alkoholausschank.

Mittelklasse

■ **Tiznit**②, Rue Bir Anzarane, Tel. 0528 86 24 11, 86 39 86, am Kreisverkehr der Ausfallstraßen nach Agadir und Tafraoute. In die Jahre gekommenes Hotel mit Innenhof (Folkloreveranstaltungen), Pool und Restaurant/Bar. Großzügige, traditionell eingerichtete Familienzimmer mit Blick auf den Innenhof und ebenso schöne Standardzimmer. Zimmer zur Straße etwas laut. Sicherer Parkplatz.

■ **Riad Janoub**③, 193, Rue de la Grande Mosquée, Medina, Tel. 0528 60 27 26, www.riadjanoub.com. Sehr schönes, komfortables Gästehaus im marokkanischen Stil mit Arkadengängen und (beheiztem) Pool im Hofgarten. Individuell gestaltete Zimmer von 14 bis 20 m^2, WLAN, Hammam im Haus.

Günstig

■ Mehrere **sehr einfache Hotels** liegen am und um den Place Méchouar (z.B. Atlas, Touristes).

■ **De Paris**①, 31, Av. Hassan II. (gegenüber Hotel Tiznit am Kreisverkehr), Tel. 0528 86 28 65, www.hoteldeparis.ma. Älteres kleines Hotel mit sauberen und ordentlichen Zimmern, freundlich, Parkplatz vor dem Haus. Restaurant im EG mit Frühstück und guter Tajine.

■ **Assaka**②, Av. Lalla Abla, Tel. 0528 60 22 86, www.assakahotel.com. Typisch marokkanisches Hotel in einem Neubau an der Straße nach Agadir, mit Café und Garten. DZ mit Bad und TV.

■ **Al Mourabitine**①, am Ende der Straße, die nördlich vom Place Méchouar abzweigt, im 1. Stock. Sauber und einfach. DZ mit Etagendusche.

■ **Bab el Maader**②, 132, Rue El Haj Ali, Medina, Mobil 0673 90 73 14, www.bab-el-maader.com. Schönes und freundliches Gästehaus in der Medina. Liebevoll gestalteter Salon und Innenhof, drei Zimmer mit geteiltem Bad, zwei mit eigenem Bad.

■ **Mauritania**①, Rue Bir Anzarane, Tel. 0528 86 20 72. Sauberes Hotel mit kleinen Zimmern, Dusche/WC auf dem Gang, freundlich, Parken vor der Tür, gutes Restaurant.

Camping

■ **Municipal International,** vom Zentrum kommend am Kreisel beim Hotel Idou Tiznit links (von Agadir kommend rechts). Recht schöner ummauerter Kiesplatz mit Bäumen, nebenan ist das öffentliche Schwimmbad (nur im Sommer offen). Die sanitären Anlagen sind gepflegt und sauber. Es sind nur wenige Gehminuten zur Medina! Tarife: 16 DH/Pers., 22 DH Caravan, 12 DH Auto oder Motorrad, 8 DH heiße Dusche, 15 DH Zelt, 42 DH Lkw.

■ **Riad Assllaf,** knapp 2 km außerhalb an der Straße Richtung Tafraoute, N 29°41,786', W 09°42,589', Tel. 0528 60 03 85, www.riad-assllaf.net. Großes, ummauertes Gelände mit (meist schattenlosen) Stellplätzen auf Beton- oder Kiesboden, z.T. schön zwischen Palmen und Oliven. Saubere, ordentliche sanitäre Anlagen, Waschmaschinen vorhanden, Essen auf Bestellung, im Winter voll besetzt mit französischen Wohnmobilen, Festsaal für Veranstaltungen. Caravan inkl. 2 Pers. 66 DH, Auto 20 DH, Zelt 18 DH, Motorrad 12 DH, zusätzliche Person 18 DH.

Essen und Trinken

■ **Asaraya,** unter den Arkaden am Place el Méchouar in der Medina. Kleines Terrassencafé mit gutem Espresso/Cappuccino, ideal für eine Pause nach dem Medinabummel oder für ein Mittagessen (Fisch, Brochettes, Burger, Sandwiches und Panini 35–55 DH). WLAN.

■ **La Nouvelle Ville,** Av. du 20 Août, zwischen Grand-Taxi-Haltestelle und Av. Hassan II. Beliebtes, günstiges Café/Restaurant mit der üblichen Speisenauswahl (Tajines, Brochettes, Salate).

Einkaufen

■ Der **Marché Municipale** (Obst, Gemüse, Fleisch, Frischwaren) liegt an der Hauptstraße Hassan II. links (von Tafraoute kommend).
■ Ein **Supermarkt** befindet sich hinter dem Hotel Idou Tiznit (Supermarché Idou Tiznit).
■ Sehr günstige **Korb- und Tonwaren** (u.a. Tajine-Töpfe) in großer Auswahl findet man am Verkaufsstand etwa 2 km außerhalb direkt an der Straße Richtung Agadir (ggü. Tankstelle).

Sammeltaxis

Sammeltaxis halten am Place Méchouar oder am Bab Laâounia. Nach **Sidi Infi** kostet die Fahrt 40 DH, nach **Mirleft** ca. 35 DH, nach **Agadir** 30 DH, nach **Tafraoute** 45 DH.

Stadtbusse

Stadtbusse fahren am Bab Laâounia ab. Die modernen grünen Busse von „Lux Transport" haben eine elektronische Anzeige des Fahrziels. Es verkehren u.a. folgende **Linien:**

■ **1:** nach Aglou Plage (vgl. „Ausflüge").
■ **2:** nach Rasmouka (von dort noch 7 km zum Staudamm Yussuf-Ibn-Tashfin mit Aussichtsplattform und Teestube).
■ **5:** nach Igherm über Oulad Jerrar (südlich von Tiznit).
■ **6:** nach Ouijjane (östl., am Rand des Anti-Atlas).
■ **8:** nach Tirhmi und Anezi.
■ **17:** nach Massa.
■ **18:** nach Sidi Ifni und Mirleft über Aglou.
■ **20:** nach Tafraoute.

[>] Vom Place El Méchouar gelangt man in die Souks von Tiznit

Fernverkehrsbusse

■ Die meisten Busgesellschaften unterhalten **Büros** am Place Méchouar, Ecke Rue Yaqub el Mansur. Es gibt **keinen zentralen Busbahnhof,** die Fernbusse halten an verschiedenen Stellen, z.B. nahe des großen Kreisverkehrs an der Straße Richtung Tafraoute (vgl. Stadtplan).
■ **CTM-Büro** am Place Méchouar (Tel. 0528 86 23 29) und im Quartier Industriel (Route Tafraoute, ggü. Banque populaire), Tel. 0528 86 66 93.
■ **Supratours-Büro,** Hay Youssoufia, Tel. 0528 60 00 50. Supratours fährt mehrmals täglich **nach Marrakesch** (130 DH, ca. 5 Std.).

CTM-Verbindungen und Preise

■ **Agadir – Marrakesch – Casablanca – Rabat – Tanger:** mehrmals tägl., auch ein Nachtbus; Fahrzeit nach Tanger ca. 17 Std., 350 DH; nach Agadir ca. 2 Std., 40 DH; nach Marrakesch ca. 5 Std., 135 DH; nach Casablanca 9–10 Std., 235 DH.
■ **Tafraoute:** 1x tägl. spätnachmittags, 2–3 Std. Fahrzeit, 50 DH. Auch der Stadtbus Nr. 20 fährt etwa alle 2 Stunden nach Tafraoute (Abfahrt Bab Laâounia).
■ **Guelmim – Tan-Tan – Laâyoune – Dakhla:** 2x tägl. spätabends und mittags, nach Guelmim und Tan-Tan mehrmals täglich. Fahrzeit nach Guelmim 2 Std., 45 DH; nach Laâyoune 9 Std., 200 DH; nach Tan-Tan ca. 4 Std., 90 DH; nach Dakhla ca. 17 Std., 370 DH.
■ Es fahren außerdem **Privatbusse** ab Place Méchouar nach Agadir, Tafraoute, Mirleft, Sidi Ifni etc.

Sonstiges

■ Das **Hauptpostamt** befindet sich vor dem Haupttor Bab Aït Jerrar links (von Tafraoute kommend).
■ **Banken** befinden sich am Bd. Hassan II.
■ **Zentral parken** kann man am Place Méchouar oder an der Stadtmauer beim Bab Laâounia.
■ **Mietwagen: Cosmos Cars,** 13, Av. Hassan II., Tel. 0528 86 43 06, www.cosmos-car.com.

Feste/Veranstaltungen

■ **Moussem Sidi Abdellah ou Said,** an der Straße nach Massa (Resmouka), 1. Woche im Juni.
■ **Moussem Sidi Alhmed,** Ende August.

- **Moussem Cheikh Maa El Ayine,** in Souk Khemis de Tiznit, Ende August.
- **Moussem Sidi Moussa d'Aglou,** im gleichnamigen Ort, im September.

Ausflüge

Verlässt man Tiznit von der Stadtmauer in Richtung Nordwesten (P 1909, nicht auf die R 104 in Richtung Sidi Ifni abbiegen), so erreicht man nach insgesamt 16 km den Strand von **Sidi Moussa d'Aglou.** Vom geplanten touristischen Ausbau ist bis auf die breite gepflasterte Promenade am Meer mit zwei Restaurants nicht viel zu spüren. Der Fischerort ist nach wie vor sehr ruhig, es gibt ein paar Läden, eine Post und einen Gendarmerieposten. Der lange, schöne Sandstrand ist vor allem bei der Tizniter Bevölkerung beliebt, aber auch europäische Aussteiger haben sich hier niedergelassen.

Am Ortseingang auf der rechten Seite liegt der **Camping Aglou Plage** (www.camping-aglou.com, N 29°48,259', W 09°49,739') in einem ummauerten Areal mit kleinen Bäumen. Es gibt gute Sanitäranlagen, einen Pool, ein Restaurant, Waschmaschinen, WC-Entsorgungsmöglichkeit, einen Supermarkt und insgesamt 260 Stellplätze, die im Winter mit Wohnmobilen voll besetzt sind. Caravan mit 2 Pers. inkl. heißer Dusche 80 DH, Strom 20 DH, zusätzliche Person 30 DH.

Das 3-Sterne-**Hotel Aglou Beach**③ (Tel. 0528 61 30 34, www.agloubeach.com) wirkt etwas steril, liegt aber schön oberhalb der Promenade. Die Preise sind angemessen (Essen 45–80 DH), die Freundlichkeit lässt zu wünschen übrig, die 2- bis 4-Bett-Zimmer sind sauber und modern ausgestattet. Campen am Strand ist nicht erlaubt, Wohnmobile können aber auf dem Platz unterhalb des Hotels über Nacht stehen bleiben (gegen Gebühr).

Im hübschen **Restaurant Idou Aglou** mit Terrasse zum Meer an der Promenade gibt es Sandwiches, Tajine und Fischgerichte (45–60 DH pro Gericht). Am anderen Ende der Promenade kann man im **Restaurant La Corniche** einkehren (Eisbecher, Frühstück, Menüs mit Tajine und Fisch).

ma16_064 ad

Biegt man vor dem Campingplatz rechts in die Piste ein (gen Norden), erreicht man nach ca. 2 km in den Fels der Steilküste gehauene **Grottenwohnungen** (Troglodytenhäuser), wo Fischer leben. Im Bildband „Moroccan Interiors" (Taschen Verlag) sind Fotos dieser Wohnungen zu sehen. Die Höhlen werden aufgrund des touristischen Interesses immer bunter, der Abfall am Strand immer mehr. Die Fischer sind sehr freundlich, man kann ihnen beim Einholen des Fangs zusehen.

Von Tiznit bieten sich zudem **Tagesausflüge** in den **Massa-Nationalpark,** nach **Mirleft** (schöne Badebuchten) und **Sidi Ifni** (ehemalige spanische Enklave) an.

Reiseagenturen in Tiznit und Agadir haben außerdem Tagesausflüge in die „**Petit Sahara**" (Dunes de Rasmouka) im Programm; das kleine Gebiet mit niedrigen Sanddünen liegt in der Nähe von Tassila.

Von Tiznit über den Massa-Nationalpark nach Agadir

- **92 km, plus ca. 30 km Abstecher, N 1.**
- Die Route führt über eine weitgehend vierspurige, von Lkw stark frequentierte Schnellstraße. **Stadtbus Nr. 17** fährt von Tiznit nach Massa, **Bus Nr. 2** nach Rasmouka (von dort 7 km zum Yussuf-Ibn-Tashfin-Stausee).

Tiznit über die vierspurige Ausfahrtsstraße Richtung Agadir verlassen (**km 0** = Kreisverkehr mit Hotel Idou Tiznit im Zentrum). Etwa 2 km außerhalb der Stadt (gegenüber einer Tankstelle) liegen direkt an der Straße rechts zwei große **Verkaufsstände** für Korb- und Tonwaren (u.a. sehr günstige Tajine-Töpfe). Die Route führt weiter durch karge Halbwüste, gelegentlich unterbrochen durch Eukalyptusaufforstungen und Palmen.

9 km hinter Tiznit bietet sich links bei einem großen Parkplatz im **„Laboratoire Argan & Cactus"** noch einmal die Gelegenheit, gutes Arganienöl (für Küche und Kosmetik) und verschiedene Honigsorten einzukaufen.

Etwa **25 km** hinter Tiznit wird die Landschaft beim Oued Massa etwas hügeliger.

32 km nach Tiznit zweigt rechts eine Teerstraße zum **Yussuf-Ibn-Tashfin-Stausee** ab, der das Wasser des Oued Massa sammelt. Den See umgeben kahle Steinberge, die Staumauer wird vom Militär bewacht. In der Kurve hoch über dem Staudamm kann man an einer Aussichtsplattform parken und einen Tee trinken. 2–3 km vor der Barrage, zwischen Rasmouka und dem Stausee nördlich der Straße, liegen ein paar kleine Sanddünen.

Bei **km 40** nach Tiznit geht es an einem Kreisverkehr rechts nach Aït Baha und geradeaus weiter Richtung Agadir. Kurz darauf zweigt links eine Straße ab **zum Massa-Nationalpark** und nach Sidi R'bat (Schild „Camping Wassay Beach"), rechts geht es nach Biougra. Von hier lohnt sich ein Abstecher zum Nationalpark.

Abstecher zum Nationalpark Oued Massa

- Von Tiznit fährt der **Stadtbus Nr. 22** bis nach Sidi Abou, dort kann man in **Bus Nr. 17 aus Inezgane** nach Massa – Arhbalou umsteigen. In Arhbalou bestehen Mitfahrgelegenheiten nach Sidi Ouassai, Sidi R'bat oder Sidi Ben Zarane.

Variante/zum nördlichen Parkrand

Diese Route führt auf einer **komplett asphaltierten Straße** nach Sidi R'bat. Zunächst 6 km bis zum Dorf **Arhbalou** fahren, dort rechts in Richtung Sidi R'bat abbiegen (links geht es zum Ort Massa). Nach 2 km geht es geradeaus zum Ksar Massa und nach Sidi R'bat. Nach insgesamt etwa **17 km** (ab dem Abzweig von der N 1) sind **Sidi R'bat** und Ksar Massa erreicht. Im kleinen Dorf gibt es einen Surfshop und zwei Unterkünfte: Ksar Massa und Auberge La Dune. Unterhalb des Orts liegt der nördliche Eingang zum Nationalpark.

Der **Ksar Massa**⑤ direkt oberhalb des Strandes (Mobil 0661 28 03 19, www.ksarmassa.com) hat elf geräumige, individuell und farbenfroh gestaltete Zimmer mit Tadlakt-Bädern, eine Villa mit zwei Zimmern und Nomadenzelte. Den Pool umgibt eine Gartenanlage mit Palmen und Aloe auf mehreren Terrassen. Von diesen bietet sich ein herrlicher Blick aufs Meer, hier wird guter (teurer) Fisch serviert, auch für Gäste, die nicht übernachten. Im SPA kann man sich im beheizten Pool, im Jaccuzzi oder bei einer Massage erholen. Das Hotel ist leider ziemlich überteuert.

Wesentlich günstiger ist die **Auberge La Dune**③ (Mobil 0666 80 78 24, www.ladune.de) oberhalb von Ksar Massa: einfache Gästezimmer mit Bad (nur kaltes Wasser, nicht immer alles funktionsfähig), Balkon und Meerblick; herzliche Betreuung der Gäste durch die Familie, auch Übernachtung im Berberzelt② und Camping möglich, gutes Essen.

Südlich von Sidi R'bat zieht sich der Massa-Park entlang, im Norden kann man rechts vor dem Ksar Massa auf einer ausgefahrenen Sandpiste oberhalb des Strands Richtung Norden bis zum nächsten Fischerdorf bei Douira fahren. Hier gibt es wunderschöne Strände aus Muschelsand und ausgespülte Felsen. Die Fischer sind freundlich und zeigen gerne ihre **Höhlenwohnungen.** Die Piste kann man auch bis Tifinite weiterfahren, sie wird allerdings für Pkw zu sandig.

Variante/zum südlichen Parkrand

In Arhbalou ebenfalls rechts in Richtung Sidi R'bat abbiegen. Nach etwa 1,6 km rechts weiter auf einer Piste (immer am Oued Massa entlang) bis zum südlichen Nationalpark-Eingang beim Dorf **Sidi Ben Zarane** (2 km, N 30° 03,337', W 09°39,231'). Am Parkplatz mit Museum, Infotafeln und Picknickbänken in einem kleinen Eukalyptushain sollte man den Pkw abstellen. Von dort kann man zu Fuß am Ufer des Oued Massa durch den Park bis zum Meer und dem nördlichen Parkeingang wandern (2,5 km). Folgt man in Arhbalou der Straße nach links, so gelangt man über Massa und Tassila bis nach **Aglou Plage (39 km).** Leser empfahlen die freundliche **Herberge La Palmeraie de Massa**③ auf dem Weg im Dorf Ifentar Massa (etwa 10 km südlich des Parks, Mobil 0668 79 94 56, www.lapalmeraiedemassa.com): Die Anlage umfasst ein kasbahartiges Hauptgebäude mit vier großen Gästezimmern und mehreren Terrassen, einen gepflegten, parkähnlichen Garten und einen sauberen Pool. Auch ein Restaurantbesuch (sehr gutes Essen) ohne Übernachtung ist möglich. Von hier lassen sich schöne Ausflüge entlang des grünen Flusstals, zum Strand oder in den Nationalpark unternehmen.

Variante/nach Sidi Ouassai Plage

Nach Sidi Ouassai und zum Campingplatz ebenfalls in Arhbalou rechts abbiegen, nach etwa 2 km weiter der Teerstraße folgen (nicht rechts zum Parkeingang). Die Straße führt nun in einem Bogen zur Brücke über den Oued Massa und nach **Sidi Ouassai Plage** (8 km), einem kleinen Dorf mit Marabut. Die Straße endet oberhalb des Strandes. Hier kann man parken und einen Spaziergang zur Massa-Mündung und zum nördlichen Parkeingang bei Sidi R'bat unternehmen (ca. 3 km). Der große **Camping International Sidi Wassay Beach** (Tel. 0528 21 86 95, Mobil 0661 18 31 52, www.wassaybeach.net) liegt ruhig direkt am Strand. Es gibt mehr als 100 schattenlose Stellplätze mit Stromanschluss und Blick aufs Meer. Die sauberen sanitären Anlagen haben europäischen Standard. Der Platz bietet alles, was das Camperherz wünscht: Waschmaschinen, heiße Duschen, ein Restaurant und einen Lebensmittelladen. Es stehen auch eingerichtete Nomadenzelte zur Verfügung. 80 DH für 2 Pers. mit Kfz, Strom 15 DH extra, zur Hochsaison teurer, bei Aufenthalt von mehr als fünf Tagen billiger.

Massa-Nationalpark

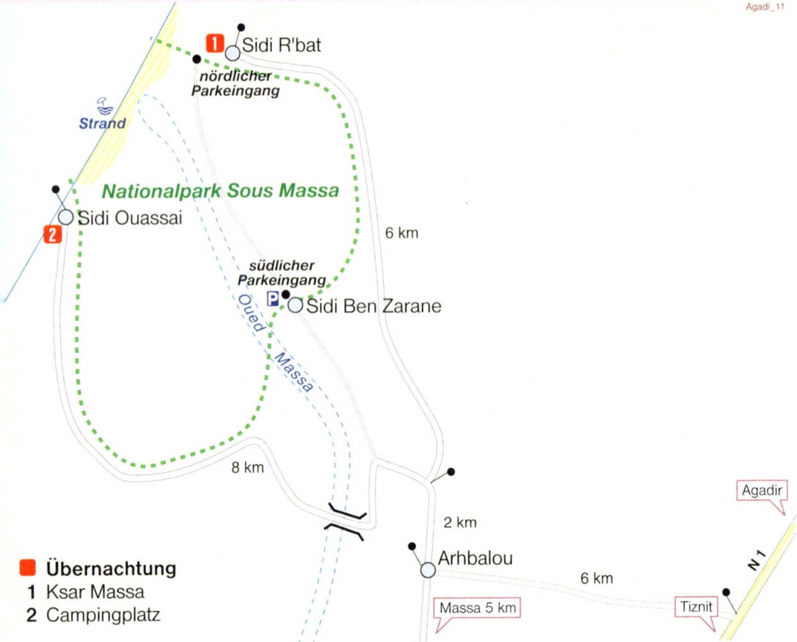

Nationalpark Oued Massa

Der Nationalpark existiert seit 1991, ist 338 m^2 groß und wurde mit Hilfe der deutschen Entwicklungshilfegesellschaft GTZ aufgebaut. Im Park wurden aus dem Zoo Hannover stammende **Säbel- und Mendesantilopen, Mhorr-Gazellen** sowie **Strauße** angesiedelt, die zuvor restlos ausgestorben waren und sich hier mittlerweile gut eingelebt haben und vermehren. Leider sieht man die scheuen Tiere meistens nicht.

Am Ufer des Oued Massa (am besten zugänglich vom Parkeingang bei Sidi Ben Zarane) sind **Löffler, Flamingos, Reiher, Ibisse** und seltene Vogelarten (Zwergseeschwalbe, Brauner Sichler) zu beobachten. Besonders lohnenswert ist das im Herbst, wenn die Vögel hier auf ihrem Zug gen Süden Halt machen. Auch alles mögliche Kleingetier wie Streifenhörnchen oder Schildkröten lebt hier.

Das fruchtbare **Tal des Oued Massa,** an dessen Ufern Getreide, Gemüse und Obst angebaut werden, ist von sandigen, auf der Westseite hoch aufragenden Ufern begrenzt. Entlang dieses Steilabfalls liegen hübsche, ursprüngliche Orte mit weiß gekalkten Moscheen und Umzäunungen aus Feigenkakteen. Meist ist das Mündungsgebiet durch Dünen vom Meer getrennt, und der Fluss erreicht nur noch nach starken Regenfällen das Meer.

■ Am Nationalparkeingang bei Sidi Ben Zarane warten die deutsch sprechenden **Touristenführer Lahcen Mjat** (Mobil 0671 05 31 29, überteuerte 150 DH für 2 Std. Führung) und **Lahcen Ahuilat** (Mobil 0648 10 80 16) auf ein Engagement.

Weiterfahrt nach Agadir

Weiter entlang der vierspurigen Schnellstraße nach Agadir folgen die expandierenden Orte **Had Aït Belfa (km 44), Arbya Aït Boutayeb (km 51)** und **Tin Mansour (km 52)** mit diversen Tankstellen und Cafés/Restaurants.

Etwa **58 km** hinter Tiznit biegt bei einem Kreisverkehr links eine Straße zum Meer nach **Tifnite** ab, die bei einem Parkplatz am langen Sandstrand endet (hier können Wohnmobile campen). Das ursprüngliche Fischerdorf war einmal für den Ausbau als Touristikzentrum vorgesehen. Die groß angekündigten Projekte sind scheinbar im Sande verlaufen, denn hier gibt es nach wie vor nur den sehr schönen Sandstrand, einen Gendarmerieposten und eine Haltestelle für Grands Taxis. Am selben Kreisverkehr rechts geht es nach **Biougra.** Dort finden im Oktober die Moussems Sidi Amzal und Sidi Messaoud statt. Wenige Kilometer weiter liegt der Ort **Sidi Bibi** etwas östlich der Straße (4 km). Samstags findet dort ein netter Markt statt. Im August wird hier drei Tage der Moussem Sidi Bibi veranstaltet, ein riesiger Markt mit vielen Zelten zur Übernachtung, Kinderkarussell und Fantasia, zu dem alles, was Füße, Esel oder Lkw hat, anreist.

Bei **km 73** geht es an einem Kreisverkehr geradeaus nach **Aït Melloul.** Beim großen Kreisverkehr im Zentrum der Kleinstadt (km 77) hält man sich links über die Brücke des Oued Souss Richtung Inezgane und Agadir. 3 km weiter ist **Inezgane** erreicht (Busbahnhof der Überlandbusse, vgl. Agadir). Eine vierspurige Palmenallee führt nun durch die zusammengewachsenen Vororte über **Ben Sergao** und vorbei am Königspalast (km 87) ins Zentrum von **Agadir (km 92).**

☑ Nationalpark Oued Massa

ma16_065 ad

Von Tiznit über Bou Izakarne nach Tata

■ **Ca. 312 km, davon 68 km auf der N 1 bis Bou Izakarne, dann R 102 und N 12 nach Akka und Tata.**
■ Die Strecke ist **durchgehend asphaltiert,** auch zur Speicherburg Id Aïssa (Amtoudi) führt eine Teerstraße. Bis Bou Izakarne ist der Verkehr dicht, dann geht es durch eine reizvolle Wüstengegend, in der sich karge braune Bergzüge und malerische Palmenoasen mit fast vegetationslosen Sand- und Steinebenen abwechseln. Absolutes Highlight entlang der Strecke ist die **Speicherburg Id Aïssa (Amtoudi).** In der wunderschönen Umgebung kann man sich tagelang aufhalten und wandern. Von Tiznit verkehren Grands Taxis und Privatbusse nach Tata. Supratours fährt bis Bou Izakarne.

Tiznit auf der N 1 nach Süden verlassen. Die Route führt durch dicht besiedelte Gegend und erreicht bei km 30 eine weite, von Bergen umgebene Ebene mit Arganienbäumen und Olivenhainen.

Die verkehrsreiche Straße führt bergauf durch eine mit Arganien bewachsene Hügellandschaft, bis bei **km 38** der Pass **Tizi-Mighert** (1057 m) erreicht ist. In Gegenrichtung bietet sich im Winter bei klarem Wetter ein herrlicher Blick auf die Ebene vor Tiznit.

Nach **42 km** wird der große Straßenort **Tleta Akssass** mit Café-Restaurants und einer Tankstelle passiert. Bei **km 68** ist **Bou Izakarne** erreicht, ein großer Marktort und Verkehrsknotenpunkt ohne Attraktionen. Busse verkehren mehrmals täglich nach Laâyoune sowie nach Guelmim, Tiznit und Agadir. Ein Supratours-Bus fährt über Tiznit und Agadir nach Marrakesch. Hier befindet sich die letzte Tankstelle bis Tata – also volltanken!

In Bou Izakarne biegt diese Route auf die R 102 (gute Teerstraße) links Richtung Akka und Tata ab.

14 km hinter Bou Izakarne ist der große Ort **Timulaye** erreicht. Von hier kann man

auf einem schmalen Teersträßchen nach **Ifrane de l'Antiatlas** (Abzweig bei N 29°10,077', W 09°34,099') und weiter nach Jemâa Ida Oussemlal und Tafraoute fahren. Der Marktort Ifrane de l'Antiatlas liegt schön am Fluss Assif Ifrane mit Dattelpalmenhainen und Obstgärten im Außenbereich. Nordöstlich des modernen Ortsteils, auf der anderen Seite des Flusses, liegt das alte Judenviertel (Mellah) auf einem Hügel. Ifrane war einst **eine der größten** und einflussreichsten **jüdischen Siedlungen** in Südmarokko und wurde „Klein-Jerusalem" genannt. Die Lehmgebäude der Mellah verfallen leider, es existieren noch eine (verschlossene) Synagoge und ein jüdischer Friedhof. Der Besuch der Synagoge ist evtl. möglich, wenn man beim Schlüsselhalter im Nachbarhaus anklopft. Unterkunft findet man in Ifrane de l'Antiatlas bei der gastfreundlichen Familie von *Mohamed Addi* in ihrem Haus **Tigmmi Alhana**② (Mobil 0661 28 14 36, tigmmi.alhana@yahoo.fr, DZ im Berberstil mit oder ohne Bad, mit Ventilator, auch Übernachtung auf der Terrasse oder im Salon, schöne Ausflüge möglich, N 29°14,162', W 09° 26,991', ca. 500 m zu Fuß ab dem Parkplatz).

Berge begrenzen die Straße bis zur großen Palmenoase **Taghjijt** etwa 37 km hinter Bou Izakarne (Hotel und Camping, Bank mit Geldautomat). Vor der Ortseinfahrt nach Taghjijt biegt rechts die schmale Straße nach Guelmim ab (beschildert), geradeaus weiter nach Akka und Tata.

5 km hinter Tarhjijt (42 km ab Bou Izakarne) führt eine Straße über die schöne alte Oase **Tainzirt** nach Tnine Wadai und Amtoudi (Id Aïssa, s.u.). Der Abzweig für diese Strecke befindet sich bei GPS-Pos. N 29°03,024', W 09°21,661'.

Etwa 15 km hinter Taghjijt (52 km ab Bou Izakarne) kann man links nach **Amtoudi** zur unbedingt sehenswerten Speicherburg von Id Aissa abbiegen.

Ausflug nach Amtoudi zum Agadir Id Aïssa

14 km hinter Tarhjijt (N 29°04,903', W 09°15, 645', Steinwegweiser) zweigt eine schmale Teerstraße zum großen Ort mit Palmenhain **Tnine Wadai** (d'Adaï) ab, wo die Straße von Tainzirt (vgl. oben) bei einem Kreisverkehr einmündet. Eine kleine Teerstraße führt rechts weiter zur Oase Id Aïssa. Der Ort Id Aïssa mit der schon früh sichtbaren Speicherburg ist etwa 24 km nach dem Abzweig von der Hauptstraße erreicht.

Eine „Schriftrolle" von Amtoudi

ma16_066 ad

Von Tnine Wadai kann man auch links zum hübschen Ort **Timulaye n'Ouamalougt** (12 km) fahren, wo ebenfalls ein Agadir auf einem Hügel thront. Ein Abstecher zur gefassten **Quelle Lalla Melaka** lohnt kaum.

Die ganze Region entlang des schönen Flusstals des Assif Boulgous wird **Amtoudi** genannt. Das **Dorf Id Aïssa am Fuße des Agadir Id Aïssa,** der auf einem hohen Felsvorsprung thront, besteht aus einem alten Ortsteil auf der West- und einem neuen Ortsteil auf der Ostseite des Oueds. Etwa 800 Berber vom Stamm der Aït Herbil leben im Tal. Zur Hochsaison im Winter besuchen vormittags **Busse voller Touristen** aus Agadir den Ort und lassen sich auf Eseln zur Speicherburg hinaufbringen – im Sommer und am Nachmittag ist man ganz alleine. Trotz des gelegentlichen Massenansturms haben das Dorf und die Gegend ihren Charme behalten. Die Menschen sind nach wie vor freundlich und hilfsbereit und haben es verstanden, vom Tourismus zu profitieren, ohne ihr Dorf und die Gemeinschaft zu zerstören.

Am Ortseingang auf der linken Seite befindet sich das **Hotel Auberge Amtoudi**② (Tel. 0528 21 65 40, www.hotel-amtoudi.com) mit **Campingplatz.** Das Campingareal besteht aus einem schattenlosen Kiesplatz mit Strom. Die einfachen, ordentlichen Zimmer gruppieren sich um einen kleinen Innenhof und sind sehr sauber (Duschen/WC auf dem Gang). Es gibt auch ein nettes Restaurant mit traditioneller Polstereinrichtung (Tajine 55–70 DH).

Am Ortseingang rechts geht es auf einer kleinen Piste durch den neuen Ortsteil runter zum Oued und zur **Herberge L'Ombre d'Arganier**② (ehem. Ondiraitlesud, ca. 1,5 km, Tel. 0668 39 86 75, einfach und sauber). Der frühere Betreiber, der Franzose *Georges Roy,* hat auf der anderen Seite des Flussbetts im Dorf am Berghang eine neue Herberge eröffnet: **Tigmi Bulbul**③ (Tel. 0528 21 85 69, Mobil 0642 91 92 54, tigmibulbul@gmail.com). Das liebevoll gestaltete Gästehaus bietet drei geräumige, komfortable Zimmer, einen tollen Blick von der Terrasse und gute Küche. Es werden auf Wunsch mehrtägige Trekks in der landschaftlich wunderschönen Umgebung organisiert. Fußfaule mieten sich einen Esel, um zur Speicherburg hinaufzureiten. Ein schöner Ganztagesausflug führt von Id Aïssa über das Felsplateau oberhalb des Flusses zum Agadir Aglouy, zur Quelle und dann über ein anderes Plateau zurück zur Herberge.

In der Herberge L'Ombre d'Arganier wartet der sehr freundliche **Touristenführer und Schlüsselhalter Abdullah Bouffi** (Mobil 0667 60 92 87) auf Kundschaft. Eine Führung durch die Speicherburg Id Aïssa kostet 100 DH für bis zu 4 Pers. *Abdullah* organisiert auch **Trekkings** in der Region, z.B. durch den Anti-Atlas bis Tafraoute (300–400 DH/Tag und Person inkl. Gepäcktransport, Vollverpflegung und Übernachtung bei Berberfamilien).

Von der Auberge Ondiraitlesud sollte man unbedingt entlang des Flussbetts ostwärts durch die **Schlucht des Assif Boulgous** wandern (hin und zurück 2–3 Std.). Ab der Auberge folgt man zunächst einige hundert Meter der Piste ins Tal Richtung Agadir Aglouy und biegt dann hinter der betonierten Furt über den Fluss auf einen Pfad links ab. Entlang der Bewässerungskanäle oder im kiesigen Flussbett kann man nun herrlich durch die Oasengärten mit Palmen, Oleander, Getreidefeldern, Granatapfel- und Feigenbäumen wandern. Oberhalb der Schlucht thront der **Agadir Aglouy** wie ein Adlerhorst. In den vielen Gumpen am Ende der Schlucht bei den Quellen kann man herrlich baden (aber bitte nicht zu freizügig!).

Agadir Id Aïssa

Zur Besichtigung des Agadir überquert man bei der Herberge Ondiraitlesud das Flussbett zum alten Ortsteil und steigt von dort auf einem breiten Steinpfad etwa eine halbe Stunde bergauf. Schlüsselhalter *Abdullah* öffnet den Eingang für Touristen (Eintritt 15 DH).

Der Agadir Id Aïssa thront etwa 100 m über dem Dorf und dem Flusstal **imposant auf einem Felsen.** Die aus Bruchstein ohne Mörtel errichtete Speicherburg aus dem 12.

Jahrhundert ist eine der ältesten und besterhaltenen in Marokko. Sie wurde bis in die 1950er Jahre als Speicher für Getreide und Wertgegenstände sowie als Zufluchtsstätte (für Mensch und Tier) bei Stammeskonflikten genutzt. Die **75 verschließbaren Kammern** sind heute immer noch im Privatbesitz der Familien. Früher bewachten drei Wärter in drei Wachtürmen rund um die Uhr den Agadir. Die Bewohner des Tals bezahlten sie dafür mit Naturalien (Olivenöl, Getreide) oder Geld. Bei einem Überfall zogen sich die Menschen in die Burg zurück; damit sie auch länger ausharren konnten, gibt es im Komplex eine Zisterne mit drei Brunnen, Bienenzellen, eine gemeinschaftliche Küche und eine Moschee. Ein Zimmer (Schlüssel vom Wärter) dient heute als **Museum** für alte Gebrauchsgegenstände und mehrere hundert Jahre alte Aufzeichnungen auf Holz.

Weiterfahrt nach Tata

Die Teerstraße (N 12) führt weiter durch ein weites, von braunen Wüstenbergen begrenztes Tal mit kleinen Oasen und Nomadenzelten. 81 km hinter Bou Izakarne (30 km nach dem Abzweig nach Amtoudi, N 29°07,998', W 08° 57,915') zweigt links eine Straße zu den Oasen **Tamanart** (Aït Herbil) und **Tamessoult** ab. Von dort kann man auf einer Geländewagenpiste über Ukas bis ins Aït-Mansour-Tal fahren (vgl. Ausflüge bei Tafraoute).

44 km nach dem Abzweig Richtung Amtoudi, etwa 96 km hinter Bou Izakarne, führt eine Zufahrtspiste links zum Camping/Hotel Borj Biramane und nur etwa 500 m weiter eine Straße links in die malerische Palmenoase **Icht.** Das große Gelände von **Borj Biramane** (Mobil 0610 46 99 33, www.borj-biramane.com, **N 29°03,550', W 08°51,212'**) liegt in schöner, ruhiger Wüstenlandschaft mit Palmen und Akazien. Der Campingplatz mit sehr guten sanitären Anlagen hat sich zum Traveller-Treffpunkt entwickelt (Standplätze auf Kies, mit Strom, 80 DH für 2 Pers. mit Auto). Die französischen Betreiber *Philippe* und *Paul Savonitto* (spricht englisch) geben Tipps zur Erkundung der Region, für 4x4-Ausflüge und Wanderungen. Auf der Terrasse des Restaurants (gutes Essen auf Bestellung, Alkoholausschank) sorgt ein kleiner Jaccuzzi für Erfrischung. In den Bungalows im Garten sind elf sehr hübsche, unterschiedlich gestaltete Zimmer③ mit Tadelakt-Bädern und Klimaanlage/Heizung untergebracht; es gibt sogar ein barrierefreies Zimmer. Günstiger wohnt man in den Nomadenzelten② (mit Betten und Strom) und den Berberbungalows aus Lehm (bis zu 6 Pers., Gemeinschaftsbad). Das Wasser ist hier leicht salzhaltig. WLAN verfügbar.

Eine preiswerte Alternative ist die **Ferme d'Hôtes Amerdoul** (Mobil 0666 53 43 58, N 29°02,815', W 08°50,794') ca. 1 km weiter an der Straße: Der kleine, saubere Platz liegt in einem ummauerten Hof in den Oasengärten. Es gibt einen Pool und nur eine einfache Dusche mit WC. Die Betreiberfamilie ist sehr freundlich, gutes Essen auf Bestellung, Camping 50 DH für 2 Pers. mit Auto.

Für einen **Besuch des alten Ksar und der Oasengärten** von Icht ist der Führer *Abdellah* (Mobil 0650 68 46 59) empfehlenswert. Er weiß viel zu erzählen (nur französisch) und zeigt auch einige Häuser von innen.

ma16_067 ad

☐ Aussicht vom Agadir Id Aïssa

Praktische Informationen

Informationen für Touristen

■ **Office du Tourisme,** 70, Bd. Mohamed V. (ggü. der neuen Moschee an der Ortseinfahrt, von Akka kommend), Tel. 0528 80 21 31.

Unterkunft

Unser Tipp: Dar Infiane④, Douar Indfiane, etwa 1 km vor Tata (von Akka kommend, beschildert) links auf eine kleine Schotterstraße abbiegen, Mobil 0661 61 01 70, 0661 44 16 43, www.darinfiane.com, N 29°44,052', W 07° 58,544'. Der Franzose *Patrick Simon* gestaltete dieses alte Steinhaus mitten in der Palmeraie mit viel Liebe zum Detail in ein originelles Gästehaus um. Alle 10 unterschiedlich großen Zimmer sind farbenfroh individuell eingerichtet, mit Berberteppichen und -decken, Bad, AC/Heizung und z.T. kleiner Terrasse. Ein Rundgang durch das verwinkelte Hofhaus mit niedrigen Decken und Türen, Dachbalken aus Palmholz und zahllosen Stufen ist ein Erlebnis. Gemütlicher Innenhof, fantastischer Ausblick von der Dachterrasse auf die Oase, WLAN. Hier bekommt man informative Broschüren und Karten zur Region, die Patrick wie seine Westentasche kennt. Ausflüge zu Felsgravuren und in die Wüste möglich.

■ **Oasis Dar Ouanou**③, Zufahrt etwa 3 km vor Tata rechts (von Akka kommend, beschildert). Einfaches, sauberes Gästehaus mit Camping in ruhiger Lage, vgl. „Campingplätze".

■ **Relais des Sables**②-③, Av. des F.A.R. (von Akka kommend beim Kreisel am Ortseingang geradeaus Richtung Oued Tata), Tel. 0528 80 23 01/02, N 29°44,364', W 07°58,461'. Das eigentlich hübsche Hotel im Kasbahstil wurde in den letzten Jahren leider wenig gepflegt: Die in Bungalowblocks untergebrachten Zimmer sind einfach eingerichtet und schon recht abgewohnt, im Bad funktioniert nicht immer alles. Es gibt einen (etwas trüben) Pool und ein Restaurant mit Alkoholausschank. DZ und Minisuite mit AC.

■ Das in die Jahre gekommene **Hotel La Renaissance** (9, Av. des F.A.R., Tel. 0528 80 20 42) ist nicht mehr empfehlenswert.

■ Die **Hotels Essalam**① und **Sahara**① im Zentrum sind sehr einfach und nicht immer sauber.

Camping

■ **Tigmmi Tata (Camping Municipale),** Bd. Mohamed V., Tel. 0528 80 65 02, elyamani.hicham@gmail.com, N 29°44,849', W 07°58,413'. Von Akka kommend in Richtung Zentrum (nach Norden, Richtung Tagmoute/Agadir) fahren, kurz vor dem Ortsausgang auf der linken Seite. Der ehemalige städtische Campingplatz ist nun in Privatbesitz. Leider ist der zentrumsnahe, ummauerte Betonplatz mit einigen Eukalyptus-Bäumen im Winter mit Wohnmobilisten völlig überfüllt. An den schattenlosen Stellplätzen auf Beton gibt es Strom (harter Untergrund

ma16_172 ad

Auf einen Tee im Dar Infiane

für Zelte eher ungeeignet). Die sanitären Anlagen sind okay (heiße Duschen), WLAN vorhanden. Nachts Hundegebell. Direkt nebenan liegt das Freibad. 70 DH für 2 Pers. mit Auto inkl. Poolnutzung.

■ **Camping Hayat,** Mobil 0668 37 52 27, N 29°44,220', W 07°58,697'. Von Akka kommend am ersten Kreisel im Ort geradeaus zum Hotel Relais du Sable, direkt hinter dem Hotel links runter über die Furt des Oued Tata, der Campingplatz liegt wenige hundert Meter weiter auf der anderen Flussseite. Ummauerter und frisch bepflanzter Platz in sehr schöner Lage mit Blick auf die Palmeraie und das Oued, Stellplätze mit Strom, gute Sanitäranlagen mit heißen Duschen. Nette Betreiberfamilie, auch Übernachtung im Nomadenzelt möglich. 85 DH für 2 Pers. mit Auto.

■ **Oasis Dar Ouanou,** Zufahrt etwa 3 km vor Tata rechts (von Akka kommend, beschildert), Tel. 0528 80 26 96 oder Mobil 0662 49 15 20, N 29°42,856', W 07°57,964'. Das Gästehaus mit Campingplatz auf einem Kiesgelände liegt ruhig in einem Palmengarten. Die sanitären Anlagen für Camper sind sehr sauber. Es gibt ein Restaurant (Essen auf Bestellung, Tajine/Couscous 70 DH) mit Terrasse im Hofgarten und neun recht hübsche, klimatisierte Zimmer mit einfachem Bad. Camping 75 DH für 2 Pers. mit Auto, DZ inkl. Frühstück③.

■ **Camping Palmier,** Mobil 0677 60 40 55, ca. 700 m vom Camping Municipale entfernt (2. Straße links), N 29°45,180', W 07° 58,458'. Den schönen schattigen Platz gibt es seit Ende 2014. Gutes WLAN verfügbar.

Busse/Sammeltaxis

■ Der neue **Busbahnhof** am Ortseingang (von Akka kommend vor dem Einfahrtstor rechts) soll 2016 in Betrieb gehen. **Grands Taxis** und **Privatbusse** fahren vom Place Al Massira im Zentrum (unweit Bd. Mohamed V.).

■ **Busverbindungen:** Agadir – Casablanca 4x tägl., Ouarzazate 4x tägl., Tan-Tan 2x tägl., Fès 1x tägl., Rabat 2x tägl.; Preise: Agadir 70–80 DH, Casablanca 170 DH, Ouarzazate 130 DH, Fès 200 DH.

Sonstiges

■ Am Bd. Mohamed V. und um den Place Al Massira im **Zentrum** gibt es diverse einfache Cafés/Restaurants, eine Post, Banken (mit Geldautomat) und Läden für jeden Bedarf. Der **Wochenmarkt** findet sonntags auf dem Soukgelände hinter der neuen Moschee im Kasbahstil statt (von Akka kommend beim ersten Kreisel rechts am Ortseingang).

■ **Souvenirs** (Teppiche, Schmuck, Fossilien etc.) gibt es im **Maison du Patrimoine Tataoui** (Bd. Mohamed V.).

■ Einen Besuch wert ist die **Teppich-Kooperative.** Wer sie besichtigen möchte, wende sich an *Mohamed Idrame,* Mobil 0666 33 03 50.

■ Im Sommer findet ein **Theater-Festival** statt.

■ **Notfall: Poliklinik,** Tel. 0528 80 20 01.

Von Tata über Foum-Zguid nach Tazenakht

■ **N 12 und R 111, 233 km bzw. 277 km** (auf der R 108 ins Drâa-Tal).

■ Bis Foum-Zguid führt eine gute **Teerstraße,** danach wird sie schmäler und ist nur noch eineinhalbspurig. Diese Wüstenstrecke ist landschaftlich meist schön, vor allem um Tissint und hinter Foum-Zguid in Richtung Tazenakht.

■ **Sammeltaxis** fahren von Tata nach Tissint, Foum-Zguid und Tazenakht. Außerdem steuern **Privatbusse** Tissint von Tata und Tazenakht an.

■ Die **alternative Route** über Bou-Azzer und Aït Semgane ins Drâa-Tal (Teerstraße R 108) ist ohne große Höhepunkte und verläuft entlang eines Wadis mit Streudörfern.

Beim Kreisverkehr am Ortseingang von Tata (= **km 0**) rechts fahren (Bd. Prince Sidi Heritier, vorbei an der Moschee) und bei der nächsten Kreuzung rechts über das Oued Tata nach Foum Zguid abbiegen (Richtung Osten, Bd. Hassan II.). Die Straße verläuft **kilometerlang schnurgerade** durch reizvolle Wüstenlandschaft, die durch die Bergkette des Djabal Bani im Süden und Norden begrenzt wird. Bei **km 48** zweigt links eine Teerstraße nach Taliouine und zur schönen Palmenoase **Akka Ighen** (Irhem) ab. Dann nähert sich von Norden ein breites Palmental, das nun parallel zur Straße verläuft.

57 km hinter Tata folgt **Tghit** (Trit) mit einem neuen Ort und einem alten Ksar an einem Palmen-Oued. In der Umgebung wird in Salinen von den Dorfbewohnern noch immer mit traditionellen Methoden Salz gewonnen.

Einige Kilometer weiter verläuft der **Oued Tissint** links der Straße (in den letzten Jahren weitgehend trocken). Er hat tiefe Furchen in den lehmig-sandigen Boden gegraben und hier eine bizzare Wüstencanyonlandschaft geschaffen.

Bei **km 67** (1 km vor Tissint) zweigt links eine Schotterpiste hinunter zum Oued und zum Dorf **Akka Nait Sidi** ab, dessen Steinhäuser auf den Felsen oberhalb des idyllischen Flusstals thronen. Bei **km 68** ist **Tissint** erreicht.

Tissint

Die Bewohner der Oase sind aus dem alten Ksar in den **neuen Ort** Tissint **mit rosa Betonhäusern** gezogen. Am Ortseingang befindet sich ein Stützpunkt der Gendarmerie, die den durchreisenden Verkehr kontrolliert. Entlang der Straße zieht sich eine Arkadenzeile mit Läden für Lebensmittel und Alltagswaren. Es gibt einfache Cafés, einen Markt und eine Post. Im Juli findet ein Moussem zu Ehren des lokalen Heiligen am Marabut in Akka Nait Sidi statt. Die sehr freundliche Bevölkerung (Chleuh-Berber) trägt die für Südmarokko und Mauretanien typischen blau-schwarzen Kleider *(Fukias)*.

Fährt man am Ortseingang an der Gendarmerie geradeaus (N 29°54,443', W 07°18,995'), anstatt dem rechtwinkligen Knick der Hauptstraße zu folgen (Schild „Cascades d'Atiq"), erreicht man nach 300 m einen Parkplatz auf der linken Seite. Von hier führen Treppenstufen hinunter zum **Oued Tissint** mit den kleinen **Cascades d'Atiq.** Über eine Felsstufe sprudelt der Fluss in ein großes Wasserbecken, das man mitten in der Wüste nie vermuten würde und von der Hauptstraße aus nicht sieht. Nach langen Trockenperioden ist das (leicht salzhaltige) Wasser wenig einladend und veralgt. Wenn das Becken gut gefüllt ist, tummelt sich hier die ganze Dorfjugend zum Baden. Etwas ruhigere und schönere Badeplätze findet man, wenn man oberhalb der Kaskaden entlang des Flusses in Richtung Akka Nait Sidi marschiert.

Von den Kaskaden kann man zum **alten Ksar** von Tissint spazieren. Zunächst geht es vorbei an den Betonhäusern Richtung Palmeraie, nach einigen hundert Metern biegt man bei einem zwischen den Häusern verlaufenden Kanal zum Fluss ab. Diesem folgt man ein kurzes Stück bis zum Eingang ins Lehmdorf auf der rechten Seite. Gleich am Eingang des

Ksar, beim ersten Türbogen rechts in der finsteren Gasse, befindet sich das frühere **Haus von Charles de Foucauld** (franz. Pater und Forschungsreisender, 1858–1916) – und verfällt zusehends. Der kleine Patio mit verzierten Säulen und Wandnischen ist immer noch sehenswert. Der ganze Ksar wird nicht mehr instand gehalten oder renoviert – es liegt viel Müll und Schutt herum.

Jeden **Samstag** findet in Tissint ein interessanter **Wochenmarkt** (Souk) statt. Dann bieten sich für Rucksackreisende die besten Mitfahrgelegenheiten in Sammeltaxis und Lkw. Privatbusse fahren täglich nach Tata.

Unterkunft

■ Unterkunft (nur nach Voranmeldung) findet man im **Maison Chez Lahcen**④ im Dorf Akka Nait Sidi (vor Tissint auf die ruppige Schotterpiste abbiegen, dann über die Furt und links steil hinauf in den Ort). Das traditionelle Haus aus Lehm und Stein mit Palmholztüren und -dach-

Canyonlandschaft im Oued Tissint

ma16_068 ad

balken hat vier einfache, hübsche Zimmer mit Bad (heiße Dusche). Im gemütlichen Kaminsalon wird hervorragendes Essen serviert (nur auf Bestellung, Wein-/Bierausschank). Von der kleinen Terrasse bietet sich ein schöner Ausblick hinunter ins Oued.

Unser Tipp: Ebenfalls nur nach Voranmeldung (ab 4 Pers.) kann man im **Campement Akka Nait Sidi** übernachten (N 29°55,548', W 07°20,673'). Dazu fährt oder marschiert man von Akka Nait Sidi am Marabut vorbei und über die weite Kiesebene etwa 2 km nordwärts. Die Piste endet oberhalb des Wüstencamps, das am Rand des ausgewaschenen Canyons liegt. Auf dem weitläufigen Gelände verteilen sich 14 große Nomadenzelte mit einfachen Betten, Teppichen und Waschschüssel (kein Strom). Es gibt zwei Sanitärblocks mit Toiletten und Duschen. Abends sitzt man unter dem Sternenhimmel am Lagerfeuer und speist bei Kerzenlicht in dem zum Restaurant umfunktionierten Nomadenzelt. In dieser weiten Landschaft mit bizarr erodierten ockerfarbenen Felsformationen kommt echtes Wüstenfeeling auf. Der sehr nette, junge *Mohamed* (Mobil 0676 05 05 17) kümmert sich um die Gäste im Maison Chez Lahcen und im Campement. Er führt auf Wunsch Wanderungen oder zum alten Ksar. Im Campement kann man herrlich ruhige Wüstentage verbringen, durch die Palmengärten im Flusstal spazieren oder die bizarre Canyonlandschaft (zu Fuß oder mit 4x4) erkunden. Reservierung beider Unterkünfte: Tel. 0528 80 21 04, Mobil 0610 93 25 24 (*Simone Benhassi* spricht deutsch), www.cansakkanaitsidi.net, www.chez-lahcen-sudmaroc.com.

Weiterfahrt nach Tazenakht

Bei **km 72** ziehen sich weitere Palmenhaine zur Linken des Oued Tissint, der wegen des Salzgehaltes Oued Melh genannt wird. Nach etwa 4 km (bei N 29°50,963', W 07°15,300') kann man mit Geländewagen, Mountainbike oder zu Fuß die Straße in Richtung Fluss verlassen und auf ein kleines Steinhaus mit zwei Palmen zuhalten. Dann – je nach Belastbarkeit des Fahrzeugs – bis zu einer leicht geneigten Fläche weiterfahren (N 29°51,097', W 07° 15,323'). Dieser Platz ist ein schöner Übernachtungsplatz und von der Straße aus nicht einzusehen. Ein Naturpool mit ca. 3 m Wassertiefe (je nach Jahreszeit) ist in wenigen Schritten erreicht.

Etwa bei **km 86** kann man zu Fuß in nördlicher Richtung zum Oued gehen und trifft auf einen Salzsumpf mit Palmen und Wassertümpeln (Bademöglichkeit). Prähistorische Felszeichnungen liegen oben auf dem westlichen Ausläufer des kleinen, von der Straße gut sichtbaren Höhenzuges.

Nach weiteren 3½ km erreicht man das Dorf **Mirhimina.** Weiter führt die Straße durch Hammada, die ab und zu von Sanddünen südlich der Straße aufgelockert wird.

Bei **km 135** (N 30°03,652', W 06°52,152') sind ein Wegweiser und die **Abzweigung zur Zaouia Abd-er-Rahman und zum Lac Iriki** erreicht. Der Lac Iriki füllte sich früher in regenreichen Jahren mit Wasser des Oued Drâa, was wegen des Baus eines Stausees am Oberlauf des Flusses heute nur noch selten passiert. Östlich des Lac Iriki zieht sich ein großes Dünengebiet bis M'hamid (siehe dort).

Nach weiteren 5 km erreicht man bei **km 140 Foum-Zguid.**

Foum-Zguid

Das ganz in Rosatönen gehaltene ruhige Wüstenstädtchen Foum-Zguid mit ca. 10.000 Einwohnern liegt am trockenen **Oued Zguid** am Fuße des Djabal Bani. Ein großer Torbogen an der Ortseinfahrt heißt Besucher willkommen. In Foum-Zguid selbst gibt es keine Sehenswürdigkeiten, die Umgebung bietet sich jedoch für Wüstenausflüge an.

Markttag ist der **Sonntag,** am Mittwoch findet ein kleiner Gemüsemarkt auf dem Souk hinter dem Café Iriki statt. Die Gendarmerie liegt oberhalb des Hauptplatzes (Gebäude mit Treppen und arabischer Aufschrift).

Praktische Informationen

Unterkunft

■ Günstige Unterkunft bietet die **Auberge Iriki**② mit Café-Restaurant (Tel. 0528 80 65 68, einfache Zimmer mit

Bad, Übernachtung auf Terrasse möglich, gute und günstige Tajine).

- Hübsche Zimmer mit Bad und z.T. Klimaanlage bietet die **Maison d'Hôtes Hiba**② (Douar Amezrou, Tel. 0528 21 64 87, www.maisondhoteshiba. com) einige Kilometer außerhalb Richtung El Mhamid in der Palmeraie.
- Am schönsten wohnt man im luxuriösen, riesigen Komplex **Bab Rimal**④ im Kasbahstil ca. 7 km außerhalb bei El Mhamid (Tel. 0528 21 62 78 oder Mobil 0661 61 74 36, www.babrimal.com): Die Bungalows mit Terrasse und klimatisierten Suiten im modernen Berberstil liegen im ruhigen Garten mit Palmen und Oliven verteilt; großer Pool, Restaurant im Salon oder im offenen Nomadenzelt (gutes, frisch zubereitetes Essen), eigener SPA mit Wellnessangebot, Boutique, WLAN.

Camping

- Camping ist beim **Bab Rimal** (s.o.) und im ruhigen **Khayma Park** am Südrand der Stadt (am Ortseingang, von Tata kommend) möglich: mit Palmen bepflanzter Kiesstellplatz mit Strom, einfache sanitäre Anlagen, auch Übernachtung in Nomadenzelten möglich.
- An der Piste Richtung Lac Iriki/Erg Chegaga liegt der günstige **Camping Sable d'Or** in einem ummauerten Hof (2015 geschlossen).

Busse

Ein Bus fährt 1x täglich morgens in 2 Std. nach **Tazenakht.** Nach **Tissint** startet abends ein Bus (fährt weiter nach Tata).

Weiterfahrt nach Tazenakht/Zagora

Knapp 5 km hinter Foum-Zguid zweigt beim Dorf **El Mhamid** (Lahamid) an einer Kreuzung mit Checkpoint eine Straße **rechts nach Zagora** und zum Hotel Bab Rimal (s.o.) ab; diese Querverbindung ist inzwischen vollständig asphaltiert. Nach Agdez/Tazenakht geht es weiter geradeaus. 15 km weiter (20 km hinter Foum-Zguid) liegt eine große Raststation mit Tankstelle, Restaurant und dem **Hotel El Fayja** an der Straße. Es gibt einen Stellplatz für Wohnmobile und einen Pool im Hinterhof.

Die schmale Teerstraße in **Richtung Tazenakht** führt durch Dörfer, Palmenhaine und Schluchten in schöner Wüstenberglandschaft und erreicht 72 km hinter Foum-Zguid (bei **Gesamt-km 212**) den Abzweig nach Bou-Azzer und Agdz (rechts, 65 km). Diese Alternativroute führt durch Berge und erreicht nach 11 km das unattraktive Bergbaudorf **Bou-Azzer** (Abbau von Kobalt, Nickel und Kupfer).

Weiter geht es landschaftlich unspektakulär entlang eines trockenen Flusstals über die große Palmenoase **Tasla** (30 km ab der Kreuzung, einfacher Campingplatz) bis nach Agdz im Draâ-Tal **(Gesamt-km 277).** Die Teerstraße befand sich 2014 im Ausbau.

Nach Tazenakht folgt man der R 108 weiter nach links (Richtung Nordwesten, etwas mehr als 21 km); zu **Tazenakht** siehe im Kapitel zur Straße der Kasbahs.

Von Tata über Igherm nach Taliouine

- **202 km, R 109 und R 106.**
- Die Route ist **durchgehend asphaltiert** und führt ab Igherm durch eine sehr schöne wüstenhafte Landschaft mit bizarr in Schichten aufgefalteten Bergen. Zwischen Igherm und Taliouine war die Strecke 2016 stark beschädigt (zerstörte Furten und Brücken).

Durch den Palmenhain von Tata geht es zunächst auf der N 12 Richtung Akka. Etwa 4 km hinter Tata zweigt die R 109 rechts ab.

Die Straße führt durch eine karge Landschaft. Ab etwa km 26 geht es bergauf nach **Imitek** (760 m Höhe), das **33 km** hinter Tata erreicht ist.

Etwa bei **km 49** zweigt links eine **Geländewagen-Piste** (kleiner Wegweiser, **N 29°38, 765', W 08°25,355'**) **nach Bou Zarif** und weiter in Richtung Tafraoute ab (vgl. 4x4-Variante weiter unten).

Der Ort **Tizgui Ida Ouballou** liegt bei etwa **km 65** in einem tollen, breiten Palmental. Die Route führt weiter entlang des schönen Flusstals mit diversen alten Ksour.

Bei **km 82** thront über dem Straßenort **Souk Khemis-d'Issafen** (sehenswerter Wochenmarkt am Donnerstag) ein mächtiger Agadir auf einem Hügel; er kann besichtigt werden. **Tagadirt** mit einem alten Ksar auf einer Kuppe folgt 9 km hinter Issafen.

Etwa **113 km** hinter Tata ist **Igherm** auf 1700 m Höhe erreicht (vgl. „Von Tafraoute über Igherm nach Taroudannt"). Man verlässt Igherm in Richtung Nordosten und durchfährt eine steinige, schroffe Berglandschaft mit Mandelbäumen.

Nach ca. 5 km ist eine Passhöhe und nach **13 km** das kleine Straßendorf **Adar** erreicht. Danach geht es 4,5 km bergab und anschließend bergauf durch eine felsige Landschaft mit vereinzelten Wacholder- und Mandelbäumen bis zu einem Pass auf 1900 m Höhe (ca. **km 131), N 30°08,359', W 08°20,581'.**

Die Route führt weiter durch unverfälschte Lehmdörfer, die sich an die Hänge schmiegen. Immer wieder bieten sich herrliche Ausblicke auf die bizarre Berglandschaft mit Felskegeln und Türmen. Besonders eindrucksvoll ist der Blick auf den imposanten **Djabal Ouaklim (Adrar-n-Aklim),** einen 2531 m hohen Kegelberg mit abgeflachtem Gipfel.

Es folgen wahre **Anti-Atlas-Bilderbuchdörfer,** umgeben von grünen Terrassenfeldern in den Flusstälern. Ein besonders schönes, an den Hang einer Schlucht gebautes Dorf liegt etwa 17 km nach der Passhöhe (ca. **km 148**) an der Strecke. Es geht weiter durch eine zerklüftete erodierte Felslandschaft mit Felstoren und einzelnen Speicherburgen auf den Hügeln.

Etwa bei **km 156** erreicht man das Soukgelände von **Azaghar N-Irs, N 30°18,209', W 08°14,959'.** Danach folgen weitere Orte mit Speicherburgen, gesäumt von einer **bizarren Wüstenbergkulisse.**

Erst nach ca. 30 km (bei **km 186**) wird es im Flusstal des **Oued Assakis,** eingerahmt von gefalteten Bergen, wieder fruchtbarer. Verfallende Kasbahs und Speicherburgen bilden eine wunderschöne Kulisse in dieser Landschaft.

Etwa bei **km 191** erreicht man die Straße Agadir – Taliouine (N 10) vor einer Brücke am Oued Assakis, **N 30°33,120', W 08°01,655'.** Hier geht es rechts weiter nach **Taliouine** (ca. 11 km, vgl. Kapitel zum nördlichen Hohen Atlas).

4x4-Variante: Über Bou Zarif ins Aït-Mansour-Tal/nach Tafraoute

Auf der bei km 49 (s.o.) links abzweigenden Schotterpiste geht es zunächst durch ein **steiniges Oued** in Richtung Südwesten. Nach 4 km führt die Piste über eine Furt und verlässt dann das Flusstal. Es geht durch eine braune **Wüstenbergelandschaft** nach Westen steinig und ausgewaschen bergauf (nur mit Geländewagen).

Bei **km 12** (ab dem Abzweig von der Teerstraße) liegen einige einfache Steinhütten links. Danach muss ein kleines Flusstal mehrmals gequert werden (nach Regenfällen evtl. schwierig) und es folgt ein sehr steiniger schlechter Abschnitt.

Bei **km 25** passiert man das Dorf **Anfla Agaref (N 29°33,503', W 08°34,587').** An der V-Kreuzung 3 km weiter geht es geradeaus (links nach Bou Zarif). Der Ort **Bou Zarif** liegt bei **km 31** links abseits der Piste.

Bei **km 33** wird ein hübsches Flusstal mit Palmen gequert, danach öffnet sich die Landschaft, es geht raus aus den Bergen.

40 km nach dem Abzweig von der Teerstraße ist die **Goldmine von Akka** erreicht (Förderturm und Abraumhalde links), **N 29° 29,829', W 08°43,001'.**

2 km weiter mündet diese Variante in die Teerstraße ein, die von Tafraoute zur Mine führt. Es geht rechts weiter einspurig bergauf (Vorsicht vor entgegenkommenden Minen-Lkw!), **N 29°29,559', W 08°43,451'.**

Bei **km 55** zweigt rechts eine Straße zum Dorf **Tiwadou** ab, links geht es über **Souk d'Afella Ighir** und die Aït-Mansour-Schlucht nach Tafraoute (42 km Teerstraße, vgl. bei Tafraoute „Ausflüge/Rundfahrt durchs Aït-Mansour-Tal").

Von Tiznit nach Guelmim

- **Ca. 105 km, N 1.**
- Breite, **gute Teerstraße** durch Halbwüsten-Landschaft mit **Eukalyptus-, Arganien-, Palmen- und Olivenanpflanzungen** und vielen neuen Orten entlang der Strecke. Die landschaftlich attraktivere Route führt von Tiznit über Moussa d'Aglou und Sidi Ifni entlang des Meeres nach Guelmim (siehe „Von Tiznit über Sidi Ifni nach Guelmim").
- Gute **Busverbindungen** mehrmals täglich (siehe bei Tiznit bzw. Guelmim).

Die verkehrsreiche, zunächst vierspurig ausgebaute Straße führt auf 68 km nach Bou Izakarne (Beschreibung vgl. „Von Tiznit über Bou Izakarne nach Tata").

76 km hinter Tiznit befindet sich der Ort **Tagant** mit Tankstelle und vielen Geschäften. Nach gut 105 km fährt man in Guelmim ein.

Guelmim

Guelmim, eine **stark expandierende Garnisonsstadt** in wüstenhafter Umgebung, hat rund 128.000 Einwohner. Die nicht gerade attraktive Neustadt umgeben bergige Ausläufer des Anti-Atlas. Einst war Guelmim ein wichtiger Handelsposten für Karawanen aus Schwarzafrika, die hier auch Wasser schöpften – „Aguelmim" bedeutet auf Masirisch (Sprache der Berber) „wo es Wasser gibt". Die Männer der Region tragen traditionell eine **blaue Djellabah,** die Frauen hüllen sich in bunte Wickeltücher. Wegen ihres blauen Umhangs werden die ursprünglich nomadisch lebenden Mauren in der Westsahara auch „Blaue Männer" genannt.

Der interessante **Souk** und der berühmte **Kamelmarkt** finden am Samstag (für die Einheimischen schon am Freitagabend) an einem Platz an der Straße in Richtung Tan-Tan statt. Der Kamelmarkt hat seine wirtschaftliche Bedeutung verloren, da durch den Westsahara-Konflikt der Nomadismus stark abgenommen hat, keine Karawanen mehr verkehren und die Menschen sesshaft werden. Die Dromedare dienen jetzt u.a. der Touristenbeförderung, sei es für einen kurzen Ausritt oder auch eine längere Tour. Der Wochenmarkt ist heutzutage ein normaler marokkanischer Gemüse- und Viehmarkt mit Schafen, Ziegen, Eseln – und wenigen Kamelen.

Die seit Jahren geplante **touristische Entwicklung** der Region Guelmim – Es-Smara mit Großprojekten am **Plage Blanche** sowie an den Mündungen von Oued Drâa (Foum Drâa) und Oued Chbika (Foum Chbika) an der Atlantikküste kam bisher nicht in Gang. Die Eröffnung der ersten Hotels am Oued Chbika (www.chbika.ma), wo u.a. ein 18-Loch-Golfplatz, eine Marina und ein Club Med entstehen sollten, wird wohl noch lange auf sich warten lassen.

Praktische Informationen

Informationen für Touristen

- **Conseil Régional du Tourisme (C.R.T.),** 17, Rue Lahbab, Bd. Prince Héritier Sidi Mohamed, Tel. 0528 87 29 11, www.portailsudmaroc.com. Hier bekommt man ein recht informatives, dreisprachiges Heftchen mit Infos zu Sehenswürdigkeiten in der Region.

Hotels in Guelmim

- **Adil Moussafir**②, 869, Av. Mohamed VI., an der Stadteinfahrt (von Tiznit kommend), Tel. 0528 77 29 30/

32, www.hoteladilmoussafir.com. 3-Sterne-Businesshotel, wenig ansprechend marokkanisch-modern gestaltet, 44 klimatisierte, saubere Zimmer mit Bad und TV, WLAN.

■ **Au rendez-vous des Hommes bleus**②, 447, Av. Hassan II. (an der Straße Richtung Sidi Ifni), Tel. 0528 77 28 21. Einfaches Hotel mit 18 klimatisierten Zimmern mit TV, die Bäder allerdings etwas schmuddelig und angeschlagen. Im Café im EG gibt es kein Essen.

■ **Bahich**①, 31, Av. Abainou (an der Straße Richtung Sidi Ifni), Tel. 0528 77 21 78, bahich_hotel@hotmail.com. Einfaches Budget-Hotel in der Nähe des Zentrums, saubere Zimmer mit Dusche.

■ **Carrefour**②, 3, Av. Mohamed V., Tel. 0528 77 15 10, www.hotelcarrefourguelmim.com. Recht neues, mehrstöckiges Mittelklassehotel direkt im Zentrum beim Place Bir Anzarane, Terrassencafé/-restaurant im EG, WLAN verfügbar. 21 ordentliche, klimatisierte Zimmer mit Bad, TV und Balkon.

■ **Étoile du Sahara**②, Av. Mohamed VI., Tel. 0528 87 10 95, an der Stadteinfahrt auf der rechten Seite. Nettes Restaurant und Café im Erdgeschoss, im 1. Stock ordentliche Zimmer mit schon etwas angeschlagenen Badezimmern.

■ **Salam**①, Av. Youssef Ben Tachfine (Richtung Tan-Tan), Tel. 0528 87 20 57. Die Zimmer dieses einfachen Hotels sind relativ sauber, aber laut wegen des Straßenlärms und der nächtlichen Gesellschaften an der Bar im Erdgeschoss. DZ ohne Frühstück.

Unterkunft in der Umgebung

■ **Hotel Abaynou,** s. „Ausflüge/Abeïno".
■ **La Maison Saharaouie Dar Zineb**③ (mit HP), in der Oase Tighmert, 13 km außerhalb Richtung Assa, Tel. 0528 87 07 06, www.lamaisonsaharaouie.voila.net, N 28°56,818', E 09°57,786'. In diesem traditionellen Lehmhaus inmitten der Palmeraie wohnt man authentisch mit Familienanschluss. Es gibt sechs einfache, saubere Zimmer und einen Hammam. Gutes Essen im Salon. Organisation von Ausflügen möglich, Verkauf von lokalen Produkten.
■ **Facomtour**②, Farah Complexe Touristique, in Tighmert (13 km Richtung Assa), Tel. 0528 77 20 10, Mobil 0667 92 52 90. Camping, Restaurant und Hotel mit hübschen Zimmern.
■ **Fort Akabar,** s. „Campingplätze".
■ **Fort Bou Jerif,** ca. 42 km von Guelmim, etwas abseits der Straße zum Plage Blanche (vgl. nächste Route).

Camping

■ **In Abeïno** (vgl. „Ausflüge") und beim **Fort Bou Jerif** (siehe nächste Route).
■ **Domaine Khattab,** 11 km außerhalb von der Straße Richtung Icht/Tata rechts abbiegen, dann 1 km holprige Piste, beschildert, Mobil 0648 91 73 85, 0661 17 64 11, **N 28°58,046', W 09°56,999'.** Großes, schönes Areal mit Eukalyptus- und Olivenbäumen (viel Schatten) auf einem Farmgelände, kein Strom, sehr einfache, saubere Stehtoiletten und Eimerduschen (heiß), Essen auf Bestellung im Restaurant. Viele Wachhunde (nachts evtl. Gebell).
■ **Fort Akabar,** 13 km in Richtung Assa in der Oase Tighmert, Mobil 0671 57 42 73. Gästehaus mit 10 Doppel- und Dreibettzimmern (mit Bad) in ruhiger Lage am Rand der Oase, gutes Restaurant und Pool. Es gibt einen ummauerten Stellplatz mit ordentlichen sanitären Anlagen.
■ **Oasis de Tighmert,** 13 km in Richtung Assa in der Oase Tighmert. Ummauerter, familiengeführter Platz mit Bäumen, guter Sanitärblock, Stellplätze mit Strom. Der Betreiber spricht deutsch.

Essen und Trinken

■ In den **Grilllokalen** *(rotisserie)* **am Place Bir Anzarane** kommen zu Mittag Grillhähnchen, Tajine und Omelettes (gut und günstig) auf den Tisch.
■ Gute, günstige Tajine (30 DH) gibt es in den kleinen **Lokalen neben der Post** (Av. Mohamed V., dort Parkplatz).
■ Im **Restaurant des Hotels Étoile du Sahara** (Stadteinfahrt Guelmim von Bou Izakarne kommend) sitzt man nett auf der Terrasse und isst Brochette, Pizza und Sandwiches oder trinkt Milchshakes und Kaffee (allerdings ausschließlich männliches Publikum).

Sammeltaxis

Grands Taxis fahren am Markt (Straße Richtung Assa) und am Busbahnhof ab: Verbindungen nach **Abeïno** (10 DH), **Bou Izakarne** (35 DH), **Tiznit** (55 DH), **Tan-Tan** (ca. 60 DH) und **Sidi Ifni** (25 DH).

Busse

■ **Busbahnhof** an der Av. Abaynou (von Bou Izakarne kommend am Kreisverkehr rechts Richtung Abeïno).
■ **CTM-Büro,** Tel. 0528 87 27 07.

Verbindungen und Preise

■ **Laâyoune – Tan-Tan – Dakhla:** 4x tägl., bis Laâyoune 7–8 Std. Fahrzeit, 165 DH; bis Dakhla, ca. 16 Std. Fahrzeit, 330 DH.
■ **Agadir:** mehrmals tägl. mit CTM, ca. 4–5 Std., 85 DH.
■ **Marrakesch:** CTM 7x tägl., davon 2 Nachtbusse, 7–9 Std. Fahrzeit, 185 DH.
■ **Casablanca:** CTM 5x tägl., davon 2 Nachtbusse, ca. 12 Std., 285 DH.
■ **Privatbusse** fahren mehrmals täglich nach **Sidi Ifni** (ca. 25 DH).
■ **Supratours** fährt 6x täglich nach **Marrakesch,** 160 DH, 7–8 Std., und nach **Laâyoune,** ca. 8 Std., 160 DH.

Feste/Veranstaltungen

■ Im Jahresverlauf finden in der Region **zahlreiche Moussems** statt (Termine im Touristenbüro erfragen).
■ Die **Guedra,** der traditionelle Knietanz der Bewohner um Guelmim, ist meist nur noch im Rahmen von Touristenveranstaltungen zu bewundern.

Sonstiges

- Der lebhafte **Markt** liegt vom Place Bir Anzarane an der Straße Richtung Assa (Bd. Mohamed V.).
- **Marjane-Supermarkt** im Norden der Stadt beim Kreisverkehr in Richtung Bou Izakarne.
- Am Place Bir Anzarane stehen **Banken mit Geldautomat** zur Verfügung.
- Modernes **Krankenhaus** an der Stadtausfahrt Richtung Assa/Icht.
- Das **Parken** kostet in Guelmim pauschal 10 DH für den ganzen Tag und alle Parkplätze.

Ausflüge

Abeïno

Bis Abeïno sind es 13 km. Nach 5 km auf der Straße nach Sidi Ifni geht es rechts ab (beschildert). In diesem nicht besonders ansprechenden Ort gelangt man zu 39 Grad heißen **Schwefelquellen** mit ordentlichen Badebereichen (getrennt für Frauen und Männer, Eintritt 10 DH).

Das **Hotel Abaynou** (Tel. 0528 87 28 92, hssolion@hotmail.fr) mit elf klimatisierten/beheizten Zimmern, Apartments und zwei Restaurants liegt direkt an den Thermalbädern. Es stehen hier zwei Stellflächen für Wohnmobile zur Verfügung (mit Strom, ordentlichen Duschen/WCs, Waschmaschine), die im Winter überfüllt sind.

Der **Campingplatz La Vallée** befindet sich in ruhiger Lage etwa 2 km hinter Abeïno (gute Piste): schöne Stellplätze in einem schattigen Garten (mit Strom und Wasser), ordentliche Sanitäranlagen mit heißer Dusche, ca. 65 DH für 2 Pers. inkl. Fahrzeug. Camper können sogar Halbpension buchen.

Plage Blanche

Der **lange Dünenstrand** im Südwesten Guelmims und südwestlich von Fort Bou Jerif ist entgegen seines Namens nicht weiß (siehe nächste Route).

Oase Tighmert

Die Palmenoase Tighmert mit mehreren Dörfern erstreckt sich auf 8 km Länge östlich von Guelmim. Man erreicht sie, indem man Guelmim auf der Teerstraße Richtung Assa/Icht verlässt und nach etwa 3 km rechts nach Tighmert/Asrir abbiegt (beschildert). Es verkehren auch Sammeltaxis ab Guelmim. Auf der Karte ist die Oase, die sich in den letzten Jahren zu einem **alternativen Touristenziel** entwickelt hat, auch als **Aït Boukha** eingezeichnet. In den Lehmdörfern (Ksour) leben etwa 650 Saharaoui-Familien, die ursprünglich als Nomaden durch die Wüste zogen. In den von Bewässerungskanälen durchzogenen Palmengärten wächst Weizen, Gerste, Mais und Futterklee für das Vieh. Mehrere Quellen speisen die Brunnen von Tighmert. Wer hier ein oder zwei Nächte in einem der **familiengeführten Gästehäuser** verbringt, kann auf authentische Art das ursprüngliche Oasenleben kennenlernen.

Von Guelmim zum Plage Blanche

- **62 km bis Plage Blanche, bis Fort Bou Jerif ca. 42 km** (davon 9 km Piste).
- **Teerstraße** mit betonierten Furten. Zum Fort Bou Jerif (ab Kreuzung zum Plage Blanche) sind es 9 km Piste. Mit **Taxi** ab Guelmim-Zentrum (kein Sammeltaxi, diese fahren nur bis Laksabi).
- Die Region soll im Zuge des „Plan Azur" zur **Tourismusentwicklung** in Marokko umfassend touristisch erschlossen werden – der Bau der Teerstraße war der Anfang. Hotelbauten am Plage Blanche sollen folgen.

Im Zentrum von Guelmim von Tiznit kommend rechts (gen Nordwesten) in Richtung Laksabi und Sidi Ifni abbiegen (Av. Hassan II.). Bei **km 1,5** überquert die Straße auf einer Brücke den **Oued Lakhdar.** Bei km 2 zweigt beim Kreisverkehr die Route links nach Laksabi, zum Plage Blanche und zum Fort Bou Jerif ab (beschildert, N 29°00,058', W 10°04, 399'). Nach Sidi Ifni geht es geradeaus weiter.

Nach **12 km** zeigt ein Torbogen den Ortsbeginn von **Laksabi** an, kurz danach geht es rechter Hand zum Plage Blanche und Camping Fort Bou Jerif (Schild). Geradeaus führt die Straße in den Ort.

Bei **km 15** folgt erneut eine Gabelung (N 29°00,052', W 10°11,616'). Rechts geht es nach Taligouine und Ouadai Assaka (alte 4x4-Strecke nach Fort Bou Jerif), geradeaus weiter zum Plage Blanche und nach Fort Bou Jerif.

Bei **km 33** ist der **Abzweig zum Wüstencamp Fort Bou Jerif** (N 29°00,409', W 10°20, 700') erreicht (9 km Piste, s. folgende Route). Weiter auf der Hauptroute in Richtung Plage Blanche erreicht man bei **km 39** ein **Dorf** mit Moschee. Es geht durch eine hügelige, karge Landschaft mit einigen Getreidefeldern.

Bei **km 60** mündet von rechts die Piste von Foum Assaka ein (ca. 35 km, steinig und schlecht, nur mit 4x4).

Etwa **62 km hinter Guelmim** endet die Teerstraße bei einigen Häusern, einem Funkmast der Marine Royale und dem **Hotel Dromedaire** mit schäbigen Bungalows. Hier können Wohnmobile stehen bleiben, das Toilettenhäuschen ist allerdings verfallen und vermüllt.

Unterhalb eines Steilabbruchs befindet sich der leider nicht gerade saubere Strand **Plage Blanche** mit kleinen Dünen und der Flussmündung. Auf der anderen Flussseite liegt ein kleines Fischerdorf. Hier fließt der kalte Kanarenstrom vorbei, sodass sich vor allem im Hochsommer, wenn die Temperaturunterschiede zwischen Inland und Wasser hoch sind, ein Nebelband von ca. 40 km Breite die Küste entlangzieht. Zum Baden ist es daher oft zu kalt.

☐ Im Frühjahr blüht die Wüste am Plage Blanche

ma16_173 ad

4x4-Route: Von Fort Bou Jerif über Foum Assaka zum Plage Blanche

- ca. 63 km
- Die **9 km lange, etwas holprige und löchrige Piste** zum Campingplatz und Motel Fort Bou Jerif ist mit Vorsicht und Bodenfreiheit auch mit Wohnmobil oder VW-Bus befahrbar. Es geht durch eine einsame Hügellandschaft, in der hin und wieder Saharaoui-Nomaden ihre weißen Zelte aufschlagen. Von Fort Bou Jerif über Foum Assaka bis zum Plage Blanche sind es weitere **54 km auf oft steiniger, z.T. schlechter Piste** – dieser Abschnitt ist nur mit Geländewagen befahrbar.

Bei **km 33 ab Guelmim** (vgl. vorherige Route) auf Piste in Richtung Fort Bou Jerif abbiegen. 9 km weiter ist das **Motel Fort Bou Jerif** erreicht. Das Gelände mit Campingplatz, Restaurant, Pool und mehreren Gebäuden ähnelt selbst ein bisschen einer Festung mit Zinnen und Türmchen. Der Franzose *Pierre Gerbens* betreibt diesen Stützpunkt für Off-Roader, Naturfreunde und Wüstenfans nahe eines alten französischen Forts (Mobil 0672 13 00 17, www.boujerif.com, N 29°04,940', W 10°19, 853'). Der Platz ist gleichzeitig Infobörse für Saharadurchquerer, die nach Mauretanien unterwegs sind. Übernachtungsmöglichkeit besteht im Nomadenzelt①, im komfortablen (3-Sterne-)Hotel③ (geräumige DZ inkl. Frühstück), im (2-Sterne-)Petit Hotel③ mit kleinen, netten Zimmern oder im einfachen Motel② mit Gemeinschaftssanitäranlagen. Alle Zimmer sind sehr sauber, das Duschwasser ist hier in der Wüste etwas salzhaltig. Strom gibt es bis 23 Uhr, dann wird der Generator abgeschaltet. Auf Vorbestellung kann man ausgezeichnetes, aber teures Essen genießen (Menü 180 DH, Frühstück 40 DH, auch Alkoholausschank) – Spezialität des Hauses sind Tajine mit Kamelfleisch und als Dessert eine Früchte-Tajine mit Zimt und Honig. Auch das Campingareal ist sehr gepflegt, vor allem die sanitären Anlagen haben europäischen Standard (40 DH/Pers., 30 DH/ Auto oder Motorrad, 40 DH/Geländewagen oder Wohnmobil).

Die Gegend hat ein sehr angenehmes Klima, da kühle Meereswinde für Abkühlung sorgen. Die Region eignet sich hervorragend für (ornithologische) **Wanderungen** oder **Ausflüge** mit dem Geländewagen, per Kamel oder Pferd. *Pierre Gerbens* ist gerne bei der Organisation diverser Aktivitäten behilflich.

Etwa 15 Minuten zu Fuß (1,3 km) vom Platz entfernt thront über dem Tal des **Oued Assaka** das **Fort Bou Jerif** (1935 von den Franzosen erbaut), mit herrlichem Ausblick auf das Oued, in dem sich in feuchteren Jahren und im Winter zwischen Steinen eine Art Badebecken bildet. Auch Wasserschildkröten und viele Frösche leben dort. Die steinige Piste von hier nach **Foum Assaka** (Mündung des Oued Assaka) und weiter südwärts zum Plage Blanche kann nur mit Geländewagen befahren werden.

Weiter geht es vom **Motel bzw. Campingplatz Fort Bou Jerif (km 0)** zunächst rechts in Richtung des Forts (1,3 km); von hier nicht ins erodierte Oued hinunterfahren, sondern rechts halten. Die Piste führt durch hügelige, häufig neblige Wüstenlandschaft mit Euphorbien Richtung Westen, bei Steigungen ist sie oft steinig und holprig.

Bei **km 4,9** geht es an der **Verzweigung** mit dem Schild „Douar El Fouija" (6 km) **rechts** weiter. **N 29°05,285', W 10°21,886'.**

An der **Gabelung** bei **km 6,4 links** weiter, ein Oued wird gequert (problemlos).

Bei **km 7,3** mündet eine Piste von rechts hinten ein. An der **Verzweigung** 700 m weiter **(km 8)** folgt man **links** der Hauptpiste. **N 29° 06,653', W 10°22,168'.**

Bei **km 8,8** liegt der **Marabut Sidi Massfoud** rechts auf einem Hügel im Oued (einige verfallene Häuser).

Bei **km 10,5** ist eine **Moschee** auf einem Hügel erreicht. Die Hänge sind gegen die Erosion mit Feigenkakteen bepflanzt. **N 29°07, 062', W 10°23,208'.** Ca. 100 m nach der Moschee geht es **links** weiter. Es folgen einige von Steinmauern begrenzte Gehöfte; es geht steil auf und ab.

Bei **km 12,2** geht es an der **Gabelung** bei Häusern **links** weiter (rechts endet die Piste bei den Häusern); **N 29°07,588', W 10°23, 847'**. An der Verzweigung, die nach 700 m folgt, führt die Piste nach Foum Assaka rechts weiter an der Steinmauer entlang.

Bei **km 13,3** ist eine **Kreuzung** mit Wegweiser („Fort Bou Jerif") erreicht, **N 29°07, 748', W 10°24,338'**. Hier geht es steil bergab zum Strand und zur Flussmündung – die linke Piste ist etwas besser als die rechte (schmal, steinig).

An der **Verzweigung** am Hang 900 m weiter fährt man **rechts runter** zur betonierten **Brücke über das Oued Assaka (km 14,4, N 29°08,024', W 10°23,897')** auf dessen nördliche Seite. An der Brücke beginnt die Teerstraße der Küste entlang nach Sidi Ifni.

Hinter der Brücke kann man auf einer schmalen steinigen Piste zur **Mündung des Oued Assaka (Foum Assaka)** und zum Strand fahren. Die Mündung ist bei **km 16** erreicht, **N 29°08,443', W 10°24,453'**. Hier stehen einige unattraktive und unvollendete Betonhäuser herum. Im Frühjahr blüht es überall. Im Sommer kann man hier herrlich und unbeobachtet baden.

Zur **Weiterfahrt zum Plage Blanche** überquert man entweder das Oued am Strand (je nach Wasserstand) und fährt auf der südlichen Seite wieder bergauf auf die Küstenpiste oder (besser) man fährt über die Brücke **zurück zur Kreuzung von km 13,3.**

Von der Kreuzung (Tacho auf Null stellen) geht es weiter auf der Küstenpiste oberhalb der Mündung nach Süden. 500 m nach der Kreuzung passiert man den Wegweiser „Fort Bou Jerif 14, Plage Blanche 20 km", **N 29° 07,561', W 10°24,424'**. Auf der steinigen, nur langsam befahrbaren Piste geht es durch eine karge graue Steinhügellandschaft. Immer wieder sind steile Auf- und Abfahrten zu bewältigen; das Meer ist meist nicht in Sicht.

6 km hinter der Kreuzung von km 13,3 wird eine kleines **Oued** gequert. 1,7 km weiter ist eine kleine Bucht mit Kiesstrand und Fischerhütten erreicht, **N 29°05,551', W 10°26, 394'**. Eine weitere Bucht folgt bei **km 17,6** (ab der Kreuzung). Ab ca. **km 24** geht es nicht mehr so viel auf und ab, sondern auf beserer Piste über ein Plateau geradeaus.

Bei **km 33** mündet diese Piste in die Teerstraße von Guelmim nach Plage Blanche ein, **N 28°57,648', W 10°34,543'**. Von hier sind es noch 2 km bis zum Plage Blanche (vgl. vorhergehende Route).

Mit einem leichten Geländefahrzeug kann man **vom Plage Blanche weiter bis Aoreora** (Fort an der nächsten Flussmündung) fahren. Ein Weiterkommen ab hier ist schwierig, da es keine präparierte Ausfahrt aus dem Fluss gibt und kurz nach Aoreora die Steilküste anfängt. Der Strand ist, von einzelnen Fischern abgesehen, menschenleer. Vorsicht: Wer hier festsitzt, kann tagelang schaufeln! Einige Touristen, die zu nahe am Meer und am Fluss fuhren, haben ihr Fahrzeug verloren! Detaillierte Beschreibung der Route aus der anderen Richtung von Tan-Tan über Aoreora zum Fort Bou Jerif im „GPS Off-Road-Reiseführer Marokko" von *Sabine* und *Burkhard Koch*, www.pistenkuh.de.

Von Tiznit über Sidi Ifni nach Guelmim

- **136 km, R 104 oder P 1909, N 12.**
- Von Tiznit nach Sidi Ifni gibt es **zwei Strecken:** Die nur wenig kürzere R 104 führt kurvig durchs Hinterland direkt nach Mirleft. Die landschaftlich schönere (hier beschriebene) Route P 1909 verläuft über Sidi Moussa d'Aglou entlang der wildromantischen Steilküste. An kleinen Felsbuchten kann man baden. Das Städtchen Sidi Ifni steht im krassen Kontrast zu Agadir: dort Touristenrummel und moderne Hotelneubauten – dagegen weißblaue Kolonialgebäude und relaxte Surferatmosphäre in Sidi Ifni.

■ **Busverbindung** ab Guelmim bzw. Tiznit (Stadtbus Nr. 18 ab Tiznit nach Mirleft/Sidi Ifni über Sidi Moussa d'Aglou), auch **Sammeltaxis.** Zur schönen Bucht Legzira kann man sich mit dem Bus am Abzweig absetzen lassen und ca. 2 km zu Fuß laufen. Zurück muss man den Bus an der Straße anhalten.

Die **direkte Route nach Mirleft** (R 104) zweigt gegenüber des Bab Laâounia (Bushaltestelle an der Stadtmauer) links Richtung Westen ab. Nach Aglou Plage fährt man weiter geradeaus nach Nordwesten.

Bei **km 13** führt eine schmale Teerstraße rechts nach Tassila und weiter zum Massa-Nationalpark (Schild „Camping Sidi Wassai").

2 km weiter, bei **km 15,** geht es an einer Kreuzung beim Campingplatz und Supermarkt links weiter nach Mirleft/Sidi Ifni und geradeaus in den Ort **Sidi Moussa d'Aglou** (s. bei Tiznit „Ausflüge").

Die Straße in Richtung Sidi Ifni führt vorbei an nur halb fertiggestellten Betonreihenhäusern, dann folgt sie der Steilküste mit Wildcampingmöglichkeiten und kleinen Sandbuchten unten am Wasser.

Bei **km 32** liegt die Pferdefarm **Les 2 Gazelles** von zwei Französinnen rechts der Straße (www.les2gazelles.com, Mobil 0666 26 66 86). Das Gästehaus hat acht hübsche Zimmer mit Bad, einen gemütlichen Salon und eine Terrasse. Es werden Reitstunden und Ausritte ins Hinterland oder entlang der langen Strände mit den Araberpferden der Farm angeboten – ideal für begeisterte Reiter. Kurz dahinter zweigt rechts die palmengesäumte Zufahrt zu einem riesigen Hotelneubau (Evasion Beach Club) ab.

Bei **km 36** durchfährt man das Dorf **Sidi Bou Ifdail.** 1 km weiter zweigt eine Straße zum Fischerhafen von Sidi Bou Ifdail und zu einem Wohnmobilstellplatz an der Küste ab.

Bei **km 40** kann man in einer sehr schönen, kleinen **Bucht** mit bizarren Felstürmen und Kiesstrand einen Badestopp einlegen. Auch hier finden Wohnmobilisten einen Stellplatz für die Nacht.

Nur 1 km weiter **(km 41)** bietet das **Hotel Un thé au bout du monde**③ herrlich ruhige Unterkunft (Mobil 0661 97 57 42, www.untheauboutdumonde.com). Auf dem großen, grünen Gelände verteilen sich fünf blau-weiße Bungalows mit komfortablen Zimmern und Studios. Die sehr hübschen Zimmer mit Tadelakt-Bad, Terrasse und Meerblick sind alle unterschiedlich gestaltet. Die hellen Studios haben zusätzlich einen kleinen Salon, TV und eine Küche. Das Restaurant ist auch für Nicht-Gäste geöffnet.

Bei **km 43** mündet beim Dorf **Gourizim** diese Route in die Hauptstraße von Tiznit ein (R 104), rechts geht es weiter nach Mirleft. 2 km weiter liegt die empfehlenswerte Surferunterkunft **Aftastrip** links der Straße (s.u.).

48 km hinter Tiznit zweigt rechts eine Zufahrt zum **Plage Imi n'Tourga** ab. Die Straße endet an einem Parkplatz oberhalb des von roten Felsen umrahmten Sandstrandes an der Flussmündung des Oued Mirleft (Wohnmobilstellplatz).

Bei **km 49** ist **Mirleft** erreicht.

Mirleft

Das einst kleine Fischerdorf hat sich in den letzten Jahren zum **Surfer- und Badeziel** entwickelt. In Mirleft und Umgebung entstanden zahlreiche Ferienhäuser und komfortable *Maisons d'Hôtes* (Gästehäuser). Der Ort selbst ist wild gewachsen und nicht besonders attraktiv. Aber am schönen Sandstrand in der von roten, bizarr erodierten Kliffs umrahmten Bucht von Mirleft kann man in den kühlen Wellen des Atlantiks baden oder Bodysurfen. Die strandnahen Unterkünfte und das neue **Villenviertel Les Amicales** liegen (von Tiznit kommend) rechts der Hauptstraße (ca. 1 km). Im Ortszentrum links der Straße (von Tiznit kommend) gibt es einen Markt, viele Geschäfte mit Touristen- und Alltagswaren, Surfshops, eine Tankstelle, eine Post und eine Bank mit ATM (Geldautomat).

Auf dem Hügel oberhalb des Orts thront ein altes französisches **Militärfort** (von 1935, ca. 1 km vom Ortszentrum bergauf). Ein Teil des Forts beherbergt heute die komfortabelste und teuerste Unterkunft am Platz: Les 3 Chameaux (s.u.). Der Hügel, auf dem das Fort thront, ist unter Gleitschirmfliegern bekannt: Von hier oben kann man herrlich zum Meer hinunter segeln.

Praktische Informationen

Unterkunft

■ **Aftastrip**③, 4 km nördlich von Mirleft Richtung Tiznit, Mobil 0666 02 65 37, 0677 12 14 24. Hübsches Gästehaus mit Garten, eigener Surfschule und tollem Blick aufs Meer von den Zimmern und dem Restaurant im traditionellen Festzelt (gutes Essen). Übernachtung in großen DZ mit Tadelakt-Bädern oder im Nomadenzelt (ohne eigenes Bad) möglich. Sehr familienfreundlich, auch spezielle Surfkurse für Kinder. Man kann zu Fuß zu einer Felsbucht laufen (ca. 1 km). Außerdem werden Angel- und Kayaktouren angeboten.

■ **Abertih**② (inkl. Frühstück), Rue du Marché im Ortszentrum, www.abertih.com. Empfehlenswertes Travellerhotel mit hübsch gestalteten, farbenfrohen (z.T. dunklen) Zimmern mit oder ohne Bad (im Winter mit Heizung). Hier treffen sich die Gleitschirmflieger.

■ **Atlas**② (inkl. Frühstück), Rue du Marché im Ortszentrum, Tel. 0528 71 93 09, atlasmirleft@ gmail.com. Beliebte Budgetunterkunft mit 17 sauberen, sehr ordentlichen Zimmern, einige mit Bad, andere mit Waschbecken im Zimmer und Du/WC auf dem Gang. Marokkanischer Salon mit TV, Dachterrasse, nettes Restaurant im EG.

■ **Dar Najmat**④, am Plage Sidi Mohamed Ben Abdallah, Tel. 0528 71 90 56, www.darnajmat.com. Das Gästehaus im modernen Kasbahstil thront in herrlicher Lage direkt über dem Strand in der Bucht 2 km südlich von Mirleft (Richtung Sidi Ifni). Sehr elegante Zimmer mit Tadelakt-Bädern und separatem WC, auch Familienzimmer und ein großes Apartment mit Privatterrasse, toller Infinity-Pool mit Ausblick. WLAN, Restaurant und Bar.

■ **Du Sud**①, Rue du Marché im Ortszentrum, neben Hotel Atlas, Tel. 0528 71 94 07, Mobil 0662 14 61 34, www.hoteldusud.fr. Günstiges, einfaches Hotel mit ordentlichen Zimmern (ohne Bad), Restaurant La Bonne Franquette mit marokkanischer und französischer Küche im EG. WLAN, Waschmaschine vorhanden.

■ **Les 2 Gazelles,** in Sidi Bou Ifdail an der Straße Richtung Aglou Plage, s. vorhergehende Routenbeschreibung.

■ **Les 3 Chameaux**④, Tel. 0528 71 91 87, Mobil 0666 54 85 79, www.3chameaux.com. In den umgebauten historischen Gemäuern auf dem Hügel über dem Ort herrscht rustikales Landhausambiente mit einem fantastischen Blick auf Mirleft und das Meer. Die Zimmer/Suiten mit Tadelakt-Bädern und TV sind sehr schön marokkanisch gestaltet. Die geräumigen, hellen Suiten mit Kamin haben eine Terrasse mit herrlichem Ausblick. Es gibt einen beheizten Pool (sehr angenehm im Frühjahr). Im Restaurant kommt hervorragende Küche jenseits der Standard-Tajine auf den Tisch (z.B. Fisch in Salzkruste und Blütensalat). WLAN, Alkoholausschank, Boutique mit ausgesuchtem Kunsthandwerk. Das französische Eigentümerpaar *Bouquillon* kann diverse Aktivitäten organisieren.

UNSER TIPP: **Sally's Bed & Breakfast**③, von Tiznit kommend im Ort rechts Richtung Les Amicales abbiegen, dann rechts halten, das gelbe Haus von Sally's liegt schräg ggü. des Restaurants La Braise, Tel. 0528 71 94 02, Mobil 0661 46 98 88, www.sallymirleft.com. Die Amerikanerin *Sally* ist begeisterte Reiterin und hat ihr Haus extravagant mit marokkanischen Antiquitäten, alten Fotos und Reiterutensilien dekoriert. Vom gemütlichen Wohnzimmer mit Kamin, den fünf klimatisierten Zimmern (im Winter mit Heizdecken) und dem Studio (mit Küchenzeile und Terrasse) bietet sich ein unvergleichlicher Ausblick auf die Klippen oberhalb des Strands. Hauspapagei *Bella* sorgt für Erheiterung. WLAN, Waschmaschinenbenutzung möglich, schöne Dachterrasse mit Sonnenliegen, nur wenige Gehminuten über eine Betontreppe runter zum Strand.

■ **Un thé au bout du monde,** an der Straße Richtung Aglou Plage, s. Routenbeschreibung oben.

Camping

■ Zu dem kleinen, einfachen **Camping Gîte Nomade** biegt man im Ort beim Wegweiser rechts ab Richtung Aftas (Mobil 0671 50 52 75). Auf dem Hofplatz gibt es allerdings keinen Schatten und nur wenige Stellplätze (20 DH pro Wohnmobil, Person und Zelt, 10 DH Auto, 10 DH Strom, 30 DH Waschmaschine, auch Apartments zu vermieten).

■ In der Bucht von Mirleft (unmittelbar vor dem Ort auf der rechten Seite von Tiznit kommend) gibt es strandnahe **Stellplätze für Wohnmobile.**

Essen und Trinken

■ In der Rue du Marché im Ortszentrum (von Tiznit kommend links der Durchgangsstraße) reihen sich mehrere nette Restaurants aneinander. Empfehlenswert ist u.a.

das **Restaurant Ayour** direkt neben dem Hotel Atlas: gemütliches, knallrotes Interieur mit Polstern und Kerzenlicht, auch Tische auf dem Gehsteig, sehr freundlicher Service, frisch zubereitete Fischgerichte (75 DH, evtl. längere Wartezeit), Tajine (60 DH, z.B. mit Crevetten oder Kamelfleisch) und Salate, Weinausschank.

- Die Deutsche *Ramona* betreibt das empfehlenswerte **Café Aftas** direkt am Strand mit marokkanischer Küche und Fischgerichten (Mobil 0656 18 37 62, mit angeschlossener Surfschule Chasseurs de Vagues).

Sonstiges

- Die Umgebung von Mirleft und Sidi Ifni ist ein beliebtes Revier für Paraglider, die von den Hügeln im Hinterland bis zum Strand hinuntergleiten. **Paraglide Morocco** bietet Tandemflüge an: Mobil 0676 31 86 55, www.paraglidemorocco.com.
- **Stadtbus Nr. 18** fährt Mirleft von Tiznit an.

Weiterfahrt nach Guelmim

Die Strecke weiter in Richtung Sidi Ifni folgt einer **wild zerklüfteten Steilküste** mit Ausblicken aufs Meer. Auf dem Plateau oberhalb des Strands finden Wohnmobilisten immer wieder aussichtsreiche Stellplätze.

2 km hinter Mirleft ist **Sidi Mohamed Ben Abdallah** mit sehr schönem Sandstrand, Felsinseln und Felstor erreicht. Unterkunft bietet das elegante **Dar Najmat** direkt oberhalb der Bucht (vgl. bei Mirleft „Unterkunft").

19 km hinter Mirleft zweigt rechts eine Teerstraße zur **Bucht von Legzira** ab (1 km). Oberhalb der Bucht entstand die große Ferienhaussiedlung Kasbah Legzira. Links vor der Einfahrt in die Anlage zweigt eine steile Piste hinunter zu den Restaurants/Herbergen in der Bucht und zum Parkplatz (gebührenpflichtig) ab. Pkw-Fahrer parken besser oben und laufen zu Fuß runter.

Legzira

Hauptattraktion an diesem ca. 3 km langen **Kies- und Sandstrand** sind zwei gewaltige, von Wind und Wellen geformte **Felstore** aus rotem Konglomerat (Achtung vor Steinschlag unter den Toren!). Die ehemals sehr ruhige und idyllische Bucht von Legzira hat sich in den letzten Jahren touristisch stark entwickelt. Mittlerweile herrscht **ziemlicher Trubel** mit mehreren Gästehäusern, Cafés und einem Surfshop in der ersten Bucht. Weiter südlich zwischen den beiden Felstoren ist weniger los, und ein Spaziergang bzw. Badestopp lohnt sich immer noch – Legzira zählt sicher zu den landschaftlich eindrucksvollsten Stränden in Marokko. Leider liegt viel angeschwemmter Plastikmüll herum, und die unvollendete Ferienanlage oberhalb der Bucht verschandelt etwas die Landschaft.

Unterkunft/Essen und Trinken

- Einfach, ordentlich und sauber sind die Zimmer in der **Auberge Legzira** (Chez Abdoul)③ (inkl. HP) mit schattiger Terrasse (Mobil 0662 54 06 37, DZ mit Dusche/WC auf dem Gang, auch einige Zimmer mit Bad).
- Auch der **Beach Club Legzira**② (Mobil 0670 52 28 00, www.legzirabeachclub.com) bietet neben einer Terrasse mit Meerblick saubere, gut ausgestattete Zimmer mit Bad – allerdings haben nur manche ein Fenster nach außen zum Meer.
- Der junge *Abdallah* vom unmittelbar benachbarten **Sable d'Or**② ist sehr freundlich und um das Wohl seiner Gäste bemüht. Die sauberen Zimmer (mit und ohne Bad, mit Fenster zum Gang oder zum Meer) verteilen sich auf drei Etagen. Von der Terrasse genießt man einen herrlichen Blick aufs Meer und den Sonnenuntergang (Mobil 0661 30 24 95, sabledor1@gmail.com).
- Ordentliche Zimmer bietet auch das **Restaurant/Hotel Océan**② (Mobil 0670 63 67 71, Preise verhandelbar).
- In allen Herbergen kann man leckeren, frisch gegrillten **Fisch essen** (ca. 70 DH).

⊳ Die natürlichen Torbögen von Legzira

Weiterfahrt nach Guelmim

27 km hinter Mirleft beginnt die vierspurige Einfahrtsstraße nach Sidi Ifni. Die **von Palmen gesäumte Allee** führt durch einen komplett neu errichteten Vorort von Sidi Ifni. 31 km hinter Mirleft (ca. 80 km von Tiznit) erreicht man schließlich eine Kreuzung an der Stadteinfahrt von Sidi Ifni: Rechts geht es zu den Campingplätzen und zum Hotel Aït Bamrane, links nach Guelmim und Laâyoune, geradeaus ins Zentrum von Sidi Ifni.

Sidi Ifni

Die **ehemalige Garnisonsstadt** mit etwa 25.000 Einwohnern lag viele Jahre im Dornröschenschlaf – besonders in den heißen Sommermonaten wirkte das Städtchen verschlafen und verstaubt. Erst in den letzten Jahren erwachte Sidi Ifni zu **neuem Leben:** Die lange Zeit verfallenden Art-déco-Gebäude aus der spanischen Kolonialzeit der 1930er Jahre um den Place Hassan II. erhielten einen frischen blau-weißen Anstrich, eine Strandpromenade wurde gebaut, und eine wachsende Zahl an Ferienwohnungen und Gästehäusern bietet Unterkunft für Surfer und Strandurlauber. Der Atlantik ist zwar oft zu kalt zum Baden, aber wegen der relaxten Atmosphäre und des fast mediterranen Flairs lässt es sich in Sidi Ifni gut mehrere Tage aushalten. Der alte **Stadtkern** liegt oberhalb eines Steilabbruchs über dem Sand- und Kiesstrand, zu dem von der Plaza de la Marina (Hotel Suerte Loca) eine Treppe hinunterführt. Vorbei am Camping El Barco kann man die Promenade entlang spazieren und die Surfer in den Wellen beobachten.

Wer nicht schon vorher bei den Felstoren Halt gemacht hat, kann von Sidi Ifni eine **Strandwanderung** Richtung Norden nach Legzira unternehmen (ca. 10 km).

Von wirtschaftlicher Bedeutung ist der **Fischfang** – der Fischerhafen liegt 5 km südlich der Stadt.

2009 wurde Sidi Ifni als eigene Provinz in der Region Sous-Massa-Drâa ausgewiesen und ist seitdem **Provinzhauptstadt.**

ma16_069 ad

Sidi Ifni diente den **Spaniern** schon Ende des 15. Jahrhunderts als Stützpunkt für den Sklavenhandel und die Fischerei. Im 16. Jahrhundert fiel die Festung mit dem Namen Santa Cruz del Mar Pequeña nach diversen Aufständen zurück in marokkanische Hände. Erst nach dem spanisch-marokkanischen Krieg 1860 wurde das Gebiet als Enklave wieder an Spanien abgetreten und in den 1930er Jahren unter *Francisco Franco* zum wichtigen Militärstützpunkt ausgebaut. 1957 fand ein Aufstand der marokkanischen Bevölkerung gegen Spanien statt, weitere Angriffe von marokkanischer Seite folgten. **1969** wurde das Gebiet schließlich **an Marokko zurückgegeben.**

Praktische Informationen

Unterkunft

■ **Aït Bamrane**②, Rue de la Plage, Tel. 0528 78 02 17. Dieses typisch marokkanische Hotel direkt am Strand hat ordentliche, einfache Zimmer mit Bad und TV, z.T. mit Meerblick. Bewachter Parkplatz vor der Tür.

■ **Bellevue**①-②, 9, Place Hassan II., ggü. dem Rathaus, Tel. 0528 87 52 42, www.hotel-belle-vue-ifni.com. Das 2-Sterne-Hotel im kolonialspanischen Stil (1958 errichtet) in toller Lage über den Klippen des Atlantiks hat wie die benachbarten Gebäude einen frischen Anstrich bekommen. Auch die meisten Zimmer wurden neu möbliert, die Bäder sind jedoch alt. Sicherer Parkplatz im Hof, gutes Preis-Leistungsverhältnis.

■ **Logis la Marine**③, 1, Av. Moulay Abdellah, Mobil 0641 76 60 96, www.logislamarine.com. Empfehlenswertes Gästehaus des belgischen Paares *Benoit* und *Dominique* (sprechen etwas englisch) mit vier nüchtern-modern gestalteten DZ mit Bad (z.T. Meerblick) und einem Familienzimmer für 4 Pers.; WLAN und Gäste-PC verfügbar. Kleiner Garten, Sonnenterrasse und Wohnzimmer für die Gäste.

■ **Safa**③, Bd. de Caire (an der Straße Richtung alter Hafen, neben dem Krankenhaus), Tel. 0528 78 07 96/97, www.ifnimarina.com. Modernes Mittelklassehotel in dem neuen Komplex Ifni Marina mit Supermarkt, Restaurant, Bäckerei etc. Parkplatz vor der Tür, klimatisierte Zimmer mit kleinem Balkon.

■ **Suerte Loca**①-②, Av. Moulay Youssef, Tel. 0528 87 53 50, suerteloca36@yahoo.com. Dieses saubere, einfache Travellerhotel mit vielen Topfpflanzen hat die angenehmste Atmosphäre aller genannten Unterkünfte und ist ideal für Surfer. Es gibt eine Dachterrasse mit hübschem Salon und Meerblick, dort auch günstige Übernachtung auf Matratzen möglich. Im kleinen Restaurant im EG (mit Crêpes und Kuchen) gibt es einen Billardtisch und eine Internetecke. DZ ohne und mit Bad, Duschen/WC auf dem Gang etwas marode, aber sauber.

■ **Xanadu**③, 5, Rue El-Jadida, Tel. 0528 88 76 718, www.maisonxanadu.com. *Patrick* und *Sandrine Jacquin* sind sehr hilfsbereit und freundlich und kümmern sich super um ihre Gäste. Schöne, makellos saubere Zimmer, tolle Dachterrasse mit Ausblick, leckeres Frühstück. Von Lesern sehr empfohlen.

■ Außerdem befinden sich **Gästehäuser am Strand von Legzira** (s.o.).

Camping

Alle vier Campingplätze sind im Winter mit Wohnmobilen überfüllt.

■ **El Barco,** neben Hotel Aït Bamrane, Tel. 0528 78 07 07, www.complexe-elbarco.com. Freundlicher Campingplatz mit kleinem Restaurant und Terrassencafé direkt am Strand (Mauer zwischen Camping und Meer). Die sanitären Anlagen sind sauber. Die angeschlossenen, sehr ordentlichen Apartments mit Küche, Bad, TV und Terrasse mit Meerblick sind in der Nebensaison recht günstig (②). WLAN.

■ **Gran Canaria,** Av. El Houria (Rue de la Plage), Tel. 0528 87 68 21, von Mirleft kommend am Ortseingang direkt neben Solymar, www.campinggrancanaria.com. Großer, schattenloser Platz in Strandnähe, gute sanitäre Anlagen, 60 DH für 2 Pers. inkl. Fahrzeug und heißer Dusche.

■ **Sidi Ifni,** Tel. 0528 87 52 42, unterhalb des Hotels Suerte Loca. Der staubige Platz ohne Schatten ist durch eine Mauer vom Meer getrennt (direkter Zugang zum Kiesstrand möglich). Die sanitären Anlagen sind sauber und okay. Abwasserentsorgung für Wohnmobile möglich, auch Zimmervermietung in Betonbungalows①. Es gibt einen Pool (nur im Sommer geöffnet) und WLAN.

■ **Solymar,** von Mirleft kommend am Ortseingang auf der rechten Seite beim Oued, Tel. 0528 78 09 16. Schattenlose Stellplätze mit Strom, gute sanitäre Anlagen mit heißer Dusche. WLAN.

■ Der wenig ansprechende **Wohnmobilstellplatz Camping Municipal** liegt direkt neben dem neuen Komplex Ifni Marina (mit dem Hotel Safa, Restaurant, Bäckerei, Supermarkt) am Südrand der Stadt.

Essen und Trinken

In der Fußgängerzone oberhalb des Steilabbruchs gibt es mehrere Restaurants mit Tischen auf dem Gehsteig und Blick übers Meer, darunter Tagout und Mar Pequena.

■ **Ere Nouvelle,** Av. Sidi Mohamed Abdallah, ggü. der Polizei, Tel. 0528 87 52 98. Einfaches Café/Restaurant im gleichnamigen Hotel mit gutem preisgünstigen Essen.

■ **La Paella de la Playa,** direkt am Strand neben Camping El Barco, Mobil 0648 34 65 94, Mo geschlossen. Winziges Restaurant mit Tischen an der Promenade, gute Paella mit frischen Meeresfrüchten und Fisch 85 DH, Spaghetti 45 DH. Hier kann man auch nur gemütlich einen Tee mit Meerblick schlürfen.

■ **Mar Pequena,** 20, Av. Al Mouwahidin, Mobil 0675 66 16 26. Gemütlicher, kleiner Innenraum und Tische auf der Terrasse mit Meerblick, große Menüauswahl (Tajine, Grillgerichte, Brochettes, vegetarische Speisen). Da alles frisch zubereitet wird, dauert es etwas länger – dafür gibt's große Portionen, und es schmeckt sehr gut.

■ **Nomad,** 9, Av. Moulay Yussef, Mobil 0662 17 33 08. Sehr nettes und gutes Lokal (Fischgerichte ca. 100 DH)

ma16_070 ad

mit lockerer Atmosphäre und viel Musik von Rai bis Rock und Pop. Im Juni geschlossen.

- **Ocean Miramar,** 3, Av. Moulay Abdellah (oberhalb des Hotels Suerte Loca an der Treppe), Tel. 0528 87 66 37. Freundlich, gemütlicher Innenraum, Dachterrasse mit Meerblick. Es gibt Pizza und Fischgerichte (ab 60 DH).

Busse/Sammeltaxis

- **Tiznit:** mit CTM-Bus 2x tägl. (vormittags und am Abend), 30 DH, ca. 1½ Std. Fahrzeit.
- **Casablanca:** mit CTM-Bus 1x tägl. vormittags, 265 DH, ca. 10 Std. Fahrzeit.
- **Marrakesch:** mit CTM-Bus 2x tägl., 165 DH, 6½ Std. bzw. 8 Std. (Nachtbus) Fahrzeit.
- **Agadir:** mit CTM-Bus 2x tägl., 70 DH, 4 Std. Fahrzeit.
- **Laâyoune:** Nachtbus von CTM, 180 DH, ca. 8 Std. Fahrzeit.
- **Sammeltaxis:** Nach **Agadir** kostet das ganze Taxi 300 DH (Platz im Sammeltaxi 50 DH), nach **Mirleft** ca. 15 DH (im Sammeltaxi).

Blick über den langen Strand von Sidi Ifni

Sonstiges

- Es gibt einen **Markt (Marché Municipal),** ein **Postamt,** mehrere **Banken** an der Av. Mohamed V., eine **Tankstelle** und **Internetcafés.** Am Samstag findet ein **Wochenmarkt** auf der Freifläche an der Südseite der Av. Hassan II. statt.
- Einmal jährlich im Sommer findet ein großer **Moussem** (Fest mit Reiterspielen) statt.
- Neben dem Hotel Suerte Loca betreibt *Malika Ayad* einen **Schmuckladen** mit hübschen Perlenketten, Arganienölprodukten und Souvenirs. Wenn der Laden geschlossen hat, im Hotel nach ihr fragen. Direkt nebenan befindet sich der **Sahara Surf Shop,** in dem man auch Mountainbikes leihen kann (80 DH/Tag). Ein weiterer Surfshop mit Ausrüstungsverleih liegt unten am Strand (bei Camping El Barco).

Weiterfahrt nach Guelmim

Sidi Ifni in Richtung Guelmim und Abeïno verlassen. Die **Teerstraße** führt kurvig durch die mit Feigenkakteen, Dornbüschen und Arganien bewachsene Hügellandschaft im Hinterland. Sie ist auf den ersten 20 km häufig geflickt, dann breit und gut. Kleine Dörfer liegen an der Route.

22 km hinter Sidi Ifni liegt der kleine Ort **Mesti.** Hier kann man Arganienölprodukte direkt bei der **Frauenkooperative Tafyoucht** einkaufen.

49 km hinter Sidi Ifni führt links eine Teerstraße zu den **Thermalquellen von Abeïno** (vgl. bei Guelmim „Ausflüge") – geradeaus weiter. 3 km weiter ist die Stadteinfahrt von Guelmim mit den repräsentativen Bauten des Institut du Tourisme und des Konferenzzentrums erreicht.

Nach etwa **136 km** Fahrt ab Tiznit (54 km ab Sidi Ifni) ist man im Zentrum von **Guelmim** angekommen.

Von Guelmim nach Laâyoune

- **447 km, N 1**
- **Gute Asphaltstraße,** die ursprünglich als Versorgungsachse für die marokkanischen Truppen in Richtung Westsahara gebaut wurde. Die Strecke in die Westsahara ist bis zur mauretanischen Grenze bei Guergarat frei befahrbar, bei den Kontrollposten vor und nach den Städten wird man als Tourist meist durchgewunken – hinter Laâyoune muss man die genauen Personendaten abliefern. Gute **Busverbindung** ab Guelmim (s. dort). Für die Kontrollen empfiehlt es sich, schon zu Hause ein „fiche" (Papier) mit allen Personen- und Fahrzeugdaten vorzubereiten und in 10 bis 20-facher Kopie mitzunehmen – dann ist die Aufnahme der Personalien schneller erledigt.
- Für Abenteuerlustige ist eine **Weiterfahrt nach Nouâdhibou** in Mauretanien problemlos möglich.
- Die Strecke sollte **nicht bei Nacht** befahren werden (viele Lkw mit überhöhter Geschwindigkeit!).
- Die **Küstenlandschaft** bis Tarfaya präsentiert sich als eine flache Steppe, gesprenkelt mit niedrigen Büschen, Sukkulenten und den stacheligen Euphorbia-Polstern. In wenigen Regionen wird Getreide angebaut, auf den restlichen, karg bewachsenen Flächen weiden Schafe und Ziegen. Die Wüstenlandschaft wird durch breite, canyonartige Quertäler verschiedener Oueds unterbrochen. Von diesen führen nur die **Oueds Drâa und Chbeika** gelegentlich Wasser. In den Mündungsgebieten kann man häufig **Flamingos** und andere Wasservögel beobachten, es finden sich auch traumhafte Übernachtungsplätze. Besonders schön sind das Naturschutzgebiet um das **Sebkha Naila** und die Salzsenken *(sebkhas)* vor Laâyoune.

  Viele Dutzende Kilometer führen jedoch durch **flache und langweilige Gegenden,** die Radfahrer angesichts der starken Seitenwinde vom Meer und der Eintönigkeit verzweifeln lassen.

Von Guelmim führt die Straße weitgehend durch flache Landschaft – die Berge sind etwas weiter weg – bis zum Ort **Ras Oumlil** (Tankstelle, Läden, Restaurants) bei **km 56.** Hier beginnen braune, im Winter vegetationslose Berge, und die Straße schlängelt sich über 16 km bergauf zu einer **Passhöhe** (350 m). In umgekehrter Richtung bieten sich bei klarer Luft fantastische Ausblicke auf die Ebene in Richtung Guelmim.

Bei **km 108** ist das **Oued Drâa** (mit Kontrollposten) nahe seiner Mündung ins Meer erreicht. Hier beginnt die Provinz Tan-Tan.

Bei **km 127** zweigt eine asphaltierte Straße nach **M'sied** (frei befahrbar) ab.

1 km weiter ist Tan-Tan erreicht.

Tan-Tan

Die etwa 76.000 Einwohner zählende Stadt mit großen Kasernen ist **Gouverneurssitz,** hat eine Kasbah, mehrere Moscheen und einen großen Souk. Im Zuge der hohen marokkanischen Investitionen in der Westsahara entstanden auch in Tan-Tan diverse Neubauviertel und Parkanlagen rings um die Stadt. Der Hafen von Tan-Tan wurde mit großem Aufwand zum **Hochseehafen** ausgebaut. Die Küstengewässer sind sehr fischreich – jährlich werden hier mehr als 234.000 Tonnen Fisch eingeholt. Die saubere und gepflegte Stadt dient als Versorgungszentrum für den Süden: Elektrogeräte, Lebensmittel, Hygieneartikel – hier gibt es alles zu kaufen. Ein großes Geschäftsviertel (Suq Hebodmaire) liegt links von der Durchgangsstraße.

Tan-Tan

0 200 m ©Reise Know-How 2016

Geschichte

Schon der berühmte Historiker *Ibn Khaldoun* berichtet von den Anfängen der Islamisierung und den **Auseinandersetzungen zwischen Berbern und Arabern** in der Region. Das Gebiet, ursprünglich von Sanhaja- und Zenata-Berbern besiedelt, wurde nach und nach von den arabischstämmigen Beni Hassan dominiert. Diese breiteten sich südwärts bis in die Westsahara aus. Das Hassania, ein arabischer Dialekt, wird auch in der Westsahara von den Saharaouis gesprochen, von denen viele der Ethnie der Beni Hassan angehören.

Im 14. Jahrhundert, als die **Spanier** die Kanarischen Inseln besetzten, fassten sie auch an der Küste südlich von Tan-Tan (an der Khnefiss-Mündung) Fuß und errichteten dort ein Handelsfort, das auch als Sklavenzwischenlager diente. Immer wieder gab es Kämpfe mit den Bewohnern des Hinterlandes, vor allem die Assa-Marabuts vereinten sich und konnten 1524 die Spanier vertreiben. Später drangen die **Portugiesen** an der Drâa-Mündung ins Hinterland ein und lieferten sich Kämpfe mit der Bevölkerung; bald beherrschten sie die ganze Atlantikküste mit ihren Forts.

Mit der Ausweitung der Handelsniederlassungen und der Dominanz der europäischen Mächte in Marokko gelangte der schottische Händler *McKenzie* in die Region und errichtete in Tarfaya das **Casa Mar,** eine Burg im Meer, die als Handelslager diente. Zucker, Munition, Waffen und Gold wurden über dieses Zwischenlager transportiert, bis Sultan *Hassan I.* dem Treiben ein Ende setzte.

Ende des 19. Jahrhunderts eroberten die Spanier abermals das Gebiet südlich des Drâa und kolonisierten es bis hinunter nach Mauretanien. Die **spanische Kolonie Río de Oro** wurde geschaffen. Im Jahr 1953 überließen die Spanier das Gebiet nördlich von Tah-Daora den Marokkanern.

Die **„Befreiung" der Westsahara,** der **Grüne Marsch,** als 350.000 unbewaffnete Zivilisten zu Fuß in die gerade von den Spaniern verlassene Westsahara einmarschierten, startete am 6. November 1975 in Tan-Tan.

Praktische Informationen

Informationen für Touristen

- **www.portailsudmaroc.com,** Informationen zur Region Guelmim, zu Tata, Es-Smara und Tan-Tan auf Französisch.

Unterkunft

- **Afra**②, Av. Bir Anzarane, Tel. 0528 76 50 16, www.hotelafra.ma. 30 ordentliche, saubere Zimmer mit Bad. Restaurant, WLAN.
- **Bir Anzarane**②, 154, Av. Hassan II., an der Straße nach El Ouatia, Tel. 0528 87 78 34. Mit einem Stern klassifiziertes, empfehlenswertes und sauberes Hotel mit 32 Zimmern.
- **El Madina**①, 68, Av. Hassan II., Tel. 0528 76 09 28. Einfaches Hotel mit 16 Zimmern.
- **Sables d'Or**①-②, 125, Av. Hassan II., Tel. 0528 87 80 69. Kleines Hotel mit schönen Zimmern mit Bad und TV.
- **Hagounia, Villa Ocean** und **Auberge Les 2 Chameaux,** vgl. bei El Ouatia (Tan-Tan Plage).
- Sehr einfache und günstige Hotels findet man am Busbahnhof (Place de La Marche Verte), z.B. **Tafoukt** (sauber, heiße Dusche, etwas hellhörig, sehr freundlich) und **Dakar.**

Camping

- **Ksar Tafnidilt,** nördlich von Tan-Tan bei einem alten Fort (5 km Piste ab dem Abzweig bei km 106, s. vorherige Beschreibung), Mobil 0663 23 31 15, www.tafnidilt.net, **N 28°32,755', W 10°59,569'.** Großer Campingplatz, Herberge und empfehlenswerter Traveller-Treffpunkt, vor allem für Offroader. Es gibt Nomadenzelte, Zimmer mit/ohne Bad (③ inkl. HP), ein Restaurant und einen Pool. Menü 180 DH, Camping ca. 45 DH p.P. mit Fahrzeug.

Sammeltaxis/Taxis

- **Petits und Grands Taxis** warten am Hauptplatz Moulay Rachid.
- **Sammeltaxis** nach Guelmim ca. 45 DH, nach Laâyoune ca. 95 DH, nach Tiznit ca. 85 DH.

Busse

- **CTM-Büro,** Av. de la Plage, Tel. 0528 76 58 86.
- **Supratours-Büro,** Av. Hassan II., Tel. 0528 87 77 95.
- Der zentrale **Busbahnhof** *(gare routière)* liegt an der Av. Mohamed V./Rue Air Rahma. Auch diverse Privatbusse verkehren hier.

Der vergessene Krieg in der Westsahara

Bereits seit dem Mittelalter führten **Karawanenrouten** durch den Süden nach Timbuktu und bis in das Gebiet des heutigen Staates Senegal. Die marokkanischen Händler unterhielten Handelsbeziehungen zu den Nomaden in der Sahara. Die Shaiks der Stammesfraktionen in dem Gebiet der heutigen Westsahara leisteten dem marokkanischen Sultan den Treueeid, dafür fungierte Marokko als Schutzmacht bei Bedrohung von außen.

Ende des 19. Jh. sicherte sich jedoch die Handelsflotte der Compagnie Commerciale Hispano-Africaine die Herrschaft über die Bucht von Dakhla, und durch den Vertrag von Berlin erhielt **Spanien** das Protektorat über das Gebiet von Cap Bojador bis Cap Blanc. Der Konflikt mit Frankreich endete 1900 mit der Vereinbarung, die Hauptsahara Frankreich und das Gebiet **Río de Oro** Spanien zuzuteilen. Río de Oro wurde 1958 in Provinz Sahara umgetauft.

Zunächst nur an den Küsten stationiert, rückten die Spanier nach und nach auch ins Landesinnere vor, die stationierten Truppen wurde immer mehr: 1970 hielten sich in der Westsahara mehr spanische Soldaten auf als Saharawis. Die **Nomadenbevölkerung** – ihre Zahl wurde auf 200.000 geschätzt – setzte den Spaniern keinen Widerstand entgegen, obwohl die Spanier mit eiserner Faust regierten. Mit der Entdeckung des Phosphats änderte sich die Situation. Die Saharawis gaben zu Tausenden das Nomadenleben auf, um in den **Phosphatminen** zu arbeiten. Vom verlockenden Stadtleben angezogen, siedelten sie sich in den Elendsquartieren um die Städte an. Als dergestalt die Ausbeutung und Unterdrückung offensichtlich wurden und die Saharawis, im Gegensatz zu den Spaniern, durch das Phosphat keineswegs reicher wurden, regte sich der Unmut. 1973 bildete sich die **POLISARIO** (Volksfront für die Befreiung der Seguiet el Hamra und des Río de Oro) und unternahm ihre ersten Vorstöße von Mauretanien aus.

Die UNO verzeichnete die Westsahara – obwohl diese nie eine Nation war – bereits 1963 auf einer Liste von Staaten, denen das Recht auf **Selbstbestimmung** immer noch verwehrt werde. 1965 forderte die UN-Vollversammlung Spanien auf, das Gebiet zu entkolonialisieren, und verlangte ein Referendum über die Selbstbestimmung der Saharawis. Spanien versuchte, Zeit zu gewinnen, und beutete das Land immer stärker aus. 1975 stellte eine UN-Delegation fest, dass die überwiegende Mehrheit der Bevölkerung für Unabhängigkeit sei und die POLISARIO unterstütze.

Dies rief **König Hassan II.** von Marokko auf den Plan, der keinen sozialistisch orientierten Staat, noch dazu von Libyen und Algerien unterstützt, an der Südgrenze Marokkos dulden wollte. Ferner sah sich der König als Vollstrecker des historischen Auftrags, den saharischen Süden, dessen Stämme starke traditionelle Bindungen zu Marokko hatten, in sein Reich einzugliedern.

Ein Beschluss des Internationalen Gerichtshofes von Den Haag, der historische Bindungen einiger Volksgruppen der Westsahara an Marokko anerkennt, diente Hassan II. dann als Legitimation für seinen Vorstoß. In Windeseile wurden Straßen in Richtung Westsahara zum südlichsten marokkanischen Zipfel nach Tarfaya gebaut, und 350.000 Menschen zogen am 6.11.1975 über die ehemaligen spanischen Grenzen. Dieses Schauspiel, der **„Grüne Marsch“**, wurde vom marokkanischen Fernsehen live übertragen und beschleunigte die Entwicklung zugunsten der marokkanischen Interessen.

Das spanische Parlament trat in Eile zu einer Abstimmung zusammen, bei der die „Rabatfreundliche“ Fraktion siegte. Angeblich soll der marokkanische König bereits am Krankenbett von General *Franco* die problemlose Übergabe der Westsahara ausgehandelt haben. Am 14.11.1975 wurde in Madrid ein **Abkommen** zwischen Spanien, Marokko und Mauretanien unterzeichnet, wonach alle spanischen Streitkräfte bis zum 28.2.1976 aus der Westsahara abzuziehen hatten; Spanien wurde eine Beteiligung an den Phosphateinnahmen zugesichert, und es stimmte einer Aufteilung des Landes unter Marokko und Mauretanien zu.

Die POLISARIO erklärte den Vertrag für null und nichtig, konnte aber nicht verhindern, dass mit spanischer Hilfe 4000 marokkanische Soldaten in Laâyoune einzogen. Am 19.12.1975 wurde nach heftigen Kämpfen auch La Guera besetzt. 100.000 Saharawis, praktisch die Hälfte der ursprünglichen Bevölkerung, flüchteten nach der Bombardierung von Saharawi-Dörfern mit Napalm und Phosphor über die Grenzen nach Algerien und bildeten mit Unterstützung der algerischen Regierung Lager bei Tindouf. Gestärkt durch die algerische Hilfe begann zwischen der POLISARIO und Marokko ein **Krieg,** der bis zum Waffenstillstandsabkommen am 6.9.1991 mit gnadenloser Härte geführt wurde.

Am 29.2.76 wurde die **unabhängige Republik Sahara** ausgerufen, die von vielen Ländern der Welt anerkannt wurde, nicht aber von den Weltmächten. Viele Staaten haben ihre Anerkennung inzwischen allerdings widerrufen, zurzeit sind es noch 80 Länder, die die Arabische Republik Sahara als eigene Nation anerkennen.

Nach dem Sturz des mauretanischen Präsidenten *Ould Daddah* 1978 beschloss die neue mauretanische Regierung einen Waffenstillstand mit der POLISARIO. Daraufhin besetzte Marokko den südlichen Teil der Westsahara, da es keinen Ministaat mit POLISARIO-Regierung im Süden zulassen und Algerien den erwünschten Zugang zum Atlantik verwehren wollte (14.8.79). Algerien unterstellt Marokko jedoch, sich die Westsahara wegen dessen Rohstoff- und Fischreichtums einverleibt zu haben.

Marokko brachte die Westsahara mit hohem militärischen Aufwand unter Kontrolle, wobei nicht vor einer **brutalen Repression der Zivilbevölkerung** zurückgeschreckt wurde. Gegen Übergriffe von den in Algerien, Mali und Mauretanien agierenden Kämpfern der POLISARIO baute Marokko einen elektronisch und mit Minen gesicherten **Schutzwall** östlich von Bou Craa und Smara.

Nach einer kurzzeitigen Verbesserung der **Beziehungen zu Algerien** erklärte sich König Hassan II. März 1985 zu einer Volksabstimmung in der Westsahara bereit, wenn die UNO dies in die Wege leite. Aber die Kämpfe gingen weiter, und die Verhandlungen mit der UNO zogen sich hin. Im August 1988 verkündeten sowohl POLISARIO als auch die marokkanische Regierung, dass sie zur Aufnahme von **Friedensverhandlungen** nach einer Volksabstimmung bereit wären. UN-Friedensvermittler sollten dazu ein Referendum ausarbeiten. Aber erst am 27.6.1990 wurde ein konkreter Plan zur Abhaltung einer Volksabstimmung in der Westsahara vom UN-Sicherheitsrat gebilligt, und eine UN-Kommission reiste zu ersten Sondierungen in die Westsahara. Im Februar 1991 hieß es, dass alle Unstimmigkeiten über den Zeitplan bereinigt seien und der Plan verwirklicht werden könne. Eine UN-Kommission zur Überwachung des Referendums wurde gebildet **(MINURSO).** Unter Vermittlung der UNO wurde am 6.9.91 ein **Waffenstillstandsabkommen** geschlossen, und Marokko stimmte einer Truppenhalbierung von 130.000 auf 65.000 Mann zu, was aber nicht eingehalten wurde.

Das für Januar 1992 geplante Referendum und alle weiteren Termine seither sind jedoch immer wieder verschoben worden, da sich beide Seiten nicht über die Anzahl der Wahlberechtigten einigen konnten. Dahinter steht die entscheidende Frage, wer als Saharawi zu gelten habe. Im Verlauf der Houston-Verhandlungen im Jahr 1998 unter dem Vermittlungsvorsitz des vormaligen amerikanischen Außenministers *James Baker* wurde die **„saharische Staatsbürgerschaft"** anhand von einigen Kriterien definiert: Eines davon ist die Bevölkerungszahl von 1974 (nach spanischem Zensus ca. 75.000), ein weiteres die Aufenthaltsdauer in der Westsahara, ein drittes die Abstammung von einem Saharawi-Vater.

Im September 1997 verständigten sich Marokko und POLISARIO auf einen „Verhaltenskodex" für eine **Volksabstimmung.** Die UN legten daraufhin den 7.12.1998 als nächsten Termin fest, doch die Registrierung der Wähler verzögerte sich – bis 1999 sollte sie abgeschlossen sein und etwa 150.000 Wahlberechtigte umfassen. Wiederum gab es keine Einigung, und die UN drohte unverhohlen mit dem Abzug ihrer Truppen. Ein neuer Kompromissvorschlag von James Baker sah daraufhin eine Teilautonomie unter marokkanischer Herrschaft vor, mit Volksabstimmung nach fünf Jahren, also 2003, der aber aufgrund eines Vetos Algeriens und der POLISARIO scheiterte.

In seiner Rede zur Nation im April 2006 sprach König Mohamed VI. erstmals in der Öffentlichkeit von einer **Autonomie unter marokkanischer Oberhoheit:** Marokko behält die Souveränität über das Gebiet der Westsahara, die Rechts- und Militärhoheit, während die internen Angelegenheiten das Volk der Saharawi selbst in die Hand nehmen kann. Diesen Plan hat der König in einer Rede im Januar 2010 abermals bekräftigt und eine Expertengruppe beauftragt, ein Modell der Dezentralisierung zu erarbeiten, das auch für andere Provinzen des Landes gelten soll.

Bei diesem Plan erhält der König Unterstützung von den USA, Frankreich, Spanien, Italien und China. Die POLISARIO hält davon nichts und ist enttäuscht, dass die UNO keinen Druck auf Marokko ausgeübt hat, denn das Scheitern der bisherigen Verhandlungen wird in erster Linie Marokko zur Last gelegt.

Nach langer Diskussion mit der UN wurde auf Empfehlung von Generalsekretär *Ban Ki Moon* im Oktober 2010 beschlossen, das im April 2011 auslaufende MINURSO-Mandat abermals zu verlängern. In seinem Bericht stellte der Generalsekretär fest, dass keine der Konfliktparteien die Bedingungen der jeweils anderen Seite als Grundlage einer Wiederaufnahme der Verhandlungen akzeptierte – ein bitteres Resümee.

Die Zeit arbeitet jedoch **für Marokko.** Das Ende des Kalten Krieges hat den Geldstrom aus den ehemals sozialistischen Staaten an die POLISARIO versiegen lassen. Die Flüchtlingslager bei Tindouf (Algerien) sind auf internationale Spenden angewiesen. Einige führende POLISARIO-Politiker sind auf die marokkanische Seite übergelaufen, weil sie den Kampf für aussichtslos halten: 2002 der ehemalige Militär- und Gendarmeriechef der saharawischen Interimsregierung *Lahbib Ayoub*, 2010 der ehemalige Polizeichef der Polisario *Ahmed Ould Souilem*, der Scheikh einer der wichtigsten Saharawi-Stämme der Oulad Denim, der sich offen für das Autonomie-Projekt des marokkanischen Königs aussprach. Er wurde im Herbst 2010 zum marokkanischen Botschafter in Madrid ernannt. Der neue Botschafter äußerte sich laut SZ vom 14.10.2010 folgendermaßen: „Mehr als 900 junge Saharawis sind zurück nach Marokko gegangen, wo das Leben weniger rau ist als in den Lagern. Es gibt eine schweigende Bewegung für die Rückkehr." Angeblich soll sich auch mit Unterstützung Marokkos in Tindouf die Oppositionsgruppe „Reform und Gerechtigkeit" gebildet haben. Algerien unterstützt weiterhin die POLISARIO, die bisher sämtliche Autonomievorschläge unter marokkanischer Verwaltung ablehnt und Ban Ki Moon offen der Parteinahme für Marokko bezichtigt. Einige westliche Regierungen sprechen mittlerweile nicht mehr von Annektierung der Sahara, sondern von „marokkanischer Verwaltung", was de facto den derzeitigen Stand wiedergibt.

Die POLISARIO drohte im Jahr 2000 ganz offen mit einem neuerlichen Krieg, nachdem es in der Westsahara Demonstrationen für die Verbesserung der Rechte der Saharawis gegeben hatte, die von marokkanischen Sicherheitskräften niedergeschlagen wurden. Auch in den Folgejahren kam es zu größeren **Demonstrationen** und auch Inhaftierungen in Laâyoune und anderen Städten. Die letzten großen Zwischenfälle gab es am 8.11.2010, als das Zeltlager Gdaim Izik bei Laâyoune, in dem Saharawis sich einen Monat zum Demonstrieren versammelt hatten, von den marokkanischen Sicherheitskräften gewaltsam geräumt und niedergebrannt wurde. Immerhin sind seit dem Jahr 2007 über das UNCHR (Flüchtlingswerk der Vereinten Nationen) wieder Familienbesuche von Saharawis aus dem marokkanisch verwalteten Teil in Tindouf möglich.

Die POLISARIO drängt auf Einhaltung der Menschenrechte von Seiten der Marokkaner, auch als wesentliche Bedingung für weitere Verhandlungen mit der UNO, obwohl ihnen selbst ein rücksichtsloser Umgang mit ihren Gefangenen vorgeworfen wird. Die POLISARIO hielt über

1000 marokkanische Kriegsgefangene als Faustpfand unter übelsten Bedingungen über 25 Jahre in den Lagern bei Tindouf gefangen; nach Intervention der UNO und des Roten Kreuzes wurden die letzten Gefangenen erst 2005 freigelassen. Mittlerweile wird der POLISARIO nicht nur von den Marokkanern, sondern auch von westlichen Geheimdiensten Unterstützung der **Al-Qaida des Maghreb** nachgesagt. Anfang 2011 wurde von der marokkanischen Polizei eine Terrorzelle zerschlagen, die Bombenanschläge auf Polizisten geplant haben soll und Waffenverstecke in der Westsahara unterhielt.

Die Weltöffentlichkeit nimmt von dem Konflikt kaum mehr Kenntnis, es sei denn bei spektakulären Aktionen wie dem Hungerstreik der aus der Westsahara stammenden Menschenrechtlerin *Haidar* in Lanzarote, der die Einreise in die Westsahara verwehrt wurde, weil sie auf den Einreiseformularen als Staatsbürgerschaft „Saharisch" angegeben hatte, oder der Räumung des Zeltlagers bei Laâyoune 2010 (s.o.). Alle Proteste und Menschenrechtsverletzungen konnten nicht verhindern, dass das MINURSO-Mandat jedes Jahr aufs Neue verlängert wurde. Ein Vorstoß der Saharawi-Widerstandskämpfer, der MINURSO auch für die Einhaltung der Menschenrechte in der Westsahara ein Mandat zu erteilen, scheiterte bei der UN am Widerstand Frankreichs und Marokkos.

Marokko arbeitet mit einer **Verzögerungstaktik,** um seine Autonomiepläne durchzusetzen und ein Referendum zu verhindern und erhofft sich durch Investitionen in der Westsahara eine Abstimmung zu seinen Gunsten. De facto hat Marokko durch die Beherrschung von 90% des Gebietes, den Ausbau der Infrastruktur und die wirtschaftlichen Investitionen den Anschluss schon fast erreicht. Die Hauptstadt **Laâyoune** ist inzwischen eine moderne Hafenstadt mit über 200.000 Einwohnern. Marokko hat nach eigenen Angaben fast 1 Mrd. Euro in die Westsahara investiert (dazu Steuersubventionen und Zollfreiheit in den südlichen Provinzen).

Zu hoffen ist, dass in absehbarer Zeit eine offizielle, international gültige Vereinbarung unterzeichnet wird, die für beide Seiten akzeptabel ist und dem politischen Ränkespiel ein Ende macht. Zu befürchten ist jedoch, dass sich POLISARIO-Anhänger radikalisieren und sich immer mehr mit dem Terror der Aqim bzw. IS identifizieren. Wenn man Demonstrationen beobachtet oder auch Filmausschnitte auf youtube sieht, dann werden oft genug Selbstmordanschläge als letzte Möglichkeit des Widerstands gepriesen.

ma16_201 ed

Am Place Marche Verte in Laâyoune

Verbindungen und Preise:

- **Laâyoune:** frühmorgens, nachmittags und spätabends (Nachtbus) mit CTM, 130 DH, Fahrzeit ca. 6 Std.
- **Agadir:** mehrmals tägl. mit CTM, 130 DH, ca. 5½ Std. Fahrzeit.
- **Marrakesch:** 3x tägl. mit CTM, 215 DH, 9–10 Std. Fahrzeit.
- **Supratours-Busse** verkehren mehrmals tägl. nach **Laâyoune** (130 DH) und **Agadir** (120 DH) und 2x tägl. (spätabends/nachts) nach **Marrakesch** (190 DH).
- **Private Busse** fahren nach **Assa** und **Fam el-Hism** oder nach **Bou Izakarne** und **Tiznit.**

Sonstiges

- Das Krankenhaus **Hôpital Hassan II.** liegt an der Av. de la Plage (Straße Richtung Laâyoune, Tel. 0528 87 71 74).
- Diverse **Banken mit Geldautomat** entlang der Av. Hassan II.
- Viele günstige **Restaurants** findet man an der Av. Hassan II. und rund um den Place de La Marche Verte beim Busbahnhof.
- **Fest: Moussem Tan-Tan** (Touristen-/Folklorefestival, www.moussemdetantan.org) alljährlich im Sommer.

Weiterfahrt nach Laâyoune

Ab Tan-Tan führt die **gute Teerstraße nach El Ouatia.** Die Strecke Ouatia (Tan-Tan Plage) – Tarfaya wurde zur Besetzung der Westsahara 1975 in Windeseile ausgebaut.

Wenige Kilometer hinter Tan-Tan zweigt links eine Straße zum Flughafen und 1 km weiter nach Es-Semara (Smara) in der Westsahara ab.

20 km hinter Tan-Tan (km 150) führt bei einer Tankstelle die Straße geradeaus nach El Ouatia und links weiter nach Tarfaya und Laâyoune. Der aufstrebende Ort **El Ouatia** (ehemals **Tan-Tan Plage**) mit vielen Neubauten liegt 2 km abseits der Hauptstraße (an obiger Kreuzung geradeaus). Er dient als Sommerfrische für die Bewohner von Tan-Tan. Der **Fischereihafen** wurde enorm vergrößert, sodass hier inzwischen nach Laâyoune landesweit die größten Fischmengen pro Jahr eingeholt werden (vgl. Tan-Tan). Seit 1998 ist der Ort Sitz des Nationalen Meeresforschungsinstituts. Im Juli findet in El Ouatia ein Folklore-Festival statt. Zum Essen kann man in Fischrestaurants einkehren.

In **El Ouatia** gibt es drei Campingplätze: Das ummauerte Gelände des **Camping Equinox** liegt direkt am Strand (Tel. 0661 17 05 10, ggü. Hotel Hagounia); der Platz hat sehr gute saubere Sanitäranlagen, WLAN und Zimmer mit Aussichtsterrasse, der freundliche Besitzer spricht gut englisch. Daneben liegt das etwas größere Gelände des **Camping Sable d'Or** (Tel. 0528 87 90 80) mit Restaurant; die sanitären Anlagen sind älter, aber sauber (oft kein warmes Wasser). Weiter nördlich findet sich der **Camping Atlantique,** ein großes ummauertes Areal direkt an der Strandpromenade (neben den ordentlichen Hotels Belle Vue und Kasbah). Saubere Zimmer mit Bad und TV bietet das typisch marokkanische 2-Sterne-**Hotel Hagounia**② (Av. El Wahda, Tel. 0528 87 90 20, hotel-hagounia@menara.ma).

Hinter El Ouatia, in Richtung Tarfaya, führt die Straße die ersten 15 km nahe am Kiesstrand entlang. Dann folgt Steilküste, an der sich meterhohe Wellen brechen. Eine flache Wüstenlandschaft breitet sich ins Landesinnere aus. Viele Fischer stehen mit meterlangen Angelruten am Steilabbruch. Bei ihnen kann man günstig frischen Fisch einkaufen.

Eine Kormoran-Kolonie hat sich bei km 174 unter den Küstenfelsen eingenistet. 6 km weiter (km 180) mündet das **Oued Chbika** ins Meer. Am Dünenstrand ist ein touristisches Großprojekt mit Golfplatz, Club Med und etlichen Luxushotels schon lange in Planung (Zukunft ungewiss). Auf dem Plateau oberhalb der Flussmündung finden Wohnmobilisten einen schönen Stellplatz.

Die Mündung des **Oued Ma Fatma** ist bei km 209 erreicht. Hier sieht man ebenso häufig Flamingos, wie auch an der Mündung des **Oued El Ouaar** (km 218, Brücke). Eine schöne Sandbucht wird von schwarzen, ausgewaschenen Felsterrassen mit Höhlen und Muschelbänken begrenzt.

Kurz darauf trifft man auf drei Tankstellen links der Straße. Ab hier kann man wesentlich

preiswerter (zoll- und steuerfrei) **tanken** als im Norden. Das gesamte Gebiet der Westsahara ist zoll- und steuerfrei!

Bei km 238 trifft man auf die **Station de la Marine.** Nebenan findet man ein großes **Loch mit Meereseinbruch** rechts der Straße.

1 km weiter (Gesamt-km 239) ist der Ort **Sidi Akhfennir** erreicht. Einfache Häuser, eine Tankstelle und viele einfache Restaurants (mit Grillfisch) säumen die Straße. Eine empfehlenswerte Unterkunft ist **La Courbine d'Argent**③ (Mobil 0671 42 23 77, www.lacourbinedargent.com) in einem ummauerten Areal direkt am Meer hinter dem Ort: 10 saubere Zimmer mit Bad (Preis inkl. Frühstück), Restaurant, Organisation von Angelausflügen möglich.

Die Steilküste endet und geht in einen schönen, **kilometerlangen Sandstrand** über.

Bei **km 261** steht rechts ein gemauerter Wegweiser, der auf eine abzweigende Teerstraße (ca. 2 km) in das **Naturschutzgebiet Reserve Naila – Sebkha Naila** hinweist. Die Straße endet an einem Parkplatz mit Militärposten und Fischerhäuschen. Hier können Wohnmobilisten gegen Gebühr übernachten. Fischer bieten Bootsausflüge an, und man kann bei ihnen direkt den Fang des Tages einkaufen. Eine breite Treppe führt vom Parkplatz runter zum Meer und zum Sebkha (leider mit angeschwemmtem Müll). Auch wenn man die Hauptstraße nach Laâyoune 3 km weiterfährt, hat man Ausblick nach rechts unten auf das schöne Naturschutzgebiet um den Salzsee, an einer großen, tiefblauen, von gelben Sanddünen und Schilf gesäumten Lagune. Hier tummeln sich viele Flamingos und andere Vögel.

Die Straße führt nun ca. 1 km vom Meer entfernt weiter gen Süden.

Das große **Sebkha Debira** bzw. **Tamzra** (km 278) breitet sich rechter Hand der Straße aus. An der Küste liegt das **Marabut des Sidi Lemsid** *(Sidi El Msid)*. Das Sebkha ist von einer Kette gelber Sanddünen eingerahmt und erstreckt sich von Westen nach Osten auf einer Länge von 25 km. An seiner Mündungslagune stehen die Reste eines viereckigen kleinen Forts, das seinerzeit die Einfahrt zum „Puerto Cansado" beschützte. Das ganze Küstenplateau ist übersät mit Muschelschalen, darunter fand man früher auch allerhand prähistorische Artefakte wie Pfeilspitzen, kleine Steinbeile, auch eine Menge Straußeneierschalen, manche mit Ornamentik versehen, sowie kleine Ringe aus diesem Material, welche einst die Frauen als Halskettenschmuck getragen haben mögen. Auch Skelettstücke von Walfischen wurden an dieser Küste gefunden. Ein Abstecher lohnt sich sowohl landschaftlich als auch auch wegen des traditionellen Salzabbaus.

Bei **km 310** führt die Straße wieder am Meer entlang, darunter liegt die Steilküste mit Sandstrand.

Etwa ab **km 326** bis Tarfaya sind immer wieder **gestrandete Schiffe** an der Küste zu sehen – die Ursache für die vielen Havarien ist uns leider nicht bekannt.

Etwa 4 km vor Tarfaya, nur ca. 300 m vom Strand entfernt, liegt der **Camping Villa Bens** (www.campingvillabens.com, N 27°57.135', W 12°52.101'), ein großer ummauerter Platz mit guten Sanitäranlagen, Schattenpavillon, kleinem Shop und Restaurant (70 DH für 2 Pers. mit Auto).

3 km vor Tarfaya führt ein Abzweig links nach Laâyoune (ca. 100 km), rechts geht es nach Tarfaya.

Tarfaya

Viele Kasernen deuten auf die Wichtigkeit als militärischer Stützpunkt hin. Bereits unter den Franzosen war Tarfaya, damals wegen des vorgelagerten Kaps **Cap Juby** genannt, ein wichtiger Posten. Es gab einen Leuchtturm, der die Schiffe vor den Klippen der Steilküste warnt, und die Postfliegerstation des französischen Militärs, von der aus Briefe in die westafrikanischen Kolonien geflogen wurden. Der berühmte Schriftsteller **Antoine de Saint-Exupéry** war hier 1927–1929 als Postkurierflieger stationiert. Hier holte er sich die Inspiration für einige seiner wichtigsten Bücher wie „Wind, Sand und Sterne", „Der kleine Prinz" oder „Stadt in der Wüste". Nach den schönen Beschreibungen des bekannten Schriftstellers erwartet man sich hier mehr als diesen kleinen Ort am Ende der Welt. Man kann jedoch noch die Kolonialfassade der französische Kaserne, in der jetzt marokkanisches Militär untergebracht ist, bewundern. Ein kleines Denkmal soll an den berühmten Flieger erinnern: ein aus Rohren zusammengeschweißtes Metallflugzeug am Strand, gegenüber der Kaserne. Von hier genießt man auch einen sehr schönen Ausblick auf den weiten Sandstrand und das **Casa Mar** (siehe bei Tan-Tan „Geschichte"), das der Schotte *McKenzie* mitten im Wasser errichten ließ.

Das Trinkwasser in Tarfaya ist leicht salzhaltig und von schlechter Qualität. Im Ort gibt es viele Geschäfte und einige Restaurants zur Einkehr. Einfache Unterkunft findet man bei privaten Zimmervermietern. Empfehlenswert ist das **Hotel Casa Mar**② (Tel. 0528 89 53 26, WLAN) mit voll eingerichteten, sauberen Apartments mit Küche und Meerblick. Die Leute sind sehr freundlich, das gute Restaurant serviert Fisch und Meeresfrüchte (Menü ca. 120 DH).

An der Straße nach Laâyoune liegt der ausgebaute **Fischerhafen.** Seit 2014 wird außerdem an einem neuen **Fährhafen** (geplanter Fährverkehr zu den Kanarischen Inseln) und einer **Hotelzone** am Strand gebaut. Die unberührten Sanddünenstrände weiter südlich in der Westsahara sind vor allem für **Surfer** interessant.

Weiterfahrt nach Laâyoune

Von Tarfaya weiter Richtung Laâyoune passiert man bei **km 375** die **Sebkha Tah** links. Diese sollte man besser nicht durchfahren, da hier in der Nähe die ehemalige Grenze verlief und Minengefahr besteht.

5 km weiter verläuft die **ehemalige Grenze zur spanischen Sahara (Westsahara).** Hier ist ein Ort enstanden (Tankstelle und Café). Die Reste des spanischen Grenzgebäudes von **Tah,** zwei Kuppelgebäude, sind noch zu sehen. An der Straße stehen kleine Steinpyramiden mit arabischer Beschriftung und Jahreszahlen, dekoriert von einem Fahnenstangenwald und einem Denkmal zur Erinnerung an den „Grünen Marsch" zur „Befreiung" der Westsahara.

mal_004 ad

Bei **km 389** lohnt sich ein Abstecher zur **Sebkha Oum D'ba** rechter Hand. Dieser echte Salzsee ist von gigantischen Steilwänden umgeben, und man kann auf einer Piste über die weißglitzernde Ebene hinausfahren bis zur Mitte, wo Salz abgebaut wird – aber besser nur, wenn es trocken ist. Danach sollte man das Auto waschen lassen.

An einer **Tankstelle** bei **km 403** führt ein **Abzweig** links nach **Daoura.** Der Ort bestand in spanischer Zeit nur aus Wellblechhütten.

Bei **km 410** zweigt rechts eine Piste zum **Le Camp Bédouin** ab (4,5 km, Mobil 0661 09 06 04, www.camp-bedouin-maroc.com, **N 27° 27,717', W 13°03,115'**). Der Platz wird von dem Belgier *Luc Tromme* und seiner marokkanischen Frau *Hafida* geführt. Die sanitären Anlagen sind sehr gepflegt, das Brauchwasser etwas salzig, im großen Zeltrestaurant gibt's gutes Essen (Alkoholausschank). Man kann auch im Nomadenzelt oder Bungalow übernachten. Es ist möglich, von hier organisierte Quad- und 4x4-Ausflüge sowie eine sehr schöne Wanderung mehrere Kilometer Richtung Strand zu den Dünen und zum Zeugenberg inmitten des Salzsees (ca. 2 Std.) zu unternehmen.

Der Ort **Aïn Tissergad** bei **km 435** besteht nur aus wenigen Häusern.

Am **Checkpoint bei km 445** werden die Personalien überprüft und es gibt eine Tankstelle, danach führt links ein **Abzweig nach Dcheira** (Ed Chera) – geradeaus weiterfahren nach Laâyoune.

Schiffswrack in der Nähe von Tarfaya

Bei **km 447** ist der **Militärposten vor Laâyoune** in einem schlossartigen Gebäude erreicht (Personalienkontrolle), **N 27°10,259', W 13°11,526'**. Über die Brücke am Oued Seguiat al Hamra erreicht man die **Innenstadt von Laâyoune** bei **ca. km 450.**

Laâyoune

Laâyoune ist ein **wichtiger Militärstützpunkt** und die Hauptstadt der Provinz Laâyoune-Boujdour-Sakia el Hamra. Die unaufhörlich wachsende Stadt hat inzwischen ca. 239.000 Einwohner (1960 waren es erst 5700!) und liegt in der Senke des **Oued el Khatt,** kurz vor dessen Mündung ins Meer. Laâyoune sowie das gesamte Gebiet der Westsahara sind steuerfrei (billiger Treibstoff!) sowie **Zollfreigebiet.** Ein Großteil der zugezogenen Bevölkerung sind Marokkaner aus dem Norden, die mit höheren Gehältern und Steuervergünstigungen hierher gelockt werden.

Die **Saharawi-Frauen** tragen dünne Umhänge und Tücher in leuchtenden Farben und schlingen diese locker über den Kopf. Sie sind meist sehr selbstbewusst und Fremden gegenüber aufgeschlossen. Das gilt auch für die Männer, die sich überwiegend westlich kleiden. In der Stadt tummeln sich viele **UN-Soldaten,** die zur Überwachung des Westsahara-Referendums in die Stadt gerufen wurden und deren Mandat Jahr für Jahr verlängert wird.

Die Stadt erhielt mit Investitionen der marokkanischen Regierung ein **modernes,** stets sehr sauber gehaltenes **Zentrum.** Insgesamt macht Laâyoune einen moderneren Eindruck als so manche Stadt im Norden Marokkos – auch die Einkaufsmöglichkeiten sind sehr gut. Im Hochseehafen werden die ausgebeuteten Rohstoffe verschifft.

In Laâyoune gibt es nicht viel zu entdecken. Sehenswert sind allenfalls der **Colline des Oiseaux,** ein schön angelegter Park mit exotischen Vögeln, und das **Ensemble Artisanal,** das staatliche Kunsthandwerkszentrum.

Laâyoune

Übernachtung

1 Lakouara
2 Parador
3 Josefina
5 Al Massira
6 Sahara Line Hotel
7 Jodesa
10 Nagjir Ville
11 Nagjir Plage
12 Camping Nil

Essen und Trinken

9 Cafés

Einkaufen/ Sonstiges

4 Ensemble Artisanal
8 Royal Air Maroc

Praktische Informationen

Informationen für Touristen

■ **Délégation provinciale du Tourisme,** Rue d'Islam, ggü. Hotel Parador, gelbes Häuschen mit grünem Zaun, Tel. 0528 99 52 83.

Unterkunft

Oberklasse

■ **Al Massira**④, Av. Mekka/Oqba ibn Nafi, Tel. 0528 89 42 25, Das Hotel mit klimatisierten Zimmern und Pool erfüllt nicht die Erwartungen an ein 4-Sterne-Hotel und wird v.a. von UN-Angehörigen gebucht.

■ **Nagjir Plage**③, Corniche Foum el-Oued, Laâyoune Plage, Tel. 0528 991 018/019, www.hotel-nagjir.com. Hotel am Meer mit geräumigen, gut ausgestatteten Zimmern (z.T. mit Meerblick), Suiten und Bungalows. Pool.
■ **Nagjir Ville**④, Place (Sahat) Dcheira (Place de la Résistance), Tel. 0528 894 168/169, www.hotel-nagjir.com. In diesem Hotel mit maurisch gestalteter Lobby, Pool und Disco residieren viele UN-Beauftragte. Die Zimmer entsprechen keinem 4-Sterne-Standard: kleine Bäder, verschlissene Teppichböden. Günstige Lage nahe der Hauptgeschäftsstraße Av. Mekka.
■ **Parador**④, Rue Oqba ibn Nafi, Tel. 0528 89 00 00, Sahara_hospitaly@yahoo.fr. Das Hotel mit Pool und allem Komfort ist die schönste und beste Unterkunft der Stadt.

Mittelklasse

■ **Grande Gare**③, Bd. Sidi Bouya, Rue Jaber, Tel. 0528 89 47 89. 2014 eröffnetes, komfortables Hotel beim neuen Busbahnhof. Freundliches und hilfsbereites Personal, Parkplatz, WLAN, recht günstig.
■ **Oscar**③, 38, Av. Prince Moulay Abdallah. Ordentliches Hotel mit arabisch-kitschigem Interieur, klimatisierten Zimmern mit TV und Mini-Bar. Parkplatz, Restaurant und WLAN.
■ **Josefina**③, Port de Laâyoune, an der Straße nach Laâyoune-Hafen, kurz nach der Stadtausfahrt in Richtung Boujdour, Tel. 0528 99 84 78, www.hotel-josefina.com. Älteres 3-Sterne-Hotel mit 18 einfachen Zimmern, Restaurant mit spanischer Küche.

Günstig

■ **Jodesa**②, 223, Av. Mekka, Tel. 0528 99 20 64. 2-Sterne-Hotel mitten im Zentrum mit einfachen, sauberen Zimmern.
■ Diverse **unklassifizierte Hotels** beim Suq Djemal.

Camping

■ **Wohnmobilisten** können mit ihrem Fahrzeug in Foum el-Oued (s.u.) am Ende der Strandpromenade auf einem großen Parkplatz stehen.

Essen und Trinken

Um den **Place Dcheira** und entlang der **Av. Mekka** gibt es viele preiswerte Restaurants und Cafés.

Taxis/Sammeltaxis

Abfahrt am nordwestlichen Ende der Av. Hassan II. in Richtung Norden. Die Taxis nach Boujdour und Dakhla fahren von einem Platz weiter südlich ab (nach dem „Gare routière direction Boujdour" fragen).

Busse

Die Busse fahren im Zentrum an der südlichen **Av. Mekka** und vom neuen **Gare routière** zwischen Av. Hassan II. und Place Ibn Battouta ab.

■ **CTM-Büro,** 130, Av. Mohamed V., Tel. 0528 99 84 60.
■ **Supratours,** 1, Av. Abdelaziz Ben Driss, Tel. 0528 99 83 62, www.supratours.ma. Supratours verkehrt u.a. 4x tägl. **nach Agadir** (240 DH, 11 Std.), 6x tägl. nach **Dakhla** (180 DH, 8 Std.) und 5x tägl. nach **Marrakesch** (350 DH, ca. 15 Std.).

CTM-Verbindungen und Preise

■ **Casablanca:** 6x tägl., 21 Std. Fahrzeit, 450 DH.
■ **Fès:** 2x tägl., 23 Std. Fahrzeit, 520 DH.
■ **Marrakesch:** 5x tägl., 15–17 Std. Fahrzeit, 350 DH.
■ **Dakhla:** 5x tägl., 175 DH, 8 Std. Fahrzeit.
■ **Guelmim:** ca. alle 2 Std., 170 DH, 7 Std.

Flugverbindungen

■ **Royal Air Maroc,** Place Dcheira, Imm. Nagjir, Tel. 0528 89 40 71. Mehrmals wöchentlich Flüge nach **Casablanca, Dakhla** und **Agadir.**
■ Der **Flughafen Hassan I.** liegt 1 km außerhalb, Tel. 0528 89 37 91.

Rund ums Auto

In der Stadt gibt es mehrere **Autovermieter** und **Werkstätten,** z.B. bei **N 27°09,66′, W 13°12,70′**.

Von Laâyoune nach Dakhla

- **540 km**
- Die **einsame Teerstraße** führt – abgesehen von den langen Stränden unterhalb der Steilküste – ohne besondere Attraktionen Richtung Süden. **Busverbindung** einmal täglich nach Boujdour und Dakhla. Für Camper wird es zunehmend schwieriger, direkt an der Küste zu campen, da diese vom Militär überwacht wird – die Anweisungen der Soldaten sollten beachtet werden!

Vom **Flughafen und Kreisverkehr (km 0)** geht es hinter Laâyoune vorbei an vielen Sanddünen in Richtung Foum el-Oued.

Nach **15 km** zweigt die Straße nach Foum el-Oued (Laâyoune Plage, 6 km) ab. Im Dorf, bei km 4, kurz vor der Gendarmerie, kann man beim Dorfbrunnen gut die Wassertanks von Wohnmobilen auffüllen. 2 km weiter ist **Foum el-Oued** mit Strandpromenade, Palmenallee und einem schönen Sandstrand erreicht. Den Sommer über herrscht hier sehr viel Trubel.

Bei **km 24** geht es an der Kreuzung geradeaus nach **Laâyoune Port** mit Hafen- und Industrieanlagen, Geschäften, Bank, Apotheke, Restaurants und den **Hotels El Marsa**① (Av. Hassan II., Tel. 0528 99 80 47, einfach) und **Josefina** (s. bei Laâyoune). Es bestehen keine Campingmöglichkeiten am Strand südlich des Hafens.

An der Abzweigung fährt man **links weiter** nach **Boujdour** und **Dakhla.**

Bei **km 31** führt die Straße über das Transportförderband für Phosphat, das 109 km bis Bou Craa zu den Abbaustellen des Phosphats geht. Hier enden die Hafenanlagen von Laâyoune.

Bei **km 47** zweigt rechts die Zufahrt zum **Plage Tourouma** ab. Bei **km 77** breitet sich links eine große Sebkha aus.

106 km hinter Laâyoune ist **Lamssid (Lemsid)** mit Tankstelle erreicht. Hier kann man über eine Piste zum Strand gelangen. 40 km weiter geht es an einem Abzweig zum Fischerdorf **Agathali.**

Bei **km 158** kann man nach rechts zum **Leuchtturm Faro Cabino** (6 km Piste) und zu einer Fischersiedlung abbiegen. Der Leuchtturm funktioniert nicht mehr. An diesem schönen Strand liegen mehrere gestrandete Schiffe.

Es müssen zwei Checkpoints passiert werden, bevor man bei **km 186** in **Boujdour** ankommt.

Boujdour

Die **sehr gepflegte Stadt** hieß unter den Spaniern Cap Bojador und hatte damals nur ca. 3000 Einwohner. Mittlerweile sind es durch den Zuzug zahlreicher Marokkaner aus dem Norden schon fast 40.000. Um die lokale Wirtschaft anzukurbeln, entstand ein neuer **Fischereihafen,** der 2013 eröffnet wurde. In der Stadt gibt es Geschäfte, Cafés, **Tankstellen, Banken** mit Geldautomat, einen **Markt** und einfache **Hotels** (Av. Hassan II.). Sehenswert ist der alte **Leuchtturm,** den man von außen besichtigen, aber nicht fotografieren darf, da sich dort das Militär einquartiert hat. Fährt man südlich der Strandpromenade weiter, erreicht man einen sehr schönen Strand mit dem **Camping Sahara Line** (Bd. Mohamed V./Corniche, Tel. 0528 89 68 93, campingsaharaline@menara.ma, **N 26° 07,912', W 14°29,738',** europäischer Standard, parzellierte Stellplätze mit Stromanschluss, Waschmaschine vorhanden, warme Duschen, 65 DH für 2 Pers. mit Kfz).

Weiterfahrt nach Dakhla

Insgesamt **204 km** nach Lâayoune kann man bei **N 25°58,163', W 14°30,987'** (gegenüber einem weißen Haus, Gendarmerie-Kontrolle) über den Steilabbruch auf einer Teerstraße zu einem **wunderschönen Sanddünenstrand** mit zwei gestrandeten Schiffen hinunterfahren. Am Ende der Teerstraße kann man unten auf einer Piste halbwegs nahe ans Meer gelangen (mit Erlaubnis der Offiziellen am Checkpoint).

Die gute Straße erlaubt auf den nächsten Kilometern **schöne Ausblicke** von den Steilabbrüchen aufs Meer hinunter. Entgegen den Angaben auf den Karten führt die Straße von Zeit zu Zeit immer wieder in Küstennähe vorbei. Bedingt durch die Steilküste liegen die kilometerlangen Strände oft fast unerreichbar weit unten.

An der **Village de Pêche La Crâa** bei **km 369** kann man tanken. 4 km weiter führt die Straße hinab ins **Oued Crâa** und wieder hinauf. Die Gegend wird ungefähr für 20 km etwas hügeliger, verstreute kleine Tafel-(Zeugen)berge tauchen auf. Ab **km 450** ist die Landschaft wieder öde und eben.

Bei **km 470** liegt die Siedlung **N'Tirifit,** 3 km weiter eine Tankstelle.

Eine weitere Tankstelle befindet sich bei **km 495** am Abzweig nach **El Argoub** links und Dakhla rechts (Kontrollposten der Gendarmerie). Danach führt die Straße hinab in die **Lagune von Dakhla.** Hier sieht man viele Wasservögel (Flamingos, Pelikane etc.). Vorsicht: Nicht mit dem Fahrzeug in die trockenen Lagunenränder fahren, es besteht die Gefahr in die sandige Sebkha-Oberfläche einzusinken, denn unter der vermeintlich festen Oberfläche ist es feucht!

Etwa bei **km 504** gibt es bei einem Militärposten **(N 23°54,192', W 15°47,228')** gute Campmöglichkeiten am Sandstrand. Abgesehen von Fischern (bei denen man direkt Fisch kaufen kann) und streunenden Hunden ist es hier sehr ruhig. Beim Baden Vorsicht vor Zitterrochen, die sich hier im flachen Wasser in den Sand einwühlen! Bei Ebbe kann man zu Fuß auf die vorgelagerte Insel wandern.

Auch auf der folgenden Strecke findet man links und rechts der Straße schöne Plätze zum Campen oberhalb des Meeres (im Winter viele Wohnmobile). Auch Hobbyfischer treffen sich hier zum Hochseeangeln.

Bei **km 534** liegen der Camping Moussafir (siehe bei Dakhla) und gegenüber der Abzweig nach Oum Laabouir. 1 km weiter müssen an einem Checkpoint mal wieder alle Personendaten genannt werden: **N 23°45,527', W 15°54,576'.** 200 m danach zweigt eine Straße zum Atlantik ab, die zum Leuchtturm und am Flughafen entlang in die Innenstadt führt.

Dakhla ist **540 km** nach Laâyoune erreicht.

Dakhla

Das frühere Villa Cisneros an der Bucht des Río de Oro ist in erster Linie eine **Militärstadt** (ca. 97.000 Einwohner) und **Hauptstadt der Region Oued Eddahab.** Dakhla wurde in den letzten Jahren zum wichtigen **Fischereizentrum** ausgebaut. Außerdem entwickelte sich der Tourismus auf der Halbinsel: Es entstehen immer mehr **Camps für Kite- und Windsurfer** an der langen Küstenlinie bis zur mauretanischen Grenze. Hier sind endlose Strandspaziergänge möglich. An der Südwestspitze der Halbinsel finden jedes Jahr Wettbewerbe für Surfer und Hochseeangler statt. Zudem wird ein angeblich „ökologisch korrekter" Golfplatz (mit dürreresistentem Gras) angelegt.

Das Städtchen mit seinen weiß getünchten Häusern bietet **beste Versorgungsmöglichkeiten.** Die Bevölkerung ist relativ modern eingestellt, sehr nett und hilfsbereit, spricht aber kaum französisch, eher noch spanisch. Ein hübscher Anblick sind die Menschen in ihren **traditionellen Gewändern.** Die Frauen tragen bunte Tücher, die man in den Läden an der Rückseite des Suqs kaufen kann, die Männer die traditionelle hellblaue Gandura. Inzwischen jedoch laufen die meisten Bewohner Dakhlas auch in Jeans herum.

Um den Ort gibt es überall warmes Wasser, da durch Bohrungen **Thermalwasser** nach oben befördert wird.

An der Ostseite der Bucht von Dakhla in Richtung Süden erreicht man entlang einer Steilküste nach ca. 45 Minuten zu Fuß eine größere **Bucht,** die bei Ebbe trocken liegt. Hier kann man viele **Vögel** beobachten, z.B. Flamingos, Pelikane, Reiher und Strandläufer.

Zunächst geht's am Flughafen vorbei und dann immer auf den Leuchtturm zu. Rechts von ihm liegt eine kleine Steilküste mit Sandstrand und meist starker Brandung. Weiter nach Norden laufen die Klippen aus, es gibt nur noch Sand und Minidünen. Da im Süden einmal die Müllkippe lag, weht es in Stadtnähe jede Menge Plastiktüten durch die Gegend.

Ein schöner Ausflug führt zur **Île du Dragon,** die ca. 30 km vor Dakhla in der Bucht zwischen der Landzunge und dem Festland (siehe km 504) liegt. Man kann die Insel bei Ebbe zu Fuß (z.B. vom Camp Nomades du Sahara) oder per Boot (teure Tagesausflüge vom Hotel Calipau) erreichen. Wer in der Lagune von Dakhla angeln will, kann bei der Polizei eine Erlaubnis einholen.

Praktische Informationen

Informationen für Touristen

- **Délégation provinciale du Tourisme,** 10, Av. Al Walaâ, Imm. Al Baraka, Tel. 0528 89 83 89, dakhla@tourisme.gov.ma.
- Touristische Infos und News: **www.dakhla.net.**

Unterkunft

Oberklasse

- **Bab al Bahar**④, Bd. Mohamed V., Tel. 0528 93 14 40, www.bab-al-bahar.com. Das 2008 eröffnete Hotel der Best-Western-Gruppe ist elegant durchgestylt und bietet komfortable Zimmer mit Sat-TV, WLAN und zum Teil Blick über die Bucht des Oued Eddahab. SPA-Bereich mit Fitness, Hammam und Massage. Italienisches Restaurant und Frühstücksbufett.

■ **Buenavista**③, Bd. Mohamed V., Tel. 0528 93 00 63, www.hotel-buenavista-dakhla.com. Das 4-Sterne-Hotel ist wahrscheinlich die jüngste und modernste Unterkunft in der Stadt: helle, geräumige, nüchtern eingerichtete Zimmer mit TV und Meerblick, ruhig und sauber, freundliches Personal, WLAN.

■ **Calipau Sahara**⑤, Av. Al Walâa, Mobil 0661 19 16 34, www.dakhla-hotel-sahara.com. Luxushotel mit elegant ausgestatteten Suiten mit Meerblick. Großer Pool direkt über dem privaten Sandstrand, sehr gutes Restaurant mit Fisch und Meeresfrüchten, SPA mit Hammam, Massagen und Jacuzzi. Insgesamt sehr teuer!

■ **Sahara Regency**④, Av. Al Walâa, neben dem Rathaus im Zentrum und in der Nähe des alten Hafens, Tel. 0528 93 16 66, www.sahararegency.com. 4-Sterne-Hotel mit Pool und Wassersportangebot. Service und Freundlichkeit entsprechen nicht immer der Preisklasse.

Mittelklasse

■ **Erraha,** Av. Ahmed Benchekroune, rechter Hand der Straße zum Hafen, ggü. der neuen Moschee. Angenehmes, freundliches 3-Sterne-Hotel in zentraler Lage mit sauberen Zimmern (②) und Apartments mit Küche (③).

■ **Doumss**③, Av. Al Walâa (an der Hauptstraße von Norden kommend links), Tel. 0528 89 80 45. Angenehmes 3-Sterne-Hotel mit sauberen, geräumigen Zimmern mit AC und TV. WLAN verfügbar, Bar mit Alkoholausschank.

Günstig

■ **El Wahrda**②, Av. Al Walâa. Ordentliches Hotel gleich an der Einfahrtsstraße linker Hand.

■ **Makaouama**①, Av. Al Walâa. Einfaches Hotel mit warmer Dusche.

Surfcamps in der Bucht von Dakhla

■ **Auberge des Nomades du Sahara,** Route de Dakhla PK27 (27 km vor Dakhla), Mobil 0637 18 24 99, www.auberge-des-nomades-du-sahara.com. Hübsches Camp mit Zelten und einfachen Bungalows (bis 4 Pers., Gemeinschaftsdusche/WC) für Surfer und Fischer vor der Île du Dragon in der Bucht von Dakhla. Günstige Angebote mit Vollpension ab 35 Euro/Pers.

■ **Camp Dakhla Attitude,** Route de Dakhla PK35 (35 km vor Dakhla), Mobil 0661 83 50 10, www.dakhla-attitude.ma. In diesem Camp kann man einen entspannten Surfurlaub verbringen und Kitesurfkurse in der flachen Lagune buchen. Surfer können sich auch das komplette Equipment ausleihen. Neben dem Kitecenter gibt es Zelte mit Betten und Strom (geteilte sanitäre Anlagen), Bungalows mit Bad, einen Surfshop, eine Lounge und ein Restaurant (mit Alkohollizenz). WLAN auf dem Gelände.

■ **Ocean Vagabond,** Route d'El Argoub PK 27, Mobil 0613 03 78 61, www.oceanvagabond.com. Viel gelobtes Surfcamp mit Kite- und Windsurfkursen für Anfänger und Fortgeschrittene. Club Mistral Center mit guter Ausrüstung, Strandbar mit Liegestühlen zum Relaxen an diesem abgelegenen Strand in der Wüste. Die Surfer übernachten in Holzbungalows am Strand.

Camping

■ **Moussafir,** 6 km vor dem Ort in Richtung Norden. Der Platz wurde in den letzten Jahren nicht mehr besonders gepflegt, immerhin sind die sanitären Anlagen okay, Trinkwasser auffüllen möglich. Vom Platz kann man hinab zur Lagune laufen, die ca. 10 m unterhalb liegt (Baden möglich).

■ Am nördlichen Ende der Lagune befindet sich der freie **Stellplatz km 25,** der im Winter mit Wohnmobilen voll besetzt ist.

■ Auch **entlang der gesamten Lagune** auf der Halbinsel ist Campen möglich.

Essen und Trinken

■ **La Maison du Thé,** 101, Bd. Mohamed V., Mobil 0673 22 41 10, www.lamaisonduthedakhla.com. Im feinsten und wahrscheinlich besten Restaurant der Stadt kommen kunstvoll angerichtete und exzellent schmeckende Fischgerichte auf den Tisch. Man speist mit Blick über die Lagune. Alkoholausschank, eigene Patisserie.

■ **Samarkand,** links an der Hauptstraße schräg gegenüber vom Hotel Sahara. Schönes Restaurant am Meer, mit Glaskästen als Windschutz. Fischgerichte und Tajine, kein Alkohol.

■ Sehr gutes Essen gibt es im **Hotel Calipau Sahara** (Fisch und Meeresfrüchte, Wein).

- **Einfache Restaurants** in der Nähe der überdachten Suqs – hier kommt guter fangfrischer Fisch auf den Tisch!

Taxis/Sammeltaxis

- **Petits Taxis** kosten nur 6 DH im Stadtgebiet.
- **Grands Taxis** fahren südlich des großen Platzes zwischen Alt- und Neustadt (Bd. El Hassan Bengellon).
- **Kleinbusse nach Mauretanien** starten vom Checkpoint an der Kreuzung nach El Argoub.

Busse

- **CTM-Büro,** Av. 4 Mars, Tel. 0528 89 81 66
- **Supratours** an der Hauptstraße von Boujdour kommend (Av. Mohamed V.), Tel. 0528 93 10 13 .
- Das **Sat**-(Satas)-**Büro** liegt im Süden der Stadt in der Av. Bouabid, Hay Massira.

CTM-Verbindungen und Preise

- **Laâyoune:** 4x tägl., 175 DH, 8 Std. Fahrzeit.
- **Agadir:** 4x tägl., 395 DH, 19 Std. Fahrzeit.
- **Casablanca:** 2x tägl., 580 DH, 30 Std. Fahrzeit.

Sonstiges

- **Banken mit Geldautomat** an der Av. Mohamed V. (Crédit du Maroc) und an der Av. Ahmed Bahnini (südlich des Zentrums).
- **Ensemble Artisanal** (Kunsthandwerk zu Festpreisen) rechts der Hauptstraße (dem Schild „Sûreté National" folgen).
- Das Gebäude der **Post** sieht mehr nach Lagerhalle aus (mit Rolltor) und liegt etwas zurückversetzt von der Hauptstraße, die hinter der Altstadt im Westen in Richtung neue Moschee und Markthalle führt, **N 23°41,618', W 15°56,194'.**
- Frisches Gemüse und Fleisch kauft man am besten in der **Markthalle** (Marché Municipal mit weißen Kuppeln) hinter der neuen Moschee.

Von Dakhla zur mauretanischen Grenze

- **Ca. 390 km**
- Die Route **südlich von Dakhla** ist bis kurz vor die Grenze asphaltiert, weiter geht es auf Piste durch vermintes Gebiet bis zur Grenze nach Mauretanien. Für die Fahrt über die Grenze nach Mauretanien (Visum seit 2013 an der Grenze erhältlich) ist Wüstenausrüstung sinnvoll, und es sollte unbedingt genug Wasser und Verpflegung eingepackt werden. Von Nouâdhibou kann man auf einer Teerstraße nach Nouâkchott weiterfahren.

Beim **Militärposten außerhalb von Dakhla (km 0)** fährt man auf der Teerstraße Richtung Norden. **34 km** weiter zweigt eine Straße rechts nach El Argoub ab (Checkpoint und Tankstelle).

Bei **km 46** geht es an einem Abzweig nach Awsserd (Aoussert), Tichla.

Bei **km 71** befindet sich linker Hand der Abzweig nach **Tinguir.** 1 km weiter folgt eine **Tankstelle.**

Bei **km 76** ist **El Argoub** erreicht. Rechts geht es hinunter zur Bucht. Der Ort mit seinen rötlichen Häusern und kleinen Geschäften wirkt etwas trostlos. Hier gibt es u.a. frisches Brot, Obst und Gemüse zu kaufen.

Bei **km 88** geht es rechts nach **Mlili** bzw. **Imlili** – dort ist ein Militärposten, wo es weder Verpflegung noch Treibstoff gibt. Auf der folgenden Strecke erstrecken sich immer wieder schneeweiße Dünen neben der Straße.

Bei **km 90** liegt rechts das kleine Fischerdorf **Porto Rico.**

Bei **km 123** folgen eine Tankstelle und ein Abzweig zur Siedlung **La Bouirdia** am Meer.

[>] Die Straße durch die Westsahara führt durch überwiegend ebene Wüstenlandschaft

125 km hinter Dakhla zweigt eine Piste nach **Cintra** mit langem Sandstrand ab. 2–3 km danach folgt eine Abbruchkante und Schichtstufenberge, rechts sieht man ein Sebkha bzw. Meeressenke und das Mündungsgebiet des Oued Cintra. Die Küstenlinie bildet hier eine Halbinsel.

Ab **km 156** verläuft die Straße wieder in Küstennähe mit lang gezogenem weißen Sandstrand.

Bei **N 22°54,359', W 16°11,867'**, zweigt eine Piste rechts ab, die zum Meer führt.

Bei ca. **km 186** erstreckt sich rechts das **Sebkha Natatoulet.** Danach führt die Route bis zur Grenze durch Schutthügellandschaft, die kein Ausweichen ins Gelände erlaubt. Vor dem marokkanischen Grenzposten folgen noch zwei **Checkpoints,** an denen die Personalien und Kfz-Daten aufgenommen werden.

Bei **km 284** kann man sich an zwei **Tankstellen und in Läden** mit der nötigsten Versorgung eindecken. Hier gibt es auch ein Motel; **N 22°03,246', W 16°44,754'.**

Nach **363 km** ab Dakhla ist der marokkanische **Grenzposten Guerguerat** erreicht, **N 21°25,408', W 16°57,408'.** Hier werden die Ausreiseformalitäten erledigt (Zoll und Polizei, normalerweise problemlos).

Bei **km 341** befindet sich der letzte marokkanische Militärposten – hier endet der Asphalt.

Vom marokkanischen Grenzposten fährt man auf breiter geschobener Piste nach Süden und erreicht nach ca. 4 km den **Grenzposten Mauretaniens** (Zoll bei **N 21°19,878', W 16° 56,767'**). Hier beginnt die Straße nach Süden. 9 km danach überquert man die Gleise der Eisenerzbahn nach Zouérate, dann verzweigt sich die Straße. Links geht es nach Nouâkchott, rechts nach Nouâdhibou (50 km). In **Nouâdhibou** muss die Kfz-Versicherung für Mauretanien abgeschlossen werden.

ma16_072 ed

ma16_078 ad

Wohl in kaum einer anderen Stadt kann man die Gegensätze und Wechselwirkungen zwischen orientalischer Tradition und modernem Lebensstil so hautnah erleben wie in Marrakesch.

7 Marrakesch

< Blick von Marrakesch auf die nahen Gipfel des Hohen Atlas

ÜBERBLICK

Marrakesch, das Zentrum Südmarokkos, liegt in etwa 465 m Höhe auf der fruchtbaren Haouz-Ebene nördlich des Hohen Atlas, dessen 4000 m hohe Gipfel nur 50 km südlich der Stadt aufragen. Auf den Anbauflächen der Region Haouz, die jahrhundertelang mit Khettaras (unterirdischen Kanälen) bewässert wurden, wachsen vor allem Olivenbäume und Getreide. Die Gebirgskette des Hohen Atlas prägt das Klima der Region, und auch bei Temperaturen von über 35°C im Sommer weht in den Abendstunden noch ein kühler Wind von den Bergen her. Die hohen Lagen des Gebirges bedeckt von Ende Dezember bis Ende März meist eine dicke Schneeschicht – der Hohe Atlas bildet in dieser Zeit bei klarem Wetter eine traumhafte Kulisse am Horizont von Marrakesch. Der Atlantik (z.B. die Surferstadt Essaouira) ist knapp 200 km entfernt und daher auch auf einem Tagestrip zu erreichen.

Der Name der Metropole leitet sich vom Wort Mraksch (= „die Stadt") ab, die Stadt selbst wiederum – eine der vier Königsstädte – war namensgebend für das Land Marokko. Im Stadtgebiet von Marrakesch leben heute über 1 Million Einwohner, die sich stolz Marrakchis nennen. Sie gelten unter Marokkanern als fröhliche sowie gastfreundliche und warmherzige Leute. Traditionell sind sie als begnadete Geschichtenerzähler bekannt, das Zentrum der mündlichen Überlieferung alter und neuer Geschichten bildet dabei natürlich der zentrale Stadtplatz Djamâa el-Fna.

Nähert man sich Marrakesch vom Flughafen her, also aus dem Südwesten, so präsentiert sich die Stadt als ein blühender Park: mit Palmenalleen, Rosen, Oleander, Bougainvilleen und plätschernden Springbrunnen. An den blitzsauberen Einfahrtsstraßen schießen Neubauviertel mit noblen Eigentumswohnungen aus der Wüstenerde. Vorbei an den Mena-ra-Gärten gelangt man in die Hivernage westlich der Altstadt. Hier reiht sich ein Luxushotel an das nächste.

NICHT VERPASSEN!

- **Djamâa el-Fna** – der „Platz der Geköpften", ein Spektakel für Einheimische und Touristen | 475
- **Souks** – in den Gassen der Medina gibt es alles zu kaufen | 481
- **Medersa Ben Youssef** – die ehem. Hochschule für islamische Theologie ist ein Meisterwerk maurischer Architektur | 485
- **Saadier-Gräber** – Stuckornamente und Mosaiken in Vollendung | 492
- **Im Hammam** – die hohe Kunst der Entspannung | 520

Diese Tipps erkennt man an der gelben Hinterlegung.

ma16_079 ad

Weiter nördlich schließt **Guéliz** an, die unter den Franzosen errichtete Neustadt und heute bevorzugtes Wohngebiet der Mittelschicht mit mehrgeschossigen Mietshäusern. Im Nordwesten fällt der einzige Hügel der Stadt auf, der **Djabal Guéliz** mit einer Militärbasis. Entlang der **Hauptverkehrsader Av. Mohamed V.** gibt es Banken, Straßencafés, Restaurants, Boutiquen, Autovermietungen, Reisebüros und Immobilienagenturen. Natürlich fehlt auch McDonald's nicht – dort hängt das obligatorische Porträt des Königs Mohamed VI. neben der Statue von *Ronald McDonald.* In der Neustadt überwiegt das moderne Leben bezüglich Baustil und Geschäften: Die Männer tragen meist Jeans oder dunkle Hose und Hemd, die Frauen schlendern mit offenem Haar und Jeans, Kostüm oder Hosenanzug im westlichen Stil oder züchtig bedeckt mit Kopftuch oder Djellabah über modernem Outfit durch die Straßen. Zunehmend sieht man jedoch auch schwarz verhüllte Damen im Niqab, dem Ganzkörperschleier aus den Emiraten und Saudi-Arabien, durch die Gassen und Einkaufsstraßen flanieren. Der Einfluss Saudi-Arabiens als Investor und Stifter von großen Moscheen wirkt sich in manchen Kreisen auch auf die religiösen Sitten aus.

Am südöstlichen Ende der Av. Mohamed V. markiert die **Stadtmauer** den Eingang in die **Medina,** die Altstadt. Die ockerrot gestrichenen Hauswände und Stadtmauern verhalfen Marrakesch zu seinem Beinamen „Al Hamra" oder „La Rouge" – die „Rote Stadt". Die **Kutubiya-Moschee** thront als Wahrzeichen von Marrakesch über der Medina. Schon von Weitem sichtbar, dient ihr mächtiges Minarett als Orientierungsmarke, um zum Djamâa el-Fna hin bzw. wieder aus der Medina herauszufinden.

Der nahe gelegene **„Platz der Geköpften", Djamâa el-Fna,** ist zweifellos die größte Attraktion in Marrakesch. Am Nachmittag kann man hier Schlangenbeschwörer, Artisten und Gnawa-Musiker beobachten. Der Djamâa el-Fna trennt die Medina in einen nördlichen Teil mit den ausgedehnten Souks (Märkten) und einen südlichen Abschnitt mit Sehenswürdigkeiten wie dem El-Bahia- und El-Badi-Palast sowie dem Kasbah-Viertel.

Hinter den fensterlosen Mauern der Altstadt verbergen sich prachtvolle Hofhäuser, sogenannte **Riads** oder **Dars,** mit Mosaiken, Springbrunnen, Stuckornamenten und Zedernholzschnitzereien – einst Residenzen von Wesiren oder Sultanen. Jahrzehntelang drohte diesen z.T. einige hundert Jahre alten Häusern der Verfall. Nach der Unabhängigkeit und dem Abzug der Franzosen aus der Neustadt drängten arme Familien vom Land in die Medina, oft teilten sich mehrere Großfamilien die Geschosse der Häuser. Die bisherigen Bewohner der Altstadt, Angehörige der oberen Mittelschicht, zogen in die modernen Häuser der Neustadt um. Die Medina marginalisierte, war übervölkert, dreckig, ohne Strom und fließend Wasser. Das alte Kunsthandwerk in den Häusern konnte nicht instand gehalten werden. Angestoßen durch Berichte über die Medina in den europäischen Medien entwickelte sich ab den 1990er Jahren schließlich ein internationaler Immobilienmarkt für Wohnhäuser in der Altstadt.

Heute besitzen nicht mehr nur noch Reiche und Künstler einen Riad, auch Rentner und Orientliebhaber aus aller Welt gestalten sich in Marrakesch ihren eigenen kleinen Palast als privates Wohnhaus oder Maison d'Hôtes. Die **Immobilienpreise** steigen jährlich rasant, sodass eine Investition in Marrakesch schon als bombensicheres Geschäft gilt (zumindest vor der globalen Wirtschaftskrise). Inzwischen hat sich die internationale Prominenz von *Mick Jagger* bis *Kate Moss* in Marrakesch eingekauft. Entsprechend präsentiert sich die Altstadt heute: ordentlich gepflasterte Gassen mit funktionierender Stromversorgung und Kanalisation, an jeder Ecke Läden mit Waren für den touristischen Bedarf.

Nördlich der Medina und jenseits der Stadtmauern breitet sich der einzige Dattelpalmenhain nördlich des Hohen Atlas aus: die

☒ Saftstand am Djamâa el-Fna

Marrakesch

1 2 3 4 272 Palmeraie, Casablanca
300 293 Safi, El Jadida
Universität Semiramis
Djabal Guéliz
CITÉ UNIVERSITAIRE
CITÉ
Kaserne
Boulevard de Safi
Jardin Majorelle
Route de Targa
Gewerbeviertel Sidi Ghanem
Avenue Moh. Abdekrim el Khattabi
Boulevard Mohamed VI.
R. Ibn Aicha
GUÉLIZ
Rue Ibn Tumart
Avenue du 11
Zerktouni
Pl. Abdelmumen Ben Ali
Bd M.
Bab Moussoufa
Busbahnhof
Rue
QUARTIER INDUSTRIEL
Bd el Mansour Eddahabi
Av. Mohammed V.
Pl. Mourabiten (Pl. Doukkala)
Bab Doukkala
Marché central
Avenue Hassan II.
Rue el Mouqaouama
Av. Mulay Rachid
Place du 16 Novembre
Grand Taxis
Moschee Bab Doukkala
Avenue Hassan II.
Av. Yacub el Marini
Bahnhof
Pl. La Marche Verte
Rue el Qadi Ayad
Supratours
Avenue Hassan II.
Théâtre Royal
Jnane el Hartí
Place de la Liberté
Bab Nkob
Rathaus
Rue Ibn el Qadi
Avenue du Président Kennedy
Stadion
Ensemble Artisanal
Av.
351 310 Essaouira, Agadir
Rue el Jahed
Av. Mulay el Hassan
Boulevard el Yamouk
Cyber Park (Arset Moulay Abdelslam)
Rue Mohammed el Hansali
Kongresspalast
HIVERNAGE
R. Abu el abbes Sebti
Bd. Mohamed VI.
Bab Makhzen
Rue el Qadissa
Bab el Djedid
Av. Houmame
Casino
Jardins La Mamounia
Avenue de la Ménara
Jardins de la Ménara
498
Pavillon
Flughafen
548 381 Amizmiz, Taroudannt

0 500 m
© Reise Know-How 2016
Marok_85
Übernachtung
1 Camping Le Relais
2 Camping Ferdaous
6 Riad Lyla
7 Bordj Dar Lamane
Essen und Trinken
3 McDonald's
Einkaufen/Sonstiges
4 Marjane
5 Librairie Dar el Bacha
MOHAMMEDIA
Cité Mohammedia
Province
Av. Allal el Fassi
Route N8
144 Meknès, 163 Fès, 217 Beni Mellal
Janvier
alte Stadtmauer
Suq el Khemis
Route des Remparts
Zaouia und Moschee Sidi Bel Abbes
Derb Kaa el Mechra
Bab Kechich
Oued Issil
Bab Taghzout
Bab el Khemis
Rue de Bab Tarhzout
Rue Assouel
Rue de Bab Khemis
Zaouia Sidi Ben Slimane
el Gza
Riad Laarous
MEDINA
Bab Debbargh
480
Maison de la Photographie
Ben Yussef
Rue de Bab Debbargh
Gerber-viertel
Pacha
R. de Bab Doukkala
Medersa Ben Yussef
R. Dar el
Dar el Bacha
R. Fatima Zohra
Rue Issebtiyne
Pl. Ben Salah
Mittwochs-markt
Moschee Mouassine
Yamani
Rue de Bab Ahlen
Bab Ahlen
Rue Sidi el
Place Sidi Youb
Route des Remparts
Rue Bab Ahmad
Djamâa el-Fna
Mohammed V.
Rue el Mouahidine
R. Bab Agnoua
R. Riad Zitoun el Kedim
R. Riad Zitoune el Jedid
Dar Sidi Said
Kutubiya-Moschee
Prefecture
Bab Rhemat
Markt
Fetouaki
Pl. Yussef Ibn Tashfin
A. Houmame Fetouaki
Dar Tiskiwin
Palais de la Bahia
Mellah-Markt
Marché Couvert
Synagoge
Jüdischer Friedhof
Friedhof
582 Ouarzazate
Rue Essaadiyne
Pl. des Ferblantiers
MELLAH
Kasbah-Moschee
Rue de la Kasbah
Palais el Badi
Bab Agnaou
Bab Er Robb
alte Stadtmauer
Saadier-Gräber
Jnane el Afia
Route des Remparts
Königs-palast
Bab Ahmar
482
Jardins de l'Agdal, Ourika, Oukaimeden

Palmeraie. Hier leben die Reichen der Stadt in großzügigen Villen, hier befindet sich ein Golfplatz und entstehen ständig neue Oberklassehotels.

Außerhalb des Zentrums liegen auch die großen **Gärten** der Stadt, die unter den Almohaden nach andalusischem Vorbild entstanden: die **Jardins Menara und Agdal,** beides alte Obst- und Olivengärten, in denen sich die Bevölkerung zum Picknick und zur Erholung trifft. Aber auch die großen Einkaufszentren von Marjane bis Carrefour und zahlreiche Edelhotels und Restaurants, Vergnügungs- und Fantasia-Gelände sowie Poollandschaften mit Clubcharakter haben sich in der Peripherie niedergelassen. Die Expansion scheint kein Ende zu finden, leider zu Lasten der großen Palmenhaine im Norden.

Geschichte

Im Gegensatz zu den Zentren des Nordens wie etwa Fès ist Marrakesch keine arabische Stadt, sondern berberischen Ursprungs. Nomaden des Sanhaja-Berberstamms (Almoraviden genannt) brachen Mitte des 11. Jahrhunderts Richtung Norden auf, um ihr Einflussgebiet zu erweitern. Wahrscheinlich im Jahr 1062 errichtete der Anführer der **Almoraviden, Abu Bakr,** ein Militärlager nördlich des Hohen Atlas, wo vorher nur gelegentlich Karawanen Halt gemacht hatten.

Sein Vetter **Yussuf Ibn Tashfin** (Regierungszeit 1061–1107) ließ die erste Moschee, einen Markt und unterirdische Bewässerungskanäle (*foggaras* bzw. *khettaras* genannt) erbauen. Die Siedlung wurde strategischer Stützpunkt zur Eroberung des Nordens und dann zur prosperierenden **Hauptstadt eines Almoraviden-Reiches,** das sich bis nach Andalusien erstreckte.

Der Sultan **Ali Ibn Yussuf** (1107–1143), Sohn *Ibn Tashfins,* baute Marrakesch aus und ließ die mächtige, neun Kilometer lange Stadtmauer errichten, die die Medina noch heute teilweise umgibt. Marrakesch erstrahlte in höfischem Glanz, diente als spirituelles und ökonomisches Zentrum mit neuen Moscheen, Koranschulen und Krankenhäusern.

Der vermeintliche Sittenverfall und die weniger strenge Befolgung der islamischen Lebensregeln unter *Ali Ibn Yussuf* führten dazu, dass sich islamische Erneuerer um **Ibn Tumart** gruppierten. Nachdem dieser 1121 aus der Stadt vertrieben worden war, zog er sich in die Festung Tin Mal südlich von Marrakesch im Hohen Atlas zurück. Dort predigte er den Islam und nannte sich „Mahdi", „Der von Gott Gesandte". Seine Anhänger bezeichneten sich als „El Muwahidun". Daraus entstand der Begriff **Almohaden** für die neue Herrscherdynastie, die unter **Abd el Moumen** (1130–1163) im Jahr 1147 Marrakesch eroberte. Alle Bauwerke der Stadt bis auf die Stadtmauer wurden zerstört, die Almoravidenherrscher ermordet. Wenig später bauten die Almohaden die Stadt mit monumentalen Palästen, Moscheen und Stadttoren wieder auf. Sie errichteten die **Kutubiya-Moschee** und legten erstmals riesige **Gärten** mit Wasserreservoirs an (z.B. Agdal und Menara). Unter den nachfolgenden Herrschern *Abu Yaqub Yussuf* (1163–1184) und **Abu Yussuf Yaqub Al Mansour** (1184–1199) erblühte Marrakesch als Kulturstadt und erfreute sich starker Zuwanderung. *Al Mansour* („der Siegreiche") stellte die Kutubiya-Moschee fertig, ließ neue Souks sowie eine Kasbah mit zwölf Palästen errichten. Die maurische Architektur und Kunst erlebten ihren schöpferischen Höhepunkt. Nach dem Tod *Al Mansours* leiteten Zwistigkeiten um die Thronfolge und Aufstände umliegender Berbervölker den Niedergang der Almohaden ein.

Unter der Dynastie der **Meriniden** ab dem Jahr 1269 erholte sich Marrakesch nicht. Fès wurde neue Hauptstadt, die „Rote Stadt" fristete ein Schattendasein. Erst unter den **Saadiern** ab der Mitte des 16. Jahrhunderts erwachte die Hauptstadt des Südens wieder zum Leben. Der Sultan **Muhammad ech-Cheikh** (1554–1557), der 1554 Fès eroberte und die Meriniden-Elite ermorden ließ, entschied sich für Marrakesch als Hauptstadt des neuen Reiches. Die Saadier verhalfen Marrakesch zu neuer wirtschaftlicher Blüte und errichteten einige der prachtvollsten historischen Bauten, so z.B. den El-Badi-Palast, die Bab-Doukkala-Moschee und die Saadier-Gräber. Unter **Moulay Ahmed al-Mansour** (1578–1603) blühte der transsaharische **Karawanenhandel,** der das Reich bis an den Niger und in den Sudan erweiterte. Zu Anfang des 17. Jahrhunderts traten die **Alaouiten** die Nachfolge der Saadier an. Der prunksüchtige König **Moulay Ismaïl** (1672–1727) betrieb Raubbau an den Palästen der Saadier, ließ die Saadier-Gräber zumauern und andere Prachtbauten in der Kasbah vernichten, zerstörte den El-Badi-Palast und transportierte den Marmor von dort nach Meknès ab, um dort seine neue *Ville impériale* (Königsstadt) zu errichten.

Ende des 19. Jahrhunderts verloren die Alaouidenherrscher immer mehr an Einfluss, örtliche Paschas und mächtige Berberfürsten gewannen an Macht. Der Pascha **Madani al-Glaoui** unterstützte **Moulay Hafidh,** den Bruder des amtierenden Sultans, im Kampf um den Thron und wurde, als dieser die Sultanswürde erlangte, mit zahlreichen Machtbefugnissen ausgestattet.

Am 30. März 1912 unterzeichnete *Moulay Hafidh* die **Konvention von Fès,** mit der fast ganz Marokko (der nördlichste Teil unterstand spanischer Kontrolle) unter französisches Protektorat gestellt wurde. Die französische Armee verbündete sich mit **Thami al-Glaoui,** Angehöriger des Berberstammes der Glaoua und jüngerer Bruder *Madani al-Glaouis,* und vertrieb nur wenige Monate nach dem Einmarsch des Berberrebellen *El Hiba* im August 1912 diesen aus der Stadt. *Thami al-Glaoui* wurde zum neuen Pascha ausgerufen und kooperierte mit den Franzosen. Er verschaffte sich durch diese Verbindung zahlreiche Vorteile und wurde bald einer der einflussreichsten Männer Marokkos.

Als **Mohamed V.** 1956 den Thron eines unabhängigen Königreichs bestieg, war es aus mit der Herrlichkeit *al-Glaouis.* Drei Jahre später starb der einst so mächtige Pascha, sein Vermögen wurde vom Staat beschlagnahmt. Prächtige Stadtpalais in der Medina von Marrakesch und große Kasbahs im Süden Marokkos zeugen noch heute von seiner früheren Macht.

Sehenswertes

In der **Altstadt** findet man nicht nur die wichtigsten sehenswerten Monumente wie etwa die Kutubiya-Moschee, die Medersa Ben Youssef und die Saadier-Gräber, sondern erlebt bei einem Bummel durch die Souks, die Mellah und das Kasbah-Viertel auch **orientalisches Alltagsleben.** Die gesamte Medina erschließt man am besten zu Fuß, große Teile sind ohnehin für den Autoverkehr gesperrt. Die wichtigsten Orientierungsmarken, die sich als Ausgangspunkt für eine Stadttour anbieten, sind die Kutubiya-Moschee und der Djamâa el-Fna.

Djamâa el-Fna

Der **„Platz der Geköpften“** bietet zweifellos das größte Schauspiel, ist die bedeutendste Attraktion und das **historische Zentrum der Stadt.** Hier wurden einstmals Verbrecher und Rebellen hingerichtet und ihre Köpfe so lange ausgestellt, bis nur noch die kahlen Schädel übrig blieben. Heute wird der gepflasterte Platz nachmittags von den Darbietungen der Akrobaten, Tänzer, Schlangenbeschwörer, Märchenerzähler und Musikanten beherrscht.

Durch das **Gewirr von Menschen** auf dem Djamâa el-Fna tönt das Glockengeläut der Wasserverkäufer, das Hauptfotomotiv für Touristen. Frauen sitzen auf niedrigen Hockern und bieten Hennatattoos für Füße und Hände an (Vorsicht: Schwarzes Henna mit chemischen Zusätzen kann allergische Reaktionen auslösen!). Männer aus dem Süden verkaufen Wundermittelchen vom Strauß und andere Essenzen. Auch wenn man schnell an-

Im Meer der Sinnlichkeit – der Djamâa el-Fna in Marrakesch

von Christoph Leisten

Unter den berühmten Plätzen dieser Welt gibt es vermutlich nur wenige, deren äußeres **Erscheinungsbild** so **unspektakulär** ist wie das des Djamâa el-Fna in Marrakesch. Es ist kaum die Architektur, die seinen Reiz ausmacht, sondern vielmehr das unvergleichliche Leben, das auf ihm stattfindet. Ganze Generationen von Künstlern und Schriftstellern hat dieser Platz in den Bann gezogen; für manche von ihnen war die pure Begegnung mit dem bunten Treiben ein Anlass, für immer in Marrakesch zu bleiben. Und vielleicht braucht es ja wirklich eine ganze Lebensspanne, um die sinnliche Vielfalt, den Farbenreichtum und die Komplexität dieses Platzes wenigstens im Ansatz zu begreifen.

Wer zum ersten Mal herkommt, dem präsentiert sich der Djamâa el-Fna als ein **unvergleichliches Gewirr** von Erzählern, Gauklern, Gnaoua-Musikern, Artisten, Naturheilern, Händlern und Garköchen, die hier Tag für Tag ihr Werk verrichten und die vom späten Nachmittag an unzählige Besucher anziehen, sodass sich der Platz bis zum Abend mit Tausenden von Menschen füllt. In Kreisen – *halqas* – von fast geometrischer Struktur sammeln sich die Zuschauer, um den Darbietungen beizuwohnen. Das, was dort geschieht, ist für den Fremden auf die Schnelle kaum zu greifen. Dies gilt umso mehr, als sich allenfalls ein gewisser Teil der Darbietungen vornehmlich an Touristen wendet, während vieles, was auf dem Platz stattfindet, tief im Volksglauben und der Tradition der Marokkaner selbst verwurzelt ist.

Dichter und Schriftsteller haben schon seit Mitte des 19. Jahrhunderts immer wieder versucht, das Geheimnis des Platzes zu lüften. Bereits in früheren Jahrhunderten war der Djamâa el-Fna offenbar das **Herz der Stadt,** das Einheimische, Reisende, Karawanen und Nomaden auf der Durchreise für Stunden zusammenführte zu Unterhaltung, Ablenkung, Einkauf und Lehre. Ob freilich die weit verbreitete Legende, hier seien früher die Köpfe der zum Tode Verurteilten ausgestellt worden, tatsächlich der Wahrheit entspricht, ist ungewiss. Als gesichert kann inzwischen aber gelten, dass die geläufigen Benennungen des Djamâa el-Fna als **„Platz der Geköpften"** und als „Versammlungsort der Toten" kaum angemessene Übersetzungsversuche darstellen, die auf einen französischen Reiseführer des 19. Jahrhunderts zurückgehen und von dort in alle möglichen Sprachen transportiert wurden. Manche Reisebeschreibungen, die mehr als 100 Jahre alt sind, lesen sich indes erstaunlich frisch und aktuell. Auch wenn der Platz einer **stetigen Metamorphose** unterliegt: Sein Grundzug, nämlich ein **organisiertes Chaos** zu sein, das wie beiläufig den Eindruck vermittelt, als sei hier exemplarisch gerade die ganze Menschheit versammelt, hat sich bis heute erhalten. *Juan Goytisolo,* der große spanische Romancier, dem neben *Elias Canetti* und *Hubert Fichte* die eindringlichsten Schilderungen des hiesigen Lebens zu verdanken sind, ermutigte die **UNESCO** im Jahr **2001** dazu, den Djamâa el-Fna als **erstes „Immaterielles Kulturerbe der Menschheit"** auszuzeichnen.

Man sollte sich dem Platz **in Etappen annähern.** Kommt man am Vormittag her, ist der Djamâa el-Fna beinahe überschaubar und leer – abgesehen von den um Kunden werbenden Orangensaftverkäufern, Hennamalerinnen und Schlangenbeschwörern sowie den – inzwischen deutlich seltener werdenden – Schreibern, die in der Mitte des Platzes hocken und Unkundigen ihre Dienste anbieten. Mit dem Fortlauf des Tages nimmt das Treiben zu, und immer mehr breitet sich ein anhaltender Klangteppich aus, der von den Trommeln der Gnaoua-Musiker herrührt. Wer am späteren Nachmittag, eine gute Stunde vor **Einbruch der Dämmerung,** auf einer der Caféterrassen Platz nimmt, wird zuerst die unendliche Farbenvielfalt wahrnehmen, die mit der sinkenden Sonne aus dem kaum überschaubaren Menschenmeer erwächst, bis er schließlich die aus der Verschmelzung all jener sinnlichen Eindrücke des Hörens, Sehens und Riechens aufgehende Einheit dieses Platzes zu erahnen vermag.

Letzteres gelingt vornehmlich dem, der eintaucht in das Geschehen. Wenn dies behutsam und respektvoll geschieht, mit Wertschätzung für das Andere dieser Kultur (und auch mit einem angemessenen Obolus für die Darbietenden), dann offenbart sich dem Besucher ein **sinnlicher Kosmos.** Mit etwas Glück wird er in einer Halqa einem der letzten Geschichtenerzähler lauschen können – ein berührender Genuss selbst für den, der des Arabischen nicht mächtig ist. Vielleicht wird er dann im Anschluss ein Nachtmahl zu sich nehmen in einem der kleinen Restaurants am Rande des Platzes, oder aber mitten auf dem Platz an einem der mobilen Stände, wo zur Abendstunde unter improvisierten Lichtern Tausende speisen.

Nein, der Djamâa el-Fna ist kein Jahrmarkt. Der Platz ist **gleichermaßen Spiel und Ernst,** Tanz- und Lehrort, Zuschauertribüne und Bühnenraum, Touristenattraktion und heimische Agora, ein Ort, an dem Arm und Reich, Kleinod und Nepp ineinander übergehen, Darbietende und Zuschauer mitunter die Rollen tauschen, und zwar in einem Maße, dass das vermeintlich Gegensätzliche und Getrennte kaum mehr voneinander zu unterscheiden ist, sondern fortwährend ineinander fließt: ein Meer der Sinnlichkeit. Vermutlich gibt es kaum einen anderen Ort weltweit, an dem die extrem unterschiedlichen Lebensformen und -entwürfe einer globalisierten Welt schon im Erscheinungsbild der dort versammelten Menschen, mehr noch aber in dem, was geschieht, so sehr ineinander verwoben sind wie auf dem Djamâa el-Fna in Marrakesch. Dieser Platz ist **ein Bild des Menschlichen** – in all seinen Facetten.

Dieses Bild wurde durch den **Terroranschlag auf das Café Argana** am 28. April 2011 schwer erschüttert. Wer auch immer diese schreckliche Tat zu verantworten hat: Er löschte mit seiner Attacke auf das Touristencafé nicht nur vielfach menschliches Leben aus, er traf auch den marokkanischen Fremdenverkehr und damit die gesamte Wirtschaft sowie – nicht zuletzt – das moralische Gefühl der Marokkaner an empfindlichster Stelle. Für einen schrecklichen Moment erschien es so, als habe sich das grausige Wort von der „Versammlung der Toten" doch noch bestätigt. Aber der Djamâa el-Fna lebt weiter. Und mit einigem Recht ließe sich sagen, dass schon im **Namen dieses Platzes** sein Weiter-Leben angedeutet ist: Das arabische Wort „Fna" stammt nämlich eigentlich aus der Sufi-Philosophie und bezeichnet dort – nahezu unübersetzbar – eine (nämlich die vorletzte) Stufe auf dem Weg zum Göttlichen. Behelfsmäßig ließe es sich als „Entwerdung" übersetzen, was so viel meint wie eine „Auflösung des Ichs im Ganzen". Die Sufi-Philosophie verwendet zur Veranschaulichung dieses Phänomens Metaphern wie „die Tropfen, die im Meer aufgehen" und „das Verschwinden eines Schattens im Sonnenlicht".

Und wirklich: Wer einmal tief in den Platz Djamâa el-Fna und das dortige Geschehen eingedrungen ist, der wird spüren, wie es sich anfühlt, in einer bislang unvorstellbaren Sinnenfülle angelangt zu sein, gleichsam wie „Tropfen, die im Meer aufgehen".

Der Schriftsteller **Christoph Leisten** bereist Marrakesch seit über 30 Jahren. Er publizierte unter anderem die Prosa-Bände „Marrakesch, Djemaa el Fna" (Rimbaud Verlag 2005) und „Argana. Notizen aus Marokko" (Rimbaud Verlag 2014). Infos auf www.christoph-leisten.de.

092m015 ed

nimmt, es würde sich bei dem Spektakel am Platz um eine Touristenshow handeln – das Gegenteil ist der Fall! Touristen sind zwar eine willkommene Einkommensquelle, aber vor allem abends ist das Areal voller Einheimischer, die den Märchenerzählern und Musikern lauschen, an Geschicklichkeitsspielchen teilnehmen oder die Dienste der Wunderheiler in Anspruch nehmen. Für viele Analphabeten bietet die *Halka* (= Gesprächs- oder Erzählkreis) die einzige Abwechslung im sonst so tristen Alltag.

Seit Jahrhunderten ist der Djamâa el-Fna ein **Platz der Begegnung, des Handels und des Austauschs.** Wegen seiner Einzigartigkeit ist er seit 2001 Teil der UNESCO-Liste der „Meisterwerke des mündlichen und immateriellen Erbes der Menschheit".

Auch kulinarisch hat der Platz einiges zu bieten. An **Saftständen** gibt es köstlichen frisch gepressten Orangensaft (4 DH pro Glas). Andere Buden bieten diverse Dattelsorten, Nüsse und getrocknete Früchte an. Und zur Dämmerung weichen die Märchenerzähler, Schlangenbeschwörer und Akrobaten: Fahrbare, nummerierte **Garbuden** – inzwischen mit Strom und Anschluss an die Kanalisation – mit großen Kesseln, Tischen und Bänken öffnen ihre Küche. Bald duftet es nach Kebab, Suppe und Zuckergebäck. Ganze gedünstete oder gebratene Hammel- und Ziegenköpfe, kleine gekochte Schnecken mit gestreiftem Schneckenhaus, gegrillter Fisch, Kefta, die roten Merguez-Würstchen und allerlei Salate werden angeboten. Wer sich nicht scheut, einheimische Speisen zu probieren, kommt hier voll auf seine Kosten! Preiswert und erstaunlich hygienisch (die Gesundheitsbehörde kontrolliert regelmäßig) kommen die Speisen hier täglich frisch auf den Tisch. Der Preis für ein Gericht sollte vorher ausgehandelt werden bzw. auf der Speisekarte angegeben sein. Leider haben sich die Portionen in den letzten Jahren zusehends verkleinert, sodass der Preis auf der Speisekarte manchmal nur auf den ersten Blick günstig erscheint.

Ob tagsüber oder abends: All die optischen und akustischen Eindrücke am Djamâa el-Fna auf sich wirken zu lassen, ist ein einzigartiges und unvergessliches Erlebnis! Das ganze Schauspiel lässt sich am angenehmsten von einer Dachterrasse der vielen Cafés rund um den Platz aus beobachten. Man muss zur Benutzung dieser Aussichtsterrassen allerdings ein Getränk konsumieren oder einen kleinen Obolus bezahlen.

Achtung: Ein **Foto** auf dem Djamâa el-Fna ist nie umsonst zu haben – mit dem **Trinkgeld** für ihre Darbietungen verdienen die Künstler schließlich ihr tägliches Brot. Inzwischen werden zum Teil recht unverschämte Preise verlangt, man sollte jedoch nicht mehr als 10 DH (angemessen sind max. 5 DH) für ein Bild bezahlen! Heimliche Schnappschüsse aus dem Handgelenk können aggressive Reaktionen und unangemessen hohe Forderungen der Schausteller provozieren und sollten daher gar nicht erst versucht werden.

Kutubiya-Moschee

Das monumentale Minarett der Kutubiya-Moschee, das **Wahrzeichen der Stadt,** überragt die Dächer der Medina und dient als Orientierungspunkt aus allen Richtungen, um zum Djamâa el-Fna zu finden.

Die Moschee wurde 1158 bis 1162 anstelle einer ersten Moschee erbaut, die nach der Fertigstellung der Kutubiya abgerissen wurde. Die Pfeilerstümpfe auf der Nordseite neben der Moschee und einige Mauerreste unter (zerschlagenen) Glasdächern zeugen von dem alten Bau.

Das **Minarett** der Kutubiya ist das einzige fertiggestellte der Almohadenzeit. Mit dem Hassan-Turm in Rabat und der Giralda in Sevilla – beides architektonische Vorbilder der Kutubiya – steht das Minarett bis heute beispielhaft für marokkanische Architektur. Seinen Namen erhielt es von den *Kutubiyn,* den Buchhändlern, deren Buden sich früher um das Gebäude gruppierten. Das Minarett misst 12,80 m in der Seitenlänge, ist bis zur Terrasse 69 m und zusammen mit den vergoldeten, die Turmkuppel krönenden Kugeln 77 m hoch.

Außen verziert den Turm auf allen Seiten unterschiedliches, herrliches Dekor mit Blendarkaden und grünen Mosaikkacheln am oberen Abschluss. Am Fuße des Minaretts befinden sich die Reste einer **Koubba** (= Grabstätte) einer als heilig verehrten Frau, genannt *Lalla Zohra Bint el Kuch,* Tochter eines schwarzen Fürsten (was im arabisch-berberischen Kastensystem sehr selten war) aus dem 17. Jahrhundert. Sie ist Vorbild für viele Frauen Marrakeschs, und oft werden ihr zu Ehren Kinder geweiht.

Das 90 m lange Gebäude der **Moschee** aus Ziegelsteinen wurde in T-Form mit einem Quer- und 17 Langschiffen errichtet. Mit ihren Hufeisenbögen, Pflanzenornamentkapitellen und dem beeindruckenden Gewölbedekor ist die Kutubiya eine der schönsten Moscheen Nordafrikas. Fast 20.000 Gläubige finden in ihr Platz. Bis zu ihrer Renovierung in den 1990er Jahren beherbergte die Kutubiya-Moschee noch eine wertvolle Minbar (Gebetskanzel) aus dem 12. Jahrhundert, die nun im Palais El-Badi ausgestellt ist. In Marokko dürfen Moscheen und Zaouias von Ungläubigen nicht betreten werden, daher bleibt Touristen ein Blick ins Innere leider verwehrt.

Der **Jardin Kutubiya** an der Südwestseite der Moschee wurde im 12. Jahrhundert von *Abd el Moumen* errichtet, Vorbild waren die andalusischen Gärten mit ihrer Blütenpracht und ihren Wasserspielen. In dieser gepflegten Parkanlage nur wenige Fußminuten vom Djamâa el-Fna lässt es sich herrlich zwischen Jasmin- und Pomeranzenbäumen, Rosen, Jacarandas und Palmen spazieren – mit Blick und guter Fotoperspektive auf das majestätische Minarett der Kutubiya-Moschee. Der Park beherbergt die Stadtbibliothek von Marrakesch.

093m015 ed

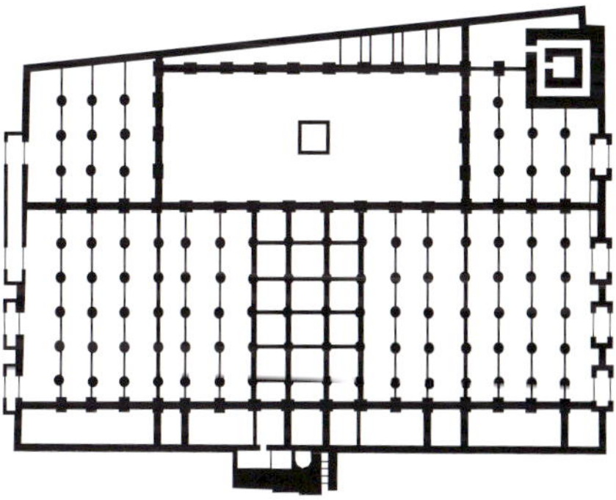

☒ Grundriss und Minarett der Kutubiya-Moschee

Nördliche Medina

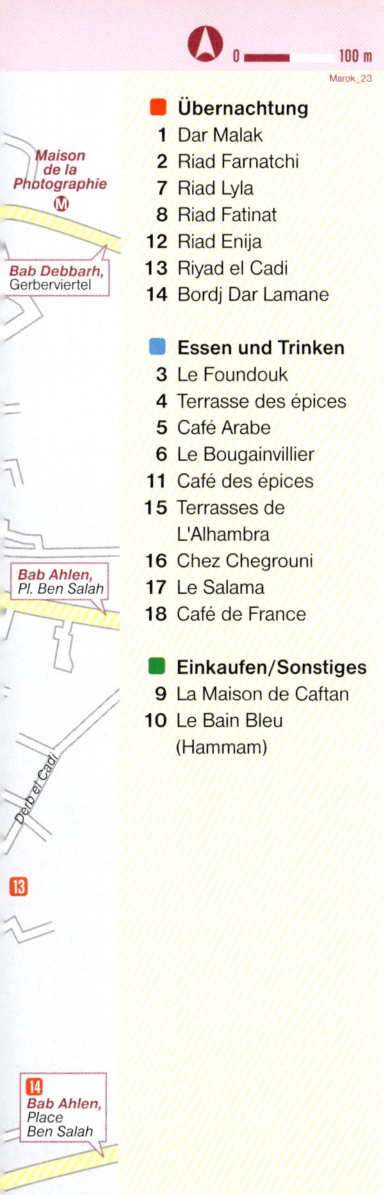

Übernachtung
1 Dar Malak
2 Riad Farnatchi
7 Riad Lyla
8 Riad Fatinat
12 Riad Enija
13 Riyad el Cadi
14 Bordj Dar Lamane

Essen und Trinken
3 Le Foundouk
4 Terrasse des épices
5 Café Arabe
6 Le Bougainvillier
11 Café des épices
15 Terrasses de L'Alhambra
16 Chez Chegrouni
17 Le Salama
18 Café de France

Einkaufen/Sonstiges
9 La Maison de Caftan
10 Le Bain Bleu (Hammam)

Die nördliche Medina und die Souks

Die Souks von Marrakesch sind die größten des Landes, die Orientierung im Gassengewirr fällt jedoch nicht so schwer wie z.B. in Fès oder anderen orientalischen Altstädten. Die traditionell nach Handwerkszweigen und Warenangebot gegliederten Soukviertel beginnen an der Nordseite des Djamâa el-Fna. Ziemlich ungestört kann man morgens zwischen 8.30 und 10 Uhr oder mittags von 13 bis 14.30 Uhr durch die Souks bummeln, dann öffnen gerade die Läden bzw. manche machen Mittagspause und im Souk ist am wenigsten los, weil die Touristengruppen entweder noch nicht unterwegs sind oder bereits zu Mittag essen. Die wichtigsten Durchgangsgassen in Richtung Musée de Marrakech und der Medersa Ben Youssef sind die Rue Mouassine, die Rue Souk Smarine und die Rue Kennaria.

Linker Hand des Cafés Les Terrasses de l'Alhambra am nördlichen Djamâa el-Fna gelangt man zunächst in eine schmale Gasse mit Olivenverkauf und Garbuden. An den Theken mit Schafsköpfen und Tanjia-Tontöpfen kann man schön beobachten, wie **Méchoui** zubereitet wird: Das auf einen Holzpflock gespießte ganze Lamm wird durch eine Luke im Boden in den Ofen abgelassen; fertig gegart wird es an der Stange herausgezogen, zerkleinert und an kleinen Tischen serviert.

Links weiter beginnt hinter einem Torbogen die gedeckte **Rue Souk Smarine** mit dem **Textilien-Souk.** Hier reihen sich kleine Läden mit Djellabahs, Babuschen, aber auch moderner Kleidung und Souvenirs aneinander. Bald weist ein Schild nach rechts zum Platz Rahba el-Kedima („Marché des épices") und kurz darauf zum Teppichmarkt Criée Bérbère („Souk principale des tapis").

Beim **Rahba el-Kedima** befand sich über viele Jahrhunderte der alte Sklavenmarkt. Jetzt haben sich hier die Gewürzhändler und Quacksalber niedergelassen, die sich mit dem wohlklingenden französischen Namen *Herboriste* (= Kräuterkundige) schmücken. In allerlei Tiegeln und Behältnissen findet man die eigenartigsten Mixturen und Grundessenzen. Aphrodisiaka und Mittel, die Frauen Fruchtbarkeit verschaffen sollen, lebende Chamäleons und Schildkröten, getrocknete Echsen, Rosenwasser, Moschusparfüm, die buntesten Gewürzschalen von Safran bis Paprika und die Gewürzmischung *Ras el Hanut* – alles gibt es hier zu kaufen: ein Eldorado für Liebhaber exotischer Spezialitäten und Fotografen. Auf dem Platz bieten Frauen auch allerlei hübsche Korbwaren feil.

Auf dem **Souk el Ghezel** unmittelbar südlich des Rahba el-Kedima verkaufen Händler dicke Wollbündel, und Frauen bieten Gebrauchtkleider an.

Nördlich des Rahba el-Kedima befindet sich der **Teppichmarkt Criée Berbère,** wo regelmäßig Teppichauktionen stattfinden.

Beim Rahba el-Kedima spaltet sich die stark frequentierte Hauptgasse in die Rue Souk Attarine und die Rue Souk el-Kebir v-förmig auf. Folgt man der Gasse **Souk el-Kebir** bzw. Souk al Henna nordwärts, führen zunächst Torbögen auf der linken Seite in die sogenannte **Kissaria** mit Touristenläden und Bekleidung, anschließend folgen Lederwarenshops, bevor der Platz vor dem Musée de Marrakech, der Koubba und der Medersa Ben Youssef erreicht ist.

Folgt man am Rahba el-Kedima links der Rue Souk Attarine, passiert man die **Souks der Kupferschmiede,** die u.a. Töpfe, Teekannen und Lampen fertigen. Hält man sich rechts, geht es weiter in den **Souk des Babouches** mit den traditionellen Pantoffeln in allen Größen und Farben.

In den Gassen links des Souk Attarine liegt der **Wollfärber-Souk.** Die quer über die Gassen gehängten bunten Wollbündel galten früher als Highlight für Fotografen und erfüllten das Klischeebild orientalischer Farbenpracht. Heute hat sich das Bild gewandelt: Mit dem Import gefärbter Stoffe, künstlicher Färbemittel und zunehmender industrieller Färbung hat das Handwerk an Bedeutung verloren und nur noch wenige Färber sind übrig geblieben. War früher schon die Herstellung der richti-

0 200 m

Marok_24

Übernachtung

2 Club Méditerranée
4 Les Jardins de la Koutoubia
5 Ali
11 Riad Johenna, Dar Fakir
13 Riad Noga
14 Bordj Dar Lamane
15 Celia
17 Sherazade
18 Jnane Mogador
19 Essaouira
20 Sindi Sud
21 El Amal
22 Gallia
23 Chellah
29 Dar Limoun Amara
30 Riad du Rabbin
31 Dar Les Cigognes
33 Riad Aladdin

Essen und Trinken

1 Le Tobsil
3 Narwama
6 Pâtisserie des Princes
7 Snack Toubkal
8 Café de France
9 Les Terrasses de L'Alhambra
10 Le Salama
12 Le Bled, Bakchich
16 Ryad Jama
24 Earth Café
25 Fine du Marrakech
26 Ksar El Hamra
27 Dar Essalam
32 Kosybar
35 Kasbah Café
37 Café Clock

Einkaufen/Sonstiges

28 Hammam Ziani
34 Autoreifenkunst
36 Ets. Bouchaib

gedeckter Markt

Südliche Medina

gen Mischung von natürlichem Farbstoff mit der dazu passenden Beize eine Kunst für sich, die über Generationen weitergegeben wurde, ist das Färben mit chemischer Farbe heute problemlos für jedermann möglich. Statt Naturfasern werden heute vor allem ganze Kleidungsstücke und fertige Stoffe gefärbt. In einem für Touristen zugänglichen Färberhof kann man noch beobachten, wie die Stoffe in erwärmten Kesseln gefärbt und anschließend zum Trocknen aufgehängt werden. In den Gassen des Viertels werden schöne kräftigbunte Stoffe in allen Größen an Touristen verkauft.

Nur eine Gasse weiter befindet sich der **Holzschnitzer-Souk (Souk Chouari).** Dort entstehen Tische, Stühle, Hocker, Kästchen und allerlei andere Dinge aus Holz. Zwischen dem Souk Attarine und dem Place Ben Youssef (Musée Marrakech, Koubba Almoravide) liegt das **Viertel der Eisenschmiede (Souk Haddadine)** mit ihren lärmenden und rauchenden Werkstätten. Hier können Lampen und andere schmiedeeiserne Waren direkt vom Handwerker erstanden werden.

Folgt man – statt zum Holzschnitzer- und Wollfärber-Souk bzw. zur Moschee Mouassine links abzubiegen – der Rue Souk Attarine noch etwas nach Norden und biegt dann rechts auf die Riad Laarous ab, gelangt man zum **Ledermarkt (Souk Cherratine).** In der Nähe der Moschee Ben Youssef sitzen die Lederhändler vor Stapeln noch ungefärbter und -geschnittener Tierhäute und verkaufen diese weiter. In kleinen Werkstätten wird daraufhin das Leder zugeschnitten und z.B. zu Pantoffeln verarbeitet.

Westlich der Wollfärber- und Holzschnitzer-Souks erreicht man den arg verfallenen, aber kunstvoll mit Stuck und Zedernholzschnitzereien ausgestatteten **Brunnen Fontaine el Mouassine,** der größte der Stadt. Die abgesperrte Brunnenanlage umfasst drei überdachte Viehtränken und einen davon getrennten Brunnen für die Stadtbewohner. Die Fontaine el Mouassine gehört zu der für das Viertel namensgebenden **Moschee El-Mouassine,** die der Saadier-Sultan *Moulay Abdallah* Ende des 16. Jahrhunderts errichten ließ. Die Moschee umfasste ursprünglich auch ein Hammam, eine Koranschule, Unterkünfte für Staatsbeamte und eine Bibliothek.

Nahe der Moschee in einer neben dem Café Bougainvillier nach Norden abzweigenden Gasse (22, Derb Azzouz, kein Türschild) versteckt sich die **Galerie Ministero del Gusto.** Dieses bunte Haus ist ein Kunstwerk für sich – eine extravagante Mischung aus modernem Wohndesign und schwarzafrikanischem Ethnostyle. Ausgestellt (und zu kaufen) sind ausgewählte Möbel- und Kleidungsstücke, Bilder, Schmuck und Skulpturen, auch wechselnde Ausstellungen internationaler Künstler.

Nur ein Stück weiter entlang der **Rue Mouassine** zweigt gegenüber der Westseite der Moschee eine Gasse zum Kulturcafé Dar Cherifa ab. Entlang der Rue Mouassine erreicht man in südlicher Richtung wieder den Djamâa el-Fna.

Von der Mouassine-Moschee Richtung Norden und dann auf der Rue Dar El Bacha nach Westen gelangt man zum **Dar el Bacha.** In diesem hundert Jahre alten Palast residierte einst der Pascha *al-Glaoui.* Eine Besichtigung ist nicht möglich.

Weiter entlang der Rue Dar el Bacha erreicht man die große **Bab-Doukkala-Moschee,** im 16. Jahrhundert von der Mutter *Ahmed el-Mansours, Lalla Messaouda,* angelegt. Nur wenig westlich führt das Stadttor **Bab Doukkala** hinaus aus der Medina. Hier warten Taxis, die einen auf Wunsch zurück zum Djamâa el-Fna fahren.

Musée de Marrakech

Schon der Hof vor dem Eingang des Museums lädt zum Verweilen ein: mit einem hübschen kleinen Café und einem Museumsladen mit Postkarten und französischsprachiger Literatur über Marokko. Das Museum, untergebracht in einem Palast aus dem 19. Jahrhundert, dem Dar M'Nebhi, wird von der *Fondation Omar Benjelloun* betrieben, die drei historische Stätten restauriert hat: die Medersa

Ben Youssef, die Koubba El-Badiyin und eben dieses Museum. Dem Geschäftsmann und Kunstsammler *Omar Benjelloun* (1928–2003), der zeitweise bei Mercedes in Deutschland arbeitete, ist es zu verdanken, dass sich diese großartigen Monumente heute in einem außerordentlich guten Zustand befinden. Im Eingangsbereich sind Bilder von den Restaurierungsarbeiten im Jahr 1997 ausgestellt. Der 2000 m² große Dar M'Nebhi war Ende des 19. Jahrhunderts Residenz des Verteidungsministers *Mehdi M'Nebhi* unter Sultan *Moulay Abdelaziz.* Nach der Unabhängigkeit beherbergte das Gebäude die erste Mädchenschule in Marrakesch.

Um den **700 m² großen Innenhof** mit Marmor- und Mosaikboden gruppieren sich vier Salons und der traditionelle Hammam. Den ursprünglich offenen Hof mit drei Brunnenschalen bedeckt heute ein Zeltdach, von dem eine gigantische orientalische Metalllampe hängt. Neben dem Bahia-Palast veranschaulicht dieses Gebäude sicher am besten den Prunk des Sultans im 19. Jahrhundert: Säulen und Böden voll feiner Mosaike, bemalte Stuckornamente, kunstvoll geschnitzte Zedernholztäfelungen und -decken.

In den seitlichen **Salons** informieren Tafeln in Französisch über die Ausstellungsstücke in den Vitrinen (Schmuck, Stickereien, Stoffe, Keramik, Teppiche).

In der **Douiria** (= kleines Gästehaus) finden temporäre **Ausstellungen** mit Werken zeitgenössischer Künstler oder zu kulturellen Themen statt. Zudem dient das Dar M'Nebhi gelegentlich als Veranstaltungsort für Konzerte, Theateraufführungen und Seminare.

■ **Info:** www.museedemarrakech.ma, Tel. 0524 36 09 11, tägl. 9–18 Uhr, im Ramadan 9.30–16.30 Uhr.
■ **Eintritt:** 20 DH, kein Kombiticket mit der Medersa mehr erhältlich.

■ **Wegbeschreibung:** Das Museum befindet sich in der nördlichen Medina am Ende der Rue Kennaria bzw. der Hauptgassen vom Djamâa el-Fna durch die Souks. Am einfachsten ist es, vom östlichen Ende des Platzes durch die Rue des Banques oder Rue Dabbachi zu laufen, in die Rue Kennaria links abzubiegen und nordwärts bis zum Museum zu gehen.

Medersa Ben Youssef

Die einst größte und bedeutendste Koranschule des Maghreb in einem der ältesten Gebäude der Stadt ist sicher eine der wichtigsten Sehenswürdigkeiten in Marrakesch.

Die **Gründung** dieser religiösen Lehr- und Wohnstätte geht auf die Meriniden im 14. Jahrhundert zurück, verdankt aber ihre heute noch erhaltene prachtvolle Gestalt dem späteren Saadier-Sultan *Abdallah el-Ghalib* (1557–1574). Die Medersa diente als Lehrstätte für theologische Studien und beherbergte vor allem Studenten aus den ländlichen Regionen, die hier zwischen ihrem 14. und 27. Lebensjahr wohnten. Der Lehrbetrieb wurde erst 1960 eingestellt und das Monument von 1999 bis 2002 aufwendig renoviert.

ma16_080 ed

☒ Eingang zur Medersa Ben Youssef

Die Medersa befindet sich ebenso wie die gleichnamige **Moschee Ben (Ibn) Youssef** (erbaut Anfang des 19. Jahrhunderts auf den Ruinen früherer Moscheen) am gepflasterten **Platz Ben Youssef.** Das bronzene Eingangsportal versteckt sich hinter einem Torbogen in einem engen Durchgang zwischen Moschee und Medersa auf der rechten Seite.

Den großen **Patio (= Innenhof)** der Lehranstalt betritt man durch eine prächtige Mashrabiya-Tür aus Zedernholz. Die Mashrabiya-Technik wurde auch an den Fenstern des Obergeschosses meisterhaft angewendet: ein Gitterwerk aus gedrechselten, auf Stifte gezogenen Zedernholzteilen, die zu geometrischen Ornamenten ineinandergesteckt werden. Den Boden des Innenhofs mit viereckigem Wasserbecken bedeckt Carrara-Marmor, der einst nach gleichem Gewicht gegen Zucker eingetauscht wurde.

Die strukturelle und dekorative Gestaltung ist beispielhaft für vollendete maurische Architektur: mehrfarbige Kachelmosaike auf den unteren Wänden, Stützpfeiler mit Stuckkapitellen, Stuckornamente und arabische Schriftbänder mit den wiederkehrenden Begriffen „Friede“ und „Allah“ über den Mosaiken, im oberen Teil der Wände Täfelungen aus Zedernholz bzw. die genannten Mashrabiya-Fenster. Die ganze obere Fassade und die Türbögen sind mit Stuckdekorationen verziert, das Dach ist – typisch für religiöse Bauwerke – mit grünen glasierten Ziegeln ausgestattet.

Das **Wohnheim** im oberen Stockwerk (Zugang über den Vorraum) beherbergt 132 Kammern, in denen je zwei bis drei Studenten wohnten. Mehrere kleine Innenhöfe sorgen für Luft und Licht. In einigen kleinen Zimmern sind noch Gebrauchs- und Einrichtungsgegenstände der damaligen Studenten ausgestellt. Durch die Fenster kann man einen Blick nach unten in den großen Hof werfen.

Wenige Schritte von der Medersa entfernt lohnt sich ein Blick in das **Kulturzentrum Dar Bellarj** mit wechselnden Ausstellungen.

- **Info:** Tel. 0524 39 09 11/12, tägl. 9–17 Uhr.
- **Eintritt:** 20 DH.

Koubba El-Badiyin

Direkt am Platz Ben Youssef gegenüber der Moschee Ben Youssef befindet sich die Koubba El-Badiyin bzw. Koubba Almoravide in einem abgesperrten Ausgrabungsareal etwas unter dem heutigen Bodenniveau. Die Koubba ist eines der wenigen **Überbleibsel aus der Dynastie der Almoraviden.** Etwa um 1120 errichtet, wurde sie erst im Jahr 1948 wiederentdeckt. Stufen führen nach unten zur zweigeschossigen Koubba mit quadratischem Grundriss, Fensterbögen im oberen Teil und einem großen Kuppeldach.

Besonders die Innenseite der **Kuppel** mit dem filigranen Dekor in Form von kunstvoll in den Stein geschlagenen Muscheln, Rosetten, Ranken und Blumen ist sehenswert. In der Mitte unter der Kuppel befindet sich ein rechteckiges Becken für Waschungen. Französische Tafeln geben Detailinformationen über die Stätte: Demnach war die Koubba das Zentrum einer Wasch-, Brunnen- und Latrinenanlage, von der heute nur noch Ruinen geblieben sind.

- **Eintritt:** Das Gelände war 2016 wegen Renovierungsarbeiten geschlossen.

Dar Cherifa

Hinter einem unscheinbaren Eingang ohne Türschild verbirgt sich dieses Kleinod. Der Dar Cherifa wurde im 16. Jahrhundert errichtet und gilt als das **älteste erhaltene Wohnhaus der Stadt.** *Abdellatif Aït Ben Abdallah*, Chef der Agentur „Marrakech Riads“ und Kenner der Kunstszene in Marrakesch, setzte zahlreiche Riads in der Altstadt instand und renovierte auch dieses wunderschöne Hofhaus mit viel Feingefühl. Die Flügeltüren und Verkleidungen aus geschnitztem Zedernholz und die Stuckornamente wurden nicht mit Farbe und Beton überkleistert, sondern in ihrer ursprünglichen Schönheit belassen.

In dem Gebäude finden **Kulturveranstaltungen** (Konzerte, Lesungen etc.) u.a. in Zusammenarbeit mit dem „Dialogpunkt Deutsch“ und dem Institut Français sowie wechselnde Kunstausstellungen (Malerei, Kalligrafie, Bildhauerei, Fotografie etc.) statt. Im Innenhof mit Polsterecken oder auf der Dachterrasse kann man für eine kleine Verschnaufpause Platz nehmen, die Atmosphäre sowie marokkanische Gerichte (Menü 120 DH), frische Säfte oder Tee mit Gebäck (15–25 DH) genießen. Dabei besteht zudem die Möglichkeit, in französischsprachiger Literatur zu schmökern.

■ **Info:** 8, Derb Charfa Lakbir, Mouassine, Medina, Tel. 0524 42 64 63, www.dar-cherifa.com, Tel. 0524 42 64 63, Eintritt frei, Café tägl. 10–19 Uhr.
■ **Wegbeschreibung:** Gegenüber der Moschee Mouassine in die mit „Riad les Jardins Mouassine, Dar Justo“ beschilderte Gasse einbiegen, links um die Ecke, die nächste Gasse rechts durch einen niedrigen Durchgang, an der Tür direkt dahinter auf der rechten Seite anklopfen.

Jenseits der Souks

Nördlich des Musée de Marrakech und der Medersa Ben Youssef endet das touristische Terrain. Doch ein Spaziergang durch die Viertel jenseits der Souks, wo **fast nur Einheimische** unterwegs sind, lohnt sich durchaus.

Von der Medersa Ben Youssef lohnt sich ein Abstecher in die Gasse **Souk des Fassis** (hinter der Medersa rechts/ostwärts). Entlang der Gasse liegen mehrere gut erhaltene **Funduqs;** in einer dieser alten Karawanserails ist das Restaurant Le Foundouk (vgl. „Essen und Trinken/ Restaurants in der Medina“) untergebracht. Kurz hinter dem Restaurant sollte man unbedingt einen Blick in das **Maison de la Photographie** auf der linken Seite werfen.

Maison de la Photographie

In dem schönen, weißen Hofhaus sind **4500 historische Fotografien** ausgestellt. Die beeindruckenden Bilder von 1870–1950 zeigen Menschen, Städte, Architektur und Traditionen Marokkos. Außerdem kann man sich eine digitale Show von drei französischen Dokumentarfilmen aus den 1950er Jahren ansehen. Auf der Dachterrasse mit tollem Ausblick gibt es Tee und günstige Tajine.

■ **Info:** 46, Rue Souk des Fassis, www.maisondelaphotographie.ma, Tel. 0524 38 57 21, tägl. 9.30–19 Uhr, 40 DH Eintritt, Kinder unter 16 Jahren frei.

Fontaine Echroub ou Chouf

Marschiert man hinter der Medersa Ben Youssef statt nach Osten zunächst westwärts (links, vorbei am Hammam Bain d'Or) und biegt dann Richtung Norden ab, so erreicht man die Fontaine Echroub ou Chouf aus der Saadier-Zeit (16. Jahrhundert). Der **einstmals prächtige Brunnen** mit einem kunstvoll mit Ornamenten geschmückten Vordach aus Zedernholz ist zwar noch in Betrieb, aber stark renovierungsbedürftig.

Musée de l'Art de Vivre

Biegt man nach dem Brunnen in die erste Gasse links und die zweite Seitengasse wieder links ab, steht man vor dem Eingang des 2010 eröffneten Musée de l'Art de Vivre (2, Derb Cherif, Diour Saboune, Tel. 0524 37 83 73, www.museemedina.com, im Winter 9–17 Uhr, im Sommer 9–18 Uhr, 20 DH Eintritt). In diesem **wunderschönen Hofhaus** finden wechselnde Ausstellungen zu den Themenbereichen Volkskultur und orientalische Lebensart statt.

Zaouia Sidi Bel Abbès und Zaouia Sidi Ben Slimane

Entlang der Rue Bab Taghzout geht es weiter nördlich durch mehrere Wohnviertel zu den **Grabstätten** zweier der sieben Stadtheiligen, zur Zaouia Sidi Ben Slimane und zur Zaouia Sidi Bel Abbès. Das heute innerhalb der Stadtmauern liegende Tor **Bab Taghzout** bildete einst die Grenze der Altstadt, bis man die Stadtmauern erweiterte, um das Heiligtum von Sidi Bel Abbès mit einzuschließen.

Die **Zaouia Sidi Bel Abbès** wurde Anfang des 17. Jahrhunderts für den 1204 verstorbenen heiligen *Abou el Abbès Ahmed ben Jafar* unter den Saadiern errichtet und 1998 renoviert. Besucher sollten auf jeden Fall den Innenhof der Anlage besichtigen und das schmucke Eingangsportal zum Mausoleum mit Stuckornamenten und grünem Ziegeldach bewundern. Durch ein kleines Gitterfenster kann man einen Blick ins Innere der Zaouia werfen, die von Nichtgläubigen nicht betreten werden darf. Im Schatten des Arkadengangs vor der Moschee und dem Mausoleum halten sich Alte, Blinde und Behinderte auf, als deren Beschützer *Sidi Bel Abbès* gilt. Neben dem Eingang zum Mausoleum befindet sich eine kleine Sonnenuhr und gegenüber ein schöner Brunnen mit feinen Mosaiken.

Von der Zaouia Sidi Bel Abbés kann man sich zur nahe gelegenen **Zaouia Sidi Ben Slimane** führen lassen, von der von außen aber nur das grüne Kuppeldach und ein kleiner Brunnen vor dem Eingangsportal sichtbar sind. *Sidi Bel Abbès* und *Sidi Ben Slimane* sind zwei der sieben Stadtheiligen Marrakeschs, für die jeweils ein Heiligtum in der Stadt errichtet wurde.

Gerberviertel

Das Gerberviertel von Marrakesch ist nicht so groß und malerisch wie das von Fès. Dennoch erhält man einen guten Eindruck von den **harten Arbeitsbedingungen** der Handwerker, die in großen Betonbottichen Rinds-, Kamel- und Ziegenleder gerben und färben. Für eine Visite eignet sich am besten der Vormittag, wenn es am betriebsamsten ist.

Wenn man vom Stadttor Bab Debbargh (Parkplatz an der Stadtmauer) aus kommend (in Richtung Medina-Zentrum) gleich in die erste Gasse links und noch einmal links um die Ecke biegt, gelangt man in einen Gerberhof (Torbogen mit Aufschrift „Tannerie"). Inmitten von **Schmutz und Gestank** sind auch

ma16_174 ad

viele Jugendliche bei der Arbeit. Ein *gardien* (franz. Wächter) verlangt evtl. ein paar Dirham Trinkgeld für die Besichtigung und fürs Fotografieren. Ein weiterer Gerberhof befindet sich in der ersten Gasse rechts ab dem Bab Debbargh hinter einer Holzflügeltür, ebenso in der Rue Bab Debbargh Richtung zentrale Medina (Musée de Marrakech). Geruchs- und schmutzempfindliche Naturen sollten sich allerdings gut überlegen, ob sie einen Besuch wagen …

Die südliche Medina

Die von Souvenirläden flankierten Hauptgassen vom Djamâa el-Fna in Richtung Süden zum Place Ferblantiers, zum Marché couvert, zur Mellah und zum Kasbah-Viertel sind die parallel verlaufenden **Rue Riad Zitoun el Kedim** und **Rue Riad Zitoun el Djedid.** Über Letztere erreicht man am schnellsten das Dar-Si-Said- und das Dar-Tiskiwin-Museum sowie den Bahia-Palast. Über die Fußgängerzone Rue Bab Agnaou mit Restaurants und Shops und weiter über die Rue Oqba Ben Nafia gelangt man am einfachsten zum **Bab Agnaou,** dem schönsten Tor der Stadt und Eingang zum Kasbah-Viertel. Die Riad Zitoun el Kedim und Riad Zitoun el Djedid treffen im Süden auf den kleinen Platz **Bab el Mellah** mit Olivenbäumchen und Sitzbänken, wo sich abends die Marrakchis zum Plaudern treffen und Pferdekutschen auf Kundschaft warten. Hier befinden sich auch der überdachte Souk der Juweliere und der Eingang zum alten Judenviertel (Mellah) durch den Mellah-Markt.

Südlich angrenzend liegt der **Place des Ferblantiers,** das Quartier der Lampenmacher. Um den rechteckigen Platz gruppieren sich Läden, in denen Handwerker Lampen aus Messing, Kupfer und Eisen fertigen. Wer ein Stück orientalisches Alltagsleben hautnah erfahren möchte, der stattet dem **Marché couvert** an der Av. Houmman El Fetouaki einen Besuch ab: In den überdachten Markthallen verkaufen Händler frisches Obst, Gemüse, Fisch, Fleisch und Geflügel.

Musée Dar Si Said

Östlich der Rue Riad Zitoun El Jedid und etwas nördlich des Bahia-Palastes liegt das Dar Si Said. Dieses viel besuchte **Volkskunstmuseum** wurde in einem Palast aus dem 19. Jahrhundert untergebracht und beherbergt eine umfangreiche **Sammlung berberischen Kunsthandwerks** aus Marokko. Im Eingangsbereich befindet sich eine Holzausstellung mit antiken Gebrauchsgegenständen und Architekturelementen (Türen, Balustraden, Fenster) aus Zedern-, Pinien-, Oliven-, Feigen- und Nusshölzern. In den Salons des Innenhofs mit Springbrunnen und großen Bäumen sind u.a. Waffen, Musikinstrumente und Werkzeuge ausgestellt. Besonders sehenswert ist das Obergeschoss mit seinem prunkvollen Festsaal: Mosaike an Wänden und Böden, bemalte Stuckdekorationen und hohe Zedernholzdecken mit kunstvoller Bemalung verleihen dem Haus auf dieser Etage echten Palastcharakter. Im Untergeschoss ist das Gebäude dagegen schon stark baufällig: Risse in den Wänden, bröselnder Putz, stark in Anspruch genommene Bodenmosaike, marode Toiletten. Renovierungsarbeiten 2008 verbesserten die Situation etwas. In einem Zwischengeschoss können noch einige alte Küchenutensilien besichtigt werden.

- **Info:** Tel. 0524 44 24 64, Mo 9–16.45 Uhr, im Ramadan bis 15.30 Uhr, Fotografieren verboten.
- **Eintritt:** Erwachsene 10 DH, Kinder unter 12 Jahren 5 DH.
- **Wegbeschreibung:** Das Museum liegt östlich der Rue Riad Zitoun Djedid, von wo es zwei beschilderte Zugänge gibt. Entweder man geht durch den südlichen Torbogen gegenüber dem Préfecture-Parkplatz vorbei am Dar Tiskiwin und biegt in die erste Gasse links ab, oder man spaziert durch den nördlicheren Torbogen (z.B. vom Djamâa el-Fna aus) in Richtung Museum (beschildert).

◁ Im Musée de l'Art de Vivre

Musée Dar Tiskiwin

Der Niederländer **Bert Flint** lebt seit mehr als 50 Jahren in Marrakesch. Seine Leidenschaft für die Traditionen und Kulturen der Menschen in Marokko sowie der Sahara- und Sahelländer veranlasste ihn dazu, 1985 ein privates Museum zu eröffnen. Hier präsentiert er seine wertvolle Sammlung, die er auf seinen vielen Forschungsreisen erwarb. 2006 vermachte *Flint* das „Maison Tiskiwin" der Universität von Marrakesch Cadi Ayyad. Das übergreifende Thema des **Volkskunstmuseums** ist der kulturelle und wirtschaftliche Austausch zwischen Marokko und den heutigen Sahelstaaten, der vor allem in Form des Karawanenhandels seit Jahrhunderten stattfindet. Die Ausstellungsräume gruppieren sich in zwei Etagen um den stuckverzierten Innenhof des Altstadthauses. Die Säle zeigen Kleidung, Utensilien des täglichen Lebens, Schmuck oder Arbeitsgegenstände der Regionen und Völker entlang der Karawanenroute von Marrakesch durch die Sahara nach Agadez und weiter in den Sahel bis nach Timbuktu. Auf dem virtuellen Rundgang von Marrakesch nach Timbuktu und zurück bewundert man u.a. Teppiche, Stoffe, landwirtschaftliche Utensilien im Oasenfeldbau, Lederwaren und Schmuck der Tuareg sowie Holzfiguren und Kleidung westafrikanischer Völker.

- **Info:** tägl. 9–12.30 und 14.30–19 Uhr.
- **Eintritt:** Erwachsene 20 DH, Kinder 10 DH.
- **Wegbeschreibung:** Der Eingang zum Museum liegt in einer kleinen Quergasse der südlichen Rue Riad Zitoun Djedid. Vom Parkplatz nahe der Préfecture geht es durch einen Torbogen mit zum Verkauf ausgehängten Teppichen in die Gasse (Schild).

Palais de la Bahia

Der **Bahia-Palast** trägt den Namen der Lieblingsfrau des Großwesirs *Ba Ahmed Ben Moussa,* der den Alaouiten-Sultan *Moulay Abdelaziz* Ende des 19. Jahrhunderts bei den Regierungsgeschäften unterstützte bzw. diese faktisch leitete. Angeblich lebte er mit vier Frauen und 80 Konkubinen in diesem riesigen Palast. Nach seinem Tod ließ sich die französische Protektoratsverwaltung in dem Komplex nieder. Die 50 prachtvoll im maurischen Stil mit geschnitzten und bemalten Zedernholzdecken, Stuckverzierungen und Marmor ausgestatteten Räume stehen heute leer. Der Gesamtkomplex bildet ein **Labyrinth aus miteinander verbundenen Zimmern, Sälen, Innenhöfen und Hofgärten.** Bei einer Besichtigung oder Führung kann man sich ein gutes Bild über den Prunk und die Ausstattung (inkl. Harem) orientalischer Fürstenhäuser um die vorletzte Jahrhundertwende verschaffen. Auch die herrlichen Gärten von Petit Riad (kleines Hofhaus) und Grand Riad (großes Hofhaus) mit Zitronenbäumen, Palmen und Bambussen lohnen die Besichtigung. In den Salons des Grand Riad versprechen die Kalligrafiebänder aus Stuck über den Mosaiken dem Bewohner des Hauses „Reichtum und Gesundheit". Die Mosaike, Schnitzereien und Säulen im Gebäudeteil „Grande cour d'honneur" sowie im Grand Riad waren lange Zeit ziemlich angeschlagen, sind inzwischen aber zum Teil renoviert. In der Hauptsaison herrscht im Palast großes Touristengedränge.

- **Info:** tägl. 9–16.30 Uhr, im Ramadan bis 15 Uhr.
- **Eintritt:** 10 DH
- **Wegbeschreibung:** Das unscheinbare Eingangstor in einer Mauer liegt an der südlichen Riad Zitoun Djedid nördlich des Place des Ferblantiers (kleines Schild).

[>] Innenhof des Grand Riad im Bahia-Palast

Palais el Badi

Südlich des Place des Ferblantiers befinden sich die **Ruinen** dieses Palastes. Den Komplex ließ ab 1578 der Saadier-Sultan *Ahmed el-Mansour* erbauen. Der Sultan wählte dafür einen Ort auf dem Gelände eines almohadischen Gartens und importierte für den Bau **kostbare Materialien aus der ganzen Welt,** so auch italienischen Marmor. Doch bereits um 1700 ließ der Alaouiten-Sultan *Moulay Ismaïl* große Teile des Palastes abtragen, um eine neue *Ville impériale* (Königsstadt) in Meknès zu errichten. Verbliebenes Dekor wie Mosaike und Stuck an Wänden und Böden vernichtete er. Heute lässt sich nur noch erahnen, dass der El-Badi-Palast einst eine der prächtigsten und größten Palastanlagen des Maghreb war.

Die Palasträumlichkeiten waren um einen rechteckigen Hof von 135 x 110 m mit einem großen Wasserbecken und Blumenrabatten angeordnet, der noch heute die **einstigen Dimensionen** des Palastes verdeutlicht. Mehr als die Ruinen der Palastanlage begeistern die Touristen heute meist die unzähligen **Störche,** die überall auf den Mauern nisten und sich von einem Turm des Palastes oder der Terrasse eines Cafés am Place des Ferblantiers schön fotografieren lassen.

Unter dem Hof des Palastes liegen ausgedehnte **Gefängnisse,** von denen oben nur die Lichtluken erkennbar sind. In den finsteren, staubigen Gewölben kann man sehen, wo die Gefangenen angekettet waren – es darf allerdings bezweifelt werden, ob sämtliche unterirdischen Räume als Gefängnis dienten; eher wurde ein Teil als Versorgungsräume genutzt. Die Freiflächen des El-Badi-Palastes sind jährlicher Hauptschauplatz des großen Folklorefestivals „Festival National des Arts Populaires".

Folgt man dem Schild „Minbar de la Kutubiya", erreicht man im südlichen Bereich des Ruinengeländes einen Raum, in dem das renovierte **Minbar** (Gebetskanzel) der Kutubiya-Moschee und eine Ausstellung zur Renovierung der Kanzel besichtigt werden können. Das Minbar aus der Almoravidenzeit gilt als die feinste erhaltene Holzarbeit aus dem isla-

ma16_085 ad

mischen Spanien (Al-Andalus) des Mittelalters. Es wurde 1137 in Córdoba im Auftrag des Almoraviden-Sultans *Ali Ibn Youssuf* entworfen. Die über 100 Bauteile aus Zedern-, Eben- und Sandelholz wurden dann 800 km nach Marrakesch transportiert und dort zusammengesetzt. Seit seiner Wiederherstellung in den 1990er Jahren ist das Minbar etwas stiefmütterlich im Palais El Badi ausgestellt – ursprünglich sollte es im Mittelpunkt eines neuen Museums für islamische Kunst stehen. Das Minbar mit acht Stufen, auf denen normalerweise der Vorbeter (Imam) beim Freitagsgebet steht, ist fast 4 m hoch, 1 m breit und 3,50 m tief. Kunstvolle Schnitz- und Einlegearbeiten mit geometrischen und floralen Mustern bedecken die Seitenwände, arabische Kalligrafiebänder mit religiösen und historischen Inskriptionen umgeben jede Flanke.

- **Info:** tägl. 9–16.45 Uhr, im Ramadan bis 15 Uhr.
- **Eintritt:** 10 DH, Minbar 20 DH extra.

Kasbah-Viertel

Das schönste Tor der Stadt, **Bab Agnaou,** führt in das von Mauern umgebene Kasbah-Viertel am Südrand der Medina. Das Bab Agnaou blieb als einziges von acht Einlasstoren ins almohadische Kasbah-Viertel erhalten. Das reich ornamentierte Steintor mit übereinander liegenden Hufeisenbögen flankierten einst zwei Wachtürme; heute wird es deshalb auch „Widder ohne Hörner" genannt. Während die Medina Wohnraum für die marokkanischen Muslime bot und die Mellah für die Juden eingerichtet wurde, beherbergte die Kasbah schon vor der Errichtung der Mellah die gesamte Infrastruktur für den **Hofstaat des Sultans.** Der Almohaden-Sultan *Yakoub el-Mansour* ließ diese durch Mauern geschützte *Cité imperiale* Ende des 12. Jahrhunderts errichten. Der Saadier-Sultan *Ahmed el-Mansour* baute die Kasbah später aus.

Eine breite Gasse führt vom Bab Agnaou direkt auf die 2006 umfassend renovierte, 70 x 77 m große **Kasbah-Moschee** im Zentrum des Viertels zu. Auch sie stammt aus der Almohaden-Dynastie unter *Yakoub el-Mansour* (12. Jh.). Ihr Minarett aus Bruch- und Ziegelstein mit seinem schönen Rautendekor galt die folgenden Jahrhunderte als beispielhaft für weitere Moscheebauten. Der Platz vor der Moschee erhielt 2011 ein komplett neues Aussehen mit einem modernen Kunstwerk in der Mitte. Nördlich der Moschee wurde durch den Abriss etlicher Gebäude und einen Mauerdurchbruch ein neuer Zugang zum Kasbah-Viertel geschaffen. Gleich südlich der Moschee führt eine Gasse zu einer der bedeutendsten Sehenswürdigkeiten der Stadt, den Saadier-Gräbern (s.u.).

Etwas abseits des Touristenrummels um die Kasbah-Moschee und die Saadier-Gräber kann man bei einem Bummel durch die Hintergassen noch ein Stück **ursprüngliches Quartiersleben** beobachten. Hier gibt es im Vergleich zur nördlichen Medina nur wenige Maison d'Hôtes. Im alternativen **Café Clock** mit leckeren Snacks sollte man eine Pause einplanen (vgl. „Essen und Trinken/Cafés").

Östlich schließen die hohen Mauern des alten **Königspalastes Dar el Makhzen** an. Der Königspalast wurde um 1747 vom Alaouiten-Sultan *Mohamed Ben Abdallah* erbaut, später erweitert und unter König *Hassan II.* umfassend renoviert. Von außen ist lediglich die hohe Mauer mit Eingangstoren sichtbar, die Palastanlage kann nicht besichtigt werden. Während des Besuchs des Königs sind die Portale stark bewacht und es darf nicht fotografiert werden.

Saadier-Gräber

Der Alaouiten-Sultan *Moulay Ismaïl* ließ nicht nur den El-Badi-Palast zerstören, sondern auch dieses Kunstwerk seiner Vorgängerdynastie zumauern, sodass es erst **1917 von den Franzosen wiederentdeckt** wurde. Die Gräber sind in zwei verschiedenen Bauten untergebracht, auch im Innenhof mit schönen Königs- und Dattelpalmen befinden sich Grabsteine.

Das südliche Gebäude gleich links des Eingangs besteht aus drei miteinander verbundenen Sälen. Im **Saal des Mihrab** wird das zentrale, reich verzierte Kreuzgratgewölbe von vier Carrara-Marmorsäulen getragen. Der Saal der drei Nischen besteht – wie der Name sagt – aus drei mit Stuck und Mosaiken verzierten Nischen mit Gräbern von Nachkommen der Saadier-Herrscher.

Absoluter Höhepunkt der Besichtigung ist der **Saal der zwölf Säulen:** In diesem quadratischen Raum tragen vier Gruppen von jeweils drei weißen Säulen aus Carrara-Marmor mit bemerkenswerten Kapitellen die reich mit Stalaktitenschmuck verzierte Kuppel des Saals. Die Wände bedecken bis auf zwei Meter Höhe kleinteilige, ungemein kunstvoll gefertigte Kachelmosaike in Ornamenten und Arabesken. Den Abschluss der Mosaike bilden Kalligrafiebänder, darüber spannt sich eine Zedernholzdecke. Der Raum beherbergt den Sarkophag des Saadier-Sultans *Moulay Ahmed el-Mansour* (mittleres Grab).

Das **nördliche Gebäude** mit zwei Sälen auf der anderen Seite des Hofs ist weniger prunkvoll ausgestattet, aber dennoch sehr sehenswert. Dort und im Hof wurden weitere Angehörige der Saadier-Dynastie wie etwa Kinder, Frauen und Soldaten bestattet.

Die Saadier-Gräber sind eine der wichtigsten touristischen Sehenswürdigkeiten der Stadt, deshalb drängelt sich in der Hauptsaison vor allem vormittags eine **Unmenge an Besuchern** durch die Anlage. Man sollte den Gräbern deshalb möglichst gleich nach der Öffnung oder kurz vor der Schließung einen Besuch abstatten.

- **Info:** tägl. 9–16.45 Uhr, im Ramadan bis 15 Uhr.
- **Eintritt:** 10 DH.

☐ Bab Agnaou, der Eingang zum Kasbah-Viertel

030m015 ad

ma16_081 ad

und Ouattasiden brach. Erst im 16. Jahrhundert (unter dem Saaditen *Moulay el-Mansour*) wurden die Agdal-Gärten regeneriert und das Bewässerungssystem wieder in Betrieb genommen.

Die heute ummauerten und umzäunten Gärten sind 515 Hektar groß und werden über einen **Kanal vom Stausee Lalla Takerkoust** am Rande des Hohen Atlas bewässert. Etwa 30.000 Oliven-, 24.000 Orangen- und Mandarinen-, 7000 Granatäpfel- und 720 Feigenbäume bringen jährlich eine reiche Ernte.

Die Gartenanlagen selbst sind nur bedingt sehenswert – z.B. wenn man ein bisschen ländliche Ruhe genießen und allein zwischen den Baumreihen mit schmalen Bewässerungsrinnen aus Erde schlendern möchte. Gelegentlich picknickt eine marokkanische Familie im Schatten eines Olivenbaums. Der Hauptzugang zu den Gärten befindet sich beim großen **Wasserbassin El Hana.** Ein Wärter öffnet das Zugangstor beim Gebäude einer alten Ölmühle (Trinkgeld wird erwartet). Im braunen Wasser des betonierten Bassins schwimmen dicke Karpfen, am Horizont zeichnet sich der Hohe Atlas ab.

- **Info:** Zugang zum Bassin nur Fr und So geöffnet, Eintritt frei.
- **Wegbeschreibung:** Zugang über den Méchouar südlich des Königspalastes (bei Besuch des Königs gesperrt) oder vom Stadttor Bab Ighli entlang der Stadtmauer Richtung Süden, dann links in die Rue d'Agdal bis zum Eingangstor auf der rechten Seite (unbeschildert). Von allen anderen Seiten sind die Gärten verschlossen und die Eingänge nur schwer auffindbar. Der weite Weg entlang der Straße bis zum Bassin bietet keinerlei Schatten, daher lässt man sich besser mit dem Taxi oder der Pferdekutsche am Eingangstor beim Grand Bassin absetzen. Bus Nr. 6 ab Place de Foucault.

Palmeraie

Bei der Palmeraie handelt es sich um den einzigen Palmenhain nördlich des Hohen Atlas, der angeblich durch einen **Zufall** entstand. Der Legende nach lagerte hier *Youssouf Ben Tachfin* im 11. Jahrhundert mit seinen Trup-

⌃ Der Jardin Majorelle lädt zu einer Ruhepause ein

pen, die hier Dattelkerne hinterließen. Heute dienen die Palmen als exotische Kulisse für die dortigen Villen und Hotels.

Die 12.000 Hektar große Palmeraie im Norden der Stadt ist weniger ein zusammenhängender Oasengarten als vielmehr ein Areal für große **Hotelprojekte,** riesige Privatanwesen der Schönen und Reichen, ein internationales Konferenzzentrum und für den Golfplatz **Golf de la Palmeraie.** Die Palmeraie ist neben der Hivernage das teuerste Wohnviertel der Stadt, und wie an den südlichen Ausfallstraßen schießen auch hier immer mehr luxuriöse Apartmentanlagen und Hotels aus dem Boden.

Seit 2011 befindet sich hier das **Musée de la Palmeraie** (Dar Tounsi, Route de Fès, tägl. 9–18 Uhr). Das 2011 eröffnete Privatmuseum liegt in einem 2 ha großen Garten und zeigt Bilder, Fotografien, Skulpturen und Installationen moderner marokkanischer Künstler.

Eine **22 km lange Rundfahrt,** der **Circuit de la Palmeraie,** führt durch den Palmenhain mit abgegrenzten und zum Teil ummauerten Grundstücken, einzelnen Oliven- und Zitrusgärten und Reitkamelen für neugierige Touristen. Bei der Runde **„Tour Oasis"** im offenen Doppeldeckerbus von ALSA (vgl. „Praktische Informationen/Stadtführungen") kann man sich einen guten Eindruck vom Ausmaß der Palmengärten verschaffen. In der Palmeraie ist es schön ruhig, und die Luft ist besser als im Zentrum, ein Autoausflug an diesen Ort lohnt sich jedoch lediglich für speziell Interessierte.

Cyber Parc (Arset Moulay Abdelslam)

Ein Besuch im sauberen, schönen Cyber Parc bzw. Arset Moulay Abdelslam direkt an der Av. Mohamed V. zwischen Medina und Guéliz lässt den Lärm, Smog und tobenden Verkehr der Stadt vergessen. **Familien, Studenten und Jugendliche flanieren** zwischen den akkurat geschnittenen Sträuchern, Jacarandas, Zitronenbäumen, Pinien, Palmen und Oliven. In der Mitte des Parks bietet ein modernes Cybercafé kostenpflichtigen Internetzugang. Im westlichen Teil wandelt sich der Charakter des Parks von englisch-gepflegt zum Oasengarten mit kleinen Erdbewässerungskanälen unter Palmen und Oliven.

Am Haupteingang ist in einem Glaspavillon eine kleine **Ausstellung** der Maroc Telecom zur Entwicklung der Telekommunikation in Marokko untergebracht.

Neustadt (Guéliz und Hivernage)

Die Neustadt, das heutige Viertel Guéliz, entstand in der Kolonialzeit **im Westen der Medina** als modernes Wohnviertel für die Franzosen außerhalb der Stadtmauern – heute erstickt Guéliz im Verkehr. Das Stadtviertel ist besonders zum **Einkaufen, Essen und Ausgehen** geeignet, sonst aber ohne besondere Sehenswürdigkeiten. In den mehrstöckigen rosa Betonbauten entlang der **Hauptstraße Av. Mohamed V.** und in den Seitenstraßen sind Shops mit Kleidung und Souvenirs, Restaurants, Cafés und Bars, Lebensmittelläden, Banken, Immobilienbüros, Reiseagenturen und Autovermieter untergebracht.

Am großen **Place du 16. Novembre** entstand im Jahr 2008 die repräsentative **Marrakech Plaza,** ein moderner Gebäudekomplex mit Läden und Apartments vor einem hübschen Platz mit Springbrunnen und Palmen. In der verglasten Ladenpassage haben sich moderne Boutiquen (Mango, Zara etc.) und das empfehlenswerte Café 16 (s. „Praktische Informationen/Essen und Trinken") eingemietet. Dahinter, an der Ecke von Rue des Nations Unies und Rue Ibn Toumert, wurde der **Marché central** mit Lebensmitteln und Schnittblumen errichtet.

Am **Place Abdelmoumen** an der Kreuzung zum Bd. Zerktouni laden viele Cafés mit schattiger Terrasse auf dem Gehsteig zu einer Verschnaufpause ein. Das am Platz gelegene Office du Tourisme hält Infos für Besucher bereit.

Gueliz und Hivernage

Übernachtung

2 Oudaya
3 La Renaissance
7 Moroccan House
13 Ryad Mogador Menara
19 Toulousain
21 Le Caspien
27 Ibis
30 Auberge de Jeunesse
38 Riad Sahara Nour
39 Riad Fatinat
41 La Mamounia Palace

Essen und Trinken

4 La Taverne
5 Al Fassia
8 Casanova
15 Café 16
16 McDonald's
17 Grand Café de la Poste
18 Le Cantanzaro
20 Café du Livre
24 Pâtisserie Al Jawda
25 Kechmara
26 La Trattoria de Giancarlo
28 Bagatelle
29 Azar
31 Actor's Club
32 Salon de Thé Tchaba
34 Le Théatro
35 Extrablatt
36 Comptoir Darna
37 Dino Gelato
40 Jad Mahal

Entlang der **Av. Mohamed Abdelkrim El Khattabi** gelangt man südwärts zur Kreuzung der Av. Mohamed VI. mit der Av. Hassan II. Hier thront der Stolz der Marrakchis, das 2001 fertiggestellte **Théâtre Royal** des tunesischen Star-Architekten *Charles Boccara*. Der gelbe Bau mit großer Kuppel, Säulen und Backsteinen weckt von außen Assoziationen zu Moscheen und Tempeln in Ägypten. Das Gebäude ist u.a. Veranstaltungsort beim Filmfestival *(Festival international du Film de Marrakech)* sowie für Theater- und Musikvorführungen.

Beim Théâtre Royale beginnt der südliche Abschnitt der **Av. Mohamed VI.** Diese vierspurige, von Palmen flankierte Prachtmeile säumen Luxushotels, Cafés und Restaurants sowie der Kongresspalast *(Palais des Congrès)*.

Die sog. **Hivernage** zwischen Av. Moulay el Hassan und Av. de la Ménara schließt westlich an die Medina und südlich an Guéliz an. In diesem blitzsauberen, mit Palmen und Oliven begrünten Quartier reihen sich edle Apartmentanlagen und Luxushotels aneinander – die Hivernage ist neben der Palmeraie das teuerste Wohnviertel der Stadt.

Marrakech Plaza in der Neustadt

ma16_08_ad

Praktische Informationen

Informationen für Touristen

- **Office du Tourisme** (ONMT), Place Abdelmoumen, Guéliz, Tel. 0524 43 61 31/39. Kostenlose Broschüren und Faltpläne, keine Detailinfos oder Empfehlung von Stadtführern.
- **www.madein-marrakech.com,** übersichtliche Sammlung aller wichtigen Adressen: Unterkünfte, Restaurants, Nachtleben, Einkaufen.
- **www.marrakech-info.com,** deutschsprachige Seite mit Infos zur Stadt und Buchungsmöglichkeit von Hotels und Riads.
- Beim Tourismusamt in der Neustadt (s.o.) und in vielen Gästehäusern liegen englisch- und französischsprachige **Broschüren** mit Stadtplan, Veranstaltungskalender, Hinweisen zu Sehenswürdigkeiten sowie Restaurant- und Hotelanzeigen aus, z.B. „Last Exit Marrakech", „Le guide Marrakech" und „Couleurs Marrakech Pocket".

Stadtführungen

Kompetente deutschsprachige Stadtführer verlangen für eine halbtägige Führung 400–500 DH und für den ganzen Tag bis zu 1000 DH (unabhängig von der Personenzahl). Der Preis sollte immer vorher vereinbart werden! Die Hotels halten in der Regel eine Liste empfehlenswerter Stadtführer bereit.

Empfehlenswerte offizielle und des Deutschen mächtige Führer für alle Sehenswürdigkeiten sind: *Hassan Moumen* (Mobil 0661 58 16 81), *Jamal Benihoud* (Mobil 0662 20 32 81, www.benihoud-touristguide-marokko.com), *Abdelkader Dizi* (Mobil 0667 96 49 12), *Omar Faris* (Mobil 0661 16 36 22), *Mustapha Arabia* (Tel. 0666 59 03 10) und *Ahmed Tija* (Tel. 0524 30 03 37). Leser empfahlen zudem *Khalid Naciri* (Mobil 0661 34 84 22, nacirikhalid@gmail.com) und *Hakim Mrabet* (Mobil 0662 64 51 27, www.hakimerlebnis.com).

☒ Mit einem kundigen Führer versteht man mehr von der Stadt und ihren Sehenswürdigkeiten

Ein roter **Doppeldeckerbus für Touristen** fährt alle wichtigen Sehenswürdigkeiten an und startet u.a. am Djamâa el-Fna, vgl. „Stadtbusse/Sightseeing-Busse".

Mit **Marrakech City Bike Tour** können Besucher eine geführte Radtour durch die Stadt unternehmen (3 Std., 25 Euro/Pers., Abfahrten vormittags und nachmittags, Mobil 0661 24 01 45, www.marrakech-city-bike-tour.com).

Unterkunft in der Neustadt

Ohne Reservierung ist ein Unterkommen in den größeren Hotels zur Hauptsaison an Ostern, Weihnachten und zu Ferienzeiten schwierig!

Fast alle **Hotels in der Neustadt** verfügen über eigene **bewachte Parkplätze,** mit Ausnahme einiger Hotels direkt an der Av. Mohamed V. (hier gibt es öffentliche bewachte Parkplätze).

Hotels der Oberklasse

Die modernen Oberklasse-Hotels in der Neustadt (v.a. in der Hivernage) unterscheiden sich kaum in Komfort, Ausstattung und Angebot (klimatisierte Zimmer mit TV, mehrere Restaurants, Sport- und Wellnessangebot). Daher werden hier nur einige ausgewählte Adressen genannt.

- **La Mamounia Palace**⑤, Av. Bab Djedid (zwischen Stadtmauer und Kutubiya-Moschee), Tel. 0524 38 86 00, www.mamounia.com. Das legendäre Luxushotel wurde nach dreijähriger Renovierung 2009 glamourös wiedereröffnet. Das ursprünglich aus dem Jahr 1923 stammende, von *Henri Probst* entworfene Traditionshotel verbindet die märchenhafte Atmosphäre aus 1001 Nacht mit dem Komfort des 21. Jh. Es diente als Kulisse für zahlreiche Filme und als Domizil für Aristokraten, Stars und Politiker, darunter Stammgast *Winston Churchill.* Sterneköche sorgen im französischen und marokkanischen Gourmet-Restaurant fürs leibliche Wohl, der 2500 m² große SPA-Bereich garantiert Entspannung und ist (mit Reservierung) auch für Nichtgäste geöffnet. Unbedingt einen Besuch wert ist der traumhafte, **7 ha große Mamounia-Park** mit Pool unter Palmen. Nichtgäste können den Pool und Fitnesspavillon mit einem Tagespass (50 Euro) nutzen. Prachtvoll mit Mosaiken, Marmor, Stuck und moderner Hightech ausgestattete Zimmer und Suiten mit Balkon und Blick über die Gärten ab 600 Euro. Zutritt in den Park und ins Hotel für alle, die nicht zu den Gästen gehören, nur mit angemessener Kleidung (keine Sandalen!).

■ **La Renaissance**④-⑤, 89, Av. Mohamed V., Ecke Bd. Zerktouni, Tel. 0524 33 77 77, www.renaissance-hotel-marrakech.com. Nach der Renovierung wurde das Traditionshotel (seit 1952) 2010 als Designtempel wiedergeboren. Sehr zentral mit Touristinfo, Restaurants, Cafés etc. um die Ecke. Sky Bar (7. Stock) mit Panoramablick und Cocktails, Hammam, gutes französisches Restaurant, WLAN. Standard-Doppelzimmer ab 190 Euro, in der Nebensaison bei Online-Buchung ab 70 Euro.

Hotels der Mittelklasse

■ **Ibis**③, Av. Hassan II., Place de la Gare (direkt am Bahnhof), Tel. 0524 43 59 29 33, www.ibishotel. com. Schönes 3-Sterne-Mittelklassehotel mit Pool, freundlichem Service und gutem Frühstück, WLAN. Die Räume nach vorne sind laut, besser Zimmer zum Garten verlangen. Ein weiteres Ibis-Hotel liegt an der Ausfahrtsstraße Richtung Casablanca.

■ **Le Caspien**③, 12, Rue Loubnane, Ecke Rue Liberté, Guéliz, Tel. 0524 42 22 82, www.lecaspien-hotel.com. Hübsche, saubere, modern marokkanisch gestaltete Zimmer (mit Bad, TV) auf mehreren Etagen rund um den Innenhof (auch Suiten mit Balkon). Das 3-Sterne-Haus hat ein angenehmes Bistro und einen Mini-Pool.

■ **Moroccan House**④, 3, Rue Loubnane, Ecke Bd. Zerktouni, Guéliz, Tel. 0524 42 03 05/06, www.moroccan-househotels. com. Dieses empfehlenswerte Hotel ist etwas überladen orientalisch im Stil eines Riads gestaltet. Das Personal ist sehr freundlich, ein Pool bietet Erfrischung. Die 50 Zimmer verschiedener Farbgebung und Kategorie sind mit Baldachinbett, TV und Klimaanlage ausgestattet.

■ **Oudaya**③, 147, Rue Mohamed El Beqal (Nordende), Tel. 0524 44 85 12 oder 44 71 09, www.hotel-oudaya. com. Zentrumsnahes, modernes und gepflegtes Mittelklassehotel im marokkanischen Stil, ca. 20 Min. Fußmarsch zum Djamâa el-Fna. Sehr freundlich und korrekt, schöner Pool im Hof, behinderten- und kinderfreundlich, viel von Veranstaltern gebucht. Gut ausgestattete, saubere und klimatisierte Zimmer (z.T. klein) mit Sat-TV und z.T. Balkon zum Hof. WLAN. Das Restaurant ist nicht empfehlenswert.

■ **Ryad Mogador Menara**③, Ecke Bd. 11 Janvier/ Bd. Prince My Abdellah, am Bab Doukkala, Tel. 0524 43 86 46, www.ryadmogador.com. Modernes, großes 3-Sterne-Hotel mit Pool, Parkplatz und gutem Preis-Leistungsverhältnis. Die Zimmer sind mit Sat-TV und Klimaanlage ausgestattet. Kein Alkoholausschank, WLAN. Ca. 15 Minuten Fußmarsch zum Djamâa el-Fna.

ma16_083 ad

Günstige Hotels

■ **Auberge de jeunesse,** Rue el Jahed, Hivernage, Tel. 0524 44 77 13, www.hihostels.com, in einer Parallelstraße zum Bd. el Hansali. Die sehr saubere Jugendherberge liegt ruhig nahe des Bahnhofs. Hübscher kleiner Garten und TV-Salon, 7 Euro mit Frühstück im Mehrbettzimmer, auch Familienzimmer.

■ **Toulousain**②, 44, Rue Tariq Ben Ziad, Guéliz, Tel. 0524 43 00 33, www.hoteltoulousain.com. Zentral gelegenes einfaches Traveller-Hotel mit Parkmöglichkeit im Hinterhof. Nebenan befindet sich das Café du Livre (vgl. „Essen und Trinken"). Ruhig und angenehm, netter Innenhof, (z.T. recht Hitze stauende) DZ mit Dusche/WC inkl. Frühstück, auch günstigere Zimmer ohne Bad. Sauber, nur an manchen Stellen blättert der Putz.

Maisons d'Hôtes und Hotels in der Medina

Maisons d'Hôtes sind **Gästehäuser in alten, renovierten Stadthäusern (Riads)** der Medina. Die mittlerweile mehreren hundert Gästehäuser der Altstadt sind in der Regel nicht mit dem Auto zugänglich! Die ungenauen Pläne der Medina mit ihren unzähligen Gässlein reichen zur Orientierung bzw. zum problemlosen Auffinden der Häuser nicht aus. Rufen Sie deshalb am besten vorher in der jeweiligen Unterkunft an und lassen Sie sich (z.B. vom Djamâa el-Fna) abholen, den Gepäcktransport organisieren und einen bewachten Parkplatz in der Nähe zeigen. Am Djamâa el-Fna kann man auch Träger mit Gepäckkarren anmieten (ca. 20 DH, vorher verhandeln!). Eine Reservierung ist für alle Gästehäuser unbedingt empfehlenswert.

Maisons d'Hôtes in der **nördlichen Medina** liegen in den Quartieren Kennaria, Dabbachi, Azbezt, Mouassine, Kat Benhadid, Riad Larousse, Bab Doukkala, u.a. nördlich des Djamâa el-Fna. Gästehäuser in den Quartieren Riad Zitoun el Jdid, Riad Zitoun el Kedim, Berrima, Mellah, Kasbah u.a. zählen wir zur **südlichen Medina.**

Oberklasse

■ **Dar Les Cigognes**⑤ (saisonabhängig), 108, Rue de Berrima, südliche Medina, Tel. 0524 38 27 40, www.lescigognes.com, an der Hinterseite des El-Badi-Palastes, mit Pkw zugänglich. Luxusriad für anspruchsvolle Reisende oder die Flitterwochen in zwei vom Star-Architekten *Charles Boccara* schick renovierten Häusern aus dem 17. Jh.: Decken, Türen und Balkone aus dunklem Zedernholz, helle Polstermöbel, offener Patio und Stuckbögen. Freundlicher, professioneller Service – hier kann man sich von der Massage bis zum Soukbummel oder Ausflug nach Essaouira alles organisieren lassen. Alkoholausschank, jeden Abend Teilnahme an einem 90-minütigen Kochkurs möglich. Große Dachterrasse voller Blühpflanzen mit Blick auf die Störche auf den Mauern des El-Badi-Palastes. 11 Zimmer und Suiten mit offenem Kamin und AC.

■ **Les Jardins de la Koutoubia**⑤, 26, Rue de la Koutoubia, südliche Medina, Tel. 0524 38 88 00, www.lesjardinsdelakoutoubia.com. In einem historischen Palast aus dem 18. Jh. entstand 2002 ein Luxushotel mit über 100 Zimmern in bester Lage zwischen Kutubiya-Moschee und Djâmaa el-Fna. Orientalischer Prunk und Architektur verbinden sich hier ohne Kitsch mit modernem Komfort – ein Traumhotel für Genießer. Luxuriöser Clarins-SPA, Tiefgarage, Restaurants mit indisch-asiatischer, europäischer und marokkanischer Küche. Frühstücksbüfett 19 Euro.

Unser Tipp: **Riad Enija**⑤, 9, Derb Mesfioui, Rahba Lakdima, nördliche Medina, Tel. 0524 44 09 26, 44 00 14, www.riadenija.com. Kein Schild an der Tür, auf der linken Seite am Ende der Gasse (Haus Nr. 9). Dieser wunderschöne Luxusriad aus vier Stadtpalästen der Schweizer *Ursula Haldimann* und *Björn Conerdings* verbindet modernes, farbenfrohes Design mit der Architektur aus 1001 Nacht (Stuck, Mosaike, Patios mit Springbrunnen). Der Hofgarten im größten Patio gleicht einem Urwald mit Palmen, Orangenbäumen und Kakteen. In einem weiteren Innenhof sorgt ein Pool für Erfrischung. Günstige Lage nahe Djamâa el-Fna. Restaurant im Gewölbekeller. Zimmer/Suite ab 230 Euro.

■ **Riad Farnatchi**⑤, Derb el Farnatchi, Rue Souk el Fassis, Qua'at Ben Ahid, nördliche Medina, Tel. 0524 38 49 10/12, www.riadfarnatchi.com. Dieser traumhafte Riad besteht aus mehreren miteinander verbundenen Häusern des 16. Jh. und liegt mitten in der Medina in direkter Nachbarschaft zur Medersa Ben Youssef. Die neun sehr stilvoll marokkanisch gestalteten Suiten mit mehreren Räumen sind z.T. größer als die meisten Stadtwohnungen und bedienen alle Ansprüche: Kamin, Tadlakt-Wände und -Böden, Sat-TV, DVD, WLAN und Privatterrasse. Architektonische Highlights sind der Mosaik-Badebrunnen im ersten Innenhof sowie der Speisesalon mit Rankenrelief bis zur Decke und thronartigen Ledersesseln – das Essen selbst ist leider nur mittelmäßig. Die Kanadierin *Lynn Paris* kümmert sich persönlich um die Gäste und gibt Tipps für alle Belange. Das Personal spricht englisch. Suite ab

310 Euro inkl. Tee, Kaffee, Wasser, Gebäck, Obst, Djellabah und Sandalen, Hammam und Airporttransfer.

■ **Riyad el Cadi**④-⑤, 86/87, Derb Moulay Abd el Kader (kein Türschild), Dabbachi, nördliche Medina, Tel. 0524 37 86 55, www.riyadelcadi.com. Dieses edle Gästehaus besteht aus sieben miteinander verbundenen Hofhäusern mit 14 komfortablen Zimmern oder Suiten – durch seine Größe ist das Ensemble mit seinen grünen Patios, verwinkelten Treppen und Zimmern beinahe labyrinthisch. Das Haus wurde ursprünglich vom ehemaligen deutschen Botschafter in Rabat, *Dr. Herwig Bartels*, eingerichtet. Heute steht es unter der Führung seiner Tochter *Julia Bartels*. Die sehr großzügigen Suiten (z.T. mit mehreren Zimmern und Privatterrasse, mit AC, TV, Minibar, Kamin) überzeugen durch ihr minimalistisches Design aus wertvollen antiken Sammelstücken (z.B. Berbertextilien und Orientteppichen) kombiniert mit modernem Mobiliar. Das „Blaue Haus" kann komplett privat gemietet werden (4–5 Pers.). Sehr ruhige Lage in einem Wohnviertel nicht weit vom Platz, kleiner Pool, Hammam, große Dachterrasse mit Sonnenliegen und Schattenplätzen. WLAN. Man spricht deutsch.

Mittelklasse

■ **Bordj Dar Lamane**④, 11, Derb Koudian, Ben Salah (direkt beim Place Ben Salah und der gleichnamigen Moschee), nördliche Medina, Tel. 0524 37 85 41, Mobil 0662 35 79 73, in Deutschland: Tel. 07663 94 94 55, www.marokko-aktiv-reisen.com. Das farbenfrohe Hofhaus unter deutsch-marokkanischer Führung hat sieben komfortable Zimmer, die sich auf zwei Stockwerken um den Innenhof mit Brunnen gruppieren. Von der Dachterrasse genießt man einen herrlichen Blick über die Dächer von Marrakesch. Essen auf Bestellung, individuelle Organisation von Ausflügen möglich.

■ **Dar Fakir**④, 16, Derb Sidi Boulafdail (in gleicher Gasse wie Riad Johenna), Kennaria, südliche Medina, www.darfakir.co.uk. Dieser Riad wirkt mit seinen beigen Tadelakt-Tönen, den dunklen Holzportalen und -fenstern sowie barock anmutenden Gemälden in den Salons vornehm-elegant. Im Innenhof mit Springbrunnen und Orangenbäumen herrscht abends romantische Atmosphäre bei Kerzenlicht. 7 Zimmer/Suiten mit AC und Fenstern zum Patio, z.T. etwas dunkel. Schöner Ausblick von der obersten Dachterrasse. Die freundliche deutsche Managerin *Kerstin Brand* kümmert sich um die Gäste und gibt viele Tipps. Sehr gute Lage nur etwa drei Gehminuten vom Djamâa el-Fna: vom Platz über Rue des Banques in Riad Zitoun Djedid abbiegen, dann erste Gasse rechts.

■ **Dar Limoun Amara**③-④, 71, Derb Jamaa, Riad Zitoun Djedid, Tel. 0524 38 18 09, www.dar-limounamara.com. Gute Lage nahe des Bahia-Palastes und Dar-Si-Said-Museums, nicht weit vom Djamâa el-Fna. Der freundliche *Gérard* kümmert sich um die Gäste der drei geräumigen Zimmer. Auf der Terrasse (leider ohne Ausblick) gibt es üppiges Frühstück mit hausgemachten Kuchen und Konfitüren. Klimatisierte, marokkanisch gestaltete Zimmer, hübscher Innenhof mit Orangenbäumen. Essen auf Vorbestellung.

■ **Dar Malak**③ (mit AC, in der Hauptsaison plus 15%), 20, Derb Assabane, Riad Laarouss, nördliche Medina, Tel. 0524 38 58 06, Mobil 0667 48 19 36, www.darmalak.com, um die Ecke des Riad Zina. Die sympathischen Franzosen *Eric* und *Rose Ruel* kümmern sich persönlich um die Gäste ihres hellen „Hauses der Engel" mit nur drei Zimmern und einer Suite. Der Künstler *Eric* stellt in einem Atelier seine Gemälde aus. Bemalte Stuckdecke, ansonsten minimalistische Gestaltung, kleiner Hammam, WLAN, ruhige Lage, Essen auf Bestellung.

Unser Tipp: **Riad du Rabbin**④, 105, Rue Souika/Ecke Rue Sekaia, Quartier Essalam in der Mellah (südliche Medina), Tel. 0524 38 90 90, www.riad-du-rabbin.com. Im Gewürzsouk des alten Judenviertels versteckt sich dieser herrliche Palast mit Arkadenbögen und z.T. sehr gut erhaltenen, bemalten Zedernholzdecken. Gute Lage nahe des Bahia- und Badia-Palastes und dennoch abseits der Touristenströme (10 Min. zum Djamâa el-Fna). Romantisches Ambiente in sanften Farbtönen, großzügige Suiten mit AC (EZ leider recht klein), tolle Dachterrasse mit Sonnenliegen und Ausblick auf den Atlas, kleiner Planschpool im Innenhof, Hammam, WLAN. Herzliche, deutschsprachige Betreuung durch die Managerin *Latifa*.

■ **Riad Aladdin**④, 7/8, Derb Touareg, Berrima, Place Ferblantiers, Tel. 0524 38 64 25, www.riadaladdin. com. Sehr schöner Riad mit 17 individuell im Berberstil gestalteten klimatisierten Zimmern, ideale Lage beim Place des Ferblantiers und dem Bahia-Palast. Von der großen, grünen Dachterrasse mit Sonnenliegen lässt sich herrlich der allabendliche Einflug der Störche zu ihren Nestern auf den Mauern des El-Badi-Palastes beobachten.

■ **Riad Fatinat**④, 61, Arset Aouzel, Bab Doukkala, Tel. 0524 37 78 82, www.fatinat-marrakech.com. Schöner Riad unter deutscher Leitung. Zwei Suiten und drei Zimmer, romantisch-orientalisch und farbenfroh gestaltet. Mit Hammam und großer Dachterrasse mit Ausblick.

Leben wie ein Pascha in der Medina von Marrakesch

von Prof. Dr. Anton Escher und Dipl. Geogr. Sandra Petermann
(Geografisches Institut der Johannes-Gutenberg-Universität Mainz)

Wo ist das Unauffindbare findbar, wo das Unmögliche möglich, und wo werden dem Menschen alle Wünsche erfüllt? Glaubt man dem bekannten Filmarchäologen *Indiana Jones,* dann existiert nur ein Ort, an dem dies zutrifft: Marrakesch! Allein der Name Marrakesch genügt, um in der Fantasie und Vorstellung der Europäer den „Zauber des Orients", die Sehnsucht nach dem „Taumel des Seins" und das Versprechen zur Befriedigung aller sinnlichen Bedürfnisse zu erzeugen. Wenn man durch die Altstadt von Marrakesch bummelt und einen Blick hinter die zum Teil für Besucher geöffneten Türen der hohen Hausmauern wirft, entdeckt der Flanierende eine **märchenhafte Welt:** Verwinkelte Ateliers, kunstvolle Galerien, luxuriöse Gästehäuser, exotische Restaurants, völkerkundliche Museen und prachtvolle Privatdomizile mit Innenhofgärten (die berühmten Riads) laden ein, in die Welt der Paschas aus 1001 Nacht einzutauchen.

Zu Beginn des französischen Protektorats fanden europäische Künstler wie *Jacques Majorelle* den Weg nach Marrakesch, ihnen folgten über Tanger amerikanische Schriftsteller der Beatgeneration, der internationale Jet-Set und über Essaouira mit Blumen bekränzte Hippies. Heute besuchen nahezu alle Marokko-Touristen die „Rote Stadt". Im Gegensatz zu vielen verfallenden Altstädten des Orients, in denen die unterste Bevölkerungsschicht des Landes lebt, erfreut sich die Medina von Marrakesch eines vorher nicht gekannten Glanzes. Für die **umfassende Renovierung vieler Wohnhäuser** sind Europäer verantwortlich, von denen sich bereits Ende des 20. Jahrhunderts 150 in der Altstadt etabliert hatten. Im Jahr 2009 waren mehr als 2100 Immobilien in der Medina in ausländischer Hand. Die Neu-Marrakechi bauen einzelne Wohnhäuser oder Hauskombinationen bis hin zu ganzen Sackgassenabschnitten nach orientalistischen Vorstellungen aus und um.

Angestoßen wurde der ungeahnte europäische Zuzug einerseits durch den jungen belgischen Architekten *Quentin Wilbaux,* der in den 1990er Jahren Hunderte Wohnhäuser in der Altstadt durch Vermessung und Kartierung wissenschaftlich erfasste und einige Jahre später zusammen mit seinem marokkanischen Freund *Abdellatif Aït Ben Abdallah* über eine Immobilienfirma vermarktete. Andererseits bewirkten die Medien, allen voran das französische Fernsehen mit einer Sendung über den Hauskauf in den Altstädten von Marrakesch und Essaouira, dass die Medina nicht mehr lediglich Reiche und Künstler anzieht. In Zeitungen, Journalen, Spielfilmen und im Internet werden das orientalische Bild und das **märchenhafte Image** der Stadt Marrakesch sowie die Attraktivität der Riads immer wieder thematisiert. Im Laufe der letzen Jahre wurden so – ermöglicht durch die historische Bausubstanz und begleitet von wirtschaftlichen und politischen Veränderungen in Marokko – die Bedingungen für eine **weltweite Vermarktung** der Altstadt-Immobilien von Marrakesch geschaffen. Und die Nachfrage nach diesem Angebot scheint, trotz islamistischer Terroranschläge und globaler Wirtschaftskrise, nicht nachzulassen. Auch hat die Anwesenheit der Ausländer inzwischen dazu beigetragen, dass die kommunale Infrastruktur der Altstadt (Wegepflasterung, Parkanlagen, Wasser- und Stromversorgung sowie Kanalisation) erneuert wurde.

Der Zuzug in die Altstadt wird anhalten. Europäer und Marokkaner finden die Medina wieder attraktiv und investieren. Insgesamt kann die Entwicklung der Medina als positiv bezeichnet werden. Das nicht immer konfliktfreie **Zusammenleben** von Marokkanern und Europä-

ma16_084 ad

ern hat allerdings lediglich dann eine Zukunft, wenn sich beide Seiten gegenseitig in ihren kulturellen Unterschieden anerkennen und achten. Nur so werden Europäer den Zauber des Orients dauerhaft in Marrakesch genießen können.

Buchtipp

■ **„Tausendundein Fremder im Paradies? Ausländer in der Medina von Marrakech"**, von *Anton Escher* und *Sandra Petermann*, Ergon Verlag 2009, in der Reihe „Muslimische Welten – Empirische Studien zu Gesellschaft, Politik und Religion".

Hier lässt es sich aushalten: Patio mit Pool im Riad Lyla

■ **Riad Johenna**③-④ (je nach Saison), 25, Derb Sidi Boulafdail (in der gleichen Gasse wie Dar Fakir), Kennaria, südliche Medina, Mobil 0671 23 63 24, www.riad-johenna.com. Der Oberbayer *Hans Kraus* renovierte mit seiner marokkanischen Frau *Sabah* liebevoll diesen kleinen Riad, in dem man sich wie zu Hause fühlt und persönlich betreut wird. Die drei Zimmer mit altem Stuck, Tadlakt, AC/Heizung und eigenem Bad orientieren sich zum kleinen offenen Innenhof, der bei Regen abgedeckt wird. Auf der Dachterrasse kann man die Geräuschkulisse des Djamâa el-Fna miterleben. Vom Platz kommend über Rue des Banques in Riad Zitoun Djedid abbiegen, dann erste Gasse rechts.

■ **Riad Lena**③-④ (je nach Saison, mit Frühstück), 8, Derb el Hammam (kein Türschild), Riad Laarouss, nördliche Medina (nicht weit vom Musée de Marrakech), Mobil 0661 28 02 79, www.riadlena.com. Sehr schönes, in sanften Farben und mit Leinen gestaltetes Haus. Kleines Badebecken im Innenhof, chillige Dachterrasse mit schattigen Sitzecken und Restaurant (Alkoholausschank). Elf nach Gewürzen benannte Zimmer und große Suiten für bis zu 4 Pers., angenehmer Kaminsalon im EG.

■ **Riad Lyla**③-④, 4/5, Derb Ouatani, Mouassine, nördliche Medina, von der Rue Mouassine kommend links ab in die Rue Sidi el Yamani, dann wieder links (Durchgang mit Schild „Derb Ouatani"), Mobil 0668 17 07 12, www.riad-lyla-marrakech.com. In diesem hellen, freundlichen Riad mit zwei Patios (einer davon mit kleinem Pool) fühlt man sich wie in einem Garten: üppig grüne Palmen, Orangenbäume, Kakteen und Aloe in den Höfen und auf der Dachterrasse. Kaminsalon im EG mit schönem Zedernholzportal, Dachterrasse auf mehreren Ebenen mit Sonnenliegen und schattigen Sitzpolstern. 7 hübsche, klimatisierte Zimmer. WLAN.

Unser Tipp: **Riad Noga**④ (saisonabhängig), 78, Derb Jdid, Douar Graoua. Tel. 0524 37 76 70, 38 58 46, www.riadnoga.com. Vom Djamâa el-Fna auf der Derb Dabbachi nach Osten, nach der Kreuzung mit der Rue Kennaria die vierte Gasse rechts runter (ca. 10 Min. Fußmarsch). Das Riad Noga (unter deutscher Führung) ist eine Oase der Ruhe inmitten der Medina! Das Gästehaus besteht aus zwei wundervoll renovierten Stadthäusern mit kühlem Innenhof. Im Patio des ersten Hauses mit Orangenbäumen kann man in der Polsterecke in Marokko-Büchern schmökern. Im erdroten Patio nebenan befindet sich ein erfrischender Pool. Sieben individuell eingerichtete, hübsche DZ unterschiedlicher Größe mit Bad, Heizung/Klimaanlage, Sat-TV/DVD, z.T. mit offenem Kamin, Internet ver-

4 Pers.) gibt es Mechoui und Pastilla. Alkoholausschank, Reservierung sinnvoll.

■ **Azar,** Rue Yougoslavie, Ecke Av. Hassan II., Guéliz, www.azarmarrakech.com, Tel. 0524 43 09 20, tägl. mittags und abends geöffnet. In dieser modern durchgestylten „Brasserie Libanaise" sollte man unbedingt die leckeren warmen und kalten *Mezze* probieren. Mezze (libanesische Vorspeisen) 45–75 DH, Menü mit Mezze, Grillgerichten oder Tajine und Dessert 600 DH/2 Pers. Auf der chilligen Terrasse lässt sich gemütlich Shisha rauchen. Jeden Abend um 22 Uhr orientalische Tanzshow. Alkoholausschank, auch gute alkoholfreie Saftcocktails.

■ **Bagatelle,** 103, Rue Yougoslavie, Ecke Bd. Moulay Rachid, Tel. 0524 43 02 74, tägl. 9–15 und 18.30–23 Uhr. In diesem alteingesessenen französischen Restaurant (seit 1949) mit nostalgischer Bistroatmosphäre sitzt man besonders schön auf der schattigen Terrasse. Alkoholausschank, Grillgerichte oder Tajine ca. 100 DH, WLAN verfügbar.

■ **Cantanzaro,** 50, Rue Tarik Ibn Zaid, Tel. 0524 43 37 31, neben Hotel Toulousain, tägl. mittags und abends (außer Di). Obwohl von außen wenig attraktiv, herrscht in diesem beliebten Restaurant mit italienischer Küche innen echte Pizzeria-Atmosphäre, leider ohne Tageslicht. Der Laden ist selbst mittags voll mit marokk. und internat. Publikum. Pizza aus dem Steinofen, Pasta, Wein und Bier, Menü ca. 150 DH. Reservierung notwendig (oder lange Wartezeit).

■ **Casanova,** 221, Av. Yacoub el Mansour, Guéliz, Tel. 0524 42 37 35, tägl. 12–15 und 19–24 Uhr. Auf der hübschen Terrasse mit Orangenbäumen und Topfpflanzen oder im modernen Interieur mit Bar bekommt man in diesem italienischen Restaurant relativ preiswerte hausgemachte Pasta (70–180 DH) oder (nur abends) Pizza aus dem Holzkohleofen (ab ca. 60 DH) serviert. Jeden Abend unterhält ein Pianist die Gäste.

■ **Comptoir Darna,** Av. Echouada, Hivernage, Tel. 0524 43 77 02, www.comptoirdarna.com, tägl. 19–3 Uhr. Hier bringen junge, hübsche Marokkanerinnen internationale und marokkanische Gerichte auf den Tisch. Trotz des sehr guten Service und Essens sind die Preise etwas überhöht (Hauptgericht ab 150 DH). Die Lampen und Räucherstäbchen sorgen für orientalisches Ambiente, im OG füllt sich die Lounge, bevor täglich um 22.30 Uhr eine sehr sehenswerte Bauchtanzshow beginnt. Alkoholausschank, Reservierung notwendig, Kreditkarten werden akzeptiert.

■ **La Taverne,** 23, Bd. Zerktouni, Guéliz, ggü. Cinéma Colisée, Tel. 0524 44 61 26. Der weiße Innenraum des freundlichen Restaurants mit marokkanischen und internationalen Gerichten (mittlere Preislage) wirkt etwas nüchtern-steril, dafür sitzt man sehr schön im schattigen Hofgarten mit Biergartenatmosphäre (Weinausschank).

■ **La Trattoria de Giancarlo,** 179, Rue Mohamed El Beqal, Guéliz, Tel. 0524 43 26 41, www.latrattoriamarrakech.com, tägl. 19–1 Uhr. Hier öffnen die sehr korrekten und zuvorkommenden Ober dem Gast schon die Taxitür und führen zum Aperitif (marokkanischer Wein, Bier, Cocktails u.a.) mit Olivensnack in den Vorgarten mit Palmen und Bambus. Der Hauptgang (wechselnde italienische Gerichte, keine Pizza) wird in eleganter Atmosphäre im offenen Innenhof voller großer Pflanzen am Rand eines beleuchteten Wasserbassins eingenommen. Wasserzerstäuber kühlen die Luft ab. Die Salons sind mit Kunst im hispano-maurischen Stil dekoriert. La Trattoria ist wohl das beste italienische Restaurant der Stadt – mit fairen Preisen: Pasta 120 DH, Fleisch-/Fischgerichte ca. 180 DH, auch ital. Desserts. Reservierung obligatorisch.

Cafés und Patisserien

Alkohol wird in den kleinen Lokalen und Cafés in der Medina nicht ausgeschenkt!

In der **Neustadt** reihen sich mehrere Straßencafés entlang der Av. Mohamed V., besonders um den Place Abdelmounen.

In der Medina

UNSER TIPP: **Café Clock,** 244, Derb Chtouka, Kasbah, www.cafeclock.com. Witziges „Cross Cultural Café" mit Kunstausstellung und Veranstaltungen wie marokkanischer Kochkurs, Jam Sessions, Kalligrafie, Geschichtenerzähler-Abende jeden Donnerstag etc. Frische, leichte Snacks (Spezialität: Kamelburger für 95 DH), Milchshakes und Eisbecher.

■ **Café Le Bougainvillier,** 33, Rue el Mouassine, nördliche Medina. Ganz in den lila-pinken Farben der Bougainvillea-Blüten gehaltenes nettes Café zum Entspannen in einem hübschen Innenhof und im angrenzenden Salon mit Ausstellungen marokkanischer Künstler. Neben Cappuccino und Minztee gibt es frische Säfte, Crêpes, marokkanische Gerichte sowie Pizza, Pasta (ca. 70 DH) und Paninis (ca. 55 DH). Ideale Zwischenstation bei einem Bummel durch die Souks. WLAN. Tägl. 10–22 Uhr.

■ **Café Le Bled** und **Café Bakchich,** Rue Kennaria, Ecke Rue des Banques, wenige Schritte vom Djamâa el-Fna. Die beiden kleinen Cafés mit Stühlen auf der Gasse und nettem Interieur (im Bakchich mit Recycling-Art) liegen unmittelbar nebeneinander. Neben Kaffee und Säften gibt es Pizza, Grillgerichte, Salate und andere Snacks zu mittleren Preisen (ca. 50 DH). WLAN.

■ **Café des épices,** 75, Rahba Kedima, www.cafedesepices.net. Dieses sehr nette Café liegt mitten in der Medina auf halbem Weg zwischen Djamâa el-Fna und Musée de Marrakech. Hier sitzen junge Traveller bei chilliger Musik auf der (heißen) Dachterrasse, auf niedrigen Polstern oder Basthockern im kühlen Zwischengeschoss oder an Tischen im Erdgeschoss mit Terrasse. Neben gutem Espresso gibt es Sandwiches (ca. 50 DH) und frische Säfte. Vom Dach hat man einen tollen Blick auf den kleinen Platz Rahba Kedima mit den Korbhändlerinnen (guter Fotostandort).

■ **Café de France,** das Café am Djamâa el-Fna ist eine der ältesten Institutionen für Touristen am großen Platz. Im EG gibt es neben den üblichen Getränken mittelmäßige À-la-carte-Gerichte – dort sitzt man in der ersten Reihe, wenn junge Akrobaten ihre Kunststücke vorführen. Auf der Terrasse im 1. Stock wird das Standard-Touristenmenü (Tajine und Couscous) serviert, von der Panoramaterrasse im 2. Stock (nur Getränke) bietet sich der schönste Blick.

■ **Café Les Terrasses de l'Alhambra,** direkt am Djamâa el-Fna. Dieses moderne Café im stylisch-andalusischen Outfit ist immer voller Touristen, die hier Lavazza-Kaffee, leckere Eisbecher, Panachés, aber auch Gerichte wie Couscous und Pizza mit Blick auf den Platz genießen. Das Untergeschoss ist innen klimatisiert, auf der Terrasse sorgen Wasserzerstäuber für Kühlung, unter der Markise auf der oberen Terrasse heizt es sich mittags stark auf.

■ **Earth Café,** 2, Derb Zawak (Seitengasse der Riad Zitoun el Kedim), südliche Medina, www.earthcafemarrakech.com, tägl. 12–21.30 Uhr. Im winzigen bunten Innenhof dieses jung-alternativen Cafés hängt der Küchendampf von frisch zubereiteten vegetarischen und veganen Gerichten (Veggie-Burger o.Ä. für 70 DH).

■ **Fîne du Marrakech,** Av. Houmman el Fetouaki. In der Auslage dieser von Marokkanern wie Touristen gleichermaßen frequentierten Patisserie liegen bergeweise zuckrig-klebrige Versuchungen. Beim Straßenverkauf gibt es neben Gebäck frische Croissants, im bestuhlten Inneren auch Café au Lait.

☐ Im Restaurant Le Salama genießt man einen tollen Ausblick über die Medina

ma16_077 ad

■ **Patisserie des Princes,** 32, Rue Bab Agnaou. Eine der ältesten und bekanntesten Konditoreien in Marrakesch: große Auswahl an leckerem Gebäck und Kuchen, auch gut verpackt zum nach Hause Mitnehmen.

■ **Ryad Jama,** 149, Rue Kennaria/Anfang Riad Zitoun Djedid. Ein unauffälliges Schild in der Riad Zitoun Djedid (vom Djamâa el-Fna südwärts) weist rechts in den kleinen Innenhof (Holztür mit Haus-Nr. 149), geöffnet 12–15 und 18.30–22 Uhr. Hier sitzt man gemütlich wie in einer Gartenlaube unter einem Orangenbaum und einer großen Palme und genießt einen frischen Orangensaft oder das Tagesgericht.

In der Neustadt

■ **Café 16,** Place du 16 Novembre (Marrakech Plaza), Guéliz, Tel. 0524 33 96 70, www.16cafe.com, tägl. 7–24 Uhr. Das Motto dieses sehr modernen, in freundlichem Weiß und Hellgrün gestalteten Cafés und Restaurants am zentralen Vorzeigeplatz Marrakech Plaza könnte lauten: frisch und gesund. Denn es werden sehr leckere, toll angerichtete Salate (z.B. mit Lachs, 90–130 DH) und Sandwiches (75–120 DH), frisch gepresste Säfte, 16 Sorten Tee, aber auch diverse Eisbecher (60 DH) und Sorbets sowie Frühstück serviert. Man sitzt im kühlen, großzügigen Innenraum oder auf der Terrasse unter Sonnenschirmen. WLAN verfügbar.

■ **Café du Livre,** 44, Rue Tarik Ben Ziad, Guéliz, im Hinterhof vor dem Hotel Toulousain, Tel. 0524 43 21 49, www.cafedulivre.com, tägl. 9.30–23 Uhr, im Ramadan 11–19 Uhr. In dieser Einheit aus (klimatisiertem) Café, Restaurant und kleiner Bibliothek lässt es sich herrlich in verschiedensprachiger Literatur (Zeitschriften, Bücher, Reiseführer) über Marokko schmökern, nebenbei via WLAN mit dem Laptop die Mails checken und einen Kaffee trinken. Wegen der eher versteckten Lage im Hinterhof im OG ist das Café für Touristen noch ein Geheimtipp. U.a. gute Salate (z.B. geräucherter Forellensalat), Sandwiches (50–80 DH) und Tapas, Alkoholausschank. Es werden auch einige Bücher verkauft, ausgelesene Romane können getauscht werden. Mi und Sa Live-Musik von 19.30–22 Uhr, WLAN verfügbar.

■ **Café Extrablatt,** Ecke Av. Echouada/Rue al Quadissia, Hivernage, www.extrablatt-marrakech.com, tägl. 8–24 Uhr. Auf der großen Terrasse des Extrablatt in der grünen Hivernage treffen sich die junge marokkanische Oberschicht sowie in der Stadt lebende Ausländer und Touristen. Hier kann man in Ruhe ein Frühstück (ab 35 DH) oder einen hübsch angerichteten leichten Mittagssnack (Sandwiches, Salate 35–65 DH, Pizza ab 45 DH) genießen. Saftcocktails, diverse Kaffees, flotter Service, gutes Preis-Leistungsverhältnis.

■ **Café Le Melting Pot,** Rue Yougoslavie, Guéliz, tägl. 7.30–23 Uhr. Hier verschmelzen Kunstgalerie und Café; modernes Interieur mit wechselnden Ausstellungen marokkanischer Künstler. Große Auswahl beim Frühstück (ab ca. 50 DH), Crèpes, Sandwiches/Paninis, Salate und Pizza.

■ **Dino Gelato Italiano,** Av. Mohamed V., neben Hotel Hasna, www.gelatsdino.com, tägl. 9–1 Uhr. Auf der großen Terrasse mit Schirmen oder im modernen Intérieur der Eisdiele gibt es Gebäck, tolle Eisbecher (60– 95 DH), Crêpes und Kaffee.

■ **Kechmara,** Rue de la Liberté, www.kechmara. com, tägl. 9–1 Uhr. Dieses durchgestylte In-Café mit verglaster Front, einigen Stühlen auf dem Gehsteig und weißem minimalistischen Interieur mit schwarzafrikanischen Bildern und Skulpturen könnte auch in München oder Mailand junges Publikum anziehen. An der Longbar gibt es Cocktails, an den Tischen mit weißen Plastikschalenstühlen gutes Frühstück (Crêpes, Schokocroissants, Saftcocktails etc.) sowie wechselnde Gerichte (ab 90 DH), WLAN verfügbar.

■ **Le Grand Café de la Poste,** Ecke Bd. el Mansour Eddahabi/Av. Imam Malik, Guéliz (direkt ggü. der Hauptpost), tägl. 8–1 Uhr. In diesem traditionsreichen Café (seit 1925) gibt es nach Aussagen in Marrakesch lebender Ausländer das beste Frühstück der Stadt (8–12 Uhr). Man sitzt auf der hübschen Terrasse oder im eleganten Salon mit kolonialem Ambiente. Feine französische à-la-carte-Gerichte (mittags und abends) ab 130 DH, Kreditkartenzahlung möglich, WLAN verfügbar.

■ **Patisserie Al Jawda,** 11, Rue de la Liberté, Guéliz, tägl. 8–20.30 Uhr. Eine der populärsten Patisserien der Stadt: Im kleinen Verkaufsladen kann man aus *Madame Alamis* hausgemachten köstlichen Gebäckvariationen mit Mandeln, Feigen, Honig, Sesam und Orangenblüten auswählen (180 DH/kg). Es gibt auch (für den Export mit Biosiegel bezeichneten) Honig, Marmelade und Arganöl.

■ **Salon de Thé Tchaba,** Av. Mohamed VI. (schräg gegenüber vom Palais de Congrès, neben dem Café L'Opera), Guéliz. In diesem Teesalon mit edlem Ambiente (inkl. WLAN) kann man nicht nur gemütlich Dutzende Teesorten, Smoothies und Kaffee genießen, sondern auch alles

☐ Gewürze kauft man am günstigsten auf dem Mellah-Markt

rund um Tee erwerben, z.B. die orientalische Tchaba-Teekollektion in Seidenbeuteln und hübschen Dosen. WLAN verfügbar.

■ Für Fast-Food-Liebhaber steht ein **McDonald's** am Place du 16. Novembre bereit sowie beim Marjane-Supermarkt weiter nördlich. An der südlichen Av. Mohamed V. gibt es zudem einen **Pizza Hut.**

Einkaufen

Traditionelles Handwerk

■ **Souvenirs** gibt es in der größten Auswahl in der Medina in den Souks, hier muss man aber bis aufs Äußerste handeln (meist ist etwa ein Drittel des erstgenannten Preises möglich)! Auch in der Neustadt bekommt man Souvenirs – die Auswahl ist kleiner, dafür sind sie manchmal günstiger.

■ Empfehlenswert für alten, echten **Schmuck** sind diverse Läden in der **Rue Mouassine** (nördliche Medina, beginnend am Place Bab Ftouh).

■ Im **Ensemble Artisanal** an der Av. Mohamed V. kann man Kunsthandwerk zu ziemlich hohen Festpreisen kaufen. Vor allem zur Preisinformation vor dem Einkauf im Souk ist ein Besuch anzuraten.

■ Utensilien für die marokkanische **Teezeremonie** gibt es am Ostende des Bab Fteuh oder in der Rue Riad Zitoun Djedid (Tabletts, Teekannen, bunte Gläschen).

■ Gerade angesagte **marokkanische bzw. arabische Musik** kann man günstig an dem großen CD-Stand am Djamâa el-Fna kaufen.

■ Im **Gewerbeviertel Sidi Ghanem** (4 km außerhalb links der Straße nach Safi, www.sidighanem.net) kaufen Riad-Besitzer und Marrakchis orientalische Dekorationsgegenstände und Mobiliar ein. Nach Sidi Ghanem fährt der Stadtbus Nr. 15 ab Arset el-Blik. Mit dem Auto in Richtung Safi fahren und dann (vom Zentrum kommend) links in eine der Seitenstraßen einbiegen, N 31°40,332', W 08° 02,741'. Das Gewerbeviertel ist von der Hauptstraße nicht als solches erkennbar.

■ Auf dem **Souk el Khemis** am Nordende der Medina kann man mit etwas Glück schöne gebrauchte Antiquitäten, Lampen und Teppiche erstehen. Am meisten Betrieb herrscht samstags und donnerstags.

■ Originelle **Kunst aus Autoreifen** (Hocker, Bilderrahmen, Schalen) verkaufen Shops am südlichen Ende der Riad Zitoun el Kedim.

■ **Ets. Bouchaib,** Complexe d'Artisanat, Rue de la Kasbah, im Kasbahviertel, Tel. 0524 38 18 53, tägl. 8.30–20 Uhr. In diesem Kaufhaus gibt es auf zwei Etagen alles, was Marokko an Kunsthandwerk zu bieten hat: Lampen, Keramik, Teppiche, Kleidung, Lederwaren, Schmuck und sogar Arganienöl, Gewürze und Kosmetika. Wer keine Lust auf Handeln und lange Sucherei in der Medina hat, bekommt hier alle Waren zu recht hohen Festpreisen. Kreditkarten werden akzeptiert.

ma16_076 ad

Kleidung/Stoffe

■ **Kaftan Queen Boutique,** 44, Rue Ib Tarik Zaid, Guéliz. Kleine Designer-Boutique am Durchgang zum Hotel Toulousain mit schönen, orientalisch angehauchten Kaftans und Blusen.

■ **La Maison de Caftan,** 65, Rue Sidi Yamani, Mouassine, Medina. Bei der Mouassine-Moschee und dem Café Bougainvillier von der Rue Mouassine links abbiegen (vom Djamâa el-Fna kommend). Großer Laden mit einer riesigen Auswahl an Kaftans in allen Farben und Schnitten, auch handbestickte Kissen- und Bettbezüge, Tischdecken etc.

■ **Scènes de Lin,** 70, Rue el Houria (Rue de la Liberté), Guéliz, www.scenesdelin.com, Mo bis Sa 9.30–13 und 15.30–19.30 Uhr. Schicker Laden mit Dekorations- und Einrichtungsgegenständen für das modern-orientalische Interieur (Kissen, Stoffe, Tischdecken, auch Kaftans, v.a. in Leinen), auch Auftragsarbeiten.

Teppiche

■ **Art Akhnif,** 6, Rue Mouassine, Medina, Tel. 0524 42 60 96. Schöne Kelims und Kelim-Kissenbezüge, auch andere Teppiche und Überzüge in verschiedenen Farben und Größen werden im kleinen Verkaufsraum präsentiert. Keine Touristenanmache, die Beratung ist freundlich, die Preise sind fair.

Supermärkte/Lebensmittel/Gewürze

■ **ACIMA,** 107, Av. Mohamed Abdelkrim el Khettabi, tägl. 8.30–22 Uhr. Zentraler Supermarkt in der Neustadt, gut sortiert (aber kein Alkohol), mit Tiefgarage. Weiterer ACIMA-Markt schräg gegenüber vom Jardin Majorelle an der Av. Yacoub el Mansour.

■ **Carrefour,** Route de l'Ourika (ca. 6 km außerhalb), im Shopping Center Almazar. Riesiger Supermarkt mit Alkoholverkauf an der südlichen Stadtausfahrt Richtung Ourika, tägl. 9–24 Uhr, mit Tiefgarage.

■ **Marjane,** Route de Casablanca / Av. Mohamed Abdelkrim Khattabi, am Kreisverkehr bei Pizza Hut (N 31°40,027', W 08°00,740'), tägl. 9–22 Uhr. Riesiger Hypermarché nördlich der Neustadt. Europäisches Warenangebot (kein Alkohol), gutes und günstiges (Bio-)Arganienöl. Ein weiterer Marjane befindet sich an der Straße Richtung Essaouira (auch kein Alkoholverkauf mehr).

■ **Gewürze, Kräuter und Öle** gibt es an Ständen rund um den **Rahba Kedima** in der nördlichen Medina und im **Marché Central** in der Neustadt. Besonders gut für den Lebensmitteleinkauf eignet sich der **Mellah-Markt** *(Marché couvert)* an der Av. Hoummam El Fetouaki in der Nähe des Place des Ferblantiers.

■ Die **Herboristerien,** die zurzeit mehr und mehr aus dem Boden sprießen und im Prinzip ausschließlich an Touristen verkaufen, bieten **Gewürze** meist zu überteuerten Preisen an. Dort werden in kommerziellen Verkaufsshows (oft auch auf Deutsch) allerlei traditionelle Heilmittel gegen Rheuma, Blähungen, Husten etc. und diverse Mittelchen für die Schönheit präsentiert. Das in den Herboristerien verkaufte Arganöl ist meistens nicht rein, sondern mit Olivenöl versetzt!

Buchhandlungen/Zeitschriften

Deutsche Zeitungen und Zeitschriften von „Spiegel" bis „Bild" werden an der Bude neben dem Café Les Terrasses de l'Alhambra am Nordende des Djamâa el-Fna sowie an Straßenständen entlang der Av. Mohamed V. (z.B. am Place Abdelmoumen) in Guéliz verkauft.

■ **Librairie Darart,** Rue Yves Saint-Laurent (beim Jardin Majorelle), Imm. 79, tägl. 9–18 Uhr. Vielfältige Literatur zu marokkanischer Kunst, Küche etc., auch Belletristik auf Französisch und Englisch.

■ **Librairie Dar el Bacha,** 2, Rue Dar el Pacha, nördliche Medina, www.darelbacha.com. Winzige Buchhandlung mit erstaunlich großer Auswahl an Literatur über Marokko und Marrakesch (Reiseführer, Bildbände, Belletristik). Mo bis Sa 9–13 und 15.30–18.30 Uhr.

Kunst und Kultur

■ **Dar Cherifa,** 8, Derb Chorfa Lakbir, Mouassine, Medina, Tel. 0524 42 64 63, www.dar-cherifa.com, tägl. 10–19 Uhr. Im Herzen der Medina liegt dieser stilvoll renovierte Riad aus dem 16. Jh. mit wunderschönen Zedernholzarbeiten und Arkaden. Hier finden regelmäßig Kulturveranstaltungen (Lesungen, Konzerte etc.) sowie wechselnde Ausstellungen marokkanischer Künstler statt. Eintritt frei. Im Innenhof und auf der Dachterrasse kann man einen Tee oder einen frischen Saft trinken und zu Mittag essen (Gericht ab 90 DH). Wegbeschreibung: Gegenüber der Moschee Mouassine in die beschilderte Gasse einbiegen, links um die Ecke, nächste Gasse rechts durch einen niedrigen Durchgang, an der Tür direkt dahinter auf der rechten Seite.

■ **Café Clock,** 224, Derb Chtouka, Kasbah, Tel. 0524 37 83 67, www.cafeclock.com (vgl. „Cafés in der Medina"). In diesem jung-alternativen Kulturcafé im Kasbah-Viertel ist täglich etwas geboten: von Kochkursen bis zur Kurzeinführung in die Mentalität der Marrakchis, Live-Musik, Yoga- und orientalische Tanzkurse. Unbedingt besuchenswert ist der Hikayat-Abend jeden Donnerstag um 19 Uhr, an dem ein Meister des Märchenerzählens die Kunst an seine Schüler weitergibt. Die Geschichten werden für das Publikum ins Englische übersetzt.

Nachtleben

Das Nachtleben spielt sich hauptsächlich in den **Discos in Guéliz** bzw. in den **teuren Hotels der Hivernage** ab, an die meist eigene Nightclubs und Bars angeschlossen sind – dort wird auch überall Alkohol von Bier bis Champagner ausgeschenkt. Inzwischen kann man in Klubs wie Pacha oder Le Théatro kaum unterscheiden, ob man sich in Marrakesch oder in einem entsprechenden Etablissement in Europa befindet. Einige Klubs bieten wochentags auch eine Ladies Night mit kostenlosen Getränken an. Alle größeren Klubs und Discos erheben einen Eintrittspreis zwischen 150 und 250 DH.

■ **Actor's,** im Hotel Medina & SPA, Av. Mohamed VI., tägl. ab 23 Uhr, Eintritt 150–200 DH. Der Klub eröffnete zum Filmfestival 2006, um die Stars im VIP-Bereich zu empfangen. Mi Ladies Night, täglich wechselnde Musik von Salsa, Funk bis orientalisch.

■ **Azar** (vgl. „Restaurants in der Neustadt"), Av. Yougoslavie, Guéliz. Auf der Terrasse dieser schicken „Brasserie Libanaise" gibt es Shishas, Wein und leckere Cocktails. Abends ab 22 Uhr Tanzshow, am Wochenende Live-Musik.

■ **Casino de Marrakech,** Av. El Qadissia, Hivernage, 50 m vom Hotel Es-Saâdi, Tel. 0524 44 88 11, tägl. 14–4 Uhr. Im ältesten Kasino des Landes (seit 1952) herrscht verrauchte Spielhöllenatmosphäre mit Spielautomaten, Black Jack, Poker und Roulette. Gelegentlich auch Tanz- und Akrobatikshows, kein Dresscode, v.a. männliches Publikum.

■ **Kosybar** (vgl. „Restaurants in der Medina"), 47, Place des Ferblantiers. Hier sitzt man entspannt bei Kerzen- und Laternenlicht auf der Dachterrasse eines vornehmen Riads und genießt den Blick auf die beleuchtete Kutubiya-Moschee. Es gibt Bier, marokkanischen Wein und Cocktails. Häufig Live-Musik.

■ **La Mamounia,** Av. Bab Jdid, Tel. 0524 38 86 00, www.mamounia.com. Zweites Kasino der Stadt im berühmten Luxushotel La Mamounia Palace (vgl. „Unterkunft/Oberklasse") am Rande der Medina.

■ **Le Diamant Noir,** Hotel Marrakech, Place de la Liberté, Av. Mohamed V., Guéliz, Tel. 0524 44 63 91, tägl. 23–3 Uhr. In diesem beliebten Klub tummelt sich wochentags v.a. homosexuelles Publikum, am Wochenende feiert man bei Pop- und Rai-Musik (= algerische Popmusik).

■ **Le Paradise,** im Hotel Mansour Eddahabi, Av. Mohamed VI., Tel. 0524 44 82 22, tägl. ab 22.30 Uhr. Eine der bekanntesten Discos der Stadt, in der Hotelgäste, Expats und Marokkaner zusammen feiern.

■ **Le Théâtro,** Av. El Qadissia, Hivernage (im Hotel Es-Saâdi), Tel. 0524 44 88 11, www.theatromarrakech.com, tägl. 23.30–5 Uhr. Dieser Klub ist momentan eine der ersten Adressen im Nachtleben der Stadt. Bekannte DJs (House-Musik) und Livespektakel unterhalten das hippe marokkanische und internationale Publikum. Di Ladies Night.

■ **Mégarama,** Bd. Mohamed VI., beim Pacha-Klub, Tel. 0890 10 20 20. Modernes Kino mit aktuellem Hollywoodprogramm (franz.).

■ **Pacha,** Av. Mohamed VI., Nouvelle zone hôtelière de l'Agdal (einige Kilometer außerhalb des Zentrums), Tel. 0661 21 73 97, www.pachamarrakech.com, tägl. 0–5 Uhr, Fr/Sa 250 DH Eintritt, Do Ladies Night. Während im Münchener Ableger des schicken Pacha-Klubs Sommerfeste mit dem Motto „A trip to Marrakech" stattfinden, wird in dieser Partyburg in Form einer Kasbah europäische Freizügigkeit unter dem Dresscode „From Kaftan to High Heels" gefeiert.

■ **SO Lounge,** Rue Haroun Errachid, im Sofitel Hotel, Hivernage, Tel. 0656 51 50 09, www.soloungemarrakech.com. Einer der angesagtesten Klubs in Marrakesch mit internationalen DJs und wechselnden Shows (Mi ab 20 Uhr Bauchtanz). Dresscode: schick.

■ **Suite Club,** Hotel Le Méridien N'Fis, Av. Mohamed VI., Tel. 0524 42 07 00, tägl. 23–4 Uhr. Der Suite Club bezeichnet sich als „the most exclusive club" mit den bekanntesten DJs, kosmopolitem Publikum und schick-barockem Interieur.

Medizinische Versorgung

■ **Dr. Gertrud Michaelis,** 7, Rue Ibn Sina, Guéliz, Tel. 0524 44 83 43. Deutsche Ärztin für Allgemeinmedizin.

■ **Clinique internationale de Marrakech**, Bab Ighli, Route de l'Aéroport (kein Schild an der Straße), Tel. 0524 44 40 40. Im Jahr 2010 eröffnete moderne Klinik.

■ **Polyclinique du Sud,** Rue Yougoslavie, Ecke Rue Ibn Aicha, Guéliz, Tel. 0524 44 79 99. Privatklinik mit 24-Std.-Notfallaufnahme.

■ **Apotheken** gibt es im gesamten Stadtgebiet. Die Nachtdienste der Apotheken *(pharmacies de garde de nuit)* werden wöchentlich neu eingeteilt. Infos beim Syndicat des Pharmaciens de Marrakech, Tel. 0524 44 75 20, 43 72 28, www.syndicat-pharmaciens-marrakech.com.

Taxis/Sammeltaxis

Petits Taxis

Eine **Stadtfahrt** mit den beigen Petits Taxis darf tagsüber 10–25 DH kosten, nachts 30–50 DH, je nach Entfernung. Die Taxifahrer in Marrakesch zocken inzwischen schamlos ab und schalten das Taxameter („compteur") meist nicht ein, obwohl sie gesetzlich dazu verpflichtet sind – also immer **vor dem Einsteigen hart verhandeln!** Taxistände z.B. am Djamâa el-Fna, am Bab er Robb und am Bab Doukkala.

Wer keine Lust auf Feilschen hat, kann sich unter Tel. 0524 40 94 94 ein **Taxi Vert** bestellen: Grundpreis tagsüber 10 DH bzw. 15 DH nachts plus Taxameter-Tarif (0,24 DH pro gefahrene 100 m, nachts 50% Zuschlag).

Grands Taxis (Sammeltaxis)

■ Die Grands Taxis (Mercedes-Limousinen) nehmen bis zu fünf Passagiere mit und dürfen **auch außerhalb des Stadtgebietes** verkehren, z.B. für (ganztägige) Ausflugsfahrten (600–700 DH). Wenn man sich ein Fahrzeug bis zu einem bestimmten Ziel als Sammeltaxi mit anderen (marokkanischen) Passagieren teilt, verringert sich der Fahrpreis entsprechend. Sammeltaxis warten z.B. gegenüber dem Place de Foucault, am Bahnhof sowie beim Gare Routière an der Stadtmauer nördlich des Bab Doukkala.

■ Ein Grand Taxi **vom Flughafen in die Innenstadt** kostet offiziell 150 DH, ein Petit Taxi 100 DH. In umgekehrter Richtung (aus der Stadt zum Flughafen) wird meist deutlich mehr verlangt – unbedingt verhandeln!

Pferdedroschken

Mit den **allgegenwärtigen** Pferdedroschken *(calèche)* kann man sich **zu allen Sehenswürdigkeiten** fahren lassen. Haltestellen befinden sich z.B. am Place de Foucault, beim Place de la Liberté Richtung Hivernage, am Westende der Kutubiya-Gärten nahe dem Hotel La Mamounia und beim Jardin Majorelle. Der offizielle Preis für 1 Stunde Rundfahrt beträgt 120 DH (25% Aufschlag nach 19 Uhr), unabhängig von der Passagierzahl. Die offiziellen Preise für bestimmte Strecken sind an der Scheibe hinter dem Kutscher angeschlagen, z.B. Djamâa el-Fna – Badi-Palast – Bahia-Palast – Saadier-Gräber 40 DH, Djamâa el-Fna – Jardin Majorelle – Menara-Gärten 50 DH. Die Kutscher verlangen jedoch trotzdem häufig astronomische Summen – daher hart verhandeln! Der ausgehandelte Preis gilt für die ganze Kutsche, also für höchstens vier Personen.

Stadtbusse

Eine Haupthaltestelle für **ALSA-Busse** in die Neustadt, zu den Ménara-Gärten oder zum Flughafen befindet sich am **Place Foucault/Arset el-Blik** zwischen Djamâa el-Fna und Kutubiya-Moschee (Fahrpreis: 5 DH). Auch am **Gare Routière** (Busbahnhof) beim Bab Doukkala halten viele Stadtbusse. Das Streckennetz ist ohne Arabischkenntnisse nur schwer zu durchblicken. An den Haltestellen klebt ein Netzplan, ansonsten Busfahrer fragen.

■ **Linien 1–11:** Alle Linien (außer 6 und 9) fahren über die Neustadt (Av. Mohamed V.).

■ Die **Linien 4 und 12** fahren zum Jardin Majorelle.

■ Die **Linien 3 und 10** fahren zum Bab Doukkala.

■ Die **Linien 4, 5 und 12** fahren zum Gare Routière (Busbahnhof), die **Linie 11** in die Av. de la Ménara in die Nähe des Flughafens.

■ Die **Linien 3 und 8** fahren vom Bahnhof ins Stadtzentrum.

■ Die **Linie 15** fährt ins Gewerbegebiet Sidi Ghanem.

■ Die **Linie 19** fährt halbstündlich vom Flughafen zum Busbahnhof und zum Place Foucault (Djamâa el-Fna).

Sightseeing-Busse/Touristenbahn

■ Ein **roter Doppeldeckerbus** mit offenem Dach verkehrt auf zwei Rundkursen durch die Stadt (www.alsa.ma). Die **„Tour Historique"** startet am Tourismusbüro im Zentrum der Neustadt und klappert die Hauptattraktionen in Neu- und Altstadt ab (Zu-/Ausstieg an allen Stationen möglich, z.B. am Djamâa el-Fna). Die **„Tour Oasis"** führt in die Palmeraie. Mehrsprachige Erklärungen per Kopfhörer, Ticket (24 Std. gültig) für Erwachsene 145 DH, für Kinder 75 DH.

■ Wer es ganz gemütlich mag, nimmt die kleine **Touristen-Bimmelbahn** von der Kutubiya-Moscheein die Neustadt (50 DH für 1 Std.).

Fernverkehrsbusse

■ Der **Busbahnhof** *(gare routière)* für Privat- und CTM-Linien liegt am Place el-Mourabiten (nahe Bab Doukkala), Tel. 0524 43 44 02, Schalter 10 in der Halle, geöffnet Mo bis So 6–22 Uhr. Ein weiterer CTM-Bahnhof (und -Büro) befindet sich in der Rue Abou Baker Seddik, Tel. 0524 44 74 20.

■ Busse privater Linien an den Nordrand des Hohen Atlas (z.B. Amizmiz, Setti-Fatma) fahren auch am **Place er Robb** ab.

■ **Sammeltaxis in Richtung Asni** und **Ijoukak** (über den Tizi-n-Test, in Ijoukak Umsteigemöglichkeit nach Ouled Berhil) fahren ca. 1,5 km südlich des Bab er Robb an der Ausfallstraße Richtung Tahanoute und Asni ab. Vom Bab er Robb fährt ein Stadtbus zum Sammeltaxiparkplatz.

■ Der Busbahnhof von **Supratours** (mit Fahrkartenschalter, kleinem Café und Aufenthaltsraum) liegt an der Av. Hassan II., etwas westlich vom Bahnhof, Tel. 0524 43 55 25. Einen Tag im Voraus buchen!

Supratours: Verbindungen und Preise

■ **Essaouira:** 6x tägl., Fahrzeit 3.15 Std., 70 DH.

■ **Agadir:** zwischen 4.30 und 22.30 Uhr fährt etwa alle 1½ Std. ein Bus, Fahrzeit 4 Std., 100 DH.

■ **Tiznit – Guelmim – Tan-Tan – Tarfaya:** 3x tägl. bis Tarfaya 265 DH (14 Std.), 6x tägl. bis Guelmim 160 DH (9 Std.) und Tan-Tan 190 DH.

■ **Ouarzazate – Kelâa Mgouna – Boumalne – Tinerhir:** 2x tägl. (morgens und nachmittags) bis Ouarzazate 80 DH, Fahrzeit 5 Std., Kelâa Mgouna 105 DH (ca. 6 Std.), Boumalne 115 DH (ca. 7 Std.), Tinerhir 125 DH (ca. 8 Std.).

■ Nach **Fès, Tanger, Rabat** und **Casablanca** verkehren Züge (s.u.).

CTM: Verbindungen und Preise

■ **Agadir:** stündlich, 105 DH, Fahrzeit 5 Std.; auch Busse direkt ins Zentrum (statt nach Inezgane).

■ **Tiznit:** stündlich, ca. 5 Std., 130 DH.

■ **Casablanca:** stündlich, 4 Std., 85 DH.

■ **Essaouira:** 2x tägl., 3 Std., 70 DH.

■ **Fès:** 5x tägl., ca. 9 Std., 160 DH.

■ **Ouarzazate:** 6x tägl. (davon ein Nachtbus), 5 Std., ca. 85 DH.

■ **Errachidia:** 1x tägl., 10 Std., ca. 160 DH.

■ **Laâyoune:** 1x tägl., 17 Std., ca. 325 DH.

■ **Zagora:** 2x tägl., 8 Std., ca. 130 DH.

■ **Smara:** 1x tägl., 14 Std., 250 DH.

Private Linien

Verschiedene Gesellschaften (Büros am Gare Routière Bab Doukkala) bieten u.a. mehrmals täglich **Verbindungen** nach Fès (ca. 9 Std. Fahrzeit) und Meknès (ca. 6 Std. Fahrzeit), Agadir, Taroudannt, Essaouira, Safi, El Jadida, Rabat, Casablanca und Ouarzazate an. Die Busse sind schlechter in Schuss als die von Supratours und CTM.

Bahn

■ Der repräsentative, moderne **Bahnhof** befindet sich an der Av. Hassan II./Ecke Av. Mohamed VI. im Westen der Neustadt, Tel. 0524 44 65 69. Die Medina liegt zu weit weg, um zu Fuß mit Gepäck hinzumarschieren – besser ein Taxi nehmen. Zur Jugendherberge sind es nur ca. 10 Min. Gehzeit.

■ Genaue Abfahrtszeiten unter **www.oncf.ma.**

Verbindungen und Preise

■ **Casablanca:** 9x tägl. (ab 4.55 Uhr alle 2 Std.), 90 DH (2. Klasse), Fahrzeit ca. 3¼ Std.

■ **Rabat:** 7x tägl., 120 DH (2. Klasse), ca. 4¼ Std.

■ **Tanger:** 4x tägl. (einmal mit Umsteigen in Sidi Kacem), 205 DH (2. Klasse), 9½ Std.

■ **Fès:** 7x tägl. (ab 4.55 Uhr alle 2 Std.) 195 DH (2. Klasse), 7–8 Std.

Flugverbindungen

■ Der **Flughafen Marrakesch-Ménara** liegt 6 km südwestlich des Zentrums, Fahrzeit ca. 15 Minuten aus der Neustadt, Tel. 0524 44 78 65. Ein Grand Taxi vom Flughafen in die Innenstadt kostet offiziell 150 DH, ein Petit Taxi 100 DH. In umgekehrter Richtung (aus der Stadt zum Flughafen) wird meist deutlich mehr verlangt – unbedingt verhandeln!

■ Am Flughafenparkplatz befindet sich die Haltestelle des **Shuttlebusses Nr. 19** (Navette), der von 6.30 bis 21.15 Uhr halbstündlich zum Busbahnhof und zum Djamâa el-Fna fährt (einfache Fahrt 30 DH, hin und zurück 50 DH). Etwa 300 m entfernt vom Flughafengebäude an der Hauptstraße hält auch der **Linienbus Nr. 18** (4 DH).

■ **Royal Air Maroc** unterhält **Inlandsverbindungen** nach Agadir, Fès, Oujda und Tanger – mit der Bahn oder dem Bus am Ziel.

■ **Air Berlin, Easy Jet, Ryan Air, Transavia, Vueling** und **TuiFly** fliegen Marrakesch (z.T. nur saisonal) von verschiedenen deutschen und schweizerischen Flughäfen an. Weitere Verbindungen mit Royal Air Maroc über Casablanca (u.a. nach Genf, Wien, Zürich).

Rund ums Auto

Die Orientierung im Verkehrschaos der Stadt fällt manchmal schwer. Wer sich nicht verfahren will, sollte ein Petit Taxi vorausfahren lassen.

Parken

■ Im Gegensatz zu anderen marokkanischen Städten kann man in der Medina **in direkter Umgebung des Djamâa el-Fna** gut parken. In den großen Straßen um die Kutubiya-Moschee (insbesondere in der Av. Houmane Fetouaki) finden sich mehrere bewachte Parkplätze. Auf einem ummauerten Gelände nahe der Moschee (60 DH/ 24 Std., N 31° 37,466', W 7°59,777') kann man mit dem Wohnmobil auch über Nacht bleiben. Das Gelände ist zwar nicht besonders schön, aber ruhig, sicher und in Fußweite zur Medina.

■ Ein weiterer **Parkplatz** zentral in der Medina liegt **gegenüber der Préfecture** (bzw. Hammam Ziani) an der Riad Zitoun Djedid.

■ In der **Av. Mohamed V.** kann man sowohl am Mittelstreifen als auch auf beiden Seiten parken (Gebühr am Parkautomaten bezahlen).

■ Bei der **Marrakech Plaza** in der Neustadt steht eine Parkgarage zur Verfügung.

■ Auch die **Gärten Menara und Agdal** haben bewachte Parkplätze.

Autovermietung

■ **Avis,** 137, Av. Mohamed V., Tel. 0524 43 25 25, geöffnet 8–12 und 14–19 Uhr; auch am Flughafen, Tel. 0524 43 31 69.

■ **Amsterdam Car,** 112, Bd. Mohamed V., im 2. Stock (über Café Negociants), Guéliz, Tel. 0524 43 99 52, Mobil 0643 12 93 78, www.amsterdamcar.com. Zuverlässige, kompetente Abwicklung, gute Fahrzeuge. Der freundliche *Mohamed* spricht sehr gut deutsch (Mail-Korrespondenz in Deutsch möglich).

■ **Brother's Cars,** 115, Rue Yougoslavie, App. 30 (1. Stock), Tel. 0667 51 36 87 *(Ibrahim)*. Miete eines Wagens inkl. Chauffeur für Tagesausflüge möglich (z.B. ins Ourika Tal, 500 DH/Tag).

■ **Budget,** Bd. Zerktouni, Guéliz, Tel. 0524 43 11 80, auch am Flughafen; www.budget.com.

■ **Europcar,** 63, Bd. Zerktouni, Guéliz, Tel. 0524 43 12 28, auch am Flughafen, Tel. 0524 43 77 18; www.europcar.com.

■ **First Car,** 234, Bd. Mohamed V., Imm. Zahir, Tel. 0524 43 87 64, und am Flughafen, www.firstcar.ma; zentrale Reservierungsstelle in Casablanca: Tel. 0522 30 00 07.

■ **Ifri Car,** Av. Hassan II., Koutoubia Center II (1. Stock, Büro N°5), Tel. 0662 26 77 93 oder 0661 77 67 66, www.rentalcarmorocco.com. Professionell geführte und zuverlässige Agentur, die Pkw sind gut in Schuss. Auch Vermietung von komfortablen, klimatisierten Geländewagen mit Fahrer. Englische Korrespondenz möglich.

■ **Hertz,** 154, Av. Mohamed V., Tel. 0524 44 99 84, geöffnet 8–12 und 14.30–18.30 Uhr, So 9–12 Uhr, auch am Flughafen, Tel. 0524 44 72 30; www.hertz.com.

■ **Marrakech Roues,** 3, Rue Bani Marine, Imm. Roux Marrakech (wenige Gehminuten südlich Djamâa el-Fna), Mobil 0663 06 18 92, www.marrakech-roues.com. Vermietung von Rollern, Mopeds und Quads.

■ **Sister's Car,** 10, Rue Fatima El Fihria, Semlalia, Tel. 0524 43 93 28 oder Mobil 0661 18 12 63. Empfehlenswerte Agentur mit preiswerten Angeboten und gut gewarteten Fahrzeugen (z.B. Dacia Logan ab 20 Euro/Tag, Renault Kangoo ab 35 Euro/Tag).

■ **Sixt,** 9, Bd. el Mansour Eddahabi, Tel. 0524 43 31 84, auch am Flughafen, Tel. 0524 43 17 99; www. sixt.de.

Geldwechsel

■ **Banken mit Geldautomat** findet man überall in der Neustadt sowie in der Rue Bab Agnaou und am Place de Bab Ftouh nahe des Djamâa el-Fna in der Medina.

■ Die **Wechselstube der Banque Populaire** am Südende des Djamâa el-Fna sowie diejenige **im Hotel Ali** haben auch sonntags geöffnet.

Post und Internet

■ **Postämter:** Place du 16. Novembre, Av. Mohamed V. (Hauptpost) und am Djamâa el-Fna.

■ Nahe des Djamâa el-Fna, in der Rue Bab Agnaou, im Cyber Parc (vgl. „Sehenswertes") sowie in der Neustadt gibt es diverse modern ausgestattete **Internetcafés.** Die Stunde online kostet ca. 10 DH (in den teuren Hotels bis zu 40 DH).

■ Immer mehr Touristencafés und Restaurants bieten **kostenloses WLAN** als Service für die Gäste.

Sport/Aktivitäten

Baden und Strandleben

Baden ist in einigen der **Luxushotels** in der Hivernage gegen Gebühr möglich. Außerdem kann man in folgenden Anlagen entspannte Badestunden oder -tage verbringen:

■ **Beldi Country Club,** Route d'Amizmiz (6 km), Cherifia, Tel. 0524 38 39 50, www.beldicountryclub.com, tägl. 10.30–19.30 Uhr, Eintritt 200 DH, 370 DH inkl. Mittagessen. Wer außerhalb des Stadttrubels entspannen und baden möchte, ist hier richtig. Auf dem ruhigen Farmgelände mit Hotel gibt es einen großen Pool zum Schwimmen, zwei weitere zum Planschen, Liegeplätze unter Olivenbäumen und einen SPA-Bereich mit eigenen Wellness-Produkten. Anfahrt mit dem Taxi.

■ **La plage rouge,** km 10, Route de l'Ourika, www.laplagerougemarrakech.com, Tel. 0620 02 69 54, Eintritt 250 DH inkl. Liege, tägl. 11–20 Uhr. Hier gilt jeden Tag das Motto „Sehen und gesehen werden". An der Strandbar wird die ganze Palette alkoholischer Getränke von Bier, Cocktails und marokkanischen Weinen bis zu Champagner ausgeschenkt. Die schicke Anlage um einen zentralen, 80 x 40 m großen Pool mit Palmen, Polsterliegen, breiten Futons und Hängematten ist weniger für Familien geeignet. Häufig sorgen Live-Musik oder ein DJ für Stimmung am Pool. Anfahrt: Die Anlage liegt relativ weit außerhalb an der Straße nach Ourika (dort beschildert); viermal täglich mit privatem Shuttlebus ab dem Palais de Congrès, der Hauptpost in Guéliz oder von der Kutubiya-Moschee beim Café Islane zu erreichen; ansonsten mit Taxi.

■ **Oasiria,** km 4, Route d'Amizmiz, Cherifia (ggü. Club Equestre), Tel. 0524 38 04 38, www.oasiria.com, tägl. 10–18 Uhr. Schönes Familienbad auf einem 10 ha großen Gelände mit Oliven- und Eukalyptusbäumen und schattigen Rasenflächen. Das Wellenbad, ein 500 m langer Wasserkanal, in dem man sich mit Gummireifen treiben lassen kann, die Pirate Lagoon mit Piratenschiff und die Kid's Lagoon mit Abenteuerspielplatz bringen vor allem Kindern Spaß (Spaßbereich erst ab ca. 1. April geöffnet). Anfahrt: mehrmals täglich kostenloser Shuttleservice ab dem Parkplatz an der Kutubiya-Moschee und ggü. von McDonald's in Guéliz; sonst mit Taxi. Eintritt Erw. 210 DH/Tag, 170 DH/halber Tag (evtl. Vergünstigung bei Vermittlung über das Gästehaus), Kinder bis 150 cm Körpergröße 130 bzw. 100 DH, Kinder unter 80 cm kostenlos.

Fahrrad und Quad

■ **Marrakech Roues,** 3 , Rue Bani Marine, Imm. Roux Marrakech (wenige Gehminuten südlich Djamâa el-Fna), Mobil 0663 06 18 92, www.marrakech-roues.com. Um die Entfernungen zwischen der Medina und Guéliz besser zu überbrücken oder einen Ausflug ins Umland zu unternehmen, kann man sich hier Fahrräder (12 Euro/Tag), Roller (25 Euro/Tag) und Quads mieten. Im höllischen Verkehr von Marrakesch macht Radeln allerdings wenig Spaß. Auch geführte Stadttouren im Angebot.

Golfen

■ **Atlas Golf,** km 4, Route d'Amizmiz, www.atlasgolf-marrakech.com. 9-Loch-Golfplatz vor der Kulisse des Hohen Atlas.

■ **Palmeraie Golf Club,** www.pgpmarrakech. com. Die 18-Loch-Anlage mit sieben Wasserhindernissen wurde vom legendären Golfplatzarchitekten *Robert Trent Jones* gestaltet. Zum Platz gehört das 5-Sterne-Hotel Palmeraie Golf Palace.

■ **Golf d'Amelkis,** km 12, Route de Ouarzazate, Palmeraie. Mitte der 1990er von *Cabbel Robinson* angelegter Platz mit 18 Löchern zwischen Erdwällen und Wasserhindernissen für technisch versierte Spieler.

■ **Royal Golf,** Ancienne Route de Ouarzazate. Der 18-Loch-Platz unter Palmen, Zypressen und Zitrusbäumen wurde bereits in den 1920ern angelegt.

Hammam und Wellness

Auch in Marrakesch eröffnen immer mehr ausnehmend schöne Wellness-Oasen in renovierten Riads. Authentischer (und viel billiger!) ist es, ein Quartier-Hammam aufzusuchen. Alle großen Hotels der Neustadt bieten Massagen, Hammam und Kosmetikbehandlungen an.

■ **Bain d'Or,** in der Gasse an der Rückseite der Ben-Youssef-Moschee, Öffnungszeiten für Männer 6–11 und 20–23 Uhr, für Frauen 11–20 Uhr, Eintritt 10 DH. Der älteste Hammam der Stadt wird noch heute von den Bewohnern des Quartiers genutzt. Bei diesem Bad handelt es sich um einen traditionellen Hammam, d.h. ohne Privatbehandlung oder besondere Wahrung der Intimsphäre wie bei Touristeneinrichtungen. Dafür erlebt man authentische marokkanische Alltagskultur.

■ **Hammam Ziani,** 14, Riad Zitoun Djedid, gegenüber dem Préfecture-Parkplatz nördlich des Eingangs zum El-Bahia-Palast, www.hammamziani.ma, tägl. 8–22 Uhr, getrennter Frauen- und Männerbereich. Wer sich in einem Quartier-Hammam nicht wohlfühlt, ist in diesem sehr sauberen Bad gut aufgehoben. Im Angebot sind Packages mit Massage, Badeset (Sandalen, Seife, Bademantel), Peeling (Gommage) usw. für 350 DH, der Eintritt ohne Massage kostet 50 DH.

Das Hammam – eine orientalische Institution

Zur Grundausstattung jedes Quartiers einer orientalischen Altstadt gehört – ebenso wie Bäckerei, Markt und Moschee – ein Hammam. Erst in den letzten Jahrzehnten wurden die alten marokkanischen Stadthäuser mit sanitären Anlagen versehen, vorher war die Körperwäsche nur in Hammams möglich. Zudem ist die rituelle „große Waschung" (z.B. nach Sex) eine religiöse Pflicht der Moslems. Der regelmäßige Besuch eines öffentlichen Bades gehört heute noch zum **Alltag der Marokkaner.** Auch der Marokko-Reisende sollte sich einen Besuch im orientalischen Dampfbad nicht entgehen lassen.

Die Hammams sind entweder nach Geschlechtern in zwei Bereiche geteilt, oder es gibt unterschiedliche Besuchszeiten. **Frauen** haben für gewöhnlich tagsüber Zutritt, in den Abend- und Nachtstunden (z.T. die ganze Nacht) ist der Hammam für die **Männer** reserviert. Kleine Jungs gehen übrigens mit ihren Müttern ins Hammam – hier bekommen sie gleichzeitig die ersten Aufklärungsstunden.

Ein Hammam ist traditionell **viergeteilt** in einen Ruhe- und Umkleideraum, einen Kaltraum, einen mittleren warmen Raum und einen Heißraum. Der Hammam wird von unten über einen Holzofen beheizt. An der Eingangstheke bezahlt man den Eintritt (ca. 10 DH) und kann seine Kleidung und den Rucksack zur Aufbewahrung abgeben. In den Shops neben dem Hammam oder am Eingang werden die notwendigen Utensilien verkauft: ein Schrubbhandschuh für die Haut (ca. 20 DH) und eine kleine Portion der dunklen, schmierigen und etwas unangenehm riechenden Olivenseife (franz. *savon noir,* ca. 5 DH). Mit Unterhose oder Badeanzug bekleidet wäscht man sich in den drei unterschiedlich temperierten Räumen ausführlich mit warmem, lauwarmem und kaltem Wasser aus kleinen Wandbrunnen oder Wasserhähnen (kleine Eimer dienen als Schöpfgefäße).

Berührungsängste sind fehl am Platz: Die marokkanischen Männer und Frauen gehen wohlmeinend zur Hand und reiben sich gegenseitig mit der schwarzen Seife ein. Frauen färben sich zudem die Haare mit Henna oder enthaaren sich – perfekte Sauberkeit ist hier im Gegensatz zu den kommerziellen Bädern nicht immer gewährleistet.

Zur Hammamroutine gehört auch, dass Badmitarbeiter einem mit dem mitgebrachten Handschuh kräftig den Körper abrubbeln, sodass sich ganze Spaghettirollen an alter Haut ablösen – eine Art marokkanisches Ganzkörperpeeling (franz. **gommage**). Die Männer erhalten meist eine gliederverbiegende Massage. Wohlig-erschöpft und mit einem nie gekannten Gefühl von Sauberkeit entspannt man schließlich noch ein bisschen im Ruheraum oder bei einem Tee im nächsten Straßencafé.

Unser Tipp: Le Bain Bleu, 32, Derb Chorfa Lakbir, nördliche Medina, Mouassine-Viertel, Tel. 0524 38 38 04, www.lebainbleu.com, tägl. 10–23 Uhr. Von der Rue Mouassine ggü. der Mouassine-Moschee in Gasse abbiegen, vorbei an Dar Cherifa Abzweig geradeaus und in letzter Gasse rechts bis zum Ende. Moderner SPA mit sehr angenehmer orientalischer Atmosphäre, private Hammams, Jaccuzzi (Bikini mitbringen) und sehr professionelle Massagen. Terminvereinbarung notwendig. Traditionelle Anwendung (ca. 2 Std.) mit Hammam, Peeling, Ghassoul-Maske und Massage 600 DH.

Kochkurse

Wer in die Kunst der marokkanischen Küche eintauchen und selbst leckere Vorspeisen, Tajine und Couscous zubereiten möchte, hat die Möglichkeit, an einem Kochkurs teilzunehmen. Inzwischen bieten auch einige Gästehäuser für interessierte Gäste einen Einblick in ihre Küche.

- **Café Clock,** vgl. „Cafés in der Medina" und „Kunst und Kultur". In diesem Kulturcafé im Kasbah-Viertel finden regelmäßig Kochkurse statt. Die Zutaten kaufen die Teilnehmer gemeinsam auf dem Souk ein.
- **Faim d'Épices,** Mobil 0600 04 88 00, www.faimdepices.com. Individuelle Kochkurse mit Abholung vom Riad, 550 DH/Pers. für einen ganzen Tag inkl. Getränke.

Trekking/Bergführer

Die bis über 4000 m hohen Gipfel des **Hohen Atlas** erheben sich nur etwa 50 km südlich von Marrakesch und zeichnen sich an klaren Tagen am Horizont ab. Marrakesch eignet sich sehr gut als Ausgangspunkt, um eine mehrtägige Trekkingtour (z.B. am Djabal Toukbal, M'goun, Djabal Sahgro usw.) zu organisieren. Vorsicht: Von Dezember bis etwa April liegt in höheren Lagen Schnee. Die beste Zeit für Wanderungen ist April/Mai und Sept./Okt. (vgl. „Praktische Tipps A–Z/Sport").

Man sollte sich nur lizensierten, staatlich geprüften **Bergführern** anvertrauen, die meist mehrere Sprachen sprechen und sich auf Wunsch auch um den Gepäcktransport mit Mulis, Unterkünfte in Gîte d'étapes (einfachen Herbergen) und ggf. um die Verpflegung unterwegs kümmern. Ein deutschsprachiger Bergführer erhält ein Honorar von 400–500 DH/Tag, ein Mulitreiber etwa 150 DH/Tag. Wir empfehlen folgende, sehr kompetente und erfahrene Bergführer:

- **Abdeslam Ourbati,** Mobil 0676 79 03 66, Abdourbati@gmail.com, abdou_ourbati@yahoo.fr. Der junge, angenehm zurückhaltende *Abdou* spricht deutsch.
- **Slimane Baadoud,** Mobil 0661 24 16 43, nature-trekking@yahoo.fr, www.naturetrek-maroc. com. *Slimane Baadoud* ist ein kompetenter französisch- und englischsprachiger Bergführer, der mehrere Jahre Leiter der Bergführervereinigung Marokkos war. Er organisiert mit seiner Agentur zuverlässig Berg-, Mountainbike-, Wildwasser- und sonstige Aktiv-Touren.
- **Mohamed Kadaoui,** Mobil 0661 87 35 10, Tel. 0524 42 98 98, www.nomade-escapade.com. Der sympathische *Mohamed* spricht sehr gut deutsch. Als Bergführer arbeitete er lange für französische und deutsche Trekkingveranstalter, nun betreibt er seine eigene Agentur mit Touren im ganzen Land.
- **Yasin el Hadi,** Mobil 0618 07 56 34, yasinguide@yahoo.fr. Der junge, immer gut gelaunte *Yasin* spricht sehr gut deutsch und führt seit Jahren für deutsche und französische Trekkingreiseveranstalter. Er organisiert auch individuelle (Berg-)Touren nach den Wünschen der Gäste.
- **Hafida Hdoubane,** Mobil 0618 24 44 31, trekhafida@yahoo.fr, www.tawadatrekking.com. Die erste Bergführerin Marokkos leitet und organisiert Trekkings und Raftingtouren.
- Auch viele **Reisebüros/-veranstalter** (s.u.) haben Bergtouren, Trekkings und Wüstenausflüge im Angebot.

Reiten

- **Les Cavalier d'Al Hamra,** Oued Lajar, km 15, Route de Fès, Mobil 0600 39 17 83 oder 0644 24 29 85, www.cavalieralhamra.com. Großer Reitstall mit Schulpferden an der Straße Richtung Fès. Es werden schöne Ausritte in der Umgebung und (Dressur-/Spring-)Kurse angeboten. 1½ Std. Ausritt 200 DH.

Reisebüros/-veranstalter

Es gibt zahllose **Trekkinganbieter** in und um Marrakesch, die allerdings **nicht immer legal** arbeiten. Man sollte bei der Auswahl eines Veranstalters deshalb nicht nur auf den Preis, sondern auch darauf achten, dass die Touren ökologische und soziale Prinzipien berücksichtigen. Ein seriöser Anbieter kann daher keine Dumping-Preise bieten. Zu Empfehlungen kompetenter (deutschsprachiger) Bergführer vgl. „Sport/Trekking". Wir empfehlen folgende Veranstalter (alphabetisch gelistet):

■ **Cultures Natur Voyages,** Rue Oum R'Bia, Imm. Nakhil, Appt. 19, Guéliz, Mobil 0661 24 05 99 oder 0662 10 51 69, www.culturenaturevoyage.com. Die Agentur der Bergführer *Mohamed Driouich* und *Lahcen Id Belaid* organisiert Trekkingtouren, Pferde- und Kameltrekkings und andere Aktivreisen.

■ **Marabout Travel/Amalou Voyages,** 2, Rue Ibn Aicha, Appt. 9,, Tel 0524 43 22 21, www.maraboutreisen.ch. Die auf Wüstentouren (mit Kamelen und 4x4) und Trekkings spezialisierte Agentur wird von der Schweizerin *Brigitte Zahner* und ihrem Mann *Lahoucine Taha* geleitet, der aus dem Aït-Bougoummez-Tal stammt. Beide sprechen deutsch und legen besonderen Wert auf ökologische und soziale Nachhaltigkeit. Professionelle Betreuung, Reisen in Kleingruppen. Auch individuelle Touren für Familien.

■ **Maroc Expedition,** N°564, Maatallah Askejour Menara, Mobil 0661 51 16 68 oder 0668 10 45 66, www.marocexpedition.com. Diese kompetente und freundliche Agentur bietet Tagesausflüge (z.B. ins Ourika-Tal oder nach Ouzoud) und Rundfahrten mit 4x4 oder Minibus an. Korrespondenz in Englisch möglich.

■ **Omni Tours,** 220, Av. Mohamed V., Guéliz, Tel. 0524 42 16 60, www.omnitoursmaroc.com. Incoming-Agentur mit einem großen Fuhrpark von 4x4 bis Bussen, spezialisiert auf Wüstentouren, aber auch Tages- und Zweitagesausflüge zu verschiedenen Zielen.

■ **Sahara Services/Sahara Experience,** 88, Bd. Zerktouni, Imm. Moutassali, App. 38 (4. Stock), zwischen Hotel Al Kabir und Boustane sowie weiteres Büro in Av. Hassan II., Koutoubia Center II., 1. Stock (Büro N°5), ggü. Gendarmerie Royal, Guéliz, Tel. 0524 42 06 73, Mobil 0661 77 67 66, www.sahara-experience.com. Zuverlässige und sehr empfehlenswerte Agentur des gut englisch sprechenden *Abdel Benalila*. Ein- oder ganztägige Mountainbike- und Reit-Ausflüge, mehrtägige 4x4-Wüstentouren, Kameltrekkings und andere Rundtouren ab Marrakesch, Begleitung durch deutschsprachige Führer möglich. Sahara Services betreibt drei luxuriöse Wüstencamps im Erg Chegaga, Erg Chebbi und in der Umgebung von Marrakesch (www.mrocco-luxury-camps.com). Mietwagenfirma Ifri Cars angeschlossen (vgl. „Rund ums Auto"). 3 Tage/2 Nächte Rundtour über Aït Benhaddou, Drâa-Tal, Erg Chegaga und zurück für 235 Euro/Pers.

■ **Sport Travel,** 154, Bd. Mohamed V, Tel. 0524 43 63 69, www.sporttravel-maroc.com. Die professionell arbeitende Agentur richtet sich an Aktiv-Reisende: Trekking-, Ski- und Pferdetouren, Mountainbiking, Canyoning etc.

■ **Tamsilt,** Tel. 0524 34 37 98, Mobil 0672 70 99 57, tamsilt@menara.ma (Korrespondenz in Deutsch möglich). Der freundliche Bergführer *Lahoucine Oulkadi* und die Schweizerin *Beatrice Buschor Oulkadi* führen kleine Trekkinggruppen durch den Hohen Atlas und die Wüste. Lahoucine stammt aus dem Aït-Bougoummez-Tal, einer der schönsten Wanderregionen Marokkos, die er wie seine Westentasche kennt. Beide betreiben eine nette Herberge in Agouti. Individuelle Tourenorganisation, Miete von Minibussen und Allradfahrzeugen mit Chauffeur ab Marrakesch möglich.

■ **Tombouctour,** Av. Mohamed V., Résidence Nacarat, App 403, Guéliz, Tel. 0524 43 01 11, 0041 (0)43 205 25 00 (in der Schweiz), www.tombouctour.ch. Die Agentur unter marokkanisch-schweizerischer Führung (mit jeweils einer Vertretung in der Schweiz und in Zagora) hat ein umfangreiches Angebot von Kameltrekking über Wüstentouren und Mietwagen bis zu individuellen Rundreisen.

Festivals

■ **Festival National des Arts Populaires** (FNAP), eine Woche im Juli. Dies ist die größte und wohl bedeutendste Kulturveranstaltung der Stadt mit Folklore-Musikgruppen und Artisten aus allen Teilen Marokkos. Bei den Spektakeln im El-Badi-Palast und an anderen Veranstaltungsorten kann der Besucher die kulturelle Vielfalt Marokkos und ihre musikalischen Ausprägungen kennenlernen: traditionelle Musik der Berber aus dem Hohen Atlas, andalusisch geprägte Melodien aus Nordmarokko, mystische Rhythmen der Gnaoua aus Essaouira usw.

■ **Festival International du Film de Marrakech,** www.festivalmarrakech.info, neun Tage Anfang Dez. Jedes Jahr kommt zum Internationalen Filmfestival unter Schirmherrschaft von König *Mohamed VI.* für ein paar Tage ein bisschen Hollywoodglamour nach Marrakesch. In den letzten Jahren wurde der rote Teppich z.B. für internationale Produzenten und Stars wie *Martin Sheen, Leonardo diCaprio* und *Martin Scorsese* ausgerollt. Das Festival widmet sich internationalen Filmen jeden Genres. An den verschiedenen Veranstaltungsorten werden Hunderte Filme gezeigt, darunter auch nicht nominierte, international ausgestrahlte Kinofilme.

Ausflüge

Organisierte Ausflüge

Hotels und Reisebüros bieten eine breite Palette an Ausflügen an: Tagesfahrten ins Ourika-Tal, nach Asni und Aghbalou, nach Asni und Ouirgane, nach Ouarzazate, nach Essaouira, Zweitagesfahrten nach Zagora etc.

Ein sehr breit gefächertes Ausflugsprogramm ab Marrakesch (z.B. eine Tagestour nach Essaouira inkl. Besuch einer Arganölkooperative oder Mountainbike- und Reitausflüge) bietet **Sahara Experience** an (www.sahara-experience.com, vgl. Reisebüros bei Marrakesch).

Viele große Hotels oder gute Maisons d'Hôtes haben ein eigenes **Stadtbesichtigungsprogramm,** z.B. Souk-Besuch mit Besichtigung der Medersa Ben Youssef, Kutschfahrt entlang der Stadtmauer mit Besuch des Jardin Majorelle, der Menara-Gärten etc.

Oft kann man auch einen sehr touristischen **Fantasia-Abend** (Reiterspiele und Mechoui-Abendessen) oder **Berber-Abend** (mit Vorführungen und Diner im Festzelt) buchen.

Ausflüge auf eigene Faust

(mit Mietwagen, Sammeltaxi
oder öffentlichen Verkehrsmitteln)

Halbtagesausflüge zum **Lalla Takerkoust** (Stausee des **Oued N'Fiss** 20 km südlich; Bade- und Einkehrmöglichkeit).

Tagesausflüge

Als Tagesausflug bietet sich die Weiterfahrt nach **Ouirgane** und **Tameslout** an, einem religiösen Zentrum in der Haouz-Ebene. Hier liegt die Zaouia des **Sidi Ahmed Ben Laaroussi,** der viele Wunder bewirkte und angeblich in 366 Wissenschaften bewandert war. Die Zaouia ist innen nicht zu besichtigen, dafür die Reste einer alten Kasbah. Anfahrt: 19 km von Marrakesch in Richtung Taroudannt, nach 5 km in Richtung Amizmiz abbiegen und bei km 15 wieder rechts. Ein wichtiger Moussem findet am Aid el Fitr statt.

Tagesausflüge können auch ins **Ourika-Tal** und nach **Oukaïmeden** unternommen werden. Ein neues Highlight auf dem Weg ins Ourika-Tal ist **Anima,** der am 11. April 2016 eröffnete Garten des Künstlers *André Heller* (27 km ab Marrakesch). Auf dem drei Hektar großen Parkgelände mit Café und Museum kann man zwischen subtropischen Pflanzen und Skulpturen wandeln und den Blick auf den Hohen Atlas genießen. Acht Jahre baute *André Heller* an diesem Projekt und verpflanzte dafür 30 m hohe Palmen. Es werden maximal 500 Personen pro Tag zugelassen, daher muss man sich anmelden. Der Eintritt für Erwachsene kostet 12 €. Es gibt einen Shuttle-Service ab Marrakesch. Umfassende Informationen auf www.anima-garden.com.

Weitere Ziele für einen Tagesausflug sind **Moulay Brahim** (Wallfahrtsort), **Asni, Ouirgane** und **Tin Mal,** die Gründermoschee der Almohaden; ferner **Demnate – Pont Naturel Imi-n-Ifri** und die **Ouzoud-Wasserfälle.**

Zweitagesausflüge

Zweitagesausflüge bieten sich nach **Telouèt** an, zur Kasbah des Paschas *El Glaoui,* und nach **Aït Benhaddou,** dem von der UNESCO geschützten Lehmksar. Beide liegen auf der Strecke nach **Tizi-N-Tichka** und Ouarzazate. Telouèt ist auch an einem Tag zu machen.

Dreitagesausflüge

Dreitagesausflüge: **Wandern** im **Nationalpark Djabal Toubkal,** mit Anfahrt über Asni und **Imlil,** ab dort zum **Djabal Toubkal,** oder ins **Aït-Bougoumez-Tal.**

ma16_097 ad

Der Hohe Atlas lädt zu Wanderungen und Touren mit dem Mountainbike ein. Auf den Gipfeln über 4000 m Höhe liegt von Dezember bis März Schnee, im Sommer herrschen angenehmere Temperaturen als in Marrakesch oder Ouarzazate.

8 Der nördliche Hohe Atlas

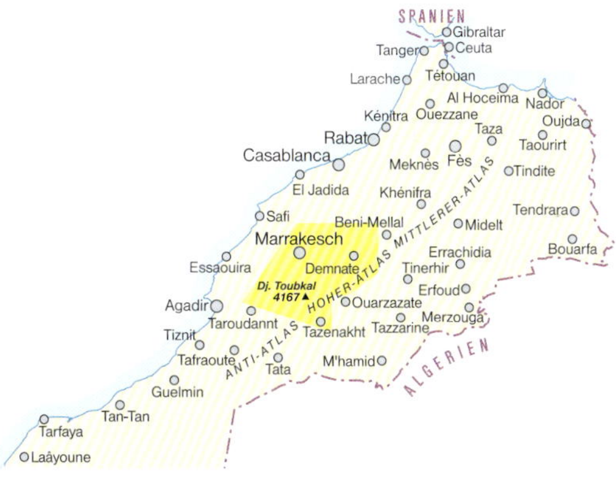

< Bergsiedlung im Hohen Atlas

ÜBERBLICK

Nur etwa 50 km südlich von Marrakesch erhebt sich der Hohe Atlas. Er ist mit den Gipfeln Djabal Toubkal (4167 m, Besteigung ab Imlil) und Ighil M'goun (4013 m, Besteigung ab Agouti) das höchste Gebirge in Nordafrika. Der Hohe Atlas, der die natürliche Trennlinie zur Sahara bildet, ist nur wenig besiedelt. In den grünen Flusstälern wachsen zahllose Apfel- und Nussbäume. Auf von Bewässerungskanälen durchzogenen Terrassenfeldern bauen die Dorfbewohner Getreide und Mais an. In den höheren Lagen gedeihen nur noch einige Thujen, Pinien und knorriger Wacholder. Die Bergbewohner leben in ursprünglichen Dörfern mit an den Hängen klebenden Häusern aus Stampflehm und Bruchstein und Flachdächern aus Knüppelholz. Im Sommer ziehen Hirten mit ihren Ziegen und Schafen über die vielen kleinen Pfade quer durch die Berge und campieren in einfachen Schäfereien (franz. *bergerie,* berb. *azib*) auf Hochweiden.

Überquert man den Hohen Atlas über einen der beiden Straßenpässe Tizi-n-Tichka oder Tizi-n-Test Richtung Süden, wähnt man sich in einer anderen Welt. Die Berge werden kahl und unwirtlich, die Landschaft bekommt mehr und mehr wüstenhaften Charakter. Die schroffen, im Abendlicht rot schimmernden Südhänge durchziehen tiefe Schluchten wie die Dadès- und Todrha-Schlucht.

Die Dörfer im Hochgebirge kennen kaum Tourismus – nur ein paar Trekker und Geländewagenfahrer verirren sich gelegentlich hierher. Ein gewisses Gespür für die in einfachsten Verhältnissen (z.T. ohne Strom und fließend Wasser) lebenden Einwohner sollte man dort unbedingt mitbringen. Bei Wanderungen über die Pässe, durch die Dörfer und Täler knüpft man nette Kontakte und nähert sich den Menschen auf die natürlichste Art. Wer lange genug Zeit hat, sollte unbedingt eine mehrtätige Trekkingtour im Hohen Atlas (z.B. ab Agouti, Imlil, Oukaimeden oder Setti-Fatma) oder im Djabal Saghro einplanen.

NICHT VERPASSEN!

- **Ouzoud-Wasserfälle** – willkommene Erfrischung | 530
- **Aït Bougoumez** – Tal-Wanderungen mit herrlichen Ausblicken auf die Bergwelt | 541
- **Tizi-n-Test** – eindrucksvolle Passfahrt über den Hohen Atlas nach Taroudannt | 553
- **Tin Mal** – Geburtsstätte der aktuell herrschenden Almohaden-Dynastie | 566
- **Telouèt und Aït Benhaddou** – Einblick in Architektur und Lebensweise in einer Kasbah | 570, 573

Diese Tipps erkennt man an der gelben Hinterlegung.

In der Kasbah von Telouèt

ma16_086 ad

Von Marrakesch zu den Ouzoud-Wasserfällen und dem Stausee Bin-el-Ouidane

- **195 km von Marrakesch bis zu den Ouzoud-Wasserfällen, 257 km bis Bin-el-Ouidane; N 8, R 304.**
- Um mit öffentlichen Verkehrsmitteln nach Ouzoud zu kommen, nimmt man in Marrakesch entweder einen **Bus in Richtung Beni-Mellal** und steigt an der Kreuzung nach Aït Attab aus, oder man fährt mit einem **Bus Richtung Azilal** mit Ausstieg an der Kreuzung nach Ouzoud. Von beiden Kreuzungen verkehren Sammeltaxis zu den Wasserfällen. Viele Hotels und Veranstalter bieten die Ouzoud-Wasserfälle als Tagesausflug an.
- Die im ersten Drittel eintönige Strecke über Aït Attab führt im weiteren Verlauf malerisch durch Steineichen und Thujenwälder oberhalb der Abid-Schlucht entlang und weiter zum Bin-el-Ouidane-Stausee. Eine landschaftlich weniger reizvolle **Alternativroute** startet in Marrakesch und führt auf der R 210 und der R 304 (gute Teerstraßen) über Demnate von Süden zu den Wasserfällen (vgl. „Von Azilal nach Demnate").

Die **Route beginnt in Marrakesch** beim Bab Doukkala an der Nordseite der Medina. Folgt man der Beschilderung in Richtung Ouarzazate und Fès, passiert man die Palmeraie und erreicht nach 5 km einen Kreisverkehr mit BMW-/Landrover-Niederlassung. Die vierspurige Ausfallstraße erreicht nach etwa 4 km einen weiteren Kreisverkehr mit Veranstaltungsorten für Festivitäten. Hier folgt man weiter den Schildern nach Fès/Beni-Mellal in Richtung Nordosten (N 8).

Nach etwa **19 km** liegen das **Hotel Sidi Mansour** (schöne Gartenanlage und Pool) und ein weiteres Kasbahhotel an der Strecke. Die weitere Route führt durch landwirtschaftliches Gebiet (Oliven, Zitrusfrüchte) bis zum großen Ort **Tamelelt** (**52 km,** Straßencafés).

Nach knapp 5 km (Gesamt-km 57) besteht die Möglichkeit, **rechts** (ostwärts) **nach Demnate und Azilal** und auf direktem Weg über die R 208 zu den Ouzoud-Wasserfällen zu gelangen (nicht über die Schlucht El Abid).

Es folgen weitere Kreisverkehre, bis bei etwa **km 84** die hübsche Kleinstadt **El Kelâa des Sraghna** erreicht ist (Übernachtungsmöglichkeit im Hotel Zaouia mit Pool oder im Hotel Tassaout, ferner gibt es Tankstellen, Cafés, einen Marjane-Supermarkt, einen Markt etc.).

Bei einem Kreisverkehr 15 km hinter El Kelâa des Sraghna zweigt eine Straße nach Settat und Casablanca ab; weiter geradeaus nach Fès und Beni-Mellal (beschildert). 6 km weiter ist der **Canal Tassaout** zu sehen – der breite Kanal bewässert die Ebene zwischen Beni-Mellal und Marrakesch. Bei einer großen Afriquia-Tankstelle gibt es eine Raststätte mit Pizzeria und Café.

Bei **km 121** und einer weiteren Afriquia-Tankstelle führt rechts wieder ein Abzweig nach Azilal (R 307). Geradeaus geht es weiter nach Beni-Mellal und Fès. Hier beginnt der Mittlere Atlas.

Bei **km 130** (9 km hinter dem Abzweig nach Azilal) kann man bei einer Olivenmühle auf der linken Seite kaltgepresstes Olivenöl direkt einkaufen (Hausbemalung mit Olivenölflasche, N 32°10,603', W 06°58,440').

Bei **km 146** liegt der expandierende Ort **Khemis des Ouled Ayad.** Hier muss man rechts nach Aït Attab (25 km) abbiegen (beschildert). Vorbei an einer Zuckerraffinerie geht es bis zu einer V-Kreuzung (1 km): Zu den Cascades d'Ouzoud geht es rechts am Steinbruch und zwei Restaurants vorbei bergauf. Euphorbienpolster und Gehöfte mit Ölbäumen liegen am Weg. An der Straße wird Honig verkauft.

Nach **157 km** wird eine kleine **Passhöhe** (980 m) passiert, dann geht es bergab – der Bewuchs ist wesentlich dichter. Einige Bauerngehöfte sind aus der typischen roten Erde dieser Region gebaut. Der große Taleinschnitt des **Oued El Abid** liegt vor uns. Eine breite Straße führt bis zu dem recht mülligen Ort **Aït Attab,** der nach **167 km** erreicht ist. Hier gibt

Nördlicher Hoher Atlas

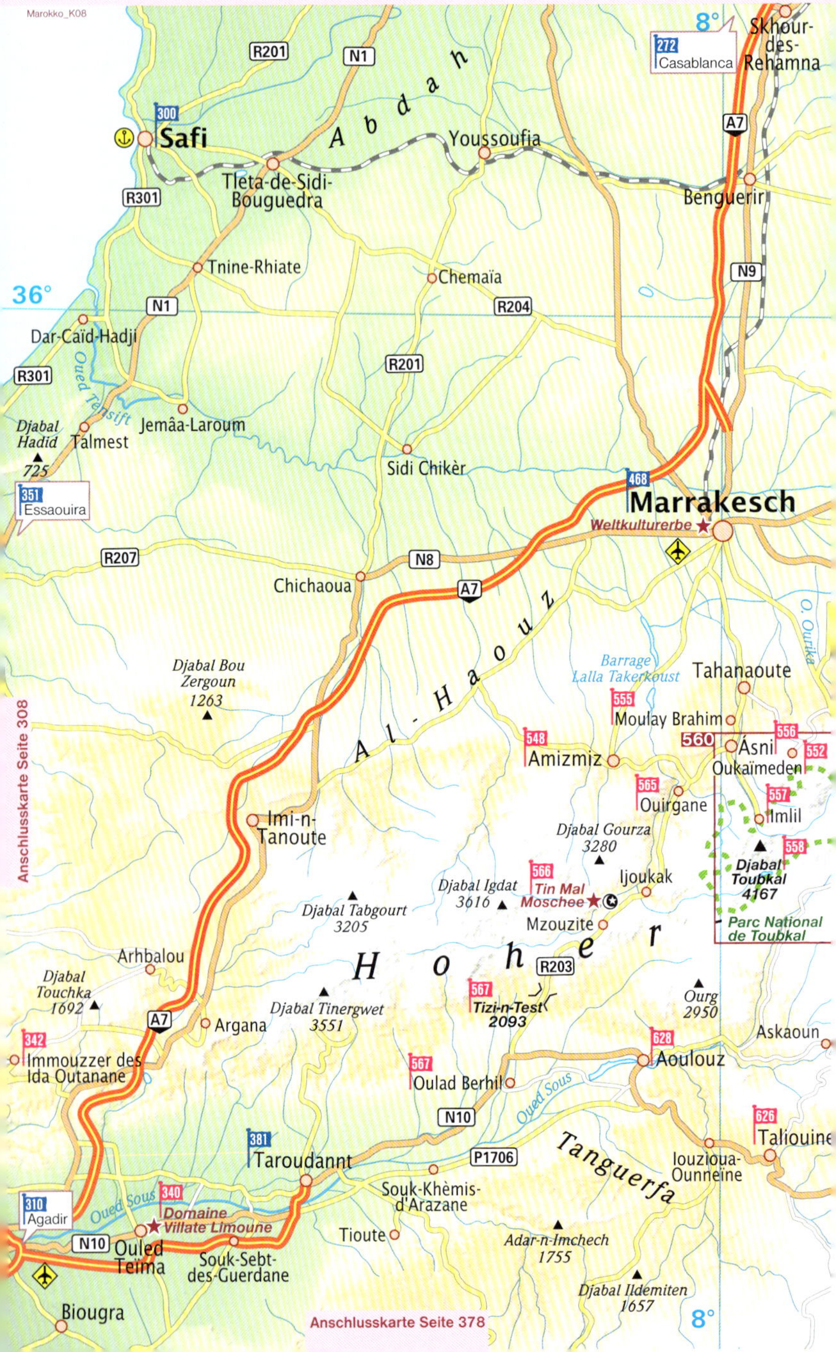

Anschlusskarte Seite 308

Anschlusskarte Seite 378

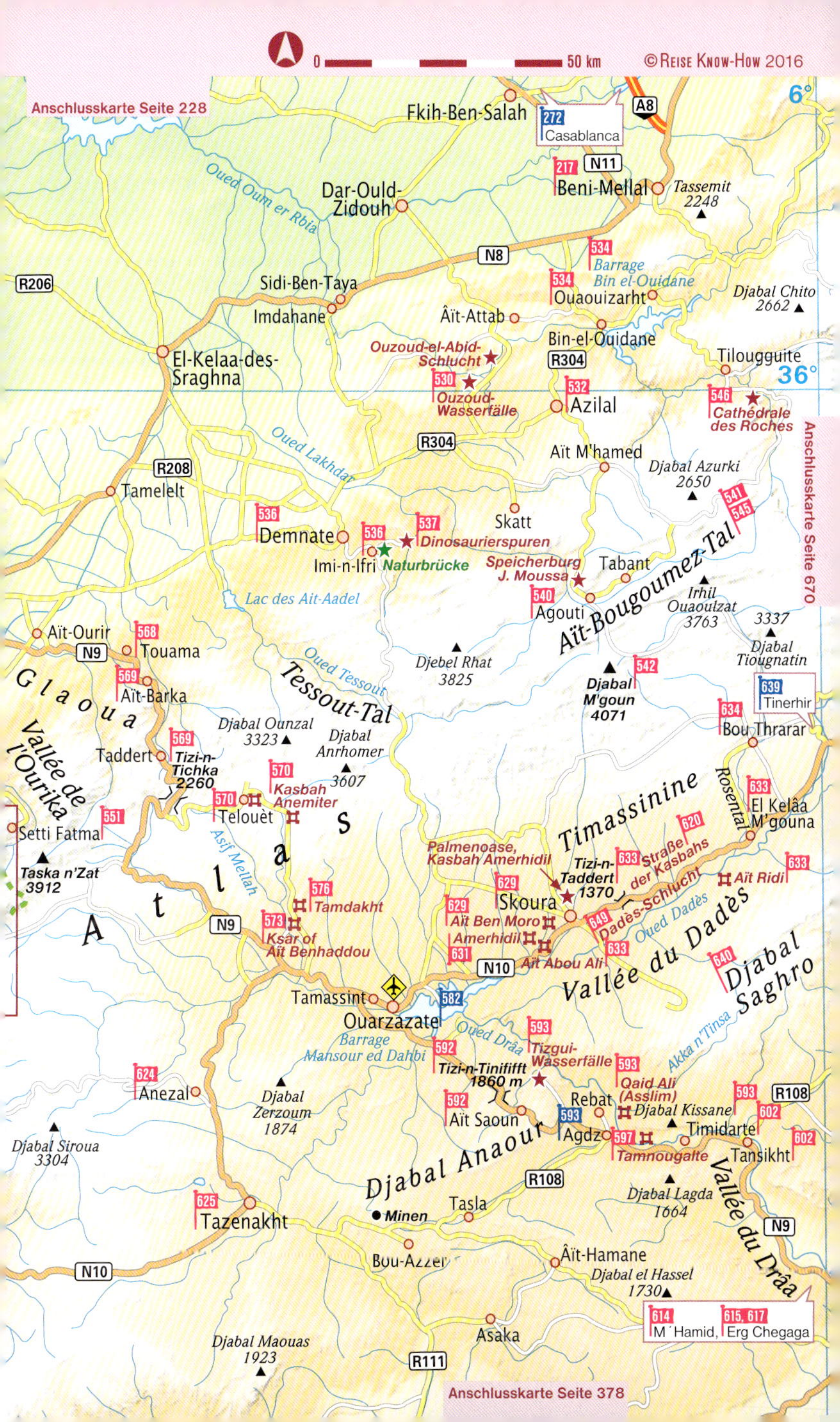
0 50 km
© Reise Know-How 2016
Anschlusskarte Seite 228
Anschlusskarte Seite 670
Anschlusskarte Seite 378
6°
36°
Fkih-Ben-Salah
272 Casablanca
A8
N11
217 Beni-Mellal
Tassemit 2248
Dar-Ould-Zidouh
Oued Oum er Rbia
N8
534 Barrage Bin el-Ouidane
534 Ouaouizarht
Djabal Chito 2662
R206
Sidi-Ben-Taya
Imdahane
Âït-Attab
Bin-el-Ouidane
R304
Tilougguite
El-Kelaa-des-Sraghna
Ouzoud-el-Abid-Schlucht
530 Ouzoud-Wasserfälle
532 Azilal
546 Cathédrale des Roches
Oued Lakhdar
R304
Aït M'hamed
Djabal Azurki 2650
R208
Tamelelt
536 Demnate
536 Imi-n-Ifri
Naturbrücke
537 Dinosaurierspuren
Skatt
541 545
Speicherburg J. Moussa
Tabant
Aït-Bougoumez-Tal
540 Agouti
Irhil Ouaoulzat 3763
Lac des Aït-Aadel
Aït-Ourir
568 Touama
N9
3337 Djabal Tiougnatin
569 Aït-Barka
Glaoua
Oued Tessout
Tessout-Tal
Djebel Rhat 3825
542 Djabal M'goun 4071
639 Tinerhir
634 Bou Thrarar
Djabal Ounzal 3323
Djabal Anrhomer 3607
569 Taddert
Tizi-n-Tichka 2260
570 Kasbah Anemiter
570 Telouèt
Vallée de l'Ourika
551 Setti Fatma
Taska n'Zat 3912
Atlas
Asif Mellah
Timassinine
Rosental
633 El Kelâa M'gouna
620
Palmenoase, Kasbah Amerhidil
Tizi-n-Taddert 1370
633 Straße der Kasbahs
633 Aït Ridi
576 Tamdakht
629 Skoura
649 Dadès-Schlucht
Oued Dadès
N9
573 Ksar of Aït Benhaddou
629 Aït Ben Moro
Amerhidil
631
Aït Abou Ali
633
N10
Vallée du Dadès
640 Djabal Saghro
Tamassint
582
Ouarzazate
Barrage Mansour ed Dahbi
Oued Drâa
593 Tizgui-Wasserfälle
592 Tizi-n-Tinififft 1860 m
593 Qaid Ali (Asslim)
Akka n'Tinsa
624 Anezal
Djabal Zerzoum 1874
Rebat
Djabal Kissane
593
R108
602
592 Aït Saoun
593 Agdz
597 Tamnougalte
Timidarte
Tansikht
602
Djabal Siroua 3304
Djabal Anaour
R108
Djabal Lagda 1664
Vallée du Drâa
625 Tazenakht
Minen
Tasla
N9
N10
Bou-Azzer
Âït-Hamane
Djabal el Hassel 1730
614 M´Hamid,
615, 617 Erg Chegaga
Djabal Maouas 1923
Asaka
R111

es eine Tankstelle, Markttag ist Mittwoch. Ein Bus fährt zur Straße nach Marrakesch bzw. Beni-Mellal.

In Aït Attab geht es geradeaus weiter. Die Straße windet sich bergauf ins Tal des Oued El Abid und folgt dann diesem nach Süden. Über eine Stahlbrücke geht es bei **km 174** über den **Oued El Abid** (550 m). Die Straße schlängelt sich in vielen Serpentinen durch Thujen, Wacholder, Pinien- und Eichenwald bergauf am Canyonrand entlang. Die Sicht auf die Oued-Abid-Schlucht und Aït Attab ist überwältigend. Die schöne Strecke führt durch dünn besiedeltes Gebiet auf eine **Passhöhe** (1040 m) und weiter zum Weiler **Ouzo** (Forsthaus) bei **km 193.** 1 km weiter spannt sich eine Stahlbrücke über den Fluss.

Kurz danach (500 m), bei **km 194,** ist das Dorf **Ouzoud** erreicht. Beschilderung zurück: nach „Aït Attab 26 km", links nach Azilal.

ma16_175 ad

Ouzoud

Der Ort Ouzoud ist wegen der **höchsten und schönsten Wasserfälle Marokkos** bekannt. Diese fallen in mehreren Etagen 110 m über rote Sinterterrassen nach unten, wenn nicht eine lang anhaltende Trockenheit nur noch Rinnsale übrig lässt. Im Juli und August entwickelt sich der Platz zum Treffpunkt von Marokkanern und Touristen. Dann sammelt sich oft Müll am Flussufer, und das eigentlich klare Wasser fließt vom aufgewühlten Schlamm dreckig braun dahin. Ruhig und zum Baden einladend ist es nur noch ein ganzes Stück weiter unten, wo der Trubel aufhört.

Vom Parkplatz in Ouzoud führt (vorbei am Hotel Dar Essalam und Chellal d'Ouzoud) ein **betonierter Fußweg** nach links zu den Wasserfällen. An dem Weg mit vielen Treppenstufen nach unten reihen sich Souvenirbuden und Tajine-Restaurants aneinander. Trotz des touristischen Hochbetriebs wirkt die Szenerie mit den vielen Kakteen, Feigenbäumen, Oliven und Oleandersträuchern recht idyllisch. Im Gebüsch springen Makakenaffen herum, die frech Ausschau nach Essbarem halten.

Der Weg verzweigt sich nach etwa 5 Min. Fußmarsch: Der linke Betonpfad führt zu einer **Aussichtsplattform** mit schöner Fotoperspektive auf die Wasserfälle, der rechte hinab zum Fuß der Fälle. Für Fotografen herrscht am frühen Nachmittag das beste Licht, morgens und abends liegen die Wasserfälle im Schatten. Bis ganz unten sind es ca. 15 Min. Fußmarsch ab dem Parkplatz, der Aufstieg in der Mittagshitze ist recht schweißtreibend. Schon vom Weg aus bieten sich tolle Ausblicke auf die Wasserfälle. Am **Fuß der Fälle** gibt es eine marode und deshalb gesperrte Metallbrücke. Man kann mit aus Tonnen zusammengebastelten Booten den Fluss überqueren oder eine „Ausflugsfahrt" flussabwärts unternehmen (nicht gerade sehr vertrauenerweckend). Baden ist offiziell verboten, daran hält sich aber niemand.

< Beeindruckend: die Ouzoud-Wasserfälle

Vom Platz im Ort rechts am Riad Cascades d'Ouzoud vorbei kann man auch an die **Oberkante der Wasserfälle** (schöner Blick, nicht gesichert, also Vorsicht!) und auf einem steilen Weg auf der rechten Seite der Fälle nach unten gelangen bzw. als Alternative zum gängigen Weg vom Parkplatz aus durch die Olivenhaine entlang des Flusses (Ausgangspunkt ist die Brücke am Ortsausgang Richtung Aït Attab, s.o.) wandern. Auf einem etwa zehnminütigen Spaziergang erreicht man dann die obere Kante des Wasserfalls und kann entweder von dort über eine kleine Brücke auf die andere Seite gelangen und zurück zum Parkplatz oder aber bergab marschieren zum Fuß des Wasserfalls (s.o.; nach Regenfällen sehr glitschig).

Im Ort und bei den Hotels bieten sich Führer zur **„Mexican village"**, einem Lehmdorf, das an die Pueblodörfer in Mexiko erinnert, an. Zu den Wasserfällen braucht man keinen Führer, vielleicht aber für Ausflüge zu erodierten **Grotten** mit vielen Fledermäusen nahe des Flussufers. Wer Trekking und Bergtouren in der reizvollen Umgebung unternehmen will, kann sich vom Hotel oder Camping Zebra einen Führer vermitteln lassen.

In Ouzoud kann man neben den Wasserfällen noch alte **Öl- und Mehlmühlen** in Betrieb besichtigen.

Praktische Informationen

Unterkunft

■ **Chellal d'Ouzoud/des Cascades**③ (mit Frühstück), vom Hotel Essalam ca. 100 m am Weg zu den Wasserfällen, Tel. 0523 42 91 80, Mobil 0672 38 47 91, http://hotelchellal.weebly.com. Einfache, aber sehr ordentliche und saubere Zimmer mit Bad, empfehlenswert. Hübsches Restaurant mit Terrasse.

■ **Hôtel de France**②, Tel. 0523 42 91 76, www.hotel-france-ouzoud.com. Etwas außerhalb des Ortes auf der anderen Flussseite, beschildert, N 32°01,006', W 06°43, 041'. Ordentliches Hotel mit sehr sauberen Zimmern mit und ohne Bad. Camping im Garten mit Olivenbäumen möglich (für Caravans wenig Platz). Restaurant (80 DH für Tajine oder Couscous, Frühstück 30 DH).

■ **Kasbah Ouzoud**③-④, neben dem Camping Zebra am Ortseingang, Tel. 0523 42 92 10, www.kasbahouzoud.com. Voll eingerichtete, hübsche Zeltzimmer oder Bungalows mit eigener Terrasse im wunderschönen Garten. Pool (auch für Nicht-Gäste gegen Gebühr nutzbar), Restaurant im Festzelt (Menü 130 DH), sicheres Parken im Hof möglich. Sehr empfehlenswert.

■ **Riad Cascades d'Ouzoud**③-④ (DZ oder Minisuite inkl. Frühstück, Kinder bis 5 Jahre frei, bis 10 Jahre 50% Ermäßigung), Tel. 0523 42 91 73, Mobil 0662 14 38 04, www.ouzoud.com. Komfortabler, geschmackvoll im Berberstil gestalteter Riad in einem restaurierten zweistöckigen Lehmhaus mit Innenhof. Die neun rustikalen Zimmer (alle mit Bad und Heizung, zum Teil mit AC) sind sehr schön. Vom Restaurant auf der Dachterrasse hat man einen herrlichen Blick. Hier kann man einen beschaulichen Urlaub weitab vom Großstadttrubel verbringen (auch Organisation von Ausflügen). Sehr gutes Menü für 120 DH (nur für Gäste oder auf Bestellung).

■ **Zebra,** s. „Camping".

Camping

■ **Camping/Auberge Zebra,** 1 km außerhalb am Ortseingang von Ouzoud, Mobil 0666 32 85 76, www.campingzebra.com, N 32°00,351', W 06°43,177'. Die sehr gut deutsch sprechenden Holländer und Afrikareisenden *Paul* und *Renate* eröffneten im Jahr 2009 diesen Campingplatz mit mehreren Geländeterrassen und gemütlichen Sitzecken – einer der schönsten und angenehmsten Campingplätze des Landes zum Entspannen in herrlicher Lage. Es gibt ein gemütliches Zeltrestaurant mit Kaminfeuer (Menü 85 DH), ein Hammam, saubere (heiße) Duschen und WCs sowie zehn sehr saubere Zimmer in Bungalows, vier mit Dusche und Toilette (DZ③, Zimmer oder Nomadenzelt ohne Dusche②, günstigere Angebote bei Langzeitaufenthalt). Buchung von 4x4-Wüstentouren und Ausflügen in der Umgebung möglich, Vermittlung von Bergführern. Sehr entspannte und freundliche, familiäre Atmosphäre. Camping 85 DH für 2 Pers. inkl. Auto.

■ **Camping Amalou,** an der Straße Richtung Azilal, Mobil 0670 25 43 76. Relativ großer und ebener Platz mit Stromanschlüssen in einem schönen Olivenhain, im Winter und Frühjahr allerdings mit Caravans überfüllt, dann sind die Toiletten und Duschen in sehr schlechtem Zustand. 40 DH/Pers., 10 DH/Auto, 20 DH/Wohnmobil, 10 DH für Strom.

■ **Oberhalb der Wasserfälle am Fluss** finden sich einfache, meist wenig gepflegte Campingplätze (darunter

Camping de la Nature) mit einfachsten Sanitäranlagen in schöner Lage zwischen Pappeln und Olivenbäumen.

Essen und Trinken

■ **Relais de Titrite**, Tel. 0523 42 91 91. Kleines, hübsches Restaurant am Platz gegenüber dem Riad Cascades d'Ouzoud. Gute, frisch zubereitete Tajine (evtl. längere Wartezeit).

■ **Einfache Restaurants** am Platz, **Tajine-Stände und Cafés** auch auf dem Weg zu den Wasserfällen.

Sammeltaxis/Taxis

Die Leute von den Campingplätzen oder Hotels sind bei der Taxibeschaffung behilflich. Ein Sammeltaxi bis Marrakesch kostet ca. 500 DH für 6 Pers. Ab der Kreuzung Marrakesch – Azilal hält morgens und nachmittags ein Bus nach Marrakesch.

Weiterfahrt zum Stausee Bin-el-Ouidane

17 km hinter Ouzoud (Gesamt-km 211) mündet die Route in die Straße nach Azilal, zum Stausee Bin el-Ouidane und nach Beni-Mellal (links) ein. Rechts geht es nach Demnate und Marrakesch (R 304).

Links weiter fährt man an einem Oliven- und Obstanbaugebiet entlang, danach geht es bergauf durch eine steinige Gegend mit Macchia, kleinen Steineichen und Wacholderbäumen. Dann folgt ein landwirtschaftlich genutztes Gebiet, die steinige Erde ist mit Weizen, Mandel- und Olivenbäumen bepflanzt, dazwischen liegen wenige Häuser. Bei **km 231** ist Azilal erreicht.

Azilal

Die **gepflegte, ruhige Provinzstadt** Azilal (1400 m) mit ihren rosa Häusern ist in den letzten Jahrzehnten enorm gewachsen und beherbergt inzwischen über 90.000 Einwohner. Entlang der von Platanen gesäumten Durchgangsstraße Av. Hassan II. liegen viele Verwaltungsgebäude, Cafés und Banken. Unterhalb der Av. Hassan II. und des kleinen Hauptplatzes bei der großen Moschee befindet sich der Souk mit vielen Läden.

Azilal ist Ausgangspunkt für Fahrten ins Aït-Bougoumez-Tal (Agouti) und für **Trekking- bzw. Mountainbiketouren im Hohen Atlas:** auf den Djabal Azourki, 3690 m; zum Lac d'Izourar; nach Aït Bougoumez, zur Steinkathedrale *(Cathédrale des Roches);* zum Irhil M'goun, 4071 m; ins M'goun-Tal weiter bis Kelâa M'gouna zur Straße der Kasbahs. Aït Mohamed und das südliche Tabant im Aït-Bouguemez-Tal sind die Zentren der marokkanischen Bergführerausbildung.

In der Nähe von Azilal, in einem Trockenflussbett nahe der Ortschaft Woudane, fand man 1987 eines der größten **Dinosaurierskelette** der Welt, die ca. 165 Mio. Jahre alten Überreste eines *Atlasaurus Imelakai.* Die Ausgrabungsarbeiten dauerten Jahre, die über 500 Kilo schweren Knochen mussten mit dem Hubschrauber ausgeflogen werden. Jetzt ist das Skelett im Bergbaumuseum in Rabat zu besichtigen.

Die Berberfrauen tragen in der Gegend von Azilal sehr schöne bunte, mit Pailletten verzierte Umhängetücher, die man auf dem **Souk am Donnerstag** kaufen kann.

Praktische Informationen

Touristeninformation

■ **Délégation du Tourisme,** Rue Tarik Ibn Ziad/ Av. Hassan II., Tel. 0523 45 87 22. Hier kann man eine sehr gute Touristenkarte der Region kaufen (Maßstab 1:250.000).

Unterkunft

■ **Assounfou**②, Av. Hassan II., Tel. 0523 45 92 20. 2-Sterne-Hotel mit 26 Zimmern und Terrassenrestaurant im Zentrum. DZ (nicht immer sauber) mit Dusche, Sat-TV und Frühstück.

■ **Binazi**②-③ (mit Frühstück), 1 km außerhalb an der Straße Richtung Aït Mohamed auf der rechten Seite, Tel. 0523 45 82 61. Hotel im marokkanischen Stil mit Restaurant und sechs sehr sauberen, einfachen Dreibett-Zimmern mit Bad, z.T. mit Balkon. Im Garten gibt es einen großen Pool. Man kann auch im Schlafsaal übernachten.

- **Souss**①, Av. Hassan II. im Zentrum, Tel. 0523 45 81 14. Einigermaßen sauberes Hotel am großen Platz rechter Hand, wenn man von Marrakesch kommt.
- **Tanout**①-②, Av. Hassan II., Richtung Bin-el-Ouidane an der Ortsausfahrt auf der rechten Seite, Tel. 0523 45 93 23, www.hoteltanout.com. Die meist ordentlichen, teilweise auch klimatisierten Zimmer sind fast alle nordseitig orientiert (im Sommer kühler und kein Straßenlärm). Einfache DZ mit und ohne Bad.

Essen und Trinken

An der Av. Hassan II. liegen einfache Cafés und Restaurants. Zu empfehlen ist das **Restaurant Ibnou Ziad,** linker Hand an der Av. Hassan II., ca. 100 m vor dem Hauptplatz: gute, preiswerte Tajine, viel besucht; im 1. Stock gibt es ruhigere Plätze.

Busse

Der **Busbahnhof** liegt nahe der Av. Hassan II./Tarik Ibn Ziad im Zentrum; es bestehen Verbindungen nach:

- **Beni-Mellal:** 5x tägl., 1½ Std.
- **Casablanca:** 4x tägl., 5 Std.
- **Marrakesch:** ca. 5x tägl., 3–4 Std.
- Nach **Agouti** (Aït-Bougoumez-Tal) verkehren Sammeltaxis (s.u.).

Sammeltaxis/Taxis

- **Grands Taxis** halten hinter der großen Moschee im Zentrum. **Sammeltaxis** zu den Ouzoud-Wasserfällen fahren jedoch meist auf dem Souk von einer Anhöhe ab – von Marrakesch kommend auf der linken Seite der Hauptstraße.
- Ein **Sammeltaxi nach Marrakesch** kostet ca. 80 DH p.P., nach **Beni-Mellal** ca. 40 DH, nach **Agouti** bzw. **Tabant** 40 DH und nach **Aït Mohamed** ca. 30 DH.

Trekking/Bergführer

Azilal ist neben Imlil eines der Bergsteigerzentren Marokkos. Das Touristenbüro vermittelt (lizensierte) Führer für Berg-, Ski- oder Kajak- und Riverrafting-Touren. Bei allen Bergführern ist eine frühzeitige Anmeldung sinnvoll bzw. notwendig, da sie häufig unterwegs sind.

- Sehr zu empfehlen ist der geprüfte Bergführer **Lahoucine Oulkadi** (tamsllt@menara.ma). Er spricht englisch und deutsch und betreibt mit seiner Schweizer Frau *Beatrice* eine Gîte d'étape in Agouti (s. dort).
- Angenehm zurückhaltend und sehr freundlich ist der gut deutsch sprechende Bergführer **Mohamed Boutahar,** der mit seinem Bruder *Hassan* die Herberge Dar Afra im Aït-Bougoumez-Tal betreibt (vgl. bei Agouti „Unterkunft"): Mobil 0662 10 59 52, www.de.darafra.com. Organisation von individuellen Trekkings möglich.
- Von einem Leser wurde der Bergführer **Mustapha Almazdi** (mustalma@hotmail.com) sehr empfohlen. Er spricht französisch und englisch und organisiert Touren ganz nach den Wünschen der Teilnehmer. Fragen Sie im Ort nach ihm.
- Empfohlen wird zudem der Bergführer **Lahoucine Outezdot** (Mobil 0671 19 22 87, www.aitayoub-voyages.com), der im Aït-Bougoumez-Tal die Gîte d'étape Aït Ayoub betreibt. Er vermittelt auch andere Führer.
- Weitere empfehlenswerte (deutschsprachige) Bergführer siehe bei Marrakesch unter „Aktivitäten/Trekking".

Sonstiges

- **Moussem Sidi Hmad ou Ameur,** im Douar Aganane, Caidat Aït M'Hamed (Aït Mohamed), erste Maiwoche.

Weiterfahrt zum Stausee Bin-el-Ouidane

Hinter Azilal führt die Straße **in Richtung des Stausees Bin-el-Ouidane** durch steinige Gegend mit Steineichen, Getreidefeldern und verfallenden Tighremts (Steinburgen). Nach einer kleinen Passhöhe (ca. 1500 m, 13 km hinter Azilal) verläuft die Straße bergab; es bietet sich ein toller Ausblick auf den weit verzweigten Stausee mit seinen Inseln und Lagunen. Die Erde rund um die Seeregion leuchtet dunkelrot – welch ein Kontrast zum hellblauen Wasser des Sees!

Bei **km 257** (26 km nach Azilal) sind die Kaserne und der Ort **Bin-el-Ouidane** (Markttag ist Donnerstag) erreicht.

Etwa 1 km hinter Bin-el-Ouidane führt die Straße über die Staumauer mit Militärposten (Fotografieren verboten!). An der Kreuzung bei Bin-el-Ouidane (2 km) kann man entweder links nach Afourer oder rechts entlang des Stausees nach Ouaouizarth und Tilouggite abbiegen.

Stausee Bin-el-Ouidane

Der riesige, 1955 erbaute Stausee Bin-el-Ouidane schließt die Schluchten des Oued el Abid ab, der zwischen der Hauptkette des Mittleren Atlas und dem parallelen Vorgebirge zum Hohen Atlas, dem Dir, verläuft. Der See liegt **auf 1200 m Höhe** zwischen Bergen und Wäldern. Die Ufer sind mit Euphorbienpolstern bewachsen, die im Frühjahr herrlich blühen. Das Seewasser dient zur Bewässerung der Ländereien und Obstplatagen um das Gebiet von Beni-Mellal.

Die Staumauer wird vom Militär bewacht – hier ist **Fotografieren verboten!** Das Verbot wird damit begründet, dass solche Objekte für das Land von immenser Bedeutung und der Stolz der Nation seien – und somit auch Ziel eines Anschlags sein könnten.

Es befinden sich einige Ansiedlungen nahe des Sees, die Umgebung lädt zum **Wandern** ein. In den letzten Jahren entstanden auch diverse schicke Ferienhäuser (s.u.) entlang des Ufers.

Die **schönen Lagunen** kann man mit halbwegs geländegängigem Fahrzeug erreichen. Am Seeufer lässt sich **campen.** Das Ufer ist ein bisschen schlammig – die Hügel etwas oberhalb mit netten Pinien- und Olivenwäldchen eignen sich deshalb besser für Zelte. Mit einem Boot kann man schöne Ausflüge unternehmen oder angeln (Erlaubnis über die Forstämter).

Unterkunft

- **Bin el-Ouidane**④, ca. 6 km in Richtung Ouaouizarht, Tel. 0523 44 26 00, www.hotelbinelouidane.com. Sehr hübsch im Berberstil dekorierte Suiten/Apartments für bis zu sechs Pers., z.T. mit Küche und Terrasse – ideal für einen (Familien-)Urlaub in ländlicher Idylle. Gemütliches Zeltrestaurant auf der Dachterrasse mit Seeblick, Garten mit Pool. Diverse (Wasser-)Aktivitäten können organisiert werden.
- **Chems du Lac**④, am Ortseingang von Bin el-Ouidane links, Tel. 0523 44 29 11/12, www.chemshotels.com. Großes, sehr schönes 4-Sterne-Hotel mit Pool, Panoramaterrasse und modern ausgestatteten klimatisierten Zimmern (mit Balkon) und Suiten (z.T. mit Jacuzzi und Kamin) in herrlicher Lage mit Seeblick.
- **L'Eau Vive**②, ca. 3 km Richtung Afourer/Beni-Mellal (R304), unterhalb der Staumauer am Oued el Abid (beschilderter Abzweig links runter), Tel. 0523 44 29 31, Mobil 0666 64 21 83, www.dar-eauvive.com. Nettes Gästehaus mit Restaurant (Essen auf Bestellung) und Traumpanorama auf den von Pinienwald gesäumten breiten Fluss. Drei saubere Zimmer mit Gemeinschaftsbad, WLAN. **Camping** ist auf Terrassen etwas unterhalb möglich (Strom, Sanitäranlagen). Ein kleiner Pfad führt runter zum Fluss, wo man im ziemlich kalten Wasser herrlich baden kann. Die **Auberge du Lac** etwas weiter unterhalb (dort endet die Zufahrtsstraße) verfällt, auf dem gegenüberliegenden Gelände unter großen Bäumen kann man wild campen (keine sanitären Anlagen).
- **Widiane Suites & SPA**⑤, Chemin du Lac, Route de Ouaouizarth, Tel. 0523 44 27 76, www.widiane.net. Diese traumhafte 5-Sterne-Anlage im Kasbahstil mit großem Pool, Wellnessareal, Luxussuiten mit Balkon, Panoramaterrasse und Liegewiese lohnt sich für eine Kaffeepause auf dem Weg.

Weiterfahrt nach Beni-Mellal

Fährt man an der Kreuzung bei Bin-el-Ouidane weiter in Richtung Ouaouizarht, folgt die Straße dem mit Olivenbäumen bewachsenen Seeufer. Über kleine Feldwege kann man immer wieder das Ufer erreichen (Badegelegenheiten). Nach 15 km liegt rechter Hand **Ouaouizarht** etwas oberhalb des Stausees. Im Ort gibt es diverse Geschäfte, Cafés, einfache Unterkunft und eine Tankstelle. In der Ortsmitte zweigt eine Straße rechts Richtung Zaouiat Ahansal ab (Schild „Gîte d'étape La Cathédrale"). Die landschaftlich grandiose Strecke führt über Tilouggite (Ende der Teerstraße) und Zaouiat Ahansal bis ins Aït-Bougoumez-Tal (Piste, nur mit 4x4). Auf der Teerstraße R 306 gelangt man von Ouaouizarht weiter nach Beni-Mellal.

Fährt man von Bin-el-Ouidane **weiter in Richtung Afourer,** erreicht man ca. 3 km nach dem Ort den Abzweig zum Gästehaus L'Eau Vive und zur Auberge du Lac unterhalb der Staumauer am El-Abid-Fluss (s.o. „Unterkunft“). 3 km weiter thront ein schöner Tighremt links unterhalb der Straße. Es geht kurvig bergauf bis zu einer Passhöhe auf ca. 1300 m etwa 16 km hinter Bin-el-Ouidane. An den Hängen wachsen Pinien, Steineichen und Mandelbäumchen. Nun geht es in Serpentinen bergab, es eröffnen sich herrliche Ausblicke auf die fruchtbare Ebene von Beni-Mellal.

Etwa 32 km hinter Bin-el-Ouidane (29 km ab dem Abzweig zu den Herbergen) ist der große Ort **Afourer** erreicht (Tankstelle, Krankenhaus, Straßenrestaurants, Bank mit Geldautomat). Unterkunft bietet das große, für Gruppenreisende eingerichtete 4-Sterne-**Hotel Le Tazarkount**④ (Tel. 0523 44 01 01, www.tazarkount.com) mit Wellnessangebot und Pool im großen Garten. Es werden u.a. Wander-, Angel- und Reitausflüge in der Region organisiert.

Die Straße führt hinter Afourer bergab in die Ebene von Beni-Mellal, die intensiv landwirtschaftlich genutzt wird. 6 km hinter Afourer mündet die Route in die breite, verkehrsreiche **Hauptstraße von Marrakesch nach Beni-Mellal** (N 8) ein. Rechts entlang sind es noch 19 km bis **Beni-Mellal** (vgl. im Kapitel zum Mittleren Atlas). Nach links besteht die Möglichkeit, nach Marrakesch (280 km) zurückzufahren.

Von Azilal nach Demnate

■ **70 km bis Demnate, R 304;** Weiterfahrt nach Marrakesch auf der R 210 und N 8 möglich (etwa 100 km ab Demnate).

■ **Gute Teerstraße. Busse** fahren von Beni-Mellal oder Marrakesch nach Azilal bzw. Demnate, **Sammeltaxis** nach Ouzoud und Imi-n-Ifri. Der Ausflug kann gut mit den Ouzoud-Wasserfällen kombiniert werden, allerdings sollte man dann überlegen, ob man die zusätzlichen Kilometer bis zum Bin-el-Ouidane-Stausee fährt.

Azilal in Richtung Westen (vorbei an einer großen Ziz-Tankstelle) **verlassen.** Die Strecke führt durch eine steinige Hügellandschaft mit Getreidefeldern, Öl-, Mandel- und Olivenbäumen.

20 km hinter Azilal folgt der Abzweig zu den Ouzoud-Wasserfällen rechts. Von den Wasserfällen kommend biegt man an dieser Kreuzung rechts Richtung Marrakesch ab.

☐ Landschaft zwischen Ouzoud und Aït Attab

ma16_176 ad

Bei **km 42** ist der kleine, wenig attraktive Ort **Tanannt** erreicht (Tankstelle). Halblinks bzw. geradeaus geht es nach Demnate und zur Naturbrücke von Imi-n-Ifri, rechts nach Bzou und zur Schnellstraße N 8 zwischen Marrakesch und Beni-Mellal. 5 km weiter folgt ein weiterer Abzweig zur N 8 (Beschilderung nach Casablanca).

Bei **km 59** zweigt links die Straße nach Demnate und Imi-n-Ifri ab; links weiter. Geradeaus geht es nach Tamelelt zur N 8. Nach 66 km geht es zum Cercle de Demnate rechts ab; geradeaus weiter.

70 km hinter Azilal ist **Demnate** erreicht.

Demnate

Der große Ort liegt hübsch zwischen Bergen, Olivenbäumen und Pinien. **Sehenswert** sind die (leider verfallende) alte Stadtmauer und der Sonntagsmarkt. Entlang der Hauptstraße und in den Parallelstraßen zum Markt kann man sich in **vielen Läden** mit Lebensmitteln eindecken, außerdem gibt es eine Tankstelle und eine Bank mit Geldautomat. Günstige, auf Holzkohle gegarte Tajines bieten die kleinen **Restaurants** direkt an der Hauptstraße an (ca. 40 DH).

Ende September wird der **Moussem Sidi Ali Ben Hamdouch** gefeiert.

Praktische Informationen

Unterkunft

- Das einfache **Hotel Atlas**① liegt direkt hinter dem Busbahnhof, Tel. 0523 50 82 16. Es ist sauber und freundlich, das Essen gut, die DZ verfügen über eine Dusche.
- Ebenfalls zu empfehlen ist das **Hotel Marrakech**① an der Straße Richtung Marrakesch, Tel. 0523 50 69 96. Sehr sauber, leider etwas Straßenlärm, Etagendusche mit warmem Wasser.
- Sehr hübsche Unterkunft bietet das traditionell gestaltete Gästehaus **Kasbah Timdaf**③, Tel. 0523 50 71 78, www.kasbah-timdaf.com, DZ mit Bad im Berberstil. Die Herberge liegt etwas außerhalb auf einem Hügel mit tollem Ausblick (Abholung in Demnate bei Anruf).
- Das sehr stilvoll aus Natursteinen erbaute **Maison d'Hôtes Tizouit**③ mit Garten und Pool befindet sich 2 km außerhalb von Demnate in herrlicher Lage (in Aït Oumghar, Richtung Imi-n-Ifri, Mobil 0658 34 61 48, www.tizouit.ma).

Busse/Sammeltaxis

Von Demnate bestehen **Busverbindungen** nach Marrakesch (7x täglich, 2 Std. Fahrzeit), nach Azilal und Beni-Mellal und weiter nach Casablanca (etwa 8x täglich). **Grands Taxis (Sammeltaxis)** halten an der Kreuzung, an der es rechts nach Marrakesch und links nach Imi-n-Ifri geht.

Sonstiges

- **Touristeninformation, Guide, 4x4-Ausflüge und Bergführungen:** guidedemnate@gmail.com, Mobil 0677 84 87 08.

Ausflüge

Imi-n-Ifri

Imi-n-Ifri liegt auf 1069 m Höhe und ist **Ausgangspunkt für Ausflüge und Wanderungen** in der Umgebung. Neben Dinosaurierspuren (s.u.) und Felszeichnungen wurde hier eines der größten intakten Dinosaurierskelette der Welt entdeckt. Im Winter herrschen recht frostige Temperaturen – mit Schneefällen ist schon ab November zu rechnen.

In Demnate Richtung Imi-n-Ifri abbiegen. Am Haus der Forst- und Wasserverwaltung *(Eaux et Fôret)* vorbei und durch Pinienwälder geht es bergauf und vorbei an mehreren Hotels (u.a. **Maison d'Hôtes Tizouit,** s.o.).

☐ Die Naturbrücke von Imi-n-Ifri

6 km hinter Demnate ist Imi-n-Ifri mit der **Pont Naturel** erreicht: Der Oued Lakhdar hat sich unter der Erde und durch den Stein durchgegraben und eine Naturbrücke geschaffen. An der Kreuzung bei der Brücke informieren Tafeln über Wandermöglichkeiten, über prähistorische Fundstellen und die Dinosaurierspuren. Es bieten sich zahlreiche, etwas lästige Führer an. Man kann von der Brücke über eine gemauerte Treppe zum Fluss hinuntersteigen (ca. 20 Min.) und unter der Brücke hindurch und auf der anderen Seite mit etwas Kletterei wieder nach oben gelangen (ca. 45 Min.). An den Steilhängen zur Brücke nisten unzählige Vögel in kleinen Höhlen und Nischen, im Fluss leben Wasserschildkröten. Oberhalb des Flusses dehnen sich Pinienwälder aus, das üppig bewachsene Ufer säumen Oleander und Feigenbäume.

Eine landschaftlich sehr reizvolle Strecke führt über eine schmale Teerstraße **weiter ins Tessaout-Tal** im Hohen Atlas und bis kurz vor Ouarzazate. Außerdem besteht von Imi-n-Ifri eine **Pistenverbindung nach Osten** über Aït Blal nach Abachkou (Aït Bouwli) und ins Aït-Bougoumez-Tal (nur mit 4x4).

Unterkunft

■ Unterkunft bietet die einfache, saubere **Gîte d'étape Imi-n-Ifri.** Wer es etwas komfortabler mag, steuert das **Riad Aghbalou**②-③ an (Tel. 0523 50 74 98, www.riad-iminifri.com): 10 Zimmer mit oder ohne Bad, Pool im Garten, Essen auf Bestellung. Es steht auch eine Gemeinschaftsküche zur Verfügung.

Dinosaurierabdrücke (Site d'Iouaridene)

Gegenüber der Gîte d'étape Imi-n-Ifri (N 31° 41,447', W 06°58,301', beschildert „Iwassiden 8, Aït Blal 35") zweigt eine kleine Teerstraße links von der Hauptstraße ab; die nach etwa 30 m links wegführende Piste ignorieren. Bei **km 4** ist ein kleiner **Pass** erreicht, dann geht es bergab in einen Talkessel. Es bietet sich ein herrlicher Blick auf den Hohen Atlas und einige Dörfer. Bei **km 7** führt die Straße bei ei-

ma16_177 ad

nem Steinabbruch (flache, schräge Platten) nach unten. Kurz vor zwei Dörfern auf einem Hügel befinden sich die Saurierabdrücke (ausgewiesen als Site d'Iouaridene) auf den 20 x 10 m großen, roten Steinplatten links der Straße (Infotafel über die Saurier, N 31° 43,578', W 06°54,502'). Meist stehen die Dorfkinder schon auskunftsbereit auf den Platten. Es soll in ca. 4 km Entfernung (zu Fuß etwa 1 Std.) weitere Abdrücke geben.

Weiterfahrt nach Marrakesch

Von Demnate geht es auf der guten R 210 durch die landwirtschaftlich intensiv genutzte **Haouz-Ebene.** In **Sidi Rahal** (51 km hinter Demnate) gibt es eine Tankstelle, Straßenrestaurants und eine Grand-Taxi-Haltestelle. 86 km hinter Demnate mündet die Route in die N 8 ein (viele Verkehrskontrollen!). Dann sind es noch etwa 15 km bis Marrakesch.

Von Demnate über den Tizi-n-Outfi nach Ouarzazate

- **165 km, R 307.**
- Diese **schmale, ausgefranste Asphaltstraße** führt durch landschaftlich sehr schöne und ursprüngliche Gegend mit riesigen Steinkasbahs. Das Oued Tessaout bei Toufrine kann bei Hochwasser schwer passierbar sein, auch Schnee kann die Strecke ab November unbefahrbar machen. Das abzweigende Tessaout-Tal selbst ist nur mit 4x4-Wagen befahrbar. In den Dörfern an der Strecke kann man sich mit den wichtigsten Lebensmitteln versorgen.
- Es fahren hier keine Busse, aber Lkws und **Kleinbus-Sammeltaxis.**

In **Demnate (km 0)** aus Richtung Norden links nach Imi-n-Ifri abbiegen; rechts geht's nach Marrakesch. Am Forsthaus vorbei durch Pinienwald stetig bergauf, dann folgt das sehr schöne **Kasbah-Hotel Illy** (Tel. 0523 50 89 53, www.illykasbah.com) in malerischer Lage.

6 km hinter Demnate befinden sich der **Pont Naturel Imi-n-Ifri** (vgl. vorhergehende Route) und eine Kreuzung (**N 31°41,447', W 06°58,301'**, zurück Beschilderung „6 Demnate"). Die Teerstraße führt weiter geradeaus durch den Ort (links zu den Dinosaurierabdrücken, beschildert „Site Irouiden, Iwassiden 8, Ait Blaha 35", vgl. vorhergehende Route) und zum netten **Hotel-Restaurant Riad Aghbalou** (Tel. 0523 50 74 98). Wanderer finden auch eine einfache **Gite** im Ort.

Nach 2 km liegt rechter Hand die **Auberge La Belle Vue.** Danach führt die löchrige Straße hinauf zu einem Pass auf 1650 m Höhe, **N 31°39,380', W 06°55,678'.** Entlang der Route bieten sich tolle Ausblicke auf Lehmdörfer am Rande des Flusstales, das von einer braun-roten Schlucht begrenzt wird.

Die Straße schlängelt sich bergauf und -ab, bis nach 21 km eine Talsenke auf 1475 m erreicht ist. Das Dorf **Ahnssa** mit mehrstöckigen Steinhäusern zieht sich entlang des Flusstales bei **km 23.** Links erstreckt sich die schöne **Schlucht des Assif M'goun** mit Terrassenfeldern, Nussbäumen, Obstbäumen, Platanen und Pappeln. Die Route führt die nächsten 5 km durch weitere Dörfer den Fluss entlang und dann steil bergauf zu einem namenlosen **Pass** auf 2192 m Höhe (**N 31°33,878', W 07° 00,281').** Nach kurzer Abfahrt geht es wieder hinauf zum **Tizi-n-Outfi (2187 m, N 31°33, 376', W 07°00,049')** durch eine sehr einsame Gegend. Es wachsen nun kaum mehr Bäume, nur noch Macchia und verkrüppelte Wacholder sind zu sehen.

Die Serpentinen winden sich bergab in ein sehr ursprüngliches Dorf mit Steinkasbah und einem Forsthaus *(Maison Forestière)* hinter dem Dorf ins **Tal des Oued Tessaout** (mit Tafel „Bien Venue de la Valleé de Tessaout" bei km 53). Die schmale, ausgefranste Straße verläuft nun oberhalb des Flusses und führt bergauf zu einem weiteren kleinen Pass. Danach geht es bergab durch das dicht besiedelte Tal des Oued Tessaouat mit Mandel-, Walnuss-, und Obstbäumen in herrlicher Landschaft.

Das am Hang klebende Dorf **Indoukal** mit einfacher Gîte d'étape Indoukal an der Straße passiert man bei **km 60 (N 31°28,977', W 06° 54,648).** Es bieten sich immer wieder großartige Ausblicke auf die **Steinkasbahs,** die wie Vogelnester an den Hügeln kleben. Der kleine Ort **Toufrine** (Toufghine) im Flusstal mit vielen Nussbäumen ist bei **km 65** erreicht. In der familiären und sauberen **Gîte d'étape Toufghine** von *Mohamed Eddahbi* kann man in einem Schlafraum mit Matratzen und Decken übernachten (Mobil 0667 23 87 30, taufghine @hotmail.com). Von hier aus kann man wandern, zudem gibt es gutes Essen.

Die im Flusstal zum Teil ausgewaschene Straße führt nun hinunter zu einer **Brücke über den Oued Tessaout** (N 31°25,656', W 06°52,626', auch im Hochsommer viel Wasser) und weiter entlang des Flusstals. Hier ist sogar im Sommer alles grün, viele Felder sind angelegt. Nach 2 km folgt ein Dorf mit Steinkasbah und kleiner **Gîte d'étape (N 31° 24,966', W 06°52,977').**

Weitere Dörfer liegen am Hang und im Tal. Bei **km 75** ist das **Tighfiste** erreicht; hier führt ein Abzweig rechts in die malerische Schlucht. Am Ende des Tals geht es in Kurven auf deutlich schlechterer Straße bergauf zur **Passhöhe Tizi-n-Fedghat** (Tizi-n-Fedrhate, **2190 m, N 31°20,546', W 06°54,992'**).

Ab ca. **km 80** führt die zum Teil stark ausgewaschene Straße wieder kurvig bergab über die trockenere Atlas-Südseite mit felsigen Graten, wenig Bewuchs und kleinen Dörfern in den Tälern. Danach geht es wieder bergauf, bis bei **km 86** das Dorf **Tiguerte** erreicht ist. Die Straße folgt einem kleinen Oued und erreicht bei km 92 die Talsohle, um sich dann wieder bergauf durch **dramatische rot-braune Canyonlandschaft** zu schlängeln.

Bei **km 97** ist eine **Passhöhe auf 2000 m** erreicht; bald darauf bietet sich ein weiter Blick auf ein kahles Faltengebirge sowie das Dadès-Tal und den Stausee El Mansour Eddahbi. Bei **km 106** liegt der malerische **Ksar Assermo (Asseghmou)** linker Hand der Strecke.

Weiter in Richtung Ouarzazate folgen **Oasendörfer** wie der größere Ort **Ghassate** bei **km 112,** das malerische **Ighir Amella** mit einer Kasbah, **Tidgheste** mit einer großer Kasbah und schließlich **Thergouste.**

Etwa bei **km 136** mündet diese Route bei **N 30°58,681', W 06°46,965'** in die **N 10 zwischen Ouarzazate und Skoura** ein (beschildert „Ghassate 24, Demnate 142"). Nach **Ouarzazate** geht es rechts weiter (ca. 20 km).

Von Azilal ins Aït-Bougoumez-Tal

■ **68 km bis Agouti, ca. 80 km bis Tabant, R 302.**

■ Die Strecke ist bis kurz vor Tabant im Aït-Bougoumez-Tal geteert und mit Pkw befahrbar (ca. 2 Std. Fahrzeit). Vorsicht bei Gegenverkehr auf der einspurigen, schmalen Bergstraße. Der Asphalt ist (besonders nach starken Regenfällen) z.T. löchrig und an manchen Stellen (besonders im Bereich von Flussfurten) unterbrochen. Ab Azilal fahren **Minibusse und Sammeltaxis.** Hinter Imelghas in Richtung Zaouiat Ahansal ist die Piste nur noch für Geländewagen oder Mountainbikes und nicht im Winter befahrbar. Das Aït-Bougoumez-Tal ist Ausgangspunkt für **Wanderungen** und mehrtägige **Trekkings** rund um den Djabal M'goun (4071 m). Ohne Vorbuchung kann man auch direkt ab Agouti oder Tabant Bergführer und Gepäckmulis anheuern.

Biegen Sie in Azilal ca. 1 km nach dem Zentrum (aus Richtung Marrakesch kommend) nach rechts ab (Beschilderung „Réserve naturelle de Tamga").

Etwa **18 km** hinter Azilal zweigt links eine Straße nach **Aït M'hamed** ab (Schild, 3 km), rechts geht es weiter nach Aït Bougoumez.

4 km weiter erhebt sich eine hohe Kasbah (bzw. Tighremt oder Irherm) aus Schichtsteinen links unterhalb im Tal (Aguerd-n-Ouqidoun). Das grüne **Tal des Assif Bernat** begrenzen Pappeln und Felder, die roten Stein-

häuser mit Flachdächern zieren weiß umrahmte Fenster. Es geht durch Berglandschaft mit Getreidefeldern, Pinien, Wacholder und Steineichen. Die Region ist sehr ursprünglich, die Berber haben sich ihre Traditionen abseits des Touristentrubels bewahrt.

36 km hinter Azilal ist die **Passhöhe Tizi-n-Oughbar** (2250 m) erreicht. Es bietet sich eine grandioser Ausblick nach unten. Einige Kilometer fährt man einen Sattel entlang bevor die Straße in Serpentinen und weiten Kurven bergab ins **Lakhdar-Tal** führt. Die ersten (im Frühjahr schneebedeckten) Gipfel des Hohen Atlas tauchen auf.

54 km hinter Azilal führt eine Furt über den breiten Gebirgsfluss **Oued Lakhdar,** der zur Schneeschmelze viel Wasser führt. Die Straße verläuft nun oberhalb entlang des von Feldern und Mandelbäumen gesäumten Flusstals. Malerische mehrgeschossige Lehmgehöfte kleben an den steilen Hängen. Wieder bieten sich großartige Ausblicke und Fotomotive! Die Landschaft hat immer mehr Gebirgscharakter, die Berge ragen hoch über dem Flusstal auf.

Bei **km 66** biegt die Teerstraße nach Osten in das **Tal Aït Bougoumez** (sprich Aït Bugmes) ein. Es ist nach der hier lebenden Volksgruppe benannt (*Aït* = abstammend von) und wird auch **„Vallée des hereuses“** (Tal der Glücklichen) genannt, denn der Fluss führt hier selbst in trockenen Jahren ausreichend Wasser. Dank des kontinentalen Gebirgsklimas in 1800 m Höhe (zwischen November und März liegt Schnee, im Sommer herrschen südeuropäische Temperaturen) sind die Ernten gut, es wachsen viele Obst-, vor allem Apfelbäume. Die Dörfer sind inzwischen an das Strom- und Telefonnetz angeschlossen, die Bewohner leben vorwiegend von der Landwirtschaft und immer mehr vom Tourismus.

3 km weiter, **69 km** nach Azilal, ist **Agouti** erreicht.

☒ Das Aït-Bougoumez-Tal ist eine herrliche Wander- und Trekking-Region

Agouti

Das Dorf in 1800 m Höhe ist ein **beliebter Ausgangspunkt für Trekkingtouren,** lohnt sich aber auch für einen längeren Aufenthalt im angenehmen Bergklima. Wer keine größeren Unternehmungen plant und sich nur erholen will, kann gemächlich durch die Felder und Dörfer der Umgebung spazieren. Ein wunderschönes Panorama bietet sich von der **zerfallenen Speicherburg** auf einem Hügel. Ebenso lohnenswert ist ein Besuch der **Schnitzerkooperative** und der Frauenkooperative mit Handarbeiten wie schmucken Ketten, Schafwollteppichen und gefilzten Taschen. Im Ort gibt es kleine Lebensmittelläden und eine Téléboutique.

Praktische Informationen

Unterkunft

Im gesamten Aït-Bougoumez-Tal finden Reisende einfache Unterkunft in zahlreichen **Gîtes d'étapes** (Familienhäuser mit einfachen Zimmern und gemeinschaftlichen Toiletten/Duschen). Essen meist nur auf Bestellung.

■ **Auberge Flilou – La maison berbère**①-② (mit HP), gleich am Ortseingang von Agouti auf der linken Seite, Mobil 0672 70 99 57, tamsilt@menara.ma (Korrespondenz in Deutsch möglich). Der geprüfte Bergführer *Lahoucine Oulkadi* und die Schweizerin *Béatrice Buschor* betreiben diese nette, marokkanisch gestaltete Gîte d'étape und das Restaurant mit Blick auf das M'goun-Massiv. Gäste haben die Wahl zwischen vier einfachen Großzimmern mit Gemeinschaftsbad und sieben sauberen, hübschen Doppelzimmern mit neuen Bädern sowie einer Ferienwohnung für 6 Pers. *Mohamed* kümmert sich um die Gäste, wenn die Betreiber auf Trekkingtour sind. Neben der Gîte/Auberge kann man campen (30 DH/Pers.) oder in einem geschlossenen Hof sicher parken (Wohnmobil mit Elektroanschluss 75 DH/Pers.). Organisation von Trekkingtouren im gesamten Hohen Atlas möglich.

■ **Dar Afra**②, im Dorf Aït Ziri (wenige Kilometer Richtung Tabant), Mobil 0666 28 66 31 oder 0662 10 59 52, www.de.darafra.com. Hübsches Gästehaus mit sechs Zimmern (mit Bad) im Berberstil des gut deutsch sprechenden, sehr angenehmen Bergführers *Mohamed Bou-*

tahar und seines Bruders *Hassan*. Terrasse mit Bergblick. Organisation von Wanderungen und diversen Ausflügen (auch für Kinder) möglich.

Dar Itrane④ (mit HP), in Imelghas, ca. 9 km von Agouti in Richtung Tabant, Tel. 0524 45 93 12, Mobil 0670 05 18 46, www.dar-itrane.com. Das gemütliche, renovierte Lehmhaus mit Innenhof liegt gleich am Ortseingang links (ca. 300 m Piste bergauf). Die hübschen Zimmer (auch zwei Familienzimmer) im Berberstil haben Tadelakt-Bäder, von der Terrasse bietet sich ein toller Ausblick, in den beiden Salons kann man am Kamin sitzen oder in der Bibliothek stöbern. Hier bekommt man auch viele Tipps und sogar Beschreibungen für individuelle oder geführte Wanderungen in der Umgebung.

Dar Sihamou③, ca. 9 km von Agouti Richtung Tabant (1 km hinter der Kreuzung auf der linken Seite), Mobil 0661 07 34 82. Wunderschönes kleines Steinhaus mit sieben Zimmern im Berberstil (mit Bad), toller Aussicht von der Terrasse auf den Mosesberg und gutem Essen (auf Bestellung) im Kaminzimmer. Reservierung notwendig.

La Casbah du M'goun①-②, im Dorf Douar Aguerd N'Ouzrou gegenüber Sidi Moussa auf der anderen Flussseite, Mobil 0662 77 81 48, www.hotel-ait-bouguemez.com. Empfehlenswerte Herberge des deutsch sprechenden Bergführers *Ahmed Nassiri* in einer stilvoll renovierten Original-Kasbah. *Ahmed* gibt Tipps zu sämtlichen Aktivitäten in der Region: Trekking, Klettern, Paragliding, Skitouren etc. DZ (im Berberstil) mit und ohne Bad.

Sammeltaxis

Nach Azilal fahren Sammeltaxis (Grands Taxis) für ca. 60 DH pro Person, von dort nach **Marrakesch** für ca. 120 DH pro Person.

Wanderungen

Das **Aït-Bougoumez-Tal** und das **Massiv von M'goun** zählen zu den schönsten Trekking- und Wanderregionen in Marokko – von einfachen Wanderungen bis zur Besteigung des 4000ers Djabal M'goun ist hier alles möglich. Als Besucher der Region sollte man unbedingt **ein- oder mehrtägige Ausflüge** zu Fuß unternehmen. Bei der Vermittlung von Bergführern und Gepäckmulis sowie der Routenwahl sind die genannten Unterkünfte behilflich.

Sehr nützliche Informationen über die Region sowie die Gîtes liefert die Karte der Professoren *Herbert Popp* und *Mohamed Aït*

ma16_089 ad

ma16_088 ad

Hamza **„Kulturtrekking im Zentralen Hohen Atlas“** im Maßstab 1:100.000, zu beziehen über die Geografische Fakultät der Universität Bayreuth (www.stadtgeo.uni-bayreuth.de/de/publications/maghreb-karten).

Zudem gibt es noch zwei hervorragende Karten der *Division de la Cartographie* in Rabat: **Carte touristique Region Tadla – Azilal,** 1:250.000, Maroc Haut Atlas, **Carte des randonnés de Zaouit Ahançal,** 1:100.000. Wenn man Glück hat, erhält man die Karten auch im Touristenbüro in Azilal oder Beni-Mellal.

Von Agouti lohnt sich eine schöne Tageswanderung durch die **Schlucht des Assif-n-Arous** – ein enger Canyon mit steilen Sandsteinwänden –, ferner der Besuch der nahen Ortschaft **Arous,** deren Stampflehmhäuser an einem Hang oberhalb grüner Felder liegen.

Auf einer Tagestour kann man außerdem die **Schlucht von Ikkis** sowie einfache Felsgravuren am **Tizi-n-Tighrist** (in Aït Bouwli/Abachkou) erkunden (ca. 2 Std. von Agouti). Von Ikkis führt eine Piste über Aït Blal nach Demnate und zu den Dinosaurierspuren bei Imi-n-Ifri.

Von Tabant (s.u.) kann man eine Tageswanderung auf den **Pass Tizi-n-Aït Imi** (2905 m) unternehmen.

Besteigung des Djabal M'goun

Zur Besteigung des Djabal M'goun **(4071 m)** sollte man sich **vier Tage** Zeit nehmen. Entweder man heuert sich über eine der Herbergen einen Bergführer (ca. 300 DH/Tag) und Gepäckmulis (ca. 120 DH/Tag) für die Tour an, oder man trägt seinen Rucksack selbst (sollte dann aber Zelt, Matte, Schlafsack und genug Verpflegung einpacken). Auch im Mai kann es auf über 3000 m noch schneien – warme Kleidung ist also ein Muss!

Am ersten Tag marschiert man von Agouti zunächst auf einer Piste auf die andere Flussseite Richtung Süden zum **Dorf Aït Said** (4 km, 1 Std.) am Eingang zum Arous-Tal. Im

Den Mosesberg krönt eine Speicherburg

Dorf gibt es eine Gîte d'étape. Weiter geht es auf einem kleinen Fahrweg zum sehr ursprünglichen, sehenswerten Dorf **Arous** (ca. 1½ Std. ab Agouti) mit der **Gîte d'étape Tamazirt** (www.tamazirtreizen.nl). Dort endet die Piste und startet auch die Wanderung in die Arous-Schlucht (s.o.). Auf einem nur gelegentlich markierten Saumpfad geht es den Assif Arous entlang, immer leicht bergan. Nach ca. 1 Std. Marsch ab Arous kommen die Terkeddit- und M'goun-Bergketten in Sicht. Nach 3–4 Std. Gesamtgehzeit ist bereits die erste Tagesetappe erreicht: die Schäferhütten von **Azib'n'Ikis** (2300 m), die idyllisch auf einer grünen Alm mit plätschernden Gebirgsbächen liegt. Hier kann man zelten.

Am zweiten Tag zweigt man bei Ikis auf einem Weg nach rechts (Westen) in ein Seitental ab und folgt diesem bergauf bis fast ans Ende des Talkessels. Dann geht es in Serpentinen steil bergauf in Richtung eines roten markanten Felsblocks und vorbei an einer kleinen Quelle (letztes Wasser bis zum Terkeddit-Plateau!). Nach etwa zwei anstrengenden Stunden erreicht man einen Sattel (6 Std. ab Agouti). Weiter über einen zweiten Sattel erreicht man nach noch einmal 2 Std. Marsch auf einem Serpentinenpfad den **Tizi-n-Aghouri** auf 3400 m – hier ist die Höhe schon deutlich spürbar. Bei klarem Wetter bietet sich ein toller Ausblick auf die M'goun-Kette. Vom Pass geht es wieder in steilen Serpentinen bergab zum **Terkeddit-Plateau mit der Terkeddit-Hütte** (2910 m) unterhalb des Djabal M'goun. In der Hütte gibt es Lagerbetten, Essen, Wasser und Getränke, im Sommer auch heiße Duschen (Refuge de Terkeddit, Tel. 0524 43 99 68, 90–130 DH/Pers., www.sporttravel-maroc.com). Im Umkreis der Hütte gibt es gute, ebene Zeltplätze. Zwischen Dezember und April kann man von der Hütte aus **Skitouren** unternehmen.

Am dritten Tag steht die **Besteigung des Djabal M'goun** auf dem Programm. Der höchste Gipfel der Kette ist 4071 m hoch und bis auf die erforderliche Höhenanpassung nicht schwierig zu besteigen. Der Aufstieg ab dem Terkeddit-Plateau dauert etwa 5 Std. und führt z.T. über Geröll und lose Steine. Oben ist es meistens sehr windig, dafür hat man einen grandiosen Ausblick.

Am vierten Tag steigt man in einer langen Etappe über den Pass und Azib' n'Ikis wieder ab **nach Agouti.** Sehr fitte Bergsportler können die Tour natürlich auch in drei Tagen bewältigen.

Wer noch länger trekken möchte, kann vom Terkeddit-Plateau über das Oulilimt- ins Ouzighimt-Tal wandern und von dort nach Süden durch das M'goun oder Ameskar-Tal bis ins Dadès-Tal zur Straße der Kasbahs (mindestens fünf Tage).

Weiterfahrt ins Aït-Bougoumez-Tal

Die Straße führt **von Agouti weiter** durch das idyllische, grüne Aït-Bougoumez-Tal mit Getreidefeldern, Pappeln, Walnuss- und Obstbäumen, ursprünglichen Lehmhäusern und Kasbahs – im Frühjahr vor der Kulisse schneebedeckter Gipfel. Das Leben scheint hier noch wie vor 100 Jahren abzulaufen: Haupttransportmittel ist der Esel, die Felder werden mit Hacke und Sichel bearbeitet, das Wasser vom Dorfbrunnen geholt. Die alten mehrstöckigen Lehmhäuser sind nicht nur Wohnstätte für die Menschen, sondern auch für ihre Schafe und Ziegen, deren Ställe sich im nach Süden geöffneten Obergeschoss befinden.

Beim Ort **Sidi Moussa,** nur 7 km von Agouti entfernt, thront der sogenannte **Mosesberg (2008 m)** mit einer alten, runden **Speicherburg** in der Mitte des Tals. Die Lehmburg beherbergt das Grab des Marabut *Sidi Moussa.* Ein Fußpfad führt vom Dorf zunächst zum Funkmast und dann in Serpentinen bergauf zur Speicherburg (ca. 20 Min.). Von oben bietet sich ein fantastischer Blick auf das Tal, das sich hier in das Assif-n-Rabat- und das Assif-n-Aït-Hkim-Flusstal teilt. Ein Wärter bewacht das Gebäude, serviert den Besuchern Tee und erlaubt gegen ein kleines

Bei **km 31** geht es an einem Abzweig links (großes Schild, 3 km immer dem kleinen Kanal entlang) zum Safran-Projekt **Le Paradis du Safran** im Dorf Douar Takateret. Die Schweizerin *Christine Ferrari* kultiviert in ihrem besuchenswerten Schaugarten auf 2,5 Hektar über 90 Pflanzenarten, darunter Safran, Medizinalpflanzen, Zitrus- und exotische Früchte (Mobil 0628 79 69 79, www.paradis-du-safran.com, tägl. 9–18 Uhr). Auf einer etwa einstündigen Führung (50 DH/Pers. inkl. 1 Beutel Heilkräuter, Kräutertee mit Safran) erfahren Besucher alles über die kultivierten Pflanzen, über (echten und falschen) Safran, können Gewürze testen, auf einem Natur-Barfußweg laufen und die Füße in einem Kräuter-Waschbecken baden. Im Shop wird reiner Safran aus eigener Ernte verkauft.

Bei **km 33** geht es am **Kreisverkehr** links nach Tnine de l'Ourika und Aït Ourir (an der N 9), rechts nach Tahanoute (R 203) und **geradeaus weiter** durch das Dorf **Ourika** (mit vielen Läden und einfachen Restaurants) Richtung Setti-Fatma. Biegt man am Kreisverkehr links Richtung Aït Ourir ab, so erreicht man den Marktort **Tnine de l'Ourika** (viele Läden, einfache Hotels) abseits der Hauptstraße. Montags findet hier ein sehenswerter ursprünglicher **Wochenmarkt** statt (Soukgelände an der Straße nach Aït Ourir am Oued Ourika, 3 km ab der Kreuzung).

Hinter Ourika (an obiger Kreuzung geradeaus Richtung Setti-Fatma) führt die Straße nun kurvig bergauf entlang des herrlich grünen Ourika-Tals. Rote, z.T. bewaldete Berghänge begrenzen die Straße. An diversen Ständen werden lokale Töpferwaren aus rotem Ton angeboten. Im Töpferzentrum **Douar Tafza** am Eingang zum Ourika-Tal kann man dem **Ecomusée berbère de l'Ourika** (etwa 2 km nach dem Abzweig zum Ort Ourika, Beschilderung nach rechts oben, Tel. 0524 38 57 21, www.museeberbere.com) einen Besuch abstatten. In Privatinitiative entstand hier ein Museum in einer restaurierten Kasbah, das interessante historische Fotografien und Gebrauchsgegenstände der Berber im Hohen Atlas ausstellt.

Bei ca. **km 37** führt rechts eine Piste (3 km) zur traumhaft auf einem Hügel gelgenen **Kasbah Bab Ourika**④ (Mobil 0668 74 95 47, www.kasbahbabourika.com). Das Boutique-Hotel hat neben einer grandiosen Aussicht einen Pool, einen Gemüsegarten, lauschige Terrassen und geschmackvolle Zimmer im Berberstil zu bieten.

Bei **km 41** liegt die verspielt gestaltete **Kasbah de Tifirte** auf der linken Seite: Im großen Souvenirshop gibt es u.a. Töpferwaren, Teppiche und einige antike Stücke zu kaufen.

Bei **km 45** ist das Dorf **Asguine** erreicht.

An der **Kreuzung 2 km hinter Asguine,** etwa 47 km von Marrakesch-Zentrum entfernt, geht es **rechts nach Oukaïmeden** und **links nach Setti-Fatma.**

Variante 1: nach Setti-Fatma

Links weiter entlang des Ourika-Tals.

1 km nach der Kreuzung lädt rechts an der Straße das **Restaurant/Hotel Le Maquis** (s.u.) zu einer Rast ein. Kurz darauf folgt das Dorf **Aghbalou.**

Entlang der weiteren Strecke findet man überall Unterkunft in einfachen Gästehäusern *(Maisons d'Hôtes).*

Bei **km 51** liegt das Palastrestaurant **Kasbah de l'Ourika** rechts und direkt gegenüber das **Hotel Amnougour** (s.u.).

Die z.T. beschädigte (und bei Hochwasser evtl. gesperrte) Straße führt nun – gesäumt von Läden und Restaurants – direkt am Fluss entlang durch mehrere Ortschaften. Dank touristischer Nachfrage wird auch hier **Arganienöl** von „Kooperativen" verkauft, obwohl im Hohen Atlas gar keine Arganbäume wachsen, sondern nur im südlicheren Anti-Atlas.

61 km nach Marrakesch folgt das Dorf **Tigminou,** 1 km weiter **Assgaour** und kurz darauf Setti-Fatma.

⊡ Unterwegs in der Aït-Boulmane-Schlucht

Setti-Fatma

Der **Ausflugsort** zieht sich entlang des Flusses und der Hauptstraße bis zum Ende des Asphalts an einem Parkplatz (gebührenpflichtig). Es gibt mehrere einfache Unterkünfte, Cafés, Restaurants, eine Grand-Taxi-Haltestelle (Sammeltaxi nach Marrakesch ca. 40 DH), Läden und ein *Bureau des guides et accompagnateurs* (Vermittlung von autorisierten Führern). Auf der anderen Flussseite reihen sich die Plastiktische der einfachen Restaurants direkt am Wasser aneinander – ideal für ein Mittagessen und um die Füße ins kühle Nass zu hängen. Mehrere Fußgängerbrücken führen hinüber. Besonders an heißen Wochenenden pilgern zahllose Familien aus Marrakesch und Touristen hierher, um das kühle Gebirgsklima zu genießen. Kinder können sich auf Pferden und Kamelen herumführen lassen. Empfehlenswert für ein Mittagessen im hübschen Garten unter Pappeln am Fluss ist das **Restaurant Le Noyer** (blaues Gebäude mit Dachterrasse auf der rechten Seite, zu den Gartentischen über die Hängebrücke auf die andere Flussseite, Menü 100 DH). Bei Setti-Fatma bieten sich sehr schöne Wandermöglichkeiten an.

Wanderung zu den Wasserfällen

An der Grand-Taxi-Haltestelle den Fluss überqueren und auf einem kleinen, steinigen Pfad aufsteigen. Diese etwa **halbstündige Wanderung** führt durch das grüne Flusstal mit Nussbäumen und großen Felsen bergauf (ein wenig Kletterei ist angesagt), vorbei an einigen Cafés zu den kleinen Kaskaden. Wer gut zu Fuß ist, kann noch weiter nach oben in die Berge wandern (feste Schuhe!). Im Winter ist der Weg ohne Führer nicht leicht zu finden und sollte nur bei trockenem Wetter ohne Schnee begangen werden.

Wanderung in die Aït-Boulmane-Schlucht

Diese sehr schöne Flusswanderung ist **nur bei niedrigem Wasserstand** möglich. Am Ende der Straße in Setti-Fatma folgt man der Piste am rechten Flussufer entlang zum Dorf Agadir-n-Aït Boulmane. Hinter dem Dorf ist das von Feldern gesäumte Tal noch recht breit, doch schon bald verengt es sich zu einer tollen Schlucht mit roten Felswänden, Pappeln und Walnussbäumen. Um den idealen Weg zu finden, muss der Fluss immer wieder gequert

ma16_091 ad

Henna – uralte Kulturpflanze und Segensbringer

von Jamila Guntermann

Der **Name „Henna"** soll aus dem Persischen stammen und bezieht sich auf den Hennastrauch (lat.: *Lawsonia inermis*). Dieser ist beheimatet in Nord- und Ostafrika, in Vorder- und Ostasien sowie in Australien. Die Blätter liefern einen rotbräunlichen Farbstoff, die Blüten werden zu einem wohlriechenden Parfümöl verarbeitet. Die Wurzel gibt zusätzlich roten Farbstoff für fettende Öle ab.

Bekannt war Henna bereits zur altägyptischen Zeit. Bei den alten Römern wurde es zu kosmetischen Zwecken verwendet.

Bei den islamischen Völkern gilt Henna noch heute als Überträger von „Baraka" (göttlicher Segen) und wird von einer „Neqqacha/Hennaya" (Henna-Zeremonienmeisterin) bei Hochzeitsfeierlichkeiten o.Ä. in stundenlanger Arbeit auf die Hände und Füße der Braut mit einem zarten Spitzenmuster aufgetragen. Diese kunstvollen **Körperbemalungen** färben sich später von Grün zu Rot. Zu den Füßen der Braut, traditionsgemäß in Grün und Weiß gekleidet, steht ein großes Messingtablett mit den vorgeschriebenen Schalen voller Henna, getrockneter Rosenknospen und Nelken sowie den Zuckerhüten (Symbole der Reinheit), Eiern (Symbole der Fruchtbarkeit) und den drei kleinen Tellern mit Dufthölzern oder Gewürzen, die verbrannt werden und einen intensiven Geruch verbreiten, der die bösen Geister von der Braut fernhalten soll. Den orientalischen Männern und Kindern werden des öfteren dabei die Handinnenflächen leicht mit Henna betupft.

Hauptanwendungsgebiet von Henna ist jedoch die Verwendung als **kosmetisches Mittel,** hauptsächlich zur Haarfärbung, wobei die nassen Haare mit Henna (eine Paste, zu einem grünlichen Schlamm zusammengerührt) bestrichen werden. Nachdem die Paste eingezogen ist und wieder ausgewaschen wurde, ist die rötliche Färbung der Haare erkennbar.

Einige Orientalen benutzen Henna als durchblutungsanregendes **Heil- und Schönheitsmittel** für die Fußsohlen. Henna wird außerdem noch verwandt zur Färbung von Leder und Textilien sowie für Cremes und Lotionen.

111m015 ed

Ab Marrakesch beachten Sie die **Beschilderung** nach Taroudannt bzw. ins **Ourika-Tal.** Etwa 1–2 km hinter Marrakesch geht es links weiter in **Richtung Asni,** das kleine Schild ist leicht zu übersehen. Bei **km 5** liegt rechter Hand vor der Kreuzung das **Oasira-Freizeitbad** (vgl. Marrakesch). An der Kreuzung geht es links in Richtung Taroudannt weiter, rechts führt eine Straße nach Amizmiz. Die Route führt vorbei am **Argana Golf Resort** (1 km weiter) und entlang einer Mimosenallee. Die Besiedelung wird spärlicher. Bei **km 29** wird die Straße vor Tahounate vierspurig.

Am **Kreisverkehr** vor dem Ort Tahanaoute bei **km 31** ignorieren Sie den Abzweig links ins Ourika-Tal (rechts geht es nach Amizmiz), geradeaus weiter fahren. In **Tahanaoute** gibt es eine Tankstelle. Auf dem Soukgelände findet dienstags ein **schöner Markt** statt. Trotz vieler Touristen aus Marrakesch ist dieser Souk noch recht ursprünglich.

Die Straße führt durch Olivenhaine am Rande des Atlasgebirges. Nach **34 km** bzw. 4 km nach dem Kreisverkehr zweigt eine Straße links nach Oukaïmeden (vgl. vorherige Route) ab, und das Dorf **Saour** ist erreicht. Viele Souvenirläden bieten an der Straße ihre Waren an. Nach 3 km führt eine Brücke über den **Assif Reraïa.** Rote Lehmhäuser, die sich kaum von der Umgebung abheben, ziehen sich entlang der Hänge. Die Straße führt nun bergab am Fluss entlang.

Bei **km 42** warten geschmückte **Reitpferde und -kamele** für Ausflügler und Wallfahrer am Straßenrand. Oberhalb auf dem Berg thront der Wallfahrtsort Moulay Brahim (s.u.). 3 km weiter bietet sich das **Restaurant-Pizzeria Bab Toubkal** zum Mittagessen an.

1 km weiter, bei **km 47,** kann man zur Zawia (Zaouia) und **nach Moulay Brahim** abzweigen (4 km).

Moulay Brahim

Dieses schön gelegene Bergdorf auf 1200 m Höhe ist ein **Wallfahrtsort,** der nach dem „Heiligen" *Moulay Brahim* benannt ist. Einige Tage nach Mauladbeginn findet dort ein wichtiger **Moussem** statt, der unbedingt sehenswert ist. Moulay Brahim ist in erstere Linie Wallfahrtsziel für Frauen mit unerfülltem Kinderwunsch.

Es gibt eine **Wohn- und** eine **Marktregion.** Diese erreicht man, wenn man am Ortseingang bei den Restaurants oder beim Hotel Haute Roches parkt und linker Hand die Treppen nach oben geht. Beim Aufgang drängen sich die Frauen, um ihren Geschlechtsgenossinnen die Hände mit **Henna** zu verzieren – das bringt „baraka", den göttlichen Segen (vgl. Exkurs). Die Tradition der Hennabemalung ist vor allem in Wallfahrtsorten zu sehen und auch bei Hochzeiten üblich. Auch Touristinnen können sich schmücken lassen (Preis verhandeln!). Der Souk-Bereich zieht sich zur Zaouia hin, und je näher man dem Heiligtum (an dem grünen Dach zu erkennen) kommt, desto mehr Devotionalien werden verkauft.

Vom Marktbereich gelangt man zum Wohnbereich. Dazwischen kann man noch die **heiligen Quellen** besichtigen und im Wohnbereich sehr schöne Einblicke in das Leben einer ländlichen Gemeinde gewinnen.

Beim Ort nehmen die Schluchten des Moulay Brahim mit dem **Oued Moulay Brahim** ihren Anfang.

Moulay Brahim wirkt von der Straße aus etwas schmuddelig und touristisch: Cafés, geschmückte Reitpferde und Kamele usw. Hierher kommen aber **fast nur marokkanische Pilger** und Ausflügler aus Marrakesch, und der Ort ist als typischer kleiner Wallfahrtsort (evtl. mit Führung) sehr sehenswert.

Übernachten kann man im ziemlich heruntergekommenen **Hotel Haut Roches**① oder im ebenfalls einfachen (mäßig sauber, Klospülung mit Eimer) **Star Hotel**① etwas oberhalb. Wer es komfortabler will, sollte in Imlil oder Ouirgane eine Unterkunft suchen.

Folgt man der Straße weiter, so gelangt man auf das Plateau (fantastische Aussicht) und weiter nach Aguergou (ca. 10 km) und nach weiteren 5 km zur **Kasbah Tifferouine,** einem Ausflugsziel marokkanischer Veranstalter.

Weiterfahrt nach Taroudannt

Hinter Moulay Brahim schlängelt sich die Straße hinauf ins Bergland. Es wachsen Oleander, Thuja, Kiefern und Steineichen. Nach 1 km ab dem Abzweig, bei **km 48,** ist Asni erreicht.

Asni

Asni hat eine herrliche Silberpappelallee, die die ganze Straße überdacht. Im Ort stehen eine Kasbah und Sommerhäuschen wohlhabender Bewohner von Marrakesch. Wochenmarkt ist am Freitag. Von Asni kann man Wanderungen oder Bergtouren in den Hohen Atlas unternehmen. Der Ort ist Ausgangspunkt für eine **Djabal-Toubkal-Besteigung** von Imlil aus (s.u. und Exkurs auf den nächsten Seiten). Asni ist außerdem das Zentrum für die Mineralien- und Fossilienverkäufer des Hohen Atlas. Überall entlang der Straße zum Tizi-n-Test bieten die **Fossilienhändler** ihre echte oder auch gefälschte Ware feil.

Praktische Informationen

Unterkunft

- **Kasbah Tamadot**⑤, ca. 4 km Richtung Imlil, Tel. 0524 36 82 00, www.kasbahtamadot.virgin.com. Auf dem riesigen Gelände dieses ultraluxuriösen Hideaway des britischen Milliardärs *Sir Richard Branson* verbergen sich 24 mit wertvollen Antiquitäten ausgestattete Suiten sowie sehr komfortable Zeltsuiten. Hier bleiben garantiert keine Wünsche offen – ideal für die Flitterwochen (wer es sich leisten kann: DZ ab 400 Euro) oder besondere Anlässe. Das Restaurant Kanoun steht mit Reservierung auch Nicht-Gästen offen (Hauptgericht ab 200 DH). Für Entspannung sorgen ein Innen- und ein Außenpool, ein Tennisplatz und der Hammam mit Wellnessangeboten.
- Weitere (bezahlbare) Unterkünfte finden sich in Imlil und Ouirgane (s.u.).

Sammeltaxis/Busse

Sammeltaxis und Kleinbusse **fahren am Marktplatz ab.**

- **Sammeltaxis bis Imlil** für ca. 10 DH.
- **Grand Taxi nach Marrakesch** (komplett für 4–5 Pers.) ca. 400 DH, **Sammeltaxi** ca. 40 DH.
- **Bus nach Ouled Berhil:** 1x tägl. vormittags, 40 DH. Alternative: mit Kleinbus bis Ijoukak, dort Umsteigen in ein Sammeltaxi/anderen Kleinbus.

ma16_092 ad

Weiterfahrt nach Taroudannt

Bei **km 50** hinter Marrakesch zweigt links die Straße nach **Imlil** (s.u.) ab, Ausgangspunkt für die Besteigung des Djabal Toubkal.

Imlil

Eine schmale Teerstraße führt über 17 km zum 1740 m hoch gelegenen Bergdorf Imlil **im Mizane-Tal** mit unzähligen Nuss- und Apfelbäumen zwischen Terrassenfeldern. Der schön gelegene Ort ist mittlerweile stark von Touristen und Tagesausflüglern aus Marrakesch frequentiert: Cafés, Internetcafés, Läden, Souvenirhändler und immer mehr Herbergen reihen sich aneinander. Einige Shops bieten sogar gebrauchte Bergausrüstung an. Imlil ist letzter Versorgungspunkt für eine Besteigung des **Djabal Toubkal,** des höchsten Berges Nordafrikas (4167 m, vgl. Exkurs „Bergsteigen im Djabal-Toubkal-Gebiet"). Inzwischen wurde eine Teerstraße von Imlil weiter gen Osten über Tamatert bis nach Tacheddirt fertiggestellt.

Von Imlil lohnt sich eine Wanderung zum höher gelegenen **Aroumd** etwas weiter südlich im Mizane-Tal (vgl. Exkurs unten): Die Moschee und die Häuser von Aroumd thronen am Hang oberhalb des Flusstals. Nur etwa 1 km flussaufwärts beginnt der Aufstiegspfad zum Djabal Toubkal. Ganz oben im Dorf gibt es einen traditionellen **Hammam,** in dem man sich nach der Toubkal-Besteigung den Staub vom Leib waschen kann: ca. 50 DH/Pers. inkl. Olivenseife und Peelinghandschuh, Eintritt für Damen 8–15 Uhr, für Herren 15.30–24 Uhr.

◁ Auch im Frühjahr fällt im Djabal-Toubkal-Massiv, dem höchsten Gebirge Nordafrikas, noch Schnee

Grands Taxis (300–400 DH für das ganze Taxi nach Marrakesch) und **Minibusse** halten gegenüber dem Café Aksoual bei der Hütte des Club Alpin Français.

Praktische Informationen

Unterkünfte in Imlil und Aroumd

Wer am nächsten Tag zum Toubkal aufbrechen möchte, übernachtet am besten in Aroumd weiter oben im Tal, wo der Weg startet.

- **Auberge Atlas/Chez Omar le Rouge**①, direkt am Fluss (Westufer) an der Piste Richtung Aroumd, Tel. 0524 48 57 50, Omar_id_mensour@hotmail.com. Sehr einfache, günstige Herberge am Ausgangsort für die Toubkal-Besteigung, Zimmer mit Matratzen und Übernachtung auf der Dachterrasse möglich, auch eine Suite mit Bad, warme Duschen, Schlafsack oder Leintuch selbst mitbringen. **Camping** im kleinen ummauerten Hof unter Nussbäumen möglich (15 DH/Pers., 20 DH/Auto).
- **Club Alpin Français** (CAF), am Ortseingang von Imlil auf der linken Seite (von Marrakesch kommend), Tel. 0524 48 51 22, Mobil 0677 30 74 15. Hütte des französisch-marokkanischen Alpenvereins mit Bettenlager (75 DH/Pers.), Essen auf Bestellung (80 DH), **Camping** im Garten unter Pinien möglich. Mulis zum Gepäcktransport können organisiert werden.
- **Dar Achain,** in Imlil, Mobil 0670 34 17 14, rachid-treks@gmail.com, www.toubkaltrekkingguide.com. Leser empfahlen die saubere, ruhige und hübsch eingerichtete Herberge des Bergführers *Rachid Aztat* (s.u.).
- **Dar Adrar**②, 10 Min. Fußmarsch von Imlil durch das Tal Richtung Aroumd, Anmeldung im Atlas Trek Shop in Imlil (Gepäcktransport mit Mulis), Mobil 0668 76 01 65, www.daradrar.com. Hübsche Herberge unter der engagierten Führung von *Mohamed* und *Ibrahim Aztat,* schöne Lage mit Blick Richtung Toubkal, gutes Preis-Leistungs-verhältnis. DZ mit Bad und z.T. mit Kamin.
- **Dar Mezik**② (Chez Brahim), Douar Mezik, Mobil 0670 26 99 12, 0673 78 65 77, www.giteatlasmazik.com. Die einfache, sehr saubere Herberge in einem Steinhaus oberhalb von Imlil mit herrlicher Aussichtsterrasse wird vom Bergführer *Brahim Azdour* (s.u.) betrieben. Er spricht ausreichend englisch und gibt Tipps zum Aufstieg bzw. organisiert selbst Touren. Das Essen ist sehr gut und üppig.

Bergsteigen im Djabal-Toubkal-Gebiet

Imlil bzw. Aroumd im Mizane-Tal sind die **Ausgangsorte** für die Besteigung des Djabal Toubkal und viele weitere Bergtouren im Hohen Atlas. In und um Imlil (vgl. oben bei Imlil) hat sich inzwischen eine **gute Infrastruktur** für Trekker entwickelt: Diverse Cafés/Restaurants, viele Läden und eine wachsende Zahl an Herbergen empfangen die Gäste. Im Garten der Hütte des **Club Alpin Français (CAF)** liegt ein hübscher Zeltplatz unter Pinien. Das Bureau des Guides de Montagne neben der Hütte des CAF am Parkplatz vermittelt Bergführer für die Toubkal-Besteigung. In Imlil kann man auch Mulis für den Gepäcktransport anmieten. Vertrauen Sie sich nur staatlich geprüften, diplomierten Bergführern an (Ausweis zeigen lassen). Ein deutschsprachiger Bergführer erhält einen Tagessatz von 400–500 DH (unabhängig von der Gruppengröße). Mulitreiber bekommen 120–150 DH am Tag. Dreitägige Toubkal-Besteigungen werden in Imlil auch als Pauschalpaket inkl. Bergführer/Verpflegung/Gepäcktiere für ca. 800 DH p.P. angeboten.

Für die Besteigung des Toubkal rechnet man **3 Tage.** Für eine Rundtour über mehrere Gipfel sind 5 Tage zu veranschlagen. In der Regel steigt man am ersten Tag bis zur Hütte auf und verbringt dort den Nachmittag zur Akklimatisation (wichtig!). Am zweiten Tag geht es auf den Gipfel und wieder zurück zur Hütte, am dritten Tag steigt man über Sidi Chamharouch bis Imlil ab. Fitte Bergsteiger können auch am Gipfeltag wieder ganz bis Aroumd absteigen, dann sind allerdings knapp 1000 anstrengende Höhenmeter im Aufstieg und über 2000 Höhenmeter im Abstieg zu bewältigen.

Ab Aroumd rechnet man etwa 4–5 Stunden Gehzeit bis zur Toubkal-Hütte (ex Neltner) auf 3207 m. Von dort sind es noch 3–4 Std. bis zum Gipfel auf 4167 m Höhe. Die Tour ist generell nur für geübte Geher zu empfehlen, der Anstieg zum Gipfel führt z.T. über loses Geröll (Trittsicherheit unbedingt notwendig). Schon im September und bis in den Mai kann es in der Höhe schneien – warme Funktionskleidung, Regenschutz, Mütze und Handschuhe müssen ins Gepäck. Wer zeltet, muss seine Lebensmittel und Ausrüstung selbst mitbringen.

Die **Toubkal-Hütte** sowie die neuere und gepflegtere **Hütte Les Mouflons** (Mobil 0663 76 37 13, Tel. 0524 44 97 67, www.refugetoubkal.com, 400 DH/Pers. inkl. guter HP) direkt unterhalb sind ideale Zwischenstationen für die Besteigung des Djabal Toubkal und weitere Gipfel rund ums Mizane-Tal. Die Hütten haben Lagerschlafplätze sowie heiße Duschen. Beide bieten eine Kochgelegenheit für mitgebrachte Verpflegung und servieren eine warme Mahlzeit auf Vorbestellung. In einem kleinen Shop in der Mouflon-Hütte gibt es Wasserflaschen, Saft, Cola/Fanta, Schokolade, Klopapier etc. Im gemütlichen Salon der Mouflon-Hütte sorgt ein Kamin für wohlige Wärme, ansonsten ist es in den Innenräumen meist frisch. In der Umgebung der Hütten sowie weiter unterhalb entlang des Bachs finden sich ebene Flächen für Zelte. In der Toubkal-Hütte des Club Alpin Français können Alpenvereinsmitglieder ermäßigt übernachten, Nichtmitglieder zahlen etwa 90 DH pro Nacht (Preise saisonabhängig, heiße Dusche extra). Die Umgebung der Hütten ist von den vielen Wandergruppen schon stark in Mitleidenschaft gezogen worden: überall Müll und Hinterlassenschaften mit Klopapierfahnen. Jeder Bergsteiger sollte deshalb seinen Müll wieder mit ins Tal nehmen und das Klopapier verbrennen!

Der Aufstieg

In Imlil folgt man der Straße geradeaus bergauf bis zur Betonbrücke und dem Schild „Parc National du Toubkal". Weiter geht es auf dem Fahrweg und schließlich auf Pfaden durch die Terrassenfelder mit Walnussbäumen entlang des Tales bis nach **Aroumd** (1950 m). Alternativ kann man (zu Fuß oder mit dem Auto) die 5 km lange Piste am Berghang oberhalb nach Aroumd nehmen.

ma16_093 ad

Eine kleine Brücke quert zum Schluss den Fluss zum Terrassendorf auf der Ostseite.

Von Aroumd geht es entlang der Ostseite des Flussbetts ca. eine ½ Stunde talaufwärts (Süden), bis ein breiter Schotterpfad beim grünen Nationalparkschild links nach oben abzweigt. Zur Zeit der Schneeschmelze oder nach Regenfällen kann der Fluss recht reißend sein, ansonsten liegt er meist trocken.

Auf dem einfachen, nur leicht ansteigenden Pfad geht es in gemütlichen 2 Stunden zum Pilgerort **Sidi Chamharouch** (2450 m), wo der Bach auf einer Betonbrücke überquert wird. Unter dem großen, weiß bemalten Stein wurde angeblich ein Heiliger verschüttet. Pilger kommen hierher zum Freitagsgebet und hoffen auf Erfüllung ihrer Wünsche. Es gibt mehrere Souvenirbuden, Teestuben und einen Kiosk mit Getränken und Schokoriegeln. Der weitere Weg führt noch vor den Buden rechts vorbei in Serpentinen nun etwas steiler aufwärts. In 2–3 Stunden ist der weite Kessel mit den Campplätzen und zwei **Hütten** (3207 m) erreicht.

Der Gipfelaufstieg führt durch den südlichen Irhzer n'Ikhibi, das Tal, das etwa bei der Toubkal-Hütte ins Haupt-(Mizane-)Tal mündet. Es handelt sich um einen steilen, nach Westen exponierten Anstieg, der vormittags lange im Schatten liegt.

Direkt oberhalb der Hütten hält man sich links (der Weg geradeaus nach Süden führt zum Tizi-n-Ouagane) und überquert bei einem kleinen Wasserfall den Bach. Dann geht es durch steiles Geröll Richtung Osten bergauf. Weiter stetig bergauf, z.T. über Felsblöcke und Platten, erreicht man auf 3600 m nach etwa 1½ Std. Gehzeit eine Terrasse. Hier endet das Blockgelände und man sieht oberhalb erstmals die Toubkal-Scharte **(Tizi-n-Toubkal),** ein Sattel am rechten Ende des Gipfelgrats. Der Weg führt nun über Serpentinen (bei Eis und Schnee teils rutschig) zum Sattel auf knapp 4000 m Höhe hinauf (2–3

Aufstieg zur Toubkal-Hütte

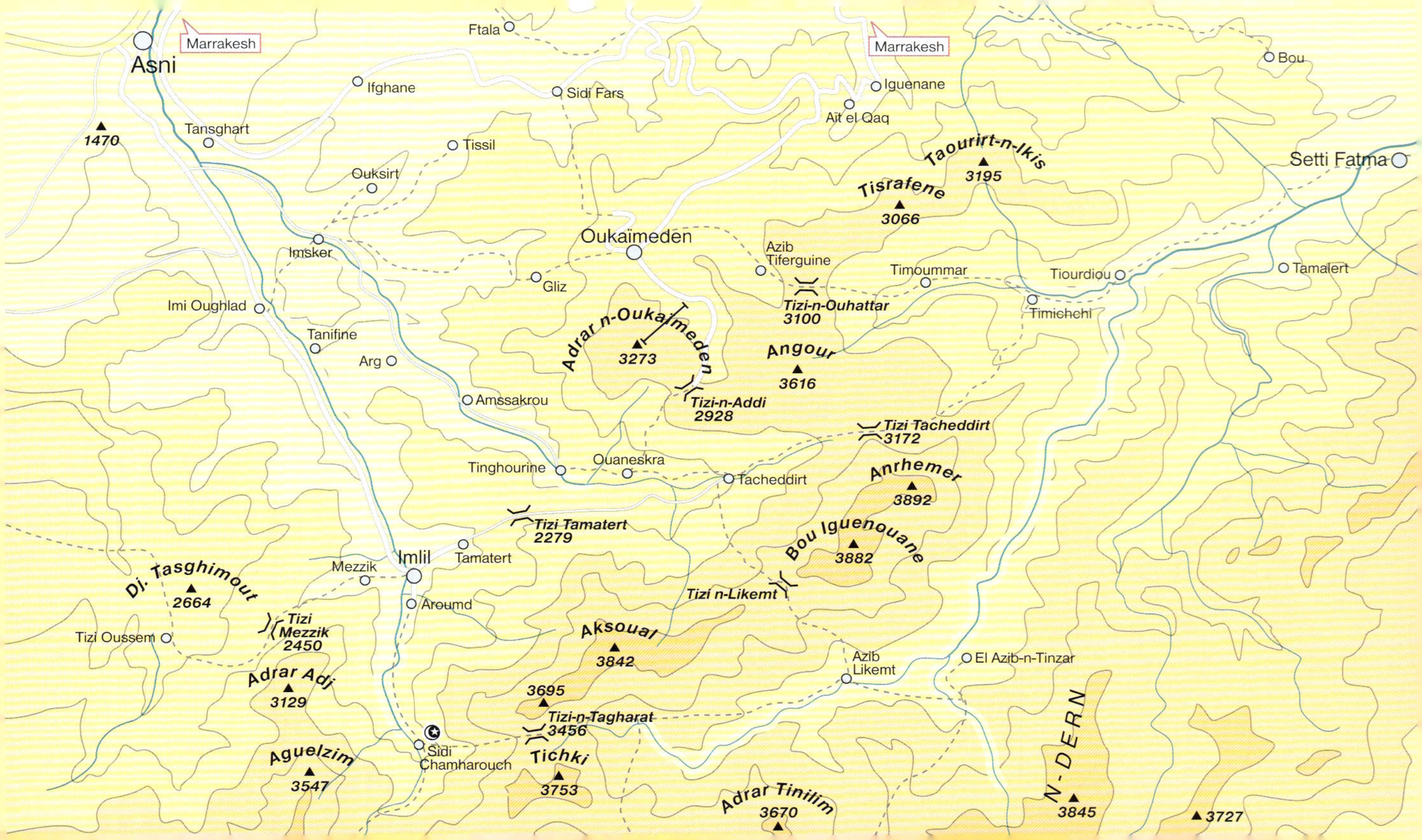
Asni
Marrakesh
Ftala
Ifghane
Sidi Fars
Marrakesh
Iguenane
Aït el Qaq
Bou
1470
Tansghart
Tissil
Taourirt-n-Ikis
3195
Setti Fatma
Ouksirt
Tisrafene
3066
Oukaïmeden
Imsker
Azib Tiferguine
Timoummar
Tiourdiou
Tamalert
Gliz
Tizi-n-Ouhattar
3100
Timichchi
Imi Oughlad
Adrar n-Oukaïmeden
3273
Tanifine
Arg
Angour
3616
Amssakrou
Tizi-n-Addi
2928
Tizi Tacheddirt
3172
Ouaneskra
Tinghourine
Tacheddirt
Anrhemer
3892
Tizi Tamatert
2279
Bou Iguenouane
3882
Imlil
Tamatert
Mezzik
Dj. Tasghimout
2664
Tizi n-Likemt
Aroumd
Tizi Mezzik
2450
Tizi Oussem
Aksoual
3842
El Azib-n-Tinzar
Azib Likemt
Adrar Adj
3129
3695
Tizi-n-Tagharat
3456
N-DERN
Sidi Chamharouch
Aguelzim
3547
Tichki
3753
Adrar Tinilim
3670
3845
3727

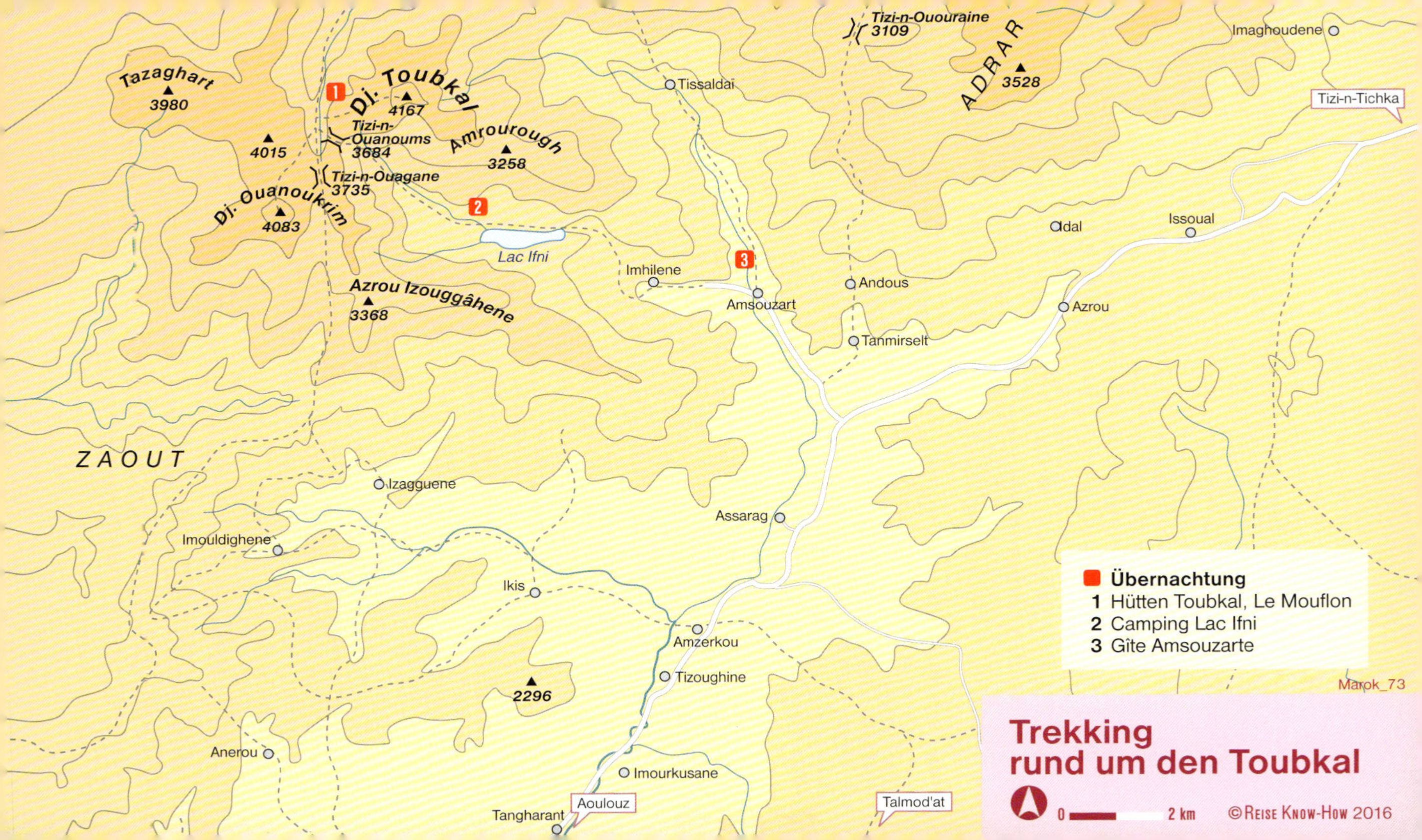

Trekking
rund um den Toubkal
0
2 km
©Reise Know-How 2016
Übernachtung
1 Hütten Toubkal, Le Mouflon
2 Camping Lac Ifni
3 Gîte Amsouzarte
Marok_73
Tazaghart
3980
Dj. Toubkal
4167
4015
Tizi-n-Ouanoums
3684
Amrourough
3258
Tizi-n-Ouagane
3735
Dj. Ouanoukrim
4083
Lac Ifni
Azrou Izouggâhene
3368
Tizi-n-Ououraine
3109
ADRAR
3528
Imaghoudene
Tizi-n-Tichka
Tissaldaï
Idal
Issoual
Imhilene
Amsouzart
Andous
Azrou
Tanmirselt
ZAOUT
Izagguene
Imouldighene
Assarag
Ikis
Amzerkou
Tizoughine
2296
Anerou
Imourkusane
Tangharant
Aoulouz
Talmod'at

Std. ab den Hütten). Weiter geht es nach links einfach über den SW-Grat zum Gipfel (45 Min. bis 1 Std. ab Sattel), dessen **Gipfelpyramide** aus Metall erst sehr spät in Sicht kommt. Die Gehzeit beträgt 3–4 Stunden ab der Toubkal-Hütte. Der Weg ist nur unregelmäßig mit Steinmännchen markiert. Für den Abstieg sollte man mit zusätzlichen 2–2½ Std. rechnen. Gesamtgehzeit rauf und runter ab den Hütten: ca. 7 Std.

Vom Gipfel kann man auch über eine **nördliche Variante** absteigen. Dieser Weg führt über wesentlich steileres, schwierigeres Geröllgelände und mündet etwa 300 Höhenmeter unter den Hütten in den Aufstieg-/Abstiegsweg von/nach Sidi Chamharouch.

Alternativroute: Vom Lac de Ifni zum Djabal Toubkal

Wer dem Trubel in Imlil aus dem Weg gehen möchte, kann die Toubkal-Hütten auch vom malerischen Lac de Ifni im Süden ansteuern. Das Trekking startet im Dorf **Amsouzart** (1766 m) im Flusstal Assif Tisgui. Hier finden Wanderer einige kleine Läden, Cafés, ein Hammam sowie die einfache Gîte d'étape Amsouzartte mit Matratzenlager (WC/Dusche am Gang, nicht immer sauber) vor. Außerdem gibt es einen kleinen Zeltplatz. Man erreicht Amsouzart entweder von Norden von der Passstraße über den Tizi-n-Tichka (Abzweig von der N 9 in Agouim) oder von Süden aus Aoulouz (N 10). Es verkehren Minibusse/Sammeltaxis.

Von Amsouzart wandert man am **ersten Trekkingtag** zunächst noch auf einer Piste bergauf durch Dörfer mit Terrassenfeldern; an einer Kreuzung geht es links zum Lac de Ifni, rechts nach Tiselday. Nach etwa 1 Stunde ist das Dorf **Aït Igrane** mit einer Herberge inkl. Café unter Walnussbäumen erreicht. Man folgt weiter der steinigen Piste in Serpentinen bergauf bis zu einem **Pass** auf 2370 m Höhe (ca. 1 Std. ab Aït Igrane, ca. 2 Std. ab Amsouzart). Von hier eröffnet sich ein schöner Blick auf den grün schimmernden Lac de Ifni zwischen rot-braunen, fast vegetationslosen Berghängen. Nun steigt man auf einem z.T. gerölligen Weg zum See hinab. Bei einem Laden auf einer Aussichtsterrasse kann man sich mit einer Cola erfrischen. Etwas oberhalb des nördlichen Seeufers führt der Pfad weiter bis an die Westseite des Sees mit Kiesstrand und Steinhütten von Snack- und Getränkeverkäufern. An diesem schönen Platz kann man sein Zelt mit Seeblick aufbauen. Ab Amsouzart sollte man inkl. Pausen mit einer Gehzeit von rund 4 Stunden rechnen (700 Höhenmeter rauf, 100 Höhenmeter runter). Der **Lac de Ifni** (rund 2300 m Höhe) befindet sich im Nationalpark, und es sollte darin nicht gebadet werden, um Verschmutzungen mit Shampoo und Sonnencreme zu vermeiden!

Am **zweiten Trekkingtag** stehen 6–7 Stunden Gehzeit und 1300 Höhenmeter Aufstieg zum Pass Tizi n'Ouanoums und 500 Höhenmeter Abstieg zu den Toubkal-Hütten bevor – entsprechend früh sollte man starten. Ein Bergpfad führt durch das geröllige Flusstal des Assif N'Moursain (im Sommer trocken) und eine rötliche Schlucht bergauf. Nach etwa 1 Stunde wird der Serpentinenpfad immer steiler, einige Geröllstufen müssen überwunden werden. Der Pass – ein breiter Sattel links neben einer engen Scharte in der Mitte der Schlucht – kommt erst auf etwa 3300 m Höhe in Sicht. Nach insgesamt 4–5 Std. Aufstieg ist der **Pass Tizi n'Ouanoums** auf rund 3550 m Höhe endlich erreicht. Zurück eröffnet sich ein schöner Ausblick auf den See, nach vorne in ein grünes Tal, aber noch nicht bis zu den Hütten. Nach etwa 45 Min. Abstieg in engen Serpentinen bietet sich eine Mittagspause an einem Bach an. Von hier ist es noch ca. 1 Std. Marsch (ca. 2 Std. ab Pass) bis zu den Toubkal-Hütten (s. oben).

Weitere Gipfel im Bereich der Toubkal-Hütte

Neben dem Djabal Toubkal gibt es noch eine ganze Reihe anderer leicht zugänglicher hoher Berge.

Zum **Ras n'Ouanoukrim** (4083 m) und **Timesguida** (4088 m) folgt man oberhalb der Hütten dem Tal südwärts (nicht über den Bach links ab zum Toubkal) und steigt in etwa 2 Stunden bis zum Pass Tizi-n-Ouagane (3735 m) auf. Vom Pass sind es dann noch 1½–2 Std. zunächst in leichter Kraxelei über Felsblöcke, dann über einen Geröllpfad entlang der flachen Südflanke des Ras n'Ouanoukrim zum weiter hinten liegenden Gipfel des Timesguida (flacher Kopf mit Steinpyramide). Von hier bietet sich ein fantastischer Ausblick auf die weite Gebirgswüste aus Stein und Geröll und hinüber zum Toubkal – hier steht man im Gegensatz zum Nachbarberg ganz alleine auf dem Gipfel!

Die **Gipfel Akioud** (4010 m) und **Afella** (4015 m) erreicht man über die Amrharas-n-Iglioua-Scharte nördlich des Tizi-n-Ouagane. Ein weiteres beliebtes Ziel ist der **Tazaghart** (3980 m), dort kann man in der im Sommer bewirtschafteten Tazaghart-Hütte (ex Lepiney, Tel. 0522 99 01 41) des Club Alpin Français übernachten. Den Schlüssel dafür bekommt man im Winter in Tizi Oussem ausgehändigt.

Diese Routen auf die höchsten Gipfel Nordafrikas sind auch als **Skihochtouren** möglich. Die Monate März bis Mai gelten als die beste Zeit, um im Atlasfirn hinunterzuwedeln.

Für **Kletterer** gibt es jede Menge Routen, zumeist Gratklettereien mittlerer Schwierigkeitsgrade, jedoch auch extrem schwierige Wandklettereien. Die bekanntesten Kletterberge in der Region sind Tadat (3760 m), Le Clochtons (3963 m) und Tadaft (ca. 3900 m) sowie der Djabal-Toubkal-Westgipfel. Je nach Jahreszeit sind in den diversen Rinnen und Couloirs auch Eis- und kombinierte Fahrten möglich.

Informationen

- **Club Alpin Français (CAF) de Casablanca,** 50, Bd. Sidi Abderrahamane, 20200 Casablanca, Tel. 05 22 99 01 41, http://cafmaroc2011.ffcam.fr. Infos und Reservierung für die Hütten im Hohen Atlas.
- **Bureau des guides Imlil,** neben der Hütte des CAF im Zentrum von Imlil, Tel. 0524 48 56 26, bureau.guides@yahoo.fr. Mo bis So 8–18 Uhr.
- **Karte: „Djebel Toubkal im Hohen Altas",** Touristikkarte, 1:100.000 und 1:60.000, Spruck/Zylka 1999, FH Karlsruhe.
- Empfehlungen für (deutschsprachige) **Bergführer** s. bei Marrakesch und bei Asni/Imlil.

Tipp

Die Mulitreiber, Bergführer und ihre Familien freuen sich über gute (nicht völlig abgetragene oder löchrige) **Gebrauchtkleidung,** Schuhe sowie jegliche Art an Alpinausrüstung (inkl. Ski). Man kann die mitgebrachten Dinge gegen lokale Produkte eintauschen oder an die Begleitmannschaft verlosen.

Vorsicht!

Der Toubkal ist **im Winter** (Anfang November bis Ende März) Skibergsteigern bzw. erfahrenen Alpinisten mit entsprechender Winterausrüstung (Steigeisen, Pickel etc.) vorbehalten! Es kam in der Vergangenheit zu mehreren schweren, **auch tödlichen Unfällen,** weil unerfahrene und schlecht ausgerüstete Touristen stürzten oder sich im Schneesturm verirrten. Man bewegt sich am Toubkal in hochalpinem Gelände über 4000 m, im Notfall gibt es keine professionelle Bergrettung! Zu jeder Saison sind warme Kleidung und gute Bergstiefel unbedingt notwendig.

ma16_094 ad

Frostige Temperaturen auf dem Gipfel des Djabal Toubkal

Entlang der weiteren Strecke mit vielen Orten wird **Landwirtschaft** betrieben – das fruchtbare Soustal zieht sich von Ouled Berhil bis nach Agadir. Immer wieder passiert man Zitrusfrucht-Plantagen und Landgüter. 18 km vor Taroudannt liegt rechts das hübsche Gästehaus **Riad L'Arganier d'Or** mit Pool (beschildert, www.riadhotellarganierdor.com). 1 km weiter, etwa bei **km 209,** folgt der große Ort **Aït Igass** mit Apotheke, Geschäften und Cafés. Nach weiteren 9 km ist **Freja** erreicht.

224 km hinter Marrakesch fährt man in **Taroudannt** ein. Bis Agadir sind es noch ca. 67 km (je nach Strecke/Schnell-/Landstraße).

Von Marrakesch über den Tizi-n-Tichka nach Ouarzazate

- **204 km, Asphalt, N 9.**
- Von Marrakesch führt die **meist gute und breit ausgebaute Teerstraße** in herrlicher Berglandschaft hinauf zum Tizi-n-Tichka auf 2260 m Höhe. Vor allem im Frühjahr, wenn alles blüht, ist diese Route ein Genuss. Die zwei großen **Atlas-Pässe** – Tizi-n-Tichka und Tizi-n-Test (*Tizi* = berberisch „Pass") – gehören zu den **landschaftlich schönsten Routen Marokkos.** Die abenteuerlichere Strecke verläuft über den Tizi-n-Test. Der breit und gut ausgebaute Tizi-n-Tichka ist auch für Wohnanhänger geeignet. Er ist (bis auf kurzzeitige Sperrungen wegen Schneeräumarbeiten) auch im Winter passierbar. Tanken Sie in Marrakesch voll, denn es gibt auf rund 150 km an der Strecke keine Tankstelle.
- Die Bewohner der Täler verdienen sich ein Zubrot durch den Verkauf von **Halbedelsteinen und Fossilien,** die sie entweder selbst suchen oder von Zwischenhändlern erwerben – Vorsicht vor Fälschungen!
- Südlich des Tizi-n-Tichka **täuschen Autofahrer gelegentlich Pannen vor** und bitten Touristen, eine bestimmte Adresse aufzusuchen, um Hilfe zu holen – man landet dann in einem Teppichladen.
- Es fahren **Busse nach Ouarzazate** (4 Std. Fahrzeit, siehe bei Marrakesch).

Man verlässt Marrakesch am einfachsten über die nördliche Umfahrung der Altstadt (Route de Fès/Ouarzazate, N 8) und zweigt dann nach ca. 7 km bei einem Kreisverkehr rechts in Richtung Ouarzazate auf die N 9 ab. Oder man fährt von der Medina auf der Rue Sidi Mimoun/Route d'Ourika Richtung Kasbahviertel und zweigt hinter dem Bab Ahmar links auf die Route de Remparts (entlang der Stadtmauer) ab, bis man am Nordrand der Altstadt ebenfalls in die N 8 nach Fès/Ouarzazate einmündet.

Die Route führt zunächst über die fruchtbare **Haouz-Ebene.** Im Frühjahr bietet sich bei klarem Wetter ein fantastisches Panorama auf die Palmeraie, die grünen Felder und die Berge des Hohen Atlas.

33 km hinter Marrakesch zweigt links eine Straße zum Ort **Aït Ourir** ab; es geht geradeaus weiter.

5 km weiter passiert man die Brücke **Pont du Zate.** Ordentliche Zimmer gibt es im **Hotel Le Coq Hardi**① (Tel. 0524 48 00 56, www.lecoq-hardi.com, mit Restaurant und Pool, WLAN).

Bei **km 51** im Ort **Touama** kann man sich im freundlichen, sehr einfachen **Hotel Dar Oudar**① (Tel. 0524 48 47 72, www.daroudar.moonfruit.fr) einmieten. Es gibt zehn Zimmer mit Du/WC und ein Restaurant.

Etwa bei **km 60** liegt die **Arganienölkooperative Takarkoute** an der Straße. Im Hohen Atlas wachsen gar keine Arganien – das Öl stammt aus dem Anti-Atlas! Wer nicht die Gelegenheit hat, das Öl direkt bei einer Frauenkooperative im Anti-Atlas einzukaufen, kann sich hier von den freundlichen Damen

Auf der Passhöhe Tizi-n-Tichka

die Herstellung erklären lassen. 250 ml Speiseöl kosten etwa 200 DH.

Bei **km 63** ist der kleine Ort **Toufliht/Aït Barka** erreicht. Einfache Unterkunft bietet die **Auberge Toufliht②** (Tel. 0524 48 48 61).

Die Straße führt bergauf zunächst durch Pinien- und Steineichenwälder, dann nimmt die Landschaft immer mehr kargen Gebirgscharakter an. Es geht über den **Tizi-n-Aït Imguer** (1470 m bei **km 67**) mit Blick auf den Djabal Tistouit (3224 m), links unten das Dorf Aghbalouh.

4 km vor Taddert liegt das empfehlenswerte **Restaurant Glaoui** mit Panoramaterrasse am Weg (gutes und günstiges Mittagessen, flotter Service, sauberes WC).

Bei **km 91** durchfährt man den Ort **Taddert** mit zahlreichen Cafés, Restaurants und Lkw-Rastplatz 1 km weiter. Das Tal des Oued Tazlida ist im Ortsbereich leider vermüllt. Der Durchgangsort lädt nicht zum Übernachten ein, wer dennoch bleiben muss (oder will), findet ein Zimmer in der einfachen **Auberge des Noyers①**. Bei Taddert befindet sich eine *Barrière de neige,* im Winter ist die Straße nach Schneefällen evtl. zeitweise gesperrt (Wartezeit 2–3 Std.).

Die weitere, landschaftlich schöne Strecke führt in **Serpentinen** durch schroffe, zerklüftete Berge mit einigen knorrigen Wacholderbäumen an den Hängen. Im Kontrast dazu stehen die grünen Täler mit sprudelnden Bächen und ursprünglichen Dörfern.

Bei **km 103** liegt das **Restaurant Assanfou** mit Garten, Terrasse und Spielplatz in schöner Lage rechts an der Straße. Das Interieur ist nostalgisch gestaltet, es gibt gute Pizza, Tajine, Brochette, Salate und Frühstück. Wohnmobile finden hier einen Stellplatz für die Nacht.

107 km nach Marrakesch überquert die Straße die **Passhöhe von Tizi-n-Tichka** auf 2260 m. Ein Steinmonument informiert über die Konstruktionsgeschichte, jede Menge Händler bieten in Buden Mineralien und Fossilien an. Die Straße führt nun bergab.

Etwa bei **km 111** auf 2113 m Höhe (N 31° 15,721', W 07°23,059') zweigt links rechtwinklig eine kleine **Teerstraße nach Telouèt** und **Anemiter** ab, die entlang des Assif-Ounila-Tals bis nach **Aït Benhaddou** führt. Dieser 75 km lange Abstecher gehört zu den **schönsten Strecken in Marokko** und verbindet die beiden Highlights der Kasbaharchitektur, Telouèt und Aït Benhaddou.

ma16_095 ad

Abstecher nach Telouèt und über Anemiter bis Aït Benhaddou

■ Schmale, kurvige **Teerstraße,** anfangs z.T. sehr löchrig und ausgefranst, ab Anemiter meist gut. Die früher häufig schlechte 4x4-Piste ab Anemiter ist inzwischen vollständig geteert und auch für Pkw befahrbar. Nach starken Regenfällen (wie im Frühjahr 2015) ist jedoch mit Straßenschäden und evtl. Unterbrechungen zu rechnen.
■ Die Strecke nach Telouèt verläuft vom Tizi-n-Tichka **durch das Tal des Oued Ounila** (Assif Ounila) in einer grandiosen, stark zerklüfteten Bergkulisse. Bei klarem Wetter bieten sich herrliche Ausblicke.

7 km nach dem Abzweig von der Passstraße passiert man das einsam an der Straße gelegene **Gästehaus Agdal Argue**② in einer hübschen Steinkasbah (Mobil 0667 59 59 52, auberge.atlas@yahoo.fr, 8 Zimmer mit Bad, Restaurant und Camping, familiäre Atmosphäre, gutes Essen, Trekking-/Wandermöglichkeit in der Umgebung).

1 km darauf folgt das Dorf **Argue.** Die ausgefranste Straße schlängelt sich weiter durch rote, erodierte Hochgebirgslandschaft.

20 km nach dem Abzweig ist **Telouèt** erreicht.

Telouèt

Telouèt auf 1870 m Höhe hat mehrere (Souvenir-)Geschäfte, Restaurants, ein Hotel und weitere einfache Übernachtungsmöglichkeiten für Touristen zu bieten. Markttag ist der Donnerstag. Etwas erhöht thront ca. 800 m nach dem eigentlichen Ort rechter Hand das von zinnenbewehrten Mauern umgebene **Dar Glaoui,** einst Herrschaftssitz eines der mächtigsten Berberfürsten, des *Al Glaoui* (sprich *Glawi*). Die Al-Glaoui-Stammesfürsten beherrschten das Glaoui-Bergland südlich von Marrakesch und kontrollierten hier den Handelsweg, der von Süden über den Hohen Atlas nach Marrakesch führte. Am mächtigsten wurde der **Pascha Thami Al Glaoui** (1879–1956), der zunächst mit dem Sultan paktierte und als Großwesir die politischen und wirtschaftlichen Angelegenheiten im Süden regelte. Während der Protektoratszeit wechselte er die Seiten und verbündete sich mit den Franzosen. Im französisch besetzten Marokko etablierte er endgültig seinen Machteinfluss und war mächtiger als der Sultan. Während seiner Glanz- und Prunkzeit in den 1930er/40er Jahren führte er zahlreiche Handelsunternehmen vom Bergbau bis zum Oliven- und Dattelhandel. Ab 1950 kämpfte er gegen die Unabhängigkeitsbewegung unter *Mohamed V.,* die er jedoch nicht aufhalten konnte. 1956, im Jahr der Unabhängigkeit Marokkos, starb der exzentrische Pascha.

Die **Kasbah** von Telouèt wurde Anfang des 20. Jahrhunderts von *Thami Al Glaoui* als Symbol seiner Macht und seines Reichtums erbaut. Von außen sieht man den Gemäuern aus Stein und Lehm nicht an, welcher Prunk sich im Inneren verbarg. *Al Glaoui* stattete seine Residenz im Stil eines maurischen Palastes aus: mit Stuckverzierungen, kleinteiligen Mosaiken und kunstvoll geschnitzten und bemalten Zedernholzdecken. In den letzten Jahrzehnten verfiel die Kasbah Al Glaoui, da der Staat kein Geld in die Renovierung der ehemaligen Paläste des ungeliebten Franzosenfreundes *Thami Al Glaoui* investierte (mit Ausnahme der Kasbah Taourirt in Ouarzazate). Inzwischen wurden Teile der Residenz in Privatinitiative renoviert, sodass man die einstige Pracht wieder nachvollziehen kann. Am besten erhalten sind das prunkvolle Empfangszimmer und der Harem. Von der Dachterrasse hat man einen wunderbaren Ausblick auf die umliegenden Berge und ins Flusstal.

Bei der Ankunft am Dar Glaoui fährt man am besten gleich durchs Tor und parkt dort kostenlos. Es werden 20 DH Eintritt als Renovierungsbeitrag verlangt, der Führer kostet extra (Verhandlungssache); es bieten sich mehrere **Führer** für eine Besichtigung an. Empfehlenswert ist der gut englisch sprechende *Mohamed Boufoud* (Mobil 0670 97 47 34). Leser empfahlen außerdem *Jawad* (jawad-atlas@yahoo.com, Mobil 0668 74 11 60) als sachkundigen Führer für die Kasbah und in die Umgebung.

In der **Umgebung von Telouèt** kann man tolle Wanderungen und mehrtägige Trekkings unternehmen (z.B. in vier Tagen nach Tamdakht durch das wunderschöne Tal des Assif Ounila). Die Gîte de Tighza im Ounila-Tal (Douar Tighza, Mobil 0666 16 34 88, http://telouet-anmiter.gitemaroc.net) kann man in einer Tagestour (5–6 Std. Gehzeit) oder auf Piste von Anemiter erreichen. Der Betreiber *Mohamed Bouchahoud* ist Bergführer und organisiert Trekkings.

Unterkunft/Essen und Trinken

- **Auberge Telouèt Chez Ahmed**②, 500 m vom Ort in Richtung Kasbah, Tel. 0524 89 07 17, Mobil 0662 13 44 55, www.telouet.com. Gutes Essen und saubere Zimmer (mit/ohne WC, auch auf der Dachterrasse) im schön ausgestatten Neubau mit kunstvoll gestalteter Front aus Legesteinen,. Der sehr freundliche Besitzer *Ahmed Boukhas* kümmert sich herzlich um die Gäste. Wer mehrere Tage bleiben möchte, kann sich auch in hübsche private Wohnhäuser einmieten (Infos über die Herberge).
- **Gîte de Lac**② (mit Vollverpflegung), im Ortsteil Iaarabene, 550 m vom Hauptort entfernt, Mobil 0668 19 29 17, www.trek-atlas.com. Die einfache Herberge und Trekkerunterkunft wird von *Mohamed Bennouri* betrieben und liegt 5 Min. oberhalb des Souks. Saubere und schlichte 2- und Mehrbettzimmer mit Gemeinschaftsdusche, gutes Essen, sehr freundlich.
- **Le Palace de Telouèt**, Mobil 0668 37 77 30, www.palacedetelouet.com. Kleines, hübsches Restaurant im Berberstil linker Hand am Ortsanfang von Telouèt (ggü. einige Souvenirschäfte).
- **Lion d'Or Atlas**①-②, direkt vor dem Eingang zur Kasbah, Tel. 0524 88 85 07, Mobil 0673 01 43 33. Kleine, einfache und saubere Herberge, DZ mit oder ohne eigenes Bad. Auch Camping und Übernachtung auf der Dachterrasse möglich. Restaurant im nett gestalteten Salon nebenan, Menü 110 DH (gut, aber zu teuer).
- **Agdal Argue,** s. Routenbeschreibung oben.
- **Maison Tizi**③, Mobil 0660 62 41 67. Die Herberge in einem hübschen Steinhaus ist sehr gepflegt und freundlich, die traditionell gestalteten Zimmer haben ein Bad. Sehr gutes Preis-Leistungsverhältnis (450 DH für 2 Personen mit HP im DZ mit Bad), die Mitarbeiter geben viele Tipps für Ausflüge und Wanderungen in der Umgebung.

Einkaufen

- Im Zentrum befindet sich das **Maison Nomade** der Brüder *Alla,* die schöne Kelims und Berberschmuck zu vernünftigen Preisen anbieten.

Busse

- Ein Bus fährt ab Anemiter und Telouèt frühmorgens **nach Marrakesch.**
- **Nach Ouarzazate** fahren bei Bedarf Kleinbusse.

Hinter dem Ort folgt die Gendarmerie Royale und dann ein Hinweisschild zur Auberge Tasga (links bzw. Nord). Die schlechte Straße mit nur noch wenigen Teerresten wurde kürzlich für eine neue Asphaltierung vorbereitet. Die Route führt durch einen roten Canyon mit bizarren Felsformationen (Erosionslandschaft) und Salzablagerungen. Nach 7 km führt links ein Abzweig zu einer Salzmine. Pinienaufforstungen sollen eine weitere Erosion der Landschaft verhindern.

Nach **31 km** erreicht man den Weiler **Anemiter** (Inmiter) mit einem kleinen Laden, der sich etwas hochtrabend *Supermarché* nennt; es gibt mehrere Unterkünfte: Auberge Ouahsouss, Riad Kasbah und Auberge Camping Le Jardin Ametter linker Hand bei einer großen Wiese am Fluss. Leser empfahlen die sehr einfache Herberge **Chez Yazid Mohamed**①, Mobil 0666 74 86 49, mit schönem Blick von der Terrasse hinunter ins Dorf. *Mohamed* führt Wanderungen in der Umgebung (u.a. zum Lac Tamda). Seine Frau *Fatima* kocht sehr gut für die Gäste.

Von Anemiter kann man eine schöne acht- bis neunstündige **Wanderung zum Tamda-See** unternehmen. Dafür nimmt man sich am besten zwei Tage Zeit und übernachtet unterwegs in der Gîte d'étape, 2 Std. Gehzeit von Anemiter entfernt. 200 m nach Beginn der Teerstraße zweigt eine Piste (von Anemiter kommend) rechts ab. Die Piste führt zwischen Hügeln hindurch und links am Berghang an mehreren Dörfern vorbei, um sich vor dem Dorf Tizgha in einen Muliweg zu verwandeln. Dort liegt die einfache Gite d'étape Tighza. Den Muliweg entlang geht es weiter durch eine Talenge in einen Boden voller Gärten. Der

Weg führt weiter auf der rechten Talseite, um an einer breit ausgetretenen Kreuzung links abzubiegen, sobald man etwas rechts das rosafarbene Minarett der Moschee sehen kann. Im nächsten Dorf **Aloukrite** gibt es eine Herberge *(Gîte)*. Dann folgt der Maultierweg konsequent dem Bach und durchquert noch ein weiteres Dorf, dann wird es etwas einsamer. An einer tief eingeschnittenen Stelle mit einer steineren Schäferhütte geht es (dem Wasser nach) links bis in den weiten Talboden hinein. Dort weiter rechts bis zum See (manchmal trocken). Die grandiose Berglandschaft in diesem Hochtal ist unbedingt sehenswert. Wasser gibt es aus dem Bach (entkeimen!) und aus einer Quelle unterhalb des Sees. Wer Zeit und Ausrüstung zur Übernachtung hat (es kann kalt werden), dem sei der Ausblick von der Bergkette im Norden (3600 m) empfohlen. Zurück auf dem gleichen Weg.

Ab Anemiter ist die schmale Teerstraße wieder in gutem Zustand. Die Strecke führt durch das Dorf Anguelez und nach 3 km über eine Brücke. Nun folgt die Straße dem grünen Flusstal des **Assif Ounila,** umgeben von den kargen lehmbraunen bis orangeroten Bergen des Hohen Atlas, dessen Hänge z.T. steil ins Tal abfallen und einen Canyon bilden. In den vielen Lehmdörfern entlang des Flusstals thronen alte beeindruckende Kasbahs und Ksour auf die man immer wieder großartige Ausblicke hat. Pappeln, Mandelbäume, Oliven und Obstbäume säumen das Flussufer.

Bei **km 37** erreicht man das Dorf **Taguendoucht** und gleich danach **Tajegujite.** Bei **km 39** liegt die Gite d'étape Oumazir am Wegesrand.

Bei ca. **km 40** sind eine Passhöhe und das Dorf **Assaka** auf 1635 m Höhe erreicht. Teile des alten Ksar und der Kasbah kleben wie ein Adlerhorst sehr malerisch an der Felswand am Schluchtrand. Die Straße führt eng durch das Dorf und nahe dem Schluchtrand bis sie nach 2 km etwas entfernter vom Flusstal kurvig etwas bergab nach Tizgui führt.

Bei km 48 ist die Gite d'étape Tizgui erreicht, und nach einem weiteren Kilometer bei **Gesamt- km 49** geht es rechts ins schöne Kasbahdorf **Tizgui N'Barda.** Der Fluss schlängelt sich wie ein grünes Band durch die karstige Wüstenlandschaft. Nach einem Kilometer lockt das Maison d'Hôtes Restaurant Achoud in einem schönen rosa-weißen Haus mit tollem Ausblick aufs Tal zur Einkehr. Es folgt der **Lehmksar Tamakochte** mit Moschee, durch den sich die Straße hindurch zieht. Aït Fars und Tigritte sind bei **km 54** erreicht. Hier verbreitert sich die Straße. Unterkunft bietet sich im **Maison d'Hôtes Les Grottes Camping Chez Mohamed** (Mobil 0668 64 03 41, mta. grotte@yahoo.fr).

Bei **km 57** liegt der Ort **Tiffste.** Malerische Lehmksour säumen beide Ufer des Flusses. Nach weiteren 2 km, bei **Gesamt-km 59,** erreicht man **Oua-Oum Sesritte** und die Kasbah Ounila in 1357 m Höhe. Am Ortsanfang geht rechts eine Straße (beschildert nach Tizlet, N 31°06,776', W 07°08,219') auf die andere Flussseite ab, wo man zu Fuß oder per Allrad die Gegend erkunden kann. In der **Kasbah Ounila** bietet das **Maison d'Hôtes Tigmi del Jacoub** am Ortsanfang einfache Zimmer an.

Bei **km 60** ist Tamdakht mit der alten **Kasbah Tamdakht** erreicht. Sehr komfortabel wohnt man in den zum Hotel umfunktionierten Lehmburgen **Kasbah de Cigogne** und **Kasbah Ellouze** (vgl. nach Aït Benhaddou). Bis **Aït Benhaddou** (bei **km 66**) folgen zahlreiche weitere Unterkünfte.

Weiterfahrt nach Aït Benhaddou

Fährt man vom Tizi-n-Tichka ohne Abstecher entlang der N 9 weiter, erreicht man bei **km 113** das Dorf **Agouelmous** mit Café, Mineralienverkäufern und Häusern aus roter Erde, die mit den grünen Terrassenfeldern kontrastieren. Walnussbäume wachsen im Tal. Es folgen der Ort Tamesna und 4 km weiter das **Café/Restaurant Tizi-n-Tichka.** Es gibt eine Aussichtsterrasse mit lohnendem Blick auf der Rückseite, saubere Toiletten und Läden von Mineralienhändlern.

1 km weiter (6 km ab Abzweig) folgt der hübsche Ort **Irherm-n-Ougdal** mit einfachen Restaurants, einer Herberge und Souvenirläden. Links oberhalb thront eine bewohnte Speicherburg (Agadir). Im Ort befindet sich die **Barrière de Neige,** falls man aus der anderen Richtung kommt. 2 km weiter gelangt man an einen Rastplatz mit Restaurant und Mineralienläden.

Bei **km 122** folgt das Restaurant Rafik (saubere Toiletten und Busparkplatz).

Beim großen Ort **Agouim** (km 130) mit schönem Samstagsmarkt geht rechts eine Straße zum Lac d'Ifni auf der Südseite des Djabal Toubkal ab. Danach werben viele „Arganienkooperativen" für ihre Produkte – obwohl im Hohen Atlas gar keine Arganbäume wachsen.

Eingebettet in die tolle Felsenlandschaft liegt bei **km 145** oberhalb des Dorfes **Tisselday** das **Gästehaus I Rocha**③ am Hang (kleines Schild an der Zufahrtspiste, Mobil 0667 73 70 02, www.irocha.com). Die sehr hübsche rustikale Herberge hat sieben Zimmer im Berberstil mit Bad und AC/Heizung, gruppiert um einen kleinen Hof. Hier herrscht eine sehr ruhige, erholsame Atmosphäre. Es gibt eine schattige Terrasse mit Ausblick, einen kleinen Pool und einen gemütlichen Salon mit Kamin.

Bei **km 155** folgt das hübsche **Restaurant und Gästehaus Issalene** im Kasbahstil rechts an der Straße. 3 km weiter ist **Imini** mit einer kleinen Steinkasbah und dem Gästehaus **Kasbah Imini**①-② erreicht (Mobil 0661 58 22 06, Kasbah_Imini2001@yahoo.fr, Preise je nach Saison; 10 einfache, sehr saubere und originelle Zimmer mit Dusche/WC auf dem Gang, netter Innenhof, ummauerter Parkplatz; die Leute sind sehr freundlich, das Essen ist gut, und als Zugabe gibt es eine schöne Aussicht von der Terrasse).

Bei **km 172** zweigt rechts die Straße nach Tazenakht (N 10, 64 km) ab. Hier findet mitten im Nirgendwo jeden Mittwoch ein interessanter **Wochenmarkt** statt.

176 km nach Marrakesch zweigt in **Tabourath** bzw. im gleich anschließenden **Tissargate** links die Teerstraße nach Aït Benhaddou ab (8 km bis Zentrum). An der Kreuzung gibt es Tankstellen und eine Auberge. Den Abstecher zum beeindruckenden Lehmksar von Aït Benhaddou sollte man nicht verpassen.

Gute 3 km nach dem Abzweig in Richtung Aït Benhaddou liegt rechts der Campingplatz Atlas View (vgl. bei Aït Benhaddou).

Aït Benhaddou

Das Ksar Aït Benhaddou gehört **seit 1987** zum **UNESCO-Weltkulturerbe.** Hier und in den Filmstudios von Ouarzazate (s. dort) wurden zahlreiche Filme gedreht, darunter „Lawrence von Arabien" (1962), *Martin Scorceses* „Die letzte Versuchung Jesu" (1988), „Gladiator" (2000), „Alexander" (2004), „Königreich der Himmel" (2005) und „Prince of Persia: Der Sand der Zeit" (2010).

Aït Benhaddou ist ein **wunderschönes Beispiel traditioneller Lehmbauarchitektur** der Berber. Das **Ksar** (= befestigtes Dorf) auf der östlichen Seite des **Oued Mellah** besteht aus einem Labyrinth an Häusern, Türmen und Kollektivspeichern, von denen es sechs Stück in Aït Benhaddou gab. Die aus Stampflehm errichteten und mit Ornamenten geschmückten Häuser liegen ineinander verschachtelt am Berghang und sind als Ensemble ein beeindruckender Anblick. Lange Zeit verfielen die Gebäude, da die Bewohner in moderne Häuser im neuen Ortsteil auf der Westseite des Oued Mellah (*mellah* = Salz, benannt nach dem leicht salzhaltigen Wasser) umzogen und die Kasbahs nicht mehr instand hielten. Erst in den letzten Jahren wurden viele Kasbahs renoviert.

Über die Teerstraße erreicht man zunächst den **neuen Ortsteil,** der sich in den letzten Jahren enorm entwickelt hat. Inzwischen gibt es viele Herbergen, Cafés, Restaurants und Souvenirbuden, die auf Touristenfang sind. Mittags strömen die Besucher in Scharen aus den Bussen und kehren in ein Restaurant ein, bevor das alte Ksar besichtigt wird. Planen Sie möglichst den frühen Vormittag oder späten Nachmittag für Ihre Besichtigungstour ein. Lassen Sie sich nicht von Führern, die nur ab-

ma16_178 ad

kassieren oder sich als illegaler Guide aufdrängen wollen, zu vermeintlichen Parkplätzen leiten.

Ein empfehlenswerter **offizieller Führer** ist **Hassan Boulkayed** (Mobil 0661 94 11 53), der sich sehr für die Erhaltung des Ksar einsetzt und ein kleines Museum eingerichtet hat. Besonders lustig ist eine Führung mit dem über 80-jährigen **Abdoul „Le Chakal"**, der gebrochen deutsch spricht. Er kann über das Hotel La Kasbah oder Mobil 0663 22 07 61 kontaktiert werden. Für eine zweistündige Führung sind 150 DH Honorar angemessen.

Ein **großer Parkplatz** befindet sich von Ouarzazate kommend rechts (von Telouèt kommend links) der Straße vor dem *Complexe touristique La Kasbah.* Von dort führt der Weg an einigen **Souvenirläden** vorbei hinunter zum Oued und zum Ksar auf der anderen Flussseite. Das alte **Ksar** ist nur zu Fuß erreichbar. Es führt mittlerweile eine hässliche Betonbrücke über den Fluss, auf der man trockenen Fußes zum Ksar gelangt. Bei niedrigem Wasserstand (was meistens der Fall ist) kann man das Oued auch über Sandbänke überqueren. Bei den beiden offiziellen Zugängen in den Ksar muss **kein Eintritt** bezahlt werden: Einer führt ganz links über die Fußgängerbrücke, der andere ganz rechts auf der anderen Flussseite seitlich in den Ksar (weiße Aufschrift „Entrée" auf Lehmwand, dann weißen Pfeilen folgen). Betritt man den Ksar durch den Torbogen in der Mitte, kommt man in eine private Kasbah (Eintritt 10 DH als Renovierungsbeitrag).

Durch den **beeindruckenden Komplex aus Dutzenden Kasbahs** führen Gässchen und Steintreppen, auf denen man bis nach oben auf den Hügel mit einem alten Agadir (Kollektivspeicher für die Bewohner des Ortes) gelangt. Von hier oben bietet sich ein toller Ausblick auf die Umgebung, die niedriger gelegenen Häuser und die vielen Storchennester (im Frühjahr) auf den verzierten Türmen. Wichtige Gebäude im Komplex wie die alte Moschee und die Koranschule wurden mit Infotafeln versehen.

Das **„Maison berbère"** der Familie von *Ibach Brahim* kann besichtigt werden (Trinkgeld). Das einfache typische Haus mit einigem Original-Interieur vermittelt eine Vorstellung vom traditionellen Wohnen. Ein weiteres **„Maison traditionelle“** (Trinkgeld) ist im oberen Bereich des Dorfes zu finden. Es gehört dem überaus netten *Ali Aït Malik* und seiner Familie.

Inzwischen bieten viele **Souvenirhändler und Galerien** in kleinen Läden ihre Waren an. Sehenswert ist die Vorführung der **Aquarellmaler,** die mit zunächst durchsichtigen Farben aus Tee und Safran Postkarten und Bilder malen. Die „Wunderfarben“ werden erst bei Erhitzung über einer Flamme sichtbar.

Am Geburtstag des Marabuts und Schutzpatrons *Sidi Ali Ouamate* im August wird ein großer **Moussem** veranstaltet. Nach einem ausgiebigen Mahl gehen alle ins Dorf zurück, dann wird zum Takt der Bendirs und Flöten die ganze Nacht hindurch gesungen und getanzt.

Praktische Informationen

Unterkunft/Essen und Trinken

Hinweis: Das **Duschwasser** in Aït Benhaddou ist **leicht salzig.** Alle Unterkünfte bieten Exkursionen in der Umgebung an.

■ **Auberge Bagdad Café**③, Tel. 0524 88 25 06, www.auberge-bagdad-cafe.com. Sehr freundliches, familiäres Gästehaus im Lehmbaustil, mit traditionellen Materialien gestaltete Zimmer (Tadelakt-Bäder, Palmholz-Decken, mit Klimaanlage/Heizung). Pool im Innenhof, WLAN. Doppel-, Dreier- und Vierbettzimmer inkl. Frühstück.

■ **Auberge Tiguami Khadija**③ (mit HP), an der Hauptstraße, Mobil 0660 85 31 84, www.aubergekhadija.com. Von Lesern sehr empfohlene, familienfreundliche Herberge des österreichisch-marokkanischen Ehepaars *Andreas* und *Khadija Baabbouz-Reinhartz:* sechs hübsche, geräumige und saubere Zimmer (mit/ohne Bad), sehr gute Tajine, leckeres Frühstück mit *Amlou* (Arganienöl mit Mandeln und Honig). *Andreas* führt durch den Ksar, gibt Ausflugstipps und organisiert Eselsausritte für Kinder.

■ **Complexe touristique La Kasbah**③, ggü. vom Restaurant La Kasbah, von Ouarzazate kommend am Ortsanfang rechts, Tel. 0524 89 03 02/08, www.hotel-lakasbah.com. Größtes Hotel am Platz mit riesigem Parkplatz (Caravan-Stellplatz), das Interieur ist etwas seltsam kitschig-marokkanisch gestaltet. Die klimatisierten Zimmer (z.T. mit Balkon) im Hauptgebäude sind sauber und ordentlich, aber etwas düster. Die Bäder in den Zimmern im alten Trakt sind schon etwas angeschlagen. Der Pool und der große Garten mit Terrasse und tollem Blick auf das Ksar befinden sich hinter dem Hotel (Richtung Ksar) am Oued. Restaurant mit Alkoholausschank.

■ **Dar Mouna**④ (mit HP), hinter dem Hotel La Baraka Richtung Oued (kleines Schild), Tel. 0528 84 30 54, www.darmouna.com. Nettes Maison d'Hôtes mit 12 gemütlichen Zimmern mit AC und Blick auf den schönen Pool oder das Ksar. Restaurant mit Kamin. Herrliche Aussicht von der Terrasse.

■ **Defat Kasbah**②, Douar Assfalou, ca. 3 km außerhalb an der Straße Richtung Tamdakth, Tel. 0524 88 80 20, www.defatkasbah.com. Hübsche, einfache Herberge mit Pool, sehr freundlich.

■ **Kasbah de Cigogne,** in Tamdakth neben Kasbah Ellouze, vgl. Ausflug unten.

■ **Kasbah Ellouze,** in Tamdakth, vgl. Ausflug unten.

■ **Kasbah Hajja Aït Ben Haddou**④ (mit Frühstück), Mobil 0652 03 38 25 oder Tel. 0524 88 72 22, www.hajja-aitbenhaddou.com. Sehr schönes Gästehaus in einer renovierten Kasbah aus dem 18. Jh. mitten im alten Ksar. Es gibt ein (auch für Nicht-Gäste geöffnetes) Restaurant und Café mit sehr schöner Aussichtsterrasse. Acht traditionell gestaltete Zimmer mit Bad.

■ **Kasbah du Peintre**④ (mit Frühstück), im Amerzagane, 5 km in Richtung Tamdakth, Tel. 0524 88 59 24, www.kasbahdupeintre.com. Farbenfroh gestaltetes Gästehaus einer marokkanischen Künstlerfamilie in ruhiger Lage. Fünf Zimmer (mit Bad und Terrasse), Hammam (Massageangebot) und schöner Ausblick auf das Flusstal. Es werden auch Aquarellkurse angeboten.

■ **Kasbah Isfoula**②, wenige Kilometer außerhalb an der Straße Richtung Tamdakth, Tel. 0524 88 59 55, www.isfoula.com. Hübsches Hotel im Kasbahstil mit Pool, Jacuzzi und (z.T. barrierefreien) Zimmern mit Klimaanlage/Heizung, TV. Terrasse mit Aussicht, gutes Essen.

■ **Kasbah Tebi**④ (mit HP), im alten Ksar, Mobil 0661 94 11 53, www.kasbah-tebi.com. Der sehr freundliche und deutsch sprechende *Hassan Aït Ougram* und seine Familie betreiben diese originalgetreu renovierte Kasbah mitten im alten Ksar. Romantische Atmosphäre bei Kerzenlicht (kein Strom), sechs sehr saubere und hübsche Zimmer mit Bad, familiäre Atmosphäre beim gemeinsamen Abendessen. Hassan setzt sich sehr für den Erhalt des Ksar ein und unternimmt gerne eine Führung mit den Gästen.

La Baraka①, Tel. 0524 89 03 05, www.hotellabaraka.com. Günstiges, sauberes Hotel im Kasbahstil mit gutem Zeltrestaurant (Menü ab 80 DH). Man kann auch campen, auf der Dachterrasse oder im Nomadenzelt übernachten. DZ mit Bad und z.T. klimatisiert/beheizt.

La Rose du Sable②, Tel. 0524 89 00 22, www.larosedusable.com. Freundliches Hotel mit Pool im ummauerten Hof und 30 sauberen, klimatisierten Zimmern mit Bad (nicht immer heißes Wasser). Parkplatz vor der Tür, WLAN.

Maison d'Hôtes Chez Brahim③ (mit HP), *Brahim Boulkayed*, Mobil 0671 81 63 12. Die Herberge bietet sechs saubere, einfache Zimmer mit Bad und einen tollen Blick auf den Ksar.

Riad Maktoub④, von Ouarzazate kommend an der Ortseinfahrt auf der rechten Seite, Tel. 0524 88 86 94, www.riadmaktoub.com. Hübsches Gästehaus im traditionellen Lehmbaustil, kleiner Pool im Innenhof. Teilweise recht kleine und hellhörige DZ mit Bad.

Camping

Wohnmobile können am großen Parkplatz vor dem Complexe Touristique La Kasbah über Nacht stehen. An der Teerstraße Richtung Ouarzazate liegt der **Camping Tissa** (s. weitere Routenbeschreibung unten).

Camping Atlas View, 5 km in Richtung Tabourath (Ourazazate), N 31°00,872', W 07°06,237'. Der hübsche Platz mit Olivenbäumchen liegt neben einem kleinen Bauernhof in wunderschöner Lage am Rand des Oueds, mit Ausblick auf die Dörfer am gegenüberliegenden Ufer. Im Hauptgebäude befinden sich eine saubere europäische Toilette und eine Dusche. Die Familie des Betreibers *Youssef Houma* ist unglaublich freundlich, serviert auf Wunsch Essen in einem kleinen Salon und führt durch den einfachen Bauernhof, in dem die Familie lebt – hier kann man das Landleben hautnah mitverfolgen. Morgens frisches Brot aus dem eigenen Ofen. 2 Pers. mit Auto ca. 50 DH plus Strom.

Camping Zaytoune, am Ortsausgang Richtung Tamdakth. Ummauerter Kiesplatz mit Parzellen für WoMos und Stromanschluss, saubere Sanitäranlagen. Gegen Gebühr kann der Pool der benachbarten Kasbah Le Jardin genutzt werden. 2 Pers. mit Fahrzeug 50 DH, Strom 20 DH.

Ausflug zur Kasbah Tamdakth

Vorbei an den Herbergen Defat Kasbah und Kasbah Isfoula (s.o.) führt die kleine Teerstraße von Aït Benhaddou in 6 km nach Tamdakht (Leser warnten vor der desolaten Brücke kurz vor dem Ort).

Die mächtige Kasbah Tamdakht gehörte wie diejenigen in Telouèt und Ouarzazate einst dem Glaoui-Pascha. Nachdem die Lehmburg lange leer stand und verfiel, wurde in den letzten Jahren ein Teil renoviert und als **Kasbah de Cigogne**③ (Storchenkasbah) zum Gästehaus umgebaut (Tel. 0524 89 03 71, www.kasbah-cigogne.com). Der prächtige Komplex war vorher Wohnsitz von Tauben, Falken, Blauracken und Eulen, auf den Türmen bauten Störche ihre Nester. Heute gibt es

ma16_179 ed

hier stilvolle Zimmer mit Bad, eine Terrasse mit traumhaftem Ausblick und gutes Essen vom freundlichen Wirt *Mohamed.* Er ist Hobbykünstler und verkauft seine Bilder im angeschlossenen Laden.

Direkt neben der Kasbah liegt das wunderschöne **Hotel Kasbah Ellouze**④ (mit HP) unter Führung des sehr netten französischen Paares *Michel* und *Colette Guillen* (Tel. 0524 89 04 59, www.kasbahellouze.com). Das traditionelle Lehmhaus hat neun sehr hübsche, große Zimmer im rustikalen Berberstil mit Balkon, Bad und AC. Die Terrassen und Zimmer bieten zum Teil einen herrlichen Blick auf die Kasbah, das Oued und die Störche. Kühle, gemütliche Salons sind ideal zum Ausruhen nach einer Besichtigung in der Hitze. Organisation von Exkursionen (z.B. mit Kamelen) in die reizvolle Umgebung möglich.

Besucher, die nicht in Tamdakth übernachten, können die Kasbah und die Oasengärten besichtigen oder in eines der Cafés im Ort einkehren.

Weiterfahrt nach Ouarzazate

Zurück auf der Teerstraße nach Ouarzazate liegt 1 km weiter der **Camping Tissa** auf der rechten Seite (einfache, saubere Sanitäranlagen, großer, gemütlicher Salon, gutes Essen auf Bestellung, wenig Schatten, Boden für Zeltheringe nicht geeignet, Betreiber nicht immer freundlich). Gegenüber dem Campinggelände liegt das **Gästehaus Tigminou**③ (Tel. 0524 89 10 59, www.tigminou.com), das von Lesern sehr gelobt wurde: klimatisierte Zimmer mit Bad in kleinen Lehmhäusern in einem frisch bepflanzten Garten mit Pool, familiäre und sehr herzliche Atmosphäre, leckeres Essen, WLAN, gutes Preis-Leistungsverhältnis.

Bei etwa **km 190** (von Marrakesch aus, ohne Abstecher) liegen die riesigen **CLA Filmstudios** an der Straße. Hier und in den Atlas Filmstudios wurden zahlreiche Hollywoodstreifen gedreht (s.u.). Am Kreisverkehr direkt dahinter zweigt rechts eine kleine Teerstraße zur **Kasbah Tiffoultoute** (2 km) und nach Zagora ab. Die verfallende Kasbah des ehemaligen Kalifen *Abderrachmane* liegt imposant über dem palmenbestandenen Oued Tifoultoute. Im Ausflugsrestaurant neben der Kasbah finden Folkloreabende für Gruppen statt. Die Aussicht vom zinnenbewerten Dach auf das Drâa-Tal ist sehr schön.

Nach **192 km** ist **Tamassint** erreicht. Hier kann man im 3-Sterne-**Hotel Oscar**③ übernachten (Garten mit Pool, Tel. 0524 88 22 12, www.hotel-oscar-ouarzazate.com). Daneben liegen die älteren **Atlas Filmstudios,** die man besichtigen kann (Okt. bis Feb. 8.15–17.15 Uhr, März bis Sept. 8.15–18.45 Uhr, Eintritt 50 DH, Kinder 35 DH, zahlbar an der Rezeption des Hotels, www.studiosatlas.com). Den Eingang flankieren riesige Imitationen ägyptischer Statuen. Die Gegend zwischen Aït Benhaddou und Zagora dient als Kulisse für zahlreiche internationale Filme mit Starbesetzung. In den Atlas-Filmstudios erhalten Besucher einen Einblick in die Filmindustrie Marokkos. Viele der hier ausgestellten Kulissen mit Gipsfassaden und Holzgerüsten sind verstaubt oder in schlechtem Zustand – die Führung durch die surreale Szenerie mitten in der Wüste ist dennoch interesant. Zu bewundern sind u.a. der tibetische Tempel aus „Kundun", der Papp-Düsenjet aus dem „Juwel vom Nil", der ägyptische Tempel aus „Asterix und Obelix – Mission Kleopatra" sowie die Jerusalem-Kulisse aus „Königreich der Himmel". Zuletzt wurden hier u.a. Szenen für den Kassenschlager „Der Medicus" (2013) gedreht. Auch die CLA Studios (s.o.) können besichtigt werden (Eintritt 40 DH).

Nach weiteren 4 km, bei **Gesamt-km 196** (ohne Abstecher), ist **Ouarzazate** erreich – an einem Kreisverkehr mit einer Filmrollenplastik in seiner Mitte.

◁ Das Kasbahdorf Tamdakth

ma16_099 ad

Der „Große Süden“ ist das Land der Ksour und Kasbahs, der Palmenoasen und Wüstenlandschaften. Ouarzazate ist die Touristenmetropole des Südens – von hier geht es ins Drâa-Tal, zu den Sanddünen des Erg Chegaga und zur „Straße der Kasbahs“.

9

Ouarzazate und Drâa-Tal

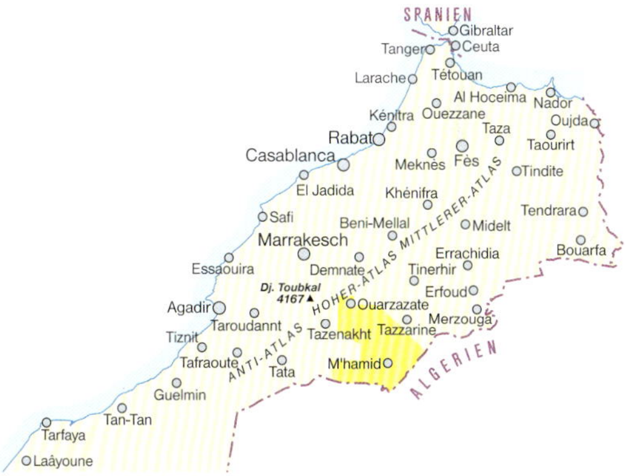

< Das Drâa-Tal prägen Palmenoasen und Lehmdörfer

Ouarzazate und das Drâa-Tal

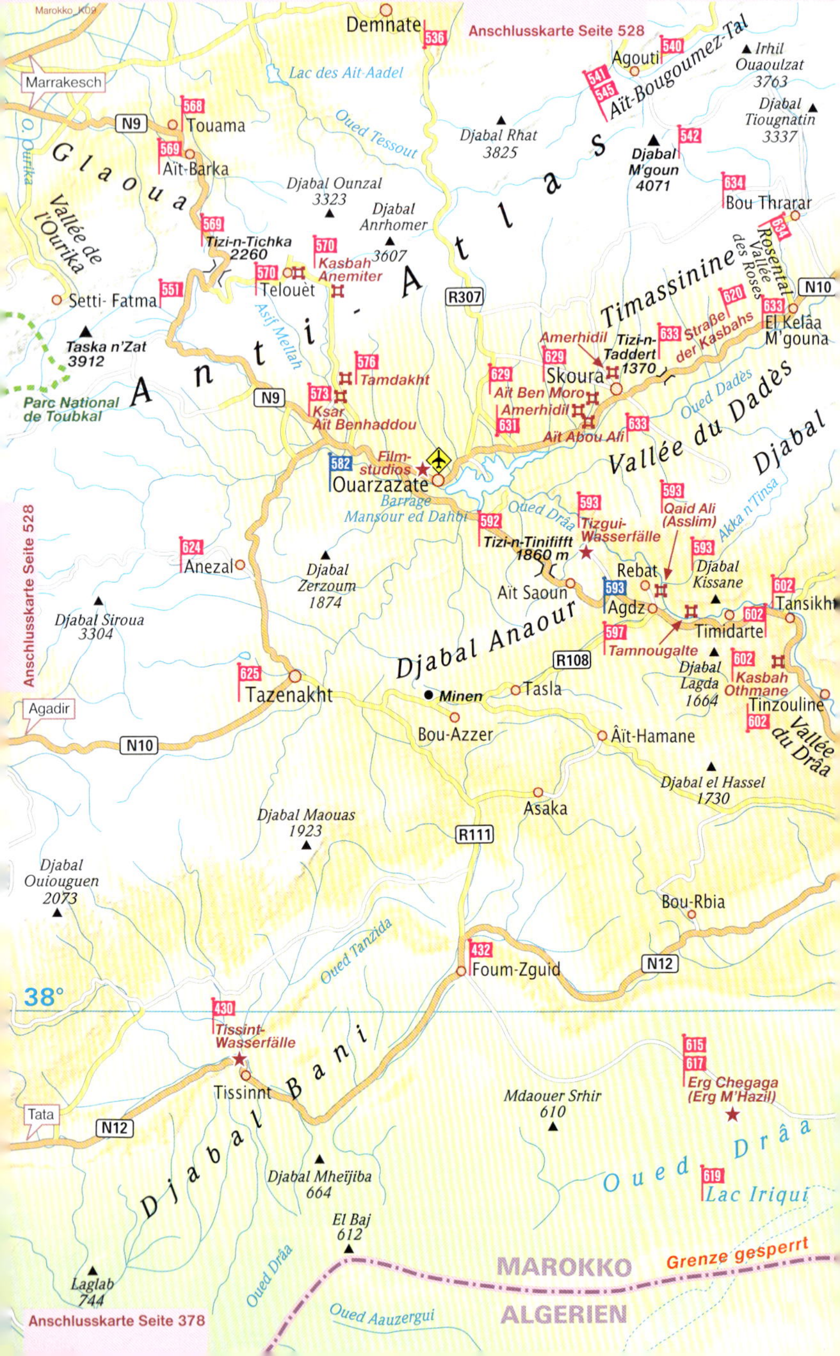

ÜBERBLICK

Ein Meer aus grünen Palmenwipfeln, die sich sanft im Wind neigen, spendet Schatten für die Oasengärten am Ufer des Oued Drâa und des Oued Ziz. Die süßen Datteln, die dort jedes Jahr geernet werden, zählen zu den besten des Landes. Am Rande der Oasen erheben sich mächtige Kasbahs, Burgen aus Lehm, von denen aus die einstigen Herrscher der Beberstämme die Handelswege zwischen der Sahara und dem Norden kontrollierten. Entlang des Flusstales folgt ein malerischer Ksar (befestigtes Lehmdorf) auf den nächsten, und die Menschen scheinen noch heute zu leben und zu wirtschaften wie vor Hunderten Jahren. Nahe der algerischen Grenze im äußersten Süden des Landes versickern Drâa und Ziz in der Wüste.

NICHT VERPASSEN!

- **Die Oasengärten im Drâa-Tal** – bei einer Wanderung lernt man traditionelle Bewässerungstechniken kennen, z.B. in Agd(e)z | 593
- **Kasbah Tamnougalte** – die teilweise renovierte Kasbah ist eine der ältesten Lehmburgen Marokkos | 597, 598
- **Zagora** – Kameltouren in die Wüste | 610
- **Erg Chegaga** – Ausflüge in die Dünen ab M'hamid | 614, 615

Diese Tipps erkennt man an der gelben Hinterlegung.

Der Große Süden mit seinen abwechslungsreichen Wüstenlandschaften und Palmenoasen bietet jede Menge Entdeckungen für Wanderer, Mountainbiker und Individualtouristen. Die Wüste lässt sich besonders naturnah auf dem Rücken eines Kamels ab Zagora oder M'hamid erleben. Bei einer mehrtägigen Exkursion reitet oder marschiert man einige Stunden bis zu einem schönen Lagerplatz. Abends bleibt genug Zeit, um die Umgebung zu erkunden und am Lagerfeuer zu sitzen, während die Begleiter Brot im Sand backen und Tajine in der Glut garen.

Zentraler Dreh- und Angelpunkt für Touristen(-gruppen) aus aller Welt ist Ouarzazate; hier reiht sich ein komfortables Hotel an das nächste. Drei moderne Filmstudios bieten die nötige Infrastruktur für internationale Produktionen – Leonardo DiCaprio, Brad Pitt und andere Stars weilten schon in der Stadt. Von Ouarzazate starten Touren zu den touristischen Highlights im Süden: in die Sanddünengebiete Erg Chegaga und Erg Chebbi, ins Trekkinggebiet Djabal Saghro sowie in die Palmentäler des Drâa, Dadès und Ziz. In Ouarzazate beginnt auch die „Straße der Kasbahs" nach Errachidia, entlang der sich – wie der Name sagt – Hunderte beeindruckender Lehmburgen reihen.

Das Klima im Süden ist durch starke Temperaturunterschiede geprägt. Trockene, sehr heiße Sommermonate mit Tagestemperaturen bis über 40°C und Nachtwerten bis zu 28°C stehen der Winterzeit gegenüber, in der es nachts manchmal bis auf -5°C abkühlen kann, tagsüber aber in der Regel angenehme 25°C herrschen. Auch Regenfälle sind im Winter, heftige Gewitter manchmal auch im Sommer, zu erwarten. Für den Winter empfiehlt sich wegen der kühlen Nächte warme Kleidung und für Wüstenexkursionen ein guter Schlafsack. Im Sommer ist es in stickigen Zimmern kleiner Hotels ohne Klimaanlage oder Ventilator dagegen kaum auszuhalten. Dann sollten Reisende mit schmalem Geldbeutel besser auf der Dachterrasse (Sternenhimmel inklusive) oder auf einem Campingplatz übernachten.

Ouarzazate

Ouarzazate (sprich: Warsasat) hat sich vom ehemaligen Militärstützpunkt zu einer **sauberen, modernen Stadt** mit knapp 100.000 Einwohnern (290.000 in der gesamten Provinz) gemausert. Schon in der Protektoratszeit war Ouarzazate wichtiger Militärstützpunkt, und nach dem Krieg waren auch deutsche Kriegsgefangene in Ouarzazate interniert. Nach der Unabhängigkeit nutzten die Marokkaner den Ort weiterhin als Militärbasis.

In den 1980er Jahren wurde im Zuge der Förderung des Wüsten- und Rundreisetourismus die touristische Infrastruktur von Ouarzazate ausgebaut, die Stadt erhielt ein **neues Gesicht.** Braune und rote Häuser, Mauern mit weiß abgesetzten Zinnen, ein hübscher Hauptplatz (Place du 3 Mars) mit Springbrunnen, eine palmengesäumte **Fußgängerzone** (Rue du Marché) und ein großes Hotelviertel geben dem Ort das Aussehen und Ambiente einer Touristenstadt mit marokkanischem Lokalkolorit. Das Konzept ging auf: Viele internationale Reiseveranstalter nutzen Ouarzazate als Ausgangsort für Rundtouren. Pauschaltouristen fliegen von Casablanca zum kleinen Flughafen der Stadt ein.

Aber Ouarzazate ist nicht nur eine **Touristenstadt** mit Hotels, Supermärkten, Autovermietungen, Reiseagenturen und Restaurants, sondern auch **Filmmetropole.** Ein Monument mit zwei Filmrollen in der Mitte des Kreisverkehrs an der Stadteinfahrt aus Richtung Marrakesch symbolisiert diesen Status. *Bernardo Bertolucci, Martin Scorsese, Oliver Stone, Orson Welles* und *Alfred Hitchcock* sind nur ein paar der berühmten Regisseure, die sich Marokko als Drehort auswählten. Die Filmografie ist lang: Es begann 1956 mit *Hitchcocks* „Der Mann, der zu viel wusste". Es folg-

[>] Die Kasbah Taourirt ist die Hauptattraktion in Ouarzazate

ten – um nur wenige zu nennen – „Lawrence von Arabien" (1962), „The Jewel of the Nile" (1985), „Himmel über der Wüste" (1990), sämtliche Folgen von „Die Bibel" (1994–1999), „Kundun" (1997), „Die Mumie" (1999), „Gladiator" (2000), „Alexander" (2004), „Königreich der Himmel" (2005), „Die Päpstin" (2008) und der „Der Medicus" (2013). Einige Kulissen können in den **Atlas Filmstudios** wenige Kilometer vor Ouarzazate (von Marrakesch kommend) bewundert werden. 2005 wurden mit den **CLA Studios** (www.cla-studios.com) die größten Filmstudios Marokkos eröffnet, die ebenfalls besichtigt werden können (vgl. „Von Marrakesch über den Tizi-n-Tichka nach Ouarzazate"). Außerdem informiert das **Musée du Cinéma** gegenüber der Kasbah Taourirt über die Geschichte der Filmstadt (s.u.). Wegen der großen Nachfrage der internationalen Filmindustrie wurde in Ouarzazate sogar eine Filmschule eingerichtet, an der Ausbildungen wie Produktionsmanagement, Bühnen-, Masken- und Kostümbildner angeboten werden.

Sehenswertes

Ouarzazate hat **nur wenige Sehenswürdigkeiten** zu bieten. Wegen der zentralen Lage zwischen Hohem Atlas und Wüste eignet sich die Stadt jedoch hervorragend als Ausgangspunkt für Ausflüge in die Umgebung.

Die **Kasbah Taourirt** (tägl. 8–18 Uhr, 20 DH Eintritt) am östlichen Rand von Ouarzazate – einst Wohnsitz des Paschas von Marrakesch (*Al Glaoui,* siehe bei Marrakesch und Telouèt) – ist der Inbegriff der stadtähnlichen Kasbah mit Fürstensitz und Wohnvierteln. Der riesige verschachtelte Bau hinter hohen Mauern bot einst einem ganzen Stamm Unterkunft. Das Kasbahviertel hinter dem Palastgebäude ist auch heute noch bewohnt. Der sehenswerte Palastbereich hat schöne Holz- und Stuckverzierungen in den Innenräumen und wurde vor einigen Jahren renoviert. Ein offizieller Führer – es gibt auch einen deutsch sprechenden Herren – verlangt für eine etwa einstündige Führung etwa 100 DH (für eine ganze Gruppe).

ma16_180 ad

Ouarzazate

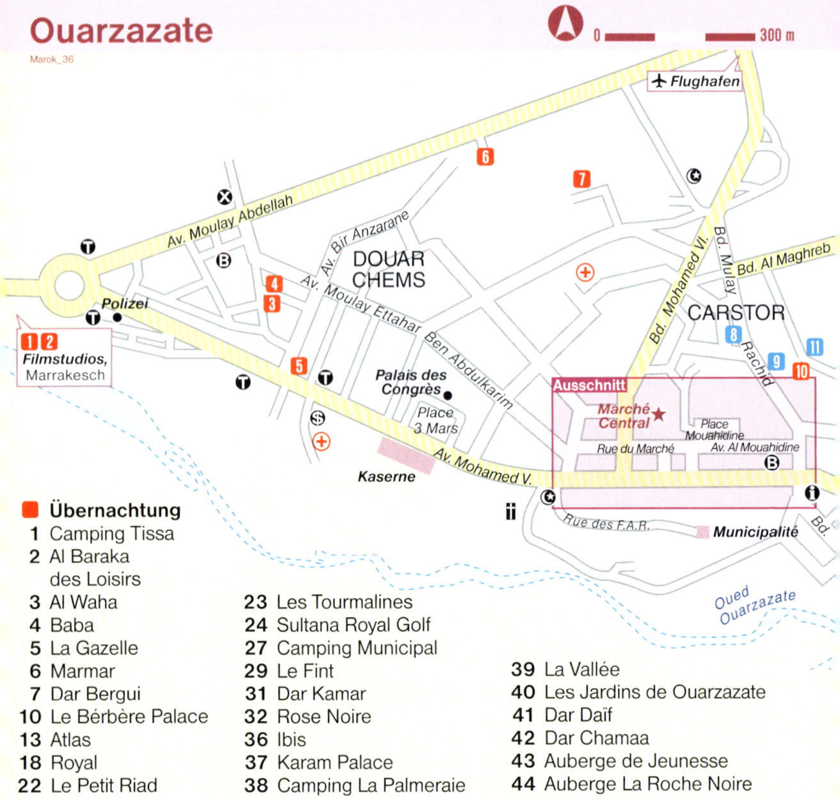

Das **Kasbah-Viertel** hinter der Kasbah Taourirt (Durchgang links vom Haupteingang des Palastes) ist ein Dorf für sich: mehrgeschossige Lehmbauten, eine Burg, Türme und eine *Mellah* (Judenviertel). Alles fügt sich zu einem Ganzen zusammen, der Kasbah – in diesem Falle die ganze Altstadt, einst eine der größten in Marokko. In der **Mellah** wohnen keine jüdischen Bewohner mehr. In der Synagoge ist eine Teppichweberei untergebracht. Ein Rundgang durch die verwinkelten Gassen des Kasbahviertels ist ein faszinierendes Erlebnis, auch wenn sich inzwischen einige Souvenirhändler niedergelassen haben und Kinder sich als Führer aufdrängen. Die Bevölkerung ist zwar freundlich, in Anbetracht des Touristenansturms aber nicht mehr ganz so begeistert von den vielen Fremden …

Gegenüber der Kasbah, auf der anderen Straßenseite, werden in einem Ladenkomplex allerlei Souvenirs und Teppiche verkauft. Daneben befindet sich der Eingang ins **Musée du Cinéma** (tägl. 8.30–12.30 und 14.30–18.30 Uhr, freitags ab 15.30 Uhr, 30 DH), das über die Filmgeschichte der Stadt informiert. Auf dem Gelände steht u.a. die Kulisse einer weißen Kirche mit Glockenturm aus dem Bibelfilm „Bethlehem". Dieser falsche Kirchturm ist z.B. aus den oberen Etagen der Kasbah Taourirt zu sehen und sorgt bei europäischen Besuchern häufig für Verwirrung.

Einen Besuch wert ist der kleine **Souk** (bis 22 Uhr), der zwar nicht mit den Märkten der großen Städte konkurrieren kann, aber durchaus eine nette Auswahl an Waren zu bieten hat. Markttag ist der Sonntag.

Essen und Trinken
8 Pizza Veneziano
9 Chez Nabil
11 Accord Majeur
14 Massinissa, Snack El Hassania
17 Chez Dimitri
19 Patisserie Habous
20 La Datte d'Or
25 Relais Saint-Exupéry
26 La Kasbah des Sables
28 Le petit gourmand
30 Snack Taourirt
33 Manar du Sud
34 Douyria
35 La Kasbah
45 Côté sud

Einkaufen/Sonstiges
12 Royal Air Maroc
15 Hertz
16 Supermarché Dimitri
21 Supermarché Dadès

Die **Kasbah Tifoultoute** im gleichnamigen Dorf an der Verbindungsstraße Marrakesch – Zagora (ca. 10 km) liegt imposant auf einem Hügel über dem Oued Drâa. Sie wurde im 17. Jahrhundert zum Empfang der Gäste des Paschas von Marrakesch gebaut. Heute ist darin ein Restaurant untergebracht; der Ausblick von der Terrasse ist grandios.

Die **Kasbah des Cigognes** (Storchenkasbah) und ein anderes Ufer des Stausees erreicht man ebenfalls auf der Strecke in Richtung Zagora. Wenn man etwa 4 km hinter Ouarzazate links abbiegt (Beschilderung „Dar Daif"), erreicht man die alte Festung mit den Storchennestern. In der Kasbah ist das Gästehaus Dar Daïf untergebracht (s.u.).

Der **Stausee Mansour ed Dahbi** ist von schroffen Wüstenbergen umgeben und ca. 15 km von Ouarzazate entfernt. Hier entstanden an einem kleinen Bereich des Nord-Ufers ein Nobelwohnviertel und ein Touristikkomplex mit (mittlerweile aufgelassenem) Golfplatz, Surf- und Segelcenter. Das mit Palmen und mediterranen Pflanzen begrünte Villenviertel ist aber in den Anfängen stecken geblieben. Das Viertel wirkt unwirklich und abgeschieden inmitten der ansonsten kahlen Uferlandschaft. Das Ufer des Stausees kann man nicht besuchen, die Zufahrt an der Straße Richtung Zagora ist durch das Militär gesperrt.

Zum Ausflugsprogramm der Hotels gehört ein Abstecher in die 15 km entfernte, hübsch gelegene **Palmenoase Fint**. Die Tour lohnt sich eigentlich nur, wenn man sonst keine Oase entlang der Straße der Kasbahs (z.B. Skoura) oder im Drâa-Tal besucht. Zu erreichen ist Fint, indem man auf der Straße in Richtung Zagora und dann gleich beim nächsten Ort nach rechts auf die Umgehungsstraße um Ouarzazate fährt. Nach ca. 1,5 km folgt ein Schild, das links zur Oase weist. Die Oase selbst liegt hinter einem Bergrücken.

Praktische Informationen

Informationen für Touristen

■ **Délégation du Tourisme de Ouarzazate,** Av. Mohamed V., Tel. 0524 88 24 85, cptzagora@gmail.com. Leider kann man hier bis auf ein wenig Infomaterial nicht viel Service erwarten …

Unterkunft

Oberklasse

Unser Tipp: **Dar Kamar**④, 45, Kasbah Taourirt, kleine Zufahrt ins Kasbahviertel direkt links vom Haupteingang der Kasbah, dort Parkplatz (Auto bewachen lassen!), dann ca. 100 m zu Fuß erste Gasse rechts bergab, Tel. 0524 88 87 33, www.darkamar.com. Die Atmosphäre in diesem Lehmbau, einem alten Gerichtshof aus dem 17. Jh., ist einmalig. Die spanischen Betreiber *Carmen* und *Juan Antonia* haben hier einen künstlerischen und absolut stilvollen Mix aus alter marokkanischer Lehmarchitektur und schwarzafrikanischen Elementen geschaffen: Springbrunnen und Waschbecken aus Fossilien, Tadlakt-Bäder, afrikanische Masken und Gebrauchsgegenstände, bunte Lampenvariationen, Bilder von Afrikareisen usw. Im Restaurant lässt es sich vornehm und sehr gut dinieren (Menü 250 DH). Von der Dachterrasse hat man einen fantastischen Blick auf die Umgebung und das Kasbahviertel. Zur Entspannung gibt es ein Hammam (mit Massage). Klimatisierte Zimmer mit Bad.

■ **Le Bérbère Palace**④ (am günstigsten bei Buchung über ein Onlineportal), Tel. 0524 88 31 05, www.leberberepalace.com. Gepflegtes, älteres Luxushotel im Kasbahstil mit geräumigen Zimmern – zwar kein 5-Sterne-Standard mehr, aber immer noch sehr gut. 241 Zimmer mit allem Komfort, schöner Poolbereich, WLAN im Haus. Das Restaurant ist zu teuer, das Frühstücksbüfett dafür üppig und gut.

■ **Les Tourmalines**④ (mit Frühstück), außerhalb beim Stausee, Tel. 0524 88 71 07 oder Mobil 0661 24 95 82, www.lestourmalines.net. Sehr sauberes Hotel mit Pool am Seeufer, unter der Leitung eines netten französischen Ehepaares, wunderbarer Blick auf den Stausee und den Atlas, Essen im Berberzelt, klimatisierte Zimmer.

■ **Karam Palace**④ (am günstigsten bei Buchung über ein Onlineportal), Bd. Moulay Rachid, Tel. 0524 88 22 25, www.karampalace.com. Sauberes, in die Jahre gekommenes 4-Sterne-Hotel, auch mit Apartments, schöner Poolbereich, Bar und Disco, SPA.

■ **Sultana Royal Golf**④, direkt am Stausee Mansour ed Dahbi, ca. 25 km außerhalb der Stadt Richtung Tinerhir (vgl. nächste Routenbeschreibung), Tel. 0524 88 47 21, www.hotelsultanaroyalgolf.com. Luxus-Boutique-Hotel im Kasbahstil mit großem Pool, Garten und gutem Restaurant. Die Innengestaltung ist allerdings nicht so umwerfend wie die Lage am See.

Mittelklasse

■ **Dar Bergui**③, Sidi Hssaine Ben Nasser (hinter dem gleichnamigen Hospital nördlich der Av. Mohamed V. im Zentrum), Tel. 0524 88 77 27, www.darbergui.com. Hübsches Gästehaus mit großen, unterschiedlich gestalteten Zimmern mit separater Toilette. Schöner Pool, gutes Essen und Frühstück auf der Terrasse, herzlicher Empfang durch *Martine* und *Jean Michel*.

■ **Dar Chamaa**③, im Zentrum Richtung Zagora abbiegen, über die Brücke und dann links, Tel. 0524 85 49 54, www.darchamaa.com. Sehr schönes Maison d'Hôtes im Kasbahstil in ruhiger Lage außerhalb des Zentrums, mit offenem Innenhof, Pool, Restaurant mit Alkohollizenz und 20 geräumigen, klimatisierten Zimmern. Sehr freundlicher Empfang. Eigener Parkplatz, WLAN.

■ **Dar Daïf**③-④, Douar Talmasla, 5 km außerhalb Richtung Zagora (Abzweig beschildert, N 30°54,35', W 06°52, 85'), Tel. 0524 85 49 47, www.dardaif.ma. 14 schöne Zimmer unterschiedlicher Größe in der alten Storchenkasbah, herrlicher Palmengarten, Pool und Hammam.

■ **Ibis**②-③ (am günstigsten bei Buchung über ein Onlineportal), Bd. Moulay Rachid, Tel. 0524 89 91 10, www.accorhotels.com. Wie die meisten Ibis-Hotels empfehlenswert: Pool, 104 klimatisierte Zimmer, WLAN, sehr gutes Preis-Leistungsverhältnis.

■ **Al Baraka des Loisirs**③, Route de Marrakech, ggü. CLA Ouarzazate (Filmstudios), Tel. 0524 88 41 40, www.hotel-albaraka-ouarzazate.com. Mittelklassehotel mit 18 klimatisierten Zimmern und Pool, am Kreisverkehr 2 km in Richtung Marrakesch neben Afriquia-Tankstelle, für einen kurzen Stopover an der Route günstig und okay.

■ **Le Fint**③, Av. Mohamed V. (gegenüber der Kasbah Taourirt), Tel. 0524 88 48 86, www.finthotel.com. Hübsches Hotel mit 74 klimatisierten/beheizten Zimmern, Pool und nettem Restaurant mit Aussichtsterrasse.

■ **Le Petit Riad**③, Hay Al Wahda (bei der gleichnamigen Moschee nahe des Flughafens), Tel. 0524 88 59 50, www.lepetitriad.com. Netter, kleiner Riad mit fünf farbenfrohen, klimatisierten Zimmern mit Sat-TV, Pool im Innenhof und sehr gutem Essen. Trotz der Lage direkt neben einer kleinen Moschee und am Flughafen kaum Lärmbelästigung.

■ **Rose Noire**④, Rue de la Mosquée, Taourirt (Kasbahviertel), Tel. 0524 88 20 16, www.maisondhote-rosenoire.com. Familiäres Gästehaus in den Gassen des Kasbahviertels mit sauberen, klimatisierten Zimmern und herzlichem Empfang. Gutes Frühstück auf der Dachterrasse mit Ausblick auf die Altstadt.

Günstig

■ **Al Waha**①, 32, Quartier Artisanal, Tel. 0524 88 66 66. Einfache Herberge mit Restaurant, wegen der Lage direkt beim Busbahnhof laut, aber für eine Nacht okay. 3er-Zimmer und DZ mit oder ohne (kleinem) Bad.

■ **Auberge de Jeunesse**①, Quartier Tkhissa Inzbiaten, ca. 3 km außerhalb des Zentrums, Tel. 0526 51 15 64, Mobil 0661 74 68 78, www.hihostels.com. Auf der N 9 Richtung Zagora, dann an Kreuzung hinter Oued (in Tabounte) rechts, nach ca. 1 km links abbiegen zur Jugendherberge, Buslinie 1. Zimmer für 2 bis 6 Pers., Nomadenzelt auf der Terrasse, Waschmaschine vorhanden. Übernachtung im Mehrbettzimmer ca. 7 Euro/Pers., DZ 14 Euro, Ermäßigung mit Internationalem Jugendherbergsausweis.

■ **Auberge La Roche Noire**②, in der Oase Fint (vgl. „Sehenswertes"), Tel. 0526 40 56 89, Mobil 0671 51 99 62, www.larochenoire-oasis-fint.com. Authentische, familiäre Herberge in einem Lehmhaus in ruhiger Umgebung. Einfache, saubere Zimmer mit Bad. Geführte Oasenwanderungen und Ausflüge in die Umgebung möglich.

■ **Atlas**①, 13, Rue du Marché, Tel. 0524 88 77 45. Sehr zentral gelegen und sehr einfach, aber ordentlich und sauber, die Zimmer riechen z.T. unangenehm nach Rauch. Preis verhandelbar.

■ **Baba**①, Quartier Artisanal, direkt beim Busbahnhof, Tel. 0524 89 07 23. Einfaches, helles und freundliches Hotel. Die Zimmer sind sauber, die Bettwäsche ist nicht immer frisch. Große DZ mit/ohne Bad, mit/ohne AC.

■ **La Gazelle**②, Av. Mohamed V., Tel. 0524 88 21 51. 1-Stern-Hotel mit nicht besonders großen, aber ordentlichen Zimmern (mit Klimaanlage und TV), gruppiert um einen Innenhof mit kleinem Garten und Pool. WLAN, gutes Frühstück, Parkmöglichkeit im Hof.

■ **La Vallée**②, in Tabounte, außerhalb der Stadt an der Straße nach Zagora, hinter der großen Furt über den Oued Ouarzazate, Tel. 0524 85 40 34, www.hotellavalleemaroc.com. Beliebtes Travellerhotel mit hübschem Innenhof mit Pool, Zeltrestaurant mit Live-Berbermusik (gutes Essen, Alkoholausschank). Der Außenbereich ist schmucker als die einfachen Zimmer, in denen zum Teil nicht mehr alles funktioniert. DZ mit Bad und Frühstück, günstigere Zimmer ohne Dusche auf der Dachterrasse.

■ **Les Jardins de Ouarzazate**② (mit Frühstück), in Tabounte, außerhalb der Stadt an der Straße nach Zagora, Tel. 0524 85 42 00, www.hotel-les-jardins-de-ouarzazate.com. Angenehmes 3-Sterne-Kasbahhotel mit schöner Frühstücksterrasse zum Palmengarten mit Pool. WLAN, klimatisierte Zimmer mit TV, von der Hauptstraße manchmal laut. Sehr gutes Preis-Leistungsverhältnis!

■ **Marmar**② (mit Frühstück), 16, Av. Prince Moulay Abdallah, Tel. 0524 88 88 87, www.hotel-marmar.com. Ordentliches, typisch marokkanisches Hotel mit einfachen Zimmern mit Bad. Freundlicher Empfang, gute Lage nahe Busbahnhof. Cafeteria, WLAN, bewachter Parkplatz.

■ **Royal**①, 24, Av. Mohamed V., Tel. 0524 88 22 58. Einfaches, nicht ganz ruhiges Hotel in zentraler Lage mit Innenhof. Einige DZ mit (warmer) Dusche, aber ohne WC, sonst gibt es Etagenduschen. Saubere Sanitäranlagen, freundlicher Empfang.

Camping

■ **Camping Municipal,** Tel. 0524 88 25 78, N 30°46,509', W 05°33,265'. Hinter der Kasbah Taourirt in Richtung Stausee, dann ca. 1 km nach der Kasbah rechts (4 km vom Zentrum). Schattige Standplätze, im Winter mit Wohnmobilen überfüllt, einfache sanitäre Anlagen (nicht immer sauber). Nebenan liegt das öffentliche Schwimmbad. Abends kann man Folkloreveranstaltungen akustisch mitverfolgen.

■ **Camping La Palmeraie,** Douar Tajda, ca. 2 km in Richtung Zagora, Tel. 0524 85 42 37, www.camping-ouarzazate.com. Schöne WoMo-Stellplätze (mit Strom), Zimmer mit Bad und Berberzelte in einem Palmenhain auf der südlichen Seite des Oued Ouarzazate. Es werden

4x4-Ausflüge organisiert, WLAN vorhanden. Sehr netter Empfang und ökologische Ausrichtung (Mülltrennung, Anbau von Bio-Lebensmitteln für das Restaurant). DZ mit Frühstück②, Camping 2 Pers. mit Auto ca. 75 DH, Strom 20 DH.

■ **Camping Tissa,** Richtung Marrakesch, vgl. Routenbeschreibung am Ende des vorigen Kapitels.

Essen und Trinken

In den Hotels, z.B. im La Gazelle bzw. Hotel La Vallée, isst man gut und preiswert (mit Alkoholausschank). Preiswerte Restaurants gibt es auch um den Souk und in der Av. Mohamed V. gegenüber der Touristeninformation.

■ **Accord Majeur,** schräg gegenüber Bérbère Palace, Tel. 0524 88 24 73. Hier wird mittags und abends eine gelungene Mischung aus marokkanischer und südfranzösischer Küche serviert (Tajines, Suppe, Foie gras und Coupe arabica), auch Weine aus Meknès, etwas gehobene Preisklasse.

■ **Chez Dimitri,** 22, Av. Mohamed V., Tel. 0524 88 73 46, www.dimitri-restaurant-ouarzazate.com. Nur von 19.30–22 Uhr geöffnet. Schönes Restaurant, stilvolles Ambiente mit Autogrammfotos vieler Filmstars an der Wand, gute Küche, Alkoholausschank. Das traditionsreiche (seit 1928) Restaurant profitiert vom Ruf vergangener Zeiten. Hauptgericht (z.B. Moussaka oder Tajine) ca. 95 DH, Kreditkarten werden akzeptiert.

■ **Chez Nabil,** Bd. Moulay Rachid, Tel. 0524 88 45 45, beim Supermarché Dadès. Gutes marokkanisches Essen, auch Café und Eisdiele, gemischtes Publikum (Marokkaner und Touristen), Hauptgericht ab ca. 50 DH.

■ **Côté Sud,** einige Kilometer außerhalb in Tifoultoute (N9 Richtung Marrakesch, dann links Richtung Zagora), Tel. 0540 01 93 87, www.cotesud-maroc.com. Auf einer Fläche von 20.000 m^2 hat der spanische Architekt *Jordi Ros* ein ambitioniertes Kultur- und Architekturprojekt ins Leben gerufen. Neben einem Restaurant gibt es in diesem modernen Lehmkomplex mit Garten einen Kino-, einen Ausstellungs- und Konzertsaal, vier Suiten mit Privatterrasse sowie eine Kochschule. Täglich wechselnde Gourmet-Küche des spanischen Chefkochs aus frischen, saisonalen Zutaten. Fisch- und Grillgerichte ab 100 DH.

■ **Douyria,** am Eingang ins Kasbahviertel (links neben der Kasbah Taourirt), Tel. 0524 88 52 88, www.restaurant-ouarzazate.net. Fröhlich buntes, modern marokkanisches Interieur, toller Ausblick von der Dachterrasse, leckere marokkanische Küche, Tajine ab 60 DH (auch mit Kamelfleisch).

■ **La Datte d'Or,** Bd. Moulay Rachid, Tel. 0524 88 71 17. Gepflegtes, freundliches Restaurant mit marokkanischer Küche und Weinausschank.

■ **La Kasbah,** gegenüber der Kasbah Taourirt, Tel. 0524 88 20 33. Schöner Blick auf die Kasbah, aber zu teuer und sehr überrannt von Bustouristen.

■ **La Kasbah des Sables,** 195, Aït Kdif, Tel. 0524 88 54 28, www.lakasbahdessables.com. Im Wohnviertel Aït Kdif östlich der Kasbah Taourirt, rechts der Av. Mohamed V. (stadtauswärts), bewachter Parkplatz vorhanden. Ein viel gelobtes Restaurant im Kasbahstil mit internationaler und marokkanischer Küche und schickem marokkanischen Ambiente. Französische Besitzerin, gehobenes Preisniveau (170–200 DH), aber erstklassig, was Service und Qualität anbelangt.

■ **Le petit gourmand,** 512, Bd. Mohamed V., Tel. 0524 88 73 88. Hübsches Café-Restaurant an der Ortseinfahrt von Tinerhir kommend. Pizza oder Tajine ca. 45 DH, auch Salate und Hamburger.

■ **Manar du Sud,** Av. Mohamed V., Kasbah Taourirt, abseits der Hauptstraße im Kasbah-Viertel, Mobil 0673 26 24 94, www.restaurant-manardusud.com. Stilvolles, gutes Restaurant mit marokkanischer Küche und Ausblick von der Dachterrasse. Mittlere Preisklasse.

■ **Massinissa,** Rue du Marché, in der Fußgängerzone beim Souk, Tel. 0524 88 46 46. Recht nette Terrasse, Brochettes, Steak, Couscous oder Tajine ab ca. 50 DH.

■ **Patisserie Habous,** 22, Place Mouahidine. Zentral gelegenes Café mit köstlichem marokkanischen Gebäck, Croissants etc. Von der Terrasse kann man gut das Treiben auf dem Platz beobachten.

■ **Pizza Veneziano,** Bd. Moulay Rachid, neben dem Restaurant Obelix, Tel. 0524 88 76 76. Gute Pizza zum vernünftigen Preis, Terrasse, aufmerksame Bedienung.

■ **Relais Saint-Exupéry,** 13, Bd. Moulay Abdellah, Tel. 0524 88 77 79, www.relais-ouarzazate.com. Der Name des Lokals ist Programm: Viele Accessoires zum Autor des „Kleinen Prinzen". Guter Service, gehobene und gute Küche (u.a. Fisch- und Grillgerichte, Tajine und Pastilla für 120–200 DH).

> Gegenüber der Kasbah Taourirt laden diverse Läden zum Shoppen ein

■ **Snack El Hassania,** 32, Rue du Marché (zwischen Hotel Atlas und dem Souk). Kleines, schlichtes Restaurant, dafür preiswert und schmackhaft, freundlich und ehrlich (Tajine 30 DH).

■ **Snack Taourirt,** Av. Mohamed V. Nettes Café/Restaurant mit Terrasse neben der Kasbah Taourirt.

■ Im Restaurant des **Complexe Touristique** (Tel. 0524 88 31 10, Sidi Daoud, östlich der Kasbah Taourirt und südlich der Av. Mohamed V.) finden in der Saison jeden Abend Folkloreveranstaltungen mit Musik und Tanz für Touristen statt.

Einkaufen

■ **Marché Municipal** *(Marché couvert),* in einer nördlichen Parallelstraße bzw. am Platz zur Av. Mohamed V. (von Marrakesch kommend links). Hier gibt es ein umfassendes Angebot an Frischwaren.

■ **Supermarché Dimitri,** in der Av. Mohamed V. (gegenüber Restaurant Chez Dimitri). Gute Auswahl an Konserven, Alkoholika und Drogeriewaren. 8–21 Uhr.

■ **Supermarché Dadès,** Av. Moulay Rachid, neben Restaurant Chez Nabil. Gutes Angebot, aber teurer als in kleinen Geschäften, Mittagspause bis 16 Uhr.

■ **Souvenirgeschäfte** gibt es rund um die Kasbah Taourirt. In der **Teppichkooperative** gegenüber der Kasbah bieten Frauen ihre handgewebten Berberteppiche an.

■ Außerdem hat Ouarzazate einen kleinen, interessanten **Suq** (bis 22 Uhr geöffnet).

Taxis

Stadttaxis

Tagsüber kostet das Petit Taxi einheitlich **4 DH** im ganzen Stadtbereich (zu den 4-Sterne-Hotels wird mehr verlangt, Preis vorher aushandeln).

Sammeltaxis/Grands Taxis

Abfahrt an drei verschiedenen Stellen (für unterschiedliche Richtungen) beim Busbahnhof für Privatlinien am westlichen Stadtrand an der Parallelstraße zur Av. Mohamed V. (Taxis in Richtung Norden, u.a. nach Marrakesch und Aït Benhaddou).

Der Standplatz für die **Taxis nach Osten,** z.B. nach Skoura (ca. 15 DH/Pers.), Tinerhir und Erfoud (mit Umsteigen), liegt an der N 10 außerhalb der Stadt noch etwas hinter dem Abzweig zum Zoo. Man hangelt sich auf der Strecke nach Osten von Ort zu Ort, z.B. bis M'gouna, von

ma16_181 ad

dort nach Boumalne du Dadès, von Boumalne weiter nach Tinerhir.

Ein Grand Taxi **zum Flughafen** (nur 3 km vom Stadtzentrum) kostet pauschal 60 DH. Ein Grand Taxi nach Marrakesch kostet 600 DH (100 DH p.P.).

Nach Aït Benhaddou hin und zurück 200–300 DH, nach **Zagora** 300 DH, nach **Agdz** 150 DH. Ein komplettes Taxi nach Skoura kostet 70 DH.

Busse

Vorsicht: An den Busbahnhöfen lauern **„faux guides"**, die Touristen gegen hohe Provision in bestimmte (nicht unbedingt gute) Hotels schleppen wollen.

- Der **CTM-Busbahnhof** liegt an der Av. Mohamed V.; Büro: 5, Av. Mohamed V., Tel. 0524 88 24 27 (tägl. 7–22 Uhr). CTM bietet nur wenige Verbindungen an; andere Privatbusse bedienen diverse Ziele mehrmals täglich. Der **Busbahnhof für andere Buslinien** liegt am westlichen Stadtrand an der Parallelstraße zur Av. Mohamed V. 50 m südlich halten auch die Sammeltaxis.
- Das **Supratours-Büro** befindet sich an der Av. Mohamed V. (Nr. 66), Tel. 0524 84 89 31.
- In Ouarzazate verkehren grüne **Stadtbusse** von Lux Transports, u.a. von Aït Kdif im Osten der Stadt bis zu den CLA Studios an der Route de Marrakech.

Verbindungen und Preise (CTM und Supratours)

- **Inezgane/Agadir:** 2x tägl. mit CTM (einmal mittags und ein Nachtbus), 6.15 bis 7 Std. Fahrzeit, 150 DH.
- **Agdz – Zagora – M'hamid:** nach Agdz 4x tägl. mit CTM (2x frühmorgens, 2x nachmittags), 75 Min. Fahrzeit, 30 DH; nach Zagora 3x tägl. mit CTM und 1x tägl. mit Supratours, 3 Std. Fahrzeit, 60 DH; nach M'hamid 1x nachmittags mit CTM, 5 Std. Fahrzeit, 80 DH.
- **Boumalne – Tinerhir:** 1x tägl. mit CTM, 2x tägl. mit Supratours, nach Boumalne 40 DH, ca. 2½ Std. Fahrzeit, nach Tinerhir ca. 5½ Std., 65 DH.
- **Casablanca:** 4x tägl. (zwei Nachtbusse) mit CTM, 170 DH, ca. 9 Std.
- **Marrakesch:** 6x tägl. mit CTM, 3x tägl. mit Supratours, 90 DH, ca. 5 Std.
- Um nach **Aït Benhaddou** zu kommen, kann man den Bus nach Marrakesch nehmen und an der Kreuzung (Tabourath) aussteigen. Dort findet man für die restlichen 11 km meist eine Mitfahrgelegenheit.

Flugverbindungen

- **Flughafen,** Taourirt, Tel. 0524 88 22 97.
- **Royal Air Maroc** (RAM), 1, Bd. Mohamed V., Tel. 0524 88 50 80.
- Täglich Flüge mit RAM nach **Casablanca** und von dort Anschlussflüge in andere (marokkanische und europäische) Städte. Royal Air Maroc fliegt Ouarzazate außerdem zweimal täglich von Paris an.

Rund ums Auto

Das Fahrzeug über Nacht nur auf einem bewachten Parkplatz abstellen, denn besonders im Kasbahviertel besteht Einbruchgefahr! Besucher der Kasbah Taourirt und des Museums können am Parkplatz vor dem Musée du Cinéma parken.

Werkstatt

- **Garage Tichka,** 75, Av. Mohamed V., Tel. 0524 88 51 96.

Autoverleih

- **Amzrou Transport touristique,** 41, Bd. Mohamed V., Tel. 0524 88 23 23. Bietet auch diverse Exkursionen in die Umgebung an (u.a. Oase Fint, Tamnougalte, Telouèt).
- **Avis,** Ecke Bd. Mohamed V./Place du 3 Mars, Tel. 0524 88 80 00, und am Flughafen. Geöffnet Mo bis Sa 8–19 Uhr, So bis 12 Uhr.
- **Budget,** Av. Mohamed V., Tel. 0524 88 42 02, und am Flughafen. Geöffnet Mo bis Sa 8.30–12 und 14.30–17 Uhr, So 9–12 Uhr.
- **Drâa Car,** Av. Mohamed V., Imm. Charafi Nr. 2 (beim Hotel Amlal), Tel. 0524 88 81 06, Mobil 0661 64 64 46, www.draa-car.com. Gute Autos und günstige Angebote (ab 20 Euro/Tag).
- **Europcar,** Av. Mohamed V./Place du 3 Mars und am Flughafen, Tel. 0524 88 20 35.
- **Hertz,** 33, Av. Mohamed V., Tel. 0524 88 20 84. Mo bis Fr 8–12 und 14.30–18.30 Uhr, So 9–12 Uhr.
- **Sam Tour,** 9, Av. Moulay Rachid, Tel. 0524 88 70 54. Seriös und ausgesprochen freundlich. Autos werden ins Hotel gebracht und wieder abgeholt.
- **Tafoukt Cars,** 88, Av. Mohamed V., Tel. 0524 88 26 90, tafouktcars@hotmail.fr. Neben Mietwagen auch Organisation von Tagesausflügen nach Skoura, Aït Benhaddou und in die Dadès-Schlucht.

■ **Auch einige Reiseagenturen** vermieten Geländefahrzeuge; ein Vergleich der Angebote/Preise und Handeln lohnen sich.

Sport/Aktivitäten

Tennis, Baden

■ Ein **Sportzentrum** mit Tennisplätzen gibt es im Hotelviertel oberhalb der Av. Mohamed V. (gegenüber dem Hotel Bélère). Alle großen **Hotels** haben einen Pool – einige können auch von Nicht-Gästen gegen Gebühr genutzt werden.

■ Beim **Complexe Touristique** in Richtung Camping an der Av. Annasr gibt es ein **öffentliches Schwimmbad** *(Piscine municipale).*

Trekking

■ Empfehlenswerte **Bergführer** für Wanderungen im Hohen Atlas und im Djabal Saghro siehe bei Marrakesch und Imlil.

■ Weitere **Bergführer** kann man über das **Bureau des guides et accompagnateurs** in Kelâa M'gouna anheuern. Auch das Touristenbüro in Ouarzazate vermittelt Bergführer.

Sonstiges

■ **Quads Aventures,** Tel. 0524 88 40 24, www.quads-aventures.com. Quad-Ausflüge ins Drâa-Tal und in die Wüste. Auch Kanutouren auf dem Stausee.

■ Auf dem Stausee sind **Angelausflüge** möglich (buchbar über eines der Reisebüros).

Sonstiges

■ **Notruf:** Tel. 190.

■ **Feuerwehr:** Tel. 150 oder 0524 88 21 15.

■ **Polizei:** Tel. 190, Av. Mohamed V., Touristenpolizei *(Brigade Touristique)* an der Ecke Rue de la Poste und Rue Al Mansour Eddahabi.

■ **Krankenhaus:** Hôpital Sidi Hssaine Ben Nasser, Hay Sidi Hssaine, Tel. 0524 88 21 28 oder 88 22 00.

■ Die **Hauptpost** liegt an der Av. Mohamed V./Bd. Moulay Rachid.

■ Diverse **Banken mit Geldautomat** finden sich entlang der Av. Mohamed V. und am Bd. Moulay Rachid.

Reiseagenturen

Diverse Büros rund um den Place du 3 Mars und den Place Al Mouahidine. Empfehlenswert sind folgende Reisebüros bzw. -veranstalter:

■ **Daya Travels,** Av. Mohamed V., Tel. 0524 88 77 07. Verleih guter Fahrräder ohne Nepp. Es wird holländisch, englisch und französisch gesprochen, Service und Beratung sind sehr freundlich.

■ **Desert Evasion,** Av. Mohamed V., Imm. El Ghifari, Tel. 0524 88 86 82, www.desert-evasion.net. Organisation von ein- und mehrtägigen Ausflügen (z.B. Aït Benhaddou, Dadès- und Todrha-Schlucht) im klimatisierten Geländewagen oder Minibus.

■ **Desert et Montagne,** Douar Talmasla, Dar Daif (vgl. Hotels der Mittelklasse), Tel. 0524 85 49 49, www.desert-montagne.ma. Wüstenreisen und Bergtouren, Verleih von Geländewagen.

■ **Farhana,** 23, Rue du Marché, Tel. 0524 88 53 04, www.farhana-transport.com, www.maroc-tours.ch (Korrespondenz auf Deutsch). Agentur unter marokkanisch-schweizerischer Führung mit individuellen Tourangeboten (buchbar in Marokko oder der Schweiz): von Halbtagesausflügen bis zu mehrtägigen Touren mit Übernachtung, mit 4x4, Fahrrad, zu Fuß oder per Kamel.

■ **Ksour Voyages,** 11, Place de 3 Mars, Tel. 0524 88 28 40, www.ksour-voyages.com. Halbtages- und Tagesausflüge nach Aït Benhaddou, Skoura und ins Drâa-Tal, auch mehrtägige Touren. *Mohamed Takhchi* spricht deutsch.

■ **Maroc Expedition,** Hay Salam El Jedid, Mobil 0668 10 45 66 *(Lahcen).* Zuverlässige Organisation von individuellen Wüstentouren und Tagestrips, Transfers im klimatisierten Minibus, auch Autoverleih.

■ **Tombouctour,** 79, Av. Mohamed V., Tel. 0524 84 82 07, www.tombouctour.ch. Die Agentur unter marokkanisch-schweizerischer Führung (mit Vertretung in der Schweiz und in Marrakesch) bietet ein umfangreiches Tourenangebot von Kameltrekking bis zu individuellen Rundreisen an.

Feste/Veranstaltungen

■ **Semaine de Ouarzazate,** in Sidi Daoud bei Ouarzazate, im April.

■ Weitere fünfzig **Moussems** finden in der Provinz Ouarzazate statt.

- **Symphonies du Désert,** im Juni. Klassische Konzerte in der Wüste (Näheres über das Fremdenverkehrsamt).
- **Festival National d'Ahwach,** im September. Kulturfestival mit traditionellen Tänzen, Gesang und Percussion von Musikgruppen aus dem Süden.

Ausflüge

Individuelle Ausflüge

Nach **Aït Benhaddou** und **Telouèt** (großes Ksar mit Kasbahs, Glaoui-Fürstensitz). Wenn man mit öffentlichen Verkehrsmitteln unterwegs ist (bis Tabourath, dann per Anhalter), sollte man sich zumindest für den Rückweg von Aït Benhaddou von anderen Touristen mitnehmen lassen.

Entlang der **Straße der Kasbahs** in Richtung **Skoura** oder als Zweitagesausflug weiter nach Kelâa M'gouna, in die Dadès-Schlucht und nach Tinerhir (Todrha-Schlucht).

Ins **Drâa-Tal,** zu den **Cascades du Drâa** und nach **Agdz** (siehe nachfolgende Route).

Zum **Stausee** und zur **Oase Fint** (siehe Stadtbeschreibung oben).

Zu den **Atlas bzw. CLA Filmstudios** siehe Routenbeschreibung nach Ouarzazate.

Organisierte Ausflüge

In allen großen **Hotels** hängen Ausflugsprogramme aus, z.B. auch zur Oase Fint, nach Boumalne du Dadès oder zu den Kasbahs in Skoura und Kelâa M'gouna (Straße der Kasbahs). Halbtagestouren im **Reisebüro** nach Aït Benhaddou kosten zwischen 400 und 800 DH p.P. (je nach Teilnehmerzahl), im privaten Taxi etwa 400 DH (Verhandlungssache!). Alle oben genannten Reisebüros führen Ausflüge und Mehrtagestouren durch.

Von Ouarzazate über Agdz nach Zagora

- **Ca. 250 km, gute Teerstraße, N 9.**
- Die Route führt durch wild zerklüftete braune Wüstenberglandschaft bis Agdz, dann landschaftlich sehr schön entlang der Palmenhaine des **Oued Drâa** (südliche Straße der Kasbahs). Der Drâa ist von einem breiten Palmenband gesäumt, er führt in der Regel Wasser bis Zagora, in regenreichen Jahren bis M'hamid, und versickert dann in der Sahara. Der Oued Drâa erreicht als einziger Fluss Marokkos aufgrund des Staudamms in Ouarzazate den Atlantik nicht mehr – davor wenigstens noch von Zeit zu Zeit. Sein lang gezogenes Flussbett und die Mündung sind allerdings sowohl auf der Landkarte als auch in natura gut zu erkennen. Viele erhaltene **Kasbahs** und ursprüngliche **Ksour** sind auf der linken Drâa-Seite zu bewundern. Die Gegend lieferte die traumhaft schönen Landschaftsbilder für *Bertoluccis* Film „Der Himmel über der Wüste".
- **Busse** verkehren ab Ouarzazate.

Im Zentrum von Ouarzazate vor dem Tourismusamt (von Marrakesch kommend) rechts abbiegen, dann führt eine Furt über den Oued Ouarzazate. **2 km** hinter Ouarzazate liegen die Hotels Les Jardins de Ouarzazate und La Vallée (vgl. bei Ouarzazate „Unterkunft"). Bei der folgenden Kreuzung geht es rechts nach Marrakesch und geradeaus weiter nach Zagora.

Nach **4 km** zweigt links die Zufahrt zum Gästehaus und Camping Dar Daif (Kasbah des Cigognes, vgl. bei Ouarzazate „Sehenswertes") ab und bei km 15 führt ein Abzweig zum Stausee El Mansour Eddhabi (siehe bei Ouarzazate).

42 km hinter Ouarzazate ist der Ort **Aït Saoun** erreicht.

Vor dem Ort führt die Straße in Serpentinen bergauf zum **Tizi-n-Tinififft** (1860 m), der nach 4 km erreicht ist, Von der Passhöhe bietet sich in Richtung Norden an klaren Tagen ein weiter Blick auf die Bergkette des Hohen Atlas mit seinen (schneebedeckten) Gipfeln. **4 km weiter** auf der Serpentinenstraße bergab folgt ein **Aussichtspunkt** – das Panorama auf das grüne Drâa-Tal inmitten der braunen Berglandschaft ist überwältigend. Die gänzlich unbewachsenen Gesteinsschichten sind wie verrutschte Tortenböden schräg übereinander gefaltet. In einem engen Canyon zwängt sich der Drâa durch die faszinierenden Wüstenberge.

Bei **km 58** kann man einen Abstecher nach Osten (links, Schild „Camping" oder „Cascades", N 30°43,572', W 06°32,058') zu den kleinen Wasserfällen **Cascades de Tizgui** unternehmen. Die gute, breite Piste (in der Regel auch mit Pkw oder Wohnmobil befahrbar) führt durch bergige Landschaft. Fahren Sie nach ca. 6 km bei einer Pistengabelung links. Bei km 8 geht es links kurvig bergab, bis nach ca. 700 m ein Parkplatz auf 1029 m Höhe erreicht ist, auf dem man in wunderschöner Gegend mit dem Wohnmobil auch über Nacht stehen kann (N 30°46,704', W 06°31,754') Rechts führt die Piste weiter zum **Douar Tizgui;** die Palmenoase liegt im breiten Flusstal des Oued Drâa.

Vom Parkplatz führen Treppen (Hinweisschild) an einem steinigen Flussbett entlang zu den **Cascades de Tizgui** (ca. 8 Min. Fußweg). Der kleine Wasserfall (in regenarmen Jahren manchmal trocken) ergießt sich von einer romantischen Schlucht mit Palmen und Tümpeln nach unten in ein Wasserbecken. Ist genügend Wasser vorhanden, kann man hier herrlich baden und die Rinne von der letzten Steinstufe als Rutsche benutzen. *Omar* hat hier ein bescheidenes Freiluftrestaurant errichtet und betrachtet sich als Wärter der Wasserfälle – bei ihm kann man einen Tee trinken oder eine Tajine bestellen, die unter dem mit Teppichen ausgelegten Schattendach schmoren. Hier kann man ein paar entspannte Stunden verbringen.

Zurück auf der Hauptstraße durchfährt man nach 2 km (**km 59** ab Ouarzazate) das Dorf **Ourika** (1100 m) in einem Palmenhain.

Agdz (auch Agdez geschrieben) ist **67 km** nach Ouarzazate erreicht.

Agd(e)z

Das Städtchen, früher eine französische Garnison, wächst wie viele marokkanischen Orte rasant. Agdz (900 m) liegt am Oued Drâa am Fuße des 1531 m hohen **Djabal Kissane,** der als schwarzer, lang gezogener Tafelberg die Kulisse bestimmt. In der Festung auf einem Hügel sind marokkanische Soldaten stationiert. Auf dem Marktplatz findet donnerstags ein sehenswerter **Souk** statt (bis 12 Uhr, links der Straße nach Zagora).

Die Händler in den **Läden an der Durchgangsstraße** (Arkaden) bieten manchmal recht offensiv ihre Waren an. Man kann hier dennoch einige schöne Dinge finden.

Wem es in Ouarzazate zu touristisch und modern ist, der wird sich in Agdz wohl fühlen, denn die Menschen hier – im Siedlungsgebiet der **Mezguita-Berber** – sind freundlich und (abgesehen von den Basaristen) keineswegs aufdringlich. Die schöne Lage im Drâa-Tal lädt zu Ausflügen in die Umgebung ein.

Biegt man im Zentrum am Knick der Hauptstraße (Beschilderung u.a. „Dar Qamar, Camping Palmeraie") links in Richtung Norden auf eine kleine Teerstraße ab, so erreicht man nach etwa 2,5 km die beiden lange Zeit verfallenden **Kasbahs Qaid Ali (Asslim)** im Palmenhain. Die untere Kasbah mit hohen Wehrtürmen direkt neben dem Campingplatz ist über 150 Jahre alt, im angeschlossenen Riad werden Zimmer vermietet (vgl. „Campingplätze/Kasbah Palmeraie"). Die obere Kasbah ist ca. 250 Jahre alt. Beide Lehmburgen gehören der Familie *Aït el Qaid;* in den 1950er Jahren lebten noch etwa 200 Mitglieder des Familienclans in den beiden Kasbahs. Der Soziologe *M'Barek Aït el Qaid,* einer von vier Brüdern, eröffnete 1990 den Campingplatz, um durch die Einnahmen den Erhalt der Kasbahs zu gewährleisten. Sein Großvater war der letzte Qaid des nördlichen Drâa-Tals *(Qaid Ali).* Inzwischen wurde die untere Kasbah mit Hilfe der privaten Organisation Lehmexpress (www.lehmexpress.de), der Bauhaus-Universität Weimar und freiwilligen Helfern teilweise restauriert. Im Obergeschoss informiert ei-

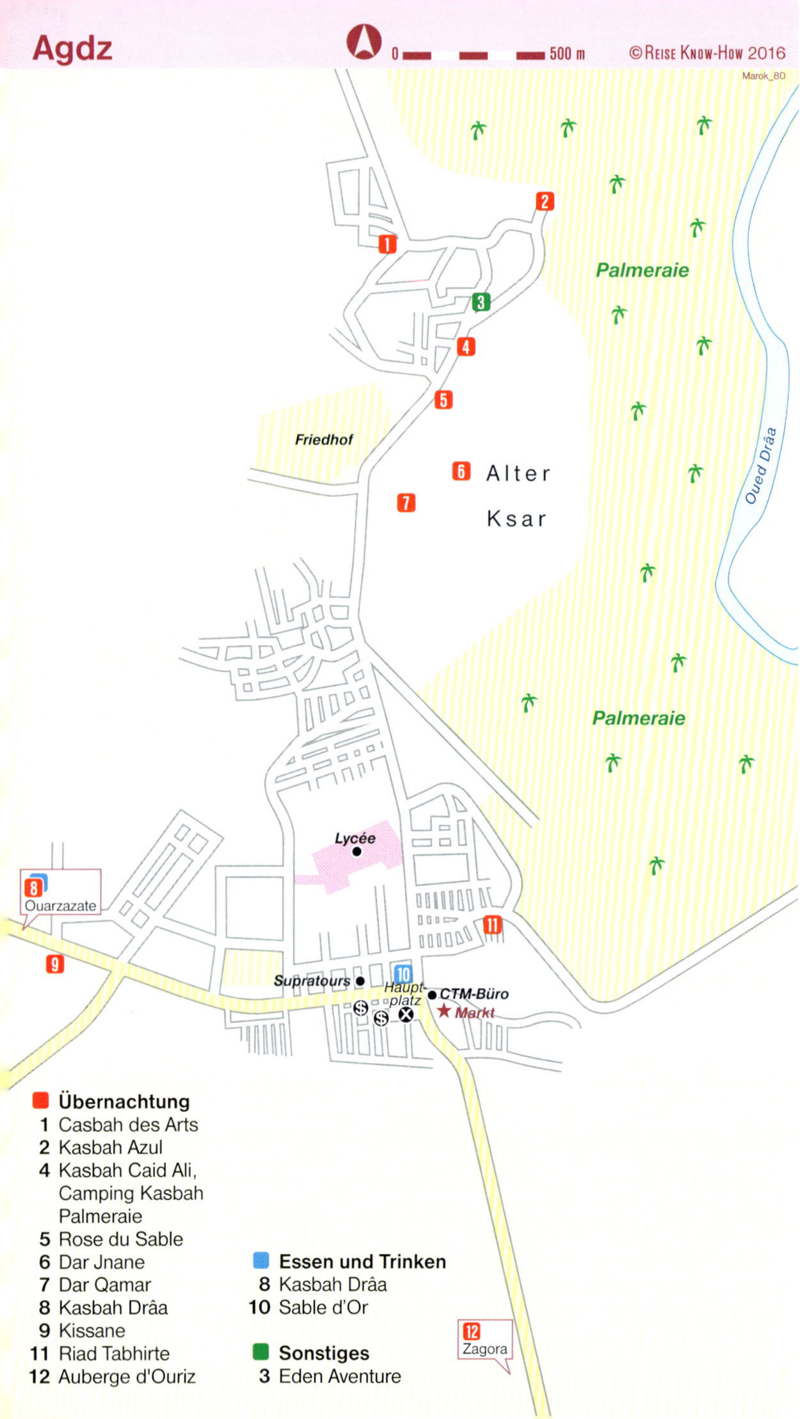

Übernachtung
1 Casbah des Arts
2 Kasbah Azul
4 Kasbah Caid Ali, Camping Kasbah Palmeraie
5 Rose du Sable
6 Dar Jnane
7 Dar Qamar
8 Kasbah Drâa
9 Kissane
11 Riad Tabhirte
12 Auberge d'Ouriz

Essen und Trinken
8 Kasbah Drâa
10 Sable d'Or

Sonstiges
3 Eden Aventure

ne kleine Ausstellung über die Architektur der Kasbah und ihre Renovierung – es bleibt noch viel zu tun. Die Ausmaße der alten Familienresidenz sind beeindruckend. Von den sechs Türmen hat man – besonders im Abendlicht – einen herrlichen Blick auf den Djabal Kissane, den verschachtelten Ksar und die Oasengärten. Die Kasbah kann in Begleitung eines Familienmitglieds besichtigt werden.

Von der Palmeraie und dem angrenzenden alten (großteils verfallenden) Ksar sind tolle **Wanderungen und Touren mit dem Mountainbike** ins obere Drâa-Tal, durch die Oasen und Dörfer möglich. Eine schöne Wanderung führt zum Beispiel in 2–3 Stunden (ca. 8 km) durch die **Oasengärten** bis Tamnougalte. Am besten man lässt sich vom Gästehaus oder Camping einen Führer vermitteln.

Praktische Informationen

Unterkunft

■ **Auberge d'Ouriz**①, 2 km vor Agdz (von Zagora kommend, etwas abseits der Hauptstraße, beschildert), Tel. 0524 84 39 60, www.maison-ouriz.com. Schlichtes, kleines Gästehaus mit sauberen Zimmern mit Ventilator. Der nette, zurückhaltende *Abdellah Elkamili* organisiert mehrtägige Eseltrekkings im Drâa-Tal mit Übernachtung bei lokalen Familien (von Lesern sehr gelobt) – so lernt man auf authentische Art das Dorfleben im Süden kennen. Abdellah spricht auch englisch.

■ **Casbah des Arts**④ (mit Frühstück), Mobil 0668 51 95 52 oder 0662 84 75 12, www.casbahdesarts.com. *Kamal el Kacimi* (spricht deutsch) und *Abderazak Aït el Qaid* (Enkel des letzten Qaids) gestalteten diese 300 Jahre alte Kasbah zu einem Gästehaus um. Sieben hübsch traditionell gestaltete Zimmer mit Tadelakt-Bad, Restaurant, Organisation diverser Aktivitäten möglich.

■ **Dar Jnane**③, Mobil 0673 18 13 14 *(Lahcen)*, www.darjnane-location-sud-maroc.com. Leser empfahlen dieses ruhige Gästehaus des freundlichen franko-marokkanischen Paares *Lahcen* und *Dominique* im alten Ksar im Palmenhain. Zwei gemütliche Zimmer, eine Familiensuite, großer Garten mit Terrasse, WLAN.

UNSER TIPP: **Dar Qamar**③, in der Palmeraie, ca. 2 km vom Zentrum entfernt (Richtung Kasbah Qaid Ali, dann rechts ab von der Hauptstraße in den alten Ksar), Tel. 0524 84 37 84, www.darqamar.com, N 30°42,440', W 06°26, 918'. Sehr schönes Gästehaus im Lehmbaustil mit üppigem Hofgarten (Rosen, Hibiskus, Orangen) und beheiztem Pool unter Palmen. Sieben große Zimmer im Berberstil mit AC und Tadelakt-Bädern. Wunderbar ruhige Lage am Rande des alten Ksar und der Oasengärten. Exquisites französisch-marokkanisches Essen (nicht nur Tajine und Couscous), Alkoholausschank, Parkplatz im Hof, Hammam, WLAN.

UNSER TIPP: **Kasbah Azul**④, Douar Asslim, Tel. 0524 84 39 31, Mobil 0670 72 33 89, www.kasbahazul.com. Diese wunderschöne Herberge ist eine Oase der Ruhe inmitten des Palmenhains. Die Anlage mit sieben Zimmern (mit großen Tadelakt-Bädern) und zwei Suiten (mit je zwei Räumen und Bädern) wird von dem sehr netten französisch-marokkanischen Paar *Sylvie* und *Nasser* geführt. Das Gästehaus liegt in einem herrlichen Garten mit beheiztem Pool am Ende der Palmeraie. Hier findet man Ruhe und Luxus mit marokkanischem Ambiente. WLAN.

■ **Kasbah Drâa**②, vor Agdz (von Ouarzazate kommend) auf der linken Seite, Tel. 0524 84 33 46. Einfache, ordentliche Zimmer in einem Bungalow im großen Oliven- und Obstgarten, gutes Restaurant (vgl. auch „Essen und Trinken").

■ **Kasbah Caid Ali**②, einfache Zimmer in den Lehmgemäuern der alten Kasbah (vgl. „Camping/Kasbah Palmeraie").

■ **Kissane**②, Av. Mohamed V., am Ortsanfang rechts (von Ouarzazate kommend), Tel. 0524 83 30 44, kissane @menara.ma. Das einzige klassifizierte Hotel erfüllt keinen 3-Sterne-Standard, der Pool ist nicht immer gefüllt. Alkoholausschank.

■ **Riad Tabhirte**③, Mobil 0678 45 80 76, 0668 68 00 47, www.riadtabhirte.com. Hübsches Gästehaus mit Hofgarten unter Führung von *Hussein Achabak* und seiner französischen Frau *Evelyne Fabre.* Es gibt auch günstige und nette Nomadenzelte im Garten. Sicherer Parkplatz, im Winter beheizter Salon. Drei Zimmer mit Bad.

■ **Rose du Sable**③ (mit Frühstück, günstiger bei Zahlung in Euro), in der Palmeraie, ca. 2 km vom Zentrum entfernt (Richtung Campingplatz/Kasbah Asslim), Tel. 0524 84 30 62, Mobil 0666 04 76 22, www.rosedusable.com. Hübsches, in traditioneller Lehmbauweise errichtetes Gästehaus der Schweizerin *Katrin Bänziger*. Die acht (2er- und 3er-) Zimmer mit AC/Heizung schmücken originelle Ornamente aus verschiedenfarbigen Graniten. Vier klimatisierte Zimmer im OG und auf dem Dach mit eigenem Bad und Blick über die Palmeraie. Die Zimmer im EG

ma16_182 ad

mit Innenhof und TV-Salon teilen sich zwei Bäder. Es gibt einen hübschen kleinen Garten mit einer schattigen Laube und einem kleinen Pool. Sehr ruhige Lage in der Palmeraie, entspannte Atmosphäre, üppiges Menü auf Bestellung. Ausflüge können organisiert werden (Kameltouren, mit 4x4 etc.).

Camping

■ **Kasbah Palmeraie,** Tel. 0524 84 36 40, 24 84 33 87, www.casbah-caidali.net, N 30°42,700', W 06°26,795'. In der Ortsmitte bei der abknickenden Hauptstraße nach Norden (von Ouarzazate kommend links) abbiegen (Schild), dann ca. 2 km Teerstraße und Piste bis zum Platz (200 m hinter dem Gästehaus Rose du Sable auf der rechten Seite). Der weitläufige Platz liegt romantisch und ruhig unter hohen Dattelpalmen (dennoch bei den Stellplätzen wenig Schatten) zwischen der Kasbah Qaid Ali und den Oasengärten. Er wird von *Aziz Aït al Qaid* und seiner französischen Frau *Gaelle* betrieben. Die Sanitäranlagen sind sauber, es gibt Stromanschlüsse für Caravans. Die Zisterne dient als Pool – es läuft ständig Frischwasser nach, es wird regelmäßig entleert, doch die Wände und der Boden sind nicht immer algenfrei. Neben dem Pool gibt es ein einfaches Restaurant mit WLAN (Essen auf Bestellung, Menü 75 DH). Es besteht auch die Möglichkeit, im ca. 100 Jahre alten Riad neben der Kasbah sehr einfache Zimmer zu mieten (saubere Dusche/WC separat). *Gaelle* spricht deutsch und führt kompetent durch die sehenswerte Kasbah, die in Zusammenarbeit einer Privatinitiative von *Manfred Fahnert* (www. lehmkunst.de) und einer deutschen Uni fachgerecht renoviert wurde.

Von Gaelle kann man sehr viel über die Umgebung erfahren und gute Tipps für Ausflüge bekommen. Auf Wunsch werden diverse Ausflüge (z.B. Cascades de Tizgui, Kasbah Tamnougalte) organisiert. Nach Tamnougalte marschiert man von hier aus etwa 2 Std. (8–9 km). Preise: Camping 14 DH p.P. (10 DH Kind), Auto 12 DH, Wohnmobil 22 DH, Geländewagen mit Dachzelt oder Kleinbus 17 DH, Zelt 12 DH, Strom 20 DH, Zimmer im Riad② (je nach Saison), Bei Aufenthalten ab vier Nächten gibt es Rabatt. Besichtigung der Kasbah 30 DH (etwa 1 Std.). Gegenüber befindet sich ein Hammam (Frauen nachmittags, Männer morgens und abends, 10 DH).

■ Eine weitere Camping- und Übernachtungsmöglichkeit im Nomadenzelt besteht beim **Camping La Palmeraie Caravane Targuix** (ausgeschildert) in der Nähe der Kasbah Qaid Ali, aber nicht so schön und mit wenig Schatten, dafür preiswerter.

Essen und Trinken

Am Hauptplatz vor dem Marktgelände gibt es mehrere einfache Restaurants.

■ **Kasbah Drâa,** vor Agdz (von Ouarzazate kommend) auf der linken Seite, Tel. 0524 84 33 46. Kasbah-Restaurant in einem schönen Olivengarten mit hübscher Terrasse und nüchtern gefliestem Speisesaal für die Bustouristen, die hier einkehren (saubere WCs).

■ **Sable d'Or,** im Ortskern an der Hauptstraße. Gutes, preiswertes Essen, auch Patisserie.

Busse

Die **CTM-Busse** von Marrakesch, Ouarzazate und Agadir halten in Agd(e)z auf dem Weg nach Zagora. Das **CTM-Büro** liegt direkt am Markteingang. Unter den Arkaden an der Hauptstraße gibt es ein **Supratours-Büro** (ggü. Attijariwafa Bank).

Sammeltaxis halten am zentralen Platz gegenüber dem Markteingang.

Verbindungen und Preise

■ **Zagora:** CTM-Bus 3x tägl., ca. 2 Std. Fahrzeit, ca. 40 DH. Supratours-Bus 1x tägl. spätabends.

■ **Agadir:** CTM-Bus 2x tägl. (von Zagora kommend über Taznakht, Taliouine).

■ **Ouarzazate:** CTM-Bus 3x tägl., ca. 75 Min., ca. 35 DH. Supratours-Bus 1x tägl. morgens (Bus nach Casablanca).

■ **Marrakesch:** CTM-Bus 1x tägl. abends, ca. 6 Std. Fahrzeit, ca. 115 DH. Supratours 1x tägl. morgens (Bus nach Casablanca).

■ **Casablanca** (über Ouarzazate, Marrakesch): CTM-Bus 2x tägl. (morgens und abends), ca. 10 Std. Fahrzeit, ca. 205 DH. Supratours 1x tägl. morgens.

■ **Sammeltaxis** halten am Hauptplatz im Zentrum (z.B. nach Zagora und Ouarzazate). Ein Grand Taxi nach Ouarzazate kostet ca. 25 DH p.P. (bei Vollbesetzung mit 5 Pers.) bzw. 150 DH für das ganze Taxi.

◁ Das Gästehaus Dar Qamar im alten Ksar ist eine Oase der Ruhe

Feste/Veranstaltungen

■ **Moussem Sidi El Haj,** im Douar Zaouite Taoudacht bei Agdz, im August.

■ **Moussem Sidi Hssaine,** in Agdz, Ende September.

■ **Moussem Zaouite Timesla,** bei der gleichnamigen Zaouia bei Agdz, am 18 Rabia I.

■ **Moussem Sidi Ameur,** im Douar Sidi Ameur bei Agdz, 12 Rabia I.

Sonstiges

Im Ort gibt es eine **Post** (an der Straße Richtung Palmeraie), mehrere **Internetcafés** und einige **Banken mit Geldautomat** (z.B. am Hauptplatz ggü. dem Eingang zum Souk).

Weiterfahrt nach Zagora

Hinter Agdz ändert sich die Szenerie. Die schöne Strecke führt durch das Tal des Oued Drâa und ist landschaftlich recht abwechslungsreich. Das Flusstal wird zur Linken von dem hohen Bergzug des Djabal Kissane begrenzt – davor ein breiter Saum von Dattelpalmen und vielen Kasbahdörfern: Dar Cheikh-el-Arabi, Dar Fatima u.v.m. Tamarisken und Schirmakazien geben der Landschaft einen ostafrikanischen Anstrich.

Ein lohnender Abstecher führt bei **km 72** (5 km hinter Agdz) links über die Brücke in den **Ksar Tamnougalte.**

Tamnougalte

Hier finden sich mehrere schöne Kasbahs innerhalb des befestigten Dorfes (Ksar), darunter auch die **älteste Kasbah des Drâa-Tals.** Die Besichtigung des alten Ksar sollte man sich keinesfalls entgehen lassen. Jahrhundertelang war die **Kasbah Tamnougalte** – was übersetzt so viel wie „Ort des Zusammentreffens“ bedeutet – Herrschaftssitz und Schutzburg für die umliegenden Dörfer (vgl. Exkurs unten). Ihre Gründung geht auf den Begründer der Alawitendynastie, *Moulay Rachid*, zurück, der im 17. Jahrhundert herrschte. Tamnougalte war ein wichtiger Marktflecken auf

Tamnougalte – die Geschichte einer Kasbah und viel mehr …

von Muriel Brunswig-Ibrahim

Jahrhundertelang war die Kasbah von Tamnougalte **Herrschaftssitz und Schutzburg** für die umliegenden Dörfer. Herrschaftlich, wenn auch vom Verfall bedroht, ist sie heute noch. Nicht nur der bekannte Regisseur *Bernardo Bertolucci* hat die Schönheit und die Mystik dieses Ortes erkannt. Zahlreiche Filme wurden hier gedreht, und es war für keinen schwer, den Zauber Tamnougaltes einzufangen.

Irrtümlicherweise wird die Kasbah Tamnougalte oft mit ihrer Schwester Taouirt verwechselt, die nur wenige hundert Meter daneben stolz auf einem Hügel thront. Stolz auch darauf, dass sie in dem berühmten Film „Der Himmel über der Wüste" eine Rolle spielen durfte: die des Fort Bounoura, in welchem der Protagonist stirbt. Abgesehen davon hatte sie keine Funktion. Erst vor 60 Jahren erbaut und nie vollendet, war sie nicht mehr als ein „Lückenfüller" im Konkurrenzkampf zwischen Glawi- und Qa'id-Familien. Nicht so die Kasbah Tamnougalte, die sich inmitten des alten Dorfes erhebt. Sie war die **erste Kasbah des Drâa-Tals,** sie kann auf eine lange und bewegte Geschichte zurückblicken.

Ein alter Mann, würdig im blauen Anzug, eine Zigarette im Mundwinkel, ansonsten jedoch zahnlos, erzählt die Geschichte seiner Familie. Er ist der Neffe des vorletzten Qa'ids von Tamnougalte und über 80 Jahre alt. Er freut sich, dass eine Europäerin etwas über seine Familie erfahren möchte und so beginnt er zu erzählen:

Weißt Du, sagte er, das ist eine lange Geschichte. Erinnerst Du Dich an *Moulay Rachid?* Ich frage ihn, ob er damit den Begründer der **Alawiten-Dynastie** meint, den Vorvater des heutigen Königs, der Mitte des 17. Jahrhunderts die Macht übernahm. Natürlich den, wen denn sonst? Nach einer kurzen Pause, in der ich zweifelnd gemustert werde, ob ich es wohl wirklich wert bin, dass man mir diese Geschichte anvertraut, nimmt der alte Mann den Faden wieder auf: **Moulay Rachid** war unzufrieden. Jahrelang hatte er das Herrscherhaus beobachtet und den steten Verfall seiner Macht erkannt. Ihm war klar, dass die Dynastie dem Untergang geweiht war, und so beschloss er, das Schicksal in seine Hände zu nehmen und selbst Sultan zu werden. Das Problem war *Ben Micha'il,* ein Jude, der immer an der Seite des Sultans war und ihn beschützte. Wenn man die Macht wollte, musste man an Micha'il vorbeikommen – aber wie? Er fragte seinen engsten Vertrauten, **Ali Mansur.** *Ali,* ein gewitzter Berber aus dem Rifgebirge, überlegte und ersann einen teuflischen Plan: Micha'il war für seine Gier nach Gold bekannt. Also würde er eine Kiste mit Gold erhalten, die so groß sein sollte, dass darin Ali selbst und zwei weitere Krieger Platz hätten. Die Kiste wurde zu Micha'il gesandt, und als dieser sie öffnete, sprangen die Krieger heraus, töteten den Mann und erlangten so die Herrschaft für Rachid. Meuchelmord also, der den ersten Sultan der neuen Dynastie an die Macht brachte, die bekannte Geschichte vom trojanischen Pferd.

Der alte Mann fragt mich, ob dieser Umstand ein schlechtes Bild auf seine Familie werfe, denn, man ahnt es schon, der mutige Ali Mansur war niemand anderes als der Vorfahr der Familie *Adt al-Qa'id,* die bis zum heutigen Tag in der Kasbah lebt. Ich weise darauf hin, dass dies nicht der einzige Fall gewaltsamer Machterlangung sei und er sich deswegen keine Sorgen zu machen brauche. Er freut sich, denn Ali Mansur war es, der auf diese Weise die Herrschaft der Familie im Drâa-Tal etablierte.

Moulay Rachid hatte aus den Fehlern seiner Vorgänger gelernt. Ein zentral geführter Staat, das hatte die Geschichte bewiesen, ließ sich nicht regieren. Also setzte er Verwalter ein, **Gouverneure,** die in seinem Namen das Land re-

gierten. Als Dank für das, was Ali Mansur mit seinen zwei Brüdern für ihn getan hatte, ernannte er ihn zum **Qaid** (arab. Führer, Gouverneur) des Drâa-Tals und ließ als dessen Herrschaftssitz die erste **Kasbah** in Tamnougalte errichten. Und da steht sie noch heute. Sichtlich angeschlagen, aber sie steht. Großartig das Tor, reich verziert die Innenräume. *Jalil,* der Großneffe des alten Mannes, der mir so spannend die Geschichte seiner Familie erzählte, führt mich durch die Burg und erklärt mir ihre Funktionen, denn eine Kasbah war mehr als nur ein Herrschaftssitz. Sie war Schutzburg für umliegende Dörfer, die den Stammeskriegen ausgesetzt waren, sie war Versammlungsort für den Dorfrat, Wohnort für die Herrschaftsfamilie und Marktfleck zugleich. Mit einer Fackel führt er mich durch dunkle Gänge von Hof zu Hof, erklärt mir die Architektur des Lehmbaus und erzählt mir viel über die Geschichte des Hauses. Von einer Kasbah gelangen wir über die Dächer zur nächsten, denn bald schon wurden mehr und mehr Kasbahs errichtet, zwei davon im selben Dorf, die anderen in Sichtweite der jeweils nächsten – eine Kette von Kasbahs, die sich, parallel zum Fluss, das Tal entlang bis nach Zagora zieht.

Tamnougalte, was in der Übersetzung so viel bedeutet wie „Ort des Zusammentreffens", war seit ewigen Zeiten ein **wichtiger Marktfleck** auf der langen Handelskarawanenstraße von Fès nach Timbuktu: die erste Oase, wenn man – von Marrakesch kommend – die Berge des Hohen Atlas und des Tinififft hinter sich gelassen hatte, die letzte für die Karawanen, die Gold, Elfenbein, Sklaven und Salz vom Süden nach Marrakesch transportierten.

Die Kasbahs des Drâa-Tales nördlich von Zagora blieben in den Händen der Nachkommen Alis. Starb ein Qa'id, übernahm – ganz im Sinne Moulay Rachids – der älteste Bruder dessen Funktion. So war es ausgemacht, damals, 1656, als Ali Mansur die Herrschaft im Drâa-Tal übernahm. Denn seine Brüder waren es gewesen, mit deren Hilfe er Ben Micha'il hatte meuchelmorden können. Nur unter der Bedingung, dass es keinen Bruder mehr gibt, darf das Amt an den ältesten Sohn übergeben werden oder – falls es diesen nicht gibt – an den Neffen. Auf diese Weise wurde es bis Mitte der 1940er Jahre gehandhabt, als die Familie ihren Titel abgeben musste. Nicht nur das, sie verlor ihren Besitz, ihr Land, ihre Kasbahs und somit ihre Ehre. Schuld daran war das französische Kolonialsystem, oder, besser gesagt, der kollaborierende **Berberfürst Tami ibn Mohamed al-Maswari al-Glawi.**

Betretenes Schweigen, als ich nach diesem Mann frage, dann blitzt Zorn aus den Augen des alten Mannes, der mir so schön die Geschichte seiner Vorfahren erzählt hatte. „Ein Verräter" zischt er, „nicht wert, dass man sich seiner erinnert". Natürlich bin auch ich empört, möchte dann aber doch mehr erfahren über diesen Mann, der auch von offizieller Seite in Marokko totgeschwiegen wird. Von den Menschen des Südens erfährt man nicht mehr, als dass die Glawis Verräter waren, Zorn bei der Erwähnung seines Namens. Kramt man aber ein wenig in der Literatur, wird man schnell fündig: Auf ihn gehen prächtige Kasbahs wie die Kasbah Taouirt in Ouarzazate oder Telouèt zurück.

Schon im 19. Jahrhundert schaffte es der **Berberclan der Glawa,** sich durch skrupellose Kämpfe als größter Großgrundbesitzer des Südens zu etablieren. Seine Herrschaft war gefürchtet, seine Brutalität bekannt. Während die Berber erbittert gegen die französische Vorherrschaft kämpften, nutzte jener berüchtigte *Tami ibn Mohamed* die Gunst der Stunde und schloss sich den **Franzosen** an, die das Land 1912 zu ihrem Protektorat erklärt hatten. Spätestens damit begann sein Verrat. Seite an Seite mit den Franzosen erkämpfte sich der „Sultan des Südens", wie er zu dieser Zeit genannt wurde, die Vorherrschaft im Drâa-Tal. Bis Mitte der 1940er Jahre konnten sich die Qa'ids mit Hilfe der Bevölkerung noch halten, dann wurde der letzte Widerstand gebrochen. *Si Ali,* der letzte Qa'id von Tamnougalte (welch Ironie des Schicksals, dass der letzte Qa'id denselben Namen trug wie der erste), musste ins Exil, seine Familienmitglieder wurden aus der Region verbannt, einige wanderten ins Gefängnis.

Heute noch sichtbares Zeugnis dieser Zeit der großen **Konkurrenz zwischen den sultanfreundlichen Qa'ids und den franzosentreuen Glawis** sind die zahlreichen Kasbahs, die mit Beginn des 20. Jahrhunderts in der Region entstanden. Jede Familie versuchte, mit dem Bau einer Kasbah die andere Familie zu übertrumpfen. Wo eine Qa'id-Kasbah stand, wurde in direkter Nachbarschaft eine Glawi-Kasbah errichtet; exponierte Orte, wie der Hügel bei Tamnougalte, wurden durch den Bau einer Kasbah „besetzt". Nicht nur die wunderschöne Kasbah Taouirt von Tamnougalte besteht fast nur aus den Außenmauern, **viele Kasbahs wurden nie vollendet,** waren wie Taouirt nur „Lückenfüller" im Konkurrenzkampf. Heute zerfallen die Glawi-Kasbahs mehr und mehr, nur wenige werden – im Zeichen eines zunehmenden Tourismus – zögernd restauriert. Das erzählt mir der alte Mann nicht …

Der Triumph der Glawi hielt nicht lange an. Schon 1956 musste sich Tami ibn Mohamed ergeben und sich dem **Sultan Mohamed V.** unterwerfen. Sein Besitz wurde verstaatlicht, seine Familie wanderte nach Frankreich aus. Er selbst starb nur wenige Monate nach seiner Niederlage. Der Untergang des einen war der Sieg des anderen: Aufgrund ihrer langen Sultanstreue erhielt die Familie Ad't al-Qa'id ihren Besitz zurück. Natürlich konnte das alte System der Qa'id-Herrschaft in dem jungen Staat nicht übernommen werden, aber die Ehre war wiederhergestellt und Si Ali konnte eines zufriedenen Todes sterben. Er hinterließ seinen Söhnen und Neffen zehn Kasbahs. Ein paar davon sind heute zerfallen, denn die Lebensdauer einer Kasbah ist – wenn man sie nicht fortwährend erneuert und restauriert – kurz. Die meisten aber sind von den Nachfahren der Erben bewohnt, darunter sind zwei, die man besichtigen kann. Die eine ist die „Originalkasbah" in Tamnougalte, inzwischen fast 350 Jahre alt, die andere ist die **Kasbah Qaid Ali (Asslim)** in Agdz.

Der alte Mann lächelt mir zu und gebietet seinem Enkel, mir noch einmal Tee einzuschenken. Ob ich noch eine andere Geschichte hören möchte, die Geschichte vom furchtlosen Abdelkrim, der die Franzosen bekämpfte. Mir scheint, er muss beweisen, dass al-Glawi keine Brüder hatte. Ich nicke begeistert. Er zündet sich eine Zigarette an, nimmt einen Schluck des köstlichen Tees und beginnt zu erzählen …

der Karawanenroute in Richtung Timbuktu. Die Kasbah als Fürstensitz und Karawanserei sicherte den Machtanspruch der Herrscher in diesem Gebiet.

Bereits auf dem Weg ins Dorf passiert man nach ca. 1 km die links auf einem Hügel thronende etwa 60 Jahre alte **Kasbah Taouirt** (nicht zu verwechseln mit der Kasbah Taourirt in Ouarzazate) – besser bekannt als das „Fort Bounoura" aus *Bernardo Bertoluccis* Film „Himmel über der Wüste" (1990). Für den Film wurden eigens ein Tor gebaut und eine Sanddüne angekarrt, um das Fort Bounoura, in dem der Hauptdarsteller starb, stilecht darzustellen. Leider verfällt die Kasbah heute (Besichtigung möglich).

Kurz darauf befindet sich auf der rechten Seite das **Hotel Kasbah Itrane** (s.u.). Die schmale Piste führt rechts durch ein Eingangsportal – vorbei am Marabut Sidi Abdullah ou Ali – in den Ksar Tamnougalte zum Parkplatz vor dem Restaurant und **Gästehaus Chez Yacob** (s.u.). Direkt am Eingang in den Ksar beim Parkplatz befindet sich ein **Hammam** (tagsüber für Frauen, ab dem Abend für Männer geöffnet).

Der **Ksar Tamnougalte** ist ein verschachteltes Labyrinth aus dunklen Gängen, die drei Caid-Kasbahs miteinander verbinden. Es leben noch etwa zwanzig Familien im Ksar. Die **Kasbah des Caids** aus dem 16. Jahrhundert wurde in Privatinitiative von der Eigentümerfamilie *Aït el Caid* renoviert. In der Kasbah (www.kasbah-des-caids.com) mit schmucken Innenhöfen, Salons, Hammam, Küche und Dachterrasse kann man alte Gebrauchsgegenstände bewundern und bei einer Führung viel über die Lebensweise in einem Ksar erfahren. Besonders interessant ist die Architektur aus traditionellen Bauelementen einer Kasbah (Lehmmauern, Holztüren, Deckenbalken aus Palmholz) und maurischen Elementen (Bogengänge, Deckenbemalungen). Das **Eingangsportal** in den Ksar mit alter Holztür und Steinornamenten wurde sehr schön renoviert. Sehenswert ist auch der **Funduq Labarjj** mit Stuckverzierungen, Säulen und bemalten Tamariskenholzdecken. Wegen der Renovierungsarbeiten kann momentan nur ein Teil des Gesamtkomplexes besichtigt werden – dennoch lohnt sich ein Besuch.

Zur weiteren Renovierung und Erhaltung des Museums wird ein **Eintritt** von 20 DH pro Person verlangt.

Eine **Führung** durch die Kasbah und das verfallende Judenviertel (Mellah) dauert gut 1½ Std. *Hassan Ait el Caid* (Mobil 0667 34 56 02) führt sehr kenntnisreich in hervorragendem Englisch. Auch *Baba Abdellah* (Mobil 0662 40 35 68) ist zu empfehlen; mit ihm kann man auch eine schöne Wanderung von Agdz durch die Oasengärten bis Tamnougalte unternehmen (2–3 Std.).

Praktische Informationen

Unterkunft/Essen und Trinken

■ **Au Jardin de Tamnougalte**③ (mit Frühstück), an der Zufahrtspiste nach Tamnougalte am anderen Flussufer auf der rechten Seite, Tel. 0524 84 36 14, lesjardinsdetamnougalt@gmail.com. Die freundliche Familie von *Ismail Elalaoui* vermietet saubere Zimmer mit Bad in einem sehr schönen Palmengarten. Wohnmobilisten können im ummauerten Hof (kaum Schatten, keine Dusche/WC) **campen.**

Bab el Oued④, hinter dem Abzweig zur Kasbah Tamnougalte rechter Hand, mehr oder minder unterhalb der Kasbah Taouirt, Mobil 0660 18 84 84, 0619 40 28 32, www.babelouedmaroc.com. Diese Ecolodge der Französin *Mathilde Richard* ist ein wahres Kleinod im Palmenhain. Mathilde wurde 2012 für ihr Projekt mit dem Preis „Trophées Maroc du Tourisme responsable" (Preis für verantwortlichen Tourismus) ausgezeichnet. Fünf geräumige, klimatisierte Bungalows reihen sich entlang des Pools im herrlichen Garten. Es gibt ein Restaurant mit gutem, aber teurem Essen (150–200 DH) und marokkanischem Gebäck. Das Haus wird ökologisch vorbildlich mit biologischer Klärgrube und Solarstrom betrieben.

■ **Chez Yacob**③ (mit HP) im Ksar (direkt am Parkplatz), Tel. 0524 84 33 94, Mobil 0666 10 43 05, www.lavalleedudraa.com. In diesem freundlichen Restaurant in einer Kasbah aus dem 18. Jh. sitzt man entweder im kühlen Patio oder auf der Dachterrasse mit schönem Ausblick. Gute Tajine/Couscous/Brochette u.a. 65 DH. 9 große, saubere Zimmer mit Bad (heißes Wasser) und AC.

- **Kasbah Auberge/Camping Itrane**③, Tel. 0524 84 33 17, Mobil 0666 77 88 20, www.kasbahitranetamnougalte.com. Das nicht sehr kreativ gestaltete Hotel im Kasbahstil liegt direkt am Palmengarten und hat ein Restaurant mit Terrasse zum großen Pool. 10 großzügige Zimmer mit schlichten gefliesten Bädern und 5 kleinere Zimmer (etwas günstiger). Ein netter **Campingplatz** ist angeschlossen.
- **Kasbah Timidarte,** s.u. in der weiteren Routenbeschreibung.

Busse

Busse **nach Agadir, Zagora und Ouarzazate** können an der Hauptstraße angehalten werden.

Routenvariante

Wer nicht auf der Teerstraße Richtung Zagora weiterfahren möchte, kann von Tamnougalte aus die **Piste** nehmen, die links des Drâa an zahlreichen schönen Lehmdörfern und Kasbahs vorbei nach Süden führt. Sie ist ab Tansikht allerdings nicht mehr für Pkw befahrbar.

Weiterfahrt nach Zagora

Weiter nach Zagora geht es **auf der Hauptstraße** entlang des palmengesäumten Drâa-Tals mit malerischen Oasengärten und Ksour.

Bei **km 83** (16 km hinter Agdz) führt eine 1 km lange Piste zu dem Ort **Timidarte.** Am Eingang zum alten Ksar liegt die **Kasbah Timidarte** aus dem 17. Jh., die *Hussein Achabak* in jahrelanger Arbeit sehr authentisch mit alten Handwerkstechniken restauriert und zu einer Herberge② (mit Frühstück) umgestaltet hat (Mobil 0668 68 00 47, www.kasbahtimidarte.com). Die sauberen Zimmer im OG mit Dusche/WC auf dem Gang sind einfach ausgestattet; vier Zimmer haben ein eigenes Tadelakt-Bad. Budgettouristen können auch im Salon übernachten (① mit Frühstück). Es gibt einen Garten im Hof, auf Wunsch wird Essen zubereitet. Von der Dachterrasse hat man einen schönen Blick auf den gänzlich verlassenen Ksar. Der freundliche *Abdou* kümmert sich um die Gäste. Die Kasbah hat 2014 den Preis für verantwortlichen Tourismus *(Trophée Maroc du Tourisme responsable)* erhalten.

Bei **km 91** (24 km hinter Agdz) zweigt bei **Tansikht** links die Straße (R 108) nach Nekob und Tazzarine ab. Hier liegt unter Palmen die kleine Auberge Tansikht. Wenig später führt die Straße an der kleinen Staumauer **Barrage Deriaba** vorbei.

Bei **km 108** (41 km hinter Agdz) thront die imposante **Kasbah Othmane** rechts oberhalb der Straße (Besichtigung möglich). Im Ort gibt es eine Tankstelle.

Der Ort **Tinzouline** (Tankstelle, Souk am Montag und Donnerstag) mit beeindruckender Kasbah folgt 13 km weiter (Gesamt-km 121). Die diversen Cafés/Restaurants im Ort haben Tajine anzubieten (Preis vorher aushandeln). In der Nähe von Tinzouline gibt es **prähistorische Gravuren** *(gravures rupestres)* von Gazellen, Straußen und Reitern. Die Zufahrt (7 km schlechte Piste, dann ca. 250 m zu Fuß das Oued entlang) ist schwer zu finden, daher sollte man sich einen Führer nehmen.

Bei **km 128** (61 km hinter Agdz) führt eine Piste über eine Brücke auf die andere Seite des Drâa zum Ort **Zorgane** (2 km). Dort gibt es die aus Lehm gebaute **Gîte d'étape Chez Hammou Aït Hssaine**① (Tel. 0524 84 65 08, Mobil 0667 35 90 80, aithssaine12@hotmail.com) mit sauberen, ordentlichen Zimmern mit Gemeinschaftsdusche. Die Herberge liegt nach der Durchquerung des Palmenhaines am Rande der Berge nahe des alten Ksar. Es ist auch Camping möglich.

Weiter entlang der Teerstraße reiht sich ein verfallender Ksar an den anderen. Ein breiter, schöner **Palmenhain** säumt den Drâa. Die Frauen der Region tragen schwarze Umhänge und verschleiern oft ihr Gesicht, wenn sich ein Fremder nähert.

Es besteht immer wieder die Möglichkeit, einen Abstecher zu den **Oasen** am anderen Drâa-Ufer zu machen, das von Touristen kaum besucht wird. Die Orte sind dort noch um einiges ursprünglicher als entlang der Hauptroute.

148 km hinter Ouarzazate (beschildert „Circuit de la Palmeraie", 81 km hinter Agdz) und 4 km weiter (beschildert „Camping Oued Drâa", 85 km hinter Agdz) führen Abzweige links auf die andere Flussseite zum liebevoll angelegten **Camping Oued Drâa bzw. Camping Evasion** unter schattigen Palmen. Es gibt leckere marokkanische Küche, die Familie ist sehr nett, die sanitären Anlagen sind einfach. Bei Interesse kann man die Familienkasbah besichtigen. Camping oder Übernachtung im Berberzelt möglich.

2 km weiter, bei **km 151,** liegt der noch gut erhaltene, sehenswerte Ksar von **Tissergate.** Im Gegensatz zu den meisten Ksour in der Region wurde in Tissergate in den Erhalt der alten Baustruktur investiert und die Häuser auch an das Stromnetz angeschlossen. Deshalb leben heute noch etwa 90 Familien im Ksar mit seinem Labyrinth aus überdachten Gassen. Die meisten Männer arbeiten jedoch auswärts in Rabat oder Casablanca. In einer alten Kasbah eröffnete die Familie *Naji* (Inhaber von Camping Paradis Garden, Mobil 0661 34 83 88/*Azizi Naji*) ein **Museum,** das über das tägliche Leben in den Oasen informiert sowie Alltagsgegenstände und Kunsthandwerk zeigt (von der Straße ausgeschildert). Daneben liegt das gute **Gästehaus Kasbah Ziwana** (② inkl. Frühstück, Mobil 0667 69 06 02, www.kasbah-ziwana-zagora.com). Die französisch-marokkanischen Betreiber haben das Haus authentisch restauriert und innen liebevoll gestaltet. Die 13 Zimmer mit Bad sind einfach und sauber, es herrscht eine ruhige, persönliche Atmosphäre, die Abendstimmung auf der Dachterrasse inkl. Blick auf die Palmeraie ist wunderbar. Ein Parkplatz für die Kasbah und das Museum liegt direkt vor dem seitlichen Stadttor. Wenn man den Ksar nach hinten verlässt, gelangt man in die Palmeraie des Drâa-Tales mit herrlichen Spazierwegen.

Unser Tipp: Sehr empfehlenswert ist das wunderschöne **Gästehaus Le sauvage noble**③ (Tel. 0524 83 80 72, Mobil 0661 34 84 13, Korrespondenz in Deutsch möglich, www.sauvage-noble.org) der Reiseagentur Renard Bleu Touareg (vgl. bei Zagora). In dem sehr stilvoll mit traditionellen Materialien restaurierten Lehmhaus gibt es 16 individuell gestaltete, romantische Zimmer mit Tadelakt-Bädern, allerdings ohne Klimaanlage. Alle Zimmer sind mit Moskitogittern an den Fenstern und Ventilator ausgestattet. Manche Zimmer haben einen Jacuzzi, und in einem angeschlossenen Gartengelände nahebei (2 Min. zu Fuß) gibt es einen Hammam für die Gäste. Im herrlichen Rosengarten sorgt ein Planschpool für Erfrischung. Von der Sonnenterrasse bietet sich ein schöner Blick auf die Palmeraie. Ganz ruhig ist es jedoch nicht mehr, da unweit des Hauses die Hauptstraße nach Zagora verläuft. Der Anthropologe *Abdellah Najji* kann viel über die Region erzählen und spricht gut deutsch. Von hier aus kann man diverse Ausflüge in die interessante Umgebung unternehmen (z.B. in die Palmeraie, nach Tamegroute) und viel über die Lebensweise in den Oasen lernen. Bei einem geführten Rundgang durch den Ksar erfährt man mehr über die Sozialprojekte von Renard Bleu Touareg bzw. Azalay e.V., z.B. beim Besuch einer Frauen-Teppichkooperative.

Nur etwa 2 km hinter Tissergate zweigt links die Zufahrt zum **Camping Oasis Enchantée** ab (vgl. „Zagora/Unterkunft").

Nach **157 km** (90 km hinter Agdz) ist **Zagora** erreicht.

Zagora

Die **große Oase** zählt mittlerweile **56.000 Einwohner und ist Provinz- und Garnisonsstadt.** Sie liegt **am Rande der Wüste** an den palmengesäumten Ufern des Drâa und wird von den Wüstenbergen **Djabal Adafane** (1027 m) und **Djabal Zagora** (974 m) im Osten begrenzt. Auf dem Djabal Zagora befinden sich Reste einer Almoravidenfestung aus dem 11. Jahrhundert. Da sich dort das Militär niedergelassen hat, ist die Zufahrt mit dem Auto verboten, man darf aber in etwa einer halben Stunde zu Fuß hinaufwandern – es

Zagora

0 — 200 m

bietet sich ein schöner Fernblick über das Drâa-Tal und die Palmenoasen.

Zagora war früher wichtige Karawanenstation – das viel fotografierte (erneuerte) **Schild „52 Tage nach Timbouctou"** im Zentrum am Kreisverkehr gegenüber des Gouverneurspalasts zeugt davon. In der Protektoratszeit französischer Militärstützpunkt, hat sich die Stadt dank des Tourismus mittlerweile sehr zum Positiven entwickelt.

Auf der vierspurigen Einfahrtsstraße (von Agdz kommend) passiert man zunächst riesige Neubauviertel, bevor man das alte Zentrum mit den rosafarbenen Häusern und den Geschäften unter Arkaden erreicht. Die Infrastruktur ist gut, man kann sich hier mit allen Vorräten eindecken. Auch das Marktgelände mit Markthalle im Zentrum ist gut sortiert mit einer breiten Fleisch- und Gemüseauswahl. Mittwochs wird auf dem großen, sehenswerten **Berbermarkt** auf dem Freigelände alles angeboten, was die Bevölkerung des Umlands für den täglichen Bedarf braucht: Gewürze, Werkzeug, Elektrikzubehör, Kleider, Kleinkram, Kunsthandwerk u.v.m. Aber auch Touristen können schöne Dinge entdecken. Inzwischen ist der Tourismus die wichtigste Einkommensquelle für die Bevölkerung der Region.

Zagora eignet sich hervorragend als Basisstation für **Wüstenexkursionen** (per 4x4 oder Kamel), aber auch zum Relaxen in einem der Hotels unter Palmen. Da fortwährend neue Reiseagenturen entstehen und der Konkurrenzdruck steigt, werden Touristen in Zagora leider immer wieder von Schleppern oder Tourenanbietern auf der Straße angesprochen und aufgefordert, mit diesem oder jenem Unternehmen eine Tour in die Wüste zu unternehmen. Unsere Liste empfehlenswerter **Reiseagenturen** (vgl. weiter unten) soll bei der Auswahl eines seriösen Anbieters helfen. Diese Agenturen haben sich seit Jahren bewährt und erhielten positive Leserresonanz.

Der Oasenfeldbau wird vorwiegend für den Eigenbedarf entlang des Oued Drâa betrieben. In den **Oasengärten von Amezrou** (ca. 2 km südlich vom Zentrum) kann man noch das traditionelle Bewässerungssystem bewundern, bei dem die Kanäle gezielt blockiert und wieder geöffnet werden, um die verschiedenen Parzellen zu bewässern. Ausgangspunkt für einen Spaziergang durch die Gärten ist der Weg zum Camping Amezrou, der links am Hotel Fibule du Drâa und Riad Dar Lamane und einigen Wohnhäusern vorbei in den Palmenhain führt. Die **Kasbah** im alten Ksar Amezrou kann besichtigt werden. Dort wird auch altes Kunsthandwerk verkauft (u.a. Töpferwaren).

Mit Unterstützung der deutschen GTZ (heute GIZ, Gesellschaft für Internationale Zusammenarbeit) wurde im Jahr 2000 das **Réserve de Biosphère des Oasis du Sud Marocain** (RBOSM) von der UNESCO anerkannt. Das riesige Reservat erstreckt sich über die Grenzen der Provinzen Zagora, Ouarzazate und Errachidia. Ziel des Projekts ist die nachhaltige und ökologisch sinnvolle Entwicklung der Oasenregionen unter Berücksichtigung ihres kulturellen und architektonischen Erbes. Die fortschreitende Desertifikation soll durch die Oasenbewirtschaftung verhindert werden.

Für die Lebensbedingungen der Nomaden und der Oasenbewohner engagiert sich das **Tourismus- und Sozialprojekt Renard Bleu Touareg,** gegründet vom deutschen Verein **Azalay e.V.** (www.azalay.de) und dem aus der Region stammenden Anthropologen *Abdellah Najih* (s.o. Gästehaus Le sauvage noble). Auf einer von Nomaden begleiteten Kameltour (vgl. „Ausflüge/Kameltouren") erfährt man mehr über die verschiedenen Projekte.

Praktische Informationen

Informationen für Touristen

■ **Conseil Provincial du Tourisme,** Av. Hassan II., im Zentrum in der Nähe des Gouverneurspalastes, Tel. 0524 84 72 52. Hier bekommt man einen Stadtplan mit Hotels, Restaurants etc. und eine Karte der Region mit touristischen Informationen und Camps in den südlichen Wüstenregionen von Zagora. Außerdem gibt es eine stimmungsvolle DVD über Zagora und Umgebung.

Unterkunft

Oberklasse

- **Palais Asmaa**④, Tel. 0524 84 75 55, www.asmaa-zagora.com. Palastartiges 4-Sterne-Hotel neben Kasbah Asmaa (s.u.) mit 79 Zimmern und Pool im Palmengarten. Orientalisches Flair, komfortable Zimmer mit AC/Heizung, Bar und Restaurant.
- **Riad Dar Sofian**④, 15, Route de Nakhla, Tel. 0524 84 73 19, www.riaddarsofian.com. Dieses wunderschöne Gästehaus in einem renovierten Familienpalast lässt keine Wünsche offen: Der Standard der zehn Zimmer im modern-marokkanischen Stil kann sich mit jedem Luxushotel messen. Großer Pool, Palmengarten, WLAN. Der sehr freundliche Manager *Moulay Slimane* spricht gut deutsch. Übernachtung im Berberzelt①.

Mittelklasse

- **Dar Nekhla**③, in der Palmeraie von Amezrou, in Richtung M'hamid, dann rechts am Rande eines Kanals in der Oase (beschildert), Mobil 0668 88 63 94 *(Brahim)* oder Tel. 0524 84 64 72, www.riadzagora. fr. Das „Palmenhaus" mit nur vier klimatisierten, individuell eingerichteten Zimmern mit Bad liegt ruhig am Rande des Palmenhains. Es gibt eine Terrasse mit Aussicht. Man kann das ganze Haus für 1500 DH/Tag mieten.
- **Dar Raha**③, in Amezrou, Tel. 0524 84 69 93, www.darraha.com. Neun hübsche, individuell im Berberstil dekorierte Zimmer (je drei teilen sich ein Bad) in einem renovierten Lehmhaus. Dachterrasse mit schönem Ausblick, Vermittlung von kompetenten Führern für Kameltrips oder durch die Oase. Die französischen Betreiber verkaufen eine interessante Broschüre über den alten Ksar.
- **Kasbah Asmaa**③ (mit gutem Frühstück), Richtung Amezrou nach der Drâa-Brücke, Tel. 0524 84 75 99, www.asmaa-zagora.com. Das angenehme 3-Sterne-Hotel mit orientalischer Atmosphäre hat einen hübschen Garten mit Pool, einen bewachten Parkplatz gegenüber und großzügige klimatisierte Zimmer mit Balkon (am ruhigsten mit Blick zum Pool und Garten).
- **Kasbah Sirocco**③ (günstige Buchung über Online-Portale), Tel. 0524 84 61 25. Über die Drâa-Brücke (vom Zentrum kommend links abbiegen), dann ca. 150 m auf der linken Seite. Sehr schöne Anlage im Kasbahstil mit Garten und Pool, freundlichem Personal und 20 komfortablen Zimmern mit AC und guten Sanitäranlagen.

ma16_183 ed

■ **Kasbah Ziwana,** in Tissergate, vgl. Routenbeschreibung vor Zagora.

■ **Ksar Tinsouline**③, Av. Hassan II. (im Ortskern nach dem Torbogen links), Tel. 0524 84 72 52, www.ksar-tinsouline.ma. Älteres Hotel mit 96 Zimmern, Pool im Garten und Hammam, kein 4-Sterne-Standard mehr.

■ **La Fibule du Drâa**③, in Amezrou, 300 m nach der Brücke des Oued Draâ, Tel. 0524 84 73 18, www.casbah-fibule.ma. Angenehmes Travellerhotel im Kasbahstil mit Pool und Bar im ummauerten schönen Palmengarten, gutes Restaurant im marokkanischen Stil (Weinausschank). Ordentliche DZ mit Bad und AC, einfache Zimmer① im alten Teil des Hotels (klein und eng, mit Gemeinschaftsdusche).

■ **La Perle du Drâa**③ (mit Frühstück), in Amezrou, ca. 4 km in Richtung M'hamid links an der Teerstraße, Tel. 0524 84 62 10, www.perledudraa.ma. Das sehr hübsche Mittelklassehotel im Kasbahstil hat 40 klimatisierte Zimmern (mit Bad und Balkon). Der Empfang ist sehr freundlich, es gibt einen bewachten Parkplatz, einen großen Pool im Garten und WLAN. Nicht-Gäste dürfen den Pool benutzen, wenn sie hier zu Mittag essen.

■ **Le sauvage noble,** in Tissergate, siehe Routenbeschreibung vor Zagora.

■ **Les Jardins du Draâ**③, Amezrou, Tel. 0524 84 67 66 oder Mobil 0661 96 99 85, www.riad-zagora.com. Nettes Gästehaus mit sieben klimatisierten Zimmern sowie Garten und Pool im Palmenhain von Amezrou.

■ **Ma Villa au Sahara**②-④, Amezrou, Tel. 0524 84 60 32, www.mavillaausahara.com. Sehr schönes Gästehaus mit Pool umgeben von einem herrlichen Garten. Drei Zimmer und zwei Suiten mit Bad, Zimmer mit Außenbad, Übernachtung im Berberzelt.

■ **Reda Framotel Zagora**③ (günstige Buchung über Online-Portale möglich), Richtung Amezrou, kurz vor der Drâa-Brücke, Route de M'hamid, Tel. 0524 84 70 79, fram_reda@iam.net.ma. Großzügige Hotelanlage mit 156 klimatisierten Zimmern, die schon bessere Zeiten gesehen hat (relativ alte Möblierung). Pool und schöne Gartenanlage, aber kein 4-Sterne-Standard.

Unser Tipp: Riad Lamane③-④ (mit HP), im Palmenhain von Amezrou (zwischen Fibule du Drâa und Camping Amezrou) Tel. 0524 84 83 88, www.riadlamane.com. Das sehr gepflegte schöne Gästehaus wurde von dem in Deutschland lebenden *Mohamed El Hachimi* ausgebaut und wird von seinem marokkanischen Partner und dessen Sohn gemanagt. Der Komplex im Stil einer verschachtelten Kasbah ist eine wahre Oase: mit fantastischem Garten, Pool und Zeltrestaurant unter Dattelpalmen. Die klimatisierten Zimmer mit Dachterrasse liegen in Bungalows im Garten verteilt und sind alle unterschiedlich gestaltet. Es gibt außerdem befestigte Zeltzimmer mit Gemeinschaftsbad sowie herrliche 2-Zimmer-Suiten im afrikanischen Stil. Die Zimmer im alten Trakt sind etwas düster (besser Gartenzimmer wählen). WLAN, Bibliothek, bewachter Parkplatz (N 30°18,55', W 05°49,47').

■ **Zagour**③, Amezrou, hinter der Drâa-Brücke links abbiegen, dann ca. 100 m auf der rechten Seite am Fuße des Djabal Zagora, Tel. 0524 84 61 78. Das von außen unscheinbare 2-Sterne-Hotel hat seinen früheren Charme verloren, dennoch: saubere Zimmer mit Bad und AC, Pool, schöne Terrasse mit Blick auf die Palmengärten, sehr gutes Essen. Preis verhandelbar.

Günstig

■ **Chez Ali**② (mit HP), Av. Atlas (am südlichen Kreisverkehr auf der linken Seite, bevor man nach Amezrou abbiegt), Tel. 0524 84 62 58, www.chezali.net. Diese kleine Herberge in einem traumhaften Garten hat ein sehr hübsches Restaurant, einfache, sehr saubere Zimmer mit gemeinschaftlichen Sanitäranlagen im Garten sowie komfortable, schöne Zimmer mit Bad. Traveller mit kleinerem Budget kommen in günstigen Berberzelten unter. Der Besitzer ist sehr freundlich und hilfsbereit. Die hauseigenen Kamele kommen bei Wüstentouren zum Einsatz.

■ **Dar Douni**①, 3 km außerhalb in Richtung Camping La Montagne auf der linken Seite zwischen Straße und Flusstal, Tel. 0524 84 70 61. Gîte d'étape der Familie *Azizi Naji* mit Matratzenlagern (2- und 5-Personen-Zimmer) und Kochgelegenheit. Es gibt eine große Terrasse, einen schönen Garten, warme Duschen und saubere Toiletten.

■ **Karim Sahara**① (mit Frühstück), Hay Mansour Dhabi, 500 m hinter der Polizei auf der linken Seite, Mobil 0610 09 86 65, www.karimsahara.com. Familiäre Herberge mit Terrassenrestaurant, WLAN, sieben Zimmer mit Bad. Tourenorganisation über die gleichnamige Agentur.

◁ Frühstück im Riad Lamane

La Palmeraie②, Av. Mohamed V., Tel. 0524 84 70 08, palmeraie_zagora@menara.com. Empfehlenswertes Traveller-Hotel mit angenehmer Atmosphäre, gutem Restaurant, freundlichem Personal und sauberen, geräumigen, etwas nüchtern eingerichteten Zimmern mit Bad. Bewachter Parkplatz.

La petite Kasbah②, in Amezrou, an der Straße nach M'hamid auf der rechten Seite, Tel. 0524 84 80 43, Mobil 0671 51 61 97, www.hotelzagora.com. Schönes, sauberes Gästehaus im Kasbahstil der sehr freundlichen und hilfsbereiten Familie von *Brahim El Badri:* gutes Essen im netten Restaurant, fünf Zimmer mit Bad. Die Familie organisiert gerne eine interessante Führung durch das Dorf und Wüstenexkursionen.

Ternata② (je nach Saison), Av. Mohamed V., Tel. 0524 84 69 69, ternata_zagora@menara.ma. Dreistöckiges Hotel im Zentrum mit ordentlichen klimatisierten Zimmern mit TV und AC, Dachterrasse, Parkplatz und Pool.

Vallée du Draâ①, Av. Mohamed V., Tel. 0524 84 71 10. Einfaches, aber sauberes und angenehmes Budgethotel. Die Räume zum Innenhof sind ruhig, zur Straße laut. DZ mit und ohne Bad.

Einfache und günstige Unterkunft finden **Backpacker** auch bei den Campingplätzen (Übernachtung in Berberzelten, s.u.).

Camping

Amezrou, in Richtung Amezrou, hinter dem Hotel La Fibule du Drâa rechts abbiegen (noch vor dem Kanal), Tel. 0524 84 74 19. Der saubere, kleine und angenehme Platz liegt idyllisch inmitten eines großen, wunderschönen Palmengartens – es gibt sogar Rasen. Die Sanitäranlagen sind gut in Schuss, haben warme Duschen und Sitzklos.

Les Jardins de Zagora, am nordöstlichen Ende der Av. Hassan II., links neben dem Hotel Ksar Tinsouline, Tel. 0524 84 69 71. Empfehlenswerter, schöner Platz in zentraler und dennoch ruhiger Lage mit sauberen sanitären Anlagen. Der Betreiber *Mohamed Akhatar* ist sehr nett und spricht gut englisch. Auch Berberzelte① und Zimmer mit Bad①. Kamel- und 4x4-Ausflüge möglich.

Oasis Enchantée, Mobil 0677 87 35 79, www.oasis-enchantee.com. 2 km vor Zagora von Agdz kommend auf der linken Seite (300 m Piste, gegenüber Friedhof), N 30° 22,154', W 05°50,460'. Schöner ummauerter Platz unter Palmen mit Pool und Restaurant. Auch Übernachtung im Nomadenzelt① möglich.

Oasis Palmier, auf der anderen Seite des Oued Drâa, an der Piste Richtung Amezrou und Camping Montagne, Mobil 0666 56 97 50, N 30°19,378', W 05°49,508'. Sehr gepflegter kleiner Platz in einem herrlichen, schattigen Palmengarten. Der freundliche Besitzer scheut keine Mühen, damit sich seine Gäste wohlfühlen, und alles – sogar die Toiletten! – ist liebevoll dekoriert. Die kleinen sanitären Anlagen sind sehr sauber, das Essen ist gut. Auch Kameltouren werden organisiert.

Prends ton temps, Hay El Mansour Dhabi (von Agdz kommend vor dem Zentrum links, beschildert), Tel. 0524 84 65 43, Mobil 0671 72 80 18, www.prendstontemps.com, N 30°20,262', W 05°49,920'. Das Campingareal (gute Sanitäranlagen) mit Palmen hat eher Parkplatzcharakter, die Einfahrt ist für große Wohnmobile nicht geeignet. Man kann vom Gelände direkt zum Fluss spazieren. Der Garten mit den darum gruppierten Häuschen ist liebevoll mit Wandmalereien gestaltet (ordentliche Zimmer① mit gemeinschaftlicher Du/WC). Es gibt auch komfortablere Zimmer mit eigenem Bad und ein schönes Zeltrestaurant mit leckeren Grillgerichten. Der Platz liegt näher am Busbahnhof (ca. 2 km) als die anderen Unterkünfte im Zentrum. *Belaide Laalili* und der gut deutsch sprechende Manager *Abdellah Boughenbour* kümmern sich um die Gäste und veranstalten Musikabende. Kostenloses WLAN vorhanden.

Sindibad, Tel. 0524 84 75 53, nahe Hotel Tinsouline, N 30°19,580', W 05°50,000'. Der Platz inmitten eines großen Palmengartens hat ein schönes, von Quellwasser gespeistes Schwimmbecken (nicht immer gefüllt). Die sanitären Anlagen sind extrem einfach. Es gibt auch sehr kleine, einfache Zimmer① und ein nettes Restaurant mit sehr gutem Essen und üppigem Frühstück. Der Platz ist Treffpunkt für jüngere Touristen und Marokkaner.

Camping Oued Drâa, siehe bei Tissergate (8 km nördlich von Zagora).

Essen und Trinken

An der Hauptstraße Bd. Mohamed V. reihen sich einfache Lokale unter den Arkaden, mit traditionellen marokkanischen Gerichten bis zu Pizza im Angebot.

Adrar, Bd. Mohamed V., nahe des Markts (vom Norden kommend auf der rechten Seite). Preiswert und gut (Hühnchen oder Brochettes mit Pommes und Salat).

■ **Café Timbuktu,** Bd. Mohamed V., schräg ggü. der Post bzw. Kaserne. Empfehlenswertes kleines Café direkt an der Hauptstraße mit leckeren Sandwiches, Tajine und Frühstück.

■ **Chez Ali,** siehe günstige Hotels. Sehr gut, freundlich und preiswert.

■ **Dromadaire Gourmand,** im Norden (Stadteinfahrt) am Bd. Mohamed V. neben der Total-Tankstelle (Beschilderung beachten), www.dromadaire-gourmand.com. Im derzeit besten Restaurant der Stadt sitzt man in einem typisch marokkanischen Salon mit umlaufenden Sitzpolstern. Die Portionen sind groß, die Preise fair. Der Betreiber *Mustapha* organisiert Kameltrekkings und 4x4-Touren.

■ **La Fibule du Drâa,** siehe Hotels der Mittelklasse. Gutes Essen mit Musik im schönen Speisesaal, auch Weinausschank. Qualität, Service und Wartezeit variieren nach Leseraussagen. Menü ca. 150 DH.

■ **Zagour,** siehe Hotels der Mittelklasse. Sehr gutes Essen zu mittleren Preisen.

Taxis

Sammeltaxis (Grands Taxis) fahren vom Busbahnhof nach Ouarzazate (ca. 15 DH), Tamegroute (ca. 10 DH), M'hamid (mit Umsteigen in Tamgroute, ca. 30 DH) und Tazzarine (ca. 50 DH). Am Busbahnhof kann man ein **Petit Taxi** (6 DH) nehmen, wenn man zu den entfernteren Hotels in Amezrou will.

Busse

■ Das **CTM-Büro** befindet sich an der Hauptstraße Bd. Mohamed V. im Süden nahe beim Kreisverkehr und Hotel La Palmeraie, Tel. 0524 84 73 27.

■ Der **Gare routière** (Bahnhof für Fernbusse) befindet sich ca. 2 km vor dem Stadttor (von Agdz kommend), der regionale Busbahnhof liegt kurz hinter dem Stadttor links.

Verbindungen und Preise

■ **Ouarzazate – Marrakesch:** 2x tägl. mit CTM (morgens und abends, Bus fährt weiter nach Casablanca), 140 DH, ca. 8 Std. Fahrzeit (Ankunft nachmittags bzw. um 3 Uhr nachts in Marrakesch). Nach Ouarzazate 60 DH (ca. 3½ Std.), nach Agdz 30 DH. Supratours-Bus 1x tägl. um 6 Uhr morgens.

■ **Agdz:** Die CTM-Busse nach Marrakesch fahren über Agdz, Fahrzeit 1½ Std., 30 DH. Weitere Privatbusse mehrmals täglich.

■ **Ouarzazate – Casablanca:** CTM-Bus 2x tägl. (morgens und abends), 240 DH, Fahrzeit ca. 12 Std.

■ **M'hamid:** 1x tägl. (abends) CTM-Bus, 2 Std. Fahrzeit, 30 DH.

■ **Agadir:** 1x tägl. Nachtbus von CTM, 185 DH, 10½ Std.; weitere Privatbusse über Ouarzazate (lange Strecke mit vielen Stopps, endet nachts in Inezgane).

Flugverbindungen

An der Straße Richtung Foum-Zguid gibt es seit 2011 einen **Flughafen,** der aber selten angeflogen wird – wahrscheinlich die größte Fehlinvestition im Süden, denn bisher führen alle Inlandsflüge der Royal Air Maroc über Casablanca, es besteht also kein direkter Anschluss nach Marrakesch. Eine Direktverbindung nach Ouarzazate ist geplant.

Werkstatt

Leser empfahlen die Werkstatt **Chez Ali Nassir,** Av. Mohamed V., Mobil 0661 77 54 80, 0666 92 50 52, www.alinassir.com. *Ali* hat ein riesiges Ersatzteillager (besonders für Landrover) und repariert alle Arten von 4x4-Fahrzeugen. Seine Mechaniker arbeiten schnell und ordentlich (Arbeitsstunde 100 DH).

Feste/Veranstaltungen

■ **Marathon des Sables,** im April, www.marathondessables.com. Der wohl härteste Marathon der Welt (eine Woche), bei dem sich die Sportler selbst versorgen müssen, verläuft jedes Jahr auf einer anderen Strecke durch weglose Stein- und Sandwüste. Der Ultramarathon beginnt immer in Zagora.

■ **Moussem Zaouite Tamegroute,** bei der bekannten Zaouia am 10. Moharrem (siehe „Ausflüge").

■ **Moussem Sidi Ali ou Brahim,** im Ksar Tinsouline, im August.

■ **Rencontre Internationale du Film Transsaharien,** Filmfestival im Oktober/November, www.ccm.ma/festzagora.asp.

- **Ralley du Maroc,** 4x4- und Enduro-Rallye im Mai, http://rallyemaroc.npo.fr.
- **Ralley Aicha des Gazelles,** im März, www.rallyeaichadesgazelles.com. Bei der reinen Frauen-Wüstenrallye beweist das weibliche Geschlecht, dass es das Offroad-Fahren genauso gut beherrscht wie die Männer.

Ausflüge

Organisierte Ausflüge

Folgende professionell arbeitende und empfehlenswerte **Agenturen** bieten ein- und mehrtägige Geländewagen- und andere Wüstenexkursionen in der Umgebung an:

- **Biosahara Exploration,** 14, Av. Mohamed V./Rue ancien Marché, Tel. 0524 84 73 52, www.biosahara.com; Kontakt in der Schweiz (deutschsprachig): Tel. 0041-78-658 82 43. *Houcine Elkharassi* spricht englisch und legt Wert auf naturnahe, ökologisch vertretbare Reisen. Zusammen mit *Verena Schatanek* veröffentlichte er den sehr empfehlenswerten Naturführer „Sahara. Tiere, Pflanzen, Spuren", Franckh-Kosmos Verlag).
- **Sahara Aventures,** Hay El Massira, Mobil 0661 21 27 41, www.sahara-aventure.com. Der freundliche *Brahim El Meddiki* organisiert zuverlässig und zu fairen Preisen 4x4-Touren in der Wüste. Sein Sohn, der die Touren begleitet, gibt Erklärungen in englischer Sprache.
- **Trek Morocco Desert,** Oulad Atmane, Mobil 0613 40 54 39, www.trek-morocco-desert.co.uk. Der junge, deutsch und englisch sprechende *Nourddine Aït Hommad* organisiert zuverlässig verschiedene Wüstenexkursionen.

Kameltouren

Zagora ist das Zentrum der Kameltouren-Anbieter, sodass man als Neuankömmling mit (nicht immer seriösen!) Angeboten überhäuft wird. Man sollte vor der Buchung unbedingt Preisvergleiche anstellen und sich versichern, ob der Tourenanbieter tatsächlich über eigene Kamele, Equipment, Bivouacs (Zeltcamps) etc. verfügt und nicht nur vermittelt und Provision kassiert. Viele Anbieter bezahlen ihren Kameltreibern und Guides Minimallöhne, daher sollte man nicht das Angebot mit dem niedrigsten Preis wählen, sondern sich lieber an eine (vielleicht etwas teurere) Agentur wenden, die soziale Fairness verspricht. Der **Konkurrenzkampf** ist enorm, sodass es sogar Behauptungen gibt, Anbieter würden Touristen bestechen, damit diese (positive bzw. die Konkurrenz verleumdende) Leserbriefe an den Verlag schicken. Uns ist es nicht möglich, in der Flut von Lob und Beschimpfung die Wahrheit herauszufinden – die unten (in alphabetischer Reihenfolge) genannten Agenturen können jedoch guten Gewissens empfohlen werden.

In der Regel werden Kameltouren von einer Stunde bis zu einer Woche angeboten – wobei es schon etwas Kondition bedarf, mehrere Tage auf einem schaukelnden Kamelrücken durchzustehen. Es steht jedoch jedem frei, zur Schonung des Hinterteils und für ein abwechslungsreiches Wüstenfeeling etappenweise neben dem Kamel zu laufen. Unterwegs übernachtet man in einfachen **Bivouacs** (befestigten Nomadenzelten mit Teppichen und Matratzen) oder wahlweise unter freiem Himmel in der Wüste. Zur **Ausrüstung** gehören ein guter Sonnenschutz (Hut mit Nackenschutz oder Chech), feste Schuhe, ein Tagesrucksack, eine Taschenlampe und im Winter ein eigener warmer Schlafsack. Radlerhosen schonen das Gesäß auf dem harten Sattel. Der Tourenanbieter sollte für die Wasserversorgung unterwegs sorgen (Mineralwasserflaschen oder abgekochtes Teewasser). Vor der Buchung sollte man sich versichern, ob das Essen unterwegs frisch zubereitet wird (z.B. im Feuer gebackenes Fladenbrot, Gemüse-Tajine) oder nur aus Konservenkost besteht. Zudem sollte der Führer über passable Sprachkenntnisse verfügen (zumindest in Französisch!). Der Kamelführer erwartet am Ende des Trips ein Trinkgeld.

Der **Preis** einer Kameltour hängt oft von der Teilnehmerzahl ab: ein Tag ca. 350 DH; ein Tag (Start nachmittags) und eine Nacht mit Abendessen, Frühstück und Übernachtung im Nomadenzelt ca. 700 DH p.P.; ein Tag von 8–17 Uhr ca. 500 DH p.P. mit Essen; drei

Tage 2200–3000 DH p.P. mit Verpflegung. Getränke müssen gesondert bezahlt werden.

Tourenanbieter (alphabetisch geordnet)

■ **Bachir Razgui,** Rue Bouskri 73a, Zagora, Mobil 0661 77 55 89, Razgui20@yahoo.fr. Kameltouren ab Zagora oder M'hamid, auch alle Transfers (ab Flughafen/Hotel) können organisiert werden. Ansprechpartner in Deutschland: *Sibylle Walden,* sibylle.walden@gmx.de (Themenreisen in der Wüste für kleine Frauengruppen).

■ **Brahim Tours,** ggü. dem Hotel Ksar Tinsouline, Zagora, Mobil 0672 31 66 10 *(Brahim El Haddouchi)*, www.brahimtours.com. Die Agentur unter marokkanisch-schweizerischer Führung wurde für die Berücksichtigung individueller Wünsche, die gute Verpflegung und die freundliche, zurückhaltende Betreuung unterwegs gelobt.

■ **Bivouac Oasis Mille et une nuits,** Bd. Mohamed V., Tel. 0524 84 70 61, Mobil 0661 34 83 88, fmazizi@yahoo.fr. Die Familie *Azizi* organisiert diverse Wüstentrips; weiteres Büro in Ouled Driss.

■ **Caravane Azul,** Tel. 0524 84 75 13, Mobil 0668 88 57 46, www.caravaneazul.com. Von Lesern gelobte Agentur von *Ahmad Boucetta:* kompetente Organisation von Kameltouren am Erg Chegaga, fürsorgliche Betreuung unterwegs.

■ **Caravane du Sud,** gegenüber dem Hotel La Fibule du Drâa, Tel. 0524 84 74 97, www.caravanesud.com. Die Agentur von *Ali Yassine* bietet ein individuelles Tourenprogramm mit 4x4 oder Kamelen.

■ **Caravane Mille Étoile,** 45, Av. Mohamed V., Tel. 0524 84 62 35, Mobil 0668 94 93 82. Mehrere LeserInnen lobten den Kamelführer *Abdellah Douini,* bei dem sich auch allein reisende Frauen wohlfühlen – professionell, zuverlässig und immer korrekt.

■ **Discovering South Morocco,** 3 km südlich von Zagora an der Straße nach M'hamid, gegenüber dem Restaurant La Baraka, Tel. 0524 84 61 15, Mobil 0667 23 35 83, www.zagora-desert.info. Die Touren von *Mohamed Sirirou* wurden von Lesern gelobt: gute Organisation, authentisches Wüstenerlebnis.

■ **Jnane Dar,** in Tamegroute, Tel. 0524 84 06 22, www.jnanedar.ch. Das Gästehaus in Tamegroute (s. dort) unter Führung von *Abdessadek Naciri* und *Doris Paulus* (deutschsprachig) hat fünf eigene Kamele in Ouled Driss (bei M'hamid) und organisiert zuverlässig mehrtägige Exkursionen.

Unser Tipp: **Mohamed Azaghar (Camping Montagne),** Tel. 0524 84 75 78, Mobil 0666 41 58 06, www.azagarscamels.de, Hossahara@yahoo.fr. *Mohamed* und sein Sohn *Hossein* haben viele Kamele und organisieren ihre Touren zuverlässig und sehr familiär. Mohamed war einer der ersten Anbieter in Zagora. Die Beiden unternehmen auf die individuellen Wünsche der Kunden abgestimmte Kameltouren (von einigen Stunden bis zu mehreren Tagen) zu fairen Preisen. Die meist französischsprachigen Tourenbegleiter (Hossein und Mohamed sprechen auch englisch) sind freundlich und bereiten das Essen unterwegs frisch zu (keine Konserven, im Sand gebackenes Brot). Kunden werden in Zagora vom Busbahnhof abgeholt, ein Transfer von Ouarzazate kann ebenfalls arrangiert werden. Unterkunft im preiswerten, sauberen Quartier in Amezrou nahe des Startpunkts am Tage vor dem frühmorgendlichen Aufbruch kann vermittelt werden.

■ **Renard Bleu Touareg,** Av. Mohamed V., Mobil 0661 34 84 13, Tel. 0524 84 62 51, www.renard-bleu-touareg.org, www.azalay.de. Die Agentur des freundlichen Anthropologen *Abdellah Najih Azizi* (spricht gut deutsch), der als Nomade aufwuchs, setzt sich für sozial und ökologisch verantwortlichen Tourismus ein. Kompetente Organisation, sehr positives Feedback. *Abdellah* begleitet die Touren und kann sehr viel über die Region erzählen. Vgl. vorige Routenbeschreibung, Tissergate/Gästehaus Le sauvage noble.

■ **Sahara Feeling,** 315, Haz Draa I, Mobil 0667 77 45 50, www.sahara-feeling.com. Die mehrtägigen Kamel-/Geländewagentouren von *Ali Mohamed Banane* wurden von Lesern sehr gelobt: individuelle und kompetente Organisation, gute Betreuung und tolles Erlebnis in der Wüste.

■ **Weitere Anbieter** von Wüstentouren siehe bei M'hamid weiter unten.

Individuelle Ausflüge

Ein Halbtagesausflug führt 18 km südöstlich von Zagora zum Ort Tamegroute mit einem altem Ksar, der Zaouia Tamegroute und einer interessanten Töpferkooperative (siehe dort). Weitere Ausflüge führen nach M'hamid, zu den Dünen von Tinfou und zum Erg al-Yahudi bzw. Erg M'hazil/Erg Chegaga und zur Source Sacrée. Für die Tour bis M'hamid einschließlich der Abstecher sollte ein ganzer Tag veranschlagt werden.

Von Zagora nach M'hamid

- **91 km, Teerstraße N 9.**
- Die Teerstraße (2016 im Ausbau) führt durch typische Wüstenlandschaft ohne große Highlights, mit kleinen Dünen und Sandverwehungen, einigen Tamarisken und Dattelpalmen. Bei kleinen Abstechern in die Palmentäler kann man schöne Oasen entdecken. Richtiges **Wüstenfeeling** mit großen Dünen erlebt man erst hinter M'hamid: Voraussetzung für eine individuelle Fahrt zu den Dünen des Erg Chegaga und zum Lac Iriki sind ein Geländewagen und Wüstenerfahrung. In Zagora oder M'hamid können aber auch 4x4- oder Kameltouren bei den Veranstaltern und in Hotels gebucht werden.
- Ab Zagora bzw. ab Marrakesch verkehrt einmal täglich ein **Bus nach M'hamid.**

Im Zentrum von Zagora zweigt links die Straße nach Amezrou und M'hamid ab (vorbei am repräsentativen Bau der Préfécture und über die Drâa-Brücke); rechts geht es nach Foum-Zguid. Nach 14 km durchquert man die neue Ansiedlung Timetigue und erreicht nach 18 km Tamegroute.

Tamegroute

Die wichtigste Sehenswürdigkeit des Ortes ist die **Zaouia Tamegroute** (wochenends und an Feiertagen geschlossen). Dieses berühmte Heiligtum des Nassirya-Ordens beim Duar Tamgroute wurde im 17. Jahrhundert von *Mohamed Bennacer* gegründet. Es enthält eine **alte Bibliothek,** welche 4189 handgeschriebene Bücher und Schriften beherbergt (im Jahr 2006 renoviert). Die ältesten Handschriften stammen aus der Zeit vom Ende des 12. bis zum 16. Jahrhundert; sie sind in einem gläsernen Wandschrank untergebracht und können natürlich nicht herausgenommen werden.

In der Zaouia, dem Marabut neben der Bibliothek, befinden sich die **Gräber** von sieben heiligen Männern und einer heiligen Frau, die unter großen, grünen Brokatdecken in einem Raum mit sehr schöner Wanddekoration ruhen. Auch der Vorraum, der besichtigt werden kann, hat schöne Holzintarsien sowie eine prächtige Holztüre.

Die Zaouia und die Bibliothek befinden sich vor der Altstadt links – das Heiligtum mit seinem grün gedeckten Dach ist nicht zu verfehlen. Etwa 100 m davor gibt es einen Parkplatz mit Parkwächter.

Der Ort Tamegroute ist außerdem wegen seiner grün glasierten **Töpferwaren** bekannt. Die Handwerker formen die Töpfe mit der Hand auf einer runden Drehscheibe, die mit den Füßen gedreht wird. Die Töpfer haben sich zu einer Kooperative zusammengeschlossen. Der nette Töpfer *Abderrahmane Bassou* führt gerne zur Bibliothek, durch die Altstadt und in seine Werkstatt mit Verkaufsausstellung Chez Bassou (Tel. 0524 84 65 52). Die Verkaufsräume aller Töpfer befinden sich an der Hauptstraße links (Ortsausfahrt Richtung M'hamid).

Der alte, sehr ursprüngliche Ortsteil von Tamegroute besteht aus drei **Lehm-Ksour** mit engen, zum Teil überdeckten Gassen und verschachtelten Bauten. Touristen werden dort nicht besonders gern gesehen. Der interessante und völlig untouristische **Markt** in Tamegroute findet samstags statt.

Unterkunft

- **Jnane Dar Diafa**①-③, gegenüber der Bibliothek, Tel. 0524 84 06 22, Mobil 0661 34 81 49, www.jnanedar.ch. Das Hotel wird von der Deutschen *Doris Paulus* und ihrem Geschäftspartner *Abdessadek Naciri* (deutschsprachig) engagiert geführt. Die hübsche Herberge hat neun einfache, aber hübsche Zimmer (auch Familienzimmer und eine Suite für bis zu 6 Pers.) inmitten eines großen Palmen-, Blumen- und Gemüsegartens. Sehr gutes Essen im Garten im Zelt oder in einem wunderschönen Pavillon. Es gibt einen Pool (nicht immer gefüllt) und einen abgeschlossenen Parkplatz. Kameltouren können vor Ort gebucht werden (fünf eigene Kamele). Ein Leser empfahl den vom Hotel vermittelten Führer *Hassan Boudlal* (Mobil 0677 78 09 53), der auch einen Souvenirladen gegenüber betreibt. Frau Paulus kann auch eine Villa außerhalb Marrakeschs zur Miete vermitteln. DZ unterschiedlicher Größe mit Bad, Zimmer ohne Bad, Übernachtung im Nomadenzelt möglich (am günstigsten).

Weiterfahrt nach M'hamid

Weiter in Richtung M'hamid ist etwa bei **km 25 Tinfou** erreicht. Links etwas abseits der Straße liegt das **Kasbah Hotel Sahara Sky**④ (mit HP), Mobil 0661 17 28 66 (deutsch) oder 0667 35 19 43 (franz.), www.hotel-sahara.com oder www.saharasky.com (Observatorium). Das Kasbahhotel unter der Leitung des Deutschen *Fritz Gerd Koring* steht einsam und ruhig in der Wüste, direkt an den **Dünen von Tinfou.** Ist der Eigentümer abwesend, macht das große Haus einen etwas versandeten und verlassenen Eindruck, das Observatorium ist dann geschlossen. Attraktion des Hotels ist das **Sternenobservatorium** mit Teleskopen auf der Dachterrasse. Unterkunft finden Sterngucker in hübschen, etwas hellhörigen DZ mit Bad, AC und Ausblick. Falls man nicht zu den Hobby-Astronomen zählt, fühlt man sich durch den nächtlichen Betrieb evtl. etwas gestört. Sonst jedoch ist man von der professionellen Ausstattung des Observatoriums begeistert (Voranmeldung sinnvoll, damit Herr *Koring* anwesend ist). Es gibt eine Sauna mit Jacuzzi (200 DH für 4 Std.) und WLAN.

9 km danach wird das Oued Drâa überquert. Die Straße führt durch Ausläufer der steinigen Berge des **Djabal Bani;** nach 11 km ist die Passhöhe erreicht. Nach 8 km durch die Berge eröffnet sich ein umwerfendes Panorama auf das Drâa-Tal und Tagounite bzw. Ouled Driss nach Süden

60 km hinter Zagora weist ein Schild links nach Nasrate und zum **Bivouac Auberge Aït Issfoul**① (ca. 2 km Piste durch einen Palmenhain, Mobil 0670 22 66 39, www.aitisfoul.com). Vom Restaurant mit Nomadenzelt hat man einen traumhaft schönen Blick auf die Wüstenlandschaft. Übernachtung im Berberzelt oder in einfachen Zimmern (jeweils mit HP). Es gibt auch ein **Campinggelände.**

Ksar Nasrate (9,5 km) ist ein malerisches Lehmdorf im Palmenhain mit sehenswerter Kasbah. Eine Geländewagenpiste zweigt nach Hassi Remlia und Taouz ab.

Tagounite, eine wachsende Wüstenoase mit Militärbasis und der letzten Tankstelle (manchmal ohne Treibstoff), folgt nach 4 km **(Gesamt-km 64).** Am Ortseingang liegt eine Ziz-Tankstelle mit kleinem Supermarkt und Imbiss. Im Ort gibt es Cafés, ein einfaches Hotel, Gendarmerie, Geschäfte und einen Markt. Am Ortsende führt ein Abzweig links zum **Camping La Palmeraie** der freundlichen Familie *Omari* (Mobil 0666 05 20 02) auf einem einfachen und wenig schattigen Palmengrundstück mit festen Nomadenzelten (Gemeinschaftsküche, Duschen/WCs sind okay).

Linker Hand steht nach **66,5 km** die schöne **Kasbah Aït Arbaa.**

Ab **km 73** steigt die Straße zur Passhöhe **Tizi-Beni-Salmane** an. Auf einem Kegelberg steht ein Turm, ein Torbogen weist auf die Passhöhe hin. Der Blick zurück ins Draâtal ist sehr schön.

Bei **km 83** zweigt eine 6 km lange, gute Piste zu den Dünen des **Erg al-Yahudi** (auch Erg Lihoudi genannt), den Judendünen, ab. Einer Legende zufolge soll hier einmal ein Jude, der die Nomadenzelte am Rande der Dünen als Händler aufsuchte, verschwunden sein. In Vollmondnächten hört man ihn rufen … In den Bivouacs (fest installierte Nomadenzelte), die von organisierten Gruppen angesteuert werden, kann man übernachten. Geländewagenfahrer können an den Dünen wild campen (Pkws bleiben hier stecken). Vom Erg al-Yahudi ist es möglich, M'hamid auf einer Wüstenpiste (nur 4x4) direkt anzusteuern.

Bei **km 84** ist **Ouled Driss** erreicht. In diesem ruhigen, angenehmen Lehmdorf liegt rechter Hand ein informatives **Museum** zum Leben in der Kasbah (Schild im Dorf, von Zagora kommend rechts).

Links der Straße liegt sehr hübsch im Palmenhain das große Areal der **Auberge/Camping Kasbah Ouled Driss**② (Tel. 0524 84 86 91, www.ouled-driss.org). An den Caravan-Stellplätzen gibt es Strom, außerdem kann man in befestigten Nomadenzelten übernachten. Der Betreiber des Platzes hat in einem renovierten Wohnhaus des Ksar ein Museum eingerichtet. Eine weitere Unterkunftsmöglichkeit bietet **Kasbah Caravane/Carrefour des Caravanes**①-③ (Tel. 0524 84 86 65, www.hotelkasbahcaravane.com), ebenfalls in einem Palmenhain am Rande von Sanddünen kurz hinter Ouled Driss. Es gibt ein Restaurant und einen kleinen Pool. DZ mit AC und Bad, auch voll eingerichtete Nomadenzelte mit Gemeinschaftsbad. Es werden diverse Wüstentouren mit Kamel und 4x4 angeboten. Das Campingareal ist heruntergekommen (schlechte sanitäre Anlagen).

Die authentische **Herberge Dar Talhaya**② (Mobil 0667 96 64 68, www.dartalhaya.com) mit fünf hübschen Doppel- und Mehrbettzimmern mit Bad liegt linker Hand der Hauptstraße in einem umgebauten Lehmhaus des alten Ksar. Es gibt eine Dachterrasse mit Berberzelt. Die nette Besitzerin *Loubna* bewirtet ihre Gäste vorzüglich. Auch zum 2 km entfernten **Gästehaus Dar Paru**②-③ im Oasendorf **Bouanane** (Beschilderung beachten) biegt man in Ouled Driss links ab. Diese kleine, hübsche Herberge inmitten der Wüste, in unmittelbarer Nähe zur algerischen Grenze (von Militär bewacht und sicher), wird von *Paru (Ingeborg) Greuzinger* geführt (Mobil 0662 29 88 45, Tel. 0524 84 70 00, www.daszelt.com). Es gibt fünf einfache, aber stilvolle Zimmer unterschiedlicher Größe (EZ/DZ, Suiten und Nomadenzelte) in einem sehr schönen Garten und Plamenhain – ideal für einen abgeschiedenen Wüstenurlaub ohne Stress, Internet und Verkehr.

1,5 km hinter Ouled Driss liegen die sehr schöne **Hotelanlage Dar Azawad** und die **Reiseagentur Bivouac Mille et une Nuits** der Familie *Azizi* nebenan an der Straße (Kameltouren und 4x4-Ausflüge, Tel. 0524 84 70 61, Mobil 0661 34 83 88). Gegenüber des Hotels Dar Azawad führt eine Piste nach links zum Gästehaus und Camping **Caravane Rose du Sable** (etwa 100 m weiter auf der linken Seite, Mobil 0671 16 17 62, www.rose-du-sable.eu, gepflegte Zimmer, Nomadenzelte und Campingareal), das vom deutsch-marokkanischen Paar *Karla* und *Brahim Ahansal* geführt wird. Die beiden haben eigene Kamele und führen mehrtätige Kameltouren nach individuellen Wünschen durch.

Weiter Richtung M’Hamid passiert man wenig später **Chez Le Pacha** (vgl. bei M’hamid). Bei knapp **km 88** folgen das große **Hotel Tabarkat** (s.u.) und der Camping Paradise Garden (2015 geschlossen).

Nach **91 km** erreicht man **M’hamid.** Gleich am Ortseingang liegt das **Hotel Kasbah Sahara** mit der Niederlassung von **Sahara Services** – hier sollte man sich informieren, wenn man einen organisierten Ausflug zu den Dünen des Erg Chegaga plant.

M’hamid

Die **große Oase** liegt am Oued Drâa und besteht aus **acht Ksour.** In M’hamid endet die Asphaltstraße, die Oase liegt unmittelbar an der algerischen Grenze und ist deshalb militärisch von Bedeutung. M’hamid selbst hat keine Attraktionen zu bieten, ist aber **Ausgangspunkt für schöne Wüstentouren,** sodass die Oase im Frühjahr und im Herbst/Winter einem Offroader-Treffpunkt gleicht, während sie außerhalb der Saison recht verlassen und staubig wirkt. Neu ankommende Touristen werden sofort mit Angeboten für Wüstentrips per Geländewagen oder Kamel überhäuft (Vorsicht vor Schleppern!).

> Kamelausflug in die Wüste bei M’hamid

Im Ort gibt es ein großes Fort, einen kleinen Souk, wo man den obligatorischen Kopfschal *(chech)* kaufen kann, (Souvenir-)Geschäfte und eine Sanitätsstation. Eine Tankstelle und einen Geldautomaten sucht man vergeblich! Der wöchentliche **Souk** findet montags statt. Viele Frauen sind von Kopf bis Fuß in leuchtend blaue, rote oder orange Baumwolltücher gehüllt – ihre ethnische Verbindung zu den Sahrawis in der Westsahara und Mauretanien lässt sich nicht leugnen.

Sehr schön ist ein Bummel durch die Palmenhaine am Oued Drâa oder eine Tour im Geländewagen zum Dayet Chegaga (einem Zeitsee) und dem angrenzenden **Erg Chegaga (Erg M'Hazil)** etwa 60 km westlich von M'hamid (ca. 2 Std. Fahrt), zur **Zaouia Abd er Rahman** und der **Oase Source Sacrée.** Sehenswert ist auch die Lehmebene des **Lac Iriqui** in einsamer Wüstenlandschaft zwischen den Sanddünen und dem Gebirgszug des Djabal Bani. Der Erg Chegaga ist neben dem Erg Chebbi bei Erfoud das zweite große **Sanddünengebiet** Marokkos. Es soll hier Dünen bis zu 300 m Höhe geben, die aber mit dem Fahrzeug kaum erreichbar sind. Vor allem um Ostern herrscht wie am Erg Chebbi touristischer Hochbetrieb; es gibt viele fest installierte Bivouacs diverser Veranstalter. Dennoch erlebt man hier mitten in der weiten Landschaft, weitab von einem Ort und der nächsten Teerstraße, noch mehr (manchmal sogar einsames) Wüstenfeeling als in Merzouga.

Praktische Informationen

Unterkunft

■ **Chez Le Pacha**③-④ (mit HP), Ouled Driss, ca. 3 km vor M'hamid, Tel. 0524 84 86 96, www.chezlepacha.com, N 29°49,666', W 05°40,346'. Sehr schöne, traditionell gestaltete Anlage mit komfortablen befestigten Nomadenzelten (mit Bett) mit gemeinschaftlichen Sanitäranlagen sowie mit klimatisierten/beheizten Zimmern und Suiten mit Bad und Sitzecke (Suiten auch mit Terrasse). Ausgezeichnetes klimatisiertes Restaurant (im Winter mit Kamin), Garten, schöner Pool und Bar. Das Personal spricht z.T. deutsch. Es können Tages- und Mehrtagesausflüge per Kamel und 4x4 unternommen werden. Beim Hotel werden Gewürze, Oliven- und Arganöl, Kosmetika, Marmeladen etc. des sozialen Frauenprojekts AMINA verkauft.

ma16_184 ed

■ **Dar Azawad**③-④, Ouled Driss, ca. 4 km vor M'hamid, Tel. 0524 84 87 30, www.darazawad.com. Nach einem Betreiberwechsel wird die sehr schöne Anlage nicht mehr so professionell geführt wie früher. Die 15 in einem Mix aus traditionellen und modernen Elementen gestalteten klimatisierten Zimmer und Suiten liegen in Lehmbungalows im herrlichen Garten verteilt. Restaurant in einem Pavillon im Garten, Pool und Sonnenterrasse, Bar im gemütlichen Kaminsalon. Sicheres Parken möglich.

■ **Dar Talhaya, Dar Paru** und **Kasbah Caravane,** vgl. bei Ouled Driss in der Routenbeschreibung.

■ **Hamada du Drâa,** s.u.

■ **Kasbah Azalay**④ (mit Frühstück), El Ghizlane, im Ort links auf die andere Ouedseite abbiegen (die letzten 400 m sind Steinpiste), Tel. 0524 84 80 96/98, www.azalay.com, N 29°49,267', W 05°43,067'. Das sehr gepflegte Kasbah-Hotel auf einem großen Gartenareal mit Palmen und Oleander hat sehr schöne, komfortable Zimmer und Suiten mit AC, Kühlschrank, TV und Mosaikbädern. Es gibt einen großen Pool. Im marokkanischen Restaurant wird sehr gutes Essen und Wein serviert. Übernachtung im Nomadenzelt deutlich günstiger.

■ **Kasbah Sahara**①-②, direkt am Ortseingang auf der rechten Seite, Tel. 0524 42 06 73, Mobil 0661 77 67 66, www.hotelmhamid.com. Hübsches, sehr empfehlenswertes Kasbahhotel mit vier fest befestigten (klimatisierten) Zeltzimmern im Garten sowie 14 Zimmern/drei Suiten mit AC und Bad. Traveller können sich hier austauschen und Touren über Sahara Services (vgl. „Reiseagenturen") direkt buchen. Gutes Essen im Restaurant mit schöner Terrasse, erfrischender Pool im Garten, WLAN. Campingareal hinter dem Haus (vgl. „Campingplätze"). Sahara Services betreibt außerdem ein luxuriöses **Wüstencamp am Erg Chegaga** sowie ein Bivouac am Erg Lihoudi. Wüstenexkursionen können hier direkt gebucht werden.

■ **Tabarkat**③, Douar Kdar Bounou, etwa 3 km vor M'hamid auf der linken Seite, Tel. 0524 84 86 88, www.tabarkat.com. Hübsches Hotel im Kasbahstil in einem ummauerten Palmengarten mit Pool. 22 klimatisierte Zimmer mit Bad. Restaurant und sichere Parkmöglichkeit.

Camping

Camping ist an diversen Plätzen vor M'hamid (siehe Anfahrt auf den vorherigen Seiten) und auf der anderen Seite des Flusses in den Palmenhainen möglich (im Ort links abbiegen). In M'hamid liegen folgende Campingplätze:

■ **El Khaïma,** Mobil 0662 13 21 70, N 29°50,190', W 05° 45,753'. *Bachir Elkhadiri* vermietet einfache Khaimas (Nomadenzelte) und Zimmer mit Du/WC und Küche für bis zu 5 Pers. in der Lehmkasbah②. Zelten direkt auf dem Palmengelände möglich, Campingmobile stehen auf einer betonierten Fläche mit Palmenbeschattung. Sehr saubere Sanitäranlagen. Restaurant und Hammam vorhanden.

■ **Hamada du Drâa,** Mobil 0662 13 21 54, www.hamada-sahara.com. Hübsche Anlage mit nettem Vorgarten, Berberzelten② (mit Frühstück), und klimatisierten Zimmern② mit Bad. Pool, Hammam, Restaurant. Stellplätze mit Strom, warme Dusche inklusive. Der Service ist aufmerksam und freundlich. WLAN verfügbar.

■ **Kasbah Sahara,** am Ortseingang auf der linken Seite (vgl. „Unterkunft"). Campingareal mit Strom und heißen Duschen hinter dem Hotel. Camper können das gute Restaurant (Frühstück 35 DH, Mittag- bzw. Abendessen 90 bzw. 120 DH) und den Pool im Garten kostenlos nutzen. Camping 60 DH für 2 Pers. inkl. Kfz und Strom. WLAN auf dem Gelände.

■ **La Boussole du Sahara,** am Ortsende an der Piste in Richtung Lac Iriqi, Mobil *(Khalifa)* 0672 73 25 64, www.laboussoledusahara.com, N 29°49,635', W 05°43,894'. Netter Campingplatz der sehr freundlichen Familie *Boudani* auf einem Hügel mit schönem Blick zu den Dünen, auch einfache Zimmer① mit gemeinschaftlicher Du/WC – ein wenig unordentlich und verstaubt, aber für einfache Ansprüche okay. Camping 40 DH mit Strom und Wasser.

■ **Caravane Rose du Sable,** bei Ouled Driss, vgl. Routenbeschreibung vor M'hamid.

Reiseagenturen

Zuverlässige Veranstalter von **Kamel- und Geländewagentouren** in der Wüste sind:

■ **Caravane de Rêve,** im Zentrum (El Ghizlane), Mobil 0670 02 00 33 oder 0677 19 40 27, caravanedereve@hotmail.com. Kleine Agentur des freundlichen *Ali Laghfiri* und der Deutschen *Monika Diefenbach.* Wüstenwanderungen, Kameltrekking und Geländewagentouren, eigenes Bivouac ca. 10 km von M'hamid im Erg Lihoudi (vgl. vorhergehende Routenbeschreibung).

■ **Caravane Rose du Sable,** Ouled Driss, Mobil 0671 16 17 62, www.rose-du-sable.eu. Von Lesern gelobte Agentur mit eigenen Kamelen, geleitet von *Karla* und *Brahim Ahansal;* vgl. Routenbeschreibung vor M'hamid.

■ **Desert Bivouac,** im Zentrum (El Ghizlane), Mobil 0670 84 21 16, www.desertbivouac.com. Die Agentur von *Ismail Sbai* organisiert zuverlässig Kamel- und 4x4-Touren mit Bivouac am Erg Chegaga.

■ **Maroc Desert,** im Zentrum, Tel. 0524 84 80 88, Mobil 0661 61 74 36, 0668 16 74 36, www.maroc-desert.com, www.chez-naji.com. Das Wüstencamp (Bivouac Chegaga) von *Naji* wurde von einem Leser gelobt. Kompetente Durchführung von Kamel-, 4x4- und Quadexkursionen. Naji betreibt auch das luxuriöse Hotel Bab Rimal in Foum-Zguid (s. dort).

■ **Nomads Travel,** im Zentrum (El Ghizlane), Mobil 0642 50 22 96, www.nomads-travel.com. Agentur unter deutsch-marokkanischer Führung (*Christine Goerig* und *Zaid Harmach*) mit individuellem Tourenprogramm per Kamel oder Geländewagen.

Unser Tipp: **Sahara Services,** am Hauptplatz im Zentrum neben dem Restaurant Dunes d'Or (Buchung auch über Kasbah Sahara Services möglich), Mobil 0661 77 67 66, www.saharaservices.info, www.morocco-luxury-camps.com, N 29°49,517', W 05°43,205'. Sehr empfehlenswerte Agentur des gut englisch sprechenden *Abdel Benalia.* Abdel organisiert zuverlässig nach den Wünschen der Gäste jegliche Aktivität, auch mit Abholung am Flughafen in Ouarzazate oder Marrakesch. Er ist Betreiber der gleichnamigen Herberge im Ort, verfügt über neue Landcruiser und betreibt ein **Luxuszeltcamp** direkt an den Dünen im Erg Chegaga (fünf große, voll eingerichtete Nomadenzelte mit Bad, Bett, Teppichen etc.). Auch allein reisende Frauen fühlen sich auf seinen Touren wohl.

Feste/Veranstaltungen

■ Das dreitägige **Festival internationale des Nomades** mit Musik-/Kulturveranstaltungen und Diskussionen findet jedes Jahr in Zentrum von M'hamid statt. Es wird vom 2004 gegründeten Weltverband der Nomaden „Association Nomades du Monde" veranstaltet.

■ Beim **Festival Taragalte** (www.taragalte.org, drei Tage im Nov.) treten Musikgruppen der Region sowie aus Mali und Mauretanien im alten Ortsteil der Oase auf.

4x4-Route: Von M'hamid über den Erg Chegaga nach Foum-Zguid

■ **154 km Piste.**

■ Die unmarkierte Piste zum Erg Chegaga sollte **nur mit Geländewagen** mit genug Bodenfreiheit befahren werden – Wüstenerfahrung ist wegen der evtl. Orientierungsprobleme mit den vielen (im sandigen Gelände verwehten) Spurenbündeln von Vorteil. Während der Saison im Frühjahr und Herbst wird die Route von sehr vielen Touristenfahrzeugen frequentiert. Fahrzeit zum Erg ca. 2 Std., bis Foum-Zguid zusätzlich 3–4 Std. Man sollte für diese Route zwei Tage einplanen und eine Nacht am Erg Chegaga verbringen. Da es in M'hamid keine Tankstelle gibt, muss man vorher in Tagounite oder Zagora die Tanks füllen. Alternativ kann der Erg Chegaga auch südlich umfahren werden, Beschreibung dieser Strecke vgl. „GPS Off-Road-Reiseführer Marokko" von *Sabine* und *Burkhard Koch,* www.pistenkuh.de.

M'hamid von der Auberge Boussol in Richtung NW durch vermüllte Kieswüste verlassen **(km 0, N 29°49,685', W 05°43,753').**

Nach **1,6 km** fährt man rechts ab von der Hauptpiste auf eine Alternativpiste **(N 29°49, 892', W 05°44,675'),** die 2 km nördlicher verläuft und weniger sandig ist.

Vorbei an einem Bivouac geht es über kleine Querdünen mit Tamarisken holprig Richtung Westen. Die Spuren sind nicht immer deutlich erkennbar und vom Sand verweht.

Bei **km 9,6** mündet diese Piste wieder in die Hauptpiste von M'Hamid ein **(N 29°50, 138', W 05°48,697').** Weiter führt die Piste in Richtung W/NW über eine Lehmebene entlang des Oued Naam.

20 km hinter M'Hamid ist eine **V-Kreuzung (N 29°50,487', W 05°54,453')** erreicht: Die Piste rechts führt nach Tagounite/zum Erg el Yahudi, links weiter über eine weite Kiesebene (z.T. Wellblechpiste) Richtung

ma16_185 ad

Westen. Die kleinen **Bougran-Dünen** liegen ca. 4 km weiter südlich (dort kann man schön campen und verbringt beim Kameltrekking zum Erg Chegaga die erste Nacht).

Bei **km 33,5** ist ein **Brunnen im Oued el Atach** erreicht, **N 29°50,990', W 06°02,598'.** Am Brunnen kann man entweder links/ geradeaus direkt zum Erg Chegaga weiterfahren oder rechts zur Bilderbuchoase Source Sacrée.

Einfache Bivouacs am Erg Chebbi bieten Unterkunft in der Wüste

Abstecher zur Source Sacrée Oum Lâalag

Vom Oued el Atach rechts weiter geht es über breite, feste Piste Richtung NW in 9 km bis zur Source Sacrée (heiligen Quelle) in einer Palmenoase. In dem ummauerten Gelände mit Palmen und Schilf liegt das **Camp Oasis Sacrée (N 29°52,992', W 06°07, 129'),** dessen Tore meist verschlossen sind. Die kleine eingefasste Quelle liegt vor den Mauern unter Palmen. In der Region leben (noch) viele Wüstentiere wie Fenneks, Schakale und Gazellen. Saudi-arabische Scheichs nutzen das Gebiet als Jagdrevier.

Im Oued el Atach weiter Richtung Erg Chegaga führt die sandige Piste sehr holprig nach Südwesten. Bei **km 41,8** steht eine einsame Akazie in der sandigen Ebene neben der Piste (gut für eine schattige Mittagsrast, **N 29° 50,135', W 06°06,880'**).

Es geht weiter durch kleine Dünen, links erscheint die Silhouette des Erg Chegaga am Horizont. Bei **km 50** fährt man über die platte Ebene des Zeitsees **Lac Iriqui,** vorbei am Gebäude einer (nie in Betrieb genommenen) Nomadenschule. Wer möchte, kann den nahe gelegenen **Brunnen,** versteckt zwischen Coloquinten (Oscherbäumen), etwas südwestlich anfahren: **N 29°51,252', W 06°11,437'.**

Ansonsten hält die Piste direkt auf die Dünen des **Erg Chegaga** zu; bei **km 54** ist das **Bivouac** der Agentur Sahara Services direkt unterhalb der „Grande Dune" (höchsten Düne) erreicht **(N 29°50,979', W 06°12,582').** Direkt an den Dünen kann man in einem der schönen **Wüstencamps** nächtigen (mit Voranmeldung in M'Hamid bei Sahara Services, http://saharaservices.info/fr/Tours/bivouac-dans-le-desert-maroc). Die Zelte sind voll eingerichtet, abends gibt es Musik am Lagerfeuer. Zur Hochsaison (z.B. Ostern) ist der ganze Erg umgeben von Zeltcamps (Bivouacs).

Im Frühjahr, wenn es auf dem Lac Iriqui grünt und blüht, ziehen viele **Nomaden** mit ihrem Vieh durch die Gegend. Sie sind nicht mehr gut auf die zahlreichen Off-Road- und Rallyetouristen zu sprechen. Reisende sollten umweltbewusst, rücksichtsvoll und zurückhaltend auftreten, auf Bepflanzungen achten und nur im Schritttempo auf Nomaden und deren Tiere zufahren.

Die Piste (viele Spuren) **nach Foum-Zguid** führt weiter am Fuße der Dünen durch einen Coloquinten-Wald westwärts. Es geht durch kleine Dünen mit Tamarisken und über Sandverwehungen auf und ab (Reifenluftdruck senken). Um diesen sandigen Abschnitt entlang des Ergs zu umgehen, kann man auch zurück zur Source Sacrée fahren und die nördlichere (näher am Gebirgszug des Djabal Bani) und festere Piste über die Zaouia Abd en Nebi (s.u.) nach Foum-Zguid wählen.

Ab etwa **km 82** geht es wieder sehr flott über die weite, feste Lehmebene des **Lac Iriqui (N 29°56,254', W 06°24,086').** Am Fuße des Djabal Bani rechter Hand (nördlich) liegt die **Zaouia Abd en Nebi** in Sichtweite. Auf dem Lac Iriqui haben inzwischen mehrere einfache Cafés mit Schattenterrasse eröffnet.

25 km weiter verlässt die Piste den See **(N 29°50,569', W 06°37,797').** Linker Hand thront der auffällige Tafelberg **Mdaouer Seghir** (669 m).

Bei **km 120** geht es entlang des Bergzugs **Mdaouer Kebir** (links) und des Oued Mdaouer Richtung NW. Die mit Steinmännchen markierte Piste wird steiniger, wer bei den Dünen den Reifendruck gesenkt hat, sollte hier wieder aufpumpen.

Bei **km 135** führt die Piste auf einen **Einschnitt des Djabal Bani** zu, an dessen Fuß Foum-Zguid liegt.

9 km weiter befindet sich ein **Checkpoint** in einem Steinhäuschen **(N 30°03,126', W 06°51,886').** Wieder 1 km weiter **(Gesamt-km 145)** mündet die Piste in die Teerstraße ein – rechts weiter nach **Foum-Zguid,** das nach **147 km** Fahrt ab M'Hamid erreicht ist. Zu Foum-Zguid vgl. im Kapitel „Sous, Anti-Atlas und südliche Atlantikküste".

ma16_107 ad

Die „Straße der Kasbahs" verläuft am Südrand des Hohen Atlas und führt durch spektakuläre Landschaften, vorbei an Lehmburgen und -dörfern. Oasen und Dattelpalmenhaine sowie die Dadès-, Todrha- und Rheris-Schlucht sind Ausflugsziele.

10 Straße der Kasbahs und südlicher Hoher Atlas

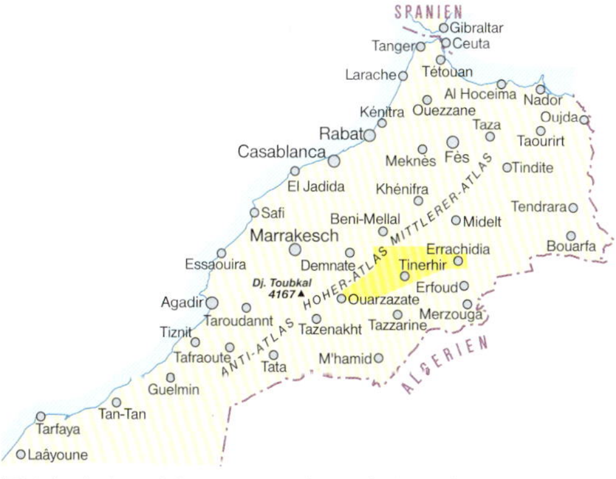

< Lehmdörfer und -burgen prägen die Straße der Kasbahs

Die Straße der Kasbahs

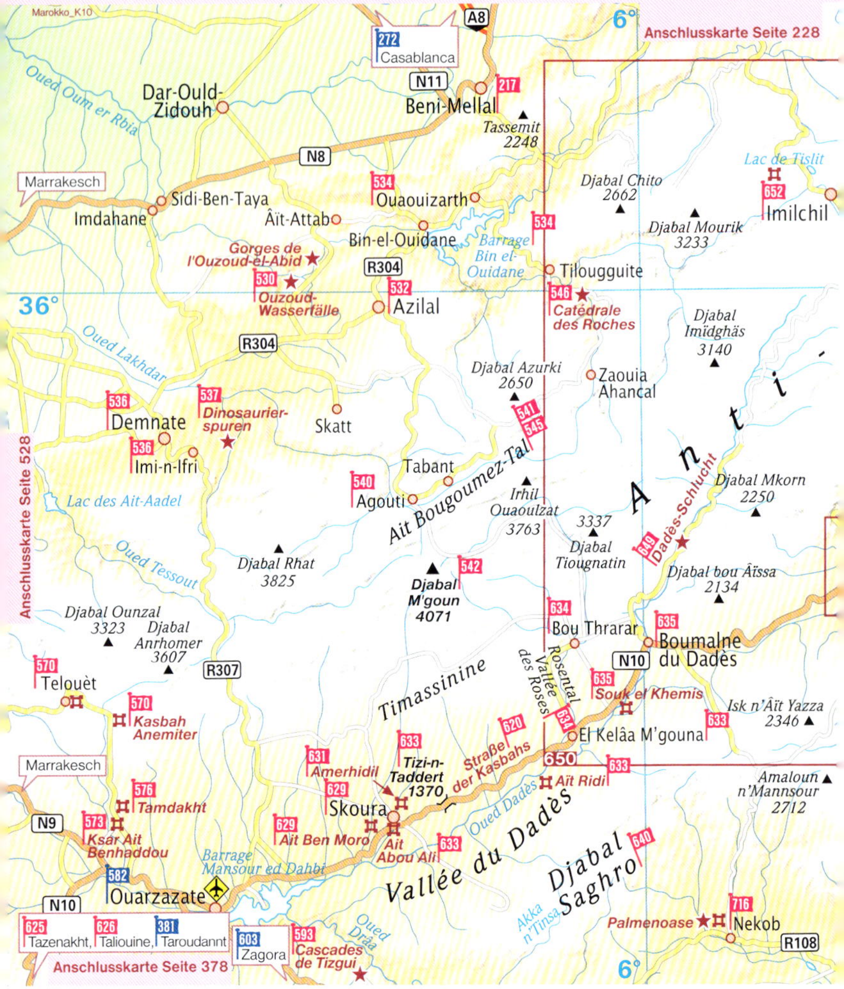

ÜBERBLICK

Zwischen der im Frühjahr schneebedeckten Gipfelkette des Hohen Atlas im Norden und der braunen Steinwüste des Djabal-Saghro-Massivs im Süden verläuft die „Straße der 1001 Kasbahs". Grüne Dattelpalmenoasen kontrastieren mit der kargen Wüstenlandschaft, die zinnenbewehrten Türme mächtiger Lehmburgen ragen in den stahlblauen Himmel. Die Flüsse Todrha und Dadès haben tiefe Schluchten in die im Abendlicht rot schimmernden, schroffen Berge des südlichen Hohen Altas gewaschen. Sie bewässern die Terrassenfelder der Oasen, auf denen Getreide, Gemüse, Mandeln und Obst gedeihen. Far-

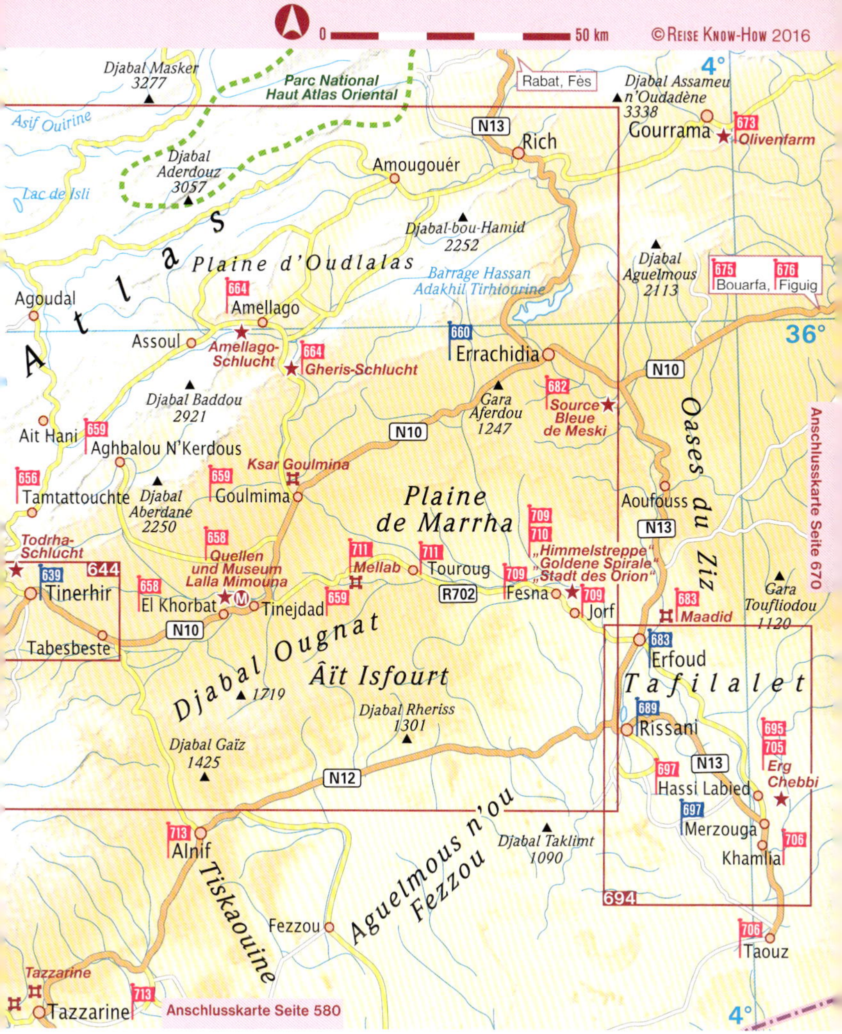

ben, Formen und das Spiel des Lichts vereinen sich entlang der Straße der Kasbahs zu einer kontrastreichen Bilderbuchlandschaft, wie man sie nur hier vorfindet. Eine der schönsten Trekkingrouten in Marokko führt in fünf Tagen quer durch die eindrucksvolle Bergkulisse des Djabal-Saghro-Massivs bis nach Nekob.

Die Teerstraße von Ouarzazate zieht sich im ersten Routenabschnitt nach Tinerhir flussaufwärts am Dadès entlang, mit Oasendörfern, Dattelpalmen und Kasbahs. Der Fluss entspringt im Hohen Atlas und windet sich in einem tiefen Canyon hinab zur Dadès-Schlucht. Bei Boumalne du Dadès mündet er aus dem Hohen Atlas in die Hochebene zwischen Boumalne und Ouarzazate. Nördlich von Boumalne gibt es in der Dadès-Schlucht eindrucksvolle Felsformationen zu bestaunen.

Vor Ouarzazate wird der Fluss zu einem großen See gestaut.

Skoura ist die größte Dattelpalmenoase Marokkos und kann mit prächtigen Kasbahs und herrlichen Oasengärten aufwarten. Tinerhir hat einen fast ebenso großen Palmenhain, der eingebettet zwischen rötlich-braunen Bergen malerisch am Oued Todrha (Todgha) liegt. Hier beginnt die Straße in die Todrha-Schlucht mit ihren mächtigen, steil aufragenden Felswänden. Sowohl im Todrha- als auch im Dadès-Tal sind reizvolle Spaziergänge möglich.

Der letzte, weniger besuchte Teil der Straße der Kasbahs führt von Tinerhir weiter durch karge, steinige Wüstenlandschaft über Goulmima bis nach Errachidia. Die Bergzüge des Djabal Tisdafine im Norden und des Djabal Ougnat im Süden begrenzen die Route.

Von Tinerhir durch die Todrha-Schlucht oder von Osten (Rich) gelangt man auf Teerstraße nach Imilchil im zentralen Hohen Atlas. Hier kann man schöne ein- oder mehrtägige Wanderungen unternehmen oder einfach nur das ursprüngliche Dorfleben beobachten.

NICHT VERPASSEN!

- **Skoura** – idyllische Palmenoase | 629
- **Djabal Saghro** – auf einer der schönsten Trekkingrouten durch das vulkanische Massiv | 640
- **Dadès-Schlucht** – rote Felsen und mächtige Lehmburgen im grünen Tal | 649
- **Imilchil** – Kasbahs, Schluchten und Seen | 652
- **Todrha-Schlucht** – die steilen Felswände sind ein Eldorado für Kletterer | 653
- **Lalla Mimouna** – Quellen und Museum | 658

Diese Tipps erkennt man an der gelben Hinterlegung.

Von Ouarzazate über Taliouine nach Taroudannt

293 km, N 9, N 10; 260 km, P 1706.

Die **gute Teerstraße** führt an der Südseite des Hohen Atlas und an den Ausläufern des Anti-Atlas entlang. Die Strecke ist landschaftlich, je nach Jahreszeit, sehr reizvoll – im Frühjahr breitet sich ein Blumenteppich aus, nach langen Trockenperioden wirkt das einsame Bergland dagegen karg und schroff. Das wilde vulkanische Massiv **Djabal Siroua** nördlich von Taliouine wird von Touristen kaum besucht, obwohl hier Trekkingrouten durch eine der schönsten Landschaften Marokkos führen. Wer es untouristisch und einsam liebt, ist hier genau richtig. Die Gegend zwischen Tazenakht, Taliouine und Aoulouz ist **Safranland:** Hier wird Safran angebaut und in den Dörfern verkauft. Die Region um Tazenakht ist außerdem für ihre Teppiche bekannt.

Es fahren **Busse ab Ouarzazate** in Richtung Agadir (siehe bei Ouarzazate).

Fahren Sie ab Ouarzazate in Richtung Marrakesch. Von dort erreicht man bei **km 15** den Ort **Tabourath.** Rechts führt ein Abzweig nach Aït Benhaddou, geradeaus geht es weiter.

Nach **19 km** zweigt links die Straße nach Agadir ab (Wegweiser), weiter durch einsame Hügellandschaft.

Bei **km 56** ist **Anezal** (Anzal) erreicht, ein Ort in schroffer Gebirgslandschaft. Unterkunft bietet die **Auberge Sirwa**①: Die um den Innenhof gruppierten Zimmer mit schöner Aussicht sind einfach ausgestattet, die WC-Spülung funktioniert leider nicht immer. Der nette und zurückhaltende Besitzer führt durch die Oasengärten. Im Ort sollte man unbedingt die **Teppichkooperative Jemaite – Tfawine** besuchen (Mobil 0674 74 48 30, Mo bis Do 9–12 und 14–18 Uhr, So 9–17 Uhr). Die Damen der Kooperative wirtschaften auf eigene Rechnung (Festpreise) und schaffen kreative Muster – von Rauten und Wellen bis zu Zickzackmustern in kräftigen Farben.

Wenige Kilometer hinter Anezal geht es bergauf – die Felsberge erinnern an den Sinai, die Ausblicke auf das Umland sind herrlich.

Den **Pass Tizi-n-Bachkoum** (1700 m) erreicht man nach **67 km**, danach geht es 2 km bergab in einen weiten, hügeligen Kessel bis **Tazenakht (km 82).**

Tazenakht

Tazenakht ist für seine schwarz-gelben (mit Safran gefärbten) und aus Schaf-/Ziegenwolle gefertigten **Glaoui- und Ouzgita-Teppiche** bekannt. Teppichkooperativen *(Coopérative de Tapis)* in Tazenakht und Taliouine bieten ihre Ware direkt zum Verkauf an. Die erste Kooperative wurde von *Wilfried Stürzer* aufgebaut, der sich intensiv mit dem Berberteppich und seiner Geschichte befasst und auch ein Buch dazu verfasst hat (*W. Stürzer, H. Reinisch:* Berber. Hersberger Collection). Die Frauen und Mädchen lernen in den Kooperativen schon früh das Teppichweben/-knüpfen – der Großteil des Gewinns bleibt den Frauen, die sich damit ein eigenes Einkommen sichern. Es werden Touren zu den Kooperativen inkl. Mittagessen angeboten.

Tazenakht ist ein **angenehmer Ort,** in dem man in Ruhe durch den schönen **Markt** im Arkadenhof bummeln kann. Sonntags findet ein Wochenmarkt auf dem Gelände ca. 2 km außerhalb in Richtung Talioune statt.

In der Umgebung wird **Safran,** das **teuerste Gewürz der Welt,** angebaut. Im Oktober und November ernten die Bauern die Blütenfäden der lila Krokusse: Für 1 g Safran müssen die Stempel von 140 bis 230 Krokussen gepflückt werden. Früher wurde Safran mit Gold aufgewogen und bereits im Mittelalter z.B. mit Öl bedampft, damit es schwerer wird. Heute werden die wertvollen Fäden z.T. mit anderen gefärbten Samen vermischt. 1 g echter Safran kostet zwischen 40 und 80 DH. Vorsicht: Häufig wird Gelbwurz als gemahlener Safran angeboten oder gefärbte Getreidespelzen vermischt mit wenigen Safranfäden.

Praktische Informationen

Unterkunft/Essen und Trinken

- **Bab Sahara**③, im Zentrum, Tel. 0524 84 10 70. Das 3-Sterne-Hotel ist das komfortabelste und schönste am Platz. Pool, gutes Café und Restaurant, große Zimmer mit Heizung und TV.
- **Taghadoute**① (mit Frühstück), zentral an der Hauptstraße, Tel. 0524 84 13 93. Einfaches, sauberes Hotel, nicht alle Zimmer mit Bad. Terrassencafé.
- **Zenaga**①, direkt an der Hauptstraße in der Ortsmitte, Tel. 0524 84 10 32, zenaga_hotel@hotmail.com. Sauberes und freundliches Hotel, einfache Zimmer mit Bad, heißes Wasser nur abends.
- **Wohnmobilisten** können am großen Parkplatz vor der Polizei übernachten.
- **Tankstellen** und mehrere **Restaurants** bieten einfache Kost an.

Einkaufen

- Im **Ensemble Artisanal** in einer Seitenstraße nahe der Post kann man Teppiche zu Festpreisen erstehen.
- Die **Teppichkooperative Iklan** im Dorf Talouste (4 km von Tazenakht Richtung Agdz, hinter dem Oued links, N 30°34,108', W 07°09,673') bietet eine große Auswahl an schönen, mit Naturfarben gefärbten Teppichen zu fairen Preisen an.

Busse

- 1x tägl. mit **CTM** nach Ouarzazate (2.45 Std., 35 DH) und über Taroudannt nach Agadir (105 DH, 3½ Std.).

Safran wird aus Krokus-Blütenfäden gewonnen

ma16_100 ad

Weiterfahrt nach Taroudannt

Nach Süden (links) zweigt eine Straße nach Foum-Zguid ab, unsere Route führt nach Nordwesten (rechts) weiter in Richtung Taroudannt.

14 km hinter Tazenakht, bei **km 96**, liegt linker Hand ein verfallenes Ksar mit Moschee und Marabut, die **Zaouia Sidi Lahsain.**

Bei **km 108** ist der größere Ort **Kourkouda** erreicht (Tankstelle, Fossilienverkauf). Ein alter Ksar schmiegt sich an den Hang. Weiter führt die Straße durch braune Hügel in der Halbwüste.

Nach **139 km** beginnt der Ort **Tinfrat** mit zwei Marabuts links der Straße. Der Hauptort mit Cafés und Safranverkauf folgt erst 2 km weiter. Bei **km 144** folgt das Dorf **Sidi Hssaine** (mit Tankstelle).

Bei **km 151** geht es links nach Tata und Agadir-Melloul (36 km).

Knapp 2,5 km weiter führt ein **lohnenswerter Abstecher** zum Dorf **Ifri,** das sehr schön an einem Flüsschen liegt. Auf dessen Ostseite erhebt sich eine Felswand, in die von fern nicht sichtbar ein **Agadir** mit vielen raffiniert in den Fels geschlagenen und mit Türen verschlossenen Kammern. Den Speicher kann man mit dem Speicherwärter besuchen, der im Dorf wohnt. Am Dorfanfang führt ein Abzweig zu einer Schule, an dieser vorbeifahren bis zum Wasserturm. Dort parken und in Richtung Moschee laufen, in der Gasse rechts davor einbiegen und nach dem Wärter fragen **(N 30°26,726', W 07°50,440').** Innen kann man nicht sehr viel sehen, es ist ziemlich dunkel, verschachtelt und eng, aber von außen ist der Speicher sehr imposant. Der Wärter verdient ein Trinkgeld (ca. 50 DH).

Zurück an der Kreuzung ist ohne Abstecher bei **km 165 Taliouine** erreicht.

☒ Die Oase Taliouine aus der Luft betrachtet

Taliouine

Die stark expandierende und sehr angenehme **Palmenoase** ist von den schroffen Bergen des Hohen Atlas (Djabal Siroua) im Norden und im Süden vom Anti-Atlas umrahmt. Eine verfallende **Kasbah,** einst Sitz eines Khalifen des Pascha *Al Glaoui,* mit schöner Ornamentik im oberen Bereich thront auf einem Hügel an der Ortseinfahrt. Hinter der Kasbah im alten Ortskern findet montags ein sehenswerter **Markt** statt.

Der Ort lohnt sich aufgrund seiner schönen Lage für einen längeren Aufenthalt und für Ausflüge in die umliegenden Täler und Berge des über 3000 m hohen **Djabal Siroua** – ein reizvolles Gebiet für mehrtägige **Trekkingtouren** (s.u.).

Praktische Informationen

Unterkunft

■ **Auberge Askaoun**①-②, gegenüber Le Safran, nach der Furt über das Oued am Ortseingang auf der rechten Seite, Tel. 0528 53 40 17, aubergeaskaoun@yahoo.fr. Das empfehlenswerte Hotel wurde vor einigen Jahren komplett renoviert. Große, einfach ausgestattete, sehr ordentliche Zimmer mit oder ohne Bad, z.T. mit Balkon. Sehr freundliches Personal. Im Terrassenrestaurant werden Spezialitäten mit Safran serviert. DZ mit Bad und (ältere) Zimmer ohne Bad.

■ **Auberge Souktana**②, an der Hauptstraße auf der rechten Seite (von Ouarzazate kommend), Tel. 0528 53 40 75, souktana@menara.ma. Das empfehlenswerte kleine Hotel wird vom engagierten Besitzer *Ahmed Jadid* und seiner französischen Frau *Michelle* betrieben. Es gibt hübsche Zimmer mit Bad sowie Klimaanlage/Heizung im Haus oder kleine Hütten (mit Waschbecken) und winzige Zelte (mit Betten) im Garten (sehr saubere gemeinschaftliche Duschen und WC). Im Garten kann man zelten, es ist jedoch wenig Platz für Fahrzeuge. Von der schattigen Gartenterrasse des Restaurants (sehr gutes Essen) hat man einen schönen Blick auf die Kasbah. Innen sitzt man gemütlich am Kamin. DZ mit Bad, Hütte, Zelt (80 DH/2 Pers.). Es können Trekkingtouren im Djabal Siroua organisiert werden (mit Führer, Gepäckmuli, Essen und Übernachtung im Zelt).

■ **Escale Rando**②-③, Tel. 0528 53 46 00, www.escalerando.com. Das einfache, sympathische Gästehaus ist in einem Teil einer alten Kasbah untergebracht. Die sehr freundliche Familie von *Omar Id Hamou* kümmert sich um die Gäste. DZ mit oder ohne eigenes Bad, gutes Essen.

■ **Ibn Toumert**③, Tel. 0528 53 41 25. Verstaubtes, überdimensioniertes Hotel mit 100 Zimmern und Pool in schöner Lage neben der Kasbah. Der Esssaal hat den Charme eines Krankenhauses, doch das Personal ist sehr freundlich. WLAN, große Zimmer mit Bad.

■ **Le Safran**② (mit Frühstück), am Ortsanfang auf der linken Seite, Tel. 0528 53 40 46, safranauberge@yahoo.fr. Herberge mit sauberen Zimmern in sehr schöner Lage mit Blick auf die Kasbah, fast alle Zimmer mit WC/Bad (sanitäre Anlagen mäßig). Der sehr nette Besitzer und diplomierte Bergführer *Mahmoud Mohiydine* spricht gut englisch und bietet Touren in den Anti- und Hohen Atlas an. Menü mit Safran-Gerichten ca. 70 DH (Weinausschank).

Camping

■ **Toubkal,** ca. 2 km vor Taliouine rechts (von Tazenakht kommend), Tel. 0528 53 40 17. Viel besuchter Campingplatz (auf drei Terrassen) und sehr einfache Auberge① (kleine Zimmer mit Bad) mit Pool, kleinem Laden und einem Restaurant im Berberzelt. Die sanitären Anlagen sind sauber und okay.

■ **Zagmouzen,** ca. 2 km vom Zentrum Richtung Askoun (auf der rechten Seite). Sehr ruhig gelegener Platz mit schönem Garten und sauberen sanitären Anlagen, auch Übernachtung im Berberzelt möglich.

■ Außerdem Camping beim **Hotel Souktana** (s.o.) möglich.

Einkaufen

■ Die **Coopérative Souktana du Safran** (Schild, tägl. 8–20 Uhr) liegt am Ortsanfang (von Ouarzazate kommend) rechts. Hier kann man das wertvolle Gewürz direkt einkaufen. Es gibt einen kleinen Ausstellungsraum mit alten Gebrauchsgegenständen aus der Region und einen Verkaufsraum mit Infos über den Safrananbau.

■ In der Umgebung kann man **Teppichkooperativen** besuchen.

Busse/Sammeltaxis

■ **Busse** verkehren nach Ouarzazate, Taroudannt und Agadir.

■ **Sammeltaxis** bedienen die Nebenstrecken in die Umgebung.

ma16_186 hp

Ausflüge

Von der Auberge Souktana aus werden mehrtägige Trekkingtouren ins **Djabal-Siroua-Gebiet** veranstaltet. Es geht durch traumhaft schöne vulkanische Wüstenberge mit Basaltsäulen und schwarzen Schluchten mit Palmen (3–5 Std. Gehzeit täglich).

Von Taliouine lohnt sich ein Ausflug zum **Agadir** (Speicherburg) von **Ifri** (vgl. vorherige Beschreibung).

Empfehlenswert ist auch ein Ausflug nach **Askaoun** im **Djabal-Siroua-Gebiet** auf landschaftlich sehr schöner Strecke (10 km Asphalt, dann gute Piste; Askaoun: **N 30°54, 034', W 07°47,932'**, über Tozro und Tala: **N 30°36,450', W 07°50,189'**). Dort wird Safran angebaut, außerdem kann man dort in der sehr ursprünglichen Region herrlich wandern. Eine Rundfahrt über Aoufour – Aoulouz und zurück nach Taliouine ist möglich.

Weiterfahrt nach Taroudannt

13 km hinter Taliouine bzw. 178 km hinter Ouarzazate liegt der Ort **Iouzioua Ounneïne** bzw. **Assaki** (Tankstelle und Geschäfte). Nach der Brücke über den **Oued Assaki** zweigt eine geteerte **Straße nach Igherm (90 km, R 106) und Tata** ab, eine lohnenswerte Variante (Speicherburgen, bizarre Gebirgslandschaft), falls man den Anti-Atlas besuchen will.

Nach dem Oued weicht die karge Felslandschaft mit Palmenoasen und Kasbahs Arganienbäumen und Getreidefeldern. Es bietet sich immer wieder ein schöner Ausblick auf den Atlas.

29 km hinter Taliouine bzw. bei km 194 führt links die Straße P 1706 in Richtung **Agadir** und Taroudannt. Diese Strecke nach Agadir und Taroudannt ist ungefähr 35 km kürzer, aber landschaftlich langweiliger. Geradeaus führt die (hier beschriebene) alte Route (N10) über **Aoulouz** nach **Ouled Berhil.**

Abkürzung in Richtung Agadir

Nach der Kreuzung führt diese kürzere Variante (P 1706) auf guter Straße durch das flache, landwirtschaftlich extensiv genutzte **Sous-Tal** mit Obsthainen, Weizen, Zuckerrohr und Arganienbäumen über Khemis Arazane (km 47) bis zur Einmündung in die Straße Agadir – Taroudannt bei km 71. Geradeaus weiter nach Taroudannt (6 km), links nach Tata und Igherm.

Weiterfahrt nach Taroudannt

Bei **km 202** erreicht man auf der N 10 **Aoulouz,** einen großen Ort mit Tankstelle und Geschäften. Hier kann man auf eine kleine Straße nach Amsouzart abbiegen, wo eine schöne Trekkingroute zum Lac d'Ifni und von Süden zu den Toubkal-Hütten startet (siehe Exkurs „Bergsteigen im Djabal-Toubkal-Gebiet").

Die Kreuzung rechts nach Marrakesch über den Tizi-n-Test ist bei **km 237** erreicht. Links geht es weiter nach Taroudannt/Agadir.

Km 244: Oulad Berhil (vgl. „Von Marrakesch über den Tizi-n-Test nach Taroudannt"). Weiter führt die Straße durch dicht besiedelte Regionen und erreicht bei **km 293 Taroudannt.**

L'Ma Lodge in Skoura

Von Ouarzazate nach Tinerhir

- **165 km, N 10.**
- **Gute Teerstraße** durch schöne Wüstenlandschaft mit Oasendörfern, Kasbahs und Dattelpalmenhainen.
- **Busverbindung** nach Tinerhir mehrmals täglich (siehe Ouarzazate).

Bei der Kasbah von Taourirt in Ouarzazate nimmt die Route ihren Anfang. Von dort verläuft die N 10 ostwärts zunächst über ein Wüstenplateau.

Nach ca. **20 km** zweigt links (beschildert „Ghassate 24 km, Demnate 139 km") die kleine Teerstraße nach Demnate und Imi-n-Ifri ab. Diese ausgefranste, schmale Straße führt landschaftlich grandios durchs Tessaout-Tal über den Hohen Atlas. Im Winter bei Schneefall nur mit Allrad geeignet!

3 km danach folgt die **Auberge Le Lion blanc**① (Tel. 0254 88 57 57) mit schönem Palmengarten an der Straße und 1 km weiter liegt rechts der **Stausee Mansour ed Dahbi** (siehe bei Ouarzazate). Es bietet sich ein schöner Ausblick auf den See. Nach einem weiteren Kilometer folgt der beschilderte Abzweig zum See und zum **Luxushotel Sultana Royal Golf** mit gutem Restaurant (vgl. bei Ouarzazate „Oberklasse-Hotels").

Nach weiteren 11 km befindet sich das **Café/Restaurant La Pergola** in einem schattigen Pinienwald links (nördlich) der Straße. Die Route führt durch Wüstenerosionslandschaft mit Blick auf die schneebedeckten Berge des Hohen Atlas (Spätherbst bis Frühjahr). 5 km vor Skoura liegen das **Gästehaus Chez Talout** sowie die **Kasbah d'hôtes Ayad** am Oued El Hajhaj. Es folgt das **Gästehaus Dar Ikras** im Palmental, und nach einem weiteren Kilometer ist bei der **Kasbah Aït Ben Moro** nach insgesamt 39 km Skoura erreicht.

ma16_187 lma

Skoura

In dieser herrlichen großen **Palmenoase** mit typischer Oasenbewirtschaftung liegen auf der nördlichen Seite des (meist trockenen) Oueds zahlreiche schöne Kasbahs versteckt, die mit Ornamenten verzierte Mauern und Türme aufweisen. Viele der **Kasbahs** von Skoura sind verlassen und dem Verfall preisgegeben, einige jedoch wurden in den letzten Jahren renoviert und als Herbergen wiederbelebt. An der Straße stehen neue Betonhäuser, in die die Bewohner auf der Suche nach mehr Komfort umgezogen sind. Der Lehmbau ist vielen zu mühsam geworden, da die Häuser nach starkem Regen immer wieder restauriert werden müssen.

Direkt an der Straße auf der linken Seite liegt die **Kasbah Aït Ben Moro** mit Souvenirstand, ca. 2 km vor dem Ortsanfang von Skoura (von Ouarzazate kommend). Sie wurde in ein stilvolles **Hotel** umfunktioniert (s. „Unterkunft").

Typisch für die Region ist die Herstellung von **Rosenwasser,** das überall an der Straße der Kasbahs verkauft wird. Auch in Skoura gibt es große Rosengärten zur Gewinnung von Rosenwasser und -öl.

Versteckt im nordöstlichen Palmenhain neben einer Quelle im großen Oasengarten liegt die wunderschöne **Kasbah Aït Abou Ali** (siehe Abstecher unten).

Die große und unbedingt sehenswerte **Kasbah Amerhidil** aus dem 17. Jahrhundert erreicht man, indem man kurz hinter der Kasbah Aït Ben Moro links abbiegt (N 31°02,865', W 06°34,337', Schild „Musée Ameridil et Camping Ameridil Les jardins de Skoura"). Die mit bemalten Felsen markierte Piste führt durch das Flussbett auf die andere Seite des Oueds. Insgesamt ca. 900 m von der Teerstraße entfernt liegt die Kasbah (N 31°02,779', W 06°34,867'). Sie ist auch gut zu Fuß durch die Oasengärten vom Parkplatz des Hotels Ben Moro erreichbar. Eine Besichtigung der prachtvollen Lehmburg kostet 20 DH Eintritt, mit kompetenter Führung 50 DH. Die engagierte Familie *Naciri*, der die Kasbah seit Generationen gehört, hat das Gebäude kompetent renoviert. Ein kleines Museum im EG zeigt alte Werkzeuge und Gebrauchsgegenstände. Die Kasbah wurde vor allem durch *Werner Wrages* Standardwerk „Die Straße der Kasbahs" bekannt und ist auf dem alten 50-DH-Schein abgebildet. An die alte Kasbah baute die Familie ein Gästehaus an (vgl. „Unterkunft").

Eine interessante zweistündige **Führung** in französischer Sprache durch die Oasengärten inkl. Erläuterung der Pflanzen und des Bewässerungssystems sowie zu zwei Kasbahs und einem Marabut (Heiligengrab) bietet **Abdul Hadi** an (Service Abdul, kleines Haus links der Straße Richtung Kasbah Amerhidil und Camping, ggf. beim Camping fragen, Mobil 0668 22 24 95, Preis verhandeln, ca. 150 DH).

◁ Die Kasbah Amerhidil ist eine der besterhaltenen Lehmburgen in Marokko

Praktische Informationen

Unterkunft

Die Anfahrt zu vielen Unterkünften durch das Flussbett ist nach starken Regenfällen evtl. schwierig oder vorübergehend nicht möglich.

■ **Chez Slimani**② (mit HP), Douar Magramane, Mobil 0661 74 68 82, Tel. 0524 85 23 59, www.chezslimani.com. Anfahrt wie zur Kasbah Amerdihil (s.o.), der Beschilderung folgen, kleiner Eingang in der Mauer rechts (N 31° 03,039', W 06°34,925'). Saubere Gîte d'étape in hübscher Familienkasbah mit neun einfachen Zimmern. Kleiner Salon, schattiger Garten, Organisation von Ausflügen.

■ **Chez Talout**③ (mit Frühstück), Oulad Arbia, Tel. 0524 85 26 66, www.talout.com, N 31°02,538', W 06°36,241'. Schöne, sehr gepflegte Herberge mit Restaurant (gutes Essen) und tollem Ausblick auf die Oase von den Terrassen. Herzlicher Empfang und liebevolle Betreuung der Gäste. Klimatisierte/beheizte komfortable DZ mit Bad.

■ **Dar Lorkam**④ (mit HP), ca. 5 km abseits der Hauptstraße in der Palmeraie (andere Seite des Oueds), Tel. 0524 85 22 40, www.dar-lorkam.com, N 31°05,95', W 06° 35,05'. Liebevoll gestaltete Herberge in ruhiger Lage mit Pool und netten Zimmern im Berberstil mit Bad. Das Essen wird mit Gemüse aus dem Garten zubereitet.

■ **Espace Kasbah Amridil**③ (mit Frühstück), unmittelbar neben der Kasbah Amerhidil, Tel. 0524 85 22 97, www.espaceamridil.com. Freundliches Gästehaus in einer im Lehmbaustil nachgebildeten Kasbah mit 10 Zimmern mit Bad (einige klimatisiert). WLAN, Essen auf Bestellung im Innenhof.

■ **Kasbah Aït Abou Ali,** vgl. Ausflug. Gästehaus in einer schönen Kasbah.

■ **Kasbah Aït Ben Damiette**③-④, Douar Ouled Ali Khamsa (2 km in Richtung Toundoute in der Palmeraie), Tel. 0524 85 20 02, www.kasbahaitbendamiette.com. 12 typisch marokkanisch gestaltete, klimatisierte/beheizte Zimmer und Suiten mit Bad. Es gibt einen Pool sowie Restaurant, Fernsehsalon und Bar um den offenen Innenhof. Herzlicher Empfang durch die französischen Gastgeber *Yannick* und *Colette*. Auch Übernachtung auf der Dachterrasse (mit Ausblick) möglich.

■ **Kasbah Aït Ben Moro**④, Tel. 0524 85 21 16, www.kasbahaitbenmoro.com. Die Kasbah aus dem 18. Jh. wurde stilvoll und authentisch instand gesetzt und zu einem komfortablen Hotel umgestaltet. Die 13 Zimmer mit Bad (kein AC) und drei Turmzimmer mit Dusche/WC auf dem

Gang sind sehr gemütlich, z.T. mit Privatterrasse, Kamin oder Blick auf die Palmeraie. Schöner Garten mit Terrasse und Pool. Von der Dachterrasse traumhafter Ausblick auf den Palmenhain und den Hohen Atlas.

■ **Kasbah Ait Ben Damiette**③, Douar Ouled Ali Khamsa, am Ortsausgang von Skoura (Richtung Kelâa M'gouna) links abbiegen Richtung Toundout (2 km), Tel. 0524 85 20 02, kasbahdamiette@gmail.com, www.kasbahaitbendamiette.com. Sehr schönes, viel gelobtes Gästehaus unter französischer Führung in einer Kasbah mit 12 typisch marokkanisch gestalteten Zimmern mit Bad, AC und Heizung. Es stehen ein Restaurant und ein Pool im Hof zur Verfügung. Auch die Organisation von Ausflügen ist möglich.

■ **Kasbah d'hôtes Ayad**② (mit Frühstück), kurz vor Skoura an der Hauptstraße, Tel. 0524 85 20 47, chezayad @yahoo.fr. Schöne Unterkunft in einer renovierten Kasbah (ca. 100 Jahre alt). *Hassan Ayad* und seine Familie empfangen Gäste herzlich und sind sehr freundlich. Sechs DZ mit Bad und barrierefreie Zimmer im EG. Gutes Frühstück und Abendessen auf der Terrasse im Palmengarten.

■ **Kasbah La Palmeraie**①-②, Mobil 0662 15 30 49, www.lapalmeraie-skoura.com. Nette Gîte d'étape der Familie *El Gharbi* in einer Kasbah, ca. 800 m vom Zentrum im Douar Rouha. Es gibt Zimmer mit oder ohne Bad, auch Übernachtung auf der Dachterrasse ist möglich.

■ **L'Ma Lodge**④, in der Palmeraie, Anfahrt: am Ortsausgang von Skoura (Richtung Kelâa M'gouna) links abbiegen Richtung Toundout, nach 3 km links ab auf eine gute Piste bis zu einer Kasbahmauer, dann rechts und erste Piste wieder links, N 31°05,467', W 06°33,306', Tel. 0524 85 22 81, Mobil 0666 64 79 08 *(Vanessa)*, www.lmalodge.com; vorher anrufen, um hinzufinden. Sehr stilvolles und komfortables Gästehaus in ruhiger Lage abseits der Hauptstraße, (beheizter) Pool mit Liegen im wunderschönen Garten unter Palmen und Obstbäumen, im Riad sind drei Suiten und vier unterschiedlich gestaltete, helle Zimmer für bis zu 5 Pers. mit Tadelakt-Bad und separatem WC untergebracht. Organisation von Ausflügen möglich. Im Restaurant mit Kamin gibt es marokkanische und mediterrane Küche aus Bio-Produkten; vegetarische und glutenfreie Gerichte auf Anfrage.

■ **La Perle de Skoura**①, Oulad Amira, in der Palmeraie nahe der Kasbah Amerhidil, Mobil 0668 64 13 67, laperledeskoura@gmail.com. *Mohamed Alaoui* empfängt seine Gäste herzlich und bietet auf seinem Gartengelände einfache Unterkunft in Berberzelten. Touren in der Umgebung möglich.

■ **Les Jardins de Skoura**④ (mit Frühstück), Tel. 0524 85 23 24, Mobil 0661 73 04 61, www.lesjardinsdeskoura.com, N 31°03,605', W 06°35,730'. Anfahrt wie zur Kasbah Amerdihil (s.o., Schild an der Straße), im Flussbett rechts halten und durch die Palmeraie hindurch immer den roten Pfeilen folgen (ca. 3 km). In diesem Landhotel mit schönem Garten mit Hängematten und Pool herrscht eine wunderbar ruhige und erholsame Atmosphäre. Die französische Betreiberin *Caroline* ist sehr um ihre Gäste bemüht. Hübsche, sehr große Zimmer und Suiten im Berberstil, z.T. mit Kamin und Privatterrasse (Familiensuite).

■ **Les Nomades** (Chez Aziz)② (mit Frühstück), Mobil 0661 89 63 29, www.skoura-nomades.com, ca. 600 m hinter dem Dorf am Rande des Palmenhains. Hübsches Kasbahhotel der freundlichen Familie *Assilah* mit acht Zimmern mit Bad. Die Turmzimmer auf der Dachterrasse sind klimatisiert. Gemütlicher Salon mit Restaurant.

■ **Maison Dmana**②, Douar Rouda Oulad Yakoub (Dorf hinter der Kasbah Amerhidil), Mobil 0613 87 73 22. Sehr freundliches Gästehaus mit nach Leseraussagen „bester vegetarischer Tajine", gutem Frühstück und hübschen Zimmern.

■ **Sawadi**③-④ (mit Frühstück), Douar Tajanate, in der Palmeraie, Tel. 0524 85 23 41, www.sawadi.ma. Leser bezeichneten die Gästefarm von *Catherine Quenisset* und *Philippe Ferrer Mora* als „kleines Paradies": geräumige, unterschiedlich gestaltete Suiten in einzelnen kleinen Kasbahs (mit Privatterrasse, z.T. mit Klimaanlage und Kamin) auf dem 1 ha großen Gartengrundstück. Anbau von Bio-Gemüse und Obst für den Eigenbedarf, toller Pool, kleines Hammam, Restaurant und Kinderspielplatz. Besonders für einen ruhigen Familienurlaub geeignet. Abholung aus Ouarzazate und diverse Ausflüge möglich.

Camping

■ **Amridil** (Camping International de Skoura), Mobil 0666 25 11 54, www.camping-amridil-ouarzazate.com, nördlich der Hauptstraße am Oued, ummauertes Gelände nahe der Kasbah (Wegweiser, N 31°02,980', W 6°34,593'). Sehr liebevoll gestalteter Campingplatz und idealer Ausgangspunkt zur Oasenbesichtigung: netter Empfang, sehr saubere und gute sanitäre Anlagen (warme Dusche kostet extra, 70 DH inkl. Dusche und Strom für 2 Pers.), schattiger Salon/Restaurant (Essen auf Bestellung), Stellplätze mit Strom und wenig Schatten, da die Bäume noch klein sind. Auch Bungalows③ im Kasbahstil. Vom Rand der Mauern bietet sich ein herrlicher Ausblick auf die im Winter schneebedeckten Berge und den Palmenhain.

Essen und Trinken

■ **El Baraka,** an der Hauptstraße. Café/Restaurant mit guter marokkanischer Küche, ideal für eine Mittagsrast auf der Durchreise.

■ In vielen der genannten Gästehäusern kann man auch nur zum Essen einkehren.

Sonstiges

■ Ein **Grand Taxi** nach Ouarzazate kostet ab Skoura etwa 30 DH. Die Busse von Ouarzazate (s. dort) nach Tinerhir halten z.T. in Skoura.

■ Zahlreiche **Moussems** finden in den umliegenden Dörfern zwischen 12. und 20. Rabia I statt; in Skoura selbst der **Moussem Sidi Othmane** am 14. Rabia I.

■ Der Veranstalter Sport Travel in Marrakesch (s. dort) betreibt eine **Pferderanch** *(Centre Equestre)* in Skoura, wo Reiter Ausritte unternehmen können. Anfahrt: Von Ouarzazate kommend in Skoura links ab auf die Teerstraße nach Toundoute, vor der Auberge Bouarif links auf eine Piste, nach 500 m ist dann die Ranch erreicht (Douar Tiriguioute, Mobil 0661 22 52 63).

Ausflug zur Kasbah Aït Abou Ali

Dieser Abstecher ist **auch für Radfahrer und Fußgänger empfehlenswert,** da er durch die Oasengärten von Skoura führt. Man kann direkt vom Ortszentrum starten und über das Oued nordostwärts dorthin gelangen (den roten Pfeilen folgen).

Kurz vor Ortsende in Richtung El Kelâa, Tinerhir weist das Schild „Gîte d'étape Kasbah Aït Abou Ali" nach links. Entlang der Teerstraße geht es knapp 7 km bis zu einem Dorf mit einer Kasbah. Dort auf eine Piste links abbiegen und nach 2,4 km auf einer kleinen **Brücke** ein Oued überqueren **(N 31°06,056', W 06°33,897').** Kurz darauf wieder auf guter Piste ein Oued queren. Weiter durch die Oasengärten: Nach 1,1 km erreicht man ein Dorf. Weiter an Lehmmauern entlang geradeaus durch die Gärten, nach 500 m rechts abbiegen (Pfeil auf Mauer). Nach 800 m liegt linker Hand die wunderschöne **Kasbah Aït Abou Ali**② (Tel. 0524 85 22 34, www.kasbah-ait-abou.com, **N 31°06,442', W 06°34,714').** Das Kasbahhotel mit schönen Zimmern im Berberstil mit Bad (auch Familienzimmer, z.T. mit Klimaanlage/Heizung, Übernachtung im Nomadenzelt①) hat einen Hammam. In den herrlichen Gärten gibt es ein Quelle und jede Menge Dattelpalmen – eine Oase der Ruhe abseits der Touristenströme. Leser empfahlen den Touristenführer *Aziz Aichi* (Mobil 0677 55 16 70), den man über die Herberge kontaktieren kann.

Weiterfahrt nach Tinerhir

Hinter Skoura führt die N 10 weiter durch wüstenhafte Gegend, die lediglich im Drâa-Tal grüne Farbe zeigt. Entlang der Straße liegen malerische Kasbahs. Die Hauptverbindungsstrecke verläuft dann bergauf über ein ödes Plateau zum Pass **Tizi-n-Taddert** auf 1370 m Höhe (km 61). Danach geht's hinab ins grüne Dadès-Tal nach **Imassine** (km 66).

Aït Ridi, ein kleiner Ort mit Dattelpalmenhain und vielen Kasbahs, ist nach **85 km** erreicht. Hier steht rechts der Straße ein großer, pilzförmig erodierter Felsen, der als Aussichtsplattform dient. Unterhalb gibt es Souvenirläden, einen Parkplatz und Cafés.

4 km weiter führt eine Brücke über den **Assif M'goun.** In der Nähe haben sich viele Restaurants, Cafés und Steinverkäufer entlang der hübschen Palmenhaine angesiedelt.

Die landschaftlich sehr schöne Strecke führt weiter entlang des Dadès, der sich tief in den roten Sandstein gegraben hat.

Bei **km 89** liegt das **Hotel Rosa Damaskina**③ (Tel. 0524 83 69 13, www.rosadamaskina.com) an der Pont d'Almou (Brücke) mit herrlichem Blick und einfach ausgestatteten, sauberen Zimmern mit Bad (üppiges Frühstück). Im Restaurant kann man zu Mittag essen.

El Kelâa M'gouna folgt bei **km 94.**

El Kelâa M'gouna

Die schöne Oase mit ca. 15.000 Einwohnern liegt 1467 m hoch am Fluss Assif M'goun, der hier vom Hohen Atlas kommend ins Dadès-

Tal mündet und wenige Kilometer vor El Kelâa M'gouna in den Dadès-Fluss fließt. Auf einem Felsen, der die Oase überragt, liegt die **Kasbah** des früheren Pascha von Marrakesch, *Al Glaoui*. Es bieten sich im Ort Führer dorthin an. Die Kasbah gab dem Ort seinen Namen: *Kelâa* bedeutet Festung, *M'gouna* heißt der hier ansässige Stamm.

Die Oase ist vor allem für die Herstellung von **Rosenwasser und -öl** bekannt, Ersteres wird für Kosmetik sowie zum Backen und Kochen verwendet, Letzteres als Essenz für die Parfümherstellung (ca. 40 DH/125 ml). In El Kelâa M'gouna wird Mitte Mai zur Rosenernte die **Fête des Roses** gefeiert.

Markttag ist der **Mittwoch** – dieser sehr sehenswerte Wochenmarkt ist größer als der in Boumalne.

Praktische Informationen

Unterkunft/Camping

■ **Hotel du Grand Atlas**①, Av. Mohamed V., Tel. 0524 83 68 38. Einfaches, ordentliches Hotel mit Duschen/WC auf dem Gang.

■ **Kasbah Itran**②-③ (mit Frühstück), Richtung Rosental, Tel. 0524 83 71 03, Mobil *(Mohamed)* 0662 62 22 03, www.kasbahitran.com. Maison d'Hôtes in traditioneller Lehmbauweise unter spanisch-marokkanischer Führung, 7 Zimmer mit oder ohne Bad (z.T. mit Balkon).

■ **Ksar Kaissar**③, 3 km hinter dem Zentrum Richtung Tinerhir links ab (Schild), Tel. 0524 83 67 42/76. 64 klimatisierte Zimmer, 50 Höhlenzimmer und großer Pool; die Zimmer im alten Hotelteil sind nicht so sauber, die im neueren besser. Es gibt einen terrassenartig angelegten, weitläufigen **Campingplatz** mit schattigen Wohnmobilstellplätzen und toller Aussicht. Die Sanitäranlagen sind etwas vernachlässigt, die Nutzung des Pools kostet für Camper 30 DH/Pers.

Essen und Trinken

■ **Café Errabia Chez Abdou,** ggü. Supratours-Bushaltestelle. Ein Leser empfahl dieses freundliche Café mit leckerem Essen.

■ **Almanadir,** am Ortseingang. Gutes, einfaches Restaurant mit schönem Blick aufs Flusstal. Tajine ca. 50 DH.

Sammeltaxis/Busse

■ Einmal täglich (mittags) verkehrt ein **CTM-Bus nach Tinerhir** (von Ouarzazate kommend), ca. 2 Std. Fahrzeit, 30 DH. Derselbe Bus fährt **nach Errachidia** weiter: 70 DH, ca. 4 Std. Fahrzeit. Der CTM-Bus **nach Ouarzazate** startet vormittags (35 DH, ca. 75 Min. Fahrzeit) und fährt **nach Marrakesch** weiter (105 DH, ca. 6½ Std. Fahrzeit). Weitere Privatbuslinien.

■ Zweimal täglich (morgens und nachmittags) verkehrt ein **Supratours-Bus nach Ouarzazate** (40 DH, ca. 75 Min. Fahrzeit) und weiter **nach Marrakesch** (115 DH, 5½ Std.).

■ **Sammeltaxis nach Boumalne** ca. 10 DH, nach **Ouarzazate** ca. 20 DH.

Ausflüge

Von El Kelâa kann man einen Ausflug ins **Rosental (Vallée des Roses)** unternehmen. Der Abzweig in der Ortsmitte ist ohne Hinweisschild. Die Strecke ist bis Bou Thrarar geteert. Nur anfänglich und dann wieder ab Hdida führt die Straße unmittelbar am Tal entlang und bietet herrliche Ausblicke auf das unten gelegene Flusstal – dazwischen geht es durch uninteressante Steinwüste. Deshalb sollte man unbedingt einen Abstecher direkt ins Flusstal bzw. eine Wanderung dorthin unternehmen.

Im ursprünglichen Ort **Bou Thrarar** kann man eine Nacht im einfachen **Gästehaus Amnay**② (Mobil 0612 02 86 98) verbringen. Das liebevoll restaurierte Lehmhaus liegt toll oberhalb des Flusses. Die sehr freundlichen Betreiber *Hassan* und *Youssef* sprechen englisch und organisieren Trekkingtouren. Eine Weiterfahrt Richtung Osten in die Dadès-Schlucht (Aït Youl) bzw. gen Westen nach Skoura ist nur mit Geländewagen möglich. Die Piste nach Aït Youl (ca. 13 km) zweigt im Dorf Tamalout bei N 31° 23,140', W 06°07,681' ab.

■ Tipps für Unternehmungen in der Region (Wandern, Ausflüge etc.) gibt das **Bureau des guides et accompagnateurs de montagne** 1 km vor El Kelâa M'gouna (von Ouarzazate kommend auf der linken Seite, Tel. 0524 83 73 68/71) und in Souk el Khemis (s.u.). Die Büros vermitteln Bergführer.

Weiterfahrt nach Tinerhir

Zaouiat el Bir folgt nach **103 km.** Ab hier führt die Route durch dicht besiedeltes Gebiet, man kommt nur noch langsam vorwärts. Nur noch gelegentlich bieten sich Ausblicke auf die Kasbahs und die Berge.

Bei **km 108** ist **Souk el Khemis** erreicht. Rechts neben der Straße steht eine schön renovierte **Kasbah mit Museum** (beschildert), außerdem das *Bureau des guides et accompagnateurs de montagne,* das Bergführer vermittelt (Tel. 0524 85 04 11).

Bei **km 115** ist **Boumalne** erreicht.

Boumalne du Dadès

Das Markt- und Verwaltungszentrum der Region hat etwa 11.000 Einwohner. Es liegt auf 1586 m zwischen den kahlen, verwitterten Berghängen des Hohen Atlas im Norden und des Djabal Saghro im Süden. Der schöne, von mächtigen Kasbahs umgebene Ort ist **Zentrum der Aït-Atta-Berber.** Die Bewohner leben in erster Linie von der Landwirtschaft (Gemüse-, Obst-, Getreideanbau), die hier entlang der Flüsse im Terrassenfeldbau betrieben wird. Palmen gedeihen auf dieser Höhe aufgrund der Winterkälte nicht mehr.

Markt ist am Mittwoch – ein Besuch des **Souks,** zu dem alle Bewohner der Umgebung kommen, lohnt sich (Marktgelände ca. 2 km außerhalb an der Straße nach Tinerhir). In Boumalne steht eine schöne **Kasbah,** die noch als Speicherburg genutzt wird.

Unbedingt einen Abstecher wert ist die **Dadès-Schlucht** (vgl. „Von Boumalne du Dadès in die Dadès-Schlucht"). Die Schlucht ist zumindest im oberen Bereich eindrucksvoller als die Todrha-Schlucht. Die Teerstraße endet etwa 12 km hinter Msemrir; wer nicht bis dorthin vordringt, sollte zumindest bis Aït Oudinar fahren. Schon nach wenigen Kilometern flussaufwärts thronen imposante Kasbahs in dem von roten Felsen umrahmten grünen Flusstal – eine faszinierende Landschaft voller Kontraste.

Praktische Informationen

Unterkunft in Boumalne du Dadès

■ **Al Manader**①, Bd. Mohamed V. (ca. 500 m außerhalb in Richtung Tinerhir auf der rechten Seite), Tel. 0524 83 01 72, www.hotelmanader.com. Einfaches Hotel mit sauberen, geräumigen Zimmern mit heißer Dusche und WC (nur durch Vorhang abgetrennt), vom Balkon herrlicher Blick ins Tal. Sehr freundliches Personal und gutes Essen, eigener Parkplatz.

■ **Bougafer**①, direkt im Zentrum am kleinen Platz auf der linken Seite (von Ouarzazate kommend). Die einfache Unterkunft ist sauber, nett eingerichtet und hat eine hübsche Terrasse und Dachterrasse. Viel gelobtes Restaurant mit gutem Essen. Zimmer mit Dusche/Waschbecken (ohne WC), auch 3er-Zimmer.

■ **Casbah La Jeanne**③ (mit Frühstück), Slillou, 2 km vom Stadtzentrum entfernt (Abholung bei Anruf), Tel. 0524 83 00 72, Mobil 0667 41 56 97. Das Kasbahhotel von *Moha Mansoub* und seiner Familie wurde von Lesern wärmstens empfohlen: großzügige, schöne Zimmer mit Bad und Blick auf die Gärten am Fluss (schöne Spaziergänge möglich), familiäre Wohlfühlatmosphäre. Moha bietet Touren in die Berge und die Wüste sowie Trekkings an. Auch 3er- und 4er-Zimmer.

■ **Kasbah de Dadès** (ex Chems)③ (mit Frühstück), Bd. Mohamed V., in der Kurve Richtung Tinerhir, Tel. 0524 83 00 41, www.kasbahdedades.com. Freundliches, sauberes Hotel im Kasbahstil mit schöner Aussicht, DZ mit Dusche und Balkon. Pool und Restaurant oberhalb des Ortes. WLAN.

■ **Kasbah Tizzarouine**③-④ (je nach Saison), am Ortsausgang Richtung Tinerhir rechts abbiegen (beschildert), dann einige 100 m Piste, Tel. 0524 83 06 90, www.tizzarouine.com. Großes Hotel im Kasbahstil mit Pool, die Terrasse am hinteren Ende der riesigen Anlage bietet einen tollen Blick auf Boumalne. Eines der zwei hübschen Restaurants befindet sich in einem Berberzelt (abends Folklore), meist gutes Essen und aufmerksamer Service (in der Hauptsaison bei viel Gruppenandrang evtl. weniger gut). Übernachtung in Standard-Zimmern, in kleinen Höhlenzimmern (ohne Fenster, mit eigener Terrasse) oder in Berberzelten möglich (bei Ansturm nicht immer sauber).

■ **Soleil Bleu**②-③, oberhalb des Ortes (2 km) in Richtung Tinerhir und dann links (vom Hotel Madayeq ca. 400 m weiter auf Piste, N 31°22,684', W 05°58,872'), Tel. 0524 83 01 63, www.hotel-soleilbleu-dades.com. In den sauberen Zimmern mit Bad und Balkon (im OG) und z.T.

Ausblick ins Tal ist nicht immer alles voll funktionsfähig. Das Personal ist sehr freundlich. Es gibt ein gutes Restaurant mit sehr schöner Terrasse und herrlichem Blick. Alte Zimmer im EG, neue Zimmer im OG. **Camping** im Hof möglich (Stellplatz im ummauerten Hof wenig ansprechend, sanitäre Anlagen aber ordentlich und sauber, warme Duschen).

■ **Vallée des Oiseaux**①, Bd. Mohamed V. (am Ortsende in Richtung Tinerhir links), Tel. 0524 83 07 64, www.valleedesoiseaux.com. Nettes Hotel mit einfachen Zimmern mit Du/WC (nur durch Vorhang abgetrennt). Sehr freundliches Personal, gutes Essen in einem großzügigen Speiseraum.

■ **Xaluca Dadès**③, Tel. 0524 83 00 60, www.xaluca.com. Komfortables 3-Sterne-Kasbahhotel mit tollem Blick über das Dadès-Tal. Pool, Hammam und 110 hübsche, afrikanisch gestaltete Zimmer mit Bad, TV, kabellosem Internet und Heizung/AC.

Herbergen in der Dadès-Schlucht

Die Unterkünfte sind entsprechend ihrer Reihenfolge entlang der Straße durch die Dadès-Schlucht aufgelistet (von Süden nach Norden).

■ **Auberge Panorama**③ (mit Frühstück), in Aït Ibrirne in der Dadès-Schlucht, ca. 11 km von Boumalne, Tel. 0524 83 15 55, www.aubergepanorama.com. Hübsche Herberge im Kasbahstil mit Restaurant und Panoramaterrasse. Die sieben sauberen Zimmer mit Bad sind unterschiedlich und liebevoll gestaltet.

■ **Auberge Tifawen**②, ca. 11 km von Boumalne, direkt nehen Auberge Panorama, Tel. 0524 83 18 54, www.tifawen.com. Sehr freundliche Herberge im Kasbahstil mit sieben hübschen Zimmern (mit Balkon) um den offenen Innenhof herum, Panoramaterrasse.

■ **Dar Tougha**②, Aït Ibriren, ca. 12 km hinter Boumalne auf der rechten Seite (alleinstehend außerhalb des Ortes), Mobil 0667 15 99 41, dar-tougha@hotmail.fr. Das Gästehaus des sehr netten und bemühten *Oussakt Ibrahim* hat nur wenige Zimmer, einen Stellplatz für zwei bis drei Wohnmobile sowie eine kleine Wiese für Zelte. Ruhige Lage, leckeres Essen im Restaurant.

ma16_102 ad

Der Name ist Programm: Blick von der Terrasse der Auberge Panorama in der Dadès-Schlucht

■ **La Kasbah de Mimi**④ (mit HP), ca. 12 km von Boumalne in der Dadès-Schlucht, Tel. 0524 83 05 05, http://kasbah-mimi.webliberte.net. Sehr schönes Kasbahhotel mit Pool und Restaurant unter französischer Führung.

■ **Hotel Tamlalte**② (mit HP), ca. 16 km von Boumalne auf der rechten Seite in einer Kurve, Tel. 0524 88 68 53, Mobil 0672 09 88 07, www.hoteltamlalte.com. Einfache, familiäre Herberge in sehr schöner Lage auf einem Bergsporn direkt gegenüber der „Affenpfoten", mit fantastischer Aussicht ins Tal und auf die Felsen. Schöne, helle Zimmer mit Du/WC, freundliche Familie und gutes Essen, auch Camping auf dem Parkplatz vor dem Hotel.

■ **Kasbah Aït Arbi**①, ca. 17 km von Boumalne in der Dadès-Schlucht, Tel. 0524 83 17 23. Diese kleine, authentische Herberge hat eine sehr schöne Aussichtsterrasse und saubere Zimmer mit warmer Dusche, man kann auch auf der Dachterrasse übernachten. Der junge, herzliche Eigentümer *Ahmed Boumadir* organisiert Touren in die Umgebung und die Besichtigung der Kasbah Aït Arbi.

■ **Auberge Tamlalte**② (mit HP), ca. 16 km von Boumalne auf der rechten Seite in einer Kurve, Tel. 0524 88 68 53, www.hoteltamlalte.com. Schöne helle Zimmer mit Bad, fantastische Aussicht, freundliches Personal, gutes Essen, schöne Wanderungen möglich.

■ **Les 5 lunes – Chez Daoud**②, ca. 23 km von Boumalne in der Dadès-Schlucht, Tel. 0524 83 07 23, www.les5lunes.com. Die Herberge der Familie *Ochatou* mit sechs Zimmern im Berberstil und Restaurant ist liebevoll-verspielt gestaltet (Wandmalereien).

■ **Auberge Aït Oudinar – Gorges du Dadès**③ (mit HP), in Aït Oudinar, ca. 25 km von Boumalne in der Dadès-Schlucht, Tel. 0524 83 02 21, Mobil 0676 60 02 85, www.aubergeaitoudinar.com. Das schön direkt am Fluss gelegene Hotel ist liebevoll im Berberstil eingerichtet, die einfachen Zimmer sind sauber und haben ein (z.T. schon etwas angeschlagenes) Bad, AC und Balkon. Gutes Essen wird auf der Terrasse oder im Berberzelt serviert. Es gibt einen angeschlossenen Souvenirshop und einen kleinen **Campingplatz** mit Schatten spendenden Bäumen. Von hier kann man in Begleitung eines Familienmitglieds eine sehr schöne Wanderung durch eine Nebenschlucht des Dadès unternehmen (halber Tag). Camping 20 DH/Caravan, 10 DH/Pers., 20 DH Strom, 15 DH Zelt.

■ **Chez Pierre**③, ca. 26 km von Boumalne in Aït Oudinar, Tel. 0524 83 02 67, www.chezpierre.org. Ein Franzose betreibt dieses aus Lehm im Kasbahstil errichtete Hotel mit zehn sehr stilvollen Zimmern mit Bad, Zentralheizung (in Marokko eine Rarität) und kleiner Terrasse zum Garten. Es gibt einen Pool und hervorragendes, viel gelobtes Essen (Menü ab 10 Euro). Es werden auch (Wander-)Ausflüge organisiert und Mountainbikes verliehen.

■ **La Gazelle du Dadès**①, in Aït Ouffi, ca. 27 km hinter Boumalne in der Dadès-Schlucht, Tel. 0524 83 17 53, www.lagazelledudades.com. Nette, saubere Herberge, auch günstige Übernachtung im Nomadenzelt oder im Salon möglich.

■ **La Fibule**② (mit HP), ca. 27 km von Boumalne in der Dadès-Schlucht (bei Aït Oudinar), Tel. 0524 83 17 31, Mobil 0670 22 43 39, ijoudmustapha@yahoo.fr. Empfehlenswerte Herberge mit netten Leuten und gutem Essen. DZ mit kleinem Heizofen.

■ **Auberge des Peupliers**③ (mit HP), in Aït Ouffi, ca. 28 km hinter Boumalne in der Dadès-Schlucht, Tel. 0524 83 17 48, www.aubergedespeupliers.net. Das einfache, saubere Hotel mit Restaurant und **Campingmöglichkeit** gehört *Mohamed Echaouich*, der Wanderungen zu den in den Bergen lebenden Höhlennomaden führt. Restaurant mit Kamin für den Winter, WLAN, DZ mit warmer Dusche.

■ **Kasbah de la Vallée**③ (mit HP), in Aït Ouffi (neben Auberge des Peupliers), ca. 28 km hinter Boumalne in der Dadès-Schlucht, Tel. 0524 83 17 17, www.kasbah-vallee-dades.com, N 31°31,288', W 05°55,837'. Ordentliche, saubere und typisch marokkanisch (Polstermöbel) eingerichtete Herberge. Sehr kleiner **Campingplatz** angeschlossen, die sanitären Anlagen (heiße Duschen) im Hotel können von Campern mitbenutzt werden. Gutes Essen.

■ **Auberge Tissadrine**② (mit HP), in Aït Ouffi, ca. 28 km hinter Boumalne in der Dadès-Schlucht, Tel. 0524 83 17 45, Mobil 0670 23 34 18. Einfache, aber sehr angenehme Herberge der freundlichen Brüder *Ourizi Lahsen, Daud* und *Youssef* in traumhafter Lage direkt am Fluss. Hübsche Zimmer mit heißer Dusche, kleines Restaurant mit preisgünstigem und gutem Essen, **Camping** möglich.

■ **Atlas Berbère**①, am Ortsausgang von Aït Ouffi, ca. 28 km hinter Boumalne in der Dadès-Schlucht, Mobil 0661 97 60 05, www.atlas-berbere.com. Kleine, hübsch und mit viel Liebe gestaltete Herberge im Kasbahstil, sehr gutes Essen, romantische Terrasse am Fluss und auf dem Dach, kleiner Souvenirshop, sehr hilfsbereite, aufmerksame und freundliche Betreuung der Gäste.

■ **Le Vieux Chateau**③ (mit HP), am Ortsausgang von Aït Ouffi, ca. 28 km hinter Boumalne in der Dadès-Schlucht, Tel. 0524 83 12 61, www.hotellevieuxchateau.com. Wegen seiner Dimensionen wirkt das Hotel etwas steril, aber die Zimmer sind groß und hübsch und die Leute sehr nett. Jeden Abend wird Musik gemacht. Lärm-

ma16_101 ad

empfindliche Menschen sollten im linken Flügel schlafen, da rechts der Generator brummt.

■ **La Kasbah de Victor**②, ca. 31 km hinter Boumalne in der Dadès-Schlucht, Mobil 0622 29 02 68, lakasbahdevictor@yahoo.fr. Das empfehlenswerte Kasbahhotel mit nur drei Zimmern liegt fantastisch auf einem Hügel mit grandiosem Ausblick ins Tal. Herzlicher Empfang, gutes Essen im Nomadenzelt (auch Weinausschank), Pool.

■ **La Source du Dadès**③ (mit Frühstück), ca. 33 km hinter Boumalne, direkt vor der engsten Stelle der Dadès-Schlucht, Mobil 0675 74 12 71, www.hotelsourcedades.com. Fünf ordentliche, einfache Zimmer.

■ **Berbère de la Montagne**③ (mit HP), ca. 34 km hinter Boumalne am Ende des Dadès-Tals bei Imdiazen, Tel. 0524 83 02 28, www.berbere-montagne.com. Nettes, sauberes Kasbahhotel mit Restaurant und **Campingplatz** (großer, schattiger Stellplatz, saubere Sanitäranlagen). Zwei- bis Vierbettzimmer mit Bad und Klimaanlage/Heizkörper. Camping 15 DH/Pers., 12 DH/Auto, 30 DH/Caravan, 15 DH/Zelt.

■ **Au nom de la rose**③ (mit HP), ca. 100 m hinter Berbère de la Montagne (34 km von Boumalne bei Imdiazen), Tel. 0524 83 13 65, www.auberge-aunomdelarose-dades.com. Kleine Herberge mit drei sauberen Zimmern mit Bad. Hübscher Salon, leckeres Essen (Tajine 95 DH) und sehr freundlicher Besitzer, der auf Wunsch eine reizvolle dreistündige Wanderung in eine Nebenschlucht und zu den Höhlen der Nomaden begleitet.

Essen und Trinken

■ **Bougafer,** beim gleichnamigen Hotel (s.o.) im Zentrum. Schöne, von Wein überwachsene Terrasse, gutes Menü, Treffpunkt der Bergführer (auch Vermittlung).

■ **In viele Herbergen** entlang der Straße in der Dadès-Schlucht kann man zum Mittagessen einkehren.

Sammeltaxis/Grands Taxis

Mittags ab der **Bushaltestelle (bei der Moschee)** in die Dadès-Schlucht bis Aït Youl ca. 10 DH und bis Aït Oudinar ca. 20 DH, bis Msemrir ca. 40 DH, nach Tinerhir ca. 20 DH. Nach Ouarzazate Abfahrt an der Hauptstraße ca. 100 m südlich der Moschee. In den Djabal Saghro nach Iknioun fahren nur Lastwagen.

Busse

Die **Privatbusse** fahren mehrmals täglich an der Sammeltaxihaltestelle etwa 100 m südlich der Moschee an der Hauptstraße ab.

■ **Ouarzazate** und **Marrakesch:** mehrmals tägl. verschiedene Busse (CTM 1x tägl., Supratours 2x tägl.), 40–50 DH, ca. 2½ Std. Fahrzeit nach Ouarzazate; 115–125 DH, 6–7 Std. Fahrzeit bis Marrakesch.
■ **Errachidia (über Tinerhir):** CTM 1x tägl., 55 DH, 3 Std. Fahrzeit bis Errachidia (von dort Weiterfahrt nach Erfoud, Rissani und Merzouga möglich); nach Tinerhir ca. 75 Min. Fahrzeit, ca. 30 DH (2x tägl. mit Supratours).
■ **Erfoud:** Privatbusse mehrmals tägl., ca. 50 DH, 4 Std. Fahrzeit.

Sonstiges

■ Im Zentrum gibt es **Banken** (mit Geldautomat) und Internetcafés.
■ Die **Post** liegt oberhalb des Zentrums zwischen den Hotels Madayeq und Soleil bleu.

Ausflüge

Der Ort eignet sich als Ausgangspunkt für **Touren** in die Dadès-Schlucht, ins Rosental (am interessantesten zur Rosenernte im Mai, vgl. El Kelâa M'gouna) oder nach Süden ins Djabal-Saghro-Massiv. Von den Hotels werden Touren ins Vallée des Oiseaux (Vogeltal) angeboten.

Das **Bureau des guides et accompagnateurs de montagne** in Souk el Khemis (kurz vor Boumalne) kann Touren in die Dadès-Schlucht und ins Rosental organisieren und Führer bzw. Bergführer vermitteln.

Sehr reizvoll sind Trekkingtouren im Massiv des **Djabal Saghro** (vgl. Exkurs unten), einem wild zerklüfteten und bergigen Wüstengebiet vulkanischen Ursprungs. Durchquerungen zu Fuß werden auch von deutschen Trekkingveranstaltern angeboten (Start im Dorf Tagdilt etwas südlich von Boumalne).

Außerdem sind Wanderungen in den Hohen Atlas zu den Höhlennomaden oberhalb der Dadès-Schlucht oder zur **Todrha-Schlucht** bei Tinerhir möglich.

☒ Einen Ausflug wert ist die Dadès-Schlucht

Weiterfahrt nach Tinerhir

Auf der N 10 in Richtung Tinerhir geht es weiter durch eine baumlose Hochebene. Die Route ist im Norden begrenzt durch den Hohen Atlas, im Süden durch den Djabal Saghro.

135 km hinter Ouarzazate folgt der Ort **Imiter** mit schönen Kasbahs.

Nach **165 km** ist **Tinerhir** (Tineghir) erreicht.

Tinerhir

Tinerhir (auch **Tineghir**), ein ehemaliges Festungsdorf auf 1342 m Höhe, liegt inmitten einer großen Palmenoase. Die etwa 60.000 Einwohner leben von **Oasenfeldbau,** Handel und Tourismus. Tinerhir setzt sich aus **25 Oasendörfern** zusammen, die sich das Tal entlangziehen. Tinerhir ist Kreisstadt, Provinzstadt und Verwaltungszentrum für 72 Orte des Umkreises. Durch den Tourismus ist Tinerhir in den letzten Jahren stark expandiert. Entlang der Hauptstraße wird überall gebaut, sodass das Zentrum zeitweise einer einzigen Baustelle gleicht. Architektonisch entwickelt sich die Stadt mit hässlichen mehrstöckigen Neubauten nicht gerade zum Positiven …

Tinerhir bietet alle Versorgungsmöglichkeiten (Banken, Internetcafés etc.). Montags findet auf dem Souk-Gelände am Stadteingang (von Boumalne kommend) ein **großer Wochenmarkt** statt.

Sehenswertes

Tinerhir eignet sich als Ausgangspunkt für Ausflüge in die **Oasengärten** und die Todrha-Schlucht (vgl. „Von Tinerhir durch die Todrha-Schlucht nach Imilchil"). Die Oasenfelder werden traditionell in „Stockwerken" angelegt: Die Dattelpalme als höchster Baum beschattet Obstbäume und Sräucher und diese wiederum die Bodenkulturen (Gemüse, Ge-

Trekking im Djabal Saghro

Das Djabal-Saghro-Massiv zieht sich als östliche Fortsetzung des Anti-Atlas 200 km **vom Drâa-Tal bis zum Ziz** im Süden Marokkos. Das Gebirgsmassiv ist e**ine der unwirtlichsten Regionen des Landes** mit nur durchschnittlich 200 mm Regenfall im Jahr. Im Frühjahr zieren ein paar gelbe, weiße und blaue Farbflecke die Hänge dieser schwarz-braunen Steinwüste. Knorrige Wacholderbäume – die einzigen Bäume in dieser Höhe – neigen sich in Windrichtung. Die karge Bergwelt ist Lebensraum der **Berber vom Volk der Aït Atta.** Sie betreiben bescheidene Landwirtschaft in den tief eingeschnittenen, grünen Tälern. Auf ihren Feldern gedeihen Weizen, Gerste, Henna, Mandel- und Walnussbäume. Ihre traditionelle Lebensgrundlage ist die Wechselweidewirtschaft. Im Winter weiden die Aït Atta ihre Ziegen und Schafe in der Sahara südlich der Berge, im Frühjahr treiben sie die Tiere auf die Hänge des Djabal Saghro, nach deren Abweidung ziehen sie schließlich in den Hohen Atlas, der nach der Schneeschmelze neue Weidegründe bietet.

Das Djabal-Saghro-Massiv fasziniert durch die **Klarheit von Formen und Farben:** bizarr erodierte Felsen, Steine und Kiesel in Schwarzbraun, die in unvergleichlicher Weise mit dem klaren, kristallblauem Himmel kontrastieren. Das hohe geologische Alter von 200 bis 500 Millionen Jahren zieht zudem Geologen, Fossiliensammler und Naturliebhaber an. Besonders bekannt ist das **Bab'n'Ali,** das „Tor von Ali": zwei markante, nebeneinander stehende Felsdaumen inmitten der imposanten Bergkulisse nördlich von Nekob.

In vier Tagen können Wanderer mit etwas Kondition das Massiv durch fantastische Schluchten hindurch, vorbei an markanten Felstürmen und -spitzen, ursprünglichen Berberdörfern und über mehrere Gipfel von mehr als 2000 Metern Höhe, durchqueren. **Der Trekk startet am Nordrand des Djabal Saghro in Tagdilt (südlich von Boumalne du Dadès) oder von Süden in Handour (nördlich von Nekob).** Im Frühjahr kann es nachts noch empfindlich kalt werden, mit Temperaturen nahe an der Nullgradgrenze. Tagsüber herrschen dafür angenehme 25 bis 35 Grad, während es im Sommer bis zu 45 Grad heiß wird. Am romantischsten ist die Übernachtung in Zelten unter dem klaren Sternenhimmel. Es ist aber auch möglich, in einfachen Gîte d'étapes – von Berberfamilien geführten, einfachen Unterkünften in den Oasen – unterzukommen (Schlafsack mitbringen). Wer sein Gepäck nicht selbst tragen möchte, kann in Boumalne oder Nekob bei den dortigen Bureau des guides et accompagnateurs Mulitreiber mit ihren Tieren anmieten. Ein marokkanischer Bergführer sollte auf jeden Fall angeheuert werden, da die Wege nicht markiert sind und die Orientierung auf den weit verzweigten Pfaden schwer fällt. Ein Bergführer kostet pro Tag ca. 400 DH, dazu kommen die Kosten für Maultiere und Mulitreiber (ca. 150 DH/Tag), sodass man mit Kosten von 60–100 Euro pro Tag (für die gesamte Gruppe) rechnen muss.

Etappen

- **1. Tag:** Tagdilt (1670 m, südlich von Boumalne du Dadès) – Tizi-n-Tazoughat (2200 m) – Tizi-n-Iferd (2500 m) – Almoun-n-Ouarg (2200 m). Gehzeit ca. 7 Std., 900 Höhenmeter Aufstieg, 300 Höhenmeter Abstieg.
- **2. Tag:** Almoun-n-Ouarg – Kouaouch (2592 m) – Igli (1730 m). Gehzeit ca. 7 Std., 400 Höhenmeter Aufstieg, 900 Höhenmeter Abstieg.

3. Tag: Igli – Afourar-Schlucht (1440 m) – Bab'n'Ali (1380 m). Gehzeit ca. 4 Std., 350 Höhenmeter Abstieg.

4. Tag: Bab'n'Ali – Irhazzoun (1300 m) – Handour (1200 m, 15 km nördlich von Nekob). Gehzeit ca. 7 Std., 150 Höhenmeter Aufstieg, 250 Höhenmeter Abstieg.

Unterkunft und Versorgung

Gîte d'étape in Tagdilt: einfache, aber saubere Unterkunft des herzlichen *Brahim Bourig* (Gîte de Bourig, Mobil 0661 77 67 08) mit seiner Familie; 50 DH p.P. in zwei Salons mit Matratzen, heiße Dusche 10 DH, gutes Essen auf Bestellung.

Beim **Lagerplatz in Igli** gibt es Duschen, Softdrinks und Schokoriegel.

Beim **Bab'n'Ali** stehen ein Shop mit Getränken und die ordentliche, einfache Auberge Tazlout (Tel. 0524 93 97 40, Mobil 0661 68 81 70) für Mountainbiker und Trekker zur Verfügung.

Auch am Endpunkt des Trekkings in **Handour** (nahe Nekob) gibt es eine nette, saubere Gîte d'étape.

In einigen Dörfern kann man bei Berberfamilien einen Tee trinken und evtl. Wasserflaschen kaufen, ansonsten muss das Proviant selbst mitgebracht werden.

Karte

„Kultur-Trekking im Dschebel Saghro" von *Mohamed Aït Hamza* und *Herbert Popp*, Maßstab 1:100.000, beziehbar über www.stadtgeo.uni-bayreuth.de/de/publications/maghrebkarten.

aga10_017 ad

treide). Zur Bewässerung durchzieht ein System aus Erd- oder Betonkanälen die Felder.

Einen **Spaziergang** durch die Oase startet man am besten kurz nach dem Abzweig der Straße in die Todrha-Schlucht (dort auf der linken Seite parken). Grundsätzlich ist es angebracht, beim Bummel durch die Gärten die dort arbeitenden Bauern um Erlaubnis zu fragen oder einen einheimischen Führer zu engagieren, da es sich um private Grundstücke handelt.

Auf einem Hügel über Tinerhir in Richtung Errachidia erhebt sich eine einstmals imposante **Kasbah des Pascha Al Glaoui** (1919 erbaut). Ein Teil der Kasbah wurde zum Hotel umgebaut, der Rest ist vom Militär besetzt.

Moschee und Koranschule Iklane

In Richtung Errachidia versteckt sich inmitten der Oasengärten rechter Hand der Straße ein **wahres Kleinod:** die Moschee und Koranschule Iklane aus dem 17. Jahrhundert, die mit Hilfe von *Roger Mimó* vom Hotel Tomboctou und einer Association sorgfältig renoviert wurde. Der kleine Lehmbau hat eine schöne Dachterrasse mit umwerfendem Ausblick; vom Vorraum der kleinen Moschee mit Waschbrunnen und einigen historischen Bildern darf man einen Blick in die Säulenhalle werfen. Die Moschee wird von der Bevölkerung nicht mehr als solche genutzt, deshalb ist sie auch für Touristen zugänglich.

■ **Anfahrt:** Entweder vom Zentrum in Richtung Errachidia 1 km zu Fuß laufen oder bis zu einem kleinen Parkplatz am Rande der Straße fahren (N 31°31,701', W 05° 31,708'); dort bei einem kleinen Haus rechts den weißen Pfeilen in die Oasengärten folgen, der Weg ist z.T. mit „Mosquée" ausgeschildert.

■ **Besichtigungszeiten:** 8.30–12 Uhr und 15 Uhr bis Sonnenuntergang, außer an religiösen Feiertagen und Freitagmittag, 20 DH Trinkgeld für den Wärter.

Tinerhir

Entwurf: Roger Mimó

Übernachtung
1 Saghro
2 Kasbah
3 Agdal
5 Bachir
7 El Fath
8 L'Avenir
11 Tomboctou
13 Kenzi Bougafer
14 Kasbah Lamrani
15 Camping Ourti

Essen und Trinken
2 Kasbah
6 Central
7 El Fath

Sonstiges
4 Fahrradverleih
9 mehrere Hammam
10 mehrere Autowerkstätten
12 Autoteile und Werkstätten

0
100 m
© Reise Know-How 2016
Marok_57
Todrha-Schlucht,
Moschee Iklane,
Erfoud, Errachidia
Glaoui Kasbah
Ksar Tasga
Aussichtspunkt
Alte Kaserne
Boulevard Mohamed V.
Gericht
Caidat
Oued Todrha
Bibliothek
Supratours nach Marrakesch
Polizei
Markt
Markt
Gerber
Alte Mellah
Olivenmarkt
Kissaria
Suq Tahtani
Friedhof
QUARTIER
AIT BARRA
Friedhof
1
2
3
4
5
6
7
8
9
9
9
10
10
11
12
12
12
12
12

Palmeraie du Todrha (Todrha-Oase)

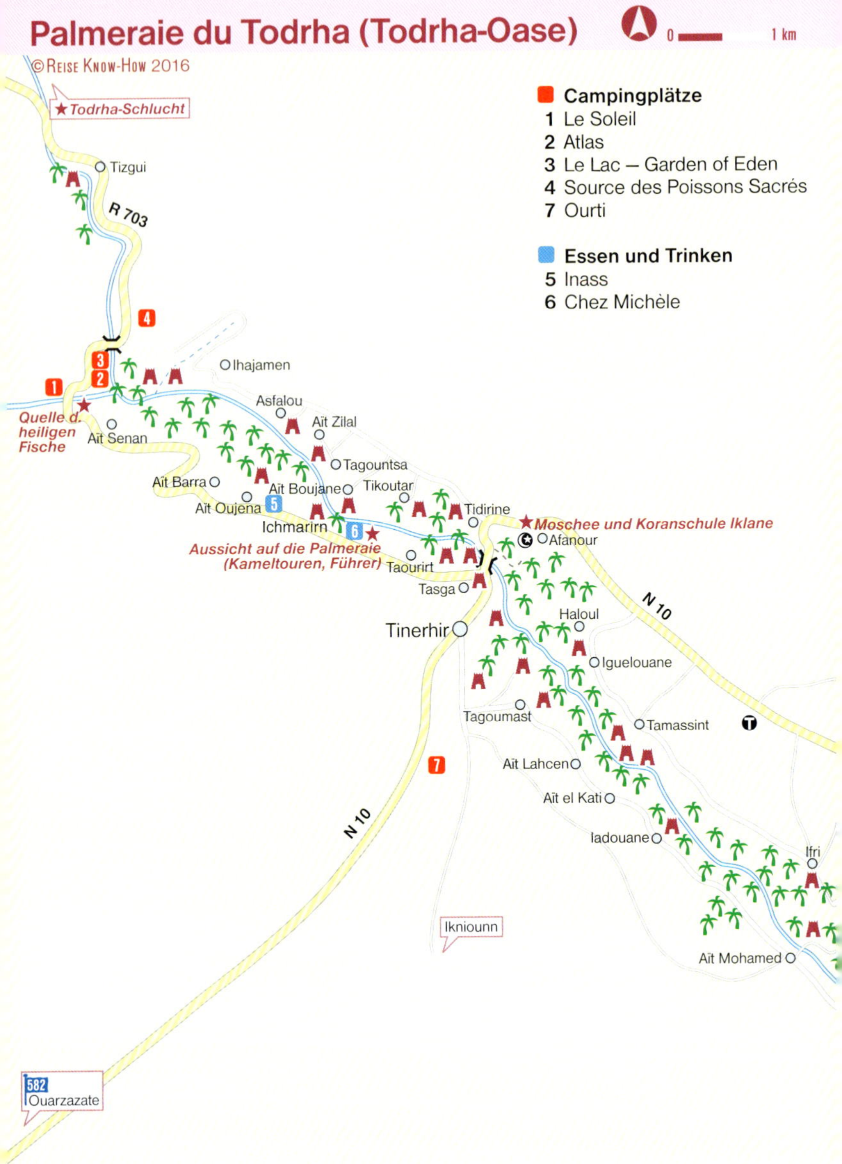

Entwurf: Roger Mimó

Ausflug nach Aghbalou N'Kerdous

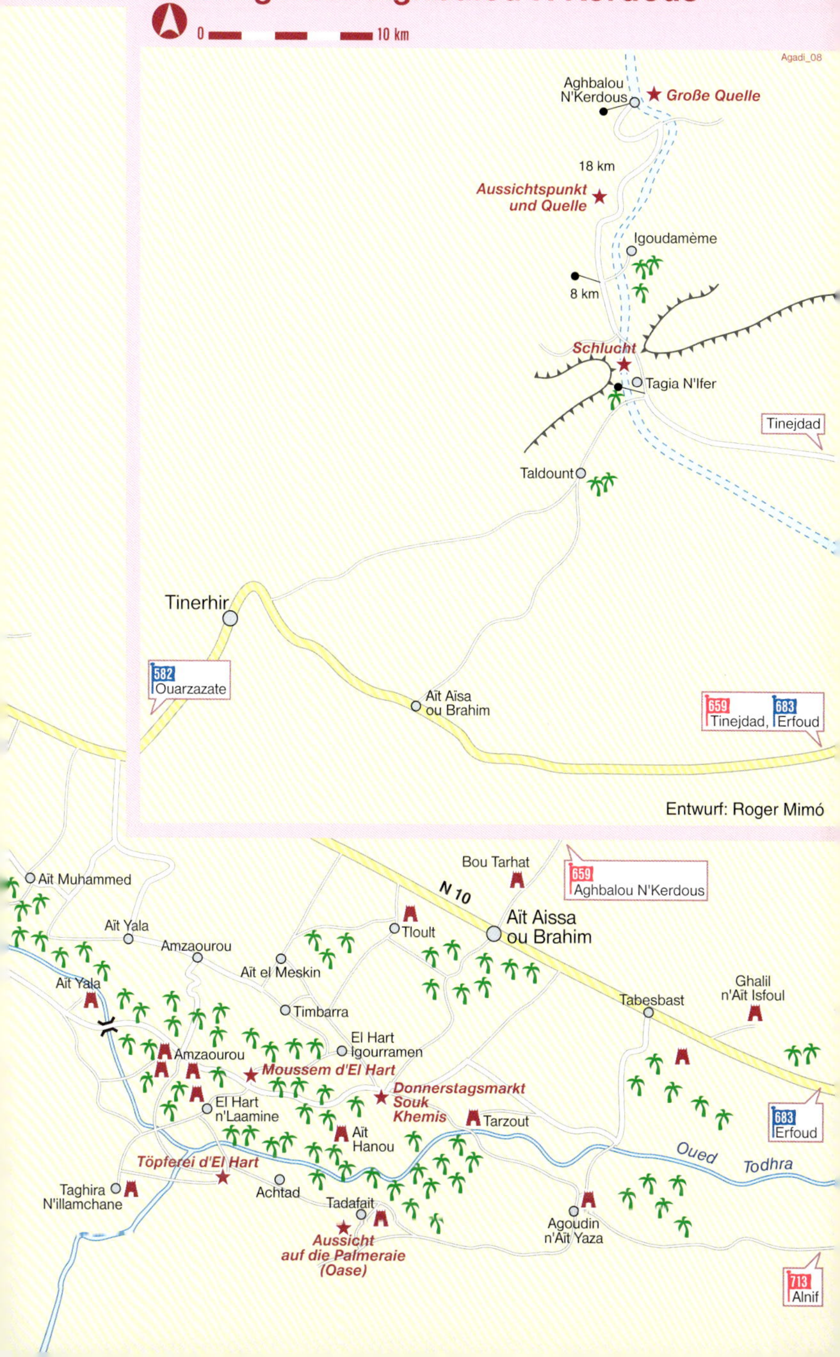

Praktische Informationen

Informationen für Touristen

- Informationen über die Region und die Medersa Iklane (s.o.) gibt **Roger Mimó** (vgl. Hotel Tomboctou) auf seiner Website www.rogermimo.com (franz. und span.).

Unterkunft in Tinerhir

Oberklasse

- **Saghro**③-④, Tel. 0524 83 41 81. Das Beste an diesem in die Jahre gekommenen Hotel ist die tolle Lage auf einem Hügel mit herrlichem Ausblick. Es gibt einen Pool und ordentliche, im Winter aber kalte Zimmer (die Heizung funktioniert nicht immer). Das Frühstück fällt eher mager aus. Zimmerpreis evtl. verhandelbar.

Mittelklasse

- **Kasbah Lamrani**③, Bd. Mohamed V. (am Ortsanfang links (von Boumalne kommend), Tel. 0524 83 50 17, www.kasbahlamrani.com. Sehr schönes 3-Sterne-Hotel im Kasbahstil, mit Restaurant im Berberzelt (sehr gute marokkanische und europäische Küche). Bewachter, schattiger Parkplatz vor dem Haus, Pool und Garten mit Olivenbäumen. Die klimatisierten Zimmer sind großzügig und geschmackvoll eingerichtet. Das Personal ist zuvorkommend und freundlich.
- **Kenzi Bougafer**③, Bd. Mohamed V., am Ortsanfang auf der linken Seite (von Boumalne kommend), Tel. 0524 83 32 60, 88 32 60. Großes Hotel mit komfortablen Zimmern (Heizung/AC manchmal defekt) und schönem Pool.
- **Tomboctou**③ (mit Frühstück), 126, Av. Bir Anzarane, Tel. 0524 83 51 91, 83 46 04, www.hoteltomboctou.com, N 31°30,917', W 05°32,028'. Das schöne und stimmungsvolle Mittelklassehotel ist in einer 1944 errichteten Kasbah des *Cheikh Bassou Ou Ali* untergebracht. Leider wurde es in den letzten Jahren etwas vernachlässigt, auch das Personal ist nicht mehr so hilfsbereit. Im schönen, ruhigen Garten gibt es einen Pool und ein Restaurant im Festzelt (gutes Essen, Alkoholausschank), von der Dachterrasse bietet sich ein toller Blick über die Stadt. Eigener Parkplatz mit Wächter. Unterschiedlich, afrikanisch gestaltete DZ mit Bad und AC/Heizung, auch Suite (teurer) und Familienzimmer. Kreditkarten werden (mit Aufschlag) akzeptiert. Führungen zur Moschee Iklane, in die Oasengärten sowie zum Museum El Khorbat bei Tinjedad möglich.

Günstig

- **Agdal**② (mit HP), 97, Bd. Mohamed V., Tel. 0524 83 20 60. Ordentliches Hotel mit elf sehr sauberen Zimmern und sehr netter, bemühter Familie.
- **Bachir**① (mit Frühstück), 369, Bd. Mohamed V., Tel. 0524 83 36 23. Einfaches, sauberes Hotel mit 12 Zimmern (Duschen auf dem Gang), Restaurant mit Terrasse.
- **El Fath**①, 56, Av. Hassan II., Tel. 0524 83 48 06. Die sanitären Anlagen und Zimmer des kleinen einfachen Hotels (Travellertreffpunkt) sind nicht immer sauber, aber die Besitzer sind freundlich, und das Essen ist gut und preiswert. Du/WC auf dem Gang.
- **Kasbah**③ (mit HP), 69, Bd. Mohamed V., Tel. 0524 83 44 71, Barkaouimohamed2006@yahoo.fr. Glauben Sie den Schleppern im Ort nicht, die behaupten, das Haus hätte geschlossen! Empfehlenswertes, oft gelobtes Hotel und gemütliches Restaurant (viel von Touristenbussen angesteuert). Der sehr freundliche, englisch sprechende Besitzer *Mohamed El Barkaoui* ist sehr um seine Gäste bemüht und weiß gut über Berbertraditionen Bescheid. Es gibt saubere und hübsche Zimmer mit und ohne Bad (heißes Wasser) sowie neuere DZ (z.T. mit AC/ Heizung). Überdachte, abgeschlossene Parkplätze für Autofahrer.
- **L'Avenir**①, 27, Rue Zaïd Ouhmed (im Zentrum), Tel. 0524 83 45 99, Mobil 0672 52 13 89. Der Besitzer ist nett, aber etwas aufdringlich. Zehn zweckmäßige Zimmer, saubere sanitäre Anlagen mit warmen Duschen auf dem Flur, sehr gutes Essen mit frischen Zutaten. Auch Übernachtung auf der Dachterrasse möglich.

Herbergen in der Todrha-Schlucht

In der Todrha-Schlucht entstehen ebenso wie in der Dadès-Schlucht ständig neue Herbergen. Die folgenden Empfehlungen sind nach ihrer Entfernung (aufsteigend) von Tinerhir sortiert. Die älteren Herbergen Yasmina und Les Roches an der engsten Stelle der Todrha-Schlucht wurden 2015 nach einem Bergsturz geschlossen.

- **Kasbah Petit Nomade**③ (mit HP), Village Ichmarine, nahe der Kasbah etwa 300 m abseits der Straße, Mobil 0668 49 58 38, www.kasbah-petitnomade.com. Kleines, freundliches und sauberes Gästehaus mit nur drei schönen Zimmern im Berberstil mit Bad sowie Klimaanlage/ Heizung. Frühstück auf der Dachterrasse mit tollem Ausblick auf die Oase. WLAN.

■ **Tissili Guest House**②, ca. 6 km außerhalb von Tinerhir in Ihajjamne, Mobil 0677 18 78 93, www.tissiliguesthouse.com. Dreistöckiges Hotel mit großartigem Blick über die Palmenoase. Der freundliche Besitzer erzählt gern und viel über die Region. Saubere Zimmer mit Ausblick. Ein Leser klagte über sehr harte Betten. WLAN, eigener Parkplatz.

■ **Panorama Todra**③ (mit HP), in Aït Snane, ca. 8 km von Tinerhir in Richtung Schlucht in einer Kurve auf der rechten Seite, Tel. 0524 89 50 16, www.panoramatodra.com, N 31°33,053', W 05°34,966'. Sehr hübsche, liebevoll gestaltete Herberge mit tollem Ausblick von der Terrasse ins Flusstal. Es gibt fünf blitzsaubere Zimmer (für bis zu 5 Pers.) mit Bad (heißes Wasser), z.T. mit Panoramafenstern. Im Restaurant mit schattiger Terrasse gibt es sehr gutes Essen.

■ **Le Soleil**①-②, ca. 8 km von Tinerhir in Richtung Todrha-Schlucht, Tel. 0524 89 51 11, www.hotelcampinglesoleil.com, N 31°32,858', W 05°35' 370'. Angenehmes, sehr sauberes Hotel mit WLAN, Pool, gutem Restaurant und Camping auf Kiesplätzen im schattigen Plamengarten neben einem hübschen Garten. Für Camper gibt es sehr gute und saubere Sanitäranlagen, warme Duschen, eine Waschmaschine und Kasettenentsorgungsmöglichkeit für Womos. Zimmer mit Du/WC und ohne, auch Übernachtung auf der Terrasse möglich.

■ **Anissa**②, 10 km hinter Tinerhir in Richtung Schlucht (nach den Campingplätzen) auf der rechten Seite, Tel. 0524 89 52 37, www.maisonanissa.com. Kleines Gästehaus mit netten Zimmern (Bad und AC). Sehr gute Küche (viele Gruppen), schöner Garten mit Palmen und Berberzelt, WLAN, freundliches, englisch sprechendes Personal.

■ **Amazir**③ (mit Frühstück), 10 km hinter Tinerhir in Richtung Schlucht auf der rechten Seite, Tel. 0524 89 51 09. Hübsches, sehr sauberes kleines Hotel mit Pool und Restaurant, betrieben vom Besitzer des Camping Atlas.

■ **Aicha**① (mit Frühstück), Douar Tizgui, 12 km von Tinerhir in Richtung Todrha-Schlucht, Tel. 0524 89 52 10, www.dar-aicha.com. Kleines, einfaches Gästehaus mit Doppel-, Dreier- und Fünferzimmer mit Bad. WLAN.

■ **La Fleur**②-③, Douar Tizgui, 13 km von Tinerhir, Mobil 0670 40 43 69, www.maison-lafleur.com. Herberge in einem Neubau mit großzügigen Zimmern mit Bad. Riesige Dachterrasse und Aufenthaltsraum. Der Betreiber *Youssef* leitet Klettertouren in der Schlucht. Leser lobten das besonders lecker gewürzte Essen.

■ **Kasbah Dar Ahlam**②, Douar Tizgui, 13 km von Tinerhir, Mobil 0667 05 06 14, www.kasbahdarahlam.com. Von Lesern empfohlene kleine Herberge in einem verwinkelten alten Haus mit einfachen Zimmern und Terrasse.

■ **Valentine**②, Douar Tizgui, 13 km von Tinerhir in Richtung Todrha-Schlucht, Tel. 0524 89 52 25, Mobil 0667 05 86 12, www.hotel-valentine.net. Empfehlenswerte Herberge mit sechs sauberen Zimmern (DZ, 3er- oder 4er-Zimmer mit Bad). Die sehr nette Betreiberfamilie ist bei der Organisation von Ausflügen behilflich.

Auberge Le Festival②-③, 22 km von Tinerhir, 7 km vom Eingang der Schlucht, Mobil 0661 26 72 51, 0673 45 43 07, www.aubergelefestival-todragorge.com. Dieses familiäre Hotel in fantastischer Lage ist wie eine Burg direkt an den Berg gebaut – fünf Zimmer wurden höhlenartig in den Fels gehauen. Die Zimmer (in Höhlen oder im Neubau) verschiedener Kategorien sind unterschiedlich groß und sehr hübsch marokkanisch gestaltet. Das ökologisch orientierte Hotel baut Gemüse und Kräuter selbst an und hat eine eigene Wasserversorgung und Solaranlage. An kalten Tagen wärmt der heiße Whirlpool, für den Sommer gibt es einen Pool. Großes Aktivitätenangebot von Wandern, Mountainbiken und Klettern bis Eselreiten für Familien. Sehr gutes Essen, freundlicher Empfang, vorwiegend outdoororientiertes, junges Publikum. DZ mit und ohne Bad, Turmzimmer mit Ausblick.

Camping

■ **Atlas,** 9 km von Tinerhir in Richtung Todrha-Schlucht, Tel. 0524 89 50 46. Sehr schöner Campingplatz unter riesigen, schattigen Palmen: netter Besitzer, Restaurant (Essen okay), ordentliche sanitäre Anlagen, heiße Duschen, auch Vermietung von Zimmern①, manchmal etwas laut, da viele Feste gefeiert werden. Camping 85 DH für 2 Pers. mit Kfz.

■ **Le Lac – Garden of Eden,** 9 km von Tinerhir, direkt neben Camping Atlas auf der rechten Seite, Tel. 0524 89 50 05. Schöner Platz in idyllischer Lage zwischen Palmen oberhalb der Oasengärten, direkt an der heiligen Quelle – das glasklare Quellbecken befindet sich talaufwärts gleich hinter dem Camping. Ein Ableitungskanal führt quer über das Gelände und eignet sich gut zum Kühlen von Getränken und zum Baden. Das freundliche Personal (spricht französisch und spanisch) ist gerne bereit, Gäste durch die Oasengärten und zu einer halb verfallenen Kasbah zu führen. Auch Übernachtung in Zimmern①-② (mit/ohne Bad), im Nomadenzelt oder auf der Dachterrasse möglich. Gutes Essen auf Bestellung.

■ **Source des Poissons Sacrés,** Mobil 0668 25 53 09. Schattiger und sehr idyllischer Platz oberhalb des Camping Le Lac. Die heilige Quelle ist in ein Becken gefasst, in dem Fische herumschwimmen. Einfache saubere sanitäre Anlagen, ebensolche Zimmer①.

■ **Ourti,** Tel. 0524 83 32 05, am Ortsanfang von Tinerhir (von Boumalne kommend). Kleiner, ummauerter Platz mit Eukalyptusbäumen und schönem Pool (Juli bis Sept.). Sehr saubere, großzügig bemessene Sanitäranlagen (heiße Duschen). Es gibt auch einen Salon mit marokkanischem Restaurant und sehr ordentliche Zimmer① (inkl. Frühstück) mit Balkon und Moskitonetz. Übernachtung auf der Dachterrasse möglich.

■ **Le Soleil,** s.o. „Herbergen in der Todrha-Schlucht".

Essen und Trinken

■ **Central,** 48, Av. Hassan II. (ggü. einer kleinen Parkanlage). Es gibt ausgezeichnete Tajine, auch vegetarisch. Menü 60 DH.

■ **Chez Michèle,** 2 km Richtung Todrha-Schlucht (Aït Ourjdal), Tel. 0524 83 51 51, www.chez-michele.com. Sehr gepflegtes Restaurant mit gediegenem Ambiente. In den Salons oder auf der Panoramaterrasse wird französische und marokkanische Küche serviert.

■ **El Fath,** Av. Hassan II. (vgl. günstige Hotels), gutes und preiswertes Essen.

■ **Inass,** ca. 3 km von Tinerhir Richtung Todrha-Schlucht auf der linken Seite, Tel. 0524 83 33 00. In diesem hübschen Gartenrestaurant wird sehr gute Tajine u.a. in schattigen Lauben oder im Nomadenzelt serviert. Viele Gruppen halten hier zum Mittagessen.

■ **Kasbah,** Bd. Mohamed V. (vgl. günstige Hotels), sehr empfehlenswert, aber viele Bustouristen.

Einkaufen

■ Im **Supermarkt Chez Michèle** am Bd. Mohamed V. (in Richtung Boumalne auf der linken Seite) werden europäische und marokkanische Waren sowie Alkohol verkauft (im Ramadan geschlossen).

■ Ein weiteres **Geschäft mit Alkoholverkauf** findet man am Bd. Mohamed V. Richtung Ouarzazate/Boumalne, ca. 2 km vom Zentrum auf der linken Seite (unscheinbarer Laden mit mintgrüner Fassade).

ma16_189 ed

Sammeltaxis/Taxis

- **Petits Taxis** in Tinerhir kosten 5 DH.
- **Sammeltaxis (Grands Taxis)** fahren am Platz vor der Post in alle Richtungen ab: nach Tinjedad ca. 1 Std., ca. 25 DH, nach Ouarzazate 55 DH, in die Todrha-Schlucht ca. 10 DH (jeweils bei Vollbesetzung/6 Pers.). Nach Erfoud muss man den Umweg über Errachidia in Kauf nehmen.
- Wer von Tinerhir mit öffentlichen Verkehrsmitteln zur **Dadès-Schlucht** will, sollte mit dem Bus oder Sammeltaxi bis Boumalne fahren und weiter mit einem Taxi in die Schlucht.

Busse

- **Merzouga** (über Errachidia): 1x tägl. (nachmittags) Supratours-Bus aus Marrakesch, ca. 90 DH, 5 Std. Fahrzeit.
- **Goulmima – Errachidia:** mehrmals tägl. (1x mit CTM), bis Errachidia 50 DH, 2½–3 Std. Fahrzeit.
- **Erfoud – Rissani** (über Errachidia): 1x tägl. mit Supratours (nachmittags), bis Erfoud ca. 40 DH, 3½ Std. Fahrzeit, bis Rissani ca. 60 DH.
- **Ouarzazate:** mehrmals tägl. (1x mit CTM, 2x mit Supratours), 3–3½ Std., 55–65 DH.
- **Marrakesch** (über Ouarzazate): 2x tägl. mit Supratours (aus Errachidia), 1x tägl. mit CTM, 8 Std., 130–135 DH.
- Langstreckenbusse verkehren nach **Agadir, Fès, Casablanca, Rabat** und **Tanger.**

Reiseveranstalter

- **Suprateam Travel,** 126, Av. Bir Anzarane, Tel. 0524 83 29 89, Mobil 0661 24 36 02, www.supratravel.com. Erfahrener und zuverlässiger Veranstalter unter schweizerisch-marokkanischer Führung (*Aimrane Diani* und *Edi Kunz*): Geländewagen-, Quad-, Fahrradtouren, Kameltrekking, Rundreisen, Trekking und Fahrt mit dem Oriental-Zug (historischer Zug von Oujda bzw. Fès nach Bouedenib mit anschließender Rundreise im Süden, www.train-maroc.com). Suprateam organisiert auch Touren und Rundfahrten in der Umgebung.

☐ Die Moschee Iklane in der Palmeraie von Tinerhir

Von Boumalne du Dadès in die Dadès-Schlucht

- Die Straße in die Dadès-Schlucht ist **bis etwa 12 km hinter Msemrir asphaltiert,** auf den letzten 10 km vor dem Ort ist der Belag allerdings von Überschwemmungen und Steinschlag stark beschädigt. **Hinter Msemrir** ist die Piste (nach Imilchil bzw. in die Todrha-Schlucht) **nur noch mit Allrad** oder hochbeinigem Fahrzeug (z.B. VW-Bus) befahrbar. Nach starken Regenfällen und im Winter kann die Strecke unterbrochen und nicht befahrbar sein. Im Winter ist es hier auf über 2000 m Höhe sehr kalt, es liegt z.T. Schnee.
- Wer über **kein eigenes Fahrzeug** verfügt, kann mit dem Sammeltaxi bis Aït Youl oder Aït Oudinar fahren oder ein ganzes Grand Taxi anmieten (ca. 300 DH/½ Tag).
- Zur Beschreibung der **Unterkünfte** siehe bei Boumalne du Dadès „Herbergen in der Dadès-Schlucht".

Von Boumalne in Richtung Ouarzazate geht es nach dem Ortszentrum nach rechts (beschildert mit „Gorge Dadès, Msemrir 60 km"). Der **Dadès** windet sich als grünes Band durch die Landschaft und bildet einen schönen Kontrast zu den kargen Felsbergen. **Oasengärten** mit Feigen-, Walnuss- und Obstbäumen sowie Silberpappeln gedeihen im Tal. Wegen der relativ hohen Lage und Kälte im Winter wachsen nur vereinzelt Palmen. Die Straße führt weiter in großen Kehren bergauf. Viele Häuser reihen sich entlang des Tales, darunter immer mehr Herbergen und Restaurants.

Bei **km 7** liegt rechter Hand im Tal die imposante **Kasbah Aït Youl,** zusammen mit der braunen Bergkulisse ein beliebtes Fotomotiv. Bei N 31°24,787', W 06°00,176' zweigt die Pistenverbindung in Richtung Rosental/Bou Thrarar ab. Bei **Aït Ibrirne (km 10)** bietet die hübsche **Auberge Panorama** im Kasbahstil rechts an der Straße Unterkunft und Möglichkeit zur Einkehr. 2 km weiter folgt die **Kasbah de Mimi,** ebenfalls ein schönes Kasbahhotel (siehe bei Boumalne du Dadès).

Hoher Atlas - Ost
Imilchil – Boumalne – Errachidia

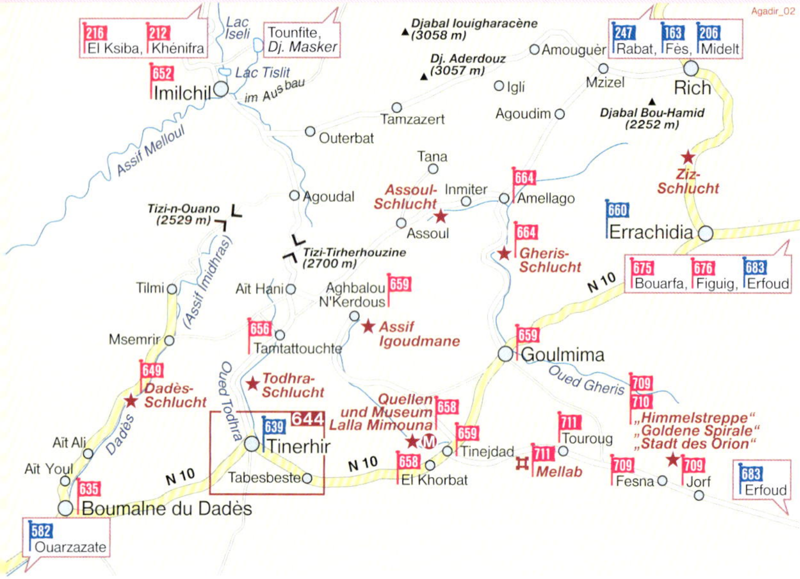

Bei **km 17** ist der Ort **Tamlalt** und nach einem weiteren Kilometer das auf einem Bergsporn gelegene Hotel Tamlalte (vgl. bei Boumalne du Dadès „Unterkunft“) erreicht. Kurz dahinter bietet sich ein Parkplatz für einen Fotostopp an.

Zwischen km 15 und km 17 fallen rechter Hand auf der anderen Flussseite bizarre **Felsformationen** bzw. -verwerfungen auf, die häufig in Marokko-Prospekten und auf Postkarten abgebildet sind. Sie werden wegen ihrer Form auch **„Affenpfoten“** genannt. Im grünen Tal stehen die Reste einer Kasbah.

Bei **km 17** thront die schöne **Kasbah Aït Arbi** in fantastischer Landschaft. Von dem an der Straße gelegenen Hotel/Restaurant Kasbah Aït Arbi (vgl. bei Boumalne du Dadès „Unterkunft“) führt ein schöner Weg über den Fluss und durch die Oasengärten zum Dorf und zur Kasbah. Kurz darauf folgt das Hotel/Restaurant Kasbah Aït Arbi.

Danach zweigt links die **Straße in Richtung Rosental** ab (siehe bei El Kelâa M'gouna); diese Route kann auf dem Rückweg als Variante zur Hauptstraße gewählt werden.

Bei **km 22** folgt das Dorf **Aït Ali** mit einer Teppichkooperative. Das Hotel und **Restaurant Les 5 lunes – Chez Daoud** (siehe bei Boumalne du Dadès) liegt 1 km weiter rechts der Straße.

Bei **km 25** passiert man **Aït Oudinar,** einen lang gezogenen kleinen Marktort. An der Straße (links gleich nach der Brücke) liegt die sehr empfehlenswerte **Auberge Gorges du Dadès** mit **Campingplatz** (siehe bei Boumalne du Dadès). Ein Mitglied der Betreiberfamilie führt auf Anfrage gerne auf einen benachbarten Aussichtsberg mit Höhlennomaden und weiter in eine kleine Nebenschlucht des Dadès. Eine **Rundwanderung** von hier über den Berg in die spektakuläre Nebenschlucht bis in die Dadès-Schlucht und durch die Oasengärten zurück zur Herberge dauert etwa 3 Std. und ist sehr lohnenswert (ca. 100 DH Trinkgeld für mehrere Personen, festes Schuhwerk notwendig!).

1 km hinter Aït Oudinar befindet sich rechts am Hang die **Auberge Chez Pierre.** 700 m weiter folgt die **Auberge La Fibule** (siehe bei Boumalne du Dadès).

Kurz darauf, bei **km 27,5,** ist **Aït Ouffi** erreicht, ein kleiner Ort, der sich die Felswände an der Straße entlangzieht. Reisende haben hier die Auswahl zwischen **mehreren Herbergen,** z.B. Hotel des Peupliers, La Gazelle, La Kasbah de la Vallée, Auberge Tissadrine, Atlas Bérbère, Le Vieux Chateau (siehe bei Boumalne du Dadès). Von den Unterkünften aus bietet sich eine **spektakuläre Wanderung** an: Gleich unterhalb der Auberge Tissadrine kann man den Dadès über- bzw. durchqueren und dann in eine Seitenschlucht einbiegen. Die Schlucht verengt sich immer mehr, und man wandert zwischen hohen Felswänden und über einige Felsblöcke hinweg talaufwärts – eine reizvolle Canyoning-Tour auf dem Trockenen! Diese Wanderung kann man auch von der anderen Richtung in Aït Oudinar beginnen (von dort zunächst bergauf, vgl. Aït Oudinar); sie mündet dann hier in die Dadès-Schlucht.

Hinter Aït Ouffi verengt sich die Schlucht. Die Felswände ragen immer höher und spektakulärer neben der Straße auf, die sich in Serpentinen weiter bergauf windet.

30 km hinter Boumalne du Dadès (2,5 km weiter) thront das **Hotel La Kasbah de Victor** links der Straße in einer Kurve über der Schlucht (siehe bei Boumalne du Dadès).

Ab **km 32** durchfährt man den **engsten Abschnitt der Schlucht.** Die Straße führt auf den nächsten Kilometern direkt am Fluss entlang. Nach starken Regenfällen ist sie hier oft überschwemmt, entsprechend beschädigt ist der Asphalt. Direkt am Eingang in die enge Schlucht liegt die Herberge **La Source du Dadès.** Etwa 1 km weiter (km 34), wo sich das Tal wieder etwas weitet, befindet sich die Unterkunft **Berbère de la Montagne** (siehe bei Boumalne du Dadès).

Etwa bei **km 36** ist **Aït Toukhsine** erreicht. Die Häuser und Felder im Tal umgibt die Kulisse stark zerklüfteter und schräg gefalteter, brauner Berge. Es wachsen Pappel-, Äpfel-, Feigen- und Walnussbäume.

Bei **km 47** verengt sich das Tal wieder, die Straße führt auf einer kleinen Brücke über den Dadès und zunächst unmittelbar am Wasser entlang. Dann schlängelt sich die Route eng am Felshang entlang bergauf (Vorsicht: Steinschlag!). Auf 2100 m Höhe angekommen, bietet sich ein **grandioses Panorama in den Canyon des Dadès.** Unten windet sich der Fluss in grünen Schleifen durch die graubraunen, schroffen Berge.

Ab **km 54** geht es wieder bergab ins Flusstal. Etwa bei **km 59** ist **Msemrir (N 31°41, 717', W 05°49,214')** erreicht. Den großen Ort umgeben Felder mit Mais, Getreide und Apfelbäumen. Markt ist am Samstag. Im Spätherbst, Winter und Frühjahr ist es hier oben sehr kalt, es wurde uns von -10°C im April berichtet! Neben anderen einfachen Herbergen bietet sich die **Auberge El Warda** als Unterkunft an. Der Besitzer *Mohamed Outakhchi* ist Bergführer, sehr hilfsbereit und kompetent.

Etwa 12 km hinter Msemrir endet die Teerstraße. Von dort kann man mit 4x4-Geländewagen über ein Hochtal (2700 m) auch bis in die **Todrha-Schlucht** weiterfahren (dort ab Aït Hani geteert).

4x4-Route: Von Msemrir nach Imilchil

- **ca. 100 km, R 704, R 317.**
- **Gebirgspiste** (z.T. steinig) bis Agoudal, **dann Teerstraße** bis Imilchil.
- **Variante:** Von Agoudal ist es möglich, auf Teerstraße westwärts nach Rich zu fahren. Diese Straße (R 706) führt an der kargen Bergkette des Djabal Aderdouz (3057 m) entlang – in dieser ursprünglichen, kaum von Touristen besuchten Gegend leben noch Moufflons. Von Mzizel kann man außerdem auf Asphalt bis Assoul fahren oder nach Amellago und weiter ins Gheris-Tal.

Von Msemrir führt die Straße entlang des breiten grünen Hochtals mit vielen Dörfern und Feldern. 3 km hinter Msemrir geht es über eine breite Furt, vorbei an einer gefassten

Quelle. Die Kinder betteln nach Süßigkeiten und Kugelschreibern. Im Dorf **Aït Marghad** wenige Kilometer hinter Msemrir besteht die Möglichkeit, in einer Seitenschlucht eine beeindruckende **Tropfsteinhöhle** mit unterirdischen Seen, engen Gängen und großen Sälen zu besichtigen. Leser empfahlen den gebildeten, gut englisch sprechenden *Mohamed Djou* (Douar Aït Marghad, Mobil 0659 88 51 35), der zu den Höhlen (Taschenlampe nötig) führt und viel über das Dorfleben erzählt.

9 km hinter Msemrir zeigt ein Schild links zum **Hotel/Camping Asaka (N 31°45,201', W 05°47,755').** Im Tal reihen sich Dörfer aneinander, man kann auf beiden Seiten des Flusses (auf Piste) entlangfahren. Etwa 12 km hinter Msemrir (bei Tilmi) endet der Asphalt.

23 km hinter Msemrir wird das Flusstal schmäler, die Piste wird steiniger und führt durch einen kleinen Canyon. Bei **km 25** folgt die **Gîte d'étape Ighounba (N 31°50,676', W 05°43, 826')** einsam im Tal. Dahinter führt die Piste raus aus dem Flusstal holprig, schmal und abschüssig bergauf (eine andere Piste folgt weiter dem Tal); es geht durch eine braune und einsame Berglandschaft mit grandiosem Ausblick in die Schlucht.

41 km hinter Msemrir ist ein **Pass auf 2910 m Höhe** erreicht **(N 31°54,706', W 05° 39,730').** Es geht nun weniger abenteuerlich und kurvig weiter über ein Hochplateau, auf dem Nomaden ihre Esel, Ziegen und Schafen weiden lassen. 15 km hinter dem Pass **(km 56)** folgen ein paar ärmliche Lehmhütten mit einem Bewässerungsbecken.

Wieder 2 km weiter, bei **km 58,** mündet die **Piste aus der Todrha-Schlucht** bei einem weißen gemauerten Wegweiser in diese Route ein. Immer wieder muss das Flussbett des Assif Melloul gequert werden (nach Regenfällen problematisch oder unmöglich).

Bei **km 65** erreichen wir in **Agoudal (N 32° 00,496', W 05°29,434')** auf 2360 m Höhe wieder die Zivilisation. Das hübsche Dorf mit Kasbah ist sehr ursprünglich, die Frauen tragen traditionelle Tracht. Übernachtung ist in der sehr netten **Auberge Ibrahim**② am nördlichen Ortsausgang in einem Lehmhaus möglich (**N 32°00,732', W 05°29,250',** Tel. 0535 88 46 28, aubergeibrahim@wanadoo.fr): Restaurant mit Terrasse, sechs saubere Zimmer, heiße Duschen, auch Übernachtung im Salon, im Berberzelt oder Camping im Hof.

Hinter Agoudal führt nun eine **Teerstraße** entlang der Strommasten durch das Tal Assif Melloul mit Pappeln und Feldern.

17 km nach Agoudal, bei **km 82,** mündet diese Route in die von Rich (im Ziz-Tal) kommende Teerstraße ein (Wegweiser, **N 32°05, 949', W 05°30,572',** vgl. anfangs genannte Variante). Leser empfahlen an der **Route Richtung Rich,** im Dorf **Agoudim,** die **Auberge Ouabbas** (Mobil 0613 03 28 25, almounissan @hotmail.com, einfache Zimmer, warme Dusche), betrieben von der guten Köchin *Aziza* und dem Bergführer *Driss,* der auch Trekkingtouren organisiert.

Nach der Einmündung auf die Teerstraße geht es links weiter Richtung Imilchil. Es folgt kurz darauf der Ort **Bouznou** mit einer Herberge. Bis zur **Kreuzung bei km 91 (N 32°09, 102', W 05°34,531')** folgen mehrere Dörfer. An dieser Kreuzung geht es rechts nach Tounfite und links weiter nach **Imilchil,** das etwa 100 km nach Msemrir erreicht ist **(N 32°09, 586', W 05°37,939').**

Imilchil

Imilchil liegt auf einem wunderschönen Hochplateau am Fluss Assif Melloul auf 2100 m Höhe, das Ortsbild prägen die **mächtigen Kasbahs.** Interessant ist die Tracht der Aït-Hadiddou-Frauen mit schwarz-weiß gestreiften Wollumhängen und den roten Wolltroddeln. Am häufigsten wird sie in den benachbarten Orten zwischen Agoudal und Imilchil getragen.

Imilchil wurde vor allem durch den Mitte September (Fr bis So) stattfindenden **Moussem der Bräute** bekannt. Eigentlicher Veranstaltungsort ist **Agda** etwas südlich von Imilchil. Die hier lebenden **Aït Hadiddou** mit ihren Untergruppen Aït Brahim und Aït Yazza gehören zur großen Berbergruppe der Beraber. Sie treffen sich hier mehrere Tage zu Ehren eines Lokalheiligen. Die Frauen dieser Bergstämme sind frei und selbstständig. Auf dem bekannten **Heiratsmarkt** von Imilchil werden Braut und Bräutigam von den Eltern vermittelt oder von den Kandidaten selbst ausgewählt. Dieser Brauch entwickelte sich angeblich deshalb, weil im ganzen Jahr irgendwo Hochzeiten stattfanden und dazu immer sämtliche Aït Hadiddou der Umgebung eingeladen wurden. Um das zu vereinfachen und die Hochzeit preiswerter zu gestalten, wurde der einmal jährliche Hochzeitstermin ins Leben gerufen. Da die Frauen nach einer Trennung den Ehepartner frei wählen können, sind die Scheidungen sehr häufig geworden. Damit geht der Brautpreis, den die Familie des Ehemannes zahlen musste, verloren. Am Moussem sind die Frauen der Aït Hadiddou stark geschminkt und geschmückt. Die verheirateten Frauen und die Geschiedenen erkennt man an der hohen, spitzen Haube. Ist man sich einig geworden oder wurde die Vermählung vorher schon von den Eltern abgesprochen, marschiert man am letzten Tag des Moussems zum Qadi, um den Heiratsvertrag aufzusetzen. Wenn der Vertrag unterschrieben ist, wird in der Qubba der Marabut der Segen des Heiligen erfleht.

Inzwischen ist der Heiratsmarkt ein **Touristenspektakel:** Der ganze Moussem gleicht einem riesigen Markt mit vielen Tieren und sonstigen Waren – Verheiratungen finden kaum mehr statt. Trotzdem ist der Moussem sehenswert, vor allem freitags, wenn Viehmarkt ist. Die meisten Touristen kommen erst am Samstagnachmittag, am Sonntag ist es bereits wieder ruhig. Übernachten kann man während des Moussems in Nomadenzelten bei Agda (mit Wolldecken ca. 120 DH p.P.) und in den kleinen Hotels der umliegenden Orte. Dort darf man auch sein Zelt aufstellen.

Imilchil lädt wegen der schönen Gebirgslandschaft in der Umgebung zum **Wandern** ein (z.B. im Flusstal des Assif Melloul). Im Ort existieren eine Tankstelle, mehrere Herbergen, einige Straßencafés und diverse Läden zur Versorgung. Am Samstag wird in Imilchil ein sehr ursprünglicher **Markt** abgehalten.

Direkt an der Teerstraße von Imilchil Richtung El Ksiba/Beni-Mellal (ca. 4 km Richtung Norden) liegt der **Lac Tislit,** ein schöner, von Birken umgebener See. Man kann eine kleine Wanderung rund um den See unternehmen oder in der Auberge Tislit einen Tee trinken. Nicht weit entfernt gibt es noch einen weiteren See, den **Lac Iseli** (ca. 9 km von Imilchil). Dieser See ist unbewohnt und liegt in kahler, unwirtlicher Umgebung. Die beiden Seen werden als „Braut" (Lac Tislit) und „Bräutigam" (Lac Iseli) bezeichnet. Der Sage nach sind sie durch die Tränen eines Liebespaares entstanden, das nicht heiraten konnte, weil die beiden Stämme, von denen Braut und Bräutigam abstammten, verfeindet waren. Die Legende wird in enge Verbindung zum Heiratsmarkt gebracht. Die Seen sind sehr fischreich, im Lac Iseli lebt ein endemischer Fisch, der 1940 erstmalig entdeckt wurde und dessen Bestand regelmäßig kontrolliert wird.

Praktische Informationen

Unterkunft

- **Kasbah Adrar**②, an der Ortsausfahrt Richtung El Ksiba, Tel. 0523 44 21 84. Hotel im Kasbahstil mit Restaurant und Mehrbettzimmern mit Dusche (warmes Wasser) und Toilette.
- **Chez Bassou**①, Tel. 0523 44 24 02, www.chezbassou.com. Der Betreiber dieses ordentlichen Hotels und Restaurants, *Bassou Chabou,* ist Bergführer. Einfache saubere Zimmer mit und ohne Bad. Parkplatz vor der Tür.
- **Izlane**③, im Zentrum, Tel. 0523 44 28 06, Mobil 0661 22 48 82, www.hotelizlane.com. Kleines, ordentliches Hotel mit 15 sauberen, einfach eingerichteten Zimmern (bis 4 Pers.) mit oder ohne Bad. Restaurant/Café, Frühstück auf der Terrasse. Der Preis ist etwas zu hoch für das Gebotene.
- **Hotel du Lac – Auberge Tislit**③ (mit HP), direkt am **Tislit-See** (an der Route Richtung El Ksiba), Tel. 0535 52 63 44, Mobil 0661 46 83 75. Bei dieser empfehlenswerten Herberge werden Gäste sehr freundlich empfangen. Die

kleinen Zimmer (warme Dusche auf dem Gang) sind einfach, aber ordentlich und sehr sauber, im Winter wird im großen Salon der Kamin eingeheizt (keine Heizung im Zimmer). Gutes Essen im Restaurant, sehr faire Preise. Wohnmobile finden hier eine **Campingmöglichkeit** direkt am See (herrlich ruhiger Stellplatz ohne eigene Einrichtungen, auf Anfrage Nutzung von Dusche/ WC im Hotel möglich, Zufahrt am Hang, z.T. uneben).

Camping

- Beim **Hotel du Lac am Lac Tislit** (s.o.). Einige Herbergen (z.B. Izlane) gestatten es Wohnmobilisten, kostenlos auf ihrem Parkplatz zu campen, wenn sie im Restaurant essen gehen.

Verkehrsmittel

- Ein **Bus** fährt jeden zweiten Tag **nach Rich** (Mo, Mi, Fr, am Sa wegen des Marktes 2x, nicht am So).
- **Sammeltaxis und Lkw** verkehren täglich nach Kasba Tadla (von dort Weiterfahrt mit dem Bus möglich).

Trekking

Ein empfehlenswerter, freundlicher **Bergführer** für die Region ist **Lhousain Oukhatar** (Mobil 0666 10 30 80, oukhatarimilchil@yahoo.fr). Er betreibt mit seiner Familie auch die nette **Gîte d'étape Tadmert** mit sauberen 4er-Zimmern, einem kleinen Salon und sehr einfachen sanitären Anlagen (kalte Dusche).

Sonstiges

Bei der Ortsausfahrt von Imilchil liegt linker Hand eine **Werkstatt** mit freundlichem und geschicktem Mechaniker, der trotz mangelhaftem Werkzeug gut improvisiert. **Diesel** ist ist dort aus Fässern erhältlich.

ma16_104 ad

Imilchil prägen mächtige Kasbahs und die Bergkulisse des Hohen Atlas

Von Tinerhir durch die Todrha-Schlucht nach Imilchil

- **ca. 125 km, R 703, R 317.**
- Die **Straße** in die Todrha-Schlucht ist **bis Aït Hani und weiter bis Imilchil geteert** (zum Teil nur einspurig und löchrig). Von Agoudal führt eine Teerstraße nach Rich (vgl. vorherige Route, Variante). Von Imilchil kann man auf guter Asphaltstraße nach El Ksiba weiterfahren. Beschreibung der Unterkünfte in der Todrha-Schlucht siehe bei Tinerhir „Herbergen in der Todrha-Schlucht".
- Im Frühjahr kann diese Bergstraße **nach starken Regenfällen unpassierbar** und stark beschädigt sein, während im Sommer der Fluss nur bis zur engsten Stelle der Schlucht fließt. Wenn man nicht die ganze Rundfahrt durch die Todrha- zur Dadès-Schlucht (oder umgekehrt) unternehmen will oder kann (bisher nur mit 4x4), sollte man keinesfalls versäumen, wenigstens einige Kilometer hineinzufahren oder zu wandern. Bis Aït Hani verkehren Sammeltaxis.
- Von Tamtattouchte im Hohen Atlas windet sich der **Oued Todrha Richtung Süden** durch die enge Schlucht. Den Fluss säumen Palmen und Oleander, links und rechts ragen die steilen Felswände in schwindelerregende Höhe, Ziegen klettern auf schmalen Pfaden entlang der steil abfallenden Schluchtränder. Auch **Kletterer** aus aller Welt finden hier ein Eldorado mit vielen eingebohrten Sportkletterrouten.
- Eine **lohnenswerte Variante** ist die **Drei-Schluchten-Rundfahrt** durch die Todrha-Schlucht (131 km ab Tamtatouchte bis Goulmima) nach Aït Hani, von dort auf schmaler Teerstraße entlang grüner Täler mit alten Kasbahs und Ksour nach Assoul und durch eine wunderschöne Schlucht nach Imiter und Amellago. Zurück geht es auf guter Asphaltstraße durch die ebenfalls grandiose Gheris-Schlucht nach Goulmima (vgl. „Von Goulmima über Amellago nach Aït Hani").

1 km von Tinerhir in Richtung Goulmima und Errachidia zweigt links die Straße in die Todrha-Schlucht ab (R 703). Kurz darauf folgt das **Restaurant Le Michèle** (vgl. bei Tinerhir), dann ein Hammam und das Restaurant Royal Palmiers. Ein Aussichtspunkt über die Oasengärten, an dem sich Kamelführer mit ihren Tieren postiert haben, ist knapp 3 km hinter der Kreuzung erreicht. Hier liegt auch die nette **Unterkunft Petit Nomade** (vgl. bei Tinerhir).

Weitere **Aussichtspunkte** mit Ausblick in den Canyon mit einem verfallenen Ksar auf der gegenüberliegenden Flussseite folgen nach weiteren 3 bzw. 4 km. Dann geht es vorbei am einfachen **Camping La Lune de Gorges** bis zum Ort **Aït Ouritane** (8,5 km hinter dem Abzweig). Auf den folgenden Kilometern reihen sich mehrere Campingplätze und Gästehäuser aneinander. Besonders empfehlenswert ist der sehr schöne, schattige **Campingplatz Le Soleil** im Palmenhain (vgl. bei Tinerhir „Herbergen in der Todrha-Schlucht").

1,5 km weiter am **Camping Auberge Le Lac – Garden of Eden** liegt das **Restaurant** (und Camping) **Source des Poissons Sacrés** (vgl. bei Tinerhir „Herbergen in der Todrha-Schlucht"), wo man eine Pause einlegen sollte, um die glasklare idyllische „Quelle der heiligen Fische" zu besichtigen.

12 km nach Tinerhir folgt das empfehlenswerte **Gästehaus Aicha** mit kleinem Museum (vgl. bei Tinerhir) links der Straße. 1 km weiter findet man im **Maison d'Hôtes Valentine** Unterkunft (vgl. bei Tinerhir). Bei **km 14** bzw. kurz darauf folgen das Hotel Étoile de Gorges, die Auberge La Vallée, das Hotel Mansour sowie das Maison d'Hôtes Panoramique. Hier beginnt die Todrha-Schlucht: Am besten man parkt hier und wandert zu Fuß weiter.

Bei **km 15** befinden sich rechts die Hotels Yasmina und Les Roches, die 2015 nach einem Bergsturz geschlossen wurden. Hier ist die engste und spektakulärste Stelle der Strecke erreicht. Die roten Felswände ragen steil in den klaren blauen Himmel. Eine betonierte, häufig von Überschwemmungen beschädigte Furt führt durch den Fluss. Hier wimmelt es zu manchen Jahreszeiten von Touristen und wochenends auch von einheimischen Ausflüglern. Im Winter ist es dagegen ziemlich ruhig. Früher sammelte sich der **Touristenstrom** am Anfang der Schlucht, seit der Asphaltierung dringt er bis hinauf nach Tamtattouchte vor. Die Schlucht hat dadurch viel von ihrem ursprünglichen Reiz eingebüßt: Souvenirhändler reihen sich aneinander, Taxis und Busse parken entlang der Straße, die Felsen sind von Graffiti verunstaltet, spärlich bekleidete Touristen schlendern umher.

Kletterer mit eigener Ausrüstung haben die Möglichkeit, auf mehreren gesicherten Routen die Felswände zu erklimmen.

Hinter dem engen Teil der Schlucht führt die Straße in gleichmäßiger Steigung entlang des Todrha bergan, ab und zu muss der Fluss gequert werden. Wanderer sollten nach 2 bis 3 km umdrehen, da der weitere Weg durch die Schlucht keine Abwechslung bietet. Wanderer mit Ausdauer können bis Tamtattouchte laufen und oberhalb am östlichen Rand der Todrha-Schlucht bis zu den alten Ksour vor Tinerhir hinuntergehen. Durch die Oasengärten geht es dann nach Tinerhir. Dafür ist ein ganzer Tag einzuplanen.

Nach **17 km** trifft man auf die letzten Palmen, viele Furten führen durch das Kiesbett.

Bei **km 22** liegt links in der Schlucht die **Auberge Le Festival** (vgl. bei Tinerhir „Herbergen in der Todrha-Schlucht").

Bei **km 29** ist ein kleiner Marabut erreicht, und 3 km danach führt ein Abzweig links nach **Msemrir** (in der Dadès-Schlucht).

Tamtattouchte, ein größerer Ort mit vielen Kasbahs am Ende der Todrha-Schlucht, ist bei **km 33** erreicht. Vor allem im Winter kann es hier auf etwa 1800 m Höhe recht kühl werden. Am Ortseingang liegt der **Campingplatz Timlilay** (160 DH für 2 Pers. inkl. Auto, Strom, Dusche, Toilettenentleerung).

Übernachtsmöglichkeit besteht außerdem in der **Herberge Chez Baddou** (Mobil 0672 52 13 89, www.aubergebaddou.com) gleich zu Beginn des Ortes mit einfachen, blitzsauberen Zimmern②-③ mit oder ohne Bad (Etagenduschen) und Zentralheizung, mit zwei Apartments für Familien (bis 6 Pers.), einem gemütlichen Aufenthaltsraum mit Bibliothek, schönem Pool, gutem Restaurant und nett angelegtem Campingplatz (saubere Sanitäranlagen mit warmen Duschen, Strom, Entsorgungsstelle, Waschmaschine, WLAN verfügbar). Der Besitzer *Ahmed Abaz* ist sehr freundlich und gibt viele gute Ratschläge. *Ahmed* bietet sich als Führer z.B. nach Agoudal oder zu einem kleinen Salzbergwerk an, außerdem kann man dort Geländewagen mieten. Schräg gegenüber auf einem Hügel mit schöner Aussicht liegt die **Kasbah Taymat (Chez Moha)**③ mit komfortableren Zimmern mit Bad und gemütlichem Innenhof. Daneben bzw. direkt gegenüber von Chez Baddou befindet sich die sehr hübsche **Auberge Bougafer**②-③ (Mobil 0670 20 35 36, www.aubergebougafer.com, mit schönem Garten und Zimmern mit und ohne Bad), in der der nette Chef persönlich und gut kocht. Eine Leserin empfahl das Restaurant der **Auberge Haut Atlas (Chez Brahim).** Auch die **Auberge Les Amis**③ (mit HP; Mobil 0670 23 43 74, amistamt@yahoo.fr) am Ortseingang rechts wurde von Lesern sehr gelobt: freundlich, luftige, große und recht hübsche Zimmer mit Du/WC, betrieben von zwei gastfreundlichen Brüdern (einer spricht deutsch); man kann auch auf der Dachterrasse übernachten oder auf dem Gelände campen.

Etwa 1,5 km weiter am Ortsende von Tamtattouchte geht es links auf **Piste nach Msemrir** und in die Dadès-Schlucht (N 31°40,848', W 05°32,226', auf 1779 m Höhe) und geradeaus weiter bergauf **nach Aït Hani und Imilchil.** Kurz darauf liegt links die **Auberge Amazagh,** hübsch aus Natursteinen gebaut, rechts der **Camping Tafyout** und bald danach der schön angelegte **Camping Adrar** (N 31° 40,967', W 05°31,356') mit Teppichweberei. Nach weiteren 3 km folgt das kleine **Café Tamda** mit Terrasse an der Strecke.

⊡ Höhlenzimmer im Hotel Le Festival in der Todrha-Schlucht

Ab km 44 führt die Straße über ein karges Hochplateau. Bei **km 52** ist **Aït Hani,** ein Ort mit Militärposten in 2007 m Höhe, erreicht. Unterkunft bieten das **Kasbah-Hotel Essalam** und die **Auberge Panorama** (N 31°45,193', W 05°28,937'). 1 km weiter, bei km 53 (N 31° 46,904', W 05°27,119'), zweigt rechts die Straße nach Assoul ab. Links geht es weiter nach El Ksiba und Imilchil, beschildert „La Ksiba – Imilchil 70, Tinerhir, Errachidia, Ouarzazate 88". An der Kreuzung liegt die einfache **Gîte Chambre d'Hôte Aït Daoud** (Mobil 0662 08 33 35 oder 0661 29 20 65).

Bei **km 54** zweigt die Zufahrt nach **Toumliline** ab (4 km). Die Straße führt geradeaus bergauf bis zum **Pass Tizi Tirherhouzine** (**2700 m,** N 31°52,715', W 05°28,601') bei **km 68.** In der Region sind viele Hirten mit Schafen, Pferden und Kamelen unterwegs. Nach dem Pass führt die Piste wieder im Hochtal des Assif Melloul entlang.

Bei **km 88** ist **Agoudal** erreicht. Zur weiteren Strecke nach Imilchil vgl. „4x4-Route: Von Msemrir nach Imilchil" (ab km 65).

Von Tinerhir über Goulmima nach Errachidia

- **137 km, N 10.**
- Der letzte, weniger besuchte Teil der Straße der Kasbahs führt von Tinerhir durch **karge, steinige Wüstenlandschaft.** Die Bergzüge des Djabal Tisdafine im Norden und des Djabal Ougnat im Süden begrenzen die Route über Goulmima bis nach Errachidia.

Tinerhir in Richtung Norden auf der N 10 verlassen. **20 km hinter Tinerhir** passiert man die **Auberge/Camping Tizmotine** (mit Restaurant) in einem schönen Oasengarten am Rande der Wüste.

Etwa knappe **23 km** hinter Tinerhir zweigt eine Teerstraße nach Alnif Richtung Süden ab (47 km durch schöne Landschaft des Djabal Oughnat, vgl. bei Goulmima „Ausflüge").

ma16_190 ed

34 km hinter Tinerhir lohnt es sich, **beim Schild „Sources, Musée, Galerie d'Art"** auf die Piste (500 m) links zu den **Quellen und dem Museum Lalla Mimouna** abzubiegen. Hier hat der Künstler *Zaïd Abbou,* der auch eine Galerie in Tinejdad betreibt (s.u.), mit sehr viel Engagement ein Freiluftmuseum geschaffen und fünf vormals vermüllte Quellen gesäubert und in Steinbecken gefasst. Der sehr freundliche *Zaïd* hat in Heidelberg studiert, spricht hervorragend deutsch und führt selbst durch die Anlage. Auf dem großen bepflanzten Areal widmen sich die Gebäude mit antiken Ausstellungsstücken verschiedenen Themen wie Landwirtschaft, Nomaden, Kunsthandwerk, Handschriften und Wasser. *Zaïd* will die Menschen der Region für Umweltthemen sensibilisieren, Kultur vermitteln und vor allem die glasklaren, türkisfarbenen, gas- und mineralhaltigen Quellen schützen. Seine Sammlungen und sein Wissen über die Kultur sind wirklich beeindruckend und den Eintritt von 50 DH wert. In einer kleinen angeschlossenen Galerie verkauft er eigene Kalligrafien sowie Werke lokaler Künstler. Es gibt ein Café und ein sehr sauberes Toilettenhäuschen.

Bei **km 43** folgt eine **Tankstelle mit dem Café/Restaurant Hotel Belle Vue.** Kurz darauf (**47,5 km** ab Tinerhir) zweigt rechts beim Schild **„Musée des Oasis, Maison d'Hôtes el Khorbat"** eine Piste ab. Auf ihr gelangt man an einer Töpferei vorbei zum malerischen, auf 1019 m gelegenen **Ksar El Khorbat** (1 km).

Ksar El Khorbat

Zur Besichtigung des alten Lehmdorfs bzw. des Museums kann man das Auto auf zwei Parkplätzen abstellen – auf dem größeren finden Wohnmobile auch einen Stellplatz für die Nacht (ohne sanitäre Anlagen). Im Ksar liegt das **Maison d'Hôtes und Museum El Khorbat** (Tel. 0535 88 03 55, Mobil 0676 52 73 92 www.elkhorbat.com) des Spaniers *Roger Mimó.* In drei renovierten alten Häusern des Ksar ist das sehr informative Museum über die Berber zwischen Dadès, Drâa und Ziz untergebracht (geöffnet 8–18 Uhr, Eintritt 20 DH), das in Marokko seinesgleichen sucht. In vier Sprachen werden deren Lebensweise und Traditionen erklärt. *Roger,* der Marokko wie seine Westentasche kennt, führt bei Interesse selbst durch das Museum und gibt den Besuchern viele Tipps zur Umgebung. In drei weiteren zusammengeschlossenen Häusern sind die Gästezimmer untergebracht: große, einfach eingerichtete Zimmer④ (mit HP) im Berberstil mit AC, zum Teil mit eigener Terrasse. Man wohnt hier dunkel und kühl zwischen den dicken, alten Lehmmauern; kleiner Pool im Innenhof. Wer möchte, kann im kühlen Salon oder auf der Terrasse zu Mittag essen (gutes Menü ab 80 DH). Leser empfahlen außerdem die **Unterkunft MuXu Berbere③** ca. 500 m vor dem Ksar El Khorbat (freundlich, sauber, WLAN, Tel. 0535 88 09 15, www.muxuberbere.com).

Ein **Spaziergang** durch den sehr ursprünglichen Ksar el Khorbat mit seinen symmetrisch angeordneten, gedeckten Gassen ist ein Erlebnis! Der Hauptort des Berberstamms der **Aït Morhad** ist mittlerweile großteils durch eine Association originalgetreu restauriert worden. In Zusammenarbeit mit den Einheimischen soll die Infrastruktur verbessert werden, sodass das alte Lehmdorf besiedelt und erhalten bleibt. Schilder in der Umgebung weisen auf nachhaltigen Tourismus und Müllvermeidung hin – im Ksar ist es erfreulicherweise weitgehend müllfrei, entlang des Oueds leider nicht. In El Khorbat wird vorbildliche Arbeit geleistet, um das Bewusstsein der Bevölkerung für ihre Umwelt und ihr kulturelles Erbe zu stärken.

Weiterfahrt nach Errachidia

Bei **km 50** erreicht man **Ferkla** (Aferkla). Am Ortsanfang ist die „Coopérative de Tissage Ferkla" (Weberei) ausgeschildert. Bei **km 52** folgt **Tinejdad.**

Tinejdad

Der große Ort ist mittlerweile mit Ferkla zusammengewachsen und bietet alle Versorgungsmöglichkeiten. Tinejdad ist für die meisten Touristen nur ein Durchgangsort, obwohl das Hinterland viel zu bieten hat (vgl. Ausflüge von Goulmima und Route „Von Erfoud nach Tinejdad“, Himmelstreppe von *Hans-Jürgen Voth*). Mehrere **Restaurants** und zahlreiche Cafés bieten sich für eine Einkehr an. Im Ort gibt es Tankstellen, eine Bank und eine Post. Unterkunft findet man im **Hotel Reda** (Mobil 0671 70 89 42). Sammeltaxis und **Busse** verkehren nach Erfoud, Errachidia und Ouarzazate.

Tinejdad selbst hat keine besonderen Sehenswürdigkeiten zu bieten. Es empfiehlt sich ein Blick in **Zaïds Galerie,** in der eine unglaublich umfangreiche Kunsthandwerksausstellung mit altem marokkanischen Interieur und Schmuck, Töpferwaren, Hausrat, Büchern und Fotos zu bewundern ist. *Zaïd* (vgl. vorige Routenbeschreibung, Lalla Mimouna) sammelt seit über 25 Jahren alte Gegenstände seines Landes, und bei Interesse kann man ihm etwas abkaufen. Auch wenn man nur durch die Ausstellungsräume und den tollen Garten spaziert, lohnt sich ein Besuch. Es gibt kaum irgendwo einen Laden oder auch ein Museum, wo so eine Fülle an schönen Dingen zu sehen ist!

Ausflug nach Aghbalou N'Kerdous

Dieser Ausflug (ca. 60 km Teerstraße) führt **durch eine hübsche Schlucht zur Quelle** Aghbalou N'Kerdous. 3 km hinter Tinejdad (1 km nach dem Abzweig nach Erfoud) zweigt eine Teerstraße links ab. Die Straße führt durch die Dörfer Ksiba N'Igouramène, Tadert N'Oumira (in der Nähe gibt es präislamische Tumulusgräber) und Irbiben nach Taghia N'Ifer und durch die Schlucht von Taghia N'Ifer. Auf dem Weg passiert man einen schönen Aussichtspunkt mit kleiner Quelle. Nach etwa 60 km ist die große, schön gelegene Quelle Aghbalou N'Kerdous erreicht.

Weiterfahrt nach Errachidia

Kurz nach Tinejdad **(km 55)** hinter einer großen **Tankstelle mit Café-Restaurant** (mit sauberen Toilettenanlagen) zweigt rechts die R 702 nach Erfoud ab (beschildert „Arfoud 86“, N 31°30,976', W 05°00,880'); links weiter (beschildert „Goulmima 18, Errachidia 80“).

73 km hinter Tinerhir liegt **Goulmima.**

Goulmima

Die sehr angenehme, expandierende Stadt mit ihren roten Häusern hat etwa 15.000 Einwohner und besteht aus einem neuen und einem alten Teil. In der **Neustadt** befinden sich alle wichtigen Geschäfte, die CTM-Busstation, Tankstellen, Banken und das Krankenhaus. Auf dem ummauerten **Souk-Gelände** findet am Donnerstag der Wochenmarkt statt. Die unbedingt **sehenswerte Altstadt** (Beschilderung ab Kreisverkehr rechts „Ksar Goulmima“) 1,2 km südlich der Neustadt ist ein typischer Lehmksar aus engen, dunklen und zum Teil überdachten Gängen mit einem Hauptplatz, einer Moschee und einem alten, sehr schönen Eingangstor mit quadratischen Ecktürmen. Die Bewohner des Ksar reagieren freundlich auf Touristen. Allerdings ist wie in vielen Städten Marokkos die wohlhabende Bevölkerung aus der Altstadt in neue Häuser gezogen, sodass im Ksar fast nur noch ärmere Familien (vorwiegend Haratin) leben. Vor dem Eingangstor bieten Führer ihre Dienste an, die es evtl. ermöglichen, ein Wohnhaus von innen zu besichtigen.

Im Zentrum beim Kreisverkehr links zweigt eine Teerstraße ab, die durch die **Schluchten des Oued Gheris** (Rheris) nach Amellago und weiter nach Rich durch fantastische Landschaft führt (vgl. folgende Route).

Praktische Informationen

Unterkunft/Camping

■ **Camping Les Tamaris (Chez Michèle),** Av. Hassan II. (am Stadteingang links von Tinejdad kommend, in der Nähe des Busbahnhofs), in einem rosa ummauertem Gelände mit großem Einfahrtstor, Tel. 0535 88 54 13, Mobil 0661 17 30 53, www.chez-michele.com. Sehr empfehlenswerter und gepflegter Campingplatz unter französischer Leitung. Gute sanitäre Anlagen, sauberer Pool (im Winter nicht immer gefüllt), teilweise schattig. 70 DH für 2 Pers. mit Kfz, Strom 25 DH, Waschmaschine 50 DH.

■ **Gîte Chez Pauline**③ (mit Frühstück), 18 km außerhalb in Richtung Tadighoust – Ammelago, Tel. 0535 88 54 25. Die Herberge liegt am Ortsanfang der Palmenoase Tadighoust links auf einem Farmgelände in schöner, ruhiger Umgebung. Auf der Farm gibt es drei sehr hübsche Zimmer, eine Suite und zwei Pavillons für 4 bis 10 Personen. Camper finden Stellplätze unter Palmen (gute Sanitäranlagen mit heißer Dusche, 100 DH für 2 Pers. mit Kfz, Strom 20 DH, Waschmaschine 30 DH). WLAN vorhanden.

■ **Gîte d'étape Les Jardins**②-③ (mit HP), 19, Hay Outamane (beim alten Ksar), Mobil 0654 49 11 16, www.gitelesjardins.com. WLAN. Einfache, nette Herberge mit Restaurant, Organisation diverser Ausflüge. DZ mit oder ohne Bad.

Sonstiges

Hinter dem letzten Kreisverkehr in Richtung Osten (Richtung Errachidia) liegt das ummauerte Gelände von **Cyber Café/Piscine Chez Rahim.** Hier kann man gegen Eintritt baden und im Internet surfen. Außerdem gibt es ein **Piscine Municipal** (öffentliches Schwimmbad) in Richtung Kreisverkehr/Errachidia.

Ausflüge

Hammou Srhou (Mobil 0611 62 59 88, lespalmiers.odile@menara.ma, 6 bis, Hay Outamane, in Richtung alter Ksar in der ehemaligen Auberge Les Palmiers) unternimmt mit seinem Geländewagen reizvolle **Ausflüge ins Wüsten-Hinterland** zu schönen Sanddünen und Oasen mit Foggara-Bewässerung in der Oase Ksiba und in Tan Hassit, zu einem Dayet (Zeitsee bzw. Senke) umgeben von kleinen Dünen, zu den alten Ksour Marandja und Ighli, zu Fossiliensteinbrüchen, Rundgräbern und zum Djabal Oughnat. Im **Djabal Oughnat,** einem steilen Wüstengebirgszug, leben teilweise sesshaft gewordene Nomadenstämme. *Hammou* kennt sich exzellent mit archäologischen Fundstellen und geologischen Formationen aus, außerdem weiß er viel Hintergründiges zu Land und Leuten zu berichten. *Hammou* spricht ein wenig englisch, wesentlich besser jedoch französisch. Eine Ganztagestour kostet zwischen 1500 und 1700 DH und lohnt sich vor allem für französisch sprechende Touristen.

Weiterfahrt nach Errachidia

Nach dem letzten Kreisverkehr im Osten der Stadt führt die weitere Strecke über das Palmenoued und dann bergauf über eine wenig abwechslungsreiche Hochebene. Von der Gegenrichtung kommend hat man bei der Abfahrt nach Goulmima einen wunderschönen Blick auf die Oase. Bei **km 131** ist **Errachidia** erreicht.

Errachidia

Die **stark wachsende Universitätsstadt** am Kreuzungspunkt zweier Straßen weist die typischen rosa-weißen Mauern und Häuser des Südens auf, hat etwa 210.000 Einwohner und ist ein wichtiger Standort der marokkanischen Truppen. Früher war Errachida (damals noch Ksar-es Souk) Stützpunkt der Fremdenlegion. Die Stadt hat keine besonderen touristischen Attraktionen zu bieten, doch die Lage am Rande der Sahara macht sie zu einem guten Ausgangspunkt für Ausflüge in die Wüste und Oasen (Ziz-Schlucht, Erfoud, Rissani, Erg Chebbi). In Errachidia sind beste Versorgungsmöglichkeiten gegeben.

Praktische Informationen

Informationen für Touristen

■ **Office de Tourisme,** Av. Moulay Ali Cherif, Tel. 0535 62 34 60.

Unterkunft

Auberge Tinit③ (mit Frühstück), Route de Goulmima (am Stadtrand Richtung Ouarzazate), Tel. 0535 79 17 59, tinit_auberge2000@yahoo.fr. Das Hotel im Kasbahstil in ruhiger Lage unter marokkanisch-südtirolerischer Leitung hat einen schönen Garten und einen Pool (mit Sitzlauben), um den sich die hübschen Zimmer mit Bad gruppieren. WLAN. Nicht-Gäste können auf der Terrasse zwischen 12 und 15 Uhr sehr gut zu Mittag essen.
■ **Errachidia**②, 31, Rue Ibn Battouta (beim Busbahnhof), Tel. 0535 57 04 53. Einfaches, sauberes 2-Sterne-Hotel mit Restaurant.
■ **Kasbat Aferdou**③, Zone touristique, Route de Goulmima (2,5 km vom Zentrum, neben Le Riad), Tel. 0535 57 01 10, www.kasbataferdou.com. Gutes Mittelklasse-Kasbahhotel mit klimatisierten Zimmern (ohne besonderen Stil) mit Bad, WLAN, Pool.
■ **Kenzi Rissani**③-④, Av. Moulay Ali Cherif, am Ortsausgang Richtung Erfoud, Tel. 0535 57 25 84, www.kenzi-hotels.com. Das Hotel ist ein außen wenig ansprechender Betonbau mit komfortablen klimatisierten Zimmern mit TV, jedoch kein 4-Sterne-Standard. Es gibt einen Pool, Bar, Restaurant und einen bewachten Parkplatz.
■ **Le Riad**③, Route de Goulmima, Tel. 0535 79 10 06/07, www.hotelleriad.com. Sehr schönes, luxuriöses Gästehaus mit tollem Pool im Garten und komfortablen Zimmern/Suiten mit Sat-TV, AC, WLAN etc.
■ **M'Daghra**①, 92, Rue M'Dghra/Oued Lahmer, Tel. 0535 57 40 47. Etwas dunkles Hotel mit Restaurant.
■ **Zitoune**①, 25, Place Hassan II., Tel. 0535 57 24 49. Sauberes Hotel mit sieben Zimmern, sehr netter Besitzer, bei Vollbelegung warme Dusche nur auf Anfrage.

Essen und Trinken

■ **Cordoba,** außerhalb des Marché Municipal. Kleines, sauberes Restaurant mit Pizza und anderen abwechslungsreichen Speisen. Gutes Preis-Leistungsverhältnis.
■ **Fiesta,** Rue el Mesjia (Seitenstraße der Av. Moulay Ali Cherif), ggü. Café/Restaurant Imilchil. Gutes Restaurant mit moderner Ausstattung, u.a. Grillspeisen.
■ **La Perle,** Rue Sidi Bou Abdallah (gegenüber Hotel Oasis). Gemütliches Restaurant mit gutem Essen zu fairen Preisen, saubere Toiletten.
■ **Miramar,** an der kleinen Verbindungsstraße vom Marché Municipal zur Attajariwafa-Bank. Größeres, sauberes Restaurant mit Pizza und einer recht vielfältigen Speisekarte.
■ **Tinit,** vgl. Auberge Tinit oben. Gutes Essen.

Sammeltaxis/Taxis

Der **Sammeltaxi-Parkplatz** befindet sich bei der Moschee unweit (5 Gehminuten) der Bushaltestelle. Die Taxis verkehren in alle Richtungen. Preise: nach Erfoud ca. 25 DH, nach Tinjedad ca. 20 DH, nach Meski ca. 10 DH.

Busse

■ **CTM:** Büro am Busbahnhof, Tel. 0535 57 20 24; **Supratours:** 6, Rue Moulay Youssef, Tel. 0535 79 16 36.
■ **Marrakesch** *(über* **Ouarzazate**): 1x tägl. mit Supratours und CTM (frühmorgens), 175 DH, ca. 10 Std. Fahrzeit; nach Ouarzazate 100 DH, ca. 5 Std. Fahrzeit.
■ **Tinerhir – Boumalne Dadès – Ouarzazate:** mehrmals tägl. verschiedene Busse, CTM 1x tägl. (Bus nach Marrakesch, s.o.); bis Tinerhir 50 DH (ca. 2½ Std.), bis Boumalne 55 DH (ca. 3 Std.).
■ **Casablanca:** 2x tägl. mit CTM (morgens und spätabends), Fahrzeit ca. 10 Std., 215 DH.
■ **Erfoud** und **Rissani:** mehrmals tägl., 1x tägl. frühmorgens mit CTM, nach Erfoud 1½–2 Std. Fahrzeit, ca. 35 DH; nach Rissani 40 DH, 2 Std. Fahrzeit.
■ **Fès/Meknès:** mehrmals täglich (ca. alle 2 Std.) mit verschiedenen Bussen, ca. 90 DH, mit CTM 1x tägl., 120 DH, ca. 7 Std.
■ **Bouarfa** und **Figuig:** mehrmals tägl. Busse nach Bouarfa, dort Umsteigen nach Figuig.

Sonstiges

■ Die gute **Renault-Werkstatt Sjilmassa** liegt an der Hauptstraße rechts am Stadtanfang Richtung Erfoud.

- **Hauptpost** am Bd. El Alaouiyin, neben dem Polizeipräsidium, von Ouarzazate aus kommend hinter der Stadtmitte und kurz vor der Brücke über den Ziz-Fluss links abbiegen.
- Es gibt **mehrere Banken mit Geldautomat.**
- In der Stadt stehen zwei **Alkoholläden** (einer ggü. des Polizeipräsidiums) und ein **ACIMA-Supermarkt** zur Verfügung.
- **Polyclinique Tafilalet,** Route de Méknes/Boutalamine, Tel. 0535 57 43 21. Sehr gute Privatklinik mit deutsch und englisch sprechenden Ärzten.
- **Zahnarzt:** *Dr. Rachid Benjiali,* Tel. 0535 79 03 56, oberhalb vom Marché Municipal direkt links neben dem weithin sichtbaren Café Vitamine. *Dr. Benjiali* hat in Frankreich studiert, seine Praxis hat europäisches Niveau.
- Zahlreiche **Internetcafés** in der Stadt.
- **Ausflüge** in die Wüste (im klimatisierten Toyota) organisiert *Mhamid Mohamed,* Mobil 0661 53 31 93, www.marocvoyages.com.

Ausflüge

Von Errachidia kann man gut Ausflüge zur **Source Bleue de Meski** (Richtung Erfoud) unternehmen (siehe im Kapitel zum Südosten und Tafilalet).

Auch zum **Hassan-Abdhakhil-Stausee** und in die **Ziz-Schlucht** zum Tunnel der Legionäre (an der Strecke nach Midelt) lohnt sich ein Ausflug.

Kein spektakulärer Ausflug, aber durchaus einen kurzen Abstecher wert ist ein kleiner **Marabut mit moslemischem Friedhof** bei einem verfallenen Ksar. Anfahrt: Vom Kreisverkehr an der Stadtausfahrt 2 km Richtung Erfoud, dann links (westwärts) auf eine kurze, vermüllte Piste am Rande eines Wohngebiets abbiegen. Gegenüber liegt eine Militäranlage in einem Kasbahkomplex mit Grünanlage an der Straße. Man sieht das Heiligengrab auf einem kleinen Hügel von der Straße aus. Der Blick von dort über den Friedhof und hinüber zu den (nach Jahreszeit schneebedeckten) Bergen bei klarer Sicht ist umwerfend.

Imilchil

Ein lohnenswerter **2-Tage-Ausflug** führt nach Imilchil im Hohen Atlas. 63 km nördlich von Errachidia zweigt eine Straße nach **Rich** ab (4 km). Von dort führt eine z.T. beschädigte Teerstraße (130 km, Fahrzeit 3½–4 Std.) über Igli, Aït el Rhazi, Aït Taddert und Outerbat bis Imilchil. Auf der Strecke müssen viele Furten durchquert werden, was nach starken Regenfällen evtl. problematisch sein kann. Es verkehrt einmal täglich (morgens) ein CTM-Bus von Errachidia nach Rich, von dort kommt man mit dem Sammeltaxi oder Minibus weiter nach Imilchil (Ortsbeschreibung siehe „4x4-Route: Von Msemrir nach Imilchil").

Von Goulmima über Amellago nach Aït Hani

- **117 km, R 7103.**
- Diese **vollständig asphaltierte Route** durch die **Gheris-Schlucht** nach Amellago und weiter über Imiter nach Aït Hani bildet in Kombination mit der Todhraschlucht (Aït Hani – Tinerhir) eine **wunderschöne Dreischluchtenrundfahrt.** Von Amellago kann man alternativ auch auf **Teerstraße nach Rich** fahren – eine weit schönere Strecke nach Errachidia als über die N 10. In der Gheris-Schlucht sind schöne Wanderungen und Mountainbiketouren möglich. Es gibt noch viele ursprüngliche Lehmksour entlang der Route, die einen Besuch lohnen. Nach starken Regenfällen kann die schmale und oft ausgefranste Straße beschädigt oder unterbrochen sein bzw. sind evtl. einige Furten nicht passierbar.

In Goulmima **(N 31°41,574', W 04°57,161')** der Hauptstraße Richtung Osten (Errachidia) folgen und am Ende des Zentrums beim Kreisverkehr die dritte Ausfahrt nehmen; diese ist nach Assoul beschildert, relativ schmal und nicht sofort zu sehen. Beim Kreisverkehr ist die erste Ausfahrt in Richtung alter Ksar, die zweite Ausfahrt nach Tinerhir beschriftet. Kurz darauf folgt die Beschilderung „Tadighoust 18". Die Straße passiert schöne alte Lehmkasbahs und Oasengärten, bis nach **7 km** das Ortsende erreicht ist. Dann führt sie durch eine von Seitenwadis durchfurchte Lehmebene über eine breite betonierte Furtbrücke über den **Oued Gheris (km 10)** direkt auf den Hohen Atlas zu. Je nach Tageszeit leuchten die zerklüfteten Berge in verschiedenen Rot-, Gelb- und Brauntönen; im Winter tragen die Bergspitzen am Horizont gelegentlich eine weiße Haube.

An Olivenfarmen vorbei führt nach 16 km linker Hand eine Piste zur netten, von Franzosen betriebenen **Herberge Chez Pauline** (Tel. 0535 88 54 25, www.gitechezpauline.com, **N 31°48,954', W 04°58,064'**) in die Palmeraie. Auf dem Farmgelände kann man campen, in einem der hübschen Berberstil-Zimmer mit Bad (③) oder im Schlafsaal (① mit Frühstück) übernachten. Alle Zutaten für das Essen kommen aus eigenem biologischen Anbau.

Kurz darauf erreicht man den **Ksar Tadighoust, N 31°49,454', W 04° 57,968'.** Ein altes Fort liegt malerisch oberhalb einer zerfallenen Kasbah und eines Palmenhains. Die Straße folgt weiterhin dem Oued Rheris umrahmt von der großartigen Kulisse palmengesäumter Lehmdörfer und zerklüfteter Berghänge. Ein weiteres Mal wird der Oued Rheris durchquert, bevor es (km 23) hinauf in die Berge geht. Bei **km 29** verengt sich die Schlucht rechter Hand (östlich) der Piste bei einem schönen alten Lehmdorf, das ca. 1 km zu Beginn der Schlucht auf einer Anhöhe liegt.

Bald geht es wieder durch das palmengesäumte, sich zur Schlucht verengenden Wadi; bei **km 34** ist das **malerische Lehmdorf Tahemdount** in einem großen Palmenhain erreicht.

Die Straße führt nun entlang und auch immer wieder durch das **Oued Gheris,** das von den steil aufragenden rot-braunen Felsen der **Gheris-Schlucht** gesäumt ist. Die Teerstraße ist schmal (1½ Spuren), aber gut und führt bei **km 40** aus der Schlucht hinaus, aber weiter durch den Oberlauf des Flusses hinauf in die nun weitgehend kahlen und nur von Dornbüschen bewachsenen Berge.

Bei **km 49** überquert man auf einer breiten Furtbrücke das Flusstal und erreicht bei einer großen Kreuzung **Amellago,** das auf 1314 m Höhe in einem Hochtal liegt **(N 31°59,443', W 04°59,824').** Die Region ist sehr ursprünglich, die Bevölkerung in dem expandierenden Dorf sehr angenehm und dem Tourismus aufgeschlossen. Leser lobten die sehr freundliche **Auberge Amellago**① mit schönem Innenhof und gutem Essen (http://aubergeamellago.com); die Familie gibt Tipps zu Kletterrouten in der Region. Die einfache **Auberge Africa**① (kleines Lehmhaus, mit Restaurant, Mobil 0656 59 79 47, www.aubergeafrika.com) bietet sich als Basis für Touren in der wunderschönen Umgebung an.

Nach einer weiteren Kreuzung bei **N 31°59, 757', W 05°00,128'** in Amellago (beschildert „Assoul, Aït Hani, Errachidia, Rich" geht es links in Richtung **Assoul** weiter. Rechts führt eine Teerstraße nach Rich (am Ort vorbei). Hinter der Auberge Africa (s.o.) führt die Route weiter durch ein Hochtal mit imposanter Bergkulisse. 4 km nach der Kreuzung, bei **Gesamt-km 54,** liegen die kleine **Gîte d'étape Moha**① (Mobil 0678 41 78 10, www.gitechezmoha-amellago.com, einfache, saubere Zimmer und kleiner Campingplatz) und die **Gîte Chez Lahcen** (① p.P. mit HP, gutes Essen, Mobil 0666 28 29 65, ouhta.lahcen@caramail.com, **N 32°00,25', W 05°02,534'**). In der Gegend gibt es einige Kletterrouten. *Lahcen Ouhta* von der Gîte gibt Tipps, führt Wanderungen durch die Region und verkauft Topos.

Danach folgt die **Gîte d'étape Chez Mimoun;** von hier geht es Richtung Westen ins Gebirge. Das Tal verengt sich zu einer imposanten Schlucht, die etwa bei **km 56** beim großen Dorf **Inmiter** beginnt. Der alte Ksar klebt rechts am Berghang, die verfallene Kasbah liegt links der Straße in einer wildromantischen Schlucht. Die schmale Straße durch den Ort ist für große Wohnmobile nicht geeignet.

Im grünen Flusstal wachsen Palmen, Pappeln, kleine Obstbäume und Walnussbäume. Auf Terrassenfeldern am Fluss wird Gemüse kultiviert.

8 km hinter Inmiter folgt **Ksar Amouguer (km 64),** ein kleines Dorf oberhalb des Flusses. Nach 4 km **(Gesamt-Km 68)** führt die Straße in weiter Kurve über eine Brücke auf die andere Flusseite und bergauf an einem Felsüberhang entlang, der für größere Fahrzeuge (Lkw) wahrscheinlich zu niedrig und eng ist. Nach einem weiteren Kilometer **(km 69)** ist **Ksar Aït Sidi Mohamed Youssef** erreicht; hier liegt das kleine gleichnamige Marabut im Tal. Das malerische, grüne Flusstal mit Feldern säumen rote Sandsteinberge.

Das lang gezogene Dorf **Ouina** folgt nach weiteren 2 km. Ab hier wird das Flusstal karg und trocken. Es geht über ein dünn besiedeltes Hochplateau auf ca. 1600 m Höhe.

Das Zentrum des großen Ortes **Assoul** mit altem Ksar, schöner Moschee und vielen Neubauten ist bei **km 79** erreicht. Das Café-Restaurant Salam lädt zu einer Pause ein.

2 km nach dem Ort zweigt rechts eine Piste in Richtung Tana ab, die Hauptroute folgt weiter geradeaus einem breiten trockenen Oued über eine karge **Hochebene.** Die Furten über den Fluss sind teilweise beschädigt oder ausgefranst – vorsichtiges Fahren ist angesagt. Ab und zu sieht man Nomadenzelte.

Bei **km 114** ist **Tidrine** erreicht, danach führt die Straße durch ein weites Hochtal mit einigen Dörfern und Kasbahs bis Aït Hani.

Nach 2 km, bei **km 116,** folgt eine beschilderte **Kreuzung (N 31°46,904', W 05°27, 119'):** Rechts geht es nach La Ksiba (El Ksiba) und Imilchil (70 km), links nach Tinghir (Tinerhir), Errachidia, Ourazazate bzw. Todrha-Schlucht – links weiter. Hier liegen die einfache **Gîte Ait Daoud** (Mobil 0662 08 33 35, 0661 29 20 65) und die **Auberge Ibrahim.**

117 km von Goulmima entfernt ist schließlich **Aït Hani** erreicht. Von hier geht es auf Teerstraße weiter nach Tamtattouchte und durch die Todhra-Schlucht nach Tinerhir (vgl. „Von Tinerhir durch die Todrha-Schlucht nach Imilchil").

☐ Inmiter in der Amellago-Schlucht

ma16_106 ed

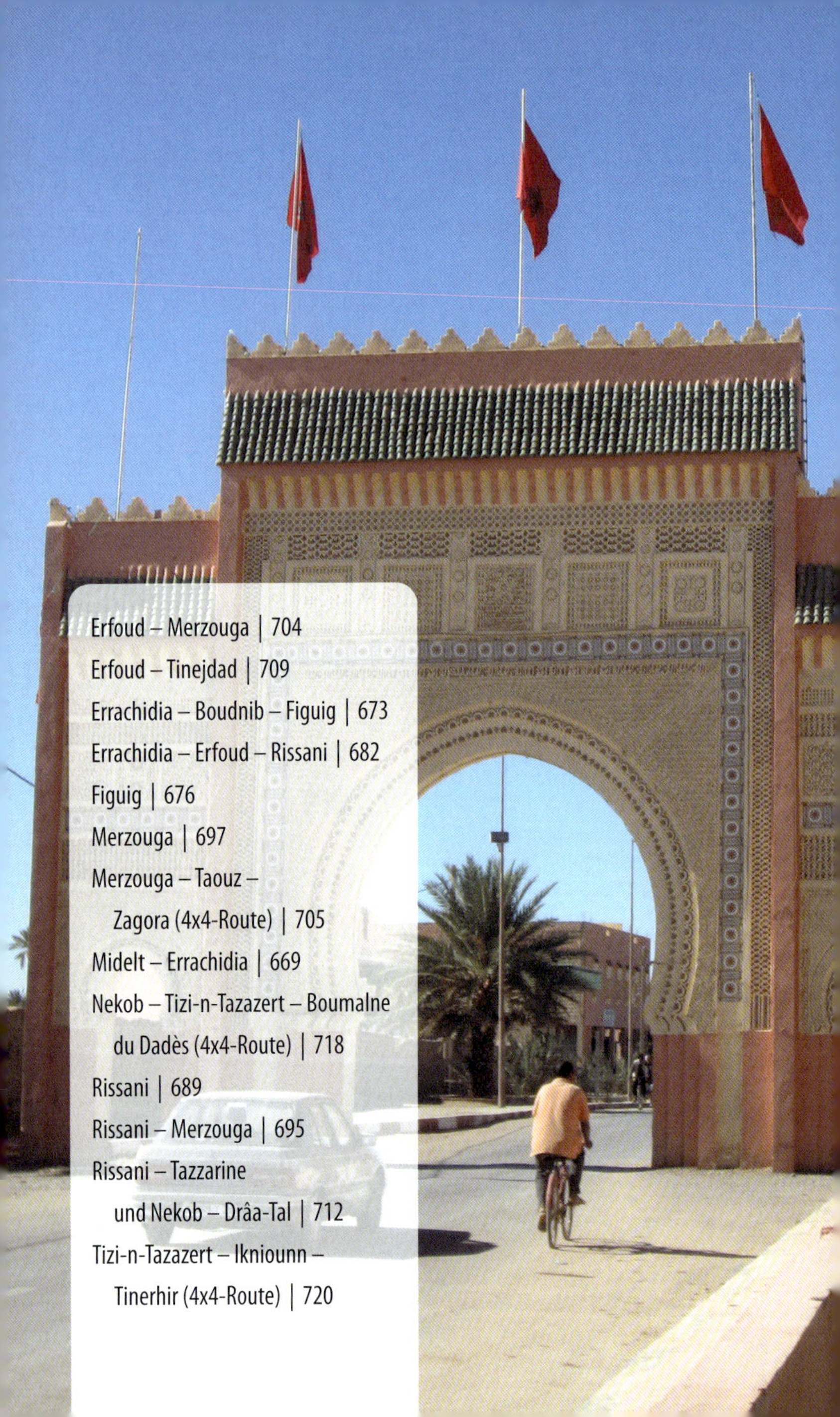

ma16_118 ad

Im Südosten Marokkos breiten sich endlose Wüstenlandschaften aus. Südlich von Errachidia beginnt das Tafilalet mit den Palmenoasen Erfoud, Rissani und Merzouga. Bei Merzouga befindet sich das größte Dünengebiet Marokkos, der Erg Chebbi.

11 Der Südosten und das Tafilalet

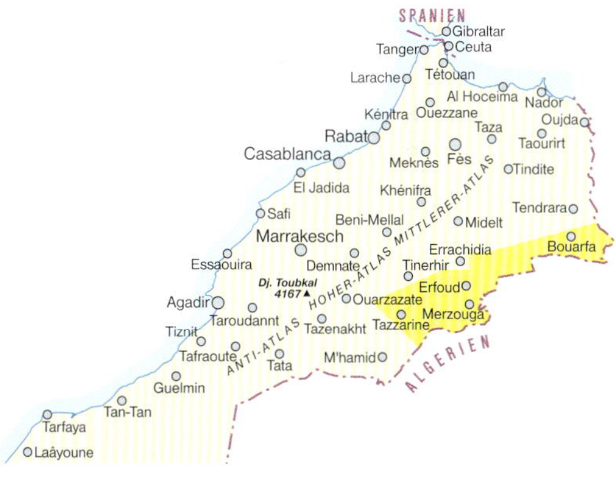

< Dieser Torbogen schmückt die Ortseinfahrt von Rissani

ÜBERBLICK

Im dünn besiedelten und infrastrukturell schlecht entwickelten Südosten Marokkos zwischen Plateau du Rekkam, Aïn Beni Mathar und Figuig sind Touristen fast unbekannt, werden aber freundlich empfangen. Viele Nomaden leben hier noch nach alter Tradition und lassen ihre Tiere auf den kargen Böden und Halfagrassteppen weiden. Die Wüstenplateaus sind von Wadis durchzogen, die nur in Ausnahmezeiten Wasser führen. Auch die Bilderbuchoase Figuig im äußersten Südosten des Landes wird seit der Schließung der Grenzen zu Algerien wegen ihrer Abgelegenheit nur wenig besucht. In diesem leeren Landstrich zwischen Figuig und Boudnib scheint die Welt zu Ende zu sein. Die N 10 von Bouarfa und Boudnib mündet in die Hauptverbindungsachse Midelt – Errachidia – Erfoud ein. Nördlich von Errachidia gedeihen in der Ziz-Schlucht abertausende Dattelpalmen. Von Errachidia führt die N 13 weiter Richtung Süden durch das grüne Ziz-Tal mit vielen Oasendörfern ins Tafilalet. Das größte zusammenhängende Oasengebiet Marokkos erstreckt sich von Erfoud über Rissani bis zum Erg Chebbi mit seinen riesigen Sanddünen. Nahe Erfoud befinden sich die Ruinen der einst blühenden Handels- und Karawanenstadt Sijilmassa. Sie ist die Wiege der arabischen Herrscherdynastie der Alouiten. Von hier brachen die Chorfa, Nachkommen Mohameds und Begründer der Alouiten, Anfang des 17. Jahrhunderts auf, um das ganze Land religiös zu erneuern. Und von hier zogen schon im Mittelalter die Karawanen nach Schwarzafrika und kamen mit Sklaven und Gold zurück. Raffinierte Bewässerungssysteme sichern seit Jahrhunderten die Wasserversorgung der Oasen. Im Tafilalet ist heute noch das System der khettaras erhalten: Mittels unterirdischer Leitungen wird Wasser aus höheren Lagen in die Oasen geleitet. In regelmäßigen Abständen führen Schächte zur Wartung der Leitungen an die Oberfläche. In den Oasengärten wird das Wasser in einem Kanalsystem (seguias) verteilt. Die Kanäle lassen sich leicht mit Erde verschließen, so kann das Wasser je nach Bedarf zu den Feldern geleitet wer-

NICHT VERPASSEN!

- **Figuig** – ursprüngliche Oasengärten am östlichsten Ende der marokkanischen Wüste | 676
- **Erfoud** – in einer Werkstatt zusehen, wie über 300 Mio. Jahre alte Fossiliensteine verarbeitet werden | 683
- **Rissani** – ursprünglicher Wochenmarkt am Sonntag | 690
- **Merzouga** – bei Sonnenaufgang mit dem Kamel oder zu Fuß eine Düne im Erg Chebbi besteigen | 697
- **Kunst in der Wüste** – die Himmelstreppe von Hannsjörg Voth | 709, 710
- **Nekob** – ein paar ruhige Tage in einem Kasbahhotel verbringen | 716

Diese Tipps erkennt man an der gelben Hinterlegung.

ma16_191 ad

den. Die Gärten sind im Stockwerksystem bepflanzt: Die Dattelpalmen spenden Schatten für darunter stehende Obstbäume, diese beschatten die Gemüsebeete.

Heute ist die Region um Erfoud bekannt für die Fossilienverarbeitung: Aus großen Steinbrüchen in der Wüste werden Platten mit 400 Mio. alten versteinerten Meerestieren geborgen und zu Schalen, Anhängern, Tischen und Waschbecken verarbeitet.

Bis zu 200 m hoch türmen sich am Erg Chebbi bei Merzouga die Sandmassen. Golden schimmernde Dünen heben sich gegen die schwarze Steinwüste und den blauen Himmel ab. Wie eine Fata Morgana erscheint das Wasser des Zeitsees Dayet Sri, der nach starken Regenfällen in den letzten Jahren immer wieder Wasser führte. Erklimmt man eine der Dünen, so eröffnet sich gen Osten das Bild eines endlosen Sandmeeres. An der Westseite des Erg Chebbi reiht sich Herberge an Herberge aneinander – der Wüstentourismus nahm in den letzten Jahren deutlich zu. Statt Oasenbauern zu werden, hoffen immer mehr Menschen auf ein lukratives Einkommen im Tourismus: als Gästehausbesitzer, als Kameltourenanbieter oder einfach als „faux guide", als unautorisierter Touristenführer.

Von Rissani führt eine schöne Wüstenstrecke über Alnif, Tazzarine und Nekob am Südrand des Djabal Saghro entlang bis ins Drâa-Tal. Das bizarre Djabal-Saghro-Massiv ist eines der schönsten Trekkinggebiete in Marokko – ein Ausflug zu Fuß, mit dem Mountainbike oder dem Geländewagen über den Tizi-n-Tazazert lohnt sich unbedingt.

◁ Die Dünen des Erg Chebbi

Von Midelt nach Errachidia

- **142 km, N 13.**
- Die **gute Teerstraße** führt durch tolle Landschaft mit vielen Palmenoasen. Besonders schön ist es in der Ziz-Schlucht ca. 30 km vor und dann wieder hinter Errachidia bis Erfoud (vgl. „Von Errachidia über Rissani nach Erfoud").

Hinter Midelt (km 0) führt die Strecke durch steinige Täler, begrenzt von den kargen Bergen des Hohen Atlas mit stark verwitterten, steilen Hängen. 1 km hinter Midelt liegt das Hotel Kasbah Asmaa (vgl. bei Midelt) mit einem Wohnmobilstellplatz. Bei **km 10** ist **Zebzate** (sprich: Sebsat) erreicht. Kurz vor Zebzate zweigt links die N 15 nach Guercif ab. Auf der kurvigen Passstraße geht es mit tollen Ausblicken bergauf durch die karge Berglandschaft. Händler verkaufen leckeren Honig (mit Rosmarin) an der Straße und beim Aussichtspunkt 22 km hinter Midelt.

Etwa **27 km** hinter Midelt überquert man die Passhöhe **Tizi-n-Talghemt (1907 m).** Kurz darauf folgt ein Forsthaus umgeben von Pinien und Wacholder. Die Fahrt geht über ein Hochplateau, über das im Sommer Nomaden mit ihren Schafen, Ziegen und Kamelen ziehen.

Bei **km 40** liegt das Dorf **Souk de Nzala** (mit Tankstelle), wo samstags ein Wochenmarkt stattfindet. Im Parc Animalier Nzala 2 km hinter dem Ort werden Strauße und andere Tiere gehalten. Danach wird die Gegend entlang des Flusstals wieder etwas reizvoller. Immer wieder passiert man kleine Orte.

Bei **km 44** zweigt rechts eine Teerstraße zur **Zaouia des Sidi Hamza** (25 km) ab, einem Wallfahrtsort mit der Grabstätte des gleichnamigen Marabut und einer berühmten Bibliothek aus dem 12. Jh. **47 km** hinter Midelt liegt **Aït Kharrou,** gesäumt von einer schönen Schlucht, schroffen Bergen und unansehnlichen Starkstromleitungen.

Das Tafilalet und der Südosten

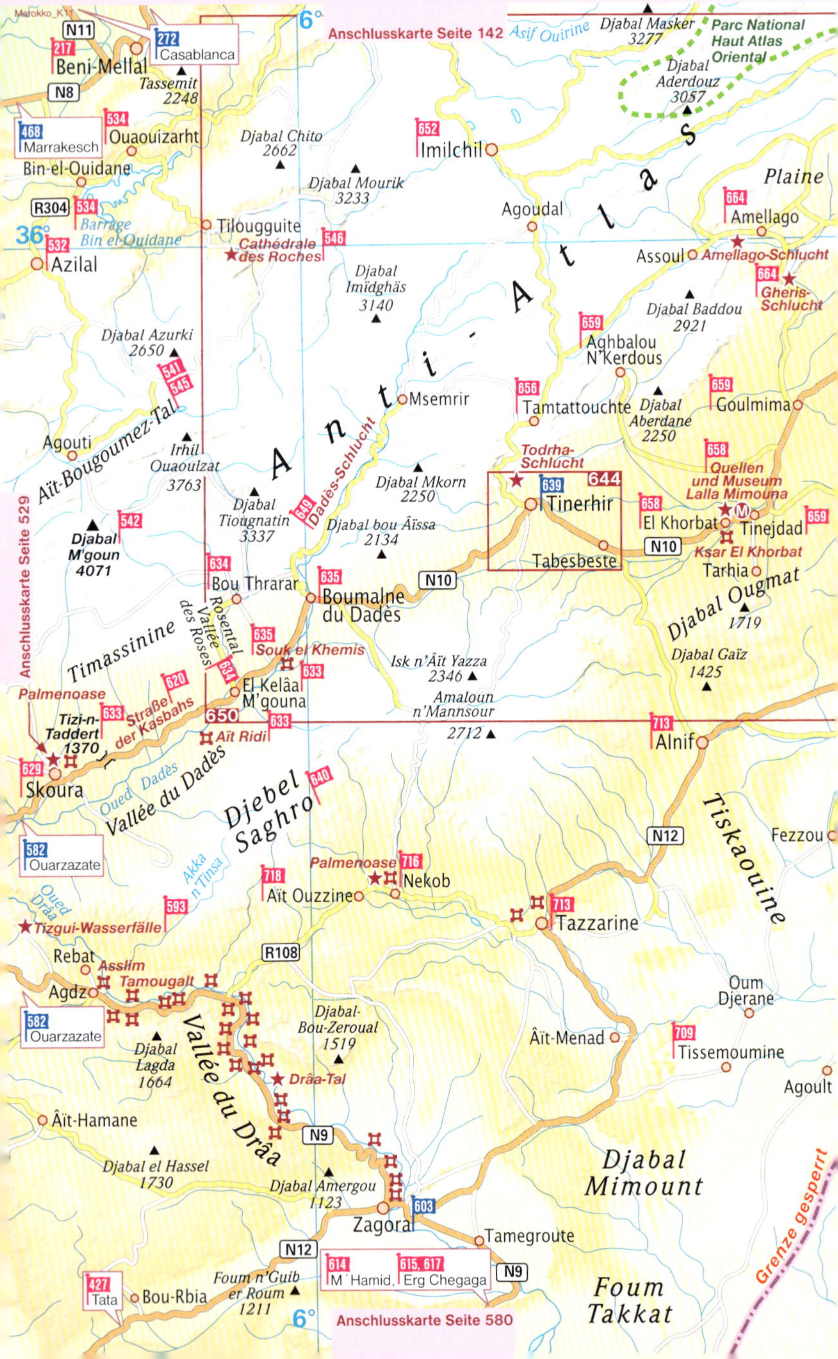

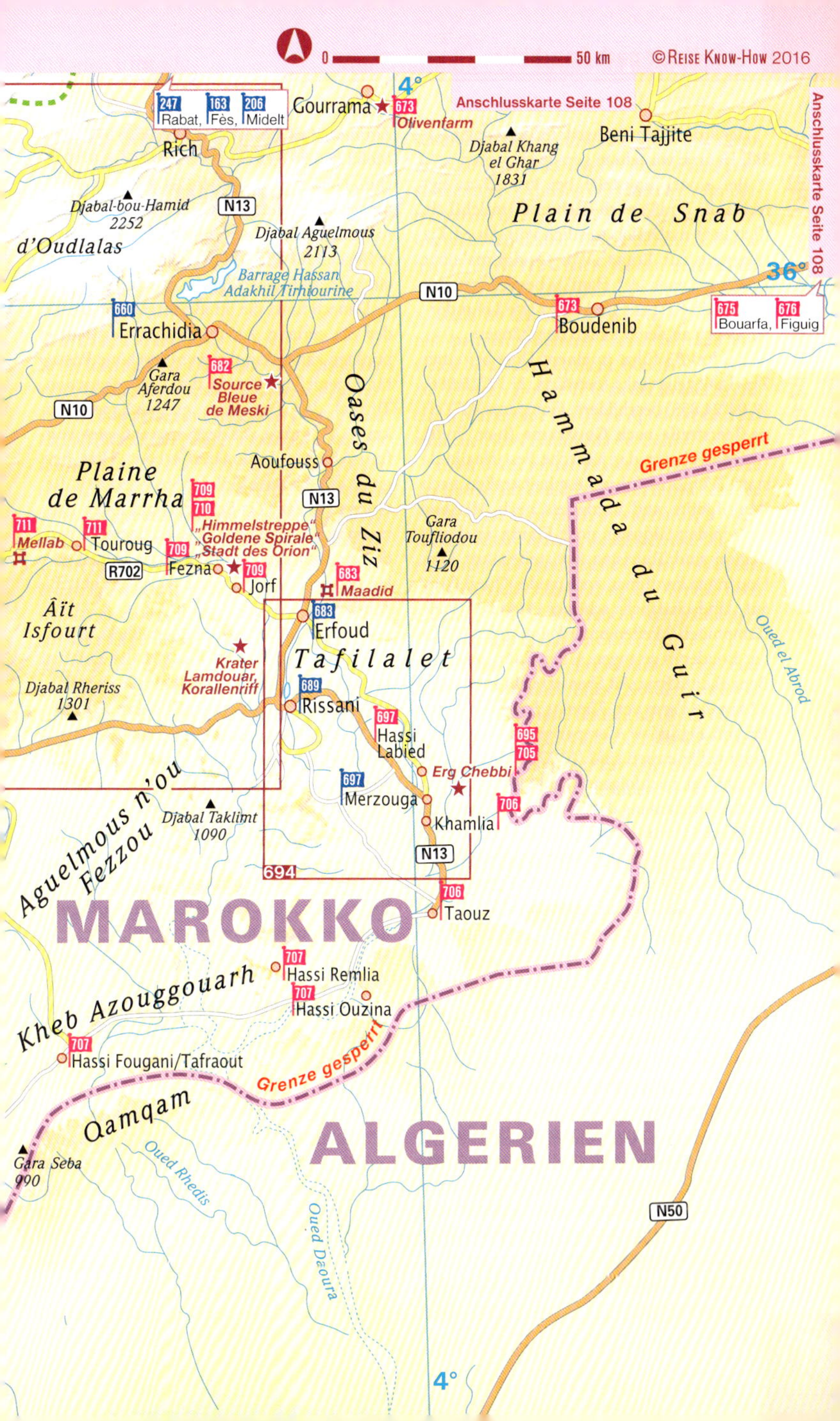

0 50 km
© Reise Know-How 2016
Anschlusskarte Seite 108
Anschlusskarte Seite 108
247 Rabat, 163 Fès, 206 Midelt
Gourrama
673 Olivenfarm
Beni Tajjite
Rich
Djabal Khang el Ghar 1831
Djabal-bou-Hamid 2252
N13
Plain de Snab
Djabal Aguelmous 2113
d'Oudlalas
Barrage Hassan Adakhil Tirhiourine
N10
36°
4°
660 Errachidia
673 Boudenib
675 Bouarfa, 676 Figuig
Gara Aferdou 1247
682 Source Bleue de Meski
Oases du Ziz
Hammada du Guir
N10
Grenze gesperrt
Aoufouss
Plaine de Marrha
709 710 „Himmelstreppe" „Goldene Spirale" „Stadt des Orion"
711 Mellab
711 Touroug
R702
709 Fezna
709 Jorf
Gara Toufliodou 1120
683 Maadid
683 Erfoud
Âït Isfourt
Tafilalet
Oued el Abrod
Krater Lamdouar, Korallenriff
Djabal Rheriss 1301
689 Rissani
697 Hassi Labied
695 705
Erg Chebbi
697 Merzouga
706
Khamlia
Djabal Taklimt 1090
Aguelmous n'ou Fezzou
N13
694
706 Taouz
MAROKKO
707 Hassi Remlia
707 Hassi Ouzina
Kheb Azouggouarh
707 Hassi Fougani/Tafraout
Grenze gesperrt
Qamqam
Gara Seba 990
Oued Rhedis
ALGERIEN
N50
Oued Daoura
4°

Bei **km 369** liegt ein Polizeiposten am Fuße eines Berges. Dort muss man einen *Fiche* (Zettel) mit seinen Passdaten und Tag und Ort der Einreise ausfüllen. Nach weiteren 3 km, bei **Gesamt-km 372 ab Errachidia,** ist bei einem Polizeiposten das **nördliche Ende von Figuig** erreicht. Wenn man z.B. die Felsgravuren nahe der algerischen Grenze besichtigen will, sollte man das hier melden und um die Genehmigung dafür ersuchen.

Nach einem weiteren Kilometer kommt man im Zentrum von **Figuig** beim Hotel Elmialasse und der Shell-Tankstelle an.

Figuig

Die **Provinzhauptstadt** an der Grenze zu Algerien liegt auf 900 m Höhe an den Ausläufern des Wüstengebirges **Djabal Gru** (1839 m). Wegen des langen Anfahrtsweges nehmen nur sehr wenige Touristen die Mühe auf sich, die im alten Teil **wunderschöne Oase** zu besichtigen. Der Name Figuig gilt für den ganzen Distrikt, der aus **sieben einzelnen Ksour** (befestigten Lehmdörfern) besteht, in denen rund 12.600 Menschen leben und **190.000 Dattelpalmen** die Wirtschaftsgrundlage bilden. Der größte Ksar ist **Zenaga** im Süden der Oasengruppe, der zweitgrößte **Loudaghir** im Nordwesten. Weitere Ksour sind **Ouled Slimane, Laâbidate, El Maïz** und **El Hammam Tahtani** sowie **El Hammam al Foukani.** Figuig verfügt über eine gut organisierte Oasenbewirtschaftung und war lange – im Gegensatz zu manchem Ksour im Tafilalet – keine sterbende Oase. Inzwischen nimmt aber auch hier die **Landflucht** zu und die Einwohnerzahl sinkt. Die **Bevölkerung** ist sehr freundlich, ethnisch vielfältig von dunkel bis hell, mal begegnet man mit weißen Tüchern verschleierten Frauen, die gerade noch mit einem Auge sehen, dann wieder ganz modern gekleideten jungen Mädchen. Seit einigen Jahren sieht ein Masterplan zur Tourismusentwicklung (u.a. Ökotourismus) vor, Reisende in den Süden zu locken – die Oase ist wegen ihrer Ursprünglichkeit auf jeden Fall ein lohnenswertes Ziel. Auch eine italienische Kooperative mit Niederlassung im südlichen Oasenbereich in einem alten Gebäude nahe des Rathauses hat sehr viel für die Erhaltung und Renovierung der Stadt geleistet.

In den bzw. um die Dörfer wird **Oasenfeldbau** betrieben, wobei der Obst- und Gemüseanbau im Vergleich zur **Dattelkultivierung** nebensächlich ist. Beim Oasenfeldbau beschattet die Dattelpalme als höchste Pflanze die nächsthöheren Sträucher und Obstbäume, die wiederum den am Boden wachsenden Futter- und Gemüsepflanzen – Zwiebeln, Tomaten, Kohl, Rüben etc. – Schatten spenden. Bei den Dattelpalmen gibt es weibliche und männliche Pflanzen. Normalerweise erfolgt die Befruchtung durch den Wind, aber bei allen größeren Datteloasen wird nachgeholfen, indem die Palmblätter mit den Blütenständen der männlichen Pflanze in die Wipfel der weiblichen Pflanzen gebunden werden. Neben den Datteln, die im November reif werden, liefern die Palmen Holz zum Bau von Häusern – verwendbar z.B. als Deckenbalken –, die Palmwedel werden zum Körbe- und Mattenflechten benutzt.

Die **Bewässerung** erfolgt traditionell durch ein weit verzweigtes Kanalsystem und mit Hilfe von **Khettaras** (in anderen Gegenden der Sahara auch **Foggara** genannt), einem unterirdischen Bewässerungsverfahren, das nach und nach wegen seiner komplizierten Wartung in Vergessenheit gerät. Früher wurden die Kanäle häufig von schwarzen Sklaven *(Haratin)* gewartet und von Schutt und Schmutz freigeräumt. Dies will inzwischen in vielen Regionen kaum mehr ein Oasenbauer selbst tun. Figuig verfügt über ein ausgeklügeltes Khettarasystem, die Wassernutzung ist über ein spezielles **Wasserrecht** im 50-Minuten Turnus geregelt. Nach dem Austritt des Khettarawassers an die Oberfläche wird es in große Zwischenbecken und von dort in die Bewässerungskanäle *(Seguias)* und von dort auf die Felder weitergeleitet. Ist der Zeitraum verstrichen, kommt der nächste Oasenbauer dran

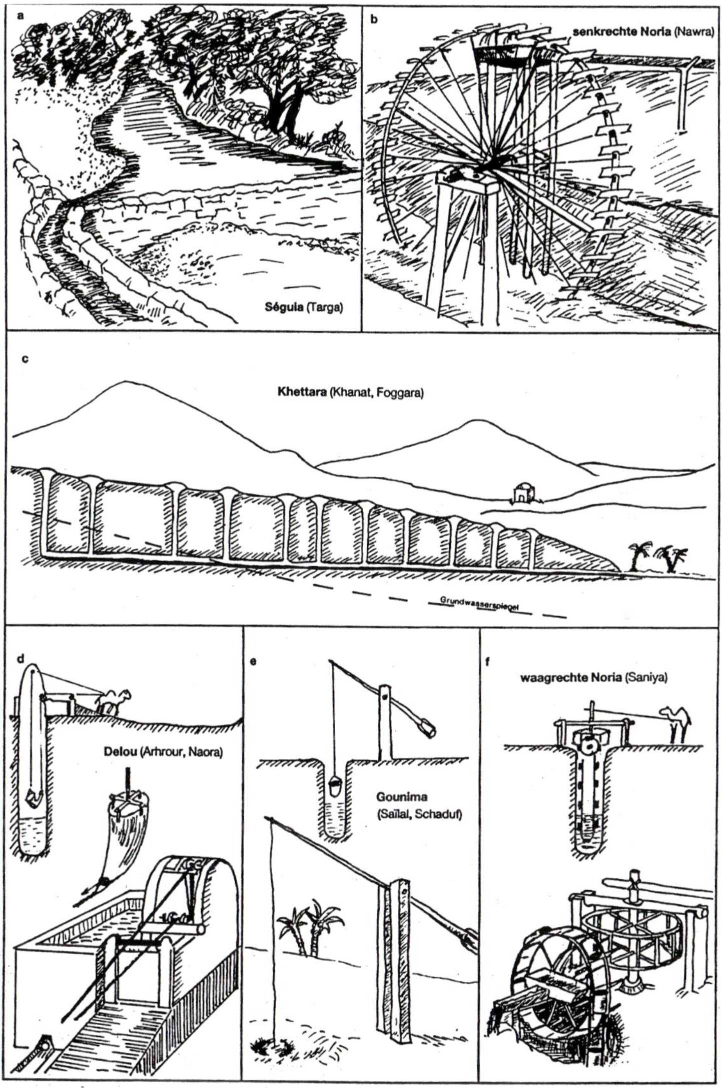

Oasenbewässerung
(Entwurf: Herbert Popp; mit freundl. Genehmigung von Prof. Dr. H. Popp)

ma16_109 ed

und muss auch in der Nacht aufstehen, um sein Wasserrecht zu nutzen, wenn der 50-Minuten-Turnus um ist. Der Austritt des Foggarawassers wird in Zenaga auch zum Betrieb des Hammam genutzt.

Da Figuig in unmittelbarer Nähe zur (seit 1994 geschlossenen) **algerischen Grenze** liegt, ist mit Polizeikontrollen zu rechnen.

⌃ Die Oasengärten von Figuig

Sehenswertes

Die **Oasengärten** sollten Sie keinesfalls versäumen, denn selten kann man ein so intaktes Bewässerungssystem bewundern. Direkt rechter Hand vom Hotel Figuig führt eine Gasse zum Plateaurand und runter in die Gärten. Ein zuverlässiger, guter Führer ist **Youssef Jebbari** (Mobil 0651 65 94 73, survivor.afiguig @hotmail.com, wohnt in Ksar El Maiz), der auch über das Hotel Figuig kontaktiert werden kann. Eine ca. sechsstündige Führung (englisch und französisch) kostet 150–200 DH. Da es im ganzen Ort **keine Taxis** gibt, ist

es sinnvoll, den Ausflug und auch die Stadtführung über *Youssef* zu buchen, der ein Auto organisiert.

In Figuig gibt es ein **Ensemble Artisanal** (staatlicher Kunsthandwerksladen mit Festpreisen) sowie ein aufgehübschtes Centre Administrativ mit **Palmenallee** zum Flanieren im **Quartier Administrativ** rings um den schönen **Stadtgarten** – spaßeshalber bei den Einheimischen die „Champs-Elyssée" von Figuig genannt. In einem Türmchen liegt der **Info-Kiosk** (häufig geschlossen), wo es einen sehr guten Stadtplan von Figuig und dem ganzen Osten Marokkos gibt.

Besonders sehenswert ist der alte **Ksar Zenagha** unterhalb der Oasengärten mit überdachten Gassen, einem turmbewehrten alten Eingangstor und einem kleinen **Museum.** Vor dem Tor kann man in ein hübsches Café einkehren. Inmitten der alten Gassen verstecken sich einige kleine Gästehäuser. Die Bewohner sind ausgesprochen freundlich und hilfsbereit, auch wenn die Frauen noch mit weißem Haik von Kopf bis Fuß verhüllt herumlaufen.

Im **Ksar Loudaghir** nordwestlich des Zentrums beim **Place Ajdir** (mit Informationstafeln) liegt das fast zerfallene **Palais Ouled Jaber** mit unterirdischen heißen Quellen, die aber durch eine Gittertür versperrt sind. Etwas nordöstlich davon befindet sich ein sehr sehenswertes **oktogonales Steinminarett** mit Moschee aus dem 11. Jahrhundert.

Im **Ksar El Hammam al Foukani** sprudelt eine unterirdische **warme Quelle** (32°C) mit sehr schmalem Zugang. Man erreicht sie, wenn man im Ort links Richtung Ksar El Maiz und Ksar El Hammam abbiegt (beschildert) und dann etwas bergauf bis zu einem kleinen Ksar auf dem Hügel fährt. Die zwei Zugänge zum Quellwasser befinden sich mitten im Ort und sind nicht zu erkennen: Von einer Holztüre in einer Art Vorbau eines verfallenen Hauses führen 116 Stufen in brütender Hitze und absoluter Dunkelheit (Taschenlampe!) hinunter bis zu einem ca. 4 x 3 m großen Becken, in dem das klare Wasser aus der dort entspringenden Quelle aufgefangen wird. Wenn man will, kann man dort kurz baden und sich erfrischen. Der zweite Zugang zu einem unterirdischen Wasserbecken befindet sich in der Nähe bei einer auffälligen Mauer; hier muss man nur etwa 20 Stufen hinabsteigen. Beide Becken sind Waschstellen für die einheimischen Männer (man trifft dort jedoch selten jemanden an). Am besten Sie lassen sich den Weg von einem Einheimischen zeigen oder Sie benutzen ein GPS-Gerät: **Zugang 1: N 32°07,029', W 01°13,118', Zugang 2: N 32°06, 958', W 01°12,948'.**

Eine weitere **heiße Quelle,** die über einen dunklen Gang erreichbar ist (Frauenbad), liegt im zentrumsnäheren Ortsteil **Ksar El**

Maiz und ist von außen kaum erkennbar. Am Treppenabgang (keine Tür, **N 32°06,394', W 01°13,531'**) gibt es relativ weit oben, noch kurz vor dem Becken, ziemlich finstere Ruheräume. Sollte sich hier jemand aufhalten, dann sollte man grüßen und besser den Rückzug antreten. Evtl. auch vor dem Betreten der Treppe hinunterrufen, ob jemand drinnen ist. Unten ist es brütend feucht-heiß und nicht wirklich viel zu sehen – interessant, dass die Bäder immer noch genutzt werden.

Am Abend zum Sonnenuntergang lohnt sich auf der sogenannten *Piste touristique* ein Ausflug zum **Marabut und Zaouia Sidi Abd el Kader** aus dem 16. Jahrhundert, der etwas außerhalb östlich des Ksar Hammam Foukani liegt. Dort hat man von einer Plattform (**N 32° 07,331', W 1°12,731'**) einen herrlichen Blick auf die Oase und das Mausoleum mit dem grünen Dach. Der Berberführer *Sidi Abd el Kader* organisierte im 14. Jahrhundert den Widerstand gegen eindringende arabische Stämme und konnte diese erfolgreich zurückdrängen. An Stelle der alten Begräbnisstätte entstand dann 1615 die neue Zaouia, zu der die Bevölkerung pilgert, um sich den Segen des Volksheiligen zu erbitten. Nahebei liegt der **Marabut des Sidi Bou Amama,** der Anfang des 20. Jahrhunderts den Widerstand gegen die Franzosen anführte.

Auf algerischer Seite gibt es an der Ostseite des Gebirgszuges **Djabal Zenaga** (1051 m) Felszeichnungen an einem 30 m hohen Berg, die aber derzeit nicht erreichbar sind. Außerdem befinden sich einige Zeichnungen an Überhängen mit vorgelagerten Grabstätten.

Ein Ausflug rund um die Oase und zum Tal des Oued Zusfana sowie zu einer Aussichtsterrasse am **Djabal Djorf,** wo man einen schönen Blick auf die Oasen hat, lohnt sich.

Praktische Informationen

Informationen für Touristen

- Einige touristische Infos finden sich online unter **www.discoveringfiguig.com.**
- Es gibt im Quartier Administrativ südlich des Ksar El Maiz ein **Touristenbüro** (häufig geschlossen) in einem

ma16_110ed

kleinen Turm. Hier bekommt man (sofern offen) einen guten Stadtplan von Figuig (mit dem marokkanischen Osten auf der Rückseite).

Unterkunft

- **Auberge Oasis**①, Rue Jamaa, Ksar Zenaga, Tel. 0536 89 92 20, Mobil 0668 26 38 20, www.auberge-oasis.com. Hübsche familiengeführte Herberge im traditionellen Stil, fünf unterschiedlich und originell gestaltete DZ.
- **Dar Amane**①, Ksar Zenaga, Tel. 0536 89 75 76, Mobil 0662 76 16 09, 0661 42 54 51, mazzedd@gmail.com. Nette Herberge: Familienanschluss, freundlich, preisgünstig.
- **Elmeliasse**①, Bd. Hassan II., neben der Shell-Tankstelle am nördlichen Ortseingang, Tel. 0536 89 90 62. Einfaches Hotel, das schon bessere Zeiten gesehen hat (15 Zimmer mit Dusche). Am billigsten im Dreibettzimmer.
- **Figuig**②, Bd. Hassan II., geradeaus durch Figuig (vorbei an Park und Militärstation) auf der rechten Seite, N 32°06,376', W 01°13,552', Tel. 0536 89 93 09, www.figuig-hotel.com. Schön gelegenes, ordentliches Hotel mit Restaurant, (mäßiges) Essen nur auf Vorbestellung, Pool (nur im Sommer) und herrlicher Aussichtsterrasse über die Oasengärten, Zimmer z.T. klimatisiert. Ein Campingplatz ist angeschlossen (s.u.).

UNSER TIPP: **Maison Nanna**②, Rue Ouled Sellam, Ksar Zenaga, Tel. 0536 89 75 70, Mobil 0658 57 95 73, maisonnanna@gmail.com. Sehr hübsches Gästehaus im alten Ortskern mit neun Zimmern (mit Bad, ein Zimmer behindertengerecht) im traditionellen Stil. Es wird von dem sehr freundlichen, älteren marokkanisch-französischen Ehepaar *Mostafa Bassim* und *Sylvie Bierry* betrieben.

Camping

- Im Garten des **Hotels Figuig** (s.o.) gibt es 15 Stellplätze für Wohnmobile bzw. Zeltmöglichkeiten. Der innere ummauerte/umzäunte Teil ist separat über ein Tor abschließbar und verfügt über saubere WCs und auf Wunsch warme Dusche. Es gibt auch eine Waschmaschine. Der äußere Teil ist der Zugang zum Hotel. Der Hotelpool kann benutzt werden, sofern er in Betrieb ist.
- In Richtung **Ksar Laabidat, Zenaga** findet man schöne **wilde Lager- und Übernachtungsplätze** unter Palmen (rechts abzweigende Piste wählen). Wildes Campen wird jedoch in Grenznähe nicht gerne gesehen.

Essen und Trinken

- Diverse Cafés finden sich in den Ksour, zu empfehlen sind das **Restaurant l'Oasis** und der **Salon de Thé Les Palmiers** mit Terrasse.
- **In der Oberstadt** gibt es nur einfache Restaurants und Cafés. Das einzige etwas gehobenere Restaurant liegt vor dem nördlichen Kreisverkehr auf der rechten Seite (von der Stadt kommend, häufig geschlossen).

Medizinische Versorgung

- Das **städtische Krankenhaus** mit 24-Std.- Bereitschaftsdienst bietet kostenlose Beratung/Behandlung.
- Zahnärztliche Behandlung (Mi, Do) durch **Dr. Azzeddine** im Haus gegenüber der Rotkreuzklinik, Mobil 0661 36 08 08.

Sonstiges

- **Busse:** 4- bis 5x tägl. nach **Bouarfa** (35 DH, 1.45 Std. Fahrzeit) und weiter nach **Oujda** (100 DH, 5½ Std.); ab Bouarfa Anschluss nach Casablanca und Meknès.
- **Banken mit Geldautomat** an der Ortsdurchgangsstraße Bd. Hassan II.; eine weitere Bank mit Geldautomat im Ksar Zenaga und bei der Post (mit Western Union) neben der Gemeindeverwaltung.
- In Figuig gibt es mehrere **Internetcafés.**
- Souvenirs werden zu Festpreisen im **Ensemble Artisanal** im Südosten der Stadt (neben der Touristeninformation) verkauft.
- (Deutsche) Besucher sind bei **Klaus Fuchs** nach Voranmeldung herzlich willkommen, sofern er in der Oase und nicht in Meknès weilt. Er lebt mit seiner marokkanischen Frau *Miluda* im Ortsteil Ksar El Maiz, Mobil 0655 19 24 65, klausjuergenfuchs@yahoo.de. Er bietet deutschsprachige Führungen durch Figuig und die Oase an.
- **Festival International des Cultures Oasiennes,** jährlich in der zweiten Aprilwoche.

◁ Eingangstor zum alten Ksar Zenagha

Von Errachidia über Erfoud nach Rissani

- **104 km, N 13.**
- Hinter Errachidia führt die gute Teerstraße durch trockene Wüstenlandschaft mit Streusiedlungen **entlang des Ziz-Tals.** Der Oued Ziz fließt ca. 1 km westlich in einem tiefen Taleinschnitt mit grünen Oasengärten, Palmen und Lehmdörfern – der Kontrast zu den Wüsten-Plateaubergen der Umgebung könnte nicht stärker sein.
- Auf der Strecke besteht eine **gute Busverbindung.**

16 km hinter Errachidia zweigt eine kleine Straße zu den Quellen von Meski ab (600 m).

Source Bleue de Meski

Die „Blaue Quelle von Meski" **oberhalb des Ziz-Flusses** liegt in einem tiefen, von Palmen gesäumten Taleinschnitt. Sie wurde während der französischen Protektoratszeit gefasst und fließt durch **mehrere Steinbecken** – wovon das größte als Schwimmbad genutzt wird – in die Oasengärten. Die Becken mit kaltem, sehr klarem Wasser, in dem Fische schwimmen, säumen hohe Dattelpalmen. Zwischen den verschmutzten Palmengärten liegt ein schattiger Campingplatz mit Café und Souvenirläden (alle mit guter Auswahl). Die Händler sprechen fast alle deutsch und preisen ihre Ware häufig leider recht aufdringlich an. Nach Angaben eines Lesers verwalten sie neuerdings den Schlüssel für die Sanitäranlagen, sodass man sich zur Nutzung der Duschen/WCs an die Händler wenden muss.

Die ehemals schön konzipierte Anlage ist im öffentlichen Besitz, die sanitären Anlagen sind leider – vor allem bei voller Belegung des Campingplatzes – in sehr schlechtem hygienischen Zustand. Immer wieder wurden hier neue Sanitärblocks gebaut, die aber so vernachlässigt und schlecht gepflegt wurden, dass sie nach kurzer Zeit wieder kaum mehr benutzbar waren. Meski ist im Sommer **Treffpunkt der marokkanischen Jugend** und von Soldaten. Vor allem am Wochenende sind die Plätze rund um das Schwimmbecken voll besetzt. Außerhalb der Saisonzeiten im zeitigen Frühjahr und Spätherbst findet man die Anlage halbwegs ordentlich vor, jedoch sind das Schwimmbad und die Treppen ins Becken sehr algig (Rutschgefahr) – schade um diesen ehemals wundervollen Platz! Wer hier nicht campt, muss Eintritt ins Schwimmbad und Parkgebühr zahlen (ca. 10 DH).

Oberhalb der Quelle **im Ort** gibt es eine kleine Post, eine Téléboutique, einen Laden, das einfache Restaurant Le Soleil und ein Restaurant unter französischer Führung, das – außerhalb der Saison nur auf Vorbestellung – gutes Essen anbietet.

Von der Blauen Quelle empfiehlt sich ein **Ausflug zur anderen Seite des Flusses,** wo die halb verfallene **Kasbah Meski** auf einem Felssporn steht, von dem sich vor allem morgens oder abends ein schöner Blick auf das Flusstal bietet. Man kann direkt vom Campingplatz hinunter durch die Oasengärten ins malerische **Ziz-Tal** laufen, wo Frauen am Fluss Wäsche waschen und Bauern die Felder bestellen. Beim Waschplatz kann man relativ trockenen Fußes den Fluss überqueren, hi-

ma16_112 ed

< Source Bleue de Meski

nauf zur Kasbah laufen und diese umrunden – ein Ausflug, der sich lohnt! Am Campingplatz bieten sich auch Führer zur Kasbah an.

In Bewässerungskanälen und Tümpeln der Oase (nicht im Badebecken mit fließendem Wasser) ist evtl. Vorsicht vor einer Bilharziose-Infektion geboten.

Zwischen Errachidia und Erfoud fahren **Sammeltaxis,** die auf Wunsch in Meski anhalten.

Weiterfahrt nach Rissani

Zurück auf der Hauptstraße befinden sich ca. **10 km** hinter der Quelle ein Parkplatz und ein **Aussichtspunkt** mit herrlichem Blick auf das Ziz-Tal und seine Palmenhaine. Der tiefe Taleinschnitt des Oued Ziz zieht sich als grünes Band, gesäumt von Lehmdörfern und Plateaubergen, durch die Wüste.

Etwa 30 km hinter Errachidia, direkt unterhalb des Aussichtspunkts, finden Camper und Budget-Traveller bei der **Camping/ Auberge Tissirt** (Mobil 0661 35 82 19, http://campingtissirtziz.free.fr) einen schönen, kleinen Platz im Palmenhain von Oulad Chaker: Übernachtung in einfachen Zimmern mit Zeltdach 50 DH/Pers. (Gemeinschaftsbad), Camping 20 DH/Pers., Auto 15 DH, Caravan 30 DH; mit Restaurant (Tajine 60 DH). Es gibt heiße Duschen, gutes Essen auf Bestellung und einen Wäscheservice (30 DH/Ladung).

2 km weiter liegt die **Zaouia Amelkus** rechts im Palmenhain, danach folgen schöne Lehmdörfer rechts der Straße.

Der große Ort **Aoufouss** folgt **42 km** nach Errachidia. Hübsche rosafarbene Häuser mit rot-weißen, von Zinnen gekrönten Arkaden schmücken das Städtchen. Es gibt eine Tankstelle. An der Hauptstraße liegt das Supratours-Büro. Der **Camping Hakkou** bietet 30 Stellplätze für Wohnmobile und Zelte (kaum Schatten), heiße Duschen (kosten extra) und ein Restaurant. Leser empfahlen die **Herberge Vallée de Ziz**②, die von zwei Brüdern geführt wird: saubere Zimmer mit Bad (heiße Dusche) und Klimaanlage, Terrasse mit Blick auf die Wipfel der Dattelpalmen, Organisation von Wandertouren in der Wüste und den Bergen möglich, faire Preise.

Am palmenbewachsenen Ziz-Tal entlang führt die Straße nun in das Gebiet des **Tafilalet** und nach Erfoud.

Bei **km 73** ist der Ort **Maadid** erreicht. Der alte Ksar hat ein prächtiges Eingangstor aus der Almohaden-Zeit und ist von mächtigen Mauern und schönen Oasengärten umgeben.

Erfoud folgt bei **km 77 (N 31°25,87', W 04°13,50').**

Erfoud (Arfoud)

Die **Hauptstadt des Tafilalet** hat ca. 25.000 Einwohner und liegt auf 802 m Höhe am Fuße des Djabal Erfoud (935 m). 1917 von den Franzosen gegründet, befand sich hier **im Mittelalter** ein **Karawanenstützpunkt** auf dem Weg nach Sijilmassa (20 km südlich von Erfoud). Sklaven und Gold wurden aus Schwarzafrika nach Marokko, Arabien und später auch nach Europa gebracht.

Erfoud selbst hat keine besonderen Sehenswürdigkeiten aufzuweisen, ist aber als Ausgangspunkt in das – neben dem Erg M'Hazil/ Erg Chegaga südlich von M'hamid – einzige Dünengebiet Marokkos, den **Erg Chebbi,** zum **versteinerten Korallenriff** und in die südlichen Wüstenoasen Merzouga und Taouz interessant. Auch das im Spätherbst (meist im November zur Dattelernte) stattfindende **Dattelfest** ist sehenswert.

Es gibt gute Versorgungsmöglichkeiten und einen kleinen **Souk** mit Frischwaren und Kunsthandwerk, das auch in diversen Läden angeboten wird.

Erfoud ist bekannt für seine **Fossilien.** Das fossilienreiche Gestein wird aus Steinbrüchen versteinerter Korallenriffe in der Umgebung gewonnen und anschließend geschliffen und poliert. Die versteinerten Meerestiere wie Tintenfische mit Gehäuse (Belemniten und Ammoniten), Seelilien, Trilobiten und Schnecken stammen aus dem Devon (vor 320 bis 400 Millionen Jahren). Man geht davon aus, dass

Erfoud
0 500 m
©Reise Know-How 2016
Marok_12
1 2 3 4 Errachidia
N10
Avenue Moulay Ismail
5
6
7
Bordj Est
Aussichtspunkt
Oued Ziz
Merzouga
Avenue Moulay el Hassan
Hay Annahda
13
14 (etwa 700 m), 15 16 Jorf, Tinerhir
Av. Moulay el Hassan
17
18 19 20 21 22 Rissani
Übernachtung
1 Chergui
2 Ksar Assalassil
3 Kasbah Xaluca
4 Camping Karla (Casa de Berbère)
8 Merzouga
9 La Gazelle
10 Sable d'Or
13 Riad Salam
14 Kasbah Tizimi
15 Palais du Desert
16 Chez Gaby
18 Camping Tifina
19 Belere
20 El Ati
21 Palm's Hotel Club
Essen und Trinken
5 Des Dunes
6 Dakar
7 Le Coucher du Soleil
11 Café du Sud
12 Le Clap
Einkaufen
17 Fossilienfabrik Marmar
22 Adarissa Atelier – Pierre d'Erfoud
Boulevard Moulay Youssef
N13
Rue el Hamri
Hay Jdid
Boulevard Moulay Youssef
Rue Mohamed Zerktouni
Rue el Wahda
Rue el Wahda
Marché Central (Suq)
Wochen-suq
Avenue Moulay el Hassan
R702
Avenue Moulay Ismail
Rathaus
Place des F.A.R.
Polizei
Avenue Mohamed V
Avenue Mohamed V
Polizei
8
9
10
11
12
Rue al Moukawama
Rue el Madariss
Oued Ziz
100 m

die Sahara damals von einem Flachmeer bedeckt war. Trilobiten stammen meist nicht von den Fundstellen bei Erfoud, sondern aus dem 110 km entfernten Alnif. Strikt abzuraten ist vom Kauf der ebenfalls angebotenen jungsteinzeitlichen Steinbeile und Pfeilspitzen – deren Ausfuhr ist verboten. Mehrere Werkstätten in Erfoud (an der Straße Richtung Rissani) führen durch ihren Betrieb und verkaufen Arbeiten aus Fossilienstein: Schalen, Anhänger, ganze Tischplatten, Springbrunnen etc. (vgl. „Einkaufen"). Vorsicht: Besonders schöne und große Ammoniten entpuppen sich immer wieder als Fälschung, d.h. sie sind geschickte Steinmetzarbeiten.

Vom **Bordj Est,** einem Fort, das sich auf dem **Djabal Erfoud** über dem Ort erhebt, hat man eine grandiose Aussicht über das Tafilalet, vor allem bei Sonnenuntergang. Man kann bis zu einer Aussichtsplattform unterhalb des Gipfel hinauffahren. Das Fort am Gipfel ist vom Militär besetzt.

Kunstwerke der besonderen Art sind in Richtung Tinejdad zu bewundern, wo der Künstler und Architekt *Hannsjörg Voth* mitten in der Wüste die **„Himmelstreppe"** und die **„Goldene Spirale"** geschaffen hat. Diese Freiluftkunst kann man nur mit autorisiertem Führer ab Fezna besichtigen.

Praktische Informationen

Unterkunft (Oberklasse)

Fast alle Hotels bieten verschiedene (4x4) Exkursionen in die Wüste an. Die meisten der genannten 4-Sterne-Hotels können über Online-Portale (z.B. Booking.com) günstiger gebucht werden.

■ **Belere**④, an der Straße nach Rissani, Tel. 0535 57 81 90. Von Reisebussen viel frequentiertes Luxushotel mit Bungalows. Swimmingpool, Zimmer mit AC, internationales Buffet-Restaurant, freundliches Personal.

■ **Chergui**④ (mit HP), außerhalb an der Straße nach Errachidia (5,5 km), Tel. 0535 57 85 04, www.hotelchergui.com. 4-Sterne-Kasbahhotel mit 100 klimatisierten Zimmern mit TV. Schöner Pool mit Palmen, marokkanisches Rest., Hammam, WLAN.

■ **El Ati**④, ca. 1 km außerhalb Richtung Rissani, Tel. 0535 57 73 73, www.hotelati.com. Der klotzige Bau hat wenig Atmosphäre, die Zimmer sind jedoch komfortabel (mit AC) und sauber, das Personal freundlich. Großer Pool im Innenhof (wenig Schatten), WLAN, gutes Abendbuffet.

■ **Kasbah Xaluca**③ (mit Frühstück), 5 km an der Straße nach Errachidia (in Maadid), Tel. 0535 57 84 50/51, www.xaluca.com. Sehr schönes Kasbah-Hotel der Xaluca-Gruppe mit Liebe zum Detail: geschmackvoll eingerichtete, geräumige Zimmer, Suiten und Bungalows (Waschbecken aus Fossilienstein usw.) mit AC, Sat-TV, Decken aus Palmholz, Betten auf Steinsockeln. Gutes Restaurant, großer Pool, beheizter Innenpool und schöner SPA-Bereich, sehr freundliches Personal, reichhaltiges Frühstück. Camping im Hinterhof möglich mit separaten Sanitäranlagen.

■ **Ksar Assalassil**④-⑤, ca. 1 km außerhalb an der Straße nach Errachidia, Tel. 0535 57 82 27, http://hotel-ksarassalassil.e-monsite.com. Luxus-Herberge im Kasbahstil in ruhiger Lage, schöner Pool im Palmengarten, bewachter Parkplatz. 14 klimatisierte, saubere und geräumige Zimmer und Suiten mit Sat-TV und WLAN.

■ **Palais du Desert**⑤, Route du Jorf, 1 km hinter Kasbah Tizimi (s.u.) Richtung Fezna/Jorf, Tel. 0535 57 82 91, www.palaisdudesert.com. Das Luxushotel mit SPA wirkt von außen wie eine Wüstenburg, innen ist es – wie der Name sagt – ein Palast.

■ **Palm's Hotel Club**④, ca. 4 km außerhalb an der Straße nach Rissani, Tel. 0535 57 61 44, www.palmotel.ma. Großer Komplex (4 Sterne) im Kasbahstil in einem Palmengarten mit Pool, 110 nüchtern eingerichtete Zimmer mit AC und Sat-TV. Hammam und Massagen.

Unterkunft (Mittelklasse)

■ **Chez Gaby**③, an der Kreuzung Richtung Jorf/Tinejdad, nahe Kasbah Tizimi. Tel. 0535 57 81 11, www.chezgabyhotel.com. Kleines, schönes Hotel eines Franzosen, mit Innenhof, Pool unter Palmen und Restaurant, alles farbenfroh im marokkanischem Stil. Bewachter Parkplatz.

■ **Kasbah Tizimi**③, Route de Jorf (in Richtung Tinejdad ca. 700 m ab Kreuzung), Tel. 0535 57 61 79, www.kasbahtizimi.com. Schönes Kasbah-Hotel mit Pool, die klimatisierten Zimmer sind geschmackvoll im marokkanischen Stil ausgestattet.

■ **Riad Salam**③, Route de Rissani, Tel. 0535 57 66 65. Älteres 3-Sterne-Hotel mit sauberen, klimatisierten Zimmern, die Ausstattung ist allerdings nicht ganz up to date. Gutes Essen, bewachter Parkplatz, schöner Garten mit Pool, WLAN in der Lobby.

Unterkunft (günstig)

- **La Gazelle**①, Av. Mohamed V. Kleines, sehr einfaches Hotel, dafür supergünstig und sauber (Zimmer mit kalten Duschen). Preis verhandelbar.
- **Merzouga**①, Av. Mohamed V., Tel. 0535 57 65 32. Nettes und sauberes Hotel, Zimmer mit Bad, sehr freundliche Leute, Übernachtung auch im Berberzelt.
- **Sable d'Or**①, 141, Av. Mohamed V. (im Zentrum), Tel. 0535 57 63 48, an der Hauptkreuzung im Ort, schräg ggü. der Post. Einfaches, freundliches Hotel mit sauberen DZ mit Du/WC.
- Beim **Camping Tifina** kann man günstig in Berberzelten übernachten.

Camping

- **Camping Tifina,** einige Kilometer Richtung Rissani (ummauerter Platz auf der rechten Seite), N 31°22,90', W 04°16,30', Tel. 0535 88 20 58, www.tifina-marokko.com. Sauberer, gepflegter Platz (europäischer Standard!) unter französischer Führung. WLAN, Pool, Stellplätze mit Wasseranschluss und Strom, Abwasserentsorgung für Wohnmobile, auch Luxusstellplätze mit Pergola und privater Dusche/WC, Restaurant mit Alkoholausschank, außerdem Übernachtung im Bungalow② oder Berberzelt① möglich. Stellplatz je nach Ausstattung 80–150 DH für 2 Pers. inkl. Auto.
- **Camping Karla (Casa de Berbère),** in Maadid, 5 km von Erfoud an der Straße nach Errachidia, Tel. 0535 57 87 28, www.campingrestaurantekarla.com, N 31°28,898', W 04°13,015'. Großer, schön angelegter Platz unter Palmen, saubere und gute Sanitäranlagen, heiße Duschen, Souvenirshop, hübsches Restaurant mit Terrasse. Auch Zimmer und Nomadenzelte zur Übernachtung, Organisation von Ausflügen möglich, WLAN.

Essen und Trinken

- **Café du Sud,** 19, Av. Mohamed V., Tel. 0535 57 71 54. Sehr gutes Restaurant, in dem auch die Einheimischen essen gehen (marokkanische Küche), mittlere Preise (Verhandlungssache).
- **Dakar,** Av. Moulay Ismail (am Ortsausgang Richtung Errachidia gegenüber der Ziz-Tankstelle), Mobil 0661 35 16 52. Gepflegtes, gutes und günstiges Restaurant mit Suppen, Salaten, Pizza, Brochette und Tajine zu mittleren Preisen. Der Besitzer zeigt gern unverbindlich seine Fossiliensammlung im UG.
- **Des Dunes,** Av. Moulay Ismail, Mobil 0662 08 09 25, neben der ZIZ-Tankstelle. Sehr gutes Restaurant mit abwechslungsreicher Speisekarte (von Pizza bis Tajine) – herausragende Spezialität des Hauses ist ein Fleischragout in Tajine, genannt *Kalia*.
- **Le Coucher du Soleil,** Av. Moulay Ismail, preisgünstiges Essen in angenehmer Atmosphäre.
- **Le Clap,** 7, Rue Allal Ben Abdellah, am Busbahnhof beim CTM-Schalter. Sehr gut und freundlich.

Einkaufen

- Die **Av. Moulay el Hassan** führt direkt auf den Souk zu. An ihr sowie an der **Av. Mohamed V.,** die ebenfalls zum Place des F.A.R und zum Markt bzw. Taxistandplatz führt, sind sämtliche wichtigen Geschäfte, Banken und Tankstellen zu finden. Am Platz vor dem Souk (Place des Forces Armee Royale) befinden sich die Polizei und andere wichtige Ämter sowie ein großer Parkplatz.
- Den **Souk** erreicht man durch einen rotweißen Eingangsbogen. Neben dem Eingangstor liegen rechter Hand diverse Souvenirgeschäfte, in denen man günstig einkaufen kann. Hinter dem Hofbereich des Souk, auf dem Waren der Saison, z.B. im Herbst Datteln, angeboten werden, liegt der überdachte Bereich des **Lebensmittel-Souks.** Hier gibt es jede Menge gutes und preiswertes Obst und Gemüse, Milchprodukte etc. Der **große Wochenmarkt** am Sonntag findet neben dem Souk-Gelände statt.
- Einen **Supermarkt** gibt es an der Av. Mohamed V. gegenüber dem Hotel Sable d'Or. Daneben befindet sich ein Geschäft für **Autoersatzteile** (v.a. Geländewagen).
- In Erfoud kann man wunderschöne geschliffene **Fossilien** einkaufen: **Adarissa Atelier – Pierre d'Erfoud** (Tel. 0535 57 75 96, 57 71 59, am Ortsausgang Richtung Rissani auf der linken Seite neben einer Tankstelle), **Macro Fossiles** (ggü. Hotel Belere und El Ati, Ortsausfahrt Richtung Rissani). In der **Fossilienfabrik Marmar** (an der Straße Richtung Tinerhir) kann man sich von einem deutsch sprechenden Führer durch die Fabrik führen lassen. Hier kann man beobachten, wie der Fossilienstein mit einer Diamantenschneide zugeschnitten und dann mit verschiedensten Werkzeugen poliert und bearbeitet wird. In der großen Verkaufsausstellung mit (verhandelbaren, relativ hohen) Preisen gibt es alle denkbaren Gegenstände aus Fossilienstein bzw. präparierte Fossilien aller Größen. Bezahlung mit Kreditkarte ist möglich, große bzw. schwere Waren werden auch nach Europa verschickt.

Sammeltaxis/Taxis

- **Abfahrt der Sammeltaxis:** Place des F.A.R.
- **Tinerhir:** ca. 25 DH p.P., 1½ Std. Fahrzeit.

■ **Rissani, Merzouga:** Ein **Sammeltaxi-Kleinbus** fährt mehrmals tägl. bis 21 Uhr über Rissani nach Merzouga.

Busse

CTM- und Supratours-Büro in der Av. Mohamed V.

Verbindungen und Preise

■ **Errachidia – Meknès:** je 1x tägl. mit CTM (abends) und Supratours, nach Errachidia 30 DH, 1 Std. Fahrzeit; nach Meknès 155 DH, 9 Std. Fahrzeit (über Nacht).

■ **Rissani:** mehrmals tägl. (CTM 1x tägl. morgens), 20 DH, Fahrzeit ca. 30 Minuten.

■ **Fezna** (Himmelstreppe) bzw. **Tinejdad:** Kleinbus gegenüber der Post, 5 DH nach Fezna, 15 DH nach Tinejdad, Fahrzeit 2–3 Std.

■ **Rich – Midelt:** 4x tägl., nach Rich ca. 50 DH, 2 Std. Fahrt; nach Midelt ca. 85 DH, 3 Std. Fahrt. Der CTM-Bus nach Meknès (Nachtbus, s.o.) fährt auch über Rich und Midelt.

■ **Errachidia – Tinerhir – Ouarzazate – Marrakesch:** 1x tägl. (vormittags) mit Supratours; bis Tinerhir 3½ Std. Fahrzeit, bis Ouarzazate ca. 7 Std., bis Marrakesch ca. 11 Std., ca. 150 DH.

■ **Merzouga:** tägl. Supratours-Bus über Rissani (ca. 50 DH, vgl. auch bei Merzouga). Man sollte sich vorab über eine Rückfahrmöglichkeit am gleichen Tag erkundigen, sonst muss man sich auf eine Übernachtung in Merzouga einstellen (empfehlenswert).

Rund ums Auto

■ **Garage Royal (Chez Barji Aziz),** an der Straße nach Rissani/Errachidia, neben der ZIZ-Tankstelle, empfehlenswerte Werkstatt und Pannendienst, Mobil 0661 67 41 02.

Fest

■ Im September, anlässlich der Dattelernte, findet das **Dattelfest** statt (ein Wochenende).

Ausflüge

In allen Hotels und im Ort kann man **Touren zum Erg Chebbi oder nach Rissani** buchen. **Merzouga** und die Dünen sind inzwischen auf Teerstraße über Rissani (und bald auch von Erfoud) erreichbar, daher sind hohe Preise für einen Geländewagen nicht mehr gerechtfertigt. Das Wüstenerlebnis ist jedoch auf der Pistenfahrt entlang der Dünen größer – besonders schön ist eine Umrundung des Erg Chebbi (zwischen 60 und 85 km, je nach Strecke). Wer zum Sonnenuntergang nach Merzouga fahren will, sollte spätestens um 15 Uhr aufbrechen, um noch genügend Zeit zu haben, die Dünen zu erklimmen. Schöner ist der Sonnenaufgang, da die Sonne hier hinter den Dünen aufgeht, während sie über Merzouga untergeht.

Ein Tagesausflug mit dem Geländewagen zu den Dünen ab Erfoud kostet etwa 1200 DH für bis zu sechs Personen.

Anbieter

■ Empfehlenswert sind (landesweite) Geländewagentouren mit **Brahim Karaoui,** der gut deutsch spricht und in Merzouga das hübsche Riad Nezha betreibt; Mobil 0661 98 79 77.

■ Ein Leser empfahl für eine Wüstentour mit dem Geländewagen die **Agentur Sand Fish von Omar** (Mobil 0661 92 62 63, www.sand-fish.com). Omar betreibt eine Auberge am Nordrand des Erg Chebbi.

■ Auch **Lahcen Mhamdi** (Mobil 0662 18 66 38, Mhamdi.lahcen@yahoo.com) wurde von Lesern für Geländewagentouren empfohlen. Er führt Selbstfahrer auf den Pisten in der Wüste (ein Tag bis mehrere Wochen). *Lahcen* spricht sehr gut deutsch und arbeitet auch als Fahrtrainer für Off-Road-Rallyes in der Region – Selbstfahrer können bei ihm z.B. ein Dünenfahrtraining buchen. Der Tagespreis ist hoch, aber verhandelbar (160–190 Euro/Tag).

Weiterfahrt nach Rissani

Von Erfoud geht es an Palmenhainen entlang, am Palms Hotel Club (links) vorbei, auf der breiten Teerstraße **nach Rissani.**

5 km hinter Erfoud überquert man eine Khettara (Foggara), einen unterirdischen Bewässerungskanal.

Nach 15 km ist das Hotel Kasbah Asmaa ereicht, 2 km weiter (km 17) das Hotel Kasbah Ennasra (siehe Rissani). Bei einem Kreisverkehr zweigt rechts (östlich) die **Straße nach Alnif und Tazzarine** bzw. Zagora ab (ZIZ-Tankstelle, beschildert „90 Alnif 225 Zagora“).

Das Tafilalet

Das Tafilalet-Gebiet erstreckt sich **südlich von Erfoud** über eine Länge von 30 km und eine Breite von 4–16 km. Am Horizont der blauschwarzen Steinwüste dehnt sich der **Erg Chebbi** aus, Berge gelber Sanddünen, durchwachsen von einigen Grasbüscheln, im Sand Spuren von Käfern, Vögeln und Schakalen, die die spärlichen Grasbüschel nach Wüstenratten durchsuchen.

Sijilmassa, im 10./11. Jahrhundert Hauptstadt dieser Landschaft, war so mächtig, dass sie sich mit Fès und Marrakesch messen konnte. Die Ursprünge von Sijilmassa sind umstritten, nach *Leo Africanus* war es eine römische Gründung, nach dem Geografen *El Bekri* eine Gründung des Schmieds *Midrar* aus Meknès. Jedenfalls war es die Wiege der Alouiten: Von hier brachen die **Chorfa,** Nachkommen Mohameds und Begründer der heute noch regierenden Alouiten-Dynastie, Anfang des 17. Jahrhunderts auf, die religiöse Erneuerung ins ganze Land zu tragen. Sie eroberten Marrakesch und unter *Moulay Rachid* 1666 auch Fès und den Norden.

Das Tafilalet war wichtiges **Karawanen- und Handelszentrum.** Von hier zogen die Karawanen nach Timbuktu und Schwarzafrika, auf ihrem Rückweg brachten sie Sklaven und Gold mit. Doch der Stern des Tafilalet erlosch langsam, und auch Moulay Ismail, der große Sultan von Meknès und Beherrscher Marokkos über einen Zeitraum von 55 Jahren, konnte Ende des 17. Jahrhunderts die Region, aus der seine Vorfahren stammten, nicht wieder voranbringen – Sijilmassa wurde bedeutungslos.

Heute ist das Tafilalet bekannt für die Herstellung von **Töpferwaren** und schönen **Ledererzeugnissen,** den sog. *Filali.* Diese werden mit dem speziellen Gerbstoff „Takaout" präpariert, der dem Leder seine natürliche Farbe lässt.

Im Tafilalet kämpfen Menschen, Tiere und Pflanzen einen ungleichen **Kampf gegen den**

ma16_113 ad

Sand. Der Wüstensturm bläst Myriaden von Sandkörnern ins Kulturland, haushohe Dünen wälzen sich wandernden Sandwogen gleich und überfluten die Oasen, sodass die Menschen zum Abwandern gezwungen werden. Die Gegenwehr ist mühsam: Hecken aus Palmenzweigen werden gegen den Wind errichtet und Reihen bestimmter genügsamer Gräser angepflanzt, deren Wurzeln den Boden festigen. Im Windschatten der Gräser kommt dann der Sand zur Ruhe.

Das Tafilalet ist das **größte zusammenhängende Oasengebiet Marokkos.** Hier wachsen unzählige Dattelpalmen, und die Menschen kultivieren in ihren Oasengärten, die mit Khettaras und Schöpfbrunnen (Segouias) bewässert werden, Gemüse, Getreide und Futterpflanzen. Die Kulturen werden von Obstbäumen beschattet, diese wiederum von den Dattelpalmen. Die Trockenheit Anfang der 1980er und 1990er Jahre hat das Tafilalet stark in Mitleidenschaft gezogen. Die Palmenhaine sind in vielen Bereichen verdorrt, zudem macht eine gefährliche Pilzkrankheit den Bäumen zu schaffen. Nach Jahren der Trockenheit folgen zwar immer wieder bessere Zeiten, für viele Oasenbauern und Palmenhaine ist es jedoch zu spät.

Als Licht am dunklen Horizont erscheint der **anwachsende Tourismus,** von dem sich viele Einwohner einen finanziellen Aufschwung versprechen. Zu wünschen wäre wegen der permanenten Wasserknappheit ein ökologisch angepasster Tourismus, der die Wasserreserven nicht zur Befriedigung touristischer Luxusbedürfnisse ausbeutet – angesichts überlaufender Hotelpools andernorts und der Ansprüche vieler Touristen wahrscheinlich nur Wunschdenken …

◁ Sanddünen im Erg Chebbi

Nach wiederum 1 km geht es an einem weiteren Kreisverkehr links nach Merzouga und zum Circuit Touristique (s.u.). Geradeaus weiter führt die Straße am Busbahnhof vorbei durch das schöne Stadttor ins Zentrum von **Rissani,** das bei **Gesamt-km 104** erreicht ist.

Rissani

Rissani liegt **am Rande der Wüste,** zählt ca. 10.000 Einwohner und ist einer der Orte, die in keinem Reiseprogramm fehlen. Der **Massentourismus** hat seine Spuren hinterlassen: aufdringliche Kinder, die im Extremfall mit Steinen werfen, und so viele, zuweilen recht aufdringliche „faux guides“ (nicht lizensierte Führer), wie der Erg Chebbi Sandkörner zählt. Wenn man hier alleine spazieren geht, hat man wenig Ruhe, deshalb empfiehlt es sich, einen lizenzierten Führer für einen Rundgang anzuheuern. Trotzdem ist Rissani ein hübscher Oasenort mit rosa getünchten Lehmhäusern, einer großen Kasbah und einem herrlichen, inzwischen aber auch touristischen Markt – alles umrahmt von einem riesigen Palmenhain. In den Oasen rings um das Dorf wird noch typische Oasenbewirtschaftung betrieben. Wichtigste Handelsware ist die Dattel.

Geschichte

Rissani war das legendäre Sijilmassa, die ehemalige Hauptstadt des Tafilalet, von der allerdings außer verwitterten Mauerresten 2 km außerhalb Rissanis nichts mehr erhalten ist.

Der marokkanische Reisende *Leo Africanus* (1495 bis ca. 1550) führt die Gründung auf die Römer zurück, der Geograf *Al-Bekri* glaubt an eine Gründung im Jahre 757. Damit wäre das Reich Sijilmassa eines der ersten Sultanate auf islamischem Boden. 922 errangen die Fatimiden die Staatsgewalt über das Wüstenreich, und 1056 besetzten die Almoraviden

Sijilmassa, danach folgten die Almohaden und 1255 die Meriniden.

Im Mittelalter war der Ort ein bedeutender **Karawanenstützpunkt** und Handelszentrum, in dem Datteln, Salz, Leder- und Metallwaren gegen Gold, Elfenbein und Sklaven getauscht wurden. Mitte des 17. Jahrhunderts eroberten die Alawiden-Cherife aus dem Tafilalet unter *Moulay al-Rashid* (1664–1672) Fès und Marrakesch und gründeten die auch heute noch regierende Alawiden-Dynastie. Zahlreiche Kasbahs wurden errichtet, nach und nach aber wurde Rissani zur Hauptstadt des Tafilalets, und Sijilmassa verfiel.

Sehenswertes

Torbogen

Die **Einfahrt von Rissani** schmückt ein großer, prachtvoll verzierter Torbogen, der unter dem Königsvater *Hassan II.* zum Gedenken an seine aus der Gegend stammenden Vorfahren der Alaouiten-Dynastie errichtet wurde.

Markt

Besonders sehenswert ist der Markt. **Sonntag ist großer, Dienstag und Donnerstag kleiner Markt.** Zwischen den Mauern des Souk hocken die Händler mit Gemüse, unter den Arkaden befinden sich die Läden mit der Handwerkskunst sowie die Bäcker und Fleischer. In einigen Höfen werden Schafe, Ziegen, Hühner und vieles mehr verkauft. Der Handel dürfte sich – abgesehen von modernen Errungenschaften wie Uhren, Textilien sowie Plastikwaren, die auch auf dem Markt verkauft werden – noch genauso abspielen wie vor hundert Jahren. Hier lässt es sich wunderbar beobachten, zuhören, staunen. Auch wenn man selbst nichts kaufen will, ist der Markt ein Erlebnis.

Sehenswert ist der **Parkplatz der Nomaden** (nur an Markttagen). Nein, es handelt sich nicht um einen Parkplatz für Autos oder Fahrräder, sondern um einen für Esel und Kamele. Vor zwei umfriedeten Höfen werden die Sättel der Vierbeiner gelagert, dies allein schon ein imposanter Anblick. Früher war dieser Platz ein Schauspiel für sich: Im Hof

ma16_192 ed

selbst wimmelte es von Eseln, die dicht gedrängt standen, oftmals auch übereinander, da man ja selten so viele hübsche Eselinnen auf einmal trifft … Wenn die Eselstute nach dem Marktbesuch trächtig war, hat sich der Markt für viele Bauern in zweifacher Hinsicht gelohnt. Doch mit zunehmendem Wohlstand und Ausbau des Straßennetzes reisen inzwischen die meisten Marktbesucher mit Pickups bzw. Bus und Lkw an – nichtsdestotrotz ist der heutige Vierbeinerparkplatz immer noch recht malerisch.

Kasbahs

Neben dem Hotel El Filalia liegt der sehenswerte, aber recht vernachlässigte **Ksar Abouam** mit der Kasbah Moulay Ismail. Der Lehmkomplex mit seinen verschachtelten Gassen und Innenhöfen hat ein prachtvolles, von mächtigen Türmen flankiertes Eingangstor. Der Ksar diente als Kulisse für die Filme „Marco Polo“, „The secret of the Sahara“ und „Himmel über der Wüste“. Im Komplex ist der schöne Kunsthandwerksladen der Brüder *Slimane, Hafid* und *Ismail Dribi Alaoui,* **La Maison Saharienne** (s.u.), mit mehreren Ausstellungsräumen untergebracht, wo man sehr unaufdringlich auf Deutsch beraten und in keinster Weise zum Kauf genötigt wird.

Ein sehenswertes **Museum** ist in einer Kasbah gegenüber dem Hotel Sijilmassa untergebracht.

Im Zentrum nahe des Ksar Abouam können Touristen das **Maison de la Culture** in einem renovierten Palast besuchen. Neben ein paar ausgestellten Fossilien, Teppichen, einem geschichtlichen Überblick und Bildern zu Sijilmassa gibt es allerdings nicht viel zu sehen.

◁ Schmuckes Tor des Centre d'Etudes Alaouites

Mausoleum Moulay Ali Cherif

Die mosaikgeschmückten Räume des 2 km entfernten Mausoleums (Zaouia) von Moulay Ali Cherif dürfen von Nicht-Moslems nicht besichtigt werden. Allerdings lohnt sich ein Blick in den (frei zugänglichen) **grünen Innenhof.** *Moulay Ali Cherif* ist ein Vorfahre des jetzigen Königs. Vor dem Mausoleum befinden sich zwei Lehmdörfer mit hübschen Eingangstoren. Hier bleibt man von Kindern weitgehend unbehelligt.

Oasenrundfahrt

Auf der Oasenrundfahrt *(Circuit touristique)* passiert man zahlreiche schöne Ksour, so das **Ksar Abbar,** ein riesiger Lehmbaukomplex mit herrlicher Ornamentik auf dem von mächtigen Türmen flankierten Eingangstor. Diesen Komplex schuf der Sultan *Moulay Abd al-Rahman* Mitte des 19. Jahrhunderts, der hier sowohl seine Schätze als auch seine zahlreichen Frauen von einer schwarzen Leibgarde bewachen ließ. 2 km weiter auf der Piste, die am Mausoleum vorbeiführt, gelangt man zu den Resten des **Ksar Oulad Abd al-Halim** aus dem 19. Jahrhundert, das noch bewohnt ist und einst eines der schönsten Wehrdörfer in der Wüste war. Inzwischen stark verfallen, zeugt es doch von einer prunkvollen Vergangenheit, und Reste einstmals kunstvoller Lehmhausarchitektur sind noch zu besichtigen. Das malerische, aber auch kärgliche Leben zwischen den halb verfallenen Mauern ist zumindest genauso interessant, wie es die Reste aus alten Zeiten sind. Sehenswert ist auch das **Ksar Dar al-Beida** (18. Jh.), für das sogar Marmor aus Volubilis herangeschafft wurde. Teilweise sind die Außenmauern und Wehrtürme noch gut erhalten. Weiter geht es auf der Oasenrundfahrt durch zahlreiche, zum Teil abgestorbene Palmenhaine. Schließlich ist nach insgesamt 20 km („Circuit touristique Rissani – Zaouia Moulay Ali Sherif – Rissani“) wieder Rissani von Süden her erreicht.

Insgesamt lohnt sich die Rundfahrt nicht, interessant sind nur die ersten 8–10 km an der Zaouia vorbei entlang der alten Ksour. Zudem ist die Straße für Pkw schlecht zu befahren.

Praktische Informationen

Unterkunft

■ **Kasbah Ennasra**④ (saisonabhängig), ca. 2 km außerhalb Richtung Erfoud, Tel. 0535 77 44 03, www.kasbahennasra.net. Schönes Kasbahhotel mit 15 Zimmern/Suiten (auch Familienzimmer) mit Himmelbett, Bad, AC und kleiner Terrasse. Pool im hübschen Innenhof, Restaurant (Alkohol) mit Terrasse zum Hof, Parkplatz, WLAN.

■ **Kasbah Asmaa**③ (mit Frühstück), Tel. 0535 77 40 83, asmaabivouac@yahoo.fr, ca. 3 km vom Zentrum in Richtung Erfoud auf der linken Seite. Hübsche, mit traditionellen Elementen gestaltete Anlage mit sehr schönem Garten. Die Zimmer sind nicht mehr alle gut in Schuss. Das Essen ist sehr gut.

■ **El Filalia**①, Grand Place Rissani (bei der Bushaltestelle), Tel. 0535 57 51 03. Die Zimmer sind einfach und nicht immer sauber, manche etwas rauchig und stickig, da die Fenster nach innen zu einem Schacht weisen. Die Duschen und Toiletten liegen auf dem Flur (kein warmes Wasser). Auch Übernachtung auf der Dachterrasse.

Essen und Trinken

Eine Spezialität des Tafilalet ist **Maflouka,** auch „Berberpizza" genannt: ein großes, mit Fleisch, Zwiebeln, Knoblauch, 44 (!) Gewürzen und Eiern gefülltes Fladenbrot. Dieses sehr leckere Gericht gibt es häufig nur auf Vorbestellung. Auch die meisten Herbergen am Erg Chebbi offerieren Maflouka.

Empfehlenswert sind die Restaurants **Toumbouctou** und **Merzouga** an der Straße Richtung Merzouga sowie das Restaurant **El Manzah** (Tel. 0662 06 14 93) beim Ksar Oulad Abd al-Halim (vgl. Oasenrundfahrt).

Einkaufen

Maison Saharienne, Ksar Abouam, zwischen Kasbah und Moschee, Tel. 0535 57 52 89, Mobil 0661 35 16 85. Der nette Laden gehört den Brüdern *Dribi* (s.o. unter „Kasbahs"), die sehr freundlich und sachkundig sind. Dort werden schöne Teppiche und Schmuck, Kupfer- und Lederarbeiten verkauft und auf der Dachterrasse soll ein Restaurant errichtet werden.

An der Stadtausfahrt Richtung Merzouga liegen die **Sahara Gallery** mit einer großen Auswahl an marokkanischem Kunsthandwerk und Fossilien, kurz darauf das **Maison Touareg,** Tel. 0535 77 01 75, mit einem großen Sortiment an Teppichen und Kunsthandwerk, fast daneben **Les Frères Oulbadi Fossilien**.

Sammeltaxis/Busse

Die Busse und Sammeltaxis fahren vom **Gare Routière** vor dem Stadttor (in Richtung Erfoud) ab. Der **CTM-Bahnhof** liegt nahe des Kreisverkehrs kurz hinter dem Stadttor in Richtung Erfoud/Zagora.

Verbindungen und Preise

Merzouga: 2x tägl. mit Supratours, ca. 30 Min. Fahrzeit; auch Sammeltaxis ab dem Busbahnhof (ca. 15 DH).

Erfoud – Errachidia: mehrmals täglich Busse und Sammeltaxis; Supratours fährt 2x tägl. (morgens und abends) nach Errachidia, CTM 1x tägl. (abends), ca. 1.45 Std. Fahrzeit, 40 DH; nach Erfoud 20 DH, 30 Min. Fahrzeit. Die Sammeltaxis sind schneller und nur unerheblich teurer als die Busse.

Errachidia – Midelt – Fès: Nachtbus von Supratours und CTM, 9–11 Std. Fahrzeit, 180 DH bis Fès; es verkehren auch Busse weiter nach **Meknès.**

Ouarzazate – Marrakesch: 1x tägl. morgens mit Supratours (via Erfoud, Errachidia, Tinerhir, Boumalne Dadès), ca. 12 Std. Fahrzeit bis Marrakesch, dort Umsteigemöglichkeit nach **Casablanca.**

Weitere Fernverkehrsbusse fahren täglich nach **Zagora, Rich, Rabat, Tanger** und **Casablanca** (Nachtbusse).

Sonstiges

Ein empfehlenswerter **lizensierter Führer** für die Stadt und die Region ist **Mohamed Naceur.** Er arbeitet seit 30 Jahren als Touristenführer, spricht u.a. deutsch und kennt die Gegend wie seine Westentasche. Man findet den netten *Mohamed* im Café neben der Banque Populaire, oder man kontaktiert ihn über Mobiltel. 0662 56 29 20. Eine Führung durch den alten Ksar und Markt kostet ca. 50 DH, etwa 100 DH kostet die Begleitung für den Circuit Touristique (s. „Oasenrundfahrt"). Da die Jugend bzw. einige Händler und „faux guides" recht lästig sein können, macht diese Ausgabe durchaus Sinn, denn *Mohamed* hält sie einem vom Leib.

Für den **Notfall** stehen ein Centre Medical und Apotheken zur Verfügung. Das nächste Krankenhaus befindet sich in Erfoud.

ma16_114 ad

Auf dem Markt

Tafilalet

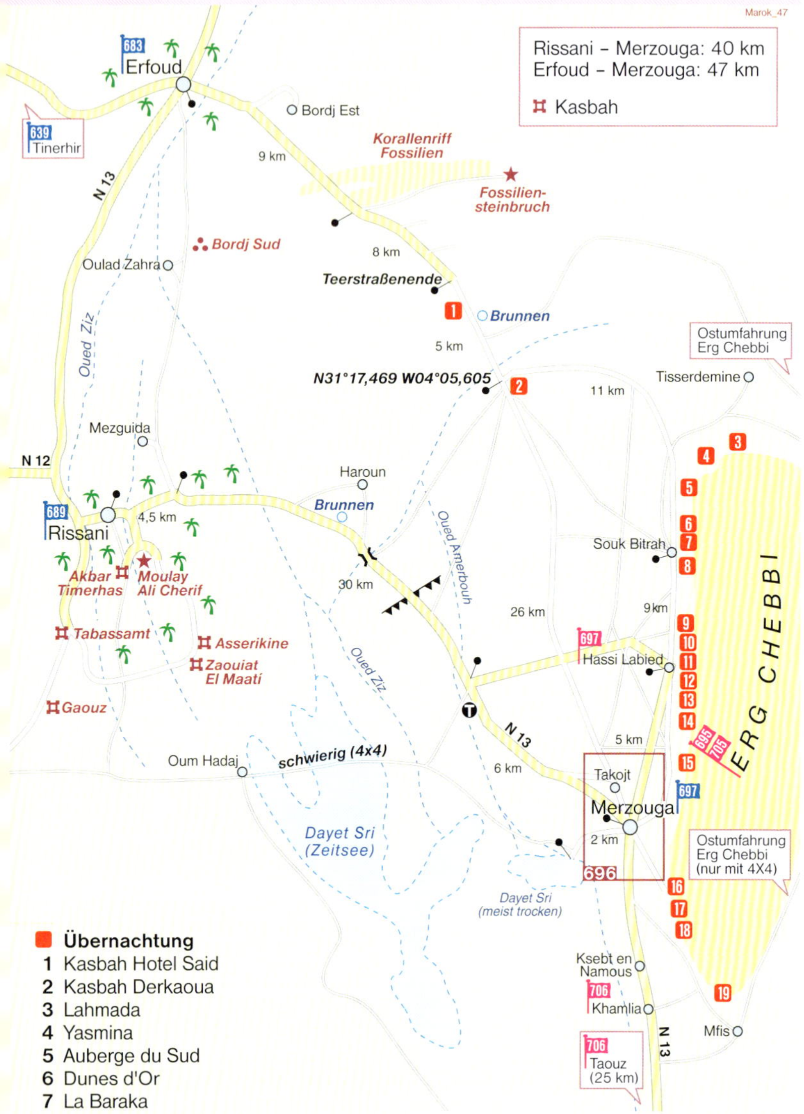

Übernachtung

1 Kasbah Hotel Said
2 Kasbah Derkaoua
3 Lahmada
4 Yasmina
5 Auberge du Sud
6 Dunes d'Or
7 La Baraka
8 Kasbah Erg Chebbi
9 Atlas du Sable, Riad Mamouche, Auberge Oasis, La Source, Nasser Palace
10 Merzouga Guesthouse
11 Kasbah Sable d'Or, Auberge Sahara
12 Haven La Chance, Kasbah Aiour, Auberge Ksar Merzouga
13 Riad Amazir, Kasbah Mohayut, Kanz Erremal
14 Kasbah Tombouctou, Dar el Janoub
15 Suerte Loca, Lac de Sahara
16 Les Pyramides, Merzouga
17 Les Portes du Désert
18 Rose de Sable
19 Nomad Palace

Feste

- Im Frühjahr findet das **Recontre Sijilmassa Melhoun,** ein Musikfestival mit klassischer Musik, statt.
- Mitte Dezember gibt es **an der Université Moulay Ali Cherif** ein Fest.
- Seit 2003 findet in Rissani und Merzouga regelmäßig das **Festival des Musiques du Désert** statt.

Ausflüge

Bei Merzouga bzw. Taouz liegen am **Erg Chebbi** – neben den Dunes de Chegaga südlich von M'hamid – die einzigen höheren **Sanddünen** Marokkos (bis zu 200 m hoch). Wegen der vielen Herbergen entlang der Dünen findet man hier Wüsteneinsamkeit nur viele Kilometer abseits der Piste bzw. auf der Ostseite des Dünengebietes. Trotzdem empfinden Saharaneulinge den Erg Chebbi als das Wüstenerlebnis schlechthin. Touren nach Merzouga werden von den Hotels in Erfoud und Rissani angeboten, am schönsten ist ein Dünenspaziergang oder Kamelausflug zum Sonnenaufgang. Die Preise sind meist verhandelbar und hängen in erster Linie von der Dauer ab (ob Halbtagestour oder mit Übernachtung/Essen; s.a. Ausflüge bei Erfoud).

Wer über ein eigenes Fahrzeug und Zelt verfügt, kann den Sonnenauf- bzw. -untergang wesentlich ruhiger und stimmungsvoller abseits des Trubels in den Dünen genießen, denn Wildcampingmöglichkeiten gibt es am Rande des Erg Chebbi genug.

Sehr schön ist der **Dayet Sri,** ein flacher Zeitsee in der Wüste, der nach den vielen starken Regenfällen in den letzten Jahren immer wieder Wasser führte. Hier kann man gelegentlich auch Flamingos und badende Kamele beobachten. Auch beim Café Yasmina am Nordrand des Erg Chebbi und südlich von Merzouga bilden sich in regenreichen Jahren Seen, die zusammen mit den Sanddünen ein herrliches Bild ergeben.

Etwas nordwestlich des Erg Chebbi an der Straße von Merzouga nach Rissani hat sich ein **neues kleines Dünengebiet** gebildet, in dem die Sandberge zwar nicht so hoch sind, aber ansonsten alles geboten ist, was eine Wüste ausmacht – von der Tier-/Pflanzenwelt bis zu einsamen Lagerplätzen zwischen den kleinen Dünen.

Von Rissani nach Merzouga

- **39 km, N 13, gute Asphaltstraße.**
- Die Straße führt zunächst sehr kurvenreich durch die Oasengärten und den Palmenhain von Rissani, dann geradeaus Richtung Osten. Die beeindruckende Silhouette der **Dünen** ist bei klarem Wetter schon am Horizont zu sehen. Entlang der Route erstreckt sich ein regelrechter Schilderwald der unzähligen Auberges am Erg Chebbi (Infos zu den Unterkünften bei Merzouga).
- **Mercedes-Kleinbusse** und ein **Supratours-Bus** verkehren ab Erfoud und Rissani (siehe dort), **organisierte Touren** werden von den Hotels angeboten.

Rissani an der Gabelung **(N 31°17,308', W 04° 15,441')** links nach Nordosten verlassen (rechts geht's zum Mausoleum Ali Cherif), vorbei am Souvenirshop Sahara Gallery, Maison Touareg und Frères Oulbadi.

Nach 4 km beginnen die Oasengärten und man passiert einen alten, verfallenen Ksar.

Nach **6 km** liegt der **Camping/Piscine Le Trésor** an der Straße, ein kleiner ummauerter Campingplatz in der kahlen, flachen Ebene. Nach weiteren 2 km folgt ein Abzweig zum 1,8 km entfernten alten **Ksar Haroua.**

Bei **km 12** führt eine **Brücke** über den **Oued Ziz,** gesäumt von **Fossilien-Korallenriffen.** Hier macht die Straße einen deutlichen Knick nach Süden, ab und zu gibt es Kontrollen durch die Gendarmerie. Dann folgt der erste Pistenabzweig Richtung Erg zur Kasbah Hotel Said (12 km), Sand Fish und Kasbah Derkaoua (5 km).

Bei **km 16** zweigt die Zufahrt zu den Auberges Lahmada (14,5 km), Kasbah Yasmina (14 km), La Caravane (12 km) u.a. ab.

Merzouga und Umgebung

17 km hinter Rissani zweigt links eine Piste nach **Hassi Labied** (Schild) ab; die bessere Zufahrt (Teerstraße) befindet sich bei km 30.

Etwa **20 km** hinter Rissani zieht sich rechts der Straße ein kleines Dünengebiet entlang, das durchaus einen Abstecher lohnt bzw. für autarke, geländegängige Fahrzeuge nette Picknick- bzw. Übernachtungsplätze bietet.

Km 22: Abzweig zu Les Dunes d'Or (6 km), La Baraka (6 km), Auberge du Sud (8 km), Kasbah Erg Chebbi (5 km).

Km 25: Abzweig zu La Baraka, Étoile de Dunes etc. Es folgen weitere Abzweige zu diversen Gästehäusern.

Bei **km 30** zweigt eine Teerstraße links nach **Hassi Labied** und zu den dortigen Herbergen ab. Geradeaus weiter nach Merzouga.

Bei **km 31** folgt eine ZIZ-Tankstelle mit kleinem Supermarkt.

Km 35: Abzweig zum Hotel/Restaurant Panorama, das wie eine Festung vor den Dünen auf einem Hügel thront.

Km 36: Ortseinfahrt von **Merzouga (N 31° 06,042', W 04°01,079').** An der Kreuzung in Höhe des Restaurants Bab Rimal kann man rechts direkt nach Taouz weiterfahren (Teerstraße). Weiter geradeaus erreicht man bei **km 38** die Ortsmitte von Merzouga (Wegweiser „Riad Nezha"). Etwa 1,5 km weiter endet die Teerstraße an einem Wendeplatz vor der großen Düne.

Merzouga

Diese kleine Wüstenoase (ca. 3000 Einwohner) **liegt am Rande des Erg Chebbi, des größten Dünengebiets Marokkos.** Rot-gelb schimmern die bis zu 200 m hohen Dünen im Abend- oder Morgenlicht und wirken wie ein Abziehbild der großen algerischen Wüstenlandschaften. Die Vermarktung ist dementsprechend, der Ort lebt – abgesehen von geringfügiger Landwirtschaft – von Touristen. Seit der Fertigstellung der Teerstraße eröffnen immer mehr Herbergen mit Café/Restaurant und Campingplatz entlang der Dünen, deren Qualität infolge der großen Konkurrenz von Jahr zu Jahr besser wird. Von Spätherbst bis Frühjahr herrscht rund um Merzouga touristischer Hochbetrieb und das Motorenbrummen der Quads sorgt nicht gerade für erholsames Wüstenfeeling. Die Preise für Ausflüge sind zum Teil übertrieben teuer: Ein kurzer Kamelritt hinauf auf die Dünen wird gelegentlich sogar für mehr als 200 DH verkauft – zu Fuß ist man schneller auf den Dünen. Auch Flaschenwasser wird in Merzouga wesentlich teurer verkauft, eine Bevorratung in Rissani ist ratsam. Etwas abseits der Herbergen kann man dennoch sehr schöne Wanderungen im Dünengebiet unternehmen.

Das **alte Ortszentrum** bei der Moschee wurde aufwendig mit Pflasterung und Begrünung umgestaltet, ebenso das **neue Ortszentrum** mit Stadttor auf der anderen Flussseite. Hier gibt es nun Geschäfte, Souvenirläden, Restaurants, Fahrradverleiher und Sitzbänke mit Pergola zum Verweilen. Die Einheimischen treffen sich aber auch gerne am kleinen Dünenzug in Richtung Taouz am Ortsende, wo man wunderbar den Sonnenuntergang beobachten kann. Wer mit den aufgeschlossenen Bewohnern ins Gespräch kommt, wird vielleicht zu einem Gläschen Tee eingeladen.

Auch der **Nachbarort Hassi Labied** direkt an den Dünen wurde aufgehübscht und hat sich in den letzten Jahren touristisch ziemlich entwickelt. Zum einst staubigen Wüstendorf aus Lehmhäusern führt inzwischen eine Teerstraße von der Hauptstraße vor Merzouga (im Ort Quadverleih, Internetcafé, Pistenzufahrt zu den Herbergen an den Dünen). Außerdem verbindet eine neue Teerstraße (von Erfoud) Hassi Labied direkt mit Merzouga.

Ein Besuch der **Oasengärten** und die Besichtigung der **Bewässerungsanlagen** ist lohnenswert. Es existieren noch ein paar wenige Ziehbrunnen, an denen die Frauen das Wasser holen.

Die Weiterfahrt in den Süden nach **Taouz** (nahe der algerischen Grenze) bietet nur wenig Aufregendes, abgesehen vielleicht von einem Besuch der **Gnaoua-Musiker in Kham-**

lia (vgl. „4x4-Route: Von Merzouga über Taouz nach Zagora") und der **Felsgravuren.** Die uralten Gravuren kann man jedoch nur mit Führer besuchen bzw. eine organisierte Tour im Hotel buchen.

3 km westlich von Merzouga liegt der **Dayet Sri,** ein flacher Zeitsee, der in regenreichen Jahren im Winter Wasser führt und wo man sehr selten auch Flamingos beobachten kann. Der See trocknet während einer längeren Trockenperiode aus. Anfahrt: Wo die Zufahrt nach Merzouga von der N 13 abzweigt, biegen Sie rechts auf eine Piste ab und fahren zunächst auf den sichtbaren Funkmast zu; dort leicht rechts halten. Es gibt zahlreiche Fahrspuren, die immer wieder ineinander übergehen, alle zum See führen und auch mit dem Pkw gut zu befahren sind. Am See bieten viele Fossilienhändler ihre Waren an.

Praktische Informationen

Unterkunft

Bei den meisten der genannten Herbergen (Auberges) ist **Camping** möglich, alle bieten diverse **Aktivitäten** für Touristen an: Kameltrips in die Dünen zum Sonnenauf- oder -untergang (max. 150 DH p.P.), Kameltouren in den Erg mit Übernachtung im Berberzelt und Verpflegung (300–700 DH), Quadtouren und Wanderungen zur höchsten Düne. Ein halbtägiger Geländewagenausflug kostet 700–1200 DH. In vielen Herbergen wird abends Live-Musik für die Besucher gemacht.

„Faux guides" haben sich darauf spezialisiert, ankommende Touristen (z.T. bereits im Bus nach Merzouga) abzufangen und gegen hohe Provision in eine Herberge zu schleppen. Lassen Sie sich auch von hartnäckigen Überredungsversuchen nicht beirren und steuern Sie direkt die von Ihnen gewählte/gebuchte Unterkunft an, um Nepp und Betrug zu verhindern!

Herbergen/Camping in Merzouga und südlich in Richtung Taouz

Diese Herbergen in Merzouga sowie an der Straße nach Taouz sind alphabetisch sortiert (vgl. auch Plan zu Merzouga).

■ **Africa**①, Mobil 0666 73 84 05, www.auberge-africa.com, N 31°05,714', W 04°00,327'. Einfache, sehr saubere Herberge mit Strom, schön gelegen direkt vor den Dünen am Dorfrand. Sehr nette, zurückhaltende Familie, angenehme und ruhige Atmosphäre, gute marokkanische Gerichte. Zimmer mit und ohne Bad, auch Berberzelte.

Chez Julia②-③ (mit HP), Ortseingang links (beschildert), hinter der Moschee, Tel. 0535 57 31 82, www.chez-julia.com. Kleine, einfache, sehr saubere Auberge mit fünf Zimmern und Restaurant, betrieben von der sehr freundlichen Österreicherin *Julia Günther.* Zwei Zimmer teilen sich je eine Dusche und WC. *Julia* legt Wert auf individuelle Betreuung und gibt gute Tipps für die Erkundung der Umgebung. Persönliche und ruhige Atmosphäre, besonders für alleinreisende Frauen eine gute Adresse. Von der Dachterrasse hat man einen schönen Ausblick. Vegetarische, marokkanische und österreichische (Bio-) Küche für 65–120 DH. Auch Vermietung einer kompletten Wohnung im Nachbargebäude für 4–5 Personen.

■ **Chez Tonton**②, von Rissani kommend im Ort links, Mobil 0666 66 04 61, www.tonton-merzouga.com, N 31° 06,21', W 04°00,95'. Nette Herberge des gastfreundlichen *Ahmed Aït Bahaddou* und seiner Familie. 6 saubere hübsche Zimmer mit Bad (z.T. klimatisiert).

■ **Complexe touristique Merzouga – Chez Sadoq**③ (mit HP), von Rissani kommend immer geradeaus durch Merzouga bis zum Wasserturm (ca. 2 km), Tel. 0535 57 63 22, Mobil 0661 21 61 07, www.complexemerzouga.com, N 31°05,373', W 04° 00,294'. Großer ummauerter Hofkomplex mit hübsch eingerichteten und mit Mauern befestigten Berberzelten direkt an den Dünen und großem Zeltrestaurant mit Pizzeria. Pool, Restaurant und Bar, WLAN, Angebot von Kameltouren.

■ **Kasbah Azalay**③ (mit HP), Mobil 0662 08 55 73, 0667 25 99 52, www.kasbahazalay.com, am nördlichen Ortsende erhöht auf einem kleinen Hügel, N 31°06,694', W 04° 00,343'. Geschmackvoll gestaltetes, neueres Hotel mit Pool und schönem Rundumblick. Geführt von den freundlichen Brüdern *Ait Bahddou.*

■ **Kasbah Le Touareg**③ (mit Frühstück), am Ortsausgang 2 km in der Palmeraie, gegenüber der großen Düne, Tel. 0535 57 72 15, Mobil 0662 09 70 86, www.kasbahletouareg.com, N 31°05,166', W 04°0,516'. Die Anlage im Stil einer Kasbah bietet 35 saubere Zimmer (mit Bad und AC), die sich um den großen Garten mit Palmen, Oleander und schönem Pool gruppieren. Salon mit Kamin für kalte Tage und ummauerter Campingplatz; auch Übernachtung auf der Terrasse und im Nomadenzelt (günstiger).

■ **Ksar Bicha**③ (mit HP), am Rand der Oase, 150 m vom Palais Berbère, Tel. 0535 57 71 13, Mobil 0666 50 64 81, www.ksarbicha.com, N 31°06,438', W 04°00,635'. Hübsches und sauberes Hotel im Kasbahstil der Familie *Oubassidi*. Bepflanzter Innenhof mit Pool, reichhaltiges, gutes Essen. Ordentliche Zimmer im Berberstil mit geräumigem Bad (heißes Wasser und AC), von der Dachterrasse schöner Blick auf die Dünen. Der sehr freundliche Betreiber *Ali* spricht deutsch. Menü 100 DH.

■ **Ksar Sania**②-③ (mit HP), am Ortsende ca. 2 km in Richtung Taouz linker Hand, direkt an den Dünen, Tel. 0535 57 74 14, Mobil 0661 35 99 10, www.ksarsaniahotelmerzouga.com, N 31°05,115', W 04°00,453'. Das komfortable Ksar Sania unter französischer Führung wurde von der Flut im Jahr 2006 komplett zerstört und danach wieder komplett neu aufgebaut. Traditioneller (klimatisch vorteilhafter) Lehmbau mit insgesamt 40 hübschen Zimmer unterschiedlicher Qualität, von einfachen Zelthütten bis zu stilvoll gestalteten Zimmern mit Bad. Gutes Essen auf Vorbestellung. Camping 25 DH p.P. plus Strom 20 DH, Heißwasserversorgung mit Solarzellen.

■ **Lac de Sahara**①, vor der großen Düne in Merzouga, Mobil 0661 78 72 75, Tel. 0535 57 72 02, N 31°05,569', W 04°00,271'. Einfach eingerichtete, aber saubere Herberge mit nettem Aufenthaltsraum, sehr freundlich, kein Strom. Die teureren Zimmer sind recht geräumig.

■ **Le Petit Prince**③ (mit HP), direkt an den Dünen, Mobil 0672 03 96 15, www.lepetitprincemerzouga.com, N 31°05,868', W 04°00,395'. Die Herberge von *Mohamed Haddany* hat hübsche Zimmer mit Bad in Richtung Innenhof oder Dünen, gute Sanitäranlagen mit Sitzklos und warme Duschen für Camper. WLAN, sehr gute Küche. Camping 60 DH für 2 Pers. mit Auto.

■ **Les Portes du Desert**②-③, Mobil 0667 61 13 03, Tel. 0535 57 79 30, www.lesportesdudesert.com, N 31° 04,793', W 04°00,616'. Sauberer Campingplatz und hübsche Herberge südlich von Merzouga, sehr schön direkt an den Dünen gelegen. Swimmingpool, klimatisierte Zimmer mit Bad und Restaurant. Übernachtung im Berberzelt und Camping 30 DH.

■ **Les Pyramides**③ (mit HP), am südlichen Ortsausgang zwischen Hotel Merzouga (s.u.) und Kasbah Le Touareg (s.o.), Mobil 0670 13 76 73, www.lespyramides-merzouga.com. Schöne Herberge im Kasbahstil, gutes Essen, *Mohamed* ist sehr um seine Gäste bemüht. Auch Übernachtung auf der Terrasse möglich.

■ **Les Roches**②-③ (mit HP), von Rissani kommend 100 m hinter dem Stadttor links in Zufahrtsweg abbiegen, Mobil 0670 36 27 84 oder 0666 44 30 34, www.auberge-merzouga.com. Schöne, einfache Zimmer. Sehr aufmerksames Personal (spricht z.T. deutsch), das intensiv für die angebotenen Kameltouren wirbt ... Camping inkl. Strom 50 DH für 2 Pers. mit Auto.

■ **Nomad Palace**③ (mit HP), ca. 7 km südlich von Merzouga Richtung Taouz, Tel. 0535 88 20 89, Mobil 0662 19 12 44, www.hotelnomadpalace.com, N 31° 02,831', W 03° 59,743'. Hübsches und komfortables Kasbahhotel mit Pool und traditionell gestalteten Zimmern (mit Bad) um den Innenhof. Ruhige Lage am Südrand des Erg Chebbi abseits des großen Touristentrubels.

■ **Panorama**③, ca. 1 km von Merzouga Richtung Hassi Labied, Tel. 0524 83 15 55, www.aubergepanorama.com, N 31°06,873', W 04°00,765'. Die Herberge mit empfehlenswertem Restaurant liegt links auf einem Hügel mit herrlichem Ausblick, ca. 1 km entfernt von den Dünen. Der Besitzer *Youssef Aït Behaddou* kümmert sich nett um die Gäste. Sehr saubere DZ mit Bad, Übernachtung auch auf der Dachterrasse oder im Nomadenzelt (günstiger). Fahrradverleih.

UNSER TIPP: **Riad Nezha**④ (mit HP), im Zentrum von Merzouga, N 31°06,02', W 04°00,50', Mobil 0661 98 79 77, 53 65 58, Tel. 0535 57 65 89, www.riadnezha.com. Dieses stilvolle und gepflegte Kasbahhotel unter der kompetenten und freundlichen Führung des sieben Sprachen (auch Deutsch) sprechenden *Brahim Karaoui* hat große hübsche Zimmer und Suiten im marokkanischen Stil (alle mit Bad und Klimaanlage). Von der Dachterrasse bietet sich ein toller Blick über die Oase und auf die große Düne und den übrigen Erg Chebbi. Die Betten sind komfortabel. Gutes Essen im Keller-Restaurant oder auf der Hofterrasse bzw. Frühstück auf der Dachterrasse, kostenloses WLAN, sehr schöner, 14 x 7 m großer Pool. *Brahim* organisiert diverse Aktivitäten (Kameltouren, Bivouacs etc.) und tut alles, um die Kunden zufriedenzustellen. Eigener, beschatteter Parkplatz. Gutes Preis-Leistungsverhältnis.

Brahim betreibt ein eigenes **Zeltcamp** (Bivouac mit Wasserspültoiletten) am Fuß der Dünen in einer Oase inmitten des Erg Chebbi. Er bietet verschiedene Touren von 350–850 DH p.P. an (nur Zeltcamp, mit Kameltour oder Jeep-Rundfahrt etc.). Eine Standardtour mit Kamelen vom Hotel aus dauert 1½ Tage und umfasst Abendessen in der Wüste, Übernachtung im Zeltcamp, ein ausgiebiges Frühstück und Duschmöglichkeit im Hotel nach Rückkehr am nächsten Morgen (Gepäckdepot im Hotel möglich).

■ **Rose de Sable**④ (mit HP), an der Straße nach Taouz, Tel. 0535 57 34 14, Mobil 0666 03 91 81, www.aubergerosedesable.com, N 31°04,848', W 04°00,524'. Schöne, sehr saubere Auberge im Kasbahstil mit 18 Zimmern (davon 5 klimatisiert) und Pool, WLAN. Der Besitzer *Brahim* spricht gut englisch. Auch Übernachtung auf der Dachterrasse und Camping möglich (günstiger).

■ **Takojt**③ (mit HP), ca. 1½ km nördlich von Merzouga, Tel. 0535 57 426, Mobil 0670 36 27 81, www.takojt.com, N 31°06,975', W 04°00,400'. Sehr stilvolle Herberge eines überaus netten marokkanisch-französischen Ehepaars. Hübsche, klimatisierte Zimmer mit Tadelakt-Bädern.

Herbergen/Camping entlang des Erg Chebbi

Viele der früher sehr einfachen Herbergen wurden inzwischen recht komfortabel um-/ausgebaut und haben z.T. sogar 3-Sterne-Standard. Die Gästehäuser befinden sich alle an der Piste entlang der Dünenwestseite südlich der Kasbah Derkaoua bis Hassi Labied und Merzouga. Die nachfolgend genannten Herbergen sind von Nord nach Süd geordnet, die erstgenannten Unterkünfte sind folglich am weitesten von Merzouga entfernt (vgl. auch Übersichtskarte zum Tafilalet). Die meisten Unterkünfte sind über direkte Querpisten (auch mit Pkw) erreichbar, die von der Teerstraße Rissani – Merzouga abzweigen (Beschilderung beachten). Gehobenen (europäischen) Standard bieten die Herbergen Kasbah Hotel Said, Kasbah Derkoua, Yasmina, Dunes d'Or, Riad Mamouche, Mohayut, Kanz Erremal, Tombouctou, Dar el Janoub, Suerte Loca, Ksar Merzouga, Takojt, Azalay und einige unter Merzouga genannte Hotels.

■ **Kasbah Hotel Said** und **Kasbah Derkaoua,** vgl. unten „Von Erfoud nach Merzouga".

■ **Lahmada**③ (mit HP), am Nordrand des Erg Chebbi (N 31°13,036', W 03°58,750'), ca. 350 m zu den Dünen, Mobil 0661 40 98 16 oder 0661 35 16 93, www.kasbahbivouaclahmada.com. Einfache Herberge mit Zimmern und Berberzelten, geschäftstüchtige Leitung. Die WCs/Duschen könnten sauberer sein (hängt von Belegung ab, warmes Wasser). Strom wird abends zugeschaltet. Gutes Couscous.

■ **Yasmina**③-④ (mit HP), 11 km Piste ab dem beschilderten Abzweig von der Teerstraße (von Rissani kommend) und ca. 14 km ab der Kasbah Derkaoua (Piste von Erfoud kommend), Mobil 0661 35 16 67, www.hotelyasminamerzouga.com. Die ziemlich abgeschiedene Herberge von *Youssef Karaoui* ist in einer ehemaligen Moschee am Rande der Dünen untergebracht. Bei reichlich Regen liegt ein See direkt zwischen den Dünen und der Auberge. Großer Speisesaal, urige und angenehme Atmosphäre (abends Live-Musik), schöner Pool, freundliches Personal. 20 gepflegte DZ mit Bad (warme Dusche) und Terrasse, z.T. mit AC. Übernachtung im Berberzelt und auf der Dachterrasse möglich (günstiger).

■ **Auberge du Sud**③-④ (mit HP), Mobil 0661 60 28 85 *(Hamid)* oder 0661 21 61 66 *(Moha)*, www.aubergedusud.com. Der nette Manager *Hamid* und sein deutsch sprechendes Personal kümmern sich um die Gäste. Rustikale, liebevoll eingerichtete Zimmer, ungezwungene Atmosphäre, reichhaltiges und gutes Essen, Pool. DZ mit Bad, Terrasse und AC/Heizung, auch Übernachtung auf der Terrasse, im Nomadenzelt und Camping möglich.

■ **Dunes d'Or**③-④ (mit HP), ca. 20 km ab Derkaoua, Mobil 0661 35 06 65, Tel. 0535 57 71 46, N 31°12,096', W 04°01,642'. Sehr schöne, saubere und freundliche Herberge in einem gepflegten Areal mit Bäumen und Bänken vor den Dünen und einem Pool. Hübsche, recht komfortable DZ/Suite (z.T. mit Heizung/AC), Übernachtung auf der Terrasse oder im Berberzelt möglich (günstiger), auch Camping. Um die Herberge wurden viele Schatten spendende Bäume gepflanzt, sodass sich hier ein kleiner Mimosenwald gebildet hat.

■ **La Baraka**③ (mit HP), 6 km Piste ab dem beschilderten Abzweig von der Teerstraße (von Rissani kommend), Mobil 0662 41 19 18, http://auberge-labaraka.com, N 31° 11,766', W 04°01,803'. Kleine Herberge und Campingplatz der netten Familie von *Mohamed Otalb,* hübsch zwischen kleinen Bäumen gelegen, direkt an den Dünen. DZ mit oder ohne Bad, Übernachtung im Nomadenzelt günstiger.

■ **Kasbah Erg Chebbi**③ (mit HP), ca. 22 km ab Derkaoua, Mobil 0670 77 83 15, www.kasbahergchebbi.com, N 31°10,960', W 04°01,895'. Komfortable Unterkunft direkt an den Dünen mit 30 Zimmern und Garten im Innenhof – ideale Lage für einen Spaziergang bei Sonnenaufgang zur höchsten Düne. Der Betreiber *Mohamed Boumesaoud* spricht deutsch. Gutes Essen auf Bestellung, WLAN, abends Trommelmusik. Schöne, große, aber nicht immer saubere (Laken) DZ mit Dusche.

■ **Atlas du Sable**③ (mit HP), in Hassi Labied, Tel. 0535 57 70 37, www.alielcojo.com. 40 saubere Zimmer mit Bad und sechs klimatisierte Suiten im Berberstil, mit Bad (warme Dusche), gutes Essen, sehr freundlich, mit Pool.

› Blick von der Dachterrasse des Riad Nezha auf die Dünen des Erg Chebbi

Riad Mamouche③ (mit HP), Tel. 0535 57 60 77, Mobil 0666 66 21 10, www.riadmamouche.com. 2009 eröffnetes, komfortables Hotel mit begrüntem Innenhof und Dachterrasse mit schönem Blick auf die Dünen. Erfrischender Pool, Skiverleih (!), WLAN. Hübsche klimatisierte DZ mit Bad (und Föhn).

Nasser Palace③-④ (mit HP), in Hassi Labied, Tel. 0535 57 80 10, Mobil 0655 01 01 21, N 31°08,683', W 04° 01,567'. Neueres Kasbahhotel mit hübschen DZ mit Blick zum Innenhof oder auf die Dünen, auch Suiten mit AC. Pool im schönen Arkadenhof, Hammam mit Massageangebot. Übernachtung im Nomadenzelt günstiger.

Auberge La Source②-③ (mit HP), in Hassi Labied, Mobil 0662 10 15 85, www.auberge-lasource.com. Die sehr freundlichen und deutsch sprechenden Brüder *Hassan* und *Omar* mussten die Herberge direkt an den Dünen nach den Überschwemmungen 2006 komplett neu aufbauen. Einfache, saubere Zimmer mit oder ohne (warme) Du/WC bzw. mit Bad und Klimaanlage.

Auberge Oasis③, in Hassi Labied, Tel. 0535 57 73 21, Mobil 0661 73 90 41, www.aubergeoasis.net, N 31°08, 505', W 04°01,448'. Die sehr freundlichen Brüder *Oubana* bieten in ihrer Herberge hübsche, saubere Zimmer mit großem Bad und sogar ein kleines Apartment mit Miniküche an. Man kann auch auf der Terrasse übernachten, von der man einen sehr schönen Blick auf die Dünen hat. Organisiert werden u.a. Ausflüge in das Gnawa-Dorf südlich von Taouz.

Merzouga Guesthouse③ (mit HP), in Hassi Labied, Mobil 0661 25 46 58 *(Lahcen)* oder 0667 76 68 32 *(Ali)*, Tel. 0535 57 72 99, www.merzouga-guesthouse.com, N 31°08,320', W 04°01,336'. Die gemütliche Herberge mit schönem Garten und Pool der sehr freundlichen Familie *Seggaoui* bietet saubere Zimmer unterschiedlicher Preiskategorien (Bad mit heißer Dusche), einen netten marokkanischen Salon, ein Speisezimmer mit Kamin (gutes Essen) und eine schöne Dachterrasse. Die Familie betreibt auch einen Souvenirladen für Fossilien. *Lahcen* spricht deutsch und informiert gerne über die Region.

Kasbah Sable d'Or② (mit HP), in Hassi Labied, Tel. 0535 57 78 59, www.kasbah-sable-dor.net. Kleine Herberge mit vier einfachen Zimmern im Berberstil, Nomadenzelt und Campingareal (mit heißen Duschen und Strom). Das französisch-marokkanische Paar *Isabelle* und *Rachid* ist ein herzlicher Gastgeber, *Isabelle* kocht selbst für ihre Gäste (gutes Essen). Zimmer mit/ohne Bad, auch Camping und Übernachtung im Nomadenzelt oder auf der Dachterrasse möglich (günstiger).

ma16_115 ed

Auberge Sahara②-④ (mit HP), ca. 4 km nördlich von Merzouga in Hassi Labied, Abzweig von der Teerstraße ab Rissani bei km 30 (Teerstraße nach Hassi Labied), Tel. 0535 57 70 39, Mobil 0666 76 63 55, www.auberge-sahara.com, N 31°08,148', W 04° 01,233'. Die empfehlenswerte, sehr saubere Herberge im Kasbahstil liegt direkt an den Dünen und wird von den netten Brüdern *Bourchuk* geführt. Neben kleinen Zimmern mit Gemeinschaftsbad gibt es auch geräumige Zimmer/Suiten mit Bad. Von der Terrasse blickt man auf die Dünen. Im liebevoll dekorierten Salon/Restaurant mit Wandgemälden steht ein Fernseher. Erfrischung bietet der kleine Pool mit Liegen. Abends Trommelkonzert im Salon oder auf der Terrasse. Camping (gute Sanitäranlagen, heißes Wasser, Kasettenentsorgung) unter Palmen 40 DH/Pers. mit Strom, auch Übernachtung auf der Dachterrasse oder im Nomadenzelt möglich (50 DH bzw. Zelt 150 DH/Pers. inkl. HP).

Haven La Chance③ (mit HP), ca. 4 km nördlich von Merzouga in Hassi Labied, Abzweig von der Teerstraße ab Rissani bei km 30, Mobil 0668 59 93 40, Tel. 0535 57 72 69, www.desert-hotel.com, N 31° 08,031', W 004°01,128'. Familiäre Herberge von *Hmad* mit 18 Zimmern (mit Bad, z.T. klimatisiert) im traditionellen Stil. Es gibt auch Nomadenzelte (200 DH/Nacht) rund um den großen Pool und ein Restaurant. Das Personal spricht etwas deutsch. Schönes Campinggelände mit Strom für Wohnmobile (70 DH pro Kfz, WC-Abwasserentsorgung), sicherer Parkplatz für Gäste, WLAN vorhanden.

Auberge Ksar Merzouga③ (mit HP), in Hassi Labied, Tel. 0535 57 88 03, Mobil 0662 08 28 12, www.ksar-merzouga.com. Diese sehr schöne Herberge mit einem auffälligen, von zwei Burgtürmen flankierten Tor liegt direkt an den Dünen. Sie wird von dem sehr freundlichen, mehrsprachigen *Bari Aalla* betrieben und ist eine der stilvollsten Unterkünfte am Erg. Es gibt einen großen, gemütlichen Salon, ein Esszimmer, ein sehr schönes Freiluft-Restaurant mit einem Tisch direkt auf den Dünen – hier lohnt sich allein eine Kaffeepause. Ausgesprochen schöne, farblich unterschiedlich gestaltete Zimmer mit Tadelakt-Bädern, auch Camping (ca. 60 DH/Fahrzeug).

UNSER TIPP: Kasbah Mohayut④ (mit HP), ca. 3 km nördlich von Merzouga, Mobil 0666 03 91 85, www.mohayut.com, N 31°07,869', W 04°01,034'. Diese sehr schöne Herberge mit Camping von *Mohamed Oubadi* („Moha" im Namen) und der deutschen Reiseveranstalterin *Jutta Payne* („Jut") liegt direkt neben dem Riad Amazir. *Mohamed* spricht sehr gut deutsch, ist sehr nett und hilfsbereit und kennt sich hervorragend in der Gegend aus. Die Anlage ist komfortabel und schön konzipiert: geschmackvolle Zimmer mit Bad/WC und zwei Bungalows. Ein großer Wohnmobilstellplatz mit Strom, sauberen Toiletten, warmen Duschen und Entsorgungsstation steht Campern zur Verfügung (mit Waschmaschine). WLAN, Pool, hübsches Restaurant (Weinausschank). Auch Suiten mit Dachterrasse (teurer).

Riad Amazir②-③ (mit HP), neben obiger Herberge direkt an den Dünen, Tel. 0535 57 72 03, Mobil 0669 11 40 47, www.auberge-amazir.com. Liebevoll gestaltete Herberge von *Mohamed Aït Bahadou* mit toller Aussichtsterrasse auf die Dünen und 20 hübschen einfachen Zimmern mit eigenem Bad, z.T. mit Zugang zur Terrasse. Es gibt ein nettes Restaurant. Wenige Zimmer ohne Bad im Altbau mit sehr sauberen Gemeinschaftsduschen und WCs (günstiger), sonst DZ mit Bad.

Kanz Erremal③ (mit Frühstück), 3 km außerhalb von Merzouga Richtung Hassi Labied, Tel. 0535 55 84 82, www.kanzerremal.com, N 31°07,741', W 04°00,819'. Die sehr schöne und im Vergleich zu vielen anderen sehr komfortable Auberge im Kasbahstil liegt direkt am Dünenrand. Den großen Innenhof/Salon umgibt eine offene Galerie zum 1. OG. Die zehn großen DZ und Suiten mit Bad (z.T. mit AC/Ventilator) und vier Turmzimmer sind sehr hübsch im Berberstil gestaltet und bieten zum Teil einen tollen Ausblick direkt auf die Dünen. Es gibt auch einen Pool. Camping (moderne sanitäre Anlagen) und Übernachtung im Nomadenzelt neben dem Hotel oder in den Dünen möglich. Restaurant mit sehr gutem Essen.

Kasbah Tombouctou③ (mit Frühstück), direkt neben Kanz Erremal Richtung Merzouga, Tel. 0535 57 84 50/51, www.xaluca.com, N 31°07,633', W 04°00,802'. Der große Komplex im Kasbahstil mit mehreren Lehmgebäuden und vielen Türmchen direkt an den Dünen hat ein bisschen Disneyland-Charakter. Die sehr geräumigen, originell und sehr schön dekorierten Suiten (mit AC und Tadelakt-Bädern) verteilen sich auf drei Blocks und sind sehr sauber. Es gibt einen Pool, ein Hammam (mit Massage), von der Terrasse des Restaurants hat man Dünenblick (üppiges Abend- und Frühstücksbuffet, Alkoholausschank). Hier kommen vor allem Gruppen unter. Kamel-/Quad-/4x4-Touren in den Dünen. Camper können den Parkplatz nutzen (sanitäre Anlagen vorhanden).

Dar el Janoub③, südlich angrenzend an die Kasbah Tombouctou, Tel. 0535 57 78 52, Mobil 0672 08 56 58, www.dareljanoub.com, N 31°07,579', W 04°00,880'. Wunderschönes Maison d'Hôtes, das mit schlichter Eleganz überzeugt, statt dick mit marokkanischen Stilelementen aufzutragen. Helle, freundliche Wohlfühl-Atmosphäre, etwas trüber Pool. 21 Zimmer mit AC in kleinen Bungalows mit Garten, zum Teil mit Privatterrasse, eigene Stromversorgung. Sehr schöne schattige Terrasse mit Blick direkt auf die Dünen.

■ **Chez Tirhi – Suerte Loca**③ (mit HP), von der Teerstraße ab Rissani bei km 33 links abbiegen (Schild), an den Dünen südlich des Hotels Tombouctou, Tel. 0535 57 65 77, Mobil 0661 38 18 43, www.tuaregexpeditions.com, N 31°07,434', W 04° 00,713'. Sehr schöne, großzügig angelegte Herberge mit großem Innenhof, Restaurant, großem Wohnmobilstellplatz und Pool. Saubere und geschmackvoll eingerichtete Zimmer mit Bad (z.T. mit Heizung/AC), Übernachtung auch im Berberzelt (günstiger).

Camping

Sehr viele Herbergen (vgl. oben) bieten Camping an, haben aber oft nicht ausreichend Fläche, Stromanschluss oder Entsorgungsmöglichkeit für Wohnmobile. Sehr empfehlenswert ist der Platz bei der **Kasbah Mohajut,** ein weiterer großer Platz mit Palmen in einem ummauerten Hof findet man bei der **Auberge-Camping Sahara.** Der einfache **Campingplatz La Tradition** liegt an der Straße nach Taouz.

Essen und Trinken

■ **Bab Rimal,** an der Kreuzung Rissani – Taouz auf der linken Seite, nahe des Wasserturms. Gute marokkanische Küche, sehr bemühter Betreiber, angenehmes Ambiente.

■ **Complexe touristique Merzouga,** s.o.; mit gemütlicher Pizzeria.

■ **Panorama,** s.o.; das Restaurant liegt wischen Merzouga und Hassi Labied auf einem Hügel mit herrlichem Weitblick auf den Ort und den Dayet Sri.

■ Gutes Essen, auch kleine Gerichte, erhält man außerdem bei **Chez Julia,** im **Restaurant des Amis** und in der **Kasbah Mohayut.**

Einkaufen

■ Auf dem **Markt** und in kleinen **Läden** sind alle Lebensmittel erhältlich. Brot gibt es in der **Bäckerei** in Merzouga (ca. 150 m von Riad Nezha Richtung Westen, nördlich der Moschee) und in Hassi Labied bei einem Haus mit grünem Tor und aufgemalten Broten.

■ An der einzigen **Tankstelle** (ca. 5 km Richtung Rissani) gibt es gute Einkaufsmöglichkeiten, u.a. Käse.

■ **Le grand dépôt de Merzouga,** Familie *Karraoui,* Tel. 0535 57 66 05. *Omar Karraoui* hat in Merzouga in der Kasbah seines Großvaters eine schöne Sammlung alter Gebrauchsgegenstände aus der Karawanenzeit angelegt, die er gerne interessierten Besuchern vorführt und erklärt (er spricht sehr gut deutsch). Außerdem vertreibt er in Kommission Silberschmuck und schöne Berberteppiche von den Nomadenfamilien der Region.

■ **Nomade,** Hassi Labied, Mobil 0648 88 67 06. Der sehr schöne Teppich- und Kunsthandwerksladen gehört Said Amroui (Topi), der u.a. gut deutsch spricht. Die Teppiche der Familien werden in Kommission genommen und bei *Said* verkauft (faire Preise).

Taxis und Busse

Die Verbindungen in Merzouga sind nicht so gut wie in den meisten anderen Orten Marokkos – eine frühzeitige Organisation des Transports ist sinnvoll. Ein Sammeltaxi-Kleinbus fährt mehrmals täglich bis 19 Uhr nach **Rissani** (ca. 15 DH p.P., Gepäck extra, Abfahrt im Zentrum). Die Herbergenbesitzer helfen gerne, eine Fahrmöglichkeit zu beschaffen.

Täglich um 19 Uhr fährt ein **Supratours-Bus** über **Rissani** (ca. 25 DH), **Erfoud** (ca. 50 DH), **Errachidia** (ca. 60 DH) und **Midelt** nach **Fès** (2 Tage Reisezeit). Außerdem verkehrt ein Supratours-Bus **zwischen Merzouga und Marrakesch** (via Rissani, Erfoud, Errachidia, Tinerhir, Boumalne Dadès, Ouarzazate). Der Bus startet jeden Morgen um 8 Uhr in Merzouga, die Fahrt bis Marrakesch dauert etwa 13 Std. Preise: nach Tinerhir ca. 90 DH, nach Boumalne du Dadès ca. 110 DH, nach Ouarzazate ca. 150 DH, nach Marrakesch ca. 220 DH.

Sonstiges

■ Die **Post** ist in dem rosafarbenen Gebäude mit grünem Dach am Ortseingang von Merzouga untergebracht.

■ Die **Gendarmerie Royale** (Polizei) befindet sich neben der Post, Tel. 0535 57 61 26.

■ **Festival International de Merzouga des Musiques du Monde (FIM):** Das alljährlich im Frühjahr stattfindende Festival will jungen Nachwuchsmusikern aus Marokko eine Bühne bieten und lädt außerdem internationale Musiker in die Wüste ein.

Touren/Ausflüge

Sämtliche Hotels organisieren **Kamel-, Quad- und 4x4-Touren.** Viele Herbergen haben auch ein eigenes Zeltcamp *(Bivouac)* im Dünengebiet eingerichtet und bieten Ausflüge mit einer Übernachtung in der Wüste an. Empfehlenswerte, auch individuelle Touren in ganz Marokko im (klimatisierten) Geländewagen und Mini-Bus organisiert **Brahim Karaoui** (Mobil 0661 37 35 58 oder über das Gästehaus Riad Nezha in Merzouga kontaktierbar, www.moroccooverland.com). In der Umgebung kann man mit ihm die Minen bei Taouz und die Gnaoua-Musiker in Khamlia besuchen.

Von Erfoud nach Merzouga

- **46 km, R 702.**
- Die **Asphaltstraße** war Ende 2015 fast fertiggestellt, sodass diese Wüstenstrecke in Zukunft auch für Pkw kein Problem mehr darstellt. Zu den Herbergen zweigen gute Pisten von der Straße ab. Mit GPS-Gerät kann man sich nach den in der Tafilalet-Karte und bei den Herbergen genannten Koordinaten orientieren.

Die Straße führt am Souk und Hauptplatz von Erfoud vorbei (der Beschilderung zum Busbahnhof/Souk folgen), überquert den Ziz-Fluss und passiert den Bordj Est.

Etwa **9 km** östlich von Erfoud erstreckt sich links ein 350 Millionen Jahre altes **Korallenriff,** wo schöne Versteinerungen zu finden sind **(N 31°22,851', W 04°10,422').** Dann folgen Abzweige zu Fossilienläden, z.B. dem der Familie *Zegra,* danach ein Hinweisschild zu einem Fossilienladen der Familie *Seggaoui.*

2 km weiter geht links eine Piste zu einem weiteren **Fossiliensteinbruch** (5 km), dem Hauptladen der Familie *Seggaoui.* Nach 2 km erreicht man die Häuser der Familie und anderer Händler, die Fossilien aus dem Steinbruch abbauen. Man kann dort auch einkaufen, sollte aber handeln und sich vorher in Erfoud bereits einen Überblick über die Preise verschafft haben. *Ahmed Seggaoui* hat hier inzwischen ein wahres Museum errichtet. Neben sonstigen Souvenirs gibt es geschliffene und Rohfossilien, ganze Drusen, unpolierte Steinplatten und ein riesiges Lager an Tonkrügen. Polierte Fossilien werden an weiteren Ständen entlang der Piste verkauft. Auch *Brahim Boumia* nahe dem Haus der *Seggaouis* bietet Fossilien zum Verkauf an. Er ist sehr bescheiden und unaufdringlich. Zu empfehlen ist außerdem der Laden des netten *Ali Tirhi (La Carriere des Fossiles de Boutachrafine).*

Bei **km 19** führt eine Zementfurt über ein Oued. Ein 20 m hoher Sendemast und ein Brunnen dienen als Orientierung. 200 m rechts davon liegt das **Kasbah Hotel Said**④ (mit HP; **N 31°18,869', W 04°06,287',** Mobil 0664 49 40 50, Tel. 0535 57 71 54, www.kasbah-hotel-said.biz) des Spaniers *Fredi* und des Betreibers des Restaurant du Sud in Erfoud, *Said.* Das sehr schöne Hotel mit geschütztem und begrüntem Innenhof verfügt über 17 geschmackvolle Zimmer mit Bad und einen Pool. Auch Übernachtung im Nomadenzelt und Camping ist auf einem ummauerten Gelände möglich.

Km 23: Furt und Wadi, 200 m weiter folgt die **Kasbah Derkaoua**③ (mit Frühstück; **N 31°17,383', W 04°05,517',** Tel. 0535 57 71 40, Mobil 0661 34 36 77, www.aubergederkaoua.com). Die Kasbah war 1988 die erste Herberge der Region, ihr Gründer *Michel* ist mittlerweile verstorben. Heute wird das hübsche, sehr gepflegte Hotel mit 22 Zimmern (mit Bad und AC) von *Said* und *Rachidia* aus Marrakesch betrieben. Es gibt einen herrlichen kleinen Garten, einen schönen Pool und einen Hammam. Die Herberge ist von Erfoud auch gut mit Pkw erreichbar.

Bei **km 31** geht es nordwestlich zu den Dünen, fährt man geradeaus bzw. etwas östlich liegen am Nordende des Ergs die Herbergen Palmeras Yulness, Sand Fish, La Belle Étoile und das Bivouac des Hotels Kasbah Xaluca in Erfoud. An der Dünenwestseite folgen u.a. die Auberge Cinq Frères und Auberge du Sud (vgl. bei Merzouga „Herbergen/Camping entlang des Erg Chebbi").

Ab etwa **km 34** folgt ein Schilderwald der Herbergen am Dünenrand. Zunächst passiert man das sehr schöne Hotel/Camping Dunes d'Or (vgl. bei Merzouga „Herbergen/Camping entlang des Erg Chebbi"). Weiter vorbei am Abzweig nach Hassi Labied und zur Auberge Oasis (vgl. bei Merzouga „Herbergen/Camping entlang des Erg Chebbi") ist etwa bei **km 46 Merzouga** erreicht.

4x4-Variante: Ostumfahrung des Erg Chebbi

- Je nach dünennaher oder -ferner Passage ist die Umrundung 50–85 km lang, die Ostumfahrung alleine auf der hier beschriebenen Route ungefähr **55 km.**
- Abgesehen von den letzten Kilometern vor Merzouga, die durch Sand und vorbei an kleinen Dünen führen, ist die etwas weiter von den Dünen entfernte Passage **auch mit robustem Pkw** und ausreichender Bodenfreiheit machbar – ein Geländewagen ist jedoch ratsam. Für die dünennahe Variante, die auch die Veranstalter fahren, ist ein Geländewagen unerlässlich.

2–3 km nach dem Kasbah Hotel Said oder ab der Auberge Derkaoua kann man sich östlich halten (ab Derkaoua nordöstlich, um die Dünenzungen des Erg Chebbi nördlich zu umfahren). So stößt man auf eine breite, harte Piste **(N 31°18,326', W 04°02,527')**, die zunächst auf einen Palmenhain zuhält, dann kurz vor diesem bereits an der Ostseite des Dünengebietes in Richtung Süden schwenkt **(N 31°16,743', W 03°59,425')**. Die Ostseite des Erg Chebbi ist abgesehen von einigen Nomaden, die dort ihre Zelte aufgeschlagen haben einsam und kaum besiedelt.

Ca. bei **km 25** ab dem Hotel Said stößt man auf den Jagdposten eines Saudis, **N 31°06,314', W 03°58,434'**, rechts liegen einige Häuser. Kurz nach den Häusern quert die Piste ein breites Oued und schwenkt nach West entlang der Südseite des Erg Chebbi. Auf der südlichen Seite in Richtung N'fis führt die Piste entlang eines dicht bewachsenen Wadis, das bis an die Dünen grenzt; die bessere Piste verläuft auf steinigem Gelände meist oberhalb des Oued. Die hier gewählte weitere Ostumfahrung ist ab dem Hotel Said bis N'fis **(N 31° 04,224', W 03°57,151')** 45 km lang. Hinter N'fis führt die Piste in einem Bogen um den Hügel herum (nicht hinauf, Vorsicht Absturzgefahr), **N 31° 03,160', W 03°58,299'**. Die dünennähere Variante führt rechts durch den Sand. Bei **N 31° 02,676', W 03°58,827'** bei einer Kreuzung rechts halten und vom festen Boden der Hügel hinab in eine Sandsenke **(N 31°03,061', W 03° 59,504')**. Hier trifft man von rechts auf die Spuren der dünennäheren Variante. Nach links in Richtung Merzouga auf breit gefächerten, sandigen Spuren ca. 1 km, dann folgt wieder festerer Boden **(N 31° 03,064', W 03° 59,502')** bis Merzouga.

4x4-Route: Von Merzouga über Taouz nach Zagora

- **Ca. 256 km**
- Bis Taouz ist die Route geteert (N 13), ab dort 4x4-Piste über Hassi Fougani, Hassi Remlia und Tamassint. Auf der gesamten Strecke gibt es keinerlei Treibstoffversorgung. **Wüstenausrüstung und -kenntnisse sind für die Befahrung der Strecke ab Taouz unbedingte Voraussetzung!** Die landschaftlich schöne und vielseitige Wüstenstrecke verläuft 20–30 km nördlich der algerischen Grenze, deshalb unbedingt stehen bleiben, wenn sich Militär nähert, und auf Verlangen sofort die Papiere zeigen. Es soll hier Schmuggler geben.

Abschnitt 1: Von Merzouga nach Taouz

- **21 km Teerstraße, N 13.**

Die Fahrt auf der Teerstraße von Merzouga Richtung Süden bietet landschaftlich nur wenig Abwechslung. Nach Taouz kurz vor Merzouga rechts der unbeschilderten Asphaltstraße nach Süden folgen. Nach **7 km** erreicht man das Dorf **Khamlia,** das für seine **Gnaoua-Musiker** schwarzafrikanischer Herkunft bekannt ist. Musikinteressierte können hier mehr über die Gnaoua erfahren. Einfache Unterkunft bietet das **Dar El Khamlia**① (Mobil 0670 91 43 51, www.khamliahouse.com). 1 km vor Khamlia kann im Nomad Palace übernachtet werden (vgl. bei Merzouga).

Km 12: Abzweig ostwärts (links) nach M'Fis zu den Bleiminen (7,5 km).

Bei **km 21** ist **Taouz** nahe der (geschlossenen) algerischen Grenze erreicht; hier endet die Teerstraße im Nichts. Ein kleines Café ist die einzige Versorgungsmöglichkeit in diesem Dorf mitten in der Wüste. Nahe des Ortes gibt es Bleiminen, im Nordwesten wenig spektakuläre Felszeichnungen, zu denen man sich von Jugendlichen gegen Bakschisch führen lassen kann. Im Ort werden Fossilien sowie prähistorische Faustkeile, Haifischzähne etc. zum Verkauf angeboten.

Im hübschen **Gästehaus Itrane Sahara**② in Jdaid (ca. 15 km abseits der Hauptstraße von Taouz, N 30°52,85', W 04°08,47', Mobil 0662 18 667, www.itranesahara.com) mitten in der Wüste kann man Urlaub abseits des Touristentrubels am Erg Chebbi machen (Quad-Exkursionen, Wanderungen etc.).

Abstecher zu den Felszeichnungen

Die Piste dorthin ist schlecht, teilweise sandig. Von Gendarmerie (mit Fähnchen auf Berg) kommend links **(N 30°54,458', W 04°00,073')** Richtung Bergzug bzw. parallel zu dem Bergzug den Spuren entlang des Oueds folgen (altes Ksar Taouz ist linker Hand ca. 2 km entfernt zu sehen), dann rechts in Richtung Berg und Oued auf holperiger Piste queren **(N 30° 54,748', W 04°00,886).**

Nach ca. einem weiteren Kilometer an dem braunen Bergzug nördlich vorbei in Richtung Südwesten. Man stößt auf eine breite, alte Piste in ein Oued bzw. Chott **(N 30°55,110', W 04°01,503').**

Bei ca. km 3 rechts hinauf auf einen Hügel **(N 30°54,399', W 04°02,303').** Nach weiteren 2 km, ca. 5 km nach Taouz, parken **(N 30°54, 526', W 04°02,292').** Etwas oberhalb an einem flachen Berghang sieht man auf Steinen am Boden schlecht erhaltene Gravuren von Tieren und Symbolen, außerdem Hügelgräber. Zurück zur Abzweigung und 2 km danach die rechte Piste hoch und nach weiteren 3 km bis zum Ende des langen Bergzuges fahren. Dort gibt es alte Befestigungsruinen und Felszeichnungen von libyschen Wagen.

Abschnitt 2: Von Taouz nach Zagora

Hier beginnt der **schönste Teil der Route,** die bis Hassi Fougani durch eine abwechslungsreiche Saharalandschaft mit Dünen, Bergen und akazienbestandenen Oueds führt. Bis Hassi Remlia ist die Piste gut markiert (keine Orientierungsprobleme). Es müssen immer wieder Oueds gequert werden, die nach Regenfällen evtl. schlammig sind. Manchmal weist das Militär (z.B. beim Posten in Tamassint) auf gesperrte Pisten hin – man sollte diese Hinweise unbedingt beachten! Inzwischen gibt es einige Auberges an der Route. Beschreibungen von 4x4-Routen in der Gegend sind auch im Ringbuch „GPS Off-Road-Reiseführer Marokko" von *Sabine* und *Burkhard Koch* zu finden, www.pistenkuh.de.

Die **Piste nach Zagora** zweigt am Dorfanfang (von Norden kommend) ab **(km 0), N 30°54, 53', W 03°59,73'.** An den ersten Häusern nach Süden Taouz umrunden. Die Piste ist hinter den Häusern deutlich erkennbar und führt südlich der Militärkaserne vorbei.

Km 1,4: Rechts zweigt eine Piste ab, auf der es zum alten Ksar von Taouz geht, **N 30°53, 588', W 04°00,332'.**

Km 4,7–5: Man quert ein Oued, die Ein- und Ausfahrt ist mit Steinmännchen markiert. **N 30°52,52', W 04°02,47'.**

Bei **km 11,5 (N 30°51,54', W 04°05,27')** fährt man ins breite Bett des **Oued Ziz.** An erhöhten Stellen finden sich immer wieder Steinmännchen (Redjems).

Bei **km 15** verlässt man das Wadi **(N 30° 50,78', W 04°08,36').**

Wer bei **km 15,5 Hassi Ouzina** umfahren will, muss bei **N 30°46,31', W 04°08,52'** die ganz linke Piste nehmen, die rechte und die Piste geradeaus führen in den Ort und dann wieder zusammen. Kinder bieten sich als Führer an. Wir fahren geradeaus weiter.

Bei **km 23,2** liegen verfallene **Lehmmauern und Palmen, N 30°46,27', W 04°08,54'.** Hier nicht den Spuren in das Oued folgen (weicher Sand ohne Ausweg ins Dorf oder weiter), sondern links nach Süden halten und dem Oued ca. 200 m folgen.

Km 25: Am anderen Ufer nordwärts auf die Häuser zu. Zuvor bei Gabelung rechts halten, geradeaus geht es zum Militärposten. Man fährt durchs Dorf (einfache Auberge). Bei der Dorfausfahrt hält man auf schöne gelb-rote Dünen und einen lang gezogenen Felsrücken zu.

Die **Pistenumfahrung** (s.o.) **von Hassi Ouzina** mündet bei **N 30°45,95', W 04°10,32'** ein. Wer von Zagora kommt, sieht ein Schild: rechts nach Ouzina, geradeaus nach Taouz.

Weiter geht es durch fantastische Landschaft mit schwarzen Bergen und gelb-roten Sanddünen.

Bei **km 32,5 (N 30°44,76', W 04°12,67')** und **km 33** folgen zwei **Cafés/Restaurants** mit Brunnen vor einer Bilderbuchkulisse. Danach führt die Piste ins Gebirge.

Bei **N 30°42,86', W 04°20,98'** beginnt eine breite Schwemmtonebene, die man möglichst geradlinig durchquert. Bei **N 30°42,75', W 04° 22,02'** verlässt man die Ebene eher am rechten Rand. Weiter auf breiter Piste mit starkem Wellblech.

Etwa **53 km** hinter Taouz ist **Hassi Remlia** erreicht, **N 30°41,210', W 04°24,876'.** Die Piste führt direkt auf das Schulhaus zu (arabische Beschriftung). Man fährt bei den Häusern möglichst geradeaus weiter. Die Piste weist nach Regenfällen entsprechende Furchen auf und verläuft für 1–2 km im Oued (tiefe Spuren im weichen und aufgewühlten Sand). Nach starkem Regenfall kann eine Durchfahrt unmöglich sein. Vorsicht vor möglichem Gegenverkehr, denn im tiefen Sand führt Anhalten zwangsläufig zum Einsanden. Absperrungen, die durch das Oued gehen, nicht beachten, rechts führt ins Nichts. Mit Allrad ist die tief zerfurchte Piste auch bei Nässe zu schaffen. Oueddurchfahrt beginnt bei **N 30°41, 023', W 04°25,524'.** Es gibt mehrere mögliche Varianten, das sandige Oued Rheris zu queren. Die Spuren führen hinter dem Oued auf der Kiesfläche wieder zusammen. Wichtig ist, sich nicht nach Süden, sondern grob westlich zu halten. Zahlreiche Kinder und Jugendliche bieten sich als Führer für die sandige Passage im Oued an und versuchen Reisende zu verunsichern – unbedingt vorher eine (nicht zu hohe) Bezahlung aushandeln!

Bei **N 30°40,951', W 04°25,695'** ist die Durchfahrt durch das Oued Rheris beendet. Weiter durch die Büsche auf deutlichen Spuren (sehr sandige und zerfurchte Piste).

Bei **km 65 (N 30°40,18', W 04°39,93')** verengt sich das Tal und bietet einen wunderschönen Blick zurück.

Km 69,1: Rechts weiter, links Abzweig in ein Gebirgstal (keine frischen Spuren), **N 30° 40,375', W 04°34,170'.**

Km 79,3: Verzweigung vor **Tafraout** (wie der gleichnamige Ort im Anti-Atlas), ist aber auf der Michelin-Karte als **Hassi Fougani** eingezeichnet. Der Brunnen liegt allerdings etwas nördlicher. Alle rechts abzweigenden Pisten führen ins Dorf. Mittlerweile führt auch eine Teerstraße von der N 12 im Norden über Fazzou nach Tafraout. Im Ort gibt es mehrere einfache Herbergen, z.B. die **Auberge Hamada Kem-Kem (N 30°40,170', W 04°41,450')**

und die **Auberge Lac Maider** bei **N 30°40,117’, W 04°41,177’** an der Piste.

Von Tafraout fährt man weiter geradeaus in die **Schwemmtonebene des Lac Maider** – der Zeitsee führt nur sporadisch Wasser (bei Nässe evtl. unpassierbar). Die direkte Piste führt geradeaus und rechts (nördlich) an einem markanten **pyramidenförmigen Berg** vorbei und verläuft anschließend westwärts. Die deutlichen Spuren (vom Militär) biegen allerdings nach links ab und queren den See südwestlich. Wenn man diesen Spuren folgt, trifft man bei **N 30°38,53’, W 04°42,89’** auf einen **Militärposten.** Von hier umrundet man den erwähnten pyramidenförmigen Berg und die anschließenden Bergrücken links, also im Süden. Über eine flache Ebene dem Berg entlang, später auf einen breiten Bergrücken zu, der rechts Sandausläufer hat. Auch an diesem fährt man entlang. Die Piste ist hier deutlich sichtbar. Am Ende des Berges quert man etwas sandig in Richtung Nordwesten. Man kurvt zwischen kleinen Dünen durch und trifft dann auf die von rechts kommenden Spuren der direkten Piste.

Geradeaus über den Lac ohne Umweg trifft man bei **km 86,6** auf die **Auberge Sahara,** umgeben von Sanddünen **(N 30°38,533’, W 04°44,789’)** und schwarzen Bergen. Weiter Wellblechpiste bis ab **km 92** Fesch-Fesch die Fahrt schwieriger macht und einige Sanddünen und ein Sandfeld bergauf zu überqueren sind.

Bei **km 93,6 (N 30°38,156’, W 04°49,352’)** geht es an der **Pistengabelung** links weiter in Richtung Tagounite, rechts geht es in Richtung **Oum Djerane** und **Zagora.** Man kann aber in Richtung Tagounite auch später in Tamassint abbiegen. Die Piste ist anschließend wieder deutlich sichtbar, flott befahrbar und wegen des breit ausgefahrenen Wellblechs kaum zu verfehlen.

Auf der linken Piste trifft man etwa bei **km 104,5 (N 30°34,08’, W 04°59,283’)** auf einen aus Steinen gefertigten **Pfeil auf dem Boden,** der nach rechts weist. Ca. 2 km abseits liegt rechter Hand der **Militärposten Tamassint, N 30°33,664’, W 04°53,985’.** Hier kann man nach links in Richtung Tagounite weiterfahren.

ma16_116 ed

Wir biegen in **Richtung Tissemoumine** gleich nach dem Militärposten nach **rechts** ab und kommen zum Brunnen, an dem ab und zu Nomaden lagern. Die Piste verlässt den Kessel über eine steil wirkende Ausfahrt nach Norden und führt anschließend auf lockeren Spuren zwischen kleinen Dünen hindurch. Es gibt in der Folge keine klar sichtbare Route. Man fährt Kurs 300°. Immer wieder münden einzelne Spuren ein. Das Dorf **Oum Djerane** liegt bei **N 30°38,585', W 05°06,233'**; in dessen Umgebung liegt eine Kupfermine, daher viel Lkw-Verkehr. Es gibt eine Auberge mit Stellplatz für Wohnmobile. Das nächste Dorf **Tissemoumine** folgt ca. 7 km weiter bei **N 30° 36,160', W 05°09,649'**. Es gibt mehrere Pisten, die alle westwärts führen. Man lässt Tissemoumine rechts liegen und folgt dem Verlauf des Tales nach Westen in **Richtung Tizi-n-Tafilalet.**

Bei **N 30°32,713', W 05°20,071'** (ca. 19 km ab Tissemoumine) mündet die Piste in die mittlerweile asphaltierte Straße N 12 aus Taghbalt/Tazzarine ein. Auf der N 12 geht es links weiter über den **Pass Tizi-n-Tafilalet** bis nach Zagora (ca. 57 km).

Von Erfoud nach Tinejdad

- **87 km, R 702.**
- Diese **Abkürzungsstrecke zurück zur Straße der Kasbahs** führt durch eine schöne Wüstengegend auf einer z.T. etwas holprigen (rissigen) Teerstraße mit einigen Sandverwehungen (vorausschauend fahren). Nach starken Regenfällen kann die Route im Bereich von Furten überschwemmt oder beschädigt sein.
- **Busverkehr** zwischen Erfoud und Tinejdad spärlich, besser mit dem **Sammeltaxi.**

☐ Fossiles Korallenriff bei Erfoud

In Erfoud biegen Sie an der Kreuzung beim Hotel Chez Gaby rechts (vom Zentrum kommend) in Richtung Jorf/Tinejdad ab. Etwa 4 km vom Zentrum liegt ein Ort mit schöner Lehmkasbah links der Straße. Hier befindet sich das Luxushotel Palais du Désert (vgl. „Unterkunft" bei Erfoud).

Bei **km 7** führt eine Brücke über den **Oued Gheris,** der bei Regen im Frühjahr viel Wasser führt. Rechts der Straße liegt ein versteinertes Korallenriff.

Jorf, einen größeren Ort mit Palmenhain und schönem Ksar, Tankstelle, Geschäften und dem Café-Restaurant El Baldines, erreicht man nach **19 km.** Hier findet mittwochs ein ursprünglicher, sehenswerter Wochenmarkt statt. Die Frauen in schwarzen Gewändern sind hier fast voll verschleiert.

Bei **Fezna (km 20)** zweigt eine Straße zum Stausee ab. Ab Fezna kann man schöne Abstecher ins Hinterland unternehmen (vgl. Goulmima/Ausflüge) oder im Rahmen einer Führung die Kunstwerke in der Wüste bestaunen.

Abstecher zur „Himmelstreppe", „Goldenen Spirale" und „Stadt des Orion"

Wer die **Kunstwerke von Hannsjörg Voth** (www.hannsjoerg-voth.de) besuchen möchte (6–7 km von Fezna entfernt), muss Folgendes beachten: Die Kunstwerke sind bewacht und werden zu bestimmten Zeiten als Atelier privat genutzt. Ohne einen **vom Künstler autorisierten Führer** können sie nicht besucht werden! Wer die „Himmelstreppe", die „Goldene Spirale" oder das jüngste Projekt „Stadt des Orion" besichtigen möchte, meldet sich bei dem Führer *Cheikh Hassan* aus Fezna einen Tag vorher telefonisch an (vgl. Exkurs). Es muss ein Eintrittsgeld entrichtet werden. Die Anfahrt zu den Kunstwerken ist nur mit geländegängigem Fahrzeug möglich. Eine geführte Rundtour mit dem Geländewagen dauert 2–3 Stunden. Mit dem Auto sollten Fahrten durch die Ksour von Fezna und deren Oasengärten vermieden und zum Schutz der Landschaft nur die vom Führer vorgegebenen Pisten befahren werden. Als Barriere gegen Motorräder und Geländewagen wurden um die Kunstwerke Steinkreise gesetzt. Fahrzeuge müssen auf den ausgewiesenen Plätzen außerhalb der Steinkreise parken. Die Strecke von den Steinkreisen zu den Skulpturen ist zu Fuß zurückzulegen, denn die Plätze gehören zu den Kunstwerken.

Die „Goldene Spirale" kann in den Wintermonaten von Oktober bis März nicht besichtigt werden. Der Künstler möchte in dieser Zeit ungestört dort seiner Arbeit nachgehen und bittet um Verständnis. Weitere Informationen zur Besichtigung und den Kunstwerken vgl. Exkurs unten.

Kunst in der Wüste – die „Himmelstreppe" und die „Goldene Spirale"

Die aus Lehmziegeln gefertigte **„Himmelstreppe" des Münchner Künstlers Hannsjörg Voth** wurde 1986 fertiggestellt und hat die Form eines Dreiecks. Das Dreieck, dessen langer Schenkel 23 m misst (Boden), hat eine Höhe von 16 m. Die Hypothenuse beträgt 28 m: Hier verläuft zwischen zwei 140 cm hohen und 52 cm breiten Wangen-Brüstungen eine Treppe mit 52 Stufen. Die Stirnseite des Dreiecks ist an der Basis 6,80 m breit und verjüngt sich bis zur Spitze auf 3,60 m. Diese senkrechte Seite wird durch einen 60 cm tiefen Einschnitt profiliert und vertikal gegliedert. Die 52 Treppenstufen führen zu einer Plattform, die 4 m unterhalb der Spitze des Bauwerks liegt. Im Inneren der Treppe befinden sich im oberen Raum zwei Flügel mit Federkleid aus handgeschmiedeten Messern. Die Spannweite beträgt 3,50 m.

Das zehn Jahre später realisierte Objekt der **„Goldenen Spirale"** hat, wie der Name sagt, die Form einer Spirale und ist über einen Brunnen gebaut. Der Grundriss ist aus neun Viertelkreisen konstruiert. Die Spirale wurde mathematisch durch eine Summenreihe wiedergegeben, in der jede Zahl die Summe der zwei vorangegangen Zahlen ist: 1, 2, 3, 5, 8, 13, 21, 34, 55, 89 usw. („Fibonacci-Reihe" des *Leonardo von Pisa*, 1180–1250). Jede Tirade dieser Summenreihe ergibt eine Annäherung an den Pi-Wert des Goldenen Schnittes. Diese Verbindung des Goldenen Schnittes über die Fibonacci-Reihe ist eine Gesetzmäßigkeit, die in vielen ungestört ablaufenden Prozessen in der Natur stattfindet: in Kristallen, Muscheln, Pflanzen, auch im menschlichen Körper.

Die **Umfassungsmauer** der Anlage erreicht nach 260 m den höchsten Punkt von 6 m. Eine aufgeschüttete Rampe führt ins Zentrum der Spirale.

„Sehr geehrte Besucher, dank der Genehmigung und Unterstützung durch das Königreich Marokko konnte ich die »Himmelstreppe«, die »Goldene Spirale« und die »Stadt des Orion« bauen. Ich habe diese Kunstwerke entworfen, ihre Realisierung durchgeführt und selbst finanziert. Ihr Interesse an meinen Kunstwerken ehrt und freut mich. Doch (...) durch unsachgemäßes Verhalten vieler Besucher häuften sich die Schäden an den Bauwerken. Um diese Folgen zu vermeiden, bitte ich Sie um Verständnis, dass eine kontrollierte Führung zu den Kunstwerken und deren Überwachung notwendig geworden sind. Ich bitte Sie, die Hinweise des Führers und Bewachers zu beachten, denn ich habe ihnen die Verantwortung übertragen, die Kunstwerke und ihr Umfeld zu schützen.

Die **Besichtigung** der drei Kunstwerke kann nur über *Cheikh Hassan*, Erfoud, Oase

Weiterfahrt nach Tinejdad

6 km hinter Fezna (km 26) findet man Unterkunft im komfortablen und schönen **Kasbahhotel Ksar Jallal Chez Heléne**④ der Französin *Hélène Viant-Benardt* (Tel. 0524 43 75 47, Mobil 0610 73 84 89, www.ksarjallal.com).

Bei **km 28** ist die Palmenoase **Ksar Jallal** erreicht.

Fezna, und den von mir autorisierten Bewacher *Brahim Ben Moha* durchgeführt werden. Bitte melden Sie sich vorher telefonisch bei *Cheikh Hassan* an und besorgen Sie sich bei ihm eine **Eintrittskarte:** Mobil 0661 43 53 50 (spricht französisch). Eintrittspreise: Einzelpreis 200 DH (Kinder bis 12 Jahre frei), 2–6 Personen 180 DH/Pers., 7–12 Personen 140 DH/Pers., ab 13 Personen 80 DH/Pers. Bei Bedarf werden Geländewagen mit Fahrer extra berechnet (600–800 DH pro Wagen). Bitte den Unkostenbeitrag vor Antritt der Führung unaufgefordert an *Cheikh Hassan* entrichten und auf dem Formular quittieren. Die Einnahmen werden ausschließlich für die Bewachung und Pflege der Kunstwerke sowie für die Führung (ca. 3 Std.) verwendet.

Filmen und Fotografieren ist lediglich für private Zwecke gestattet, das Urheberrecht liegt beim Künstler. Die Innenräume der »Goldenen Spirale« sind Privatbereich des Künstlers und nicht zu besichtigen. Der Verein übernimmt keine Haftung im Zusammenhang mit dem Besuch der Kunstwerke bei Unfällen, Eigentumsverlusten oder Witterungsproblemen. Das Campen in der Maha-Ebene ist nicht gestattet."

■ **Hannsjörg Voth,** www.hannsjoerg voth.de/10_besucherinfo_marokko.html

Hinter Ksar Jallal fallen rechter Hand über ca. 3 km eine Reihe von Erdhaufen neben der Straße auf: Es handelt sich um Wartungsschächte einer Foggara/Khettara. Dieses unterirdische Bewässerungssystem beförderte früher gutes (weniger salzhaltiges) Wasser aus höheren Lagen am Rande des Atlas in die Oasen. Die Kanäle wurden von Sklaven ausgehoben und über die Schächte instand gehalten bzw. von Sand befreit. Man kann auf die Aushubkegel gehen und einen Blick in die Tiefe werfen. Viele Zelte mit Cafés wurden entlang des kleinen Dünenzugs und der Foggara angelegt, auf deren Öffnung selbst ernannte „Blaue Männer" stehen und mit Seilzügen und Wasserbehältern hantieren, um die historischen Wasserkanäle etwas zu veranschaulichen (obwohl die Kanäle nicht mehr im Betrieb sind).

Die Straße führt weiter durch einsame Wüstenlandschaft mit schwarz-braunen Felsformationen.

Touroug, eine große Oase mit einem alten Ksar an einem breiten Oued, begrenzt von dunklen Wüstenbergen passiert man nach **52 km.** Der neue Teil des Dorfes mit Cafés zieht sich entlang der Straße.

Etwa **65 km** hinter Erfoud liegt der große Ort **Mellab** mit einem alten Lehmksar und neuen rosafarbenen Häusern zwischen schräg gefalteten Bergen in idyllischer Lage am Oued Todrha. **Markttag** ist der Dienstag. Linker Hand der Straße zieht sich der Bergzug des Djabal Oughnat, der im Westen in den Djabal Saghro übergeht. In dieser sehr ursprünglichen Berglandschaft gibt es viele Fossilien und Versteinerungen. Außerdem leben hier Bergnomaden (vgl. Ausflüge bei Goulmima).

Bei **km 70** durchquert man **Igli** (Mechaniker, Geschäfte). Die Bevölkerung dieses Araberdorfs wurde stark von den saudischen **Wahabiten** beeinflusst. Die wenigen Frauen auf der Straße sind voll verschleiert. In der Region gibt es reine Berber- und reine Wahabitendörfer – die Trennnung der Orte hat sich mit steigendem Einfluss der strenggläubigen Wahibiten aus der Golfregion durchgesetzt und war für Marokko früher nicht üblich. Igli hat einen malerischen alten Ksar (rechter Hand der Straße) mit Friedhof und altem Steinminarett.

Nach 1 km überquert die Straße erneut eine Foggara mit zum Teil 1,50 m hohen Ausgrabungshügeln bei einem kleinen Sanddünengebiet.

83½ km von Erfoud entfernt mündet die R702 in vermüllter Gegend bei einer großen Tankstelle und beim großen **Café/Restaurant Mohida** (mit sauberen Toiletten, N 31°30,976', W 05°00,880') in die N 10: beschildert „Arfoud 86" (zurück), „Errachidia 80" (rechts), „Goulmima 18" (links). Links weiter geht es nach Tinejdad und Ouarzazate.

Bei **km 87** folgt **Tinejdad.**

Von Rissani über Tazzarine und Nekob ins Drâa-Tal

- **231 km, N 12, R 108.**
- Diese **asphaltierte Route** ins Drâa-Tal bietet sich zur Rückfahrt an, um nicht auf gleicher Strecke wieder nach Ouarzazate zurückzukehren. Die Straße ist meist gut und durchgehend zweispurig.

Die schöne Strecke, die zwischen **Djabal Saghro** und der **Sahara** nördlich der algerischen Grenze verläuft, ist weniger frequentiert als die Straße der Kasbahs, bietet aber auch weniger Höhepunkte. Sehenswert sind **Tazzarine** und die nahe gelegenen Felsgravuren sowie die Palmenoase **Nekob** mit ihren vielen Kasbahs.

- Eine **Busverbindung** besteht von Rissani aus (siehe Rissani). **Sammeltaxis** verkehren nach Alnif bzw. Nekob. In Nekob halten auch ein Supratours-Bus und der CTM-Bus von Marrakesch nach Tazzarine. Ab Tazzarine gibt es Sammeltaxis Richtung Zagora, d.h. bis zur Straße N9 (Ouarzazate – Zagora), ab dort Busse in beide Richtungen.

Verlassen Sie Rissani durchs Stadttor in Richtung Erfoud. Fahren Sie am Kreisverkehr 2 km hinter dem Tor (3 km ab Zentrum) beim Schild „Circuit Touristique" (links) und „90 Alnif, 225 Zagora" nach rechts (Westen); geradeaus geht es nach Errachidia.

Nur wenige Kilometer weiter kündigt sich mit kleinen Sanddünen das Ende der Tafilalet-Oasen an. Bei **km 11** erstreckt sich ein **fossiles Korallenriff** rechts der Straße.

Kurz danach bei **km 12** (9 km nach dem Abzweig, **N 31°16,169', W 04°23, 386'**) führt eine Piste nach rechts (nordwärts) auf einen **kreisförmigen Berg mit Krater** zu. Besser ist es aber, erst nach **14,5 km** (von Rissani aus, **N 31°16,173', W 04°24,706'**) abzubiegen. Hier führt die breite Piste ohne Umweg und für jedes Fahrzeug befahrbar zu dem Berg, der bei **N 31°17,858', W 04°24,099'** erreicht ist. Dieser Berg ist nach Westen hin offen und durch eine große dicke Mauer bis auf einen ca. 3 m breiten Einlass zugemauert. Eine Zufahrt führt nach innen, eine schmale Piste nach oben bis an den Kraterrand. Von oben hat man eine herrliche Aussicht auf die ehemalige Meeresebene und die Korallenriffabhänge. Das Gestein enthält auch Fossilien. Der Krater diente früher angeblich Karawanen als Schutz vor Sandstürmen und später der französischen Armee als Festung. Die Einheimischen nennen ihn **Lamdouar**, was so viel wie „Runder Berg" bedeutet. Fossilienhändler kommen tagsüber hierher, um ihre aus dem Stein geklopften Fossilien zu verkaufen.

Nach 23 km liegt das **Bordj Taguerroumt** zur Linken. Bis Mecissi erstreckt sich ein schroffes schwarzes Bergmassiv zur Rechten.

Mecissi, ein kleiner Ort mit spärlichen Versorgungsmöglichkeiten und Tankstelle, folgt nach **55 km.** Unterkunft bieten das einfache **Camping Restaurant Tombouctou** und das **Camp Azourite** (Schild). Das Café im Camping Tombouctou hat eine nette Terrasse und serviert guten Kuchen und Brochettes.

Weiter verläuft die Route durch schwarzbraune Wüstenlandschaft mit kleinen Bergen, Dornbüschen und einzelnen Akazien. Bei **km 80** folgt **Achbarou,** eine lang gezogene Palmenoase. Ein verfallener Ksar liegt malerisch am Berg links der Straße. Weiter folgt die Strecke einem palmenbestandenen Flusstal.

Der stark wachsende Ort **Alnif** mit Militärposten ist bei **km 94** erreicht.

Alnif

Die nicht besonders attraktive Siedlung mit ihren rot-weißen Häusern ist bekannt für die hier käuflichen Trilobiten und die Fossilienfundstellen in den Bergen der Umgebung (Vorsicht vor Fälschungen!). Es gibt eine große Tankstelle und den kleinen **Souvenir- und Mineralienladen** von *Ihmadi Mohand* (Mobil 0666 22 15 93, trilobitesihmadi@yahoo.fr oder alnifearth@gmail.com, http://trilobitesihmadi.wordpress.com) gegenüber dem Hotel Bougafer. Der Geologe *Ihmadi* ist eine kompetente Informationsquelle für Fundstellen oder die Zuordnung selbst gesuchter Fossilien. Schlepper duldet er nicht in seinem Laden. Alle Preise sind fair und angeschrieben. Er gibt Interessierten auch Informationsblätter mit einer Auflistung der geologischen Erdzeitalter und der aus dieser Zeit stammenden Fossilien, wie Trilobiten etc. Geologen kann er Touren zu den Fundstellen organisieren. Auch *Mohamed Bouyiri* (Mobil 0672 15 29 52) erzählt in seinem Laden gegenüber der Afriquia-Tankstelle sehr viel über die Region und seine Fossilien- und Mineraliensammlung.

Ein Leser empfahl das **Hotel Le Palmier**① (Mobil 0667 20 23 025, benamerlomar@yahoo.fr) mit sechs einfachen, aber sehr sauberen Zimmern mit warmer Dusche, das Essen ist gut. Die Betreiber *Lahcen* und *Mohamed* sind sehr freundlich und unternehmen Exkursionen in die Berge und zu Fossilienfundstellen. Hier finden auch Wohnmobile in einem ummauerten bewachten Hof einen Stellplatz (70 DH).

Weiterfahrt ins Drâa-Tal

Bei **km 103** taucht die Palmenoase **Tisernay** am **Oued Tazlaft** zwischen schwarzen Bergen auf. Die Straße führt durch eine flache Steinwüste, die von Bergketten gesäumt wird.

13 km südwestlich von Alnif ist die **Kasbah Meteorites**③ (Ksar Tiguirna, Tel. 0535 78 38 09, Mobil 0661 47 39 43, www.kasbahmeteorites.com) mitten in der Wüste eine empfehlenswerte Unterkunft für Traveller: klimatisierte Zimmer mit Bad und TV, großer Pool, Restaurant mit Alkohollizenz.

Nach **124 km** passiert man **Imi-n-Ouzrou,** den Hauptort einer großen Palmenoase, die sich über mehrere Kilometer hinzieht.

Bei **km 152** mündet die Straße von Taghbalte und Zagora ein.

Bei **km 155** ist **Tazzarine** erreicht.

Tazzarine

Die grüne, sehr schöne und ursprüngliche **Palmenoase mit großen Kasbahs** wird nach und nach vom Tourismus entdeckt. Tazzarine ist noch lange nicht so überlaufen wie die Oasen entlang der Straße der Kasbahs, obwohl die Oase ebenso schön ist wie viele Orte entlang der Route Tinerhir – Ouarzazate. Lehmhäuser, enge Gassen und Bewässerungskanäle in den Oasengärten prägen das Ortsbild, die Bevölkerung ist sehr freundlich. Tazzarine eignet sich hervorragend als Ausgangspunkt für 4x4-Touren oder Trekkingtouren in den Djabal Saghro. Nahebei befindet sich ein Militärstützpunkt. Es gibt außerdem einen hübschen Marabut mit Friedhof, einige Geschäfte und eine Tankstelle.

Praktische Informationen

Unterkunft/Camping

■ **Bougafer**③ (mit Frühstück), Tel. 0524 83 90 05, Mobil 0668 22 07 70. Von Agdz kommend rechts über die Brücke, Beschilderung „Village touristique", am Ortsanfang sofort links. Das ehemals schöne Hotel mit Restaurant und Pool und schönem Garten wird von Lesern recht unterschiedlich bewertet. Die Zimmer sind meistens ordentlich, wenn auch etwas abgewohnt. Sonntagmittag treffen sich viele westlich orientierte Einheimische im Gartenrestaurant mit Alkoholausschank (120 DH/Menü). Der etwas sterile, ummauerte **Campingplatz** bietet noch

Region Nekob - Tizi-n-Tazazert

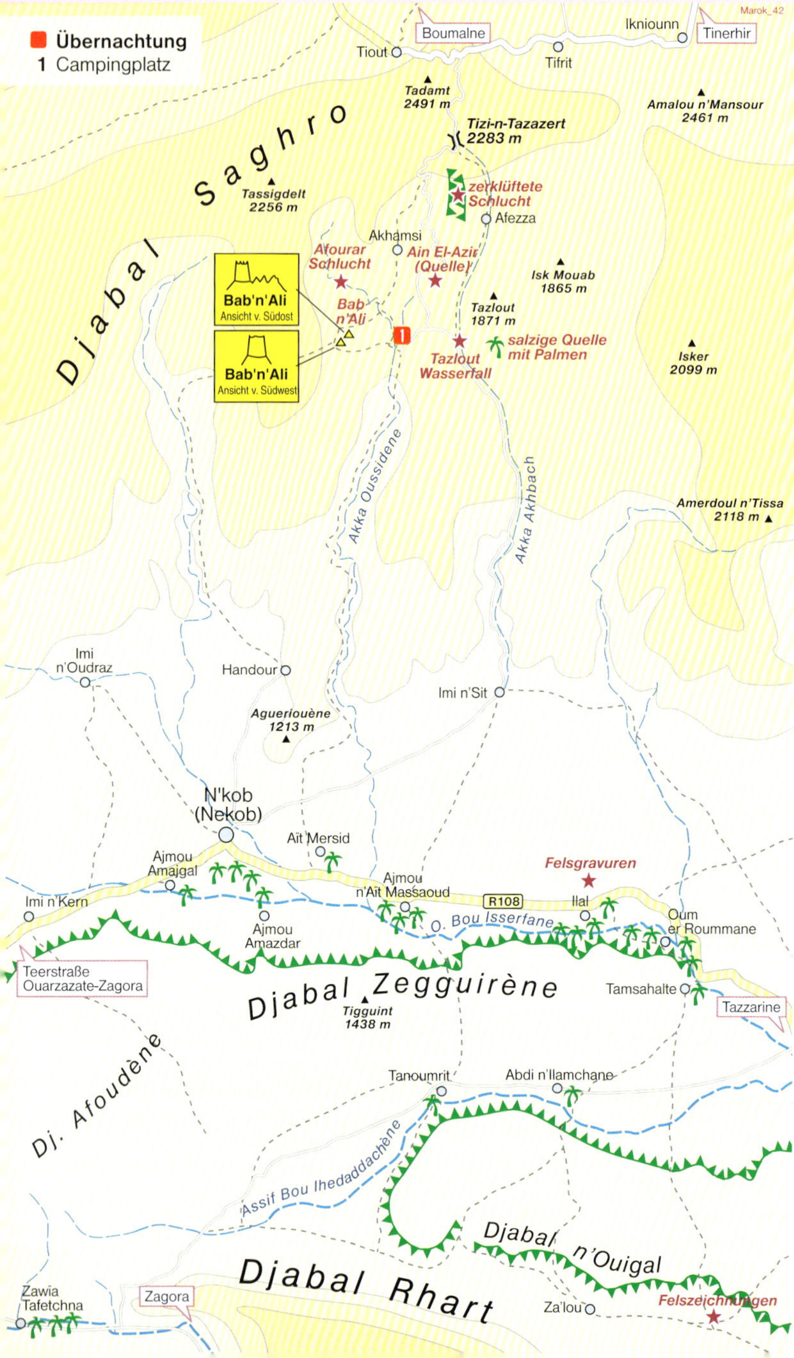

wenig Schatten (kleine Bäumchen angepflanzt). Er ist auch für größere Wohnmobile geeignet (Poolnutzung für Camper gegen Gebühr).

Camping Amasttou, gut ausgeschildert, Tel. 0524 83 90 78, Mobil 0623 43 34 64 (Verwalter *Hassan Belkassin*), www.amasttou.com, N 30°46,509', W 05°33,265'. Für sehr große Wohnmobile ist die geteerte Zufahrt entlang der Mauer und in den Oasengärten nicht geeignet. Der wunderschön gelegene Campingplatz ist sehr zu empfehlen: Stellplätze für kleinere Wohnmobile und Geländefahrzeuge im Palmengarten, sehr gute Sanitäranlagen und schattige Sitzgelegenheiten im gepflegten Garten. Gutes Essen im Zeltrestaurant gegen Vorbestellung, auch Übernachtung im luftigen Nomadenzelt① (mit durchgelegenen Matratzen und Bettwäsche) und in etwas heißen kleinen Zimmern② (mit Ventilator und warmer Dusche). Camping 15 DH/Pers., 25 DH/Caravan, Strom 12 DH, heiße Dusche 10 DH. Der Platz liegt zwischen Lehmmauern des alten Ksar am Rande der **Oasengärten.** Von hier kann man wunderbar die Gärten und die alten Ortsteile besichtigen. Es werden auch **Ausflüge** zu den nahe gelegenen **Felszeichnungen** Tirourirines und Abdi Boulili und Aït Ouazik, zu den Wasserfällen Imi Nougizi Noukbache und nach Taghbalte organisiert. Auch **Kameltouren** sind möglich. Der Verwalter vermittelt Ausflugstouren oder auch einen Führer zur Besichtigung der örtlichen **Kasbahs Aït Chaib** und **Aït-Ali Ouhda.** In einer der Kasbahs ist ein sehenswertes **Museum** eingerichtet (Eintritt 10 DH). Gute Detailkarten über die Gegend hängen in der Rezeption aus.

Camping Sardrar, Mobil 0667 23 80 22, 0666 48 10 34, N 30°43,318', W 05°28,547'. Südöstlich von Tazzarine in Richtung Oum Jrane: An der Ortsausfahrt links (von Alnif kommend) auf Teerstraße abbiegen, nach 12 km wieder links ab (Schild) auf Piste, weitere 5 km bis zum Camping. Großes Gartengelände mit Palmen und Berberzelten zur Übernachtung sowie einem Restaurant. Sanitäre Anlagen mit heißen Duschen. Es gibt auch einige Zimmer.

Les Jardins de Tazzarine, Zaouiat Sidi Msaâd, Mobil 0666 64 89 67, www.lesjardinsdetazzarine.com, N 30°45,793', W 05°33,104'. Von Alnif kommend durch den Ort fahren und über die Brücke, dann noch etwa 3,4 km der Beschilderung folgen. Die familiäre Auberge mit Campingplatz eignet sich für einen ruhigen Aufenthalt in der Oase: Übernachtung im Nomadenzelt② (mit Betten und Strom, inkl. Frühstück) oder im Zimmer, gutes Essen mit frischen Produkten aus dem Garten (Menü 75–140 DH), saubere Sanitäranlagen.

Oasis de Mezgarne, Douar Aït Ballouk, Mobil 0661 74 36 17, www.mezgarne.com, N 30°46,869', W 05°31,403'. 7 km vor Tazzarine links auf Piste abbiegen (3 km, für Pkw auf dem letzten Stück evtl. zu sandig). Hier kann man in ruhiger Lage auf einem ehemaligen Farmgelände campen oder im Berberzelt② übernachten (inkl. Frühstück). Küche für Selbstversorger, Dusche (abends und morgens warm). Es werden verschiedene Exkursionen in der Umgebung angeboten (per 4x4 oder Kamel).

Verkehrsverbindungen

Einmal täglich (frühmorgens) fährt ein **CTM-Bus** über Tansikht, Agdz, Ouarzazate nach Marrakesch: **nach Marrakesch** 140 DH, ca. 7½ Std. Fahrzeit; **nach Ouarzazate** 60 DH, ca. 3 Std. Fahrzeit; **nach Agdz** 35 DH, ca. 75 Min. Es verkehren außerdem Sammeltaxis in Richtung Tansikht und Rissani.

Ausflug zu den Felsgravuren von Aït Ouazik

Dieser Pistenausflug ist mit Vorsicht auch mit Pkw machbar. Für nicht-motorisierte Reisende organisieren die Herbergen in Tazzarine Ausflüge zu den Felszeichnungen Tirourirines, Abdi Boulili und Aït Ouazik sowie zu den Wasserfällen Imi Nougizi Noukbache und nach Taghbalte.

In **Tazzarine (km 0)** folgt man der Teerstraße Richtung Taghbalte nach Süden (N 12). Etwa 8 km hinter Tazzarine zweigt rechts eine gute Piste (beschildert) nach Aït Ouazik ab.

Bei **km 16** ist ein Oued zu queren. Es folgen einige Häuser. **21 km** hinter Tazzarine mündet links die Piste vom schönen Dorf **Aït Ouazik (N 30°41,379', W 05° 37,131')** ein. Es geht geradeaus durch den Ort und am Dorfende rechts weiter.

An der Kreuzung bei **km 23** geht es rechts auf einen Hügel (beschildert mit „Gravures rupestres"). Nach 1 km bei **N 30°41,381', W 05°37,372'** trifft man auf einen bewachten Parkplatz mit Steinhaus bzw. kleinem Café oberhalb des Oueds auf dem Hügel. An der Abbruchkante zum Oued finden sich auf am Boden liegenden Steinen zahlreiche schöne **Gravuren** (Gazellen, Strauße, Rinder, Fische), **N 30°41,126', W 05°39,069'.** Ca. 500 m weiter

ma16_193 ao

ebenso. Bitte achten Sie darauf, nichts zu zerstören oder gar auf den Steinen herumzusteigen, es wurde ohnehin schon von den Einheimischen zu viel zerstört – diese verwendeten Steine sogar zum Hausbau. Die Gravuren sind unwiederbringlich und etwa 8000 Jahre alt! Zurück auf der gleichen Piste.

Weiterfahrt ins Drâa-Tal

Die **Straße in Richtung Nekob** führt durch eine schöne Wüstenlandschaft parallel zum Oued, gesäumt von Palmen und Bergen. Nach 6 km endet der Palmenhain von Tazzarine.

Ca. **10 km nach Tazzarine** liegt der kleine Ort **Tamsahalte.** Hier zweigt links eine 1 km lange Piste zum **Hotel Riad du Sud**③ ab (Tel. 0524 88 64 53, www.riaddusud.net). Die Familie *Laandour* betreibt diese ruhig gelegene, stilvolle Herberge in einer renovierten Kasbah auf einem Hügel. Das Hotel hat neun etwas dunkle, dafür kühle und saubere Zimmer mit Bad sowie AC/Heizung, die sich um einen Innenhof mit Garten und Berberzelt gruppieren. Von der Terrasse bietet sich ein schöner Blick auf die Oase.

22 km von Tazzarine bzw. 178 km von Rissani entfernt erreicht die Straße den kleinen Ort **Ilal.**

6 km weiter liegt **Aït Massaoud,** ein kleiner Ksar mit Moschee und Kasbah.

Bei **Gesamt-km 191** ab Rissani, 36 km hinter Tazzarine, folgt **Nekob.**

Nekob

Der expandierende Ort liegt auf 1000 m Höhe. Es gibt eine Geschäftsstraße, einen Mechaniker, ein *Bureau des guides* (Vermittlung von Bergführern) und eine Tankstelle. Markt ist samstags und sonntags. Wer nach einem besonderen Mitbringsel sucht, wendet sich an den örtlichen Schuhmacher *Ofafa,* der in seinem kleinen Laden an der Hauptstraße individuelle „Aït Atta"-Sandalen verkauft. Was man von der Hauptdurchgangsstraße nicht sieht, sind der **große Palmenhain** und die vielen **mächtigen Kasbahs** im Ort – es sollen 45 Stück sein, die meisten sind noch bewohnt. Momentan werden die historischen Kasbahs des Ortes mit Hilfe von öffentlichen Mitteln schrittweise saniert. Es ist geplant, das eindrucksvolle Ensemble in den nächsten Jahren unter staatlichen Schutz zu stellen.

Nekob eignet sich als **Ausgangspunkt für Wander- und Trekkingtouren,** ob als Rundtour oder Tagesausflug. Bei einer Tagestour in den westlich angrenzenden Gebirgszug Amoun begibt sich der Wanderer auf Neuland. Auch mit dem Fahrrad oder dem Auto kann man viele Ausflugsziele ansteuern.

Nekob liegt am Südrand des kargen, erdgeschichtlich uralten Massivs des **Djabal Saghro,** das man bei einem fünftägigen, sehr lohnenswerten Trekking nach Boumalne du Dadès durchqueren kann (vgl. Exkurs im Kapitel zur Straße der Kasbahs). Das Massiv ist nicht nur ein Paradies für Wanderer, sondern auch für Mineralien- und Fossiliensammler.

Praktische Informationen

Unterkunft

■ **Kasbah Aït-Atta**② (mit HP), am westlichen Ortsrand, Mobil 0667 45 88 67. Schöne Zimmer in einer Kasbah am Rande der Palmeraie, toller Blick von der Dachterrasse. *Zaid* und *Aisha* kümmern sich rührend um die Gäste. *Zaid* ist Bergführer und organisiert Touren in den Djabal Saghro.

UNSER TIPP: **Kasbah Aït Omar**②-④ (je nach Ausstattung, mit Frühstück), Tel. 0524 83 99 81, hotel.aitomar@gmail.com, www.hotel-aitomar.de. Die Kasbah Aït Omar wurde von den Globetrottern *Dr. Jutta Frieß* und *Hartmut Dahnelt* gemeinsam mit einheimischen Handwerkern in jahrelanger Arbeit liebevoll renoviert und zum Hotel umgebaut. Die wunderschöne Kasbah hat neun Apartments (davon eines behindertengerecht) und zwei Einzelzimmer mit Bad, Klimaanlage und Fußbodenheizung (!). Außerdem gibt es eine eigene Ferienwohnung (für max. 8 Pers.) und zwei weitere DZ für bis zu 4 Pers. im unteren Teil der Kasbah mit direktem Zugang zum Parkplatz. Im Restaurant (ebenfalls mit Klimaanlage und Fußbodenheizung) werden neben marokkanischen auch vegetarische Gerichte aus frischen, saisonalen Lebensmitteln zubereitet (Berücksichtigung besonderer Ernährungswünsche auf Anfrage). Pool, Fitness- und Yogaraum, Hammam, WLAN, traumhafter Ausblick auf die Palmenoasen und die Berge. Es können diverse Aktivitäten organisiert werden (Wandern, MTB, Besichtigungen, Kinderprogramm).

■ **Kasbah Baha Baha**②-③, Abzweig einer beschilderten Piste rechts am Ortseingang (ca. 200 m), Tel. 0524 30 78 01, www.kasbahabaha.com. Die 50 Jahre alte Kasbah wurde 1999 von *Lahcen* und *Brahim El-Ouarzizi* zum Hotel umgebaut. Die gesamte Anlage ist liebevoll eingerichtet, mit einem kleinen ethnografischen Museum (10 DH), Pool und stilvollem Restaurant. Zu besichtigen ist auch die alte, restaurierte Küche, wo sich Besucher über traditionelle Kochweisen kundig machen können. Von der Terrasse hat man einen herrlichen Blick über das ganze Tal. Zwei Zimmer haben ein Bad, die Gemeinschaftsduschen (draußen) sind jedoch sehr sauber. Auch Übernachtung im Nomadenzelt (mit Matratzen und frischer Bettwäsche).

■ **Kasbah Ennakhile**②-③, am Ortsausgang Richtung Tazzarine (1 km) links an der Straße, Tel. 0524 83 97 19, Mobil 0672 64 15 11, www.kasbah-nkob.com. Familiäre Herberge im Kasbahstil: fünf hübsche Zimmer (mit Bad), Restaurant, toller Ausblick von der Dachterrasse. Der Betreiber *Houssaine Benaamer* ist sehr freundlich und spricht gut englisch. DZ ohne und mit Bad.

■ **Kasbah Imdoukal**④, Hinweisschild an der Straße, nahe Kasbah Baha Baha, Tel. 0524 83 97 98, www.kasbaimdoukal.com. Schönes Gästehaus in traditioneller Lehmarchitektur, mit Pool im Hof und Restaurant. 18 Zimmer im Berberstil mit Bad und AC/Heizung.

Sammeltaxis/Busse

■ **Grands Taxis (Sammeltaxis)** verkehren in alle Richtungen. Preisbeispiele: nach Agdz 35 DH, nach Ouarzazate oder Zagora 60 DH, nach Marrakesch 100 DH.

■ Morgens fährt ein **CTM-Bus** über Tansikht und **Agdz** (20 DH, ca. 1 Std.) nach **Ouarzazate** (45 DH, 2½ Std. Fahrzeit); Weiterfahrt nach **Marrakesch** möglich (120 DH, ca. 9 Std. ab Nekob). Von Ouarzazate bzw. Marrakesch kommend nimmt man den Bus nach Tazzarine und steigt in Nekob aus. In Agdz oder Tamsikht kann man auch in einen Bus **nach Zagora** und weiter nach M'hamid umsteigen.

☐ Von der Kasbah Aït Omar fällt der Blick auf die Berge des Djabal Saghro

Bergführer

Von Nekob kann man wunderschöne Ausflüge ins **Djabal-Saghro-Massiv** unternehmen (vgl. Exkurs „Trekking im Djabal Saghro") oder das Gebirge auf einem mehrtägigen Trekking von Nord nach Süd durchqueren. Empfehlenswerte lizensierte Bergführer in Nekob sind:

- **Mohamed Yaaqoub,** Tel. 0524 88 47 95, Mobil 0667 48 75 09, jane@moroccotrek.net. Der erfahrene, sehr ruhige und gut englisch sprechende Bergführer betreibt das *Bureau des Guides* in Nekob.
- **Hammou Maarir,** Mobil 0673 51 94 35, azoul.hamou @gmail.com. *Hammou* hat Geografie studiert und spricht sehr gut englisch.

Weiterfahrt ins Drâa-Tal

Etwa **4 km hinter Nekob** liegt der Ort **Aït Ouzzine** am Fuß schwarzer Tafelberge. Hier findet man schöne Unterkunft im **Maison d'Hôtes Ksar Jenna**③ im Kasbahstil (Tel. 0524 83 97 90, www. ksarjenna.com, günstige Buchung über booking.com möglich) links an der Straße. Das Gästehaus hat einen paradiesischen Garten mit Rasen, Palmen, Rosen in allen Farben und Sorten, Oleander, Orangen etc. Die sieben Zimmer sind hell in Pastellfarben gestaltet und komfortabel mit AC und schönen Bädern versehen. Es gibt eine Bar in einem verglasten Pavillon im Hof. Gemütliches marokkanisches Restaurant. Das Haus ist eine wahre Oase inmitten der wüstenhaften Landschaft!

Die Straße weiter in Richtung Drâa-Tal führt durch flache steinige Steppe mit niedriger Buschvegetation.

Ca. **40 km hinter Nekob** (Gesamt-km 231) mündet die Route nördlich von **Tamsikht** in die N 9 entlang des Drâa-Tals. Rechts geht es nach **Agdz** (29 km) und **Ouarzazate** (ca. 100 km), links nach **Zagora** (66 km).

4x4-Route: Von Nekob über den Tizi-n-Tazazert nach Boumalne du Dadès

- **94 km**
- Diese Piste ist **nur für 4x4-Fahrzeuge mit großer Bodenfreiheit** geeignet (sehr steile Passagen mit großen Steinen). Die Strecke von Iknioun bis Boumalne du Dadès ist mittlerweile asphaltiert – die hier beschriebene Piste verläuft weiter westlich. Keine öffentlichen Verkehrsmittel, bis Handour bzw. von Boumalne kommend bis Tagdilt kann man mit dem (Sammel-)Taxi fahren.

Diese einsame Route führt durch die fantastische, bizarre Bergwüstenlandschaft des **Djabal Saghro.** Das Massiv kann in fünf Tagen auf einer sehr schönen **Trekkingtour** zu Fuß durchquert werden, meistens starten die Touren von Norden in Tagdilt (buchbar bei deutschen Trekkingreiseveranstaltern oder bei einem lokalen Bergführer vor Ort). Um das Bab'n'Ali sind auch viele **Mountainbiker** unterwegs. Da es nach heftigem Winterregen bzw. Schnee zu starken Auswaschungen kommen kann, vorher erkundigen, ob eine Befahrung möglich ist. Weitere Informationen zum Djabal-Saghro-Massiv und zum Trekking in der Region vgl. Exkurs im Kapitel zur Straße der Kasbahs.

Von Westen (Drâa-Tal) kommend zweigt am Ortseingang von Nekob links (gegenüber der Post, Schild „Kasbah Baha Baha") die Straße nach Boumalne ab **(N 30°52,307', W 05°51, 859').** Nach ca. 200 m geht rechts die Zufahrt zu den Kasbah-Hotels ab (vgl. bei Nekob „Unterkunft").

Bei **km 1,3** geht es Richtung Boumalne/Tinerhir geradeaus weiter, an der hohen Antenne links vorbei und nach 300 m rechts ab. Die Piste führt nun nordwärts den Telegrafenleitungen nach, die Leitung wird unterquert.

Bei **km 5,5** geht es rechts bergauf durch Hammada (immer geradeaus).

Bei **km 13** führt die Piste mit schönem Blick ins Tal über einen Berggrat nach Osten, danach geht's kurvig bergab.

Etwa **15 km** hinter Nekob ist das Dorf **Tassaout** (1200 m) erreicht, das sehr schön über einem Palmen-Flusstal zwischen roten Bergen liegt.

Die Piste führt nun bergab zum schönen Flusstal mit Dattelpalmen und einzelnen Häusern und im Tal entlang, bis bei **km 19 Bab'n'Ali** erreicht ist (ca. 1380 m, **N 31°03,17', W 05°47,40'**). Die Landschaft ist geprägt von zwei erodierten, **einzeln stehenden Felstürmen,** die das „Tor des Ali" bilden. Einer Legende zufolge soll es sich bei den Türmen um eine versteinerte Hochzeitsgesellschaft handeln, den linken Berg nennt man „Monsieur" und den rechten „Madame mit ihren Kindern" (die kleinen Ausläufer vor „Madame"). Von hier aus kann man eine Wanderung (ca. einen halben Tag) in die beeindruckende **Afourar-Schlucht** unternehmen, wo man in Wasserlöchern herrlich baden kann (z.B. bei **N 31°04,354', W 05°48,349'**). Die Leute in Bab'n'Ali sind sehr angenehm und zurückhaltend. Neben einer Schule und einem Friedhof gibt es einen Laden mit Softdrinks oberhalb der Piste (an einem Pfad in Richtung der Berge) und eine einfache **Gîte d'étape** für Trekker. Hier ist auch **Camping** möglich (Dusche/WC vorhanden, Getränkeverkauf).

Bei **km 25** liegt die recht ordentliche **Auberge Tazlout** an der Piste (Tel. 0524 93 97 40, einfache Toiletten/Duschen, Softdrinks, ideal für Trekker und Mountainbiker). Von hier kann man zu den ca. 2 km entfernten **Cascades Tazlout (N 31°03,785', W 05°46,183')** wandern. Die hübschen, etwa 20 m hohen Kaskaden liegen in einer kleinen Schlucht mit gesicherten Kletterrouten.

An der Verzweigung bei **km 25,8** geht es **links weiter** (**N 31°03,438', W 05°46,927'**, rechts kann man entlang des Flusstals zu den Cascades wandern). Danach führt die Piste in Serpentinen durch reizvolle Wüstengegend bergauf.

Bei **km 29,5** führt links ein Abzweig 3 km nach Agmasz. Nach weiteren 1,6 km zweigt eine Piste nach links ab, die nach 1,5 km bei einem Haus endet.

Bei **km 30** liegt die **Wasserstelle El-Azir** rechts, **N 31°04,433', W 05°46,891'**. Wenn man von der Wasserstelle das steinige Oued mit einzelnen Palmen bergab wandert, findet man Gueltas mit Fröschen und in regenreicheren Jahren auch auf einen Wasserfall mit Bademöglichkeit (Achtung: Schlangen!).

Weiter führt die sehr steinige schlechte Piste (im Schritttempo) bergauf, bei **km 43** bietet sich ein fantastischer Ausblick in die zerklüftete **Tazlout-Schlucht,** die mit ihren in den Himmel ragenden schwarzen Felssäulen an das Hoggar-Gebirge in Algerien erinnert.

Bei **km 46,6** ist die Passhöhe **Tizi-n-Tazazert (2283 m)** erreicht, **N 31°07,436', W 05, 45,957'**. Hier gibt es einen guten Stellplatz für Camper und eine Herberge. Mit tollen Ausblicken geht es weiter durch die bizarr erodierte, karge Berglandschaft des Djabal Saghro. Die arme Nomadenbevölkerung, die im Sommer mit ihrem Vieh durch die Berge zieht, ist sehr freundlich.

Bei **km 51,4** führt eine Piste zu einem Richtfunksender auf dem Berg. Unmittelbar vor dem Abzweig liegt unterhalb der Piste rechter Hand eine Wasserstelle.

Bei **km 52,** also etwa 600 m weiter, geht es bei einem Wegstein **links nach Tiout (Minen) und Boumalne,** rechts nach Tinerhir (vgl. folgende Route), **N 31°09,552', W 05°45,779'**. Die Piste führt in Serpentinen bergab. Wer versehentlich **rechts** fährt in Richtung **Tinerhir** (vgl. nächste Route), trifft nach wenigen Kilometern auf eine T-Kreuzung – hier links (auf Teerstraße) nach Boumalne abbiegen, rechts geht's nach Ikniounn.

Links entlang ab dem Wegstein in Richtung Boumalne trifft man bei **km 54,5** auf Häuser und eine Kupfermine linker Hand. Die Piste führt bergab in ein Flusstal mit Oleander.

Bei **km 55,5** mündet die Piste ein, die von der Mine wieder auf die Hauptpiste führt – weiter bergab. 1 km weiter geht es am Stausee rechts vorbei, danach links zu den **Minen von Tiout.**

Bei **km 57** liegen links Abraumhalden und 1 km oberhalb das Bergwerk von Tiout. Es geht rechts entlang auf breiter Piste, die bis zum Ort parallel zu einer Piste auf der anderen Flussseite führt, **N 31°10,239', W 05°47, 207'.**

Etwa **59 km** hinter Nekob zweigt links die Zufahrt zum Ort **Imi-n-Ouarg** ab – geradeaus weiter.

Bei **km 69** ist der Ort **Tagdilt** (1680 m) am Nordrand des Djabal-Saghro-Massivs erreicht. Hier betreibt der herzliche *Brahim Bourig* mit seiner Familie eine **Gîte d'étape** (zwei Salons mit Matratzen und Wolldecken, warme Dusche 10 DH, 50 DH p.P., Abendessen auf Bestellung, Mobil 0661 77 67 08, **N 31° 15,088', W 05°51,504'**). Tagdilt ist der Ausgangspunkt für die sehr schöne mehrtägige **Djabal-Saghro-Durchquerung** (vgl. Exkurs „Trekking im Djabal Saghro" im Kapitel zur Straße der Kasbahs). Die Trekkingroute verläuft westlich dieser Piste über den Pass Tizi-n-Ouarg (2400 m) und Igli, durch die Afourar-Schlucht nach Bab'n'Ali.

Nach insgesamt etwa **75 km** mündet man bei **Igoudmane n'Aït Ourir** in die **Teerstraße** nach Iknioun ein, **N 31°18,015', W 05°52, 091'.** Weiter geht es durch flache Steppe direkt auf die schneebedeckten Berge des Hohen Atlas und den Ort Boumalne zu.

Bei **km 86** mündet diese Strecke in die **N 10** vor Boumalne ein, **N 31°21,844', W 05° 54,890'** (Wegweiser nach Iknioun).

Nach rund **94 km** ist **Boumalne du Dadès** erreicht (vgl. im Kapitel zur Straße der Kasbahs).

☐> Das bizarre Massiv des Djabal Saghro ist ein Wanderparadies

4x4-Route: Vom Tizi-n-Tazazert über Iknioun nach Tinerhir

- **70 km**
- Die **gute Piste** führt durch die landschaftlich reizvolle Wüsten- und Gebirgslandschaft des Djabal Saghro. Da es immer wieder nach starken Winterregen bzw. Schnee zu Auswaschungen kommen kann, vorher erkundigen, ob eine Befahrung ohne Allrad möglich ist. Die Strecken Iknioun – Tinerhir und Iknioun – Boumalne du Dadès sind mittlerweile asphaltiert.
- Es verkehren **keine öffentlichen Verkehrsmittel.**

Etwa 6 km hinter der Passhöhe Tizi-n-Tazazert (vgl. vorhergehende Route) geht es bei einem Wegstein links nach Tiout (Minen) und Boumalne du Dadès, **N 31°09,552', W 05°45, 779'.** Kleine Ansiedlung mit Obstbaumkulturen. **Rechts weiter nach Tinerhir,** den Berg hinunter.

Km 10: T-Kreuzung; wieder Wegestein und Schilder nach Boumalne 38 km, nach N'kob 60 km, nach Tazzarine 90 km, **N 31° 10,342', W 05°43,743'.** Links führt die Teerstraße in Richtung Boumalne, **rechts weiter.** Nach 1 km stößt man auf eine Ansiedlung in einem Hochtal mit Feldern und Pappeln.

Bei **km 16** liegt der große Marktort **Iknioun** reizvoll vor dem Massiv des **Amalou-n-Mansour** (2712 m, höchster Berg des Djabal Saghro). Hier ist es auch im Hochsommer angenehm kühl. Von Iknioun kann man auf einer **Piste bis Alnif** fahren. Diese einsame Strecke ist 70 km lang und bis Mouddou (km 25) und ab Kadem (km 37) gut erkennbar und ohne Orientierungsprobleme zu befahren. Der Abschnitt zwischen beiden Orten ist allerdings selbst für Geländefahrzeuge schwierig (üble Geröllfelder, genaues Kartenmaterial notwendig).

Bei ca. **km 19** erreicht man einen kleinen Ort in einem schönen Tal mit Feldern, Nuss- und Obstbäumen. Danach geht es in einem Rechtsbogen bergauf an einem kleinen (zeitweise trockenen) Bach entlang. Bei **km 20,5** befindet sich links ein Brunnen, **N 31°12, 025', W 05°39,473'.**

Bei **km 23** liegt ein kleiner Stausee mit Staumauer. Es folgt eine trockene Hochebene mit Kullerfelsen. Hin und wieder trifft man Nomaden.

Bei ca. **km 40** ist die **Passhöhe Tizi-n-Tikkit** erreicht, **N 31°18,35', W 05°36,60'.**

Ab **km 44** schlängelt sich die Piste links eines schönen, schluchtartigen Palmentals entlang, bis sich das trockene Oued weitet.

Nach einer kleinen Siedlung mit Feldern und Obstbäumen bei **km 52,5** geht es bergauf geradeaus auf einen Bergeinschnitt zu, bis bei **km 54** eine kleine **Passhöhe** erreicht ist. Von hier hat man einen weiten Blick bis nach Tinerhir. Die Route führt weiter durch die Berge und hinab bis zu einem Abzweig zu einer Antennenanlage bei **km 58,5** und der **Oase Ouaklim** bei **km 60.**

Bei **km 63,5** mündet diese Route in die Teerstraße nach Tinerhir ein (Wegweiser nach Ouaklim, Ikniounn, **N 31°28,802', W 05°33, 766').**

Nach insgesamt **70 km** ab Tizi-n-Tazazaert ist **Tinerhir** erreicht (vgl. im Kapitel zur Straße der Kasbahs).

ma16_194 am

ma16_143 ad

12

Praktische Tipps A–Z

Auf dem Fischmarkt in Tanger

Hülle und Fülle vor, aber nur durch den kostspieligen Bau von immer mehr Stauseen kann die Versorgung des Landes mit Trinkwasser aufrechterhalten werden. Die Hotelzentren in Agadir wurden z.B. selbst in Trockenjahren immer mit Wasser versorgt, während der einheimischen Bevölkerung das Wasser rationiert wurde. **Besonders kritisch ist die Situation** in den Oasen im Drâa-Tal, wo durch den Stausee Mansour Eddahabi bei Ouarzazate und den unverhältnismäßig hohen „touristischen" Bedarf der Grundwasserspiegel sinkt und mittlerweile die gesamte Oasenwirtschaft gefährdet ist.

Wer sich öfters in Dritte-Welt-Ländern aufhält, gewöhnt sich an den **Müll,** den Schutt und die Plastiktüten, die wild verstreut in der Gegend herumliegen. Auch Marokko erreicht natürlich keinen deutschen Umweltstandard. Aber im Vergleich zu vielen anderen Entwicklungsländern herrschen zumindest in den marokkanischen Neustädten *(Villes nouvelles)* paradiesische Zustände – mit begrünten Prachtboulevards, gepflasterten Gehwegen und einer (weitgehend) funktionierenden Müllabfuhr. Ausnahmen sind vor allem die Randgebiete der Großstädte, wo selbst die dunkelste Sonnenbrille nicht vor dem Anblick der überall herumfliegenden schwarzen Plastiktüten bewahrt. Auch in den Gassen der Altstädte stapeln sich besonders abends, wenn die Läden geschlossen haben, die Mülltüten in den Ecken. Diese werden nachts entweder von Reinigungskolonnen aufgeräumt oder von Katzen zerfleddert. Fährt man bei einer späten Ankunft am Flughafen von Marrakesch über die palmengesäumten Prachtalleen in die Stadt ein und marschiert wenige Minuten später durch dunkle, schmutzige und menschenleere Gassen zum Gästehaus in der Medina, so ist der Kulturschock für viele Reisende bereits vorprogrammiert. Doch keine Sorge: Sobald sich die Tür zum Hotel oder Gästehaus öffnet, entsprechen die hygienischen Verhältnisse den Anforderungen der ausländischen Kundschaft. Heerscharen von Bediensteten und Putzpersonal sind im Einsatz, um Zimmer, Außenanlagen und Strände in Schuss zu halten. Leider endet die Verantwortlichkeit schon vor der Tür, und außerhalb der Touristenmeile und des Stadtzentrums ist es oft vorbei mit der Sauberkeit. Gleiches gilt übrigens für die privaten marokkanischen Haushalte: Ihr gepflegter und sauberer Charakter steht in krassem Gegensatz zu dem Schmutz im öffentlichen Raum.

Eine perfekte **Müllentsorgung** und **Straßenreinigung,** wie wir sie kennen, existiert in Marokko nur in Ansätzen. Müll, Luft- und Umweltverschmutzung werden mit zunehmender Bevölkerungszahl und Industrialisierung ein immer brennenderes Problem. Zwar sind in größeren Städten Müllcontainer aufgestellt (in kleineren Orten offene Kübel oder Fässer), man bemüht sich auch um die Aufklärung der Bevölkerung, trotzdem landet viel Abfall einfach im Gelände. Außerdem sorgen Wind, Hunde und Katzen dafür, dass der gesammelte Müll wieder verteilt wird. Besonders in den Gassen der Medinas gibt es meist keine funktionierende Abfallentsorgung.

Eine regelrechte „Landplage" sind die **Plastiktüten,** die beim Einkauf großzügig ausgegeben werden und dann landesweit Straßen, Gehwege, Gärten und Felder verunzieren und an Zäunen, Sträuchern und Bäumen hängen. Hier wäre ein gewaltiger Schritt in Richtung Umweltschutz möglich, würde eine Gebühr auf Plastiktüten erhoben. Dann würden Einheimische und Touristen wohl schnell auf die traditionellen Bastkörbe zurückgreifen.

Der **Mangel an Umweltbewusstsein** ist erschreckend. Wenn Strände, Park- oder Picknickplätze und sogar die Pfade und Kanäle in abgelegenen Bergdörfern übersät sind mit Plastikflaschen und rostigen Sardinenbüchsen, dann könnte man schon in Depressionen verfallen – auch wenn von Zeit zu Zeit Säuberungsaktionen stattfinden, vor allem wenn der König im Land herumreist. Andererseits sollte berücksichtigt werden, dass Umweltschutz und die entsprechende Bewusstseinshaltung immer auch in direkter Beziehung

⊡ Kutschfahrt in Marrakesch

ma16_132 ad

stehen zum allgemeinen Wohlstand eines Landes und seiner Einwohner. Eine bekannte Weisheit paraphrasierend, könnte man formulieren: „Fressen kommt vor Sauberkeit" – und viele Marokkaner haben nun mal in erster Linie damit zu tun, ihren Lebensunterhalt zu sichern, und sorgen sich wenig um die Sauberkeit außerhalb ihrer vier Mauern. Wie in allen arabischen Ländern ist es dafür in der eigenen Wohnung umso sauberer!

Besonders ärgerlich ist es, wenn der ökologisch sensibilisierte **Tourist im Ausland** alle Hemmungen fallen lässt, nur weil sich die meisten Einheimischen einen Dreck um die Umwelt scheren. Hier besteht eine gute Gelegenheit, als Vorbild aufzutreten: Hinterlassen Sie keinen Müll, gehen Sie sparsam mit Wasser um, verwenden Sie umweltfreundliche Shampoos, Seifen und Waschpulver, denn die Abwässer fließen meist ungeklärt ins.

Das Erscheinungsbild mancher Dörfer und Städte wird auch beeinträchtigt durch deren anhaltenden **Baustellencharakter.** Häuser bleiben lange Zeit halbfertig und unverputzt. Steine, Sand, Bauschutt und Abfall werden nach der Fertigstellung nur peu à peu weggeräumt. Der Wind wirbelt Staub und Dreck unbefestigter Bodenflächen durch die Gassen. Mancherorts stolpert man bei Rundgängen über hochstehende Steinplatten, steigt über Sandhaufen und Baumaterial, hüpft über Löcher und offene Kanalschächte – und niemand stört sich daran. **Rollstuhlfahrer** haben es deshalb, auch mangels durchgehend gepflasterter Gehwege, besonders schwer. Wenn dann die wenigen gut ausgebauten Fußgängerwege noch mit Buden und Caféstühlen vollgestellt sind, gleicht das Fußgängerdasein eher einem Hindernislauf.

Abstriche von der uns gewohnten Sauberkeit und Hygiene müssen auch gemacht werden, wenn **Billighotels,** kleine Restaurants und **Garküchen** besucht werden – von **öffentlichen Toiletten** ganz zu schweigen.

Diese Zu- und Missstände sind den Verantwortlichen durchaus bewusst. In Ministerien, Kommunen, Universitäten und Schulen sind landesweit **Umweltspezialisten** eingesetzt, die forschen, informieren und aufklären – ein weites Aufgabengebiet, das viel Geld kostet.

Anreise

Mit dem Flugzeug

Pauschalurlauber erreichen Marokko im Allgemeinen mit Ferienfluggesellschaften wie Air Berlin, TUIFly und Condor von vielen Flughäfen in Deutschland, Österreich und der Schweiz **direkt nach Agadir/Aït Melloul oder Marrakesch** und gelangen dann per Bustransfer zum Hotel.

Direktverbindungen nach Marokko aus dem deutschsprachigen Raum bestehen u.a. mit Royal Air Maroc, Lufthansa und Austrian Airlines nach Casablanca, mit Ryanair nach Marrakesch, mit TUIFly nach Marrakesch und Agadir, mit Condor nach Agadir und mit Air Berlin nach Marrakesch und Agadir.

Daneben gibt es etliche **Umsteigeverbindungen** verschiedener europäischer Linienfluggesellschaften mit mindestens einem Zwischenstopp im Heimatflughafen der jeweiligen Airline.

Die **Flugzeit** z.B. von München nach Casablanca beträgt rund 4 Stunden.

In Marokko selbst lassen sich **Inlandsflüge** über Royal Air Maroc buchen, jedoch gehen diese in der Regel nicht von Stadt zu Stadt, sondern immer über Casablanca, sodass sich diese Art des Reisens im Land nicht lohnt.

Bei **Flugbuchung im Internet** wird eine Kreditkarte benötigt. Die Airlines stellen in der Regel keine Papiertickets mehr aus, sondern senden ein **E-Ticket** mit einer Buchungsnummer per E-Mail zu. Vorteil für Reisende: Bei Verlust des Tickets reicht beim Check-In sogar der Ausweis.

Die Billig-/Charterfluglinien steuern Marrakesch und Agadir häufig nur saisonal an. Bei einigen **Billigfluglinien** wie Ryanair entstehen **Extrakosten** für die Sitzplatzwahl und für aufgegebenes Gepäck. Auch die **Bordverpflegung** (Getränke, warme Mahlzeiten) ist nicht im Flugpreis enthalten.

Gepäckausgabe am Flughafen von Marrakesch

ma16_074 ad

Kleines „Flug-Know-how“

Check-in

Nicht vergessen: Ohne einen **gültigen Reisepass** kommt man nicht an Bord eines Flugzeuges (gilt auch für Kinder).

Bei den meisten internationalen Flügen muss man zwei bis drei Stunden vor Abflug am Schalter der Fluggesellschaft eingecheckt haben. Je nach Airline kann man das in der Regel ab 23 Stunden vor dem Flug zu Hause im Internet erledigen und muss am Flughafen nur noch die ausgedruckte Boardkarte mit Barcode nach unten auf den Scanner legen und sein Gepäck am entsprechenden Schalter abgeben. Reist man nur mit Handgepäck, kann man je nach Fluggesellschaft nach einer kurzen Prüfung gleich durch die Schranke in den Boardingraum.

Das Gepäck

In der **Economy Class** darf man pro Person in der Regel ein Handgepäckstück bis zu 7 kg in die Kabine mitnehmen (nicht größer als 55 x 40 x 20 cm) und bei Bedarf zusätzlich ein Gepäckstück bis zu 23 kg einchecken. In der **Business Class** sind es pro Person meist zwei Handgepäckstücke (insgesamt nicht mehr als 12 kg) und ein Gepäckstück bis zu 30 kg zum Einchecken. Aufgepasst: Bei sogenannten Billigfluggesellschaften gelten andere Gewichtsklassen. Man sollte sich beim Kauf des Tickets über die Bestimmungen der Airline informieren.

Beim Packen des **Handgepäcks** sollte man darauf achten, dass Getränke oder vergleichbare Substanzen (Gel, Parfüm, Shampoo, Creme, Zahnpasta, Suppe, Käse, Lotion, Rasierschaum, Aerosole etc.) nur in geringen Mengen bis zu jeweils 100 ml mit ins Flugzeug genommen werden dürfen. Diese Substanzen muss man separat in einem durchsichtigen Plastikbeutel (z.B. Gefrierbeutel) transportieren, den man beim Durchleuchten in eine der bereitstehenden Schalen auf das Fließband legen sollte. Auch das Notebook oder Smartphone muss in eine solche Schale gelegt werden. Hat man einen Gürtel mit einer Schnalle aus Metall, empfiehlt es sich, diesen auszuziehen und ebenfalls in die Schale zu legen, da sonst in der Regel der Metalldetektor anschlägt und man vom Flughafenpersonal abgetastet werden muss.

Aus **Sicherheitsgründen** dürfen Nagelfeilen sowie Messer und Scheren aller Art, also auch Taschenmesser, nicht im Handgepäck untergebracht werden. Diese Gegenstände sollte man unbedingt daheim lassen oder im aufzugebenden Gepäck verstauen, sonst werden sie bei der Sicherheitskontrolle einfach weggeworfen. Darüber hinaus gilt, dass leicht entzündliche Gase in Sprühdosen (Schuhspray, Campinggas, Feuerzeugfüllung), Benzinfeuerzeuge und Feuerwerkskörper etc. nicht im Koffer oder dem Handgepäck transportiert werden dürfen.

Vom Verschließen des Gepäcks mit einem Vorhängeschloss wird abgeraten, da das Gepäck vom Flughafenpersonal bei Auffälligkeiten beim Durchleuchten durchsucht werden können muss.

- **Royal Air Maroc,** www.royalairmaroc.com
Linienflüge ab Frankfurt, München, Berlin-Tegel sowie Amsterdam und Zürich nach Casablanca. Umsteigeverbindungen ab Casablanca zu allen nationalen Flughäfen (häufig mit sehr langen Transferzeiten).
- **Air Berlin,** www.airberlin.com.
Direktflüge nach Marrakesch und Agadir u.a. ab Düsseldorf, München, Stuttgart, Wien und Zürich.
- **Condor,** www.condor.com
Direktflüge nach Agadir ab München, Frankfurt, Leipzig/Halle und Brüssel.
- **Easyjet,** www.easyjet.com
Direktflüge nach Marrakesch ab Berlin, Basel, Genf, nach Agadir ab Berlin.
- **Edelweiss Air,** www.edelweissair.ch.
Direktflüge von Zürich nach Marrakesch.
- **Eurowings,** www.eurowings.com
Von Weeze am Niederrhein nach Agadir, von Köln-Bonn nach Marrakesch, Tanger, Nador und Casablanca, von Wien nach Tanger, Nador und Marrakesch.
- **Ryanair,** www.ryanair.com
Direktflüge ab Hahn im Hunsrück und Weeze am Niederrhein nach Marrakesch und Fès, von Weeze am Niederrhein auch nach Agadir.
- **TUIFly,** www.tuifly.com
Saisonale Direktflüge nach Casablanca, Tanger, Nador, Marrakesch und Agadir von verschiedenen deutschen Städten.
- **Vueling,** www.vueling.com
Günstige Flüge über Barcelona nach Marrakesch, Fès und Casablanca.

Flugpreise

Je nach Fluggesellschaft, Jahreszeit und Aufenthaltsdauer schwanken die Preise für einen Hin- und Rückflug nach Agadir oder Marrakesch erheblich. So kann es im Januar, Februar, Juni oder November durchaus möglich sein, einen Flug ab 150 Euro zu ergattern, mit Ryanair sogar ab 50 Euro oneway. Während der Oster- oder Pfingstferien muss man jedoch mit etwa 450 Euro für ein Hin- und Rückflugticket rechnen. Preiswertere Flüge sind evtl. mit Jugend- und Studententickets (je nach Fluggesellschaft alle jungen Leute bis 29 Jahre und Studenten bis 34 Jahre) möglich.

Kinder unter zwei Jahren fliegen ohne Sitzplatzanspruch für 10% des Erwachsenenpreises, ansonsten werden für ältere Kinder die regulären Preise je nach Fluggesellschaft um 25–50% ermäßigt. Ab dem 12. Lebensjahr gilt der Erwachsenentarif oder ein besonderer Jugendtarif.

In Deutschland gibt es **ab Frankfurt** die häufigsten Verbindungen nach Marokko. Flugverbindungen mit anderen deutschen Flughäfen sind oft teurer. Da kann es für Deutsche attraktiver sein, mit einem **Rail-and-Fly-Ticket** per Bahn nach Frankfurt zu reisen (entweder bereits im Flugpreis enthalten oder 30–60 Euro extra). Man kann je nach Fluglinie auch einen preiswerten **Zubringerflug** der gleichen Airline von einem kleineren Flughafen in Deutschland buchen. Außerdem gibt es **Fly&Drive-Angebote,** d.h. eine Fahrt vom und zum Flughafen mit einem Mietwagen ist im Ticketpreis inbegriffen.

Reist man viel per Flugzeug, kann man als Mitglied eines **Vielflieger-Programms** indirekt sparen, z.B. im Verbund der www.star-alliance.com (Mitglieder u.a. Austrian Airlines, Lufthansa). Die Mitgliedschaft ist kostenlos, und die gesammelten Flugmeilen bei Fluggesellschaften innerhalb eines Verbundes reichen dann vielleicht schon für einen Freiflug bei einer der Partnergesellschaften beim nächsten Flugurlaub. Bei Einlösung eines Gratisfluges ist langfristige Vorausplanung nötig.

Buchung

Heute werden Flüge gern online gebucht, zumal Reisebüros eine Buchungsgebühr erheben – aber welche Plattform ist zu empfehlen? Bequemer ist die Buchung per Reisebüro auf alle Fälle. Für die Tickets der Linienfluggesellschaften kann man bei folgendem zuverlässigen Reisebüro meistens günstigere Preise als bei vielen anderen finden:

- **Jet-Travel,** In der Flent 7, 53773 Hennef, Tel. 02242 86 86 06, www.jet-travel.de. Buchungsanfragen oder Onlinebuchungen auf der Website unter „Flüge".

Last Minute

Last-Minute-Flüge werden von einigen Airlines mit deutlicher Ermäßigung ab etwa 14 Tage vor Abflug angeboten, wenn noch Plätze zu füllen sind. Diese Flüge lassen sich nur bei Spezialisten buchen:

- **L'Tur,** www.ltur.com, Tel. 00800 21 21 21 00 europaweit
- **Lastminute,** www.lastminute.de, (D)-Tel. 089 17 92 30 40
- **5 vor Flug,** www.5vorflug.de, (D)-Tel. 089 710 45 41 09, (A)-Tel. 0820 20 30 85
- **Holiday Check,** www.holidaycheck.at

Mit der Bahn

Teuer, langsam, umständlich – so lautet das weitverbreitete Klischee über die Anreise mit der Bahn. Doch eine Bahnreise nach Marokko kann **erlebnisreich, entspannend und durchaus bezahlbar** sein. Auf jeden Fall bietet sie viel Zeit, sich innerlich auf das Ziel einzustellen und dem drohenden Kulturschock entgegenzusteuern.

Außer den beiden unten beschriebenen Varianten (Fähre ab Sète oder Algeciras/Tarifa) fahren **Schiffe** von den Häfen Genua, Barcelona, Alméria und Málaga. Allerdings passen dort die Abfahrten nur selten gut zu den Zug-Fahrplänen; fast immer ist irgendwo eine Zwischenübernachtung nötig. Ohne Unterbrechung bietet sich nur eine Möglichkeit an, die je nach Schiffsfahrplan an einzelnen Tagen jede Woche möglich ist (zu Reedereien, Fahrtdauer etc. vgl. Abschnitt „Fähren über das Mittelmeer"):

Bahnreise nach Sète (Südfrankreich)

Aus Köln, Frankfurt oder München geht es per ICE, TGV oder Thalys zunächst frühmorgens **nach Paris** Ost- oder Nordbahnhof. Aus Hamburg, Berlin oder Hannover nimmt man zunächst den Nachtzug nach Freiburg oder Basel. Für den in Paris erforderlichen Bahnhofswechsel per Metro sollten gut 1½ Stunden eingeplant werden. Weiter geht es von Paris Gare de Lyon, **Sète** ist am späten Nachmittag erreicht. Der Fußweg vom Bahnhof Sète zum Hafen ist ungefähr 800 m lang. Die Überfahrt mit dem Schiff nach Tanger Méd dauert zwei Nächte und einen Tag.

Bahnreise nach Algeciras und Tarifa (Südspanien)

Diese Variante ist an allen Tagen der Woche möglich. Wie oben beschrieben geht es zunächst nach Paris. Von dort fährt gegen 14 Uhr ein TGV direkt nach Barcelona, wo man am frühen Abend eintrifft. Nach einer Übernachtung in der Stadt geht es morgens via Antequera nach Algeciras (Ankunft nachmittags). Vom Bahnhof dort sind es nur 500 m bis zum Hafengebäude. Die Fähren ab **Algeciras** fahren allesamt zum **Hafen Tanger-Méd** (ca. 40 km nordöstlich der Stadt). Dort besteht stündlicher Busverkehr zum Busbahnhof Tanger. Mehrmals täglich gelangt man per Zug vom Hafen zum Stadtbahnhof.

Welchen Hafen man für die Fährüberfahrt wählt, hängt vom Reiseziel in Marokko ab. Für das Ziel Tanger ist es sinnvoll, eine der Fähren ab Tarifa zu wählen, weil diese den **Stadthafen** in Tanger bedienen und nicht den Hafen Tanger-Méd.

Tarifa liegt ca. 45 Min. westlich von Algeciras. Busse der Firma Comes (www.tgcomes.es) fahren regelmäßig vom Busbahnhof, der sich direkt vor dem Bahnhof befindet. Zwar bieten die einzelnen Fährgesellschaften auch kostenlose Zubringerbusse, allerdings fahren diese unsinnigerweise ab Algeciras-Hafen und an nicht ausgeschilderten Haltestellen.

Preise, Infos und Buchung

Wegen der Varianten-Vielzahl und der ständig wechselnden Angebote der jeweiligen Transport-Unternehmen ist eine genaue

Preisangabe nicht möglich. Je nach Abfahrtsort, Reisezeit, Frühzeitigkeit der Buchung und Komfort-Kategorie sollte man **250–450 Euro** für die einfache Strecke kalkulieren (Fähre inbegriffen).

Wer Geld sparen möchte, sollte Hauptreisetage meiden und insbesondere frühzeitig an die Buchung denken – gut vier Monate vor dem Reisetermin ist zu empfehlen.

Wer sich nicht selbst durch den Dschungel der Tarife kämpfen möchte, kann sich an das Reisebüro des Spezialisten *Siegrid Klausmann* wenden, der seine Fahrtipps regelmäßig selbst ausprobiert. Er informiert auch über attraktive Kombinationsangebote für die gesamte Reisekette Zug/Bus und Fähre und hilft bei Übernachtungen unterwegs bzw. bei Ankunft:

- **Gleisnost Reisebüro GmbH,** Bertoldstr. 44, 79098 Freiburg, Tel. 0761 205 51 30, www.gleisnost.de.

Weitere Informationsquellen

- **Deutsche Bahn,** www.bahn.de
- **Schweizerische Bundesbahn,** www.sbb.ch
- **Österreichische Bundesbahn,** www.oebb.at
- **Italienische Eisenbahn,** www.trenitalia.it
- **Französische Bahn,** www.voyages-sncf.com
- **Spanische Bahn,** www.renfe.es

Zuverlässige Fahrpläne, Spezialtarife und Sonderangebote halten die Unternehmen leider meist nur für ihre eigenen Strecken und Züge bereit (nicht grenzüberschreitend).

Mit dem Fernbus

Neben der Bahnfahrt besteht auch die Möglichkeit, **Algeciras per Eurolines-Bus** anzusteuern und von dort die Fähre zu nehmen. Ab Frankfurt gibt es drei wöchentliche Verbindungen mit einer Fahrtdauer von rund 38 Stunden und einer denkbar schlechten Ankunftszeit um 22 Uhr. Das (einfache) Ticket kostet 170 Euro.

- **Eurolines,** www.eurolines.de, Service-Hotline 06196 20 78-501.

Zweisprachige Straßenschilder erleichtern die Orientierung

ma16_119 ad

Trampen und Mitfahrzentralen

Nach Marokko zu **trampen** ist nur Leuten mit viel Zeit zu empfehlen. Spanien ist nach Erfahrungen von Lesern das schwierigste Tramperland – Einheimische halten so gut wie gar nicht, nur ausländische Urlauber.

Auf der Rückreise hat man die besten Chancen, wenn man sich in **Algeciras** direkt bei der Autoausfahrt der Fähre hinstellt. Vor allem marokkanische Gastarbeiter auf der Rückreise vom Heimaturlaub nehmen Leute mit. Lkws stehen ebenfalls in Sichtweite, fahren aber nicht an Wochenenden. Den Fahrern großer Speditionen ist es verboten, Tramper mitzunehmen.

Die billigste (und noch dazu ökologisch sinnvolle) Möglichkeit, bis nach Südspanien oder weiter zu reisen, bieten **Mitfahrzentralen.** Die Fahrer sind bei der Mitfahrzentrale mit allen Daten registriert, was vor allem allein reisenden Frauen ein besseres Sicherheitsgefühl gibt als zu trampen.

■ **Infos und Angebote** zu Mitfahrgelegenheiten im Internet unter www.blablacar.de.

Mit dem eigenem Auto

Die Autobahn durch Spanien ist zwar bis Algeciras (über Granada, Málaga) ausgebaut, für eine **Fahrt über die Schweiz, Frankreich und Spanien** bis nach Marokko sind dennoch mindestens 2½–3 Tage zu veranschlagen (München – Algeciras 2480 km auf der Autobahn). Wer ohne Zeitnot reist und sich nach und nach auf den Süden einstimmen will, sollte auf die teuren Autobahnen verzichten und über Landstraßen gemütlich bis Marokko reisen. **Für Reisende aus Norddeutschland** ist es vielleicht günstiger, über Luxemburg, Frankreich (in Südfrankreich entlang der Atlantikküste) und Zentralspanien bis nach Algeciras zu fahren (Hamburg – Algeciras ohne Autobahn 3050 km).

Für die **Autobahnen** fallen insgesamt ca. 150–200 Euro **Mautgebühren** an (inkl. der schweizerischen Jahresvignette), abhängig vom Fahrzeugtyp, denn die Klassifizierung findet nach unterschiedlichen Fahrzeugtypen statt (Motorrad, Pkw, Lieferwagen oder Wohnmobile bis 3,5 t bzw. ab 3,5 t). Teuer wird es für Wohnmobile mit zwei Hinterachsen oder auch Doppelbereifung, denn die kosten u.a. in Frankreich deutlich mehr. Hier lohnt sich auf jeden Fall die Anreise mit der Fähre. Für die Zahlstellen in Frankreich und Spanien ist es sinnvoll, etwas Kleingeld parat zu halten, um ohne Wartezeit beim Automaten durchfahren zu können.

Mit einem Campmobil oder Dachzelt ist es möglich, an den Autobahnraststätten zu **übernachten,** das sollte aber aus Sicherheitsgründen wohl überlegt sein. Es gab Fälle in Südfrankreich und in Spanien, bei denen von außen Gas über das geöffnete Fenster in Wohnmobile geleitet wurde, um die Schläfer zu betäuben und dann einzubrechen. Deshalb ist ein Campingplatz oder WoMo-Stellplatz vorzuziehen. Der ADAC hat in seiner Touristik-Mappe über Marokko (nur für Mitglieder) für die Anreiseroute Campingplätze entlang der Strecken aufgelistet.

Preiswert und gut **essen** kann man **in Frankreich** in den Restaurants der Supermärkte (Hypermarché, Carrefour), die sich an den großen Ausfallstraßen bzw. im *Centré Industrielle* am Rand der Städte befinden. Aber auch an großen Fernverbindungen und Landstraßen gelegene Truckerkneipen sind die richtige Anlaufstelle für reichhaltiges und preiswertes Essen, in Frankreich *Relais Routier* genannt.

Wenn Sie in **Spaniens oder Südfrankreichs Urlaubszentren** Pausen einlegen und unbewacht parken, dann lassen Sie **nichts Wertvolles im Auto** – Autoaufbrüche gehören zur Tagesordnung.

Vernünftige **Übersichtskarten** mit Kurzinfos über die Anreiseländer, Einfuhrbestimmungen, Benzinpreise, Grenzübergänge sowie eine Gebührenübersicht für die Autobahnen erhalten Mitglieder in der Geschäftsstelle ihres **Automobilclubs** oder auf deren Homepage: ADAC, www.adac.de; ÖAMTC, www.oeamtc.at; TCS, www.tcs.ch.

Fähren über das Mittelmeer

Es gibt **zahlreiche Fährverbindungen** von Spanien, Frankreich und Italien nach Marokko. Ticketschalter befinden sich unmittelbar im Hafenbereich, sowohl in den spanischen als auch in den marokkanischen Fährhäfen.

Generell gilt, dass eine **frühzeitige Buchung der Hin- und Rückfahrt preiswerter** ist, als die Einzeltickets jeweils im Hafen zu kaufen, denn:

- manche Reedereien gewähren Preisnachlässe von bis zu 20% gegenüber zwei Einzelfahrten;
- die in Marokko auf Fährtickets fälligen Steuern von 10% extra zum Ticketpreis entfallen;
- in Marokko gibt es keine Möglichkeit, die Fähre für die Rückreise (außer nach Sète) vorauszubuchen, auch nicht in Casablanca bei Acciona Trasmediterranea;
- für Studenten und Rentner gibt es auf einzelnen Strecken Preisnachlässe bei Vorlage eines internationalen Ausweises;
- für ADAC-Mitglieder gibt es z.B. bei Grimaldi und Grand Navi Veloci Ermäßigung (bei Buchung in Deutschland).

Eine sehr gute Übersicht der Routen sowie die Möglichkeit zu buchen bieten Internetportale und spezialisierte Reisebüros (s.u.).

Während der **Hauptsaison** in den Sommermonaten und ganz besonders zum Ferienbeginn in Frankreich und Holland (meist Ende Juli/Anfang August) sind die meisten Strecken sehr stark frequentiert und viele Abfahrten ausgebucht. Wer sich lange Wartezeiten ersparen will, sollte daher seine Fährtickets frühzeitig buchen. Dies ist sowohl bei den Generalagenturen als auch bei spezialisierten Reisebüros möglich.

Bei der **Einreise nach Marokko** bieten sich auch im neuen Hafen in Tanger und in den spanischen Enklaven Ceuta und Melilla **selbst ernannte „Grenzguides"** an – die durch Kleidung und angehängte „Ausweise" einen offiziellen Eindruck erwecken –, um die Passabfertigung oder den Geldwechsel zu beschleunigen. Diese „Hilfe" und das dann verlangte (überhöhte) Trinkgeld können Sie sich sparen. Die Einreise ist unproblematisch selbst zu schaffen (siehe „Ein- und Ausreise").

Algeciras/Tarifa – Tanger

Diese Strecke **zum neuen Hafen Tanger Méd** ist zwar etwas länger als die unten genannte Verbindung Algeciras – Ceuta, aber inzwischen diejenige mit den häufigsten Abfahrten (bis zu 14x täglich), daher sind auch die Wartezeiten meist deutlich kürzer. Es fahren die **Reedereien** Comarit, Comanav, Intershipping, Navline, Balearia, FRS und Acconia Trasmediterranea. Sofern man nicht zu Hause vorgebucht hat, kauft man die **Tickets** für Hin- und Rückfahrt direkt im Hafen von Algeciras oder aber bei den diversen Ticketschaltern entlang der Autobahn (sowohl in Tanger als auch in Spanien oder an der Hauptstraße vor dem Hafen).

Eine **Buchung** über ein auf Fähren spezialisiertes Reisebüro (Adressen s.u.) in Deutschland, der Schweiz, Österreich oder über ein Internetportal ist inzwischen problemlos möglich und verkürzt die Wartezeit.

Die **Überfahrt** mit der Schnellfähre dauert etwa 45 Minuten. Hin- und Rückfahrt kosteten Anfang 2016 64–120 Euro p.P., 224–340 Euro für 2 Personen und einen Pkw sowie 220 Euro für ein Wohnmobil bis zu 6 Personen und 2,80 m Höhe. Je nach Linie und Jahreszeit variieren die Angebote, daher lohnt sich ein Vergleich, am preiswertesten war bei der Recherche Trasmediterranea.

Eine Alternative zu dieser Verbindung sind die **Schnellboote Tarifa – Tanger** (bis zu 8x täglich, ca. 35 Min.). Das Ticket kostet etwa ein Drittel mehr als die Überfahrt von Algeciras aus, es gibt aber immer wieder Sparangebote, daher sollte man die Preise der Gesellschaften vergleichen. So gibt es Meldungen von Lesern, die für einen VW-Bus inkl. 2 Personen nur 120 Euro bezahlt haben, und von einem Fahrradfahrer, der für eine Person mit dem Fahrrad knappe 45 Euro von Tanger aus zahlen musste, während es von Algeciras nur die Hälfte war.

Die polizeilichen **Einreiseformalitäten** (ohne Zoll) werden auf den Fähren nach Tanger bereits auf dem Schiff erledigt. Einige Fähren von Tarifa fahren noch den **alten Hafen** direkt in der Stadt an, was natürlich Zeit spart, wenn man sich Tanger ansehen will.

Algeciras – Ceuta

Dies ist die **kürzeste Verbindung** – besonders in der Hochsaison muss man deswegen mit längeren Wartezeiten rechnen –, aber sie ist mittlerweile nicht mehr die preiswerteste! Die Überfahrt mit den „Fast Ferrys" (6x täglich) dauert 30 Min. bis 1 Stunde. Bedient wird diese Strecke von den **Reedereien** Balearia, FRS und Acconia Trasmediterranea. Ein Hin- und Rückfahrtticket kostete Ende 2015 mindestens 124 Euro p.P., 170 Euro für einen Pkw und 250 Euro für ein Wohnmobil. Nachteil dieser Verbindung ist (ebenso wie nach Melilla, s.u.), dass man die **Grenzformalitäten** nicht an Bord erledigen kann, sondern erst an der Landesgrenze in Ceuta.

Genua/Sète – Tanger

Die **längsten und teuersten Fährverbindungen** – dafür aber mit der kürzesten und bequemsten Anreise über Italien bzw. Frankreich – sind von Genua nach Tanger (1x wöchentlich) bzw. von Livorno nach Tanger (1x wöchentlich) und Sète – Tanger bzw. Nador.

Hin- und Rückfahrt kosten **von Genua bzw. Livorno** nach Tanger (48–51 Std. mit Grandi Navi Veloci bzw. Grimaldi) je nach Saison und Kabinenkategorie 340 Euro p.P. bzw. mindestens 800 Euro für 2 Pers. inkl. Pkw und Pullmannsitz. Je nachdem, welche Kabine man wählt, umso teurer wird es. Die billigste Überfahrt für einen Camper bis 6 m und 2 Personen im Pullmannsitz (ohne Kabine) liegt für die einfache Fahrt bei ca. 450 Euro. Da es aber immer wieder Sonderangebote gibt, lohnt es sich, vor der Abfahrt die Newsletter der Fähren-Internetportale zu abonnieren.

Die Überfahrt **von Sète nach Tanger** dauert 36–40 Std. (mit COMANAV und Comarit, 2x pro Woche, im Juli/August 3x wöchentlich). Für die Hin- und Rückfahrt muss man – je nach Saison und Kabinenkategorie, inkl. Mahlzeiten an Bord – zwischen 376 (Pullmannsitz) und 560 Euro p.P. (2-Bett-Außenkabine mit Du/WC) rechnen. Für 2 Personen und einen Pkw müssen (ebenfalls saisonabhängig) 740 Euro für Hin- und Rückfahrt bezahlt werden, für große Fahrzeuge bis zu 1500 Euro. **Von Sète nach Nador** ist man etwa 30 Std. unterwegs (mit COMANAV, 1x pro Woche, im Juli/August 2x), die Überfahrt kostet genauso viel wie nach Tanger. Grimaldi Lines verkehrt auch von Livorno nach Tanger (1x pro Woche, 54 Std., www.grimaldi-lines.com).

Alméria – Melilla/Nador

Der **schnellste Weg** von Europa nach Marokko sind die Verbindungen Alméria – Melilla (Acconia Trasmediterranea, 1x wöchentlich, 6–8 Stunden) und Alméria – Nador. Diese Strecken sind wesentlich weniger frequentiert als diejenigen von Algeciras nach Ceuta. Nach Melilla gibt es **Nachtfähren** (Abfahrt gegen Mitternacht), für die Sie eine Kabine buchen können und am nächsten Morgen entspannt um 8 Uhr ankommen. Bei den Fähren von Alméria nach Melilla ist im August zwar mit längeren Wartezeiten zu rechnen (einige sind auch ausgebucht), man bekommt aber gelegentlich noch ein Ticket, wenn man einen (teureren) Kabinenplatz bucht. Um evtl. Wartezeiten von 1–2 Tagen zu vermeiden, sollte man in Deutschland vorbuchen, sofern die Reise im Juli oder August geplant ist. Eine **Rückreise** von Melilla zwischen 5. und 11.9. ohne vorherige Reservierung sollte man unbedingt vermeiden. Wegen der großen Fiesta in Melilla sind dort die Fährbüros geschlossen, und die Chance, ein Ticket zu bekommen, besteht nur noch abends nach Öffnung der Schalter (bei großem Gedränge). Die Hin- und Rückfahrt von Alméria nach Melilla kostete Ende 2015 für 2 Personen 142 Euro, inkl. Wohnmobil ab 412 Euro (ohne Kabine mit reserviertem Sitzplatz).

Die Verbindung **Alméria – Nador** (1x wöchentlich mit Acconia Trasmediterranea, in der Hochsaison bis 4x wöchentlich, 6–8 Std.) ist etwas stressfreier als die vorher genannte Route, da man direkt Marokko ansteuert und nicht erst den Grenzübergang Melilla nach Marokko überqueren muss. Stattdessen kann man die **Polizeiformalitäten,** wie auf den Fähren nach Tanger, direkt an Bord erledigen. Die Hin- und Rückfahrt kostet ca. 570 Euro für 2 Personen inkl. Pkw.

Acciona Trasmediterranea und Grandi Navi Veloci verkehren auch **von Barcelona nach Tanger.**

Von Naviera Armas, einer spanischen Reederei, verkehren außerdem Fähren **von Motril** (südlich Granada, zwischen Málaga und Alméria) **nach Melilla, Nador** (1- bis 2x wöchentlich) und **Al Hoceima,** wobei die Al-Hoceima-Fähre offensichtlich nur im Sommer fährt.

Mitglieder können vom **ADAC** ein Faltblatt **„Kraftfahrzeug-Fähren in Nordafrika"** anfordern.

Buchungsmöglichkeiten und Infos im Internet

- www.aferry.de
- www.directferries.de
- www.cemar.it/dest/faehren_marokko
- www.ocean24.de
- www.faehren.de/marokko.htm

Spezialisierte Reisebüros

- **Förde Reederei Seetouristik,** Norderhofenden 19–20, 24937 Flensburg, Tel. 0461 86 40, info@frs.de.
- **Sahara Wings,** Marsstr. 12, 80335 München, Tel. 089 59 01 99 00, www.marokkotours.de/faehren.
- **Saro-Shop Rosenheim,** Innstr. 38, 83022 Rosenheim, Tel. 08031 327 58, www.saro-expedition.de/4_faehre/schiff.
- **Voigt Seereisen Agentur,** Herrenholz 10–12, 23566 Lübeck, Tel. 0451 505 61 70, www.seereisen-agentur.de.

Fährgesellschaften

- **Acconia Trasmediterranea,** Calle Anabel Segura 11, Complejo Albatros, Edificio D, Planta 2º, 28108 Alcobendas, Madrid, Call Center 0034 902 45 46 45, in Marokko: 00212 0800 00 35 36, www.trasmediterranea.es; Strecken: Barcelona – Tanger, Algeciras – Ceuta, Algeciras – Tanger, Algeciras – Ceuta, Málaga – Melilla, Alméria – Melilla.
- **Balearia Eurolínias Marítimas,** die Zentrale liegt in Dénia, aber auch Büros im Hafen von Algeciras, Ceuta und Tanger-Méd, Tel. 0034 (0)96 642 87 00, www.balearia.com
- **Comarit (französisch)/SNCM/COMANAV (marokkanisch),** Strecken: Genua – Tanger, Sète – Tanger bzw. Nador, Alméria – Nador, Tanger – Tarifa, Algeciras – Tanger; Büros: Solair Voyages, 224, Rue des Postes, 59000 Lille, Tel. 0366 72 55 01, im Hafen von Algeciras, Tel. 956 66 84 62, algeciras@comarit.com, Comanav, 1, Av. Pasteur, 20300 Casablanca, Tel. 0522 44 48 88.
- **Euro Ferrys,** Strecken: Algeciras – Ceuta, Algeciras – Tanger, Call Center 09003 66 99 33.
- **Grandi Navi Veloci,** Via Fieschi 17A, Genua, Tel. 0039 (0)20 945 91, Call Center 09003 66 99 33, www.gnv.it, von Genua (Italien) nach Tanger (bzw. Barcelona) und zurück), 1x wöchentlich.
- **FRS Iberia,** Strecken: Algeciras – Ceuta, Tarifa/Algeciras/Gibraltar – Tanger, Alméria – Tanger; Internet: www.frs.de oder www.frs.es; Büros: Tarifa, Estación Marítima, P.O./Aptdo. de Correos 13, 11380 Tarifa (Cádiz), Tel. 956 68 18 30, Algeciras, Estación Marítima Local B3, CP 11201 Algeciras-Cádiz, Ceuta, Estación Marítima Local E17, CP 51001 Ceuta, Estación Marítima S/N, CP 51001 Ceuta, Carretera Cádiz – Málaga Km 161, Tanger, FRS Maroc S.A.R.L., 18, Rue Farabi, Tel. 0539 94 26 12 18, 956 68 18 30.
- **Ferry Maroc,** Alméria – Nador; seit 2010 gehört die Gesellschaft zu Acconia Trasmediterranea (s.o.).
- Außerdem **Büros** verschiedener Gesellschaften in den Häfen von (u.a.) Barcelona, Málaga, Ceuta, Melilla, Alméria, Algeciras und Tanger.

Ausrüstung

Reisegepäck

Eine rechtzeitig angelegte Checkliste hilft, dass man nichts einzupacken (und vorab zu erledigen) vergisst. Im Grunde erfordert eine Marokkoreise kaum andere Vorbereitungen als eine beliebige Südeuropareise. Zu beachten ist jedoch, dass man in ein arabisches Land reist (u.a. Kleidungssitten).

Auch wenn Sie etwas zu Hause vergessen haben – bis auf hochmoderne Reise- und Outdoorausrüstung lässt sich **in Marokko alles nachkaufen.** Generell ist wichtig, an die persönlichen und unersetzlichen Dinge zu denken, z.B. Personaldokumente, Brille und Medikamente, Adressen sowie Wörterbuch bzw. Sprachführer (z.B. Kauderwelsch „Marokkanisch-Arabisch – Wort für Wort", Reise Know-How Verlag). Reiseführer/-karte und Urlaubslektüre (deutsche Tageszeitungen, Zeitschriften) sind auch in den Urlaubszentren erhältlich.

Fotografen sollten das Ladegerät für die Kamera (kein Adapter notwendig), evtl. Ersatzbatterien und eine Speicherkarte mit ausreichend Kapazität mitnehmen (Speicherkarten sind in marokkanischen Fotoläden erhältlich, aber teurer). Bei Wüstenausflügen kann auch ein Reinigungspinsel nicht schaden, um die Linse von Staub zu befreien.

Sollten Sie vorzugsweise in Billigunterkünften nächtigen, kann ein (schnell trocknendes) **Handtuch** nicht schaden, denn dieses gehört nicht immer zur Ausstattung. Low-Budget-Touristen sollten auch an einen **Hüttenschlafsack** (aus Seide od. Baumwolle) denken, falls keine oder nur verschmutzte Bettwäsche vorhanden ist. Ein wärmerer Schlafsack ist notwendig, wenn man plant, auf Dachterrassen, im Zelt oder open air in der Wüste zu übernachten. Packen Sie eine kleine **Taschenlampe** (z.B. LED-Stirnlampe) ein: Sie brauchen sie bei evtl. Stromausfällen, bei abendlichen Spaziergängen durch schlecht oder unbeleuchtete Gassen, bei Touren über Land oder für Übernachtungen in Zelten oder Hütten. Ein kleiner **Schirm** ermöglicht Spaziergänge notfalls auch bei Regen (im Frühjahr und Spätherbst).

Denken Sie an einen guten **Sonnenschutz** für Kopf und Haut (Sonnencreme mit hohem Lichtschutzfaktor).

Empfehlenswert ist die Mitnahme einiger individueller **Geschenkartikel** als Dank für kleinere Dienstleistungen und als Mitbringsel bei Einladungen. Besonders beliebt sind Proben von duftenden Kosmetikartikeln (Shampoo, Bodylotion o.a.), die man in großer Auswahl z.B. beim dm-Drogeriemarkt findet. Auch typisches Souvenirs aus dem Heimatland (Kalender/Postkarten/Bildband) kommen gut an.

In einem **Notizbuch** kann man Erlebnisse, Adressen und praktische Infos zu besuchten Hotels, Restaurants etc. festhalten. Zu Hause fällt anhand der Notizen die Zuordnung der Reisebilder leichter und bei einer evtl. weiteren Reise kann man leicht auf das Notierte zurückgreifen.

Ein **Laptop, Tablet oder Smartphone** ist in Marokko nützlich: In immer mehr Hotels, Restaurants und Cafés in großen Städten und touristischen Zentren wie Agadir, Essaouira und Marrakesch kann man kabellos im Internet surfen (WLAN). Wer länger in Marokko unterwegs ist, kann über die Anschaffung einer marokkanischen SIM-Karte nachdenken, um Telefonkosten zu sparen. Prüfen Sie dafür vor der Abreise, ob Ihr **Mobiltelefon** per SIM-Lock für andere Karten gesperrt ist oder nicht. Packen Sie ggf. zusätzlich ein altes Handy für die Nutzung mit der marokkanischen SIM-Karte ein.

Ein **Navigationsgerät** kann für Urlauber, die mit dem Mietwagen reisen, hilfreich sein. Für die Nutzung in Marokko muss vorher die entsprechende Kartensoftware erworben werden (vgl. „Mit dem Auto unterwegs/Straßennavigation"). Bei einigen Mietwagenfirmen kann ein Navigationsgerät mit installierten Karten hinzugebucht werden. Ein leichtes Handgerät ist bei selbstständigen Trekkingtouren im Hohen Atlas ein sinnvolles Accessoire. In diesem Buch sind einige Koordinaten von schwer auffindbaren Abzweigen oder Orten angegeben.

Kopien von Pass und Dokumenten – separat aufbewahrt – sind nützlich bei Verlust der Originale. Am sinnvollsten ist es, eine digitale Kopie der Dokumente in einem Onlinespeicher (Cloud) zu hinterlegen (z.B. bei Dropbox) – so sichert man sich bei Verlust jederzeit und überall auf der Welt den Zugriff auf Passdaten o.Ä.

Kleidung

Generell auf Reisen empfehlenswert ist **leichte, atmungsaktive Kleidung.** Moderne Funktionskleidung trocknet schnell und bietet einen besonders guten UV-Schutz. Der Tragekomfort von Baumwolle ist jedoch häufig höher. Mit leichten Hosen oder Röcken, die bis über die Knie reichen, sowie nicht zu engen Blusen oder T-Shirts ist man unterwegs nicht nur einigermaßen „anständig" angezogen, sondern auch vor der intensiven Sonneneinstrahlung geschützt. Marokkaner wird man außerhalb der Küstenstädte selbst im (sehr heißen) Hochsommer allenfalls in knielangen Shorts auf der Straße antreffen. Auch der wohlgeformteste Mann würde sich daneben benehmen, liefe er mit entblößter Brust herum. Diese Regeln gelten umso mehr, je weiter man sich von touristischen Zentren entfernt.

Selbst in der größten Hitze muss **Rücksicht auf das islamische Gastland** genommen werden. Nacktbaden ist in Marokko verboten, „oben ohne" wird allerhöchstens an den Hotelpools geduldet, an Stränden jedoch signalisiert die barbusige Europäerin dem männlichen Marokkaner sexuelle Bereitschaft, was Belästigungen nach sich zieht. Freizügige Kleidung wie sehr kurze Röcke/Shorts und tief ausgeschnittene oder rückenfreie Shirts sollten Frauen nur im Hotelbereich oder in den modernen Neustädten von Marrakesch, Agadir und Casablanca tragen. In ländlichen Regionen, in Bergdörfern, in den Altstädten und vor allem beim Besuch von religiösen Monumenten (z.B. Medersen) trägt frau besser knie- und schulterbedeckende Kleidung, um keinen Unmut zu provozieren.

Das **Tragen marokkanischer Landestracht** empfiehlt sich nur zu geeigneten Anlässen: Als Kopfbedeckung bei einer staubigen Tour unter sengender Sonne etwa, ist ein Chech (Wickelkopftuch der Tuareg und anderer Saharavölker) sehr praktisch. Beim Rundgang in der Altstadt kann durchaus eine Djellabah getragen werden. Insgesamt aber sollte auch hier das nötige Fingerspitzengefühl bewiesen werden.

Für Frauen empfiehlt sich ein großes, leichtes **Tuch,** das frau beliebig über Kopf und/oder Schultern tragen kann – im Süden kann für diesen Zweck auch ein Chech gekauft werden. Dies ist nicht nur ein empfehlenswertes Zugeständnis an die Landessitte, es schützt auch Kopf und Nacken vor der Sonne und das Haar vor Austrocknung und Staub – außerdem lässt sich damit beim Besuch z.B. von Moscheen, Museen, Souks, Restaurants ein etwaiges Zuviel an nackter Haut im Schulterbereich dezent verhüllen.

Auch ins Sommergepäck gehören ein **warmer Pullover, Windstopper oder Fleece** für kühle Abende sowie ein leichter Wind- und Regenschutz. Im Winter braucht man vor allem im Gebirge, aber auch in der Wüste (Nachtfrost!), genug warme Klamotten und einen entsprechend warmen Schlafsack. Für Trekkingtouren im Hohen Atlas müssen vor März und ab September unbedingt Mütze und Handschuhe ins Gepäck!

Feste, geschlossene **Schuhe** sind nicht nur für Wüstenexkursionen empfehlenswert, sondern auch für längere und kürzere Wanderungen, Ausflüge ins Gelände und Besichtigungen antiker Ruinenstätten. Ansonsten sind robuste Trekkingsandalen ideal, sowohl für den Altstadtbummel als auch für Spaziergänge abseits der Straße.

▷ Eine gute (Camping-)Ausrüstung ist Voraussetzung für Bergtouren

Campingausrüstung

Wer die Reisekasse schonen möchte und gerne im **Zelt** in der Natur übernachtet, statt im Hotelzimmer, der sollte eine komplette Campingausrüstung einpacken. Moderne Kuppelzelte lassen sich schnell und unkompliziert aufbauen, sind leicht und stehen auch ohne Heringe. Besonders praktisch sind Zelte mit separatem Innen- und Überzelt, sodass man in warmen Wüstennächten luftig ohne Überzelt schlafen und durch das Moskitonetz den Sternenhimmel beobachten kann. Für dornigen, steinigen oder feuchten Untergrund sollte man auch eine **robuste Plane** als Zeltunterlage mitnehmen. Die teuerste, aber sicher praktischste Möglichkeit für Autofahrer ist ein **Autodachzelt** (erhältlich bei Expeditionsausrüstern). Das auf dem Dachgepäckträger mit einer Plane verpackte Zelt wird zum Schlafen wie eine Ziehharmonika auseinandergeklappt und mit der Leiter am Boden gestützt. So kann man sein Lager ohne viel Raum einzunehmen auch schnell am Straßenrand oder auf einem Parkplatz aufbauen.

Als **Schlafsack** empfiehlt sich ein Kunstfaserschlafsack, diese sind pflegeleichter als Daunenschlafsäcke. Warme Schlafsäcke (mit Komfortbereich bis unter null Grad) braucht man vor allem im marokkanischen Winter und in den Hochgebirgsregionen. Im Frühjahr und Herbst sind die Nächte in Marokko noch empfindlich kalt. Rucksackreisende, die vorwiegend im Hotel und in der Jugendherberge übernachten werden, können auf einen warmen Schlafsack verzichten, sofern sie nicht gerade im Winter in einfachsten Herbergen ohne Heizung übernachten. Normalerweise reicht ein Baumwoll- oder Seiden-Hüttenschlafsack, den man sowohl in Jugendherbergen als auch in einfachen Hotels verwenden kann.

Die bequemste und gegen Bodenkälte und -wärme am besten isolierende **Schlafunterlage** fürs Camping sind aufblasbare Liegematten, z.B. von Thermarest. Einfache, robuste Isomatten sind zwar weniger bequem, dafür billiger und eignen sich auch recht gut als Unterlage beim Picknicken und als Sitzgelegenheit auf Marokkos staubigen Campingplätzen

ma16_200 ad

Ausrüstungsliste für eine Campingreise mit eigenem Kfz

Camping
- Campingtisch/-stühle
- Zelt/Dachzelt
- Schlafsack, Schlafmatte, Leinentuch, Kopfkissen
- Wasserkanister 20 oder 30 l bzw. Wassertank
- Taschenlampe/Stirnlampe
- Kerzen, Stablampe, LED-Leuchte o.Ä.
- Ersatzbatterien
- Boxen für Kleidung, Lebensmittel usw.
- Klappspaten
- Tagesrucksack

Küche
- Kocher, evtl. Ersatz-Gasflasche
- Geschirr, Töpfe, Pfanne usw.
- Wasserentkeimungsmittel
- Trinkgefäße, Vorratsgefäße, Wasserflasche
- faltbare Plastikwanne
- Grillrost
- evtl. Kompressorkühlschrank

Orientierung
- Karten, Reiseführer, GPS-Daten, sonstiges Infomaterial
- GPS-Gerät inkl. Halterung, Außenantenne
- großer Fahrzeug- oder kleiner Handkompass

Technische Geräte
- Notebook, inkl. Kfz-Adapter bzw. Netzteil
- Mobiltelefon inkl. Ladekabel
- Kamera inkl. Speicherkarten und Ersatzbatterien
- MP3-Player

Sicherheit
- Geldgürtel, Brustbeutel, Bauchtasche o.Ä.
- evtl. im Kfz fest installierte Stahlkassette/Safe
- (mehrfache) Kopien aller Papiere
- Notrufnummern (z.B. Auslandskrankenversicherung, Kreditkartenverlust)
- Adressen von Kontaktpersonen zu Hause und vor Ort

Sonstiges
- Taschenrechner
- Spanngurte
- Kehrbesen und -schaufel
- Wäscheleine und -klammern
- biologisch abbaubare Seife (als Wasch-/Geschirrspülmittel und für die Körperhygiene)
- Flick- und Nähzeug (für Matte, Zelt, Kleidung usw.)
- kleine Geschenke/Mitbringsel
- Rettungsdecke
- Weltempfänger
- Notizblock, Kalender, Adressbuch, franz. Wörterbuch
- Reiseapotheke
- Reisewecker
- Sonnenbrille, Kopfschutz
- Sportausrüstung (Taucherbrille, Trekkingstöcke u.Ä.)
- Fernglas
- Taschenmesser oder Multitool (z.B. Leatherman)
- Taschenspiegel
- Mückenmittel, Moskitonetz
- Feuerzeug, Gasanzünder, Streichhölzer
- Schirm

ma16_125 ad

– im Gegensatz zu den selbstaufblasbaren Matten, die haben beim Außengebrauch von den vielen Akaziendornen schnell ein Loch.

Für den passenden **Campingkocher** lassen Sie sich am besten in einem Ausrüstungsladen beraten. Welches Modell Sie wählen, hängt vor allem davon ab, wie viel Platz zur Verfügung steht. In Marokko sind 5-kg-Campinggasflaschen mit aufschraubbarem Kochaufsatz fast überall (an Tankstellen und in speziellen Gaslagern) erhältlich. Kleine Kartuschen gibt es nur in den Großstädten. Gas und Flaschenpfand sind in Marokko wesentlich billiger als bei uns. Die großen 11-kg-Flaschen passen in der Regel nicht an unsere Anschlüsse. Es existieren aber örtlich Nachfüllstationen für **europäische Campinggasflaschen.** Propan ist nicht aufzufüllen, es gibt auch keine Wechselflaschen unseres Typs, nehmen Sie also bei einer solchen Gasversorgung ausreichend Gas mit. Achtung: Befüllte Gas- und Benzinflaschen für Campingkocher dürfen nicht im Fluggepäck transportiert werden (nur leere Flaschen)!

Für die Campingküche ist ein **Dampfkochtopf** sehr praktisch, um das häufig in großen Stücken verkaufte Fleisch und/oder Gemüse schneller zu garen. Die praktischen französischen Dampfkochtöpfe von SEB (speziell für Gas) sind in Marokko wesentlich billiger als bei uns.

Als unersetzlicher Ausrüstungsgegenstand fürs Camping hat sich eine **faltbare Plastikwanne** (z.B. von Ortlieb) erwiesen: zum Geschirr und Gemüse waschen, aber auch für die Körper- und Kleiderwäsche unterwegs. Die wasserdichte Wanne ist leicht und lässt sich klein zusammenfalten.

Ein **Kühlschrank** (mit 12-V-Anschluss für den Zigarettenanzünder) ist zwar praktisch, aber durchaus zu entbehren. Bewährt haben sich Schwingkompressor-Modelle, die auch in Schräglagen und bei extremer Hitze funktionieren. Absorbermodelle arbeiten nur, wenn das Fahrzeug waagerecht steht und die Außentemperaturen nicht zu hoch sind. Sehr zu empfehlen sind z.B. die Kompressorkühlschränke der Firma Waeco – sie arbeiten nach unserer Erfahrung auch nach jahrelangem Afrikaeinsatz in Sand, Hitze und auf rumpeligen Pisten noch einwandfrei. Eine Alternative zum Kühlschrank ist eine einfache Kühlbox, in der Käse, Milch und Fleisch zumindest einen begrenzten Zeitraum frisch bleiben.

Zur **Fahrzeugausrüstung** vgl. Kapitel „Mit dem Auto unterwegs".

Wasserversorgung

Für die Wasserversorgung unterwegs ist ein **20-Liter-Wasserkanister** ausreichend, wenn man vornehmlich Campingplätze ansteuert. Wenn man überwiegend wild campen will, sollten zusätzlich 20 Liter Brauchwasser eingeplant werden. Bei mehrtägigen Pistenfahrten in der Wüste sollten mindestens 10 Liter pro Person pro Tag mitgenommen werden. Faltbare Kanister sind zwar praktisch, gehen aber leicht kaputt.

Eine robuste **Trinkflasche** (Weithalsflasche) ist für Rucksackreisende und Wanderer zwar praktisch, alternativ kann man aber auch überall 1,5-Liter-Mineralwasserflaschen kaufen und ggf. diese wieder befüllen.

Wasserdesinfektionsmittel sind für Fahrrad-, Auto-, bzw. Motorradreisende, die häufig campen möchten, auf jeden Fall ratsam. Präparate auf Silberionenbasis von Micropur, Certisil oder Romin (in Tabletten oder flüssiger Form) machen klares Wasser haltbar. Präparate mit Chlor desinfizieren zweifelhaftes Wasser und sind (bei richtiger Dosierung) annähernd geschmacksneutral. Für Rucksack- und Fahrradtouristen sind 1-Liter-Tabletten praktisch, für Autoreisende eher Tabletten mit 20-Liter-Dosierung. Das Leitungswasser in den Städten ist sehr chlorhaltig, sollte besser nicht getrunken werden, ist zum Zähneputzen aber unbedenklich. Rucksackreisende, die entlang der Hauptrouten unterwegs sind, können überall Mineralwasser, Tee und Softdrinks kaufen und müssen folglich nicht an Wasserdesinfektion denken.

Barrierefreies Reisen

Marokko ist kein ideales Land für Behinderte. Es gibt nur wenige behindertengerechte Hotels, öffentliche Einrichtungen oder gar öffentliche Verkehrsmittel. Öffentliche Toiletten sind meist Stehtoiletten. Die Hotels und Riads (Maisons d'Hôtes) haben europäische Bäder und manchmal auch einige barrierefreie Zimmer. In den mehrstöckigen Riads existieren keine Aufzüge, und die gewundenen Treppenaufgänge sind steil und eng. Am ehesten funktioniert das Reisen noch mit der Eisenbahn. Auch die Straßen und Gehsteige sind nicht für einen Rollstuhl geeignet: So sind Gehwege oft nicht vorhanden bzw. häufig uneben, mit Löchern und hohen Bordsteinkanten. In den Medinas sind die Gassen oft so eng, dass man schon als normaler Fußgänger seine liebe Not hat, Mopeds, Eselswagen und Menschen auszuweichen. Behinderte, die auf den Rollstuhl angewiesen sind, sollten deshalb unbedingt mit Begleitperson reisen. Es gibt zwar Rollstuhlfahrer, die sich alleine durch Marokko geschlagen haben, aber dieses Unterfangen ist ausgesprochen mühsam – immerhin lautet das einstimmige Urteil aller, dass die Bevölkerung Behinderten gegenüber sehr aufgeschlossen, hilfsbereit und freundlich wäre.

Eine Leserin im Rollstuhl wies darauf hin, dass man Flickzeug für die Räder einpacken sollte. Zu manchen öffentlichen Sehenswürdigkeiten (z.B. Bahia-Palast und Saadier-Gräber in Marrakesch) haben Besucher mit Behinderung freien Eintritt.

- Eine kostenlose **Beratung** für barrierefreies Reisen erhält man beim **Bundesverband Selbsthilfe Körperbehinderter e.V.:** Tel. 06294 42 81-0, www.bsk-ev.org/beratung.

Diplomatische Vertretungen

Adressen aller Vertretungen auch online unter www.auswaertiges-amt.de, www.bmeia.gv.at und www.eda.admin.ch.

Botschaften des Königreichs Marokko

- Niederwallstr. 39, 10117 **Berlin,** Tel. 030 20 61 240, www.botschaft-marokko.de.
- Hasenauerstr. 57, 1180 **Wien,** Tel. 01 586 66 50, 586 66 51, emb-pmissionvienna@morocco.at.
- Helvetiastr. 42, 3005 **Bern,** Tel. 031 351 03 62 oder 351 46 30, sec_eco_amb@bluewin.ch.

Vertretungen in Marokko

Deutsche Botschaft: Ambassade de la République fédérale d'Allemagne

- 7, Zankat Madnine, **Rabat,** Tel. (00212) (0)537 21 86 00 und im Notfall außerhalb der Öffnungszeiten Tel. (00212) (0)661 14 70 59 oder per SMS, www.rabat.diplo.de; Rechts- und Konsularreferat: 12, Av. Mehdi Ben Barka, Souissi, Tel. (00212) (0)537 63 54 00.

Deutsches Konsulat: Consulat de l'Allemagne

- 6, Rue de Madrid, Secteur résidentiel, **Agadir,** Tel. (00212) (0)528 84 10 25, agadir@hk-diplo.de.

Österreichische Botschaft: Ambassade de l'Autriche

- 2, Zankat Tiddas, **Rabat,** Tel. (00212) (0)537 76 40 03, 76 16 98, und nur für Notfälle außerhalb der Dienststunden Tel. (0670) 05 76 48, rabat-ob@ bmeia.gv.at

Schweizerische Botschaft: Ambassade de Suisse

- Square de Berkane, **Rabat,** Tel. (00212) (0)537 26 80-30/-31, www.eda.admin.ch/rabat

Drogen

Der Konsum von **Cannabis (Kif)** gehört in manchen Regionen zum marokkanischen Alltag und ist im Gegensatz zum Alkoholkonsum nach religiöser Auslegung nicht „haram" (verboten). Kif ist Marokkanern für den Eigenverbrauch erlaubt, für Touristen jedoch streng verboten. Junge Männer z.B. in Essaouira versuchen sich als Drogendealer oder locken Touristen mit fragwürdigen Einladungen, wo man entweder ausgenommen oder beschwatzt wird, Drogen zu kaufen.

Konsum, Besitz und Handel von Drogen sind in Marokko verboten! Wer erwischt wird, dem drohen lange Haftstrafen – die Haftbedingungen sind katastrophal!

Ein Problem in Marokko ist die leichte Erhältlichkeit bzw. die zwiespältige Handhabung im Umgang mit Drogen. Weniger gebräuchlich sind harte Drogen, aber **Marihuana bzw. Haschisch sind allgegenwärtig** – vor allem im Norden. Hanf/Cannabis wird im Rif-Gebirge angebaut. Da Hanf häufig die einzige, sicherlich aber die lukrativste, Einnahmequelle der armen Bergbauern ist und die Rif-Kabylen schon immer aufsässig gegen die Regierung waren, unternimmt der Staat wenig gegen die Hanfanpflanzer, um sich in diesem Gebiet die Ruhe zu sichern. Andererseits will sich Marokko nicht den Ärger der westlichen Partner USA und Europa einhandeln und bestraft deshalb nicht nur den Handel mit harten Drogen sondern auch den Marihuana- bzw. Haschischhandel und -besitz. Ein Fonds der UNO soll dazu beitragen, die Bauern aus der Abhängigkeit vom Hanf-Anbau zu lösen. Das Programm bietet den Bewohnern landwirtschaftliche Beratung und finanzielle Unterstützung zur Anpflanzung von Obstbäumen und Getreide sowie zur Züchtung von Rindern, Schafen und Ziegen.

Die **Anmache** durch Händler und Bauernburschen **im Rif-Gebirge** ist ziemlich bedeutungslos geworden, hier reist man mittlerweile problemlos und meist unbelästigt. Die Zeiten der Verfolgungsjagden mit Autos sind definitiv vorbei. Nur in den Städten (z.B. Chefchaouen und Tétouan) erhält man gelegentlich im Vorbeigehen ein unauffällig geflüstertes Angebot.

Touristen sollten extrem vorsichtig sein, denn ein Joint unter „Freunden" führt schnell zu Komplikationen. Rucksackreisende berichten gelegentlich von **massiven Erpressungsversuchen** bei „Einladungen". Vermeintlich freundlichen Studenten auf den Leim gegangen, stellt sich oft heraus, dass diese nichts anderes im Sinne haben, als ihren Stoff zu verkaufen. Grundsätzlich sollte man vorsichtig sein und keinesfalls leichtfertig Einladungen annehmen!

Wer sich immer noch Illusionen hingibt, was Rauschgiftkonsum und dessen Folgen in Marokko anbelangt, sollte sich von *amnesty international* die Berichte deutscher Gefangener in Marokko zuschicken lassen.

Ein- und Ausreise

Einreisebestimmungen

Deutsche Staatsbürger benötigen für einen Aufenthalt in Marokko bis zu 90 Tagen einen **noch sechs Monate gültigen Reisepass,** Kinder brauchen für die Ein- und Ausreise einen Kinderreisepass, ab 12 Jahren einen regulären Reisepass mit elektronischen Daten. Für deutsche **Pauschalreisende,** die einen Charterflug (fester Hin- und Rückflugtermin) mit Hotelaufenthalt für die gesamte Reisedauer gebucht und bezahlt haben, genügt der **Personalausweis. Impfvorschriften bestehen nicht.**

Hinweis: Da sich die Einreisebedingungen kurzfristig ändern können, raten wir, sich kurz vor Abreise beim Auswärtigen Amt (www.auswaertiges-amt.de bzw. www.bmeia.gv.at oder www.dfae.admin.ch) oder der jeweiligen Botschaft zu informieren.

Reisen **Minderjährige** nicht in Begleitung beider Eltern, kann man bei Rückkehr in die EU (vor allem per Flugzeug) nach einer **Einverständniserklärung** des anderen Sorgeberechtigten gefragt werden (Schutzmaßnahme gegen eine mögliche Kindesentführung).

Eine **Verlängerung des Aufenthalts** ist grundsätzlich **nicht möglich,** es sei denn, der Ausländerpolizei wird ein vollständiger Antrag mit Nachweis über finanzielle Mittel, ggf. Arbeitsvertrag in Marokko und Begründung, warum ein längerer Aufenthalt erforderlich ist, vorgelegt. Ein Aufenthalt über 90 Tage hinaus ist ein Verstoß gegen das Aufenthaltsrecht und wird strafrechtlich geahndet.

Einreise über den Flughafen

Die **Abfertigung am Flughafen** ist **unproblematisch.** Dem Polizeibeamten legt man den Pass und den ausgefüllten Ein-/Ausreisezettel *(Carte d'Embarquement/Débarquement)* vor, der manchmal schon im Flugzeug ausgegeben wird. Daraufhin erhält man den **Einreisestempel mit Identifikationsnummer** *(Numéro d'entrée),* auf deren Lesbarkeit man achten sollte, da sie beim Einchecken in die Hotels und für weitere Einreisen benötigt wird. Bei der Ausreise ist der gleiche Zettel auszufüllen, der meistens bei den Säulen am Flughafen rumliegt, und dem Beamten mitsamt Pass und Ticket vorzulegen. Falls man mit dem Personalausweis einreist (was nur für Pauschaltouristen im Rahmen einer Gruppenreise möglich ist), erhält man ein gesondertes Blatt mit dem Einreisestempel, das bei der Ausreise wieder vorgezeigt werden muss. Bei der Zollabfertigung werden Gruppenreisende selten kontrolliert.

CARTE DE DEBARQUEMENT
EINREISE

1 Nom: ....
Name (Druckschrift)

Nom de jeune fille: ....
Geburtsname

Prénoms: ....
Vorname

2 Date de naissance: ....
Geburtsdatum

3 Lieu de naissance: ....
Geburtsort

4 Nationalité: ....
Nationalität

5 Profession: ....
Beruf

6 Domicile: ....
Heimatadresse

7 Passeport no .... délivré à .... le ....
Reisepaß-Nr. ausgestellt in am

8 Allant à (adresse): ....
Zielflughafen

Réservé à l'Administration
Für behördliche Eintragung

Form 300012 -95

Einreiseformular

Einreise auf dem Landweg

Reisen Sie erstmals nach Marokko, werden Sie der **Trubel an der Grenze** und die unkonventionelle Abwicklung schockieren. Tatsächlich sind die Grenzformalitäten im Vergleich zu anderen afrikanischen Ländern völlig harmlos. Für die Abwicklung der Formalitäten bei der Ein- und Ausreise sollten Sie mit mindestens zwei Stunden rechnen. In den spanischen Exklaven Ceuta und Mellila gibt es eigene Schalter für EU-Bürger, die die Einreise in die EU von Marokko beschleunigen.

An der Grenze müssen ein Ein- bzw. Ausreisezettel *(Carte d'Embarquement/Débarquement)* und eine Zollerklärung ausgefüllt werden und zusammen mit dem Pass am Polizeischalter abgegeben werden. Manchmal ist es schwer, einen dieser Zettel zu ergattern: Fragen Sie hartnäckig am Schalter nach oder bitten Sie bei großem Gedränge einen der vorne Anstehenden um die Weitergabe eines Einreiseformulars (franz. *fiches*). Die Einreise- bzw. Ausreisezettel sind in Englisch und Französisch gehalten und leicht auszufüllen.

Auf vielen Fähren (z.B. nach Tanger und Nador) werden die Formulare **direkt an Bord** oder **bei der Abfahrt** von Tanger nach Spanien im Hafen von der Schiffahrtsgesellschaft ausgeteilt. Falls die Formalitäten nicht schon an Bord erledigt werden können, stellt man sich im Ankunftshafen an den enstprechenden (Zoll-/Polizei-)Posten in die Schlange.

Auto-/Motorradfahrer müssen an der Landesgrenze die **Grüne Versicherungskarte** und den **Kraftfahrzeugschein** (franz. *carte grise*) vorweisen (vgl. unten „Fahrzeugbestimmungen"). Außerdem muss ein grünes **Formular zur temporären Einfuhr des Fahrzeugs** für den Zoll ausgefüllt werden. Auch dieses ist in der Hochsaison auf den Fähren erhältlich, sonst im Hafen. In die Deklaration wird eine Einfuhrgenehmigung von drei Monaten eingetragen, auf Wunsch auch für sechs Monate (max. Dauer ist sechs Monate, mehrere Einreisen werden zusammengerechnet). Sie erhalten einen Durchschlag, den Sie unbedingt für die Ausreise aufbewahren müssen. Falls das Fahrzeug nicht auf Sie zugelassen ist, muss eine Vollmacht in französischer Sprache vorgelegt werden (vgl. unten „Fahrzeugbestimmungen"). Die Gepäckkontrolle durch einen (häufig nicht uniformierten) Zöllner kann je nach Lust und Laune des Beamten mehr oder weniger Zeit in Anspruch nehmen. Meist werden bei der Einreise nach Marokko (in Kleidung und Auftreten einigermaßen seriös erscheinende) Touristen nur oberflächlich kontrolliert.

Alle Personen- und Fahrzeugdaten werden per PC elektronisch erfasst. Die bei der ersten Einreise in den Pass gestempelte **Identifikationsnummer** bleibt für alle weiteren Einreisen nach Marokko die gleiche. **Alle Kennzeichen und Fahrgestellnummern** werden **überprüft,** um Autodiebstählen oder illegalen Einfuhren einen Riegel vorzuschieben.

Grundsätzlich gilt an der Grenze: Immer freundlich sein, auch bei längeren Kontrollen. Nie nach einem Warum und Wieso fragen, **nie fotografieren** (an Grenzen und militärischen Anlagen streng verboten). Sofort auf Anweisung die Kofferräume und Luken öffnen, damit gar nicht erst der Verdacht entsteht, Sie hätten etwas zu verbergen. Streng kontrolliert und nach Drogen gefilzt wird nur manchmal bei der Ausreise und nachfolgend bei der Einreise nach Spanien. Fahren Sie bei der Rückreise also rechtzeitig vor der Abfahrt des Schiffes in Ceuta oder Melilla zur marokkanisch-spanischen Grenze.

In der **Nähe der Grenzen,** manchmal vor größeren Städten, und im Bereich der **Westsahara** oder auch im **Rif,** treffen Sie ab und zu auf **Kontrollposten.** Das Militär oder die Polizei hat entweder Wachhäuschen postiert oder die Straße mit Nagelketten abgesperrt. Die meist sehr freundlichen Beamten fragen nach dem Woher und Wohin, notieren gelegentlich das Kennzeichen und **im Süden** auch **persönliche Daten.** Ferner kontrollieren sie die **Pässe und Fahrzeugpapiere.**

Grenzübergänge

- **Nach Spanien:** Die Hafenzollämter sind Tag und Nacht geöffnet (Tanger und Nador), aber auch die Grenzübergange von Melilla und Ceuta. An den Grenzen gibt es Wechselstuben.
- **Nach Algerien:** Maghnia – Oujda (Zouj-Beghal), Ahfir und Figuig. Die Grenzen nach Algerien sind für Touristen weiterhin geschlossen (seit 1994). Außer den genannten Grenzübergängen im Osten sind **im Süden** die **Grenzen zu Algerien generell gesperrt** – hier ist der Grenzverlauf mit Algerien ungeklärt. Versuchen Sie nicht, grenznahes Gelände querfeldein zu erkunden!
- **Nach Mauretanien:** Eine Weiterfahrt nach Mauretanien entlang der Atlantikküste (nicht in Richtung Bir Moghrein) ist auf Teerstraße möglich. Alle marokkanischen Formalitäten werden hinter Guergarat am Grenzposten erledigt. Danach folgen ca. 10 km durch vermintes Niemandsland zum mauretanischen Posten, wo Visa auf Gültigkeit kontrolliert und die Polizei-/Zollformalitäten erledigt werden. Von der marokkanischen Grenze führt eine Teerstraße durchs Landesinnere bis nach Nouakchott.

Fahrzeugbestimmungen

Auto- oder Motorradfahrer können ihr Fahrzeug (bis zu sechs Monate) zollfrei einführen. Erforderliche **Dokumente** sind der (nationale) Führerschein sowie Fahrzeugschein *(carte grise).* Sie benötigen für Marokko außerdem die **Grüne Versicherungskarte,** die ihren Versicherungsschutz in der Kfz-Haftpflichtversicherung bescheinigt. Achten Sie darauf, dass die Karte für Marokko gültig geschrieben ist, sonst muss an der Grenze oder in Deutschland eine Haftpflichtversicherung abgeschlossen werden. Ist die Grüne Versicherungskarte nicht gültig, stellt z.B. Tourinsure GmbH in Hamburg (www.tourinsure.de, Tel. 040 25 17 21 50) eine Kurzhaftpflichtversicherung aus. Eine **lokale Haftpflichtversicherung** für das Fahrzeug soll auch direkt am Hafen Tanger-Méd abgeschlossen werden können. Dort befindet sich unterhalb des großen Hafengebäudes kurz vor den letzten Kontrollhäuschen und direkt neben den Geldwechselstuben das Containerbüro einer Versicherung.

Das Auto, wie auch natürlich jedes Wohnmobil, Boote ohne Motor und Wohnwagen, wird in den Zollcomputer eingetragen und muss in einem grünen Zollformular *(Déclaration d'Admission Temporaire de Moyens de Transport,* s.o.) deklariert werden. Auf diesem Formular wird die **temporäre Einfuhr** des Fahrzeugs für sechs Monate genehmigt (s.o. „Einreise auf dem Landweg"). Da in den Bestimmungen nur von „fourgonette" und „camionette" die Rede ist, aber Lkw (franz. *poids lourds*) von dieser Regelung ausschließt, ist hier der freien Auslegung durch die Zöllner Tür und Tor geöffnet. Die Handhabung war in den letzten Jahren so, dass als Wohnmobile zugelassene Lkw bzw. Lkw mit Wohnmobileinrichtung die temporäre Importgenehmigung in der Regel erhielten. Lkw, die offensichtlich nicht eingerichtet sind, müssen evtl. Kaution hinterlegen und erhalten diese bei der Ausreise nur an derselben Grenze wie bei der Einreise wieder zurück!

Überschreitet man die Frist von sechs Monaten genehmigter Einfuhr, so muss man Strafe bezahlen. Man erhält vom Zoll eine Bestätigung über die Bezahlung und muss innerhalb von vier Tagen das Land verlassen.

Ist das Fahrzeug ausgeliehen und nicht auf Ihren Namen zugelassen, so muss eine französische beglaubigte **Vollmacht** des Fahrzeughalters bzw. bei Mietfahrzeugen der Mietvertrag vorgewiesen werden. Mehrsprachige Vordrucke für **Vollmachten** und die dazugehörige Beglaubigung bekommen z.B. Mitglieder beim ADAC.

Ein **Verkauf des Fahrzeugs** ist nur mit offizieller Zustimmung der Zollbehörden, Verzollung (50% des Fahrzeugneuwertes in Marokko) und Austrag aus den Papieren möglich. Diese Genehmigung wird so gut wie nie erteilt. Nähere Infos zur Verzollung *(Dédouanement)* gibt es unter www.douane.gov.ma.

Das Fahrzeug sollte nicht in Militär- oder Tarnfarben lackiert sein, sonst kann die Einreise verweigert werden!

Zollbestimmungen

Private Gebrauchsgegenstände (Kamera, Laptop, Radio, Sportausrüstung etc.) können **zollfrei** eingeführt werden. Die Einfuhr von Barmitteln, deren Gegenwert 100.000 Dirham (ca. 9000 Euro) übersteigt, muss bei der Einreise deklariert werden – dies ist für Touristen jedoch kaum relevant.

Erwachsene Reisende dürfen an **Genussmitteln** 200 g Tabak, 1 Liter Wein und 1 Liter Spirituosen oder drei Flaschen Wein zollfrei mitführen. Die marokkanische **Währung (Dirham)** darf bis zu einem Höchstbetrag von 2000 Dirham ein- oder ausgeführt werden.

Die Mitnahme von **Funkgeräten und Waffen** ist verboten. Amateurfunker (nicht CB) können aber in Deutschland bzw. Österreich oder der Schweiz eine Gastlizenz beantragen. Die Einfuhr von Pornografie oder in anderer Form „moralisch verwerflicher" Medien ist ebenfalls nicht gestattet.

Die Ein- und Ausfuhr von Rauschgift (harte Drogen, Substanzen aus Anis oder Absinth, **Cannabis** in Form von Haschisch, Marihuana und Kif) ist verboten und wird mit langen Gefängnisstrafen geahndet.

Bei der **Mitnahme von Hunden (und Katzen)** sind vor allem die Bestimmungen für die Wiedereinfuhr in die EU relevant: Der EU-Heimtierpass muss eine gültige Tollwutimpfung vor wenigstens einem Monat und nicht länger als zwölf Monaten nachweisen. Außerdem brauchen Sie einen sogenannten Tollwut-Titer, der den Nachweis erbringt, dass die Impfung angeschlagen hat. Das Tier muss tätowiert oder mit einem implantierten Mikrochip gekennzeichnet sein. Für die Einreise nach Marokko ist **offiziell** ein **amtstierärztliches Zeugnis** (in franz. oder engl. Sprache) nötig, das in den Impfpass eingetragen wird und nicht älter als zehn Tage sein darf. Offiziell muss das Tier am Grenzposten von einem Tierarzt des Landwirtschaftsministeriums gecheckt werden. Nach Bezahlung einer Gebühr erhält man von ihm eine Bescheinigung über die Kontrolle. Das Prozedere wird jedoch selten so streng gehandhabt.

Rückeinreise nach Europa

Bei der Rückeinreise gibt es auch auf europäischer Seite **Freigrenzen, Verbote und Einschränkungen.** Folgende Freimengen darf man zollfrei einführen (EU und Schweiz):

- **Tabakwaren** (für Personen ab 17 Jahren): 200 Zigaretten oder 100 Zigarillos oder 50 Zigarren oder 250 g Tabak oder eine anteilige Zusammenstellung dieser Waren.
- **Alkohol** (für Personen ab 17 Jahren) in die EU: 1 Liter Spirituosen über 22 Vol.-% oder 2 Liter unter 22 Vol.-% oder eine anteilige Zusammenstellung dieser Waren, und 4 Liter nicht-schäumende Weine, und 16 Liter Bier; in die Schweiz: 2 Liter bis 15 Vol.-% und 1 Liter über 15 Vol.-%.
- **Andere Waren** (in die EU): 10 Liter Kraftstoff im Benzinkanister; für See- und Flugreisende bis zu einem Warenwert von insgesamt 430 Euro, über Land Reisende 300 Euro, alle Reisende unter 15 Jahren 175 Euro (bzw. 150 Euro in Österreich); (in die Schweiz): neu angeschaffte Waren für den Privatgebrauch bis zu einem Gesamtwert von 300 SFr; bei Nahrungsmitteln gibt es innerhalb dieser Wertfreigrenze auch Mengenbeschränkungen.

Wird die Wertfreigrenze überschritten, sind **Einfuhrabgaben** auf den Gesamtwert der Ware zu zahlen und nicht nur auf den die Freigrenze übersteigenden Anteil. Die Berechnung erfolgt pauschal oder nach dem Tarif jeder einzelnen Ware zzgl. sonstiger Steuern.

Einfuhrbeschränkungen bestehen u.a. für Tiere, Pflanzen, Arzneimittel, Betäubungsmittel, Feuerwerkskörper, Lebensmittel, Raubkopien, verfassungswidrige Schriften, Waffen und Munition; in Österreich auch für Rohgold und in der Schweiz auch für CB-Funkgeräte. Geldmittel ab einem Wert von 10.000 Euro bzw. Schweizer Franken müssen angemeldet werden.

Beachten Sie, dass es Probleme gibt, wenn Sie einen **Hund aus Marokko** mitbringen: Selbst wenn dieser geimpft ist und ein amtsärztliches Zeugnis aus Marokko vorliegt, wird dies oft nicht anerkannt und das Tier muss in Quarantäne.

Nähere Informationen

- **Marokko:** www.douane.gov.ma
- **Deutschland:** www.zoll.de
oder unter Tel. 0351 44 83 45 10
- **Österreich:** www.bmf.gv.at
oder unter Tel. 01 514 33 56 40
- **Schweiz:** www.ezv.admin.ch
oder unter Tel. 061 287 11 11

Elektrizität

Die Netzspannung beträgt **220 V.** Die deutschen Gerätestecker passen in die marokkanischen Steckdosen – es ist kein Adapter notwendig.

Essen und Trinken

Die marokkanische Küche

Wer sie noch nicht kennt, der wird sie lieben: die marokkanische Küche! Wenn im Hotelrestaurant zum wiederholten Male die Standard-Tajine mit Kartoffeln, Erbsen und Hühnchen auf den Teller kommt, entsteht der Eindruck, die marokkanische Küche sei eintönig. Aber das Gegenteil ist der Fall! **Die marokkanische Küche ist eine der vielfältigsten der Welt,** mit Einflüssen aus den Mittelmeerländern und den östlichen arabischen Gebieten. Die Zubereitung köstlicher und üppiger Speisen gehört in Marokko dazu, besonders zur Bewirtung eines Gastes und zu festlichen Anlässen wie etwa einer Hochzeit.

Auf den Märkten türmen sich sonnengereiftes **Gemüse und Früchte** von Marokkos Anbauflächen: Paprika, Tomaten, Kartoffeln, Auberginen, Orangen, Erdbeeren, Aprikosen, Äpfel. In den Souks werden – zu spitzen Bergen gestapelt – eingelegte Oliven und Zitronen sowie verschiedene Dattelsorten verkauft. Den Eiweißbedarf decken **Fisch, Meeresfrüchte und Geflügel, Schaf-, Ziegen- und Rindfleisch.**

Den richtigen und unverwechselbaren Geschmack geben **Gewürze:** Kreuzkümmel, Zimt, Koriander, Ingwer und die edlen Safranfäden. Der Anblick der bunten Gewürzberge auf den Märkten gehört zu den faszinierendsten Eindrücken einer Marokkoreise.

Die pikante **Gewürzmischung Ras el-Hanout** besteht aus 44 verschiedenen Gewürzen und wird überall verkauft – sie eignet sich besonders gut als Mitbringsel.

Auch **Kräuter** sind in der marokkanischen Küche elementar: Thymian, Wermut, Koriander, Minze, Lorbeer, Petersilie u.v.m.

Eine der wichtigsten Zutaten für die marokkanische Küche ist das im Land gewonnene, kaltgepresste **Olivenöl.**

Meeresfrüchte, Kräuter und Gewürze sind wichtige Bestandteile der marokkanischen Küche

ma16_121 ad

Eine Spezialität Marokkos ist **Arganienöl,** das in einem aufwendigen Prozess aus den gerösteten Kernen der gelben Arganienfrüchte gepresst wird und nussartig schmeckt. Das Speiseöl und kosmetische Produkte aus Arganienöl gibt es vor allem in der Sous-Region.

In den Neustädten locken moderne **Patisserien** mit einer großen Auswahl an Gebäck, in der Medina sind es kleine Backhäuser oder Verkaufsstände, an denen viele verschiedene Variationen in Häuflein angerichtet sind. Es ist beinahe wie Weihnachten – nur gibt es hier die köstlichen Plätzchen mit Sesam, Mandeln, Rosinen und Honig ganzjährig zu unglaublich niedrigen Preisen. Die halbmondförmigen, sesambestreuten „Gazellenhörner" *(Kaab el-ghazal)* haben eine weiche Mandelfüllung, die klassisch runden Kekse *(Ghoriba)* sind mit einer Mandel oder Sesam garniert. Als Ramadan-Gebäck gibt es *Griouch* (von Hand gefaltet) und *Chebakia.*

Das Gebäck wird traditionell zur Begrüßung mit dem **Thé à la menthe** gereicht. Das Nationalgetränk wurde erst 1854 von britischen Händlern eingeführt. Heute ist der zuckersüße Tee in den nordafrikanischen Ländern allgegenwärtig; das gemeinsame Teetrinken hat eine wichtige soziale Funktion. Findige Händler bieten ihn – vor der selbstverständlich unverbindlichen Teppichvorführung – als „Whiskey marocain" an. Der grüne chinesische Tee wird mit sehr viel Zucker und aromatischer Nana-Minze (marokkanische Pfefferminzart) in der Kanne serviert. Dazu gehört ein Tablett, auf dem die Gläschen angeordnet sind. Nun beginnt die eigentliche **Teezeremonie:** Der Tee wird mehrmals in großem Bogen von der Kanne in ein Glas gefüllt und wieder zurückgegossen, bis die obligatorische Schaumkrone und das richtige Gemisch entstehen. Schließlich bekommt der erste Gast den Tee gereicht, erhebt mit einem „bismillah!" („Im Namen Gottes!") das Glas und trinkt es schlürfend aus. Ein arabisches Sprichwort besagt, dass immer drei Gläser getrunken werden sollen: „Das erste Glas ist süß wie die Liebe, das zweite hart wie das Leben und das dritte bitter wie der Tod." Neben Tee gibt es in jedem Kaffeehaus auch *Café au lait* und frisch gepressten Orangensaft.

ma16_122 ad

Das marokkanische Festmahl beginnt mit köstlichen **Vorspeisen:** Pasten aus Auberginen, Zucchini und Paprika mit Olivenöl, geriebene Karotten mit Orangensaft, Kichererbsenmus, gekochtes und rohes Gemüse. Auch **Salate** sind in verschiedensten Variationen erhältlich. Der typische *Salade marocaine* besteht aus Tomaten, Gurken, Zwiebeln, Kartoffeln, Roter Beete und Oliven.

Die bekanntesten **Hauptgänge** sind **Couscous und Tajine** (sprich: Taschin). Couscous ist das Nationalgericht und wird in fast allen nordafrikanischen Ländern gegessen. Als **Dessert** werden meist *Oranges à la canelle* (Orangenstücke mit Zimt), frisches Obst oder Gebäck gereicht. Und dann beginnt alles wieder von vorne mit dem *thé à la menthe.*

Traditionell wird in Marokko **auf Holzkohle gekocht.** Viele marokkanische Hausfrauen ziehen immer noch ein Holzkohlestövchen dem Gasherd vor, auch wenn dieser längst Einzug in die Küchen gehalten hat. Traditionell isst die ganze Familie mit den Händen aus der Tajine- oder Couscousschale in der Mitte des Tisches. Inzwischen dominieren jedoch auch in marokkanischen Restaurants und Haushalten chinesische Plastikteller mit bunten Mustern …

Bekannte Gerichte

Couscous

Das marokkanische **Nationalgericht** besteht aus Hartweizengrieß, der in einem Sieb über einem Eintopf aus Hammel-, Lamm- oder Hühnerfleisch mit sieben verschiedenen Gemüsen und Kichererbsen gedämpft wird. Dazu kommt eine sehr scharfe Soße aus **Harissa** (Paprikapaste). Die Zubereitungsarten von Couscous variieren stark, je nach Geldbeutel des Gastgebers und auch danach, zu welchem Anlass es gekocht wird. Bei vielen Familien kommt Fleisch nur an Festtagen auf den Tisch, ansonsten gibt es Gemüse-Couscous. Bei wohlhabenderen Familien findet sich dagegen meistens reichlich Fleisch auf dem Couscous. Es gibt auch noch ein süßes Couscous, das mit Rosinen, Zimt und Mandeln als Nachspeise zubereitet wird.

Traditionell wird Couscous **am Freitag serviert,** oftmals wird von reichen Familien auf dem Lande mehr gekocht und in die Moschee gebracht, um dort bedürftige Familien zu speisen.

Mechoui

Ein junger **Hammel** wird ganz am Spieß oder im Ofen gebraten, gewürzt mit Knoblauch, Salz, Kreuzkümmel, Paprika und Cayennepfeffer, eingerieben mit Smen, dem marokkanischen Butterschmalz. Dies geschieht gewöhnlich über einem Holzkohlenfeuer. Das Gericht ist das **traditionelle Festmahl,** das vor allem zum Opferfest Aid al-kabir 50 Tage nach Ramadan-Ende, aber auch zum Maulad (Mohameds Geburtstag) oder zum Neujahrsfest Ashura zubereitet wird.

Bastillia (B'stilla)

Die Bastillia ist ebenfalls ein Festgericht. Es handelt sich um **eine Art Pastete** aus hauchdünnen Teigblättern *(warkha),* die mit Rosinen, Mandeln und Taubenfleisch, oft auch mit Früchten und Geflügel, gefüllt ist. Die Zubereitung ist sehr aufwendig. In manchen Restaurants bekommt man Bastillia auf Vorbestellung.

Tajine

Die Tajine ist **DAS landestypische Gericht** und wird überall in Restaurants und am Straßenrand angeboten. Für die Zubereitung wird ein (gleichnamiger) Tontopf mit spitzhaubigem Deckel verwendet, in dem das Gericht direkt über der Holzkohle im Kanoun geschmort wird. Häufig kommt Tajine aus gebratenem Hähnchen mit Kartoffeln, Karotten, Erbsen und Oliven oder aus Hähnchenschen-

ma16_136 ad

keln mit eingelegten Zitronen und Oliven *(Tajine au poulet)* auf den Tisch. Besonders lecker schmeckt Tajine mit Lammfleisch, Pflaumen und gerösteten Mandeln *(Tajine d'agneau aux prunes et amandes)*. Es gibt unzählige Zubereitungsmöglichkeiten – leider bekommen Urlauber in den Touristenlokalen oft dieselbe Tajine vorgesetzt.

Kebab (Brochettes)

Die **gegrillten Spieße** mit Lamm- oder Rindfleischstücken gibt es in jedem einfachen Straßenrestaurant. Zu den Brochettes isst man Salat oder Pommes.

Kefta

Hierbei handelt es sich um Kügelchen oder Würstchen aus gerolltem **Lammhack,** ziemlich scharf gewürzt und in Öl gebraten oder gegrillt. Ein Gericht, welches im gesamten Vorderen Orient und von Ägypten bis in den Maghreb beheimatet ist.

Das Nationalgericht Tajine wird im gleichnamigen Tontopf zubereitet

Merguez

Die rötlichen **Würstchen,** die wie unsere Bratwürstchen gebraten oder gegrillt werden, sind ein beliebter Imbiss.

Harira

Die **traditionelle Fastensuppe** ist eine dicke, nahrhafte Suppe aus Lammbrühe, Lammfleisch, Linsen, Kichererbsen, gehackten Tomaten, Zwiebeln und frischen Kräutern und Gewürzen. Das Gericht ist in der ganzen arabischen Welt verbreitet und wird vorwiegend im Winter gegessen, wenn frisches Gemüse fehlt.

Im Ramadan wird diese Suppe meist mit dem Ruf des Muezzin, der das Fastenbrechen verkündet, als **erste Mahlzeit** eingenommen. Inzwischen wird diese nahrhafte Suppe aber auch zu anderen Jahreszeiten gegessen, in Fès gibt es sogar eine spezielle Diätversion für heiße Tage.

Restaurants und Cafés

In den meisten Stadthotels kann zwischen **europäischer** (meist französischer) und **marokkanischer Küche** gewählt werden. In den Gästehäusern *(Maisons d'Hôtes)* und Herbergen *(Gîtes)* gibt es meist Tajine auf Vorbestellung. In den touristischen Zentren muss kein Tourist auf gewohnte Kost verzichten, in Agadir kommt sogar deutsches Bier vom Fass und Wiener Schnitzel auf den Tisch. In Marrakesch kann man französisch, italienisch, thailändisch, chinesisch und sogar Sushi essen. Auch **Pizza und Fast Food** (Burger King, Pizza Hut, McDonald's) haben in allen größeren Städten Einzug gehalten.

Speisekarten in den Touristenlokalen sind häufig zusätzlich in Deutsch (in Agadir) und Englisch abgefasst.

Restaurants mit marokkanischer und französischer Küche gibt es in den Großstädten in reicher Auswahl. In der **Altstadt** dominieren einfache **Garküchen** mit einheimischem Essen. In der Medina von Marrakesch kann man sich auch in **Palastrestaurants** verwöhnen lassen: In den Gassen verstecken sich wahre Gourmettempel in alten, prunkvollen Stadtpalästen mit einer abwechslungsreichen Speisekarte und gehobenen Preisen (20–60 Euro für ein Menü, z.T. inkl. Wein, manchmal auch mit Musik- und Tanzshows).

Ein **3-Gänge-Menü,** bestehend aus Suppe, Hauptspeise (Tajine/Couscous/Brochette) und Dessert (z.B. Obstsalat), ist in einem mittelpreisigen Restaurant für 70–150 DH zu bekommen. Da sich die Lokale meist auf bestimmte Stadtviertel (meist in der Neustadt oder am zentralen Platz) konzentrieren, kann man bei einem Stadtbummel anhand der aushängenden Speisekarten einen Preisvergleich anstellen. In einfachen Lokalen mit marokkanischer Küche und weniger Atmosphäre (z.B. Plastikstühle, keine Tischdecken, evtl. verschmutzte Toiletten) ist ein Hauptgericht schon ab 40 DH zu haben. In **Grill-Schnellimbissen** *(Rotisseries)* entlang der Fernverkehrsstraßen, an Tankstellen und an großen Kreuzungen gibt es preisgünstig *Poulet rôti* (Grillhähnchen) mit *Pommes, Kefta* (Rinderhackwürstchen), *Merguez* (rote Würstchen) oder *Brochettes* (Fleischspieße) für jeweils 35–50 DH. In sog. *Casse-croûte* an den Straßen werden Sandwiches, Pizzas oder Omelettes angeboten.

ma16_123 ad

Entlang der Küste bieten Restaurants hervorragend zubereitete **Meeresfrüchte** *(Fruits de mer)* und **frischen Fisch** an. Am besten und frischesten isst man Fisch direkt im Hafenbereich (z.B. in Essaouira).

Der Besuch eines der zahllosen **Cafés** ist ein Muss. Ein marokkanisches Sprichwort beschreibt scherzhaft die Kaffeehausdichte in den Altstädten: „Zwischen einem Café und einem Café ist ein Café".

Das **traditionelle Café** im islamischen Kulturkreis ist **Männertreffpunkt,** Kommunikationszentrum und Austauschbörse, häufig auch Vermittlungsort von Prostituierten und Kiffertreffpunkt. Wie bei uns reicht hier die Bandbreite der Lokale von gediegen bis zwielichtig, was natürlich entscheidend vom Viertel abhängt. In kleineren Orten kann das Café aber auch sämtliche der genannten Funktionen erfüllen, ohne dass ein Tourist das merkt. Die traditionellen marokkanischen Cafés in der Medina (mit reinem Männerpublikum) sind vor allem für allein reisende Frauen tabu. In Marrakesch, Agadir und Essaouira finden Touristen aber auch viele moderne Cafés und Eisdielen, wo sich die marokkanische Jugend trifft. Dort trinkt man am besten einen **marokkanischen Tee** *(Thé à la menthe)* oder einen **frisch gepressten Orangensaft.**

Selbstversorger

Selbstversorger finden auf den **Märkten** (*Marché central* bzw. *municipal*) bzw. den Wochenmärkten in den kleineren Orten *(Souk hebdomaire)* und in den Lebensmittelgeschäften *(Alimentaire)* alles, was man für die Küche braucht. Das Angebot auf den Märkten variiert mit der Jahreszeit. Im Frühjahr gibt es alle erdenklichen **Obst- und Gemüsesorten** zu kaufen, im Sommer wird das Angebot etwas spärlicher mit Paprika, Kartoffeln, Blumenkohl, Karotten, Tomaten und Zwiebeln sowie Orangen und Zitronen. Selbst in abgelegenen Dörfern der Westsahara und in den Bergen ist frisches Obst und Gemüse erhältlich.

☐ Cafés mit Aussicht – wie hier im Salon Bleu in Tanger – gibt es in Marokko genug

In allen großen Städten gibt es zudem riesige **Supermärkte** (Marjane, Carrefour, Acima, Metro) mit einem Angebot, das demjenigen in Europa in nichts nachsteht – abgesehen von Schweinefleisch, Schwarzbrot und zum Teil auch Alkohol.

Trekkingtouristen und Outdoorsportler sollten einen kleinen Vorrat an Müsli-/Energieriegeln und **leichter Fertignahrung** (entweder gefriergetrocknete Expeditionsnahrung oder Fertigpackungen aus dem Supermarkt) von zu Hause mitnehmen, um bei mehrtägigen Exkursionen mit Übernachtung in der Natur versorgt zu sein.

Brot (arab. *chobs*) wird in Form von französischem Stangenweißbrot und Fladenbrot verkauft – frisch schmeckt beides ausgezeichnet. Im Ramadan wird Brot evtl. erst nachmittags verkauft, um dann zum Fastenbrechen bei Sonnenuntergang ganz frisch auf den Tisch zu kommen.

Der Anblick von **Fleisch** auf marokkanischen Märkten ist nicht für jedes Gemüt erträglich: unförmige Fleischfetzen oder ganze Ziegen- oder Kamelköpfe hängen am Fleischerhaken vor der Metzgerei. Auch Rinderhälften oder Schafskeulen, Pansen und Darmhäute dekorieren die Auslage. Der Hygienestandard ist jedoch großteils gut: Die Metzgereien bekommen das Fleisch frisch angeliefert und bis auf kleine Mengen, die auf der Theke liegen, wird das Fleisch im Kühlschrank aufbewahrt. Eine gute Auswahl an Frischfleisch findet man u.a. auf dem **Marché municipal** (in einer Markthalle untergebrachter öffentlicher Markt) in jeder Stadt. Auf kleineren Märkten wird meist Schaf- oder Ziegenfleisch *(chèvre)* verkauft, in größeren Orten auch Rind und Kamel.

Auf dem *Marché municipal* kann man sich auch mit Eiern und **Milchprodukten** wie Frischmilch, Joghurt, Schmelzkäse (vorwiegend *La vache qui rit*) und Butter eindecken.

Im **südlichen Marokko** und in kleinen Dörfern ist Frischmilch evtl. schwer aufzutreiben, dafür aber Milchpulver (franz. *Lait entier en poudre,* z.B. der Marke Nido), das sich gut in lauwarmem Wasser auflösen lässt und billiger verkauft wird als bei uns. Aromatisierten Joghurt von Danone gibt es in jedem Ort, frischen Käse wie Edamer und Emmentaler nur in den größeren Orten und Supermärkten.

An der Atlantik- und Mittelmeerküste kann man direkt bei Fischern oder in den Markthallen nahe der Fischerhäfen guten und frischen Fisch kaufen.

In **abgelegenen Orten** im Süden oder im Gebirge ist es bei Nachfrage oft möglich, Eier, Obst und Tomaten direkt von den Bauern aus deren Oasengärten und Obsthainen zu kaufen. Konserven wie Sardinen, Erbsen, Tomatenmark etc. sind in jedem noch so kleinen Laden auf dem Land erhältlich.

Olivenöl kann man mancherorts direkt von der Presse beim Bauern kaufen, der Liter kostet ca. 60 DH. Im Süden entstehen immer mehr Arganienölkooperativen, die das besonders gesunde und nussig schmeckende **Arganienöl** an Touristen verkaufen. Das Öl hat sich in den letzten Jahren wegen der steigenden Nachfrage rapide verteuert, inzwischen kostet ein Liter ca. 250 DH.

Vorsicht bei Safran und Arganienöl: Besonders in sehr touristischen Städten wie Marrakesch versuchen die Händler in den sogenannten „Herboristerie" unechten oder minderwertigen Safran und gepanschtes Arganienöl zu verkaufen. Unbedarften Touristen wird sogar Curcuma als „gemahlener" Safran angeboten. Manche Gerichte in Restaurants werden mit künstlichem Farbstoff (Tartrazin, als „poivre jaune" in Streuern erhältlich) besonders gelb gefärbt. Der Farbstoff kann allergieauslösend wirken.

Alkoholika (wie Bier und Wein) erhalten Sie nur in den großen Städten, in kleineren Orten in manchen Läden der Neustadt und in größeren Hotels und Restaurants mit Alkohollizenz. In den größeren Hotels des Landes wird überall recht guter marokkanischer Wein ausgeschenkt, die Vier- und Fünf-Sterne-Hotels verfügen über eine Bar oder einen Night Club, wo auch härtere Alkoholika über den Tresen gereicht werden. Die Supermärkte Marjane und Acima verkaufen keinen Alkohol mehr. Mit Bier und Wein kann man sich daher nur noch in Carrefour-Supermärkten und in speziellen Alkoholläden eindecken.

Soft-Drinks und **Mineralwasser** in 1,5-Liter-Flaschen (z.B. Sidi Ali, Sidi Harazem, Oulmès) gibt es an jeder Ecke zu kaufen. Verpackter Fruchtsaft ist in Supermärkten oder auf den *Marchés municipaux* erhältlich. Am besten schmeckt der **frisch gepresste Orangensaft,** z.B. in einem Café oder an den Ständen am Djâmaa el-Fna in Marrakesch.

Im Gegensatz zu anderen Waren in den Suqs wird **bei Lebensmitteln kaum gehandelt,** außer bei größeren Mengen oder ab und zu beim Gewürzeinkauf. In den *Marchés municipaux* sind die Lebensmittel meist mit Preistäfelchen ausgezeichnet.

Beim Einkaufen sollte man auch **auf** die marokkanischen **Festtermine achten,** während des *Aid el-kebir* (Hammelfest) herrscht für eine Woche im öffentlichen Leben Stillstand. Dann sollte man unbedingt am Wochenende vorher einkaufen!

Besonderheiten

Alkohol darf in Marokko **nur in lizensierten (d.h. großen oder teureren) Restaurants und Hotels** ausgeschenkt werden. In den lizensierten Lokalen bekommt man u.a. guten marokkanischen Wein aus der Region um Meknès, Casablanca oder Essaouira. In Agadir, Essaouira und Marrakesch ist Alkohol im Gegensatz zu den ländlichen Gebieten und den weniger touristischen Städten leicht erhältlich. Die Alkoholabhängigkeit marokkanischer Männer steigt daher vielerorts trotz islamischen Alkoholverbots. Im ländlichen Marokko ist Alkohol kaum aufzutreiben, und vor allem will man in der Öffentlichkeit nicht damit gesehen werden. Allenfalls wird, verschämt in der Plastiktüte versteckt, eine Flasche Wein oder Bier für einen Gast nach Hause gebracht.

Rauchen ist in allen Restaurants und Cafés gestattet. Nur während des Ramadan sollte man Rücksicht üben und nicht in der Öffentlichkeit rauchen.

Schweinefleisch ist in keinem islamischen Land (außer in speziellen Metzgereien in manchen Städten) erhältlich und steht in den Restaurants nicht auf der Speisekarte.

Vegetarier werden in Marokko sicher nicht verhungern. In jedem Restaurant gibt es zumindest einen *Salade marocaine* und/oder eine Suppe, oft auch Gemüse-Tajine oder Couscous ohne Fleisch. In modernen Cafés und Restaurants, z.B. in Marrakesch, findet man auch eine größere Auswahl an fleischlosen Gerichten. An Straßenständen auf dem Land werden meist nur Tajine mit Hühnchen oder Fleischspieße angeboten, sodass manchmal nichts anderes übrig bleibt, als einen Teller Pommes zu essen. Doch auch auf den Märkten und in Supermärkten können sich Vegetarier problemlos mit Lebensmitteln versorgen. Bei privaten Einladungen kann es passieren, dass man von der Familie den Teller mit extra viel Fleisch serviert bekommt, da es sich um teuerste Zutat handelt und man so die Wertschätzung des Gastes betont. Viele Marokkaner können die Gründe für eine fleischlose Ernährung (noch) nicht nachvollziehen.

Im **Ramadan** kann es auf dem Land sehr schwierig werden, ein geöffnetes Restaurant oder Café zu finden. Im touristischen Marrakesch muss der Europäer zur Fastenzeit zwar nicht verhungern, jedoch servieren die Terrassenrestaurants am Djamâa el-Fna die Speisen tagsüber nur im Obergeschoss. Vorwiegend von den Einheimischen frequentierte Straßencafés und Garbuden öffnen erst abends. Die Touristenlokale in Agadir haben auch im Ramadan durchgehend geöffnet.

Feiertage

Der islamische Kalender

Das islamische Jahr wird nach Mondmonaten gerechnet, ist also kürzer als das Sonnenjahr. Ein Hidjri (bzw. *Higri*) entspricht einem Jahr christlicher Zeitrechnung minus zehn bis elf Tage je nach Mondaufgang. 100 Hidjri sind also ungefähr 97 Jahre christlicher Zeitrechnung. Da die arabischen Ziffern ebenso von muslimischen Türken wie von nicht-muslimischen Arabern verwendet werden, sagen Inschriften und Jahresangaben ohne den Zusatz „Hidjri" nicht eindeutig aus, ob sie sich auch tatsächlich nach der islamischen Zeitrechnung richten.

2016 ist nach islamischer Zeitrechnung das Jahr **1437/1438.** Jedes neue islamische Tagesdatum beginnt abends nach Sonnenuntergang, jeder neue islamische Monat mit dem Mondaufgang.

Religiöse Feiertage

Von allen Muslimen gemeinsam werden nur zwei Feste gefeiert: Aid al-Fitr und Aid al-Adha. Die anderen Feste sind jedoch in vielen weiteren islamischen Ländern üblich. Die **aktuellen Festtermine** sind im Internet **unter www.islam.de** zu finden. Aufgrund verschiedener Berechnungsgrundlagen kann das Datum der Feste um einen Tag variieren.

Aid al-Fitr oder Aid as-Saghir

Das **Fest am Ende des Fastenmonats Ramadan** (s.u.) findet 2016 voraussichtlich zwischen dem 5. und 7. Juli und 2017 zwischen dem 25. und 27. Juli statt.

Aid al-Adha oder Aid al-Kabir

Das **Opferfest,** im Volksmund auch **Hammelfest,** erinnert an die – uns durch das Alte Testament ebenfalls bekannte – nicht vollzogene Opferung *Ismails (Isaaks)* durch seinen

Vater *Ibrahim (Abraham)*. Dieses Fest dauert vier Tage bis eine Woche, und überall in der islamischen Welt werden zu diesem Anlass Hammel geschlachtet. Das Opferfest findet am zehnten Tag des Pilgermonats statt, und jede Familie, die es sich leisten kann, schlachtet ein Schaf, Rind oder Kamel. Zwei Drittel des Fleisches sind für die Armen bestimmt, ein Drittel behält die Familie selbst.

In der Festzeit sind die meisten **Geschäfte geschlossen,** auch Ämter haben nur gelegentlich offen. Viele Verkehrsmittel verkehren nicht. Man sollte sich unbedingt am Donnerstag oder Freitag vor Beginn des Festes mit einem Lebensmittelvorrat eindecken und Amtsgänge vorher erledigen. Fleisch ist in diesem Zeitraum kaum zu bekommen, da die Familien selber schlachten und dies für einige Zeit reicht. Geschlachtet werden darf nach islamischen Regeln nur ein männliches erwachsenes Tier, das mindestens zwei Jahre alt ist. Arme Familien können sich lediglich ein Huhn leisten, da ein ganzer Hammel für viele Familien mehr als ein Monatsgehalt kostet. Die Banken haben die ersten beiden Tage des Festes geschlossen und die restlichen Tage meist vormittags offen, besser aber noch vorher Geld wechseln!

- **Termin:** Das Hammelfest beginnt 2016 am 12. September, 2017 am 1. September.

Mevlid (Maulad)

Am 12. Tag des 3. Monats (Rabia I), **Geburtstag Mohameds.** Im Islam werden Geburtstage eigentlich nicht gefeiert, dieser Tag ist aber zugleich ein Gedenktag an die Emigration der Muslime von Mekka nach Medina (früher Yathrib), die Hidjra.

- **Termin:** 2016 am 11./12.12., 2017 am 30.11./1.12.

Ashura

Am 1. Tag des Monats Muharram. Ursprünglich ein Trauertag zur Erinnerung an den Tod von *Hussein*, Enkel des Propheten. Heutzutage wird Ashura in Marokko ähnlich wie Weihnachten in unseren Gefilden mit **Geschenken und Süßigkeiten für die Kinder** gefeiert.

- **Termin:** 2016 am 11.11., 2017 am 30.9.

Ramadan

Der neunte Monat ist der **Fastenmonat.** Dann dürfen alle erwachsenen, gesunden Gläubigen von Sonnenaufgang bis Sonnenuntergang nicht essen, trinken, rauchen oder Sex haben. Das legt das öffentliche Leben ziemlich lahm, da nachts gegessen und gefeiert wird und tagsüber, soweit möglich, geschlafen. Banken und Ämter sind im Ramadan meist nur vormittags offen. Dörfer wirken häufig verwaist, viele Restaurants und Cafés sind tagsüber geschlossen, Brot ist meist nur abends erhältlich! In größeren Städten bleiben viele Touristenrestaurants geöffnet. Der Tag, an dem der Ramadan endet, wird kurzfristig berechnet, je nachdem wann der Vollmond im neuen Monat aufgeht.

- **Termin:** voraussichtlich 6. Juni bis 6. Juli 2016 und 27. Mai bis 27. Juni 2017.

Die Pilgerfahrt (Hadj)

Beginn der Pilgerfahrt ist im 12. Monat des islamischen Kalenders. Auf diesen Tag fällt in der ganzen islamischen Welt der Aufbruch zur **Pilgerfahrt nach Mekka.** Hat man einmal in seinem Leben dieses Pilgerziel erreicht, darf man sich „al Hadj" nennen, eine der wichtigsten Auszeichnungen für einen Muslim.

Vefat/Wafa

Todestag des Propheten Mohamed am 2. Rabia I.

Wochentage

- **Sonntag** = nhar el had
- **Montag** = nhar et tnin
- **Dienstag** = nhar el tlata
- **Mittwoch** = nhar el arba
- **Donnerstag** = nhar el khemis
- **Freitag** = el djemâa
- **Samstag** = nhar es sebt

Staatliche Feiertage

- **31. Dezember/1. Januar:** islamisches Neujahrsfest *(Fête du Nouvel An)*.
- **11. Januar:** Tag der Unabhängigkeitserklärung *(Manifeste de l'Indépendance)*.
- **1. Mai:** Tag der Arbeit *(Fête du Travail)*.
- **30. Juli:** Thronfest *(Fête du Throne)*, Thronbesteigung *Mohamed VI.*
- **14. August:** Tag der Integration der Westsahara *(Fête de Oued Eddahab)*.
- **20. August:** Fest des Königs und des Volkes *(Fête du Roi et du peuple)*.
- **21. August:** Fest der Jugend *(Fête de la Jeunesse)* am Geburtstag von König *Mohamed VI.*
- **6. November:** Jahrestag des Grünen Friedensmarsches zum Wiederanschluss der ehemals spanischen Sahara *(Anniversaire de la Marche Verte)*.
- **18. November:** Unabhängigkeitsfest *(Fête de l'Indépendance)*.

Wochenfeiertag und arbeitsfreier Tag ist der Sonntag, freitags sind mittags zu Gebetszeiten zahlreiche Ämter zu, aber auch im Souk sind Freitag vormittag viele Läden geschlossen.

Wechselkurse (Mai 2016)
- **1 DH** = 0,09 Euro
- **1 Euro** = 10,83 DH
- **1 DH** = 0,10 SFr
- **1 SFr** = 9,71 DH

- **Aktuelle Wechselkurse**
im Internet z.B. unter **www.oanda.com.**

Geld und Finanzen

Währung

Währungseinheit ist der **Marokkanische Dirham (DH).** Bis zu einer Summe von 2000 DH darf die Währung ein- und ausgeführt werden. Der Dirham ist in 100 Centimes unterteilt. Es gibt Scheine zu 20, 50, 100 und 200 DH sowie Münzen zu 1, 5, 10, 20 und 50 Centimes sowie 1, 2, 5 und 10 DH. Der Kurs des Dirham richtet sich nach dem US-Dollar, sodass der Wechselkurs zum Euro von dessen Stärke oder Schwäche abhängt.

Geldwechsel

An den Grenzen und Flughäfen befinden sich **Wechselstuben,** die Bargeld tauschen. Autorisierte Wechselstuben findet man auch in großen Hotels, in manchen Reisebüros und in den Touristenstädten in der Nähe stark frequentierter Plätze oder Straßen. Fast alle großen **Banken** wie Attijariwafa, BMCI und BMCE sind in den Städten vertreten und haben auch Geldautomaten (s.u.). Auch größere Hotels wechseln Euro, allerdings zu einem schlechten Kurs (meist 1:10). Der **Euro** wird überall gern gesehen, auch im Souk (Suq) und in Geschäften der Touristenzentren können Sie damit zahlen, wenn Ihnen die Dirhams ausgegangen sind. Auf der Straße zu tauschen ist illegal und kann auch eher dazu führen, über's Ohr gehauen zu werden, als finanzielle Vorteile zu erzielen.

Lassen Sie sich bei den Banken **genügend Kleingeld** geben, denn grundsätzlich herrscht überall Kleingeldmangel. Selten kann etwa ein Gemüsehändler auf größere Scheine herausgeben, und wenn kleine Dienstleistungen zu zahlen sind oder ein Bettler seinen Obolus fordert, dann ist es sinnvoll, einige Münzen griffbereit zu haben.

Warten Sie mit dem **Wechseln** nicht bis zum Nachmittag, wenn Ihre Dirhams knapp werden, denn **am Vormittag hat jede Bank geöffnet.** Über Mittag sind die Banken in der Regel geschlossen, die Öffnungszeiten nachmittags variieren, manche kleine Banken schließen bereits sehr zeitig. Immer wieder findet man Banken oder Wechselstuben, die auch Samstagvormittag geöffnet haben, **im Notfall** gibt es die Möglichkeit, **in Hotels** zu wechseln (die Wechselschalter werden oft von einer Bank betrieben). Auch **Geldautomaten** (ATM) sind hin und wieder nur zu den Banköffnungszeiten in Betrieb, beachten Sie evtl. Hinweise.

Bei der **Ausreise** können übrige Dirham-Beträge (z.B. am Schalter im Flughafen im bzw. vor dem Check-in-Bereich und vor der Handgepäckkontrolle) zurückgetauscht werden – jedoch zu einem ungünstigen Kurs.

Die früher weit verbreiteten **Travellerschecks** werden in den meisten Ländern der Welt inzwischen abgelehnt. Auch in Marokko verweigern Banken und Wechselstuben die Annahme von Reiseschecks.

Öffnungszeiten der Banken

- **Montag bis Donnerstag:** 8.30 (9)–11.30 und 14.30–16.30 (17) Uhr.
- **Freitag:** evtl. nachmittags geschlossen oder längere Mittagspause.
- **Im Ramadan bzw. Sommer:** 8–14 (14.30) Uhr.
- Während der **Aid-Feiertage** (siehe „Feiertage") sind Banken und Amtsstuben **mehrere Tage geschlossen.**

Geld- und Kreditkarte

Die regelmäßige Abhebung von **Bargeld am Automaten** bietet sicher die bequemste Geldversorgung unterwegs und hat den Vorteil, dass man nicht von Anfang an sein gesamtes Reisebudget mit sich rumträgt. Im Hafen, an den Flughäfen sowie in allen Städten gibt es Bankomaten, an denen man mit seiner **Maestro-Bankkarte** (nicht mit V-Pay-Karte!) unter Angabe der PIN-Nummer Geld abheben kann, max. 2000 DH. Dies funktioniert auch mit der **Kreditkarte** (verbreitet sind die VISA-Karte und vor allem MasterCard, American Express ist eher unbekannt). Ob und welche Kosten für die Barabhebung anfallen, ist abhängig von der kartenausstellenden Bank. Man sollte sich daher vor der Reise bei seiner Hausbank informieren, mit welcher marokkanischen Bank sie zusammenarbeitet. Im ungünstigsten Fall wird pro Abhebung eine Gebühr von bis zu 5,5% des Abhebungsbetrages berechnet. **Für Vielreisende** empfehlen wir die Einrichtung eines kostenfreien Kreditkartenkontos z.B. bei der Deutschen Kreditbank Berlin (www.dkb.de): Mit der VISA-Card der DKB kann weltweit bei beliebigen Banken kostenlos Geld abgehoben werden. So kann man unterwegs ohne die lästigen Abhebekosten immer nur die Summe am Automaten ziehen, die man in nächster Zeit benötigt.

Kreditkartenzahlung wird nur in großen Hotels und in einigen teuren Restaurants in den Touristenstädten akzeptiert. An Tankstellen werden Kreditkarten fast nie angenommen. Für das bargeldlose Zahlen per Kreditkarte werden 1–2% für den Auslandseinsatz berechnet. Bei Verlust der Kreditkarte siehe Kapitel „Notfälle".

Gesundheit

Eine Reise nach Marokko birgt normalerweise keine größeren gesundheitlichen Risiken als eine Reise in ein beliebiges südeuropäisches Land. **Impfungen sind nicht vorgeschrieben.**

Das Risiko, während eines Aufenthalts in Marokko (schwer) zu erkranken, ist geringer als das Risiko, Opfer eines Verkehrsunfalls oder von Kriminalität zu werden. Reisestil, Reisezeit, Aufenthaltsdauer und -orte spielen natürlich bei der Beurteilung des Risikos eine wichtige Rolle. Das Risiko einer **Infektionskrankheit** ist in Marokko nur gegeben, wenn man sehr viel Kontakt mit der einheimischen Bevölkerung auf dem Land hat und dort auch isst. Im eigentlichen touristischen Bereich ist die Wahrscheinlichkeit, ernsthaft zu erkranken, sehr gering.

Reisedurchfall

Die **häufigste Erkrankung** während eines Marokkoaufenthalts ist der sog. Reisedurchfall. Meist wird er durch relativ harmlose landesspezifische Bakterien – an die der Einheimische gewöhnt ist, nicht aber der Tourist – oder durch Viren hervorgerufen. Seltener sind die gefährlichen Erreger des Typhus, der bakteriellen Ruhr, der Cholera, Lambliasis und Amöbenruhr Ursache von Durchfall. Die Ansteckung erfolgt über verschmutztes Wasser und damit verunreinigte Lebensmittel. Auch Wurminfektionen (z.B. Spulwürmer, Ascaris) und Hepatitis A werden über verunreinigte Lebensmittel übertragen. Häufig genug erkranken Touristen nicht vom Essen der Garküchen, sondern vom vermeintlich „guten Essen" der Hotelküche. Man kann keine verbindliche Regel aufstellen, warum man an Durchfall erkrankt oder nicht. Vieles hängt von den eigenen Abwehrkräften und der momentanen gesundheitlichen Gesamtkonstitution ab. Wer längere Zeit im Ausland weilt, stärkt sein Immunsystem eher durch einheimisches Essen, als wenn man versucht, möglichst „keimfrei" zu essen.

Folgende **Vorbeugemaßnahmen** helfen, einen Reisedurchfall zu vermeiden:

- Zum **Trinken** sollten nur abgepackte Getränke oder abgekochtes Wasser verwendet werden. Das Leitungswasser in den Städten Marokkos ist ausreichend gechlort, sodass es zum Zähneputzen reicht. Zum Abkochen muss das Wasser mindestens 10 Minuten sprudelnd kochen. Im Handel befindliche Tabletten zur chemischen Wasserdesinfektion können in Marokko das Abkochen ersetzen. Desinfizieren Sie bei Auto-/Motorrad-/Fahrradreisen Ihr Trinkwasser mit Micropur, Romin oder Certisil, das es flüssig (nur ein Jahr haltbar), in Pulver- oder Tablettenform gibt. Flaschenwasser gibt es überall preiswert zu kaufen. Filterpumpen müssen unbedingt nach Herstelleranweisung regelmäßig gereinigt werden.
- **Tee und Kaffee** aus nur kurz erhitztem Wasser sind nicht keimfrei.
- **Eiswürfel** sind in einfachen Hotelanlagen und Restaurants zu meiden.
- **Kohlensäurehaltige Getränke** sollten bevorzugt werden, da die vorhandene Kohlensäure als Beweis der intakten Originalverpackung gelten kann.
- **Obst** sollte man selbst schälen.
- **Fleisch und Gemüse** sollten stets stark gekocht sein, wenn man sich selbst versorgt am besten im Dampfkochtopf. Über rohes oder nicht ausreichend gegartes Fleisch kann eine Ansteckung mit Trichinen erfolgen. In Restaurants sollte bei Kurzgebratenem, wie Brochettes oder Kefta, darauf geachtet werden, dass das Fleisch ganz durchgebraten wurde. Tajines und Couscous sind immer lange genug gegart, hier braucht man keine Bedenken zu haben. Auf rohe Salate und Obst ohne Schale sollten Sie verzichten, wenn Sie zum erstenmal im Land und noch nicht abgehärtet sind. Marokkanischer Salat besteht meist aus gekochten Roten Rüben, Kartoffelsalat, geschälten Gurken und Tomaten – man kann ihn bedenkenlos essen. Blattsalat wird ohnehin selten verwendet.
- **Eier** sollten Sie nach Möglichkeit in Läden mit Kühlschrank kaufen, da sie auf den normalen Märkten oft tagelang in der Sonne brüten.
- **Rohmilch** sollte gemieden werden, da über sie Rindertuberkulose und die Brucellose übertragen werden kann.

Kommt es trotzdem zu Durchfall, sollte man darauf achten, dass die dadurch entstehenden Wasser- und Elektrolytverluste ausgeglichen werden. Dazu gibt es in den Apotheken erhältliche Elektrolytpulver (z.B. Elotrans), die man aber gewöhnlich nicht braucht. Im Notfall kann man sich mit einem Teelöffel Koch-

Hinweis

Einen guten Überblick und alle Informationen zu gesundheitlichen Risiken, Impfempfehlungen, Präventivmaßnahmen, Reiseapotheke, Adressen qualifizierter Berater, von Impfstellen und Tropenmedizinischen Instituten u.v.m. findet man auf der Internetseite **www.crm.de** (s.a. im Anhang).

salz, zehn Teelöffel Zucker und einem Glas Orangensaft auf einen Liter Tee behelfen. Das sind Zutaten, die Sie in Marokko überall bekommen. Diese **Kochsalzmischung,** ähnlich Elotrans, kann man in Marokko ebenfalls in Apotheken bekommen; sie heißt *Sels de Rehydration orale.* Zur Überbrückung kann kurzfristig Loperamid (z.B. Immodium) eingesetzt werden. Da der Durchfall durch die Ausscheidung der Erreger auch zur Heilung führt, sollte man der Sache, sobald eine geeignete Toilette zur Verfügung steht, unbedingt freien Lauf lassen. Antibiotika sollten nicht selbstständig eingenommen werden. Lang anhaltender Durchfall mit Fieber oder Blut im Stuhl sollte sofort zum Arztbesuch führen. Sinnvoll ist erstmal schwarzer Tee (kein Kamillentee) sowie Zwieback oder Salzstangen. Am zweiten Tag Hühnerbrühe, Haferschleimsuppe und leicht verdauliche Speisen. Gegen Erbrechen und Durchfall wirkt auch Coca-Cola. Hungern ist lediglich bei starkem Erbrechen vorzuziehen.

Sonnenschutz

In Marokko ist wegen der hohen UV-Einstrahlung (besonders im Hohen Atlas und in der Wüste) ein guter Sonnenschutz **dringend zu empfehlen.** Lange Sonneneinstrahlung (z.B. am Strand eingeschlafen) kann zu schweren Hautverbrennungen, Sonnenstich, Hitzeerschöpfung oder Hitzschlag führen. Durch Benutzen einer Sonnencreme, Tragen eines Sonnenhuts und regelmäßiges Trinken kann man dem vorbeugen. In den heißesten Stunden des Tages hält man es am besten so wie die Einheimischen und ruht an einem schattigen Platz unter einer Palme oder im Haus.

Bilharziose

Die Krankheit wird durch winzige Würmer übertragen, die **beim Baden** oder Waten in befallenen Gewässern durch die Haut eindringen. Die Eiablage der Würmer erfolgt in Blase und Darm und hat starke (bei Nichtbehandlung tödliche) Folgen. Vorsicht ist in Marokko vor allem im Falle stehender Wassertümpel, bei Bewässerungskanälen in den Oasen südlich des Atlas geboten! Die Würmer können sich nur bei warmen Temperaturen halten, deshalb gibt es diese Krankheit nicht in den Gebirgsregionen des Atlas. In Bergseen und Gebirgsbächen kann man problemlos baden!

Tollwut

Für Fahrrad- oder Motorradfahrer, die abseits der Hauptrouten unterwegs sind, besteht die Gefahr, von **streunenden Hunden** gebissen zu werden. Eine Tollwutimpfung ist bei dieser Reiseform oder auch wenn man mit eigenem Hund reist (wegen evtl. vermehrtem Kontakt mit anderen Hunden) unbedingt empfehlenswert! In Marokko kam es in den letzten Jahren vereinzelt zu Tollwutinfektionen bei Menschen, die durch streunende Hunde übertragen wurden.

Haut-/Augenschutz

Sonne und Wind trocknen die Haut aus. Eine **Fettcreme** und ein Fettstift für die Lippen gehören ins Gepäck. Eine gute **Sonnenbrille** schützt die Augen vor grellem Licht und Staub.

Insektenschutz

Haut- bzw. **Anti-Insektensprays** und **Lotions** (z.B. *Autan, NoBite, Zedan*) halten Stechmücken fern bzw. bringen sie um; Insektensalbe (in Marokko *Mousticrème*) oder -stift (z.B. *Soventol* oder *Fenistil*) verhindern Schwellungen und lindern den Juckreiz, wenn die Biester trotzdem gestochen haben.

> Sonnenschutz ist wichtig, völlig unabhängig von Form und Farbe

Schlangenbisse/ Skorpionstiche

Vergiftungen durch Giftschlangen und Skorpione sind in Marokko bei Touristen **sehr selten.** Eine gewisse Vorsicht ist bei Kindern angebracht: Sie sollten nicht unbeaufsichtigt in der Wildnis spielen, denn unter dem einen oder anderen Stein mag ein Skorpion sitzen, vielleicht sonnt sich auch auf einem Felsen ganz unscheinbar eine Schlange oder zieht nahe einer Wasserstelle ihre Bahnen.

HIV/AIDS

Ansteckungsgefahr mit AIDS (franz. **SIDA**) besteht hauptsächlich bei ungeschütztem Geschlechtsverkehr, am besten schützt also sexuelle Zurückhaltung. Die AIDS-Quote liegt offiziell bei nur 0,1% (vergleichbar mit Deutschland), bei Prostituierten und Homosexuellen jedoch sicher um ein Vielfaches höher. Die höchste HIV-Rate besteht in Agadir, Marrakesch und Casablanca. Die Zahl der Neuinfektionen stieg in den letzten Jahren besonders unter Frauen und jungen Erwachsenen.

Mit Kleinkindern unterwegs

Sie brauchen **keine Bedenken** zu haben, Ihre Kinder mit nach Marokko zu nehmen. Auch Säuglinge haben solche Touren mit einigen Vorsichtsmaßnahmen gut überstanden. Was Wasserdesinfektion, Durchfallvorsorge und das Essen anbelangt, gelten die gleichen Empfehlungen wie für Erwachsene.

Vor **Mücken und Fliegen** schützen Sie Ihr Kind bei einem Campingaufenthalt am besten mit einem Moskitonetz über dem Bettchen, evtl. sollten Sie das Kind mit einem Moskitomittel aus ätherischen Ölen wie z.B. Zedan einreiben. Engen Kontakt zu streunenden Hunden und Katzen sollten Sie meiden. Kontakt mit der Bevölkerung ist auf Reisen immer wünschenswert, aber mit kleinen Kindern nicht ganz ungefährlich. Jeder will Ihrem Baby auch die Hand schütteln oder es gar abküssen, und bei einer Einladung stoßen Sie auf Unverständnis, wenn Sie Ihr Kind nicht vom gemeinsamen Teller mitessen lassen.

Ungünstig ist die Mitnahme von **Kindern im Krabbelalter** (außer Sie planen einen reinen Hotelaufenthalt), da der Boden in tropi-

ma16_142 ad

schen und nordafrikanischen Ländern meist stark verschmutzt ist. Zudem stecken Kinder in diesem Alter fast alles in den Mund. Wenn Ihr Kind laufen kann, steht einer Mitnahme nichts mehr entgegen. Mit kleinen Kindern sollten Sie natürlich möglichst selbst kochen und das Essen in sehr einfachen Marktlokalen vermeiden.

Ein Blick auf die **sanitären Anlagen** eines Restaurants ist oft ein Gradmesser für die restliche Sauberkeit. Starrt das Örtchen vor Dreck, fehlen die Wasserhähne bzw. tropft das Wasser nur, dann können Sie davon ausgehen, dass die Küche ebenfalls ungepflegt ist und der Koch mit nicht gerade sauberen Händen seine Mahlzeiten bereitet. Eis ist oft eine Infektionsquelle (verunreinigte Milch), inzwischen aber in den Touristengebieten wie Agadir unbedenklich genießbar. Innerhalb der Touristikkomplexe von Agadir und den Königsstädten ist ohnehin für einwandfreie europäische Kost gesorgt.

Versicherungsschutz

Die staatlichen Krankenhäuser und Gesundheitszentren in Marokko bieten ihre **Grundleistungen** auch für Ausländer kostenlos an. Sonderleistungen, Behandlungen in den besser ausgestatteten Privatkliniken und private Konsultationen müssen allerdings selbst bezahlt werden.

Die Kosten für eine Behandlung in Marokko werden von den gesetzlichen Krankenversicherungen in Deutschland und Österreich nicht übernommen, daher ist der **Abschluss einer privaten Auslandskrankenversicherung unverzichtbar.** Bei Abschluss der Versicherung – die es mit bis zu einem Jahr Gültigkeit gibt – sollte auf einige Punkte geachtet werden. Zunächst sollte ein Vollschutz ohne Summenbeschränkung bestehen, im Falle einer schweren Krankheit oder eines Unfalls sollte auch der Rücktransport übernommen werden. Diese Zusatzversicherung bietet sich auch über einen Automobilclub an, gerade wenn man bereits Mitglied ist. Diese Versicherung bietet den Vorteil billiger Rückholleistungen (Helikopter, Flugzeug) in extremen Notfällen. Auch wichtig: Im Krankheitsfall wird der Versicherungsschutz über die vorher festgelegte Zeit hinaus automatisch verlängert, falls die Rückreise nicht möglich ist.

Schweizer sollten bei ihrer Krankenversicherungsgesellschaft nachfragen, ob die Auslandsdeckung auch für Marokko inbegriffen ist. Sofern man keine Auslandsdeckung hat, kann man sich kostenlos bei Soliswiss (www.soliswiss.ch) über mögliche Krankenversicherer informieren.

Zur **Erstattung der Kosten** benötigt man Quittungen mit Datum, Namen, Bericht über Art und Umfang der Behandlung sowie Kosten der Behandlung und Medikamente.

Medizinische Versorgung

Vor einer Marokko-Reise empfiehlt sich ein Zahnarztbesuch, da vor Ort eine qualifizierte zahnärztliche Versorgung problematisch sein kann.

In den Städten ist eine gute **ärztliche Versorgung** gewährleistet. Auf dem Land gibt es Gesundheitsstationen, die auch für Touristen eine kostenlose Erstversorgung gewährleisten. Größere Hotels verfügen gelegentlich über einen eigenen (teuren) medizinischen Dienst bzw. Hotelarzt oder empfehlen zuverlässige Ärzte. Auch über die Botschaften oder Konsulate sind Adressen von guten Ärzten vor Ort zu erfahren. In den Ferienorten wissen Hotelrezeptionen und Fremdenverkehrsämter die jeweils diensthabenden und evtl. auch englisch- oder sogar deutschsprachigen Ärzte. Beim ADAC (www.adac.de) können sich Mitglieder vorab erkundigen, wo sich in Marokko deutsch sprechende Ärzte befinden. Empfehlungen stehen auch in den Stadtkapiteln!

In den Städten gibt es **staatliche Krankenhäuser** *(Hôpital)* und **private Kliniken** *(Clinique),* in kleineren Orten oft nur Polikliniken, einfache Ambulatorien *(Dispensaire)* oder mobile Stationen. Adressen in den Stadt-Kapiteln.

Apotheken *(Pharmacie)* führen einheimische und ausländische Medikamente, die meist rezeptfrei und billiger als bei uns zu haben sind. In jedem größeren Ort gibt es Bereitschaftsapotheken *(Pharmacies de garde)*, die auch nachts und an Sonn- und Feiertagen geöffnet und oft in den Rathäusern untergebracht sind.

Informationen

Fremdenverkehrsämter

Die offizielle Website der Fremdenverkehrsämter **www.visitmorocco.com** gibt in mehreren Sprachen Auskunft über das ganze Land: Unterkünfte, Städte, Routenplaner, Transport, Wetter, Veranstaltungen etc.

In Deutschland

■ **Staatliches Marokkanisches Fremdenverkehrsamt (ONMT),** Graf-Adolf-Straße 59, 40210 Düsseldorf, Tel. 0211 37 05 51/52, www.visitmorocco.com. Das Fremdenverkehrsamt verschickt eine Übersichtskarte sowie stimmungsvolle Prospekte zu touristischen Zielen (u.a. Marrakesch und Agadir) mit schönen Fotos, die aber wenig Informationen enthalten. Es sind auch Broschüren mit Urlaubstipps und praktischen Informationen sowie zum Trekking erhältlich. Die Publikationen können online bestellt werden.

In der Schweiz

■ **Staatliches Marokkanisches Fremdenverkehrsamt (ONMT),** Schifflände 5, 8001 Zürich, Tel. 044 252 77 52, info@marokko.ch.

In Marokko

Die **Hauptniederlassung** des Fremdenverkehrsamtes und die Vertretung des Tourismusministeriums befinden sich **in Rabat.** Die Auskünfte sind nicht wesentlich besser als in anderen marokkanischen Städten. Sie erhalten dort dieselben Prospekte wie in Deutschland. Zweigniederlassungen des ONMT gibt es in den großen Städten und wichtigen Touristenorten. Adressen siehe im Routenteil bei den jeweiligen Orten.

■ **Office National Marocain du Tourisme** (ONMT bzw. Tourismusministerium), Angle Rue Oued El Makhazine/Rue Zallaqa, **Rabat-Agdal,** Tel. (00212) (0)537 27 83 00, contact@onmt.org.ma.

Vereine

■ **ADAC Reiseservice,** Info-Tel. 0800 51 01 112, www.adac.de (Mail-Anfragen zu verschiedenen Themengebieten möglich). Hier erhalten ADAC-Mitglieder ein TourSet mit Infos über Einreise- und Verkehrsbestimmungen, Kfz-Schutzbrief und Auslandskrankenversicherung. Der ADAC unterhält eine Niederlassung in Agadir (s. dort).

Folgende Vereine haben sich **Völkerverständigung** oder **interkulturellen Austausch** zum Ziel gesetzt:

■ **Deutsch-Arabische Gesellschaft,** Calvinstr. 23D, 10557 Berlin, Tel. 030 80 94 19 92, www.d-a-g.de. Vorträge, Newsletter mit Nachrichten aus dem arabischen Raum und sonstige Infos.

■ **Euro-Arabischer Freundeskreis e.V.,** c/o *Helmut Six,* Trautmannstr. 5, 81373 München, Tel. 089 76 04 498, www.eaf-ev.de. Monatliches Informationsheft über Kulturelles und Touristisches aus arabischen Ländern, regelmäßige Treffen in München u.v.m.

Informationen im Internet

■ **www.marokko.com**
Eine sehr aktive Website mit Wirtschaftsinfos, Reiseberichten, Fotos, Videos, Städte- und Landesinfos sowie Diskussionsforum zu Themen von Tourismus bis Politik und marokkanischer Küche. Viele Links zu anderen Marokko-Seiten.

■ **www.visitmorocco.com**
Offizielle Seite des ONMT (Office Nationale Marocain du Tourisme (s.o.). Informationen und Bilder zu den meistbesuchten Destinationen (deutschsprachig), Bestellmöglichkeit von Broschüren.

■ **www.tourismemaroc.com**
Offizielle Seite des Tourismusministeriums mit aktuellen Zahlen, Tourismusprojekten, News etc.

- **www.saharaforum.kohlbach.org**
Aktives Forum von *Edith Kohlbach* mit Diskussionsbeiträgen über Hotels, Campingplätze, Straßenverhältnisse etc.
- **www.oncf.ma**
Fahrplan, Preise und weitere Informationen der Bahn und der Buslinie Supratours.
- **www.supratours.ma**
Fahrplan und Preise der Buslinie Supratours, die v.a. im Süden verkehrt.
- **www.ctm.ma**
Busverbindungen in Marokko (Preise, Fahrpläne).
- **www.telecontact.ma**
Gelbe Seiten und Telefonbuch für Marokko (franz.)
- **www.tripadvisor.de**
Hilfreicher Überblick zu Hotels und Gasthäusern in allen touristischen Regionen des Landes, mitsamt Bewertungen von Gästen.
- **www.madeinmedina.com**
Die Seiten von „Made in Medina" geben einen sehr guten Überblick über alle touristischen Adressen (Restaurants, Hotels, Freizeitangebote) in Agadir, Casablanca, Essaouira, Fès, Marrakesch, Meknès, Ouarzazate, Rabat, Tanger.
- **www.aufait.ma**
Tägliche News (franz.) aus Marokko: Gesellschaft, Wirtschaft, Politik, Kultur und Sport.
- **www.qantara.de**
Die deutschsprachige Website ist ein Projekt der Deutschen Welle und möchte den Dialog mit der islamischen Welt fördern. Berichte u.a. über Politik, Gesellschaft, Kultur aus dem islamischen Raum, häufig interessante Artikel zu Marokko.
- **www.amazighs.fr**
Interessante Seite zu den Berbern in Nordafrika: Kultur, Politik, Geschichte, News etc. (franz.)
- **www.telquel-online.com**
Webseite der unabhängigen Zeitung „Telquel" mit vielen Hintergrundinfos, die nicht immer regierungskonform sind (franz.).
- **www.hcp.ma**
(Nicht immer ganz aktuelle) offizielle Statistiken und Zahlen zu Bevölkerung und Wirtschaft in Marokko (franz.).
- **www.worldbank.org/en/country/morocco**
Informationen über Projekte der Weltbank in Marokko (engl.).
- **www.marokko.ahk.de**
Diverse nützliche Informationen und Links der Deutschen Industrie- und Handelskammer in Casablanca. Bestellmöglichkeit von Publikationen.
- **www.arso.org**
Aktuelle Infos zur Westsahara (franz.).
- **www.daerr.net**
Website der Autorin Astrid Därr mit Hinweisen zu den neuesten Publikationen und von ihr geleiteten Marokkoreisen.
- **www.wuestenschiff.de**
In diesem sehr aktiven Forum tauschen Individualreisende aktuelle Infos zu Reisezielen in Afrika und im Nahen Osten aus.
- **www.lehmexpress.de**
Projekt von *Manfred Fahnert* zur Erhaltung der traditionellen Lehmarchitektur in Marokko, besonders der Kasbah Caid Ali in Agdz.
- **www.marokko-per-rad.de**
Forum, Berichte und nützliche Informationen zu Radreisen in Marokko von *Jan Cramer.*

Notfälle

Autopanne/-unfall

Der **ADAC** und der **ÖAMTC** stehen Mitgliedern z.T. auch im außereuropäischen Ausland beratend zur Seite. Als ADACPlus-Mitglied erhält man beispielsweise weltweit Hilfestellung: Kredit- und Bargeldservice, Rechtsberatung und Notrufservice mit Beratung im Falle einer Fahrzeugpanne oder eines Unfalls. Die Kosten zur Pannenbehebung und Abschleppkosten werden für ADACPlus-Mitglieder bis zu jeweils 200 Euro erstattet. Informationen bei den großen Automobilclubs.

Automobilclubs

- **ADAC** (Deutschland), Tel. (0049) (0)89 22 22 22 bei Fahrzeugschaden (man wird mit einer evtl. deutschsprachigen Notrufstation vor Ort verbunden), Tel. (0049) (0)89 76 76 76 für medizinische Notfälle.
- **ÖAMTC** (Österreich), Tel. (0043) (0)1 25 12 000 oder Tel. (0043) (0)1 25 12 020 für medizinische Notfälle.
- **TCS** (Schweiz), Tel. (0041) (0)58 87 22 20.
- **Marokkanischer Automobilclub: Royal Automobile Club Marocain (RACM),** 13, Rue de Blida, Casablanca, Tel. 0522 20 03 96.

Verlust von Geldkarten

Bei Verlust oder Diebstahl der Kredit- oder Maestro-Bankkarte sollte man diese **umgehend sperren** lassen. Für deutsche Geldkarten gibt es die einheitliche **Sperrnummer 0049 116 116** und im Ausland zusätzlich 0049 30 4050 4050. Der Touring Club Schweiz (TCS) betreibt einen Kartensperrservice; Infos unter 0844 888 111. Für österreichische und schweizerische Karten gelten:

- **Maestro-Karte/Bankomat,** (A)-Tel. 0043 1 204 88 00; (CH)-Tel. 0041 44 271 22 30, UBS: 0041 848 888 601, Credit Suisse: 0041 800 800 488
- Für **MasterCard** und **VISA** sollten Österreicher und Schweizer sich vor der Reise die Rufnummer der kartenausstellenden Bank notieren.

Geldnot

Wer in Marokko dringend eine größere Summe Geld benötigt (wegen eines Unfalles o.Ä.), kann sich **über Western Union Geld schicken lassen.** Für den Transfer muss man die Person, die das Geld schicken soll, vorab benachrichtigen. Diese kann es via www.westernunion.de online über ihr Bankkonto versenden oder muss bei einer Vertretung von Western Union (in Deutschland u.a. bei der Postbank) ein entsprechendes Formular ausfüllen und den Code der Transaktion telefonisch oder anderweitig übermitteln. Mit dem Code und dem Reisepass geht man zu einer beliebigen Vertretung von Western Union in Marokko, wo das Geld nach Ausfüllen eines Formulares binnen Minuten ausgezahlt wird. Je nach Höhe der Summe muss der Absender eine Gebühr zahlen.

Ausweisverlust/Notfall

Wird der Reisepass oder Personalausweis im Ausland gestohlen, muss man dies **bei der örtlichen Polizei melden.** Darüber hinaus sollte man sich an die nächste diplomatische Auslandsvertretung seines Landes wenden, die ein Ersatzdokument zur Rückkehr ausstellt (ohne kommt man nicht an Bord eines Flugzeuges!).

Auch in **dringenden Notfällen** (z.B. medizinischer oder rechtlicher Art, bei der Vermisstensuche, Hilfe bei Todesfällen, Häftlingsbetreuung) können die Auslandsvertretungen vermitteln (siehe Kapitel „Diplomatische Vertretungen“).

Notrufnummern in Marokko

- **Rettungsdienst/Feuerwehr:** Tel. 150 oder 15
- **Polizei:** Tel. 190 oder 19
- **Gendarmerie:** Tel. 177
- **Maroc Assistance:** Tel. 0522 30 30 30
- **SOS Médecin:** Tel. 0522 44 44 44

Öffnungszeiten

Generell sind die Öffnungszeiten **im Ramadan und in der Woche nach dem Opferfest** (Aid el Kebir) **sehr eingeschränkt.** (Post-) Ämter und Behörden haben dann meist nur von 9.30–15 Uhr geöffnet, Geschäfte nach Lust des Besitzers manchmal nur vormittags oder nur in den späten Nachmittagsstunden. Am Freitagmittag (Moscheebesuch und islamischer Feiertag) haben viele Geschäfte in den Souk-Vierteln und in Dörfern geschlossen. Am Nachmittag ab 15/16 Uhr ist dann wieder mit offenen Läden zu rechnen.

Geschäfte und Büros: Da es in Marokko kein Ladenschlussgesetz gibt, hier nur die Kernöffnungszeiten der Geschäfte: montags bis samstags von 9.30–13 und 15–19 Uhr.

Die **Ämter und Behörden** sind montags bis donnerstags von 8.30–12 und 14.30–18.30 Uhr geöffnet, freitags von 8–11.30 und 15.30–18.30 Uhr.

Museen und Sehenswürdigkeiten: Die meisten Museen sind täglich außer Dienstag 9–17.30 Uhr geöffnet, der Eintritt beträgt 10–40 DH. Auch bei Sehenswürdigkeiten wie Palästen, Medersen (Koranschulen) etc. gelten

ma16_124 ad

diese Eintrittspreise und in etwa die gleichen Öffnungszeiten, wobei muslimische Sehenswürdigkeiten wie Koranschulen meist am Freitagvormittag geschlossen haben.

Post

Postämter gibt es in allen größeren Orten (Aufschrift „P.T.T."). Die gelben **Briefkästen** zum Einwurf von Postkarten/Briefen sind leicht zu erkennen und auch in allen Orten zu finden.

Briefmarken sind oft auch in Tabak- und Schreibwarenläden erhältlich, in denen Postkarten verkauft werden. Postkarten und Briefe bis 20 g nach Deutschland müssen bei Luftpost mit 7 DH frankiert werden.

Die **Laufzeit** für Briefe und Karten in die Heimat bewegt sich zwischen einer und drei Wochen.

Reiseveranstalter und Rundreisen

Marokkoreisen werden in deutschen Reisebüros in vielfältiger Form angeboten, neben reinem **Badeurlaub** auch immer mehr interessante **Rundreisen.** Dabei handelt es sich vor allem um Touren zu den **Königsstädten** Rabat, Fès, Meknès und Marrakesch**, zu Kasbahs und Speicherburgen,** um Bus- oder **Geländewagenfahrten** in die **Berge** und die **Wüste.** Beachten Sie aber bei Rundreisen durch das ganze Land, dass eine solche Unternehmung mindestens 14 Tage dauern sollte, eher länger. Für eine Tour im Süden, also von Agadir nach Marrakesch und weiter nach Ouarzazate und entlang der Straße der Kasbahs, reichen 14 Tage, auf eine 8-Tage-Rundreise sollten Sie sich auch hier nicht einlassen.

Ferner werden u.a. **Wander- und Trekkingtouren, Golfreisen** sowie **Rundfahrten mit Mietwagen** angeboten. Ein Badeurlaub lässt sich problemlos anhängen. Aber auch Bausteinprogramme (Flug, kombiniert mit individuellen Destinationen und Ausflügen oder Mietwagen) kann man buchen.

Wer das Land und seine Leute wirklich kennenlernen und sich auch abseits der touristischen Zentren und Hauptrouten bewegen möchte, sollte bei spezialisierten Reiseveranstaltern buchen. Gute lokale Veranstalter sind in den jeweiligen Kapiteln genannt.

Auch der Hotelurlauber wird (wenn nicht im Katalog, dann an Ort und Stelle) auf das vielfältige **Ausflugsprogramm** hingewiesen. Meist erläutert der Reiseleiter schon beim „Begrüßungs-Drink" die verschiedenen Touren und nimmt Buchungen entgegen. Wer innerhalb seines Hotelarrangements Ausflüge bucht, bezahlt für Übernachtung und Verpflegung jedoch u.U. doppelt.

> Im Frühjahr herrschen auch in der Wüste angenehme Temperaturen

Hinweise und Tipps

- Die über die Reiseveranstalter oder Hotels gebuchten Touren werden von **offiziellen Agenturen** mit örtlichen (oft deutschsprachigen) Reiseleitern durchgeführt. Die Ausflüge sind meist gut organisiert und die Teilnehmer versichert, was bei Buchung über private Anbieter nicht garantiert ist. Eintrittsgelder (ohne Fotogebühr), bei Ein- und Mehrtagesfahrten die Übernachtungen und Mahlzeiten (ohne Getränke) sind im Preis inbegriffen. Kinder erhalten meist Ermäßigung. Bei Abwesenheit gibt es weder „Lunchpakete" noch eine Kostenerstattung.
- Informieren Sie sich vor einer Buchung (z.B. anhand dieses Führers) über die jeweiligen **Ziele,** und vergleichen Sie die Angebote evtl. auch mit jenen der Nachbarhotels. Achten Sie darauf, kein allzu dicht **gedrängtes Besichtigungsprogramm** zu buchen. Wer überall nur durchhetzt, hat zwar viel abgehakt, aber wenig gesehen.
- **Ausflugskosten** belasten die Urlaubskasse spürbar im Verhältnis zum oft günstigen Pauschalpreis. Prüfen Sie, was Sie (individuell und billiger) **allein unternehmen** können.
- Bei manchen Fahrten werden fakultative, also extra zu bezahlende Ausflüge angeboten. Fahrer und Reiseleiter erwarten zum Schluss ein angemessenes **Trinkgeld.**
- Seien Sie darauf gefasst, dass Sie bei Ortsbesichtigungen irgendwann in ein **Teppich- und Souvenirgeschäft** geführt werden. Tätigen Sie größere Souvenirkäufe aber besser an einem Ort, wo genügend Zeit und Möglichkeit zum Vergleichen und Handeln bleibt. Bei Gruppenreisen wird die Provision des Führers bzw. Reiseleiters (bis 50%) im Kaufpreis einkalkuliert. Auch bei gratis angebotenen Fahrten zur Besichtigung von Leder-, Teppichfabriken etc. wird natürlich auf die Kauflust der Teilnehmer spekuliert.

Reisezeit

Vgl. auch den Abschnitt „Klima" im Kapitel „Land und Leute".

Die angenehmste Reisezeit in Marokko ist **von Anfang März bis Ende Mai.** In Südmarokko hat es tagsüber oft schon im Februar angenehme Temperaturen (nachts ist es jedoch kalt), im Anti-Atlas blühen zu dieser Zeit die Mandelbäume. Im Frühjahr zeigt sich die im Herbst grau-braune Landschaft in ihrem schönsten Kleid, alles grünt und blüht.

ma16_126 ad

Die Zeit um Ostern ist jedoch auch die mit den meisten Touristen, also Hochsaison, was vor allem in Marrakesch erhöhte Preise und volle Hotels bedeutet. Preiswerter wird es im Mai, jedoch ist gerade Agadir um diese Zeit häufig mit einer Nebeldecke verhüllt. Trotz meist sehr angenehmer Temperaturen im Frühjahr kann es zu dieser Zeit auch starke Regenfälle und Kälteeinbrüche geben.

Im **Sommer,** vor allem im August, während der europäischen und marokkanischen Ferien, sind die Badeorte am Atlantik (und am Mittelmeer) überfüllt, und die Campingplätze quellen von marokkanischen Großfamilien über, mit der Folge, dass die Zustände auf manchen Plätzen unerträglich sind. Im Landesinnern dagegen lässt es sich vor allem an den hoch gelegenen Seen des Mittleren Atlas gut aushalten, und auch der Hohe Atlas ist noch nicht von Touristen überlaufen. Übrigens bietet selbst der Hochsommer keine Schönwettergarantie. Gerade im Gebirge sind sturzflutartige Regenfälle nicht selten.

Der **Herbst** ist wiederum eine sehr beliebte Reisezeit auch für Gruppen- und Trekkingreisen. Es fehlt jedoch die Farbenpracht des Frühjahrs, und, wie bereits erwähnt, wirken weite Landstriche aufgrund der abgeernteten Felder braun und kahl.

Wichtig ist es, bei der Reiseplanung zu überlegen, ob die Reisezeit in den Fastenmonat **Ramadan** fällt. Da ein erwachsener Moslem während dieser Zeit von Sonnenaufgang bis Sonnenuntergang nichts essen darf, bleibt es nicht aus, dass man, sofern man tagsüber etwas zu sich nimmt, als Tourist entweder unangenehm auffällt oder sich irgendwohin zurückziehen muss. Rucksacktouristen haben es etwas schwerer als Pauschaltouristen, da in kleinen Restaurants und arabischen Hotels nicht gekocht wird und der Geldbeutel für große Hotels zu schmal ist. Touristen müssen im Ramadan jedoch nicht zwangsläufig mitfasten – die Supermärkte haben auch während der Fastenzeit geöffnet (kleine Läden öffnen etwas später), sodass man sich gut selbst versorgen kann. Cluburlauber und Gäste größerer Hotels brauchen auf die gewohnte Küche nicht zu verzichten, aber einem marokkanischen Hotelangestellten wird man es kaum verübeln, wenn er angesichts opulenter Buffets und eigenem knurrenden Magen nur noch mürrisch seiner Arbeit nachgeht. Das öffentliche Leben insgesamt läuft während des Ramadan auf Sparflamme: Man kann nur vormittags mit geöffneten Schaltern rechnen; Museen und andere Sehenswürdigkeiten haben verkürzte Öffnungszeiten; Cafés sind tagsüber geschlossen; Brot gibt es in kleineren Orten erst nachmittags, alle anderen Lebensmittel aber sind reichlich auf den Märkten zu haben.

Nach Sonnenuntergang wird umso üppiger gegessen und gefeiert, auf den Straßen ist viel mehr los, und wegen des turbulenten Nachtlebens kann es recht interessant sein, zu Ramadanzeiten zu reisen.

Schwule und Lesben

Homosexualität ist in Marokko illegal, sexuelle Handlungen zwischen gleichgeschlechtlichen Partnern können dem Gesetz nach mit einer Geldzahlung oder Gefängnis bis zu drei Jahren bestraft werden. Homosexuelle Partnerschaften sind in religiöser und moralischer Hinsicht für einen Großteil der lokalen Bevölkerung nicht akzeptabel. Zärtlichkeiten zwischen gleichgeschlechtlichen Paaren in der Öffentlichkeit sind daher tabu, auch wenn freundschaftlich Hand in Hand schlendernde marokkanische Männer zum Alltagsbild gehören.

Dennoch ist Marokko und besonders **Marrakesch als Gay-Reiseziel bekannt,** und hinter der Fassade hat sich eine lebhafte Szene entwickelt. In der Stadt gibt es zwar keine ausgewiesenen Gay-Bars, einige Orte sind jedoch als Treffpunkte bekannt.

Marokkanisch-europäische Paare gleichen Geschlechts haben evtl. Schwierigkeiten, ein gemeinsames Zimmer in einem Hotel zu mieten, weil vermutet wird, dass es sich bei dem marokkanischen Partner um einen Prostituierten handelt. In Marrakesch gibt es jedoch diverse Riads, die als „gay friendly" gelten und z.T. von schwulen Paaren betrieben werden.

Entwicklungen wie die leider **wachsende Prostitution und Pädophilie** von Männern führte in den letzten Jahren zu einer verstärkten Abneigung einiger Marokkaner bis zu vereinzelten Gewalttaten gegen Homosexuelle – auch Politiker sprachen sich bereits öffentlich gegen Schwule aus. Homosexuelle Touristen, die sich in der Öffentlichkeit unauffällig verhalten, haben in Marokko jedoch keine Probleme zu erwarten.

- Marokkanisches Online-Homomagazin: **www.gaymaroc.net**

Sicherheit

Die **Kriminalitätsrate** in Marokko ist im Vergleich zu den westlichen Industrienationen **sehr gering.** In deutschen Städten, in Italien und Spanien ist es viel wahrscheinlicher, bestohlen oder überfallen zu werden als in Marokko. Besonders immer wieder kursierende Schauergeschichten über lauernde Drogenhändler und entführte blonde Mädchen müssen eindeutig ins Reich der Märchen verwiesen werden. Raubüberfälle und Vergewaltigungen sind in Marokko sehr selten. **Allgemeine Vorsichtsmaßnahmen** zur Verhinderung von **Diebstählen** sind allerdings in den Großstädten und touristischen Destinationen wie Casablanca, Tanger, Fès, Marrakesch, Agadir u.a. angebracht. Im Gedränge sind (wie überall auf der Welt) Taschen- und Trickdiebe unterwegs. Bei abendlichen Spaziergängen (z.B. zum Djâmaa el-Fna in Marrakesch) nimmt man am besten nur das nötigste Geld mit und deponiert den Rest im Hotelsafe oder im verschlossenen Koffer. Die Gefahr, vom Hotelpersonal bestohlen zu werden, ist in Mittel- und Oberklassehotels bzw. entsprechenden Gästehäusern auf jeden Fall geringer, als im Gedränge auf den Suqs oder am Strand Opfer eines Diebstahls zu werden.

Unterwegs sollten keine teuren Elektronikgeräte (Laptop, Tablet, Smartphone etc.) oder Schmuckstücke offen zur Schau getragen werden, um Diebe nicht in Versuchung zu führen. Auch teure Kameras trägt man in den Städten besser gut verstaut in einer Kameratasche oder im Rucksack und nicht lose an der Schulter. Im Gedränge auf dem Suq oder in der Medina tragen Sie eine Umhängetasche oder den Rucksack am besten nach vorne oder unter den Arm geklemmt, um einen schnellen Zugriff von hinten zu vermeiden. **Pass, Kreditkarte, größere Geldsummen etc.** tragen Sie am besten im **Brust- oder Hüftbeutel** oder im **Geldgürtel** direkt am Körper unter der Kleidung. Der Beutel macht natürlich nur Sinn, so lange er unter der Kleidung versteckt bleibt und nicht in der Öffentlichkeit präsentiert oder im Auto oder auf dem Restauranttisch liegen gelassen wird. Für die täglichen Einkäufe und Ausgaben hält man am besten einen kleinen Geldbeutel griffbereit, in dem nur ein geringer, für den Tag benötigter Betrag enthalten ist. Verteilen Sie grundsätzlich das Barvermögen auf möglichst viele Stellen (im Auto, Rucksack oder am Körper), damit im Zweifelsfall nicht alle Geldreserven verloren sind.

Meiden Sie in Städten **abends dunkle Viertel und menschenleere Gassen,** vor allem wenn sie alleine unterwegs sind. Allein reisende Frauen sollten auf nächtliche Spaziergänge in der Medina (nach 22 Uhr) oder am Strand verzichten. Fragen Sie im Zweifelsfall im Gästehaus/ Hotel, welche Bereiche der Medina spätabends oder frühmorgens eher gemieden werden sollten. Grundsätzliche No-Go-Areas gibt es in Marokko (im Gegensatz zu Großstädten in vielen anderen Entwicklungsländern) jedoch nicht. Tagsüber kann man/frau sich überall völlig frei und ohne Angst vor Bedrohungen bewegen.

Gehen Sie beim **Baden** immer abwechselnd ins Wasser, um die Wertsachen oder auch den Autoschlüssel im Blick zu behalten.

Kurbeln Sie im Auto die Fenster hoch, wenn Sie durch große Menschenmengen (z.B. am Markttag in einem Ort) fahren oder beim Anhalten von Kindern umringt werden. Damit verhindern Sie einen schnellen Zugriff auf im Auto herumliegende Dinge. **Sperren Sie das Auto immer ab,** auch wenn Sie sich nur kurz für ein paar Meter entfernen.

In dichter besiedelten Gebieten sollten beim **Wildcampen** nachts keine Stühle, Schuhe oder Ausrüstungsgegenstände draußen vor dem Auto bleiben. Lassen Sie keine Wertsachen über Nacht in Ihrem Fahrzeug, sondern nehmen Sie diese mit ins Zelt oder Hotelzimmer! **Autoaufbrüche** sind zwar selten, kommen aber besonders dann, wenn im Fahrzeug von außen einsehbar Gepäck gelagert ist, immer wieder vor. Lassen Sie **nie Geld, Papiere oder wertvolle Fotoausrüstung im Wagen,** es sei denn, Sie haben eine gut getarnte und befestigte Sicherheitskasette im Auto.

Parken Sie Ihr Auto an belebten Stränden und in Städten möglichst nur auf **bewachten Parkplätzen** oder so, dass Sie es beim Café- oder Restaurantbesuch im Auge haben. In den größeren Orten gibt es in der Nähe von Sehenswürdigkeiten, der Stadttore und bei Ämtern bewachte Parkplätze, für die nur eine geringe Gebühr bezahlt werden muss. Häufig bieten sich auch herumhängende Jugendliche an, auf das Auto aufzupassen – diese bekommen dann bei der Rückkehr zum Auto ein Trinkgeld von ein paar Dirham. Merken Sie sich genau, wen Sie beauftragt haben, sonst dürfen Sie hinterher die ganze Meute bezahlen. In Gebirgsregionen und abseits der touristischen Städte ist es kein Problem, sein Fahrzeug z.B. für eine Trekkingtour ein paar Tage stehen zu lassen. Am besten parken Sie das Auto bei der Herberge, in der sie vor oder nach der Exkursion übernachten, oder alternativ vor der Gemeindeverwaltung, der Polizei oder bei einem Forsthaus. Sie sollten allerdings die Beamten oder den Qaid darüber informieren, wie lange sie weg sind.

Für **Rucksackreisende,** die in einfachen Quartieren oder Jugendherbergen absteigen, ist es manchmal nicht leicht, unbeschwert durch die Stadt zu bummeln, ohne einen schweren Rucksack mit sich rumzuschleppen. In vielen Unterkünften gibt es einen abgesperrten Raum, in dem man sein Gepäck deponieren kann. Auch an den Busbahnhöfen kann man sein Gepäck am Schalter lagern, falls man ein Busticket für die spätere Weiterfahrt gebucht hat. Wichtige Wertsachen (Pass, Kreditkarte, Ticket) sollten nicht im großen Rucksack, sondern in einem Brustbeutel oder Hüftgurt am Körper versteckt werden.

Das **Sicherheitsrisiko durch Terroranschläge** schätzen wir in Marokko nicht höher ein als in Europa. Als Tourist wird man im Land von der überwiegenden Mehrheit der Menschen nach wie vor höchst willkommen geheißen! Der marokkanische Staat bekämpft den islamistischen Terror rigoros, die Präsenz der (uniformierten oder als Zivilisten getarnten) Polizisten in den Städten ist sehr groß. Vgl. dazu auch den Abschnitt zur Terrorismusbekämpfung im Kapitel „Land und Leute/Politik".

Souvenirs

Marokko hat eine **fantastische Auswahl an geschmackvollen Souvenirs** – vor allem das Kunsthandwerk ist weltweit berühmt.

Die größte Auswahl und die günstigsten Preise für Souvenirs findet man auf dem **Suq** (franz. **Souk** = Markt). Diese sind nach **Handwerkervierteln** gegliedert, wo man auch die Möglichkeit hat, die Handwerker bei ihrer Arbeit zu beobachten. In den typischen **Souvenirgeschäften** ist die Auswahl meist nur auf den Touristen abgestimmt, alltägliche Gebrauchsgegenstände sind in der Regel dort nicht zu bekommen.

Auf den **regionalen Märkten** werden oft sehr hübsche Töpferwaren und Dinge des täglichen Gebrauchs angeboten, das „Drumherum" ist wesentlich ursprünglicher und schöner als in den Großstadtsuqs.

Beim Einkauf in den Souks muss immer hart verhandelt werden (außer für Lebensmittel oder Dinge des täglichen Bedarfs). Der erstgenannte Preis ist besonders in Touristenstädten wie Marrakesch, Agadir und Essaouira um ein Vielfaches zu hoch. **Tipps zum Handeln** vgl. „Verhaltenstipps".

Lederwaren

Die Lederbearbeitung in Marokko beruht auf **jahrhundertealter Tradition,** die Produkte fanden schon früh in Europa Absatz (Lederwarengeschäfte heißen in Frankreich „Maroqinerie"!).

In der Gegend von **Tétouan** und im Rif sind die großen braunen und beigefarbenen Ledertaschen der Hirten und Nomaden mit farbigen Riemen verziert. Die Lederwarenhersteller von **Rabat** verfeinerten diese Technik und benutzten gefärbtes Leder mit gepunzten Ledermustern, um Taschen, Geldbeutel und Gürtel herzustellen. Die Vergolder von **Fès** bringen auf den verschiedensten Lederwaren goldene Ranken, Girlanden, Sterne und Muster an. In **Marrakesch** verzieren Sticker gelbes, violettes und weißes Leder mit farbiger Seide und verarbeiten es zu wunderschönen Kissen und Taschen. Diese werden dann mit roten oder blauen Riemen versehen. In der Gegend von Zemmour werden Sandalen, Gürtel und Taschen mit Filzringen und Silberfäden verziert.

Neben traditionellen Lederwaren gibt es natürlich auch „moderne", z.B. Taschen und Rucksäcke, zum Teil mit Kelimgewebe durchsetzt, Geldbeutel, Bekleidung, Sitzkissen etc.

Messing- und Kupferwaren

Die Messing- und Kupferbearbeitung ist in Marokko, wie in allen arabischen Staaten, **sehr verbreitet.** Die Gegenstände werden nach jahrhundertealten Mustern mit geome-

Was darf's denn sein? Ob Kitsch oder Kunst – in Marokko ist die Auswahl riesengroß

ma16_120 ad

trischen Flechtwerken, Ranken, Blumen und Ornamenten verziert. Tabletts, Wasserkessel, Teekannen, Zuckertöpfe, Mokkaservices, Mörser, Leuchter, Laternen, Becher, Türklopfer und vieles mehr werden dadurch zu wertvollem und wunderschönem Hausrat. Leider ist gerade dieses Handwerk durch das Vordringen von Plastikgegenständen und billigem Aluminiumhausrat stark gefährdet.

Kunstschmiede

Bei den Kunstschmieden wird **hauptsächlich Eisen** zu Ranken, Bändern, Scheiben und Ornamenten verarbeitet, die Eingangstüren, Leuchter und Blumenvasen, Gartentore, Balkonbrüstungen, Fenster u.v.m. verzieren.

Fossilien

In der Region um Erfoud werden in Steinbrüchen in der Wüste riesige Fossilienblöcke mit versteinerten Lebewesen aus der Thetys (urzeitliches Meer, das einst die Sahara bedeckte) gewonnen. Die **zugeschnittenen und polierten Fossiliensteine** werden vor allem in Südmarokko in Form von Schalen, Anhängern, Waschbecken und ganzen Tischplatten angeboten. Besonders bei Trilobiten und Ammoniten ist jedoch Vorsicht geboten: Die versteinerten Gliederfüßer und Kopffüßer aus dem Erdaltertum werden in geschickter Steinmetzarbeit massenweise gefälscht.

Schmuck

Silber- und Goldschmuck ist in den Dörfern der Hochebenen bei den Berbern immer noch eine wertvolle Geldanlage. Er ist Aussteuer, Brautgeschenk und Prestigeobjekt zugleich, und man trägt ihn dauernd bei sich.

Der Silberschmuck der Berber wird mit Kerben und einfachen Linien dekoriert und zu sehr schweren Armbändern, Kopf- und Gürtelschmuck, Ringen und Anhängern verarbeitet, die oft **mit Bernstein, Malachit oder Korallen verziert** sind.

Der Schmuck dient in Form von Amuletten vor allem zur **Abwehr des „Bösen Blickes“.** Silber und Kupfer wird eine segensreiche Wirkung zugesprochen, welche noch durch die Form des Schmuckstückes verstärkt werden kann. So sind vor allem Amulette als fünffingrige Hand üblich, welche als „Hand der Fatima“ (nach der Tochter Mohameds) oder als *chamsa* (arabisch für fünf) bezeichnet werden. Diese Amulette sollen ebenfalls böse Geister und Unglück abwehren. Die Fünf wird als magische Zahl angesehen: Schon das Aussprechen der Zahl oder auch nur das Ausstrecken der rechten Hand genügt, um den bösen Blick von sich abzuwenden. Die Fünf bestimmt in zahlreichen Kombinationen das Design der Schmuckstücke, so auch in Form von Kreuzen und Sternen mit fünf Zacken (Doppelkreuz mit gemeinsamem Mittelpunkt) und als Kreuzbalken in Blütenform. Aber auch Dreiecksamulette und Amulette in Form eines stilisierten Auges sind sehr üblich.

Traditionell wird Schmuck bei Berbervölkern von **männlichen Schmieden** hergestellt, die je nach Gebiet einen unterschiedlichen Status haben. Da sie magisches Material verarbeiten, werden ihnen häufig **magische Kräfte zugesprochen.** Schmiede werden oft als Berater hochgestellter Persönlichkeiten herangezogen, sie werden aber auch wegen ihrer Kräfte gefürchtet und deshalb im öffentlichen Leben gemieden. Meist stehen sie außerhalb der Sozialordnung. Der Beruf des Schmiedes wird innerhalb der Familie weitervererbt.

Oft übernahmen den Beruf des Schmiedes Zugewanderte, Nachkommen von Negersklaven *(Haratin)* und Juden, welche vor allem in den jüdischen Vierteln *(Mellah)* der Städte die Mehrheit der Schmiede stellten. Sie verarbeiten auch den **Goldschmuck,** der vor allem von der arabisierten Bevölkerung der Städte gekauft wurde. Da aber die Juden nach dem Ersten Weltkrieg in großer Zahl das Land verließen, zudem die Edelmetalle für viele Familien unerschwinglich wurden, ist ein **Nie-**

dergang des Schmuckhandwerks zu beobachten. Oft wird anstelle von Silber Aluminium verwendet, damit viele sich überhaupt noch Schmuck leisten können. Goldschmuck wird hauptsächlich in der Stadt zu zierlichen Schmuckstücken verarbeitet. Sie werden mit Smaragden, Türkisen, Perlen und Granaten besetzt und haben einfache, aber trotzdem kunstvolle Muster. Besonders schön und inzwischen auch sehr wertvoll sind die silbernen, mit Edelsteinen verzierten Dolche und Gewehre der Berber.

Alter Schmuck ist selten geworden. In Agadir und Marrakesch haben Antiquitätengeschäfte solchen Schmuck zu sehr hohen Preisen im Angebot.

Intarsienarbeiten

Dazu wird das **Holz von Zeder, Zitronen-, Nussbaum und Thuja** verwendet. Für Intarsien in Schmuckkästchen, zierlichen Möbeln, Schränken und Zigarettendosen kommt oftmals auch Perlmutt, Silber und Ebenholz zum Einsatz, um besonders hübsche Farbschattierungen und -nuancen zu erreichen. Die Muster bestehen in erster Linie aus Arabesken, Blumendekors und Linien. Die fertigen Stücke werden auf Hochglanz poliert und spiegeln in goldenen, braunen, beigen, schwarzen Farbtönen, jedes auf seine Art. Besondere Tradition hat die Intarsienarbeit in Essaouira, wo kunstvoll Kästchen, Tische und andere Möbelstücke gefertigt werden.

Holzschnitzereien

Viele Moscheen, Koranschulen und auch neuere Bauwerke wie das Mausoleum Mohamed V. bieten herrliche Beispiele für die **Kunstfertigkeit** der Holzschnitzer. Decken und Kuppeln, Wände und Leuchter sind mit Unmengen von Sternen, Geflechten und Ranken kunstvoll verziert (zu besichtigen beispielsweise im Palais de la Bahia in Marrakesch). Auch an Grabmälern und in Medersas (Koranschulen) findet man prachtvolle Holzschnitzereien, ebenso werden Musikinstrumente, Teller, Tabletts, Pfeifen etc. verziert. Den Touristen werden in der Regel nur kleinere Stücke interessieren, aber auch komplette Türen (mit Malereien) und Fensterläden kann man mit Glück im Souk erstehen. Wer will und es zu transportieren weiß, kann sich eine Wohnzimmereinrichtung anfertigen lassen.

Keramik

Die Töpferei des Abaka-Stammes ist bekannt für ihre rustikalen Formen und das fahlrote und weiße geometrische Dekor. Rotbraun glasierte Töpfe für Tajine, Couscous und andere Gerichte bilden das übliche **Geschirr** marokkanischer Hausfrauen. Kobaltblaue, schwarz umringte Muster auf Email verzieren Schüsseln, Buttertöpfe, Krüge, Schalen und Vasen. Salé ist auf Ziertöpferei mit farbigem Email spezialisiert, ebenfalls aus Ton sind die grünen Ziegel der Dächer von Fès, Meknès und manchen Heiligtums.

Die **bekanntesten Keramiken** stammen aus **Fès** (typische blau-weiße Keramik) **und Safi,** aber auch aus der Region Tétouan. Sie sind durchaus mit Keramiken aus Italien und Spanien vergleichbar, oft wegen der kunstvollen Bemalung sogar schöner.

Am besten kauft man direkt bei den Töpfern. Man kann aber auch in den Touristikzentren oft teure, sehr schöne Keramiken erstehen, mitunter sogar in Kunsthandwerksläden in Deutschland.

Stickereien

Stickereien sind vor allem als **Raumschmuck** beliebt – Kissen, Tischdecken, Nischenvorhänge und Wandbehänge werden mit Baumwoll- oder Seidenfaden auf Baumwollstoff gefertigt. Die Stickereien stammen aus dem Norden, wo sich in allen großen Städten (Meknès, Fès, Tétouan, Chefchaouen, Rabat, Salé) ein eigener Stil herausgebildet hat.

Die Suqs (Souks)

Zu jeder Stadtbesichtigung gehört der Besuch des Suq, manchem auch unter dem persischen Wort **„Basar"** bekannt. Das Suqviertel liegt nach alter Tradition in der Nähe der Hauptmoschee in der Medina (Altstadt) und ist durchzogen von unzähligen unübersichtlichen Gassen, in denen kein Auto, vielleicht gerade noch ein Eselskarren Platz findet. Diese Gassen sind oft mit Stroh- oder Schilfmatten als Schutz gegen Regen und Sonne überdacht. Der Suq ist keineswegs nur Kaufhaus oder traditioneller Supermarkt, sondern **Arbeits- und Verkaufsstätte zugleich.** Die Viertel des Suqs sind unterteilt nach Handwerkszweigen: So gibt es den Töpfer- und den Tischler-, den Wollfärber-, den Messing- und Kupferschmiede-, den Schneider-, den Babuschen-, den Hutmacher- und den Apotheker-, den Schmuck- und den Ledersuq, an den sich meist das Gerberviertel anschließt, das normalerweise am Stadtrand untergebracht ist, da auch im Chemiezeitalter häufig noch mit Tierurin gegerbt wird und bestialische Gerüche über der malerischen Szene hängen. Dieses Viertel ist vor allem in Fès Touristenattraktion, spiegelt aber auch die unmenschlichen Arbeitsbedingungen in solchen traditionellen Berufen wieder. Die Färber stehen bis zu den Knien in riesigen gemauerten Bottichen, in denen das Leder in der Farbe gestampft und gewalkt wird. Für den Reisenden Fotomotiv, aber für die Arbeiter der niedrigste Dienst auf der untersten sozialen Stufe.

ma16_128 ad

Der Suq als Arbeits- und Handelsplatz zählt zu den schönsten Erlebnissen einer Orientreise und entfaltet eine Farbenpracht und Fülle von Eindrücken, wie sie kein noch so schönes Großkaufhaus in westlichen Städten bieten kann. Auch wird hier ein repräsentativer **Querschnitt durch die Bevölkerung** – ob arm oder reich, Gelegenheitsverkäufer, Gaukler, Handwerker mit Kleinbetrieb oder angesehener Händler im riesigen Teppichladen – präsentiert. Dem Besucher bietet sich die Möglichkeit, das Entstehen einer Ware bis zu ihrem Verkauf zu verfolgen, ein für uns ungewohntes Erlebnis. In den verschiedenen Vierteln wird gehämmert, gefeilt, getischlert, gewebt, gefärbt, genäht oder nur einfach verkauft. Auch der Verkauf ist nicht nur ein Entgegennehmen und Bezahlen von Ware, sondern dem Kauf geht nicht selten ein ausführliches Einführungsgespräch über die Art der Ware, vor allem bei Teppichen über deren Muster, Herkunft und Bedeutung, voraus. Der Kunde wird mit Tee oder Softdrinks bewirtet und in ein persönliches Gespräch verwickelt, und nebenbei findet ein erstes Vortasten über die Preisvorstellung statt. Nicht selten ist man bei einem ersten Suqbesuch überwältigt und zugleich überfordert, deshalb ein hilfloses Opfer geschäftstüchtiger Bazaristen (siehe auch nächstes Kapitel). Der Suq ist aber in erster Linie eine Einrichtung für Einheimische, und er ist dies trotz vieler touristischer Einflüsse in den meisten Städten und Orten auch geblieben. Das Warenangebot reicht von einfachen Plastiksandalen und -schüsseln

036m015 ad

bis zu kunstvoll ziselierten Kästchen und Holzmöbeln. Der Suq ist ein wesentlicher Bestandteil des orientalischen Lebens: Handels-, Arbeits- und Begegnungsstätte, auf der Waren hergestellt und verkauft, Neuigkeiten ausgetauscht und Verbindungen geknüpft werden.

Auf dem Lande ist der Suq keine feste Einrichtung wie in den Städten, sondern Wochenmarkt, der an bestimmten Tagen abgehalten wird und eine typische Erscheinung des Landlebens darstellt. Nicht selten ist ein Ort nach dem Tag benannt, an dem der Wochenmarkt stattfindet. Der große Anteil der Landbevölkerung macht es notwendig, dass jeder Stamm mehrere Suqs abhalten muss, die sich gewöhnlich mitten auf dem Lande oder an einem ganz bestimmten, mit Mauern umgebenen Platz abspielen. Oft sind die Bauern und Nomaden schon ab fünf Uhr morgens mit ihren Eseln unterwegs, um sich auf die Wochenmärkte zu begeben. Diese Märkte sind ein malerisches Schauspiel für den Touristen, noch echt und unverfälscht. Neben dem Viehmarkt, auf dem meist Schafe, im Süden auch Kamele, angeboten werden, findet man sämtliche Waren des täglichen Gebrauchs. Von Töpferwaren bis zum Plastikgeschirr, allerlei Amulette als Glücksbringer, verschiedenste Gewürze und die schönsten Gemüse und Früchte des Landes. Der Wochenmarkt dient mehr zur Befriedigung der unmittelbaren alltäglichen Bedürfnisse, während der Stadtsuq sämtliche Utensilien des täglichen wie auch des häuslichen und längerfristigen Bedarfs, wie z.B. Kleider und Möbel, feilbietet. Neben den ländlichen Marktplätzen sind die Eselsparkplätze mit Bergen von Sätteln entlang der Mauern und zahlreichen schreienden und fortpflanzungswilligen Eselhengsten eine malerische und amüsante Fotokulisse.

Die bekanntesten Suqs sind die von Fès und Marrakesch, hier finden Sie das größte Warenangebot, aber auch sämtliche traditionellen Handwerkszweige sind dort vertreten. Auch Meknès und Rabat haben schöne Suqs, die bei weitem nicht so touristisch sind wie die erstgenannten.

Bestickte Kleidungsstücke, z.B. *Djeballahs* oder *Gandouras,* eignen sich hervorragend als Mitbringsel.

Teppiche

Sie fehlen in keinem Haushalt. Selbst in den Nomadenzelten der Berber verwendet man sie als Sitzgelegenheit und als Bettdecke in kühlen Nächten. Als Materialien werden Baumwolle, Wolle und Seide verwendet.

In einfacheren Häusern sieht man oftmals nur Rohrmatten, auf die mit Wolle Muster geknüpft wurden. **Kelims,** Webteppiche, findet man **bei den Berbern,** bei denen sie *Hambel* heißen. Sie sind sehr strapazierfähig; erst werden sie einfarbig gewebt, danach Muster darauf gestickt.

Am häufigsten sind **Knüpfteppiche;** sie schmücken den Boden oder Wände.

Die **Teppichornamente sind sehr vielfältig.** Häufig verwendet werden Rautengitter-Muster. Das Dekor besteht aus unverbundenen, in sich geschlossenen Längs- oder Querstreifen mit Rauten oder Zickzackbändern oder miteinander verbundenen Rechteckketten. Bei vielen Teppichen, vor allem bei den Hochzeitsteppichen, die als Aussteuergut dienen, werden Geschichten aus dem täglichen Leben einer Familie dargestellt und in die einzelnen Ornamente Bilder von Häusern und Tieren eingearbeitet, seltener auch Menschenfiguren.

Traditionelle Berberteppiche haben geometrische Muster und im Gegensatz zu den asiatischen Orientteppichen nie eine abschließende Bordüre, die den Teppich umrahmt. Erst Anfang des 20. Jahrhunderts tauchten Teppiche mit Bordüren auf, in Anlehnung an asiatische Vorbilder. Sie scheinen farblich den Berglandschaften angepasst zu sein. Fahlrot und Beige bevorzugen die Marmouchka-Stämme im Hohen Atlas, die Beni Ouarain Schwarz, Weiß und Grün. Bei den Uled Besseba in der Haouz-Ebene bei Chichoua werden Teppiche mit stilisierten Menschen, Tieren und Mustern in den Farben Ocker und Rot gefertigt. Nomadenteppiche werden in der Grundfarbe Orange gefertigt.

Rif-Teppiche werden in drei Techniken hergestellt: gewebt, geknüpft und gestickt.

Sehr berühmt sind die **Teppiche der Glawa** (Glaoua) aus dem Hohen Atlas. Die Stämme der Aït Glawa weben in farbenfrohen Mustern, vor allem in Orange, Schwarz, Gelb, Grün und Weiß. In der Gegend von Ouarzazate werden Blau, Rot und Weiß bevorzugt.

Die in den Städten vertriebenen Teppiche werden in den Nachbarregionen **von Stämmen gefertigt,** zu denen traditionell enge Handelsbeziehungen bestehen, beispielsweise von den Beni Nguild und den Zayan im Mittleren Atlas.

Gebetsteppiche werden nur zum Beten benutzt und sind nicht durch traditionelle Muster zu erkennen.

Berberteppiche scheinen in der Farbgebung den Berglandschaften angepasst zu sein. Fahlrot und Beige bevorzugen die Marmouchka-Stämme im Hohen Atlas, die Beni Ouarain Schwarz, Weiß und Grün. Bei den Uled Besseba in der Haouz-Ebene bei Chichoua werden Teppiche mit stilisierten Menschen, Tieren und Mustern in den Farben Ocker und Rot gefertigt.

Sehr berühmt sind die Teppiche der Glawa aus dem Hohen Atlas. Die Stämme der Aït Glawa weben in farbenfrohen Mustern, vor allem in Orange, Schwarz, Gelb, Grün und Weiß. In der Gegend von Ouarzazate werden Blau, Rot und Weiß bevorzugt.

Der **einzige Teppich städtischer Herkunft ist der Rabatteppich,** der zum Vorbild den Orientteppich hat.

Gebetsteppiche werden nur zum Beten benutzt, sind häufig industriell gefertigt und nicht durch traditionelle Muster zu erkennen.

> Trekkingtouristen am Djabal Toubkal

Sport

Marokko ist ein Mekka für Outdoor-Enthusiasten! Alles ist möglich, und das in wunderschöner Umgebung: kurze Oasen- und Strandwanderungen oder mehrtägige Trekkingtouren im Hohen Atlas, Radfahren in der Wüste und den Bergen, Wind-, Body- und Kitesurfen in den Wellen des Atlantiks, Paragliden am Tizi'n'Test und im Anti-Atlas, Quadfahrten im Gelände und am Strand, Kajakfahrten auf Assif M'goun, Dadès und Drâa, Ausritte zu Pferd oder Kamel, Alpin- und Sportklettern im Hohen und Anti-Atlas, Frühjahrs-Skitouren am Djabal Toubkal oder Pisten-Skifahren in Oukaïmeden, Segeln und Hochseefischen in Agadir, Golfen in Essaouira und Agadir. Zu empfehlenswerten Aktivitäten, Veranstaltern und Bergführern siehe die Regional-/Städtekapitel.

Wandern/Trekking/Klettern

Tipps für Wanderungen in den Oasengärten, zu Kasbahs, Agadirs und durch Schluchten geben die Unterkünfte vor Ort (s.a. jeweilige Regionalkapitel). Häufig hängt dort auch eine Karte mit allen Highlights der Umgebung aus.

Die schönsten Regionen für mehrtätige **Trekkingtouren oder Tageswanderungen** sind der Hohe Atlas um Imlil (vgl. Exkurs zum Djabal Toubkal) und das Aït-Bougoumez-Tal mit den über 4000 m hohen Gipfeln des Djabal Toubkal und Djabal M'goun, das Djabal-Saghro-Massiv (vgl. entsprechenden Exkurs), der Anti-Atlas um Tafraoute und das Djabal-Siroua-Gebiet. Die beste Jahreszeit für Wanderungen in Höhen über 2000 m ist das Frühjahr ab etwa April und der Herbst ab September. Im Sommer ist es sehr heiß, im Winter liegt hier Schnee. Detaillierte Wander-

ma16_131 ad

ma16_134 ed

karten der Gebiete sind leider schwer erhältlich, deshalb ist für weniger erfahrene Wanderer auf jeden Fall das Engagement eines lizenzierten Bergführers *(Guide de montagne breveté)* sinnvoll. Die marokkanischen **Bergführer** werden nach einem vom französischen Alpenverein in Marokko etablierten Programm ausgebildet und geprüft. Häufig sprechen sie englisch oder sogar deutsch. Ein Bergführer, ein lokaler Veranstalter oder das „Bureau des guides et accompagnateurs“ vor Ort organisieren bei Bedarf auch Gepäckmulis samt Mulitreiber und einen Koch für mehrtägige Trekkings in der Gruppe. Berghütten, wie wir sie aus den Alpen kennen, gibt es in Marokko nur am Djabal Toubkal und am Djabal M'goun. Wer nicht im Zelt übernachten möchte, kann seine Tour so planen, dass er in kleinen Bergdörfern bei einheimischen Familien in einfachen Gîtes d'étape (vgl. „Unterkunft“) schläft. Camping- und Kochausrüstung für eine gebuchte Trekkingtour stellt die Agentur. Diese kümmert sich auch um den Einkauf der Lebensmittel und der Wasserflaschen. Selbst mitbringen sollte man einen Schlafsack, gut eingelaufene Wanderstiefel sowie je nach Jahreszeit ausreichend warme Kleidung und Regenbekleidung.

Ausführliche Trekking-Informationen und Beschreibungen von Wandertouren im Hohen Atlas und Djabal Saghro gibt das Büchlein **„Trekking in the Atlas Mountains“** (engl.) von *Karl Smith*, Cicerone Guide 2004.

Zum Trekking vgl. auch die beiden Exkurse „Bergsteigen im Djabal-Toubkal-Gebiet“ und „Trekking im Djabal Saghro“.

Die schönsten Trekkingtouren in Marokko

- **Djabal-Toubkal-Besteigung:** Imlil – Toubkal-Hütte – Djabal-Toubkal-Gipfel – Toubkal-Hütte oder Imlil; 3 Tage, max. Höhe 4167 m.
- **Djabal-Saghro-Durchquerung:** Tagdilt – Almoun'-n'Ouarg – Igli – Bab'n'Ali – Tifdassine – Nekob; 5 Tage, max. Höhe 2592 m.
- **Trekking im Hohen Atlas:** verschiedene Routen möglich, z.B. Oukaimeden – Ouaneskra – Imi Oughlad – Azib Tamsoult – Imlil (anschließende Djabal-Toubkal-Besteigung möglich); 4 Tage, max. Höhe 2960 m.

Stärkung im Trekkingzelt

- **Ighil-M'goun-Überschreitung:** Tabant – Azib 'n' Ikiss – Terkkeddit-Plateau – Ighil M'goun – Oulilimt-Tal – Ouzighimit-Tal – Achaabou-Schlucht – Vallée des Roses – Boumalne Dadès; 8 Tage, max. Höhe 4068 m.
- **Große Atlasdurchquerung:** Imilchil – Quellen von Aghbaloul – Batli – Assif Melloul – Hochplateau von Kousser – Zaouiat Ahançal – Assem Souk – Aït-Bougoumez-Tal – Timit – Oulilimt-Tal – Ighil M'goun – Terkkeddit-Plateau – Tessaout-Tal – Tifardzine – Tamda-See – Ounila-Tal/Telouèt; 16 Tage, max. Höhe 4068 m.

Kameltrekkings werden vor allem in Zagora und in M'hamid zum Dünengebiet des Erg Chegaga angeboten (siehe dort). Eine Tour mit diesen liebenswürdigen Tieren ist vor allem für Familien ein tolles Erlebnis. Bei einer mehrtägigen Kameltour wird jeden Tag bis zu sechs Stunden marschiert oder geritten. Für das nicht abgehärtete Gesäß ist es empfehlenswert, zunächst nur ein bis zwei Stunden zu reiten und dann wieder zu laufen, sonst reitet man sich schnell wund. Übernachtet wird in der Wüste unter freiem Himmel oder in einem fest installierten Nomadenzelt auf Matratzen, abends gibt es Tajine am romantischen Lagerfeuer. Die Kamelführer sind „Söhne der Wüste" und können sich auch im Sandsturm problemlos orientieren, bei der vermittelnden Agentur sollte man sich jedoch nach den Sprachkenntnissen erkundigen. Auch ein kurzer Kamelritt durch die Dünen zum Sonnenaufgang am Erg Chebbi ist reizvoll.

In den Felsen gebohrte **Sportkletterrouten** existieren in der Todrha-Schlucht, im Anti-Atlas um Tafraoute und im Aït-Bougoummez-Tal. Schöne **alpine Touren** sind sicherlich auch an den vulkanischen Felstürmen im Djabal-Saghro-Gebiet möglich, müssen jedoch selbst gesichert werden.

Radfahren

Marokko mit dem eigenen Rad/Mountainbike zu bereisen, wird immer beliebter. Schöne **Mountainbike-Touren** sind z.B. am Südrand des Djabal Saghro (Bab'n'Ali, Tizi'n'Tazazert), im Gebiet der Todrha- und Dadès-Schlucht oder in der Aït-Mansour-Schlucht bei Tafraoute möglich. Häufig kann man Fahrräder in Hotels oder bei lokalen Veranstaltern vor Ort für etwa 100 DH/Tag mieten.

Marokko mit dem eigenen Fahrrad zu bereisen, verspricht ein besonders **hautnahes Erlebnis** von Natur, Land und Leuten, allerdings muss man sich wegen der großen Distanzen und z.T. schlechten Straßenverhältnisse auf eine sehr begrenzte Region beschränken. Kilometerleistungen von 50 km pro Tag auf Pisten und 80 km auf Straßen sind realistisch. Die beste Reisezeit ist wie bei Wanderungen das Frühjahr und der Herbst.

- Ausführliche **Infos mit Routentipps** und zahlreichen Fotos finden Radfahrer auf der Website von *Jan Cramer,* der Marokko viele Male durchradelt hat: www.marokko-per-rad.de.

ma11-088 jc

Surfen

Marokko wurde in den letzten Jahren in der internationalen Surferszene immer beliebter. Die besten Spots für **Wind-, Body- und Kitesurfer** befinden sich in Essaouira, südlich davon bei Sidi Kaouki und Immsouane, nördlich von Essaouira in Moulay Bouzerktoun, in Agadir und an den nördlichen Stränden bei Taghazoute und Tamri, in Mirleft, Sidi Ifni und entlang der südlichen Atlantikküste in der Westsahara. In Essaouira und Agadir existieren diverse Agenturen, die pauschale Surfreisen inkl. Unterkunft in einer Surferpension und Transfers zu den besten Spots, Surfkurse und Ausrüstungsverleih anbieten. Man kann sich aber auch vor Ort stunden- oder tageweise Ausrüstung ausleihen und Surfunterricht nehmen (Adressen in den jeweiligen Ortsbeschreibungen).

■ **Infos** zum Surfen, zu guten Spots, Unterkünften etc. online unter www.windsurfing-morocco.com oder www.oceanvagabond.com (Surfschule und Hotel in Essaouira).

Golfen

Das Angebot für Golftouristen wurde in Marokko **in den letzten Jahren stark ausgebaut.** Selbst der König nimmt regelmäßig an Golfturnieren teil. Allein in Agadir und Marrakesch existieren jeweils vier Golfplätze (mehr Infos siehe dort), in Essaouira gibt es einen 18-Loch-Platz bei Diabat. Die Green Fee variiert zwischen etwa 25 und 50 Euro. In Agadir bieten mehrere Hotels spezielle Packages für Golfer an, mit vergünstigten Tarifen und täglichem Bustransfer zum Platz (z.B. Club Méd, Tikida Beach Hotel). Informationen zum Golfen in Marokko enthält die Zeitschrift „Golf du Maroc" (www.golfdumaroc.com).

Sprache

In Marokko sind **Arabisch** – gesprochen wird Darija, maghrebinisches Arabisch – und die **Berberdialekte** (Masirisch) **offizielle Landessprachen.**

Französisch ist seit der Kolonialzeit Verkehrs-, Bildungs- und Handelssprache, also bei Behörden, in Büros und im Geschäftsverkehr üblich. Es ist Pflichtfach in den Schulen, in den meisten höheren Schulen sogar Unterrichtssprache. In den Ferienhotels und an populären Ausflugszielen hat man sich auf die ausländischen Besucher eingestellt. Hotelpersonal, Fremdenführer und Souvenirhändler verblüffen oft mit passablen Deutschkenntnissen. Im Norden Marokkos (Tanger, Tétouan, Rifgebirge) sprechen viele Menschen eher spanisch als französisch.

Außerhalb der Touristenzentren muss man ohne Kenntnis wenigstens der wichtigsten französischen Grundbegriffe und Redewendungen mit Verständigungsschwierigkeiten rechnen. Es lohnt sich also, vor der Reise die Französischkenntnisse aufzupolieren und zumindest ein Wörterbuch oder kleinen Sprachführer (s.u.) mitzunehmen. Wer sich gar die Mühe macht, wenigstens ein paar Begriffe, Grußformeln, Redewendungen etc. auf Arabisch zu lernen, erleichtert Kontakte mit den Bewohnern und steigt in deren Achtung. In abgelegenen Dörfern im Gebirge sprechen

Hinweis

Eine kleine **Sprachhilfe** findet sich im Anhang dieses Buches. Sehr zu empfehlen für den Aufenthalt in Marokko sind zwei handliche und praxisnahe **Sprachführer** aus der Kauderwelsch-Reihe des Reise-Know-How-Verlages: „Marokkanisch-Arabisch – Wort für Wort" sowie „Französisch – Wort für Wort".

die Menschen häufig nur eine Berbersprache und arabisch – hier kann die Kommunikation manchmal schwierig werden.

Eine einheitliche **berberische Sprache** existiert nicht. In Marokko unterscheidet man drei Hauptsprachen: **Tashelhai** (im Sous, Anti-Atlas sowie um Marrakesch), **Tamazirt** (im zentralen Hohen Atlas, im Mittleren Atlas sowie im Gebiet zwischen Taza und Melilla) sowie **Tarifit** (im Rif-Gebirge). Seitdem die Berberdialekte als offizielle Landessprachen anerkannt wurden, sind immer mehr offizielle Gebäude (Schulen etc.) und Straßenschilder in Südmarokko auch in berberischer Sprache und Schrift (Tifinar) beschriftet.

Telefon und Internet

Telefonieren (Festnetz)

Kartentelefone sind an jeder Ecke zu finden. Telefonkarten *(Télécartes)* gibt es bei den Niederlassungen der Maroc Telecom und in den meisten Läden zu 5, 10, 20, 50 und 100 DH. Die Gesprächsminute nach Deutschland kostete mit Maroc Telecom Ende 2015 0,50 DH.

In jedem Ort existieren privat betriebene **Téléboutiquen** (teils mit Fax und Internet) mit Münzapparaten. Das Personal hilft bei Problemen und wechselt Kleingeld.

Telefonieren nach Deutschland **vom Hotel** aus ist horrend teuer (3–5 Euro/Min.). Am günstigsten ist es, sich mit einer deutschen Billigvorwahl zurückrufen zu lassen oder per Skype zu Hause anzurufen (vgl. „Internettelefonie").

Im Zuge der Privatisierung der marokkanischen Telefongesellschaft **Maroc Telecom** (www.iam.ma) wurde das Telefonnetz komplett modernisiert. Dazu gehörte auch die **Änderung der marokkanischen Vorwahlen.** Statt acht Vorwahlbereichen existieren seit 2006 nur noch zwei Vorwahlkreise: Zone Nord mit den ersten beiden Ziffern 02 (ehemals 02 und 04), Zone Süd mit den ersten beiden Ziffern 03 (ehemals 03 und 05). 2009 wurden die Vorwahlen für Festnetz und Mobilfunk erneut angepasst. Allen Vorwahlen wurde noch eine Ziffer vorangestellt, sodass die Vorwahl nun vierstellig und die gesamte Telefonnummer zehnstellig ist:

Festnetz
- **02x wurde zu 052x**
- **03x wurde zu 053x**
- **08x wurde zu 080x**
- **09x wurde zu 089x**

Mobilfunk
- **01x wurde zu 061x**
- **04x wurde zu 064x**
- **05x wurde zu 065x**
- **06x wurde zu 066x**
- **07x wurde zu 067x**

Achtung: Die Telefonnummern auf vielen Visitenkarten und Websites wurden bis heute nicht aktualisiert! Wenn also auf alten Visitenkarten oder nicht aktualisierten Websites nur eine dreistellige Vorwahl angegeben ist, fügen Sie hinter der 0 nach obigem Beispiel eine 5 (Festnetz) oder eine 6 (Mobilfunk) ein. In Marokko wählt man in Städten die Nummer immer komplett, d.h. **inklusive der Vorwahl.**

Bei Gesprächen vom Ausland wählt man die **Vorwahl für Marokko 00212** und die zehnstellige Nummer ohne die 0 am Anfang.

Das **marokkanische Telefonbuch** sowie die **Gelben Seiten** *(Les Pages Jaunes)* findet man auch online: **www.pj.ma** oder **www.telecontact.ma.**

Auslandsvorwahlen
- **Deutschland: 0049**
- **Österreich: 0043**
- **Schweiz: 0041**
- **Marokko: 00212**

Die **Telefonauskunft** erreicht man in Marokko unter der Nummer **160.**

Mobil telefonieren

Die meisten deutschen Mobilfunkgesellschaften haben **Roamingverträge** mit den marokkanischen Gesellschaften Maroc Telecom und Méditel (beide GSM 900 MHz), sodass man das Mobiltelefon problemlos in Marokko nutzen kann. Erkundigen Sie sich bei Ihrem Anbieter nach den (meist sehr hohen) Roamingtarifen in Marokko. Wenn man von zu Hause auf dem deutschen Handy in Marokko angerufen wird, entstehen zudem passive Kosten (Mailbox abstellen!). Der Anrufer zahlt nur die Gebühr ins heimische Mobilnetz, die teure Rufweiterleitung ins Ausland zahlt der Empfänger. Wesentlich preiswerter ist es, sich auf SMS zu beschränken, denn der Empfang ist kostenfrei.

Inzwischen ist die **Netzabdeckung fast überall** (sogar in der Westsahara) gewährleistet. Nur an manchen einsamen Stränden, im Gebirge oder in der Wüste gibt es kein Netz.

Falls das Mobiltelefon **SIM-lock-frei** (keine Sperrung anderer Provider vorhanden) ist und man längere Zeit in Marokko reist, lohnt sich die Anschaffung einer **lokalen SIM-Karte** mit Prepaid-Guthaben. Den SIM-lock kann man sich übrigens in den Telefongeschäften oder bei Bastlern in Marokko auch entfernen lassen. Eine marokkanische SIM-Karte (z.B. von Jawal, Méditel, INWI) kann man häufig bereits am Flughafen sowie in den überall vertretenen Läden der Mobilfunkanbieter kaufen. Mit einer marokkanischen SIM-Karte sparen Sie sich die teuren Roaminggebühren für ankommende Anrufe und Telefonate in Marokko. Sogar die Kosten für Anrufe nach Deutschland sind wesentlich günstiger als mit dem deutschen Mobiltelefon. **Prepaid-Karten** *(Carte de recharge)* zur Aufladung des Guthabens gibt es in Supermärkten (z.B. Marjane) und in kleinen Läden in jedem Ort. Eine marokkanische SIM-Karte von Maroc Telecom (www.iam.ma) oder INWI (www.inwi.ma) kostet nur wenige Euros, meist inklusive niedrigem Gesprächsguthaben. Im Prepaid-Paket „zen" von INWI für nur 100 DH sind 1000 SMS, 3 Std. internationale Telefonate und 3 GB Datenvolumen enthalten.

Internettelefonie

Telefonate über das Internet sind die billigste Art der weltweiten Kommunikation. Wer viel/länger im Ausland unterwegs ist, sollte sich einen kostenlosen **Skype-Account** (www.skype.com) zulegen. Wer einen Laptop, ein Tablet oder ein Smartphone mitnimmt, kann in einem Hotel oder Café mit WLAN über Skype eine Festnetz- oder Mobilfunknummer zu Hause anrufen und zahlt dafür nur sehr geringe Gebühren (ca. 2,2 Cents pro Min. nach Deutschland). Telefonate von Skype zu einem anderen Skype-Mitglied sind kostenlos.

Satellitentelefon

Wer wirklich abseits der Hauptwege reist (Kameltouren, Weiterreise nach Mauretanien und andere Saharastaaten, Bergtrekking) oder geschäftlich **immer erreichbar** sein muss, für den lohnt sich unter Umständen die Miete eines Satellitentelefons. Mit einem Thuraya-Satellitentelefon kostet die Gesprächsminute etwa 1,49 Euro ins Handy- und Festnetz (egal welchen Landes), mit Inmarsat nur 1,17 Euro – das ist günstiger als die Roaminggebühren der deutschen Mobilfunkanbieter für diese Ländergruppe.

Weitere Infos unter www.thuraya.de oder www.expeditionstechnik.de.

Internet

In immer mehr **Gästehäusern, Hotels und Touristencafés** steht den Gästen kostenloses **WLAN** (WiFi) zum kabellosen Surfen zur Verfügung. Internetcafés findet man mittlerweile in jedem größeren Ort (1 Std. surfen 5–

15 DH). **Kommunikation per E-Mail** ist in Marokko nicht mehr die Ausnahme, sondern bei Firmen oder touristischen Unternehmen zum Alltagsgeschäft geworden. So kann man sein Hotelzimmer oder den Mietwagen meist problemlos per E-Mail buchen. Man sollte sich allerdings etwas gedulden – manchmal lässt die Antwort auf sich warten …

Wer auch außerhalb einer WLAN-Zone mit dem Laptop online gehen möchte, kann sich problemlos **mit einer marokkanischen SIM-Karte ins Internet einwählen.** Alle großen Mobilfunkanbieter haben spezielle Internet-Pakete. Das „Pack Modem 3G“ von Méditel enthält alles, um mit dem Laptop oder Tablet unterwegs schnell per UMTS online zu gehen: Ein 3G-USB-Modem inkl. einem Monat Internet (10 MB Volumen täglich) kostet 229 DH. Die 3G-SIM-Karte ohne USB-Modem (z.B. zur Nutzung mit dem Smartphone oder mitgebrachtem USB-Modem) kostet nur 10 DH. Aufladekarten gibt es in allen Méditel-Läden.

- **Internet-Konfiguration für Maroc Telecom** (3G Internet Jawal): Passwort: keines, Benutzername: keiner, APN: wap.iamgprs.ma; **für Méditel:** Passwort: MEDINET, Benutzername: MEDINET, APN: internet1.meditel.ma; **für INWI:** Passwort: WANA, Benutzername: WANA, APN: www.wana.ma.

Trinkgeld

Trinkgeld spielt eine **wichtige Rolle** angesichts des geringen Einkommens der meisten Einheimischen bzw. im Dienstleistungssektor Beschäftigten. Zimmermädchen, Kofferträger (5–10 DH) und Kellner im Hotel sollten nicht erst bei der Abreise bedacht werden – ein Trinkgeld vorweg bzw. zwischendurch hebt die Stimmung und sorgt für besseren Service.

In Restaurants erhält der **Kellner** – sofern er einen freundlich bedient hat (was nicht selbstverständlich ist) – ein paar Dirham

ma16_133 ad

Trinkgeld. In Touristenrestaurants mit großem Durchlauf kann es schon mal vorkommen, dass die Bedienung ihr Trinkgeld eigenmächtig auf die Rechnung aufschlägt. In so einem Fall sollte man reklamieren und so viel geben, wie man für angemessen hält.

Auch ehrliche **Taxifahrer,** die das Taxameter einschalten statt einen Fantasiepreis zu nennen, haben eine kleine Belohnung verdient, und man rundet die Summe um 2–5 DH auf. **Busfahrer, Reiseleiter, Berg-, Kamel- und Muliführer** oder **Köche** (bei Trekkings) bekommen ihren Tarif, erwarten aber trotzdem Trinkgeld von der Gruppe, die mindestens 50 DH, bei viel persönlichem Einsatz 100 DH oder mehr pro Führungstag bezahlen sollte. Bei Trekkings erhält natürlich der Bergführer mehr als ein Kamel- oder Muliführer. Für Fahrer einer Gruppe sind ebenfalls 50–100 DH am Tag angemessen.

Falls Sie jemanden als Aufpasser *(Gardien)* für Ihr **Auto** engagieren, darf dieser 3–5 DH erwarten, falls nicht ein offizielles Ticket einen anderen Preis ausweist. Parken über Nacht kostet 10–25 DH. In Touristenstädten wie Essaouira und Marrakesch wird schon mal deutlich mehr verlangt, vor allem wenn man gezwungen ist, sein Fahrzeug über Nacht auf einem öffentlichen Parkplatz abzustellen, weil man nicht in die Altstadt fahren darf.

Uhrzeit

In Marokko gilt die Westeuropäische Zeit (UTC), daher müssen Besucher aus Deutschland, Österreich und der Schweiz (MEZ) ihre Uhren **um eine Stunde zurückstellen,** während der Sommerzeit (MESZ) um zwei Stunden. In dem Zeitraum, in dem sich die neu eingeführte **marokkanische Sommerzeit** und die deutsche Sommerzeit überschneiden, beträgt der Zeitunterschied wiederum nur eine Stunde.

Die Einführung der Sommerzeit in Marokko brachte einige Verwirrung mit sich, da sich der Zeitraum, in dem in Marokko die Sommerzeit gilt (Anfang Mai bis Mitte August), nicht mit dem in Europa deckt. **Im Ramadan** wird die Uhr um eine Stunde vorgestellt, damit die Sonne „früher" untergeht und das Fasten bis am Abend nicht so lange dauert. Das ändert sich wahrscheinlich wieder, wenn der Ramadan nicht mehr in den Hochsommer und die längsten Tage des Jahres fällt.

Unterkunft und Camping

Unterkunft in Legzira

Unterkunfts-Tipp

Der französische Verein **„Maroc chez l'habitant"** (www.marocchezlhabitant.com, Tel. 0033 478 38 16 89) vermittelt für Reisende mit Französischkenntnissen **Unterkunft bei marokkanischen Familien.** So erhält man einen authentischen Einblick ins marokkanische Alltagsleben und die Familien profitieren unmittelbar vom Tourismus.

Marokkos Angebot an Unterkünften reicht **von Luxus-Palästen** wie aus 1001 Nacht (z.B. La Mamounia Palace in Marrakesch) **bis zu einfachsten Herbergen** bei Berberfamilien im Hohen Atlas *(Gîte d'étape).* Besonders stilvoll und authentisch wohnt man in renovierten **Riads** *(Maison d'Hôtes)* in den Altstädten oder zwischen Lehmmauern in umgebauten **Kasbahs** in den Oasen. Die Zahl der Kasbahhotels und Maisons d'Hôtes wuchs in den letzten zehn Jahren rasant, sodass das **Angebot** in den Touristenzentren inzwischen **ziemlich unübersichtlich** geworden ist. In diesem Reiseführer nennen wir in den jeweiligen Kapiteln nur eine Auswahl an wirklich empfehlenswerten Adressen. Wer sich vor der Reise einen Überblick über gute Hotels/Gästehäuser am Zielort verschaffen will, wirft einen Blick auf die hilfreichen **Bewertungen** von Gästen z.B. bei www.tripadvisor.de. Einen Überblick über das Hotelangebot inklusive Preisen und Bewertungen findet man auch bei www.trivago.de und im umfassenden „Hotelführer Marokko" von *Edith Kohlbauch* (www.mobilunterwegs.eu).

Individualreisende, die schon vor der Tour eine Unterkunft am Zielort auswählen, erhalten bei frühzeitiger Internetbuchung z.B. über www.booking.com häufig einen wesentlich günstigeren Preis als vor Ort ohne Vorausbuchung *(walk-in-rate);* dies gilt vor allem für Mittelklasse- und Luxushotels. Ein vorheriger Vergleich der auf der Hotel-Homepage angegebenen Tarife und derjenigen eines Buchungsportals für dasselbe Hotel lohnt sich also. Die meisten Unterkünfte können problemlos **per Mail** oder Buchungsformular auf der Homepage gebucht werden (evtl. Anzahlung per Kreditkarte oder PayPal notwendig). Bei E-Mail-Anfragen lässt die Antwort jedoch selbst bei Oberklasse-Hotels manchmal eine Woche auf sich warten. Die meisten kleinen, günstigen Unterkünfte haben keine E-Mail-Adresse. Hier fragt man entweder telefonisch an oder verlässt sich darauf, dass bei Ankunft noch ein Zimmer frei ist – bei den allermeisten Budgethotels ist keine Vorausbuchung notwendig.

In der Hochsaison (Ostern, Weihnachten, Neujahr, in Agadir auch August) sollten Individualreisende die Unterkunft in Marrakesch, Essaouira und Agadir besser reservieren, um vor Ort nicht lange nach einem freien Bett suchen zu müssen. **Außerhalb der Urlaubszeiten** reicht es, wenn für die erste Nacht in der Ankunftsstadt ein Zimmer vorgebucht wird. Entlang der Hauptreiserouten finden flexible Urlauber immer ein Zimmer.

Hitzeempfindliche Menschen sollten im Sommer ein **klimatisiertes Zimmer** buchen. Eine **Heizung** gehört bei den marokkanischen Hotels nicht zur Standardausstattung, kann aber in den kalten Wintermonaten in den Bergen oder in der Wüste sehr angenehm sein. Manche Gästehäuser haben ein gemütliches Kaminzimmer oder Zimmer mit eigenem Kamin, wo man sich aufwärmen kann.

ma16_137 ad

Es ist marokkanischen Hotels **verboten, ein Zimmer gemeinsam an Ausländer und Marokkaner zu vermieten.** Das soll Prostitution oder gar homosexuelle Kontakte unterbinden. Homosexualität ist in Marokko offiziell verboten! Übernachtung ohne Trauschein gehört sich nicht, deshalb sollte man bei „Multikulti-Ehen" den Trauschein nicht vergessen. Bei nicht verheirateten ausländischen Paaren wird nicht nachgefragt.

Mit einem **Hund** kann es erhebliche Probleme bei der Hotelsuche geben: Viele Hotels akzeptieren keine Tiere in den Zimmern!

Wegen sinkender Touristenzahlen infolge des weltweiten Terrors und der damit verbundenen Angst, in ein islamisches Land zu reisen, sind **viele Hotels und Herbergen** in Marokko **nicht mehr optimal bzw. nur noch saisonal ausgelastet.** Das hat zur Folge, dass gerade kleine, familiengeführte Gästehäuser und Gîtes nicht mehr genug Geld aufbringen können, um die Unterkunft regelmäßig instand zu setzen. Reisende sollten in den ländlichen Gebieten Marokkos (Berge, Wüste) keine europäischen Ansprüche an Komfort und Sauberkeit stellen. Die Familien geben ihr Bestes, Sie herzlich zu empfangen und gut unterzubringen, haben aber eben nicht dieselben Mittel wie eine europäische Hotelkette.

Hotels, Apartments, Clubs

In Marokko gibt es **klassifizierte Hotels** aller Kategorien. Gruppenreisende werden in der Regel in den besseren Ober- und Mittelklassehotels untergebracht. In den Reiseprospekten bzw. im Internet findet man dazu recht vernünftige Informationen inklusive Bildern. Wer Reisekosten sparen will, kann durchaus auf ein Mittelklassehotel zurückgreifen. Diese sind oft kleiner, persönlicher und genauso sauber wie die großen. **Ab drei Sternen** aufwärts kann man meist mit sauberen, oft sogar mit komfortablen und geräumigen Zimmern rechnen. Sie bieten Reisenden mit normalen Ansprüchen guten Komfort: Dusche/WC im Zimmer, TV sowie Klimatisierung/Heizung sind in dieser Kategorie selbstverständlich. Oft gehören auch ein Restaurant, Swimmingpool und/oder Garten zum Hotel. Außerhalb der Saison kann man bei den Mittelklassehotels oft den Preis herunterhandeln, Nachlässe bis zu 15% sind keine Seltenheit. In den Prospekten der Reiseveranstalter sind die günstigsten Zeiten mit saisonaler Ermäßigung oder Preisnachlass bei längeren Aufenthalten angegeben.

Wichtiger ist, vor allem in Agadir, ob sich das Hotel in Strandnähe befindet, sofern man sich dort länger aufhalten will, oder auf einer Königsstädtetour die Nähe zur Medina. Auf die **Lage** an verkehrsreichen oder ruhigen Straßen sollte ebenso geachtet werden wie auf die eigenen Bedürfnisse, vor allem hinsichtlich des Abendprogramms. Will man viel marokkanische Atmosphäre erleben und sich ins Alltagsgetümmel werfen, dann sollte man ein Hotel nahe der Altstadt oder sogar einen Riad mitten in der Medina wählen. Legt man mehr Wert auf Restaurantbesuche und Bars, dann ist man besser entweder in der Neustadt der Königsstädte oder in Agadir gleich in den Touristikhochburgen entlang der Küste aufgehoben. Will man mehr Erholungsurlaub, dann sollte sowohl auf Strandnähe als auch auf eine Lage möglichst am Rande der Touristenzentren, oder gar einige Kilometer davon entfernt, geachtet werden. Denn gerade im „complexe touristique" in Agadir, wo die meisten Hotels und Restaurants zu finden sind, dröhnt bis Mitternacht laute Musik durch die Gassen.

Für Familien sind Hotels in der Neustadt evtl. besser geeignet als ein Riad *(Maison d'Hôtes)* in der Altstadt. Die Fenster der Zimmer in den Riads zeigen meistens zum Innenhof, sodass alle Geräusche aus den Zimmern bzw. von außen (wenn die Kinder schlafen sollen) hörbar sind. Zudem sind die Zimmer häufig nicht so groß, oder man muss verwinkelte Treppen auf- und absteigen – mit Kleinkindern eher ungünstig. Erkundigen Sie sich deshalb vorher beim Gästehaus, ob Familienzimmer oder andere Serviceleistungen (Kinderbett o.Ä.) für Familien angeboten werden.

Hotels in der Neustadt haben im Gegensatz zu den meisten Riads einen Garten und einen Swimmingpool, wo sich die Kinder austoben können.

Für Autoreisende ist die Parkplatzsituation in den Städten relevant. Die meisten Gästehäuser in den Altstädten sind nicht direkt mit dem Kfz erreichbar. Lassen Sie sich von den Betreibern den nächsten bewachten Parkplatz zeigen/beschreiben. In Marrakesch befinden sich viele bewachte Parkplätze in der Umgebung des Djamâa el-Fna. Wer sein Auto direkt vor der Tür parken möchte, wählt besser ein Hotel in der Neustadt.

Im **Ramadan** ist in Hotels mit angeschlossenen Restaurants, die nicht nur von Touristen besucht werden, mit **Musikveranstaltungen** zu rechnen oder in Hotels mit benachbarten Lokalen mit Live-Musik – vor 1 Uhr nachts ist dann nicht an Schlaf zu denken!

Neben den Hotels gibt es auch komfortable **Ferienclubs** (Club Valtur, Club Med, Club Robinson), Clubhotels mit vielfältigem Sportangebot und Kinderbetreuung sowie geräumige **Apartments** (Résidence oder Apart-Hotel) und Bungalows für Selbstversorger. Diese Apartments werden zu sehr günstigen Preisen als Wochenarrangements von den Reiseveranstaltern in Deutschland angeboten.

Maisons d'Hôtes (Riads)

Der Begriff **Riad** (oder Ryad) stammt aus dem Arabischen und bedeutet ursprünglich „Garten". Der Begriff wurde für ein traditionelles Stadthaus mit Gartenelement (z.B. Blumenrabatte, Orangenbäume) und Springbrunnen im Innenhof übernommen. Inzwischen wird der Einfachheit halber auch ein **Dar,** ein Stadthaus ohne Grün im Innenhof, als Riad bezeichnet. Ein Riad war früher meist das Haus eines reichen Händlers, Wesirs oder anderweitig wichtiger Menschen, die sich in der Altstadt z.B. von Marrakesch, Essaouira oder Fès ein prachtvolles Haus leisten konnten. Solche Häuser wurden in den letzten zehn Jahren in zunehmendem Maße zu individuellen und sehr stilvoll marokkanisch gestalteten Hotels mit fünf bis maximal zehn Zimmern umgebaut, den sogenannten **Maisons d'Hôtes.** Die Besitzer sind meist Ausländer (Deutsche, Franzosen, Italiener), aber auch wohlhabende Marokkaner. Diese Gästehäuser sind wahre Kleinode, jedes Zimmer ist traditionell und individuell eingerichtet – häufig auch in einem schicken Stilmix mit modernen Elementen –, die Räume sind mit Mosaiken, Springbrunnen, Stuckornamenten und Zedernholzschnitzereien versehen. Die Auswahl in Marrakesch, Fès, Asilah und Essaouira ist groß, allein in Marrakesch gibt es mittlerweile Hunderte Gästehäuser. Die Zimmerpreise in einem Riad reichen von 30 bis 400 Euro für das Doppelzimmer bzw. eine Suite. Manchmal kann man ein Haus auch komplett mieten.

Hinweis: Besonders in Marrakesch, aber auch in anderen marokkanischen Städten, gibt es unzählige **Maisons d'Hôtes ohne offizielle Autorisation** des marokkanischen Tourismusministeriums. Das heißt, sie arbeiten informell, zahlen weder Abgaben noch Steuern, und sie melden ihre Mitarbeiter nicht bei der Sozialversicherung an. Ein Gast sollte sich darüber im Klaren sein, dass diese Gästehäuser ihre Dienstleistungen zu geringeren Preisen weitgehend auf Kosten der sozialen Absicherung ihrer Mitarbeiter anbieten. Hinweise darauf, dass ein Riad angemeldet ist und seine Mitarbeiter versichert, sind eine offizielle Kategorisierung (Kategorie 1 oder 2) sowie die Angabe einer Steuernummer *(Identification fiscal)* auf einem offiziellen Briefbogen oder einer Rechnung. Wenn der Gast bei Ankunft kein Registrierungsformular ausfüllen muss, ist dies ein Hinweis darauf, dass das Maison d'Hôtes informell operiert.

Billigunterkünfte

Billighotels finden Rucksackreisende vor allem in der **Nähe der Busstationen** und in der **Altstadt** (Medina). In den kleinen Zimmern der einfachen Hotels gibt es meist nicht viel mehr als ein Metallbettgestell mit durchgele-

ma16_135 ad

gener Federkernmatratze, kratziger Wolldecke und einem (hoffentlich sauberen …) Laken. Manchmal gibt es noch ein Waschbecken und einen Ventilator im Zimmer. Die Duschen und WCs auf dem Gang teilt man sich mit den anderen Gästen. Nicht in allen Herbergen ist heißes Wasser vorhanden. Die **Toiletten** sind wie in den meisten Ländern der Dritten Welt gewöhnungsbedürftig: Nicht immer sauber, für Klopapier muss man selbst sorgen, die Spülung funktioniert häufig nicht, und auch die arabischen Stehklosetts sind für viele Europäer ungewohnt. Manchmal stehen ein Wasserhahn und Eimer als Spülung bereit, dann wieder sind Gemeinschaftsduschen mit den Toiletten kombiniert, und man duscht über der Stehtoilette.

Besichtigen Sie in einfachen Hotels das Zimmer und die sanitären Anlagen, bevor Sie fest zusagen. **Testen Sie,** ob die Duschen funktionieren, **überprüfen Sie** das Bettzeug nach Sauberkeit und Ungeziefer. Zu hohe Ansprüche können Sie hier nicht stellen, aber in den meisten größeren Orten ist die Auswahl an billigen Hotels groß. Einfache Hotels dienen gelegentlich als Stundenhotels.

Es ist empfehlenswert, einen eigenen **Schlafsack** aus Baumwolle oder Seide mitzunehmen, da die Matratzen und Laken oft nicht die saubersten sind. Im Winter sollte man einen dickeren Schlafsack einpacken.

In den letzten Jahren sind zumindest in den viel besuchten Städten immer mehr durchaus gute, saubere Budgetunterkünfte für Rucksacktouristen eröffnet worden: mit nettem Gemeinschaftssalon, Dachterrasse und gratis WLAN. Empfehlenswerte Herbergen findet man z.B. unter **www.hostelworld.com** (mit Buchungsmöglichkeit).

In Marokko existieren außerdem **Jugendherbergen** des internationalen Jugendherbergsverbands (www.hihostels.com). Sie sind in der Regel zentral gelegen, gepflegt und sauber (genaue Adressen bei den jeweiligen Städten im Reiseteil). Die Herbergen haben ganzjährig geöffnet, eine Übernachtung im DZ kostet etwa 150 DH mit Frühstück, im Mehrbettlager ca. 70 DH p.P.

⌃ Hotelanlage in Agadir

In den Bergregionen bieten sogenannte **Gîtes d'étape** einfache Unterkunft für Trekkingtouristen. Hier übernachtet man in typischen Familienhäusern auf Matratzen in Schlafsälen oder kleinen Zimmern. Die Stehtoiletten und Duschen sind nicht immer sauber, und es gibt nicht überall heißes Wasser. Eine Übernachtung kostet in der Regel 55–100 DH p.P. In den Gîtes macht man sehr nette Bekanntschaften mit der Familie des Hauses und erfährt etwas über die Lebensbedingungen auf dem Land.

Tipps

- In den **Herbergen des internationalen Jugendherbergsverbands** (www.hihostels.com) kann man unabhängig von seinem Alter absteigen! Mit einem internationalen Jugendherbergsausweis aus dem Heimatland schläft man hier zum günstigeren Tarif als Nicht-Mitglieder.
- In vielen günstigen Hotels und Riads kann man mit dem Schlafsack auf einer Matratze oder Polstern **auf der Dachterrasse** nächtigen (ca. 50 DH p.P.).
- Einige Campingplätze und Hotels im Süden bieten günstige Übernachtungen in **Nomadenzelten** (*Khaima, Bivouac* oder *Tente Bérbère*) im Garten an.

Preise

Bezüglich der Hotelpreise – zumindest für Mittelklasseunterkünfte – gehört Marokko im Vergleich zu manchen Ländern in Südostasien nicht zu den billigsten Destinationen. Im Reiseteil sind die Hotelpreise nach **Kategorien** angegeben (①-②-③-④-⑤). Die Preise im Buch beziehen sich in der Regel auf die im Internet auf der Website des Hotels veröffentlichten Tarife. Bei Online-Buchung können manche Hotels deutlich billiger gebucht werden. **Die Preise im Buch gelten für zwei Personen im Doppelzimmer mit Frühstück.** Der Preis eines Zimmers sagt nicht zwangsläufig etwas über die Qualität der Unterkunft aus – günstigere Zimmer können durchaus Mittelklasse-Niveau haben. Entsprechend sind die Unterkünfte in diesem Reiseführer zusätzlich in die Kategorien „Oberklasse", „Mittelklasse" und „Günstig" eingeteilt. Wer die Details seiner Unterkunft ganz genau wissen will, sollte telefonisch oder per Mail beim Hotel anfragen.

Der Preis in **einfachen Billig- und in 1-Stern-Hotels** liegt bei 50–200 DH für ein Doppelzimmer (Preisklasse①). Einzelzimmer sind in der Regel schwer zu bekommen. Selbstverständlich kann man sich sein Mehrbettzimmer auch mit anderen Gästen teilen. Auf diese Weise ist ein Hotelzimmer oft nicht teurer als eine Jugendherberge.

Meist recht einfache und nicht immer saubere **2-Sterne-Hotels**② kosten 200–400 DH.

Ab 3 Sternen aufwärts kann man mit sauberen und komfortablen Zimmern rechnen. In diesen **Mittelklassehotels**③ werden zwischen 400 und 800 DH fällig.

Unterkünfte: Preiskategorien

⑤ **Luxushotel/-gästehaus:**
mehr als 1600 DH
④ **gehobene Mittel- bzw. Oberklasse:**
800–1600 DH
③ **Mittelklassehotel/-gästehaus:**
400–800 DH
② **einfaches Hotel/Gästehaus:**
200–400 DH
① **sehr einfaches Hotel/Billigunterkunft oder Bivouac/Nomadenzelt:**
50–200 DH

Saisoneinteilung

- **Hauptsaison:** Anfang Juli bis Anfang Sept., Ostern und Weihnachten; höchste Preise in den Hotels.
- **Zwischensaison:** Anfang April bis Ende Juni und Mitte September bis Ende Oktober; günstige Hotelpreise, wenig Betrieb.
- **Nebensaison:** November bis Mitte Dezember und Mitte Januar bis März; niedrigste Hotelpreise.

Gehobene Mittelklasse- und Oberklassehotels (4 Sterne) mit sehr guter Ausstattung, Klimaanlage, TV, Balkon und Terrasse kosten ab 800 DH aufwärts (④).

Sollten Sie ein **5-Sterne-Hotel**⑤ präferieren, müssen Sie pro Nacht 1600–3500 DH für ein Doppelzimmer oder eine Suite berappen.

Der Preis für ein Doppelzimmer in einem **Maison d'Hôtes** kann je nach Ausstattung (einfach-familiär bis durchgestylter Superluxus) von 300 bis über 4000 DH reichen. Die meisten guten Riads bewegen sich in der Preisspanne von 500 bis 1700 DH für ein Doppelzimmer.

Die offiziellen Hotelpreise müssen gut leserlich an der Rezeption angeschlagen sein. Der Preis beinhaltet nicht immer das **Frühstück** (30–150 DH) und die **Touristensteuer,** die von der Hotelkategorie abhängig ist.

Campingplätze

Es gibt in Marokko eine stattliche Anzahl von Campingplätzen **unterschiedlichster Qualität,** teils in staatlicher, teils in privater Hand. Während die privaten Plätze je nach Engagement des Besitzers durchaus passabel, manche sogar hervorragend ausgestattet sind, verfügen die vor über 30 Jahren konzipierten staatlichen bzw. städtischen Anlagen nur über eine rudimentäre Ausstattung.

Abgesehen von den neueren Plätzen entsprechen die Toiletten und **sanitären Einrichtungen meist nicht europäischen Normen.** Häufig gibt es nur Stehtoiletten. Die WCs sind oft verdreckt, die Spülung funktioniert selten, aus den Duschen läuft (oder tröpfelt) oft nur kaltes Wasser.

Die **Sauberkeit** der Plätze **schwankt nach Jahreszeit und Andrang.** Im August, zur Ferienzeit der Marokkaner, muss man vor allem entlang der Atlantikküste mit überfüllten und verdreckten Anlagen rechnen.

In der Umgebung von Agadir, Essaouira, Sidi Ifni und Tafraoute, wo viele Rentner aus Frankreich, Spanien und Deutschland mit ihren **Wohnmobilen überwintern,** entstanden in den letzten Jahren komfortable Campingplätze mit Pool, sehr guten Sanitäranlagen, Entsorgungsmöglichkeit für Chemietoiletten, Waschmaschine, Shop, WLAN etc. Allerdings sind diese Plätze und alle anderen einfachen Stellplätze entlang der südlichen Atlantikküste und südlich des Hohen Atlas in den Wintermonaten oft völlig überlaufen.

Individualreisende, die **mit dem Zelt** unterwegs sind, müssen sich bei den meisten Campingplätzen auf einen harten Untergrund einstellen, denn viele Anlagen sind für Wohnmobile konzipiert. Hier findet man häufig nur Beton- oder Kiesplätze.

Die **Campingplatzgebühren** betragen 70–100 DH für zwei Personen inkl. Auto oder Caravan. Für Strom am Platz (nicht überall verfügbar) müssen etwa 20 DH extra bezahlt werden. Manchmal kosten auch die heißen Duschen extra (10 DH). Für ein Zelt werden 10–20 DH berechnet. Für Langzeitcamper werden ab etwa 7, 14 oder 30 Tagen Aufenthalt gestaffelte Ermäßigungen gewährt.

Wildcampen

Wildcampen war in der Vergangenheit abseits der großen Städte kein Problem. In Zeiten des Wohnmobilmassentourismus (v.a. in den Wintermonaten) sind immer mehr Campen-verboten-Schilder („camping sauvage interdit") zu sehen. Dies betrifft vor allem die Küste südlich von Essaouira bis etwa Sidi Ifni.

In der Nähe von Städten und von ausgesprochenen Touristenorten, inzwischen auch an der touristisch erschlossenen Mittelmeerküste von Ceuta bis Tétouan, empfehlen wir, **aus Sicherheitsgründen einen Campingplatz aufzusuchen.** Wenn man partout keinen Campingplatz oder Platz zum Wildcampen findet, kann man im Zweifelsfall auch bei einer Polizei- oder Forststation nachfragen, ob man dort für eine Nacht campieren darf. Wenn Sie in der Nähe von Häusern übernachten wollen, sollten Sie die Erlaubnis des Grundstückbesitzers einholen, die Ihnen in der Regel auch nicht verwehrt wird.

Einsame, saubere und schöne **Strände** zum Wildcampen findet man zwischen Tanger und Agadir kaum mehr. Falls man sich an Fischern, anderen Autos und angeschwemmtem Strandgut nicht stört, kann man durchaus in einigen **Buchten** campen. Schöne Strandplätze findet man vor allem in der Gegend von Larache oder Essaouira bis Safi und südlich von Tan-Tan. Im **Landesinneren** gibt es zahllose Wildcamping-Plätze an Flussufern und Seen, in Bergtälern, Zedernwäldern, zwischen Sanddünen oder unter Palmen.

Für Marokkaner ist es oft unverständlich, warum sich Reisende außerhalb eines Ortes für die Nacht einrichten. Besonders in ländlichen, weniger touristischen Regionen wird man Sie deshalb evtl. aus Fürsorge auffordern, doch in das nächste Dorf zu fahren und dort zu übernachten. Totale **Einsamkeit** beim Campen sollte man in Marokko sowieso **nicht erwarten:** Auch an einem vermeintlich abgeschiedenen Platz dauert es meist nicht lange, bis ein Einheimischer, eine Gruppe Kinder oder ein Ziegenhirte vorbeikommt und die interessanten Fremden begrüßt. Häufig ergeben sich daraus **nette Kontakte und Gespräche** – spätestens nach Einbruch der Dunkelheit trollen sich die Besucher von alleine.

Einige Grundregeln zum Wildcampen

- **Nie in der Nähe von Großstädten!**
- In der Nähe von Siedlungen oder Häusern die **Erlaubnis des Grundbesitzers** einholen.
- **Keine Wertgegenstände sichtbar liegen lassen,** auch nicht tagsüber, da diese zum Diebstahl verführen könnten.
- Bei vermeintlich weniger sicheren Plätzen möglichst das Auto so stellen, dass man **im Gefahrenfall sofort losfahren** kann: Nichts draußen liegen lassen, evtl. sogar Zündschlüssel stecken lassen und Fenster und Türen verriegeln.
- Bei einem drohenden Wetterumschwung **nie in einem trockenen Flussbett zelten,** bei Regenfällen wird aus dem Wadi in kurzer Zeit ein reißender Strom!
- **Nie am Rande steiler Felsüberhänge zelten,** bei Regenfällen besteht Steinschlaggefahr!
- **Den Platz sauber hinterlassen,** den Abfall in die nächste Stadt mitnehmen.
- **Beim Toilettengang** eine Schaufel benutzen, damit keine hässlichen Häufchen und Klopapierfahnen die Umgebung zieren. Das Toilettenpapier möglichst mit einem Feuerzeug verbrennen.
- Die **Entsorgung von Campingtoiletten** ist in Marokko nur an sehr gut ausgestatteten Campingplätzen (z.B. in der Umgebung von Agadir) möglich. Falls Sie den Toiletteninhalt gar nicht anders loswerden, dann bitte nur weit abseits von Siedlungen in der Wüste oder an Müllkippen ablassen.

Unterwegs in Marokko/ Verkehrsmittel

Dem Urlauber stehen vielerlei Transportmittel zur Verfügung, um auf eigene Faust das Land zu erkunden. Für den Nahbereich eignet sich das **Fahrrad,** Moped oder Quad (Verleih z.B. in Agadir und Marrakesch). In Marrakesch und Taroudannt verkehren **Pferdekutschen** *(calèches).* Für größere Distanzen bieten sich **Busse, (Sammel-)Taxis** und die **Bahn** an. Absolut unabhängig reist man mit dem **Mietwagen.**

Busse

Die größten Busunternehmen in Marokko mit Verbindungen in fast alle Städte des Landes sind **CTM** (*Compagnie de Transport au Maroc,* www.ctm.ma), **Supratours** (www.supratours.ma) sowie im Süden **SATAS** mit Niederlassungen in Agadir und Marrakesch. Des Weiteren existiert eine Reihe kleinerer privater Buslinien. Busse sind das billigste und populärste Transportmittel, sowohl für Überland- wie für Stadtfahrten. Zwischen den großen Städten der Küste verkehren alle ½–2 Std. Busse verschiedener Linien, zwischen den anderen Orten/Städten mehrmals täglich, im äußersten Süden nur einmal täglich, zu abgelegenen Zielen evtl. gar nicht.

Die Busse von CTM und Supratours sind in gutem Zustand, schnell und pünktlich, viele **Langstreckenbusse** sind sogar klimatisiert und sehr komfortabel. Supratours hat zwei Fahrer an Bord, und diese fahren auch nicht schneller als die vorgeschriebenen 80 km/h. Fahrer der Privatlinienbusse machen öfter mal eine Essenspause und halten die vorgegebenen Fahrzeiten und Geschwindigkeitsbegrenzungen oft nicht ein. Das führt zu schlimmen Unfällen, und auch Pannen kommen häufiger vor, weil die Privatbusse oft in schlechtem Zustand sind. Ihre Vorteile sind, dass sie häufiger auch abgelegene Ziele frequentieren und preislich günstiger sind. Allein reisende Frauen empfinden die Busse wegen der Enge u.U. als unangenehm.

Die **Abfahrtszeiten und -preise** für die Hauptverbindungsstrecken erfährt man am Schalter der entsprechenden Busgesellschaft direkt am Busbahnhof *(Gare routière)* bzw. im jeweiligen Stadtbüro der Gesellschaft. In den Fenstern der Schalter sind die Abfahrtszeiten manchmal angeschlagen (bei privaten Gesellschaften häufig nur auf Arabisch).

Die **Busbahnhöfe** liegen manchmal noch am Rande der Altstadt, wurden aber in fast allen Großstädten an eine wichtige Haupt- oder Ausfallstraße am Rande der Neustadt verlegt. Hin und wieder gibt es einen Bahnhof für CTM, einen für Supratours sowie einen weiteren für die anderen Privatlinien. Die Adressen sind bei den Ortsbeschreibungen im Routenteil angegeben, ebenso die Häufigkeit der Abfahrten der CTM-Linien (Hauptverbindungsstrecken) und die Fahrpreise. Es empfiehlt sich, die CTM- und Supratours-Busse **schon am Vortag der Reise zu buchen,** jedoch spätestens eine Stunde vor Abfahrt, sonst sind sie voll. Stehplätze werden nicht verkauft. Meistens muss pro **Gepäckstück** (abhängig von Größe und Gewicht) eine extra Gebühr bezahlt werden (10–15 DH).

Abfahrtszeiten/-preise und Online-Buchung

- **CTM,** www.ctm.ma
- **Supratours,** www.supratours.ma (Busverbindungen im Süden)

Der Bahnhof von Asilah

ma16_138 ad

Taxis/Sammeltaxis

In den Städten verkehren **Petits Taxis,** die höchstens drei Passagiere befördern dürfen. Die Petits Taxis sind dank ihrer einheitlichen Farbe leicht zu erkennen (z.B. Rot in Marrakesch). Man sollte den **Preis immer vorher aushandeln** oder am besten darauf bestehen, dass der **Taxameter eingeschaltet** wird. Eine Stadtfahrt im Zentrum bzw. innerhalb einer Kleinstadt darf tagsüber normalerweise nicht mehr als 15 DH kosten. Weigert sich der Fahrer, den Taxameter einzuschalten und nennt einen überzogenen Preis, sollte man gar nicht erst einsteigen oder wieder aussteigen – dies bewirkt meist ein schnelles Einlenken. Gerade in Touristenstädten wie Marrakesch muss hart verhandelt werden. Es ist üblich, den am Taxameter angezeigten Preis aufzurunden, also das Wechselgeld als Trinkgeld zu geben.

Die **offiziellen Taxitarife** stehen auf der Windschutzscheibe auf der Beifahrerseite: 1,70 DH Grundgebühr + 0,24 DH pro 100 m, 7 DH Mindestsumme (nachts 10 DH), nachts 50% Aufschlag.

Grands Taxis führen sowohl Stadtfahrten als auch Fahrten in andere Städte durch. Sie können entweder **privat für Ausflugsfahrten gemietet** werden oder verkehren als **Sammeltaxis,** bei denen sich alle fünf Fahrgäste den Fahrpreis teilen. Ein Sammeltaxi fährt erst ab, wenn alle Plätze besetzt sind. Es empfiehlt sich auch hier, vor Antritt der Fahrt einen festen Preis auszuhandeln. Bei kompletten Tagesmieten muss ein Sonderpreis vereinbart werden (600–1000 DH). Meist ist es bequemer und kaum teurer, mit dem Bus statt mit dem vollgestopften, überladenen Sammeltaxi zu fahren. Die Sammeltaxis warten u.a. neben dem Busbahnhof.

Von/zu den meist außerhalb des Stadtbereichs liegenden **Flughäfen** fahren **nur Grands Taxis** – stellen Sie sich darauf ein, um nicht ewig auf ein kleines Taxi zu warten! In Marrakesch verkehren auch Petits Taxis zum zentrumsnahen Airport. In der Nähe der Flughäfen an den Hauptverkehrsstraßen halten auch Busse, die Sie für ca. 4 DH ins Zentrum befördern. Für die Fahrt mit dem Grand Taxi vom/zum Flughafen gibt es in jeder Stadt Festtarife von 120 bis 350 DH, je nach Tageszeit und Entfernung. Teilen Sie sich evtl. ein Taxi mit anderen Fluggästen. Die Festpreise für ein Taxi in die Stadt sind am Flughafen in Marrakesch vor der Halle ausgehängt.

Erwähnt seien noch **Pick-ups** *(Camionettes)* und **Berber-Trucks** *(Camions),* auf denen man gegen (ausgehandelte) Bezahlung auf der Pritsche mitfahren kann. Die günstigste Gelegenheit, zuzusteigen, bietet sich auf dem örtlichen Markt.

Bahn

Die Eisenbahn in Marokko ist **pünktlich, bequem, preiswert und zuverlässig.** Die Orientierung an den Bahnhöfen fällt meist leicht, am Schalter und auf Übersichtstafeln erhält man Informationen und Tickets der 1. und 2. Klasse. Für die 1. Klasse bekommt man reservierte Plätze in einem klimatisierten Abteil zugeteilt. Die 2. Klasse (ebenfalls klimatisiert) ist häufig überfüllt, sodass man bequemer in der 1. Klasse reist – die Ticketpreise sind auch dafür sehr erschwinglich. Der Standard der Züge entspricht in etwa unseren Regionalzügen, nur die Toiletten sind manchmal wenig gepflegt. Es werden Getränke und Snacks während der Fahrt verkauft, Alkoholkonsum im Zug ist streng verboten. An neu erbauten, modernen Bahnhöfen wie in Marrakesch informieren digitale Anzeigetafeln über Ab- und Abfahrtszeiten sowie die Gleisnummer. **Fahrplan und Preise** können auch online unter www.oncf.ma bequem abgerufen werden.

Tipp: Fragen Sie beim Kauf der Fahrkarte nach den Umsteigebahnhöfen, z.B. Sidi Slimane, Sidi Kacem, Kénitra etc. Diese sind aber meist auch aus den Fahrplänen in den Bahnhöfen ersichtlich.

Für Touristen, die viel mit dem Zug durchs Land reisen möchten, lohnt sich evtl. ein **Rail Pass.** Dieser berechtigt für 7, 15 oder 30 Tage zu beliebig vielen Fahrten in der jeweiligen Klasse. Der Pass ist nur in den Zügen, nicht aber in den Supratours-Bussen gültig. Kinder und Erwachsene unter 26 Jahren erhalten Ermäßigung.

Schienennetz und Verbindungen

Das marokkanische Schienennetz verläuft **ab Marrakesch** via Casablanca – Rabat – Kénitra **nach Tanger** bzw. von Marrakesch via Casablanca – Rabat – Kénitra **nach Meknès und Fès.** Von Fès verkehren Züge **weiter bis Oujda und Nador im Osten.** Die Strecken Marrakesch – Fès und Casablanca – Tanger werden im Zweistunden-Takt bedient, die Strecke ab Casablanca bis Fès im Einstunden-Takt und die sehr stark frequentierte Linie zwischen Casablanca und Kénitra halbstündlich. Auch die Hafenstadt **El Jadida und Safi** sind per Bahn erreichbar.

Ab Fès nach Nador bzw. Oujda verkehrt der Zug 3- bis 4x täglich (Nachtverbindungen). Vielfach ist für Reisen nach Nador in Taourirt umzusteigen.

Ab Tanger bis Marrakesch kommt ein Nachtzug mit Schlafabteilen für 4 bis 6 Personen zum Einsatz.

Ab Casablanca bis Oujda fährt ein Hotelzug mit 1er-, 2er-Zimmern (mit fließend Wasser, ohne Du/WC) sowie 4er-Kabinen.

Sehr viel genutzt wird der **Anschluss an den Flughafen von Casablanca.** Die Züge verkehren ab Aïn Sbaa, einem Vorort von Casablanca, via Casablanca Voyageur zum Flughafen Mohamed V. Mit Umsteigen in Casa Voyageur kann der Flughafen leicht ab allen Bahnhöfen angefahren werden (z.B. Marrakesch und Fès). Je nach Wartezeiten für Anschlussflüge kann es durchaus Sinn machen, ab Casablanca den Zug anstelle eines Inlandsfluges von Royal Air Maroc zu nehmen. Die Züge zum/ab Flughafen verkehren stündlich ab 5 Uhr morgens bis Mitternacht und dann noch zweimal während der Nacht.

Während das Schienennetz im Nordteil des Landes (vor allem an der Küste) recht gut ausgebaut ist, verlaufen die Gleise im Süden nur bis Marrakesch. Der **Ausbau** ist zwar bis Agadir und in die Westsahara geplant, doch wann es so weit ist, weiß allein Allah … Zwischen Marrakesch und zahlreichen Destinationen **im Süden** verkehren Busse der bahneigenen Linie Supratours (www.supratours.ma).

Fahrplan, Preise und weitere Informationen

- **www.oncf.ma**

Organisierte Zugreisen durch Marokko

Die Agentur **Suprateam Travel** unter schweizerischer Führung hat sich auf Rundreisen mit dem Zug spezialisiert. Über das in Tinerhir ansässige Unternehmen kann man individuell zusammengestellte Bahnreisen in Kombination mit Auto- und Geländewagenausflügen in die Wüste buchen. Außerdem bietet Suprateam Travel Rundreisen zu festen Terminen mit ausführlichem Besichtigungsprogramm an. Beginnend in Casablanca, geht es über Fès bis nach Oujda und von dort mit dem Oriental-Zug auf der historischen Bahnlinie nach Süden bis zum Wüstenort Bouarfa. Infos unter www.trainmaroc.com.

Mit dem eigenen Fahrzeug

Marokko kann mit jedem Autotyp bereist werden – das Teerstraßennetz befindet sich ständig im Ausbau, sodass man mit einem normalen **Pkw** alle wichtigen touristischen Ziele erreicht. Am bequemsten reist man mit einem **Campingmobil;** sofern man auch auf kleineren Gebirgsstrecken unterwegs sein möchte; es sollte über genügend Bodenfreiheit verfügen und nicht zu groß sein. Auch mit einem Pkw mit Dachzelt kann man überall campieren, allerdings muss man sich wegen des begrenzten Stauraums auf eine Basis-Campingausrüstung beschränken.

Mit einem **Geländewagen** (am besten ein Dieselfahrzeug) hat man die Möglichkeit, die abgelegenen und wenig befahrenen Pisten im Hohen und Mittleren Atlas und die Wüste abseits der Touristenströme zu erkunden – fantastische Landschaftseindrücke sind garantiert. Diese Gegenden kann man natürlich auch zu Fuß, mit dem Mountainbike oder einer Enduro erreichen.

Inzwischen sind fast alle **Automarken** in Marokko vertreten. Eine Vertragswerkstatt (mit Ersatzteilen) für VW existiert in Casablanca (www.volkswagen.ma), für BMW (www.bmw.ma) gibt es Vertragswerkstätten in Casablanca, Rabat, Tanger und Agadir. Weit verbreitet – mit entsprechendem Servicenetz – sind Peugeot, Renault, Fiat, Mercedes und japanische Modelle. Für etwas exotischere Automarken ist die Ersatzteilversorgung in Marokko schwierig, dann müssen im Falle einer Panne die Teile erst teuer und zeitintensiv aus Europa eingeflogen werden.

Die Qualität und Dichte an **Werkstätten** in Marokko ist zwar sicher nicht mit europäischen Maßstäben zu messen, das Improvisationstalent der Mechaniker dafür um so erstaunlicher.

Wohnanhänger sieht man in Marokko immer wieder, aber steile Pässe und enge kurvige Straßen machen das Fahren abseits der Hauptrouten mühsam.

Die **Fahrzeugausrüstung** hängt natürlich in entscheidendem Maße von der Art der Unternehmungen ab. Beschränkt man sich auf Teerstraßen, so genügt ein Ersatzreifen mit Wagenheber und Montiereisen und etwas Werkzeug. Luft- und Ölfilter, Keilriemen, Zündkerzen, Kleinteile für die Elektrik wie Ersatzsicherungen, Anlasserkohlen, Unterbrecherkontakte, Verteilerkappe, Bergegurt und Starthilfekabel schaden sicher nicht, wenn man öfter die Teerstraßen verlässt und auch weiß, wie man mit den Teilen umgeht. Ein wichtiges Utensil für Fahrten abseits der Hauptstraßen sind Bindedraht, (entsprechend lange) Kabelbinder oder Schellen, mit denen gerissene Aufhängungen in Ordnung gebracht oder der Auspuff wieder befestigt werden kann.

Wirkliche **Wüstenausrüstung** und ein Geländefahrzeug sind notwendig, wenn Sie die kleinen Pisten entlang der algerischen Grenze oder in sehr abgelegene Gebiete im Hohen oder Anti-Atlas bzw. nach Mauretanien weiterfahren wollen. Sandbleche und -schaufel, Ersatzkanister, Wasser für drei Tage, mindestens ein Ersatzrad, Flickzeug samt Montiereisen und Luftpumpe sind unerlässlich. Außerdem sollte einer von der Mannschaft in der Lage sein, das Auto in Notfällen wieder zum Laufen zu bringen.

Wer eine längere **Rundfahrt** mit dem eigenen Fahrzeug plant, sollte einen Schutzbrief bei einem der großen Automobilclubs beantragen, denn diese beinhalten in der Regel Assistenz im Notfall auch in Marokko.

Mietwagen

In Marokko sind **sehr viele, auch internationale Autovermietungen** (Avis, Hertz, Europcar usw.) vertreten, die in der Regel nie ausgebucht sind.

Wenn Sie versiert im Handeln sind und französisch sprechen, können Sie vor Ort bei Vermietern günstigere Tarife als von Deutschland aus erzielen. Bei der Preiskalkulation zu beachten ist allerdings, dass bei manchen marokkanischen Vermietern die Autos in schlechtem Zustand sind und bei den Angeboten in Deutschland **unbeschränkte Kilometerzahl** *(Kilometrage illimité)* sowie lokale **Steuer** (20% T.V.A.) und **Versicherung** enthalten sind. In Marokko können Sie wählen zwischen Tagespreisen und Wochenpauschalen. Handeln ist immer möglich. Bei der Entgegennahme des Mietwagens vor Ort muss meist eine **Kaution in Höhe der Selbstbeteiligung** der Versicherung in Form eines Blanko-Kreditkartenabzugs hinterlegt werden, bzw. es wird die entsprechende Summe per Online-Buchung auf dem Kreditkartenkonto bis zur Rückgabe des Fahrzeugs geblockt.

Voraussetzungen zur Miete eines Fahrzeugs sind: Man muss offiziell mindestens 21 Jahre alt und ein Jahr im Besitz eines gültigen Führerscheins sein. Für größere Fahrzeugklassen gilt sogar häufig ein Mindestalter von 25 Jahren.

Tipp: Checken Sie das Mietauto gut durch, schon aus eigenem Sicherheitsinteresse (Bremsen, Licht, Reifen, Bordwerkzeug) und auch, um eventuelle Forderungen des Vermieters bei Rückgabe des Fahrzeugs zu vermeiden – wenn es etwa heißt, Sie hätten die Beule im Kotflügel zu verantworten, die aber tatsächlich schon fünf Jahre alt ist … Machen Sie ggf. Fotos vom Auto. Auch der Zustand der Reifen sollte geprüft werden.

Es gibt unterschiedliche **Versicherungspakete.** In der Regel sind bei der Grundversicherung nur Schäden am Fahrzeug des Unfallgegners versichert, nicht am Mietfahrzeug; wenn Sie also einen selbst verschuldeten Unfall mit dem Mietfahrzeug haben, wird der Vermieter die Kosten auf Sie abwälzen bzw. die Kaution einbehalten. Am unbeschwertesten reisen Sie, wenn Sie gegen einen Aufpreis eine Vollkaskoversicherung ohne Selbstbeteiligung *(Assurance tous risques sans franchise)* abschließen.

Zu den kleinsten und preiswertesten **Mietwagen-Typen** zählen z.B. die häufig angebotenen Modelle Hyundai i10 und Kia Picanto (Kat. A) sowie Peugeot 206, Skoda Fabia und Dacia Logan (Kat. B/C). Die **Tagespreise** bewegen sich hier zwischen 22 und 49 Euro. Zu Fahrzeugen der Kategorie C zählen z.B. Hyundai i30 Comfort und VW Golf. Etwas größere Fahrzeuge wie z.B. Peugeot 308, Skoda Octavia, Renault Kangoo oder VW Passat sind in die Kategorien D und E eingestuft, sie kosten 45–70 Euro/Tag. Am größten und teuersten sind Geländewagen (Kat. G), franz. Bezeichnung „Kat-Kat“ (von franz. 4x4), wie Mitsubishi Pajero, Nissan Patrol oder Toyota 4x4 Prado; hier muss man als Tagesmiete 100–200 Euro rechnen. Für ein **Navigationsgerät** mit marokkanischer Kartensoftware müssen etwa 10 Euro/Tag zusätzlich bezahlt werden. Inzwischen haben die meisten Fahrzeuge aller Klassen eine **Klimaanlage**.

Meist sind die Fahrzeuge bei der Anmietung **voll getankt,** falls nicht, wird der Tankstand notiert. Die Autos müssen mit der entsprechenden Tankfüllung wieder zurückgegeben werden.

Versicherungs-ABC

Die in Französisch oder Englisch abgefassten Versicherungsbedingungen der lokalen Vermieter sind oft schwierig zu verstehen. Hier die **Übersetzung** häufig verwendeter Begriffe/Abkürzungen:

- **A.C.:** *Air Condition,* mit Klimaanlage.
- **Assurance tous risques:** Vollkaskoversicherung.
- **Conducteur additionnel/supplémentaire:** zusätzlicher Fahrer, muss meist kostenpflichtig hinzugebucht werden.
- **Pas de franchise:** ohne Selbstbehalt.
- **Kilométrage illimitée:** unbegrenzte Kilometer.
- **T.P.:** *Theft Protection,* Diebstahlschutzversicherung.
- **C.D.W.:** *Collision Damage Waiver,* Vollkaskoversicherung mit (meist relativ hoher) Selbstbeteiligung.
- **S.C.D.W.:** Vollkaskoversicherung mit reduzierter oder ohne Selbstbeteiligung.
- **T.T.C.:** *toutes taxes comprises,* alle Steuern und Abgaben sind inbegriffen.

Straßennetz

Marokko verfügt über das dichteste Teerstraßennetz ganz Nordafrikas. Die Hauptstraßen *(Routes principales)* sind vorwiegend in sehr gutem Zustand. Das Autobahnnetz wurde in den letzten Jahren kontinuierlich ausgebaut. Inzwischen existieren (mautpflichtige) **Autobahnen** von Tanger über Rabat und Casablanca nach El Jadida, von Ceuta nach Tétouan, von Casablanca über Marrakesch nach Agadir, von Casablanca nach Beni-Mellal und von Rabat über Fès nach Oujda. Vorsicht: Die Seitenstreifen der marokkanischen Autobahnen werden nicht selten von Tieren und Fußgängern bevölkert, die gelegentlich sogar die Fahrbahn überqueren!

Auf den Nebenstrecken lässt der Asphaltbelag manchmal zu wünschen übrig (v.a. bedingt durch Wetterschäden). Die Seitenstreifen sind häufig ausgefranst und die Bankette schlecht befestigt. Da die Nebenstraßen und Pisten oft nicht breit genug für zwei Fahrzeuge sind, muss man sich bei Gegenverkehr darauf

ma16_195 ad

gefasst machen, den Teer seitlich zu verlassen. Es gleicht manchmal einem Machtkampf, wer am längsten die Nerven behält, den Platz auf dem schmalen Teerstreifen für sich zu beanspruchen – der Schwächere weicht schon rechtzeitig aus. Fahren Sie besser gleich (möglichst vorsichtig) zur Seite.

Die **Gebirgsstrecken** im Hohen Atlas sind mit kleinen Alpenpassstraßen in Europa vergleichbar. Für (nicht schwindelfreie) Flachlandbewohner kann sich eine Fahrt durchs marokkanische Gebirge zum Alptraum entwickeln, denn oft kommen die schmalen Straßen ohne Leitplanken, Seitenbegrenzung oder Mittelstreifen aus. In **endlosen Kurven** winden sich viele Gebirgsrouten bergauf und -ab, neben der Straße tut sich ein tiefer Abgrund auf. Nach Unwettern sind die Bergstrecken häufig beschädigt und der Belag z.T. weggeschwemmt oder durchlöchert. Wohnmobilisten sollten schmale Gebirgsstrecken meiden.

Die **Straßenbeschilderung** ist inzwischen entlang der größeren Straßen durchwegs in Französisch, sodass eine Orientierung relativ leicht fällt. In ländlichen Gebieten und im Anti-Atlas fehlen gelegentlich sämtliche Wegweiser oder es existieren nur arabische Schilder – dann sollte man in den Dörfern nachfragen, die Leute helfen gerne.

Der Verkehr hat in Marokko in den letzten Jahren deutlich zugenommen, und es passieren leider auch viele tödliche Unfälle. **Erhöhte Vorsicht ist im Bereich von Großstädten und nachts** geboten: Fußgänger, Hunde und Esel überqueren plötzlich die Straße, Mopeds und andere Fahrzeuge scheren unerwartet aus und nutzen jede Lücke, um sich unvermittelt wieder einzureihen, oder blockieren wegen einer Panne eine Spur. Oft haben Pannen-Lkw kein Warndreieck, stattdessen werden auf Landstraßen, im Gebirge auch an unübersichtlichen Kehren Äste oder Steine auf die Straße gelegt und nach Ende der Panne liegen gelassen! Viele alte Laster sind nicht oder nur schlecht beleuchtet und oft erst im letzten Moment auszumachen. Wer hier nicht über gute Nerven verfügt, schwitzt „Blut und Wasser", wie es ein Leser ausdrückte.

Gebirgsstrecke im Hohen Atlas

Pistenfahrten

Pistenfahrten – auch wenn es sich laut Karte um eine für alle Fahrzeuge befahrbare Strecke handelt – sind für Pkws allemal ein Wagnis. Wir haben auf Touren mit Mietfahrzeug zwar diverse Pisten gemeistert, aber viele der Strecken, die ganz passabel begannen, verwandelten sich früher oder später in übelste Geröllpisten. Um Pannen irgendwo im Niemandsland zu vermeiden, ist es deshalb ratsamer, unbefestigte Straßen **nur mit größeren Fahrzeugen mit entsprechender Bodenfreiheit** (VW-Bus oder Geländewagen) zu befahren. In den Regionalkapiteln dieses Reiseführers sind Strecken, die sich nur für geländegängige Fahrzeuge eignen, als „4x4-Route" ausgewiesen. Je nachdem, ob es in den vergangenen Monaten stark geregnet hat, kann der **Pistenzustand stark variieren** – so kann es durchaus sein, dass die eine oder andere im Buch als mit Pkw befahrbar bezeichnete Strecke inzwischen nur noch mit 4x4 zu bezwingen ist. Zwischen November und April sind einige Routen im Hohen Atlas wegen Schnee gesperrt bzw. nach Schneefällen entsprechend schwieriger oder gar nicht zu befahren. Erkundigen Sie sich deshalb immer vor Antritt der Pistenfahrt im letzten Ort vor Verlassen der Teerstraße, ob eine Weiterfahrt auf der ausgewählten Route mit dem Pkw möglich ist. Umgekehrt werden aber auch immer mehr unbefestigte Straßen im Hohen Atlas und im Süden asphaltiert, sodass manche der genannten Pisten zum Zeitpunkt Ihrer Reise schon geteert sein können.

Sogenannte **Wellblechpisten,** auf denen der Untergrund waschbrettartig zu Wellen festgefahren ist, gibt es auch in Marokko, vor allem auf den häufig befahrenen Strecken im Süden. Diese Wellblechpisten kann man nur mit hoher oder sehr niedriger Geschwindigkeit meistern, will man verhindern, dass sich an Auto und Skelett sämtliche Schrauben und Knochen lockern …

ma16_139 ad

Das eigene Auto oder den Mietwagen besser auf bewachten Parkplätzen abstellen

Stadtverkehr

Die großen Städte Marokkos teilen sich i.d.R. in zwei Bezirke: Medina (Altstadt) und Neustadt *(Ville Nouvelle).* In den **Neustädten** ist die **Orientierung meist kein Problem,** da diese in der französischen Kolonialzeit angelegt wurden und klar gegliedert sind. Die Hauptstraße der Neustadt ist entweder nach dem Königsvater *Hassan II.* oder nach König *Mohamed VI.* benannt. Viele früher gebräuchlichen französischen Straßennamen wurden in **arabische Straßennamen umbenannt.** So wird heute häufig statt des französischen *Rue* das arabische *Zankat* oder *Sharia* verwendet (z.B. Rue d'Algier = Zankat al Jazair), *Derb* bezeichnet eine Gasse. Da die Schreibweise aber selten nach der offiziellen **Transkription** vom Arabischen ins Lateinische, sondern in der im Französisch gebräuchlichen Transkription vorgenommen wurde, differieren hier die Schreibweisen erheblich. So gibt es z.B. für den arabischen Eroberer *Yussuf ibn Tashfin* (offizielle Transkription), nach dem viele Straßen benannt sind, die Schreibweisen *Youssouf Ben Tachfine* (franz.), *Yussef ibn Tachfin, Jussef ben Taschfin* usw. Ebenso für *Moulay Idris* z.B. *Moulay Idriss, Moulay ben Driss, Moulay Ibn Driss* oder bei *Mohamed* alias *Muhamad* (offizielle Transkription) oder *Muhammed* bzw. *Mohammed.* Diese Beispiele ließen sich beliebig fortsetzen. Manche Stadtpläne geben noch alte Straßennamen an, was es erschwert, sich zurechtzufinden. Straßenschilder sind in kleineren Orten üblicherweise nur an den Hauptstraßen angebracht, eine Adresse in der Medina oder in einem Wohnviertel ausfindig zu machen, ist deshalb ziemlich schwierig.

Die **Medinas** kann man, abgesehen von sehr wenigen Durchgangsstraßen, **nicht mit dem Auto befahren.** Die Gassen sind so eng, dass sich allenfalls wenige Lieferfahrzeuge, meist aber nur Packesel und Mopeds durch das Menschengewühl drängen. Bewachte Parkplätze findet man am Rand der Medina nahe der Eingangstore (arab. *Bab*).

Bei **Orientierungsproblemen** fragen Sie am besten einen Polizisten nach dem Weg. Die Beamten sind durchweg sehr hilfsbereit und sprechen gutes Französisch, evtl. auch englisch.

Insgesamt ist der **Stadtverkehr** in Marokko nach europäischen Maßstäben recht **chaotisch.** Besonders in den vielen Kreisverkehren drängeln sich ständig verwegene Moped- und Fahrradfahrer, Taxis und Pferdekutschen durch den Verkehr nach vorne. Immerhin werden rote Ampeln (im Gegensatz zu manch anderen Ländern) respektiert, Zebrastreifen aber beispielsweise konsequent ignoriert. Deshalb drängen sich auch Fußgänger einfach kreuz und quer über die Straße. Die Hupe wird oft und gerne benutzt. Wird ein Auto mal von hinten oder seitlich touchiert, entstehen zwar lautstarke Wortgefechte, aber meistens setzen nach einigen Minuten beide Fahrer ihren Weg fort.

Verkehrsregeln

Es herrscht **Rechtsverkehr.** Es gilt wie bei uns **rechts vor links,** auch im Kreisverkehr (außer wenn mit Vorfahrt-achten-Schild gekennzeichnet). Allgemein gilt, dass man in Marokko nicht zu sehr auf sein Vorfahrtsrecht bestehen, sondern lieber defensiv und umsichtig fahren sollte. Rot-weiße Streifen am Randstein bedeuten **Parkverbot.** Für Fahrer und Beifahrer herrscht **Anschnallpflicht.** Es gilt ein **absolutes Alkoholverbot!** Offiziell müssen Motorrad- und Mopedfahrer einen **Helm** tragen, was jedoch nicht immer eingehalten wird.

Geschwindigkeitsbeschränkungen

100 km/h außerhalb von Ortschaften, 120 km/h auf Autobahnen, in Ortschaften 40–60 km/h (je nach Beschilderung), beim Überholen von Militärkolonnen 30 km/h. **Polizei- und Geschwindigkeitskontrollen sind in Marokko sehr häufig.** An fast jedem Kreisverkehr vor und nach größeren Städten stehen uniformierte Polizisten – manchmal sogar mit

Radarpistole bewaffnet – versteckt auf dem Grünstreifen zwischen den Autobahnspuren. Kontrollen an den Straßen werden (leider nicht immer) durch runde, rot-weiße Schilder (wie allgemeines Fahrverbot) mit der Aufschrift „Ralentir, gendarmerie" und „Halte, gendarmerie" angekündigt. In den letzten Jahren wurden die **Strafgelder für Verkehrsübertretungen** drastisch erhöht – inzwischen liegt das Strafgeld bei pauschal 700 DH. Auch für Parken im Halteverbot, für überladene Fahrzeuge, Sichtbehinderung etc. sind empfindliche Geldbußen vorgesehen. Zu hoffen ist, dass Marokkos Straßen dadurch sicherer werden. Touristen sei geraten, sich strikt an die Straßenverkehrsordnung zu halten. Besonders Geschwindigkeitskontrollen per Radarpistole nahmen in den letzten Jahren drastisch zu (auch auf Autobahnen).

Treibstoffversorgung

Es gibt ein **dichtes Tankstellennetz** in Städten und entlang der Hauptstraßen. Auch bleifreies Benzin und Super ist fast überall erhältlich. Auf Nebenstraßen in dünn besiedelten Gebieten sollte man vorsichtshalber einen Ersatzkanister mit sich führen bzw. zeitig auftanken.

Kraftstoffpreise (pro Liter/Frühjahr 2016)

- **Bleifrei/Super** *(sans plombe)*: ca. 12,20 DH
- **Diesel** *(gasoil)*: ca. 8,70 DH

Die Spritpreise sind innerhalb einer Provinz gleich – je abgelegener die Provinz, desto teurer ist der Treibstoff. Südlich von Tan-Tan und **in der Westsahara** (Zollfreigebiet) ist Diesel und Benzin **deutlich billiger.**

Straßennavigation

Im unübersichtlichen Großstadtverkehr, aber auch bei Überlandfahrten kann ein **Navigationsgerät** mit der passenden Kartensoftware in Marokko gute Dienste leisten. Entweder man nimmt sein eigenes Gerät von zu Hause mit und spielt vor der Reise die Straßenkarten (z.B. Garmin CityNavigator Marokko NT, siehe www.garmin.de) auf, oder man bucht bei der Mietwagenfirma ein Navi dazu (ca. 10 Euro/Tag). In diesem Buch sind Koordinaten von schwer auffindbaren Abzweigen oder Orten angegeben.

Eine günstige Alternative zum Navigationsgerät ist ein **Smartphone oder Tablet mit GPS-Empfänger.** Installiert man z.B. die Android-App **Open Street Map** (www.openstreetmap.de) und lädt die kostenlose Marokko-Karte herunter, so lässt sich mit dem Smartphone/Tablet fast ebenso gut navigieren wie mit einem normalen Navigationsgerät. Die Karten sind erstaunlich präzise und enthalten zahllose *Points of Interest* (POI) wie Tankstellen etc. Mit einer Autohalterung und (USB-)Ladegerät für den Zigarettenanzünder kann man auch während der Fahrt die Karte im Blick behalten. Im Gegensatz zur Navigation mit Google Maps muss man bei dieser Lösung nicht online sein.

Mit dem Motorrad unterwegs

Marokko ist auch bei Motorradfahrern ein beliebtes Reiseziel. Die **Infrastruktur** ist **gut** genug, um einen Motorradfahrer nicht vor unlösbare Probleme zu stellen und die Ausrüstungserfordernisse einer Maschine nicht ins Unermessliche steigen zu lassen. Ideal sind aufgrund ihrer Robustheit und Geländetauglichkeit (zumindest für Sand-/Schotterpisten) **Enduro-Maschinen,** aber nicht unbedingt notwendig, wenn man auf Teerstraßen fährt. Mietmotorräder vor Ort sind relativ schwer aufzutreiben. In Marrakesch, Agadir und Ouarzazate gibt es Anbieter von geführten Enduro-Touren ins Hinterland bzw. die Wüste. Nicht vergessen: In Marokko besteht **Schutzhelmpflicht.**

Die **Treibstoffversorgung** ist gut, ein großer Tank (bei vielen Motorrädern serienmäßig oder für Enduros als Zubehör erhältlich) reicht normalerweise aus. Für abgelegene Gebiete sollte man über einen Ersatzkanister oder einen Zusatztank verfügen, was allerdings Schwerpunkt und Handlichkeit des Motorrads stark beeinträchtigt.

Ein gute Möglichkeit der **Gepäckaufbewahrung** ist ein robuster Tankrucksack. Dazu kommt ein Gepäckträger mit Kofferhaltern, die aber in der käuflichen Form meist nicht so belastbar sind. Die Alternative ist eine selbst gebaute Konstruktion, die allerdings etwas handwerkliches Geschick erfordert. Bei gekauften Gepäcksystemen müssen manchmal die Blinker vom Rahmen nach außen an den Gepäckträger versetzt werden, was bedeutet, dass der Blinker auch bei flexibler Montage schon bei einem Umfaller im Stand bruchgefährdet ist. Als sehr praktisch haben sich Bike-Boxen erwiesen, speziell angefertigte Alu-Kisten, die man seitlich an den Kofferhalter bzw. an eigene Aufhängungen montiert, und die als Aufbewahrungsbehälter für alle Art von Gepäck dienen.

Auf die Reise sollte man **Sturz- und Verschleißteile,** wie z.B. Brems-, Kupplungs- und Schalthebel, Zündkerzen und -stecker, Sicherungen, Luftfilter etc., mitnehmen, dazu ein Werkzeugsatz, mit dem man evtl. auch Reparaturen im Innenleben des Motors ausführen kann (der serienmäßige reicht in der Regel nicht aus). Ein Ersatzvisier oder -brillenglas für den Helm sollte ebenfalls bruchsicher verstaut werden.

Utensilien für Kleinreparaturen zahlen sich sicher auch aus, wie z.B. Dichtungsmasse, Kaltmetall, Draht, Kabel, Schrauben, Reepschnur, Isolierband. Unbedingt mitnehmen sollte man Montiereisen, Ersatzschlauch (notfalls auch für schlauchlose Reifen), Flickzeug bzw. Reifen-Pilot und eine Luftpumpe. Passende Ersatzreifen sind in Marokko allenfalls für gängige Enduros erhältlich.

Weil sich die Lebensdauer von Kettenritzel, Kettenrad und Kette (O-Ring) unter Staubeinwirkung und im Geländeeinsatz verkürzt, sollte man sein Fahrzeug **vor der Reise mit neuen Teilen ausrüsten.** Da Sie als Fahrer Ihre Maschine kennen, wissen Sie selbst, ob es angebracht ist, noch eine Kette und ein Kettenrad mitzunehmen. Das Ritzel hält meist etwas länger. Vergessen Sie Kettenspray, -trenner und -schloss nicht. Ein Mindestmaß an technischem Verständnis sollte schon vorhanden sein, um sich abseits der Hauptrouten selbst helfen zu können. Eine typenspezifische Reparaturanleitung oder ein Werkstatthandbuch im Tankrucksack helfen notfalls weiter.

Wenn Ihr finanzielles Budget größer ist als Ihr Zeitbudget, können Sie Ihr Motorrad auch **per Flugzeug nach Marokko verfrachten.** Verschiedene Cargo Services bieten den Motorradtransport per Luftfracht an, meist günstiger als die Airline. Auch einige Motorradreiseveranstalter organisieren den Transport nach Marokko, so z.B. GS Sportreisen (www.gs-sportreisen.de) und Bikeworld Travel (www.bikeworld-travel.de). Alternativ ist es möglich, die Maschine **nach Spanien** fliegen oder in einem Anhänger transportieren zu lassen. Von Spanien kann man dann problemlos mit der Fähre übersetzen.

ma16_141 ad

Verhaltenstipps

Autoritäten

Beamten sollte man immer **freundlich begegnen.** Autoritäten werden in Marokko noch wesentlich mehr respektiert als bei uns. Die Autorität des Staates, von Amtspersonen, aber auch der Eltern ist noch kaum in Frage gestellt. Daher sollten kritische oder gar beleidigende Äußerungen, sowohl was den König (Straftatbestand!) als auch das Land betrifft, unterbleiben. Der Stolz auf das Land, seine Kultur und seine Werte ist groß, und selbst dem System kritisch gegenüberstehende Marokkaner werden selten negativ über ihre Heimat sprechen.

Einladungen

Der Besucher Marokkos entwickelt mit der Zeit ein **Gespür** dafür, ob echte Gastfreundschaft oder nur Geschäftssinn hinter einer Einladung steckt. In touristischen Hochburgen kann ein **gesundes Misstrauen** nicht schaden. Zwar mag das Angebot einer Tasse Tee schließlich in einen Teppichladen führen, doch wer nichts kaufen will und dies klar kundtut, wird ohne Groll wieder „entlassen".

Abseits der touristischen Zentren wird der Besucher im Allgemeinen auch heute noch traditionsgemäß herzlich und ohne kommerzielle Hintergedanken begrüßt und aufgenommen. Legen Sie dann Ihre europäische Hektik ab, zeigen Sie Interesse für Ihre Gastgeber, ziehen Sie Ihre **Schuhe** vor dem Betreten des Empfangszimmers aus, und strecken Sie Ihrem Gegenüber niemals die Fußsohlen entgegen.

Traditionell werden die Gäste in einem Salon mit rundum laufenden Sitzpolstern und niedrigen Tischen bei einem Glas süßen Tee begrüßt. Manchmal läuft hier auch der **Fernseher,** von dem man sich nicht irritieren lassen sollte – er gilt noch immer als Zeichen des Fortschritts und des Wohlstands. **Frauen** werden Sie in konservativ orientierten Familien auf dem Land in der Regel nur zum Auftragen der Speisen sehen. Traditionell üblich essen die Frauen und Kinder von den Männern getrennt. Bei Touristinnen wird eine Ausnahme gemacht. **Essen Sie nur mit der rechten Hand, die Linke gilt als unrein** (da man sich damit nach der Toilette und bei der rituellen Reinigung vor dem Gebet an „unreinen" Körperteilen wäscht). Bei einer privaten Einladung sind **Gastgeschenke** willkommen: z.B. für die Kinder Bonbons, für die Männer Zigaretten, für die Frauen kleine Kosmetikprodukte wie Cremes und Parfumproben. Überreichen Sie die Gastgeschenke ebenfalls nur mit der rechten Hand.

Die übliche marokkanische **Begrüßung** auf der Straße ist: „Läbäs (bes)?", was in etwa heißt: „Wie geht's?". Die Antwort darauf lautet „Läbäs el hamdulilah" – „Es geht gut, Gott sei Dank". Im Haus wird man meist mit „marhaba" – „Willkommen" bzw. dem arabischen „Salam aleikum" in Empfang genommen (Antwort: „Aleikum assalam"). Zur Verabschiedung sagt man „Besslama" bzw. „Ma Salama" – „Auf Wiedersehen". Man reicht sich zur Begrüßung die rechte Hand, die als Zeichen des besonderen Respekts anschließend ans eigene Herz geführt wird. Marokkanische Männer begrüßen sich häufig mit Wangenküsschen, während sie die Begrüßungsformeln austauschen.

Fotografieren

Die vielen fremdartigen Motive Marokkos verlocken zu häufigem Gebrauch der Kamera. Aber **Vor- und Rücksicht!** Grundsätzlich verboten ist das Filmen und Fotografieren militärischer Einrichtungen im weitesten Sinne, dazu gehören auch die Staumauern der Stauseen. Zurückhaltung also, wenn Antennenanlagen, beflaggte Gebäude oder Militärzäune mit in die „Schusslinie" kommen. Auch Uniformierte (Gendarmerie, Polizei) sollte man fragen, bevor man sie fotografiert.

Nach strenger Koranauslegung ist jede **bildliche Darstellung des Menschen** verboten, daher ist vor allem bei Personenaufnahmen äußerstes Feingefühl gefragt. Wer Menschen fotografieren will (und dies nicht unbemerkt tun kann), sollte sich durch Fragen oder entsprechende freundliche Gestik vergewissern, dass der Betroffene nichts dagegen hat. Im Zweifelsfall: kein Foto. Während die berberische Bevölkerung zumeist aufgeschlossen aufs Fotografieren reagiert, ist es nach wie vor undenkbar, z.B. eine traditionell gekleidete arabische Frau ungefragt aus der Nähe „abzuschießen". Auf wenig Verständnis stoßen auch Fotografen, die ärmliche Verhältnisse (Slums, Müllhalden, baufällige Häuser, Bettler etc.) als Motiv wählen.

Manch fotoscheuen Menschen kann man eventuell doch von einem Foto überzeugen, indem man ihm einen Blick auf das Display der Digitalkamera gewährt – die Freude, das eigene Abbild so schnell bewundern zu können, lässt die Skepsis vielleicht schwinden.

Digitalaufnahmen, von denen man auch in Marokko Abzüge machen lassen kann, sind eine gute Möglichkeit, sich für eine Einladung oder Dienstleistung zu revanchieren, ebenso das (natürlich einzuhaltende) Versprechen, Bilder später von zu Hause aus zu schicken.

Frauen allein unterwegs

Besonders jungen, blonden Frauen wird es nicht verborgen bleiben: Für einige marokkanische Junggesellen scheinen diese Merkmale einen Schlüsselreiz darzustellen, der sie zu einem zuckersüßen „Bonjour, la gazelle" oder einem leisen Pfeifen oder Zischen im Vorbeigehen veranlasst. Allein reisende Frauen müssen in marokkanischen Großstädten immer wieder mit Anmache und anzüglichen Bemerkungen rechnen, ernsthaft belästigt wird frau jedoch äußerst selten.

Um Anmache zu vermeiden, sind **angemessene Kleidung** (keine schulterfreie, tief ausgeschnittene oder sehr enge Kleidung, keine Mini-Röcke) und ein **sicheres Auftreten** wichtig: Blickkontakt vermeiden, selbstbewusst und zielsicher weitergehen, ohne auf Kommentare zu reagieren. Ledige Frauen sollten bei der Frage nach der Familie immer einen Ehemann und am besten auch Kinder „erfinden", die zu Hause warten.

Bis auf gelegentlich nervige Kommentare können sich allein reisende Frauen in Marokko problemlos frei und sicher bewegen. Sollte doch einmal ein Mann zudringlich werden, dann sollte frau laut rufen und mit der Touristenpolizei drohen – sofort werden mehrere Personen zu Hilfe eilen. **Traditionelle Cafés** mit ausschließlich männlichem, einheimischem Publikum (besonders in den Medinas) sollten gemieden werden.

Führer und „Faux guides"

Immer wieder werden Reisende von sogenannten „faux guides" – Jugendlichen oder jungen Männern, die sich illegal als Führer anbieten – belästigt. Es ist ratsam, sich unbedingt einen **offiziellen, staatlich geprüften Stadtführer** zu nehmen und sich gegebenenfalls seine Führerlizenz oder -plakette zeigen zu lassen. Die offiziellen Führer sprechen mehrere Sprachen und geben geschichtliche Hintergrundinformationen. Faux guides zielen hingegen hauptsächlich darauf ab, von einem Souvenirgeschäft zum nächsten und zu Restaurants zu führen, von denen sie eine hohe Provision erhalten.

Der Ärger mit (inoffiziellen) Fremdenführern und die Belästigung durch aufdringliche Kinder, Jugendliche und/oder „Mopedguides" haben in der Vergangenheit wesentlich zum touristischen **Negativimage** Marokkos beigetragen. Kampagnen in TV und Rundfunk sowie verstärkte Polizeikontrollen haben vor allem in den Großstädten die Situation wesentlich verbessert. Dennoch werden Touristen in manchen Oasen und Altstädten weiterhin von „faux guides", Souvenirhändlern, Schleppern oder bettelnden Kindern bedrängt, die man nur mit viel Gleichmut und (freundlicher) Hartnäckigkeit abwimmeln kann.

Touristenknigge

- **Beginnen Sie Ihre Reise unvoreingenommen** mit dem Wunsch, mehr über das Land und seine Menschen zu erfahren.
- **Respektieren Sie die Gefühle der gastgebenden Bevölkerung.** Bedenken Sie, dass Sie durch Ihr Verhalten auch ungewollt verletzen können. Dies trifft vor allem auf das Fotografieren zu.
- Gewöhnen Sie sich an, **zuzuhören** und zu beobachten anstatt nur zu hören und zu sehen.
- Halten Sie sich vor Augen, dass andere Völker oft **andere Zeitbegriffe** haben – diese sind nicht schlechter, nur eben verschieden.
- Entdecken Sie, wie interessant und wertvoll es sein kann, **eine andere Art des Lebens kennenzulernen.**
- Machen Sie sich mit den **örtlichen Sitten** und Gebräuchen vertraut. Sie werden sicher jemanden finden, der Ihnen dabei hilft.
- **Legen Sie die Gewohnheit ab, auf alles eine Antwort parat zu haben.** Seien Sie mal derjenige, der eine Antwort haben möchte.
- Denken Sie daran, dass Sie nur einer von Tausenden Touristen im Land sind. **Beanspruchen Sie keine besonderen Privilegien.**
- **Wenn Sie etwas günstig eingekauft haben,** denken Sie daran, dass Ihr Vorteil vielleicht nur deswegen möglich war, weil die Löhne in Ihrem Gastland niedrig sind.
- **Machen Sie niemandem Versprechungen,** wenn Sie nicht sicher und willens sind, sie auch zu halten.
- **Nehmen Sie sich täglich etwas Zeit, um Ihre Erlebnisse zu verdauen;** sie werden dann mehr vom Reisen haben.
- **Wenn Sie es auf Reisen wie zu Hause haben wollen,** dann sollten Sie Ihr Geld nicht fürs Reisen verschwenden und lieber daheim bleiben.

- Ein **empfehlenswertes Buch** zu dieser Thematik ist (aus dem Reise Know-How Verlag, Bielefeld): *Muriel Brunswig-Ibrahim,* **KulturSchock Marokko.**

ma16_130 ad

Touristen, die keine Französischkenntnisse haben, oder Urlauber, die zum ersten Mal den Orient bereisen und sich im Gassengewirr der Altstädte unsicher fühlen, sollten zur Orientierung am ersten Tag einen offiziellen Führer engagieren. Gästehäuser und Hotels sowie die lokalen Tourismusämter vermitteln deutsch- oder englischsprachige Führer. Einige empfehlenswerte offizielle Führer sind in den Stadtkapiteln genannt. **Kompetente deutschsprachige Stadtführer** verlangen für eine halbtägige Führung ca. 500 DH (40 Euro) und für den ganzen Tag 600–1000 DH (50–90 Euro) – unabhängig von der Personenzahl. Der **Preis** sollte immer **vorher vereinbart** werden! Auch offizielle Führer erhalten Provision, wenn Touristen in den Läden einkaufen, in die sie führen. Man sollte deshalb vor der Führung klar vereinbaren, ob man am Besuch einer Kunsthandwerksstätte oder eines Teppichladens interessiert ist oder nicht.

Wer sich versichern möchte, ob der Führer auch wirklich über eine Lizenz verfügt, kann auch **online** recherchieren. Auf den Seiten des Tourismusministeriums ist eine **Liste** aller offiziellen (Stadt-, Landes- und Berg-)Führer einsehbar: www.tourisme.gov.ma/fr/annuaire-des-entreprises-touristiques/annuaire-des-guides-touristiques.

Handeln

Sollten Sie Spaß am **Feilschen** haben, so können Sie das in den Großstadtsouks stundenlang betreiben. Billig ist in den Städten allerdings nichts mehr, viele Gegenstände werden nur noch für den Verkauf an Touristen gefertigt. Normalerweise lässt sich der genannte **Preis bis auf die Hälfte herunterhandeln,** inzwischen werden aber in Touristenorten dermaßen unverschämt hohe Summen angesetzt, dass es sinnvoll ist, 75% unter dem genannten Preis mit dem Handel anzufangen. Man sollte nie ohne **Preisvergleich** handeln und sich niemals als Marokko-Neuling outen. Wenn Sie auf entsprechende Fragen Ihres Pendants mehrere Städte aufzählen, in denen Sie schon gewesen sind und einen Aufenthalt in Marokko von mindestens drei Wochen angeben, suggeriert dies Erfahrung, und die Verhandlungsbasis ist eine ganz andere.

Eine Ausnahme ist **silberner Berber-** und auch **Goldschmuck,** hier sind die Preise relativ konstant, es wird meist nach Gramm abgerechnet.

Beim Feilschen gilt eine Anstandsregel: Beginnen Sie **keinen Handel, wenn Sie nicht die Absicht haben,** den Gegenstand wirklich **zu kaufen.** Manchmal wird man zwar fast zum Handeln gezwungen, aber meist kann man bekunden, dass kein Interesse besteht. Sollte der Händler trotzdem nicht lockerlassen, nennt man einen so idiotisch niedrigen Preis, dass ihm von selbst die Lust zum Handeln vergeht. Haben Sie bei dem Handel das Gefühl, auch nach 50% Reduktion oder mehr noch übers Ohr gehauen zu werden, so trösten Sie sich: Das geht jedem so! Das Wort Betrug in diesem Zusammenhang würde ich vermeiden. Die Araber sind ganz einfach geschickte Händler, und man macht es sich zu leicht, die Geschäftsmethoden als Betrug abzustempeln, wenn Preise nicht festgesetzt sind und die Einheimischen an den Touristen eine ganze Menge Geld verdienen.

Touristen, die nicht handeln, werden belächelt. Handeln Sie aber wie ein Araber, werden Sie sich gehörigen Respekt verdienen.

Sollten Sie am Handeln keinen Spaß finden oder Angst haben, zu teuer zu kaufen, dann besuchen Sie die **staatlichen Läden Ensemble Artisanal** in den großen Städten. Diese führen ein gutes Sortiment an landestypischen Handwerksprodukten. Hier können Sie zu **Festpreisen** kaufen und bekommen die Waren auf Wunsch sogar nach Hause geschickt.

Grundsätzlich gilt: **Lassen Sie sich nie von einem Händler unter Druck setzen!** Will er Sie am Gehen hindern, oder schlägt er einen aggressiven Ton an, sagen Sie ihm in aller Deutlichkeit, was Sie davon halten und drohen Sie ggf. mit der Touristenpolizei. Dann ist dieses Theater sehr schnell beendet.

Religion und religiöse Stätten

Der **Zutritt** ins Innere von Moscheen, Zaouias und Marabuts ist für Nicht-Muslime **verboten** (mit Ausnahme der Moschee Hassan II. in Casablanca und Tin Mal im Hohen Atlas). Auch das Fotografieren von Betenden oder Gläubigen bei der rituellen Waschung, etwa durch den Eingang einer Moschee, ist unangebracht.

Nach der Religion gefragt, sollte man sich **als Christ bekennen** – Atheisten ernten nur Unverständnis.

Im **Fastenmonat Ramadan** sollten auch Touristen in der Öffentlichkeit Zurückhaltung bezüglich Rauchen, Essen und Trinken üben. Alkoholgenuss sollte generell auf Hotels, Bars und Restaurants beschränkt bleiben. Animieren Sie keinen Moslem zum Alkoholkonsum!

Schlepper und Nepper

Ein freundlicher junger Mann hilft im Gassengewirr auf dem Weg zurück ins Gästehaus – mit Abstecher in den Gewürzladen des Bruders. Ein Brief aus Deutschland, der dringend einen Übersetzer sucht – im Souvenirladen von *Mohamed.* Die Marokkaner sind einfallsreich, und so gibt es **unzählige Tricks,** Touristen in einen Verkaufsladen zu locken und möglichst nicht mehr rauszulassen. Eine **gesunde Portion Misstrauen** gehört dazu, wenn man sich nicht ständig zwischen Teppichen und Silberschmuck wiederfinden möchte. Vorsicht auch bei Aussagen zu touristischen Einrichtungen: Heißt es z.B. „Hotel/Restaurant/Sehenswürdigkeit XY hat geschlossen", ist das oft erfunden, um den Besucher zu einem anderen Haus zu führen, von dem der Schlepper dann eine Provision erhält.

Auf manchen von Touristen viel frequentierten Routen (z.B. über den Tizi-n-Tichka und weiter ins Drâa-Tal) kommt es gelegentlich vor, dass eine **Autopanne vorgetäuscht** wird, mit der Bitte, den Beifahrer in die nächste Stadt mitzunehmen. Darauf folgt selbstverständlich eine Einladung zum Tee – im nächsten Teppichladen! Man übe sich in freundlicher, aber selbstsicherer und konsequenter Ablehnung – dann kehrt Ruhe ein, zumindest für kurze Zeit ...

Umgang mit Bettlern und Kindern

Besonders in den Altstädten begegnen Touristen immer wieder der **Armut:** Alte gebrechliche Frauen und Männer betteln vor den Eingängen einer Moschee, Mütter sitzen mit kleinen Kindern auf dem Schoß auf dem Gassenboden, ein Junge führt seinen blinden Großvater mit offener Hand durch die Gegend, sechsjährige Knirpse verkaufen Kekse oder Taschentücher auf der Straße. Das **Almosengeben** ist eine **muslimische Pflicht,** und so kann man regelmäßig Marokkaner beobachten, die Bettlern etwas zustecken. Auch als Tourist kann man Gutes tun, indem man gelegentlich ein oder zwei Dirham, Datteln oder ein Stück Brot an Arme verschenkt. Es ist jedoch sehr wichtig, nicht wahllos Geld ohne Gegenleistung zu verteilen, sondern nur gezielt an wirklich Bedürftige!

Unangebrachte Mitleidsspenden an bettelnde Kinder führen mittelfristig dazu, dass Touristen von schreienden, aggressiven Kinderhorden verfolgt und die Kleinen statt zur Schule zum Betteln geschickt werden.

Wohnmobilisten berichten gelegentlich, dass sie **von Kindern mit Steinen beworfen** wurden. Die Gründe dafür sind schwer durchschaubar. Vielleicht spielt die Abschottung der Touristen in den Wohnmobilen, die oft in ganzen Pulks, ohne anzuhalten und Geld zu hinterlassen, durch ein Dorf rattern, eine Rolle. Kinder, die schon einmal Süßigkeiten oder Kugelschreiber von wohlmeinenden Touristen erhalten haben, werfen die Steine wohl auch aus Enttäuschung darüber, dass sie diesmal leer ausgegangen sind. Bettelgaben sind sicher keine Lösung, deshalb sollte man bei Steinattacken sofort bremsen, dem Übeltäter nachlaufen und ihn zur Rede stellen – das Kind wird so erschrecken, dass es so schnell nicht mehr daran denkt, Steine zu werfen. Freundliches Winken beim Vorbeifahren hilft ebenso: Dann fällt der Stein zu Boden und stattdessen erhebt sich die Hand zum Zurückwinken …

Umgang mit dem anderen/ gleichen Geschlecht

Gefühlsbezeugungen oder gar der Austausch von **Zärtlichkeiten** zwischen Mann und Frau **in der Öffentlichkeit** widersprechen den islamischen Moralvorstellungen. Umgekehrt lässt sich beobachten, dass marokkanische Männer häufig Händchen haltend oder Arm in Arm durch die Straßen gehen. Dies ist meist Ausdruck einer ganz „normalen" guten Freundschaft unter Männern und in Marokko durchaus üblich. **Homosexualität** ist verboten, aber weit verbreitet – viele Marokkaner machen ihre ersten sexuellen Erfahrungen mit dem gleichen Geschlecht. Diesbezügliche Offerten werden daher immer wieder an männliche Touristen herangetragen.

Als ungebührlich gilt, wenn ein männlicher Tourist in der Öffentlichkeit eine marokkanische Frau anspricht, und sei es nur, um nach dem Weg zu fragen. Ganz und gar ungewöhnlich ist es, als Mann von einer oder mehreren marokkanischen Frauen angesprochen zu werden. Diese Form der Kontaktaufnahme wird nur von Prostituierten gewählt, selbst wenn die Damen überhaupt nicht danach aussehen und sich erst ganz harmlos als am Fremden interessierte Studentinnen ausgeben.

Außereheliche und gleichgeschlechtliche **Sexualbeziehungen** sind in Marokko Straftatbestände, die Praxis zeigt allerdings, dass eine Sexualbeziehung unter europäischen unverheirateten Hetero-Paaren geduldet wird, jedoch Schwierigkeiten auftreten, wenn einer der unverheirateten Partner die marokkanische Staatsbürgerschaft besitzt.

Versicherungen

Zur **Reisekrankenversicherung** siehe „Gesundheit/Versicherungsschutz".

Ist man mit einem Fahrzeug unterwegs, ist der **Europaschutzbrief** eines Automobilclubs eine Überlegung wert. Wird man erst in der Notsituation Mitglied, gilt diese Mitgliedschaft nur für dieses Land, und man ist in der Regel verpflichtet, fast einen Jahresbeitrag zu zahlen, obwohl die Mitgliedschaft nur für einen Monat gültig ist. Adressen der Automobilclubs siehe im Kapitel „Notfälle". Die Schutzbriefe (z.B. ADAC plus) beinhalten fast sämtliche unten aufgeführten Versicherungen inklusive Krankenversicherung und Rückholflug im Notfall.

Ob der Abschluss einer Reiserücktritts-, Reisegepäck-, Reisehaftpflicht- oder Reiseunfallversicherung nötig ist, ist individuell abzuklären. Gerade diese Versicherungen enthalten viele Ausschlussklauseln, sodass sie nicht immer Sinn machen.

Eine **Reiserücktrittsversicherung** lohnt sich nur für teure, lang im Voraus bei einem Veranstalter gebuchte Reisen und gilt nur für den Fall, dass man vor der Abreise einen schweren Unfall hat, schwer erkrankt, schwanger wird, gekündigt wird oder nach Arbeitslosigkeit einen neuen Arbeitsplatz bekommt, die Wohnung abgebrannt ist u.Ä.; nicht gelten hingegen: Terroranschlag, Streik, Naturkatastrophe etc.

Die **Reisegepäckversicherung** lohnt sich seltener, da z.B. bei Flugreisen verlorenes Gepäck oft nur nach Kilopreis und auch sonst nur der Zeitwert nach Vorlage der Rechnung ersetzt wird. Wurde eine Wertsache nicht im Safe aufbewahrt, gibt es bei Diebstahl auch keinen Ersatz. Kameraausrüstung und Notebook dürfen beim Flug nicht als Gepäck aufgegeben worden sein. Gepäck im unbeaufsichtigt abgestellten Fahrzeug ist ebenfalls nicht versichert. Die Liste der Ausschlussgründe ist endlos … Überdies deckt häufig die Hausratversicherung schon Einbruch, Raub und Beschädigung von Eigentum auch im Ausland. Für den Fall, dass etwas passiert ist, muss der Versicherung als Schadensnachweis ein Polizeiprotokoll vorgelegt werden.

Eine **Privathaftpflichtversicherung** hat man in der Regel schon. Hat man eine **Unfallversicherung,** sollte man prüfen, ob diese im Falle plötzlicher Arbeitsunfähigkeit aufgrund eines Unfalls im Urlaub zahlt. Auch durch manche (Gold-)Kreditkarten oder eine Automobilclubmitgliedschaft ist man für bestimmte Fälle schon versichert. Die Versicherung über die Kreditkarte gilt aber meist nur für den Karteninhaber!

ma16_129ad

Veranstalter: Pleite!

Jeder, der eine Rund- oder Pauschalreise bucht, hat das Recht, sich zu vergewissern, dass der Veranstalter gegen eine Insolvenz versichert ist. Spätestens bei der ersten (An-) Zahlung sollte der Veranstalter bzw. das Reisebüro dem Kunden deshalb einen **Sicherungsschein** aushändigen.

Wenn kein Sicherungsschein ausgehändigt wird und man annehmen muss, dass der Veranstalter nicht versichert ist, sollte man ermessen, wie wahrscheinlich eine Insolvenz bei diesem Unternehmen ist. Das **Risiko** ist bei namenhaften Veranstaltern eher gering, bei sogenannten **Billigveranstaltern** jedoch durchaus möglich. Im Zweifelsfall erhält man bereits bezahlte Reiseleistungen nicht – beispielsweise den Rückflug … Jedoch gibt es auch Veranstalter, die als Landeskenner z.B. individuell einmal pro Jahr eine Reise veranstalten, dann ist per Gesetz ein Sicherungsschein nicht notwendig – eine Buchung bei solchen Veranstaltern ist Vertrauenssache.

Mobile Eisdiele am Strand

ma16_149 ad

13 Land und Leute

[<] Verschleierte Frauen im Tafilalet

Geografie

Marokko liegt in seiner Nord-Süd-Erstreckung zwischen dem 36. Breitengrad und dem nördlichen Wendekreis im äußersten Süden bei 23,3°. Das Land bildet zusammen mit Tunesien und Algerien den Landschaftsraum der **Atlasländer.** Die Gipfelhöhen des Atlas-Gebirgsmassivs nehmen westwärts von Tunesien über Algerien nach Marokko hin ständig zu und erreichen im Hohen Atlas ihre größten Höhen. Die beiden Gebirgsketten des nördlichen Rif-Gebirges an der Mittelmeerküste und des Mittleren Hohen Atlas, der sich Richtung Südwesten bis zur Atlantikküste bei Agadir fortsetzt, umschließen den atlantischen Kernraum Marokkos, die Meseta.

In geologischen Fachkreisen wurde zeitweise diskutiert, ob Afrika nicht schon jenseits der Pyrenäen beginnt oder umgekehrt Europa nicht erst in Südmarokko endet. Diese Vorstellung mag abwegig klingen, sie rührt jedoch daher, dass – geologisch betrachtet – die uralte afrikanische Tafel erst südlich des Hohen Atlas beginnt (und sich marokkanische und spanische Meseta landschaftlich äußerst ähnlich sind). Tatsächlich trennt die Grenze zwischen Hohem Atlas und Anti-Atlas (die sich geologisch im Dadès-Tal weiterzieht) als sogenannte **vorafrikanische Furche** die alte afrikanische Tafel (Alter über 1 Milliarde Jahre mit einzelnen Gebirgsbildungen von ca. 350 Mio. Jahren).

Wenn von Marokko als einer „Insel" gesprochen wird, so ist der beschriebene Kernraum mit den umrahmenden Gebirgen im Norden, Osten und Süden gemeint. Damit ist aber nicht einmal die Hälfte der Fläche Marokkos abgedeckt. Die übrigen Gebiete werden oft als das **transmontane Marokko** bezeichnet: Hierzu gehören der Nordosten Marokkos östlich des Flusses Moulouya – ein altes Hochlandmassiv, das jenseits der Grenze nach Algerien in das Hochland der Schotts übergeht – und die Landschaftsräume im Süden und Südosten, die zum eigentlichen afrikanischen Festlandsockel gezählt werden. Es sind im Wesentlichen die Gebiete des Anti-Atlas und des östlich anschließenden Djabal Sarhro sowie die atlantischen Wüstenbereiche der Westsahara im äußersten Südwesten Marokkos.

Die **landschaftliche und klimatische Gestaltung** Marokkos wird wesentlich von den Ketten des Atlas-Gebirges geprägt. So sind bereits in der gebirgsbildenden Hebungsphase vor 30 bis 50 Millionen Jahren Teile auch der zentralen Meseta in die Hebung mit einbezogen worden. Gleichzeitig bedecken die bei der Gebirgsbildung abgetragenen Sedimente weite Bereiche des alten Massivs Zentralmarokkos wie auch der transmontanen Hochsteppen und Wüsten. Die Wassermassen der Flüsse werden fast ausschließlich von den Gebirgshängen des Atlas gespeist und gelenkt. Und nicht zuletzt bildet diese Gebirgsmauer die dominierende Klimascheide Marokkos: Sie ist für die unterschiedlichen Klimate sowie für die mögliche agrarische Nutzung der verschiedenen Landesteile verantwortlich.

Mittlerer Atlas

Von Westen her gehen die Mittelgebirge der zentralen Meseta südlich von Meknès und Fès in den sogenannten **Flächenatlas** und dieser schließlich in den eigentlichen Mittleren Atlas über. Dieser gefaltete und am stärksten gehobene Gebirgsteil erreicht im äußersten Osten seine größten Höhen mit über 3300 m. Ein schroffer, steiler Abfall zum Moulouya-Tal auf 700 bis 800 m markiert dann die Grenze zu den ostmarokkanischen Hochsteppen.

Die **Niederschläge** sind im Hochgebirge des Mittleren Atlas **sehr reichlich** (bis über 1000 mm) und ermöglichen (meist über Stauseen) die Bewässerung weiter Landesteile. Der Schnee bleibt in den Wintermonaten oft vier bis fünf Monate liegen, sodass selbst Skifahren in diesem Gebiet möglich ist. Zur Zeit der Schneeschmelze in den Monaten März und April sind deshalb plötzliche Hochwasser nicht selten.

Verbreitet sind auf den zentralen Hochplateaus diverse **Karsterscheinungen,** etwa Dolinen (Erdfälle oder größere Senken, die zuweilen Seen enthalten) oder Karren (scharfe Gesteinskämme, vergleichbar dem Gottesacker). Die Baumgrenze wird bei 2600 bis 2800 m erreicht. Es wachsen insbesondere die Steineiche, daneben Laub abwerfende Eichen und die Atlaszeder.

Die **Dörfer** im Mittleren Atlas liegen, abgesehen von manchen Randgebieten, **sehr weit verstreut.** Die Bewohner betreiben als **Halbnomaden** zumeist **Transhumanz,** d.h. sie wohnen im Winter in ihren Häusern in den Tälern, während im Sommer ein Teil der Bevölkerung mit den Tieren (Schafe und Ziegen, aber auch Rinder) auf die Hochweiden zieht und dort in selbst gebauten Zelten (Khaimas) lebt. Der übrige Teil der Bewohner bleibt zurück und bewirtschaftet die meist terrassierten Felder. Große Städte entstanden erst mit der Einrichtung von Militärstützpunkten oder an den Handelsplätzen. Auf den 900 bis 1500 m hoch gelegenen Ebenen zwischen dem Mittleren und dem Hohen Atlas, vor allem in der Region Midelt, gewinnt der Apfelanbau immer mehr an Bedeutung.

Hoher Atlas

Gewaltiger noch als der Mittlere Atlas ragt das Gebirge des südlicheren Hohen Atlas empor. Seine Ausdehnung vom Atlantischen Ozean bei Agadir in nordöstlicher Richtung beträgt ca. 700 km, seine höchsten Gipfel erreichen über 4100 m. Die **Gipfelketten trennen das mediterrane vom saharischen Marokko,** sie schieben die Wüstensteppe gewissermaßen um mehrere hundert Kilometer nach Süden (vgl. dagegen z.B. das weitere Vordringen der Wüste nach Norden in Algerien).

Der Gegensatz zwischen den von Vegetation bedeckten Nordhängen und den nackten, schroffen Südhängen zeigt sich am deutlichsten im gewaltigen Massiv des **Hohen Atlas von Marrakesch.** Südlich davon trennt die schmale Depression des Sous und Dadès nochmals die Kette des Anti-Atlas und des Djabal Sarho ab, bevor dann die Wüstensteppe endgültig das Landschaftsbild beherrscht.

Der **östliche Hohe Atlas** ist im Gegensatz zum zentralen (paläozoischen = erdaltertümlichen) Hohen Atlas aus **„mittelalterlichen" Jurakalken** aufgebaut (Alter ca. 169–190 Millionen Jahre). Er geht nach Osten in den sogenannten Sahara-Atlas über, der das Bindeglied zum algerischen Teil des Atlas bildet. Die Gebirgshänge sind vor allem oberhalb von 3000 m von mächtigen Schutthalden überdeckt. Sie sind das Resultat häufigen Frostwechsels vor allem in den winterlichen Grenzmonaten (stärkere Erwärmung tagsüber,

ma16_165 ad

▷ Den Süden prägen Oasengärten

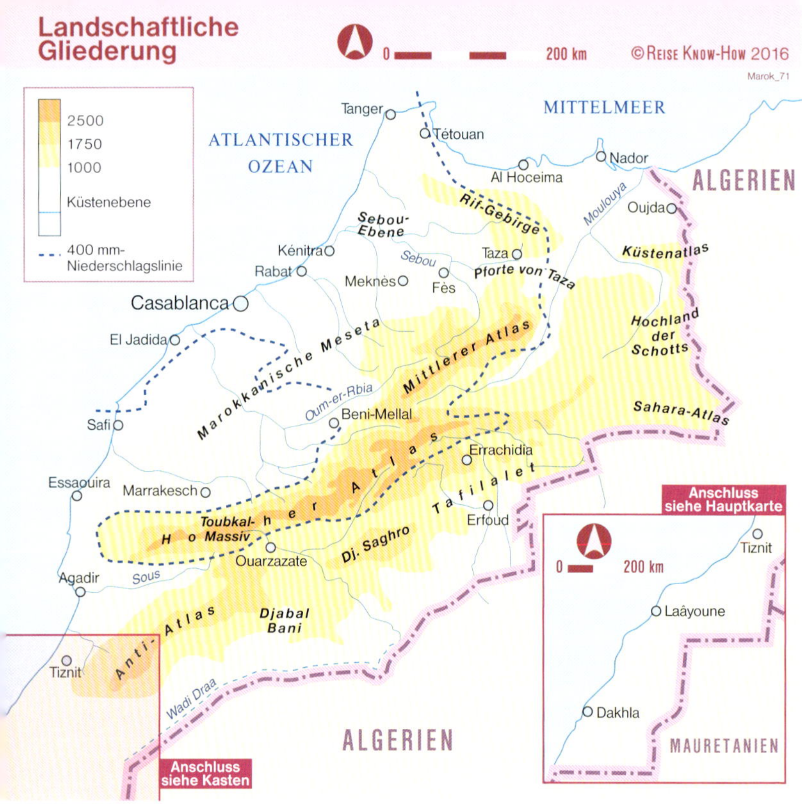

nächtlicher Frost). Große, eiszeitlich gebildete Hangmulden (sog. Kare) und beachtliche Schuttmäntel auch in den niederen Höhen unter 2700 m zeugen von einer eiszeitlichen Vergletscherung des Hohen Atlas.

Der Wald ist in weiten Teilen des Hohen Atlas durch **Überweidung** dezimiert. Allerdings ist auch unter natürlichen Bedingungen der Wald im Hohen Atlas aufgrund der geringen Niederschläge nie so dicht gewesen wie im Mittleren Atlas.

Anti-Atlas und Sous-Ebene

Der Hohe Atlas und der Anti-Atlas sind durch die bereits erwähnte **„vorafrikanische Furche"** getrennt. Diese ist als von Ost nach West verlaufende Längssenke ausgebildet, bestehend aus der Sous-Ebene und dem Dadès-Tal. Als einzige Nahtstelle zwischen den beiden Gebirgssystemen fungiert das vulkanische Massiv des Djabal Siroua.

Die fruchtbare **Sous-Ebene** zeichnet sich durch eine offene Lage zum Atlantik hin aus. Der hier vorbeiströmend kalte Kanarenstrom führt deshalb bis 30 km landeinwärts zu häufigen Nebelbänken, welche die geringen Niederschläge von unter 200– 300 mm zumindest teilweise wettmachen und den Anbau von Zitrusfrüchten, Mandeln, Artischocken und weiteren Gemüsearten ermöglichen.

Der **Anti-Atlas** erweist sich als trockenfelsiges, in weiten Teilen wenig reliefiertes Gebirge mit Höhen bis 2100 m. Das Gestein besteht im zentralen Bereich aus Granit, während es an den Rändern von (karbonischen) Kalken umgeben ist, die schließlich im Djabal Sarhro in sandige Sedimente übergehen. Im Süden und Südosten dagegen tauchen die Sedimente der auslaufenden Berghänge allmählich unter die weiten Hammada-Flächen.

Kennzeichnend für die lichten Wälder des Anti-Atlas ist der in Marokko endemische **Arganienbaum,** bei uns auch als Eisenholzbaum bekannt. Ferner wachsen Gummi-Akazien und Palmen. Jahresniederschläge von meist unter 200 mm machen eine Vorratswirtschaft notwendig. Zu diesem Zweck wurden riesige Speicherburgen (Agadir) angelegt.

Klima

Marokko hat von Norden her **bis etwa zum Anti-Atlas** Anteil am **gemäßigten Mittelmeerklima.** Dieses zeichnet sich durch trockene, warme Sommer und milde Winter aus. Die je nach Region zwischen 300 und 600 mm schwankenden Niederschläge fallen überwiegend im Winterhalbjahr, wenn atlantische Tiefausläufer bis nach Marokko vorstoßen. Ergänzt werden sie am Atlantik und insbesondere in den Mündungsebenen durch ausgedehnte morgendliche Nebel.

Der **kalte Kanarenstrom** zeigt seine ausgleichende Wirkung an der Atlantikküste bis weit in den Süden Marokkos hinein. Die Tagesmitteltemperaturen bewegen sich fast immer zwischen 18 und 25°C. Im Landesinneren sorgt der Atlantik bis zu den Atlasketten für jahreszeitlich ausgeglichene Temperaturen. Die mittlere Jahrestemperatur liegt meist um 18°C, das Monatsmittel der wärmsten Monate um 25°C (mit Tagesmaxima über 35°C).

Südlich der als Klimascheide wirkenden Atlas-Ketten bewegen wir uns bis etwa zum Breitengrad der Kanarischen Inseln bei 28°C im **Bereich des Steppenklimas.** Hier sinken die Niederschläge bereits deutlich auf meist unter 200 mm im Jahr ab, die Temperaturschwankungen zwischen Tag und Nacht nehmen spürbar zu. Das Jahresmittel der Temperatur liegt meist noch unter 18°C, die Tagesmaxima im Sommer klettern allerdings bereits auf über 40°C.

Wesentlich heißer und trockener wird es im **Wüstenklima der Westsahara und der südöstlichen Hammadas.** Tagestemperaturen von 40 bis 50°C im Sommer und immer noch bis 30°C im Winter stehen nächtliche Werte gegenüber, die zwischen 20°C im Sommer und 2,5°C im Winter, d.h. teilweise bis unter dem Gefrierpunkt liegen.

Auch **zum Landesinneren hin** wird das **Klima allgemein extremer,** d.h. die Temperaturunterschiede zwischen Tag und Nacht und – vor allem im Gebirge – zwischen Sommer und Winter nehmen zu. So können in den Hochgebirgen des Atlas oberhalb 2000 m die reichlichen Niederschläge von bis zu 1000 mm als geschlossene Schneedecke oft bis ins Frühjahr hinein liegen bleiben.

Besonders angenehm ist das Klima im Mittleren Atlas **in der Gegend von Ifrane und Azrou** mit Sommertemperaturen um 25°C und Schneereichtum im Winter, sodass sich diese Region zum bevorzugten Erholungsgebiet reicher Marokkaner entwickelt hat. Im Hohen Atlas herrschen im Winter eisige Winde und sehr kalte Temperaturen, und im Sommer ist es selbst in den Hochtälern sehr heiß und trocken.

Die Gebiete des **östlichen transmontanen Hochlandes** weisen ein **typisches Steppenklima** auf. Die Sommer sind trocken und heiß mit Durchschnittstemperaturen im Juli von 25 bis 30°C, die Winter relativ kalt mit einer mittleren Temperatur im Januar unter 10°C und zeitweisem Schneefall.

Die tägliche (astronomisch mögliche) **Sonnenscheindauer** in Marokko weicht von den Verhältnissen in unseren mittleren Breiten bereits deutlich ab. Die Sonne steht im Sommer, je weiter wir nach Süden zum Wendekreis kommen, umso näher im Zenit. Dies bedeutet auch, dass der nächtliche Schattenwurf, eingedenk der Erdrotation, größer ist und damit länger andauert als bei uns. Die höchste Sonnenscheindauer im Sommer erreicht des-

Klima

Marok_61

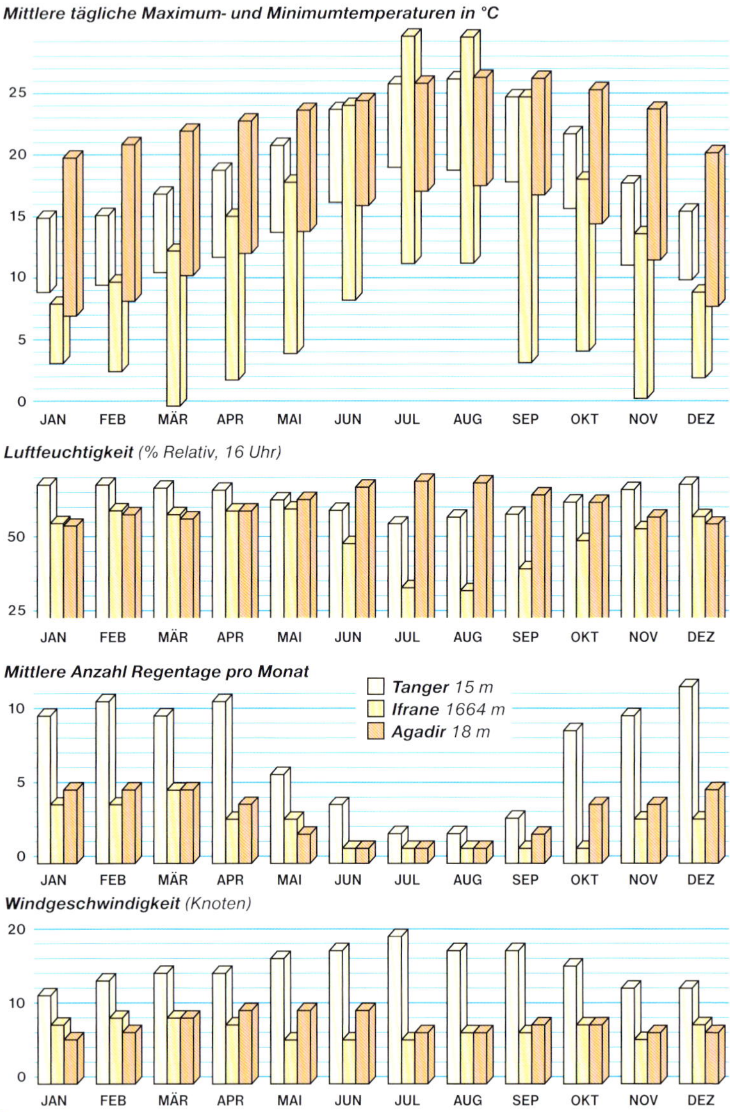

halb nur etwa 14 Stunden. Im Winter steht die Sonne dagegen nie so tief wie bei uns, die kürzeste (mögliche) Sonnenscheindauer sinkt deshalb kaum unter zehn Stunden ab.

Ursache für die regelhaften Windsysteme und damit verantwortlich für die Wetterlagen in Marokko sind das vor allem im Sommer relativ ortsfeste **Azoren-Hoch** sowie das ebenfalls im Sommer ausgeprägte **Sahara-Hitzetief.**

Das Hoch bewirkt im Uhrzeigersinn umlaufende Winde, die auf die marokkanische Küste als Nord- oder Nordwestwinde treffen. Nach Süden zum Wendekreis hin gehen sie mit einer leichten Drehung in den **Nordostpassat** über.

Das Hitzetief der Sahara dagegen bewirkt leicht gegen den Uhrzeigersinn umlaufende Winde. Sie erreichen den Süden Marokkos aus östlicher Richtung oft als **heiße Wüstenwinde (Schirokko),** die mehrere Tage andauern können und weite Landstriche austrocknen. Diese großräumig wirkenden Zirkulationssysteme werden häufig durch vielfältige lokale Winde überlagert. Als Beispiel mag das bei allgemein windarmen Wetterlagen auffällig in Erscheinung tretende Land-See-Windsystem gelten. Danach weht der Wind tagsüber vom Meer aufs Land, weil sich dieses stärker erwärmt und die dadurch aufsteigende Luft bodennah eine Sogwirkung erzeugt, die die kühlere Meeresluft nachfließen lässt. Umgekehrt weht abends und in der Nacht der Wind aufs Meer hinaus, weil dann das Wasser gegenüber dem sich auskühlenden Land vergleichsweise wärmer ist.

Die **Wassertemperaturen** im Atlantik werden in ihrem Jahresverlauf vom kalten, aber gleichmäßig temperierten Kanarenstrom geprägt. Sie sinken im Januar und Februar auf noch erträgliche 17°C ab, steigen aber im Sommer kaum über 21°C.

Zur besten **Reisezeit** vgl. den entsprechenden Abschnitt in „Reisetipps A–Z".

Geschichte und Politik

Frühgeschichte

Die Besiedlung Marokkos ist durch den Fund des *Homo erectus atlanthropus* in den Steinbrüchen von Sidi Abd er-Rahman in der Nähe von Casablanca **bis auf die Zeit um 300.000 v.Chr.** nachgewiesen. Überreste eines *Homo sapiens neandertaliensis* bei Rabat und Tanger werden der Zeit um 100.000 v.Chr. zugeordnet. Werkzeuge aus Feuerstein und Knochen, entdeckt vor allem im algerisch-marokkanischen Grenzgebiet, stammen aus der Jungsteinzeit (um 40.000 v.Chr.) und weisen auf die Präsenz des *Homo sapiens* hin. Im östlichen Rif-Gebirge südlich von Melilla wurden noch ältere Funde getätigt (bis zu 130.000 Jahre alt) und Ergebnisse zu allen Epochen der Menschheitsgeschichte – vom Altpäläolithikum bis in die Jungsteinzeit – zutage gefördert. Besonders ergiebig waren die 1997 begonnenen und mittlerweile abgeschlossenen Grabungen am Abri (Felsüberhang) Ifri n'Ammar an einem Verbindungsweg zum Oued Moulouya. Die Funde von Lagerplätzen, Steinwerkzeugen, menschlichen und Tierskeletten, Keramiken und den ältesten jemals entdeckten Schmuckgegenständen aus Schnecken reichen bis ins 13. und 10. Jahrtausend zurück und waren laut Deutschem Archäologischen Institut, das die Grabungen leitete, die ergiebigsten in ganz Nordafrika. Neuere Funde bei Ausgrabungen des Instituts in den Jahren 2005 und 2006 wurden im Raum Al Hoceima gemacht, die in die Zeit von 5600 bis 7000 v.Chr. zurückreichen.

Bis 5000 v.Chr. treten die **Capsien-** und die **Mouillien-Kultur** auf (nach den Fundorten Capsa = Gafsa, Tunesien, und Mouillah bei Maghnia, marokkanisch-algerischer Grenzbereich). Aus dieser Zeit liegen Werkzeug- und Skelettfunde vor, auch Gräber wurden entdeckt. Ein Bezug dieser Kulturen zu

ma16_147 ad

den Berbern der geschichtlich fassbaren Zeit ist noch ungeklärt.

Die letzte Epoche der Neusteinzeit **8000 bis 2000 v.Chr.** ist die **Zeit der Felsbilder und Megalithkulturen.** Der bekannteste Steinkreis, dessen Ursprünge Bezüge zu einer unbekannten Seefahrerkultur aufweisen, die auch Dolmen und Steinkreise in der Bretagne, an der Ostseeküste und in Korsika geschaffen hat, liegt in Mzoura südlich von Tanger. Felsgravuren finden sich überwiegend im Hohen Atlas (Oukaimeden und Djabal Yagour südlich von Marrakesch) und im Anti-Atlas bei Tazzerine und Foum el-Hassan.

Im Laufe des frühen zweiten Jahrtausends v.Chr. wird auch die Einwanderung der Berber vermutet. Stichhaltige Beweise fehlen jedoch, sodass nicht auszuschließen ist, dass es sich bei den Berbern um die Urbevölkerung handelt, die als Nomaden im dünn besiedelten Maghreb umherstreifte.

Phönizische Gräber in Tanger

Phönizier und Karthager

Ende des 2. Jahrtausends v.Chr. begannen Phönizier von Tyros (Libanon) aus im gesamten Mittelmeerraum Handelskolonien zu bilden. Man nimmt an, dass sie um 1100 v.Chr. durch die Meerenge von Gibraltar in den Atlantik vorstießen. In der Folgezeit wurden u.a. Gadir (Cadiz, Südspanien) und Liks (röm. Lixus, bei Larache in Nordmarokko) sowie Rusaddir (Melilla) gegründet. Gehandelt wurde mit der einheimischen Bevölkerung. Bis Mitte des 1. Jahrtausends v.Chr. wurden weitere Handelsstützpunkte angelegt, die den Karthagern zugerechnet werden: Tingis (Tanger), Rusibis (Mazagan, Al-Jadida) und Chellah (bei Rabat). Der südlichste Punkt lag bei Mogador (Essaouira). Diese übernahmen nach der Gründung von Karthago (Nordwest-Tunesien) 814 v.Chr. die Oberhoheit über die bis dahin phönikischen Handelsniederlassungen im westlichen Mittelmeerraum.

460 v.Chr. stieß der karthagische Seefahrer *Hanno* bei seiner „Afrika-Umseglung“ bis in die Gegend des Río de Oro, womöglich bis zum Golf von Guinea, vor. Das **bekannteste**

Handelsgut wurde die **Purpurschnecke,** aus der der rot-lila Farbstoff Purpur gewonnen wurde. Die Schnecken stammten ursprünglich aus der Levante (Libanon) und gediehen auf den Inseln vor Mogador hervorragend.

Die einheimische Bevölkerung war – außerhalb ihres Stammes – bis in die letzten vorchristlichen Jahrhunderte nur sehr lose organisiert. Erst im Laufe des 3. Jahrhunderts v.Chr. scheint sich eine Art Herrschaftsbereich beidseits des Moulouya-Flusses herausgebildet zu haben; in der Geschichtsschreibung ist er als das mauretanische **Königreich von Marusia** bekannt geworden. In diesem Kontext ist möglicherweise auch die Erwähnung des Masmudakönigs *Baga* zu sehen.

Römer und Byzantiner

Nach dem 3. Punischen Krieg und dem **Fall der Stadt Karthago** im Jahre 146 v.Chr. übernahmen die Römer die Herrschaft über die karthagischen Gebiete und gaben den Masmuda oder (I)masiren bzw. Amazigh („die Freien"), wie sie sich selbst nennen, auch ihre bis heute geläufigen Namen: **Berber** (von lat. *barbarus,* vom griech. *barbaroi* = „stammeln" bzw. ein mit der einheimischen Sprache nicht vertrauter Ausländer) und **Mauren** (lat. *mauri,* von griech. *amauros* = dunkel). Mauretanien ist also das „Land der Dunkelhäutigen". Es umfasste das nördliche Marokko bis zum Fluss Ampsaga (dem heutigen Oued al-Kebir im westlichen Algerien).

Der wohl bekannteste Herrscher der Mauren war **Juba II.,** den *Augustus* im Jahre 25 v.Chr. auf den Thron von Numidien und Mauretanien hob. Er behielt diese Stellung bis ins Jahr 23 n.Chr. Seine Frau *Kleopatra Selene,* die Tochter der berühmten ägyptischen Herrscherin und des *Antonius,* brachte das griechische Kulturgut nach Nordwestafrika. *Juba II.* residierte in Jol (Cherchell in Algerien) und in **Volubilis,** der wohl bekanntesten römischen Stadt in Marokko, die auch schon vor der Römerzeit von Masmuda besiedelt war.

Überreste der Römerstadt Volubilis

ma16_148 ad

Im Jahre 40 n.Chr. wurde Jubas Sohn *Ptolemäus* auf *Caligulas* Geheiß in Rom ermordet. In der Folge kam es in Mauretanien zu **Aufständen,** die im Jahre 42 von Kaiser *Claudius* niedergeschlagen wurden. Er teilte die Provinz in zwei Teile: **Mauretania Tingitana** (Hauptstadt Tanger) und **Mauretania Caesarea** (Hauptstadt Cherchell) mit dem Fluss Mulucha (Oued Moulouya) als Grenze. Der römische Einfluss beschränkte sich letztendlich auf einen ziemlich kleinen Teil des heutigen Marokko: auf die nördlichen Küstenstädte und (ungefähr) auf die Linie Salé – Fès – Taza – Oujda. Südlich dieser Linie, die im Jahre 146 teilweise durch einen Limes befestigt wurde, blieben die Berber unabhängig.

Die ersten nachchristlichen Jahrhunderte waren eine Zeit der Wirren, in der es einigen Statthaltern immer wieder gelang, sich von Rom loszusagen. Anfang des 5. Jahrhunderts beherrschte Rom nur noch das Gebiet von Tingis (Tanger) und Septem (Ceuta).

Im Jahre 429 kamen die **Wandalen** über die Meerenge von Gibraltar nach Afrika. Die Berber schlossen sich dem Wandalenkönig **Geiserich** an. Dieser besetzte Tingis und Septem, zog aber bald mit dem Großteil seines Heeres und einer nicht unbeträchtlichen Anzahl von Berbern gen Osten, um seinen Feldzug fortzuführen. Nach dem Tod *Geiserichs* im Jahr 477 zerfiel das Reich der Wandalen, und die Berber übernahmen die westlichen Gebiete. Der letzte Wandalenherrscher *Gelimer* wurde von den Truppen *Justinians I.* unter dem Feldherr *Belisar* 533 besiegt. Kaiser *Maurikios* (582–602) fasste Tingis und Septem mit einigen südspanischen Küsten-

ma16_150 ad

Der Islam setzte sich in Marokko schnell durch und bestimmt bis heute alle Bereiche des Lebens

städten und den Balearen zur Provinz Mauretania Secunda zusammen. Dieser Schritt hatte allerdings fast nur noch nominale Bedeutung, denn die Masiren waren die faktischen Herrscher Marokkos, abgesehen von den beiden Küstenstädten.

Islamisierung

Das erste Eindringen der Araber in Marokko ist mit dem Namen **Uqba Ibn Nafi** verbunden, der im Rahmen des **großen islamischen Eroberungsfeldzuges** des 7. Jahrhunderts der Überlieferung nach im Jahr 682 bis zum Atlantik, auf der Höhe des heutigen Agadir, vorstieß. Danach kämpfte er gegen die Berber im Mittleren Atlas, die in großer Zahl den Islam annahmen. Doch deren Widerstand war damit nicht gebrochen; zahlreiche Aufstände zwangen *Uqba Ibn Nafi* zum Rückzug nach Osten, bei dem sein Heer in der Nähe von Biskra (Algerien) von der Berberarmee unter *Kusaila Ben Lemzen* vernichtend geschlagen wurde und *Uqba* den Tod fand.

Zwischen 698 und 709 gab es weitere Vorstöße Richtung Atlantik unter der Führung *Musa Ibn Nusairs*. Marokko wird dem **Omayyaden-Kalifat** von Damaskus einverleibt und Teil der Provinz Ifriqiya (= Afrika).

Der **Islam breitete sich** unterdessen **immer weiter unter den Berbern aus,** und zwar in Form der kharidjitischen Lehre, denn sie ging davon aus, dass es keine Unterschiede unter den Muslimen aufgrund ihrer Herkunft geben dürfe und so die Araber nicht automatisch das Recht auf das Kalifenamt besaßen. Nur der beste Muslim sei für dieses Amt geeignet, nicht der mächtigste. Dieses Dogma machte es ihnen zur Pflicht, eine Art „Heiligen Krieg" gegen die „illegitimen" Kalifen zu führen.

711 setzte **Tariq Ibn Ziyad** nach Gibraltar (= Djabal at-Tariq/Berg des Tariq) über und leitete die **Eroberung der iberischen Halbinsel** ein. Binnen zwei Jahren gelang es dem arabisch-berberischen Heer, nahezu das ganze heutige Spanien in seinen Besitz zu bringen.

In Marokko kam es in den folgenden Jahrzehnten zu mehreren Aufständen, deren bedeutendster, von *Maisara al-Matghar* geführt (739–740), die **Loslösung vom Kalifat** zur Folge hatte und das Land in Anarchie stürzte.

Die **Dynastie der Idrissiden** (788–974) unternahm den ersten Versuch zur Organisation eines selbstständigen staatlichen Gemeinwesens. *Idris I.* errichtete sein befestigtes Lager *Madinat Fas,* das unter seinem Nachfolger *Idris II.* (803–828) die Züge der künftigen **Stadt Fès** annahm. Um das Ende des 8. Jahrhunderts erfolgte die Errichtung der Moschee der Fatima, der nachmaligen Kairawiyine-Moschee. Arabisch wird als Verwaltungssprache immer gebräuchlicher, und der sunnitische Islam (die orthodoxe Richtung des Bagdader Kalifats) gewinnt allmählich die Vorherrschaft.

Am Anfang des 10. Jahrhunderts entwickelte sich in Nordafrika die **Fatimiden-Dynastie** (974–1061), die sich gegen das herrschende, auf die Umayyaden folgende Kalifat der Abbasiden stellte und dem schiitischen Glaubenszweig (Ismailiten) anhing. Die Herkunft dieser neuen Herrscherfamilie lag im Bereich zwischen Ostalgerien und dem westlichen Libyen. Im Verlauf weniger Jahrzehnte dehnte sie ihre Macht bis Ägypten (969) und Marokko aus. Da sich das Interesse der Fatimiden nach der Eroberung Ägyptens immer mehr nach Osten orientierte, konnte sich in Nordalgerien eine neue Dynastie etablieren, die **Ziriden,** die zum sesshaften Zweig der Sanhadja-Berber gehörten. 1051 sagte sich *al-Mu'izz,* der bedeutendste Ziridenemir, von den Fatimiden los und unterstellte sich dem Kalifat von Bagdad. Diesen Ungehorsam beantwortete der Fatimidenherrscher *al-Mustansir* mit der wohl folgenschwersten Entscheidung für den gesamten Maghreb, mit der Entsendung der **Beni-Hillal-Nomaden** nach Westen.

Ursprünglich vom Hidjaz auf der südlichen arabischen Halbinsel stammend, kam dieser Nomadenstamm schon in der ersten Hälfte des 8. Jahrhunderts zusammen mit dem Bruderstamm der Sulayman nach Unterägypten, von wo sie wegen ihres Ungehorsams im letzten Drittel des 10. Jahrhunderts vom Fatimidensultan *al'Aziz* nach Oberägypten umgesiedelt wurden. Um die Mitte des 11. Jahrhunderts veranlasste dann, wie erwähnt, *al-Mustansir* die Strafexpedition der Beni Hillal gegen die abtrünnigen Ziriden im westlichen Maghreb. Damit begann eine große **Wanderungsbewegung** nach Nordafrika (um 1052), zu deren Beginn die Hillalscharen die Felder und Dörfer niederbrannten und die Bewohner zur Flucht in die Städte zwangen. Nachdem schon 1053 die *Banu Ridyah*, die Vorhut des Hauptstammes, Gabes (Tunesien) erreicht hatten und der Ziridenemir *al-Mu'izz* besiegt war, stießen die Beni Hillal weiter nach Zentralalgerien vor.

Hier herrschten die **Hammadiden,** die die plündernden Horden zu zähmen wussten, indem sie sie teilweise in die eigene Armee eingliederten und ihnen Subsidien zahlten. Der Tauschhandel der arabischen Nomaden mit der einheimischen Bevölkerung forcierte deren Assimilation zusätzlich, sodass im Laufe der folgenden Jahrzehnte ein mehr oder minder friedliches Zusammenleben zustande kam. Der **Ansturm der Almohaden** (s.u.) ließ das Ziriden- und Hammadidenreich endgültig zusammenbrechen. **Abd al-Mu'min,** der erste große Herrscher der neuen Dynastie, besiegte die Beni Hillal bei Setif und Kairuan und drängte sie mehr und mehr in die nordmarokkanische Tiefebene.

Festzuhalten bleibt, dass alle **Beduinen** zwischen der Atlantikküste und den Grenzen Ägyptens Nachkommen des Beni-Hillal-Stammes sind (und zweier weiterer Stämme, die diesem folgten, des Ma'qil- und des Sulaimstammes). Auf sie geht die Verbreitung der arabischen Sprache in Nordafrika zurück.

Die von 1061–1147 herrschenden **Almoraviden** (arab.: *al-murabitun,* von *ribat* = eine Art „Wehrkloster", ähnlich der Zaouia; die Bewohner dieser Klöster sind die *murabitun,* also Mönche mit offensivem Missionseifer) kamen als eine **Reformbewegung** an die Macht, die die Rückkehr zur reinen, ursprünglichen Lehre des Islam propagierte. An der Spitze standen der Theologe **Abdallah Ibn Yasin** und seine Gemeinschaft von „Kriegermönchen" vom Stamm der Sanhadja-Berber, die den Schleier trugen und deshalb *Al-Mulathamin* genannt wurden (von *litham* = Schleier/t = „th"). Begründer der Almoraviden-Dynastie war der Neffe einer der ersten Gefährten *Ibn Yasins,* **Yussuf Ibn Tashfin,** der von 1061–1106 lebte.

Um 1040 brachen die **Sanhadja** auf, um den Senegal und den Sudan zu islamisieren. Nachdem sie ihre Vorherrschaft im Süden gefestigt hatten, überquerten sie unter der Führung von *Yussuf Ibn Tashfin* den Atlas und schlugen ihr Heerlager in der Haouz-Ebene auf (1062), aus dem sich dann **Marrukusch/ Marrakesch** (wörtl.: „die Stadt") entwickelte. Von dort ausgehend eroberten sie im Laufe von weniger als zwanzig Jahren ganz Marokko und Westalgerien bis Algier. 1085 wurde Marrakesch Residenzstadt. Nach der Eroberung Toledos durch *Alfons VI. von Kastilien und León* riefen die andalusischen Moslems *Ibn Tashfin* zu Hilfe, der 1086 den Christen in der Schlacht bei Zallaqa (Provinz Badajoz) eine schwere Niederlage beibrachte. In der Folge dehnte sich das Almoravidenreich auch über große Teile Spaniens aus, das seit Anfang des 11. Jahrhunderts in viele kleine moslemische Teilreiche (Taifa-Könige) zerfallen war.

Der **Almoravidenstaat** beruhte auf einer losen Organisation von Provinzen, deren Statthalter auf die Wahrung ihrer Autonomie bedacht waren. Der andalusische Einfluss wurde sehr stark spürbar. *Ibn Tashfin* holte Gelehrte, Dichter und Schriftsteller aus al-Andalus in die neue Hauptstadt Marrakesch und sorgte in seinem Reich für eine **Blüte andalusisch-maurischer Geisteskultur.** Auch auf dem Gebiet des Kunsthandwerks und der Architektur wird das andalusische Wissen verarbeitet und weiterentwickelt (besonders in der Ornamentik). In dieser Zeit ist der Ursprung des typisch „maurischen" Stils in Nordafrika zu suchen.

Nach dem Tode *Alis,* der die Nachfolge seines Vaters, *Ibn Tashfins,* 1106 übernommen hatte, erlosch das Reich der Almoraviden sehr schnell und mit ihm auch die kurze Hochblüte der Geisteskultur. Die regen theologischen Forschungen und Diskussionen machten einer immer dogmatischeren Starrheit Platz, die Entstehung einer neuen religiösen Bewegung war regelrecht absehbar: Es sollte die **Dynastie der Almohaden** (1147–1269) sein.

Der Aufstieg der Almohaden (arab.: *al-muwahhidun* = die Bekenner der göttlichen Einheit, abgeleitet vom arabischen Wort für eins = *wahid*) ist mit dem Namen eines Masmuda-Berbers aus dem Stamm der Hargha verknüpft: **Mohamed Ibn Abdallah Ibn Tumart,** der um 1080 geboren wurde und schon in früher Jugend eine asketische Lebensweise und religiösen Eifer an den Tag legte. Nach langjährigem Aufenthalt in Andalusien und im arabischen Osten zur Vertiefung seiner Studien kehrte er um 1115–1120 von Ägypten nach Marrakesch zurück. Auf seinem Wege entlang der nordafrikanischen Küste predigte er in vielen Städten, und es sammelte sich bereits eine kleine Schar von Adepten um ihn (u.a. *Abd al Mu'min,* der spätere Herrscher). Aus Marrakesch als Agitator vertrieben, ließ er sich um 1125 schließlich in Tin Mal, im zentralen Hohen Atlas, wo heute noch sein Ribat (Kloster) zu sehen ist, nieder. Von dort aus verbreitete sich seine Lehre in wenigen Jahren über das gesamte Atlasgebiet. Deren Grundprinzip ist die rigorose, doch vergeistigte Interpretation des islamischen Dogmas von der Einheit Gottes; der bei den Berbern tief verwurzelte Glaube an einen Erlöser = *Mahdi,* als der er sich verstand, kam *Ibn Tumart* zugute.

Es folgten die **Ausrufung des Heiligen Krieges gegen die Almoraviden** und langwierige Kämpfe. In dieser Zeit (1130) starb *Ibn Tumart,* und sein Schüler **Abd al-Mu'min** übernahm nach und nach die Führung der neuen Bewegung. Bis 1148 eroberte er mit großer Brutalität ganz Marokko, das moslemische Spanien sowie Algerien und Tunesien (Hinrichtung von fast 30.000 Rebellen). Das Almohadenreich erreichte damit eine größere Ausdehnung als alle Dynastien vor- und nachher. Im Jahre 1162 nahm er den Kalifentitel an. *Abd al-Mu'min* gilt als **großer Förderer der spanisch-maurischen Kultur,** er gründete Universitäten und organisierte die Verwaltung, indem er die traditionellen Stammesinstitutionen der Berber (mit einer religiös-militärischen Hierarchie) übernahm und sie mit der aus Andalusien stammenden Administrationspraxis verband. Marrakesch, das er mit prächtigen Bauten schmücken ließ, blieb auch die Hauptstadt des Almohadenreiches.

Nach *Abd al-Mu'mins* Tod (1163) übernahm sein Sohn **Abu Yaqub Yussuf** (bis 1184) das wohl bestorganisierte Imperium des arabischen Westens. Dieser war vor allem ein großzügiger Gönner von Religionswissenschaft und Philosophie. Den strengen Puritanismus, den die ersten Anhänger der Almohadenlehre befolgten, hatte er abgelegt. Unter ihm und seinem Sohn **Abu Yussuf Yaqub Al Mansour** erreichten die Baukunst und die geistige Kultur Marokkos und Südspaniens ihren Höhepunkt. Die drei „verwandten" Minarette wurden errichtet: der Hassan-Turm in Rabat, die Giralda in Sevilla und die Kutubiya in Marrakesch sowie u.a. die Kasbah der Oudaia in Rabat, die Kasbah von Marrakesch und das Bab Agnaou ebendort. Unter Yaqub al-Mansur wurde **Rabat** die neue **Hauptstadt.**

Doch schon bald nach der **Schlacht bei Las Navas de Tolosa** (1212), in der der Urenkel von *Abd al-Mu'min, Mohamed an-Nasir,* von *Alfons VIII.* besiegt wurde, brach das Reich auseinander. Die Almohaden zogen sich aus Spanien zurück, in Tunesien löste sich die berberische Dynastie der Hafsiden auf, und in Algerien übernahmen die Abdalwadiden die Stadt Tlemcen und den Osten des Landes.

Im zentralen Kernland etablierten sich einige Jahrzehnte später die **Meriniden,** die dann von 1269–1420 an der Macht blieben. Aus dem Osten und Südosten des heutigen Marokko stammend, konnten diese Zenata-Berber nur ungenügend in die almohadische Armee integriert werden. Ihr Führer **Abu Yahya Abdelhaqq** (bis 1258) organisierte den Widerstand gegen die Almohaden, den sein Bruder *Abu Yussuf Yaqub* verstärkte; schließlich gelang es diesem, Marrakesch im Jahre

1269 einzunehmen. Unter ihm und seinem Sohn kam es zur **Ausdehnung des Reiches bis Algier.**

Nach der Herrschaft von *Abu al-Hassan Ali* (1331–1351) und seines Sohnes *Abu Inan Faris* (1351–1358) verloren die Meriniden immer mehr an Macht und Bedeutung.

Die **Wattasiden,** ein über viele Jahrzehnte treu ergebener Clan, übernahmen die Regierungsgeschäfte und ließen die Merinidennachkommen als Marionettenherrscher an der Macht. Da den Meriniden das religiöse Prestige ihrer Vorgänger fehlte, versuchten sie dieses Manko wettzumachen, indem sie die Vorkämpfer des Islam in Marokko zu Heiligen erhoben, allen voran *Idris I.*, der bis heute als **Moulay Idris** im religiösen Leben der Marokkaner eine wichtige Rolle spielt.

Die **spanisch-maurische Kultur erlebte nochmals eine Blüte.** Die Universität von Fès, die Kairawiyine, zog viele Gelehrte aus dem gesamten arabischen Westen an, so auch den berühmtesten arabischen Geschichtsschreiber *Ibn Khaldun* und den großen andalusischen Dichter *Ibn al-Khatib*. **Fès,** die **neue Hauptstadt,** wurde mit Palästen, Moscheen und Koranschulen versehen und entwickelte sich zur wichtigsten Handelsstadt im Maghreb.

Doch dem Merinidenreich fehlte eine stabile Organisation, vielen lokalen Persönlichkeiten gelang es immer wieder, **autonome Klein- und Kleinstreiche** zu gründen. Im Jahre 1465 schließlich, nachdem der letze Sultan durch ein Attentat ums Leben gekommen war, übernahmen die Bani Wattas offiziell die Macht im „äußersten Westen", wie Marokko im arabischen Sprachgebrauch genannt wird.

Christliche Offensive

Die **internen Schwierigkeiten,** mit denen die Meriniden und Wattasiden zu kämpfen hatten, machten es den Christen leicht, eine offensive Position gegen die Mauren zu beziehen. 1415 nahmen die **Portugiesen** Ceuta ein, 1471 Tanger. In den folgenden Jahrzehnten eroberten sie an der Atlantikküste eine Stadt nach der anderen: Asilah, Anfa (Casablanca), Azzemour, Safi, Mazagan (Al-Jadida) und Santa Cruz (Agadir). Nur Larache blieb unabhängig. Damit waren also nahezu die gesamte Atlantikküste und das angrenzende Binnenland unter portugiesischem Einfluss.

Im Osten wurden die Wattasiden von den Spaniern bedrängt. Nachdem im Zuge der **Reconquista 1492** die letzte maurische Dynastie auf andalusischem Boden, die Nasriden von Granada, von der Halbinsel vertrieben worden war, setzten die Spanier ihren „christlichen Eroberungsfeldzug" an der nordafrikanischen Küste fort (1507 fiel Marsa al-Kabir, 1509 Oran).

Diese Bedrohung durch die Christen hatte eine **Renaissance des Islam** im 15./16. Jahrhundert zur Folge. Vorbereitet wurde sie durch die aus dem Osten importierten Sufi-Lehren (**Sufismus** = islamische Mystik) und das Entstehen von **religiösen Bruderschaften** (arab.: *tariqa*, vom arabischen Wort für „Weg" = *tariq* abgeleitet), in denen die Anhänger dieser Lehren organisiert waren. Die Berber, noch immer Anhänger des **Marabutismus,** schlossen sich der Entwicklung an (Marabutismus = Verehrung „lokaler Heiliger"; das Wort *marabut* bedeutet „Heiliger", bezeichnet aber auch das Grabmal desselben, das etwa zur Befreiung von Krankheiten aufgesucht wurde). Die religiösen Führer übten im regionalen Bereich einen sehr starken moralischen Einfluss aus, der von der Bevölkerung bereitwillig aufgenommen wurde und zur Bildung eines „religiösen Gemeinschaftsgewissens" führte. Die Folge war eine starke Solidaridät unter den Anhängern der verschiedenen „Tariqat" (Mehrzahl von *tariqa*), die bis zum heutigen Tag noch spürbar bleibt!

Die Scherifen

Die **Saaditen** (1554–1659) sind, wie ihre Nachfolger, die Alawiten, Scherifen (arab: *shurafa*, sing.: *sharif*). Das bedeutet wörtlich „die Edlen" und bezeichnet diejenigen, die ihre **Herkunft von der Familie des Propheten**

Mohamed ableiten. Damit kommen wir in die **arabische Epoche** und lassen die der Berberdynastien hinter uns.

Die Saaditen stammten wie die Beni Hillal aus dem Hidjaz (arabische Halbinsel) und wanderten zu Beginn des 14. Jahrhunderts in Südmarokko ein; dort ließen sie sich im Drâa-Tal (franz. *Vallée du Drâa*) nieder. Aufgrund ihrer scherifischen Herkunft und ihres religiösen Ansehens waren die Saaditen dazu berufen, den **Kampf gegen die Portugiesen** zu führen. 1511 begann der Scherif von Tagmaddart einen Kleinkrieg gegen die Invasoren mit Unterstützung der Marabuts. Aber erst unter seinem Sohn *Mohamed al-Mahdi* nahm der Aufstand überregionale Dimensionen an. Bis 1541 waren die Portugiesen aus fast allen Küstenstädten vertrieben, im Jahr 1554 fiel Fès, die Hochburg der Wattasiden.

Mohamed I., erster Herrscher der neuen Dynastie, wählte Marrakesch zur neuen Hauptstadt. Die Autorität über Marokko wurde wiederhergestellt, das Reich administrativ gefestigt. Im Jahr 1578 wurden die Portugiesen in der **„Dreikönigsschlacht"** bei Ksar al-Kebir vernichtend geschlagen.

Der Sieger der Schlacht, **Ahmad al-Mansur** („der Siegreiche"), Sohn von *Mohamed I.*, gilt als der fähigste Herrscher der Dynastie. Er leitete eine Periode des „Friedens und Wohlstandes" ein, und das Reich expandierte. 1591 eroberten seine Truppen Timbuktu und brachten von dort mehrere tausend schwarze Sklaven nach Marokko. Die Saaditen wurden für ein halbes Jahrhundert die Herren über den westlichen Sudan, ein Gebiet, das sich vom Senegal bis nach Bornu im heutigen Tschad erstreckte.

Doch wie so oft, kam es auch diesmal nach dem Ableben eines starken Herrschers (*Ahmad al-Mansur* starb 1603) zu einem rapiden **Verfall.** Im Verlauf der Thronstreitigkeiten unter den Söhnen *al-Mansurs* zerfiel die Zentralmacht zusehends. Larache wurde von den Spaniern eingenommen, Fès entzog sich der Oberherrschaft, eine Reihe von religiösen Fürstentümern, mit Marabuts und Sherifen an ihrer Spitze, betrat die Bühne: so im Sous *Sidi Ali*, im Gharb (Nordwest-Marokko) *al-Ayyaschi* und im Tafilalet die Hassani-Sherifen, besser bekannt unter dem Dynastienamen **Alouiten** (seit 1659 bis heute).

Diese unternahmen Raubzüge im Norden und brachten den Osten unter ihre Gewalt. **Moulay ar-Rashid** (1664–1672) gelang es, Fès einzunehmen, bald darauf auch Marrakesch. Erneut kam es zur **Schaffung eines gesamtmarokkanischen Reiches,** das die Alawiden – in Ermangelung einer soliden scherifischen Abstammung – mit Hilfe von Scherifenfamilien mit einem tragfähigen religiösen Fundament untermauerten. Die Nachfolge von *Moulay ar-Rashid* trat **Moulay Ismail** an, der bis 1727 an der Macht war. Während der ersten 15 Jahre bildete er eine **Armee aus schwarzen Sklaven** heran, die er im Laufe seiner langen Regierungszeit durch regelrechte „Zucht" auf 150.000 Mann anwachsen ließ. Das **„bilad al-makhzan",** das Land unter staatlicher Kontrolle, erstreckte sich über nahezu ganz Marokko. Der Unterlauf des Moulouya-Flusses bildete für lange Zeit die Ostgrenze des scherifischen Reiches.

ismail

Moulay Ismail, bedeutender Regent der Scherifen

Nach dem Tod Moulay Ismails kam es drei Jahrzehnte lang zu Streitigkeiten um den Thron. **Moulay Mohamed** (1757–1792) gelang es schließlich, die Autorität der scherifischen Dynastie wiederherzustellen. Mit der Eroberung von Mazagan (Al Jadida) im Jahre 1769 nahm er die letzte Bastion der Portugiesen ein. Er versuchte, die miserable finanzielle Lage, in der sich das Reich befand, durch Forcierung des Handels mit Europa zu verbessern. Er schloss **Handelsverträge** mit Dänemark, Schweden, England und Frankreich und gründete die Stadt **Mogador** (Essaouira) als zentralen Handelspunkt, um Kaufleute anzuziehen.

Moulay Sulayman (1794–1822) hatte lange Zeit mit dem nach dem Tode *Moulay Mohameds* neu entfachten Widerstandsgeist der Berber zu kämpfen, die sofort die Gelegenheit, die sich durch eine schwache Regierung bot, ergriffen, um sich selbstständig zu machen. *Moulay Sulayman* war es, der Marokko nach außen hin abschloss. Die Kontakte mit christlichen Kaufleuten wurden auf ein Minimum reduziert, aus Furcht vor verschwörerischen Verbindungen mit den aufsässigen Berbern. Auch die Nachfolger *Moulay Slimans* verfolgten eine **Politik der Abschottung,** was aber nicht verhinderte, dass der **Einfluss der Europäer** auf die Wirtschaft und Politik des Landes zunahm. Im Land sagten sich die vom Machtzentrum weit entfernten Gebiete von der Regierung los, und die Kontrolle über das Land schrumpfte von Jahrzehnt zu Jahrzehnt.

Moulay al-Hassan, der 1873–1894 das Sagen hatte, konnte den Zusammenbruch noch um einige Jahre verzögern, auch weil sich die Situation auf der internationalen Bühne grundlegend geändert hatte. Die **Franzosen** hatten schon 1830 mit der **Kolonialisierung Algeriens** begonnen, und auch Marokko weckte die imperialistischen Gelüste der europäischen Großmächte. Es war schon mehrmals zu Gefechten zwischen Europäern und Marokkanern gekommen. Am folgenschwersten aber war sicherlich der **1859** von den Spaniern errungene Sieg, der als Antwort auf die andauernden marokkanischen Angriffe auf die spanischen Enklaven gefeiert wurde. Resultat war der **Vertrag von Tétouan** (1860), in dem Marokko verpflichtet wurde, 100 Millionen Riyal (!) als Wiedergutmachung zu zahlen. Dies war der **Grundstein für den Ausverkauf Marokkos** durch die Kolonialmächte und das 50 Jahre später errichtete spanisch-französische Protektorat. Unter Sultan **Abd al-Aziz** (1894–1908) traten die **Unabhängigkeitsbestrebungen der Berberstämme** wieder in den Vordergrund.

Von der Mitte des 19. Jahrhunderts an entfaltete sich der europäische **Imperialismus** immer mehr, es begann die Aufteilung Afrikas. 1906 wurde als Folge der wirtschaftlichen Ambitionen des Deutschen Reiches in Marokko die Unantastbarkeit des Landes in der **Konferenz von Algeciras** festgelegt. Doch schon ein Jahr darauf provozierten die Franzosen in Marokko Unruhen, denen sie dann durch die Entsendung eines Expeditionskorps entgegentraten. Die Städte Casablanca, Agadir, Rabat, Safi und Essaouira wurden besetzt.

1911 rief der durch die Berber in Fès eingeschlossene Nachfolger *Abd al-Aziz',* Sultan **Abd al-Hafiz,** die Franzosen zu Hilfe, die daraufhin Mitte des Jahres in Fès einmarschierten. Auch das „Unternehmen Panthersprung" – das Erscheinen des deutschen Kanonenbootes „Panther" vor Agadir – konnte die Schutzherrschaft Frankreichs über Marokko nicht verhindern. **Am 30. März 1912 wurde fast ganz Marokko** – der nördlichste Teil unterstand spanischer Kontrolle – **zum französischen Protektorat.**

Die Protektoratszeit (1912–1956)

Die Hauptstadt des französischen Territoriums wurde Rabat, die Spanier wählten Tétouan zum Verwaltungssitz. Tanger wurde internationale Zone. Der französische **Marschall Louis Hubert Lyautey** übernahm zwölf Jahre als Generalresident mehr oder minder die Regierungsgeschäfte, dem Sultan kam eine rein formelle Funktion zu. Es bedurfte zwanzig Jahre kontinuierlicher militärischer Anstrengungen, ehe Frankreich und Spanien den Kleinkrieg gegen die einheimischen Stämme gewannen.

Im Norden, im Rifgebirge, konnte sich der Berber **Abd al-Karim al-Khattabi** (bekannt unter dem Namen *Abd al-Krim*) jahrelang gegen die Spanier erfolgreich zur Wehr setzen und sogar eine **„Rif-Republik"** ausrufen, die von 1922–1926 Bestand hatte. Er wurde schließlich von einer französisch-spanischen Armee unter massivem Einsatz von deutschem Giftgas (!) besiegt und auf die Insel Réunion verbannt, von der er 1947 flüchten konnte. Er starb 1963 in Ägypten. Im Süden vereinte **Ahmad al-Hiba** die Berber des Sous, nachdem schon sein Vater *Ma'al-Ainain* erfolgreich gegen die europäischen Usurpatoren gekämpft hatte.

Die **„Befriedung" Marokkos** kostete einer halben Million Moslems das Leben, auf französischer Seite waren es knapp 30.000 Tote – ein Verhältnis, das sich 30 Jahre später im algerischen Befreiungskrieg wiederholen sollte.

1930 wurde von den Franzosen im Namen von Sultan **Mohamed V.**, damals 21 Jahre alt, das **Berber-Dekret** (der „Dahir") erlassen, das die Trennung von Arabern und Berbern zum Ziel hatte, getreu der schon von den Römern angewandten machtpolitischen Maxime des „divide et impera" (Teile und herrsche). Den Berbern wurde eine eigene Rechtssprechung nach ihrem Gewohnheitsrecht zugebilligt, während die Araber am islamischen Recht festhalten sollten. Doch die „umma al-islamiyya", das islamische Zusammengehörigkeitsgefühl, war stärker als die politischen Ziele der Franzosen. Ein **marokkanischer Nationalismus** erwachte, erste politische Parteien wurden gegründet, das „Marokkanische Aktionskomitee" in der französischen Zone und die „Nationale Reformpartei" auf spanischem Territorium. Aus dem Komitee entstand 1944 nach dem Zusammenschluss mit der Partei der Marokkanischen Volksbewegung die „Marokkanische Unabhängigkeitspartei" oder **Istiqlal,** wie sie auf Arabisch genannt wurde. **Allal al-Fassi** wurde ihr legendärer Führer und die bestimmende Person im Unabhängigkeitskampf.

Die Rede, die Sultan *Mohamed V.* 1947 in Tanger hielt, in der er unverhohlen die Linie der Istiqlal-Partei vertrat, war der Ausgangspunkt zur **Verbreitung des Unabhängigkeitsgedankens** auch beim „einfachen Volk". Die nationalistische Bewegung konnte auch in den Bergen Fuß fassen, im Ausland entstand bald ein Propagandaapparat. In der Folge kam es zu Masseninhaftierungen, Presseverbot und Landesverweisungen. Im August 1953 wurde *Mohamed V.* abgesetzt und nach Madagaskar ins Exil geschickt. **Ben Arafa** wurde zum Marionettensultan von Frankreichs Gnaden erhoben. Die folgenden zwei Jahre konnte der Aufruhr trotz Repression und Einkerkerungen nicht mehr eingedämmt werden. Ende 1955 dankte *Ben Arafa* ab.

Mohamed V. kehrte aus dem Exil zurück und wurde begeistert in Rabat empfangen. In einer Reihe von Abkommen wurde schließlich am **2. März 1956** das **Ende des französischen Protektorats** besiegelt, **am 8. April 1956 trat Spanien als Schutzmacht zurück.** Tanger blieb bis 1960 internationaler Freihafen, Ceuta und Melilla befinden sich bis heute in spanischem Besitz.

Am 16. August 1956 nahm **Mohamed V.** den Königstitel an. Er starb 1961. Die Nachfolge trat sein Sohn **Hassan II.** an, der 38 Jahre lang die marokkanische Politik bestimmte. Ihm folgte am 23. Juli 1999, dem Todestag *Hassan II.*, sein Sohn **Mohamed VI.** auf den Thron.

Politik und Staat

Staatsform

„Marokko ist eine **konstitutionelle, demokratische und soziale Monarchie"** (Art. 1 der Verfassung). Das demokratisch gewählte Parlament ist jedoch in vielen Bereichen durch den König kontrolliert. Die **16 Regionen und 61 Provinzen** (mit Westsahara) werden zen-

König Mohamed VI.

König Mohamed VI. (im Volksmund „M6") wurde am 23. August 1963 als **Sidi Mohamed Ben (ibn) al-Hassan** in Rabat geboren. Seine Schulzeit absolvierte er in der königlichen Schule, wo er 1981 das Abitur ablegte. 1987 erwarb er den Abschluss in Politikwissenschaften an der Universität Mohamed V. in Rabat, zusätzlich 1988 den Abschluss in Öffentlichem Recht. 1993 erhielt er von der Universität Nizza den Doktortitel für Rechtswissenschaften. Am 21. März 2002 heiratete *Mohamed VI.* die Informatikingenieurin *Salma Benanni.* Bei den Feierlichkeiten in Rabat wurde zum ersten Mal in der Geschichte des Landes die Frau des Königs offiziell gezeigt und auch fotografiert. Da es den Titel Königin in Marokko nicht gibt bzw. die First Lady unter *Hassan II.* nur „Mutter der Prinzen" hieß, erhielt Salma Benanni den Titel „Prinzessin". Seitdem tritt sie immer wieder öffentlich ohne Schleier auf und verbreitet zusammen mit dem König und den Kindern das Bild eines modernen Familienlebens und Königshauses. Am 8. Mai 2003 kam Kronprinz *Moulay Al-Hassan,* am 28. Februar 2007 Prinzessin *Lalla Khadija* zur Welt.

Mohamed VI., **Herrscher seit 1999,** gilt als moderner König und trägt im Volksmund den Titel **„König der Armen",** da er sich vor allem zu Beginn seiner Herrschaft für soziale Reformen stark machte. Er ist Vorstand der „Stiftung Mohamed V.", die sich wie eine humanitäre NGO um die Armen kümmert; er begibt sich häufig in die Dörfer, wenn dort Projekte eingeweiht werden. Zudem engagiert er sich für die Alphabetisierung und die Rechte der Frauen. 2004 setzte er ein von der islamischen Opposition stark kritisiertes **neues Familienrecht (Moudawana)** durch, das die Rechte der Frauen stärkt. Das Heiratsalter der Frauen wurde mit 18 Jahren demjenigen der Männer angeglichen und das Recht zur Polygamie für Männer eingeschränkt. Zudem wurde ein Scheidungsverfahren mit Antragsrecht beider Partner und gleichmäßiger Aufteilung der in der Ehe erworbenen Güter eingeführt. Die einseitige Scheidung durch den Ehemann (Verstoßung nach dem Koran) unterliegt strengen Vorschriften und wird richterlich überwacht. Mit dem neuen Familienrecht wurden auch die Rechte der Kinder gestärkt und ein eigenes Familiengericht eingerichtet.

Das neue Frauenrecht wurde in einem Spiegel-Interview mit *Nadia Yassine,* einer islamisch orientierten Frauenrechtlerin, „als Gesetz für Gymnasiastinnen bzw. für die Oberschicht" kritisiert, das nicht der Wirklichkeit Marokkos und dem Willen des Volkes entspräche. Sie betont, dass es seitdem immer mehr illegale Eheschließungen gäbe und dass es einer Frau wenig nütze, wenn sie sich scheiden lassen kann, aber dann auf der Straße stehe.

Eine wichtige innenpolitische, vom König initiierte Maßnahme war die **„Nationale Initiative für menschliche Entwicklung" (INDH).** Das Programm stellte von 2005 bis 2010 Geldmittel in Höhe von einer Milliarde Euro zur Verfügung, um gezielt Armut und soziale Ausgrenzung in den ärmsten ländlichen Gebieten und städtischen Armenvierteln zu bekämpfen.

Der **Personenkult** um den König, wie er schon unter Hassan II. gepflegt wurde, setzt sich fort. Überall hängen Porträts, in Ämtern, Läden und an vielen Straßenkreuzungen.

Tabuthemen (auch für die Presse) sind nach wie vor die Führungsposition bzw. Unantastbarkeit des Königshauses sowie der Anspruch Marokkos auf das Gebiet der Westsahara.

In einer Umfrage zum zehnten Jahrestag der Thronbesteigung 2009 war durchaus **Zufriedenheit** mit dem Königshaus festzustellen. Jeder Zweite hielt das Regime für demokratisch, 90% der Marokkaner hatten in der Regierungszeit von M6 eine Verbesserung der Lebensumstände bemerkt, insbesondere im Hinblick auf Schulen, Gesundheitswesen und Straßen. Kritik wurde jedoch auch hier an der Ausdehnung der Frauenrechte geübt, die den meisten Marokkanern zu weit geht.

Als wichtiges Projekt des Königs gilt auch die **Einigung des Volkes** bzw. der Volksgruppen der Berber bzw. Amazigh (Imaziren) mit der arabisch dominierten Oberschicht, deren Spaltung im französischen Kolonialreich vorangetrieben wurde. Der Schulunterricht in der Grundschule findet mittlerweile in den Berbergebieten in deren Sprache statt, es gibt ein Radioprogramm und in den Berberregionen auch Straßen- und Ortschilder in der Berberschrift Tifinagh.

Auch auf die **religiösen Gruppen** geht der König zu. So sucht er den Kontakt zu gemäßigten islamischen Rechtsgelehrten und den Sufis, deren Mystik vor allem im einfachen Volk regen Zuspruch findet. Zudem wurden unter Aufsicht der Regierung in Moscheen Alphabetisierungsschulen für Frauen und Kinder eingerichtet, um einer Radikalisierung vorzubeugen.

Die Aufstände und Staatskrisen in der arabischen Welt konfrontieren auch Mohamed VI. verstärkt mit Forderungen nach Demokratisierung, sozialer Gerechtigkeit und Korruptionsbekämpfung. Er initiierte eine Volksabstimmung über eine **Verfassungsreform,** mit der er dem Parlament mehr Vollmachten erteilte und u.a. auf einige seiner Privilegien verzichtete, z.B. das Recht, sämtliche Minister zu bestimmen. Auch wenn der König nicht mehr so häufig in der Öffentlichkeit zu sehen ist wie zu Beginn seiner Amtszeit, nimmt er seine Aufgabe ernst, das Land zu modernisieren, besonders im Bereich der Energieversorgung (Solarstrom aus der Wüste) und beim **Ausbau der Infrastruktur.** Bei seiner Rede an das Volk im Oktober 2014 betonte er die Notwendigkeit einer Reform der Justiz, der Korruptionsbekämpfung und der Bildungsförderung. Er forderte den Hochschulrat auf, eine Bildungsreform einzuleiten.

Auch wenn der König selbst bisher nicht in Frage gestellt wird, bleibt abzuwarten, wie er sich den existenziellen Herausforderungen für das Land stellt und die Menschen weiterhin von seiner Politik überzeugt.

tralistisch regiert, doch in Vorbereitung ist eine weitgehende Dezentralisierung, die sich auch das Föderalismusprinzip in Deutschland zum Vorbild nimmt.

Staatsoberhaupt

Der **König ist religiöses und staatliches Oberhaupt** des Landes mit Erbfolge aus dem Geschlecht der **Alouiten,** das seit dem 17. Jahrhundert regiert. Marokko ist Monarchie seit dem 8. Jahrhundert und damit das am längsten währende Königreich der Welt. Der König gilt als direkter Nachkomme des Propheten Mohamed, er ist Anführer der Gläubigen und „de facto" unangreifbar.

Die fast **autokratische Position des Königs** im Wechselspiel der Staatsgewalten zeigt sich vor allem in der Tatsache, dass er einen Großteil exekutiver und legislativer Entscheidungen per Dekret treffen/beeinflussen und den Ausnahmezustand ausrufen kann. Bis-

Mohamed VI. regiert das Land seit 1999

ma16_196 ad

lang hat er noch den Vorsitz im Obersten Rat der Richter und Staatsanwälte *(Cour suprême)*, auf dessen Vorschlag unabsetzbare Richter durch königlichen Erlass ernannt werden (eine Verfassungsreform mit Änderungen dieser weitreichenden Befugnisse steht kurz vor dem Abschluss). Schließlich ist der König auch Oberbefehlshaber der Streitkräfte.

Die **Exekutive** setzt sich neben dem König aus dem Kronrat (qualifizierte Fachberater am Hof des Königs), dem Regierungschef und den Ministern, die vom Regierungschef und dem König ernannt werden, zusammen. Der König ernennt nach Art. 47 der Verfassung den Regierungschef aus der Partei, die als Sieger aus den Parlamentswahlen hervorgeht.

Verfassung

1961 wurde eine Verfassung mit 17 Artikeln verkündet, in denen die Grundrechte und Pflichten der Marokkaner festgelegt waren. Diese Verfassung wurde am 7. Dezember 1962 durch Volksabstimmung angenommen, aber bereits drei Jahre später von König *Hassan* wieder außer Kraft gesetzt. Denn bereits zu Beginn seines Amtsantrittes gab es aufgrund wirtschaftlicher Probleme Unruhen, darauf folgten Wahlmanipulationen und drastische Übergriffe auf Oppositionelle.

1970 trat eine **neue Verfassung** in Kraft, die am 10. März 1972 nach einem Referendum revidiert wurde. Das Einkammerparlament mit 306 Abgeordneten, von denen 206 in direkter und 100 in indirekter Wahl gewählt wurden, ersetzte die alte Repräsentantenkammer. Die Machtbefugnisse des Königs blieben de facto unangetastet.

Nach einer erneuten **Volksabstimmung im September 1992** wurde eine weitere Verfassungsrevision genehmigt. Auch hier fielen die Änderungen nur bescheiden aus.

Einen neuen **Markstein in der Verfassungsgeschichte** Marokkos bedeutete die Verfassung, die am **13. September 1996** per Referendum angenommen wurde. Festgeschrieben sind u.a. Gewaltenteilung, Meinungsfreiheit, Gleichheit der Geschlechter, Streikrecht, Recht auf Eigentum und Erziehung. Entscheidend aber ist die Verankerung des Zweikammerparlaments im Abschnitt „Titre III.: Du Parlament/De l'Organisation du Parlament". Damit stellt Marokko nun eine staatliche **Mischform aus Königsherrschaft und Demokratie** dar, wobei das Schwergewicht immer noch beim Monarchen liegt.

Als Reaktion auf die Protestbewegungen im Frühling 2011 in Nordafrika und die daraus in Marokko entstandene „Bewegung des 20. Februar" leitete der König **2011** eine **Verfassungsreform** ein, die per Volksabstimmung mit großer Mehrheit angenommen wurde. Mit der Reform gab der König einige seiner autokratischen Privilegien ab und behielt nur den Vorsitz über den Ministerrat, den Obersten Rat der Richter und Staatsanwälte (Änderungen vorgesehen, s.o.) und sein Amt als Oberbefehlshaber der Armee.

Ferner fanden im November **2011 Neuwahlen zum Parlament** statt, aus denen erstmalig ein Ministerpräsident *(Abdelilah Benkirane)* aus der gemäßigten islamischen Partei für Gerechtigkeit und Entwicklung (PJD) als Sieger hervorging.

■ Die **marokkanische Verfassung** von 2011 ist in deutscher Übersetzung online abrufbar: www.marokko.net/info/land-und-leute/html/verfassung.html.

Volksvertretung

Mit der Verfassungsreform vom September 1996 wurde das alte Einkammersystem durch ein **Zweikammerparlament** ersetzt. Die Volksvertretung setzt sich nun zusammen aus Erster – *Chambre des Répresentants* – und Zweiter Kammer – *Chambre des Conseillers*. Die 395 Abgeordneten der Ersten Kammer werden direkt vom Volk für fünf Jahre gewählt, die Vertreter in der Zweiten Kammer (270 Sitze) zu drei Fünfteln von einem Wahlgremium bestimmt, das sich aus Wahlmännern der Gebietskörperschaften zusammensetzt und zu zwei Fünfteln von regionalen

Wahlgremien, die aus Vertretern von Standesorganisationen, Berufsverbänden und Arbeitnehmerorganisationen bestehen. Die Mitglieder der Zweiten Kammer werden für eine neunjährige Amtszeit gewählt, wobei im Turnus von drei Jahren jeweils ein Drittel neu gewählt wird.

Die **Regierung** muss sich gegenüber dem König (und dem Parlament) verantworten. Wichtige politische Fragen werden im **Ministerrat** behandelt, dessen Vorsitz der König hat (Art. 25).

Politische Parteien

Die großen Parteien sind während der gemeinsamen **Frontstellung gegen die Protektoratsmacht Frankreich** entstanden. Die programmatischen Unterschiede prägten sich im Laufe der Zeit immer mehr aus und sind heute erheblich. Die Monarchie, der Anspruch Marokkos auf das Gebiet der Westsahara sowie der Islam als Staatsreligion sind jedoch unantastbar. Volljährige Männer und Frauen sind laut marokkanischer Verfassung politisch gleich- und wahlberechtigt.

Das **Mitspracherecht** der Oppositionsparteien wurde von 1965 an nachhaltig eingeschränkt. Unter König *Hassan II.* wurden zahlreiche Parteien verboten und unliebsame Politiker eingesperrt. Diese Zeit, als „bleierne Zeit" in die Geschichte Marokkos eingegangen, wurde in zahlreichen Anhörungsprozessen und Veröffentlichungen aufgearbeitet. Seit 1997 ist ein **Demokratisierungsprozess** im Gange, 2006 wurde ein **neues Parteiengesetz** erlassen, das eine weitere Parteienzersplitterung verhindern soll. Es verbietet zudem programmatische Zusammenschlüsse auf rein religiöser, ethnischer, regionaler oder sprachlicher Grundlage und setzt einen prozentualen Frauenanteil in jeder Partei fest. Schon bei den Wahlen 2002 wurde eine **Frauenquote** festgelegt, sodass im Parlament seitdem mindestens 30 Frauen – eine höhere Zahl als in den meisten anderen arabischen Ländern – sitzen.

Regierungsparteien

Bei den vorgezogenen Neuwahlen 2011 gewann die gemäßigt islamische **Partei für Gerechtigkeit und Entwicklung (PJD);** bei den Wahlen 2002 war sie noch drittstärkste Kraft gewesen, 2007 hatte sie an zweiter Stelle gelegen. Sie stellt nun den Regierungschef **Abdelilah Benkirane** und bildet eine Koalition mit den Parteien *Rassemblement National des Indépendants, Mouvement Populaire* und *Parti du Progrès et du Socialisme.*

Die **Opposition** setzt sich zusammen aus der konservativen *Istiqlal* (Unabhängigkeitspartei), *Union Socialiste des Forces Populaires* und *Union Constitutionelle.*

Radikal-islamistische Gruppierungen wie die **Vereinigung Gerechtigkeit und Wohlfahrt (Al Adlwa Lihsane)** unter Führung von *Mohamed Abbadi* und – im Hintergrund – *Nadia Yassine,* der Tochter des Parteigründers Scheich *Yassine,* sind offiziell nicht als Partei zugelassen und von Wahlen ausgeschlossen.

Gewerkschaften

Gewerkschaftliche Vereinigungen sind nach der Verfassung **zugelassen** und gewannen im Land vor allem in den Zeiten der Repression stark an Einfluss. Streiks zur Durchsetzung von Forderungen wurden von der Regierung allerdings regelmäßig verboten.

Stärkste Gewerkschaft ist die **Union Marocaine du Travail (UMT).** Ihr Einfluss in Wirtschaft und Handel ist ziemlich bedeutend, und sie konnte auch ansehnliche Erfolge verbuchen. Das 1962 erlassene Arbeitslosen- und Altersversorgungsgesetz ist zum großen Teil auf ihre Arbeitskämpfe zurückzuführen. Weitere wichtige Gewerkschaften sind *Union Générale des Travailleurs Marocains (UGTM), Union nationale du travail (UNTM), Confédération Démocratique du Travail (CDT)* und *Fédération démocratique du travail (FDT).*

Die Gewerkschaften sind zu einer Gegenmacht im Staate geworden, vor allem auch, weil sie sich dem **Kampf gegen die Korruption** verschrieben haben.

Verwaltung

Den **16 Regionen, 61 Provinzen** (mit Westsahara) und selbstständigen Stadtpräfekturen in Rabat und Casablanca stehen **Gouverneure** vor. Ihnen steht beratend eine Abgeordnetenversammlung zur Seite. In ländlichen Gebieten und bei den Nomaden existieren noch Stammesfraktionen, angeführt vom „Qa'id" oder „Shaykh".

Armee und Polizei

Die marokkanische Armee ist ein **wichtiger Machtfaktor im Lande** und zählt zu den bestausgebildeten Truppen Afrikas. Infolge des Saharakrieges wurde die Armee von 57.500 (1974) auf rund 200.000 Mann aufgestockt. Die Verteidigungsausgaben machen heute etwa 5% des Bruttoinlandsproduktes aus. Marokko ist an diversen UN-Auslandseinsätzen beteiligt. In Marokko herrscht keine allgemeine Wehrpflicht.

Da Marokko als wichtiger **Verbündeter der USA** im Kampf gegen den Terrorismus zählt, erhält das Land Militärhilfe von den Vereinigten Staaten.

Die **Polizei** ist ebenfalls **straff organisiert** und nicht zimperlich, z.B. bei Kundgebungen der Islamisten von *Al Adlwa Lihsane* oder *Saharawi*-Demos in der Westsahara. Korruption und Machtmissbrauch waren früher an der Tagesordnung; da aber der neue König nach 1999 viele Verantwortliche gerade bei der Polizei auswechseln ließ, hat sich manches zum Besseren gewandelt. Verstöße gegen das Gesetz, z.B. gegen das **Rauschmittelgesetz** (Marokko ist der weltweit größte Cannabisproduzent!), werden vor allem bei Touristen streng bestraft und haben viele europäische Kiffer hinter Gitter gebracht.

Die **Gefängnisse** in Marokko entsprechen eher mittelalterlichen Verliesen als unseren Vorstellungen eines modernen Strafvollzugs. Im Zuge der Demokratisierungsmaßnahmen seit 1996 wurden einige der berüchtigten politischen Gefängnisse des Landes wie z.B. Tazmamart geschlossen und auch einige der übelsten Folterer belangt sowie komplett durch neues Personal ersetzt.

Menschenrechte/Arabischer Frühling

Seit dem Amtsantritt von König *Mohamed VI.* (vgl. Exkurs) ist die Regierung bezüglich Menschenrechten und Meinungsfreiheit einen weiten Schritt vorangekommen. Waren unter *Hassan II.* Foltergefängnisse weit verbreitet und wurden politische Gegner kurzerhand weggesperrt, untersuchte ab Januar 2004 die Kommission „Instance Equité et Réconciliation" (IER) **Menschenrechtsverletzungen** in der Zeit der „bleiernen Jahre" zwischen 1956 und 1999. Das Mandat der IER war zwar begrenzt, doch brachte vor allem die öffentliche Anhörung der Opfer eine breite gesellschaftliche Diskussion in Gang. Die im Abschlussbericht festgelegten Empfehlungen zur Entschädigung der Opfer sind weitgehend umgesetzt worden.

Im Jahr 2005 wurde ein Gesetz verabschiedet, das **Folter** explizit verbietet und unter Strafandrohung stellt. Von Inhaftierten werden allerdings weiterhin Foltervorwürfe erhoben – in einzelnen Fällen wurden inzwischen marokkanische Beamte der Folter angeklagt und rechtskräftig verurteilt.

Über die Abschaffung der **Todesstrafe** – die de facto in Marokko nicht mehr vollstreckt wird – wird diskutiert.

Nach den Demonstrationen und politischen Unruhen in Tunesien, Ägypten, Libyen, Syrien und anderen Ländern des arabischen Raums formierten sich auch in Marokko Anfang 2011 Bürgerinitiativen, die zu Reformen aufriefen. Am 20. Februar 2011 demonstrierten Zehntausende Menschen in sieben marokkanischen Städten weitgehend friedlich für mehr Freiheit und Arbeit, weniger Korruption und eine Verfassungsreform zur Einschränkung der königlichen Machtbefugnisse. Seitdem fanden im Rahmen dieser **„Bewegung des 20. Februar"** bis 2014 regelmäßig Demonstrationen statt, die größtenteils friedlich verliefen und nicht den Rücktritt des Königs zum Ziel hatten, sondern demokratische Reformen, die Bekämpfung der Korruption und eine wirksame Gewaltenteilung. Der König proklamierte daraufhin den Übergang zu einer konstitutionellen Monarchie und ließ am 1. Juli 2011 über eine neue Verfassung abstimmen, die mit 98% der abgegebenen Stimmen bei einer Wahlbeteiligung von 73% angenommen wurde.

Meinungs- und Pressefreiheit sind mit der neuen Verfassung von 2011 garantiert, aber noch nicht mit den Standards demokratischer Staaten zu vergleichen – die Westsahara-Politik und der König sind nach wie vor tabu und von jeglicher Kritik ausgeschlossen. Jedoch ist durch die weitgehend freie Diskussion und vor allem durch regierungskritische Zeitungen die Sensibilität in der Öffentlichkeit gewachsen.

Eine **Reform des Rechtssystems und der Sicherheitskräfte** sowie die Durchsetzung der Menschenrechte bei den relevanten Behörden und eine Verankerung in der Verfassung wurden in der Verfassungsreform 2011 berücksichtigt. Der 2012 gegründete **Nationalrat für Menschenrechte (CNDH)** agiert unabhängig und hat gegenüber dem König ein Vorschlagsrecht für Menschenrechtsverbesserungen, das er aktiv ausübt. Die Entscheidung der UN, das Mitgliedsland Marokko u.a. mit Deutschland von 2014 bis 2016 in den Menschenrechtsrat der Vereinten Nationen zu wählen, zeugt von den großen Erfolgen, die das Land inzwischen erreicht hat. Doch im Zuge der Terrorismusbekämpfung und der Bedrohung durch die *Maghreb-Al-Qaida* (Aqim) bzw. den *IS* (arab: *da'esh*) sowie infolge der Eingliederung der Westsahara und der damit einhergehenden Proteste wird Marokko wohl weiterhin autoritär-repressiv ausgerichtet bleiben.

Terrorismusbekämpfung

Terroranschläge in Paris und Tunesien, antiislamische Bewegungen in Europa, Kampf gegen die *IS* in Syrien und im Irak – der Islam und islamistischer Terrorismus sind in den letzten Jahren in den Fokus der Öffentlichkeit gerückt. König *Mohamed VI.* war einer der ersten Staatschefs, die ihr Bedauern über den Terroranschlag des 11. September 2001 in New York ausdrückten. Die marokkanische Regierung pflegt **enge Beziehungen zu den USA.** Jedoch waren unter den Attentätern und Unterstützern viele Marokkaner, sodass die Gefahr eines Anschlags von *Al-Qaida* auch in Marokko zu drohen schien. Und der Terror ließ nicht auf sich warten: Am 16. Mai **2003** kam es zu einer **Anschlagsserie in Casablanca** durch eine verhältnismäßig wenig bekannte radikal-islamistische Partei, bei der 41 Menschen ums Leben kamen und 60 verletzt wurden. Ziele des Attentats waren ein Luxushotel, ein spanisches Klub-Restaurant, eine Straße nahe des Belgischen Konsulats, ein jüdischer Friedhof und ein Klub der Israelischen Gemeinde. Die Täter kamen aus dem islamistischen Milieu der Armenviertel der Stadt. Die Bevölkerung reagierte mit großer Bestürzung und Entsetzen – es kam zu den größten Demonstrationen seit der Unabhängigkeit.

Der König ließ ein **Antiterror-Gesetz** in Kraft treten, das Festnahmen, Hausdurchsuchungen und die Überwachung von Post und Telekommunikation wesentlich erleichtert. Sicherheitsbestimmungen wurden massiv verschärft, die Polizeipräsenz im Land stieg seitdem kontinuierlich an. Bei öffentlichen Veranstaltungen gelten höchste Sicherheitsstandards. Im August 2003 wurden vier der Unterstützung des Attentats Verdächtige schuldig gesprochen und zum Tode verurteilt.

Trotz des harten staatlichen Vorgehens gegen radikal-islamistische Gruppen kam es im März und April **2007** zu **terroristischen Vorfällen in Casablanca** mit acht Toten und etwa 40 Verletzten. Am verheerendsten jedoch war der Bombenanschlag auf das Café Argana am Djamâa el-Fna im Herzen von **Marrakesch** Ende April **2011** mit 17 Toten, darunter mehrere Ausländer. Die Täter wurden bald gefasst und zwei der Hauptverantwortlichen zum Tode verurteilt (bisher nicht vollstreckt).

Durch die immer radikaler werdenden Parolen islamistischer Extremisten weltweit und den Vormarsch des *IS* im Nahen Osten sowie die Terroranschläge in Tunesien, der Türkei, Paris und Brüssel sind **viele Reisende verunsichert.** Der drohende Rückgang der Touristenzahlen wird in Marokko sehr ernst genommen, denn der Tourismus trägt mit 10% zum BIP des Landes bei.

Marokko hat sich der Allianz von 60 Ländern im Kampf gegen den *IS* angeschlossen und betreibt die **Verfolgung von Terroristen** im eigenen Land systematisch. Die Regierung ist dabei, eine Hubschrauberüberwachung der Grenze zu Algerien zu installieren sowie Grenzbefestigungen an sicherheitsrelevanten Grenzpunkten. Der Polizeieinsatz in Städten und gefährdeten Zonen wurde verstärkt. Im Jahr 2014 wurden insgesamt über 1900 Sympathisanten des *IS* in Marokko ausgemacht und einige Zellen in Rabat und Casablanca ausgehoben, welche systematisch Kämpfer für den Krieg in Syrien angeworben hatten. Auch die spanischen Enklaven Melilla und Ceuta werden als Brutstätten des Terrorismus angesehen. Vor diesem Hintergrund erließ die marokkanische Regierung im Oktober 2014 ein Gesetz, welches das Anwerben von Kämpfern für den *IS* und auch dessen Unterstützung unter Strafe stellt.

2015 wurde außerdem das **Bureau central d'investigation judiciaire** (BCIJ) – scherzhaft auch „FBI marocain" genannt – ins Leben gerufen, das sich ausschließlich dem Kampf gegen den Terrorismus und die organisierte Kriminalität widmet.

Das **Auswärtige Amt** gibt für den Saharaaraum einen **allgemeinen Reisehinweis** und warnt vor der Entführungsgefahr in „nicht hinreichend durch wirksame Polizei- oder Militärpräsenz gesicherten Gebieten der Sahara". Es wird geraten, Menschenansammlungen zu meiden. Dieser Hinweis gilt für alle nordafrikanischen Länder und ist mehr als Vorsichtsmaßnahme denn als Hinweis auf akut drohende Gefahren für Touristen zu verstehen. Bislang gab es in Marokko – das am äußersten Nordrand der Sahara liegt – keine Entführungen von Ausländern. Die Gefahr, Opfer eines Terroranschlags zu werden, ist nach unserer Einschätzung in Marokko nicht größer als in irgendeiner westlichen Stadt. Marokko ist derzeit wahrscheinlich in punkto Terrorismus und Kriminalität eines der sichersten Länder Afrikas! Das betonte auch der Parlamentarische Staatssekretär im Wirtschaftsministerium, *Thomas Silberhorn,* bei seinem Besuch in Marokko im Oktober 2014, als er das Land als „Stabilitätsanker in der Region" bezeichnete.

Zur Sicherheit in Marokko vgl. auch entsprechenden Abschnitt im Kapitel „Praktische Tipps A–Z".

Wirtschaft

Marokko wandelt sich vom Agrar- zum Industrie- und Dienstleistungsland. König *Mohamed VI.* steht für eine Modernisierung der Wirtschaftspolitik. Marokko soll zu einem Schwellenland mit wettbewerbsfähigem Industrie- und Dienstleistungssektor werden. Dafür wurden zahlreiche Förderprogramme in den Bereichen Industrie, Handel/Logistik, Digitalisierung, Landwirtschaft und Tourismus ins Leben gerufen. Das Wirtschaftsministerium gewährt Investitionsanreize und Steuervorteile zur Ansiedlung von Industriebetrieben. Vor allem die klein- und mittelständische Industrie soll in Zukunft Förderung erhalten – Standortvorteile sind die niedrigen Produktionskosten und die Nähe zum Hauptwirtschaftspartner EU. Die Telekommunikations- und Verkehrsinfrastruktur (Autobahnen, Flughäfen, Häfen etc.) wurde in den letzten Jahren massiv ausgebaut. Außerdem investiert Marokko in den Ausbau erneuerbarer Energien (Wind- und Solarenergie).

> Terrassenfeldbau im Hohen Atlas

In der Wüste bei Ouarzazate entsteht momentan der weltweit größte Solarkomplex – mit zinsgünstigen Krediten der deutschen KfW.

Das **Bruttoinlandsprodukt** betrug im Jahr 2014 über 110 Mrd. US$, das **Wirtschaftswachstum** lag bei rund 3,5%. Die weltweite Wirtschafts- und Finanzkrise hat das Land bei Weitem nicht in dem Maße erfasst wie die europäischen Nachbarländer Spanien und Portugal. Die Landeswährung Dirham ist mit einer konstanten **Inflationsrate** von 2 bis 2,5% stabil.

Landwirtschaft

39% der Bevölkerung leben von der Land- bzw. Forstwirtschaft und von der Fischerei. Die Erträge aus Land-, Forst- und Fischwirtschaft tragen zusammen etwa 14% zum Bruttoinlandsprodukt bei. Der **Wirtschaftsplan „Plan Maroc Vert"** sieht umfangreiche Subventionsmaßnahmen zur Professionalisierung der Landwirtschaft und zum Aufbau einer modernen und konkurrenzfähigen Verarbeitungsindustrie vor.

Fast 22% der Landfläche entfallen auf Ackerland und Dauerkulturen. Neben der traditionellen kleinteiligen Landwirtschaft gibt es einen **hochmodernen Agrarsektor,** der **exportorientiert** und auf großen Landgütern beheimatet ist. Vor allem der Anbau von **Weizen, Gerste und Hafer** nimmt mehr als die Hälfte der landwirtschaftlichen Fläche ein. Hinzu kommen Mais, Zuckerrohr, Zuckerrüben und **Gemüse** wie Bohnen, Kichererbsen, Linsen, Erbsen und Kartoffeln, das großflächig kultiviert wird. Im **Obstanbau** dominieren Orangen, Zitronen, Mandarinen und Mandeln. Zwei Drittel der Weintrauben werden zu **Wein** verarbeitet und zum Großteil exportiert.

Aus den zahllosen Olivenbäumen in Marokko werden Olivenöl und Speiseoliven gewonnen. Jedes Jahr werden rund 160.000 Tonnen **Olivenöl** im Land produziert, davon gehen rund 10% in den Export. Bis 2020 soll die Produktion im Rahmen des „Plan Maroc Vert" auf 330.000 Tonnen gesteigert werden.

In Marokko gibt es nach offiziellen Schätzungen rund 4,8 Mio. Dattelpalmen. Die meisten **Datteln** (verschiedener Sorten) wer-

ma16_151 ad

den im Ziz- und Drâa-Tal geerntet. Viele Dattelpalmenhaine waren in den letzten 15 Jahren stark von der Pilzkrankheit *Bayoud (Fusariosse)* betroffen, sodass die Ernten immer schlechter wurden. Marokko importiert für den Eigenverbrauch Datteln aus dem Irak und Tunesien. Der „Plan Maroc Vert“ sieht bis 2020 die Anpflanzung von rund 3 Mio. resistenten Dattelpalmenarten vor.

Im Anti-Atlas wird immer mehr **Arganienöl** hergestellt, das zwar nur einen winzigen Beitrag zum Export leistet, aber aufgrund seiner hohen Qualität und Einzigartigkeit (der Arganienbaum wächst nur in Südmarokko) immer mehr Nachfrage in der Lebensmittel- und Kosmetikindustrie erfährt (vgl. entsprechenden Exkurs).

Im Osten Marokkos wird **Halfagras** angebaut und zur Papierherstellung verwendet. In geringem Maße werden auch **Baumwolle und Tabak** produziert.

Illegal werden aus dem **Anbau von Hanf** (Marihuana, Haschisch) im Rif-Gebirge nach Schätzungen ca. 8 Mrd. Euro (!) Jahresumsatz erzielt.

Angesichts der ständig ungewissen jährlichen Regenmengen werden die **Bewässerungsanlagen** ausgebaut und erweitert, um die Nutzflächen zu vergrößern. Denn regelmäßig wird Marokko von **Dürreperioden** heimgesucht, die der Landwirtschaft starke Einbußen bringen. Weizen z.B. muss regelmäßig teuer importiert werden. Das Land verfügt über etwa 100 große Talsperren, Dutzende weitere sind in Planung.

Ein wirtschaftlicher Rückschlag für Marokko war der Beitritt Portugals und Spaniens zur **EU** am 1. Januar 1986 (Marokkos Aufnahmeantrag wurde abgelehnt). Seitdem sind die Exportchancen für (land-)wirtschaftliche Erzeugnisse durch die Abschottungspolitik der EU beeinträchtigt. Seit 2013 verhandelt Marokko mit der **EU** über ein **Freihandelsabkommen,** das Verbesserungen für die Landwirtschaft bringen soll.

Infos des Marokkanischen Ministeriums für Landwirtschaft und Fischfang: www.agriculture.gov.ma.

Traditionelle Viehhaltung im Hohen Atlas

ma16_152 ad

Forstwirtschaft

Etwa 13% der Landesfläche sind bewaldet. Die Wälder befinden sich fast ausschließlich in staatlichem Besitz. Den größten Baumbestand bilden **Steineichen.** Es folgen **Akazien** und die endemischen **Arganienbäume** (Eisenholzbäume) im Anti-Atlas. Weitere in Marokko vertretene Baumarten sind Thujen, Korkeichen, Zedern, Pinien und Wacholder. Für **Bau- und Feuerholz** werden **Zedern, Pinien und Eukalyptus** abgeholzt. Die Holzproduktion in Marokko deckt nicht den nationalen Bedarf, sodass Nadelholz aus Europa und Tropenhölzer aus Schwarzafrika importiert werden müssen.

Zur **Aufforstung** des Landes wurden in den letzten drei Jahrzehnten enorme Anstrengungen unternommen. Das Land drohte, ähnlich wie alle südlichen Mittelmeerländer, zu verkarsten, da die Nomaden und Kleinbauern vorwiegend Ziegen und Schafe halten, die die jungen Triebe der Bäume fressen und so alles Grün vernichten. Zudem sorgt die **Desertifikation** im Süden für Probleme.

Die Aufforstung in den 1970er/-80er Jahren bediente sich vor allem schnell wachsender Arten wie Eukalyptus, Akazien, Pinien und Pappeln. Heute werden wieder **vermehrt einheimische Arten** wie Kork- und Steineichen gepflanzt. Denn gerade Eukalyptus ist ein starker Wasserverbraucher und trägt zur Verwüstung seiner Umgebung bei. Trotz massiver Bemühungen des Forst- und Wasserministeriums zur Aufforstung und Bekämpfung der Desertifikation ist mit einer weiteren Verringerung des Waldbestandes zu rechnen.

■ **Infos** des Marokkanischen Wasser- und Forstministeriums: www.eauxforets.gov.ma.

Viehzucht

Die Viehhaltung hat für die Gesamtwirtschaft einen geringen Stellenwert, bringt aber **ein Drittel der Erlöse in der Landwirtschaft.** Die Erzeugung tierischer Produkte ist im Vergleich zu anderen nordafrikanischen Ländern gering. Die industrielle Fleischproduktion steigt jedoch an. Wesentliche Bedeutung hat die Viehwirtschaft für die Kleinbauern, für den Eigenverbrauch und den Verkauf auf den Märkten der Provinz.

Rinder-, Schaf- und Hühnerfleisch sind für den nationalen Lebensmittelmarkt am wichtigsten. Rinder gibt es in den Ebenen zwischen Rif und Atlas, im Rharb (Gharb), Sous und in den milden, grünen Gebieten des Mittleren Atlas. Abseits der großen landwirtschaftlichen Ebenen werden **Schafe und Ziegen** in Wechselweidewirtschaft gehalten.

Esel, Maultiere und **Pferde** sind die beliebtesten Arbeits- und Reittiere, ihnen begegnet man im ganzen Land. **Kamele** sieht man fast ausschließlich in den Regionen südlich des Atlas, aber auch zwischen Essaouira und Agadir. Sie dienen als Last- und Reittiere, das Fleisch wird aber auch für Tajines und Couscous verarbeitet.

Fischerei

Der im Atlantik vor Marokkos Küsten fließende Kanarenstrom mit seinem Planktonreichtum sorgt für **ertragreiche Fischgründe.** Zur Förderung der Fischerei wurde 1981 ein eigenes Ministerium geschaffen, und zahlreiche Fischereihäfen vor allem an der südlichen Atlantikküste wurden ab den 1990er Jahren ausgebaut. Die Hälfte der Fangmenge stammt aus den Gewässern vor der Westsahara – der wichtigste Fischereihafen ist Laâyoune, gefolgt von Tan-Tan. Im Jahr 2012 wurden in Marokko insgesamt rund 840.000 Tonnen Fisch eingeholt, davon allein 261.000 Tonnen in der Provinz Laâyoune.

An den Küsten zwischen Larache und Agadir werden Thunfisch, Seezungen, Sardinen, Makrelen, Meeraale, Rochen, Brassen, Austern und Tintenfische gefangen. Vor den Küsten Agadirs und Essaouiras werden Langusten und Hummer in großer Zahl eingebracht. Die Hochseefischerei liefert in erster Linie Sardinen. Marokko ist **weltweit zweit-**

wichtigster Erzeuger von Sardinenkonserven und zweitgrößter Hersteller des Rotalgenextrakts Agar-Agar.

Die **Binnengewässer** Marokkos, vor allem die Bergseen des Mittleren Atlas, sind reich an Süßwasserfischen wie Forellen, Hechte, Brassen, die aber in erster Linie von Hobbyfischern geangelt werden.

1995 kam es über die Frage der **Fischereirechte vor der marokkanischen Küste** zu einem Streit zwischen Spanien und Marokko, der im selben Jahr mit einem Fischerei- und EU-Assoziierungsabkommen beigelegt wurde. 1999 ergaben sich zur fälligen Verlängerung des Abkommens mit der EU Auseinandersetzungen, denn Marokko wollte nicht nur über Quoten und Zahlungen für Konzessionen verhandeln, sondern auch Gelder zur Modernisierung der eigenen Fischwirtschaft fordern. Im Jahr 2006 gab es schließlich eine Einigung mit einem neuen Fischereiabkommen, das Ende 2013 verlängert wurde. Die Vereinbarung legt neben einer Fangquote und einem jährlichen finanziellen Ausgleich auch eine hohe Summe für die Modernisierung und Umstrukturierung der marokkanischen Küstenflotte, für die Förderung von Vermarktung und Absatz sowie die Unterstützung der wissenschaftlichen Forschung fest.

Infos des Marokkanischen Ministeriums für Landwirtschaft und Fischfang: www.agriculture.gov.ma.

Bodenschätze und Energie

Marokko verfügt über reiche Bodenschätze, die bei Weitem noch nicht alle erforscht und genutzt werden. **Wichtigstes Bergbauprodukt ist Rohphosphat.** Die jährliche Fördermenge beträgt rund 26 Millionen Tonnen. 78% der Phosphatreserven der Welt liegen auf marokkanischem Territorium (vor allem auch in der Westsahara). *Mohamed VI.* gab im Frühjahr 2013 den Startschuss zum Bau eines riesigen neuen Phosphatindustriekomplexes in Safi. Bis 2020 soll der marokkanische Phosphatabbau auf 50 Millionen Tonnen pro Jahr verdoppelt werden. Im Rahmen dieses Großprojekts entstehen in Safi außerdem ein Wärmekraftwerk, eine Meerwasserentsalzungsanlage sowie ein Forschungs- und Entwicklungszentrum zum Thema Phosphatabbau und -verarbeitung.

Für den Export bedeutsam sind zudem Mangan, Eisenerz, Blei und Zink.

Die bekannten marokkanischen **Erdölvorkommen** im Gharb sind fast erschöpft. Die im Jahr 2000 groß verkündeten Öl- und Erdgasvorkommen in der Nähe von Talsinnt haben sich nicht bewahrheitet. Aber vor der marokkanischen Atlantikküste (Westsahara) werden noch Ölvorkommen vermutet.

Der Abbau von Uran (Kernenergie) und die Nutzung der großen **Erdgasvorkommen** werden stark gefördert. Die Ausbeutung von **Ölschiefern** bei Timadhite und Tarfaya wurde in einzelnen Gebieten wegen mangelnder Rentabilität wieder aufgegeben. Aus der Erdgaspipeline, die von Algerien nach Südeuropa 525 km über marokkanisches Terrtorium führt, kann Marokko für den Eigenbedarf entnehmen.

Bislang muss Marokko noch 95% der Energieträger importieren (Strom meist über Unterseekabel aus Spanien), wofür das Land einen stetig wachsenden Anteil seiner Devisen ausgibt. Deshalb wird immer mehr in **erneuerbare Energien** investiert. Marokko brachte sich als wichtigster afrikanischer Partner und Standort in das 2009 von der Deutschen Rück, Siemens, Bosch, EON und dem Bundesumweltministerium geförderten **Desertec-Programm** zur Erzeugung von Solarstrom in der Wüste ein, jedoch zogen sich 2014 alle deutschen Partner zurück. Die Hoffnung der Europäer, von Wüstenstrom zu profitieren, wie es das 400-Milliarden-Euro-Programm Desertec vorsah, wird sich wegen des gigantischen Eigenbedarfs der Maghrebstaaten, aber auch wegen der politischen und wirtschaftlichen Unwägbarkeiten in der arabischen Welt nicht erfüllen: Allein in Marokko wächst der Stromverbrauch pro Jahr um 6,5%. Die Desertec-Gründer, rund 50 europäische Großunternehmen, hatten ursprünglich geplant, bis 2050 rund 20% des europäischen Energiebedarfs mit Wüstenstrom aus arabischen Ländern zu decken.

Marokko betreibt nun mit Hilfe von Partnern aus Saudi-Arabien und Qatar das Projekt Wüstenstrom selbst weiter und plant **Solarkraftwerke,** die 2000 Megawatt produzieren sollen, um sich aus der Abhängigkeit vom europäischen Strom zu lösen. In der marokkanischen Wüste wird bei Ouarzazate das größte Solarkraftwerk der Welt gebaut; die Anlage soll 500 Megawatt leisten – fast so viel wie ein mittlerer Kernreaktor und ausreichend für die Stromversorgung von rund einer halben Millionen Menschen. Bereits seit einigen Jahren in Betrieb ist das erste marokkanische Solarkraftwerk Aïn Beni Mathar (zwischen Oujda und Figuig) mit einer Leistung von gerade mal 20 Megawatt.

Industrie und Außenhandel

Rund **11,5% der Bevölkerung** arbeiten im industriellen Sektor. Privatisierung, Liberalisierung und Investitionsförderung stehen im Mittelpunkt der marokkanischen Wirtschaftspolitik. So wurde der ökonomische Anschluss an den Westen erreicht: eine marktfreundliche Wirtschaftsordnung, Schutz des Eigentums, Preisbildung hauptsächlich durch Angebot und Nachfrage, realistische Wechselkurse, Gewerbe- und Niederlassungsfreiheit.

Wichtige Industrien sind der **Nahrungsmittelsektor**, die **Textilindustrie** und Lederprodukte, die **chemische Industrie** (Phosphate, Sulfate, pneumatische und Kunststoffartikel, Zement) und die **Zulieferindustrie** in den Bereichen IT, Automobile und Luftfahrt sowie die **Automobilindustrie** mit Niederlassungen von Renault und BMW.

Der marokkanische **Außenhandel** ist **defizitär** (minus 20 Mrd. US-$) – das sind über 20% des BIP –, vor allem verursacht durch die hohen Ausgaben für Gas und Öl. Die Exporte machen gerade einmal 50% der Importe aus. Doch die marokkanische **Exportbilanz** entwickelt sich positiv. Chemische Erzeugnisse (Dünger, Phosphat) stehen als Exportprodukte an erster Stelle, gefolgt von Textilien, Nahrungsmitteln und Elektrotechnik. Marokkanische Textilien konkurrieren jedoch auf dem europäischen Markt zunehmend mit asiatischer Ware. Unter den Abnehmerländern steht Frankreich mit rund 21% an erster Stelle, gefolgt von Spanien (16%), Brasilien, Indien, USA, Italien und Deutschland (3%).

In trockenen Jahren entfallen bis zu 10% der **Importe** auf Nahrungsmittel (vor allem Getreide, Tee, Kaffee, Zucker, Tabak, Vieh). Den größten Posten mit etwa einem Viertel der Einfuhren nehmen Konsumgüter, Investitionsgüter wie Erzeugnisse des Maschinenbaus, elektrotechnische Produkte und Fahrzeuge ein, gefolgt von bearbeiteten Waren (darunter Eisen und Stahl). Der größte Lieferant Marokkos ist Spanien, dann folgen Frankreich, China, USA, Saudi-Arabien, Russland und Italien.

Die Zahlen lassen die EU als mit Abstand wichtigsten Handelspartner erkennen. Im Jahr 2000 wurde ein **Assoziierungsabkommen mit der EU** abgeschlossen. Seit 2013 verhandelt Marokko mit der EU über ein **Freihandelsabkommen,** das die wirtschaftliche Zusammenarbeit stark erleichtern soll. Laut EU soll „die vertiefte und umfassende Freihandelszone Handelshindernisse sowohl an der Grenze als auch hinter den Grenzen beseitigen und somit einen wichtigen Schritt zur schrittweisen Einbindung der marokkanischen Wirtschaft in den EU-Binnenmarkt darstellen. Die vertiefte Integration wird dadurch erreicht, dass Marokko seine handelsbezogenen Vorschriften, Industrienormen, technischen Vorschriften sowie tier- und pflanzengesundheitlichen Maßnahmen an die EU-Vorschriften annähert; zudem wird die Freihandelszone ein umfassendes Spektrum von Feldern abdecken, die die Grundlage für ein modernes, transparentes und stabiles Handels- und Investitionsklima bilden."

ma16_153 ad

Tourismus

Der Tourismus ist die **zweitwichtigste Devisenquelle Marokkos** (nach dem Geldtransfer der Gastarbeiter aus dem Ausland) und wichtiges Ausgleichsinstrument für die Handelsbilanz. Zudem trägt er zur ökonomischen und infrastrukturellen Entwicklung vieler (vor allem ländlicher) Regionen bei. Allerdings hat das Land nach einem starken Anstieg der Touristenzahlen und der Förderung der klassischen Standbeine Bade- und Rundreisetourismus im Zusammenhang mit dem internationalen Terrorismus und dem Arabischen Frühling immer wieder mit Einbrüchen bzw. Stagnation zu kämpfen.

Mit dem **„Plan Azur"** bzw. der **„Vision 2010"** formulierte die marokkanische Regierung Anfang der 2000er Jahre einen ehrgeizigen Plan zur touristischen Entwicklung, der vor allem den Ausbau des **Badetourismus** sowie die Steigerung auf 10 Mio. Touristen pro Jahr bis 2010 vorsah – das Ziel wurde mit 9,2 Mio. Touristen (davon 4,3 Mio. Marokkaner) nur knapp verfehlt. Im Rahmen des *Plan Azur* sollten sechs Badezentren am Mittelmeer (z.B. Saïdia) und Atlantik (u.a. Mogador Essaouira, Taghazoute) neu erschlossen werden. Einige Projekte wurden jedoch bis heute nicht fertiggestellt. Das Tourismusministerium setzt zudem verstärkt auf die Förderung des **Tourismus im ländlichen Raum.** Dazu zählen der Bereich Ökotourismus, die Errichtung von Herbergen *(Gîtes)* und der Ausbau der sportlichen Aktivitäten im Bereich Trekking, Radfahren etc. In den letzten Jahren war außerdem zu beobachten, dass besonders im Luxussegment investiert wurde – sowohl in den Städten als auch an der Küste entstanden immer mehr 4- und 5-Sterne Hotels. Inzwischen hat **Marrakesch** bezüglich der Bettenzahl Agadir als wichtigste Touristendestination überholt. Besonders das Angebot an **Maisons d'Hôtes** (vgl. „Praktische Tipps A–Z/Unterkunft") stieg in den letzten Jahren kontinuierlich an. Diese Unterkünfte in traditionellen

Der Tourismus ist sehr wichtig für Marokko – und Marrakesch eines der Highlights

Stadthäusern der Medina oder in restaurierten Kasbahs bieten Touristen ein wesentlich authentischeres Urlaubserlebnis als die oft gesichtslosen Hotelbauten der 1980er und -90er Jahre. Inzwischen entfallen auf diese *Maisons d'Hôtes* insgesamt 11% der Gesamtbettenzahl im Land.

Aufbauend auf die Vision 2010 hat das Tourismusministerium die **„Vision 2020"** formuliert. Diese basiert auf den Säulen Authentizität (Erhaltung des kulturellen Erbes), Vielfalt von Landschaft und Kultur, Qualität des touristischen Angebots sowie Nachhaltigkeit im sozialen und ökologischen Bereich. Ehrgeiziges Ziel der Vision 2020 ist es, Marokko bis zum Jahr 2020 zu einer der 20 wichtigsten Touristendestinationen weltweit auszubauen. Zu den konkreten Zielen gehören die Verdoppelung der Bettenzahl und der internationalen Touristenankünfte, die Verdreifachung der heimischen Touristenzahlen sowie die Schaffung von 470.000 neuen Arbeitsplätzen im Tourismus. Dazu sollen vor allem **Maßnahmen in sechs Bereichen** gefördert werden: Ökotourismus (Ausbau des Tourismus unter Erhalt der natürlichen Ressourcen), Kulturtourismus (Kulturstätten bewahren und touristisch erschließen), Sport- und Aktivtourismus (Ausbau der Infrastruktur und des Sportangebots), Gesundheits- und Geschäftstourismus (Marokko als Wellnessdestination etablieren und die Aufenthaltsdauer von Geschäftstouristen steigern) sowie Binnentourismus, d.h. ein auf die Bedürfnisse der Marokkaner abgestimmtes Angebot schaffen.

Die Gesamtzahl der **ausländischen Besucher** stieg seit 2010 kaum mehr an und liegt zwischen 9 und 9,5 Mio. Die mit Abstand meisten internationalen Touristen kommen aus Frankreich, gefolgt von Spanien, Großbritannien, Belgien und Deutschland. Fast die Hälfte der Touristen im Land sind Marokkaner, was die Bedeutung des Binnentourismus veranschaulicht.

Im Übrigen: **Der Tourismus hat natürlich nicht nur positive Seiten.** Er bringt auch erhebliche soziokulturelle und ökologische Probleme mit sich. Die Preise in Touristengebieten steigen auch für Einheimische stark an, und der Zusammenstoß fremder Kulturen und Mentalitäten ist nicht immer fruchtbar. Alkoholismus und Prostitution nehmen zu, die Kriminalität ebenso. Jeder Tourist – egal welchen Status er in seinem Heimatland einnimmt – wird als „reich" eingestuft und als zahlungskräftiger Kunde betrachtet. Viele Marokkaner versuchen deshalb mit einem Kleinbetrieb – sei es ein Café/Restaurant, ein kleines Hotel oder eine Souvenirbude – am Tourismus zu verdienen. Das verschafft manchen Anbietern sicher Ansehen und Einkommen, viele scheitern aber aufgrund mangelnder Kenntnisse und Kapital. Die Konkurrenz ist groß, vor allem im Süden: Nahezu jede Familie bietet Kamel- oder andere Wüstentouren an bzw. betreibt ein kleines Gästehaus. Was in unseren Augen als gesunder Wettbewerb erscheint, gestaltet sich in Marokko häufig ruinös – und das Vorgehen gegen unliebsame Konkurrenz gleicht gelegentlich Mafiamethoden.

Infos des Marokkanischen Tourismusministeriums: www.tourisme.gov.ma.

Bevölkerung und Sozialwesen

27% der rund **33 Millionen Einwohner** Marokkos sind jünger als 15 Jahre. Das Durchschnittsalter beträgt 28 Jahre. 33% der Bevölkerung können weder lesen noch schreiben. Die **Arbeitslosenquote** beträgt laut offizieller Statistik durchschnittlich 9%, am stärksten betroffen sind die Städte sowie Frauen und die Altersklasse zwischen 15 und 24 Jahren, hier liegt die Quote sogar über 33%. Dramatisch ist auch die Zahl der arbeitslosen Akademiker. Zwischen Stadt und Land bestehen erhebliche Unterschiede in Einkommen und Lebensstandard. Die **Schere zwischen Arm und Reich** öffnet sich immer weiter. Etwa 15% der Marokkaner leben unterhalb der Armutsgrenze. Das birgt sozialen Sprengstoff, der zur Radikalisierung bestimmter Bevölkerungsgruppen oder zu verstärkter illegaler Einwanderung nach Europa führt. Die Bekämpfung der Armut ist ein erklärtes Ziel von König *Mohamed VI.*, eine Bildungsreform ist beauftragt, und im Oktober 2014 wurde vom zuständigen Minister ein 19 Milliarden DH schweres Paket zur Städtesanierung angekündigt, denn gerade in den Armutsvierteln der Großstädte bilden sich soziale Brennpunkte, die ganz wesentlich zur Radikalisierung der jungen Bevölkerung beitragen. Der **HDI** (*Human Development Index* der Vereinten Nationen), der verschiedene Entwicklungsfaktoren wie Lebenserwartung, Bildung etc. berücksichtigt, führte Marokko im Jahr 2013 auf Platz 129 von 187 Ländern.

Das jährliche (statistische, undifferenzierte und wenig aussagekräftige) **Pro-Kopf-Einkommen** in Marokko lag 2013 bei 5500 US-$. Auch wenn seit 1996 gesetzliche **Mindestlöhne** (SMIG = *Salaire Minimum interprofessionell garanti*, 12,85 DH/Std.) gelten, wird die Entlohnung vor allem in den Städten kaum den Lebenshaltungskosten gerecht bzw. der Mindestlohn oft auch nicht eingehalten. Ein Industriearbeiter verdient etwa 3000 DH im Monat, ein Diplomingenieur oder Arzt 12.000 bis 20.000 DH, ein Uni-Professor max. 35.000 DH. Häufig wird in Form von Bestechungsgeldern ein Zubrot verdient.

Seit 2004 der **Code du Travail** verabschiedet wurde, gilt in Marokko die **44-Stunden-Woche.** Ferner wurden die Regelungen zum Mutterschutz, zu Arbeitsunfällen, Invalidität, Altersrente, Familien und Hinterbliebenen ausgeweitet. Zwangsarbeit und Kinderarbeit unter 15 Jahren sind unter Strafandrohung verboten, kommen aber trotzdem weiter vor.

Es gab außerdem seit 2005 Änderungen bei der **Sozialversicherung,** die den Kreis der Empfänger ausweiten; bisher sind die meisten Marokkaner jedoch nicht sozialversichert. Meist bleiben die eigenen Kinder immer noch die zuverlässigste Krankheits- und Altersvorsorge. Die Sozialversicherungspflicht galt bisher nur bei einer Beschäftigung, die länger als acht Monate dauert. Die Folge: Sie wurde häufig umgangen, indem Leute nur für acht Monate eingestellt wurden. Die Angestellten hatten somit keinerlei Versicherung, auch wenn sie faktisch jahrelang für den gleichen Arbeitgeber tätig waren.

Der überwiegende Teil (39%) der marokkanischen **Erwerbstätigen** arbeitet in Landwirtschaft und Fischerei, 11,5% in der Industrie und 13,2% im Handel. Hierzu zählt auch der informelle Sektor, der typisch für Entwicklungs- und Schwellenländer ist.

Der **Anteil der arbeitenden Frauen** (ab 15 Jahren) betrug 1980 nur 8%, 2013 waren es knapp 25%, mehr als die Hälfte davon in der Landwirtschaft. Erst seit den 1990er Jahren können verheiratete Frauen ohne Erlaubnis ihres Ehemannes einer bezahlten Arbeit nachgehen.

Prostitution existiert offiziell nicht. Vielen Frauen in wirtschaftlicher Notlage und Mädchen, die vor der Heirat ihre Jungfräulichkeit eingebüßt haben, bleibt aber kein anderer Ausweg, als ihren Körper zu verkaufen. Auch Männerprostitution (hetero- und homosexuell) ist häufig. Marokko – vor allem Marrakesch – ist in Europa schon lange als Homosexuellen-Treffpunkt bekannt. In Agadir und Umgebung fallen nicht nur Insidern die älteren Damen auf, die in Begleitung junger Marokkaner unterwegs sind. Bei vielen jungen Männern, die sich mit einer Europäerin einlassen, ist das Hauptmotiv sicher die Hoffnung auf ein besseres Leben in Europa. Enttäuschte europäische Frauen berichten immer wieder von marokkanischen Heiratsschwindlern („Bezness").

Kinderprostitution, häufig unter Beteiligung einheimischer Vermittlung, ist leider keine Seltenheit. In den letzten Jahren wird endlich auch von staatlicher Seite strenger durchgegriffen; einige Ausländer wurden wegen Pädophilie verurteilt und inhaftiert.

Die **gesundheitlichen Folgen** der Prostitution – Geschlechtskrankheiten und HIV/AIDS – bleiben sicher nicht aus. Nach offiziellen Schätzungen sind bisher (ähnlich wie in Deutschland) 0,1% der Bevölkerung mit dem HI-Virus infiziert.

Schulwesen

Zu Beginn der Unabhängigkeit waren 80% aller Marokkaner im schulfähigen Alter Analphabeten. So stand die Regierung vor der gewaltigen Aufgabe, die Kinder in die Schulen zu bekommen. 1959 begann die **Vereinheitlichung des Schulsystems,** das zuvor vorwiegend aus spanischen, französischen, jüdischen und muslimischen Schulen bestand. 1963 wurde die allgemeine Schulpflicht für 7- bis 13-Jährige eingeführt.

1956 besuchten erst 200.000 Kinder die Schule, 1982 betrug die **Einschulungsquote** in den Primärschulen erst 50% (mit einem starken Übergewicht in den städtischen Gebieten). Heute liegt sie bei erfreulichen 96,6% (2013). Jedoch besucht nur noch knapp über die Hälfte der 12- bis 14-Jährigen anschließend eine Sekundarschule. Vor allem in den unzugänglichen Gebieten des Atlasgebirges und unter den Nomaden ist es schwierig, die Kinder zur Schule zu schicken. Aber selbst in den Städten werden vor allem kleine Mädchen als billige Arbeitskräfte benutzt, um zum Familieneinkommen beizutragen.

Die **Analphabetenquote** beträgt immer noch über 30%, bei den Frauen sogar 58%. Eine Initiative der „Stiftung Mohamed VI." des Königs führte Unterricht an Moscheen ein, der vor allem Frauen zugute kommt. Diese Maßnahme verhindert, dass konservative Männer aus meist religiös orientierten Bevölkerungsschichten ihren Frauen den Unterricht außer Haus verbieten.

Das **Schulsystem** ist **nach französischem Vorbild** aufgebaut. Es gibt staatliche und private Schulen. Eine wichtige Rolle spielen nach wie vor die Koranschulen. Neben Primarschulen *(écoles primaires)* und Sekundarschulen *(écoles secondaires)* gibt es technische Schulen *(écoles techniques)*. Die **Regelschulzeit** in staatlichen Schulen beträgt sechs Jahre in der Primarstufe (Abschluss *Certificat Moyen*). Die Sekundarstufe, zu denen die Gymnasien *(lycées)* zählen, beträgt ebenfalls sechs Jahre. Diese zweite Stufe der Ausbildung gibt es nur in den Städten.

Unterrichtssprache ist meist Arabisch. Seit der Anerkennung von Tamazight als offizielle Landessprache wird in den Grundschulen auch in Berberisch unterrichtet. Arabisch ist in vielen Gebieten Marokkos für die Schüler eine Fremdsprache.

Unter den Fremdsprachen nimmt **Französisch** eine Vorrangstellung ein. Es gibt viele private französische Schulen, die Schulgeld kosten und auf die vorwiegend Kinder der Ober- und Mittelschicht geschickt werden. So kommt es, dass viele Oberschichtkinder besser französisch als arabisch sprechen.

Nach wie vor sind **gewaltige Anstrengungen nötig,** um das Schulsystem zu verbessern und zu modernisieren. So sind Lehrkräfte weiterhin Mangelware, und schulische Einrichtungen fehlen ebenso. Auch wenn der Schulbesuch kostenlos ist, können sich viele Familien nicht einmal Hefte und Stifte leisten – Betteleien nach einem „stylo" werden so verständlicher. In den letzten Jahren bekam Marokko Unterstützung aus dem Ausland, um den Bildungssektor zu reformieren.

Universitäten befinden sich in den Städten Rabat, Casablanca, Fès, Oujda, Marrakesch, Meknès, Ifrane, Errachidia, El Jadida, Kénitra, Agadir und Tétouan. Jeder sechste Akademiker in Marokko ist arbeitslos, und immer wieder kommt es zu Demonstrationen der arbeitslosen Jungakademiker. Denn bisher gibt es fast nur Stellen beim Staat, und die sind schwer zu bekommen bzw. nur durch Beziehungen.

Gesundheitswesen

Das marokkanische Gesundheitswesen ist im Vergleich zu anderen afrikanischen Staaten **relativ gut ausgebaut,** zwischen Stadt und Land jedoch sehr unterschiedlich. Ein Arzt kommt in Marokko auf etwa 2000 Einwohner – in Deutschland steht im Durchschnitt ein Arzt für 270 Einwohner zur Verfügung.

In den Städten ist die ärztliche Versorgung gut. Dort lässt sich die Mehrzahl der Ärzte nieder, weil eine bessere Infrastruktur zur Verfügung steht und das Publikum zahlungskräftiger ist.

In den öffentlichen **Krankenhäusern** ist die Versorgung kostenlos, Korruption aber an der Tagesordnung, sodass meist doch nur derjenige behandelt wird, der erfolgreich geschmiert hat. Grundsätzlich sind private Krankenhäuser und Ärzte wesentlich besser ausgestattet als die öffentlichen.

2005 wurde eine **gesetzliche Krankenversicherung** (*Assurance Maladie Obligatoire,* AMO) eingeführt, die den Zugang der Bevölkerung zu medizinischer Versorgung verbessert hat. Es wird jedoch noch lange dauern, bis die Mehrheit über einen Versicherungsschutz verfügt.

Die **ärztliche Versorgung auf dem Lande** wird in erster Linie durch die Gesundheitszentren garantiert. Hier wird kostenlos, freundlich und kompetent eine medizinische Grundversorgung gewährleistet. Zusätzlich wurden fahrbare ambulante Pflegestationen eingerichtet.

ma16_197 ad

Der Anti-Atlas ist die Heimat der Chleuh-Berber

Die Versorgung mit **Medikamenten** ist in allen größeren Orten gut, wo oft mehrere Apotheken *(pharmacie)* zur Verfügung stehen. In den entlegenen Gebieten wirken alle möglichen **Wunderheiler,** oft anstelle von Ärzten. Der Glaube an die Wirkung diverser volkstümlicher Heilmittel ist weit verbreitet.

Als **Hebammen** fungieren meist ältere Frauen und Familienangehörige. Aufgrund der verbesserten ärztlichen Versorgung ging die Säuglingssterblichkeit in den letzten Jahren erheblich zurück.

Familienplanung wird seit den 1960er Jahren staatlich gefördert. Im Zusammenspiel vor allem mit der zunehmenden Verstädterung ist das jährliche **Bevölkerungswachstum** von 3% auf ca. 1,2% zurückgegangen: Bekam eine Frau 1962 im Schnitt noch sieben Kinder, sind es heute statistisch nur noch 2,1.

Ethnische Gruppen

Die einheimische Bevölkerung Marokkos besteht in der Mehrheit aus **Masiren (Berbern)** und **Arabern,** die mit der Ausbreitung des Islam nach Marokko kamen. Marokkanische Araber sind überwiegend Stadtbewohner. Vor allem die gehobenen Schichten von Fès sind arabischer Herkunft. Die Fassis (die Stadtbewohner von Fès) übten zu allen Zeiten einen entscheidenden Einfluss auf das Land und seinen Handel aus. Die fruchtbarsten Gebiete und die größten Fabriken befinden sich in arabischer Hand.

Die **Berber** sind keine homogene Ethnie, sie haben äußerlich wenig gemeinsam und sprechen auch keine einheitliche Sprache. Die Herkunft der Masiren (Selbstbezeichnung der Berber) ist noch nicht eindeutig geklärt, womöglich geht sie auf die Libyer zurück, die bereits in ägyptischen Quellen des alten Reiches (3. Jahrtausend v.Chr.) erwähnt sind und in blonde (Temhu) und dunkle Libyer (Tehennu) unterschieden wurden. Dazu gehören auch die Garamanten, die im Fezzan in Libyen siedelten und mittlerweile als Vorfahren der Tuareg angesehen werden, welche auch zu den Berbervölkern zählen. Die Abstammung z.B. von den blonden Libyern würde auch erklären, warum unter den Berbern so viele blonde und rothaarige Menschen zu finden sind. Man definiert einen Masiren (Amazigh) heute als einen Menschen, der einen Berberdialekt spricht – sei es Tarifit, Tamzight, Tachelheit oder Tamaschek (Sprache der Tuareg). In der marokkanischen Politik sind die Berber nach wie vor nicht gleichgestellt. Der Schulunterricht findet bis jetzt nur in einigen Schulen in den ersten beiden Klassen in Masirisch statt, es gibt nur ein sehr begrenztes Radio- und TV-Programm, und viele masirischen Namen sind in Marokko nach wie vor verboten. Zu beobachten ist aber z.B. im Anti-Atlas, dass mehr und mehr Ortsschilder masirische Namen aufweisen und auch in Tifinagh geschrieben sind.

Aufgrund der starken Vermischung von Arabern mit Berbern und der Arabisierung von Berbern ist eine klare Zuordnung heute schwierig.

Eine weitere Bevölkerungsgruppe rekrutiert sich aus den **Schwarzen (Haratin),** die hauptsächlich als Sklaven ins Land gebracht wurden und sich im Laufe der Zeit mit der einheimischen Bevölkerung vermischten. Viele der ehemaligen Haratin bezeichnen sich stolz als Berber, obwohl ihr schwarzafrikanischer Ursprung unverkennbar ist.

Hinzu kommt eine Minderheit von **Juden** (vor allem in Casablanca) und Nachfahren europäischer Moslems und Juden, die im Zuge ihrer Flucht vor der Reconquista aus Spanien nach Marokko gelangten.

In der **Westsahara** leben nach der letzten Volkszählung **373.000 Einwohner.** Etwa 50.000 sind noch „echte" Sahrawis der Stämme Reguibat, Kunta, Tekna, Beni Hassan, Brakna, Aulad Delim, Aulad Dada u.a. Etwa 2000 sind Nomaden, die wie ihre Nachbarn in den angrenzenden Saharaländern nur von ihrem Vieh leben und in Zelten wohnen, und die je nach Ertrag der Weidegründe weit umherziehen. Es leben jedoch etwa 150.000 Sahrawis in Flüchtlingslagern bei Tindouf in Algerien, wo sie sich eine vorbildlich verwaltete

Stadt mit dem Namen Smara aufgebaut haben und weiterhin auf einen eigenen Staat hoffen (siehe Exkurs über die Westsahara).

Grundsätzlich wäre zu sagen, dass es **keinen einheitlichen marokkanischen Typ** in ethnischer und sprachlicher Hinsicht gibt. Das Zusammengehörigkeitsgefühl wurde in erster Linie von der gemeinsamen Geschichte und Religion geprägt, wobei sich der Großteil der Sahrawis nicht Marokko zugehörig fühlt.

Ehe und Familie

Die wichtigste soziale Einrichtung ist nach wie vor die Familie. Im Gegensatz zu europäischen Verhältnissen lebt die Mehrzahl der Bevölkerung im Verbund der **Großfamilie,** wobei in den Großstädten die Tendenz zur Kleinfamilie (Eltern und Kinder) zunimmt.

Die **Ehe** kommt nach marokkanischem Recht mit einem Vertrag zustande, durch den sich Mann und Frau zum gemeinsamen und dauerhaften ehelichen Leben verpflichten. Die für die Eheschließung erforderlichen Erklärungen werden vor zwei Adoulen (Notar) in Anwesenheit beider Ehepartner abgegeben. Bei dem Adoulen wird auch der Ehevertrag hinterlegt, der u.a. die Höhe des Brautpreises und Einzelheiten im Falle einer Scheidung (etwa die Verteilung des in der Ehe erworbenen Vermögens) festlegt.

Nach dem Islam kann der Mann vier Frauen heiraten, vorausgesetzt, er kann alle gleichrangig behandeln und ernähren. Auch wenn in Marokko schon vor der Verabschiedung des neuen Familienrechts im Jahr 2004 nur 2% der Männer eine zweite Ehefrau hatten, wurde die **Mehrehe deutlich erschwert.** Ein Mann kann nach dem Gesetz nur dann eine zweite Ehefrau heiraten, wenn sich die erste laut Ehevertrag damit einverstanden erklärt. Eine Frau kann mit dem Ehevertrag eine Verheiratung des Mannes mit weiteren Frauen auch von vornherein ausschließen.

Die in vielen arabischen Ländern gültige gesetzliche Regelung, dass ein **Vergewaltiger** einer Verurteilung entgeht, wenn er sein Opfer heiratet, wurde in Marokko 2014 nach zahlreichen Demonstrationen abgeschafft. Auslöser war der Selbstmord eines 16-jährigen Mädchens, das nach einer Vergewaltigung zwangsverheiratet wurde.

Die **Ehemündigkeit** tritt bei beiden Geschlechtern mit Vollendung des 18. Lebensjahres ein. Bei einer vorherigen Genehmigung muss ein Vormund *(Wali)* eingesetzt werden. Es ist nicht mehr wie früher nötig, dass die Frau generell durch einen Wali vertreten wird.

Bei der **traditionellen Heirat auf dem Land** sucht nach wie vor der Vater des Bräutigams die Braut für seinen Sohn aus. Die Braut wird in der Regel nach Gesichtspunkten wie Reichtum, Familienverbindungen und Ansehen ausgewählt. Jedoch muss die Frau nun in die Ehe einwilligen.

Im modernen Leben der **Städte, aber auch zunehmend auf dem Land,** nimmt der europäische Einfluss stark zu, und das traditionelle Wertdenken wird oft als rückständig angesehen. Hier gehört die **Liebesheirat** mittlerweile zum Alltag, auch wenn diese gegenüber den Eltern nicht immer durchsetzbar ist.

Die **Scheidung** war für den Mann nach islamischem Recht einfach, ist aber inzwischen nur mit der Erlaubnis eines marokkanischen Richters möglich, der zudem Versöhnungsversuche unternehmen muss. Rechtliche Scheidungsgründe für die Frau sind z.B. Nichterfüllen der Unterhaltspflicht, Misshandlung oder schwere Krankheiten des Mannes, die der Frau vor der Eheschließung nicht zur Kenntnis gebracht wurden. Auch die Verheiratung mit einer zweiten Frau trotz Widerspruchs der ersten Frau im Ehevertrag ist ein Scheidungsgrund.

Gesetze sollen die Frau davor bewahren, nach einer Trennung in Armut zu verfallen. Meist wird der Brautpreis, den der Mann zur Hochzeit entrichten musste, von der Familie der Frau zur Hälfte eingefordert (für den Verlust der Arbeitskraft bzw. falls die Frau nach einer Scheidung wiederaufgenommen werden muss), die zweite Hälfte bekommt die Frau, ebenso den oft teuren Brautschmuck. Nach den Ehegesetzen hat der Mann der Frau bei

Verstoßung ein **Schmerzensgeld** zu zahlen, das seinen Mitteln und den Verhältnissen der Frau entspricht. Da nach islamischem Recht **Gütertrennung** gilt, kann die Frau ein vor/in der Ehe erworbenes Vermögen selbst verwalten und darüber verfügen.

Theorie und Praxis gehen hier aber oft weit auseinander: Wenn der Mann nicht zahlen kann oder die Morgengabe bei armen Familien ohnehin sehr gering war und die Familie der Frau sie nicht mehr aufnehmen will bzw. kann, dann bleibt nur noch der Weg in die Armut, der oft in der Prostitution endet. Natürlich gibt es auch Frauen, die in gute Verhältnisse einheiraten und dank Ausgleichszahlung, Morgengabe und Unterhaltszahlungen für die Kinder nach der Scheidung wesentlich besser dastehen als der Ehemann.

Die Zahl der Scheidungen ist ziemlich hoch, vor allem bei einigen Berberstämmen, z.B. den Aït Haddidou, wo die Scheidung geradezu im Interesse der Frau liegt, da diese danach das Recht hat, sich den Mann selbst zu suchen …

Gerade auf dem Land oder bei den Islamisten stößt das „moderne" **Ehegesetz** auf Widerstand, denn nach der Sharia wird eine Frau mit der Geschlechtsreife ehemündig. Außerdem ist durch die Anhebung des Heiratsalters die junge Frau für die Familie ein unnötiger Esser mehr. Die neuen Scheidungsrechte sind zudem für viele Männer unannehmbar. So ist die Zahl der Eheschließungen seit Einführung der neuen Gesetze deutlich zurückgegangen.

Im Leben des männlichen Marokkaners ist die **Beschneidung** ein wichtiges Ereignis, meist im Alter von etwa fünf Jahren durchgeführt. Das für den Buben schmerzhafte und für die Familie ehrenvolle Ereignis wird mit dem ersten Moscheebesuch des Jungen und einem großen Fest (meist auch mit Hupkonzert und einer Prozession auf den Straßen) begangen. Die Beschneidung von Frauen wird in Marokko nicht praktiziert.

Im öffentlichen Leben bestimmen oft Männer das Bild

ma16_155 ad

Die Situation der Frau in Marokko

von Muriel Brunswig-Ibrahim

Ein Mann kam zum Gesandten Gottes und fragte ihn: Wer von den Menschen hat das größte Recht auf meine Liebenswürdigkeit und mein Wohlwollen? Der Prophet erwiderte: Deine Mutter! Und als nächstes? Deine Mutter! Und als nächstes? Deine Mutter! Und als nächstes? Dein Vater! (*Sahih al-Bukhari:* Nachrichten von Taten und Aussprüchen des Propheten Mohamed)

Seit Beginn der Islamisierung gab es immer Frauen, die aktiv in der Politik waren. Frauen wie *Aischa,* die Lieblingsfrau des Propheten Mohamed, Sultaninnen und Königinnen in Kairo, Sanaa oder Granada bis hin zu modernen Staatschefinnen, wie *Benazir Bhutto* oder *Tansu Giller,* haben bewiesen, dass auch sie innerhalb einer islamischen Gesellschaft Möglichkeiten haben, politisch zu agieren, ja sogar zu herrschen. Auch in Marokko haben **Frauen in der Geschichte** mitgewirkt: *Fatima al-Fihiria* zum Beispiel, die Erbauerin der Kairawiyin-Moschee in Fès, oder ihre Schwester *Mariam,* auf die die al-Andalus-Moschee zurückgeht, spielten zu ihrer Zeit eine wichtige politische Rolle. Aber auch *Khnata bint Bekkar,* eine der Witwen des verstorbenen *Moulay Ismail,* herrschte ein Vierteljahrhundert lang, um das Reich vor dem drohenden Chaos zu bewahren. Und auch *Lalla Fatima,* eine Frau aus dem Rifgebirge, spielte in der nationalen Geschichte Marokkos eine wichtige Rolle, als sie sich gegen die Kolonialherrschaft und auf die Seite *Abdelkrims* stellte.

Sie alle waren gläubige Musliminnen, die ihre religiöse Aufgabe in ihrer politischen Tätigkeit sahen. Darauf bauen auch **moderne gläubige Feministinnen:** Die Erkenntnis, dass sich Unterdrückung und Ausschluss der Frauen aus dem öffentlichen Leben nicht durch den Islam rechtfertigen lassen, ist ein wesentlicher Bestandteil ihrer Argumentation. Es ist ihnen wichtig zu zeigen, dass (entgegen der Meinung vieler sogenannter Fundamentalisten) **Islam und Frauenrechte keinen Widerspruch** darstellen. Mit dem Verweis auf die islamische und marokkanische Geschichte, in der Frauen und Männer zumindest zeitweise gleichberechtigt waren und Politik keine ausschließlich männliche Angelegenheit war, entkräften sie eines der Hauptargumente ihrer Gegner, nämlich, dass die Emanzipation der Frauen eine „Verwestlichung" der islamischen Gesellschaft bedeute. Wichtig ist außerdem zu sehen, dass der Koran durchaus feministisch interpretierbar ist und es auch einige Völker gibt, bei denen der Islam und ein hohes gesellschaftliches Ansehen der Frau miteinander harmonieren, z.B. bei den Minangkabau in Indonesien oder den Tuareg in der Sahara.

Aber so schön der Koran auch ausgelegt werden kann, die **Realität** in Marokko sieht für Frauen heute meist anders aus. Dabei geht es weniger um die Frauen, die glücklich in ihrer Rolle als Mutter aufgehen oder sich hinter einem Schleier geborgen und geschützt fühlen, sondern vielmehr um eine große Anzahl von Frauen, die sich mehr und mehr von der Gesellschaft, in der sie leben, verraten fühlen.

Gerade in Marokko sind Frauen noch immer nicht gleichberechtigt mit Männern, obgleich das die Verfassung des Landes vorschreibt und ein 2004 in Kraft getretenes Gesetz der Frau die völlige **Gleichberechtigung** bescheinigt. Während marokkanische Frauen per Gesetz schon lange dieselben politischen Rechte wie Männer hatten, sah es im **Familienrecht** ganz anders aus – bis im Jahr 2003 Revolutionäres passierte. „Wie kann man auf Fortschritt und Wohlstand hoffen, wenn die Interessen der Frauen missachtet werden?" Die Rede, die König *Mohamed VI.* am 10. Oktober 2003 im Parlament hielt und die wenige Monate später die Änderung des Familienrechts nach sich zog, rief ein wahres Erdbeben hervor.

Damit wurde in Marokko als erstem islamischen Land die vollkommene Gleichberechtigung der Frau im Gesetz verankert. Die alten, frauenfeindlichen Gesetze wurden aufgehoben. War es bis dahin den Männern erlaubt, ihre Gattinnen zu verstoßen oder gegen ihren Willen eine zweite, dritte und vierte Frau zu ehelichen, ist dies nun nahezu unmöglich. Die Frauen sind nicht mehr verpflichtet, ihren Ehemännern zu gehorchen. Neu ist auch, dass Marokkanerinnen selbst bestimmen dürfen, wen sie heiraten; sie brauchen keinen Vormund mehr. Außerdem wurde das Mindestalter für die Ehe von 16 auf 18 Jahre hinaufgesetzt.

Lange Zeit hatte der König versucht, dieses Gesetz in Marokko zu verabschieden und war immer wieder am energischen Widerspruch der Parlamentarier und am Vorwurf, **unislamisch** zu handeln, gescheitert. Der parlamentarische Protest ließ den König vergleichsweise kalt, doch der Vorwurf, sich gegen den Islam zu stellen, war natürlich ein ernsthaftes Hindernis. Also erarbeitete Mohamed VI. mit Hilfe islamischer Gelehrter einen Gesetzestext, der in allen Punkten mit dem Koran übereinstimmt. Damit nahm er den islamischen Gegnern der Gleichberechtigung der Frau den Wind aus den Segeln, indem er sie mit ihren eigenen Waffen schlug!

Doch natürlich reicht ein Gesetz allein nicht aus, um tief verwurzelte Strukturen und Denkweisen zu ändern, die in **Marokko traditionell patriarchalisch-chauvinistisch** geprägt sind. Bis das Gesetz in den Köpfen der (männlichen) Marokkaner angekommen sein wird, wird wohl noch einige Zeit vergehen. So kommt es zum Beispiel immer noch, vor allem in ländlichen Gebieten, zu unnötigen Todesfällen bei Frauen, da ihnen nicht gestattet wurde, sich von einem männlichen Arzt untersuchen zu lassen.

Auch wenn dem Analphabetismus verstärkt der Kampf angesagt wurde, so ist die Anzahl der Frauen auf dem Land, die weder schreiben noch lesen können, erschreckend hoch (sie liegt bei ca. 60%!).

Hinzu kommt die **Mehrfachbelastung für arbeitende Frauen,** sei es in einer Fabrik oder auf dem Feld. Auch wenn Frauen mehr und mehr in Berufe vorpreschen, die in Marokko noch immer als ausgesprochene Männerberufe gelten, das heißt, in alle Akademikerjobs, bedeutet das dennoch nicht, dass sie nach ihrer beruflichen Tätigkeit nicht mehr ihren Mann, Kinder und Haushalt versorgen müssten. Männer helfen dabei nur in Ausnahmefällen – dann nämlich, wenn die Frau vor Erschöpfung krank geworden ist.

Die meisten marokkanischen **Frauen** sind so **in Traditionen verwurzelt,** dass sie häufig gar nicht merken, wie diese Tradition ihnen Freiheiten vorenthält, die sich keine Europäerin nehmen lassen würde. Nur langsam, und vor allem in der städtischen, intellektuellen Oberschicht, bildet sich unter den Frauen das Bewusstsein aus, dass sie nun weit mehr Rechte haben als bisher. Aber auch Frauen aus den unteren sozialen Schichten fangen ganz langsam an zu begreifen, dass sie sich gegen das Unrecht wehren können, dass sie immer wieder erfahren haben. Während die Damen der oberen Schichten für bessere Positionen kämpfen und ihr neues Recht auf Scheidung nutzen, wehren sich Marokkanerinnen aus ärmeren Verhältnissen vor allem gegen die Polygamie.

Auch wenn Frauen nach dem neuen Gesetz nun gleichberechtigt sind, so gibt es doch einige Punkte, in denen die Tradition sie nach wie vor benachteiligt. Dazu gehört der Wert, der der **Jungfräulichkeit** der Frau beigemessen wird. Kein Gesetz schreibt vor, dass eine Frau als Jungfrau in die Ehe gehen muss, und doch ist dies eines der bedeutendsten (wenn auch ungeschriebenen) Gesetze Marokkos, das dazu führt, dass Frauen weniger Rechte haben als Männer. Die Grundlage dafür ist, dass die Jungfernschaft einer Frau äußerst bedeutsam für die **Ehre der Familie** ist. Und das beschränkt sich keinesfalls nur auf konservative Familien. Es kommt in der Tat häufig vor, dass ein Mann seine Freundin verlässt, nachdem er sie entjungfert hat, allein aus dem Grund, weil sie nun in ihrer Hochzeitsnacht nicht mehr Jungfrau ist. Auch kommt es immer wieder vor, dass Frauen gezwungen werden ihren Vergewaltiger zu heiraten, damit ihre Ehre erhalten bleibt. So bizarr uns dieses Verhalten vorkommen mag: Es ist durchaus üblich. Den Frauen wird von klein auf eingetrichtert, „rein" zu bleiben, sich für den Mann ihres Lebens „aufzuheben". Sie haben diese „Weisheit" so sehr verinnerlicht, dass sie sich um ihr Jungfernhäutchen (arab. *bakara*) mehr sorgen als um alles andere auf der Welt. Verlieren sie es, auch wenn dies vollkommen unschuldig geschieht, wie z. B. durch eine Vergewaltigung, so kann es passieren, dass sie aus der Familie verstoßen werden. Da viele Frauen nie gelernt haben, ihren Lebensunterhalt allein zu bestreiten, hat das wiederum katastrophale Folgen für sie.

Eine ganz andere Sache ist die mit dem **Schleier.** Dieses ehemalige Statussymbol der muslimischen Frauen ist für europäische Betrachterinnen in der Regel ein deutliches Zeichen für die Unterdrückung der Musliminnen.

ma16_156 ad

Diese sehen das allerdings meist ganz anders. Der Schleier an sich bedeutet keine Unterdrückung. Ganz im Gegenteil ist er ein Zeichen der Gleichheit unter den Menschen. In vorislamischer Zeit war der Schleier allein adeligen Frauen vorbehalten. Laut dem Islam aber gibt es vor Gott keine Unterschiede unter den Menschen. Aus diesem Grund gestattete der Prophet allen Frauen, dieses Statussymbol zu tragen.

Im Koran selbst gibt es keinen konkreten Hinweis darauf, dass der Kopf verschleiert werden soll. Wohl steht da, man sollte sich verhüllen, aber das ist, wie alles, weit interpretierbar. Ein Kopftuch symbolisiert für die meisten Frauen häufig nicht viel mehr als ihre Zugehörigkeit zu der Gemeinschaft der Gläubigen. Viele marokkanische Migrantinnen in Europa kehren so auch wieder zu ihrer Schleiertradition zurück, um damit ihr **Zugehörigkeitsgefühl** zu der eigenen Kultur zu demonstrieren.

Diese Aspekte sprechen wenig für eine „Unterdrückung durch den Schleier". Häufig tragen Frauen ihn jedoch deswegen, weil sie sich darin aufgehoben, geschützt und geachtet fühlen; dann aber ist es nicht das Kopftuch, das die Muslima unterdrückt. Vielmehr lässt der Grund, weswegen sie es tragen möchten, Rückschlüsse auf ihr Ansehen in der Gesellschaft bzw. diese als solche zu. Wenn sich die Frau dahinter geborgen fühlt, weil sie sonst von den marokkanischen Männern als reines Sexualobjekt betrachtet wird (und leider entspricht das nur allzu häufig der Wahrheit), wirft das ein trauriges Bild auf die Männer im Land.

Aber der Schleier ist auch ein **politisches Symbol.** Viele Frauen bringen damit ihren Unwillen gegen eine „Verwestlichung" ihrer Gesellschaft zum Ausdruck oder ihren Wunsch nach einem Staat, in dem die Religion mehr in den Vordergrund rückt.

Lalla Salma, die junge Frau von König *Mohamed VI.*, verkörpert den gegenwärtigen Trend in Marokko: Sie trägt sogar zu offiziellen Anlässen ihre Haare offen und ermuntert somit die Frauen des Landes, es ihr gleich zu tun.

■ **Buchtipp: KulturSchock Marokko,** *Muriel Brunswig-Ibrahim,* Reise Know-How Verlag

Der **Tod** ist im Leben eines gläubigen Moslems **kein trauriges Ereignis,** da der Tote zu Allah zurückkehrt. Die Toten werden schnell mit dem Kopf gen Mekka beerdigt. Ein Totenmahl findet wie bei uns bei der Familie des Toten statt. Männer und Frauen besuchen getrennt den Friedhof, die Witwen tragen als Zeichen der Verbundenheit oder auch als Trauerkleidung vier Monate lang ein Kleidungsstück des Mannes und dürfen in dieser Zeit nicht wieder heiraten.

Dorf und Stamm

Bei den Amazigh (Berbern), die noch in festen Stammeseinheiten leben, sind die Sippen und Großfamilien nach wie vor die **grundlegende Sozialeinheit.** Die Leitung der Sippe obliegt dem ältesten Mann; im Besitz der Sippe befinden sich Grund und Vieh. Viele der Sippen besitzen einen gemeinsamen Speicher, einen Agadir. Er wurde früher auch als Fluchtburg der Familie benutzt. Mehrere verwandte Sippen bewohnen ein Ksar, eine befestigtes Dorf, das aus vielen von Familien bewohnten Kasbahs (oder masirisch Igherm) besteht, oder ein Duar, eine Siedlung aus Zelten (jetzt auch festes Dorf).

Die Männer der verwandten Sippen bilden die **Jemâa** (Ratsversammlung). Diese wählt den Vorsitzenden, den „Muqadam" oder „Amghar". Durch Verwandtschaft verbundene Dörfer bilden eine **Stammesfraktion,** „Taqbilt" oder „Fechda" genannt. Sie besitzt oft einen gemeinsamen Wochenmarkt und zählt meist zwischen 5000 und 10.000 Mitgliedern. Der **Stamm** oder **Qibla** besteht aus mehreren Stammesfraktionen. Diese spielen im normalen Leben keine entscheidende Rolle, lediglich in Notzeiten oder im Kriegsfall.

Der **Ursprung des Stammes** geht auf einen gemeinsamen Urahn zurück. Dem Namen des Stammes wird „Aït" (berberisch) oder „Aulad" bzw. „Beni" (arabisch) vorangestellt, was so viel wie „Söhne von …" bedeutet.

Stammesbündnisse von kurzer Dauer wurden gelegentlich bei Eroberungszügen in der Vergangenheit geschlossen. Heute gibt es ungefähr **300 Berberstämme** in Marokko.

Die Stammesfraktionen halten ebenso ihre Jemaas ab wie die Dörfer. Allerdings wurde der gewählte Vorsitzende oft durch den **Führer der Stammesfraktion,** den „Schaykh" oder **„Qaid"** ersetzt. Die **Ämter** waren innerhalb der Familien **erblich.** Jetzt werden die Qaids jedoch von der Regierung gestellt. In den Versammlungen verfügen nur die Männer über ein Stimmrecht.

Religion

Rund 98% der marokkanischen Bevölkerung bekennen sich zum Islam. Er ist **Staatsreligion** und gleichzeitig einigende Klammer aller Volksgruppen. Der König ist das geistliche Oberhaupt. Die Marokkaner gehören der **sunnitischen Richtung** des Islam an. Der Islam durchdringt derart den Alltag, dass ohne seine Kenntnis das Verhalten der Menschen oft nicht verständlich wirkt. In Europa wird der Islam häufig nur negativ rezipiert, oft stehen einer objektiven Beurteilung „kulturelle Imperative" der Aufklärung und des christlichen Glaubens im Weg. Und natürlich tragen auch Islamismus und Salafismus mit ihren radikalen Islaminterpretationen zu einem falschen Bild der Religion bei.

Das heilige Buch des Islam ist der **Koran.** Als schriftliche Fixierung der Äußerungen des Propheten Mohamed zu seinen Lebzeiten, gibt der Koran dem Anhänger des Islam die Gewissheit, dass es sich um das **Wort Gottes** handelt, d.h. nicht nur um bloße Glaubensformeln, sondern um ein moralisch und gesellschaftlich bindendes Gesetz. Die gesamte islamische Rechtsprechung beruht daher auf dem Koran. Wo keine Aussagen zu finden sind, wird er von der **Sunna** ergänzt, dem vom Propheten vorgelebten Beispiel, das selbst alltäglichen Tätigkeiten wie zum Beispiel dem Essen und Waschen die Form gibt.

Die fünf Säulen des Islam

Das Glaubensbekenntnis (Sahada)

Der wichtigste Satz des Glaubensbekenntnisses lautet: **„Es gibt keinen Gott außer Allah, und Mohamed ist sein Prophet."** Dieser Satz wird bei zahlreichen Gelegenheiten ausgesprochen, er dient auch als Formel beim Übertritt zum Islam.

Das Gebet (Salat)

Der Gläubige muss sich **fünfmal am Tag gen Mekka** wenden und knieend beten: bei Sonnenaufgang, mittags, nachmittags, bei Sonnenuntergang und nachts. Vor dem Gebet wäscht sich der Moslem nach genauer Vorschrift und verrichtet sein Gebet nicht auf blanker Erde (sondern auf Gebetsteppichen, Decken oder ähnlichem) und ohne Schuhe.

Das Fasten (Ramadan)

Der **neunte Monat im islamischen Kalender** ist der Fastenmonat Ramadan. Während dieser Zeit darf der Gläubige zwischen Sonnenaufgang und -untergang weder essen noch trinken, nicht rauchen oder sich weltlichen Vergnügungen (das schließt Sex ein) hingeben. Reisende und Kranke, Schwangere und Kinder bis zu 12 Jahren sind von den Vorschriften ausgenommen, Erstere müssen das Fasten aber nachholen. Die Nichteinhaltung des Fastens wird bestraft. Der Ramadan dauert 29 Tage, sein Ende wird mit dem Aid al-Fitr festlich begangen. Der erste Tag des Ramadan wird erst unmittelbar vorher über die Medien bekannt gegeben, da er sich nach dem Neumond richtet.

Im Ramadan ertönt zum Sonnenuntergang ein Sirenensignal oder der Ruf des Neffar *(Muezzin)* von der nächstgelegenen Moschee – ab diesem Zeitpunkt darf gegessen werden. Die erste Mahlzeit *(Ftur)* ist in der Regel die Harira, eine nahrhafte Gemüsesuppe. Ihr folgt zwei bis drei Stunden später das Hauptgericht und vor Sonnenaufgang ein Frühstück *(Shour)* zwischen 3 und 4 Uhr morgens. Hierzu wird man entweder wieder vom Ausrufer der Moschee oder von einer Sirene geweckt. Es werden alle drei Mahlzeiten nachts eingenommen. Gefastet wird also eigentlich nicht. Im Gegenteil: Meist fällt das Essen üppiger und festlicher aus als sonst, Gesangs- und Tanzveranstaltungen zwischen den Mahlzeiten sind in den Lokalen üblich. In der Stadt wird zwischen den Mahlzeiten promeniert, oder man hält sich im Café auf. Im Ramadan geht es abends wesentlich lebhafter auf den Straßen zu, oft bis weit nach Mitternacht, während sonst ab 22 Uhr nicht mehr viel los ist. Auf dem Lande wird der Ramadan eher im Kreise der Familie zugebracht.

Der Ramadan, vergleichbar mit unserer Adventszeit, soll ein **Monat der Besinnung,** der Freude, Kraft und Güte, der inneren Einkehr sein – aber er ist auch ein Monat der Gelüste, Düfte und Gerüche, ebenso ein Monat der Gebete, der Selbstverleugnung, der Sammlung, Unterwerfung, Mildtätigkeit und ein Monat der Gefühle, Solidarität und Brüderlichkeit unter den Gläubigen.

Auswirkungen für **Reisen im Ramadan:** Die Arbeitsleistung der Marokkaner ist während des Tages selbstverständlich auf ein Minimum reduziert, sodass das Hotelpersonal oder Taxifahrer bisweilen sehr lustlos sind. Körperliche Arbeit wird wenn möglich – vor allem bei großer Hitze – vermieden, sodass es zu dieser Zeit z.B. schwierig sein kann, Bergführer oder Mulitreiber für ein paar Wandertage zu engagieren. Viele Cafés und Restaurants auf dem Land haben tagsüber geschlossen, einige Läden öffnen erst nachmittags. Während des dreitägigen Festes Aid Fitr zum Ende des Ramadan steht das öffentliche Leben fast still: Ämter und Banken sind geschlossen, es fahren kaum öffentliche Verkehrsmittel. Ansonsten ist es ein besonderes Erlebnis, den Ramadan mitzuerleben und das köstliche, klebrige Ramadangebäck zu probieren.

Ramadan-Termine für die nächsten Jahre siehe „Praktische Tipps A–Z/Feiertage".

Die Barmherzigkeit (Sakat)

Armen etwas von seinem Verdienst zu geben, ist eine wichtige Pflicht für den Moslem. **Almosen** sind selbstverständlich, früher wurde eine Armensteuer erhoben, die sich auf 10% der Ernte und des Herdenzuwachses und 25% vom zehnten Teil der Geldeinnahmen belief. Inzwischen sind die Almosen an die Armen aber wieder freiwillig.

Aus der Verpflichtung, Almosen zu geben, wird das Betteln bzw. die Anspruchshaltung der Armen gegenüber den Reichen (in diesem Fall auch gegenüber den Touristen) wohl verständlicher.

Die Pilgerfahrt (Hadj)

Im letzten Monat des Jahres begibt sich der Moslem auf Wallfahrt zu den Pilgerstätten. Einmal in seinem Leben soll er dabei **Mekka** besucht haben; er darf dann den Titel „al-Hadj" führen. Die Qaaba in Mekka verehren die Moslems als ein von Abraham *(Ibrahim)* und *Ismail* erbautes Heiligtum. Ihr Besuch ist eine Wiederbegegnung mit der ursprünglichen, monotheistischen Überlieferung, welche auf Abraham zurückgeht und als deren Erneuerung sich der Islam betrachtet.

In Marokko und auch anderen Ländern wird es zunehmend Sitte, während des Wallfahrtsmonats zu den Gräbern der Landesheiligen zu pilgern, in Marokko z.B. zum Grab des Staatsgründers *Moulay Idris.* Wer es sich allerdings leisten kann, zieht natürlich den Besuch Mekkas vor – der „Titel" *al-Hadj* ist nach wie vor die größte Ehre.

Weitere wichtige Regeln

Zahlreiche Regeln **bestimmen das Leben des Gläubigen.** So darf der Moslem keinen Alkohol trinken, er soll nur Fleisch von geschächteten Tieren essen, also von gänzlich ausgebluteten Tieren, denen die Kehle durchschnitten wurde, er soll kein Blut trinken oder mit Blut verarbeitete Speisen essen. Auch die Frau in der Menstruation gilt als unrein und muss während dieser Zeit zahlreiche Vorschriften einhalten.

Das ganze Leben des Moslems ist durch den Koran und die Sunna geregelt. Für alle denkbaren und undenkbaren Lebensvorgänge gibt es einen Verhaltenskatalog. Dazu gehören auch die zahlreichen Hygienevorschriften, die u.a. die **täglichen Waschungen** vor dem Gebet, die teilweise rituellen Charakter erhalten haben, vorschreiben.

Gebetsräume der **Moscheen** dürfen in Marokko von Ungläubigen nicht betreten werden. Touristen sollten auch beim Fotografieren Zurückhaltung üben.

Mystik und Bruderschaften

Es gibt im Islam keine übergeordnete Einrichtung, die unserer Kirche vergleichbar wäre, also auch **kein Priestertum.** Als Verbreiter der Glaubensgesetze gelten die Gelehrten, die meist Rechtsgelehrte sind. Man verlangt von einem Moslem zwar, dass er die Glaubensvorschriften befolgt, sein inneres Glaubensleben aber geht nur ihn allein etwas an. Da jedoch der Koran immer wieder die geistige Vertiefung in den Glauben empfiehlt, sind Lehrer und Meister hervorgetreten, welche die **Besinnung auf den innersten Gehalt der Religion** lehren. Aus dieser Besinnung hat sich die islamische Mystik herausgebildet, deren Vertreter die **Sufis** sind. Die Mystik selbst wird als „Tasawuf" bezeichnet. Etwa seit dem 13. Jahrhundert formierten sich die Überlieferer der Mystik zu Orden oder Bruderschaften *(Zaouia),* unseren Klöstern vergleichbar, welche **großen Einfluss** auf das Volk haben. Aus solch einem Orden ging zum Beispiel auch das Herrschergeschlecht der Almorawiden hervor. Diese **Zaouias** (Zawias) wurden von *Marabuts* (Weise/Gelehrte) gegründet, die als „Heilige" verehrt werden (obwohl es laut strengem wahabitischen Islam keine Heiligen gibt), deshalb ist der Zaouia das Grab des Marabut angeschlossen. Zu einer Zaouia gehören meist auch Unterkünfte für die Schüler, ähnlich einem Kloster oder Internat. Neue Schulen werden vom Religionsministerium gefördert, sind aber mehr einer Koranschule als einer Schule in unserem Sinne gleichzusetzen.

Der Heiligenglaube

Im Zusammenhang mit islamischer Mystik und den Glaubensvorstellungen der Berber entwickelte sich in Marokko ein besonderer Heiligenglaube, der allerdings von strenggläubigen Moslems nicht als reiner islamischer Glaube anerkannt wird.

Die Heiligen verfügen über **„Baraka"** (Segen), eine göttliche Kraft. Sie wird lebenden und verstorbenen Personen zugeschrieben. Diese Heiligen werden auf Arabisch **Marabuts** (franz. *Marabout*) und auf Berberisch *Igourramen* genannt.

Die berühmtesten islamischen Heiligen waren Begründer von „geistigen Schulen". Sie haben meist **sittliche Vorschriften und Anweisungen** zu einem Leben in Besinnung und geistiger Versenkung hinterlassen, die von Schülern weitergegeben wurden und denen durch das Beispiel des Heiligen eine rettende und verwandelnde Wirkung beigemessen wurde. Den Heiligen werden oft Wundertaten zugeschrieben. Wunderheiler werden auch *Fkih* oder *Fakih* genannt.

Plätze, an denen Heilige gewohnt oder sich auch nur zur Rast niedergelassen haben, werden besonders verehrt, ebenso die **Grabstätten der Marabuts,** die man im ganzen Land findet. Das Baraka soll an diesen Plätzen auf die Gläubigen übergehen, deshalb sind diese Stätten Pilgerziele: Frauen erbitten sich Fruchtbarkeit oder Bauern einen reichen Erntesegen. Viele Feste (**Moussems** bzw. *Mausims*) finden jedes Jahr an den zahlreichen Marabuts zu Ehren der Dorfheiligen statt.

Die Kraft des Baraka kann aber auch in Dingen wohnen: Baraka besitzt das Korn, das im Kreislauf der Natur immer wieder neues Leben hervorbringt, oder das **Henna** (Henna, die rötlich-braune Farbe), eine Gabe Gottes und des Propheten Mohamed. Daher rührt auch die Sitte, sich Haare, Nägel und Hände mit Henna zu färben. Dieser Baraka-Glaube spielt vor allem bei den Atlas-Berbern eine erhebliche Rolle. Der Heiligenglaube ist aber in ganz Marokko verbreitet, und die Baraka-Wirkung wird vielen Personen, die sich durch Glaubenstaten hervorgetan haben, zugeschrieben, so auch Mohamed. Dieser vererbte sie auf seine Tochter Fatima. Und da das Herrschergeschlecht der Alawiten auf Mohamed zurückgeht, verfügt auch der König über das Baraka.

Weit verbreitet ist der Glaube an die **Djinnen,** die guten und bösen Geister. Man schützt sich mit Salz, Metallen (Silber bringt Glück, Eisen und Gold Unglück, allerdings nur bei den Berbern, nicht bei den Arabern) oder Schießpulver oder besänftigt sie mit Opfergaben.

Vielerorts anzufinden ist auch der **Glaube an den „Bösen Blick".** Hier helfen Amulette oder die „Hand der Fatima", ein Talisman in der Form einer Hand. Es mehren sich freilich die Stimmen, die in der Heiligenverehrung eine Bedrohung des Monotheismus sehen. Diese Auffassung vertreten vor allem die Wahabiten, deren Glaubensrichtung im 19. Jahrhundert aufkam, und die moderne ägyptische Islamforschung. Für die strenggläubigen Moslems aus dem Osten ist der in Marokko praktizierte Islam nichts anderes als Sektentum.

› Marabut bei Errachidia

Kunst und Kultur

Vorislamische Kunst

Auf marokkanischem Boden waren es die **Römer** (im damaligen *Mauretania tingitana*), die erste bleibende Kunstwerke hinterließen. Zunächst orientierten sie sich am Stil der Griechen, kauften oft für viel Geld griechische Originale oder ließen Kopien anfertigen. Erst als für römische Bürgerhäuser, Tempel und Gräber der Bedarf an Skulpturen und Steinmetzarbeiten wuchs, entwickelten sich ein eigener Stil und ein lebhaftes Kunstschaffen. Vor allem öffentliche Bauten wurden kostbar geschmückt. Teure Plastiken aus Bronze und Marmor wurden hergestellt, von denen auch in Nordafrika wertvolle Stücke gefunden wurden, z.B. die Bronzefiguren aus Volubilis, Banasa und Thamusida. Besonderer Wert wurde auf die Verschönerung von reichen Privathäusern, Thermen, öffentlichen Gebäuden und Bädern gelegt.

Die Baumeister verwandten große Sorgfalt darauf, die Bauten der Landschaft anzupassen. Tempel und Säulenhallen wurden so angelegt, dass sie den Blick auf Berge und Täler frei ließen. Ein Beispiel für die schöne Lage und prachtvolle Baukunst ist **Volubilis,** die **bedeutendste Stadt aus römischer Zeit in Marokko.** Sie liegt auf einer Hochebene am Fuß des Zerhoun-Massivs in der Nähe von Fès und Meknès. Das Ruinenfeld erstreckt sich über 40 ha; der Platz war bereits vor den Römern sowohl von Berbern besiedelt als auch von maurischen Königen geschätzt. König *Juba II.* (25 v.Chr. bis 23 n.Chr.) errichtete hier eine seiner Hauptstädte. Sie wurde Residenzstadt der Prokuratoren und mit einer 2350 m langen Mauer und 40 Bastionen gut gegen die aufständischen Berber geschützt.

Das Ruinenfeld von Volubilis wurde früher als Steinbruch genutzt, sodass dadurch viele wertvolle Kunstgegenstände und Bauten zerstört wurden. Erst 1915 begann man dort systematisch mit Ausgrabungen.

Viele **Bronzen, Skulpturen und Stelen** aus den römischen Städten kann man im Archäo-

ma16_157 ed

logischen Museum in Rabat besichtigen. Dort findet man auch Keramiken, Werkzeuge und Kunstgegenstände aus der Punierzeit und der Steinzeit.

Islamische Kunst

Die islamische Kunst **basiert auf Elementen der römisch-hellenistischen, persisch-sassanidischen und christlichen Kunst.** Aus diesen Bestandteilen formte sich ein eigener Stil, für den sich die Bezeichnung „maurisch" durchgesetzt hat. Charakteristika sind die Vernachlässigung der Fassaden, die Ausdehnung in die Breite, scheinbare Auflösung der Deckenlasten durch Verjüngung der Säulen und Stalaktitengewölbe sowie Betonung von Details, wobei sich durch die Anwendung der stilisierten Muster trotzdem ein zusammenhängendes harmonisches Gesamtbild ergibt.

Das **dekorative Moment** wurde zum **wichtigsten Bestandteil der islamischen Architektur.** Es verziert Decken, Wände, Bögen und Gewölbe. Die charakteristischen Dekors sind der **Hufeisenbogen und Stalaktitenverzierungen, Arabesken und Ornamente.** Da dem Moslem bildliche Darstellungen verboten sind, wurden diese Dekors immer neu variiert.

Arabesken geometrischer Ornamente wurden kombiniert mit pflanzlichen Formen, wodurch abstrakte Bilder entstanden. Linien, Kurven, Blätter und blütenartige Gebilde ohne Anfang und Ende fügen sich zu einem kompletten Ganzen. Die **Arabeske** ist eine typische Schöpfung der maurischen Kunst. Sternförmig ineinander geschlungen illustrieren sie die Unendlichkeit des Universums (auch „Spinngewebe Gottes" genannt), oder als Palmetten, ein Rankenwerk aus Blumenformen und Blättern, deren ursprüngliche Gestalt nicht mehr zu erkennen ist, formen sie sich zu Spiralen und Wellen, verzieren hölzerne Fenstergitter, Wände und Fliesen.

Das **Schriftornament** verbindet sich oft mit Arabesken und stellt so ein Rankengebilde aus Schrift und Muster dar. Es dominieren zwei Stilformen, eine in der eckigen Schrift des *Kufi,* die andere in der Kursivschrift des *Nesschi.* Die Schriftornamente werden so weit stilisiert, dass sie oft zum herausragenden Element des Gesamtdekors werden. Den **Inhalt der Ornamente** bilden **Koranverse,** die sich immer auf die Allmacht Allahs beziehen, und der Gruß *Salam,* was so viel wie Frieden bedeutet.

Die wichtigsten Bauwerke der maurischen Kunst entstanden unter der Herrschaft der Araber in Spanien, so z.B. die **Alhambra in Granada.** Von Spanien aus, zumal nach der Vertreibung der Mauren von der Iberischen Halbinsel, verbreitete sich dieser Stil unter den Almoraviden und Almohaden auch in Marokko. Die **Kairaouyine-Moschee in Fès,** ursprünglich nur ein bescheidener Betsaal, wurde unter dem **Almoraviden** *Yussuf Ben Tashfin* in der zweiten Hälfte des 11. Jahrhunderts mit gewaltigem Aufwand ausgebaut. Sie bekam reiche Verzierungen, macht aber wegen ihrer wuchtigen Pfeiler und den nur geringen Höhen der Bögen einen schwerfälligen Eindruck. Unter den Almohaden in der zweiten Hälfte des 12. Jahrhunderts wurde die marokkanische Architektur zu neuen Glanzleistungen geführt. *Abd al Mu'min* (1130–1163) gründete die Moscheen von Tin Mal, Taza und Marrakesch und veranlasste den Bau des Agnaoua-Tors in Marrakesch. Sein Sohn *Abu Yaqub* (1163–1184) gab in Sevilla eine später zerstörte Moschee in Auftrag. Außerdem ließ er die große Moschee von Salé errichten. Sein Enkel *Abu Yussef Yaqub al Mansur* (1184–1199) vollendete in Marrakesch die von seinem Vater begonnene Kasbah und versah sie mit einer riesigen Moschee. In Rabat errichtete er den großen Almohaden-Mauerring mit seinen berühmten Minaretts, die er aber nicht vollenden konnte.

Die **Meriniden** (13. bis Ende des 15. Jahrhunderts) führten die Baukunst der Almohaden fort. So wurde von ihnen neben Fès-al-Bali auch Fès-al-Jedid errichtet, das Arsenal von Salé, die Medersa von Taza und Chellah in Rabat, das zur Königsnekropole (Totenstadt) wurde. Die Kunst der Meriniden war nicht nur dem Krieg und der Religion geweiht, sie diente auch dem persönlichen Vergnügen und der Verschönerung der Städte und Paläste.

Unter den Nachfolgern der Meriniden und Ouassiten, den **Saadiern** bzw. Saaditen (16. bis Mitte des 17. Jahrhunderts), entstanden weniger bedeutende Bauwerke. Eindrucksvollstes Zeugnis sind die Saaditengräber in Marrakesch.

Unter der Aliden- bzw. **Alawitendynastie** (1663 bis heute) verflachte die Kunst gänzlich. Meknès wurde mit riesigen Stadtmauern, Kasernen und Stallungen versehen, berühmtestes Bauwerk dieser Zeit ist das Bab al Mansur in der Stadt.

Das städtische Haus

Die Städte hatten und haben Bedeutung als zentrale Markt- und Produktionsorte, als religiöse und administrative Zentren. Arabische Städte waren **im Mittelalter** wesentlich besser organisiert als europäische Städte und verfügten über Kanalisation und Wasserleitungen. Auch kulturell waren sie den Städten in Europa überlegen. In den marokkanischen Städten hatte sich eine Schicht aus Großgrundbesitzern, Großkaufleuten, Beamten des Sultans, Besitzern von Teppichmanufakturen, Juwelieren, Professoren etc. herausgebildet, die durchaus mit dem europäischen Großbürgertum im 19. Jahrhundert zu vergleichen ist. Sie ließen sich prunkvolle Häuser bauen, die zum Teil in den Altstädten (vor allem von Fès) noch erhalten sind.

Die Bauweise des städtischen marokkanischen Hauses lässt sich vom alten orientalischen Hofhaus ableiten **(Riad),** das wiederum römische Vorbilder hat. In der Regel handelt es sich um ein zweistöckiges, aus sehr flachen, plattenförmig gebrannten Ziegeln aufgemauertes **Flachdachhaus mit Innenhof (Patio).** Dieser Innenhof ist in der Regel offen, es gibt aber auch Häuser, denen ein Glasdach aufgesetzt wurde. Die schwere hölzerne Haustür befindet sich in der linken Hausecke, von der ein rechtwinkliger Gang in den Innenhof abzweigt, sodass dieser von der Haustüre nicht eingesehen werden kann. Dadurch wurde den Frauen ermöglicht, beim Erscheinen eines Besuchers rechtzeitig den Rückzug antreten. Dieser Innenhof ist mit Mosaikfliesen belegt, in der Mitte befindet sich ein marmorner Brunnen. Um den Innenhof sind symmetrisch die **vier Haupträume** (Empfangszimmer, Schlafraum des Hausherrn, Aufenthaltsraum der Frauen, Familienraum), kleinere Nebenräume und die Küche angeordnet. Vier achteckige, mit Fliesen und Stuck verzierte Säulen tragen die Galerie des überdachten Ganges vor den Räumen. In die vier Haupträume führen geschnitzte Doppelflügeltüren. Lichteinfall erhalten die unteren Räume durch ein ca. 1,50 m hohes und 1 m breites vergittertes Fenster ohne Scheiben, vor dem hölzerne Fensterläden angebracht sind.

Islamische Häuser haben im Gegensatz zu den jüdischen Wohnhäusern in der Mellah (Judenstadt) **keine Fenster zur Straßenseite,** sondern lediglich zum Innenhof oder zum Garten hin. Die Fenster zum Innenhof sind holzgeschnitzt mit doppeltem oder einfachem Hufeisenbogen. Die Holzläden und Türen bestehen aus meist farbig gefasstem Zedernholz, tragende Balken aus geschnitztem, dunklem Zedernholz. Die Räume des Obergeschosses entsprechen im Grundriss in der Regel denen des Untergeschosses und werden von den Frauen bewohnt. Geschlafen wird auf Polstern in den Schlafräumen, nach Geschlechtern getrennt. Die nicht verzierten Teile eines Raumes sind gekalkt, das obere Drittel der Wände ist meist durch eine Stuckdekorbordüre verziert, an die eine bemalte Holzkassettendecke anschließt. Die Böden und Wände der Innenhöfe wie auch die Säulen sind mit Mosaikfliesen (Zelliges) in den Farben Schwarz, Weiß, Flaschengrün, Dunkelblau und Ocker belegt. Hier gibt es einige immer wiederkehrende Muster in Pfeilform oder als achteckiger Stern. Die Stuckverzierungen an den oberen Teilen der Wände, aber auch die Holzdecken sind mit vielfältigen Ornamenten und Arabesken gestaltet.

Zum **Mobiliar** gehören Polster am Boden, die als Rückenstütze (bzw. Kissen) dienen, unter denen häufig auch ein einfaches Holzgestell angebracht ist. Bei vornehmen Familien waren die Stoffpolster aus Brokat, und kunstvoll bestickte Kissen wurden als Rückenpolster verwendet. Im Empfangsraum stehen noch einige wenige kleine Holztische. Der Tee wird auf einem Metalltablett serviert, das auf einem Holzgestell abgestellt wird oder Füße hat. Als zusätzliche Einrichtung gibt es noch gelegentlich hölzerne, verzierte **Wandborde.** Sehr kunstvoll verziert waren auch die hölzernen Brottische, die inzwischen sehr selten geworden sind. Schränke fehlen völlig: Decken sowie Schmuck und Kleider wurden in **Truhen** aufbewahrt, die von der Frau in die Ehe mitgebracht werden. Sie sind aus braun gebeiztem Zedernholz und bemalt.

Die **Lampen** sind aus Messing oder Bronze gegossen, an schweren Ketten aufgehängt und mit typischen marokkanischen Ornamenten durchbrochen.

Derartige Häuser finden sich noch zahlreich **in den Medinas;** sie werden infolge veränderter Gegebenheiten (weniger Frauen, ärmere Familien) meist von mehreren Familien gemeinsam genutzt. In den Volkskundemuseen in Meknès, Tètouan und Fès und im Palais el Bahia in Marrakesch kann man solche Wohnstätten sehr gut besichtigen, da die Museen in ehemaligen Wesirspalästen untergebracht, mit zahlreichen Exponaten aus Bürgerhäusern bestückt und so hervorragende Beispiele gehobener islamischer Wohnkultur und Architektur sind. In den letzten Jahren wurden traditionelle Häuser **(Riad)** als Restaurant, Gasthaus *(Maison d'Hôtes)* oder als Teppichpalast verwendet und so vor dem Verfall gerettet, denn kaum jemand kann sich mehr den Unterhalt eines solchen Hauses leisten. In Marrakesch, Fès und Essaouira wurden zahlreiche Riads von Europäern erworben und zu **stilvollen Gästehäusern** umgebaut.

Reiche Familien bauten sich in den 1970er bis 1990er Jahren nach europäischen und maurischen Vorbildern gestaltete und mit allem Komfort ausgestattete **Villen** in den Vororten bzw. Nobelvierteln der großen Städte (z.B. Casablanca-Anfa) und statteten diese teils sehr geschmackvoll, manchmal auch orientalisch überladen, mit westlichem Mobiliar aus. Dieser Trend war auch in Mittelklassefamilien zu beobachten. Da aber inzwischen marokkanische Wohnkultur – modern aufgepeppt – in Europa und Amerika schick geworden ist, besinnen sich Marokkaner der Mittel- und Oberklasse in zunehmende Maße wieder eines gehobenen marokkanischen Lifestyles.

In den großen Städten werden ähnlich wie in Europa zahlreiche **Trabantensiedlungen** angelegt, deren Bauweise nur noch wenig mit islamischer Tradition zu tun hat. Sie weisen, wie auch bei uns üblich, Balkone und Fenster nach außen auf. Nach wie vor sind aber wegen der geringen Regenfälle begehbare Flachdächer, auf denen Wäsche oder Früchte getrocknet werden, vorherrschend.

Ein großzügiges Haus kann sich in der Stadt kaum mehr jemand leisten, die **Mieten** für eine Dreizimmerwohnung in einfachen Neubauvierteln sind für viele ebenfalls unerschwinglich und lassen sich nur durch den Verdienst mehrerer Familienangehöriger bezahlen. Da auch der Zuzug vom Land in die Stadt anhält, wachsen in den Vororten der Großstädte, vor allem in Casablanca, die **„Bidonvilles"**, einfache, selbst zusammengezimmerte Häuser aus Ziegelsteinen, Wellblech und Pappe ohne Wasser- und Stromversorgung, durch hohe Mauern den Blicken der vorbeifahrenden Autofahrer auf der Autobahn entzogen.

Die Baukunst der Berber

So unklar wie die Herkunft des Berbervolkes ist auch die **Entstehung** der berberischen Baukunst. Eine Verwandtschaft zu babylonisch-assyrischen Bauten lässt sich nicht leugnen. Eine große Ähnlichkeit besteht vor allem zu den Wohnburgen im Hadramaut (Jemen).

Die **Ksour** (Sg. *Ksar*), die **befestigten Dörfer der Berber,** sind vom Aufbau her alle gleich. Sie bestehen aus einer Aneinanderreihung mehrerer Wohnstätten in verschiedener Höhe mit konisch zulaufenden Mauern und wenigen Fenstern. Sie sind mit Türmchen und Zinnen versehen, oft mehrere Stockwerke hoch und haben eine hohe Umfassungsmauer. Innerhalb der Ksour befinden sich oft bis zu 100 Feuerstellen, je nach Größe des Familienverbandes. Ein Ksar beherbergt oft einen ganzen Stamm oder eine Sippengemeinschaft. In ihnen herrscht nicht selten ein Leben wie bei uns auf den mittelalterlichen Burgen.

Bei Überfällen bot die **Kasbah** (arab. für Burg, berberisch: **Igherm**) Schutz vor Überfällen feindlicher Stämme. Vier Ecktürme sind charakteristisch für eine Kasbah, aber auch für eine Familienburg **(Tighremt).** In den Ecktürmen führen die Treppen nach oben. Die Tore der Umfassungsmauern eines Ksar oder eines ummauerten Marktplatzes sind ebenfalls von solchen quadratischen Türmen flankiert. Die Tighremts sind vor allem im Süden zu finden und durch ihr wehrhaftes Aussehen und ihre reichhaltigen Verzierun-

Grundriss einer Feudal-Kasbah in Skoura (Abb. aus W. Wrage, „Straße der Kasbahs")

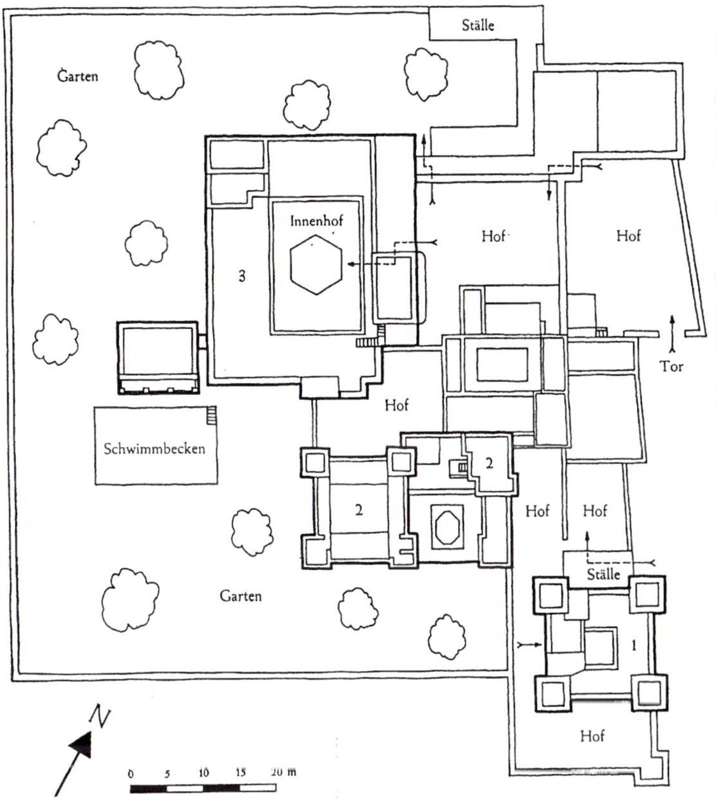

gen innerhalb der Ksour besonders dominant. Es gibt zwei Arten von Tighremts: solche mit Innenhof und andere mit Mittelgang, von außen in der Regel nicht zu unterscheiden. Diejenigen mit Innenhof findet man öfter in den Tälern und Ebenen, die andere Form herrscht im Gebirge vor.

Die Tighremts oder Kasbahs sind häufig **fünf bis sechs Stockwerke** hoch. Die Kasbah als Fürstensitz einer Sippe wird von den Nebengebäuden und manchmal mit einer Mauer innerhalb des Gesamtkomplexes umfasst.

Der **Grundriss** der Burg ist bei allen Anlagen mehr oder minder gleich. Das Erdgeschoss besteht gewöhnlich aus mehreren kleinen oder einem großen Raum und wird meist als Stall oder Abstellraum für Arbeitsgerät benutzt. In der Regel besitzt die Burg nur eine Tür, durch die man in einen dieser dunklen Räume gelangt; in einem der Ecktürme führt eine Treppe nach oben. Das 1. Stockwerk wird in den meisten Fällen noch als Speicher für Getreide und Hülsenfrüchte benutzt. Im 2. Stockwerk befinden sich die Schlafräume und im 3. Stock die Wohnräume. Sie sind mit Teppichen und Polstern ausgelegt. Sessel und Stühle gibt es bei den Berbern nicht.

Die **Fenster sind nicht verglast,** sondern nur mit einem oft schmiedeeisernen Gitter versehen. Die weißen Wände sind hin und wieder mit bunten Ornamenten verziert.

Die **Außenmauern** einer Kasbah oder eines Tighremt sind ebenfalls mit **Ornamenten** geschmückt, die häufig erst in Höhe des Wohntraktes beginnen. Die Ornamente haben magische Bedeutung. Sie verfügen über Baraka, Heil bringenden Segen (siehe „Religion/Der Heiligenglaube"), und sollen vor bösen Geistern schützen. Die Ornamente wurden in ihrer Ausgestaltung geringfügig durch den Islam beeinflusst, beruhen aber meist auf alten Stammestraditionen.

Häuser und Burgen sind **aus Stampflehmerde hergestellt.** Man sticht an dem Platz, an dem das Gebäude entstehen soll, den Lehmboden aus und mischt den Lehm mit Wasser und Maisstroh. Dann wird der Lehmbrei in Holzkästen gefüllt, die die Breite der geplanten Mauern haben, man lässt das Ganze trocknen und zieht dann den Holzkasten ab. Über die fertigen Mauerteile legt man Holzknüppel zur Befestigung, setzt den oben und unten offenen Holzkasten darauf, füllt ihn mit Lehm, lässt die Masse trocknen und löst die Bretter. Nach dem Trocknen zieht man die Balken heraus, sodass in bestimmten Abständen Löcher entstehen, die wie Fenster oder Schießscharten wirken. Bei besonders sorgfältig gebauten Kasbahs werden diese Löcher mit Lehmbrei ausgefüllt. In den oberen Stockwerken führt man manchmal den Bau mit luftgetrockneten Lehmziegeln zu Ende. Durch eine bestimmte Anordnung der Ziegel oder durch Aussparungen kann man nun Muster und Zeichen an der Mauer gestalten. Manche Kasbahs im Hohen Atlas (z.B. im Tessaout-Tal) sind wegen der besseren Haltbarkeit aus Trockensteinen errichtet. Die Decken der Innenräume werden mit Baumstämmen befestigt und mit geflochtenen Rohrmatten in Fischgrätmuster belegt.

Eine Kasbah vergrößerte sich mit dem Anwachsen der Familie. Es wurden immer wieder neue Anbauten mit Türmen, Höfen und Mauern geschaffen, die den Kasbahs ihr jetziges festungsartiges Aussehen gaben und oft Hunderten von Menschen Platz boten. Oftmals war eine **Kasbah auch Privatwohnsitz mächtiger Herrscher** mit prachtvoll ausgeschmückten Räumen und Nebengebäuden für Gesinde und Günstlinge, so z.B. die Kasbahs des Paschas *al-Glawi.*

Kasbahs als Sitz eines Qaids wurden entlang der Karawanenwege, vor allem im Drâa- und Dadèstal errichtet, und hatten die Funktion, den Handel zu kontrollieren, Macht zu demonstrieren und Karawanen zu beherbergen. Mehr und mehr Kasbahs wurden an exponierten Stellen gebaut, alle dem jeweiligen Qaid unterstellt. Als nun im Süden der mit den Franzosen paktierende **Pascha Al-Glawi** *(El Glaoui)* an Machtfülle gewann, baute dieser jeweils neben einer qaidalen Kasbah seine eigene Kasbah. Dies erklärt die Fülle an Kasbahbauten vor allem im Drâatal, durch das der Karawanenweg nach Timbuktu führte.

Früher hatten viele Kasbahs eine lebenswichtige Funktion, da sich die Berberstämme laufend bekriegten. Durch die Befriedung der Berberstämme, aber auch aufgrund des eingestellten Karawanenhandels, verloren die Kasbahs ihren ursprünglichen Zweck und wurden, wenn der Unterhalt zu viel Geld verschlang, von den Familien aufgegeben. Früher wurden die Lehmmauern der Kasbahs fortwährend instand gehalten, verbessert und verschönert, sodass kaum eine Kasbah im Laufe der Jahrhunderte das gleiche Gesicht behielt. Denn gerade die starken Regenfälle im Winter zwangen die Menschen dazu, ihre Kasbahs zu renovieren. Vor allem die Besitztümer des mit den Franzosen kooperierenden Pascha *al-Glawi,* der nach der Unabhängigkeit alle seine Ämter verlor, wurden dem Verfall preisgegeben. Einige wenige seiner prachtvollen Fürstensitze (so z.B. die Kasbah Taourirt in Ouarzazate) wurden in das Förderprogramm der Cerkaz (der staatlichen Stelle zur Erhaltung der Kasbahs) aufgenommen. Manche fürstliche, aber auch Familien-Kasbahs haben mit zunehmendem Tourismus eine **Renovierung** erfahren und dienen jetzt als Hotel. Die Kasbahs befinden sich ausnahmslos im Süden Marokkos, vor allem in den Tälern Dadès, Drâa, Todrha und Ziz.

Innerhalb der Ksour, vor allem im südlichen Hohen Atlas und im Anti-Atlas, findet man meist mehrere **Vorratsspeicher (Agadir)** für die Dorfgemeinschaft. Sie ähneln einer Burg, haben ein oder zwei Wachtürme und sind von zwei Verteidigungswällen umgeben. Der Agadir hat einen einzigen Eingang, an dem ein Wachposten steht. Es gibt zwei Arten von Agadiren, den **Hof-** und den **Zellen-Agadir.** Beim Hof-Agadir sind die Aufbewahrungszellen um einen Innenhof gruppiert, sodass man dort auch noch Vieh unterbringen kann. Diese Form der Agadire ist vor allem bei Halb-Nomaden beliebt. Zellen-Agadire findet man im Anti-Atlas, in ihrem Falle sind die Aufbewahrungszellen entlang eines Ganges angebracht. **Große Agadire haben 200 bis 300 Aufbewahrungszellen, die abschließbar sind.** Manchmal befindet sich innerhalb des Agadirs auch das Grab eines Heiligen, dem einige Vorratskammern geweiht sind. Dieser ist oft ein Urahn der Sippe. So ist dieser Ort besonders geschützt und ein heiliger Bezirk, der nicht entweiht werden darf (etwa durch Gewalttaten).

In den Vorratskammern werden Feldfrüchte, Häute, Waffen, Familienbesitz, Urkunden etc. untergebracht. Die Zellen werden über vorstehende Ziegel oder Balken erreicht. Am gefragtesten sind die mittleren Zellen, da in diese weder durch das Dach noch durch den Boden Feuchtigkeit dringen kann.

Besonders schön und typisch für die Speicher sind die **großen Holzschlösser.** Solch ein Schloss besteht aus einem ausgehöhlten Holzblock mit einem ebenfalls ausgehöhlten Riegel, der sich innerhalb des Blockes hin- und herschieben lässt. In das Loch des Riegels führt man einen hölzernen Schlüssel mit aufrecht stehenden Zacken ein, die man genau unter die dazugehörigen Löcher steckt. Dort befinden sich bewegliche Holzstifte, die das Schloss blockieren, wenn man den Schlüssel abzieht.

Literatur

- *Neumann, W.:* **Die Berber.** Vielfalt und Einheit einer alten nordafrikanischen Kultur. DuMont, Köln 1983.
- *Bianca, S.:* **Hofhaus und Paradiesgarten.** Architektur und Lebensformen in der islamischen Welt. C.H. Beck, München 2001.
- *Brentjes, B.:* **Die Kunst der Mauren.** Islamische Traditionen in Nordafrika und Südspanien. DuMont, Köln 1992.
- *Wirth, E.:* **Die islamische Stadt.** Verlag Ph. v. Zabern, Mainz 2000.

Kunsthandwerk

Vieles, was uns als Kunsthandwerk erscheint (z.B. Textilien, Metall-, Lederarbeiten), ist für den Marokkaner **Gebrauchsgegenstand.** Deshalb haben sich bis heute die alten Handwerkstraditionen lebendig erhalten. In einer Stadt wie Fès arbeiten Hunderte von Schneidern, Silberstickern und Metallhandwerkern vor allem für den marokkanischen Markt, auch wenn ein Vordringen der „Plastikkultur" – meist billige Importware aus China – in die marokkanischen Haushalte zu beobachten ist und die Fertigung für den Souvenirmarkt zunehmend auch industriell erfolgt.

Die **Überflutung mit europäischen Waren** seit der französischen Protektoratszeit hatte eine **Verflachung der handwerklichen Kunst** und tiefgreifende Veränderungen zur Folge. Denn die Trennung zwischen Handwerker und Kunsthandwerker ist dem Marok-

Marrakesch und Hollywood

von Dr. Stefan Zimmermann und Prof. Dr. Anton Escher,
Geographisches Institut der Johannes-Gutenberg-Universität Mainz

Was haben Spielfilme wie „Die Reise nach Marrakesch" von *Richard Eichberg* aus dem Jahr 1949, „Faustrecht der Freiheit" von *Rainer Werner Fassbinder* (1975), „Sex and the City 2" von *Michael Patrick King* (2010) und „Exit Marrakech" von *Caroline Link* (2013) gemeinsam? Nun, abgesehen von ihrem Erfolg an den Kinokassen ist es der gemeinsame Handlungsort bzw. der gemeinsame **Drehort:** die Stadt Marrakesch.

Das Marrakesch des Kinos spiegelt das durch Hollywood verklärte, orientalisch-exotische Bild einer marokkanischen Stadt. Eine **Analyse zahlreicher Spiel- und Fernsehfilme** zeigt, dass das Bildschirm- und Leinwand-Marrakesch nur aus einigen wenigen Einstellungen und noch wenigeren Bausteinen zusammengefügt wird. Letztlich sind es **vier Elemente,** die in allen Filmen als charakteristische Gestaltungsorte der Stadt, die immer die Altstadt, d.h. die Medina, ist, auftauchen: Nahezu jeder Film führt die Stadt mit einem Blick auf den weltberühmten Platz, auf den Djamâa el-Fna mit einem Schwenk auf das Minarett Kutubiya, ein. Bereits jetzt weiß der Zuschauer: Der Film erzählt von Marrakesch! Der Blick verweilt auf exotischen Schlangenbeschwörern und orientalischen Märchenerzählern. Danach folgt der Blick über die Dächer der Medina von Marrakesch. Die geheimnisvollen und verwirrenden Gassen in den märchenhaften Souks der Medina dürfen nicht fehlen. Sie vermitteln Furcht, Angst und Ungewissheit, denn sie umfassen und umschließen die Menschen wie ein Labyrinth und zwingen oftmals dazu, dass sich die Protagonisten der Filmerzählungen darin zu verlieren glauben. Schließlich verwenden die Filmemacher die faszinierenden Gärten der Häuser und ihre Diwane, um die Innenseite der Welt von Marrakesch zu zeigen.

Das imaginierte Marrakesch, wie es sich in den Spielfilmen findet, ist in der Regel auch der „Orient", den der europäische Zuschauer zu betreten erwartet. Dies ist der Grund, warum die präsentierten filmischen Images der Stadt über Jahrzehnte nur gering oder gar nicht variieren. Auch wenn sich Geschichten und Erzählungen der Filme vor ihrem zeitlichen Hintergrund unterscheiden und entwickeln, bleibt das imaginierte Marrakesch über die Jahre nahezu identisch.

Aber nicht nur in Marrakesch, sondern auch im ehemaligen Berberdorf Aït Benhaddou südlich des Hohen Atlas und in den Studios in Ouarzazate (Atlas Studios, Kan Zamane Studios, Cinedina Studios) sowie den dazugehörigen Drehorten in Casablanca geben sich internationale Filmcrews die Klinke in die Hand. In den vergangenen Jahren nahm die internationale Drehtätigkeit deutlich zu, was dazu führt, dass gegenwärtig **bis zu 30 ausländische Filme pro Jahr** produziert werden. Von diesen Produktionen profitiert auch

kaner eigentlich fremd. Er benutzt die französische Bezeichnung „artisan" (Künstler) für jeden Handwerker. So sehr dieser auch kreativer Individualist ist, will er doch Gegenstände schaffen, die allen nützen und „alltäglichen" Ansprüchen gerecht werden.

das heimische Kino, das auf ausgebildete Techniker und die bestens ausgebaute Infrastruktur zurückgreifen kann.

Die **Unterstützung** von marokkanischer Seite für ausländische Filmproduktionen gilt als mustergültig: So stellt die Armee bereitwillig Rekruten als Komparsen ab und hilft bei Produktionen, die militärisches Fachwissen verlangen. Staatliche Unterstützung gibt es auch beim Location-Scouting, der Erteilung von Drehgenehmigungen und allen weiteren administrativen Schwierigkeiten.

Inzwischen treffen sich in Marrakesch die großen Protagonisten des Kinos und die internationalen Stars nicht nur zum Drehen ihrer Produktionen, sondern auch, um sich und ihre Filme auf der internationalen Bühne zu präsentieren. Seit 2001 findet alljährlich das internationale **Filmfestival von Marrakesch** statt, das sowohl dem massentauglichen Unterhaltungskino die Bühne bereitet als auch dem nationalen Kino und vermehrt indischen Bollywood-Produktionen ein Forum bietet.

Es bleibt abzuwarten, ob Marokko und vor allem Marrakesch mit seiner hervorragenden filmischen Infrastruktur, den Studios und den nahezu perfekten Drehorten sowie den ausgebildeten Fachleuten nach und nach zu einem afrikanischen „Marrakywood" werden. Die Grundlagen dafür sind auf jeden Fall gegeben.

Der Touristenstrom nach Marokko hat zu einer gewissen **Vereinheitlichung** im handwerklichen Schaffen geführt, sodass „echte" marokkanische Handwerksstücke oft nicht mehr auf dem Markt zu finden sind, sondern nur noch direkt bei den Handwerkern oder in Geschäften, die außerhalb der touristischen Gegenden liegen. Insgesamt aber begegnet man bei einem Aufenthalt in Marokko nach wie vor der Vielfältigkeit des marokkanischen Kunsthandwerks.

In den **Souks** und auf **Märkten** findet man für die verschiedensten Handwerkszweige eigene Gässchen und Viertel, so etwa Messing- und Kunstschmieden, Teppichwirkereien, Gerbereien, Färbereien, Töpfereien; Leder- und Schmuckwaren, Intarsienarbeiten, Holzschnitzereien und viele andere kunstvolle Arbeiten werden hier gefertigt.

Weitere Infos zum Kunsthandwerk im Kapitel „Praktische Tipps A–Z/Souvenirs".

Film

Der marokkanische Film erlebte in den letzten Jahren eine Art Frühlingserwachen, vor allem in den Großstädten. So finden Filmfestivals in Tanger und Tétouan (Mittelmeer-Filmtage), in Settat (Amateurfilmfestival) und Agadir (Dokumentarfilmfestival) statt. Weltweit bekannt ist das **Internationale Filmfestival von Marrakesch,** das seit 2001 jedes Jahr Ende November mit internationalem Staraufgebot veranstaltet wird. Waren in der Vergangenheit nur wenige marokkanische Filmer wie *Mohamed Tazi* in Europa bekannt, finden sich zunehmend marokkanische Filme und Namen unter den Wettbewerbsbeiträgen, wie *Said Taghmoui,* der das Leben eines Straßenjungen in Casablanca thematisierte, oder die Regisseurin *Zakia Tahiri,* deren Gesellschaftskomödie „Number one", in der sich ein Macho in einen Feministen verwandelt, ein Kassenhit in Marokko wurde. Eine Pionierin des marokkanischen Films und mittlerweile auch in Europa und Amerika bekannt ist die Drehbuchautorin, Regisseurin und Produzentin

Farida Belyazid, die vorwiegend feministische Themen aufgreift, aber auch Dokumentationen z.B. über die Fischerei oder Frauen im Sahel gedreht hat.

Inzwischen laufen in spezialisierten Kinos oder bei Filmfestwochen **auch in Deutschland** marokkanische Filme. Aber nicht nur marokkanische Filmer greifen Thematiken aus und in Marokko auf, sondern auch deutsche Regisseure wie *Michael Dreher* in seinem Fim „Die zwei Leben des Daniel Shore" oder in seinem Erstling „Fair Trade", der 2006 weltweit viele Preise erhielt. Beide Filme spielen zum großen Teil in Marokko unter Beteiligung einiger marokkanischer SchauspielerInnen. Großen Erfolg in Marokko und Frankreich (DVD auch in deutscher Sprache erhältlich) hatte der Film „Quelle der Frauen" von *Radu Mihaileanu* mit *Leila Bekhti* in der Hauptrolle, der in einem Bergdorf in Marokko spielt.

Marokko ist zudem international **eines der beliebtesten Kulissenländer,** der bekannteste Drehort ist Ouarzazate und Umgebung (siehe dort). Immer mehr Hollywood-Streifen werden zumindest teilweise in Marokko gedreht. Nur einige bekannte Beispiele sind *Hitchcocks* „Der Mann, der zu viel wusste" (1956), „Lawrence von Arabien" (1962), „Auf der Jagd nach dem Juwel vom Nil" (1985), „Himmel über der Wüste" (1990), sämtliche Folgen von „Die Bibel" (1994–1999), „Kundun" (1997), „Die Mumie" (1999), „Gladiator" (2000), „Alexander" (2004), „Asterix & Obelix: Mission Kleopatra" (2002), „Königreich der Himmel" (2005), „Babel" mit *Brad Pitt* und *Cate Blanchett* (2006), *Sönke Wortmanns* „Die Päpstin" (2009), „Der Medicus" (2013), „Exit Marrakesch" (2013) mit *Ulrich Tukur* sowie Szenen aus „Mission: Impossible 5" und „James Bond 007: Spectre" (beide 2015). Die Filmindustrie ist zu einem wichtigen Wirtschaftsfaktor geworden, sowohl was den Arbeitsmarkt als auch die Einnahmen betrifft.

Theater

Die **wenigen vorhandenen Bühnen** in Marokko bringen eher klassische arabische Musik-, Folklore- und Ballettveranstaltungen in ihrem Programm als Theaterstücke. So fand die Uraufführung der Theateradaption des Buches „Nacht der Unschuld" des berühmtesten marokkanischen Schriftstellers *Tahar Ben Jelloun* 1994 in Zürich statt. Theater war immer eher eine Musikveranstaltung oder fand in der Öffentlichkeit als Jahrmarkt statt (etwa auf dem Djamâa-el-Fna in Marrakesch) und hat keine Tradition in Marokko. Immerhin: Seit der Eröffnung des Nationaltheaters Mohamed V. in Rabat, des Théâtre Royal in Marrakesch und dank verschiedener Theaterfestivals findet Theater mehr und mehr Zuspruch in der Bevölkerung. So gibt es mittlerweile 30 Theaterbühnen im Lande, und sogar in Erfoud am Rande der Wüste finden Theaterveranstaltungen statt (siehe dazu in den Regionalkapiteln).

Bildende Kunst

von Sybille Kroll

Malerei und Grafik als zweckfreie bildende Künste sind in Marokko eine verhältnismäßig junge Erscheinung, doch reichen ihre visuellen Wurzeln bis tief in die Geschichte des Landes zurück: Malerei war in Marokko lange vor der Kolonialisierung bekannt. Färberei, Tätowierung, Webkunst, Keramik, Buchmalerei oder Kalligrafie und andere traditionelle Kunsthandwerke haben die bildende Kunst genauso beeinflusst wie abendländische Leinwandgemälde. Unter den freien Künsten ist die Malerei in Marokko mit Abstand am stärksten vertreten. Sie wurde von drei Traditionen geprägt: von der präislamischen, der arabo-islamischen und der europäischen.

Aus der Begegnung und dem Austausch mit der europäischen Kunst erwuchs Anfang des 20. Jahrhunderts eine marokkanische Tradition der **Leinwandmalerei.** Während der

[>] In Marokko etablieren sich immer mehr moderne Künstler

Protektoratszeit wurden in Tétouan und Casablanca Kunstschulen gegründet. In den **1940er Jahren** erlebte die „spontane" Malerei marokkanischer Autodidakten ihren Aufschwung. Zu den herausragenden Repräsentanten dieser frühen „Naiven" zählen **Mohamed Ben Allal, Moulay Ahmad Drissi** und **Ahmad Louardighi.** Ungeachtet individueller Stilunterschiede lässt ihre Malerei insgesamt eine Vorliebe für fantastische, märchenhafte oder surreale Welten erkennen.

Die **marokkanische Moderne** beginnt in den 1960er Jahren. Dank Auslandsstipendien entstand ein reger Austausch mit der europäischen Kunst. Marokkaner studierten in Sevilla, Madrid, Paris, Amsterdam, Rom, Prag und Warschau. Zwei der wichtigsten Vertreter dieser Epoche sind **Ahmad Cherkaoui** und **Jilali Gharbaoui.** Beide Künstler trugen wesentlich zur Entwicklung einer modernen Bildsprache in Marokko bei.

Wichtige intellektuelle Impulse gingen von der 1964 wiedereröffneten **École des Beaux-Arts** von Casablanca aus. Ihr damaliger Direktor **Farid Belkahia,** einer der bedeutenden Künstler Marokkos, rief gemeinsam mit Künstlerkollegen wie **Mohamed Melehi** die **Pro-Arte-Bewegung** ins Leben. Man nahm sich vor, die kulturelle Identität Marokkos neu zu definieren und vor allem Kunst und Künstler besser in das soziale Leben zu integrieren. *Belkahia* setzte die marokkanische Volkskunst auf den Lehrplan und bestand auf der Beherrschung handwerklicher Fähigkeiten. Dementsprechend sind seine eigenen Werke nicht durch den Gebrauch von Leinwand und Ölfarben bestimmt, sondern eher durch die Verwendung landestypischer Materialien wie Messing, Tierhaut und Färber-Pigmente. Nach demselben Prinzip arbeitete der aus Essaouira stammende Künstler und Museumsleiter **Boujmaa Lakhdar.**

Eine der berühmtesten Malerinnen ist **Chaibia Tallal,** deren vitale Bilder bereits in zahlreichen Museen Europas zu sehen waren und sind, Autodidakt ist auch **Abbes Saladi,** dessen surreale, filigrane Zeichnungen voller Rätsel, Allegorien und Symbole sind.

In Ermangelung einer geeigneten Infrastruktur bekam in den 1960er Jahren die unabhängige **private Initiative** eine tragende Rolle. Es entstanden zahlreiche Künstleror-

ma16_158 ad

ganisationen. Der Initiative von Künstlern ist es zu verdanken, dass seit 1978 in Asilah das Internationale Kulturfestival stattfindet, das zu einer Begegnungsstätte für Intellektuelle und Künstler aus ganz Marokko wurde.

Seit den 1970er Jahren erhielt das **Galeriewesen** wachsende Bedeutung. Ein Pionier war die Galerie l'Atelier, die 1971 in Rabat eröffnete. Mittlerweile gibt es in Marokko zahlreiche Galerien: Zentren sind Rabat, Casablanca, Marrakesch, El Jadida, Tanger und nicht zuletzt Essaouira, wo um die Galerie Frederic Damgaard eine erfolgreiche Künstlerkolonie gewachsen ist.

Das **Museum Moderner und Zeitgenössischer Kunst Mohamed VI** (MMVI) in Rabat, das am 7. Oktober 2014 mit der von *Mohamed Rachdi* kuratierten Ausstellung „100 Jahre Schaffen" eröffnet wurde, zeigt zeitgenössische Kunst von 1914 bis zur Gegenwart: die Anfänge von Malerei und Fotografie, Installationen und Skulpturen des 21. Jahrhunderts. Mehr als 400 Arbeiten von 200 Künstlern zeichnen ein ziemlich vollständiges Bild von der Entwicklung der bildenden Kunst im Land.

Heute stehen in Marokko zahlreiche Ausbildungsstätten für bildende Kunst zur Auswahl. Manche marokkanischen Künstler ziehen es allerdings vor, im Ausland zu studieren und zu arbeiten. So auch der zwischen Paris und München pendelnde Fotokünstler **Touhami Ennadre,** der in Deutschland ansässige Maler **Nacir Chemao** und die in Berlin lebende Künstlerin **Dounia Oualit.**

Das marokkanische Volk hat gelernt, dass es eine Kunst gibt. Viele Künstler versuchen vor allem an touristischen Orten dank ihrer Kunst zu leben. Die gehobene Schicht hat gemerkt, dass Kunstgegenstände eine neue Art von Geldanlage sein können, und bei Veranstaltungen und privaten Festen werden immer wieder Künstler eingeladen. Die gemeine marokkanische Bevölkerung wird nie eine Beziehung zur Kunst finden und eine Liebe dazu aufbauen können. Es fehlen dazu alle notwendigen Voraussetzungen. Der vorherrschende Wandschmuck marokkanischer Wohnungen bleiben Suren aus dem Koran und Fotos der Familie. Kunst muss zuerst von unten, schon in den Grundschulen, gefördert werden, damit eine **andere Einstellung zur Kunst** entstehen kann. Auch hier wurden Etappen übersprungen, welche niemals mehr aufgeholt werden können und die sich nicht mehr wiederholen werden. Mit der Kunst verlief es wie mit dem Telefon – die Entwicklung ging vom fehlenden Apparat zu Hause direkt zum Handy für überall.

ma16_159ad

Sprache und Literatur

Die Berberliteratur basiert im Wesentlichen auf der **mündlich überlieferten Volksdichtung,** die heute noch in Märchen und Legenden lebendig ist. Aus der Kultur der Berbervölker nicht wegzudenken sind die Märchenerzähler auf den Stadtplätzen, bei Festen und

Das Ministero del Gusto in Marrakesch zeigt modernes Design

Veranstaltungen. Auch Balladensänger, die den Alltag oder die Liebe besingen, oder der Vortrag von kleinen Theaterstücken und Satiren, die sowohl vom Alltag als auch von Zauber- und Hexenmeistern erzählen, sind heute noch Bestandteil der literarischen Volkskunst.

Die **berberische Sprache gehört zu den ältesten der Welt** und war vor der römisch-christlichen Herrschaft von den Kanarischen Inseln über Nordafrika bis nach Mauretanien und Libyen verbreitet. Sie differenzierte sich später in viele Mundarten, von denen heute die meisten ausgestorben sind. An geschriebener Sprache existieren lediglich Felsinschriften, die heute noch von den Tuareg gelesen werden können, die übrigens als einziges Berbervolk eine Schriftsprache (das Tifinagh) entwickelt haben. Der geistige Austausch zwischen Römern, Puniern und Berbern brachte einige bedeutende berberische Denker hervor. Auch nach der Islamisierung traten Berber durch literarische Leistungen hervor, vor allem durch Übersetzungen des Koran. Hervorzuheben ist das Loblied von *Al-Busiri* (1213–1295) auf den Propheten Mohamed.

Einige **arabische Reiseschriftsteller** berichteten bereits im Mittelalter in eindrucksvoller Weise von Marokko und legten so schriftliches Zeugnis von der damaligen, für den Europäer noch gänzlich fremden Welt ab. Am bekanntesten ist **Ibn Battuta,** der 1325 von Tanger nach Mekka aufbrach und über diese Pilgerfahrt eine der ältesten arabischen Reisebeschreibungen überhaupt verfasste. Spektakulär ist die Geschichte des aus Granada stammenden **Leo Africanus** (ca. 1487 bis ca. 1550), mit richtigem Namen *Al Hassan bin Mohamed bin Ahmad el Wassan,* der nach seiner Flucht vor der Reconquista von Spanien nach Fès als Diplomat in Diensten des Sultans tätig war und durch seine „Beschreibung von Afrika" sowie als Berater des Papstes *Leo X.* berühmt wurde. In dessen Dienste gelangte er, nachdem er von christlichen Eroberern als Sklave nach Rom verschleppt wurde und dort zum Christentum konvertierte.

Die **moderne marokkanische Literatur** ist meist in Französisch verfasst – ein Dilemma für die modernen Autoren, da dies die Sprache der Kolonialmacht ist. Andererseits bildet, laut Harenbergs Lexikon der Weltliteratur, das Hocharabische, als Sprache des islamischen Erbes, ein Hindernis in der Auseinandersetzung mit der modernen Welt.

Ein Problem, sich weiten Teilen der Bevölkerung verständlich zu machen, besteht darin, dass ein großer Teil der Bevölkerung nach wie vor in nur mündlich überlieferten Sprachen – Dialektarabisch und Berbersprachen – spricht. So befinden sich die Marokkaner in der kulturell schwierigen Lage, dass ihnen eine **gemeinsame, geschriebene Muttersprache als verbindendes Element fehlt.** In den Schulen wird zwar als erste Sprache Arabisch gelehrt, das Hocharabisch weicht aber vom maghrebinischen Arabisch deutlich ab. Nach langjährigen Auseinandersetzungen mit den Berbern wird nun in Ortschaften mit überwiegender Amazigh-Bevölkerung auch in Tamzight oder Chleu bzw. Tachelheit unterrichtet. Das Problem dabei war, dass die Berber Marokkos über keine Schriftsprache verfügen und deshalb nun auf das Tifinagh der Tuareg (die einzige Schrift eines Berbervolkes) zurückgreifen.

Als zweite Sprache war vor Einführung des Unterrichts in Berbersprachen **Französisch** üblich (und ist es noch in den Städten), sodass – vielleicht auch mit Blick auf den europäischen Markt – Französisch zur Schriftsprache der Intellektuellen wurde.

Die modernen Schriftsteller befassen sich vor allem mit der **Aufarbeitung des tristen marokkanischen Alltags und der überlieferten Wertvorstellungen,** religiösen Riten und Aberglauben, die Konfliktstoff auf dem Weg zur modernen Gesellschaft bilden. Werke, die bis Anfang der 1950er Jahre entstanden sind, sind eher ethnografisch und folkloristisch angelegt und haben die Gewohnheiten des Volkes – Heirat, Familie, Traditionen usw. – zum Thema. Zu dieser Generation gehörte der Schriftsteller *Ahmed Sefrioui* (1915–2004) aus Fès, der vor allem durch seine Kindheitsschilderung „Das marokkanische Wunderkästlein" (1954) bekannt wurde.

Nach der Unabhängigkeit wurde die Literatur nationalistischer, aber auch kritischer. Zunehmend werden soziale Fragen, die Willkür des Mannes gegenüber der Frau, aber auch die des Vaters gegenüber den Söhnen, schließlich die Willkür des Staates und der Behörden auf- und angegriffen. Die Machtlosigkeit im Alltag, Hoffnungslosigkeit und Tristesse angesichts von Hunger und Arbeitslosigkeit, aber auch die Unterdrückung der Sexualität und die daraus resultierenden Probleme sind tragende Themen der neuen Literatur.

Wohl der wichtigste und produktivste marokkanische Schriftsteller der heutigen Zeit ist **Tahar Ben Jelloun,** der sich in seinen Romanen „Sohn ihres Vaters", „Nacht der Unschuld", „Das Gebet für den Abwesenden", „Mit gesenktem Blick", „Der korrumpierte Mann", „Zina oder die Nacht des Irrtums", „Das Schweigen des Lichts" und „Arabischer Frühling: Vom Wiedererlangen der arabischen Würde" mit allen brisanten Themen der marokkanischen bzw. arabischen Gesellschaft auseinandersetzt.

Ein Autor von Rang ist auch **Driss Chaibri,** der in der Schilderung des Alltags versöhnlicher ist als sein Kollege **Abdelahak Serrane,** der in seinen Romanen „Messauda" und „Söhne der engen Gassen" ein düsteres Bild der marokkanischen Wirklichkeit zeichnet.

Zeitkritische Autoren sind auch *Mohamed Mrabet* und **Mohamed Choukri.** Dessen bekanntester Roman „Das nackte Brot", von *Tahar Ben Jelloun* ins Französische und von *Paul Bowles* ins Englische übersetzt, war in Marokko wegen seiner realistischen Schilderung der Armut, die mit sittenwidriger Ausbeutung einhergeht, unter dem Vorwurf der Obszönität zeitweise verboten, findet sich aber in allen Buchhandlungen. *Choukri* wuchs selbst in ärmsten Verhältnissen auf, lebte und arbeitete viele Jahre in Straßencafés, war im Gefängnis und beschloss dann mit 20 Jahren, Lesen und Schreiben zu lernen und sich als Schriftsteller zu betätigen. Er starb 2003 68-jährig an einem Krebsleiden in Rabat.

Eine wichtige Autorin kritischer Dokumentationen war die Soziologieprofessorin **Fatima Mernissi,** die in Amerika studierte und später an der Universität Rabat Soziologie lehrte. Sie beschäftigte sich in ihren Büchern („Der Harem in uns" oder „Der politische Harem: Mohamed und die Frauen") vor allem mit der Situation der Frau in der marokkanischen Gesellschaft. *Mernissi* starb am 30. November 2015 in Rabat.

Als wichtiger Schriftsteller darf **Paul Bowles,** gebürtiger und nach Marokko ausgewanderter Amerikaner, nicht vergessen werden. Er hat sowohl Romane marokkanischer Autoren nach mündlichen Erzählungen aufgeschrieben (*Driss Ben Hamed Charhadi:* „Ein Leben voller Fallgruben") als auch Kurzgeschichten zu Marokko gesammelt. Für seine eigenen Romane wählte er auch marokkanische Schauplätze. Sein Buch „Himmel über der Wüste" hat Weltruhm erlangt. Er verstarb im November 1999 in Tanger.

Genannt werden sollte auch **Elias Canetti,** der mit seinem Buch „Die Stimmen von Marrakesch" bekannt wurde, einem immer noch eindrucksvollen Stimmungsbild der Stadt.

Seit der Jahrtausendwende hat sich das Spektrum der auch international wahrgenommenen Autoren deutlich erweitert: **Youssouf Amine Elalamy** („Gestrandet"), **Abdellah Taïa** („Der Tag des Königs") und **Mahi Binebine** („Die Engel von Sidi Moumen") gehören zu den Schriftstellern, die sich in ihren Romanen und Erzählungen intensiv mit der aktuellen gesellschaftlichen Situation im Land beschäftigen.

Marokkanische Musik

von Jürgen Sieberer, überarbeitet
von Muriel Brunswig-Ibrahim

Musik ist in Marokko allgegenwärtig. Man wird von ihr in den Straßen, den Cafés, den Souks auf Schritt und Tritt begleitet. Dabei ist der Musikgeschmack der Marokkaner sehr vielfältig; fast alles kann man hier antreffen: **Moderne westliche Musik,** vorwiegend frankophon, **klassisch arabische** und **andalusi-**

sche Musik, **moderne arabische** Musik, sei es der typisch nordafrikanische **Rai,** der in unseren Breitengraden vor allem von Sängern wie *Cheb Khaled* mit „Aisha" oder *Cheb Mami* bekannt gemacht wurde, oder aber die **Folklore** der einzelnen Volksgruppen der Berber, Gnaoua (Gnawa) und Araber.

Die klassisch-andalusische Musik

Die klassisch-andalusische Musik ist vor allem mit dem Namen **Ziryab** verbunden. Dieser begnadete Musiker kam im Jahr 820 von Bagdad nach Córdoba, wo er am dortigen Sultanshof eine Musikschule gründete, die fortan tonangebend für andalusische Musik wurde. Unter ihm entstand das zentrale musikalische Stück der Andalusier, die Nuba, eine Art Suite mit instrumentalen und vokalen Teilen. Unter *Ziryab* wurde auch die Laute zu einem kammermusikalischen Instrument. Neben der Laute, die wohl am sinnbildlichsten für die andalusische Musik ist, sind es vor allem die Geige, die Tontrommeln, die Zither und das Rbab, ein zweisaitiges Instrument, die in dieser Musikrichtung den Ton angeben.

Nach Ziryabs Tod in Córdoba entwickelte sich die andalusische Musik weiter. Mit der Vertreibung der Araber aus Spanien gelangte die Musik nach Marokko und etablierte sich schnell in den Kunstzentren des Landes, vor allem in Fès. Hier findet man bis heute das beste andalusische Orchester, denn gerade die Fassis sind stolz darauf, diese musikalische Tradition zu pflegen, sehen sie sich doch als die Bewahrer der „echten" andalusischen Künste.

Rai-Musik

Diese Musik erfreut sich – vor allem seit dem Hitparadenerfolg von *Cheb Khaled* mit „Aisha" – auch in Europa höchster Beliebtheit. *Rai* (arabisch für „Meinung") ist eine **sehr junge Musikrichtung,** die in Algerien entstand und deren bekannteste Vertreter immer noch aus diesem Land kommen. Wie das Wort „Rai" schon ausdrückt, wollen hier vor allem junge Menschen (das „Cheb" vor dem Künstlernamen bedeutet „junger Mann") ihre Meinung ausdrücken. Meist verstecken sie diese in eher banalen Texten, denn die Angst vor politischen Reaktionen ist groß. Rai ist eine moderne Musik, die sich an orientalischen Weisen orientiert und dabei durchaus europäische Elemente in sich trägt, z.B. Dudelsack und spanische Gitarre.

„Marocpop"

Die zweite moderne Musikrichtung in Marokko ist eine **Mischung aus traditioneller marokkanischer Musik und allen möglichen Stilen,** die sich bisweilen auch an der westlichen Popmusik orientieren, wenn auch nicht in so massiver Form, wie man das in der Rai-Musik findet. Diese Musik ist bei der jungen und mittelalten Bevölkerung überaus beliebt. Die *Beatles* und *Coldplay* der Marokkaner sind die Gruppen *Lemchaheb, Jil Jilala* und *Nass el-Ghiwane*. Die Texte zeichnen sich durch äußerst sozialkritische Inhalte aus, sodass fast alle Mitglieder dieser Bands einige Monate im Gefängnis verbracht haben, was ihre Popularität nur enorm gesteigert hat.

Gnaoua-Musik

Die Gnaoua kamen mit den Sklaven, die die Saadier mit der Eroberung Timbuktus nach Marokko verschleppt hatten, nach Nordafrika, und wie alle Sklaven brachten auch sie ihre Musik, ihre Religion, ihre Tänze und ihre Kulte aus ihrer Heimat Mali mit und schafften es, diese über die Jahrhunderte hinweg zu bewahren. Bis heute spielen sie ihre Musik zu Riten, in denen Geister und Dämonen auftreten, die sich der Menschen bemächtigt haben und die es zu besänftigen gilt. Dadurch hat diese Musik eine wichtige **sozialpsychologische Funktion,** denn für viele psychisch Labile oder Kranke bietet sie die Möglichkeit, durch

Nass el-Ghiwane, die Geschichte eines Mythos

von Muriel Brunswig-Ibrahim

„Sprich mit uns, oh Weiser des Wortes, sprich mit uns.

Sage uns, warum das Wort seine Bedeutung verloren hat.

Erkläre uns, oh Weiser des Wortes, erkläre uns.

Sage uns, warum die guten Leute, die Gerechten, ihren Kopf nicht mehr erheben,

und warum das Schlechte durch die Ungerechtigkeit beschützt wird.

Manche finden alles, was es zu finden gibt.

Manche haben nur einen Karton als Bett und den Himmel als Bettdecke.

Der, der jede Nacht seine Geliebte trifft,

der, der den Affen verkauft und über den lacht, der ihn kauft.

Es gibt die, die alles finden, was sie wollen,

und die, die noch nicht einmal ihren Teller füllen können."

Sozialkritik mit traditionellen Klängen, die aus Musikrichtungen des ganzen Landes zusammengetragen wurden: Das ist *Nass el-Ghiwane,* die „Stimme des Volkes", die „Rolling Stones Afrikas", wie *Martin Scorsese* es einmal formulierte.

In einem einfachen Wohnviertel in Casablanca wuchsen vier junge Männer heran, die die marokkanische Musik revolutioniert haben: *Omar, Boujimii, Larbi* und *Cherif.* Es waren die **1960er Jahre,** Jahre des Aufstandes und der Unruhen in Marokko. Die Musik, die vorherrschte, war moderne Musik, mit modernen Instrumenten, mit Texten, die die Menschen im Lande nicht berührten, fern jeder marokkanischen Realität.

Die **vier jungen Männer aus Casablanca** wollten etwas anderes. Sie wollten zur Stimme des Volkes werden, ausdrücken, was alle fühlten. Schon bei ihrem vierten Konzert wurden sie bejubelt, den Durchbruch schafften sie 1971 bei einem großen Auftritt im Theater Mohamed V. in Rabat.

Nass el-Ghiwane trugen ihre politische Meinung nie öffentlich zur Schau. Und doch war es ihre Art, ihr stummer Protest, der sie zur Stimme der Unterdrückten und der rebellischen Studenten machte, zur Stimme der Linken im Land. Sie lehnten die moderne Musik ab, lehnten auch deren Errungenschaften ab. Statt der „edlen" Instrumente wie Flöte, Geige und Zither benutzten sie die „echten", die verachteten Instrumente, die in Europa unbekannt sind und die auch in Marokko nur von Randgruppen gespielt wurden: Trommeln, einsaitige Zupfinstrumente u.Ä.

In einer Zeit, da jede Kritik hinter Gitter führte, in einem Land, das durch eine ökonomische Krise geschüttelt war wie nie zuvor, grenzte es an Wahn, Künstler zu werden, und doch schafften es die Vier, ihren Weg immer weiterzugehen, der sie direkt in die Herzen der Menschen führte.

„Es sind einfache Menschen, aber ihre Worte sind groß, so groß wie die Verzweiflung, die die Marokkaner quält". So drückte es einmal ein Kritiker aus und traf damit den Kern der Philosophie des Ghiwane-Ensembles. Dass die Gruppe auch weit über Casablanca hinaus bekannt ist, hängt vor allem damit zusammen, dass jeder der vier Musiker von Nass el-Ghiwane aus einem anderen Teil des Landes stammte und die Musiktradition seiner Heimat mit in die Gruppe brachte und sie dort auslebte.

Zwei Gründungsmitglieder sind in der Zwischenzeit verstorben: *Larbi* und *Boujimii.* Beide Musiker wurden ersetzt, denn nur so konnte Nass el-Ghiwane erhalten bleiben. Und das war wichtig. Der arabische Poet *A. Zrika* dazu: „Alles kann verschwinden. Der Rhythmus bleibt". So überlebte Nass el-Ghiwane alle Restriktionen, so bleibt ihre Musik immer in den Herzen der Menschen. Jetzt, im Zeitalter *Mohameds VI.,* werden die Texte wieder deutlicher, wird die Kritik wieder lauter. Und? Sie werden laut bejubelt und gefeiert!

Tanz und sich monoton wiederholende Körperbewegungen und Sprachformeln in Trance zu fallen und Aggressionen und seelische Unstimmigkeiten abzubauen.

Die Musik der Gnaoua findet man vor allem im **Süden Marokkos,** wo die meisten ihrer Herkunft leben. Sie verwenden für ihre Musik fast ausschließlich das **Saiteninstrument Hajhuj,** das zugleich als Rhythmus- und Melodieinstrument dient, und die **Qarqaba** (eine Art Kastagnetten aus Metall) als Begleitung zu dunklem, melodiösem Gesang. Außerdem findet eine große Trommel Verwendung, die man um die Schulter hängt und die mit zwei Schlegeln beidseitig bearbeitet wird.

Ein beliebter Vertreter dieser Musikrichtung ist *Muallim Susu* mit der Gruppe *Hamdawa.* Ein weiterer ist *Mahmud Guinea.* Bekannt über die Grenzen Marokkos hinaus ist der aus Marrakesch stammende Gnaoua-Interpret **Hassan Hakmoun.**

Berbermusik

Berbermusik wird fast ausschließlich von Berbern gehört, ist aber weit über die Landesgrenzen bekannt. Überall dort, wo Berber leben, ist diese Musik noch lebendig. Sie ist die **älteste Musikgattung in Nordafrika** und für einige Berbervölker, wie z.B. die Tuareg, noch immer ein wichtiger Teil ihrer Geschichte – sie rettet ein Stück Tradition in die Moderne. Bei den Arabern findet sie keine Beachtung und wird meist als unhörbar abgetan.

Der **Ursprung der Berbermusik und auch -lyrik** ist in der alten Vorliebe für Dichtung zu suchen, die bei den Berbern einen großen Stellenwert besitzt und oft in Begleitung mit Musik dargeboten wurde. Diese Mischung aus Lyrik und Musik nennt man **Amarg.** Die Musik und Gesänge wurden von den Müttern an ihre Töchter weitergegeben. **Frauen** gelten von jeher bei den Berbern als Bewahrerinnen der Traditionen. Das Repertoire umfasst Wiegenlieder, Gebete, Begräbnisgesänge und rituelle Lieder bei religiösen Handlungen. Daneben gibt es die „professionellen" Sänger, die **Ruwat.** Ihre Aufgabe ist die des mittelalterlichen Minnesängers, d.h. sie fungieren als Nachrichtenübermittler, die Neuigkeiten von Dorf zu Dorf bringen und Missstände anprangern. Diese Berufsmusiker sind gänzlich im Verschwinden begriffen, das Radio hat ihre Funktion übernommen. Einige wenige Berber sind auch über Nordafrika hinaus bekannt geworden, so *Mohand u Mohand* aus der Kabylei (Algerien) oder der Tuareg *Baly Othmani,* der mit *Steve Shehan* die CD „Assouf" aufgenommen hat und damit international Anerkennung fand. Dank ihnen bleibt der Nachwelt die traditionelle Berbermusik zumindest noch für eine Weile erhalten.

Die **moderne Berbermusik** unterscheidet sich für Europäer anfänglich nicht von der arabischen Populärmusik, was sich allerdings nach genauerem Studium als Trugschluss erweist. Nicht nur die Sprache ist unterschiedlich, deutlich kann man auch den Bezug zur traditionellen Musik heraushören. Meist handeln die Lieder – darin unterscheidet sich die Musik kaum von der modernen arabischen Musik – von der Liebe. Eine in Südmarokko sehr bekannte Vertreterin dieser Musik ist *Bnat Irsmukn,* eine sehr bekannte Gruppe ist *Inerzaf.*

Volksmusik und -tänze

Die Volksmusik ist abwechslungsreicher und fantasievoller als die andalusische Musik und kennt kein grammatisches Maß. Sie ist der leichten Musik zuzurechnen, etwa wie bei uns der Schlager. Sie wird in arabischen Dialekten gesungen und ist für den Mann auf der Straße bestimmt. Man unterscheidet **diverse Ausdrucksformen:** Der *Griha* (bedeutet Improvisation) räumt dem Gedicht viel Platz ein und ist ein von Schlaginstrumenten begleitetes Rezitativ. Die *Aïta* (Aufruf) wird im Haouz in der Gegend von Marrakesch gesungen; sie ist ein schriller Leidensschrei, der am Ende eines von Frauen aufgeführten Tanzes ausgestoßen wird, der im Rhythmus der Klänge von

Terrakotta-Tambourinen getanzt wird. Es gibt auch Schaukelgesänge, die vor allem dichterisch wertvoll sind. Zur Volksmusik gehört auch Zugmusik, die von Tamburin- und Dudelsackkapellen und langen geraden Trompeten, *N'Fir*, bei allen Familien und religiösen Festen und Umzügen gespielt wird.

Die berberische oder ländliche Musik wird allein zum **Rhythmus des Bendir** (kreisförmige, mit Ziegenfell umspannte Trommel) gespielt. Die Tänze und Gesänge der Berber, *Ahwach* genannt, sind Schauspiele und Gruppentänze mit vielen Gedichten und reich an Ausdruckskraft, die durch die malerische Kulisse der Landschaft und Nomadenzelte besonders wirksam sind. Die Musik ändert ihren Charakter je nach Ort und Stamm.

Die **Volkstänze** werden meist **zu großen Festen** nachts um ein Holzfeuer getanzt. Bei diesen Gelegenheiten tragen die Frauen die schönsten Kleider und wertvollen Schmuck. Diese Volksfeste dürfen nicht mit Moussems verwechselt werden (s.u.). Sie sind Ausdruck der Lebensfreude der jeweiligen Region und keine religiösen oder kulturellen Veranstaltungen.

Fantasia

Die Fantasia ist kein Tanz, sondern ein **Reiterspiel,** ein Höhepunkt diverser Feste und Festspiele. Die prachtvoll geschmückten Pferde und Reiter jagen in einer Staubwolke dahin und halten jäh an, begleitet vom Knallen aller Pulverflinten der Reiter.

Eine hervorragende Vorstellung der besten Gruppen und bekanntesten Volkstänze bietet das **Folklore Festival in Marrakesch** *(Festival des Arts Populaires),* welches jährlich Ende Juni oder Anfang Juli stattfindet.

Moussems und Festivals

Ein **Moussem** (arab. *Mausim*) ist eine **Wallfahrt zum Grab eines Heiligen.** Und da fast jedes Dorf einen Dorfheiligen hat, der in einem Marabut begraben ist, findet dort auch jährlich ein Moussem statt, d.h. zu einem bestimmten Datum oder einer festgelegten Jahreszeit wird am Grab des Heiligen zu dessen Ehren ein Fest gefeiert.

Moussems stellen eine **Mischung aus Wallfahrt, Volksfest und Jahrmarkt** dar. Je nach Charakter finden sich bisweilen Tausende von Marokkanern ein, um um Vergebung zu bitten, Segen zu empfangen, Wünsche zu äußern oder Handel zu treiben.

Moussems werden häufig **auf islamische Feiertage** gelegt, die sich nach dem islamischen Mondkalender richten; dadurch verändern sich die Termine der Feste jedes Jahr. Die regionalen Veranstaltungen (Musikfestivals, Moussems) sind im jeweiligen Kapitel im praktischen Teil dieses Buches genannt.

Neben den traditionellen Volksfesten und Moussems gibt es **Musik-, Theater- und andere Kulturfestivals.** Die Veranstaltungen für Touristen und Einheimische finden zum größten Teil im Sommer statt. Zu den bekanntesten Festivals in Marokko zählen das **Gnaoua-Festival** (www.festival-gnaoua.net) in Essaouira, das **Internationale Filmfestival** in Marrakesch sowie das **Internationale Kulturfestival** in Asilah. Die meisten Festivals zu allen möglichen Kulturbereichen finden in Marrakesch statt.

› Landschaft im Nationalpark Oued Massa

Pflanzen- und Tierwelt

in Zusammenarbeit mit Carola Stoob,
Ethologie und Wildforschung, UZI, Zürich

Bemerkenswert an Marokko ist nicht eine bestimmte Landschaftsformation oder das einzigartige Vorkommen von Pflanzen und Tieren, sondern der **Wechsel** und das zum Teil **krasse Nebeneinander verschiedener Landschaftstypen.** Zwischen Laub-Mischwald und Wüste sind alle Übergänge anzutreffen, dazu kommen zwei verschiedene Küstenregionen und spezielle Kulturformen wie die „sagenhaften“ künstlich bewässerten Gärten aus 1001 Nacht, die Palmenhaine und die Oasen.

Marokko ist ein **Agrarland**, ein großer Teil der Produkte dient der Subsistenz der einheimischen Bevölkerung. Die Landwirtschaft ist auf natürlich vorkommendes Wasser angewiesen (Täler, Wadis, Oasen). Dessen effektive Nutzung wird durch Bewässerungssysteme verbessert. Unter solchen Voraussetzungen fallen zunächst Kulturpflanzen und Haustiere oder sogenannte Kulturfolger, z.B. Spatzen, ins Auge.

Die **wichtigsten Kulturpflanzen** sind etwa: Olivenbäume (= Ölbaum), Pistazien, Lorbeer, Drum- oder Dattelpalmen, Agaven, Feigenkaktus, Agrumen (das sind die Bäume, die die Zitrusfrüchte liefern), Mandel, Pfirsich, Maulbeere, Walnuss, Feige, Wein, Banane, Baumwolle, Weizen, Gerste, Hirse, Paprika, Artischocke, Aubergine, Mais, Eukalyptus, sog. Mimosen (es sind aber Akazien), Oleander, Thuja, Zypressen, Pappeln und Arganien. Einige dieser Pflanzen sind uns aus dem Supermarkt durch ihre Früchte oder andere essbare Teile längst bekannt, trotzdem kann die Entdeckung der ganzen Pflanze zum Erlebnis werden – meine erste Artischocke, die als Riesen-Distel daherkam, hat mich jedenfalls beeindruckt!

ma16_160 ad

Marokko lässt, bedingt durch die unterschiedliche Höhe und Klimazonen, sowohl **Mittelmeervegetation** wie auch eine **tropische Vegetation** zu. Diesen Vorteil nutzen zahlreiche Hotels, indem sie ihre Gärten zu wahren Pflanzenparadiesen gestalten: so wachsen zwischen verschiedensten Palmenarten prachtvoll leuchtende Bougainvilleen, Jacarandas, Kakteen, Agaven, Bambus- und sogar Bananenstauden.

Vor allem die **Rosenzucht** hat in Marokko eine lange Tradition. Wer Ende Mai bis Ende Juni durch Marokko reist, wird den Duft der Rosen, der aus Haus-, Hotel- und Oasengärten strömt, nicht mehr vergessen. Rosen werden entlang der Oasen der Straße der Kasbahs als Nutzpflanzen geerntet und zu Rosenwasser und Rosenöl, auch als Grundsubstanz für Parfüms, verarbeitet.

Nutztiere sind Geflügel, Schafe, Ziegen, Rinder, Pferde, Kamele, Esel und Maultiere. Hunde und Katzen sind nicht eigentlich „Haustiere", sondern führen in Marokko ein recht freies, wildes Leben. Kamel, Pferd, Esel und Maultier sind traditionelle Transportmittel.

ma16_162 ad

In den Lebensraum der Kulturpflanzen gehört selbstverständlich auch eine Reihe von Tieren, die der Mensch nicht direkt nutzt oder als schädlich bezeichnet. Aufgrund der Temperaturen ist Marokko ziemlich ideal für **Insekten.** Diese bilden die Nahrungsgrundlage für **Reptilien** (z.B. Eidechsen, Geckos, Skinke), **Vögel, Nagetiere** und – systematisch – sog. **Insektenfresser** (das sind z.B. Igel und Spitzmäuse). Man findet hier neben „alten Bekannten" wie Bienen, Ameisen, Tag- und Nachtfaltern, Spinnen, Smaragdeidechsen, Tauben, Spatzen, Nachtigallen, Käuzen, Eulen, Mäusen und Igeln auch Arten, die man bei uns gar nicht oder höchst selten zu Gesicht bekommt: den Dungkäfer Skarabäus oder den echten „heiligen" Skarabäus, die „biblische" Wanderheuschrecke, Fangschrecken, die Maulwurfsgrille, den Hirschkäfer, Skorpione, den Mauretanischen Mauergecko, Hausammer, Steinsperling, verschiedene Grasmückenarten (z.B. Cistensänger), Blaumerle, Bienenfresser, Blassspötter, Heckensänger, Zwergohreule und diverse Spitzmausarten.

Atlantikküste und Mittelmeer

Der reine Sandstrand und ein Strand aus Kies verdanken ihren optischen Reiz vielleicht gerade der Abwesenheit von Pflanzen und Tieren – als Biotope sind sie vergleichsweise **artenarm.** Für Pflanzen bieten sie beispielsweise keine Möglichkeit der Verwurzelung, und nur wenige Spezialisten vertragen Salzwasser (sog. Halophyten wie Sode, Queller, Salzkraut).

Ein typischer Bewohner des Sandstrandes ist der **Sandflohkrebs** *(Talitrus)*, der aber lieber in gestrandeten Algen Deckung sucht, als dass er auf dem bloßen Sand umherhüpft. Die meisten anderen Sandbewohner graben sich ein und bilden dabei eine röhrenförmige Be-

◁ Atlas-Zeder

hausung (Borsten- und Sandröhrenwürmer). Auf dem Sand direkt unter Wasser leben nur wenige vegetarische oder räuberische Schnecken, z.B. die Hornschnecke, *Cerithium*, die Netzreusenschnecke, *Nassarius*, und die Halsbandschnecke *(Natica)*. In tieferem Wasser oder in Tümpeln mit stehendem Meerwasser können sich Algen entwickeln und bereits einer größeren Vielfalt von Tieren als Lebensraum dienen.

An felsigen Küsten entfaltet sich dann der ganze Artenreichtum des Meeres – mal abgesehen von der Möglichkeit, dass die Einleitung von Abwässern oder die letzte Tankerkatastrophe dort ihre tödlichen Wirkungen hinterlassen haben. Es ist unmöglich, an dieser Stelle die verschiedenen Schwämme, Seeigel-, Seestern-, Muschel-, Schnecken-, Krebs- und Fischarten aufzulisten.

Der Rand des Festlandes ist vor allem dort, wo er für den Menschen „unattraktiv“ oder schwer zugänglich ist (etwa als Steilküste oder verschlammte Flussmündung), ein **Rückzugsgebiet für Wasservögel.** „Besucher“ sind eigentlich immer „ungebetene Gäste“, und man sollte die Tiere daher nur durch ein Fernglas beobachten.

Wald

Neben den tropischen Wäldern stellt sich der Tiergeograf unter „Wald“ vor allem die sommergrünen Laubwälder gemäßigter Breiten vor, die sich überwiegend aus Eichen, Buchen und Ahorn zusammensetzen. Diesen Waldtyp wird man in Marokko jedoch vergeblich suchen, aber aufgrund der Restbestände nimmt man an, dass vor ein paar tausend Jahren das Rif, der Mittlere und der Hohe Atlas dicht bewaldet waren.

Die **Atlas-Zeder** *(Cedrus atlantica)* ist – wie der Name schon sagt – der typische Baum Marokkos und eine der wenigen ursprünglichen Arten. Sie wird im Rahmen von Aufforstungsprogrammen zusammen mit Libanon-Zedern *(C. libani)* und eingeführten Kiefern *(Pinus)* und Tannen *(Abies)* kultiviert. Auch Korkeichen *(Quercus suber)* sind in Marokko heimisch und bildeten vermutlich mit Stein- und Kermeseichen *(Q. ilex, Q. coccifera)* den ursprünglichen, immergrünen Eichenwald bis in eine Höhe von 1100 m. Weiter oben findet man Thuja und Wacholder *(Cupressaceen)*.

Reiner **Nadelwald** ist wegen der Ansäuerung der Böden ein recht schwieriger Lebensraum. Nadelbäume haben jedoch den wirtschaftlichen Vorteil, dass sie geringere Ansprüche an die Bodenbeschaffenheit und Wasserversorgung stellen und relativ schnell wachsen. Die Aufforstung der Zedern- und Eichenwälder mit teilweise nicht heimischen Laub- und Nadelbäumen ist ein Kompromiss zwischen den Nutzungsaspekten des Waldes und dem Bedürfnis nach Erhaltung oder Wiederherstellung einer relativ ursprünglichen Vegetation und Tierwelt.

Zum Wald gehören pflanzenfressende oder -saugende **Insekten:** Blattkäfer, Rüsselkäfer (an diversen Eichenarten), *Coccinelliden* (erinnern an Marienkäfer – der VW-Käfer heißt auf Französisch *coccinelle*), *Chrysomeliden* (kleine, gedrungene, metallisch glänzende Käfer; eine Art ist auf Minze spezialisiert), Schmetterlinge und ihre Raupen, Bienen, Ameisen, (Holz-)Wespen und Zikaden – um nur einige zu nennen. „Ameisenlöwen“, Wanderheuschrecken und Maulwurfsgrillen trifft man eher an trockenen Standorten. Hundert- und Tausendfüßler (die einen meint man gerade noch zählen zu können, bei den anderen versucht man es gar nicht mehr), Laufkäfer (dazu gehören die beiden häufig anzutreffenden Skarabäusarten) sowie Spinnen leben eher im Verborgenen.

Wegen der Vielfalt der Nahrungsquellen und der guten Deckung ist der **Wald bzw. der Waldrand bei Vögeln beliebt.** Kuckuck, Eichelhäher, Grün- und Buntspecht, Amseln, Drosseln, Finken – Stare weniger –, aber Baumläufer, Meisen, Nachtigall, Fitis, Rotkehlchen, Ammern, Würger, Dorn- und Mönchsgrasmücke, Ziegenmelker, Uhu und Waldohreule sind entweder „alte Bekannte“ oder kommen in einer nah verwandten spezielleren Art vor: zum Beispiel Einfarbstar,

Häherkuckuck, Rothalsziegenmelker, Zaunammer, Alpendohle, Berglaubsänger und Rotflügelgimpel. Spezielle Bewohner Marokkos sind z.B. die Atlasgrasmücke, der Diademrotschwanz und der Blauwangenspint.

Nagetiere wie Eichhörnchen und Mäuse gehören in den Wald, und in Marokko kommen zudem Stachelschweine *(Hystrix christata)* vor. Spezialisierte Insektenfresser sind der Wanderigel *(Erinaceus algirus)* und die Rot- und Weißzahn-Spitzmäuse (*Soricidae, Crocidurídae* = Wimpernspitzmäuse), die aber auch einen Wurm nicht verschmähen. Neben dem Fuchs, dem marderartigen Wiesel, Dachs und Fischotter könnten in den marokkanischen Wäldern auch Ginsterkatzen *(Genetta genetta)*, Luchse und der Serval *(Felis lynx, F. serval)* vorkommen. Es soll noch Leoparden *(Panthera pardus)* und Berberhirsche *(Cervus elaphus barbarus)* geben, aber es fehlen aktuelle Angaben dazu. Wildschweine *(Sus scrofa)* gibt es genug, da sie kaum gejagt werden.

Berberaffen (Makaken)

ma16_161 ad

Erwähnenswert im Vergleich zur heimischen Fauna ist sicher das Vorkommen der **Berberaffen** (*Macaca sylvanus*, franz. *magot*). Marokko besitzt neben Gibraltar und Algerien die letzten nennenswerten Bestände dieser schwanzlosen, „winterfesten" Makakenart, die vor den Kaltzeiten auch in Europa verbreitet war. Weltweit gibt es nach Schätzungen nur noch etwa 4000 Berberaffen – auch in Marokko sind die Bestände immer mehr gefährdet, weil Tierfänger Affenbabys an Privathaushalte oder für Tiershows (wie am Djamâa el-Fna in Marrakesch) verkaufen.

Stehende und fließende Gewässer bilden einen eigenen Lebensraum innerhalb des Waldes. Hier kommen Rohrkolben *(Thypha)*, Binsen *(Juncus)*, Süßgräser *(Poaceen)* und „passende" Tiere vor: Libellen, Barben, Hechte, Forellen (eingeführt), Frösche, Kröten, Salamander, Wasserschildkröten, (Bach)-stelzen, Wasseramseln, Eisvögel und Gebirgsstelzen.

In felsige, höhere Lagen können sich Mufflons *(Ovis ammon)* und Mähnenschafe *(Ammotragus lervia)* zurückziehen. Einige Vogelarten bevorzugen die Felsen als unzugängliche Brutplätze (beispielsweise Greifvögel, verschiedene Segler, Blaumerle oder Alpenbraunelle).

Stachelschwein, Fuchs und Hase sowie die Landschildkröte und verschiedene Greifvogelarten kommen auch im offeneren Gelände und in den sich an den Wald anschließenden trockeneren Regionen vor. In diesen **Übergangsgebieten** kann man außerdem gestreiften Hyänen *(Hyaena hyaena)* begegnen.

Trockengebiete

Die **Macchie** (franz. *le maquis*) besteht aus immergrünen Sträuchern und Bäumen mit harten Blättern (1–6 m hoch). Dazu gehören Lorbeer *(Laurus)*, Erdbeerbaum *(Arbutus unedo)*, Myrte *(Myrtus)*, Lentisken *(Pistacia lentiscus)*, Rosmarin, Ginster *(Genista)*, Kreuzdorn *(Rhamnus)*, Baumheide *(Erica)* und aromatische Büsche wie Lavendel und Thymian.

Sie bilden ein dichtes Gewirr von Zweigen und Ästen. Ihren Namen verdankt die Macchie der spanischen Bezeichnung für eine charakteristische Pflanze, die Zistrose *(Cistus)*.

Auf durchlässigem Kalkstein degeneriert die Macchie zur **Garrigue** (auch *Garide*). Die Vegetation besteht aus **niederwüchsigen,** ca. 1 m hohen **Sträuchern und Polsterpflanzen.** Zwischen bloßem Felsen wachsen z.B. Stechginster, Lavendel, Salbei und andere Gewürz- und Heilkräuter. Übergänge zu den Vegetationstypen Steppe und Wald kommen vor; oft sind die Gebiete nur kleinräumig und liegen wie Inseln zwischen anderen Regionen. Größere Areale, die aber auch unter menschlichem Einfluss stehen, befinden sich in der Meseta (Atlantikküste nördlich von Agadir bis Rabat und landeinwärts bis an den Fuß des Hohen und Mittleren Atlas) und in der Ebene von Sebou, die sich nordostwärts daran anschließt. Auch in der Garrigue gibt es Korkeichen, die hier aber nur Strauchhöhe erreichen.

In diesem Vegetationstypus sind **manche Tiere leichter zu finden und besser zu beobachten** als im Wald oder in der Macchie: Ein einzelner Tritt kann eine Vielzahl von ihnen aufscheuchen. Man kann ihnen dann vorsichtig folgen. Wieder sind Insekten und insektenfressende Arten stark vertreten. Es gibt spezielle Heuschrecken, Spinnen (z.B. die Wolfsspinne *Lycosa*), Eidechsen, Schlangen und Vögel. Landschildkröten aufzuspüren, ist dagegen nicht so einfach. Skorpione lieben dunkle, feuchte Unterschlupfe, die sie nicht nur unter Steinen, sondern manchmal auch in Camper-Schuhen finden. Eine gewisse Vorsicht ist daher angebracht. Lässt man ihnen die Wahl, ziehen **Skorpione** und **Schlangen** auf jeden Fall die Flucht dem Angriff vor.

In der Garrigue gibt es auch **Chamäleons,** man muss sie nur finden – ihrer Anpassungsfähigkeit entspricht der Mangel an natürlicher Deckung. Dieser Mangel zieht eine Reihe von **Greifvögeln** (Bussard, Falke, Milan, Sperber, Steinadler oder gelegentlich die selteneren Schlangen-, Habichts- und Steppenadler) an, die Jagd auf kleinere Wirbeltiere machen. Verhältnismäßig häufig kann man im Bereich der Sous-Mündung und entlang der südlichen Atlantikküste das gestreifte **Zieselhörnchen** beobachten *(Xerus erythropus)*, das nur einen Streifen auf der Flanke hat und ca. 20 cm groß ist. Sein Vetter, das **Atlashörnchen** *(Atlantoxerus getulus)* lebt an der Atlantikküste bis hinauf in die Höhen des 4000 m hohen Atlasgebirges, ist viel kleiner, besitzt drei helle Streifen auf der Flanke und hat einen körperlangen, buschigen Schwanz. Kleinere **Vögel** leben eher von Insekten, z.B. der Bienenfresser *(Merops apiaster)* und der Wendehals *(Jynx torquill)* sowie verschiedene Grasmückenarten (z.B. Brillen-, Weißbart-, Provence- und Samtkopfgrasmücke). Die verschiedenen dort vorkommenden Lerchenarten und die Wachteln bevorzugen „gemischte" Kost. Vor allem in der Dämmerung und in der Dunkelheit sind der Ziegenmelker *(Caprimulgus)*, die Zwergohreule *(Otus scops)*, der Steinkauz *(Athene noctua)* und Fledermäuse *(Hufeisennasen, Rhinolophus)* unterwegs auf der Jagd nach Insekten und anderen kleinen Tieren.

Natürliche Trockengebiete

Einiges spricht dafür, dass Macchie und Garrigue im Bereich der Mittelmeerküsten als Trockengebiete nicht auf klimatische Einflüsse, sondern vielmehr auf die **Einwirkung des Menschen zurückzuführen sind.**

Daneben gibt es in Marokko verschiedene **Formen natürlich entstandener Trockengebiete,** wo aufgrund der Bodenverhältnisse, Niederschläge und Temperaturen keine Bäume wachsen. Dort können nur Pflanzen und Tiere vorkommen, die besondere „Techniken" entwickelt haben, um ihren Wasserverbrauch einzuschränken. Viele Pflanzen wirken z.B. unscheinbar, weil die Blattoberflächen klein und die Stengel hart und holzig sind. Sprosse werden in Dornen umgewandelt und Blätter mit Haaren und Borsten versehen. Unauffälligkeit, Verholzung und Dornbildung schützen zugleich gegen saugende Insekten und Verbiss der Triebe durch Weidetiere.

Charakteristisch für die Trockengebiete sind Dornsträucher wie z.B. der Kameldorn *(Zizyphus lotus)* und die Tamarisken *(Tamarix)*. In der atlantiknahen Sahara findet man in Strauchwüsten (z.B. *Rhus oxiacantha*) auch kaktusähnliche Wolfsmilchgewächse *(Euphorbiaceen)* und Arganien, in denen Ziegen klettern, um die Früchte zu fressen. Räumlich begrenzt, z.B. im Hohen Atlas und am Djabal Sarho, treten Trocken- und Wüstensteppen mit Halfa- oder Espartogras auf *(Stipa tenacissima, Lygeum spartum)*. Das **Halfagras** bevorzugt einen durchlässigen Standort und verdankt sein Überleben in den trockenen Gebieten vermutlich dem Umstand, dass es im 19. Jahrhundert für die Papierherstellung (Geldscheine, Zigarettenpapier) entdeckt wurde und seitdem gelegentlich kultiviert wird.

Am Südfuß des Hohen Atlas begegnet man neben Kameldorn *(Zizyphus lotus)* und Akazien dem Kapernstrauch *(Capparis spinosa)* und an feuchten Standorten Oleander *(Nerium oleander)*.

An die mit Graspolstern durchsetzte **Strauchwüste** schließt sich die **Hammada** mit Dornpolsterpflanzen (z.B. Limoniastrum, Bleiwurzgewächse) an. Dazwischen gibt es Areale mit Pflanzen, welche die hohe Salzkonzentration im Boden vertragen, z.B. spezielle Sodenarten.

Allmählich geht die Vegetation in „echte" **Wüste** über, deren „klassischer" Dornbusch, *Zilla spinosa*, ein Verwandter unserer Kohlpflanzen *(Brassicaceae)* ist. Einzelne Dünenstandorte *(nebkas)* bestehen u.a. aus Kameldorn, Retam *(Retama raetam)*, Tamarisken, „Salzbusch" *(Atriplex)*, Drinn *(Aristida pungens)* und „Keuschlamm" *(Vitex agni castus)*.

In diesem **Übergangsbereich zur echten Sandwüste** findet sich ein **relativ reiches Tierleben**, vor allem Insekten, Reptilien und Vögel: Felsenhühner, Trappen, Rennvogel, Steinschmätzer- und Lerchenarten, Triele, Flughühner (in Wassernähe), Felsen- und (evtl.) Brachschwalbe.

Die **Wüste** beherbergt Vertreter verschiedener Echsenfamilien mit sprechenden Namen wie Fransenfinger, Wüstenrenner, Dornschwanz oder Wühlechse (sog. Skinke). Skorpione und Schlangen (z.B. die giftige Hornviper, *Cerastes cerastes*) hinterlassen deutliche Spuren im Sand. Viele Arten sind aber nachtaktiv und graben sich tagsüber ein. Von Insekten, Schlangen und Echsen ernährt sich z.B. der Wüstenigel *(Parechinus aethiopicus)*. Größere Wirbeltiere, die von kleineren leben, passen sich deren Nachtleben an: z.B. die Sandkatze *(Felis margerita)*, der Wüstenluchs/Caracal *(F. caracal)* und der Wüstenfuchs/Fennek *(Fennecus zerda)*. Umgekehrt vermeiden die Mhorr-, Dorcas- und Edmi-Gazellen, die vom spärlichen Pflanzenbewuchs leben können und nicht regelmäßig trinken müssen, ihre möglichen Feinde, indem sie tag- bzw. dämmerungsaktiv sind. Auch das Gundi, ein Verwandter der Meerschweinchen, ist dämmerungsaktiv und ein reiner Pflanzenfresser. Seine Nagetierverwandten, die Mäuse, nutzen alle Nahrungs- und Zeit-„nischen": Tagsüber ist die Wüste der Tummelplatz für die Sandrennmaus *(Psammonys obesus)*, Springmäuse *(Jaculus)* sind nachtaktiv, die Stachelmaus *(Acomys)* dämmerungsaktiv.

Im Bereich der **Wadis und Oasen** kommen aufgrund der Feuchtigkeit wieder Tier- und Pflanzenarten vor, die stärker auf Wasser angewiesen sind, z.B. findet man hier verschiedene Natternarten (Vipernnatter, Diademnatter und die Sandrennatter) sowie Arten, die die Nähe des Menschen vertragen.

Buchtipp

- **Kosmos Naturführer „Sahara. Tiere, Pflanzen, Spuren"** von *Verena Schatanek* und *Houcine Elkharassi* (Franckh-Kosmos Verlag). Ausführliche Informationen zu Tieren und Pflanzen in Nordafrika inkl. der französischen, arabischen und Tamazirt-Namen der Arten.

Nationalparks und Naturreservate

In Marokko gibt es bzw. entstehen zehn Nationalparks und 14 Naturschutzgebiete, die über das ganze Land verteilt sind.

Nationalparks

Als erster Nationalpark wurde 1942 der Parc National du Toubkal ausgewiesen. Wie der Name schon sagt, umfasst dieser 38.000 ha große Park das Gebiet um den höchsten Berg Marokkos, den 4167 m hohen Djabal Toubkal, der ca. 60 km (Luftlinie) südlich von Marrakesch im Hohen Atlas liegt. In den Höhen zwischen 800 m und 4000 m leben 16 Säugetierarten, 50 Vogelarten und zahlreiche Amphibien sowie Fischarten. Die bekanntesten Spezies sind das Mähnenschaf *(Moufflon à manchettes)* und der Lämmergeier. In diesem Park sind die meisten endemisch vorkommenden Pflanzenarten Marokkos zu finden. 15% des Parks sind mit Wald bedeckt, in dem die ältesten Eichen und Thujen des Landes wachsen. Auch zahlreiche Felsgravuren, die mehr als 5000 Jahre alt sind, gibt es im Nationalpark zu entdecken.

Bereits 1950 entstand der zweite Nationalpark – der **Parc National du Tazzekka** – auf einer Fläche von 680 ha rings um den Djabal Tazzekka (1980 m), um die Zedern auf dem Gipfel des Berges zu schützen. Er liegt ca. 80 km östlich von Fès und wurde auf eine Fläche von 12.800 ha ausgeweitet, um die weitere Region mit ihren Wäldern und zahlreichen Höhlensystemen, vor allem die größten Tropfsteinhöhlen Nordafrikas – die Friatou-Grotten – mit einzubeziehen. Wichtige Wasserresourcen, Zedern- und Korkeichenwälder, 506 verschiedene Gefäßpflanzen (höhere Pflanzen mit Leitsystemen für Wasser) und verschiedenste Wildarten wie Hirsche, Rehe, Wildschweine, Wiesel, Luchs, Ginsterkatze, Igel, Stachelschwein und viele Fledermausarten, sind hier zu Hause. Der seltene Berberhirsch wurde 1993 wieder angesiedelt.

Erst 1991 entstand der nächste Nationalpark, diesesmal an den Mündungen des Oued Sous und Oued Massa in den Atlantik, südlich von Agadir. Der **Parc National de Souss-Massa** ist 34.000 ha groß und beherbergt 257 Vogelarten, 46 Säugetierarten, 40 Reptilien- und Amphibienarten, neun Fisch- sowie zahlreiche Schmetterlingsarten. Im Park ist das weltweit einzige Vorkommen des kahlköpfigen **Ibis (Waldrapp)** zu verzeichnen, der bis zum 17. Jahrhundert noch in den Alpen lebte und heute bis auf die Regionen nördlich und südlich von Agadir ausgestorben ist. Auch die seltene Wassereule ist hier beheimatet. Dorcas- und Mhorr-Gazellen, Oryx- und Addaxantilopen, aber auch Strauße wurden hier ausgewildert. Dieses Gebiet liegt in einer Übergangszone, das vom gemäßigten Mittelmeerklima zum tropischen und Sahara-Klima übergeht, aber trotz weniger Niederschläge eine hohe Luftfeuchtigkeit infolge der Temperaturunterschiede zwischen heißem Inlandsklima und dem vorbeiziehenden kalten Kanarenstrom vorzuweisen hat. So konnte auch ein großer Artenreichtum an Pflanzen entstehen. Verschiedenste Euphorbienarten, Dünengräser, Steppenvegetation und Arganienbäume sind hier zu finden. Die Feuchtzonen entlang der Flüsse bieten den Vögeln ideale Voraussetzungen zum Überwintern, sodass dieser Nationalpark ein beliebtes Durchzugsgebiet von Zugvögeln aus Europa ist.

Der **Nationalpark Al Hoceima** an der Mittelmeerküste umfasst 47.000 ha und schließt weite Zonen des Mittelmeers mit ein. Dieser landschaftlich einzigartige Küstenstreifen, mit klaren Felsbuchten und vorgelagerten Inseln, ist nur dünn besiedelt und kaum durch Straßen erschlossen. So konnten sich hier die fast ausgestorbene Mönchsrobbe, aber auch drei Delphin- und 69 Vogelarten erhalten. Zahlreiche Muscheln, Krustentiere, Fischarten und Schnecken leben im glasklaren Meereswasser.

Wenig bekannt ist der 60.000 ha große **Nationalpark Talassemtane** im Rif, zwischen Ceuta und Assifane. Das schroffe, calciäre Gestein bildet spektakuläre Felslandschaften mit Wäldern, Schluchten und fantastischen Aussichtspunkten. Mehr als 239 Pflanzenarten – erwähnt sei vor allem die Atlaszeder, die Schwarzkiefer und die einzige marokkanische Tannenart „abies marocana" – wachsen hier. 37 Säugetierarten, so auch der in Nordafrika beheimatete Berberaffe, leben in den Wäldern und finden Unterschlupf in den zahlreichen Höhlen. Von den 117 vorkommenden Vogelarten sind besonders der Lämmergeier und der Goldadler erwähnenswert.

53.000 ha umfasst der **Parc National d'Ifrane** im Mittleren Atlas. Dieses einzigartige Gebiet mit kleinen Vulkanseen, Flüssen, Quellen, Grotten und vielen Zedern- und Eichenwäldern ist aufgrund seiner kargen, steinigen Böden kaum besiedelt. Nur im Sommer findet man hier Halbnomaden, die ihre schwarzen Wollzelte auf den Hochplateaus aufstellen und ihre Schafen und Ziege hier weiden lassen. Die Region ist das Gebiet mit den größten zusammenhängenden Zedernwäldern in Marokko. 37 verschiedene Säugetierarten gibt es hier. Deren in dieser Region wichtigster Vertreter, der Berberaffe, hat hier sein größtes Siedlungsgebiet, und auch wenige Leoparden soll es noch geben. 142 Vogelarten und 33 Amphibien- und Reptilienarten und so seltene Fische wie die Fario-Forelle sind hier noch heimisch.

Der **Parc National du Haut-Atlas Oriental** liegt im Hochgebirge zwischen einem relativ feuchten Gebiet im Norden und einer trockenen wüstenartigen Zone im Süden. Er umfasst 49.000 ha und zieht sich entlang der bis zu 3000 m hohen, schwer zugänglichen Hochplateaus um Imilchil. Die Berghänge sind im Norden von Zedern, Steineichen, Mittelmeerpinie, Thujen und Wacholder bewachsen und von zahlreichen Wasserläufen durchzogen, während auf den trockenen, zum Süden weisenden Hochebenen hauptsächlich Dornbuschgewächse wie der *Erinacea pungens* wachsen und, abgesehen von den Flussauen entlang der Siedlungsgebiete, keine Bäume mehr gedeihen. In dieser wilden, kargen Landschaft leben die letzten Leoparden und Berggazellen, und auch eine größere Population von Mähnenschafen ist noch anzutreffen.

Der **Parc National d'Iriqui** soll nahe der Grenze zu Algerien, südlich von Zagora, entlang des Wadi Drâa und des nur sehr selten wasserführenden Sees Lac Iriqui entstehen. Er wird im Norden durch die Ausläufer des Anti-Atlas bei dem Ort Foum-Zguid begrenzt. Dieses Gebiet gehört bereits zur Sahara und kann die typische Wüstenflora und -fauna im Übergang zur Savanne vorweisen. Die goldgelben Sandgebiete sind mit Tamarisken und Akazien, diversen Wüstengräsern und Dornbuschgewächsen bewachsen, zwischen denen Dorcasgazellen, Wüstenschafe, Reptilien, Chamäleons, Geckos, Wüstenwarane und auch der Wüstenfuchs viele Verstecke finden. Auch hier sollen Oryx- und Addaxantilopen sowie Strauße ausgesetzt werden. Der Park konnte bis jetzt nicht realisiert werden, weil die Gazellenjagd in der Region nicht verboten wurde, da das Gebiet für lukrative Jagdreisen marokkanischer Unternehmer mit saudi-arabischen Gästen genutzt wird.

Die im Folgenden beschriebenen Nationalparks existieren ebenfalls nur auf dem Papier: Im Bereich des unteren Drâa, zwischen Djabal Bani und Djabal Ouarzik, entsteht der **Parc National du Bas Drâa.** In diesem Park, mit seinen schroffen Wüstenbergen und sandigen Tälern, gibt es noch große Bestände von *Acacia raddiana* (Mimosen) gemischt mit *Balanites* (Jochblattgewächsen) und Tamarisken. Nach offiziellen Angaben sollen dort noch Geparden leben sowie Wildkatzen *(Caracal),* Gazellen, Honigdachse, aber auch viele Reptilien, u.a. Kobras. Um 1940 wurden die letzten Krokodile ausgerottet.

Der südlichste geplante Nationalpark auf dem Gebiet der Westsahara ist der **Parc National de Dakhla,** der aus zwei Teilen besteht. Der sich weit südlich von Dakhla ins Landesinnere ziehende Teil des Parks um den Adrar Souttouf mit seinen von Sand durchzogenen Steinhügeln wird von Trockenflussbetten durchzogen, die mit Akazien bewachsen sind. Es gibt dort noch wenige Mähnenschafe (Moufflons) und Dorcas-Gazellen. Geplant ist aber die Wiederansiedlung einiger, früher in der Sahara heimischen Tierarten, u.a. von Addax- und Oryxantilopen. Der Küstenbereich des Dakhla-Nationalparks, die **Mönchsrobbenküste (Côte de Monques)** bei Aguergar, liegt im Grenzbereich zu Mauretanien, im Anschluss an den in Mauretanien ausgewiesenen Nationalpark Banque d'Arguin. Dieser Park zieht sich 180 km entlang der Küste und reicht zwölf nautische Seemeilen weit ins Meer. Wie der Name schon sagt, sind hier die seltenen Mönchsrobben zu Hause. Es soll sich weltweit um die größte Population handeln. Im Küstenbereich, der das Meer mit hellgelben Sanddünen begrenzt, sind noch Dorcasgazellen heimisch. Dieser Park ist wegen der ungeklärten Westsaharasituation, der Grenznähe und aus militärischen Gründen für Touristen nicht zugänglich.

Naturreservate

Es gibt in Marokko **14 Naturreservate,** die meist in den 1980er Jahren auf Initiative der Wasser- und Forstverwaltungsbehörde gegründet wurden. Sie sollen das biologische Gleichgewicht erhalten sowie Studienzwecken und der Bewusstseinsbildung der Öffentlichkeit zum Erhalt des Ökosystems dienen.

Das **Naturreservat M'Sabih Talaa** ist eines der ältesten, von der Wasser- und Forstverwaltung gegründeten Reservate in Marokko. Seine Aufgabe ist es, die letzten Dorcas-Gazellen der Haouz-Ebene zu schützen. Die Population der Tiere ist mittlerweile auf über 200 Exemplare angestiegen. Die Haouz-Ebene zwischen Marrakesch und Essaouira gehört zur semi-ariden Klimazone, und der jährliche Regenfall beträgt unter 200 mm im Jahr. Es wachsen u.a. Akazien, Kreuzdorngewächse und wilde Olivenbäume.

In einem neu errichteten, 40 km^2 großen **Gebiet zum Schutz der Mhorr-Gazellen** gelang ein einmaliges Experiment mit Hilfe deutscher Zoologen. Sechs Tiere der Gazellenart, die bereits als ausgestorben galt, wurden 1992 aus einem Reservat in Almeria im königlichen Jagdgebiet **R'Mila** bei Marrakesch untergebracht. *Dr. Henning Wiesner* vom Tierpark München Hellabrunn gelang es, die Gazellen auf 220 Tiere zu vermehren. 2009 wurden mit Hilfe des Ministeriums *Eaux et Fôrets et à la Lutte Contre la Désertification* 18 Tiere südlich des Hohen Atlas bei **Mecissi** (zwischen Rissani und Alnif) in das Naturschutzprojekt umgesiedelt, wo sie ideale Lebensbedingungen vorfinden und durch einen Zaun gegen das Vieh der Nomaden geschützt sind.

Das **Réserve des Iles d'Essaouira** liegt auf den der gleichnamigen Stadt vorgelagerten Inseln. Die Inseln waren wegen des Purpurexports bereits den Phöniziern bekannt. Der Farbstoff, der vor allem den Prachtgewändern der Könige und Kardinäle seine rote Farbe verlieh, wurde aus der Muschel – *Murex,* bei uns als **Purpurschnecke** bekannt – gewonnen. Jetzt sind die Inseln in erster Linie Vogelschutz-Reservat und dem Besucher nur mit Sondergenehmigung zugänglich. Es brüten dort sehr seltene Vogelarten wie der Eleonorafalke und die gelbfüßige Heringsmöwe.

Marokko hat die meisten Feuchtgebiete in Nordafrika. So finden sich im Königreich mehr als zwanzig natürliche Seen und über dreißig Stauseen, viele Flussläufe und auch ein Flussdelta (Moulouya) sowie vier große Meereslagunen. Einige dieser Feuchtgebiete, vorwiegend Rückzugsgebiet vieler Vogelarten – auch durchziehender Vögel aus Europa – wurden als Naturreservate ausgewiesen. Vier Reservate wurden 1980 in die Schutzliste RAMSAR aufgenommen: das Naturreservat Sidi Boughaba am gleichnamigen See bei Khenitra, das Reservat Merja Zerga bei Moulay Bousselham, das Reservat Khnefiss im Süden zwischen Tan-Tan und Tarfaya und das Reservat d'Afennourir im Mittleren Atlas.

Quellen: *Royaume du Maroc, Ministère de l'Agriculture et de Mise en Valeur agricole und Adminstration des Eaux et Forêts.*

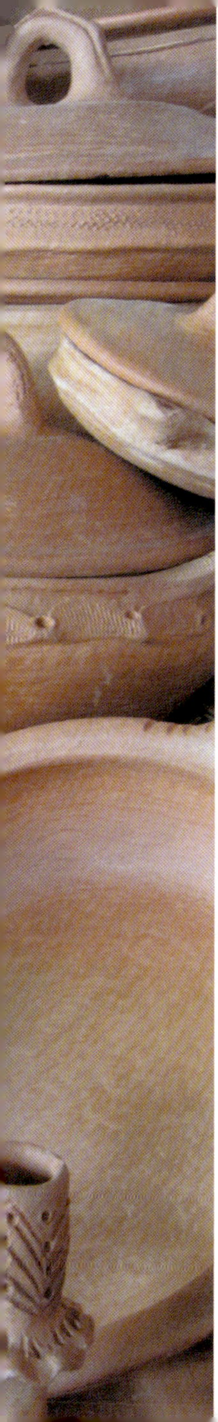

ma16_163 ad

14 Anhang

< Tajine-Töpfe und andere Keramikwaren

Sprachhilfe

Aussprache/Umschrift

Die folgende Auflistung soll helfen, **Laute des marokkanischen Arabisch,** die im Deutschen nicht existieren, annähernd richtig auszusprechen. Aufgrund einer einfacheren Handhabung müssen allerdings Zugeständnisse hinsichtlich der Differenzierung der Laute gemacht werden. Als Hilfe sei empfohlen, einheimische Radio- bzw. Fernsehsendungen zu hören, um ein Gefühl für Klang und Aussprache zu bekommen. Ebenso sollte man stets auf der Straße, im Café, im Souk oder sonstwo mit offenen Ohren unterwegs sein, dann ist man bald soweit, Unterschiede zu identifizieren und für den eigenen Sprachgebrauch nutzbar zu machen.

Damit Sie nicht die arabische Schrift lernen müssen, bedienen wir uns einer **Umschrift,** bei der in der Regel ein Zeichen einem arabischen Buchstaben entspricht – so gibt es keine Zweifel, ob „ch" französisch oder deutsch zu lesen ist, ob „sh" wie im Englischen ein Laut ist oder „s" und „h".

Konsonanten

- **sh** – wie das deutsche „sch"
- **j** – stimmhaftes „sh" wie im franz. „Journal"
- **dj** – stimmloses „Dsch" wie in „Dschungel"
- **r** – ein rollendes Zungen-„r"
- **gh** – Zäpfenchen-„r" wie in Norddeutschland oder Frankreich
- **s̲ t̲ d̲ z̲** – emphatische, gepresste Varianten von s, t, d und z; sie verdunkeln den folgenden Vokal
- **h** – wie im Deutschen, doch immer hörbar, wie z.B. in Betle**h**em
- **h̲** – stark gehauchter h-Laut (als ob man sich zum Wärmen der Finger in die Hände haucht)
- **ch** – wie in deutsch „Dach"
- **z** – stimmhaftes weiches „s" wie im deutschen „Rose"
- **q** – hinten im Rachen gebildetes kehliges „k" (wie im Tiroler Dialekt)
- **w** – wie in engl. „what", mit beiden Lippen gebildet
- **y** – wie im Deutschen das „j"
- **'** – Stimmabsatz, wie z.B. im Deutschen: „Vor'ab" oder „Neckars'ulm"
- ***** – der in europäischen Sprachen nicht existierende Kehlkopfverschlusslaut 'Ain; es ist ein Würgelaut, der zur Folge hat, dass die folgenden Vokale dunkler gesprochen werden

B d g f k l m n s t werden wie im Deutschen ausgesprochen und geschrieben. Doppelte Konsonanten werden deutlich gelängt ausgesprochen! Das Doppel-n im Deutschen (z.B. „rennen") entspricht im Marokkanischen einem einfachen Konsonanten.

Selbst- und Zwielaute

Ai, au wie im Deutschen. Unterscheiden sie Kurzvokale (a ä e i o u) und Langvokale (â ê î ô û). Häufig ist der flüchtige Murmellaut ë, den es auch im Deutschen gibt: Gëbirgë, bëdankën etc.

Betonung

Langvokale werden immer betont! Man halte sich aber an die Daumenregel, dass in einem Wort ohne Langvokale üblicherweise die letzte Silbe betont wird, wenn ein Wort jedoch mit zwei Konsonanten aufhört, wird die vorletzte Silbe betont: fëhë'mt = ich habe verstanden, tëntkällem = ich spreche.

Ein Vokal am Ende eines Wortes wird niemals betont.

Kleines Wörterbuch

Deutsch / Marokkanisch / Französisch

Wichtige Worte und Redewendungen

ja / nâ*m, îye / oui
nein / lâ / non
bitte / *afak, lla ichallëk / s'il vous plaît
danke / shukran / merci

Reisegesundheitsinformationen zu Marokko

Stand: Mai 2016
© Inhalte: Centrum für Reisemedizin

Die nachstehenden Angaben dienen der Orientierung, was für eine geplante Reise in das Land an Gesundheitsvorsorgemaßnahmen zu berücksichtigen ist. Die Informationen wurden uns freundlicherweise vom Centrum für Reisemedizin zur Verfügung gestellt. Auf **www.crm.de** werden diese Informationen stetig aktualisiert – man sollte sich dort kurz vor Reiseantritt noch einmal auf den neuesten Stand bringen.

Die nachstehenden Angaben wurden nach bestem Wissen und sorgfältiger Recherche zusammengestellt. Eine Gewähr oder Haftung kann nicht übernommen werden.

Impfungen

Einreise-Impfvorschriften: keine.

Empfohlener Impfschutz

Standardimpfschutz überprüfen, ggf. ergänzen bzw. auffrischen.

Je nach Reisestil und Aufenthaltsbedingungen (siehe dazu auf www.crm.de) ist ein Impfschutz zu erwägen gegen Hepatitis A und B, Cholera, Tollwut, Typhus, Polio und Meningokokken Serotypen A, C, W135, Y.

Wichtiger Hinweis

Welche Impfungen letztendlich vorzunehmen sind, ist abhängig vom aktuellen Infektionsrisiko vor Ort, von der Art und Dauer der geplanten Reise, vom Gesundheitszustand sowie dem evtl. noch vorhandenen Impfschutz des Reisenden.

Da im Einzelfall unterschiedlichste Aspekte zu berücksichtigen sind, empfiehlt es sich immer, rechtzeitig (4 bis 6 Wochen) vor der Reise eine **persönliche Reise-Gesundheits-Beratung** bei einem reisemedizinisch erfahrenen Arzt oder Apotheker in Anspruch zu nehmen.

Malaria

Kein relevantes Risiko für Reisende. Marokko wurde im Mai 2010 von der WHO als malariafrei erklärt, nachdem seit 2005 keine autochthonen Fälle *(P. vivax)* mehr aufgetreten waren. Im Herbst 2010 wurden insgesamt drei autochthone Malaria-Erkrankungen aus Casablanca gemeldet. Es handelt sich um die ersten drei Fälle von *M. tropica (P. falciparum)* in Marokko seit 1963.

Ratschläge zur Reiseapotheke

Denken Sie daran, eine Reiseapotheke mitzunehmen, damit Sie für leichtere Erkrankungen und kleinere Notfälle gerüstet sind. Folgendes sollten Sie auf Reisen immer dabeihaben: **Medikamente** gegen Durchfall, Reisekrankheit, Fieber, Schmerzen sowie Wunddesinfektionsmittel, Insekten- und Sonnenschutzmittel, Salbe bei Insektenstichen oder anderen Hautreizungen, Fieberthermometer und Verbandsmaterial. Nicht vergessen: Medikamente, die Sie ständig einnehmen müssen!

ma16_164 ad

in Ordnung / wachcha / d'accord
viel, zu viel / bzâf / beaucoup, trop
wenig / shwîya / (un) peu
billig / rëchîs / bon marché
teuer / ghâli / cher
groß, alt / kbîr / grand, agé
klein, jung / sghir / petit, jeune
lang / twêl / long
kurz / qsîr / court
es gibt / käyin / il y a
es gibt nicht (kein) / makäyinsh / il n'y a pas
Ich will / bghît / je veux
Ich will nicht / mabghîtsh / je ne veux pas
Ich brauche, ich muss / chassni / il me faut
Geben Sie mir / shibli, *âtinî / donnez-moi
komm/kommt / aji/ajiu / viens/venez
verschwinde/t / sirr/sirru / dégage/z la piste
auch: ba*d minni/ba*du minni
schau/schaut / shûf/shûfu / regarde/z
Ich bin Österreicher/in / äna nemsâwi/nemsawîya / je suis Autrichien/ne
Ich bin Deutscher/-e / äna almâni/almanîya / je suis Allemand/e
Ich bin Schweizer/in / äna swîsri/swisrîya / je suis Suisse
Ich bin verheiratet / äna mëmzuwwush / je suis marié/e
Ich bin nicht verheiratet / äna mâshi mëmzuwwush / je ne suis pas marié/e
gut / mëziyân / bon
schlecht / chaib / mauvais/mal
schön / zwîn / beau/belle
hässlich / chaib, qbîh / laid
wie viel (kostet das)? / bschhâl (häd shi)? / combien (ça fait)?
nichts / wâlu / rien
ich will nichts / ma bghît wâlu / je ne veux rien
Achtung! / bâlak! / attention!
Entschuldigung! / smähli / éxcusez-moi
Was hast du gesagt? / shnu gulti / Qu'est-ce que tu as dit?
Ich habe nicht verstanden / ma fhëmtsh / je n'ai pas compris
Noch einmal bitte! / *ud min fadlëk / encore une fois
So Gott will, hoffentlich / in sha'allâh / ésperons-le
Im Namen Gottes / bismillâh
Gelobt sei Gott / al hamdu lillâh

Begrüßung, Gespräch

Grüß Gott (höflich) / as salâmu *alêkum / bonjour, bonsoir – Antwort: wa *alêkum as-salâm
Wie geht's ? / labâs, ki dêr (m), ki dêra (w) / comment ça va ? – Antwort: labâs al-hamdu lillâh
Guten Morgen / sëbâh ël-chêr / bonjour
Guten Abend / msa ël-chêr / bonsoir
Gute Nacht / lêla sa*îida,tisbah *ala-chêr / bonne nuit
Mahlzeit! Guten Appetit! / bismillâh / bon appétit
Zum Wohl / bisaha / à votre santé (beim Essen, nach dem Hammam) – Antwort: llah *tik ës-saha
Auf Wiedersehen / bëslâma, mâs:aläma / au revoir
bitte (als Aufforderung) / tfaddal (m), tfaddali (w), tfaddlu (Mz) / s'il vous plaît
Haben Sie Kinder? / wash *andëk ëddrâri? / avez-vous des enfants?
Junge/n / wuld/wulâd / garçon/s
Mädchen/Mz / bënt/bnât / jeune/s fille/s

Hilfszeitwörter

ich habe / *andi / j'ai
du hast / *andëk / tu as
er hat / *andu / il a
sie hat / *andha / elle a
wir haben / *andna / nous avons
ihr habt / *andkum / vous avez
sie haben / *andhum / ils ont

„Sein" wird in der Gegenwart nicht gebildet. „Haben" wird eigentlich umschrieben: als „bei mir ist" usw. (*and = bei + Possesivpronomen).

Zahlen

eins / wâhid / un
zwei / juj / deux
drei / tlâta / trois
vier / arb*a / quatre
fünf / chamsa / cinq
sechs / sëtta / six
sieben / sb*a / sept
acht / tmaniya / huit
neun / tës*ud / neuf
zehn / *ashra / dix
elf / hadâsh / onze

zwölf / tnâsh / douze
13 / tlätash / treize
14 / ërb*atash / quatorze
15 / chamstâsh / quinze
16 / sëttâsh / seize
17 / sb*atash / dix-sept
18 / tamantâsh / dix-huit
19 / ts*atâsh / dix-neuf
20 / *ishrîn / vingt
21 / wâhid u-*ishrîn / vingt-et-un
22 / tnên u-*ishrîn / vingt-deux
23 / tlâta u-*ishrîn / vingt-trois
30 / tlätîn / trente
40 / ërb*în / quarante
50 / chamsîn / cinquante
60 / sëttîn / soixante
70 / sbë*în / soixante-dix
80 / tmanîn / quatre-vingts
90 / tës*în / quatre-vingts-dix
100 / mîyya / cent
1000 / alf / mille

Wochentage

Montag / l-etnîn / lundi
Dienstag / et-läta / mardi
Mittwoch / l-arba* / mercredi
Donnerstag / l-chîms / jeudi
Freitag / ej-jum*a / vendredi
Samstag / es-sebt / samedi
Sonntag / l-hädd / dimanche

An einigen **Ortsnamen** lässt sich der Tag des Wochenmarkts ablesen, z.B. Souk el Hed (Souk am Sonntag).

Mini-Sprachhilfe Tachelhit

Besonders im Süden Marokkos finden die Berbersprachen wieder mehr Beachtung, sodass immer mehr Schilder auch im Tifinagh-Alphabet beschriftet sind. Hier nur die allerwichtigsten Wörter in „Bérbère" (Chleuh-Dialekt):

Guten Tag / azule
Auf Wiedersehen / akayaun arbi oder aknizir
Danke / sahit oder tanamirt
Bitte / aafak
Ja / yah
Nein / oho
Wie geht's? / La bas? oder Mamink?
Gut, danke. / La bas, alhamdullilah oder Atguit.
Wasser / aman
gut / ifulki oder ihla, izil
Berg / adrar
Dorf / douar oder igherm
Fluss / assif
Pass / tizi
Höhle / ifri
Brunnen / anou
Brot / agroum
Weg / agharass

Glossar

- **Ashura** bzw. **Achoura:** Neujahr, auch Kinderfest
- **Agadir:** Umfriedung; befestigter Platz; befestigter Speicher
- **Aguedal:** Gärten und Obsthaine der Sultane
- **Agoumi:** entspricht etwa dem Begriff „Alpweide"
- **Aguelmame:** See
- **Ahaidous:** Tanz der Dorfbevölkerung im nördl. Atlas
- **Ahwach:** Tanz der Dorfbevölkerung im südl. Atlas
- **Aid al Kebir:** das große Fest (erinnert an das Opfer Abrahams)
- **Aid al Seghir:** das kleine Fest – Abschluss des Fastenmonats Ramadan
- **Ain:** Quelle
- **Aït:** Söhne von …, Leute der … (Stammesname)
- **Amghar:** Dorfältester; wohlhabender Dorfbewohner
- **Arhour:** Brunnen für die Bewässerung (mit Rampe für Zugtiere)
- **Asif:** Wasserlauf
- **Assarag:** Tanzplatz
- **Azrou:** Felsen

- **Bab:** Tor, Durchgang
- **Balek:** Warnruf wie „Achtung!"
- **Ben** (Mz. *Beni*): Sohn des (der) …
- **Bir:** Brunnen
- **Bled:** offenes Land (Gegensatz zur Stadt)

- **Chech:** Gesichtstuch/-schleier (meist blau, weiß oder schwarz, 5–7 m lang)
- **Chergui:** heißer Südwind, Wüstenwind

- **Chleuh (Schlöh):** Berberstamm im Anti-Atlas
- **Chouari:** Tragkorb mit zwei großen Taschen, den man über den Rücken des Esels legt
- **Couscous:** Gericht aus Weizen- oder Hirsegrieß mit Schaf- oder Hühnerfleisch und Gemüse

- **Dir:** Geländerücken; in die Ebene hinauslaufender Sporn
- **Dirham:** marokkanische Währung (DH)
- **Dar** (Mz. *Duar* bzw. franz. *Douar*): Haus; ländliche od. vorstädtische Siedlung; Gruppe von Zelten oder Häusern
- **Djama:** Moschee
- **Djamâa** bzw. **Djemâa:** Versammlung der Bevölkerung eines Gebietes; Versammlungsplatz
- **Djabal** bzw. **Djebel:** Berg
- **Djedid:** jung, neu
- **Djellabah:** weites, mantelartiges Kleid mit Kapuze; wird von Männern und Frauen im Freien getragen
- **Djinn** (Mz. *Djnoun*): Dämon, Geist
- **Doum:** Zwergpalmenart

- **Erg:** Sandwüste

- **Fantasia:** wilder Ritt, bei dem Gewehre abgefeuert werden (aus dem Spanischen)
- **Fata:** rituelles Gebet
- **Fellah:** Bauer
- **Fina:** Hauskleid der Frau; Schleier, der über das Hauskleid getragen wird
- **Fkih:** Lehrer an einer Koranschule
- **Funduk (franz. Foundouk):** Herberge, Karawanserai, traditionelles (Stadt-)Haus

- **Gara** (Mz. *Gour*): isolierter Tafelberg; Zeugenberg
- **Gharbi:** Westwind, Meerwind
- **Ghezzou:** Raubzug; Teilnehmer an einem Raubzug
- **Gnawa (franz. Gnaoua):** meist schwarze Musiker (Ursprungsland Guinea), die islamischen Orden angehören und deren Gesängen und Tänzen Heilkraft zugesprochen wird
- **Guedra:** röhrenförmige Töpferarbeit (mit Fell bespannt als Tamburin verwendet); Volkstanz in Guelmim
- **Guich:** bewaffneter arbischer Stamm, vom Sultan zur Überwachung eines Gebietes angesiedelt

- **Hadj:** Wallfahrt nach Mekka
- **Haik:** weibliches Kleidungsstück, Überwurf (nur noch selten getragen)
- **Hammada:** Felswüste, Steinwüste
- **Hammam:** islamisches Bad
- **Haratin:** dunkelhäutige, aus der marokkanischen Sahara stammende Bevölkerung
- **Harira:** kräftige Suppe zum Fastenunterbrechen im Ramadan

- **Imam:** frommer Mann, der das Gebet in der Moschee leitet
- **Imazighen:** freie Leute, Freie
- **Irherm (Igherm):** Umfriedung; befestigter Platz; befestigter Speicher

- **Kaftan:** besticktes Kleid aus kostbarem Stoff
- **Kaid:** siehe Qaid
- **Kalif:** Herrscher der Gläubigen; Nachfolger des Propheten Mohamed
- **Kanoun** bzw. **Qanun:** Holzkohlebecken aus gebrannter Erde oder Metall
- **Kasbah:** befestigter Wohnsitz einer Sippe, bzw. Ansammlung von mehren Tighremts, vor allem im südlichen Marokko
- **Kerkour:** Pyramide, auf die jeder Vorbeigehende einen Stein legt, um Unglück abzuwenden
- **Kesra:** rundes Brot
- **Khammès:** Pächter, der ein Fünftel der Ernte erhält
- **Khettara:** unterirdischer Bewässerungskanal
- **Khoms:** Vereinigung verschiedener Stämme
- **Kibla** (Qibla): Gebetsmauer in der Moschee, nach Osten (Mekka) gerichtet
- **Kissaria:** Markthalle für Stoffe, Leder, Parfüm usw.
- **Koubba:** siehe Qubba
- **Ksar** (Mz. *Ksour*): von lat. „castrum"; in Marokko befestigtes Lehmdorf im Süden/Osten des Atlas

- **Maghreb:** Westen/Land des Sonnenuntergangs/ Okzident; Sammelbegriff für die Länder Marokko, Tunesien, Algerien
- **Maghzen:** Regierung des Sultans
- **Mahdi:** der durch Gott bestimmte Führer (z.B. *Ibn Tumart*)
- **Makina:** Fabrik
- **Marabut (franz. Marabout):** islamischer Heiliger; wegen seiner Frömmigkeit und seines beispielhaften Lebens angesehener Mann bzw. sein Grabmal
- **Mechwar (franz. Mechouar):** Versammlungsplatz der Stämme vor dem Sultanspalast
- **Mechoui:** im geschlossenen Ofen gebratenes Schaf

- **Medersa:** Schule, Hochschule der Moslems, zugleich Wohnhaus der Studenten
- **Medina:** Stadt; traditioneller Stadtteil; Altstadt
- **Mellah:** Judenviertel, Judenstadt
- **Mihrab:** apsisförmige Gebetsnische in der Kibla (s.o.)
- **Minbar:** Kanzel in der Moschee, meist neben der Mihrab (s.o.)
- **Mouloud** bzw. **Maulad:** Geburtsfest des Propheten oder eines Heiligen
- **Moussem (franz.)** bzw. **Mausim:** Fest oder Pilgerfahrt zu Ehren eines Schutzheiligen
- **Msid:** Koranschule

- **Nouala:** Hütte aus Schilfrohr und Lehm mit Strohhäcksel

- **Oued** bzw. **Wadi:** Wasserlauf, Fluss
- **Oulad** bzw. **Ulad:** Söhne des …

- **Pastilla (auch Bastilla):** mit Taubenfleisch und Eiern gefüllte Pastete (aus dem Spanischen)

- **Qaid:** Chef, Stammesoberhaupt
- **Qubba:** Kuppel; gebraucht für Marabout mit runder Kuppel über quadratischem Grundriss

- **Ramad(h)an:** Fastenmonat im islamischen Kalender
- **Ras el Hanout:** Gewürzmischung, der man allgemeine und besondere Heilwirkung zuspricht
- **Ribat:** befestigtes Kloster
- **Ryad** bzw. **Riad:** Innengarten eines Hauses, auch Herrenhaus oder Palast
- **Ryal:** Münzeinheit – 0,05 Dirham (vom span. „Real")

- **Scherif** (Mz. *Schorfa*): angeblicher Nachkomme des Propheten Muhammad; siehe chérif
- **Seguia:** offener Bewässerungskanal
- **Sidi:** mein Herr!
- **Suq** bzw. **Souk (franz.):** in der Einzahl – Markt, meist Wochenmarkt; in der Mehrzahl – Marktgassen einer Stadt; die Wochenmärkte tragen die Namen der Tage, an denen sie stattfinden: *el had* = Sonntag, *et tnine* = Montag, *et tleta* = Dienstag, *el arba* = Mittwoch, *el khemis* = Donnerstag, *el djema* = Freitag, *es sebt* = Samstag

- **Tachelhit:** einer der drei Berberdialekte in Marokko
- **Tadelakt:** spezieller, glänzender Kalkputz (besonders für Bäder) in verschiedenen Farben
- **Tajine:** Fleisch mit Soße, in spitzdeckeligem Tontopf geschmort
- **Takbilt:** politische Einteilung der Berberbevölkerung des Hohen Atlas (arabisch-berberische Mischform)
- **Taleh** (Mz. *Tolba*): Student an einer islamischen Hochschule
- **Tamazight:** einer der drei Berberdialekte in Marokko
- **Tarbouch:** männliche Kopfbedeckung (städtisch)
- **Tigemmi:** Haus
- **Tighremt:** Umfriedung; befestigte Burg oder Speicherburg, auch Kasbah
- **Tirs:** gute schwarze Ackerböden
- **Tit:** Quelle
- **Tizi (franz. Col):** Passübergang

- **Umma:** Gemeinschaft der mohammedanischen Gläubigen

- **Zawia** bzw. **Zaouia (franz.):** Heiligtum, kleine Moschee; Sitz einer religiösen Bruderschaft
- **Zellij** bzw. **Zelliges:** Mosaik aus farbigen Keramikstücken, verwandt mit dem spanischen „azul" (= blau); „azulejos"
- **Zenata:** nomadisierende Berber (aus dem Osten zugewandert); sie sprechen einen der drei Berberdialekte Marokkos

Literatur

Als **sehr gute Hintergrundliteratur** sind die sozialkritischen Romane einiger marokkanischer Schriftsteller wie **Mohamed Mrabet, Mohamed Choukri, Tahar Ben Jelloun** u.a. zu empfehlen. Besten Einblick in das marokkanische Sozialgefüge liefert auch die Soziologin und Feministin **Fatima Mernissi** mit ihren zahlreichen Büchern. Kurzweilige Geschichten verschiedener bekannter Marokko-Literaten (u.a. *Elias Canetti, Fatima Mernissi, Tahar Ben Jelloun*) enthält das Buch **„Reise nach Marokko – Kulturkompass fürs Handgepäck"** aus dem Unionsverlag.

Einen stimmungsvollen Einblick in die Landschaften und Kultur Marokkos bieten natürlich **Bildbände.** Doch viele davon haben zwar hervorragende Fotos, aber häufig sehr klischeehafte Texte, die wenig in die Tiefe gehen, nicht aktuell sind oder nur die wichtigsten touristischen Regionen abdecken.

Das Buch **„Zeit für Marokko – Den Zauber des Orients entdecken und genießen"** (Bruckmann Verlag) verbindet wunderschöne Fotos des professionellen Reisefotografen *Christian Heeb* mit Tipps zu den stilvollsten Unterkünften und ausführlichen Hintergrundtexten von *Astrid Därr.* Wer sich für orientalische Architektur und Innenausstattung interessiert, wird sich für das Buch **„Moroccan Interiors"** oder **„Living in Morocco"** (dreisprachig) von *Lisa Lovatt-Smith* aus dem Taschen-Verlag begeistern. Es zeigt traditionelle Häuser, Wohnformen, Villen aus marokkanischen Städten und deren Einrichtung in hervorragender Qualität – eine echte Augenweide!

Eine ganz neue Perspektive auf die Bergwelt, Oasen und Speicherburgen im Anti-Atlas bietet der Bildband **„Anti-Atlas (Marokko). Eine eindrucksvolle Kulturlandschaft von oben betrachtet"** von *André Humbert* und *Herbert Popp* (Michael Imhof Verlag). Das Buch zeigt nicht nur beeindruckende Luftaufnahmen, sondern wartet zudem mit interessanten Hintergrundinformationen zu Geografie, Landwirtschaft, Bevölkerung und Wirtschaft in der Region auf.

Wer sich für **politische und Wirtschaftsdaten** interessiert, sollte einen Blick auf die Websites des Bundesministeriums für wirtschaftliche Zusammenarbeit (BMZ, www.bmz.de) werfen. Dort kann man diverse Informationen zum Partnerland Marokko einsehen. Weitere wirtschaftliche Informationen (z.B. für Investoren) veröffentlicht die Germany Trade & Invest (www.gtai.de, Inhalte z.T. kostenpflichtig). Auch die Außenstelle der Industrie- und Handelskammer in Casablanca bietet diverse Publikationen an (http://marokko.ahk.de).

Einen sehr guten Einblick in die marokkanische Mentalität bieten das Buch **„KulturSchock Marokko"** von *Muriel Brunswig-Ibrahim* (Reise Know-How Verlag) und das Sympathiemagazin **„Marokko verstehen"** (Studienkreis für Tourismus und Entwicklung e.V., www.sympathiemagazin.de). Beide Publikationen informieren einfühlsam über Land und Leute und helfen dabei, die kulturelle Barriere zwischen Tourist und lokaler Bevölkerung zu überwinden.

Alles über Tiere und Pflanzen in Nordafrika – mit traditionellen Heilanwendungen und den lokalen Namen in Arabisch und Berberisch – bietet das Buch **„Sahara. Tiere, Pflanzen, Spuren"** von *Verena Schatanek* und *Houcine Elkharassi* (Franckh-Kosmos Verlag).

Ornithologen können mit **„A Birdwatchers' Guide to Morocco"** von *Patrick* und *Fédora Bergier* (Prion Ltd.) die Vögel in Marokko bestimmen.

Ergänzende touristische Informationen bieten die umfassend recherchierten **Reisebücher von Edith Kohlbach** (www.edith-kohlbach.de): „Reisehandbuch Marokko", „Marrakesch und der weite Süden", „Marokko Oriental", „Campingführer Marokko – Mauretanien", „Hotelführer Marokko".

Aktuelle Beschreibungen von Off-Road-Routen inkl. GPS-Daten und DVD mit Waypoints und Tracks bietet das Ringbuch **„GPS Off-Road-Reiseführer Marokko"** von *Sabine* und *Burkhard Koch* (www.pistenkuh.de).

Wissenschaftliche Hintergrundliteratur zu verschiedenen Themen (z.B. Studienreisen, Wüstentourismus, Heiligenkult, Speicherburgen in Marokko, z.T. in Französisch) liefern die **Maghreb-Studien des Geografischen Instituts der Universität Bayreuth;** Online-Bestellung auf www.stadtgeo.uni-bayreuth.de/de/publications/maghreb-studien.

Natürlich gibt es auch jede Menge Literatur über die **marokkanische Küche.** Empfehlenswerte Kochbücher sind „The taste of Marrakesh – Die echte marokkanische Küche" von *Muriel Brunswig-Ibrahim* (Fackelträger Verlag) mit stimmungsvollen Bildern von *Lutz Jäkel* sowie „Tajine & Co.: 100 Rezepte aus dem orientalischen Lehmtopf" von *Jochen Walter* (Christian Verlag).

Wer in Marokko mehr Zeit in Städten verbringt, kann in den teilweise sehr gut sortierten Buchhandlungen eine Unzahl an französisch- und zum Teil auch englischsprachigen Titeln zu Marokko finden. Auf die große Zahl von **französischsprachiger Literatur** wird hier nicht näher eingegangen.

Spezialisiert auf Bücher über den arabischen Kulturraum sind folgende **Verlage:** Verlag Donata Kinzelbach in Mainz (www.kinzelbach-verlag.de), Edition Orient in Berlin (www.edition-orient.de), Edition Wuquf – Hanspeter Mattes (nur online unter www.wuquf.de). Der Unions-Verlag in Zürich (www.unionsverlag.com) sowie der Leno Verlag in Basel (www.lenos.ch) bringen ebenfalls viele Romane und Erzählungen arabischer Schriftsteller heraus.

Die **Deutsch-Maghrebinische Gesellschaft e.V.** (www.dmag-bonn.de) gibt regelmäßig Literaturlisten mit Rezensionen heraus.

Landkarten

Als **Übersichtskarte** für das gesamte Land ist die Marokko-Karte von Reise Know-How (world mapping project) im Maßstab 1:1 Mio. zu empfehlen.

Einen sehr guten Überblick gibt auch die Marokko-Karte von **Michelin** im Maßstab 1:1 Mio. mit einigen Nebenkarten 1:600.000. Auf dieser Karte sind auch die Pisten und Nebenstrecken genau erkennbar (für Mountainbike- und Geländewagenfahrer).

Wer sich für **Regionalkarten** mit detaillierten Ausschnitten interessiert oder mit GPS navigieren will, ist mit den Karten der *Division Topographique* (Rabat, 1:250.000) gut bedient. Sie sind verhältnismäßig neu, jedoch für die Grenzgebiete im Süden und die Westsahara nicht erhältlich. Manche Karten sind genehmigungspflichtig und nur unter großem Aufwand zu bekommen, einige Blätter vergriffen, jene über die südlichen Gebiete werden gar nicht an die Öffentlichkeit ausgeliefert. Wichtig sind die Detailkarten 1:100.000 vor allem für Bergsteiger und Mineraliensammler im Hohen Atlas, die Karten 1:250.000 auch für Geländewagenfahrer, die die Nebenpisten im Anti-Atlas und Saharabereich befahren wollen.

Als Ersatz kann man für diese Gebiete auf topografische **russische Generalstabskarten** (mit kyrillischer Beschriftung, aber deutscher Beschreibung der Legende und Übersetzung des kyrillischen Alphabets) im Maßstab 1:1 Mio., 1:500.000, 1:200.000 und 1:100.000 zurückgreifen. Sie sind für fast alle Teile Marokkos (auch digital) erhältlich bei Därr Expeditionsservice in München (www.daerr.de).

Bei den örtlichen Tourismusämtern gibt es sehr gute **touristische Karten** der Region Azilal-Zaouia Ahansal und El Ksiba, welche auch den Hohen Atlas bis ins Aït-Bougoumez-Tal und ins M'goun-Tal abdecken und für Trekker und Mountainbiker geeignet sind. Es werden von allen Karten nur Einzelblätter (gegen schriftlichen Antrag vor Ort mit Passnummer) verkauft, größere Mengen werden nicht herausgerückt.

Sehr nützlich sind auch die **Wander- und Touristenkarten** von *Mohamed Aït Hamza* und *Herbert Popp* von der Uni Bayreuth: „Kultur-Trekking im Dschebel Saghro (Südmarokko)“, „Kultur-Trekking im Zentralen Hohen Atlas“, „Touristische Karte des Westlichen Antiatlas“. Die Karten können über das Geografische Institut der Uni Bayreuth bestellt werden: www.stadtgeo.uni-bayreuth.de/de/publications/maghreb-karten.

Mit der Kartensoftware **City Navigator Morocco NT** von Garmin lässt es sich gut auf den marokkanischen Straßen navigieren. Topografische Karten für Wanderungen und Offroad-Fahrten bietet die Software **TOPO Marokko** von Garmin (www.garmin.de).

Bei mitgebrachten Landkarten sollte man darauf achten, dass die **Westsahara als marokkanisches Gebiet** eingetragen ist, denn sonst werden die Karten an der Grenze konfisziert.

Sahara
EXPERIENCE
your adventure
in Morocco
Starts
Here
www.sahara-experience.com
Tel: +212 (0) 661 77 67 66
Rue Hassan II, Immeuble Koutoubia Center 2, Buro N°. 5,Marrakech
Email: abdelsaharaexperience@gmail.com // GPS: N31 37.984 W08 00.281,

www.marokkoerleben.de
Kostenlose Beratung
Tel.: +49 (0)40 - 43190752
Individualreisen · Gruppenreisen · Aktivreisen · Themenreisen
تذوق المغرب
Marokko erleben
Reisen Sie mit unserer Erfahrung
Wir beraten, Sie entscheiden.
Wir buchen, Sie reisen entspannt!
Fordern Sie unseren Katalog an
...und lassen Sie sich inspirieren!
Marokko mit Spezialisten erleben
Bastian Franke
Gerrit Leinker
Traumhafte Unterbringung in Riads und Kasbahs!
Reiseveranstalter Franke & Leinker Hamburg Tel.: +49 (0)40 - 43190752 info@marokkoerleben.de

HILFE!

Dieser Reiseführer ist gespickt mit unzähligen Adressen, Preisen, Tipps und Infos. Nur vor Ort kann überprüft werden, was noch stimmt, was sich verändert hat, ob Preise gestiegen oder gefallen sind, ob ein Hotel, ein Restaurant immer noch empfehlenswert ist oder nicht mehr, ob ein Ziel noch oder jetzt erreichbar ist, ob es eine lohnende Alternative gibt usw.

Unsere Autoren sind zwar stetig unterwegs und versuchen, alle zwei Jahre eine komplette Aktualisierung zu erstellen, aber auf die Mithilfe von Reisenden können sie nicht verzichten.

Darum: Schreiben Sie uns, was sich geändert hat, was besser sein könnte, was gestrichen bzw. ergänzt werden soll. Nur so bleibt dieses Buch immer aktuell und zuverlässig. Wenn sich die Infos direkt auf das Buch beziehen, würde die Seitenangabe uns die Arbeit sehr erleichtern. Gut verwertbare Informationen belohnt der Verlag mit einem Sprechführer Ihrer Wahl aus der über 220 Bände umfassenden Reihe „Kauderwelsch". Bitte schreiben Sie an:

Reise Know-How Verlag, Peter Rump GmbH | Postfach 140666 | D-33626 Bielefeld
oder per E-Mail an: info@reise-know-how.de

Danke!

DIAMIR
Erlebnisreisen
MAROKKO
selbst erleben ...
Kleingruppenreisen und individuelle Touren
Königsstädte, Wüstenwandern und Meer
16 Tage Natur- und Kulturrundreise ab 1740 € inkl. Flug
M´Goun-Trekking, Dünen und Basare
16 Tage Trekking- und Kulturreise ab 1790 € inkl. Flug
Toubkal-Trekking im Hohen Atlas
15 Tage Trekkingrundreise ab 1590 € inkl. Flug
Höhepunkte Marokkos mit Komfort
12 Tage Natur- und Kulturrundreise ab 2090 € inkl. Flug
Selbstfahrertour im Hohen Atlas
8 Tage Kulturreise ab 890 € zzgl. Flug
Bestellen Sie unseren umfangreichen Hauptkatalog oder weitere Spezialkataloge kostenfrei im Internet oder in über 5000 Reisebüros.
DIAMIR Erlebnisreisen GmbH
Berthold-Haupt-Str. 2 · 01257 Dresden
info@diamir.de
0351 31 20 77
www.diamir.de
Marokko.de
Das Informations- & Reise-Portal.
Infos zum Reiseland sowie Tipps zu Trekking und Kultur-Highlights.
Aktuelle Reiseberichte mit wertvolle Insider-Tipps!
www.marokko.de

Register

B

Fotonachweis

Fast alle Bilder sind von Astrid und Erika Därr (gekennzeichnet mit ad und ed). Hinzu kommen *Norbert Schmidt* (ns), *Edi Kunz* (ek), *Jan Cramer* (jc), *Stefan Franzen* (st), *Astrid Milasta* (am), *Herbert Popp* (hp), *La Sultana* (las), *L'Ma Lodge* (lma) und *Kasbah Aït Omar* (ao).

Die Autorinnen

Astrid Därr, geb. 1977, übernimmt seit mehr als zehn Jahren zum größten Teil die Aktualisierung des vorliegenden Reiseführers. *Astrid* war seit ihrem ersten Lebensjahr mit ihren Eltern *Erika* (s.u.) und *Klaus Därr* im gesamten Sahararaum unterwegs. Inzwischen bereiste sie alle Kontinente auf eigene Faust, darunter mehr als 30 Länder Afrikas. Mit einem 30 Jahre alten Toyota Landcruiser durchquerte sie den Kontinent in mehreren Etappen von München bis Kapstadt. Die Diplom-Geografin befasste sich schon während ihres Studiums intensiv mit dem Maghreb, u.a. mit ihrer Diplomarbeit über Investoren in der Medina von Fès. *Astrid Därr* schreibt regelmäßig für verschiedene Print- und Onlinemedien über Outdoor- und Reisethemen, außerdem ist sie Autorin diverser Bücher, darunter „Marokko", „CityTrip Marrakesch", „CityTrip Tanger, Tétouan, Asilah" (alle Reise Know-How Verlag), „Zeit für Marokko" und „Zeit für Safari" (beide Bruckmann Verlag). Als Reisejournalistin und Reiseleiterin ist sie mehr als sechs Monate im Jahr in der ganzen Welt unterwegs. Für den Trekkingreise-Veranstalter Hauser Exkursionen GmbH (www.hauser-exkursionen.de) führt sie u.a. regelmäßig Gruppen durch Marokko. Mehr über die Autorin online unter www.daerr.net.

Erika Därr, geb. 1949, ist seit 1971 auf allen Kontinenten unterwegs. Das erste Land außerhalb Europas, das sie besuchte, war Marokko. Auf vielen mehrwöchigen Reisen, allein oder mit Familie, lernte sie Land und Leute kennen und lieben. Nach mehreren Sahara-Durchquerungen gründete sie 1976 mit ihrem Mann *Klaus* den mittlerweile verkauften Reiseausrüstungsladen „Därr Expeditionsservice". Sie schrieb 1981 die erste Auflage des Globetrotterführers „Marokko – vom Rif zum Anti-Atlas" und verlegte das Buch im Eigenverlag. 1984 war sie Mitbegründerin der Verlagsgruppe Reise Know-How und arbeitete bis 2002 als Verlegerin – und danach noch als Autorin mehrerer Reiseführer in der Verlagsgruppe. Bis 2008 reiste sie zusammen mit ihrem Mann mehr als fünf Jahre mit einem Allrad-Wohnmobil durch alle Kontinente. *Erika Därr* aktualisierte für diese Auflage verschiedene (4x4-)Routen, einige Angaben im Kapitel „Land und Leute" und ergänzte zahlreiche Infos zu Hotels, Campingplätzen und Restaurants. Mit dieser Auflage übergibt sie die weitere Arbeit an dem Reiseführer komplett an ihre Tochter *Astrid,* unternimmt aber weiterhin zusammen mit *Astrid* oder ihrem Mann *Klaus* Reisen durch Marokko. Mehr über die Autorin online unter www.daerr.info.

Danksagung

Unser besonderer Dank gilt den Bekannten, Freunden und Fotografen, die wesentlich zur Aktualisierung dieser Auflage beigetragen haben. Zu nennen sind *Gabriele Rau* (für die große Hilfe beim Essaouira-Kapitel), Prof. Dr. *Herbert Popp* (für Luftbilder und den Exkurs über Arganienbäume), Prof. Dr. *Anton Escher* (für die Marrakesch-Exkurse in unseren Büchern), *Christoph Leisten* (für den Exkurs über den Djamâa el-Fna), *Muriel Brunswig-Ibrahim* (für den Exkurs über die Situation der marokkanischen Frauen), *Norbert Schmidt* (für laufende Infos über Tata und Essaouira), *Edi Kunz* und *Roger Mimo* (für Infos aus Südmarokko), *Thomas Friedrich* (für Infos aus Errachidia), *Brahim Karaoui* (für Infos aus Merzouga und Umgebung), *Béatrice Buschor Oulkadi* (für Infos aus dem Aït-Bougoumez-Tal), *Hassan Aferiad* (für laufende Infos aus Agadir), *Peter Heyn* (für zahllose hilfreiche Leserbriefe), *Yasin el Hadi* (für Infos aus Südmarokko) und *Abdelkhalek Benalia* von Sahara Services (für Hilfestellung vor Ort) sowie *Siegfried Klausmann* von Gleisnost (für die Aktualisierung der Infos zur Bahnanreise). Danke auch an alle treuen LeserbriefschreiberInnen für unzählige Anregungen, Infos und Tipps!

Astrid und Erika Därr

ma16_198astrid

ma16_199erika